Douglas Reed

La Controversia de Sión

Omnia Veritas

Douglas Reed

Edición original: *The Controversy of Zion*
Dolphin Press, Durban, 1978

La Controversia de Sión

Traducido del inglés y publicado por
Omnia Veritas Ltd

www.omnia-veritas.com

- **PRÓLOGO** 11
  - *El Autor* 11
  - *El Libro* 12
  - *Interpretación* 13
- **CAPÍTULO 1** 15
  - EL COMIENZO DEL ASUNTO 15
- **CAPÍTULO 2** 22
  - EL FINAL DE ISRAEL 22
- **CAPÍTULO 3** 30
  - LOS LEVITAS Y LA LEY 30
- **CAPÍTULO 4** 42
  - FORJANDO LAS CADENAS 42
- **CAPÍTULO 5** 58
  - LA CAÍDA DE BABILONIA 58
- **CAPÍTULO 6** 63
  - EL PUEBLO LLORA 63
- **CAPÍTULO 7** 74
  - LA TRADUCCIÓN DE LA LEY 74
- **CAPÍTULO 8** 78
  - LA LEY Y LOS EDOMITAS 78
- **CAPÍTULO 9** 82
  - EL AUGE DE LOS FARISEOS 82
- **CAPÍTULO 10** 87
  - EL HOMBRE DE GALILEA 87
- **CAPÍTULO 11** 99
  - EL FÉNIX FARISAICO 99
- **CAPÍTULO 12** 101
  - LA LUZ Y LA SOMBRA 101
- **CAPÍTULO 13** 107
  - EL CERCO ALREDEDOR DE LA LEY 107

CAPÍTULO 14 .... **112**
    El gobierno móvil 112
CAPÍTULO 15 .... **121**
    El talmud y los ghettos 121
CAPÍTULO 16 .... **133**
    El anhelo mesiánico 133
CAPÍTULO 17 .... **141**
    La misión destructiva 141
CAPÍTULO 18 .... **165**
    El interrogatorio napoleónico 165
CAPÍTULO 19 .... **173**
    La revolución mundial 173
CAPÍTULO 20 .... **180**
    El diseño 180
CAPÍTULO 21 .... **213**
    Las advertencias de Disraeli 213
CAPÍTULO 22 .... **226**
    Los gestores 226
CAPÍTULO 23 .... **234**
    El "profeta" 234
CAPÍTULO 24 .... **246**
    La llegada del zionismo 246
CAPÍTULO 25 .... **254**
    La organización sionista mundial 254
CAPÍTULO 26 .... **259**
    La herejía del dr. Herzl 259
CAPÍTULO 27 .... **268**
    Los "protocolos" 268
CAPÍTULO 28 .... **285**

La aberración del sr. Balfour..285

CAPÍTULO 29 ....**293**
La ambición del sr. House 293

CAPÍTULO 30 ....**309**
La batalla decisiva 309

CAPÍTULO 31 ....**329**
La red de la intriga.. 329

CAPÍTULO 32 ....**342**
La revolución mundial nuevamente 342

CAPÍTULO 33 ....**355**
La liga para promulgar la paz 355

CAPÍTULO 34 ....**364**
El final de lord Northcliffe 364

CAPÍTULO 35 ....**378**
El hogar nacional.. 378

CAPÍTULO 36 ....**383**
El extraño rol de la prensa 383

CAPÍTULO 37 ....**388**
Los administradores, el mesías y las masas... 388

CAPÍTULO 38 ....**405**
El pequeño país lejano.. 405

CAPÍTULO 39 ....**413**
La entrega de armas a Sión.. 413

CAPÍTULO 40 ....**420**
La invasión de Estados Unidos.. 420

CAPÍTULO 41 ....**437**
La revolución "se extiende" 437

CAPÍTULO 42 ....**483**
La venganza talmúdica 483

CAPÍTULO 43 .... **522**
   EL ESTADO SIONISTA 522
CAPÍTULO 44 .... **578**
   EL INSTRUMENTO MUNDIAL 578
CAPÍTULO 45 .... **589**
   EL ALMA JUDÍA 589
CAPÍTULO 46 .... **605**
   EL CLÍMAX 605
   1. LA REVOLUCIÓN 609
   2. EL ESTADO SIONISTA 627
   3. LOS AÑOS DEL CLÍMAX 646
EPÍLOGO **699**
APÉNDICE **704**
BIBLIOGRAFÍA **706**
   UNA LISTA DE LIBROS PARA AMPLIAR LA LECTURA......................712
      Otros libros publicado por Omnia Veritas *714*

"Porque será día de venganza del Señor, año de pagamentos en el pleito de Sion." Isaías 34:8

"Ha ocurrido un evento sobre el cual es difícil hablar e imposible de callar" Edmund Burke

NOTA DEL AUTOR
Donde se han usado itálicas en este libro, han sido en todos los casos agregadas por el autor para dirigir la atención a la palabra o al pasaje que él cree es de especial importancia.
Donde un pasaje es citado sin su fuente, es tomado de la última autoridad previamente citada.

Prólogo

El Autor

En Europa durante los años inmediatamente previos y posteriores de la Segunda Guerra Mundial, el nombre de Douglas Reed estaba en todos los labios; sus libros se estaban vendiendo en la cuenta de miles, y era conocido con una cercana familiaridad a lo largo del mundo angloparlante, por un inmenso ejército de lectores y admiradores.

Ex corresponsal del 'London Times' para Europa Central, había ganado una gran fama con libros como *'Insanity Fair', Disgrace Abounding', 'Lest We Regret', Somewhere South of Suez', 'Far and Wide'*, y varios otros, cada uno amplificando por cien, el alcance que tenía disponible del mundo, como uno de los corresponsales en el exterior más importantes.

La desaparición en el olvido casi total de Douglas Reed y de todos sus trabajos fue un cambio que no podría ser exclusivamente forjado por el tiempo; de hecho, la exactitud de su interpretación de los eventos de la historia en el tiempo, encontró alguna confirmación en lo que sucedió con él cuando estaba en la plenitud de sus capacidades.

Después de 1951, con la publicación de *"Far and Wide"*, en que puso la historia de los Estados Unidos de América en el contexto de todo lo que él había aprendido de la política mundial en Europa, Reed se encontró desterrado de las librerías, con todas las puertas de los editores cerradas para él, y aquellos libros ya publicados, fueron señalados para ser retirados de los estantes de las bibliotecas y "perdidos", para nunca más ser reemplazados.

Su carrera pública como escritor ahora al parecer llegó a su fin, Reed era por lo menos libre de emprender una gran tarea, para la cual todo lo que antes le había sucedido, eran sólo un tipo de preparación y educación que ninguna universidad podría proporcionar y qué sólo los pocos afortunados y dotados podría usar totalmente - sus años como corresponsal extranjero, sus viajes en Europa y América, sus conversaciones y contactos con los grandes líderes políticos de su día, más su ávida absorción a través de lectura y observación de todos lo que era mejor en la cultura europea.

Experiencias que otros hombres podrían haber aceptado como derrotas, sólo sirveron para enfocar los poderes de Douglas Reed en lo que sería su tarea más importante - el de investigar y recontar la historia de los últimos 2000 años y más, de tal forma que sea comprensible para el lector común, mucha de la historia moderna que yace en nuestro tiempo empapada en la oscuridad y estrechamente guardada por el terror de un sistema invisible de censura.

El Libro

Comenzando en 1951, Douglas Reed gastó más de tres años - mucho de este tiempo separado de su esposa y su joven familia - trabajando en la Biblioteca Central de Nueva York, o tecleando su máquina de escribir en alojamientos espartanos en Nueva York o Montreal. Con un celo esmerado, el libro fue reescrito, todas, las 300.000 palabras de él, y el Epílogo sólo fue agregado en 1956.

La historia del propio libro - las raras circunstancias en que fue escrito, y cómo el manuscrito, después de haber permanecido oculto por más de 20 años, salió a la luz y fue por fin hecho disponible para su publicación - es parte de la historia de nuestro siglo, entregando cierta claridad a una lucha de la cual, las multitudes no conocen nada: que se lleva a cabo implacable e incesantemente en el campo de batalla de la mente humana.

Necesitaba alguna fuente no común de poder espiritual y motivación para llevar a la realización un libro tan grande que involucraba tanta laboriosa investigación y verificación cruzada, un libro, además, el cual tenía muy pocas o ninguna oportunidad de ser publicada durante la vida del autor.

Aunque existe correspondencia mostrando que el título fue discutido brevemente con un editor, el manuscrito nunca fue enviado, sino que permaneció durante 22 años guardado, en tres archivos sobre un armario en la casa de Reed en Durban, África del Sur.

Relajado y en paz con él mismo, con el conocimiento que había llevado a cabo su gran empresa hasta donde era posible en las circunstancias del momento, Douglas Reed aceptó su jubilación forzada pacientemente como periodista y escritor, puso detrás de sí todo lo que pertenecía a su pasado y se ajustó alegremente a un modo diferente de existencia, en que la mayoría de sus nuevos amigos y conocidos, encantados con su mente vivaz y el rico sentido de humor, permanecieron por años, desconociendo totalmente que éste hombre era de hecho, el **Douglas Reed** de fama literaria.

De algo estaba seguro, tanto si sucediera o no en su tiempo de vida, el momento llegaría cuando las circunstancias lo permitieran, y los medios fuesen encontrados, comunicaría al mundo su mensaje de historia reescrita, y el mensaje central reafirmado.

INTERPRETACIÓN

Del resto, **La Controversia de Sión**, puede ser dejada hablar por sí misma; de hecho, es un trabajo de historia revisionista y de exposición religiosa del mensaje central, el cual se revela en casi cada página, comprensivo y compasivo de las personas, pero muy crítico de las ambiciones inmoderadas y peligrosas de sus líderes.

En el último capítulo, bajo el encabezado, **El Climaterio**, Douglas Reed comenta que si él hubiese planeado todo cuando comenzó escribiendo su libro en 1949, él no podría haber escogido un mejor momento que los últimos meses de 1956, para repasar la larga historia del Sionismo Talmúdico y repasarlo contra el trasfondo de lo que todavía estaba pasando en la fase de la política mundial.

En 1956 fue el año de otra elección presidencial norteamericana en la cual, una vez más, los Sionistas demostraron su firme poder para influir en la política Occidental; fue el año en que las naciones de Occidente estaban de pie, como desvalidos espectadores del momento en que las fuerzas soviéticas fueron usadas para aplastar una revuelta espontánea y re-instalar un régimen Judío-comunista en Hungría; y fue el año en que Bretaña y Francia, bajo la presión sionista, fueron arrastrados al desastroso fiasco de un intento por capturar el Canal de Suez, una aventura de la cual, una vez más, sólo Israel ganó alguna ventaja.

Todo lo que ha pasado desde que Reed escribió aquellas últimas frases en 1956, ha continuado endosando a la exactitud de su interpretación de más de 2000 años de problemática histórica.

El Medio Oriente ha seguido siendo una área de intensa actividad política y de la falsificación máxima de noticias y supresión del genuino debate, y fueron sólo algunos, con un poco de conocimiento del rol del Sionismo Talmúdico y del Comunismo, quienes podrían tener alguna oportunidad de resolver el problema de los sucesivos eventos de importancia mayor, como la llamada Guerra de los Seis Días en 1967 y la masiva invasión israelita del Líbano en 1982.

Aquellos que han leído **La Controversia de Sión** no se sorprenderán al aprender que había señales claras de colusión entre la Unión Soviética e Israel precipitando el ataque israelita sobre Egipto, esto fue sólo porque el Coronel Nasser fue advertido por los jefes de Kremlin que Israel estaba a punto de atacar al aliado de Egipto, Siria por lo cual movió casi todas sus fuerzas armadas a la frontera norte de su país, donde cayeron fácil presa del ejército inmensamente superior de Israel.

Parecía como si nada hubiera cambiado cuando en 1982 Israel lanzó un ataque masivo y mucho más cruel sobre el sur del Líbano, ostensiblemente con el propósito de desarraigar la Organización de la Liberación de Palestina, pero en realidad, en un adelanto de una política expansionista, sobre la cual los líderes judíos siempre han sido notablemente francos.

Por este tiempo, sin embargo, la mitología pro-sionista de los políticos Occidentales y los medios de comunicación en el cual Israel siempre fue representado como una diminuta y virtuosa nación y en constante necesidad de ayuda y protección, estaba obviamente empezando a perder mucha de su credibilidad, así muy pocos quedaron sorprendidos cuando el Instituto británico de Estudios Estratégicos anunció que Israel podría ser considerado ahora como el cuarto poder militar del mundo, después de EE.UU., la Unión Soviética y la República Popular de China - bastante más adelante de naciones como Bretaña y Francia.

Más profundo en su significancia fue la reacción del pueblo judío, tanto en Israel como en el extranjero, ante el claro triunfo de las armas sionistas en el Líbano. Mientras los políticos Occidentales y los medios de comunicación seguían siendo timoratos y refrenados en sus comentarios, incluso después de las noticias sobre la matanza de aproximadamente 1500 hombres, mujeres y niños en dos campos de refugiados en Beirut, 350,000 residentes de Tel Aviv organizaron una demostración pública contra su gobierno y hubo informes en la prensa judía que la controversia sobre la guerra Libanesa había remecido el ejército de Israel y afectado todos los rangos.

De esto, también, Douglas Reed parece haber tenido algún presentimiento, ya que entre las últimas palabras de su libro están éstas:

"Creo que los judíos del mundo están comenzando a ver el error del Sionismo revolucionario, el gemelo del otro movimiento destructivo, y cuando este siglo acabe, decidirán finalmente buscar el envolvimiento común en la humanidad".

IVOR BENSON

Capítulo 1

El comienzo del asunto

La verdadera partida de este asunto ocurrió en un día en el 485 A.C. la cual esta narrativa tratará en su sexto capítulo. En ese día, la pequeña tribu Palestina de Judah (antes repudiada por los Israelitas) desarrolló un credo racial, cuyo efecto disociador en los asuntos humanos subsecuentes, puede haber excedido los explosivos o las epidemias. Éste fue el día en el cual la teoría de la raza de los amos fue fijada en "La Ley."

En ese momento, Judah era una pequeña tribu entre los pueblos súbditos del rey Persa, y lo que hoy es conocido como "Occidente" ni siquiera podía imaginarse. Ahora, la era cristiana tiene casi dos mil años y la "Civilización Occidental" que se desarrolló de ella, está amenazada con la desintegración.

El credo nacido en Judah hace 2,500 años, en la opinión del autor, ha provocado principalmente esto. El proceso, de la causa original hasta el presente efecto, puede remontarse claramente porque el período es, en lo principal, uno de historia comprobable.

El credo que una secta fanática produjo ese día, ha mostrado un gran poder sobre las mentes de los hombres, a lo largo de estos veinticinco siglos; dado su logro destructivo. **Por qué** tuvo que nacer en ese momento particular, o alguna vez, es algo que nadie puede explicar.

Esto está entre los más grandes misterios de nuestro mundo, a menos que la teoría que cada acción produce una reacción igual y opuesta sea válida en el área del pensamiento religioso; para que el impulso, que en ese momento remoto propusieron muchos hombres buscando un Dios universal de amor, provocara esta feroz contra-idea de una deidad exclusiva y vengativa.

El Judah-ismo era retrógrado incluso en el 458 AC, cuando los hombres en el mundo conocido estaban comenzando a sacar sus ojos de los ídolos y dioses tribales, y buscar a un Dios de todos los hombres, un Dios de justicia y de amistad.

Confucio y Buda ya habían apuntado en esa dirección y la idea de único-Dios era conocida entre los pueblos vecinos de Judah. Hoy a menudo se hace la afirmación que los hombres religiosos, cristianos, musulmanes, u otros, deben tener respeto por el Judaísmo, cualquiera sean sus errores, sobre una base indiscutible: fue la primera religión **universal**, por lo que en cierto sentido, todas las religiones universales descienden de él. A cada niño judío se le enseña esto.

En la verdad, la idea de un Dios único, de todos los hombres, fue conocida largo tiempo antes que la tribu de Judah siquiera tomara forma, y el Judaísmo fue sobre todo, el rechazo de esta idea. El Libro de los Muertos egipcio (cuyos manuscritos fueron encontrados en las tumbas de los Reyes de 2.600 años AC, más de dos mil años antes que la "Ley" Judaica fuese completada) contiene el pasaje: "Tu eres el único, el Dios del mismo principio del tiempo, el heredero de la inmortalidad, formado por ti mismo y nacido de ti mismo; tu creaste la tierra y el hombre". Recíprocamente, las Escrituras producidas en Judah por los Levitas preguntaban, "¿Quién es como tú, O, Señor, **entre** los Dioses?" (Exodus).

La secta que se anexó y dominó la tribu de Judah tomó este creciente concepto de un-Dios de todos-los-pueblos y lo incluyó en sus Escrituras sólo para destruirlo, y diseñar el credo basado en su rechazo. Es negado sutilmente, pero con desdén, y como el credo está basado en la teoría de la Raza-Amos, esta negación es necesaria e inevitable. Una Raza-Amos, si debe haber alguna, debería **en sí misma** ser Dios.

El credo, al cual se le dio fuerza de ley cotidiana en Judah en el 458 AC, era entonces y lo es todavía, única en el mundo. Descansaba en la aserción, atribuida a la deidad tribal (Jehová), que "los Israelitas" (de hecho, los Judahítas) eran su "pueblo elegido" los cuales, si ellos seguían todos sus "estatutos y juicios", serían puestos sobre todos los otros pueblos y se establecerían en una "tierra prometida". Fuera de esta teoría, tanto si fue por la providencia o imprevista necesidad, crecieron las teorías pendientes de "cautividad" y "destrucción". Si Jehová fuese adorado, tal como lo ordenó, en un cierto lugar, en una tierra especificada, todos sus adoradores tenían que vivir allí.

Obviamente todos ellos no podrían vivir allí, pero si ellos vivieran en otra parte, si por fuerza mayor o por propia decisión, automáticamente se transformaban en "cautivos" de "extraños" a quienes ellos tenían que "sacar de raíz" automáticamente, "derribarlos" y "destruirlos". Dado este básico principio del credo, daba lo mismo si los "aprehensores" eran conquistadores o anfitriones amistosos; su suerte ordenada era su destrucción o la esclavitud.

Antes de que ellos fueran destruidos o esclavizados, durante un tiempo fueron los "captores" de los Judahítas, no en su propio derecho, sino porque los Judahítas, habían fallado en la "observancia", y era el castigo merecido. De **esta** manera, Jehová se reveló como el único-Dios de todos-los-pueblos: aunque él "reconocía" sólo al "pueblo escogido", y emplearía a los paganos para castigarles por sus "transgresiones", antes de administrar la destrucción preordenada de estos irreligiosos.

Los Judahítas tenían esta herencia impuesta sobre ellos. Ni siquiera eran suyas, ya que el "pacto", de acuerdo a estas Escrituras, había sido hecho entre Jehová y "los hijos de Israel", y en el 458 AC los israelitas, despreciando a los Judahítas non- Israelitas, ya habían sido largo tiempo atrás absorbidos por otra humanidad, tomando con ellos la visión de un Dios universal, de amor por todos los hombres. Los Israelitas, según toda la evidencia, nunca conocieron este credo racial que llegó a ser conocido a través de los siglos como la religión judía, o Judaísmo. Se mantuvo, durante todo el tiempo, como el producto de Judah de los Levitas.

Lo que pasó antes del 458 AC es mayormente doctrina, leyenda y mitología, distinto del período a seguir, donde están los eventos principales por los cuales son conocidos. Antes del 458 AC por ejemplo, existían fundamentalmente, sólo "tradiciones orales"; el período documental comienza en los dos siglos que llevan al 458 AC, cuando Judah fue repudiada por los Israelitas. En esta fase, cuando la tradición verbal se transformó en la Escritura, ocurrió la perversión. Las palabras que sobreviven de los primeros israelitas muestran que su tradición era de amplia amistad con los vecinos bajo un mismo Dios universal. Esto fue cambiado en lo contrario, por los sacerdotes itinerantes, que segregaron a los Judahítas y establecieron el culto de Jehová como el dios del racismo, del odio y la venganza.

En la tradición más antigua, Moisés era un gran líder tribal que oyó la voz del único-Dios, hablando desde un arbusto en llamas y bajó de la montaña llevando consigo los mandamientos morales de este único-Dios a las personas. El momento en que esta tradición tomó forma, fue cuando la idea de religión estaba bullendo por primera vez en las mentes de los hombres y cuando todos los pueblos estaban adquiriendo las tradiciones y pensamiento de unos a otros.

De dónde puede haber venido la idea de un único-Dios ya ha sido mostrada, aunque los primeros egipcios pueden haberla recibido de otros. La figura del propio Moisés, y su Ley, ambos conceptos fueron tomados del material que ya existía. La historia del descubrimiento de Moisés en los juncos, se tomó prestada, de la leyenda mucho más temprana, (que es idéntica) de un rey de Babilonia, Sargon el Sabio, que vivió entre 1.000 y 2.000 años antes que él; los Mandamientos se parecen mucho a los códigos de leyes, de mucho tiempo antes, de los egipcios, babilónico y Assyrios. Los antiguos Israelitas construyeron en ideas actuales, y por esto al parecer, estaba en camino a una religión universal cuando fueron tragados por la humanidad.

Entonces Judah puso el proceso en reversa, para que el efecto fuese como film visto hacia atrás. Los amos de Judah, los Levitas, cuando diseñaron sus Leyes, también tomaron lo que ellos podrían usar de la herencia de otros pueblos y lo trabajaron dentro del material que ellos estaban amoldando. Comenzaron con el único Dios de todos los hombres, cuya voz se había escuchado brevemente desde el arbusto en llamas (en la tradición oral) y en el curso de cinco libros de su Ley escrita, se convirtió en el Jehová racista y negociador que prometía territorios, tesoros, sangre y poder sobre otros, a cambio de un ritual de sacrificio, que debía ser llevado a cabo en un lugar preciso, en una tierra específica.

Así de esta forma, fundaron el contra-movimiento permanente a todas las religiones universales e identificaron el nombre Judah con la doctrina de auto- segregación de la humanidad, de odio racial, de asesinatos en el nombre de la religión, y en la venganza.

La perversión así lograda, puede remontarse en el Antiguo Testamento, dónde Moisés aparece primero como portador de los mandamientos morales y amante de sus vecinos, y finaliza como un asesino en masa racista, los mandamientos morales se han convertido en sus opuestos entre el ***Éxodo*** y ***Números***. ¡En el curso de esta misma transmutación, el Dios que comienza ordenando a las personas no matar o codiciar los bienes o esposas de su prójimo, termina ordenando una matanza tribal de los pueblos vecinos, ¡sólo las vírgenes son dejadas con vida!

Así el logro de los sacerdotes itinerantes que dominaban la tribu de Judah, tanto tiempo atrás, fue transformado en un pequeño pueblo de cautivos y separados de la idea creciente de un Dios de todos los hombres, para reintegrar una deidad tribal sanguinaria y una ley racista, y para enviar a los seguidores de este credo, en su senda a través de los siglos, con una misión destructiva.

El credo, o la revelación de Dios como se presentó, estaba basada en una versión de la historia, en la que cada evento tenía que ser insertado y confirmar la enseñanza.

Esta versión de historia se fue atrás, hasta la Creación, el momento exacto que fue conocido; como los sacerdotes también afirmaban poseer el futuro, ésta era una historia y teoría completa del universo desde el comienzo hasta el fin. El final sería la consumación triunfante en Jerusalén, cuando el dominio mundial sería establecido sobre las ruinas de los paganos y sus reinos.

El tema de la cautividad-masiva, que termina en una venganza de Jehová ("todos los primogénitos de Egipto"), aparece cuando esta versión de la historia alcanza la fase egipcia, llevando al éxodo-masivo y a la conquista-masiva de la tierra prometida. Este episodio era necesario si los Judahítas deseaban estar organizados como una fuerza disociadora permanente entre las naciones y por esa razón, evidentemente, fue inventada; los estudiosos del Judaísmo están de acuerdo que nada que se parezca a la narrativa en el *Éxodo*, ocurrió en la realidad.

Si Moisés incluso vivió, está en disputa. "Ellos le dicen", dijo el fallecido Rabino Emil Hirsch "que Moisés nunca vivió. Yo accedo. Si ellos me dicen que la historia que vino de Egipto es mitología, yo no protestaré; es mitología. Ellos me dicen que el libro de Isaías, tal como lo tenemos hoy, está compuesto de escritos de por lo menos tres y quizás cuatro períodos diferentes; Yo lo sabía antes de que ellos alguna vez me lo dijeran; antes de que ellos lo supieran, era mi convicción."

Tanto si Moisés vivió o no, él no puede haber guiado el éxodo masivo desde Egipto a Canaan (Palestina).

Ninguna tribu Israelita bien definida existió (dice el Rabino Elmer Berger) en algún momento cuando alguien llamado Moisés puede haber guiado a algún pequeño grupo de esclavos fuera de la esclavitud egipcia. Los Habiru (hebreos) entonces, *ya se habían* establecido en Canaan, habiéndola alcanzado largo tiempo antes desde Babilonia en el lado lejano: Su nombre, Habiru, no denotaba identidad racial o tribal; significa "nómades". Largo tiempo antes de que cualquier pequeña banda liderada por Moisés pudiera haber llegado, ellos habían invadido grandes áreas Canaanitas, y el gobernador de Jerusalén informó al Faraón en Egipto, "El Rey ya no tiene ningún territorio, los Habiru han devastado todo el territorio del Rey".

El más apasionado historiador sionista, el Dr. Josef Kastein, es igualmente específico acerca de esto. Será citado a menudo durante esta narrativa, porque su libro, como este mismo, cubre la totalidad de la controversia de Sión (excepto los últimos veintidós años; fue publicado en 1933). Él dice, "Innumerables tribus Semitas y Hebreas *ya se habían establecido en la tierra prometida* que, Moisés les dijo a sus seguidores, era suyas por el antiguo derecho de herencia; qué importa que las *condiciones actuales en Canaan habían largo tiempo atrás borrado este derecho* y lo dio como ilusorio."

El Dr. Kastein, un sionista ferviente, sostiene que la Ley descrita en el Antiguo Testamento debe ser cumplida a la letra, pero que no pretende tomar seriamente la versión de la historia en que esta Ley está basada. En esto, difiere de los polemistas cristianos de la escuela "cada palabra es la verdad". Sostiene que el Antiguo Testamento era de hecho, un programa político, diseñado para encajar en las condiciones de un tiempo determinado, y frecuentemente revisado para encajar en las cambiantes condiciones.

Por consiguiente, históricamente, la cautividad egipcia, la matanza de "todos los primogénitos de Egipto", el éxodo hacia y la conquista de la tierra prometida *son mitos*. La historia fue inventada, pero la lección, de venganza sobre el pagano, se implantó en las mentes de los hombres y el profundo efecto continúa hasta nuestro tiempo.

Fue inventado evidentemente, para sacar a los Judahítas de la tradición más temprana del Dios que, desde el arbusto en llamas, extendió una simple ley de comportamiento moral y de buena vecindad; por la inserción de un incidente imaginario, alegórico, presentado como verdad histórica, esta tradición se convirtió en su contrario y la "Ley" de exclusión, odio y venganza fue establecida. Con esto como su religión y herencia, certificada por la narrativa histórica añadida a él, una pequeña banda de seres humanos tomó su camino al futuro.

Al momento de ese logro en el 458 A.C., muchos siglos después de cualquier posibilidad que Moisés pudiese haber vivido, mucho había sucedido en Canaan. Los nómades Habiru, suplantando a los Cananitas por infiltración, matrimonios mixtos, asentamiento o conquista, se libraron de la tribu llamada Ben Yisrael, o los Niños de Israel, que se habían dividido en varias tribus, débilmente confederadas y a menudo en guerras entre sí.

El cuerpo principal de estas tribus, los Israelitas, mantuvieron el norte de Canaan. En el sur, aislados y rodeados por pueblos nativos Cananitas, una tribu llamada Judah tomó forma. Esta fue la tribu de dónde emergió el credo racista y las palabras como "Judaísmo", "judaico" y "judío" en el curso de los siglos.

Desde el momento en que aparecen por primera vez como una entidad, esta tribu de Judah tiene una apariencia extraña. Siempre estaban desconectados, y nunca se llevaban bien con sus vecinos. Sus orígenes son misteriosos. Pareciera que desde el principio, con su inquietante nombre, de algún modo fueron separados, en lugar de haber sido "escogidos". Las Escrituras Levíticas lo incluyen entre las tribus de Israel, y como los otros, se mezclaron con la humanidad, esto le dejaría como los últimos demandantes de los premios prometidos por Jehová al "Pueblo Escogido". Sin embargo, incluso esta demanda parece ser falsa, ya que la **Enciclopedia Judaica** imparcialmente dice que Judah era "con toda probabilidad *una tribu non-Israelita*".

Esta tribu con un curioso aire, fue una de las cuales inició viaje hacia el futuro, cargando la doctrina incorporada por los Levitas, a saber, que eran "el pueblo escogido" de Jehová y, que cuando llevaran a cabo "todos mis estatutos y juicios", heredarían una tierra prometida y el dominio sobre todos los pueblos.

Entre estos "estatutos y juicios" tal como los Levitas finalmente editaron, aparecían repetidamente, las órdenes, "destrucción absoluta", "derrumbe", "corte de raíz". Judah fue destinada a producir una nación dedicada a la destrucción.

Capítulo 2

El final de Israel

Aproximadamente quinientos años antes del evento del 458 A.C., o hace casi tres mil años de hoy, la breve y problemática asociación entre Judah y los Israelitas ("los hijos de Israel") llegó a su fin.

Israel rechazó el credo del pueblo elegido que estaba empezando a tomar forma en Judah y tomó su propio camino.(La adopción del nombre "Israel" por el estado Sionista que fue establecido en Palestina en 1948, fue una pretensión transparentemente falsa).

Los eventos que llevaron a la infeliz y efímera unión, cubrieron los primeros siglos. El período mitológico o legendario de Moisés fue seguido por uno en Canaan durante el cual, "Israel" era la entidad fuerte, cohesiva y reconocible, la confederación de las diez tribus en el norte. Judah (a la que la pequeña tribu de Benjamín se unió) era una pequeña comunidad en el sur. Judah, de la cual desciende el Sionismo de hoy, era una tribu de mala reputación.

Judah vendió a su hermano Joseph, el hijo más querido de Jacob-llamado-Israel, a los Ismaelitas, por veinte monedas de plata (tal como Judas, el único judío entre los discípulos, mucho después, traicionó a Jesús por treinta monedas de plata), y luego fundó la tribu en el incesto, (Génesis 37-38).

Los escribas sacerdotales que plasmaron estos Relatos Escritos siglos más tarde, se habían transformado en los amos de Judah y alteraron la tradición oral, siempre que quisieron, la pregunta salta por sí misma: ¿Por qué se esforzaron para conservar, o posiblemente incluso, insertar, esta atribución del comienzo incestuoso y de una naturaleza traicionera, al pueblo mismo que, dijeron, eran los elegidos de Dios?

La cosa es misteriosa, como muchas otras en las Escrituras Levíticas, y sólo el corazón de la secta podría proporcionar una respuesta.

Sin embargo, esas Escrituras y las autoridades de hoy, están de acuerdo sobre la separación de "Israel" y "Judah."

En el Antiguo Testamento, Israel es llamado a menudo "la casa de Joseph", en marcada diferencia con "la casa de Judah". La ***Enciclopedia Judaica*** dice, "Joseph y Judah representan ***dos líneas distintas de*** *descendencia*" y agregan (como ya fue citado) que Judah fue "con toda probabilidad una tribu non-Israelita".

La Enciclopedia Británica dice que el Judaísmo se desarrolló **mucho tiempo después que los Israelitas se habían mezclado con la humanidad**, y que la verdadera relación de los dos pueblos se expresa mejor en la frase, "***Los Israelitas no eran Judíos***". Históricamente, Judah sobreviviría por un tiempo y llevaría el Judaísmo adelante, el cual engendró al Sionismo. Israel desaparecería como entidad, y todo ocurrió de esta manera:

La pequeña tribu en el sur, Judah, llegó a ser identificada con la tribu de los sin tierras, esa de los Levitas. Estos sacerdotes hereditarios, que afirmaron que sus oficios habían sido entregados a ellos por Jehová en el Monte Sinai, fueron los verdaderos padres del Judaísmo. Ellos vagaban entre las tribus, predicando que la guerra de uno era la guerra de todos, y la guerra de Jehová. Su objetivo era el poder y ellos se esforzaban por una teocracia, un estado en el cual Dios es el soberano y la religión es la ley. Durante el período de los Jueces, lograron su objetivo en alguna magnitud, porque ellos naturalmente *eran* los Jueces. Lo que ellos, y el aislado Judah más necesitaba era la unión con Israel. Israel que desconfiaba de este sacerdocio que ordenaba leyes, no escucharía los deseos de hablar de unificación a menos que estuviese bajo un rey; todos los pueblos circundantes tenían reyes.

Los Levitas tomaron esta oportunidad. Ellos vieron que si un rey fuese designado, la clase gobernante proporcionaría al candidato, y ellos eran la clase gobernante. Samuel, a la cabeza, preparó una monarquía títere, detrás del cual, el sacerdocio manejaba el verdadero poder; esto se logró a través de la estipulación que el rey sólo debe reinar durante su vida, lo que significaba que no podría fundar una dinastía. Samuel escogió a un campesino joven de la tribu de Benjamín, Saúl, que se había hecho de algún nombre en la guerra tribal y, probablemente, se pensaba que era dócil (la opción de alguien de la tribu de Benjamín sugiere que Israel no deseaba considerar a algún hombre de la tribu de Judah para el reinado). Comenzó entonces el reino unificado de Israel; en la realidad sobrevivió sólo este reinado, el de Saúl.

En el destino de Saúl (o en el relato entregado de él en las Escrituras posteriores) la naturaleza siniestra del Judaísmo, como se le fue dando forma, puede discernirse. Le ordenaron comenzar la guerra santa atacando a los Amalekites "***y destruir absolutamente*** todo lo que ellos tienen, y no los salve; sino que mata a ambos, hombres y mujeres, infantes y lactantes, bueyes y ovejas, camellos y asnos". Saúl destruyó entonces a "hombres y mujeres, infantes y lactantes", pero salvó al Rey-Agag y las mejores ovejas, bueyes, potros y corderos. Por esto fue excomulgado por **Samuel** que en secreto escogió a un tal David de ***Judah***, para ser el sucesor de Saúl.

Después de esto, Saúl se esforzó vanamente en poner celo en la "destrucción absoluta" para aplacar a los Levitas, y luego atentando contra la vida de David para salvar su trono. Finalmente se mató el mismo.

Posiblemente nada de esto sucedió; es el relato entregado en el Libro de Samuel que los Levitas produjeron siglos después. Tanto si es verdad o es alegórico, la importancia yace en la clara implicación: Jehová demandaba la obediencia literal cuando ordenaba la "destrucción absoluta", y la misericordia o la piedad eran pecados capitales. Esta lección es demostrada en muchos otras descripciones de eventos que fueron posiblemente históricos y posiblemente imaginarios.

Éste fue realmente el fin, hace tres mil años, del reino unido, ya que Israel no aceptaría al hombre de Judah, David, como rey. El Dr. Kastein dice que "el resto de Israel lo ignoró" y proclamó al hijo de Saúl, Ishbosheth, como rey, en dónde nuevamente la división entre Israel y Judah "realmente tuvo lugar". Según Samuel, Ishbosheth fue asesinado y su cabeza fue enviada a David, quien después de esto restauró una unión nominal y Jerusalén fue hecha su capital. En la realidad, nunca más logró unir el reino o las tribus; fundó una dinastía que sobrevivió un reinado más.

El Judaísmo formal sostiene hasta el día de hoy, que la consumación Mesiánica ocurrirá bajo un rey mundial de "la casa de David"; y la exclusión racial es el primer principio del Judaísmo formal (y la ley de la tierra en el estado Sionista). Los orígenes de la dinastía fundada por David son así de relevancia directa en esta narrativa.

La discriminación racial y la segregación eran claramente desconocidas en las tribus-pueblos en esos días de la asociación entre Israel y Judah, ya que el Antiguo Testamento dice que David, el Judahita, desde el tejado de su casa, vio "a una hermosa mujer" bañándose, le ordenó que viniera a él y la embarazó, y luego había enviado a su marido, un Hittita, a la primera línea de batalla con órdenes que fuese asesinado. Cuando él fue muerto, David agregó a la mujer, Bathsheba, a sus esposas, y el segundo hijo que tuvo con ella, se transformó en el próximo rey, Salomón (esta historia de David y Bathsheba, como está relatada en el Antiguo Testamento, fue censurada en una película de Hollywood realizada en nuestros días).

Tal fue la ascendencia racial de Salomón, el último rey de la quebrada confederación, según los escribas de Levítico. Comenzó su reinado con tres asesinatos, incluyendo el de su hermano, y vanamente trató de salvar su dinastía por el método de Habsburg, el matrimonio, aunque en mayor escala. Se casó con princesas de Egipto y de muchas tribus vecinas y centenares de esposas menores, de tal manera que por sus días, la segregación racial debe haber sido desconocida. Construyó el templo y estableció un alto sacerdocio hereditario.

Ésa fue la historia, concluida en el 937 AC, de la corta asociación entre Israel y Judah.

Cuando Salomón murió, los incompatibles socios finalmente se separaron, y en el norte de Israel, reasumieron su vida independiente. El Dr. Kastein dice:

"Los dos estados ya **no tenían nada más en común**, para bien o para mal, que cualquier otros dos países con una frontera en común. De vez en cuando emprendieron la guerra uno contra el otro o hicieron tratados, pero ellos estaban completamente separados. **Los Israelitas dejaron de creer que tenían un destino aparte de los pueblos vecinos y el Rey Jeroboam hizo la separación de Judah completa, tanto en sentido religioso como en el sentido político".**

Entonces, de los Judahitas, el Dr. Kastein agrega, "ellos decidieron que estaban destinados para desarrollarse como **una raza separada...** exigieron un orden de existencia **fundamentalmente diferente de los pueblo alrededor de ellos**. Éstas eran diferencias que no permitieron ningún proceso de asimilación a otros. **Exigieron separación, diferenciación absoluta.** "

Así la causa de la brecha y la separación estaba clara. Israel creía que su destino yacía en su relación con la humanidad, y rechazaba a Judah sobre las mismas bases que recurrentemente, en los próximos tres mil años, causarían en otros pueblos alarma, resentimiento y repudio hacia el Judaísmo. "Judah demandaba separación, diferenciación absoluta". (Sin embargo, el Dr. Kastein, aunque él dice "Judah", en realidad significa "los Levitas"¿Cómo podría siquiera la tribu pueblo de Judah, en esa fase, haber exigido "separación y la diferenciación absoluta", cuándo Salomón había tenido mil esposas?)

Eran los Levitas, con su credo racial lo que Israel rechazaba. Los próximos doscientos años, durante los cuales Israel y Judah existieron separadamente, y a menudo en enemistad, pero lado a lado, están llenos con las voces de los "profetas" hebreos, incriminando a los Levitas y el credo que ellos estaban construyendo. Estas voces todavía convocan a la humanidad a salir de la oscuridad tribal que confunde mucho del Antiguo Testamento, porque ellos critican seriamente el credo que estaba en fabricación tal como Jesús lo criticó 700 u 800 años después, cuando ya estaba largamente establecido, en el Templo en Jerusalén.

Estos hombres, eran casi todos Israelitas; la mayoría de ellos era Josephitas. Ellos estaban en camino al único-Dios de todos-los-pueblos y a la participación dentro de la humanidad. No eran únicos entre los hombres en esto: pronto el Buda, en India, se opondría en su Sermón en Benares y sus Cinco Mandamientos de Integridad al credo de Brahma, el creador de la segregación de castas, y al culto de ídolos. Ellos eran verdaderos seguidores israelitas contra la enseñanza de los Levitas que se identificarían con el nombre de Judah.

El nombre "profetas hebreos" no es correcto porque no hicieron ningún pretensión del poder de adivinación y estaban molestos con la descripción ("yo no fui ningún profeta, tampoco soy el hijo de un profeta", **Amos**). Ellos eran protestantes en su tiempo y dieron simples advertencia de las consecuencias incalculables del credo racial; su advertencia permanece válida hasta hoy.

Las demandas del sacerdocio Levita los llevaron a estas protestas, particularmente la demanda sacerdotal del primogénito ("Aquel que abra el útero es mío", ***Éxodo***), y la insistencia sacerdotal en los ritos de sacrificios.

Los protestantes Israelitas (para quienes la "llamada ley Mosaica" era desconocida, según el Sr. Montefiore) no vio virtud en el correr de la sangre propugnado por los sacerdotes, el sacrificio interminable de animales y de las "ofrendas por fuego", en el "sabor dulce" de la grasa, lo cual se suponía complacía a Jehová. Ellos criticaban la doctrina sacerdotal de matar y esclavizar a "los paganos". Dios, clamaban, desea un comportamiento moral, una conducta de vecindad y justicia hacia los pobres, los huérfanos de padre, las viudas y los oprimidos, no de sacrificios de sangre y odio a los paganos.

Estas protestas proporcionan las primeras luces del alba que llegaron unos ochocientos años después. Ellos se encuentran en extraña compañía entre las órdenes de hacer matanzas que abundan en el Antiguo Testamento. La cosa extraña es que estas protestas sobrevivieron la recopilación, cuando Israel se había marchado y los Levitas, supremos en Judah, plasmaron las Escrituras.

El estudioso de hoy no puede explicar, por ejemplo, por qué el Rey David condena a Nathan públicamente al reprenderlo por tomar a la esposa de Uriah y por haber asesinado a Uriah. Posiblemente entre los escribas posteriores que compilaron la narrativa histórica, largo tiempo después que Israel y los protestantes Israelitas se habían ido, fueron quienes tenían en mente, inventaron de esta manera continuar sus protestas. Recíprocamente, estos pasajes benévolos e ilustrados son seguidos a menudo, por otros muy fanáticos, atribuidos al mismo hombre, cancelando o poniendo lo opuesto en su lugar. La única explicación razonable es que éstas son interpolaciones hechas posteriormente, traer a los herejes en línea con el dogma de los Levitas.

Cualquiera sea la explicación, estas protestas Israelitas contra la herejía de Judah tienen un llamado en el tiempo y forman el monumento al desaparecido Israel. Ellos tomaron su camino, como pequeñas hojas de verdad, entre las piedras oscuras de la saga tribal. Ellos apuntaron al camino de la elevación y pavimentaron el camino del envolvimiento común en la humanidad y fuera del abismo tribal.

Elijah y Elisha ambos trabajaron en Israel, y Amos le habló solamente a los Josephitas. Atacó los sacrificios de sangre y los ritos sacerdotales en particular: "Odio, desprecio vuestras fiestas y no me deleito en vuestras solemnes asambleas. Sí, aunque me ofrezcáis las ofrendas por fuego y vuestras ofrendas de alimentos, no las aceptaré".

"Tampoco consideraré las ofrendas de paz de vuestras gordas bestias. Saquen lejos de mi el ruido de vuestras canciones" (las liturgias cantadas de los Levitas) "y permítanme no escuchar la melodía de vuestras violas. Pero dejen que el juicio corra como el agua y la rectitud como un arroyo poderoso". Y luego el reproche inmortal a la doctrina del "pueblo especial": "No sois vosotros como los hijos etíopes hacia mí, O hijos de Israel, dijo el Señor."

Hosea, otro Israelita, dice, "yo deseaba la misericordia y no el sacrificio, y el conocimiento de Dios más que las ofrendas por el fuego". Hosea exhorta a la práctica de "justicia y rectitud", "bondad, amor, compasión y fidelidad", no a la discriminación y al desprecio.

En los tiempos de Micah, los Levitas aparentemente todavía exigían el sacrificio de todos los primogénitos a Jehová:

"¿Con qué vendré yo ante el Señor y me inclinaré ante Dios encendido en lo alto?

¿Vendré ante él con ofrendas por el fuego, con terneros de un año? Estará el Señor complacido con miles de carneros o con diez mil ríos de aceite. *¿Daré yo a mi primogénito por mis transgresiones, el fruto de mi cuerpo por el pecado de mi alma?* Se te ha dicho a ti, O hombre, lo que está bien y lo que Dios requiere de ti: sólo hacer lo correcto y amar la misericordia y caminar humildemente con tu Dios."

Estos hombres lucharon por las almas de las personas de la tribu-pueblo durante los dos siglos, cuando Israel y Judah existieron uno junto al otro, y a veces con la espada desenfundada. Durante este período, los Levitas, que antes estaban distribuidos entre las doce tribus, fueron empujados más y más hasta congregarse en la diminuta Judah y en Jerusalén, y para concentrar sus energías en los Judahítas.

Entonces, el 721 AC, Israel fue atacada y conquistada por Asiria y los Israelitas fueron llevados a la cautividad. Judah se salvó de ese momento y durante otro siglo permaneció como un insignificante vasallo, primero de Asiria y luego de Egipto, y de la fortaleza de la secta de los Levitas.

En ese punto "los hijos de Israel" desaparecen de la historia y si las promesas que se le hicieron fuesen devueltas, esta redención debe estar evidentemente entre los rangos de la humanidad en la que ellos se involucraron y se unieron. Dada la prevaleciente tendencia hacia occidente entre los movimientos de gentes durante los últimos dos mil setecientos años, es probable que mucha de su sangre haya entrado en los pueblos europeos y americanos.

Los Judaístas exigen, por otro lado, que Israel estaba totalmente y merecidamente "perdido", porque rechazó el credo de los Levitas y escogió el "acercamiento con los pueblos vecinos". El Dr. Kastein cuyos palabras son estas, casi veintisiete siglos después, ardientemente regocijado, sobre ese mismo relato, en su caída dice: "Las diez tribus del norte, con su separado desarrollo, se habían alejado tanto ahora de su pariente en el sur, que la crónica de su caída toma la forma de una breve declaración, escueta de hecho, adoleciendo de alguna expresión de pesar. Ningún poema épico, ningún canto fúnebre, ninguna simpatía marcó la hora de su caída."

El estudioso de la controversia de Sión tiene que trabajar mucho antes que empiece a descubrir sus misterios, pero muy pronto descubrirá que en todas las cosas se habla con dos lenguas, una para "los paganos" y una para los iniciados.

Los Levitas de los tiempos antiguos y los Sionistas de hoy no creen que los Israelitas "desaparecieron sin dejar un rastro" (como el Dr. Kastein dice). Ellos fueron declarados "muertos", de la misma forma que un judío que se casa fuera de la comunidad hoy en día, es **declarado "muerto"** (por ejemplo, el Dr. John Goldstein); ellos fueron excomulgados y sólo en ese sentido "desaparecieron."

Los pueblos no se extinguen; los indios norteamericanos, los Blackfellows australianos, los Maoris de Nueva Zelanda, los Bantu de África del Sur y otros son las pruebas de eso. En este sentido, los Israelitas no pudieron "ser llevados cautivos", si los hubiesen exterminado físicamente. Su sangre y pensamiento sobreviven en la humanidad, en alguna parte, hoy.

Israel permaneció separado de Judah por su propia voluntad, y por las mismas razones que desde entonces han despertado la desconfianza y el recelo de otros pueblos. Los Israelitas "no eran judíos"; los Judahítas con toda probabilidad, "no eran Israelitas".

El verdadero significado de la aserción que Israel "desapareció" será encontrado más tarde en el Talmud que dice: "Las diez tribus no tienen ningún lugar en el mundo que vendrá". Así, "los hijos de Israel" son expulsados del cielo por la secta gobernante de Judah, porque se negaron a excluirse de la humanidad en la tierra.

El Rabino Jefe del Imperio británico en 1918, el Rev. J.H. Hertz, en su respuesta a una pregunta sobre este punto ha dicho explícitamente, "Las personas conocidas en la actualidad como judíos son descendientes **de las tribus de Judah y Benjamín** con un cierto número de descendientes de la tribu de Levi". Esta declaración deja absolutamente claro que "Israel" no tenía nada que hacer en lo que se ha transformado en el Judaísmo (ninguna autoridad, ni judía ni otras, apoyarían la afirmación sobre la descendencia de Judah, para los judíos de hoy, pero esto es de poca importancia).

Por consiguiente el uso del nombre "Israel" por el estado Sionista que se creó en Palestina en este siglo es en su naturaleza una falsificación. Alguna razón fuerte debe haber dictado el uso del nombre de un pueblo que no eran judíos y que no tendrían nada del credo en el cual se ha transformado el Judaísmo. Una teoría defendible se sugiere en sí misma. El estado Sionista fue establecido con el consentimiento de las grandes naciones occidentales, que también es el área de la Cristiandad. El cálculo puede haber sido que estas personas serían tranquilizadas en sus conciencias, si ellos fuesen llevados a creer que estaban cumpliendo la profecía Bíblica y la promesa de Dios a "Israel", a cualquier costo, en la "destrucción" de pueblos inocentes.

Capítulo 3

LOS LEVITAS Y LA LEY

Durante los cientos de años que siguieron la conquista Asiria de Israel, los Levitas en Judah empezaron a compilar la Ley escrita. En el 621 AC produjeron *el **Deuteronomio*** y lo leyeron a las personas en el templo en Jerusalén.

Éste fue el nacimiento de "la ley Mosaica" que Moisés, si alguna vez vivió, nunca conoció.

Se llama ley Mosaica porque se le atribuye a él, pero las autoridades están de acuerdo que fue el producto de los Levitas, que entonces y después repetidamente hicieron que Moisés dijera (y de esta forma, Jehová) lo que los satisficiera. Su descripción correcta sería "la ley de los Levitas" o "la ley Judaica".

*El **Deuteronomio*** es al Judaísmo formal y al Sionismo lo que el Manifiesto comunista fue para la destructiva revolución de nuestro siglo. Es la base de la Torah ("la Ley") contenida en el Pentateuco, los cuales en sí mismo forman el material crudo del Talmud, que nuevamente dio nacimiento a esos "comentarios" y comentarios de comentarios - comentarios que juntos constituyen la "ley" Judaica.

Por consiguiente *el **Deuteronomio*** también es la base del programa político del dominio mundial sobre las naciones expoliadas y esclavizadas, que ha sido por largo tiempo realizada en Occidente durante este Siglo Veinte. El ***Deuteronomio*** es de relevancia directa con los eventos de nuestros días, y mucha de la confusión que los rodea, se dispersa si ellos se estudian en su luz.

Fue leído, en el 621 A.C., a una audiencia tan pequeña y en un lugar tan pequeño que sus grandes efectos para el mundo entero, a través de los siguientes siglos hasta nuestro tiempo, son por contraste lo más impactante.

Antes que se compilara el ***Deuteronomio*** existía solamente la "tradición oral" de lo que Dios dijo a Moisés. Los Levitas afirmaron ser los guardianes consagrados de esta tradición y la tribu-pueblo tenían que tomar su palabra para ello (sus pretensiones con respecto a esto causaron el enojo principalmente de los "profetas" Israelitas). Si algo hubiese estado escrito antes de la lectura del ***Deuteronomio***, tales manuscritos eran fragmentarios y estaban al cuidado de los sacerdotes, y eran tan poco conocidos por los miembros de una tribu primitiva como lo son los poetas griegos para los que viven en las colinas de Kentucky hoy en día.

Que el **Deuteronomio** era *diferente* de algo que había sido conocido o comprendido antes es implícito en su nombre que significa "Segunda Ley". El **Deuteronomio**, de hecho, era el **Judaísmo** de los Levitas, revelado por primeran vez; los Israelitas (como ya lo hemos demostrado) "no eran judíos" y nunca conocieron *esta* "Ley."

Significativamente, el **Deuteronomio** que aparece como el quinto libro de la Biblia de hoy, con un aire de generarse en forma natural de los anteriores, fue el primer libro en ser completado en conjunto. Aunque el **Génesis y Éxodo** proporcionan el fondo histórico y sientan las bases para él, ellos fueron producidos más tarde por los Levitas, y **Leviticus y Números**, los otros libros de la Torah, fueron compilados incluso más tarde.

El **Deuteronomio** puso las primeras tradiciones vueltas sobre su cabeza, si esto estaba en armonía con los mandamientos morales.

Sin embargo, los Levitas estaban dentro de su derecho autoconcedido haciendo cualquier cambio que ellos quisieran, porque ellos estaban divinamente autorizados para enmendar la Ley, tal como oralmente fue revelada por Dios a Moisés en orden de adecuarlas con "las condiciones de existencia constantemente cambiantes en el espíritu de la enseñanza tradicional" (Dr. Kastein).

En esa materia, ellos afirmaron también que Moisés había recibido en el Monte Sinai una Torah oral *secreta* que *nunca* debería ser escrita. En vista de la inclusión más tarde del Antiguo Testamento en un volumen con el Nuevo Testamento cristiano, y la asunción del común de los Gentiles que tiene delante de sus ojos toda "la Ley Mosaica", esta calificación es de interés permanente.

El Talmud, tal como es citado por el Dr. Funk, dice, "Dios previó que vendría un día en el tiempo, en que los Paganos se apropiarían de la Torah y le dirían a Israel, 'Nosotros, también, somos hijos de Dios'. Entonces el Señor dirá: 'Sólo aquel que conoce mis secretos mi hijo es'. ¿Y cuáles son los secretos de Dios? Las enseñanzas orales".

A las pocas personas que escucharon leer el **Deuteronomio** en el 621AC, y que entonces se enteraron por primera vez lo que iba a ser la "Ley Mosaica", se les dijo que los manuscritos habían sido descubiertos. Hoy en día las autoridades del Judaísmo rechazan esto y están de acuerdo que el **Deuteronomio** fue el trabajo independiente de los Levitas en Judah, en una aislada Judah después del rechazo de los Israelitas y la conquista de Israel. El Dr. Kastein pone el asunto así:

"En el 621 A.C., un antiguo manuscrito empolvado por los años se descubrió entre los archivos. Entregan una *curiosa versión de las leyes* que se habían codificado hasta ese entonces, una suerte de repetición y **variación** de ellas, entregando un organizador de instrucciones con respecto a los deberes de los hombres a Dios y a sus vecinos. Estaba organizado en la forma de discursos, **supuestamente** fueron entregados por Moisés justo antes de su muerte, en el lado más lejano de Jordania. ***Es imposible determinar quien fue el autor.***"

Así el Dr. Kastein, un defensor que espera la consumación literal de "la Ley Mosaica" en cada detalle, no cree que su autor fue Jehová o Moisés. Es suficiente para él que fueron producidas por el sacerdocio que entregaba la leyes, los cuales para él, es la autoridad divina.

Tampoco puede decir ahora cuan parecido es el ***Deuteronomio***, tal como lo conocemos ahora, al ***Deuteronomio*** que se leyó en el 621A.C., ya que los libros del Antiguo Testamento se revisaron repetidamente hasta el momento de su primera traducción, cuando se hicieron varias otras modificaciones, probablemente para evitar la excesiva perturbación entre los Gentiles. No existen dudas que algo fue cortado entonces, por lo que el ***Deuteronomio*** en su forma original puede haber sido de hecho feroz, ya que aquello que resta es lo suficientemente salvaje.

La intolerancia religiosa es la base de esta "Segunda Ley" (la intolerancia racial le seguiría después, en otra "Nueva Ley") y asesinar en nombre de la religión es su principio distintivo. Esto hace necesaria la destrucción de los Mandamientos morales que de hecho son preparados para derribarlos. Sólo aquellos que se relacionan con el culto exclusivo al "celoso" Jehová quedan intactos. Los otros, son enterrados bajo un gran montón de "estatutos y juicios" (regulaciones emitidas bajo una Ley gobernante, como fue) qué en el efecto las cancela.

Así los mandamientos morales contra el asesinato, el robo, el adulterio, la codicia, la mala vecindad, y similares son viciados por una masa de "estatutos" que expresamente ordenan la matanza de otros pueblos, el asesinato de apostatas individualmente o en comunidades, la toma de concubinas de entre las mujeres cautivas, la "destrucción absoluta" que no se deje "nada vivo", la exclusión de "los extraños" de la remisión de sus deudas y similares.

Cuando se llega al final del ***Deuteronomio***, los mandamientos morales han sido anulados de esta forma, con el propósito de una religión, la grandiosa idea política de un pueblo especialmente enviado al mundo a destruir y a "poseer" a los otros pueblos y gobernar sobre la tierra. La idea de ***destrucción*** es esencial en el ***Deuteronomio***. Si se saca esta idea, nada del ***Deuteronomio***, o de la Ley Mosaica, restaría.

Este concepto de destrucción como artículo de fe es único, y donde ocurre en el pensamiento político (por ejemplo, en la filosofía comunista) también puede derivar originalmente de la enseñanza del ***Deuteronomio***, ya que no existe ninguna otra fuente donde se encuentre.

El ***Deuteronomio*** es sobre todo un ***programa político*** completo: la historia del planeta, creada por Jehová para, este "pueblo especial", que será completada por su triunfo y la ruina de todos los otros. Los ***premios*** ofrecidos a los creyentes son exclusivamente materiales: matanza, esclavos, mujeres, botín, territorio, imperio. La única ***condición*** necesaria para estos premios es la ***observancia*** de "los estatutos y juicios" que fundamentalmente ordenan la destrucción de otros. La única ***culpa*** definida yace en la non-observancia de estas leyes. La ***in***tolerancia es especificada como ***observancia***; la tolerancia como ***non-observancia***, y por consiguiente como culpa. Los castigos prescritos son de este mundo y de la carne, no del espíritu. El comportamiento moral, si es que alguna vez se exigió, sólo es requerido hacia los co-religionarios y se excluyen los "extraños" de él.

Esta forma única de nacionalismo fue presentada primero a los Judahítas en el ***Deuteronomio*** como "la Ley" de Jehová y como su palabra literal, comunicada a Moisés. La noción de dominio mundial a través de la destrucción es introducida al comienzo (capítulo 2) de estos "discursos supuestamente entregados" por el Moisés agonizante:

"El Señor me habló a mí, diciendo... Este día quiero yo comenzar a poner el miedo de ti y el miedo sobre todas las naciones que están bajo todo el cielo, quienes oirán informes de ti y temblarán, y estarán en la angustia debido a ti". Como símbolo de esto, el destino de dos naciones se muestra en seguida. "El Rey de Sihon y el Rey de Bashan "salieron contra nosotros, él y todas sus personas", donde fueron "absolutamente destruidos, los hombres, y las mujeres, y los pequeños", sólo el ganado fue salvado y "los despojos" fueron tomados "como una presa para nosotros mismos". (La insistencia en la destrucción ***absoluta*** es un rasgo recurrente y significativo de estas anécdotas ilustrativas).

Estos primeros ejemplos del poder de Jehová para destruir al pagano son seguidos por la primera de muchas advertencias, que a menos que se observen "los estatutos y juicios", Jehová castigará a su pueblo especial dispersándolo entre estos irreligiosos. La enumeración de estos "estatutos y juicios" sigue los Mandamientos, la validez moral de los cuales, se destruye en seguida por una promesa de matanza tribal:

"Siete grandes naciones y más poderosas que ustedes" serán entregadas en las manos de los Judahítas, y:

"Tu les ***destruirás absolutamente***; no harás ningún convenio con ellos, ni mostrarás misericordia hacia ellos... ***destruirás*** su altar... porque tu eres una persona santa hacia el Señor tu Dios; el Señor tu Dios te ha escogido para ser el pueblo especial para él, sobre todos los pueblos que están en la faz de la tierra... Tu serás bendecido sobre todos los pueblos... Y tu ***consumirás*** a todas las personas que el Señor tu Dios te entregará; a tus ojos ***no tendrás piedad*** de ellos... el Señor tu Dios enviará las avispas entre ellos, hasta que ellos abandonen, y se escondan de ti, para ser ***destruidos***... Y el Señor tu Dios quitará estas naciones ante ti poco a poco... Pero el Señor tu Dios te los entregará, y los ***destruirás*** con una ***destrucción poderosa*** hasta que ellos sean ***destruidos***. Y él te entregará a sus reyes en tu mano, y tú ***destruirás*** sus nombres bajo el cielo; no habrá ningún hombre que puede enfrentarte, hasta que tú los hayas ***destruido***."

En el Vigésimo Siglo DC, los pueblos de occidente, en conjunto, habían dejado de ligar algún significado actual a estas incitaciones, pero los pueblos directamente involucrados pensaban de una manera diferente. Por ejemplo, la población árabe de Palestina huyó en masa de su tierra nativa después de la matanza de Deir Yasin en 1948, porque este evento significó para ellos (tal como sus perpetradores pensaron que significaría) que si ellos se quedaban, serían "**destruidos absolutamente**."

Ellos supieron que los líderes Sionistas, en sus parloteos con los políticos británicos y norteamericanos del distante Occidente, habían declarado repetidamente que "la Biblia es nuestro Mandato" (Dr. Chaim Weizmann), y ellos supieron (si las gentes Occidentales no comprendieran) que la alusión era a tales pasajes como aquellos en que se ordenaba la "destrucción absoluta" de los pueblos árabes. Ellos supieron que los líderes de Occidente habían apoyado y continuarían apoyando a los invasores y así no tenían ninguna esperanza, ni siquiera de sobrevivir, sólo huir era su salvación. Esta matanza de 1948 DC se relaciona directamente con los "estatutos y juicios" extendidos en capítulo 7 del libro de La Ley que los Levitas completaron y leyeron el 621 AC.

Las incitaciones y fascinaciones del ***Deuteronomio*** continúan: ". Ve allí para ***poseer*** las naciones mas grandes y más poderosas que tu mismo... el Señor tu Dios es él qué la traerá ante ti; como un fuego consumiendo él los ***destruirá***, y él los derrumbará delante de tu cara; así le podrás quitar, y los ***destruirás*** rápidamente, cuando el Señor te ha dicho... Para que así tu guardes diligentemente todos los mandamientos que yo te he ordenado... entonces el Señor quitará todas estas naciones delante de ti, y vosotros ***poseeréis*** grandes naciones y más poderosas que ustedes mismos... incluso hacia el mar más distante será tu costa. Allí ningún hombre será capaz de estar frente a ti: porque el Señor tu Dios pondrá el miedo a ti y el miedo a ti sobre toda la tierra en que tu camines."

Entonces Moisés, en esta cuenta, enumera los "estatutos y juicios" que deben observarse si quieren obtener todos estos premios, y nuevamente "la Ley" es destruir:

"Éstos son los estatutos y juicios que tu observaras para hacer... Tú ***destruirás absolutamente*** todos los lugares, en donde las naciones que tú ***poseas*** sirvieron a sus dioses... Cuando el Señor tu Dios ***quite*** las naciones delante de ti, donde te dirijas para ***poseerlas***, y tu tengas éxito en ello: Pon la atención en ti mismo, que tu no caigas en trampas al seguirlos... y que tu no preguntes por sus dioses."

Este principio de "la Ley" le exige al creyente que destruya las otras religiones. Era imparcial cuando fue promulgada pero obtuvo un aplicación específica en los siglos posteriores por el hecho que la fe cristiana creció allí, y la masa de judíos se movió entonces, a la misma área geográfica: Occidente. (Esto hizo a la Cristiandad el objeto primario de la orden de destruir absolutamente los lugares"... ", y dinamitar las catedrales rusas, la apertura de "museos anti-Dios", la canonización de Judas y otros actos de los primeros gobiernos Bolcheviques, que estaban compuestos de nueve de cada 10, de judíos Orientales, eran evidentemente hechos de "observancia" bajo este "estatuto" del *Deuteronomio*).

Las ideas de la inquisición de herejes y de los denunciantes que Occidente ha usado en sus períodos retrógrados y ha repudiado en sus períodos ilustrados, también encuentra su fuente original (a menos que alguien pueda localizar uno más anterior) en el *Deuteronomio*. Para que cualquier hereje no pudiera cuestionar la Ley de destrucción, resumida en los párrafos precedentes, el *Deuteronomio* proporciona el siguiente "si allí se levanta entre ustedes un profeta o un soñador de sueños... (él) se pondrá a la muerte"; la crucifixión de Jesús (y las muertes de numerosos protestantes contra el Judaísmo literal) clasifica bajo este "estatuto."

Se solicita la denuncia de parientes que incurren en sospechas de herejía. Este fue el dispositivo terrorista introducido en Rusia por los Bolcheviques en 1917 y copiado en Alemania por los Nacional Socialistas en 1933.

El mundo cristiano en el momento, profesó el horror a estas innovaciones de barbarismo, pero el método simplemente se extiende en el *Deuteronomio* que solicita que cualquiera que diga, "Déjenos ir y servir a otros dioses", sean denunciados por sus hermanos, hermanas, hijos, hijas, esposas y así sucesivamente, y sean lapidados hasta la muerte.

Característicamente, el *Deuteronomio* prescribe que la mano de un familiar directo o esposo golpeará "primero sobre" la víctima de una denuncia en su muerte y sólo después "la mano de todas las personas". Este "estatuto de la Ley" todavía se observa hoy, en la medida dictada por las condiciones locales y otras circunstancias.

No pueden los apóstatas ser lapidados hasta la muerte en forma pública en un ambiente de comunidades extranjeras dónde la ley de "los más extraños" podría sostener esto como asesinato, de esta forma una pronunciación formal de "muerte" y una ceremonia de lamento simbólico toma lugar; vea el relato del Dr. John Goldstein para el rito simbólico y un reciente intento para reafirmar la pena literal que durante siglos se infligió a menudo en las comunidades judías cerradas, dónde la ley de "los extraños" no podía alcanzar.

La Ley también demanda que se hagan matanzas de comunidades enteras bajo la acusación de apostasía: "Ciertamente golpearás con violencia a los habitantes de esa ciudad con el filo de la espada, **destruyéndoles absolutamente**, y todos lo que se encuentre allí."

En este asunto de destruir ciudades, el **Deuteronomio** distingue entre ciudades cercanas (es decir, Palestina) y ciudades lejanas. Cuando una "ciudad lejana" sea capturada, "golpearás a todo varón con el filo de la espada, pero las mujeres, y los pequeños, y el ganado, y todo lo que esté en la ciudad, incluso todo los despojos de eso, lo tomarás para ti... "

Esta incitación en el respeto de mujeres capturadas es un tema recurrente y las disposiciones del **Deuteronomio** establecen la ley que un aprehensor Judahíta que ve entre los cautivos "una mujer hermosa" puede tomarla para su casa, pero si él "no tuviera deleite en ella" puede devolverla nuevamente.

El caso de una ciudad cercana es diferente; rige la ley de la **destrucción absoluta** (contra la que Saúl transgredió). "Pero de las ciudades de estas personas que el Señor tu Dios te la entregó para herencia, **no dejarás nada que respire con vida; Ya que les destruirás absolutamente...** tal como el Señor tu Dios te lo ha ordenado."

(Este verso 16 del capítulo 20, nuevamente, explica la huida masiva de los árabes Palestinos después de Deir Yasin, dónde nada que respiraba salvó con vida. Ellos vieron que el cumplimiento literal de la ley del 621 A.C. era la orden del día en 1948 DC, y que el poderío del Occidente estaba detrás de este cumplimiento de la Ley de "**destrucción absoluta**".)

La Segunda Ley continúa: "Tu eres un pueblo sagrado para el Señor tu Dios, y el Señor te ha escogido para que seas un pueblo especial para él mismo, sobre todas las naciones que están en la tierra". Luego sigue "los estatutos y juicios" proporcionan entonces que "cualquier cosa que muera por sí misma", está sucia, no puede comerse, pero "tú lo entregarás a los extraños... o puedes venderlos a los forasteros; porque eres un pueblo sagrado hacia el Señor tu Dios."

Cada siete años un acreedor remitirá la deuda de su "vecino", pero "de un extraño tu puedes exigirla nuevamente". El Capítulo 10 (sorprendentemente en este contexto) dice, "Ama por consiguiente a los extraños; porque tu fuiste un extraño en la tierra de Egipto", pero el capítulo 23 lleva la familiar cancelación: "No prestarán con usura a tu hermano... a un extraño le puedes prestar con usura" (y los ejemplos más graves de esta discriminación legal entre los "prójimos" y los "extraños" aparecen en libros posteriores,).

El **Deuteronomio** finaliza con el tema de las muy prolongadas, arrolladoras y estruendosas maldiciones-o-bendiciones. Moisés, cerca de su muerte, una vez más exhorta "al pueblo" para escoger entre las bendiciones y maldiciones, y éstas se enumeran. Las bendiciones son exclusivamente materiales: prosperidad a través del aumento de familiares, cosechas y más ganado; la derrota de enemigos; y el dominio mundial. "El Señor tu Dios te pondrá muy alto sobre todas las naciones de la tierra... El Señor te establecerá como pueblo santo para él... Y todas las personas de la tierra verán que tu eres llamado por el nombre del Señor; y ellos te tendrán miedo... **tu le prestarás a muchas naciones, y tu no pedirás prestado.** Y el Señor te hará la cabeza, y no la cola; y tú estarás solamente arriba, y tú no estarás abajo..."

Estas bendiciones ocupan trece versos; las maldiciones ocupan unas cincuenta o sesenta. La deidad, en cuyo nombre se profieren las maldiciones, claramente se sostiene capaz de hacer el mal (de hecho, esto se declara explícitamente en un libro posterior, *Ezekiel*, como será mostrado).

El Judaísmo en forma literal, está fundamentalmente basado en el terror y el miedo y la lista desplegada de maldiciones en el capítulo 28 de La Segunda Ley, muestran la importancia que el sacerdocio le concedió a esta práctica de maldecir (qué los Judaístas literales sostienen hasta este momento que su uso es efectivo). ¡Estas maldiciones, sea recordado, son los castigos para la non-observancia, no para las transgresiones morales! "Si tu no escuchas la voz del Señor tu Dios, observar para hacer todos sus mandatos y estatutos... todas estas maldiciones vendrán sobre ti..."

La ciudad y la morada, los niños, cosechas y ganado, será maldecido "hasta que tu seas **destruido** y hasta que tu **perezcas absolutamente**". Plaga, envejecimiento, inflamación, moho, ruina, hemorroides, costras, picazón, locura, ceguera, hambre, canibalismo y sequía son especificadas. Las esposas de los hombres yacerán con otros hombres; sus niños se perderán en la esclavitud; cualquiera que quede en casa será comido por sus padres, el padre y madre se disputarán la carne y negarán algo para los niños aún con vida. (Estas maldiciones fueron incluidas en la Gran Prohibición cuando fueron pronunciadas contra los apostatas en tiempos relativamente recientes, y en el afianzamiento de la Judería Talmúdica probablemente está en el uso hoy).

Las enfermedades y desastres serían visitantes de las personas "si tu no observas hacer todas las palabras de esta ley que están escritas en este libro, que tu puedas temer este nombre glorioso y atemorizante, el Señor Tu Dios: Yo llamo al cielo y a la tierra para grabar este día contra ti, que yo he puesto ante tu vida y muerte, bendiciendo y maldiciendo; por consiguiente escoge la vida que tanto tú como tu semilla puedan vivir para siempre."

Así fue la vida y las bendiciones que los Judahítas, reunidos en el Templo el 621 A.C., fueron exhortados en el nombre de Jehová y de Moisés para escoger, por su jefe tribal Josiah, portavoz del sacerdocio. El propósito y significado de la existencia, bajo esta "Ley Mosaica", era la destrucción y la esclavitud de otros por causa del pillaje y el poder. Israel puede desde ese momento, sentirse feliz de haber sido pronunciado muerto y haber sido excluido de tal mundo por venir. Los Israelitas se había mezclado en el torrente sanguíneo viviente de la humanidad; en sus orillas los Judahítas fueron dejados encallados en el poder de un sacerdocio fanático que les ordenaba, bajo pena de "todas estas maldiciones", a *destruir*.

Al terror inspirado por "todas estas maldiciones" los Levitas agregaron también un cebo. Si "el pueblo volviera y obedeciera la voz del Señor, y hace todos sus mandatos... ", entonces "todas estas maldiciones" serán *transferidas a sus "enemigos"* (¡No porque éstos hubiesen pecado, sino simplemente para aumentar la medida de la bendición conferida a los Judahítas rehabilitados!)

En esta doctrina el *Deuteronomio* revelaba más claramente, el estado que le corresponde al pagano por La Segunda Ley. En el último análisis, "el pagano" no tiene existencia legal bajo esta Ley; ¿Cómo podrían tenerla, cuándo Jehová sólo "reconoce" al "pueblo sagrado"? En la medida que se admite su existencia real, sólo es para los propósitos como aquellos declarados en el verso 65, capítulo 28 y verso 7 del capítulo 30: a saber, los paganos están para recibir a los Judahítas cuando ellos estén dispersos por sus transgresiones y luego, cuando sus invitados se arrepientan y sean perdonados, los paganos heredarán las maldiciones alzadas de los regenerados Judahítas. En verdad, el segundo verso citado entrega el pretexto que "todas estas maldiciones" se transferirán a los paganos porque ellos "odiaban" y "perseguían" a los Judahítas, pero, ¿Cómo podrían ellos se considerados culpables de esto, cuándo la misma presencia de los Judahítas entre ellos era meramente el resultado de "maldiciones" punitivas infligidas por Jehová? Ya que el propio Jehová, según otro verso (64, capítulo 28) asumió el crédito de poner la maldición del destierro en los Judahítas:

"Y el Señor los esparcirá entre todos los pueblos, desde un fin de la tierra incluso hasta el otro... y entre estas naciones no encontrarás ninguna facilidad, ni la planta de tu pie tendrá tranquilidad... "

El *Deuteronomio* emplea este doble sentido (para usar el idioma moderno) en su extensión: el Señor hace sin hogar al pueblo especial entre los paganos por sus transgresiones; los paganos que no tienen ninguna responsabilidad tanto por su destierro o por estas trasgresiones, son sus "perseguidores"; por lo tanto, los paganos serán destruidos.

La actitud de los Judaístas hacia otra humanidad, creación, y el universo en general, se comprende mejor cuando se han ponderado éstos y otros pasajes relacionados, y sobre todo el lamento constante que los judíos son "perseguidos" por todas partes, que en un tono u otro, atraviesa casi toda la literatura judía. Para cualquiera que acepte este libro como La

Ley, la sola existencia de 'otros' es de hecho persecución; El ***Deuteronomio*** simplemente implica eso.

El judío más nacionalista y el judío más ilustrado, a menudo están de acuerdo en una cosa: ellos no pueden considerar al mundo y sus asuntos de cualquiera otro ángulo que no sea de verdad desde un ángulo judío, y desde ese ángulo "el extraño" parece insignificante. El pensamiento lo hace así, y éste es el legado de veinticinco siglos de pensamiento judío; incluso aquellos judíos que ven la herejía o la falacia, no siempre puede despojarse completamente del incubus [espíritu maligno] en sus mentes y espíritus.

El pasaje del ***Deuteronomio*** que se citó en último lugar, muestra que la secta gobernante describe la falta de hogar como un acto del dios del pueblo especial y al mismo tiempo como persecución por los enemigos del pueblo especial, mereciendo "todas estas maldiciones". Para las mentes de tal egotismo extremo, un incidente político en que 95 Gentiles y 5 judíos pierden sus vidas o la propiedad, es simplemente un desastre anti-judío, y ellos no son conscientemente hipócritas en esto. En el Vigésimo Siglo esta norma de juicio se ha proyectado en las vidas de otros pueblos y aplicado a todos los eventos en la dura experiencia de occidente.

Así, vivimos en el siglo de la falacia Levítica.

Habiendo encargado de poner "todas estas maldiciones" en las partes inocentes, si los Judahítas volvieran a la observancia de "todos estos estatutos y juicios", el resucitado Moisés del ***Deuteronomio*** prometió una bendición más ("El Señor tu Dios, volverá delante de ti, y él ***destruirá*** a estas naciones delante de ti, y tu las ***poseerás***... ") y entonces será permitido morirse en la tierra de Moab.

En la "Ley Mosaica" la idea destructiva tomó forma, que fue amenazar la civilización cristiana y Occidente, algo entonces no soñado. Durante la era cristiana un concejo de teólogos tomó la decisión que el Antiguo Testamento y el Nuevo debían unirse en un libro, sin alguna diferenciación, como si ellos fueran el tallo y las flores, en lugar de objetos inmóviles y fuerza irresistible. La enciclopedia que tengo ante mí mientras escribo, establece lacónicamente que las iglesias cristianas aceptan el Antiguo Testamento como de "igual autoridad divina" con el Nuevo Testamento.

Esta aceptación descalificada cubre el contenido entero del Antiguo Testamento y puede ser la fuente original de mucha confusión en las iglesias cristianas y de mucha distracción entre las masas que buscan la Cristiandad, ya que el dogma requiere la creencia en las cosas opuestas al mismo tiempo. ¿Cómo podría el mismo Dios, por mandamiento a Moisés, ordenar a los hombres para amar a sus prójimos y "destruir absolutamente" a sus prójimos?

¿Qué relación puede haber allí, entre el Dios universal de amor de la revelación cristiana y la deidad de las maldiciones del ***Deuteronomio***?

Pero si de hecho todo el Antiguo Testamento, incluyendo éstas y otras órdenes, es de "igual autoridad divina" con el Nuevo, entonces el Occidente de hoy en día tiene la autoridad para invocarlo en justificación de esos hechos por los cuales la Cristiandad se negó a sí misma: la importación por parte de los colonos británicos de esclavos africanos a Norteamérica, el tratamiento que le dieron a los indios americanos por parte de los colonos norteamericanos y canadienses, y el duro trato de gobierno que los Afrikaners aplicaron sobre los Bantú del sur de África. Puede poner directamente la responsabilidad por todas estas cosas en su sacerdote cristiano o en su obispo, si ese hombre enseña que el Antiguo Testamento, con su repetida orden para matar, esclavizar, y expoliar es igualmente de "autoridad divina". Ningún religioso cristiano puede sentirse sin culpa, si esto es lo que enseña. La decisión teológica que preparó este dogma fundido sobre la Cristiandad y los siglos por venir a la sombra del ***Deuteronomio***, tal como cayó sobre los Judahítas mismos cuando se los leyeron en el 621 AC.

Sólo otra pieza escrita ha tenido algún efecto comparable en las mentes de los hombres y en las generaciones futuras; si alguna simplificación es permisible, lo más tentador es ver la historia entera de Occidente, y particularmente de este decisivo Vigésimo Siglo, como una lucha entre la Ley Mosaica y el Nuevo Testamento y entre las dos estructuras de la humanidad que los alinea a ellos mismos, detrás de uno u otro de aquellos mensajes de odio y amor respectivamente.

En el ***Deuteronomio*** nació el Judaísmo, y este podría haber sido un nacimiento en silencio, y del ***Deuteronomio*** nunca se podría haber escuchado nuevamente, si ese asunto hubiese descansado solamente en los Levitas y en sus cautivos Judahítas. Ellos no eran numerosos, y una nación cien veces más grande nunca podría haber esperado dar fuerza a este bárbaro credo en el mundo, por la fuerza de su propio músculo. Había sólo una forma en que "la Ley Mosaica" podría ganar vida y potencia y transformarse en una influencia perturbadora en la vida de otros pueblos durante los siglos a seguir. Esto era, si algún "extraño" poderoso (entre todos esos extraños que tenían que ser maldecidos), algún poderoso rey de todos esos "paganos" que aún tenían que ser destruidos, les apoyaran con armas y tesoros.

Precisamente eso estaba a punto de suceder cuando Josiah leyó La Segunda Ley al pueblo en el 621 AC, y que se repetiría continuamente a través de los siglos hasta nuestros días: ¡la gigantesca improbabilidad de la cosa confronta la igualmente grande y demostrable que es así! Los gobernantes de esas "otras naciones" que serían desposeídas y serían destruidas, repetidamente abrazaron el credo destructivo, cumplieron las órdenes de la secta dominante, y a expensas de sus propios pueblos ayudaron a llevar más allá su extraña ambición.

Unos veinte años después de la lectura del **Deuteronomio** en Jerusalén, Judah fue conquistada por el rey babilónico, aproximadamente el 596 A.C. En el momento, esto pareció el fin del asunto, que en sí mismo era uno pequeño entre los grandes eventos de ese período. Judah nunca más existió como un estado independiente, y para los Levitas, su Segunda Ley y el auxiliador extranjero, los Judahítas, tal como los Israelitas, habrían sido envueltos en la humanidad.

En cambio, la victoria babilónica fue el comienzo del asunto, o de sus grandes consecuencias para el mundo.

La Ley, en lugar de morir, creció más fuerte en Babilonia, dónde por primera vez, un rey extranjero le dio su protección. El permanente estado-dentro de-los-estados, nación-dentro de-las-naciones, fue proyectado, en un principio, en la vida del pueblo; la experiencia inicial en usurpar el poder sobre ellos fue ganada. Mucho sufrimiento para otros pueblos fue urdido entonces.

En cuanto a los Judahítas, o los Judaístas y judíos que surgieron de ellos, parecen haber adquirido el futuro más infeliz de todos. En todo caso, no fue un hombre feliz (aunque era escritor judío de nuestros días, 2,500 años después, el Sr. Maurice Samuel) quién escribió:

"… **Nosotros los judíos, los destructores, continuaremos siendo los destructores para siempre… nada que los Gentiles hagan llenarán nuestras necesidades y demandas.**"

A primera vista esto parece burlón, venenoso y desvergonzado. El estudioso diligente de la controversia del Sionismo descubre que está más en la naturaleza de un lamento de desesperación, tal como la "Ley Mosaica" debe estrujarse de cualquier hombre que siente que él no puede escapar de su doctrina implacable de destrucción.

Capítulo 4

Forjando las cadenas

El episodio babilónico fue decisivo en sus consecuencias, tanto para la pequeña tribu de Judah en ese momento como para el mundo Occidental de hoy en día. Durante este período los Levitas alcanzaron logros que afectarían permanentemente la vida de los pueblos.

Agregaron cuatro Libros al ***Deuteronomio*** y así prepararon una Ley de intolerancia racial-religiosa la cual, si pudiese llevarse a cabo, alejaría para siempre a los Judahítas de la humanidad. Mediante el experimento en Babilonia, encontraron las formas de llevarlas a cabo, es decir, de mantener a sus seguidores segregados de aquellos entre quien residían.

Adquirieron autoridad entre sus captores, y finalmente "derrumbaron" y "destruyeron absolutamente" la casa de sus aprehensores; si esto sucedió o no realmente, ellos pasaron esta versión de la historia a una posteridad que lo aceptó y con el tiempo comenzaron a ver en estas personas una irresistiblemente fuerza destructiva.

La primera "cautividad" (la egipcia) parece haber sido completamente legendaria; de todos modos, lo que se conoce lo pone en duda y cuando el ***Éxodo*** fue completado después de los incidentes Babilónicos, los escribas Levíticos pueden haber inventado la historia de la anterior "cautividad", y del castigo de Jehová a los egipcios, para apoyar la versión del período babilónico que entonces estaban preparando.

En cualquier caso, lo que realmente pasó en Babilonia, parece haber sido muy diferente de la historia de una cautividad masiva, lo cual fue seguido posteriormente por un retorno masivo, que ha sido transmitido por las escrituras de los Levitas.

Ningún éxodo-masivo de cautivos de Jerusalén a Babilonia puede haber ocurrido, porque la masa del pueblo de los Judahítas, de los cuales posteriormente, surgió una nación judía, ya estaba extensamente distribuida sobre el mundo conocido (es decir, alrededor del Mediterráneo, en las tierras hacia el oeste y el este de Judah), habiendo ido hacia cualquier lugar donde las condiciones para el comercio fueron más favorables.

Con respecto a eso, el cuadro estaba en sus proporciones muy parecido a como se encuentra hoy. En Jerusalén había solamente un núcleo, compuesto fundamentalmente de los devoto más celosos del culto del Templo y gente cuyos objetivos los limitaban a la tierra. Las autoridades están de acuerdo en que solamente unas decenas de miles de personas fueron llevadas a Babilonia, y que éstas representaban un pequeño fragmento del total.

Tampoco eran los Judahítas los únicos en esta dispersión, aunque la literatura de lamentos implica eso. Los Parsees de India ofrecen un caso casi idéntico y del mismo período; ellos, también, sobrevivieron la pérdida de su estado y país, como comunidad religiosa en dispersión. Los siglos posteriores ofrecen muchos ejemplos de la supervivencia de grupos raciales o religiosos lejos de su clima original. Con el paso de las generaciones, tales grupos raciales comienzan simplemente pensar en la patria de sus antepasados como el "antiguo país"; los religiosos vuelven sus ojos hacia una ciudad santa (digamos, Roma o La Meca) desde un lugar diferente de la tierra simplemente.

La diferencia en el caso del Judahítas fue que el antiguo país y la ciudad santa eran lo mismo; a la cual el Jehovaísmo exigía un retorno triunfante y la restauración del templo-culto, sobre los cuerpos de los destruidos paganos; y que esta religión también era su ley de vida cotidiana, así que una ambición política mundana, del antiguo tipo tribal o nacionalista, era también fundamentalmente un artículo de fe. Otros credos similares de los tiempos primitivos se fosilizaron; este logró sobrevivir para alterar la vida de los pueblos a lo largo del tiempo hasta nuestros días, cuando logró su efecto más disociador.

Éste fue el resultado directo de los experimentos realizados y la experiencia ganada por los Levitas en Babilonia, dónde ellos pudieron primero probar el credo en un ambiente extranjero.

El comportamiento benévolo de los conquistadores babilónicos hacia sus prisioneros Judahítas fue exactamente lo contrario de aquel ordenado a los Judahítas en circunstancias inversas, por la Segunda Ley, que había sido leída a ellos justo antes de su derrota: "No dejes con vida nada que respire... "El Dr. Kastein dice que los cautivos "disfrutaron de la libertad" completa de residencia, culto, ocupación y administración propia.

Este liberalismo le permitió a los Levitas transformar en cautivos a personas que eran claramente libres; bajo la insistencia sacerdotal, fueron reprimidos para establecerse en comunidades cerradas, y de esta forma nació el ghetto y el poder de los Levitas. El control Talmúdico de la era cristiana que decretaba la excomunión de judíos, si ellos sin permiso vendieran "propiedad del vecindario" a los "extraños", viene de aquel primer experimento de auto segregación en Babilonia.

El apoyo de los gobernantes extranjeros fue necesario para encerrar a estos expatriados por sus propios sacerdotes, y se dio en esta ocasión por primera vez, como en innumerables otras ocasiones desde entonces.

Con su pueblo firmemente aplastado bajo sus dedos pulgares, los levitas estaban listos para completar la recopilación de "La Ley". Los cuatro libros que ellos agregaron al **Deuteronomio** conformaron la Torah, y esta palabra, la cual originalmente significaba doctrina, ahora se reconoce que significa "la Ley". Sin embargo, "completar" es la palabra más engañosa en esta conexión.

Sólo la *Torah* (en el sentido de los cinco libros) se completó. La Ley no fue entonces y nunca podrá completarse, dado la existencia de la "Torah secreta" guardada por el Talmud (el cual en sí mismo fue más tarde, la continuación de la Torah), y la demanda sacerdotal del derecho divino de interpretación. De hecho, *"la Ley"* fue constantemente cambiada, a menudo para cerrar alguna abertura que le podría haber permitido a "los extraños" disfrutar algún derecho delegados solamente a los "hermanos". Algunos ejemplos de este continuo proceso de enmendadura ya han sido entregados y otros se entregarán en este capítulo.

El efecto normalmente era provocar el odio o desprecio hacia "los extraños" una parte integral de "la Ley" a través de la provisión de multas discriminatorias o inmunidades. Cuando la Torah fue completada, una gran muralla, única en su naturaleza, pero todavía incompleta, había sido construida entre un ser humano que en cualquier momento aceptaba esta "Ley" y el resto de la humanidad.

La Torah no permitía ninguna distinción entre esta Ley de Jehová y aquella de los hombres, entre el derecho civil y religioso. La ley de "los extraños", teológica y jurídicamente, no tenía existencia, y cualquier pretensión para llevarla a cabo fue "persecución", ya que Jehová era la única ley.

El sacerdocio afirmó que la Torah gobernaba cada acto de la vida diaria, hasta el más trivial. Cualquier objeción que Moisés no pudiera haber recibido de Jehová en la montaña, instrucciones detalladas que cubrían cada acción concebible, realizadas por el hombre, fue ensamblada con el dogma que el sacerdocio, como relevo de corredores, pasaba de generación en generación "la tradición oral" de la revelación de Jehová a Moisés, y el poder infinito de re interpretación. Sin embargo, tales objeciones eran raras, cuando la Ley prescribía la pena de muerte para los incrédulos.

El Sr. Montefiore comenta, con precisión, que el Antiguo Testamento es "legislación revelada" y no "verdad revelada", y dice que los profetas Israelita no pueden haber conocido algo sobre la Torah ya que los Levitas la completaron en Babilonia. Las palabras de Jeremías, "la pluma de los Escribas es en vano" evidentemente se refiere a este proceso de revisión Levítica y a la atribución de innumerables nuevos "estatutos y juicios" de Jehová y Moisés. El "pecado" no fue un concepto en la Torah como tomó forma posteriormente. Eso es lógico, ya que en la ley no puede haber "pecado", sólo crimen o faltas. La única ofensa conocida a esta Ley era la *non-observancia* que significaba crimen o falta. Lo que normalmente se entiende por "pecado", a saber, la trasgresión moral, a veces expresamente se ordenaba hacerla o se hacía exonerable por el sacrificio de un animal.

La idea del "retorno" (junto con las ideas relacionadas de destrucción y dominio) era básica al dogma, el cual mantenía o se dejaba caer. No existía entre las personas un fuerte impulso para volver de Babilonia a Jerusalén (no más que ahora, cuando el instinto de la inmensa mayoría de judíos es completamente en contra del "retorno", ya que para que el estado Sionista es mucho más fácil encontrar el dinero en el extranjero que entre los inmigrantes).

La culminación literal era el principio supremo y eso significaba que la posesión de Palestina, el "centro" del imperio dominante por venir, era esencial (como lo es todavía); su importancia en el modelo era política, no residencial.

Así los Levitas en Babilonia agregaron *Éxodo, Génesis, Levíticos y Números* al *Deuteronomio*. *Génesis y Éxodo* proporcionan una versión de la historia amoldada para encajar en la "Ley" que los Levitas por entonces ya habían promulgado, en el Deuteronomio. Esto va directamente a la Creación del cual los Escribas supieron la fecha exacta, (aun cuando los primeros dos capítulos del Génesis dan cuentas algo diferentes de la Creación y de la acción de las manos de los levitas, tal como creen los estudiosos, se puede ver más en el segundo capítulo que en el primero).

Cualquier cosa que haya sobrevivido de la anterior tradición Israelita, está en el Génesis y en el Éxodo, y en los pasajes ilustrados de los profetas Israelita. Estas partes más benévolas invariablemente son canceladas posteriormente por otras partes fanáticas, qué probablemente son interpolaciones de los Levitas.

El enigma es adivinar por qué los Levitas permitieron que estos vislumbres de un Dios amoroso de todos los hombres permanecieran; cuando ellos invalidaron la Nueva Ley y podrían haberlo sacado. Una teoría defendible podría ser que la tradición más antigua era también muy conocida por el pueblo-tribu para ser simplemente borrada, así que tuvo que ser mantenida y cancelada por incidentes alegóricos y enmendaduras.

Aun cuando el *Génesis y Éxodo* fueron producidos después del *Deuteronomio*, el tema del tribalismo fanático es débil en ellos. La inflada y en crescendo llega en el *Deuteronomio, Levíticos y Números*, que llevan el sello pleno de los Levitas en el aislado Judah y en Babilonia.

Así en *Génesis* el único eco del estruendo y la furia es, "Y yo haré de ti una gran nación y yo te bendeciré, y haré tu nombre grande; y tu serás una bendición; y yo bendeciré a esos que te bendigan, y maldeciré al que te maldijo; y en ti todas las familias de la tierra serán bendecidas... y el Señor apareció ante Abraham, y dijo, A tu semilla le daré esta tierra... "

El *Éxodo* no es muy diferente: por ejemplo, "Si tu de hecho... haces todo lo que digo, entonces yo seré un enemigo hacia tus enemigos... y yo los cortaré"; e incluso estos pasajes pueden ser interpolaciones de los Levitas.

Pero en el *Éxodo* aparece algo de primera importancia: esta promesa está **sellada en sangre**, y de este punto, corre como un río de sangre a través de los libros de La Ley. Moisés es descrito como "tomando la sangre y salpicándola sobre las personas" y diciendo, "contemplen la sangre del convenio, que el Señor hizo contigo con respecto a todas esta palabras". La oficina hereditaria y perpetua del sacerdocio de los Aaronites está fundada en este ritual de sangre: Jehová le dice a Moisés, "Y toma en ti a Aaron, tu hermano y sus hijos con él, para que pueda atenderme en la oficina del sacerdocio".

La forma de la consagración de un sacerdote es explicada en detalles por el propio Jehová, según los escribas Levitas:

Debes tomar un buey y dos carneros "sin manchas", haberlos matado "delante del Señor", y sobre el altar quemar un carnero y la entrañas del buey. La sangre del segundo carnero será puesta "en la punta de la oreja derecha de Aaron y en punta de la oreja derecha de sus hijos y en el dedo pulgar de sus manos derechas y en los dedos grandes de sus pies derechos" y salpicar la sangre "sobre el altar y alrededor de él... y sobre Aaron, y en sus ropas, y sobre sus hijos y las ropas de sus hijos."

La figura de los sacerdotes bañados de sangre, así mostrada, vale contemplarla. Incluso a esta distancia de tiempo la pregunta salta por sí misma: ¿Por qué se ha puesto este énfasis insistente en el **sacrificio-sangre** en los libros de la Ley que los Levitas produjeron? La respuesta parece estar en el extraño genio de la secta por infundir el miedo por el terror; ¡Con la sola mención de la "sangre", en tales contextos, hace que los fieles o supersticiosos Judahítas tiemblen por sus propios hijos!

Está todo explicado en detalles en *Éxodo*, esta demanda de los fanáticos sacerdotes al primogénito de sus seguidores:

"Y el Señor habló a Moisés, diciendo, Santifica a mí todos los primogénitos, lo que abra el útero entre los hijos de Israel, de ambos, hombres y de bestia: es mío."

Según el pasaje anteriormente citado de *Micah*, esta práctica de sacrificar al primogénito humano continuó por largo tiempo, y la visión del ensangrentado Levita debe haber tenido una significancia terrible para los miembros humildes de la tribu, ya que en las palabras atribuidas a Dios, citadas previamente, el primogénito "de hombre y de bestia" se asocian.

Esta importancia permaneció largo tiempo después que el sacerdocio (de una manera de lo más ingeniosa que se describirá después) urdió discontinuar el sacrificio humano, mientras mantenía la prerrogativa. ¡Incluso entonces la sangre que se rociaba sobre el sacerdote, aunque era sangre animal, para la congregación, era simbólicamente la sangre de su propia descendencia!

Es más, en las fortalezas Talmúdicas de la Judería, este sangriento ritual de los sacerdotes ha continuado hasta nuestro tiempo; ésta no es una reminiscencia de la antigüedad. Veinticuatro siglos después de que el *Éxodo* fue compilado, los Rabinos de la Reforma de Norteamérica (en Pittsburg en 1885) declararon: "Nosotros ni esperamos un retorno a Palestina, *ni un culto de sacrificios bajo la administración de los hijos de Aaron*; ni la restauración de cualquiera de las leyes acerca del Estado Judío".

La importancia de esta declaración yacía en la necesidad, así sintieron en 1885, hacerla públicamente; muestra que la escuela opuesta de la Judería todavía practicaba la observancia literal, incluso el ritual del "culto al sacrificio". (Por los años 1950 los Rabinos de la Reforma de Norteamérica habían perdido mucho terreno y estaban en franca retirada ante la fuerza de Chauvinismo Sionista).

La paternidad literaria Levítica de la Torah es indicada, nuevamente, por el hecho que en más de la mitad de los cinco libros, se entregan instrucciones minuciosamente detalladas, atribuidas directamente al Señor, sobre la construcción y equipamiento de altares y tabernáculos, de la tela y los diseños de vestiduras, las tiaras, cintos, el tipo de cadenas de oro y piedras preciosas con los cuales, el sacerdote bautizado en sangre será vestido, así como el número y tipo de bestias que deberán ser sacrificadas por las varias transgresiones, los usos que se les dará a su sangre, el pago de diezmos y shekels, y en general los privilegios y donaciones al sacerdocio. Relatos de capítulos son consagrados, en particular al sacrificio de sangre.

Dios probablemente no precia en alto nivel la sangre de animales o los finos vestuarios de los sacerdotes.

Ésta era la misma cosa contra la cual los "profetas" Israelitas habían protestado. Era la momificación de una religión tribal primitiva; aún es La Ley de la secta gobernante y es de gran potencia en nuestro mundo actual.

Cuando ellos compilaron estos Libros de la Ley, los escribas Levitas incluyeron muchos incidentes alegóricos o ilustrativos de los horribles resultados de la "non- observancia".

Éstas son las parábolas del Antiguo Testamento, y su moral es siempre la misma: la muerte al *"trasgresor"*. El *Éxodo* incluye al mejor conocido de éstos, la *parábola del ternero dorado.* Mientras Moisés estaba en la montaña, Aaron hizo un ternero dorado; cuando Moisés bajó y lo vio, les ordenó a *"**los hijos de Leví**"* pasar por el campamento "y matar a cada hombre a *su* **hermano**, y cada hombre a *su compañero*, y cada hombre a *su vecino*" lo que estos obedientes Levitas hicieron, y así fue como "allí cayeron del pueblo ese día, cerca de tres mil hombres".

La Cristiandad también ha heredado esta **parábola del ternero dorado** (habiendo heredado el Antiguo Testamento) y sostiene que es una advertencia contra el culto de ídolos. Sin embargo, un motivo bastante diferente puede haber producido la tendencia entre el pueblo, que causó que los Levitas la inventaran. Muchos Judahítas, y posiblemente algunos sacerdotes, pueden haber pensado en ese momento, que Dios estaría más contento con la ofrenda simbólica de un *ternero dorado*, que con el eterno balido de animales al ser asesinados, la "rociadura" de su sangre, y el "sabor dulce" de sus cadáveres ardientes. Los Levitas lucharon furiosamente, en todo momento, contra cualquier debilitamiento de su ritual, por lo que estas parábolas siempre se dirigen contra cualquiera que busque cambiarlo en algún detalle.

Un caso similar es la "rebelión de Korah" (***Números***), cuando "doscientos cincuenta príncipes de la asamblea, famosos en la congregación, hombres de renombre, se reunieron contra Moisés y contra Aaron y dijeron entre ellos, vosotros tomáis demasiado sobre vosotros, viendo que toda la congregación son santos, cada uno de ellos, y el Señor está entre ellos; para que os alzáis vosotros mismos sobre la congregación del Señor."

Los "profetas" Israelita habían hecho esta misma queja, que los Levitas tomaron mucho para ellos mismos, y simplemente se piensa que la parábola en ***Números*** descorazona a cualquier otro objetor: "Así que la tierra se abrió y se tragó a Korah y sus doscientos y cincuenta hombres de renombre" (sin embargo, la congregación "continuó murmurando", por lo cual el Señor los golpeó con violencia con la plaga, y cuando Aaron intercedió, "catorce mil y setecientos" yacían muertos.)

La lección de estas parábolas, el respeto para el sacerdocio, llega a casa inmediatamente después de esta anécdota por la enumeración, en palabras atribuidas al Señor, sobre las donaciones a los Levitas: "Lo mejor de todos los aceites, y todo los mejor de los vinos, y del trigo, las primeras frutas de ellos las cuales ellos ofrecerán al Señor, ellas te las he dado."

Probablemente porque la tradición más antigua impuso algún refrenamiento en la escritura de la historia, ***Génesis y Éxodo*** son relativamente refrenados. ¡La nota fanática, ruidosamente apareció primero en el ***Deuteronomio***, entonces se vuelve incluso más estruendosa en ***Leviticus y Números***, hasta que al final una concluyente parábola describiendo una matanza racial-religiosa como un acto de la piedad más alta en la "observancia", singularmente entregada en premio por Dios! Estos últimos dos libros, como el ***Deuteronomio***, se supone que fueron dejados por Moisés y relatan su comunión con Jehová. En su caso, no se hace ninguna demanda que "un manuscrito añoso con el polvo de los tiempos" había sido descubierto; simplemente fueron producidos.

Ellos muestran el crecimiento del fanatismo de la secta en este período, y el calor creciente de sus exhortaciones al odio racial y religioso. El **Deuteronomio** había decretado primero, "Amen por consiguiente al extraño", y luego canceló este "juicio" (qué probablemente venía de la tradición Israelita anterior) por el que más tarde, excluyó al extraño de la prohibición en la usura.

Leviticus fue más allá. También, comenzó con la advertencia para amar: "El extraño que reside contigo será tratado como uno nacido entre ustedes, y tu lo amarás como a ti mismo" (capítulo 19). La inversión entró en capítulo 25: "De los hijos del extraño que está entre ustedes, de ellos comprarás, y de sus familias que están contigo, qué ellos engendraron en tu tierra, y ellos serán tu posesión. Y los tomarás como herencia para tus hijos después de ti, para heredarlos como una posesión; ellos serán para siempre tus esclavos: pero sobre tus hermanos, los hijos de Israel, no gobernarás sobre ellos con rigor."

Esto hizo la esclavitud hereditaria y la esclavitud-enseres de "extraños" (qué todavía es válida) un principio de la Ley. Si el Antiguo Testamento es de "igual autoridad divina" que el Nuevo Testamento, los cristianos pioneros, colonizadores o del tipo de los Voortrekker [colonizadores en Sudáfrica] fueron autorizados en su día para invocar tales pasajes como éstos, con respecto a la esclavitud en Norteamérica o en África del Sur.

Leviticus introdujo (en todos los eventos por clara implicación) lo que es quizás el más significativo de todas las discriminaciones hecho por la Ley entre el "prójimo tuyo" y "el extraño". El **Deuteronomio**, del principio, había proporcionado (**Deut** 22:26) que "si un hombre encuentra a una damisela, prometida en matrimonio, en el campo, y el hombre la fuerza, y yace con ella: entonces el sólo el hombre que yace con ella morirá; pero a la damisela no le harás nada; no hay en la damisela ningún pecado digno de muerte; es como cuando un hombre se levanta contra su prójimo y le quita la vida, así es este caso".

Éste es el tipo de provisión, con respecto a la violación que probablemente se habría encontrado en cualquiera de los códigos legales que estaban tomando la forma entonces y para esa materia encajaría en casi cualquier código legal hoy, salvo por la naturaleza extrema del castigo. Este pasaje, nuevamente, puede representar muy bien, la actitud Israelita más temprana hacia esta trasgresión particular; era imparcial y no variaba según la persona de la víctima.

Leviticus (Cáp. 19) entonces proveía que un hombre que "yacía carnalmente" con una mujer esclava ofrecida en matrimonio, podía ser absuelto trayendo un carnero a los sacerdotes "como una ofrenda de trasgresión", y así "el pecado que él ha cometido le será perdonado", pero la mujer será "azotada". Bajo esta Ley, la palabra de una mujer esclava claramente no cuenta contra su dueño, en la acusación de violación, así este pasaje parece ser una enmendadura, del tipo discriminatorio, a la provisión en el **Deuteronomio**. Ciertas alusiones en el Talmud apoyan esta interpretación, como se demostrará. .

Leviticus también contenía sus parábolas describiendo las terribles consecuencias de la no observancia, y este ejemplo particular muestra hasta que extremo llegaron los Levitas. La trasgresión cometida por los dos caracteres alegóricos en este caso (los cuales eran dos Levitas, Hadab y Abihu) fue solamente que ellos quemaron el tipo incorrecto de fuego en sus incensarios. ¡Ésta era una ofensa capital bajo "la Ley" y ellos fueron inmediatamente devorados por el Señor!

Números, el último de los cinco Libros en ser producido, es el más extremo. En él los Levitas encontraron una forma de librarse de su principal prerrogativa (la demanda del primogénito) perpetuando "la Ley" en esto, su principio supremo. Éste fue un movimiento político genial.

La demanda del primogénito se había transformado evidentemente en una fuente de grave turbación para ellos, pero posiblemente no podría dejar caer el primer artículo de una Ley literal que no conocía de ninguna latitud en la "observancia"; hacerlo habría sido así una trasgresión capital. Con una nueva reinterpretación de la Ley, ellos se hicieron apoderados del primogénito, y así estacaron una demanda permanente en la gratitud del pueblo sin algún riesgo para ellos mismos:

"Y el Señor le habó a Moisés, diciendo, Y yo, observé. Y he tomado a los Levitas de entre los hijos de Israel *en el lugar de todos los primogénitos* que abren el útero entre los hijos de Israel: por consiguiente los Levitas serán míos; porque todos los primogénitos son míos... " (Como los primogénitos que serán redimidos excedieron en número a sus redentores Levitas por 273, el pago de cinco shekels por cada uno de estos 273 fue requerido, el dinero sería dado "a Aaron y sus hijos").

Procediendo desde este nuevo estado de redentores, los Levitas dispusieron muchos más "estatutos y juicios" en **Números**. Ellos gobernaron por el terror y eran ingeniosos inventando nuevas maneras de provocarlo; un ejemplo es su "Juicio de celos". Si "el espíritu de los celos" llega hasta un hombre, estaba legalmente obligado (por "el Señor que habló a Moisés, diciendo") a llevar a su esposa delante del Levita, quien ante el altar, la presentaban con una pócima de "agua amarga" preparada por él, diciendo, "Si ningún hombre ha yacido contigo y si no has ido al lado de la suciedad con otro en lugar de tu marido, se tu libre de esta agua amarga que causa la maldición. Pero si tu has ido al lado de otro en lugar de tu marido, y si tu eres impura, y algún hombre ha yacido contigo aparte de tu marido... el Señor te hace maldita y una anatema entre tu pueblo, cuando el Señor te haga pudrir tu muslo, y se te hinche tu abdomen."

La mujer tenía que beber entonces el agua amarga y si su barriga se inflaba, los sacerdotes "ejecutaban la ley" de muerte en ella. El poder que tal rito puso en las manos del sacerdocio está claro; atribuido a las órdenes directas de Dios, se parecen a las prácticas de hechiceros en África.

El toque final se da a "la Ley" en los últimos capítulos de esto, el último libro en ser compilado. Es proporcionado por la parábola de Moisés y los Madianitas. El lector habrá notado que la vida y hechos de Moisés, como está relatado en *Éxodo*, le hicieron un trasgresor mayúsculo, varias veces, bajo la "Segunda Ley" del *Deuteronomio* y las numerosas otras enmendaduras del *Leviticus y Números*. Tomando refugio con los Madianitas, casándose con la hija del alto sacerdote de los Madianitas y recibiendo instrucciones en los ritos sacerdotales de él, y de otras formas, Moisés había "ido prostituyéndose detrás de otros dioses", había tomado de sus hijas", y así sucesivamente. Como la estructura completa de la ley descansaba en Moisés, en cuyo nombre las órdenes contra estas cosas se presentaron en los libros posteriores, algo tenía que hacerse evidentemente sobre esto antes que los Libros de la Ley fuesen completados, o la estructura entera caería la tierra.

La última pequeña sección de *Números* muestra cómo la dificultad fue superada por los escribas.

En estos último capítulos de "la Ley" Moisés es hecho conformar con "todos los estatutos y juicios" y redimido de sus transgresiones realizando una matanza de toda la tribu de los Madianitas, ¡dejando con vida a las vírgenes! Por lo que en el idioma de hoy se llamaría una "tergiversación" fantástica, Moisés fue resucitado para que él pudiera deshonrar a sus salvadores, a su esposa, a sus dos hijos y a su suegro.

¡Póstumamente él fue hecho "volver desde su maldad", para validar el dogma racial-religioso que los Levitas habían inventado, y por la transfiguración completa del patriarca benévolo de las anteriores leyendas para transformarse en el padre fundador de su Ley de odio y asesinatos!

En el Capítulo 25 Moisés es hecho relatar que "el enojo del Señor fue enardecido" porque el pueblo estaba volviéndose a otros dioses. El Señor le ordena, "Toma todas las cabezas de las personas y cuélgalas ante el Señor, contra el sol", con lo cual Moisés les dice a los jueces, "Maten a cada uno sus hombres que se unieron a Baalpeor" (el culto a Baal era extensivamente practicado a lo de Canaan, y la competencia de este culto con el culto-Jehová era un agravio particular de los Levitas).

El tema del *odio religioso* se introduce así en la narrativa. El del *odio racial* se une a él cuando, en directa sucesión, un hombre trae a "una mujer *Medianita* ante la vista de Moisés". Phinehas (el nieto de Aaron, este último hermano de Moisés) los persigue "y atravesó con la lanza, a los dos, al hombre de Israel, y a la mujer por su vientre". Debido a este hecho, "la plaga se detuvo", y "el Señor habló a Moisés, diciendo, Phinehas ha quitado mi ira de los hijos de Israel, *mientras fue apasionado por mi causa*... Por tanto diles, ¡He aquí, establezco mi pacto de paz con él! "

Así el convenio entre Jehová y el sacerdocio Aaronita hereditario fue sellado nuevamente (por los escribas Levitas) con sangre, esta vez la sangre de un asesinato racial-religioso que "el Señor" describe entonces como "una expiación para los hijos de Israel". Moisés, el testigo del asesinato, recibe la orden del Señor, "Acosa a los Medianitas y destrúyelos". El simbolismo es claro. Es requerido, en su resurrección, para golpear igualmente a "otros dioses" (el dios del alto sacerdote Jethro, de quien él había recibido instrucción) y a los "extraños" (la raza de su esposa y su suegro).

Los Levitas hicieron que la matanza resultante fuese incluso el último acto de Moisés en la tierra; ¡él fue rehabilitado en el borde mismo de la eternidad! "Y el Señor habló a Moisés, diciendo, haz la venganza de los hijos de Israel sobre los Medianitas; después te reunirás con tu pueblo". Así ordenó a los hombres de Moisés "batallar contra los Medianitas tal como el Señor le ordenó a Moisés; y ellos mataron a todos los varones... y tomó a todas las mujeres de Madian cautivas, y a sus pequeños, y tomaron los despojos de sus ciudades, y todo su ganado, y todos sus dioses, y quemaron sus ciudades."

Esto no fue suficiente. Moisés, el esposo de una amorosa esposa Medianita y padre de sus dos hijos, estaba "enfurecido" con sus oficiales porque ellos habían dejado con vida a todas las mujeres Medianitas. He aquí ellas fueron causa en los hijos de Israel... para cometer ofensa contra el Señor en materia de Peor, y hubo una plaga entre las congregaciones del Señor. [Peor montaña donde se rendía culto a Baal; en Egipto Pi-hor la Casa de Horus]

"Ahora por consiguiente *mata a todo varón entre los pequeños y mata a toda mujer que ha conocido hombre yaciendo con él*. Pero todas las niñas que no han conocido a un hombre yaciendo con él, puedes *dejarlas con vida para ustedes mismos*". (El botín es entonces listado; *después* de la enumeración de ovejas, los bueyes y asnos siguen "treinta y dos mil personas en total, de mujeres que no habían conocido hombre yaciendo con ellos". Éstas fueron compartidas entre los Levitas, los soldados y la congregación; "el oro" fue entregado a los Levitas "para el Señor".) [note el origen de la aprobación de la Pedofilia Trad.Español]

Con eso, a Moisés le fue por fin, permitido descansar y se concluyeron los Libros de la Ley. Sería difícil darle a la incitación una forma más demoníaca. Los capítulos 25 y 31 de ***Números***, es necesario compararlos con los capítulos 2, 3 y 18 de ***Éxodo*** para que quede clara toda la importancia de las acciones impuestas en Jehová y Moisés por los

Levitas. Era una clara advertencia al pueblo especial de lo que Jehovaísmo significaría para ellos; permanece hoy en día como una advertencia para otros.

En esa nota acabó La Ley. Sus autores eran una pequeña secta en Babilonia, con unos mil seguidores allí. Sin embargo, el poder de su perversa idea probaría ser muy grande. Dando a la ambición material la forma más grande que pueda tener esta en la tierra, ellos se identificaron para siempre con la más baja de las dos fuerzas que eternamente luchan por el alma de los hombres: aquella que tira hacia abajo a los instintos de la carne, los cuales luchan con los impulsos ascendentes del espíritu.

Los teólogos de la Cristiandad demandan más de esta Ley que los estudiosos de la Judería. Tengo ante mí una Biblia cristiana, recientemente publicada, con una nota explicativa que dice que los cinco libros de la Torah "se aceptan como verdaderos", y por esa razón también los libros históricos, proféticos y poéticos. Esto fluye lógicamente del dogma, citado anteriormente, que el Antiguo Testamento es "igualmente de autoridad divina" con el Nuevo Testamento.

Los estudiosos de los Judaístas dicen cosas diferentes. El Dr. Kastein, por ejemplo, dice que la Torah fue "el trabajo de un **compilador anónimo**" que "produjo un **trabajo histórico pragmático**". La descripción es exacta; el escriba o los escribas proporcionaron una **versión** de la historia, subjetivamente escrita para apoyar el compendio de leyes que se construyeron sobre esta; y tanto la historia como las leyes se inventaron para servir a un **"propósito político"**. "Una idea unificadora estaba debajo de todo", dice el Dr. Kastein, y esta idea unificadora era el nacionalismo tribal, en una forma mucho más fanática que el mundo ha conocido en algún otro lugar. La Torah no fue una religión revelada, sino, como el Sr. Montefiore comentó, "una legislación revelada", promulgada para un fin.

Mientras la Ley estaba siendo compilada (no fue completada hasta que la "cautividad" babilónica hubo terminado) los últimos dos protestantes hicieron oír sus voces, **Isaías y Jeremías**. La mano de los Levitas puede indicarse en las interpolaciones que fueron hechas en sus libros, para traerlos en línea con "la Ley" y su "versión de la historia" que apoyaban. La falsificación está mucho más clara en el libro de Isaías, "el cual es el caso mejor conocido porque es el más fácilmente demostrable. Quince capítulos del libro fueron escritos por alguien que conoció la cautividad babilónica, considerando que Isaías vivió unos doscientos años antes. Los estudiosos cristianos soslayan esto llamando al hombre desconocido "Deutero-Isaías", o el segundo Isaías.

"Este hombre dejó las famosas palabras (a menudo citadas fuera de su contexto), "El Señor ha dicho. . .

"Yo también te daré por una luz entre los Gentiles para que puedas llevar mi salvación hasta el fin de la tierra". Esto era herejía bajo la Ley que estaba en preparación y los Levitas aparentemente agregaron (como el mismo hombre probablemente no lo habría escrito) los pasajes que predicen que "los reyes y reinas" de los Gentiles "se inclinarán ante ustedes, con sus rostros hacia la tierra y lamerán al polvo de tus pies... Yo alimentaré a aquellos que te oprimieron con su propia carne y ellos estarán ebrios con su propia sangre, como con el vino dulce; y toda la carne sabrá que yo soy el Señor tu Salvador y tu Redentor" (Esto se parece a la voz de Ezekiel, que fue el verdadero padre de la Ley Levítica tal como se verá.)

El libro de Jeremías parece haber recibido enmendaduras Levíticas desde su inicio, porque el pasaje de la apertura familiar, está profundamente en desacuerdo con otro de los pensamientos de Jeremías: "Mira, yo te he puesto este día sobre las naciones y sobre los reinos, para **quitar de raíz, para derrumbar, y para destruir**... "

Ese no parece ser el hombre que escribió, en el próximo capítulo: "La palabra del Señor vino a mí diciendo, Ve y llora en las orejas de Jerusalén, diciendo, Así dijo el Señor: Yo te recuerdo, la bondad de tu juventud, el amor por tu esposa, cuando venías tras de mi en el desierto, en una tierra que no tenía plantas... Qué iniquidad han encontrado tus padres en mí, que ellos se han ido lejos de mí... mi pueblo me ha desamparado, la fuente de aguas vivientes... "

Jeremías identificó al culpable entonces: Judah (y por esta ofensa bien puede haber llegado su muerte):

"El reincidente Israel se ha justificado más que el **traicionero Judah**". Israel se había caído de la gracia, pero Judah había **traicionado**; la alusión es explícitamente a la nueva Ley de los Levitas. Entonces viene la protesta apasionada, común a todo los que protestaban, contra los ritos sacerdotales y los sacrificios:

"No confíes en las palabras mentirosas, diciendo, El Templo del Señor, el Templo del Señor, el Templo del Señor... " (los encantamientos formales, repetitivos) "...sino que enmienda completamente tus maneras y en tu hacer, no oprima al extraño, al huérfano de padre y la viuda, y no viertas sangre inocente en este lugar" (el ritual de de sangre de los sacrificios y el asesinato ordenado de apostatas). . "¿Quieres robar, asesinar y cometer adulterio, y jurar falsamente... y venir y estar de pie ante mí en esta casa, la cual es llamada por mi nombre y decir, Nosotros nos entregamos para hacer todas estas abominaciones?" (la absolución ceremonial después del sacrificio-animal). ¿Es esta casa que es llamada por ni nombre transformada en un cubil de ladrones ante tus ojos? Yo no hable a tus padres, ni les ordené en los días que yo los saqué de la tierra de Egipto, involucrarse en ofrendas quemadas o sacrificios.... "

En tales palabras, Jeremías, tal como Jesús más tarde, protestó contra la "destrucción" de la Ley en el nombre de su consumación. Parece posible que incluso en los tiempos de Jeremías, los Levitas **exigían aun el sacrificio de los hijos primogénitos**, porque él agrega, "Y ellos han construido el lugar alto... para quemar a sus hijos e hijas en el fuego; qué yo no ordené, tampoco llegó a mi corazón."

Debido a estas mismas "abominaciones", Jeremías continuó, el Señor "causaría el cese en las ciudades de Judah, y en las calles de Jerusalén, la voz del regocijo, y la voz de alegría, la voz del novio, y la voz de la novia; porque la tierra será desolada."

Ésta fue la famosa previsión política que fue confirmada; los Levitas, con su genialidad para la perversión, más tarde lo invocaron para apoyar su demanda que Judah cayó porque su Ley no fue observada, donde la advertencia de Jeremías era que su Ley destruiría al traicionero Judah". Si el se alzara en la tierra hoy, podría usar las mismas palabras sin cambiarlas, con respecto al Sionismo, ya que el estado de asuntos es similar y la última consecuencia parece igualmente previsible.

Cuando Judah cayó, Jeremías dio el más famoso de sus mensajes, uno al cual las masas judías a menudo instintivamente se vuelven hoy en día, y al que la secta gobernante nuevamente les prohíbe considerar una y otra vez: "***Buscad la paz en la ciudad*** donde yo les he causado ser llevados lejos de la cautividad, y ora al Señor por ella; ***porque en su paz tendréis vosotros paz***". Los Levitas dieron su respuesta enfadada en el Salmo 137:

"Junto a las aguas de Babilonia nosotros nos sentábamos y llorábamos... Nuestros ***atormentadores*** nos pidieron la alegría: Cántenos una de las canciones de Sión.

¿Cómo podríamos nosotros cantar la canción del Señor en una tierra extraña? Si yo te olvido, O Jerusalén, haz que mi mano derecha se olvide de su destreza, que mi lengua se pegue al paladar de mi boca... O hija de Babilonia, ***la que ha de ser destruida***, dichoso sea el que te premie como nos has servido. ***Dichoso sea el que tome y golpee tus pequeños contra las piedras***."

En la advertencia de Jeremías y la respuesta de los Levitas yace la totalidad de la historia de la controversia de Sión, y de sus efectos para otros, hasta nuestros días.

Jeremías que fue al parecer asesinado, hoy sería atacado como "demente", "paranoico", "antisemita" y cosas así; la frase entonces usada era "profeta y soñador de sueños". Él describe los métodos de difamación, usados contra tales hombres, en palabras exactamente aplicables a nuestro tiempo y a muchos hombres, cuyas vidas públicas y reputación han sido destruidas por ellos (tal como esta narrativa mostrará cuando alcance el presente siglo): "Porque yo escuché la difamación de muchos, temor en cada lado. Informe, dicen ellos, y nosotros informaremos. Todos mis familiares miraban que me detuviera, diciendo, Quizás será engañado, y nosotros prevaleceremos contra él, y nosotros tomaremos nuestra venganza en él."

Mientras Jeremías era un refugiado en Egipto, el segundo Isaías, en Babilonia, escribió esas palabras benévolas que brillan como la última luz del día contra el oscuro cielo de las enseñanzas, las cuales estaban por triunfar:

"Así dijo el Señor, Guardad vuestros juicios y haced justicia...no permitas al hijo **del extraño**, que se ha unido al Señor, hablar, diciendo El Señor me ha separado absolutamente de su pueblo... Los hijos del extraño que se unan al Señor para servirlo, y amar el nombre del Señor, serán sus sirvientes... incluso a ellos les llevaré a mi montaña santa, y les haré jubilosos en mi casa de oración... *ya que mi casa se llamará una casa de oración para todas los pueblos.*"

Con este vislumbre de un Dios amoroso de toda la humanidad las protestas acabaron. Los Levitas y su Ley quedaban en lo más alto, y con ello la verdadera cautividad de "los judíos" comenzó, ya que su esclavitud a la ley del odio racial y religioso es la única cautividad genuina que ellos han sufrido.

Jeremías y el Segundo Isaías, como los primeros protestantes Israelitas, hablaron por la humanidad, la cual estaba lentamente intentando su camino hacia la luz cuando los Levitas revirtieron su camino hacia la oscuridad. Incluso antes de que la Ley fuese completada, el Príncipe Sidharta Gautama, el Buda, había vivido y había muerto y había fundado la primera religión de toda la humanidad, fundada en la Primera Ley de Vida,: "Del bueno debe venir el bien, y del malo debe venir el mal."

Esta fue la respuesta a la Segunda Ley de los Levitas, aunque ellos probablemente nunca escucharon hablar de él. También fue la respuesta inevitable del espíritu del tiempo y del espíritu humano al Brahmanismo, el racismo hindú y el culto a la casta perpetua de los amos (la cual se parece enormemente al Judaísmo literal).

Quinientos años más adelante yace una segunda religión universal, y quinientos años después de esta, una tercera. La pequeña nación de Judah se mantuvo atrasada en las cadenas de la Ley, de este movimiento de la humanidad; fue detenida en la fase fósil del desarrollo espiritual, y aun así, su credo tribal primitivo retuvo vida y vigor. La Ley Levítica todavía potente en el Vigésimo Siglo, es en su naturaleza, una supervivencia de los tiempos enterrados.

Tal Ley fue ligada a causar curiosidad, en primer lugar, y alarma posteriormente entre los pueblos con quienes los Judahítas residen, o en su prójimo, si ellos residen solos exclusivamente. Cuando los Judahítas retornaron de Babilonia a Jerusalén, aproximadamente el 538 A.C., comenzó este impacto en otros pueblos. En ese momento en el tiempo, fue sentido sólo por pequeños clanes y tribus, el prójimo inmediato de los repatriados Judahítas en Jerusalén. Esto ha continuado desde entonces ensanchando los círculos, sintiéndose en un número cada vez mayor de pueblos, y en nuestro siglo ha provocado sus más grandes perturbaciones entre ellos.

CAPÍTULO 5

LA CAÍDA DE BABILONIA

Antes de este primer impacto de "la Ley Mosaica" pudiese sentirse por otros pueblos, vino el evento del 536 AC que dispuso el modelo del Vigésimo Siglo: la caída de Babilonia.

El parecido entre el modelo de los eventos de hoy en día (es decir, la forma tomada por el resultado de las dos Guerras Mundiales) y aquel de la caída de Babilonia es demasiado grande para ser accidental, y de hecho puede mostrarse ahora, que fue provocada deliberadamente. Las personas de occidente en el presente siglo, si lo hubiesen comprendido, que estaban siendo gobernados bajo la "la Ley" Judaica, no bajo alguna ley propia, por las fuerzas que controlaban los gobiernos.

La agrupación de caracteres y el último desenlace es igual en todos los tres casos. Por un lado de la fase está el potentado extranjero que ha oprimido y ha afrentado a los Judahítas (hoy en día, los judíos). En Babilonia éste era "Rey Belshazzar"; en la primera Guerra Mundial era el Zar ruso; en la segunda guerra, era Hitler.

Confrontando a este "perseguidor", hay otro potentado extranjero, el libertador. En Babilonia, éste era Rey Cyrus de Persia; en el segundo caso, fue un tal Sr. Balfour; en el tercero, era el Presidente Truman.

Entre estos adversarios están los triunfantes profetas de Jehová, el gran hombre en la corte del gobernante extranjero que predice, y sobrevive, el desastre que está a punto de ocurrirle al "perseguidor". En Babilonia, éste era Daniel. En la primera y segunda guerra mundial de este siglo era un Dr. Chaim Weizmann, el profeta Sionista en las cortes extranjeras.

Éstos son los caracteres. Luego viene el desenlace, una venganza de Jehová sobre "el pagano" y el triunfo judío en la forma de una "restauración" simbólica. El "Rey Belshazzar", cuando Daniel le había predicho su sentencia, es asesinado "en la misma noche" y su reino cae en manos del enemigo. Los captores judíos que mataron al Zar ruso y a su familia, en los finales de la Primera Guerra del Siglo Vigésimo, citaron este precedente en una frase "escrita en la pared" del lugar donde ocurrió la matanza; los líderes Nazis, a finales de la Segunda Guerra del Siglo Vigésimo, fueron colgados en el ***Día de Expiación*** de los judíos.

Así las dos Guerras Mundiales de este siglo han conformado, en sus resultados, al modelo de la guerra Babilónica-persa de la antigüedad, tal como es descrita en el Antiguo Testamento.

Probablemente las personas que lucharon esa antigua guerra pensaron que algo más que la causa de los Judahítas estaba en la estacada, y que ellos se esforzaban por algún propósito o interés propio. Pero en la narrativa que se descubre a través de los siglos, todo el resto ha sido cancelado. Los únicos resultados significantes, en el cuadro que ha sido impreso en las mentes de los pueblos, son la venganza de Jehová y el triunfo de los Judahítas, y las dos guerras mundiales de este siglo siguieron ese mismo modelo.

El Rey Belshazzar sólo sobrevive como el "perseguidor" extranjero simbólico de los Judahítas (aunque Jehová les hizo sus cautivos, como castigo, el rey es no obstante su "perseguidor" y debe ser destruido bárbaramente). El Rey Cyrus, en forma similar, no es sino el instrumento cumpliendo la promesa de Jehová que visitarían "todas estas maldiciones" en las manos de "tus enemigos", cuando Cyrus es transformado en un aprehensor (y así no merece ningún crédito en su propio derecho, o como conquistador o libertador; en la verdad, él no es más benévolo que el Rey Belshazzar, y su casa será a su vez destruida).

El Rey Cyrus, la verdadera historia cuenta de él, parece haber sido un hombre ilustrado, así como el fundador de un imperio que se extendía sobre todo el Asia occidental. De acuerdo con las enciclopedias, "él dejó a las naciones súbditas libremente en la observancia de sus religiones y en el mantenimiento de sus instituciones". Así los Judahítas puede haber tenido el beneficio de una política que él aplicó imparcialmente a todos, y posiblemente el Rey Cyrus, si pudiera retornar a la tierra hoy, se sorprendería al encontrar que su retrato en la historia es aquella de un hombre cuyo único logro notable y que permanece, fue restaurar a unos pocos miles de Judahítas a Jerusalén.

Sin embargo, si él pensara que este asunto particular fue de importancia superior entre sus tareas (como los políticos del Vigésimo Siglo demostrablemente piensan), él debería en su retorno a la tierra de hoy, sentirse muy satisfecho, porque encontraría que a través de este acto, ejerció una enorme influencia en los eventos humanos en los 2,500 años por venir, probablemente más que cualquier otro gobernante temporal de cualquier tiempo. Ningún otro hecho de la antigüedad, ha tenido consecuencias en el tiempo presente tan grandes o tan claras para trazar.

En el Vigésimo Siglo DC, dos generaciones de políticos Occidentales, en demanda de los favores de los judíos, compitieron entre sí para jugar el rol del Rey Cyrus. El resultado fue que las dos Guerras Mundiales produjeron sólo dos resultados significantes y perdurables: la venganza de Jehová sobre el "perseguidor" simbólico y el triunfo judío en la forma de una nueva "restauración". Así la leyenda simbólica de lo que pasó en Babilonia, había en el Siglo Vigésimo ganado la fuerza de "Ley" suprema, atropellando a todas las otras leyes, la Ley de la verdad y de la historia.

La leyenda en sí misma parece haber sido dos-terceras partes falsedad, o lo que hoy se llamaría propaganda.

El propio rey Belshazzar aparentemente fue inventado por los Levitas. El libro histórico que graba la caída de Babilonia, fue compilado varios siglos después y se atribuyó a un tal "Daniel". El afirma que era un Judahíta cautivo en Babilonia, que subió allí al lugar más alto en la corte y que se "sentaba en la verja del rey Nebuchadnezzar") a través de su habilidad para interpretar los sueños. En él se delegó la tarea de interpretar la "escritura en la pared" (**Daniel**, 5).

El Rey "Belshazzar, hijo de Nebuchadnezzar", es descrito entonces como llevando a cabo un insulto a los Judahítas al usar "los vasos de oro y plata" tomados por su padre del templo en Jerusalén, para un banquete con sus príncipes, esposas y concubinas. Por ello los dedos de la mano de un hombre escribieron en la pared las palabras, "Mene, Mene, Tekel, Upharsin". Daniel, fue llamado para interpretarlas, le dice al rey que ello quiere decir, "Dios ha numerado tu reino, y lo terminó; has sido pesado en la balanza y se te encontró falto; tu reino será dividido y dado a los Medes y Persas. De allí el Rey Belshazzar "*en la misma noche*" es asesinado, y el conquistador Persa entra, el cual "restaurará" a los Judahítas.

Así el fin de un rey y de un reino está directamente relacionado a una afrenta ofrecida a Judah y al la cual se le da la guisa de una retribución de Jehová y de venganza judía. ¡Qué importa si Daniel y el Rey Belshazzar nunca existieron!: ¡Por su inclusión en las escrituras Levíticas esta anécdota ganó el estado de un precedente legal! Cuando se cometió el asesinato del Zar ruso, de su esposa, hijas e hijo en 1918, nuevamente, fue relacionado directamente con esta leyenda mediante las palabras citadas de ella y garrapateadas en una pared salpicada de sangre, ésta fue en seguida, una confesión de paternidad literaria del hecho, y una cita de la autoridad legal para hacerlo.

Cuando una antigua leyenda puede producir tales efectos, veinticinco siglos después, no tiene importancia demostrar su falsedad, ya que a los políticos y a las masas que son manipulados por igual, aman sus leyendas más que la verdad.

Sin embargo, de los tres protagonistas en esta versión de la caída de Babilonia, sólo el Rey Cyrus existió realmente; ¡el Rey Belshazzar y Daniel parecen ser figuras de la fantasía de los Levitas!

La ***Enciclopedia Judía***, que apunta que el Rey Nebuchadnezzar no tenía ningún hijo llamado Belshazzar y que ningún rey llamado Belshazzar reinaba en Babilonia cuando el Rey Cyrus la conquistó, dice imparcialmente que "*el autor de Daniel* simplemente no tenía a mano las fechas correctas, y por lo tanto no cree que Daniel escribió *Daniel*.

Obviamente, si un Judahíta importante, favorito en la corte, llamado Daniel, hubiese escrito el libro, él habría sabido, por lo menos, el nombre del rey cuyo fin él había predicho, y por lo tanto habría tenido las "fechas correctas".

Evidentemente el libro de Daniel, tal como los libros de la Ley atribuidos a Moisés, fue el producto de los escribas Levíticos quienes con paciencia continuaron haciendo la historia conforme con su Ley, ya extendida. Si pudo inventarse un Rey Belshazzar con el propósito de ilustración y precedente, también pudieron inventar a un profeta Daniel.

Este, Daniel aparentemente mítico, es el profeta más popular de todos entre los fervientes Sionistas de hoy, quiénes se regocijan en la anécdota de la venganza de los Judahítas y en el triunfo profetizado en la pared, y ven en él, un precedente legal para todos los tiempos venideros. La historia de nuestro presente siglo ha hecho más de eso de cualquier siglo previo en fortalecerlos en esta creencia y para ellos Daniel, con su "interpretación" cumplida "*en la misma noche*", da la respuesta conclusiva, aplastante a los profetas Israelita más tempranos que habían previsto un Dios de amor para todos los hombres. La caída de Babilonia (como es descrita por los Levitas) entregó las pruebas prácticas de la verdad y de la fuerza de la Ley "Mosaica".

Sin embargo, todo habría sido nada sin el Rey Cyrus, quien era el único **que existió** de los tres protagonistas y **que permitió**, u obligó, a unos pocos miles de Judahítas a volver a Jerusalén. En ese punto de la historia, la teoría política Levítica, la cual apuntaba al ejercicio del poder a través de la adquisición del dominio sobre los gobernantes extranjeros, fue puesta en su primera prueba práctica y tuvo éxito.

El rey Persa fue la primera de una larga línea de profecías Gentiles trabajadas por la secta gobernante, que a través de ellas, demostró que había encontrado el secreto de infestar, primero, y luego dirigir las acciones de gobiernos extranjeros.

En el presente siglo, este dominio de gobiernos había sido llevado a tal grado de poder que todos ellos estaban, en gran medida, bajo un mando supremo, de tal manera que sus acciones finalmente, siempre sirvieran la ambición de este Partido supremo. Hacia el fin de este libro el lector verá cómo fueron trabajadas las profecías Gentiles, para que se pudieran incitar los antagonismos de los pueblos y fuesen llevados a colisionar para estos propósitos supra-nacionales.

Sin embargo, el lector necesitará buscar en su propia alma para encontrar, si es que él puede, la razón del *por qué* de estas profecías, a las cuales sus propios líderes, se sometieron.

El Rey Cyrus fue el primero de ellos. Sin su apoyo la secta no podría haberse preparado para estar de nuevo en Jerusalén y haber convencido a la incrédula masa Judahíta, observando desde todos los lugares del mundo conocido, que la Ley racista *era* potente y *podría* literalmente cumplirse. La línea de causa-y-efecto se traza recta y clara desde la caída de Babilonia a los grandes eventos de este siglo; Occidente hoy en día, le debe sus sucesivos desencuentros y su declive incluso más al Rey Cyrus, el primero de los títeres Gentiles, que al propio sacerdocio ingenioso y furtivo.

"Judaísmo se originó en el nombre del rey Persa y por la autoridad de su Imperio, y así el efecto del Imperio de los Acaemenidas se extiende con gran poder, como casi único, como casi directamente en nuestro tiempo presente", dice el Profesor Eduard Meyer, y la conclusión de esta autoridad es una verdad demostrable. Incluso quinientos años antes de que Occidente comenzara, los Levitas extendieron la Ley, y entonces a través del Rey Cyrus, sentaron el precedente y el modelo para la caída del propio Occidente.

Los cinco libros de la Ley todavía no estaban completos cuando el Rey Cyrus fue a Babilonia y la conquistó. La secta en Babilonia todavía estaba ocupada en ellos y en la versión de apoyo de la historia que, por tales ejemplos como el del "Rey Belshazzar", daría la plausibilidad a lo increíble y proporcionarían el precedente para los bárbaros hechos de veinticinco siglos después. La masa de los Judahítas aun no conocía nada de la Ley de ***intolerancia racial*** que se estaba preparando para ellos, aunque la ***intolerancia religiosa*** ya era familiar para ellos en este tiempo:

La secta tenía que completar todavía la Ley y luego aplicarla a su propia gente. Cuando eso sucedió en el 458 BC, bajo otro rey Persa, la Controversia de Sión tomó finalmente la forma en la cual confronta a su propia gente y al resto de la humanidad implacablemente. El cordón umbilical entre los Judahítas y otros hombres fue entonces, finalmente cortado.

A este pueblo segregado, ante los cuales el sacerdocio hizo ondear su versión de la caída de Babilonia como un estandarte, fueron puestos entonces a rodar por el camino a un futuro que los llevaría a conformar una fuerza compacta entre otros pueblos, a cuya destrucción estaban dedicados por su Ley.

Capítulo 6

El pueblo llora

El primer pueblo en sentir el impacto de esta "Ley Mosaica" que los Levitas estaban desarrollando en Babilonia, fueron los Samaritanos que en el 538 BC., calurosamente dieron la bienvenida a los Judahítas que volvían a Jerusalén y en un acto de amistad ofreció ayudar a reconstruir el templo destruido por los babilónicos el 596 AC. A la orden de los Levitas, los Samaritanos fueron bruscamente rechazados y ante esta afrenta se pusieron hostiles, por lo que la restauración del templo fue tardada hasta el 520 AC. (El odio contra los Samaritanos continuó a lo largo de los siglos, hasta el tiempo presente, cuando ellos han sido reducidos a unas pocas docenas de almas).

El acercamiento amistoso muestra que la nueva "Ley" de los Judahítas era desconocida para sus vecinos, que fueron tomados por sorpresa con este desaire. Pareciera que también era poco conocida o entendida, por los Judahítas mismos en ese período. Los libros de la Ley todavía estaban compilándose en Babilonia y, a pesar de que algo los sacerdotes les pueden haber dicho, ellos no se daban claramente cuenta en ese momento, que iban a ser racial y religiosamente separados de sus compañeros hombres.

El rechazo de los Samaritanos dio el primer indicio de lo que seguiría. Los samaritanos eran Israelitas, probablemente mezclados con otra sangre. Practicaban el culto a Jehová pero no reconocían la supremacía de Jerusalén y en esa sola cuenta, habría surgido el odio de los Levitas, que probablemente vieron en ellos el peligro de un reavivamiento Israelita y la absorción de Judah. Así los Samaritanos fueron puestos bajo la mayor prohibición; incluso al aceptar un trozo de pan de un Samaritano, un Judahíta rompía todos los estatutos y juicios de los Levitas y se contaminaba abominablemente a sí mismo.

Después de este primer desencuentro con sus vecinos los judahítas deambulaban en los alrededores de la arruinada y despoblada Jerusalén. Ninguno de ellos, a menos que ellos fuesen ancianos, la podrían haber conocido antes. Eran pocos en números: aquellos que "volvieron" alcanzaban un número aproximado de cuarenta mil, que era un 10 o quizás un 20 por ciento del total de los auto-dispersos, durante siglos en otras tierras.

No fue un retorno feliz o triunfante para estas personas, aunque era un éxito político de grandes proporciones para el sacerdocio. Los Levitas se encontraron con las mismas dificultades que los sionistas en 1903, 1929 y 1953: el Pueblo Escogido no quería ir a la tierra prometida. Es más, los líderes no pensaron en encabezar "el retorno"; ellos deseaban quedarse en Babilonia (como los líderes Sionistas de hoy prefieren quedarse en Nueva York).

La solución encontrada el 538 AC fue similar a la encontrada en 1946: los más radicales estaban listos para ir, y unos pocos desafortunados, los cuales eran demasiado pobres para elegir, fueron convencidos para acompañarlos. Aquellos que deseaban el privilegio de permanecer en Babilonia (¡bajo su propio príncipe, el Exilarch, en su propia capital!) fueron castigados con multas (tal como se presiona a los judíos adinerados de Norteamérica para entregar fondos para el estado Sionista).

La *nación* judía ya estaba finalmente dispersa; obviamente nunca podría volver a reunirse nuevamente en Canaan. Ése era un hecho, inalterable y permanente; "del destierro la nación no volvió, sólo lo hizo una secta religiosa", dice Profesor Wellhausen. Pero este "retorno" simbólico fue de suma importancia para que el sacerdocio pudiera establecer su poder místico sobre la esparcida masa. Podría sostenerse como prueba que "la Ley" era verdad y válida, y que el destino de "las personas especiales" *era* destruir y dominar.

El "retorno" significó cosas bastante diferentes para los pocos que volvieron y para los muchos que observaron la dispersión. Para los pocos significó la posibilidad de practicar el culto a Jehová de la forma y en la crítica situación prescrita por "la Ley". Para muchos fue un triunfo del nacionalismo Judahíta y el augurio del triunfo final previsto por la Ley.

Esta masa de custodios había visto los medios por los cuales se había logrado el éxito, el conquistador deshecho y derrocado, y la "cautividad" transformada en "retorno". La Segregación había demostrado su eficacia, y los métodos principales para dar fuerza a esta segregación eran el ghetto y la sinagoga. El ghetto (esencialmente un concepto Levítico) había sido probado en Babilonia, en la forma de una comunidad cerrada en la cual vivían los Judahítas.

La lectura colectiva de la ley también había demostrado ser un suplente eficaz para el ritual del culto que, bajo la Ley, sólo podría realizarse en el templo en Jerusalén (éste era el principio de la sinagoga). La institución del ghetto y la sinagoga fueron adoptadas por las comunidades de la dispersión, y les dio un sentimiento de unión entre los Judahítas desterrados y los Judahítas retornados.

Así la "secta religiosa" que "retornó" a una Jerusalén desconocida, fue también el centro de la nación-dentro-de-las-naciones, el-estado-dentro-de-los-estados. El sacerdocio había mostrado ser capaz de mantener su teocracia sin un territorio propio y bajo un rey extranjero. Había gobernado a sus seguidores bajo su propia Ley; y de esta Ley como se impuso primero en el destierro, en los Judahítas en Babilonia, el Dr. Kastein dice: "En lugar de la constitución del estado difunto, se estableció la autonomía comunal, y, en lugar del poder del estado, allí entró otro poder, más fiable y más permanente: *el régimen duro e inexorable impuesto, por la obligación de rendir obediencia incondicional a las regulaciones del ritual.*"

Las palabras merecen un estudio cuidadoso; muchas de "las regulaciones del ritual" han sido citadas en este libro. Los Levitas habían tenido éxito, en la "cautividad" y en tierra extranjera, "dando fuerza a" un "riguroso e inexorable régimen". El logro es único, y ha sido uno continuado, desde ese tiempo hasta nuestros días.

Los "extraños" son normalmente confusos para imaginar cualquier medio por el cual la secta gobernante podría mantener fuertemente el control sobre una comunidad esparcida por el mundo. Este poder es basado, finalmente, en el terror y el miedo. Sus misterios son mantenidos ocultos de los extraños, pero con un estudio diligente se puede obtener alguna idea de ellos.

El arma de la excomunión es una de las temidas, y el miedo que ella inspira yace en alguna magnitud, en la creencia de los Judaístas, de la eficacia física de las maldiciones enumerada en el ***Deuteronomio*** y en otros libros; la ***Enciclopedia Judía*** testifica sobre esta continuada creencia. En esta materia hay un fuerte parecido con las creencias de los nativos africanos que morirán si son "hechizados", y al miedo de los negros norteamericanos a los hechizos del Voodoo. Expulsión de la comunidad es una multa mucho más temida (y en el pasado a menudo una letal) de la cual se pueden encontrar ejemplos en la literatura de nuestros días.

También, para el devoto (o para esta materia, el supersticioso) Judahísta la Torah- Talmud es la *única* Ley, y si se someten formalmente a las leyes de los países dónde ellos moran, es con esta reserva interna. Bajo esta única-Ley, el sacerdocio controla todos los poderes judiciales y magistrales (y a menudo les han sido formalmente delegados a ellos por los gobiernos), y literalmente la Ley incluye la pena capital en numerosos casos; en la práctica el sacerdocio en las comunidades cerradas de la dispersión, a menudo ha exigido esa pena.

La Jerusalén a la cual algunos retornaron estaba lejos de Babilonia, en aquellos tiempos, y después de su primer golpe (el rechazo a la oferta de amistad de los Samaritanos) los Levitas se encontraron incapaces, al parecer por la distancia, para refrenar los impulsos normales de tipo humano. Los Judahítas, en su fragmento empobrecido de tierra, comenzaron a establecerse y a casarse entre sí con sus vecinos. No rompieron ninguna ley comprendida por ellos. Los libros de la Ley aún estaban compilándose en Babilonia; sabían sobre los centenares de esposas de Salomón y del suegro Medianita de Moisés, pero no sabían todavía, que Moisés había sido resucitado para exterminar a todos los Medianitas, exceptuando a las vírgenes. Así que ellos se casaron con las hijas e hijos de sus vecinos y este mestizaje natural continuó durante aproximadamente ochenta años después del retorno.

Durante ese período los Levitas en Babilonia completaron la Ley, un impacto que todas las naciones lo han sentido desde entonces. Ezekiel de la familia de los Altos Sacerdotes, fue su arquitecto principal y probablemente, todos, los cinco libros de la Ley, como han llegado hasta aquí, llevan su marca. Él fue el padre fundador de la intolerancia, del racismo y de la venganza como religión, y del asesinato en el nombre de Dios.

El libro de Ezekiel es el más significativo de todos los libros del Antiguo Testamento. Es incluso más significativo que **Deuteronomio, Leviticus y Números**, porque parece ser la fuente central de la cual las oscuras ideas de esos libros de la Ley suergieron primero. Por ejemplo, quien estudia las maldiciones enumeradas en el **Deuteronomio** llega a sospechar que la deidad en cuyo nombre ellas fueron proferidas, era de una naturaleza diabólica, y no divina; el nombre, "Dios", en el sentido que se le ha dado, no puede acoplarse con tales amenazas. En el libro de Ezekiel, el estudioso encuentra esta sospecha expresamente confirmada.

¡Ezekiel pone en la boca misma de Dios la declaración que él había hecho leyes **malvadas** para inspirar miseria y miedo! Esto aparece en capítulo 20 [Ezekiel 20:25] y entrega la clave para todo el misterio de "la Ley Mosaica."

En este pasaje Ezekiel pareciera estar contestando el ataque de Jeremías sobre los Levitas en la materia del sacrificio de los primogénitos: "Y ellos han construido los lugares altos para quemar a sus hijos e hijas en el fuego; **qué yo no ordené, ni entró en mi corazón**". Ezekiel no está muy preocupado sobre el destino de los hijos e hijas, pero se enfurece claramente ante la acusación que el Señor **no había ordenado** el sacrificio de los primogénitos, cuando los escribas habían atribuido esta orden repetidamente a él. Su réplica mordaz sólo está interesada en mostrar que Dios lo **había ordenado** para justificar al sacerdocio; la admisión que los mandamientos eran malvados es casual e indiferente, como si esto no tuviese ninguna importancia:

"Yo soy el Señor tu Dios; camina en mis estatutos y observa mis juicios, y hacedlos.... A pesar de los hijos que se rebelaron contra mí; ellos no caminaron en mis estatutos, ni observaron mis juicios para hacerlos.... entonces yo dije, yo verteré mi furia sobre ellos, para lograr mi enojo contra ellos en el desierto.... **Por lo cual también les di estatutos que no eran buenos y juicios con los cuales no podrían vivir; Y yo los contaminé en sus propias ofrendas, en eso que causaron para atravesar por el fuego a todo lo que abría el útero, que yo podría hacerlos desolados, al final que podrían saber que yo soy el Señor."**

¡La decisión de los teólogos cristianos, que el Antiguo Testamento es "igualmente de autoridad divina" con el Nuevo Testamento, probablemente incluye este pasaje! Ezekiel, en su día, prohibió cualquier protesta agregando rápidamente, "¿Y seré yo interrogado por ti, O casa de Israel? Mientras viva, dijo el Señor, yo no seré interrogado por ti."

Ezekiel experimentó la Caída de Judah y el traslado de la secta a Babilonia, de tal manera que su libro, es en partes, un relato de un testigo visual de los eventos. Sus otras partes "proféticas", muestran literalmente a este padre-fundador del Judaísmo, que fue un hombre de la oscuridad, incluso con obsesiones demoníacas; de hecho, probablemente no podrían imprimirse públicamente partes del libro de Ezekiel como algo sino Escritura.

En el principio él retrata (en palabras que él también atribuye al Señor Dios) un sitio de Jerusalén en que él, Ezekiel, para reparar "la iniquidad de las personas", es ordenado comer excremento humano cocido antes sus ojos. A su súplica, que él siempre ha observado escrupulosamente las leyes dietéticas y nunca ha tomado algo abominable en su boca, esto es mitigado cambiándolo a estiércol de vaca. Luego él amenaza a los transgresores con el canibalismo, una maldición en que los Levitas pusieron un marcado acento:

"... los padres se comerán a los hijos en medio de ustedes y los hijos se comerán a sus padres.... una tercera parte caerá por la espada.... y yo esparciré una tercera parte hacia todos los vientos.... el hambre y las bestias malvadas... la pestilencia y sangre..."

Todo esto será la retribución por la non-observancia, no por hechos malvados. Páginas de maldiciones siguen y Jehová promete usar a los Gentiles como vara de castigo: "En donde yo traeré al peor de los paganos, y ellos poseerán tus casas."

Retratando lo que sucederá a aquellos que rinden culto a "otros dioses", Ezekiel en una visión característica ve "aquellos que han cargado contra la ciudad" (Jerusalén) "se acercan, cada hombre con su arma de destrucción en su mano", Uno, con un tintero de escribano a su costado, es ordenado por el Señor, "pasa por el medio de Jerusalén y pon una marca en las frentes de los hombres que suspiran y que lamentan por todas las abominaciones que se han hecho en medio de esto (éstos son los devotos en la "observancia").

Habiendo sido marcadas las frentes, Ezekiel cita al Señor, "en mi oído", diciendo a los hombres, "Ve a través de la ciudad y golpead con violencia; no permitas que tu ojo salve, tampoco tengas piedad; mata absolutamente a jóvenes y viejos, criadas y doncellas, y niños pequeños y mujeres; pero no te acerques a ningún hombre en quien esté la marca... y ellos fueron adelante y mataron en la ciudad."

Después del tiempo de Ezequiel, los hombres pueden haber pensado que era sabio ser visto suspirando y llorando en Jerusalén; de aquí, quizás, el Muro de los Lamentos. Capítulo tras capítulos de amenazas le siguen, siempre con la condición seductora que si los transgresores se vuelven de su maldad hacia la observancia, cosas aún mucho peores caerán sobre los paganos:

"Yo te tomaré de entre los paganos, y te sacaré de todos los países, y te traeré a tu propia tierra.... Y morarás en la tierra que yo di a tus padres, y tú serás mi pueblo, y yo seré tu Dios.... Congréguense ustedes mismos, y vengan; júntense a cada lado de mi sacrificio que yo sacrifico para ustedes, incluyendo un gran sacrificio para ustedes, incluso un gran sacrificio sobre las montañas de Israel, que tu podrás comer carne y beber **sangre**. Comerás la carne del poderoso, y beberás la **sangre** de los príncipes de la tierra.... Y comerás la grasa hasta que estes lleno, y beberás la **sangre** hasta embriagarte.... y yo pondré mi gloria entre los paganos, y todos los paganos verán mi enjuiciamiento que yo he ejecutado, y mi mano que yo he puesto sobre ellos." [Ezequiel 39:17]

Mientras la escuela de escribas fundada por Ezekiel continuó durante ochenta años, en Babilonia, compilando su Ley, los repatriados Judahítas en Jerusalén desarrollaban gradualmente relaciones normales con sus vecinos. Ellos nunca habían conocido el régimen de fanatismo y exclusión que estaba preparándose para ellos en Babilonia.

Muchas de las personas todavía oraban a "otros dioses" por lluvia, cosechas, sol y por el ganado, y a Jehová en las contiendas tribales. Entonces, en el 458 AC los Levitas atacaron.

Su Ley estaba lista, lo cual no fue en sí mismo de mucha importancia. El Rey Persa ***estaba listo para promulgarla para ellos***, y eso fue de mayor importancia, entonces y hasta este momento. Por primera vez la secta gobernante logró el milagro, que desde entonces han logrado repetidamente: por algunos medios, han inducido a un gobernante extranjero, quien era claramente su amo y en todas las apariencias exteriores, un potentado poderoso en su propio derecho, para poner sus soldados y dinero a su disposición.

En este día en el 458 BC, los Judahítas en Jerusalén fueron finalmente separados de la humanidad y esclavizados, en un cierto modo, que nunca conocieron en Babilonia. Esto fue el verdadero "comienzo del asunto". La historia es relatada en los libros de Ezra y Nehemiah, los emisarios Levíticos de Babilonia, que fueron enviados a Jerusalén para dar fuerza a la ley de Ezekiel.

Ezra del alto sacerdocio, vino de Babilonia a Jerusalén con unos 1500 seguidores. Él venía en el nombre del Rey Persa Artaxerxes, el Manos grandes, con soldados persas y oro persa. Llegó tal como el Dr. Chaim Weizmann llegó a Palestina en 1917, apoyado por soldados británicos y oro británico, y en 1947, apoyado por el dinero norteamericano y su poder. Ezra era en una forma legal, un emisario Persa (el Dr. Weizmann, un judío nacido en Rusia, era legalmente un emisario británico en 1917).

¿Qué medios encontró la secta para disponer al Rey Artaxerxes a su voluntad?, Nadie puede decirlo ahora; después del Rey Cyrus, él fue el segundo potentado en jugar el rol de títere y en nuestro siglo, esta prontitud se ha vuelto una estricta calificación para la vida pública.

Ezra trajo la nueva Ley *racista* con él. Primero le dio fuerza entre sus propios compañeros de viaje, permitiendo que lo acompañaran sólo aquellos que podían demostrar ser Judahítas por descendencia, o Levitas.

Cuando alcanzó Jerusalén, estaba "lleno con el horror y el abatimiento" (Dr. Kastein) por el predominio de los matrimonios mixtos. Los Judahítas estaban encontrando la felicidad a su modo; "tolerando el mestizaje con las tribus vecinas ellos habían establecido **relaciones pacíficas basadas en lazos de familia**".

El Dr. Kastein (quién estaba igualmente horrorizado por este cuadro muchos siglos después) tiene que admitir que los Judahítas por este mestizaje "observaron su tradición como ella se entendía en esos tiempos" y que no rompieron ley alguna conocida por ellos. Ezra trajo la **nueva Ley** de Ezekiel, que una vez más, suplantaba la "antigua tradición". En su estatus como emisario del rey Persa, reunió a los Jerusalemitas congregado y les dijo que todos los matrimonios mixtos serían disueltos; desde entonces todos los "extraños" y todos los extranjeros fueron excluidos rigurosamente. Una comisión de superiores fue fijada para deshacer todos los matrimonios forjados y así destruir todas las relaciones "pacíficas basadas en lazos de familia".

El Dr. Kastein dice que la medida de "Ezra fue indudablemente *reaccionaria*; elevada a la *dignidad de una ley*, una promulgación que en ese momento *no estaba incluida en la Torah*" (qué los Levitas, en Babilonia, todavía estaban escribiendo). El uso del Dr. Kastein de la palabra "dignidad" es de interés en este contexto; su libro fue publicado, en Berlín, veinticuatro siglos después, en el año que Hitler promulgó exactamente el mismo tipo de ley; ¡Fue llamada entonces "infame" por los Sionistas, y los ejércitos de Occidente, invirtiendo el rol de los soldados Persas del 458 BC., fueron movilizados para destruirlo!

El efecto de este hecho fue el natural, en el 458 BC como en 1917 DC: las gentes de la vecindad se sintieron afrentadas y alarmadas por la innovación-no-conocida. Lo vieron como una amenaza a ellos mismos y atacaron Jerusalén, destruyendo los símbolos de la inferioridad que le imputaban: sus muros. Por ese tiempo Ezra, como cualquier sionista del siglo XX, había retornado a su hogar en el extranjero, por una vez más, la estructura artificial empezó a derrumbarse y se reasumieron las tendencias naturales: el matrimonio mixto comenzó nuevamente y llevó de nuevo a relaciones "pacíficas basadas en los lazos de familia. Sólo la fuerza podría impedir que esto sucediera.

Después de 13 años, el 445 BC, los superiores en Babilonia atacaron nuevamente. Nehemiah fue otra figura, tan típica de nuestro siglo como de ese tiempo en Babilonia. Era descendiente de Judahítas y estaba en una alta posición en los favores del Rey Persa (tal como los "consejeros" Sionistas están habitualmente hoy a la mano derecha del Primer Ministro británico y de los Presidentes norteamericanos; el paralelo no podría ser más justo). Era quien le llevaba las copas al propio Artaxerxes. Llegó de Babilonia a Jerusalén con el poder dictatorial y bastantes hombres y dinero para reconstruir los muros de la ciudad (con los gastos a expensas de los **Persas**; el paralelo con la actualidad continúa), y esta se transformó así en el primer ghetto verdadero. Era un ghetto vacío, y cuando las murallas estaban listas, fue que Nehemiah ordenó que uno de cada diez Judahítas fuese elegido por su destino para residir en ella.

La raza se transformó en lo supremo, aunque todavía no estaba escrita en la Ley, los seguidores de Jehová que no podían satisfacer a los oficiales Persas y a los superiores Levitas de su descendencia de Judah se rechazaron, incluso los de Benjamín o Levi "con horror" (Dr. Kastein). Cada hombre tenía que establecer "la pureza indiscutible de su casta" desde los registros de nacimiento (el decreto del Siglo XX de Hitler sobre las abuelas arias era menos extremo).

Entonces, el 444 BC, Nehemiah hizo que Ezra personificara la prohibición de los matrimonios mixtos en la Torah, para que por fin lo que se había hecho se transformara en parte de la bastante-enmendada "Ley" (y David y Salomón probablemente fueron expulsados póstumamente de la comunidad). Los jefes de clanes y familias fueron reunidos y se les exigió firmar una promesa que ellos y sus gentes, guardarían todos los estatutos y juicios de la Torah, con énfasis especial en esto que era nuevo.

En **Leviticus** la necesaria inserción fue realizada: "Yo los he **desunidos** de otras personas ya que ustedes serán míos". Desde allí que ningún Judahíta podría casarse fuera del clan, bajo la pena de muerte; cada hombre que se casaba con una mujer extranjera cometía un pecado contra Dios (**Nehemiah**, 13.27; ésta es la ley en el estado Sionista de hoy). Los

"Extraños" tenían prohibición para entrar en la ciudad, para que los Judahítas se pudiesen *"purificar* de todo extraño."
Nehemiah y Ezra eran ambos testigos de presencia. Nehemiah es ideal, un narrador indiscutible: estaba allí, él era el dictador, suya fue la acción. Él dice que cuando Ezra por primera vez lee esta nueva Ley a los Jerusalemitas:
"Todas las personas lloraron cuando escucharon las palabras de la Ley."
Estas doce palabras de periodismo contemporáneo, traen claramente la escena ante el lector de hoy, como si hubiera ocurrido hace veinticuatro horas, y no hace veinticuatro siglos. Él ve el llanto, la masa hecha ghetto en el 444 AC, a través de los ojos del hombre que, con los soldados persas a su lado, les forzó en su primera y verdadera cautividad, una de tipo espiritual, que después de esto, se adjuntaría a cualquier hombre que se llamara a sí mismo "judío".

Nehemiah se quedó doce años en Jerusalén y luego se volvió a la corte babilónica. En seguida, la estructura artificial que él había establecido en Jerusalén comenzó a desintegrarse, por lo que algunos años después él descendería nuevamente a la ciudad dónde una vez más, los matrimonios mixtos habían ocurrido. Él los "disolvió por la fuerza", también imponiendo "las penas más severas" en transgresiones posteriores de este tipo.

Luego, "con una visión para aplicar rigurosamente el principio selectivo, estudió cuidadosamente el registro de nacimientos nuevamente" y los expulsó a todos, incluyendo a las familias Aaronitas, en cuya descendencia pudiera encontrarse la falla más ligera. Finalmente, "cruelmente purgó" a la comunidad de todos aquellos que habían fallado en la obediencia "incondicional y resuelta al orden establecido y a la ley" e hizo que todo el pueblo renovara su promesa.

Esto es conocido como "el *Nuevo Convenio*" (tal como el *Deuteronomio* fue la *Segunda Ley*; estas palabras calificativas son los hitos de la herejía suplantadora). Tuvo que ser firmada, ante las órdenes de los Levitas y bajo la coacción de los persas, por cada hombre en Jerusalén, individualmente, como si fuese un contrato comercial. Entonces Nehemiah partió finalmente a Babilonia, su hogar, habiendo "completado la tarea del aislamiento" y "dejó atrás, una comunidad que, *convenida como estaba ahora,* sobre todos los asuntos fundamentales, podía defenderse por sí misma. Había organizado su vida cotidiana para ellos y había construido sus fundaciones espirituales". Estas palabras son del Dr. Kastein; el lector ha visto, también en sus palabras, cuales fueron los medios que llevaron a estos Jerusalemitas a "estar de acuerdo en todos los asuntos fundamentales".

Por este tiempo, aproximadamente cuatrocientos años habían pasado desde que Israel había repudiado a Judah, y trescientos desde la conquista Asiria de Israel. Este período de tiempo, fue usado por los Levitas para completar la perversión de la tradición más antigua, poner su Ley racial-religiosa por escrito, y finalmente atraparlos, como con grilletes, a los Judahítas en la pequeña provincia Persa de Judea. Ellos habían **tenido éxito** preparando su credo tribal fantástico, y estableciendo su pequeña teocracia. Ellos habían dado comienzo al agente catalizador en su viaje a través de los siglos.

Por más de cien generaciones, desde ese día cuando el Nuevo Convenio fue establecido con las armas Persas, y las personas que habían llorado fueron obligados a firmarlo nuevamente, una masa de seres humanos, variados en sangre pero estrecha o flojamente contenidos en las ataduras de esta Ley, ha llevado su carga y herencia, en el aislamiento espiritual del resto de la humanidad. La singular paradoja persiste: aunque su encadenamiento fue inventado por los Levitas, las cadenas eran Persas. En ese día como desde entonces, aunque la fanática secta ha dictado su continua cautividad, armas extranjeras y dinero extranjero los han mantenido allí.

¿Dónde yace la responsabilidad entre aquellos que incitan a un hecho y aquellos que lo cometen? Si la respuesta es que la mayor y última responsabilidad yace en el perpetrador, entonces el veredicto de la historia es indiscutible, aunque extrañamente, esa responsabilidad por la herejía del Judaísmo yace en los Gentiles, quienes desde los tiempos del Rey Persa a hasta este siglo, han cumplido las órdenes de la secta que lo inventó.

Fue una herejía: En el día cuando los soldados del Rey Artaxerxes obligaron a los Jerusalemitas a que firmaran el Nuevo Convenio de Ezekiel, *la perversión de la antigua tradición Israelita* fue completada y la *afirmación de Dios fue suplantada por el rechazo de Dios.*

¡Ningún parecido quedaba entre el Dios de los mandamientos morales y la deidad malévola de Ezekiel, que hacía alardes que él había ordenado a los hombres que mataran a sus primogénitos para mantenerlos en el temor de él! Esto no era un Dios revelado, sino una deidad hecha por el hombre, la encarnación de un tribalismo primitivo. Lo que esas antiguas personas firmaron bajo coacción, en el Nuevo Convenio, o fue el rechazo formal de Dios o la demanda formal que Dios era Judah, y ésta es de hecho, la afirmación expresamente dicha en muchas pronunciaciones Sionistas de nuestro tiempo, así la herejía ha sido abiertamente confesada:

"Dios está absorto en el nacionalismo de Israel. Él ha llegado a ser los genios nacionales... Él crea el mundo en el idioma hebreo. Él es el Dios Nacional (Rabino Salomón Goldman).

"Nosotros y Dios crecimos juntos... Nosotros tenemos un Dios nacional... Nosotros creemos que Dios es judío que no existe ningún Dios inglés o norteamericano" (Sr. Maurice Samuel).

"No fue Dios quien legó este pueblo y su significado. Fue este pueblo quien legó este Dios y este significado" (Dr. Kastein).

Estas declaraciones son explícitas, y tales frases son fáciles escribir en este siglo, en Nueva York o Chicago, Londres o Berlín. Pero al comienzo de este asunto, tal como Nehemiah lo grabó:

"Todas las personas lloraron cuando ellos escucharon las palabras de la Ley" y desde ese día ha dado muchas pero muchas causas para llorar.

Capítulo 7

LA TRADUCCIÓN DE LA LEY

El evento más importante (como se demostró) de los próximos cuatrocientos años, fue la primera traducción de las escrituras Judaicas (después llegaría a ser conocida como el Antiguo Testamento) en una lengua extranjera, al griego. Esto habilitó, y todavía habilita, "al pagano" para conocer parcialmente la Ley que ordenaba su propia esclavitud y destrucción y la supremacía de Judah. Salvo por esta traducción, la naturaleza literal del Judaísmo debió seguir siendo una materia de conjetura, considerando que la traducción parecía ser una de evidencias y pruebas.

Por esa razón es a primera vista sorprendente que la traducción fuese hecha alguna vez (como la tradición dice, por setenta y dos estudiosos judíos en Alejandría entre el 275 y 150 A.C..) El Dr. Kastein explica que fue emprendida "con un objetivo definido en vista, de hacerla comprensible a los griegos; esto llevó a la ***distorsión y al tergiversación de las palabras, a los cambios de significado, y la substitución frecuente de términos generales e ideas para aquellos que eran completamente locales y nacionales.***"

Las palabras del Dr. Kastein en este caso, fueron descuidadamente escogidas si se pensaba enmascarar lo que ocurrió: una materia no es hecha "comprensible" para otros torciendo y retorciendo, cambiando su significado, y sustituyendo los términos ambiguos por otros más precisos. Es más, así sabido, un estudioso Judaico debe de haber sabido lo que la ***Enciclopedia Judía*** graba en sus archivos, que el Talmud más tarde incluso "prohibió la enseñanza a un Gentil de la Torah, cualquiera que le enseñe a él, se hace 'merecedor de la muerte'". De hecho, el Talmud vio tal peligro en la adquisición de conocimientos de la Ley por el pagano, que preparó la ***Torah oral***, como último depósito de los secretos de Jehová, a salvo de cualquier ojo Gentil.

Si las escrituras Judaicas fueron traducidas al griego, entonces, esto no fue para el beneficio de los griegos (el Dr. Kastein escribió para un público principalmente Gentil). La razón, casi con certeza, fue que los judíos mismos necesitaban la traducción. Los Judahítas había perdido su lengua hebrea en Babilonia (después esto se transformó en un misterio sacerdotal, "una de las *ataduras espirituales secretas* que unieron a los Judaístas de la Diáspora, como dice el Dr. Kastein), y hablaban arameo. Sin embargo, el único cuerpo más grande de judíos estaba en Alejandría, dónde el griego se volvió su idioma de cada día; muchos de ellos ya no podían entender el hebreo y una versión griega de su Ley era necesaria como base para las interpretaciones rabínicas de él.

Sobre todo, los superiores no podrían haber previsto que después de siglos, una nueva religión se levantaría en el mundo, que tomaría sus escrituras como parte de su propia Biblia, y así traer "la Ley Mosaica" ante los ojos de toda la humanidad. Si lo hubiesen previsto, la traducción griega nunca podría haber sido hecha.

No obstante, a los traductores les fue recordado evidentemente por los sacerdotes, que su trabajo llevaría "la Ley", por primera vez, bajo el escrutinio Gentil; de aquí las distorsiones, tergiversaciones, cambios y substituciones mencionadas por el Dr. Kastein. Un caso de éstos, se da al parecer, en *Deuteronomio* 32.21; cuya traducción que ha llegado al pagano, alude vagamente a "una nación tonta", considerando que la referencia en el original hebreo, según la *Enciclopedia Judía*, dice "viles y viciosos Gentiles".

¿Qué fue traducido? Primero, los cinco libros de la Ley, la Torah. Después que el "Nuevo Convenio" se había impuesto forzosamente en los Jerusalemitas por Ezra y Nehemiah, el sacerdocio en Babilonia le había dado otra revisión más a la Torah: "una vez más *editores anónimos dieron a su historia pasada, sus tradiciones, leyes y costumbres, un significado* total para mantenerlos en la teocracia y aplicable a ese sistema de gobierno…. La forma que la Torah recibió entonces, fue la forma final y conclusiva que no sería alterada ni por una letra; ningún pensamiento, palabra o letra de él serían cambiadas."

Cuando hombres mortales "dan significado" repetidamente a algo que ya se suponía era inmutable, y fuerzan toda la tradición espiritual en la estructura de su ambición política mundana, lo que queda no puede ser una revelación original de Dios. Lo que había pasado fue que la antigua tradición Israelita había sido expurgada o cancelada, y en su lugar, había asumido la ley racial Judaica en su "último y conclusiva forma".

El mismo método se siguió en la recopilación de los otros libros, históricos, proféticos o líricos.

El libro de *Daniel*, por ejemplo, se completó aproximadamente en este tiempo, es decir, unos cuatrocientos años después que los eventos relatados en él; poco asombra que el autor anónimo obtuviera todos sus datos de hechos histórico incorrectos. El Dr. Kastein es franco sobre la forma en que estos libros fueron producidos:

"Los editores que pusieron los libros de *Joshua, Jueces, Samuel y Reyes* en su forma final recogieron *cada fragmento*" (de las enseñanzas viejas y tradiciones) y "*creativamente las interpretaron*... Siempre fue definitivamente imposible asignar las determinadas palabras a personas determinadas, porque ellos frecuentemente habían trabajado **anónimamente**, y, como los *editores se preocupaban más por la materia en cuestión, que por la exactitud filológica*, ellos se sentían satisfechos con ligar juntos los refranes de los profetas lo mejor que pudieron". (Este método podría responder a la atribución de una profecía "Mesiánica" idéntica a dos profetas, *Isaiah* 2, 2-4, y *Micah* 4, 1-4, y por las numerosas repeticiones que se encuentran en otros libros).

La *materia,* entonces, era la cosa importante, no la verdad histórica, o la "exactitud filológica", o la palabra de Dios. La materia era el nacionalismo político en la forma más extrema alguna vez conocida por el hombre, y en conformidad con este dogma, fue la única regla que tenía que ser observada. La forma en que estos libros fueron compilados, después que Judah fue repudiada por Israel, y las razones, están claras para cualquiera que estudie su origen.

El producto resultante, la acumulación de quinientos o seiscientos años y el trabajo de generaciones de sacerdotes políticos, fue el libro que se tradujo al Griego, aproximadamente en el 150 BC. Después de la vida de Jesús este libro y el Nuevo Testamento, fue traducido al Latín por San Jerome, cuando ambas partes "llegaron a ser considerados por la Iglesia de autoridad divina por igual y como secciones de un libro" (de una típica enciclopedia moderna), un dictum teológico que fue formalmente confirmado por el Concilio de Trent, en el decimosexto siglo de nuestra era y se ha adoptado por casi todas iglesias protestantes, aunque en esta materia ellos podrían haber encontrado razones válidas para protestar.

En vista de los cambios que fueron hechos, en la traducción, (vea las palabras de Dr. Kastein, sobre esto), nadie sino los estudiosos del Judaísmo podrían decir hoy cuan cercano es el Antiguo Testamento en el original hebreo-arameo con la versión que ha llegado hasta ahora, de la primera traducción al Griego, como una de las dos secciones de la Biblia de la Cristiandad. Claramente se hicieron cambios sustanciales, y aparte de eso está la "Torah oral", y la continuación Talmúdica de la Torah, de tal manera que el mundo Gentil, nunca ha conocido la verdad total de la Ley Judaica.

No obstante, la esencia de esto está totalmente en el Antiguo Testamento, tal como ha llegado a la Cristiandad, y ésa es una cosa sorprendente. Cualquier cosa se pueda haber cancelado o se pueda haber modificado, la deidad tribal vengativa, el credo salvaje y la ley de destrucción y esclavitud permanecen llanas para que todos la puedan ponderar. El hecho es que ninguna cantidad de tergiversación, distorsión, cambios u otros subterfugios podría ocultar la naturaleza de la Ley Judaica, una vez que fue traducida; aunque se le embelleció de hecho, la escritura debajo yace claramente, y ésta es la mejor evidencia que, cuando fue autorizada la primera traducción, el público universal que alcanzaría finalmente, no fue previsto.

Con esa traducción, el Antiguo Testamento, tal como lo llamamos y lo conocemos ahora, entró en Occidente, su enseñanza de odio racial y de destrucción mutó sólo un poco por las enmiendas. Eso fue incluso antes que la historia de Occidente comenzara de verdad.

Con el tiempo Occidente y la Cristiandad, tenían diecinueve siglos y medio de edad, los líderes políticos allí, sintiendo mucho temor de la secta central del Judaísmo, había comenzado a hablar con temor piadoso del Antiguo Testamento, como si este fuera la mitad buena del Libro por el que profesaban para vivir. No obstante era, como siempre había sido, la Ley de la destrucción de sus pueblos y de esclavitud, y todos sus actos, bajo *la servidumbre que ellos aceptaron*, llevaban hacia ese fin.

CAPÍTULO 8

LA LEY Y LOS EDOMITAS

Mientras las escrituras Judaicas, así compiladas, estaba en camino, traducidas, de los Judíos de Alejandría a los Griegos y después de esto a los otros paganos, los Señoríos Persas, Griegos y Romanos se sucedieron en la pequeña Judea.

Estos siglos caóticos llevaron en su curso el segundo evento significante del período: la forzada conversión de los Edomitas al Jehovaísmo ("Judaísmo" es aparentemente una palabra usada por primera vez por el historiador Judeano Josephus para denotar la cultura y estilo de vida de Judea, tal como el "Helenismo" describía a aquellos de Grecia, y originalmente no tenía ninguna connotación religiosa. Para necesidad de una palabra mejor se usará ahora en este libro para identificar la religión racial diseñada por los Levitas en su perversión de la "Ley Mosaica".)

Sólo otra conversión-masiva al Judaísmo se conoce a la historia grabada, y esa, que vino aproximadamente después ocho o nueve siglos, era de inmediata importancia para nuestra generación presente, tal como se mostrará.

La conversión individual, por otro lado, fue frecuente en este período, y al parecer fue incluso animada por los rabinos, ya que el propio Jesús, según San Mateo, le dijo a los escribas y fariseos, reprochándoles, que ellos "rodean mar y tierra para hacer un prosélito."

Así, por alguna razón, la prohibición racial introducida por la Segunda Ley y el Nuevo Convenio no fue, en ese momento, puesta en acción. Probablemente la explicación es la numérica; si la ley racial se hubiera llevado a cabo estrictamente, la pequeña tribu de Judah habría muerto y el sacerdocio, con su credo, habría quedado como los generales con un plan de batalla, pero sin un ejército.

Evidentemente había mucho mestizaje y por diferentes razones. La ***Enciclopedia Judía*** dice que "la primera y posterior Judah derivó su fuerza de la absorción de extranjeros" y otras autoridades dicen estar de acuerdo, de tal manera que algo como una tribu de puros de Judah, debe haber desaparecido algunos siglos antes de Cristo, a más tardar.

No obstante, la ***Ley racial*** seguía estando en vigor, no debilitada por estas excepciones, de tal manera que en la era cristiana el proselitismo virtualmente cesó y los Judahítas del mundo, aunque obviamente ellos no descendían de Judah, se transformaron en una comunidad separada de la humanidad, nuevamente por una prohibición racial rígida. La exclusión racial permaneció, o nuevamente llegó a ser, el principio supremo del Sionismo formal, y la regla Talmúdica fue que "los prosélitos son tan injuriosos al Judaísmo como las úlceras a un cuerpo sano".

Los fervientes Sionistas todavía golpean sus cabezas en el muro de los lamentos cuando ellos consideran el caso de los Edomitas, que sostienen, prueban simplemente el dictum citado. El problema de qué hacer con ellos aparentemente surgió de la propia destreza-de-manos de los sacerdotes, de acuerdo con la historia y La Ley. En el primer libro histórico, ***Génesis***, los Edomitas son mostrados como la tribu que desciende de Esau ("Esau el padre de los Edomitas"), quién era el propio hermano de Jacob-llamado-Israel. Este parentesco entre Judah y Edom fue al parecer la tradición original, de tal manera que el estatus especial de los Edomitas aun era reconocido cuando se produjo el ***Deuteronomio*** en el 621 BC, el Señor entonces "dijo a Moisés":

"Y le ordenó al pueblo, diciendo, vas a atravesar la costa de tus hermanos los hijos de Edom... No te entrometas con ellos; porque yo no te daré de su tierra, no, ni tanto como un pie de ancho... Y cuando nosotros ***pasamos junto*** a nuestros hermanos los hijos de Esau..."

Cuando ***Números*** llegó a ser escrito, digamos doscientos años después, esta situación había cambiado. Por entonces Ezra y Nehemiah, escoltados por la soldadesca Persa, habían puesto en vigor su ley racial a los Judahítas, y los Edomitas, como otros pueblos vecinos, se pusieron hostiles (por exactamente las mismas razones que causan la hostilidad árabe de hoy).

Ellos aprendieron, de ***Números*** que, lejos de no entrometerse" con ellos, ahora habían sido marcados para la "destrucción absoluta". Así en ***Números***, Moisés y sus seguidores ya no "pasan junto a nuestros hermanos los hijos de Esau"; ellos exigen ***atravesar por*** las tierras de los Edomitas. El Rey de Idumea negó el permiso, por lo cual Moisés toma otra ruta y el Señor le promete que "Edom será una ***posesión***."

De otros pasajes en La Ley, los Edomitas estaban en capacidad de saber el destino de ciudades así tomadas en posesión; en ellas, nada que respirara quedaría con vida. (Los escribas trataron semejantemente a los Moabitas; en el ***Deuteronomio*** Moisés recibe órdenes "No aflijas a los Moabitas, ni tampoco luches con ellos en batallas; porque yo no te daré de su tierra para posesión"; en ***Números***, la orden divina es que los Moabitas sean destruidos).

Desde aproximadamente el año 400 BC, en adelante, por consiguiente, no se confiaba en los Judeanos y eran temidos por las tribus de la vecindad, incluso por los Edomitas. Ellos demostraron que estaban en lo correcto haciendo esto, ya que durante la breve reanimación de Judah bajo el Hasmoneans, John Hyreanus, que fue rey y alto sacerdote en Judea, cayó sobre ellos y con la amenaza de la espada les obligó a que se sometieran a la circuncisión y a la Ley Mosaica. De las dos versiones de La Ley ("no entrometerse" y "tomar posesión") él obedeció la segunda que podría haber sido una solución satisfactoria si todo hubiera acabado allí, ya que cualquier buen rabino podría decirle que ambos o ninguno de los dos decretos eran correctos ("Si los Rabinos llaman a la derecha izquierda y a la izquierdo derecha, usted debe creerlo": Dr. William Rubens).

Pero el asunto no acabó allí. Una ley diseñada de esta forma arroja un nuevo problema para cada uno que se resuelve. Habiendo tomado posesión", ¿Debía John Hyreanus "destruir absolutamente" y no "dejar nada con vida que respire" o "nuestros hermanos, los hijos de Esau"? Él desobedeció *esa* ley, y se contentó con la conversión forzada. Pero haciendo esto, él se hizo un trasgresor de pena capital, como Saúl, el primer rey del reino unido de Israel y de Judah, largo tiempo antes. Por esta misma razón, no cumpliendo totalmente la "destrucción absoluta" (salvando al Rey Agag y algunas bestias), Saúl había sido repudiado, destronado y destruido (según la versión Levítica de la historia).

John Hyrcanus tenía que tratar con dos partidos políticos. De éstos, los más moderados Saduceos que apoyaban la monarquía, probablemente entregaron el consejo de salvar a los Edomitas, y sólo obligarles a hacerse judíos. El otro Partido era el de los Fariseos que representaban al antiguo sacerdocio despótico de los Levitas y deseaban restaurarlo con la completa soberanía.

Probablemente estos Fariseos fanáticos, como herederos de los Levitas, le habrían hecho exigir el rigor pleno de la Ley y "destruir absolutamente" a los Edomitas. Ellos continuaron oponiéndose furiosamente (tal como Samuel se opuso a Saúl) y trabajaron para el derrocamiento de la monarquía. ¡Lo que es de interés particular hoy, es que ellos afirmaron posteriormente que por su clemencia hacia los Edomitas vino la entera catástrofe resultante sobre Judea! Ellos vieron en la segunda destrucción del templo y en la extinción de Judea en el 70 AC, el castigo prescrito por el fracaso de John Hyrcanus en la observancia; tal como Saúl, él había "transgredido" la Ley.

Los Fariseos tuvieron que esperar aproximadamente 150 años por la prueba de este argumento, si es que prueba algo, fue para ellos mismos. De los convertidos Edomitas salió un Antipater que subió hasta los altos favores de la pequeña corte en Jerusalén (tal como el legendario Daniel había subido muy alto en las cortes de Babilonia y Persia). Los Fariseos mismos apelaron al triunvirato romano, Pompey, para que interviniera en Judea y restaurara el antiguo sacerdocio, aboliendo la pequeña monarquía. Su plan fue incorrecto; ¡aunque la dinastía de los Hasmonean fue de hecho exterminada en las caóticas décadas de pequeñas guerras e insurrecciones que siguieron, Antipater el Edomita subió hasta que el César le hizo Procurador de Judea, y su hijo, Herodes, fue ungido por Antonio, rey de Judea!

En la secuela, confusión absoluta reinaba en la pequeña provincia por lo que incluso la sombra de independencia desapareció y Roma, sin ninguna otra opción, comenzó a gobernar la tierra directamente.

Por este desenlace, los Fariseos, como autores de la intervención romana, fueron al parecer culpados.

Ellos pusieron la culpa en "la media casta" y "el esclavo Edomita", Herodes. Si John Hyreanus hubiese "observado la Ley" y "destruido absolutamente" a los Edomitas, 150 años antes, todo esto no habría ocurrido, dijeron ellos.

Es esclarecedor ver con qué enojo amargo el Dr. Josef Kastein, dos mil años después, tomó este reproche, como si fuera un evento del día anterior. Un sionista del Siglo XX que escribió en el tiempo del advenimiento de Hitler al poder en Alemania, que el estaba convencido que esta ofensa contra la ley racial, había traído la segunda calamidad sobre Judea.

Sin embargo, la calamidad de Judea también fue la victoria de los Fariseos, tal como se verá, y esto es típico de las paradojas que abundan en la historia de Sión, desde sus inicios.

CAPÍTULO 9

EL AUGE DE LOS FARISEOS

Estos Fariseos, quienes formaron el partido político más numeroso en la pequeña provincia romana de Judea, contenían a la secta interna dominante, anteriormente representada por el sacerdocio de los Levitas. Se hicieron ellos mismos los portadores de la idea Levítica en su forma más fanática, tal como había encontrado expresión en Ezekiel, Ezra y Nehemiah; estaban juramentados en "la observancia estricta de la pureza Levítica", dice la ***Enciclopedia Judía.***

Tal como los Levitas habían triunfado sobre los protestantes Israelitas, y tuvieron éxito desuniendo Judah de su vecindad, de la misma forma actuaron los Fariseos, sus sucesores, preparados para aplastar cualquier esfuerzo por reintegrar a los Judahítas en la humanidad.

Ellos eran los guardianes de la idea destructiva, y el próximo capítulo en la historia de Sión será el de su victoria; como en el caso de los Levitas, el trasfondo de esto iba a ser la destrucción de Jerusalén.

Entre los sacerdotes mismos, las generaciones de paso habían producido algo como una revuelta contra el proceso de enmendaduras constantes de La Ley, comenzando por los escribas de las escuelas de Ezekiel y Ezra. Estos sacerdotes sostuvieron que La Ley era ahora inmutable y que no debía ser "reinterpretada".

A este desafío (qué golpeaba la raíz misma del nacionalismo Judaísta) los Fariseos en una mortal enemistad opusieron su respuesta: ***que ellos*** eran los guardianes de "las tradiciones" y de la ***Ley oral***, directamente impartida por Dios a Moisés, que nunca debía ser puesta por escrito, pero que estaba por encima de todo el resto de La Ley. Esta afirmación de poseer los secretos de Dios (o, en la realidad, ***ser Dios***) está en el corazón del temor místico en el cual tantas generaciones de Judíos son mantenidas por "los sabios"; tiene un poder de aterrar a tal punto que incluso los seres ilustrados en las franjas lejanas de la Judería realmente no pueden escapar.

No obstante, el impulso instintivo para liberarse de esta esclavitud ha dado nacimiento a Partidos moderados en todo momento en el Judaísmo, y en este período estaba el de los Saduceos que representaban la mayor parte del sacerdocio y estaban por "mantener la paz de la ciudad" y evitar los conflictos violentos con los señores romanos. Los Fariseos y los Saduceos eran enemigos encarnizados. Esta disensión interna entre los judíos ha continuado durante veinticinco siglos hasta nuestros tiempos.

Es principalmente de interés académico para el resto de la humanidad (aunque tiene que ser grabado) porque la historia muestra que siempre que la disputa por y contra "buscar la paz de la ciudad" ha alcanzado un clímax, el Partido de la segregación y la destrucción siempre ha prevalecido, y las líneas de los Judaístas se ha cerrado detrás de ellos. El presente siglo ha entregado el último ejemplo de esto. Al comienzo de su establecimiento en Alemania, Inglaterra y Norteamérica, la comunidades judías (quienes puede ser comparadas con los Saduceos) eran implacablemente hostiles a los Sionistas de Rusia (los Fariseos), pero dentro de cincuenta años, el Partido extremista se había hecho portavoz exclusivo de "los judíos" con los gobiernos Occidentales, y había tenido éxito derrumbando casi toda la oposición entre las comunidades judías del mundo.

Los Fariseos ocupan el segundo lugar en la genealogía de la secta, la cual ha traído casi todos los grandes eventos en nuestro tiempo. La línea de descendencia es de los Levitas en Babilonia, a través de los Fariseos en Jerusalén, luego a través del Talmudistas de España y los rabinos de Rusia, a los Sionistas de hoy.

El nombre "Fariseo", según las autoridades Judaístas, quiere decir "uno que se separa así mismo", o se mantiene alejado de las personas o cosas impuras para lograr el grado de santidad y rectitud requerido en aquellos que comulgarán con Dios. Los Fariseos formaron una liga o hermandad de los suyos, admitiendo en sus Concejos más internos sólo a aquellos que, en presencia de tres miembros, se prometían a sí mismos a la estricta observancia de la pureza Levítica. Ellos fueron los primeros especialistas en conspiraciones secretas, como ciencia política.

La experiencia y el conocimiento ganados por los Fariseos puedes ser plenamente trazado en los métodos usados por los Partidos misteriosos que han surgido en Europa durante los últimos dos siglos, y particularmente en aquellos que participaron en la revolución destructiva en Europa que han sido organizadas por los Judíos y guiadas por Judíos.

Por ejemplo, los Fariseos originalmente inventaron el método básico, descansando en el miedo mutuo y la sospecha por el cual los conspiradores de nuestros días se mantienen unidos y las estructuras conspirativas se hicieron fuertes. Este es el sistema de espía-sobre-espías e informantes-entre-informantes sobre el cual se construye el Partido Comunista (y su Ejército Rojo; las regulaciones oficiales que muestran al "Comisario político" e "Informante" ser una parte reconocida de la estructura militar, desde el alto nivel de mando hasta el pelotón).

Los Fariseos emplearon primero este dispositivo, basándolo en un pasaje en el *Leviticus*: "Pondrás una guardia alrededor de mi guardia" (citado por la *Enciclopedia Judía* del original hebreo, en uso entre los judíos). La naturaleza de la máquina revolucionaria que fue preparada en Europa en el Siglo Decimonono, no puede comprenderse totalmente a menos que se tenga en cuenta el conocimiento y el entrenamiento Talmúdico; y los Fariseos fueron los primeros Talmudistas. Ellos afirmaron tener la autoridad divina para cualquier decisión de sus Escribas, *incluso en caso de error*, y éste es un concepto imperante del Talmud.

Bajo el dominio de los Fariseos surgió por primera vez la idea Mesiánica que habría de tener grandes consecuencias a través de los siglos. Era desconocida para los primeros profetas Israelitas; ellos nunca admitieron la noción de una Raza de Amos exclusiva, y por consiguiente, no podrían estar conscientes del concepto posterior, de un visitante que vendría a preparar personalmente el reino supremo de esta exclusiva Raza de Amos en la tierra.

La naturaleza de este evento Mesiánico está clara en las autoridades Judaístas. La *Enciclopedia Judía* dice que la concepción de los Fariseos de ella fue que "la majestad de Dios será *reconocida universalmente* en el futuro... La majestad de Dios *excluía* a cualquier otro". Ya que Jehová, según la Torah del comienzo, sólo "reconocía" a los judíos, esto significaba que el mundo pertenecería a los judíos. El Talmud más tarde confirmó esto, si quedaba alguna duda, ordenando que "los non-judíos serán como tales, excluidos de la admisión en un mundo futuro" (ex Rabino Laible).

La masa de los Judahítas esperaban indudablemente que "el Ungido", cuando viniera, restauraría su gloria nacional; en el estado teocrático perfecto él sería su líder espiritual, pero también su líder temporal que reuniría a las personas esparcidas en un reino supremo en este mundo. La idea Mesiánica, tal como tomó forma bajo los Fariseos, no era una expectativa de algún reino en el cielo sin relación con el triunfo material en la tierra, o de todos modos, no estaba entre las masas de personas.

De hecho, la expectativa Mesiánica, debe haber sido en cierto sentido, el resultado lógico y natural de la propia enseñanza de la secta. Los Fariseos, tal como los Levitas, cuyo mensaje ellos portaban y traspasaban, afirmaban saber todas las cosas, desde la fecha de la creación del mundo, su propósito, hasta la forma que tomaría el triunfo del pueblo especial.

Sólo una cosa nunca declararon: el momento de esa consumación gloriosa. La carga de la observancia que ellos pusieron en las personas fue dura, sin embargo, y era como natural, tal como los presos de una prisión que cumplen una pena, las personas debieron clamar para saber **cuándo** podrían ser liberados.

Eso parece ser el origen del Mesianismo. Las personas que una vez habían "llorado" al escuchar las palabras de la Nueva Ley, había llevado ahora su rigor durante cuatrocientos años. Espontáneamente estalló la pregunta de ellos:

¿Cuándo? ¿Cuándo vendría la gloriosa consumación, el fin milagroso? Ellos estaban "siguiendo todos los estatutos y juicios", y su presentación significaba una ardua y pesada tarea. Estaban haciendo todo esto bajo "un convenio" que prometió un premio específico. ¿Cuándo sería este premio suyo? Sus gobernantes estaban en directa comunión con Dios, y conocían los misterios de Dios; debían ser capaces de dar una respuesta a esta pregunta, *¿Cuándo?*

Ésta fue la única pregunta que los Fariseos no podrían contestar. Ellos parecen haber dado la respuesta más ingeniosa que ellos podrían inventar: aunque ellos no dirían **cuándo**, ellos dirían que un día "el Mesías, el Príncipe" aparecería (**Daniel**), y **entonces** allí se le daría el "dominio, y la gloria, y un reino en que todos los pueblos, las naciones y los idiomas, deberían servirle."

Así el espíritu comprimido, ghettoizado de los Judeanos fue anestesiado con la promesa de un visitante; el Mesianismo apareció y produjo las erupciones recurrentes de frenética anticipación, la última de las cuales nuestro Vigésimo Siglo está experimentando. Así era la escena cuando, hace casi dos mil años, el hombre de Galilea apareció. En ese momento esos Judeanos que permanecían en Judea, había pasado los seiscientos años desde que fueron expulsados por Israel en eso que el Dr. John Goldstein, en nuestros días llama "la oscuridad judía", y al final de este período sólo tenían que aguardar con la esperanza de la aparición del Mesías.

El visitante que entonces apareció afirmaba que les llevaría por el camino al "reino de los cielos". Este estaba muy en lo opuesto de eso, que guiaba sobre naciones arruinadas a un templo lleno de oro, hacia el cual los Fariseos moviendo sus manos les llamaban gritando, "¡Observad La Ley!"

Los Fariseos eran fuertes y el "gobernador" extranjero se acobardó antes sus amenazas (la figura era así muy parecida a nuestros días) y aquellos del pueblo que vieron en el recién llegado, el Mesías que ellos esperaban, a pesar de su desprecio por los premios mundanos, se pusieron en peligro de muerte diciendo eso. Ellos estaban transgrediendo, y el gobernante romano, como el rey Persa quinientos años antes, estaba listo para hacer cumplir "La Ley."

Evidentemente muchas de estas personas sólo estaban demasiado preparados para escuchar, si se les permitía, a cualquiera que pudiera mostrarle el camino para salir de su oscuridad a la luz y a la comunidad de los hombres. Sin embargo, la victoria yacía en los Fariseos (como con los Levitas de antaño), así, una vez más, muchas de estas personas tuvieron una causa para llorar, y la fuerza catalizadora fue preservada intacta.

CAPÍTULO 10

EL HOMBRE DE GALILEA

Cuando Jesús nació, la expectativa vibrante que un ser maravilloso estaba a punto de aparecer era general entre los Judeanos. Ellos anhelaban esa prueba, que Jehová mantenía el Convenio con su pueblo escogido y los escribas, reaccionando a la presión de este anhelo popular, habían introducido gradualmente en las escrituras la idea del ungido, el Mesías, que vendría a cumplir su acuerdo.

Los *Targams* [traducciones], comentarios rabínicos sobre la Ley, dijeron: "Cuán hermoso él es, el rey Mesías que se levantará de la casa de Judah. Él se preparará para la acción y avanzará para luchar con sus enemigos y **muchos reyes serán muertos**."

Este pasaje muestra hasta dónde los Judeanos habían sido llevados a esperar. Ellos esperaban a un Mesías vengador militante (en la tradición de "todos los primogénitos de Egipto" y la destrucción de Babilonia) quién rompería a los enemigos de Judah "con una vara de hierro" y los "rompería en pedazos como el jarrón de un alfarero; quién les traería el imperio de este mundo y la culminación literal de la Ley tribal; ya que esto era lo que generaciones de Fariseos y Levitas habían predicho.

La idea de un Mesías humilde que diría "**Amar** a los enemigos" y que sea "despreciado y rechazado de hombres, un hombre de dolores" no estaba en absoluto presente en la mente pública y habría de ser "despreciado y rechazado", si alguien hubiese llamado la atención a aquellas palabras de Isaías (quien sólo ganó importancia después que Jesús había vivido y muerto).

¡A pesar de todo, el ser que apareció, aunque era humilde y enseñaba el amor, al parecer afirmó ser este Mesías y fue por muchos así aclamado!

En pocas palabras barrió la masa completa de la política racial que la secta gobernante había apilado sobre la ley más temprana, la ley moral, y como un excavador reveló nuevamente lo que se había enterrado. Los Fariseos reconocieron en seguida al más peligroso de los "profetas y soñadores de sueños".

El hecho que él encontrara a un grupo de partidarios tan grande entre los Judeanos, muestra que, aun cuando la masa de las personas quería un militante, un Mesías nacionalista que los liberaría de los romanos, muchos entre ellos deben haber comprendido en el subconsciente, que su verdadera cautividad era del espíritu y de los Fariseos, más que de los romanos. No obstante, la masa respondió mecánicamente a las acusaciones de los políticos Farisaicos, que el hombre era un blasfemo y un Mesías ficticio.

¿Por esta respuesta ellos legaron a todas las generaciones futuras de judíos una duda atormentadora, no menos insistente porque no puede ser proferida (ya que el nombre Jesús no puede ni siquiera mencionarse en una casa judía devota):

¿Apareció el Mesías, sólo para ser rechazado por los judíos, y en ese caso, cual es su futuro, bajo La Ley? ¿Qué tipo de hombre fue este? Otra paradoja en la historia de Sión es que a menudo en nuestra generación, los divinos cristianos y teólogos insisten que "Jesús era un judío", mientras que los superiores Judaístas se niegan a reconocer esto (esos rabinos Sionistas que de vez en cuando dicen a las audiencias políticas, públicas o "de diferente fe religiosas" que Jesús era un judío, no son verdaderas excepciones a esta regla; ellos no harían la afirmación entre judíos y buscarían provocar un efecto entre sus oyentes non-judíos, por razones políticas).[1]

Esta pública aserción, "Jesús era judío", siempre se ha usado en nuestro siglo por propósitos políticos. Se emplea a menudo para sofocar las objeciones a la influencia Sionista en la política internacional o a la invasión Sionista de Palestina, la sugerencia es que, como Jesús era judío, nadie debe objetar a algo que se pretende hacer en el nombre de los judíos. La irrelevancia es obvia, pero las chusmas son movidas por tales frases, y el paradójico resultado, una vez más, es que la declaración más ofensiva para los judíos literales, frecuentemente es hecha por políticos non-judíos y eclesiásticos que buscan el favor judío.

El sustantivo inglés, "Judío" ["Jew"], es reciente y no corresponde a nada denominado en el arameo, griego o términos romanos para "Judahíta" o "Judeano" que estaba en uso durante la vida de Jesús.

De hecho, el sustantivo en inglés "judío" [Jew] no puede definirse (de tal manera que los diccionarios que tienen escrupulosamente cuidado

---

[1] El Rabino Stephen Wise, el principal organizador Sionista en los Estados Unidos durante el período 1910-1950, usó esta frase por obvios motivos políticos, de confundir a los auditores non-judíos. Hablando en una reunión "inter religiones" en Carnegie Hall en la Navidad de 1925, declaró "Jesús era un judío, no un Cristiano" (la Cristiandad nació **con la muerte** de Jesús).
Por esto él fue excomulgado por la Sociedad de los Rabinos Ortodoxos de los Estados Unidos, pero la Asociación de Ministros Cristianos "me ovacionó como a un hermano". El Rabino Wise agregó el característico comentario: "No sé qué fue más perjudicial, la aceptación como un hermano y dándome la bienvenida en la iglesia cristiana, o la violenta diatriba de los rabinos."

sobre todas las palabras, están reducidas a tales obvios absurdos como "Una persona de *raza hebrea*"); y el estado Sionista no tiene una definición legal del término (qué es natural, porque la Torah que es *la Ley*, exige la descendencia pura de Judahítas, y una persona de este linaje difícilmente sería encontrada en todo el mundo).

Si la declaración, "Jesús era judío", tiene significado por consiguiente, debe aplicarse a las condiciones que prevalecen en su tiempo. En ese caso significaría una de tres cosas, o todas ellas: que Jesús era de la tribu de Judah (por consiguiente Judahíta); que él tenía domicilio Judeano (y por consiguiente Judeano); que era religiosamente "un judío", si alguna religión denominada por ese término existió en su tiempo. Entonces Raza, residencia y religión.

Este libro no es el lugar para argumentar el asunto de la descendencia racial de Jesús, y la cosa sorprendente es que Cristianos eclesiásticos se permiten algunas de las declaraciones que ellos hacen. El lector debe formarse su propia opinión, si desea tener alguna en este asunto.

La genealogía de María no se da en el Nuevo Testamento, pero tres pasajes podrían implicar que ella era de descendencia Davídica; San Mateo y San Lucas trazan la descendencia de Joseph de David y Judah, pero Joseph no era el padre sanguíneo de Jesús. Las autoridades *Judaístas* desacreditan todas estas referencias a la descendencia, sosteniendo que ellas fueron insertadas para llevar la narrativa en la línea con la profecía.

Acerca de la residencia, San Juán declara que Jesús nació en Belén en Judea, en la posibilidad que su madre tenía que ir allí de Galilea para registrarle; las autoridades *Judaístas*, nuevamente, sostienen que esto fue insertado para ajustar el relato a la profecía de Miqueas que "un gobernante vendría de Belén."

La *Enciclopedia Judía* insiste que Nazaret fue el pueblo *nativo* de Jesús, y de hecho, existe un acuerdo general que él era de Galilea, cualquiera fuese la posibilidad de su lugar de nacimiento real. Galilea dónde pasó casi toda su vida, estaba completamente separada en lo político de Judea, bajo su propio gobernador romano, y estaba con respecto a Judea como "un país" extranjero (Graetz). El Matrimonio entre un Judeano y un Galileo estaba prohibido e incluso antes del nacimiento de Jesús, todos los Judeanos que vivían en Galilea habían sido forzados por Simón Tharsi, uno de los príncipes Macabeos, a emigrar a Judah.

Así, los Galileos eran racial y políticamente distintos de los Judeanos.

¿Fue este galileo, religiosamente, lo que podría llamarse hoy "un judío"? Las autoridades Judaístas, por supuesto, lo niegan lo más vigorosamente de todos; la declaración, a menudo escuchada desde la plataforma y el púlpito, podrían causar un alboroto en la sinagoga.

Es difícil ver qué quieren decir hombres públicos responsables cuando ellos usan la frase. No existía en los tiempos de Jesús una religión "judía" (o incluso Judahíta, Judaísta o Judeana). Había Jehovahísmo, y había varias sectas, Fariseos, Saduceos y Esenios que luchaban violentamente entre ellos y contendieron, alrededor del templo, por el poder sobre las personas. Ellos no sólo eran sectas, sino también partidos políticos, y los más poderosos de ellos eran los Fariseos con sus "tradiciones orales" de lo que Dios le había dicho a Moisés.

Si hoy los Sionistas son "los judíos" (y ésta es la demanda aceptada por todas las grandes naciones Occidentales), entonces el Partido que en Judea en el tiempo de Jesús correspondía a los Sionistas era aquel de los Fariseos. Jesús llevó todo el peso de su ataque para afectar a estos Fariseos. También reprendió a los Saduceos y a los escribas, pero los Evangelios muestran que él sostuvo que los Fariseos eran los enemigos de Dios y del hombre y que usó un especial y punzante desdén hacia ellos. Las cosas que él singularizó para el ataque, en ellos y en su credo, son las mismas cosas que los Sionistas de hoy afirman que son los rasgos identificatorios de los judíos, de la Judería y el Judaísmo.

Religiosamente, Jesús parece más allá de toda duda, haber sido lo contrario y adversario de todo aquello que haría ser a un judío literal de hoy o lo habría hecho ser un Fariseo literal entonces.

Nadie puede decir con certeza quien fue o lo que era, y estas sugestivas declaraciones de los políticos non-judíos suenan tan falsas como las ridículas burlas sobre "el bastardo" que circuló en los ghettos judíos.

Lo que él hizo y dijo es de tal importancia trascendental que nada más cuenta. En una escala mucho menor, el caso de Shakespeare es algo comparable. La calidad de la inspiración en sus trabajos está clara, por lo que no tiene importancia si él les escribió, o quién les escribió si él no fue, aún así el vano argumento continúa.

El hijo del carpintero de Galilea evidentemente no tenía instrucción formal: "Los judíos se preguntaban, diciendo, ¿Cómo sabía de letras si nunca había aprendido?"

Lo que es mucho más significante, él no había conocido ninguna escuela rabínica ni tuvo entrenamiento sacerdotal. Sus enemigos, los Fariseos, testifican eso; si él hubiera sido de su clan o de su tipo no habrían preguntado, "¿De donde sacó este hombre esta sabiduría, y estos poderosos trabajos?".

Lo que da efecto de revelación deslumbrante a las enseñanzas de este joven iletrado, es la calidad de la luz por primera vez descubierta, es el fondo negro de la Ley Levítica y la tradición Farisaica contra la cual se movió cuando fue a Judea. Incluso hoy la súbita abundancia de esclarecimiento, en el Sermón en la Montaña, deslumbra a los estudiosos que han surgido de una lectura crítica del Antiguo Testamento; es como si el mediodía llegara a medianoche.

La Ley, cuando Jesús vino a "completarla", había crecido en una gran masa de legislación, rígida y letal en su inmensa complejidad. La Torah era sólo el comienzo; apilados sobre ella estaban todas las interpretaciones, comentarios y decisiones rabínicas; los superiores, como devotos gusanos de seda, extienden los hilos incluso más allá, en el intento de atrapar cada acto concebible del hombre; generaciones de abogados habían trabajado para alcanzar la conclusión que un huevo no debe comerse en el día Sabático si la parte mayor de él, hubiese sido puesta antes de que una segunda estrella fuera visible en el cielo.

Ya la Ley y todos los comentarios necesitaban una biblioteca para ellos, y un comité de juristas internacionales, llamados para dar una opinión sobre esto, habría requerido años para tamizar las hojas acumuladas.

El indocto joven de Galilea extendió la mano y empujó toda la masa, revelando la verdad y la herejía en seguida. Redujo "toda la Ley y los Profetas" a los dos mandamientos, Ama a Dios con todo tu corazón y a tu vecino como a ti mismo".

Ésta fue la exposición y condenación de la básica herejía que los Levitas y Fariseos, en el curso de siglos, habían tejido en la Ley.

Leviticus contenía la orden, "ama a tu prójimo como a ti mismo", pero fue controlada por la limitación de "prójimo" a compañeros-Judeanos. Jesús reintegró lo olvidado, la tradición más temprana, de amor por el prójimo independiente de raza o credo; esto fue claramente lo que él quiso decir por las palabras, "yo no vengo a destruir la ley, sino a completarla". Él entregó su claro significado cuando agregó, "Vosotros habéis oído que se ha dicho... odia a tu enemigo. Pero yo te digo, Ama a tu enemigo". (La objeción artera que se ha hecho a veces es que el mandamiento específico, "Odia a tu enemigo" no aparece en ninguna parte en el Antiguo Testamento. El significado de Jesús estaba claro; las innumerables órdenes de asesinatos y matanzas de vecinos/prójimos que no eran "vecinos /prójimos en el Antiguo Testamento abunda, ciertamente requerirían odio y enemistad).

Éste era un directo desafío a La Ley como los Fariseos la representaban, y Jesús llevó el desafío más allá, negándose deliberadamente a jugar el rol del libertador nacionalista y conquistador de territorios por el cual las profecías habían moldeado al Mesías. Probablemente él podría haber tenido muchos más partidarios, y posiblemente el apoyo de los Fariseos, si él hubiera aceptado ese rol.

Su reproche, nuevamente, fue conciso y claro: "Mi reino ***no es de este mundo***... El reino del Cielo está ***dentro de ti***... No dispongas para ti mismo valores en la tierra... sino pon para ti los valores en el cielo, dónde no se oxidarán ni se corromperán, y donde los ladrones no irrumpen a través del robo."

Todo lo que él dijo, en esas simples palabras como éstas, eran un silencioso desafío, pero directo a los hombres más poderosos de su tiempo y lugar, y un estallido a las fundaciones del credo que la secta había construido a en el curso de siglos.

Lo que todo el Antiguo Testamento enseñó en centenares de páginas, el Sermón en la Montaña lo impugnaba en unas palabras. Opuso el amor al odio, la misericordia a la venganza, la caridad a la malicia, amor al prójimo ante la segregación, justicia a la discriminación, afirmación (o reafirmación) al rechazo, y la vida ante la muerte. Comenzó (como los capítulos "bendición-o-maldición" del **Deuteronomio**) con las bendiciones, pero allí el parecido acabó.

El **Deuteronomio** ofrecía bendiciones materiales, en la forma de territorios, botín y matanza, a cambio del acatamiento estricto de miles de "estatutos y juicios", algunos de ellos que ordenaban asesinatos. El Sermón en la Montaña no ofreció ningún premio material, simplemente enseñó que el comportamiento moral, la humildad, el esfuerzo por hacer lo correcto, la misericordia, pureza, el ser pacífico y la fortaleza se bendecirían por su propia causa y se recibiría el premio espiritual.

El **Deuteronomio** continuaba sus "bendiciones" con las "maldiciones". El Sermón en la Montaña no hacía ninguna amenaza; no requería que el trasgresor fuese "lapidado hasta su muerte" o "colgado de un árbol", o una ofrenda de absolución por la inobservancia al precio de lavar las manos en la sangre de una vaquilla. Lo peor que le podía ocurrir al pecador era que llegaría a ser "el menor en el reino del cielo"; y lo más que el obediente podría esperar es "ser llamado grande en el reino del cielo."

El joven Galileo nunca enseñó subordinación, sólo una interna **humildad**, y sólo en una actitud él fue consistente y constantemente despreciativo: en su ataque a los Fariseos.

El nombre, Fariseos, significa que ellos "se mantienen alejados de las personas o cosas impuras". La **Enciclopedia Judía** dice, "Sólo con respecto a la comunicación con el sucio y a la multitud de los que no se lavan hizo que Jesús fuera ampliamente diferente de los Fariseos". El Eco puede contestar, "¡Sólo!" Esto era por supuesto la gran división, entre la idea de la deidad tribal y la idea del dios universal; entre el credo del odio y la enseñanza de amor.

El desafío estaba claro y los Fariseos lo aceptaron en seguida. Comenzaron a cebar sus trampas, de la misma forma descrita por Jeremías largo tiempo antes: "Todos mis familiares buscaban que me detuviera, diciendo, Quizás él será seducido, y nosotros prevaleceremos contra él, y tomaremos nuestra venganza en él."

Los Fariseos lo miraron y preguntaron, "Por qué tu Maestro come con recolectores de impuestos y pecadores" (una ofensa bajo castigo en su Ley). Él era igualmente Maestro en los debates y en eludir sus trampas preparadas, y contestó, rápidamente pero silenciosamente, "Ellos no necesitan un médico, pero ellos están enfermos…, Yo no vengo a llamar al virtuoso, sino a los pecadores al arrepentimiento."

Ellos le siguieron más allá y vieron a sus discípulos que colectaban mazorcas de maíz para comer en el Sabbath (otra ofensa bajo la Ley), "Mira, tus discípulos hacen lo cual no es legal hacer en el día Sabático". Ellos le persiguieron con tales interrogaciones, siempre relacionadas con el rito, y nunca sobre la fe o el comportamiento; "¿Por qué tus discípulos trasgreden la tradición de los superiores?, ¿Por qué no se lavan sus manos cuándo comen el pan?" "Vosotros los hipócritas, bien dijo la profecía de Isaías de vosotros, este pueblo se acerca a mí con su boca y me honra con sus labios; pero su corazón está lejos de mí. Pero en vano me rinden culto, enseñando por doctrinas los ***mandamientos de hombres***",

Ésta era la mentira directa: La Ley, acusó él, no era la ley de ***Dios***, sino la ley de los Levitas y Fariseos: "¡Mandamientos de hombres!"

De este momento no podría haber ningún compromiso, ya que Jesús le dio la espalda a los Fariseos y "llamó a la multitud, y dijo hacia ellos, Oigan, y entiendan:

No lo que entra en la boca de un hombre le hace impuro, sino aquello que sale de su boca, ésto mancilla a un hombre."

Con estas palabras Jesús lanzó público desdén sobre una de las más celosamente guardadas de las prerrogativas sacerdotales, involucrando el gran cúmulo de leyes dietéticas con todo el ritual de matanza, desangramiento, rechazo de "eso que muere por sí mismo", y así sucesivamente. Todo esto era indudablemente un "mandamiento de hombres", aunque atribuido a Moisés, y la observancia estricta de este ritual dietético fue sostenida por ser de la importancia más alta para los Fariseos, Ezekiel (el lector recordará) siendo ordenado por el Señor para comer excremento para reparar las iniquidades de las personas", había suplicado su observancia inagotable de las leyes dietéticas y había tenido su castigo algo mitigado en ese relato. Los discípulos incluso, estaban aparentemente bajo tanta influencia de esta tradición dietética que ellos no podían entender cómo "aquello que sale de la boca" podría manchar a un hombre, en lugar de lo que se ingería, y pidieron una explicación, comentando que los Fariseos estaban "ofendidos, después de que ellos oyeron este refrán."

La verdad simple que Jesús les dio entonces era una herejía abominable para los Fariseos: "¿No entendéis, que cualquier cosa que entre en la boca va al estómago y se expulsa? Pero esas cosas que proceden de la boca vienen del corazón; y ellas manchan al hombre. Al salir del corazón vienen los malos pensamientos, los asesinatos, los adulterios, las fornicaciones, los robos, los falsos testimonios, las blasfemias: éstas son las cosas que manchan a un hombre; **pero comer con alguien que no se ha lavado no mancha a un hombre**".

Este último comentario era otra ofensa punible bajo la Ley y los Fariseos comenzaron a reunirse para el asesinato. Prepararon las famosas preguntas trucadas: "Entonces fueron los Fariseos y pidieron consejos cómo podrían enredarlo en su charla". Las dos preguntas principales eran "A quien le rendiremos el tributo? " y "Quién entonces es mi prójimo? " Una mala respuesta a la primera lo entregaría al castigo del gobernante extranjero, Roma. Una mala respuesta a la segunda les permitiría a los Fariseos que lo denunciaran al gobernante extranjero como un ofensor contra su propia Ley, y poder exigir su castigo.

Este es el método imaginado anteriormente por Jeremías y todavía en uso hoy en día, en el Vigésimo Siglo. Todos los que han tenido que enfrentar el debate público en nuestro tiempo, conoce las preguntas con truco, cuidadosamente preparadas de antemano, y la dificultad de responderla ante la incitación del momento. A los polemistas profesionales se les conocen varios métodos para eludir la trampa (por ejemplo, diciendo "Ningún comentario", o contestando con otra pregunta). Dar una **respuesta** completa, en lugar de acudir a las tales evasiones, evitando la trampa de incriminación y aun así manteniendo los principios en la estaca es una de las cosas más difíciles conocidas para el hombre. Exige la calidad más alta en rapidez de respuestas, presencia de mente y claridad de pensamiento. Las respuestas dadas por Jesús a estas dos preguntas han permanecidos por los tiempos como modelos que el hombre mortal sólo puede esperar emular.

"¿Díganos por consiguiente, que piensa usted? ¿Es legal dar el tributo al César, o no? " (el tono afable de la sincera pregunta puede oírse). "Pero Jesús percibió su maldad y dijo, ¿Por qué me tentáis vosotros, vosotros los hipócritas? ... Dad al Cesar las cosas que son del César y a Dios las cosas que son de Dios.

Cuando ellos oyeron estas palabras, se maravillaron, y lo dejaron y tomaron su camino."

En la segunda ocasión, "un cierto abogado se puso de pie y lo tentó, diciendo, ¿Qué puedo hacer yo para heredar la vida eterna?" En su respuesta Jesús barrió nuevamente un gran cúmulo de la Ley Levítica y reiteró las dos esenciales: "Amarás al Señor tu Dios con todo tu corazón... y al prójimo como a ti mismo". Entonces vino la trampa cebada: "Y **quién es** mi prójimo?"

¿Qué hombre mortal habría dado la respuesta que dio Jesús? Ninguna duda cualquier hombre mortal, sabiendo como Jesús que su vida estaban en la estaca, habría dicho lo que ellos creyeron, ya que los mártires son algo raro.

Pero Jesús hizo mucho más de eso; desarmó a su interrogador como un experto espadachín que fácilmente envía la estocada de su antagonista al aire. Estaba siendo incitado para declarar por sí mismo abiertamente; para decir que "el pagano" también era un "prójimo", y así declararse el mismo culpable de transgredir La Ley. De hecho él contestó en este sentido, pero de tal manera que el interrogador fue deshecho; raramente estaría un abogado tan confundido.

La enseñanza Levítica-farisaica era que sólo los Judeanos eran los "prójimos", y que de todos los paganos proscritos, ellos abominaban sobre todo a los Samaritanos (por las razones antes indicadas). El sólo tocar a un Samaritano era deshonra y una "trasgresión" mayor (esto continúa verdad hasta el presente día). El propósito de la pregunta formulada era atraer a Jesús hasta alguna declaración que lo calificaría para la prohibición mayor; mediante la elección de los Samaritanos, de entre todos los pueblos, con el propósito de su respuesta, él desplegó una audacia, o genialidad, que era más que humana:

Él dijo que un cierto hombre cayó entre ladrones y fue dejado por muerto. Entonces vino "un sacerdote" y "tan igual como un Levita" (el reproche agudo normal para aquellos que buscaban la oportunidad para darle muerte), el cual "pasó por el otro lado". Finalmente vino "un cierto Samaritano" que curó las lesiones del hombre y lo llevó a una posada, y pagó por su cuidado: "¿Quién de esos tres ahora, piensa usted, fue el prójimo de aquel que cayó entre los ladrones?"

El abogado, acorralado, no podría llegar a pronunciar el manchado nombre "Samaritano"; por lo tanto él dijo: "Aquel que mostró misericordia en él" y con ello se unió a sí mismo (como probablemente lo comprendió demasiado tarde) a la condenación de aquellos de quienes hablaba, tal como "el sacerdote" y "el Levita". "Entonces dijo Jesús le dijo, "Vaya, y hágalo igualmente". En estas pocas palabras, y sin alguna alusión directa, él destrozó a su interrogador, salió de su propia boca, toda la herejía racial en que la Ley había sido levantada.

Un crítico moderado del Judaísmo, el Sr. Montefiore, ha hecho la queja que Jesús hizo una excepción a su regla de "ama a tu enemigo"; él nunca dijo una buena palabra para los Fariseos.

Los estudiosos pueden debatir el punto. Jesús supo que ellos le matarían a él o cualquier hombre que los expusiera. Es verdad que él acusó especialmente a los Fariseos, junto con los escribas, y claramente vio en ellos la secta responsable de la perversión de la Ley, por lo que toda la literatura de denuncias no contiene nada que iguale a esto:

¡"La desgracia en ustedes, escribas y Fariseos, hipócritas! ya que habéis cerrado la puerta al reino de los cielos para los hombres; no entráis vosotros ni dejáis entrar a aquellos que están entrando... vosotros que recorréis mar y tierra para hacer un prosélito, y cuando él está hecho, vosotros le hacéis más hijo del infierno que vosotros mismos... Vosotros pagáis diezmo de menta y anís y comino, y habéis omitido *las materias más pesadas de la ley, juicio, misericordia y fe."*

"... limpias el exterior de la taza y de la fuente, pero dentro de ellos está lleno de extorsión y exceso... gustáis de blancos sepulcros que de hecho hace aparecer el exterior hermoso, pero por dentro están llenos de huesos de hombres muertos, y de toda la suciedad... construyes las tumbas de los profetas, y adornas los sepulcros del virtuoso, y dices, si nosotros hubiésemos estado en los días de nuestros padres, *no habríamos compartido con ellos en la sangre de los profetas. Por lo cual das testimonio de vosotros mismos que sois los hijos de aquellos qué mataron a los profetas. Vosotros también llenáis la medida de vuestros padres*. Vosotros serpientes, vosotros generación de víboras... "

Algunos críticos profesan encontrar las últimas seis palabras sorprendentemente duras. Sin embargo, si ellos se leen en el contexto de las tres frases que los preceden, verán que son una alusión explícita a su propio fin acercándose, dichas por un hombre cerca de morir a aquellos que estaban a punto de darle muerte, y en tal momento, cualquier palabra difícilmente podría ser suficiente. (Sin embargo, incluso el reproche mortal, "Vosotros también llenáis la medida de vuestros padres", tendría más tarde una continuación: "Padre, perdónalos; porque ellos no saben lo que hacen".)

El fin se acercaba. Los "sacerdotes principales, y los escribas, y los superiores" (el Sanedrín) se reunió bajo el alto sacerdote Caiaphas para concertar las medidas contra el hombre que disputa su autoridad y su Ley. El único Judeano entre los discípulos galileos, Judas Iscariot, guiaba a "la gran multitud" con las espadas y duelas", enviadas por los "sacerdotes principales y superiores del pueblo", al jardín de Gethsemane e identificó al hombre que ellos buscaban por el beso de la muerte.

Este Judas merece una mirada de repaso. Fue canonizado dos veces en el Vigésimo Siglo, una vez en Rusia después de la Revolución Bolchevique, y nuevamente en Alemania, después de la derrota de Hitler, y estos dos episodios indicaron que la secta, la cual era más poderosa que Roma, en Jerusalén al inicio de nuestra era, era una vez más supremamente poderosa en Occidente en el Vigésimo Siglo.

Según San Mateos, Judas se colgó después y si él escogió la forma de muerte como "maldito de Dios", su acción probablemente no le trajo algo de felicidad. Para los historiadores Sionistas de la escuela del Dr. Kastein, Judas es una figura simpática; el Dr. Kastein explica que era un buen hombre que se defraudó de Jesús y por consiguiente "clandestinamente rompió" con él (las palabras "clandestinamente rompió" sólo podrían ocurrir en la literatura Sionista).

Los Fariseos que controlaban el Sanedrín, juzgaron primero a Jesús, ante lo que hoy se llamaría una "Corte Judía". Posiblemente un "Tribunal Popular" podría ser una mejor descripción en el idioma actual, ya que fue indicado por un "informante", detenido por una chusma, llevado ante un tribunal sin autoridad legítima, y condenado a muerte después que falsos testigos habían hablado para inventar las acusaciones.

Sin embargo, los "sabios" quienes desde este punto en adelante tomaron el mando de los eventos, exactamente en la misma forma como los "consejeros" que controlan los eventos en de nuestro siglo, inventaron las acusaciones que merecieron la muerte bajo su "Ley" e igualmente bajo la ley del gobernante romano. Bajo "la Ley Mosaica", Jesús había cometido la blasfemia de afirmar ser el Mesías; bajo la ley romana, había cometido traición al afirmar ser el rey de los judíos.

El gobernador romano, Pilato, intentó con uno tras otro dispositivo, evitar obedecer la demanda de estos imperiosos "sabios" que el hombre debía ser condenado a muerte.

Este Pilato era el prototipo del político británico y norteamericano del Vigésimo Siglo. Él temía en última instancia al poder de la secta, más que cualquier cosa. Su esposa le instó que no se inmiscuyera en el negocio. Intentó, de la forma política, pasar la responsabilidad a otro, a Herodes Antipas cuya gobernación incluía Galilea; Herodes lo envió de vuelta. Pilato intentó resolver el asunto con una pena de azotes, pero los Fariseos insistieron en la muerte y amenazaron con denunciar a Pilato en Roma: "Usted no es amigo del César".

Ésta fue la amenaza a la cual Pilato se rindió, tal como un Gobernador británico después de otro, un representante de las Naciones Unidas después de otro, se rindieron en el Vigésimo Siglo ante la amenaza que serían difamados en Londres o Nueva York. Evidentemente Pilato, como estos hombres diecinueve siglos después, sabían que su casa de gobierno le repudiarían o lo cambiarían de sitio si él se negara a hacer lo que le ordenaban.

El parecido entre Pilato y algunos gobernadores británicos del período entre la Primera y Segunda Guerra Mundial es fuerte, (y por lo menos uno de estos hombres lo conoció, ya que cuando telefoneó a un poderoso rabino Sionista en Nueva York, preguntó jocosamente, tal como lo relata, que el alto Sacerdote Caiaphas sea informado que Pontius Pilato estaba en la línea).

Pilato hizo uno otro intento de que el hecho fuese responsabilidad de otras manos: "Tómenle a él con vosotros, y júzguenle según **vuestra ley**". Con la facilidad de la larga experiencia, se le contestó: "no es legal **para nosotros** dar la muerte a algún hombre."

Después de eso, intentó salvar a Jesús dándoles la opción al "pueblo" entre perdonar a Jesús o a Barrabás, el ladrón e incluso asesino. Probablemente Pilato tenía la pequeña esperanza de esta vecindad, ya que "el pueblo" y "la chusma" son sinónimos y la justicia y la misericordia nunca vinieron de una chusma, tal como Pilato debería haber sabido; la función de la chusma siempre es hacer la voluntad de las sectas poderosas. Así, "los sacerdotes principales y sabios ***persuadieron a la multitud*** que ellos debían pedir por Barrabás, y destruir a Jesús."

En esta persuasión de la multitud, la secta es igualmente poderosa hoy en día.

Mientras más pasa el tiempo, más brillante es la luz de colores de esa escena final única. La túnica de color escarlata, el cetro simulado, la corona de espinas y la burlesca pantomima de homenaje; sólo las mentes Farisaicas podrían inventar ese ritual de burla que hoy fortalece el efecto de la victoria de la víctima tan enormemente. El camino al Calvario, la crucifixión entre dos ladrones: Roma, en ese día, cumplió la orden de los Fariseos, tal como Persia, quinientos años antes, había cumplida la de los Levitas.

Estos Fariseos les habían enseñado a las personas de Judea a esperar un Mesías, y ahora había crucificado al primer demandante. Esto significaba que el Mesías todavía estaba por venir. Según los Fariseos, el rey Davídico todavía tenía que aparecer y exigir su imperio del mundo, y ésa es aun la situación hoy.

El Dr. Kastein, en su estudio del Judaísmo desde sus inicios, consagra un capítulo a la vida de Jesús. Después de explicar que Jesús fue un fracaso, él desecha el episodio con las características palabras, "Su vida y muerte es ***nuestro asunto***".

Capítulo 11

El Fénix Farisaico

Entonces viene lo familiar, la paradoja recurrente; la catástrofe de Judea, la cual llegó dentro de unas décadas después de la muerte de Jesús, fue el triunfo de los Fariseos, ya que los dejó como lo supremo en la Judería. Mediante la crucifixión de Jesús ellos se libraron de un "profeta y soñador" que podría haber destruido su Ley.

Los breves años restantes de Judea les libraron de todos los otros Partidos que disputaban con ellos el poder *bajo* esa ley.

Después de la muerte de Jesús, los Fariseos, según la ***Enciclopedia Judía***, encontraron "un partidario y amigo" en el último rey Herodiano de Judea, Agrippa I. Este les ayudó a disponer de los Saduceos que desaparecieron de la escena de los Judeanos, dejando todo los asuntos en manos de los Fariseos (los cuales reclamaban la línea de los Edomitas, lo cual, parece tener poca base). Ellos quedaban así con todo el poder en Jerusalén, tal como los Levitas después de la separación de Judah de Israel, en esa ocasión vino inmediatamente tras esto el desastre. Alzándose tal como el Fénix, de las cenizas, los Fariseos también repitieron la historia de los Levitas.

Durante los pocos años restantes de la diminuta y hendida provincia, los Fariseos una vez más revisaron "la Ley", esos "mandamientos de *hombres*" que Jesús había atacado mordazmente. El Dr. Kastein dice, "*la vida judía se regulaba por las enseñanzas de los Fariseos; la historia entera del Judaísmo fue reconstruida desde el punto de vista Farisaico. . El Fariseísmo formó el carácter del Judaísmo, la vida y el pensamiento del judío para todo el futuro. . Hizo del "separatismo' su principal característica*".

Así, en continuación inmediata a la vida de Jesús y a la acusación de los "mandamientos de hombres", los Fariseos, como los Levitas previamente, intensificó la naturaleza racial y tribal y la rigurosidad de la Ley; el credo de la destrucción, la esclavitud y el dominio fue aguzado en la víspera de la última dispersión de las personas.

Las palabras del Dr. Kastein son de especial interés. Había declarado antes (como fue citado) que después de la imposición del

"Nuevo Convenio" sobre los Judahítas por Nehemiah, la Torah recibió una "última" corrección, y que "ninguna palabra" de ella sería cambiada después de esto. Es más, en el momento de esta "reconstrucción" Farisaica el Antiguo Testamento se había traducido ya al griego, por lo que nuevos cambios que hicieran los Fariseos sólo podría estar en el original.

Parece más probable que la declaración del Dr. Kastein se refiere al Talmud, la enorme continuación de la Torah que se comenzó al parecer durante los últimos años de Judea, aunque no comenzó a escribirse hasta mucho tiempo después. Cualquier cosa que haya sucedido, "la vida y el pensamiento del judío" fue una vez más fijado "para todo el futuro", y el "separatismo" fue reafirmado como el principio supremo de la Ley.

En el 70 DC, quizás treinta y cinco años después de la muerte de Jesús, todo cayó en pedazos. La confusión y el desorden en Judea era incurable y Roma entró allí. Los Fariseos, los cuales originalmente habían invitado la intervención romana y habían sido supremos en Judea bajo los romanos, permanecieron pasivos.

Otros pueblos de Palestina, y sobre todo los galileos, no se someterían a Roma y después de muchos levantamientos y campañas, los romanos entraron y arrasaron Jerusalén. Judea fue declarada territorio conquistado y el nombre desapareció del mapa. Por largos períodos durante los próximos diecinueve siglos ningún judío vivió en Jerusalén (los Samaritanos, un diminuto remanente, los cuales han sobrevivido todas las persecuciones, son las únicas personas que han vivido continuamente en Palestina desde los antiguos tiempos Testamentarios).

El Dr. Kastein llama a los años setenta, que acabaron con la destrucción de Jerusalén por los romanos, "La Edad" Heroica, probablemente debido al triunfo Farisaico sobre todos los otros, en el concurso por el alma del Judaísmo. Difícilmente puede aplicar el adjetivo a la lucha contra los romanos, ya que esta fue hecha principalmente por los extraños galileos de quienes él no es un admirador.

CAPÍTULO 12

LA LUZ Y LA SOMBRA

Antes de que Jerusalén se desplomara en el 70 DC, dos grupos de viajeros atravesaron sus puertas. Los discípulos que abrían paso a un nuevo mensaje para la humanidad, que la Cristiandad había nacido. Y los Fariseos, que previendo el destino que habían traído sobre Jerusalén, se trasladaban a un nuevo cuartel central desde el cual (como desde la Babilonia de antaño) la secta gobernante podrían ejercer el orden sobre "los judíos", dondequiera que ellos vivieran en el mundo.

Estos dos pequeños grupos de viajeros eran la vanguardia de los partidos de la luz y de la oscuridad que, como un hombre y su sombra, han pasado desde entonces, por los siglos, y siempre hacia Occidente.

La crisis del "Occidente" hoy en día, se remonta directamente atrás, hace diecinueve siglos, hasta esa partida desde una Jerusalén condenada, ya que los dos grupos llevaban hacia occidente las ideas que nunca podrían reconciliarse. Una tendría que prevalecer sobre la otra, más temprano o más tarde, y la gran propuesta para la victoria de la idea destructiva está viéndose en nuestra generación.

En los siglos de la historia de Occidente siempre está, en esencia, la lucha entre las dos ideas. Cuando "la Ley" según los Levitas y Fariseos estaba en ascenso, los occidentales hacían esclavos a los hombres, llevaba a los herejes antes una inquisición, mataban a los apostatas, y se rendían a las visiones primitivas de la Raza-de-Amos; así el Vigésimo Siglo fue el tiempo de la peor recaída en Occidente. Cuando los hombres occidentales liberaban a los hombres y naciones, establecían la justicia entre ellos, diseñaban el derecho a un juicio justo y abierto, repudiaban el supremacismo racial y reconocían la paternidad universal de Dios, seguían la enseñanza de aquel, quién había venido a "***completar*** la Ley."

Los romanos, cuando tomaron Jerusalén, acuñaron medallas con la inscripción, "Judaea devicta, Judaea capta" [Judea sometida, Judea capturada]. Ésta era una apología prematura; Jerusalén podría estar en ruinas y Judea estar vacía de judíos, pero la secta gobernante estaba libre y victoriosa. Sus antagonistas alrededor del templo habían sido barridos por el conquistador y ya se habían establecido en su nuevo "centro" hacia el cual se había retirado, antes de la caída de la ciudad.

Los Fariseos eran los supremos en esta nueva ciudadela tal como los Levitas en Babilonia, pero en el mundo exterior observaban un nuevo enemigo. La secta que creía que el Mesías había aparecido, y se llamaban Cristianos, no reconocían enemistad; al contrario, su principio gobernante era "ama a tus enemigos". Pero como el primer principio de la ley Farisaica era "odia a tus enemigos", esto era en sí mismo, una afrenta deliberada y desafiaba a los superiores en su retirada.

Ellos vieron desde un principio que la nueva religión tendría que ser destruida si querían que su "Ley" prevaleciera, y ellos no fueron detenidos por las voces de advertencia que (en esta coyuntura como en ocasiones previas y posteriores) se escucharon dentro de sus propias líneas; por ejemplo, las palabras de Gamaliel, cuando el alto sacerdote y el concejo estaban a punto de azotar a Pedro y a Juan por predicar en el templo dijo: "Consideren bien lo que ustedes están a punto de hacer. Si éste es el trabajo de hombres, pronto caerá a la nada ; pero si es el trabajo de Dios, ustedes no lo podrán destruir". La mayoría de los Fariseos sentían que era suficiente, en su propia Ley hecha por los hombres, para "destruirlo", y si fuese necesario para trabajar durante siglos en esa tarea.

Así los Fariseos, cuando dejaron a los Judeanos sobrevivientes a su destino y prepararon su nuevo Cuartel central en Jamnia (todavía en Palestina), tomaron sus oscuros secretos de poder sobre los hombres en un mundo diferente de cualquiera otro antes de él.

Previamente su credo tribal había sido uno entre muchos credos tribales. La venganza de sangre había sido la regla entre todos los hombres y clanes. El vecino "pagano" podría haber estado alarmado por la especial fiereza y el carácter vengativo del credo Judaico, pero no había ofrecido nada que fuese más ilustrado. Desde este momento y en adelante, sin embargo, la secta gobernante fue confrontada por un credo que directamente controvertía cada principio de su propia "Ley", tal como el blanco controvierte el negro. Es más, esta nueva idea en el mundo, por la forma y lugar de su nacimiento, era para siempre un reproche a ellos.

Los Fariseos en su fortaleza se prepararon para vencer a esta nueva fuerza que había surgido en el mundo.

Su tarea era más grande que aquella de los Levitas en Babilonia. El templo fue destruido y Jerusalén fue despoblada. La tribu de Judah había sido largo tiempo atrás destruida; ahora la raza de los Judeanos se estaba disolviendo.

Allí quedaba una "nación judía", compuesto de personas de muchas mezclas de sangre que se habían extendido por el mundo conocido y tenía que ser mantenida unida por el poder de la idea tribal y del "retorno" a una tierra "prometida" a un "pueblo especial"; esta nación dispersada tenía también que ser mantenida convencida de su misión destructiva entre las naciones dónde ellos moraban.

"La Ley", en la forma que ya había sido conocida para el mundo exterior, no podría enmendarse nuevamente o agregarse nuevos capítulos históricos a ella. Es más, Jesús había dirigido sus reproches específicamente a la falsificación de estos "mandamientos de hombres" por los escribas. Había sido asesinado, pero no había sido controvertido ni se le había dado el golpe de gracia (tal como el crecimiento de la secta cristiana lo demostraba). Así su acusación sobre la Ley estaba en pie y era tan conclusiva, que incluso los Fariseos no podían esperar convencer alguien simplemente llamándole un trasgresor de ella.

No obstante, la Ley necesitaba una constante reinterpretación y aplicación a los eventos de los tiempos cambiantes, para que al "pueblo especial" siempre se le pudiera mostrar que cada uno de los eventos, aun cuando paradójicos a primera vista, eran de hecho eventos que cumplían la realización de Jehová. Los Fariseos en Jamnia invocaron una vez más su afirmación que poseían los secretos orales de Dios y comenzaron, bajo estos secretos, a reinterpretar los "estatutos y mandamientos" para que éstos pudieran mostrarse en su aplicación contra la

Cristiandad. Éste fue el origen del **Talmud**, que en el efecto es la extensión anti- cristiana de la Torah.

El Talmud se transformó, en el curso de los siglos, "en el muro de defensa alrededor de la Ley"; la empalizada tribal exterior alrededor de la empalizada tribal interna. La importancia yace en el período que fue comenzado: cuando Judea se había ido, cuando "el pueblo" se había esparcido entre todas las naciones, y cuando una nueva religión que estaba tomando forma, enseñaba que Dios era el padre de todos los hombres, no meramente el patrocinador de una tribu seleccionada.

Mirando atrás desde esta distancia en el tiempo, la tarea que los Fariseos emprendieron parecía no tener esperanzas, ya que el deseo de llegar ser parte de la humanidad debe ciertamente haber tenido un fuerte llamado a un pueblo esparcido.

Los Fariseos, tal como los eventos lo han demostrado, tuvieron éxito en su gran tarea. El Talmud fue eficaz interponiendo un cerco entre los judíos y las fuerzas de integración propuestas por la Cristiandad.

Dos ejemplos de nuestro tiempo presente ilustran el efecto del Talmud, muchos siglos después de su recopilación. Los hermanos Thoreau en sus libros, entregan al estudioso diligente algunos raros vislumbres detrás de las paredes Talmúdicas; en uno de sus libros describen al pequeño muchacho judío en Polonia que había sido enseñado a escupir, muy mecánicamente, cuando pasaba por el camino del Calvario y decir, "Maldito seas tú que creaste otra religión". En 1953, en Nueva York, un joven misionero de la Iglesia cristiana de los Moravian en Jerusalén describió la toma allí, por los sionistas, de la casa de leprosos que tenía la iglesia Moravian, llamada "La Misión de Jesús"; su primera acción fue cubrir con masilla el nombre "Jesús" que por más de cien años estaba escrito sobre la puerta de la casa.

Tales incidentes como estos (y la prohibición de la mención del nombre de Jesús) deriva directamente de las enseñanzas del Talmud, las cuales en efecto fue otra "Nueva Ley" con una aplicación específicamente anti-Cristiana.

Por esta razón el próximo período en la historia de Sión es mejor descrito como el período de los Talmúdicos o Talmudista, los anteriores son aquellos de los Fariseos y de los Levitas.

Mientras los Fariseos Talmudistas, en su nueva academia en Jamnia, trabajaban en la nueva Ley, las noticias de la vida de Jesús y las lecciones que entregó se extendieron a través de los territorios de Roma.

Un Fariseo ayudó enormemente a extenderlas; Saúl de Tarsus partió de Jerusalén (antes de su caída) para exterminar a los herejes en Damasco y antes que llegara allí se transformó en un seguidor de Cristo. Predicó a los judíos y Gentiles por igual, hasta que fue impedido de hacerlo, y él les dijo a los judíos, "era necesario que la palabra de Dios hubiese sido entregada primero a vosotros; pero viendo que vosotros la ponéis delante y juzgáis vosotros mismos de ser dignos de la vida eterna, nosotros nos volvemos a los Gentiles."

El Dr. Kastein dice de Saúl, nombrado posteriormente Paúl, que "él hizo a todos aquellos a quienes persuadió para creer en su profecía, renegados en el sentido más amplio, tanto si ellos eran judíos o Gentiles."

Sin embargo, lo que Paúl (y otros) dijo, era de hecho inevitable en ese momento, porque los hombres, por todas partes, estaban buscando hacia el Dios universal y se volvieron a la enseñanza de Jesús como lo creciente hacia la luz. Posiblemente este impulso en los hombres también era la razón por qué Jesús tenía que aparecer entre el Judeanos; el credo Judaico era el tribalismo en su forma más fanática, incluso en ese momento, y, como cada acción produce su reacción, la contra-idea estaba ligada para aparecer donde la presión era la más grande.

Éste era un momento fatal para esa gran área, entonces poco conocida y poco poblada, el cual es hoy llamado 'El Occidente'. Si los discípulos no hubiesen vuelto sus rostros hacia Occidente, el término, "el Occidente", y lo que él simboliza, nunca podría haber ocurrido.

Lo que se llama "civilización Occidental" no puede concebirse sin la Cristiandad. Durante los diecinueve siglos que siguieron la muerte de Jesús, Occidente mejoró tan grandemente que dejó atrás al resto del mundo. En las cosas materiales su adelanto era tan grande que en el momento cuando este libro fue escrito, estaba al borde de la conquista del espacio; estaba a punto de abrir el universo a la exploración por el hombre. Pero eso era la parte menor de su logro.

Su desarrollo más grande estaba en el campo del espíritu y del comportamiento del hombre hacia el hombre. Occidente estableció el derecho de los hombres a la imputación pública y a un juicio abierto o la liberación, (un derecho que estaba nuevamente en riesgo en el Vigésimo Siglo) y éste fue el adelanto más grande en toda la historia del hombre; en la supervivencia o destrucción de este logro depende su futuro.

La sombra que siguió a los discípulos fuera de los portales de Jerusalén, antes que los romanos entraran, también siguieron a la Cristiandad hacia occidente y la obstinada secta Talmúdica lo ha hecho durante todos aquellos siglos. Occidente en el siglo XX, se transformó en el escenario de la lucha entre las naciones que habían surgido con la Cristiandad y la secta dedicadas a la idea destructiva.

No sólo occidente está envuelto en su asunto. Aproximadamente quinientos años después de la vida de Jesús, el impulso instintivo de los hombres para buscar un Dios produjo otro desafío al racialismo Talmúdico, y esta vez vino de entre las masas Semíticas. Los Árabes, también, lograron el concepto de un Dios de todos los hombres.

Mahoma (desechado por el Dr. Kastein como "un beduino educado a medias"), tal como Saúl en camino a Damasco, tuvo una visión de Dios. Su enseñanza de muchas formas se pareció a aquella de Jesús. Sostuvo que Jesús había sido como Abraham y Moisés, un profeta de Dios (no el Mesías). Se consideró como sucesor de Moisés y de Jesús y como profeta de Dios, a quien él llamó Alá. Había sólo **un** Dios, Alá, el creador de la humanidad, y Alá no era el dios tribal de los Árabes, sino el **Dios de todos los hombres**.

Esta religión, como la Cristiandad, enseñaba que no había que tener odio contra otras religiones. Mahoma mostraba sólo reverencia hacia Jesús y su madre (los cuales, ambos, son objeto de mofas profanas en la literatura Talmúdica).

Sin embargo, Mahoma sostuvo que los judíos eran una fuerza destructiva, dedicada a ello. El Corán dice de ellos, **"A menudo cuando ellos encienden el fuego de la almenara para la guerra, deba Dios apagarlo. Y su objetivo será incitar al desorden en la tierra; pero Dios no ama a los cómplices del desorden"**. Durante los siglos los hombres más sabios hablaron así del credo tribal y de la secta, hasta el Vigésimo Siglo de nuestra era, cuando la discusión pública de este asunto fue virtualmente suprimida.

Así nació el Islam, y se extendió sobre la parte meridional de lo conocido en el mundo, tal como la Cristiandad se extendió en occidente y el Budismo, más temprano, sobre Oriente. Las grandes corrientes comenzaron a moverse, como si fuesen hacia una confluencia en algún día distante, porque estas religiones universales no tienen principios que sean como el agua y el aceite y están de acuerdo en repudiar la idea destructiva y de la Raza-de-Amos.

La Cristiandad y el Islam se extendieron y abrazaron a grandes masas de la humanidad; el impulso que entró en los hombres quedó claro. Muy lejos de estas religiones universales quedó el Judaísmo, en su enclaustramiento tribal, celosamente vigilado por la secta interna.

En el Vigésimo Siglo esta secta poderosa pudo se capaz de llevar a la Cristiandad y al Islam al borde de la guerra destructiva entre sí. Si la presente generación ve este choque, el espectáculo será aquel de una gran religión universal que combate con otra con el propósito de preparar el credo de la "Raza-de-los-Amos."

Hacia este extraño desenlace, diecinueve siglos adelante, van los dos partidos de hombres que salieron de Jerusalén hace largo tiempo atrás.

Capítulo 13

El cerco alrededor de la ley

La historia de Sión, desde su inicio, entra en cinco fases distintas: aquellas de los Levitas, los Fariseos, los Talmudistas, el intervalo de la "emancipación" y el Sionismo. Esta narrativa ha alcanzado ahora la tercera fase.

La fase Levítica fue aquella de Judah aislada, la "cautividad" babilónica y el "retorno", y de la producción y entrada en vigencia de "la Ley Mosaica". La fase Farisaica que siguió y aproximadamente coincidió con el mando supremo romano de la provincia de Judea, acabó con la segunda destrucción de Jerusalén, la dispersión de los últimos Judeanos, la supremacía Farisaica y la retirada del "gobierno" a su nuevo "centro" en Jamnia.

La tercera, la fase Talmúdica fue la más larga y duró diecisiete siglos, del 70 DC hasta aproximadamente el 1800 DC. Durante este período los judíos entraron en occidente y el "gobierno", desde una sucesión de "centros", trabajaron sin descanso para mantener la nación dispersa bajo su control, sujeta a "la Ley", y separada de los otros pueblos.

Como este también fue el período de la civilización Occidental y del auge de la Cristiandad, fue inevitable que la Cristiandad específicamente (y no meramente el "pagano" genérico, o "extraños", u "otros dioses") debieron transformarse en el blanco principal de las órdenes destructivas de la Ley.

En los ojos de la secta dominante y sus devotos, este período que parece tan largo e importante para las mentes Occidentales, fue en su esencia tan insignificante como el período babilónico. El hecho que uno duró diecisiete siglos y el otro cincuenta años no hacía una diferencia real: los dos eran simplemente períodos de "destierro" para el pueblo especial; y bajo la Ley, el largo episodio Occidental, tal como el corto período babilónico, fue ordenado para terminar en desastre para los "aprehensores", un triunfo judío y un nuevo "retorno" todo lo cual, algún nuevo Daniel, interpretaría en esos términos.

Los diecisiete siglos representaron una nueva "cautividad", bajo la Ley, la cual especificaba que dondequiera que morara el pueblo escogido, fuera de Jerusalén, ellos estaban en cautividad, y que esta cautividad era en sí misma "persecución."

Para un sionista literal como el Dr. Kastein, por consiguiente, los diecisiete siglos que vieron el auge del Cristianismo, forma una página de la historia que está en blanco, excepto por el registro de la "persecución judía" inscrito en él. El resto fue todo ruidos y furia, no significando nada; fue un período de tiempo durante el cual Jehová usó al pagano para plagar a los judíos, mientras él preparaba el triunfo de su pueblo especial; y por las acciones que los paganos hicieron, todavía tienen que pagar (aquí él grita).

El único resultado positivo de los diecisiete siglos cristianos, para él, es que los judíos emergen de este período segregados de la humanidad, gracias a sus gobernantes Talmúdicos.

Ciertamente éste fue un hecho asombroso; en toda la historia de logros negativos, nada puede acercarse a los resultados obtenidos por los Sabios de Sión. En el Talmud ellos construyeron ese "cerco alrededor de la Ley" que con éxito resistió, durante diecisiete siglos, todas las fuerzas centrífugas que atraían a los judíos hacia la humanidad.

Mientras ellos reforzaron su empalizada, los hombres europeos, habiendo aceptado la Cristiandad, se esforzaban a través de los siglos en aplicar su ley moral a la vida diaria, aboliendo la servidumbre y la esclavitud, reduciendo privilegio y la desigualdad y generalmente levantando la dignidad del hombre. Este proceso fue conocido como la "emancipación" y por el año 1800, estaba a punto de prevalecer sobre los sistemas de gobernantes absolutos y de las castas privilegiadas.

Los judíos, dirigidos por sus gobernantes Talmúdicos, tomaron la parte dirigente en la lucha por la emancipación. Que en sí misma era bastante justa. Las masas del Cristianismo sostuvieron desde sus inicios que las libertades que se ganaran, debían finalmente llegar a todos los hombres, sin distinción de raza, clase o credo; ése era el significado mismo de toda la lucha, y otra cosa o menos, la habrían hecho sin sentido.

En el caso de los judíos había no obstante, una obvia paradoja que repetidamente confundía y alarmaba a la gente, entre las cuales ellos vivían: La Ley judía expresaba la teoría de la Raza-de-Amos en su forma más arrogante y vindicativa concebible para la imaginación humana; ¿Cómo podían los judíos entonces atacar el estado independiente en otros? ¿Por qué los judíos exigían la nivelación de las barreras entre los hombres cuándo ellos construyeron la barrera más fuerte entre los judíos y otros hombres? ¿Cómo podían las personas que exigían que Dios había hecho todo el mundo para que ellos gobernaran, y les prohibía que se mezclaran con las castas menores, quejarse de discriminación?

Ahora que otros ciento cincuenta años han pasado, la respuesta a tales preguntas ha sido entregada por los eventos.

Es verdad que el clamor judío por la emancipación, en la realidad, no tenía relación con la gran idea o principio del asunto: la libertad humana. La Ley judaica negaba esa idea y principio. Los gobernadores Talmúdicos de la Judería vieron que la forma más rápida de quitar las barreras entre ellos mismos y el poder de otras naciones era destruir a los gobiernos legítimos en estas naciones; y la forma más rápida para ese fin era gritar "¡emancipación!".

Así, la puerta abierta mediante la emancipación podría usarse para introducir la fuerza revolucionaria permanente en la vida de las naciones; con la destrucción de todos los gobiernos legítimos, los revolucionarios tendrían éxito para alcanzar el poder, y estos revolucionarios serían entrenados por el Talmud y controlados por el Talmud. Ellos siempre actuarían bajo la Ley Mosaica, y de esta forma, el fin de Babilonia podría reproducirse en Occidente.

La evidencia de los eventos en el Vigésimo Siglo muestran ahora que éste fue el plan que los superiores Talmudistas trabajaron durante la tercera fase de la historia de Sión, desde aproximadamente el 70 DC hasta el 1800 DC. Por lo tanto allí había una enorme diferencia en la comprensión de "emancipación" por los pueblos europeos Cristianizados entre quienes moraban los judíos y entre los gobernantes Talmudistas de los judíos. Para la gran masa de gente, la emancipación representaba un fin: el fin de la servidumbre. Para la poderosa secta secreta, esto representaba un medio para llegar a un fin opuesto; la imposición de una nueva y más dura servidumbre.

Un gran peligro asistió a esta tarea. Fue, que la destrucción de las barreras entre los hombres, también podría destruir la barrera entre los judíos y otros hombres; esto habría destruido el propio plan, ya que esa fuerza se habría dispersado y es la que tendría que usarse una vez que se ganara la emancipación, para "derrumbar y destruir" las naciones.

Esto casi pasó en la cuarta fase de la historia de Sión; el siglo de la emancipación (digamos, entre el 1800 al 1900 DC) trajo el peligro de la "asimilación". En el siglo de la "libertad" un gran número de judíos, en Europa Occidental y en el "nuevo Occidente" al otro lado del mar, demostraron el deseo de soltar sus cadenas de la Ley Judaica y mezclarse ellos mismos con la vida de la gente. Por esa razón nuestro historiador Sionista, el Dr. Kastein, considera el Siglo XIX, que es el más oscuro en toda la historia judía, cargado con el peligro mortal del envolvimiento en humanidad que felizmente fue evitado. Él no puede contemplar sin horror la destrucción, a través de la asimilación, de las barreras Judaicas de raza y credo. Así que llama al movimiento por la emancipación del siglo XIX "retrógrado" y da las gracias a Dios que "la ideología" Sionista preservó a los judíos del destino de la asimilación.

Eso llevó a la quinta fase, a una que comenzó aproximadamente en 1900 y en la cual nosotros vivimos. La empalizada Talmúdica se mantuvo firme y al final de la cuarta fase los judíos, totalmente "emancipados" en la comprensión Occidental, aun estaban segregados bajo su propia Ley. Aquellos que intentaron escapar, hacia la "asimilación", fueron entonces arrastrados al enclaustramiento tribal por el poder místico del nacionalismo.

Usando el poder sobre los gobiernos, el cual se había ganado a través de la emancipación, la secta gobernante logró un segundo "retorno" a la tierra escogida, y así reestableció la Ley del 458 AC, con su misión destructiva e imperial. Una fiebre chauvinista, que todavía debe recorrer su curso, fue inyectada en las venas de la Judería mundial; el gran poder logrado sobre los gobiernos Occidentales fue usado para un coordinado fin; y toda la dura experiencia destructiva de Occidente en el Vigésimo Siglo estaba relacionada y dominada por la antigua ambición de Sión, reavivada desde la antigüedad para transformarse en el dogma de la política Occidental.

Esta quinta fase tiene ahora cincuenta y cinco años aproximadamente, mientras este libro es escrito, y sus primeros resultados son formidables. La "Ley Mosaica" ha sido sobre impuesta en la vida de los pueblos Occidentales, que de hecho se gobiernan por esa ley, y no por leyes propias. Las operaciones militares y políticas de dos guerras mundiales han sido desviadas para promover la ambición Sionista y las vidas y los tesoros de Occidente se han usado para apoyar esta ambición.

Cuarenta años de derramamiento continuo de sangre en Palestina han sido obviamente sólo el preludio a lo que todavía está por venir allí. Una tercera guerra mundial puede comenzar y puede extenderse fuera de Palestina, y si alguna fuera a comenzar en algún otro lugar, habría previsiblemente en su curso, darse una vuelta y encender la ambición de Sión que no será cumplida hasta que un área, mucho mayor en el Medio Oriente sea conquistada, y "otros Dioses" sean destruidos, y "todas las naciones" se hayan esclavizado.

El Dr. Kastein ve en esta quinta fase la edad dorada, cuando la "historia puede ser reasumida" (después del período sin sentido conocido como la era cristiana) y el Sionismo, como "poseedor de una misión" mundial, reentrará en una herencia destinada, culminando en el dominio mundial, del cual fue criminalmente desposeído en el año 70 DC (cuando la "historia" fue interrumpida).

Esta narrativa ha alcanzado ahora, la tercera de estas cinco fases, una de largo tiempo, cuando los escribas Talmúdicos en la Academia en Jamnia comenzaron con la industria sin fin de hilar La Ley, en una tela de araña aún mayor, de ramificaciones interminables, de la cual un judío difícilmente podría escapar sin una horrible multa. Por medio de esto, lo que parecía imposible fue logrado: una casta de personas dispersas a lo largo del mundo fue durante diecisiete siglos mantenida aparte de la humanidad y había sido entrenada para una tarea destructiva en el Vigésimo Siglo de la era cristiana.

Algunos consideran que este notable período de preparación y organización, cuando un cerco fue construido alrededor de la Ley Judaica, de tal manera que la "libertad" no absorbiera al pueblo especial o debilitara su fuerza destructiva, fue aquí el apropiado.

Capítulo 14

El gobierno móvil

Los superiores Fariseos que se trasladaron a Jamnia desde Jerusalén, antes de su destrucción en el año 70 DC, pensaron, tal como los Levitas en Babilonia tiempo antes, preparar un centro de poder y de control remoto con el cual pudieran mantener en el sometimiento una organización tribal, en ese momento distribuida sobre la tierra conocida. Llevaron con ellos a Jamnia la experiencia acumulada de Jerusalén y Babilonia, los secretos guardados de años y tuvieron éxito estableciendo un gobierno móvil que ha continuado ejerciendo la autoridad sobre los judíos hasta el presente.

Antes de las últimas batallas con Roma (dice el Dr. Kastein) "un grupo de maestros, estudiosos y educadores reacondicionaron Jamnia, tomando el destino de su pueblo sobre sus hombros para hacerse responsable de él a través de los años. . .En Jamnia, fue establecido el cuerpo central para la administración del pueblo judío... Como regla, cuando una nación ha sido absolutamente derrotada como lo fueron los judíos en esta ocasión, ellos perecen en su totalidad. Pero el pueblo judío no pereció... Ya habían aprendido cómo cambiar su actitud durante la cautividad babilónica... Y ellos siguieron un curso similar ahora."

En Jamnia el antiguo Sanedrín, la fuente de todo lo legislativo, la autoridad administrativa y judicial, se estableció bajo un nuevo nombre. Además, se creó una academia para el desarrollo posterior de La Ley.

En él, los escribas continuaron la revelación de la mente de Jehová y la interpretación de La Ley, tan a menudo dicha que había sido puesta en su última forma. De hecho, como el dogma es que la Ley gobierna cada acto de la vida humana en circunstancias que continuamente cambian, nunca pudo o puede codificarse finalmente y debe ser siempre ampliada.

Aparte de esa permanente razón para la revisión, el nuevo factor, la Cristiandad, había surgido y la aplicación de la Ley a él tuvo que ser definida. Así la Torah (la Ley) comenzó a recibir su enorme suplemento, el Talmud, que era de igual o de mayor autoridad.

Desde Jamnia la Ley se administró, la cual "levantó una barrera insuperable contra el mundo exterior", dio fuerza a una disciplina "**rígida hasta el punto de ser mortífera**", y "mantuvo a los prosélitos al alcance del brazo". El objetivo era "hacer la vida del judío absolutamente diferente de aquella de los Gentiles". Cualquier ley que recibiera una mayoría de votos del Sanedrín entraba en vigor por todas partes a lo largo de las comunidades de Judaístas dispersos; los "oponentes eran amenazados con la prohibición que significó el ser excluido de la comunidad."

De esta manera, "el centro del círculo fue fijado finalmente, y el círculo mismo fue ampliamente descrito en la forma de la ley y el cerco vivo que fue fijado sobre las personas". Durante este período (antes de que la Cristiandad se transformara en la religión de Roma) un decreto secreto salió desde "el centro" en Jamnia, autorizando a los judíos para simular el rechazo de su credo y profesar la conversión a las "religiones paganas", si las circunstancias hicieran esto conveniente.

El período de gobierno desde Jamnia, duró por aproximadamente un siglo, y luego se trasladó a Usha en Galilea, dónde el Sanedrín fue restablecido. "El Judaísmo puso limitaciones sobre sí mismo y **creció aun más exclusivo**"; en este tiempo una especial maldición fue pronunciada contra los judíos Cristianos. En el 320 DC el Emperador romano Constantino se convirtió al Cristianismo, y promulgó leyes que prohibieron los matrimonios entre cristianos y judíos y prohibieron a los judíos que mantuvieran esclavos cristianos. Éstas eran respuestas naturales a Ley de exclusión y de la "esclavitud extraños" administrada por el gobierno Talmúdico en Usha, pero estas fueron denunciadas como "persecución" y para escapar de su alcance, "el centro" se trasladó nuevamente a Babilonia, dónde la colonia de Judeanos, que ocho siglos antes habían preferido quedarse allí en lugar del "retorno" a Jerusalén, todavía "estaba intacto". El gobierno Talmúdico fue preparado en Sura, y se establecieron academias en Pumbedita.

El Talmud, comenzado en Jamnia y Usha, fue completado en Sura y Pumbedita. "Un anillo de inmensas proporciones y de una colosal elasticidad" fue construida por todas partes alrededor de los judíos; el círculo místico del miedo y la superstición fue firmemente estrechado aún más. De Sura un **Exilarch** (príncipe de la cautividad de la casa de David), gobernaba, pero en poco tiempo se transformó en un testaferro. Después de esto "el presidente de la academia" (en el efecto, el alto sacerdote y primer ministro) "extendió las reglas y regulaciones no sólo para los judíos babilónicos, sino para todo el Judaísmo... Los judíos a *lo largo del mundo* reconocieron las academias en Babilonia como el centro de la autoridad del Judaísmo, y consideraron cualquier ley que ellos aprobaran como obligatorias."

Así la nación-dentro-de-la-naciones, el estado-dentro-de-los-estados, fueron encadenados y gobernados por el gobierno Talmúdico en Babilonia.

El centro de dogma permanecía como Ezekiel, Ezra y Nehemiah lo habían diseñado y le habían puesto en vigor; pero el Talmud, en el efecto, había tomado el lugar de la Torah, tal como más temprano, la Torah había suplantado las "tradiciones orales".

Los jefes de las academias de Sura y Pumbedita fueron llamados **Gaonim** y comenzaron a ejercer el poder autocrático sobre los dispersos judíos. El oscuro Exilarchs (más tarde **Nasim**, o príncipes) eran dependientes de su aprobación y el Sanedrín entregó sus funciones a ellos, o fue privada de estas. Cuando la duda surgía entre los judíos, en cualquier parte del mundo, sobre la interpretación o aplicación de la Ley, en cualquier materia del día, la pregunta se enviaba al Gaonate. Los veredictos y juicios volvían (en el nombre de Jehová) desde el distante gobierno y estas eran las Respuestas Gaonicas, o leyes promulgadas desde Babilonia, a las cuales, los judíos se sometían en todas partes, o incurrían en el peligro de excomunión.

De esta forma la esclavitud Talmúdica se extendía alrededor de los dispersos judíos, dondequiera que ellos moraran, "como una red estrechamente tejida... sobre sus acciones y sobre sus oraciones, sobre toda su propia vida y cada paso que ellos dieran... Nada en sus vidas externas fue permitido ser un asunto de arreglo arbitrario o de posibilidad". Éste es el cuadro de un despotismo absoluto, diferente de otros despotismos sólo en el elemento de la distancia entre los déspotas y sus sujetos. Dada su misión benévola, una comunidad de personas, así tan estrechamente controlada, pudo así hacer fructificar enormemente la vida de las personas; dada su misión destructiva, su presencia entre otros, es como una carga de demolición en una roca, operada por una mano distante en un botón.

Durante seiscientos años el gobierno Talmúdico, en Jamnia, Usha, y Sura, permaneció en o cerca de su nativo clima oriental, dónde su naturaleza fue comprendida por otros pueblos; ellos supieron hacer frente y contrarrestar el salvaje credo tribal y, con tal que ellos no fueran estorbados o reprimidos por poderes extranjeros en sus relaciones con este, siempre pudieron encontrar un compromiso diario que les permitió a todos vivir uno junto a otro lado a lado en amistad práctica.

Entonces llegó el evento que ha provocado tales resultados violentos en nuestro tiempo: el gobierno Talmúdico *se trasladó a la cristianizada Europa* y se estableció entre gentes para quienes la naturaleza de su dogma y sus métodos eran extraños e incluso incomprensibles. Esto llevó, en el curso de muchos siglos, a recurrentes confrontaciones entre el extraño credo y su ambición y los intereses nativos que nuestro siglo está experimentando nuevamente.

La naturaleza de los occidentales (especialmente en las latitudes del norte) es ser franco, declarar los propósitos, y usar las palabras para expresar la intención, y la Cristiandad desarrolló estos rasgos nativos. La fuerza que aparecía entre ellos era de un carácter opuesto, oriental, infinitamente sutil, callada, misteriosa, y practicaban el uso del idioma para enmascararse de los reales propósitos. En ello yacía su mayor fuerza en su encuentro con Occidente.

El auge de Europa ocurrió a través de las conquistas islámicas. Los Árabes, bajo el estandarte del Profeta, expulsaron a los romanos de Palestina. Por este medio los habitantes nativos de Palestina, que la había habitado unos dos mil años antes que las primeras tribus hebreas entraran, se transformaron en los gobernantes de su propio país, y permanecieron en eso durante novecientos años (hasta 1517, cuando los Turcos la conquistaron).

Una comparación instructiva puede hacerse entre el tratamiento islámico y el tratamiento Judaico de los cautivos: la orden del Califa a los conquistadores árabes en el 637 DC fue, "Usted no actuará traicioneramente, deshonestamente, ni cometerá algún exceso o mutilación, ni matará a algún niño o anciano; ni cortará o incendiará palmas o árboles frutales, ni matará a alguna oveja, vaca o camello, y dejará tranquilos a aquellos que usted encuentre en sus celdas que se han consagrado para rendir culto". La orden de Jehová, según **Deuteronomio** 20.16, es: "De las ciudades de estos pueblos que el Señor tu Dios te las dio como herencia, no salvarás nada que respire."

Desde Palestina, el Islam entonces se esparció de sus fronteras por el norte de África, por lo que la gran masa de judíos estuvo dentro de los límites de la misma autoridad externa. Luego, el Islam se volvió hacia Europa e invadió España. Allí fue que la sombra del Sionismo Talmúdico se quedó en Occidente. ¡La conquista mora fue apoyada con "hombres y dinero" de los judíos, que como seguidores de los campamentos fueron tratados con notable favor por los conquistadores, ciudad tras ciudad fueron entregadas en sus manos! El propio Corán dijo, "Su objetivo será incitar el desorden en la tierra" ; los ejércitos islámicos ciertamente facilitaron este objetivo.

La cristiandad así se sumergió en España. En estas circunstancias propicias, el gobierno Talmúdico se transfirió de Babilonia a España, y el proceso comenzó, los resultados de ello han llegado a ser claros en nuestra generación. El Dr. Kastein dice:

"El Judaísmo, disperso como estaba sobre la faz del planeta, siempre estaba inclinado para establecer un estado ficticio en el lugar del que había perdido, y siempre apuntaba, por consiguiente, a la búsqueda de un centro común para guía... Este centro se decidió que estuviese ahora en España, hasta donde la hegemonía nacional se transfirió desde Oriente. Tal como Babilonia había tomado providencialmente el lugar de Palestina, ahora España oportunamente reemplazaba a Babilonia, la cual, **como centro del Judaísmo**, había cesado en su capacidad de funcionar. Todo lo que se podría hacer allí ya había sido cumplido; allí se había forjado las cadenas con las cuales los individuos se atarían ellos mismos, para evitar ser tragado por su ambiente: el Talmud."

El lector observará la descripción de los eventos: los "individuos" normalmente no se atan ellos mismos, por opción, con cadenas forjadas para ellos. De cualquier forma, la cautividad judía estaba tan firme como siempre, o quizás se había hecho aún más firme. Eso lo tendrían que ponderar los judíos mismos.

Lo que se transformaría de vital importancia para Occidente, fue que el gobierno judío estaba ahora **en Europa**. El centro dirigente y la idea destructiva, ambos habían entrado en Occidente.

El gobierno Talmúdico de la nación-dentro-de-las-naciones fue continuado desde la tierra española. El Gaonate emitió sus directivas; la academia Talmúdica se estableció en Córdova; y a veces, por lo menos, un oscuro Exilarch reinó sobre la Judería.

Esto se hizo bajo la protección del Islam; los moros, como en Babilonia y Persia antes, mostraron una notable benevolencia hacia esta fuerza en su medio. Para los españoles, el invasor comenzó a tener cada vez más un semblante judío y cada vez menos uno moro; los moros habían conquistado, pero el poder del conquistador pasó a las manos judías. La historia que el mundo había visto antes representada en Babilonia, se repitió en España, y en los siglos posteriores sería repetida en cada gran país de Occidente.

Los moros permanecieron en España durante casi ochocientos años. Cuando vino la reconquista española, después que esta larga prueba se completó en 1492, los judíos, así como los moros, fueron expulsados. Ellos se habían identificado con el control de los invasores y fueron expulsados cuando todo acabó, tal como si ellos hubiesen seguido a los moros.

El "centro" del gobierno Talmúdico se transfirió entonces a Polonia.

En ese punto, menos de cuatro siglos antes de nuestra propia generación, un significativo misterio entra en la historia de Sión: **¿Por qué fue preparado el gobierno en Polonia?** Hasta este momento los anales no revelan algún rastro de alguna gran migración de judíos a Polonia. Los judíos que entraron en España con los moros fueron del norte de África y cuando ellos se fueron, la mayoría volvió allá o se fueron a Egipto, Palestina, Italia, a las islas griegas y a Turquía. Otras colonias habían aparecido en Francia, Alemania, Holanda e Inglaterra y éstas aumentaron su volumen por la llegada entre ellos, de judíos de la Península española. **No hay ningún registro que un número sustancial de judíos españoles fuese a Polonia, o que alguna masiva migración judía a Polonia haya ocurrido en algún momento más temprano.**

No obstante en el 1500, cuando el "centro" fue preparado en Polonia, "una población judía de millones *resultaba estar allí* ", según el Dr. Kastein. Pero las poblaciones de millones "no resultan estar allí de repente". El Dr. Kastein muestra estar consciente que algo necesita explicación aquí, y por ser renuente a entrar en ello, porque desecha esto que es extraño con un comentario casual, que el tamaño de esta comunidad, de la cual nada se había escuchado previamente, "fue más debido a la inmigración, *al parecer* de Francia, Alemania y Bohemia, que *a cualquier otra causa*". Él no explica qué otra causa podría tener en mente y, para un estudioso diligente, esta es una ocasión en que se muestra extrañamente satisfecho con una conjetura aleatoria.

Pero cuando un historiador Sionista pasa por encima, ignorando algo, el buscador de conocimientos puede estar bastante seguro que la raíz de la materia, puede ser encontrada por la perseverancia.

Así es en este caso; detrás la natural conjetura del Dr. Kastein, el hecho más importante de la historia de Sión es ocultada. El "centro" del gobierno judío estaba en este momento plantado entre una gran comunidad de personas que eran desconocidas para el mundo como judíos y de hecho no eran judíos en algún sentido literal. Ellos no tenían en absoluto, algo de sangre de Judahítas (en esta materia; la Sangre Judahíta debe estar en este momento casi extinguida, incluso entre los judíos de Europa Occidental) y sus antepasados nunca habían conocido Judea, o cualquier tierra sino aquella de los Tártaros (Europa Oriental).

Estas personas eran los Khazars, una raza Turco-mongol que se había convertido al Judaísmo, aproximadamente en el siglo VII de nuestra era. Éste es el único caso de conversión de un cuerpo grande de personas de sangre bastante distinta al Judaísmo (los Edomitas eran "hermanos"). La razón del porqué los superiores Talmúdicos permitieron o animaron esto, sólo puede suponerse; sin él, sin embargo, el "asunto judío" podría ahora haberse unido al problema que el tiempo ha resuelto.

Este desarrollo (que se discutirá en un capítulo más adelante) era de vital, y quizás incluso de importancia letal para occidente. El instinto natural de Europa siempre fue de esperar el peligro más grande para su supervivencia de Asia. Desde el momento que "el centro" se transfirió a Polonia, fue que estos asiáticos comenzaron a moverse hacia occidente, y después comenzaron a entrar allí bajo la apariencia de "judíos" y ellos llevaron a Europa a su crisis más grande. Aunque su conversión había ocurrido tanto tiempo atrás, ellos estaban en una zona tan remota que el mundo nunca los podría haber conocido, si el centro Talmúdico no hubiese sido puesto entre ellos, para que ellos vinieran a agruparse alrededor de él.

Cuando ellos llegaron a ser conocidos como "los judíos Orientales", profitaron por el efecto de la confusión, de la contracción de la palabra

Judahíta, o Judeana, [Jew] "judío"; nadie habría creído alguna vez que ellos eran **Judahítas o Judeanos**.

¡Desde el momento que ellos tomaron de la dirección de la judería el dogma del "retorno" a Palestina, se predicó en el nombre de personas que no tenían algo de sangre Semita o alguna ligazón hereditaria con Palestina! Desde este período, el gobierno Talmúdico operó **con maniobras** de un orden Asiático diferente.

Una vez más, un estado casi independiente se formó dentro del estado polaco, el cual, tal como muchos estados, antes y después, mostró la más grande benevolencia a la nación-dentro-de-las-naciones que tomó forma dentro de sus puertas. Tal como en casos anteriores y posteriores esto de ninguna forma mitigó la hostilidad de los judíos Talmúdicos hacia él, lo cual era legendario.

El Dr. Kastein muestra el cuadro de este gobierno judío independiente durante la fase polaca. Los Talmudistas fueron permitidos para diseñar "una constitución", y a través de los 1500 y 1600, los judíos en Polonia vivieron bajo "un gobierno autónomo". Este administró "un sistema **férreo** de autonomía y de **férrea** disciplina religiosa que inevitablemente produjo la formación de un cuerpo oligárquico de administradores y el desarrollo de una forma extrema de misticismo" (esto da la imagen del entrenamiento, bajo una rígida disciplina en encierro íntimo, lo cual produjo a los revolucionarios comunistas y Sionistas de nuestro siglo).

Este gobierno Talmúdico autónomo se llamó el Kahal. En su propio territorio el Kahal era un gobierno totalmente autorizado, bajo el suzerain polaco [señorío feudal]. Tenía autoridad independiente de imposición de contribuciones en los ghettos y comunidades, siendo responsable del para el pago de una suma global al gobierno polaco. Aprobó leyes que regulaban cada acción y transacción entre hombre y hombre y tenía el poder para investigar, juzgar, declarar culpable o liberar.

Este poder **sólo nominalmente** no llegaba a la pena capital: El Profesor Salo Baron dice, "En Polonia dónde la corte judía no tenía algún derecho de infligir la pena capital, **el linchamiento, como un preventivo extra-legal, fue animado por las autoridades rabínicas como Solomon Luria**". (Esta cita revela frecuentemente el pensamiento íntimo del Dr. Kastein, pero cauto, haciendo alusiones a una "disciplina de hierro", "inexorable disciplina", "una disciplina rígida hasta el punto de ser mortal").

En el efecto, un estado judío, dirigido por el Talmud, fue recreado en las tierras de Polonia.

Tal como el Dr. Kastein dice, "Así era **la constitución del estado judío**, plantado en tierra extranjera, rodeado por una pared de leyes extranjeras, con una estructura en parte auto-elegida y en parte forzados a tenerla... ***Tenía su propia ley judía***, su propio sacerdocio, sus propias escuelas, y sus propias instituciones sociales, y sus propios representantes en el gobierno polaco... de hecho, poseía todos los elementos que podrían formar un estado". El logro de este estado fue debido "en no poca medida con la cooperación del Gobierno Polaco".

Entonces, en 1772, Polonia se dividió y esta gran comunidad de "judíos Orientales", organizada como un estado-dentro-del-estado, fue dividido por límites nacionales, la mayoría de él quedó bajo el control ruso. A ese punto, por primera vez en más de 2500 años y menos de doscientos años antes de nuestros propios días, el "centro" del gobierno judío desaparece de vista. Hasta 1772 había habido siempre uno: en Polonia, España, Babilonia, Galilea, Judea, Babilonia y Judah.

El Dr. Kastein dice que "el centro dejó de existir". La sugerencia es que el mando centralizado de la Judería se acabó en ese momento, pero el tiempo y la fortaleza de su supervivencia más temprana, y los eventos significantes del siglo resultante, refutan eso. En un pasaje posterior del propio Dr. Kastein revela la verdad, cuando él jubiloso escribe que en el siglo XIX "el Judío Internacional tomó forma."

Claramente "el centro" continuó, pero de 1772 lo hizo en secreto. La razón para el retiro en el ocultamiento puede deducirse del diseño de los eventos posteriores.

El siglo que le siguió fue aquel de la conspiración revolucionaria, comunista y sionista, culminando en la aparición abierta de estos dos movimientos que han dominado el presente siglo.

El "centro" Talmúdico también fue también el centro de esta conspiración. Si hubiera seguido estando a la vista, el origen de la conspiración habría sido visible, y la identificación con los judíos Orientales Talmúdicos había sido obvia.

En los eventos esto quedó claro cuando la revolución de 1917 produjo un gobierno casi totalmente-judío en Rusia; y en ese momento el poder sobre los gobiernos en Occidente era tan grande que la naturaleza de este nuevo régimen fue poco discutido, una virtual ley de herejía había entrado con la fuerza allí. Si la institución visible hubiese continuado, las masas de Occidente se habrían dado cuenta a tiempo del gobierno Talmúdico de la Judería, que aun cuando elevaba el clamor por la "emancipación", también estaba organizando una revolución para destruir a todas las personas que podrían ganar de esta emancipación.

Los rusos, entre los cuales moraba la comunidad más grande de judíos en ese momento, supieron lo que había pasado. El Dr. Kastein dice, "Los rusos se preguntaban cual podría ser la razón por la cual los judíos no se amalgamaron con el resto de la población, y llegaron a la conclusión que **en su secreto Kahal**, ellos tenían una poderosa reserva", y que "***existía***

un Kahal Mundial". El Dr. Kastein confirma lo que los rusos creyeron después, por su propia alusión al "judío internacional" del Siglo XIX.

En otros términos, el "gobierno" continuó, pero oculto, y probablemente en una forma diferente, que es sugerida por la palabra del Dr. Kastein "internacional". Una fuerte presunción es que el "centro" hoy no se localiza en algún país y que, aunque su asiento principal de poder está evidentemente en los Estados Unidos, ahora toma la forma de un concejo de administración distribuido entre las naciones, trabajando al unísono, sobre las cabezas de los gobiernos y de los pueblos.

Los rusos que en el momento de la desaparición del "centro" de la vista pública, estaban mejor informados que cualquier otro sobre esta materia, se ha demostrado que estaban en lo correcto.

La forma en que este concejo de administración internacional gana y maneja el poder sobre los gobiernos Gentiles ya no es más misterioso; existe la suficiente información publicada sobre esto en los últimos cincuenta años para explicarlo, tal como este libro lo demostrará más adelante.

El misterio de como han logrado mantener el control sobre los judíos es más difícil penetrar. ¿Cómo una secta ha podido controlar a personas, distribuidas alrededor del globo, en las garras de un tribalismo primitivo durante veinticinco siglos?

El próximo capítulo busca dar alguna visión en los métodos usados durante la tercera y más larga fase de la historia de Sión, el período Talmúdico que duró desde el 70 DC hasta aproximadamente el 1800. Estos métodos tienen tanto del Oriente y de Asia en ellos, que ha confundido las mentes Occidentales y son mejor comprendidos por aquellos cuya propia experiencia les llevó a estar mucho entre las comunidades de "judíos Orientales" antes de la Segunda Guerra Mundial, y en estados de policías secretas dónde el control es también por el miedo y terror.

CAPÍTULO 15

EL TALMUD Y LOS GHETTOS

Independientemente de que cosa esté en disputa, una cosa es indiscutible: que una gran fuerza repose en una Ley que durante diecinueve siglos obtiene la obediencia de personas dispersas sobre la tierra, cuando con un esfuerzo de voluntad ellos podrían escapar de su esclavitud. El Talmud fue (y es) tal ley, y la única en su tipo.

"El Talmud fue considerado como la autoridad suprema por la mayoría de judíos... *Incluso la Biblia fue relegada a un lugar secundario*" (*Enciclopedia judía*). "*La superioridad absoluta del Talmud sobre la Biblia de Moisés* debe ser reconocida por todos" (*Archivos Israelitas*, citado por Mgr. Landrieux).

"Las palabras de los superiores *son más importantes que las palabras de los Profetas*" (El Talmud, Tratado Berachoth, i.4.).

La recopilación del Talmud comenzó en Jamnia, la parte llevada a cabo en Babilonia por Ezekiel y Ezra, y en esta nueva revisión de la Ley, por el rabino conocido como Judah el Santo o el Príncipe.

Fue en efecto una adición masiva a los "estatutos y juicios" del ***Deuteronomio, Leviticus y Números***. Todas la leyes promulgadas por el "centro" fueron agregadas como suplementos, como la "Torah Oral", y designadas como igualmente de origen divino. Entonces fueron escritas en el ***Mishna***. Después nuevamente (bajo el pretexto que fue usado a menudo de "completar" el trabajo) se agregaron inmensos archivos de discusiones rabínicas y decisiones en el ***Gemara***, pero como el ***Gemara*** era producto de dos comunidades judías distintas, aquellos de Jerusalén en el siglo quinto y de Babilonia en el séptimo siglo, existen dos Talmud, uno conocido como el Palestino y el otro como babilónico.

El Talmud, el cual se produjo durante la era cristiana, es anti-cristiano. Se supone que deriva de la misma fuente original como la Torah; los escribas sacerdotales que lo compilaron, exigieron una vez más, que lo habían revisado y expandido bajo los poderes entregados "oralmente" en el monte Sinai.

La copia de la Biblia cristiana que tengo declara que "las iglesias de todas las denominaciones reciben y aceptan" el Antiguo Testamento "como entregado por la inspiración de Dios, es por lo tanto para ellos una regla Divina o guía de fe y práctica", una decisión que bajó del Concilio de Trent. Por consiguiente surge una pregunta: ¿De qué forma la inspiración del Talmud fue diferente de la Torah? Si **no fue** diferente entonces, ¿Por qué no se agrega el anti-cristiano Talmud a la Biblia cristiana?

Si se hiciera eso, todo el trabajo se extendería a lo largo de varios estantes de una biblioteca, y el Nuevo Testamento sería un diminuto folleto, perdido entre y excomulgado por la masa Talmúdica, la enseñanza de la cual es resumida por el estudioso de Talmud, P.L.B. Drach:

"Los preceptos de justicia, de equidad, de caridad hacia el prójimo de cada uno, no sólo no son aplicables con respecto a los Cristianos, sino que constituyen un crimen en cualquiera que actuase diferente... El Talmud prohíbe expresamente salvar la vida del non-judío de la muerte... restaurarle los bienes perdidos, etc., a él, tener piedad con él."

La decisión teológica sobre la "autoridad por igualdad divina" de la Torah parece haber introducido un elemento de confusión en la lección cristiana de la cual la Cristiandad misma finalmente no podría recuperarse.

Los preceptos Talmúdicos citados arriba no son esencialmente diferentes en su naturaleza de aquellos incluidos en el **Deuteronomio,** cuando **esa** "Segunda Ley" fue pública mil años antes que el Talmud Palestino fuera completado; ellos entregan simplemente una aplicación específicamente anti-cristiana.

¿Por qué el Talmud era absolutamente necesario? Las razones parecen claras. Los Judeanos finalmente se habían dispersado a través del mundo, o de todos modos hasta el determinado momento que estos "desterrados" podrían ser "reunidos" nuevamente alrededor del templo. El mundo dónde estaban dispersos contenía a un nuevo "enemigo" en la forma de una religión que nació en la declaración misma que el Fariseísmo era herejía: "¡Las penas hacia ustedes, escribas y Fariseos, hipócritas!"

Es más, la Ley Judaica se ha hecho conocida a través de la traducción al mundo irreligioso que incluso ha encontrado algunas cosas en él que podría usar. Así el pueblo especial, si iba a ser mantenido apartado, necesitaba una nueva Ley propia, que podría mantenerse aparte de los ojos de los Gentiles. La Torah necesitaba "un cerco" alrededor de este, lo suficientemente fuerte para conservar a los desterrados, de la absorción por otros pueblos y de no "prostituirse" a otros dioses."

El Talmud fue esencialmente la respuesta hostil a la Cristiandad, la orden-de- batalla revisada a la luz de las nuevas disposiciones del "enemigo". Las enciclopedias laicas (qué en nuestra generación ha sido hechas poco fiable en los asuntos relacionados con el Judaísmo) ocultan estos hechos de los lectores Gentiles. Una de ellas que está frente a mi, por ejemplo dice, "El Talmud ha sido atacado a veces por los cristianos - bastante injustamente - como anti-Cristiano". La inserción de dos sugestivas palabras por algunos adeptos Escribas, hace que este volumen suministre falsedades demostrables y convierta una declaración verdadera en una propagandista. El ataque a la Cristiandad le dio el tono distintivo al Talmud y es de hecho, la única nueva cosa en el Talmud. Sus otras enseñanzas se mantienen en aquellas de Ezekiel y los Fariseos.

La **Enciclopedia judía** dice, "es la tendencia de leyendas judías en el Talmud, el Midrash" (los sermones en las sinagogas) "y en la Vida de Jesús Cristo (**Toledoth Jeshua**) que se originó en la Edad media para empequeñecer la persona de Jesús atribuyéndole un nacimiento ilegítimo, magia y una muerte vergonzosa". Se le alude generalmente como "el anónimo", "mentiroso", "impostor" o "bastardo" (la atribución de bastardía es designada para llevarlo bajo La Ley como es declarado en **Deuteronomio 23.2**: "Un bastardo no entrará en la congregación del Señor"). La Mención del nombre, Jesús, está prohibida en las casas judías.

El trabajo citado por la **Enciclopedia judía** como haberse "originado en la Edad Media" no es sólo una memoria deshonrosa de un antiguo pasado, como esa alusión podría sugerir; se usa en las escuelas hebreas hoy en día. Fue una producción rabínica de la era Talmúdica y repetía todo el ritual en forma burlesca del Calvario mismo, en una forma diferente. Jesús es descrito como el hijo ilegítimo de María, la esposa de un peluquero, y de un soldado romano llamado Panthera. Al propio Jesús se le llama por un nombre que podría traducirse como "Joey Virgo."

Se muestra como que fue llevado por su padrastro a Egipto y que allí aprendió la hechicería.

Lo significativo de esta ficticia biografía (la única información sobre Jesús que se supone tienen los judíos para leer) es que en esta, Jesús **no** fue crucificado por los romanos. Después de su aparición en Jerusalén y de su arresto allí, habría sido entregado al Sanedrín y pasó cuarenta días en la picota (suerte de tortura) antes de ser lapidado y luego colgado en la Fiesta de Pascua; esta forma de muerte cumple exactamente la Ley ordenada en **Deuteronomio 21.22 y 17.5**, considerando que la crucifixión **no** habría sido conforme con la **Ley Judaica**. El libro entonces establece que en el infierno está sufriendo la tortura de ser hervido en barro.

El Talmud también se refiere a Jesús como "Estafador", "hechicero", "persona profana", "idólatra", "perro", "niño de lujuria" el efecto de esta enseñanza; sobre un período de siglos, es mostrado por el libro del judío español, Mose de León, republicado en 1880, que habla de Jesús como "un perro muerto" que yace "enterrado en estiércol". Los textos hebreos originales de estas alusiones Talmúdicas aparecen en "**Jesús Christus im Talmud**" de Heinrich Laible.

Este estudioso dice que durante el período del odio a Jesús de los Talmudistas, "el rasgo más nacional de Judaísmo" que "ante la aproximación de la Cristiandad los judíos mostraban siempre y cada vez una furia y odio que era semejante a la locura" que el odio y el desdén de los judíos siempre era dirigido en el primer lugar contra la persona de Jesús" y que "el odio-a-Jesús de los judíos es un hecho firmemente establecido, pero ellos quieren mostrarlo tan pequeño como sea posible."

Este deseo de ocultar del mundo exterior lo que se enseña detrás del cerco Talmúdico llevó a censurar los pasajes citados mas arriba durante el siglo decimoséptimo. El conocimiento del Talmud llegó a ser bastante extenso entonces (frecuentemente fue denunciado por judíos protestantes) y la turbación causada a los superiores Talmúdicos llevó al siguiente decreto (citado en el hebreo original y en la traducción de P.L.B. Drach que fue planteado en una escuela Talmúdica, Drach posteriormente se convirtió a la Cristiandad):

"Esto es por qué nosotros le ordenamos a ustedes, bajo la pena de excomunión mayor, no imprimir nada en las ediciones futuras, tanto del Mishna o del Gemara, los cuales se relacionen para bien o para mal con los actos de Jesús el Nazareno, y para sustituirlo a cambio, por un círculo tal como este: O, que advertirá a los rabinos y maestros de escuela enseñar a los jóvenes estos pasajes *sólo a viva voz*. Por medio de esta precaución, los estudiosos entre los Nazarenos no tendrán ningún pretexto extenso para atacarnos sobre este asunto" (decreto del Sínodo de los Judaístas que se reunió en Polonia en 1631. En la actualidad, cuando el público cuestiona sobre esta materia, o las objeta, esta acción ha sido virtualmente prohibida por los gobiernos Gentiles, estos pasajes, de acuerdo a informes, han sido restaurados en las ediciones hebreas del Talmud).

Esta difamación del fundador de otra religión pone al Judaísmo aparte de otros credos y al Talmud de otra literatura publicada en el nombre de una religión. Los Musulmanes, Budistas, Confucianos, Cristianos y otros, no odian a otros credos o a sus fundadores *como tales*. Ellos están satisfechos de diferir y creer que los caminos pueden reunirse algún día, Dios es el que decide el punto de reunión.

¡Por ejemplo, el Corán describe a Jesús como "fortalecido con el Espíritu santo" y los judíos son reprochados por rechazar "al Apóstol de Dios" a quien se le dio "el Evangelio con su guía y luz". De su madre, el Corán dice, "¡O María! Verdaderamente Dios te escogió y te purificó, y te eligió entre todas las mujeres del mundo", y, "Jesús, el hijo de María, ilustre en este mundo, y en el próximo, y uno de aquellos que tienen el acceso cercano a Dios."

El mensaje central del Talmud, la "nueva Ley" aún más nueva, es clara: específicamente extiende la Ley para aplicarla contra la Cristiandad, y no deja ninguna duda sobre el deber de un judío hacia ella.

Otro motivo para el nuevo compendio era el problema creado para la secta interna por el hecho que los Gentiles habían encontrado demasiado cosas en la Torah traducida que les atraía (a pesar del hecho obvio que estaba letalmente dirigida contra ellos). Los escribas Levíticos anteriores, no podrían prever eso (porque ellos no pudieron prever la traducción misma). La secta gobernante necesitaba una nueva Ley propia, en la cual los ojos de los "extraños" no podrían acechar, y necesitaban hacer comprender a los judíos que, aunque el pagano había ligado la Ley racial-religiosa inexplicablemente en la Biblia cristiana, esta Ley no obstante, todavía era solamente la Ley de los judíos, e inexorablemente en la fuerza.

Así el Talmud comenzó a ensanchar el espacio y a elevar la barrera entre los judíos y los otros. Un ejemplo del idioma diferente que hablaba la Torah, para los judíos y para Gentiles, ha sido entregada previamente: la alusión oscura y aparentemente inofensiva a "una nación estúpida" (Deuteronomio, 32.21). Según el artículo sobre la **Discriminación contra los Gentiles** en la **Enciclopedia judía**, la alusión en el hebreo original es a "Gentiles viles y viciosos", de tal manera que judíos y Gentiles reciben significados muy diferentes del mismo pasaje en el original y en la traducción. El Talmud, sin embargo, que llegaría solamente a los ojos de los judíos, alejó cualquiera duda que esto podría haber alcanzado en las mentes judías por la lectura de la traducción más suave; específicamente relacionó el pasaje en el **Deuteronomio** a uno en **Ezekiel**, 23.20, y haciendo eso, definió a los Gentiles como aquellos "¡cuya carne es como la carne de asnos y cuyos asuntos son como los asuntos de los caballos!" En este espíritu fue hecha la "interpretación" de La Ley continuamente por los Talmudistas.

Los decretos Talmúdicos eran todos al efecto similares. La Ley (el Talmud extendido) permitía la restauración de un bien perdido a su dueño si era "un hermano o vecino", pero no si era un Gentil. La quema de libros (de libros Gentiles) era recomendada (la quema de libros es un invento Talmúdico, ya que la caza de brujas era prescrita por la Torah). La bendición, "Bendito sea Usted... que no me ha hecho un goy", sería recitada a diario. Los eclipses sólo eran de mal augurio para los Gentiles. El Rabino Levi determinó que la orden de no tomar venganza (**Leviticus 19.18**) no se aplica a los Gentiles, y al parecer invocó a **Eclesiastés 8.4** para apoyar su decisión (una interpretación discriminatoria que se le da a un pasaje en que los Gentiles no podrían ni siquiera sospechar de tal intención).

El judío que venda a un Gentil, una propiedad que esté junto a las tierras de otro judío será excomulgado. Un Gentil no puede confiarse como testigo en un juicio criminal o civil porque no se podría depender de él que mantenga su palabra como un judío. Un judío que testifica en una corte Gentil como único testigo contra un judío debe excomulgarse. El adulterio cometido con una mujer non-judía no es ningún adulterio "ya que el pagano no tiene ninguna esposa legalmente casada con él, ellas realmente no son sus esposas". Los Gentiles como tal tienen prohibido la admisión en un mundo futuro.

Finalmente, la interpretación Talmúdica de los mandamientos morales originales, "Amarás al Señor tu Dios con todo tu corazón", es que "los hombres se ocuparán con el estudio de la Escritura Santa y del Mishna y tendrán comunicación con hombres estudiosos y sabios". En otros términos, el hombre que mejor demuestra su amor a Dios es aquel que estudia el Talmud y evita a sus compañeros-hombres Gentiles.

Un vislumbre ilustrativo de nuestro tiempo presente que mejor se muestra a veces en el efecto producido en las mentes humanas por siglos de control Talmúdico. En 1952 el Sr. Frank Chodorov publicó esta anécdota: "Una noche muy fría el rabino entró tambaleando en nuestra casa, en una condición lastimosa; se necesitaron mitad docena de jarros de te caliente para que entrara en calor. Él nos contó entonces cómo un simpático Goy le había ofrecido un par de guantes y por qué se había negado al regalo; 'un judío no debe ser el instrumento para traer un *mitvah*, o una bendición, sobre un non-creyente'. Esta fue la primera vez, creo, que yo salté de lleno contra la doctrina del 'pueblo escogido', y me golpeó como algo estúpido y malvado."

Tanto más por el "cerco" que el Talmud preparó entre los judíos y la humanidad, y por el sentimiento de desprecio y odio hacia los "extraños" el cual inyectaba en los en los judíos. ¿Qué hizo a los judíos mismos? De esto, la **Enciclopedia Judía** dice, "Los Talmudistas transformaron la Torah en un *código penal*". Por una vez, en este cuidadoso trabajo exacto, el significado no queda bastante claro; la Torah ya *era* un código penal (como lo muestra la lectura de él hoy), y sus sentencias a veces habían sido aplicadas. (por Ezra y Nehemiah contra los judíos; y por esa materia por los romanos, al mandato del Sanedrín, contra el "profeta y soñador de sueños", Jesús) Posiblemente el significado es que, bajo los Talmudistas, el código penal regularmente entró en vigor, y sus provisiones se fortalecieron.

Eso es ciertamente verdad; la práctica rabínica, previamente citaba, "alentar el linchamiento como un preventivo extra jurídico", porque los gobiernos que les cobijaban no les permitían pronunciar las sentencias de muerte, esto muestra cómo en un sentido real, el Talmud podría aplicarse como "un código penal". Era un lamento muy lejano de los pocos mandamientos morales de remota tradición a las innumerables leyes y regulaciones del Talmud que a menudo prohibió comportamientos morales y asignaban castigos drásticos por las "transgresiones". La Observancia de estas leyes, no el comportamiento moral, seguía siendo la base.

La Ley Talmúdica gobierna cada acción imaginable de la vida de un judío en cualquier parte en el mundo: el matrimonio, divorcio, pagos de propiedad, transacciones comerciales, hasta los detalles más pequeños de vestimenta y en el retrete. Como las cosas imprevistas frecuentemente suceden en la vida diaria, la pregunta de lo que era legal o ilegal (no lo que era correcto o incorrecto) de todas las nuevas circunstancias tenía que ser debatidas continuamente, y esto produjo inmensos archivos de disputas rabínicas y decisiones en que abunda el Talmud.

¿Era tanto un crimen aplastar una pulga como dar muerte a un camello en el día sagrado día? Un rabino con conocimientos acepta que la pulga podría ser apretada suavemente, y otro piensa que incluso sus patas podrían cortarse. ¿Cuántos pelos blancos podría tener una vaca roja para el sacrificio y todavía podría seguir siendo una vaca roja? ¿Qué clase de costras requería este o aquel ritual de purificación? ¿A qué fin de un animal debe realizarse la operación de matanza? ¿Debe el alto sacerdote ponerse primero su camisa o sus calcetines? Se debatieron los métodos para llevar a la muerte a los apóstatas; ellos deben estrangularse, dijeron los superiores, hasta que ellos abrieran sus bocas en la cual se vertería plomo candente. Allí fue que un rabino piadoso instó que la boca de la víctima se mantenga abierta con pinzas de tal manera que él no se sofoque antes que el plomo derretido consuma su alma con su cuerpo. La palabra "piadoso" no está usándose sardónicamente aquí; este estudioso buscó descubrir la intención precisa de "la Ley."

Estaba el Dr. Johnson familiarizado o ignorante del Talmud; el objeto podría ser uno fascinante para un debate en una sociedad literaria. Él dio su golpe de gracia en un argumento declarando, "no hay ningún punto de precedencia establecido entre un piojo y una pulga". Precisamente este punto había sido discutido, y fijado, entre los estudiosos Talmúdicos. ¿Podía matarse un piojo o una pulga en el Sabát? La respuesta Talmúdica fue que matar al primero estaba permitido y matar al segundo era un pecado mortal.

"El Talmud se transformó en una cáscara irrompible alrededor de una semilla determinada para sobrevivir; encajonó el corazón del judío con una espiritualidad que aunque fría como el hielo, era fuerte como el acero para proteger... El Talmud, el cual era llevado por ellos por todas partes, se transformó en su hogar". Una casa hecha de hielo y acero, cubierta y amurallada alrededor de sí, con todas las ventanas tapiadas y las puertas obstruidas; la descripción es del Dr. Kastein.

En este hogar los judíos, "debiéndose a la aceptación de la idea de Pueblo escogido, y de salvación... podría interpretar todo lo que sucede **sólo desde el punto de vista de ellos como centro**". El planeta rotando en el espacio, entre las miríada de estrellas, sólo para entronizarlos en un montón de oro, en un templo rodeado por paganos muertos; "la Ley levantó una barrera insuperable contra el mundo externo".

Ningún judío, salvo a un estudioso del Talmud, podría conocer todo este gran compendio. Probablemente ningún Gentil podría lograr acceso a una versión no editada de él. Un colegio de especialistas y una vida de trabajo se necesitarían para comparar como fueron hechas tales traducciones de las originales, si fueran hechas disponibles. Muchos estudiantes, hasta recientemente, encuentre significativas faltas en las traducciones, pero el escritor del presente libro no puede ver que esto es importante. Se conoce lo suficiente del Talmud (y la mayoría de esto de fuentes judías o de judíos convertidos) para que su naturaleza quede clara, y nada se gana apilando pruebas sobre pruebas eternamente. Un amplio esclarecimiento puede obtenerse de la **Enciclopedia Judía**, la traducción alemana del "Talmud de Jerusalén" y del "Talmud babilónico" (Zurich 1880 y Leipzig 1889), "***Der alte und der neue Glaube im Judentum***" de William Rubén. "***Einleitung in den Talmud***" de Strack; "***Jesus Christus im Talmud***" de H. Laible; "***De l'Harmoni entre l'Eglise et la Synagoge***" de Drach, y "***History of the jews***" de Graetz.

El Talmud es *reconocidamente* hecho por el hombre. La Torah fue *atribuida* a la voz de Jehová, grabada por Moisés. Esto es de gran importancia.

La razón para la diferencia es obvia: Los manuscritos mosaicos "blancos con el polvo de los años" no podrían ser descubiertos indefinidamente. Los escribas tenían que aceptar la responsabilidad, declarando simplemente que haciendo esto, ellos usaban el poder absoluto de la interpretación "oralmente" entregada a los primeros de su línea Así ellos revelaron la verdad: *¡Que Ellos, y ningún otro, eran Dios!*

Dr. Kastein era exacto diciendo, "no fue Dios quien legó a este pueblo y su significado; fue este pueblo que legaron este Dios y este significado", o él habría sido más exacto si hubiese dicho, "estos escribas" en lugar de "este pueblo". La generación más temprana de escribas legaron la revelación hecha en el ***Deuteronomio***; la posterior legó el Dios Talmúdico y exigió que "este pueblo" aceptara el Talmud como una continuación de la revelación "legada" anteriormente"

Cuando el Talmud fue completado, la pregunta que el futuro habría de contestar era si la secta central tendría éxito imponiendo esta Nueva Ley en los judíos dispersos, tal como Ezra y Nehemiah, con la ayuda de los Persas, establecieron el Nuevo Convenio sobre los Judahítas en Jerusalén en el 444 AC.

Ellos tuvieron éxito. En 1898, en el Segundo Congreso Mundial Sionista en Basilea, un sionista de Rusia, el Dr. Mandelstamm de Kieff, declaró, "Los judíos rechazan enérgicamente la idea de fusión con otras nacionalidades y se aferran firmemente a su esperanza histórica, es decir, de imperio mundial".

El Vigésimo Siglo está dando testimonio del esfuerzo por consumar esa esperanza. Probablemente la institución del ghetto ayudó a los Talmudistas, principalmente a este éxito.

En el Vigésimo Siglo las masas han sido engañadas para pensar en "el ghetto" como un tipo de campo de concentración para los judíos, preparado por perseguidores Gentiles. La misma operación ha sido llevada a cabo, de hecho, durante toda la historia de opresión en occidente; en el Vigésimo Siglo todo el resto ha sido cernido para que quede solamente como "la persecución de los judíos".

Las muchas ***persecuciones de hombres*** durante los últimos 1900 años han involucrado a los judíos en proporción a sus números, para que su porción de la masa total en el sufrimiento fuera pequeña (en el caso más notorio del presente siglo es el de Rusia, ellos eran los opresores, no los oprimidos). No se si habría alguna vez sacado este hecho, si no tuviese mi propia experiencia que me confrontó tan grandemente con ello.

El ghetto no fue algo infligido en los judíos por los Gentiles. Era el producto lógico de la Ley Talmúdica, y derivó directamente del experimento en Babilonia. El Dr. Kastein describe al Talmud como "el hogar" qué los judíos llevaron por todas partes con ellos. Sin embargo, para la vida física ellos necesitaron también cuatro paredes y un techo. El propio Talmud decretó que los Gentiles no eran "prójimos" y que un judío no podría vender su tierra, juntando así a un judío y a un Gentil. El objetivo expreso de provisiones como estas era la segregación de judíos de otros y su aislamiento en ghettos.

El primer ghetto fue aquel que los gobernantes babilónicos permitieron a los Levitas preparar en Babilonia. El siguiente fue en Jerusalén que Nehemiah, apoyado por los soldados del rey Persa, construyó las nuevas murallas, con lo cual logró expulsar a todos los non-Judahítas. De esos modelos, el ghetto europeo tomó su forma. Esta institución probablemente es la parte más onerosa de la herencia espiritual del judío moderno: "El ghetto, el amigo, el ghetto dónde todas las esperanzas decaen en el nacimiento".

Judíos que nunca vieron un ghetto llevan una memoria en el inconciente, como un miedo persistente, era esencialmente una concepción Talmudista a la cual sus antepasados se rindieron. Era el medio perfecto de acorralar una congregación dispersa, encarcelando las mentes de las personas, y controlando el poder sobre ellos.

La demanda para un ghetto venía a menudo de los Talmudistas (es decir, fuera de Polonia, dónde toda la vida judía, era por supuesto una vida de ghetto). La sugerencia moderna que el ghetto significaba inferioridad es parte de la leyenda de "persecución" la cual principalmente tenía como objetivo intimidar a los judíos para que siempre temieran aventurarse fuera de la comunidad; el mito de hoy, el "antisemitismo" se pretende que produzca el mismo efecto en ellos. En la antigua Alejandría (la Nueva York en su día) y en el Medieval Cairo y Córdova, los barrios judíos fueron establecidos ante la insistencia de los rabinos, intentando mantener a su rebaño aislado de otros. En 1084 los judíos de Speyer solicitaron al príncipe alemán gobernante que preparara un ghetto; en 1412, ante la demanda judía, una ley del ghetto fue promulgada a lo largo de Portugal. La erección de las paredes del ghetto en Verona y Mantua fue durante siglos celebrada anualmente allí por los judíos, en una fiesta de victoria (Purim). Los ghettos de Rusia y Polonia eran una parte esencial e íntegra de la organización Talmúdica y cualquier esfuerzo para abolirlos habría sido denunciado como persecución.

Cuando el ghetto romano fue destruido por la orden de Mussolini a principio de los años 1930, la prensa judía (tal como Bernard J. Brown lo registra) lamentó el evento en palabras como estas:

"Uno de los fenómenos más únicos de la vida judía en Goluth se ha ido. Donde sólo hace unos meses una vibrante vida judía estaba latiendo, ahora allí yacen tan sólo los restos unos edificios medio-destruidos como último vestigio del ghetto del quondam. Ha caído víctima de la pasión fascista por la belleza y bajo la orden de Mussolini, el ghetto ha sido arrasado..."

La implicación de esto es que arrasar el ghetto era el "Fascismo", así como la creación original de ghettos (por la demanda judía) se presenta como persecución por los historiadores Sionistas de hoy.

Con la emancipación el ghetto desapareció; su mantenimiento también habría mostrado descaradamente, que los gobernantes de la Judería no tenían una verdadera intención de compartir en igualdad de base.

La ***Enciclopedia Judía*** registró en su edición de 1903 que "ahora en todo el mundo civilizado no existe un solo ghetto, **en el significado original de la palabra**": La calificación es importante, porque en muchos lugares y formas, los judíos continúan la vida de comunidad cerrada, aunque sin las murallas que las identifican, y la ley que prohíbe la venta de tierras vecinas a los Gentiles, sin autorización, no ha cesado (para dar un caso, ilustrativo a aquellos que conocen la ciudad: en Montreal, todo un distrito al este de la Montaña ha sido por tal método, sólidamente habitado por judíos como si fuese un ghetto).

El declive del ghetto, durante el siglo de emancipación, era un golpe al sostén principal del poder Talmúdico. Un substituto tuvo que encontrarse para que el espíritu-de-ghetto (como distinto del ghetto físico) no se desintegrara en su totalidad, y este se encontró en el Sionismo, que es el nuevo método inventado para re-acorralar las comunidades:

Hay muchos que desean **un control mayor de los judíos por los judíos**, y quienes notan la disolución de este control desde Rusia, dónde alguna vez el ghetto hizo fácil y absoluto tal control" (Rabino Elmer Berger). "Sólo el intelectualmente ciego puede no notar que la promoción de vida de grupo, centrada alrededor de las antiguas tradiciones y cultura religiosas, es un *retorno al ghetto*... No puede haber algo de gloria en un grupo de personas que se esfuerzan por *perpetuar la vida del ghetto*... Incluso una lectura superficial de la historia, *muestran que los judíos construyeron sus propios ghettos*" (Bernard J. Brown).

El Sionismo es el verdadero reavivamiento del ghetto-ismo Talmúdico, tal como lo declaran estas dos autoridades judías. Es diseñado para deshacer el trabajo de emancipación, segregar nuevamente a los judíos, y para reimponer por completo el credo de "separación" en ellos con toda la fuerza. El llamado chauvinista de conquista e imperio en el Medio Oriente se está usando para enmascarar este verdadero significado del proceso.

La dirección en que los judíos estaban moviendo antes de que el Sionismo partiera para recapturarlos puede verse en esta cita del artículo *La Actitud del Judaísmo Moderno* en la *Enciclopedia Judía*, 1916: "el Judaísmo moderno tal como es inculcado en el catecismo y explicado en declaraciones de varias conferencias rabínicas, y como es interpretado en los sermones de los rabinos modernos, está fundado en el reconocimiento de la unidad de las razas humanas; la ley de rectitud y verdad que son supremas sobre todos los hombres, sin distinción de raza, o credo, y su realización es posible para todos.

La rectitud no es condicionada por el nacimiento. Los Gentiles pueden lograrla en forma tan perfecta como los judíos... En las sinagogas modernas, 'Amarás a tu prójimo como a ti mismo' (*Leviticus 29*) significaba cada ser humano".

Mucho ha cambiado desde 1916, y en 1955 estas palabras son una pintura de lo que podrían haber sido.

Ninguna duda que los rabinos individuales continúan "interpretando sus sermones" en este sentido, pero a menos que ellos sean del material que los héroes y mártires son hechos, no pueden desafiar a sus congregaciones mucho tiempo, y éstas han retrocedido siglos por el llamado del Sionismo.

Los Sionistas han ganado el control político sobre los gobiernos Gentiles y sobre las masas judías por igual, de tal manera que aquello que los individuos protestantes digan es de poco peso. Los Sionistas han restaurado la Ley Levítica, en su interpretación Farisaica y Talmúdica, totalmente. Sus acciones hacia otros ha sido en el pasado y lo serán en el futuro guiadas por eso, y no por lo que "la actitud del Judaísmo moderno" fue en 1916.

El gran cambio llegó por el año, 1917 posterior a la publicación de las palabras citadas más arriba.

La tradición del Talmud y el ghetto todavía era demasiado fuerte entre las masas de la Judería, para que "la actitud del Judaísmo moderno" prevaleciera sobre los fanáticos superiores que entonces aparecieron.

CAPÍTULO 16

EL ANHELO MESIÁNICO

El régimen Talmúdico en el encierro íntimo de los ghettos era en su naturaleza esencialmente controlado por el terror, y empleaba los métodos reconocibles del terror: espía-sobre-espías, informantes, denunciantes, maldiciones y excomuniones y la muerte. La policía secreta y el régimen de los campos de concentración de la era comunista tomaron evidentemente su naturaleza de este modelo que estaba familiarizado con sus organizadores Talmúdicos.

Durante los muchos siglos de gobierno Talmudista, el terror y el dogma que encerraba, produjo dos resultados significantes. Éstos fueron los recurrentes arranques Mesiánicos que expresaban el anhelo de los cautivos para escapar del terror; y las protestas recurrentes contra el dogma de los judíos mismos.

Éstos eran los síntomas de los últimos tiempos del sentimiento expresados en el antiguo día cuando "las personas lloraron" ante la lectura de La Ley. El Talmud le prohibió casi todas las actividades al judío, que no fuera otra de juntar dinero ("ellos sólo concedieron lo justo a las personas para hacer posible sus actividades económicas"; Dr. Kastein) y el estudio del Talmud ("siempre que la Ley no pudiera aplicarse inequívocamente a las relaciones de vida, ellos se esforzaban en descubrir su interpretación").

La energía de las personas fue dirigida a hilar aun más herméticamente sobre ellos, la red en la cual estaban entrampados: "Ellos no sólo pusieron un cerco sobre la Ley, sino, aislándose aun más definitivamente de la vida del mundo externo, y ligándose más exclusivamente a un entregado círculo de leyes, también pusieron un cerco sobre ellos". En cada respiro que hacían y en cada movimiento llevado a cabo, tenían que preguntarse a sí mismos, "¿Permite o prohíbe el Talmud hacer esto?", y la secta gobernante decidía.

Incluso los más dóciles en su tiempo, cuestionaron las credenciales de tal Ley, preguntando "¿Puede ser realmente verdad que cada nuevo decreto y prohibición derive de la revelación de Dios en el Sinai?" Ésa era la demanda de sus gobernantes: "De acuerdo con la visión judía Dios le había entregado a Moisés en el Monte Sinai tanto la Ley escrita como la oral, es decir, la Ley **con todas sus interpretaciones y aplicaciones**", dice el Sr. Alfred Edersheim. Las personas se sometieron, pero no siempre podían aceptar interiormente una demanda tan evidentemente política, y esta rebelión interna contra algo exteriormente profesado, a menudo ha llevado a acontecimientos extraños.

Por ejemplo, un Marrano portugués (un convertido, o a veces un judío secreto) llamado Uriel da Costa, se reconvirtió al Judaísmo, y entonces quedó espantado por el Talmud. En 1616, en Hamburgo, publicó su *'Tesis contra la Tradición'* en que atacaba a los "Fariseos", acusando que las leyes Talmúdicas eran **creación de ellos** y no de algún origen divino. El tratado fue entregado a los judíos de Venecia y el rabino, un tal Leo Módena, al ver este trabajo ordenó que fuese pronunciado el temido "excomunión" sobre da Costa. A la muerte del Rabino Módena se encontraron documentos entre sus efectos personales que mostraban que él había sostenido exactamente la misma visión que da Costa, pero no se había atrevido a declararla, por lo mismo que él excomulgó a da Costa.

Como comunista Leo Módena sería una figura familiar en nuestro propio siglo. En efecto, él sentenció a muerte al hombre cuyas creencias él compartía. Da Costa volvió al ataque en 1624, con su *'Pruebas de la Tradición Farisaica en Comparación con La Ley Escrita'*. ¡Los Talmudistas de Ámsterdam, dónde da Costa se encontraba entonces, lo denunciaron a las **cortes holandesas** sobre la base que su tratado era subversivo de la fe **Cristiana**, y este tratado fue quemado bajo las órdenes de estas autoridades Gentiles que llevaron a cabo así la Ley Talmúdica!

Este acto de sumisión Gentil a la secta gobernante se repite a través de toda la historia desde los tiempos de Babilonia hasta el presente. Da Costa fue perseguido literalmente hasta la muerte y en 1640 se disparó un tiro.

La historia judía muestra muchos tales episodios. El estudioso de este asunto camina con terror cuando da vuelta sus páginas. La "Gran Prohibición" era en efecto una pena de muerte, y estaba pensada así. Llamaba sobre la víctima las "maldiciones" enumeradas en el **Deuteronomio**, y maldecir era (y por los devoto literales de esta secta todavía es) afirmado de ser *literalmente* eficaz.

El artículo sobre "Maldecir" en la **Enciclopedia Judía** dice, "La literatura Talmúdica deja traslucir una creencia, sumada a la clara superstición, en el sólo poder de la palabra... *Una maldición proferida por un estudioso no es sólo infalible aun cuando sea inmerecida...* Los estudiosos a veces maldecían no sólo con sus bocas, sino por una *mirada enfadada, fija. La consecuencia infalible de tal mirada era la muerte inmediata o la pobreza."*

Ésta practica es reconocida hoy como "el mal de ojo" que mi enciclopedia dice, "Esta superstición es de antigua data, y se encuentra entre casi todas razas, y aún se encuentra entre las personas analfabetas y salvajes. La ***Enciclopedia judía*** muestra que es una ***pena legal prescrita*** bajo la Ley Judaica, ya que esta misma autoridad (como se citó más arriba) declara que "incluso la Biblia" es secundaria al Talmud. Es más, el Sr. M.L. Rodkinson, el estudioso que fue seleccionado para hacer una traducción al inglés del Talmud, dice que "ni una sola línea" del Talmud ha sido modificada. Para esta materia, el Talmud, en este caso, sólo continúa la ley de maldecir como previamente fue extendida por los Levitas, en el ***Deuteronomio***.

La práctica de maldecir y del mal de ojo, por consiguiente, es todavía parte de "La Ley", tal como las citas entregadas más arriba lo muestran. (El estudioso puede encontrar un ejemplo actual de la Talmúdica "mirada fija enfadada" en operación, si él se dirige a la descripción del Sr. Whittaker Chambers de su confrontación con los abogados del Sr. Alger Hiss; y el estudioso puede formarse su propia opinión del hecho, que pronto después, el Sr. Chambers se sintió impulsado a cometer suicidio, fallando en este intento sólo por una casualidad).

Así la excomunión era una cosa mortal. El Sr. Rodkinson hace esta referencia notable con respecto a esto: "Nosotros podemos concebir su (del rabinato Talmúdico) terrible venganza contra un hombre común o un estudioso que se aventure a expresar sus opiniones en ***cualquier grado de diferencia*** con las de ellos, o a transgredir el Sabát llevando un pañuelo o bebiendo vino de un Gentil, lo cual según su opinión es contrario a la ley. ¿Quién entonces, podría resistir su ***terrible arma de excomunión*** que ellos usaron con el propósito de hacer de un hombre ***un lobo furioso de quien todos los humano huyen y evitan como si fuese una plaga? Muchos de los que bebieron de esta taza de amargura fueron impelidos a la tumba y muchos otros se trastornaron***."

Este destino ocurrió a alguno de los más grandes protestantes. Moisés Maimonides (nacido en el centro Talmúdico, Córdova, en 1135) preparó un famoso código de los principios del Judaísmo y escribió, "está prohibido defraudar o engañar *a cualquier* persona en los negocio. ***Judaistas y non-Judaistas serán tratados igualmente... Qué algunas personas imaginan, que es permisible estafar a un Gentil, es un error, y está basado en la ignorancia***... La decepción, la duplicidad, timo y las trampas hacia un Gentil son despreciables al Omnipotente, ya que 'todos los que hacen injustamente son una abominación hacia el Señor tu Dios' ".

Los Talmudistas denunciaron a Maimonides ***a la Inquisición***, diciendo, "Mire, hay entre nosotros herejes e infieles, ya que ellos fueron seducidos por Moisés Ben Maimonides... usted quiénes limpian vuestra comunidad de herejes, limpien también la nuestra". A este mandato sus libros fueron quemados en París y Montpellier, el decreto de la quema de libros de la ley Talmúdica fue así cumplido. En su tumba se escribieron las siguientes palabras, "Aquí yace un judío excomulgado".

La Inquisición, tal como los gobernantes Gentiles de los períodos anteriores y como los políticos Gentiles de nuestros días, cumplieron a menudo las órdenes de la secta inveterada. La falsificación de la historia, en lo que respecta a este asunto particular, ha dejado la impresión en las mentes Gentiles que la Inquisición era principalmente un instrumento de "la persecución judía".

La presentación del Dr. Kastein es típica: él dice que la Inquisición persiguió a los "herejes y gentes de credos extranjeros" y entonces agrega, "es decir, **principalmente** a los judíos", y de ese punto, él da la impresión de una persecución *solamente* a los judíos. (En la misma forma en nuestro siglo, la persecución de Hitler había sido a través de cuatro fases de falsedades propagandistas, transformada de persecución de "antagonistas políticos" a "antagonistas políticos y judíos", y luego a "judíos y antagonistas políticos", y finalmente de persecución sólo a "judíos").

La Inquisición a veces quemó el Talmud; habría hecho mejor traduciéndole y publicando las partes significantes, y eso habría sido muy sabio. Sin embargo, también quemó las protestas contra el Talmud, a la demanda de la secta gobernante. Por ejemplo, en el 1240 el Talmud fue denunciado por un judío convertido, el dominicano Nicolás Donin, en París, y nada se hizo, pero en 1232, a la denuncia de los Talmudistas, había ordenado que el trabajo anti Talmudista de Maimónides fuese quemado públicamente!

Otro gran protestante contra el Talmud fue Baruch Spinoza, nacido en Ámsterdam en 1632. La prohibición pronunciada en él por el rabbinate de Ámsterdam deriva directamente de las "maldiciones" del ***Deuteronomio***: "Por la sentencia de los ángeles, por el decreto de los santos, nosotros excomulgamos, cortamos, maldecimos y execramos a Baruch Spinoza, en la presencia de estos libros sagrados con los seiscientos y trece preceptos que están escritos allí, con el anatema con el cual Joshua anatematizó Jericó; con la maldición con la cual Elisha maldijo a los hijos; y con ***todas las maldiciones que están escritas en la Torah***; maldito sea él de día y maldito de noche; maldito sea cuando salga y maldito sea cuando entre; que el Señor nunca le perdone; la ira y furia del Señor arda sobre él; y que le lleve todas las maldiciones que están escritas en la Torah. Que el Señor borre su nombre bajo el cielo. Que el Señor lo ponga aparte para la destrucción de todas las tribus de Israel, con todas las maldiciones del firmamento que están escritas en la Torah. No habrá ningún hombre que le hable, ningún hombre le escribirá, ningún hombre le mostrará algo de bondad, ningún hombre estará bajo el mismo techo con él, ningún hombre se le acercará".

Spinoza fue desterrado de Ámsterdam y expuesto a "una persecución que amenazó su vida", tal como una enciclopedia lo pone. De hecho tomó su vida, de la forma descrita por el Sr. Rodkinson (como fue previamente citado). Evitado y destituido, murió a los cuarenta y cuatro años en una ciudad Gentil, lejos del centro de gobierno Talmúdico, pero no lo suficientemente lejos para salvarlo.

Doscientos años después, durante el siglo de emancipación, Moisés Mendelssohn proclamó la herejía que los judíos, reteniendo su fe, debe integrarse con sus hombres compañeros. Eso significó la ruptura liberándose del Talmud y volver a la idea religiosa antigua que los protestantes Israelitas aun tenían vislumbres. Su pensamiento guía era, "Oh, mis hermanos, sigan el ejemplo del amor, tal como ustedes hasta ahora han seguido aquel *del odio*". Mendelssohn había crecido en el estudio del Talmud. Él preparó para sus hijos una traducción alemana de la Biblia que él publicó entonces para uso general entre los judíos.

El Rabinato Talmúdico, declarando que "las juventudes judías aprenderían el idioma alemán de la traducción de Mendelssohn, más que de una comprensión de la Torah", la prohibió: "Todos los verdaderos al Judaísmo están prohibidos de usar la traducción bajo la pena de excomunión". Ellos habían entonces públicamente quemado la traducción en Berlín.

Los grandes protestantes del Judaísmo siempre agitaron la judería, pero siempre fallaron; la secta gobernante siempre prevaleció. Había dos razones para esto: el apoyo invariable dado por los gobiernos Gentiles a la secta dominante y su dogma, y un elemento de auto-rendición entre las masas judías. En esto, la masa judía, o gentío, no era diferente de todas las chusmas, o masas, en todos los períodos de la historia. La masa se sometió pasivamente a la revolución en Francia, al Comunismo en Rusia, al Nacional Socialismo en Alemania, su inercia que es mayor que cualquier voluntad para resistir o por el miedo del peligro resultante. Así ha sido siempre con los judíos y el terror Talmúdico.

En nuestro siglo, los protestantes judíos afirmaron demasiado pronto, que el terror ya no era tan potente. En 1933, el Sr. Bernard J. Brown escribió, "La picadura de la excomunión ha perdido su aguijón... Los rabinos y los sacerdotes han perdido su agarre en el pensamiento humano y los hombres son libres de creer lo que les agrade sin pedir permiso o ser estorbados"; y en 1946, el Rabino Elmer Berger dijo, "El judío medio ya no es sujeto del castigo de excomunión."

Los dos eran prematuros. Los años que siguieron a estas declaraciones muestran que la secta superior todavía era capaz de dar fuerza a la sumisión de los judíos a lo largo del mundo.

No obstante la fiereza del control Talmúdico, dentro de los ghettos, produjo a menudo el llanto, gemidos y sacudidas de cadenas. Esto causó bastante preocupación a los Talmudistas para que ellos introdujeran lo que parecía ser una mitigación. En el 900 DC aproximadamente, la "discusión sobre el Talmud y el dogma religiosa fue algo aceptable" (Dr. Kastein). En cara a esto parecía ser en sí mismo una reversión del dogma, en donde ningún punto o coma de cualquier regla rabínica podía ser cuestionada, o expresar alguna duda sobre su derivación del Monte Sinai.

El debate genuino habría permitido dejar entrar aire fresco en los ghettos, pero si alguna intención para permitir eso hubiera existido, Maimonides y Spinoza nunca habrían sido perseguidos. Lo que realmente se permitió en las sinagogas y escuelas era una forma única de dialéctica, diseñada más allá, para fortalecer el edificio de La Ley. Los protestantes fueron permitidos para meramente demostrar que **cualquier cosa** era legal bajo el Talmud; ¡un polemista declararía una proposición y otro la contraria, cada uno demostraría que La Ley lo permitía!

Esta práctica (los hermanos Thoreau dan vislumbres de ella en sus libros) se llamó el "pilpulism". Entrega la clave para un misterio que a menudo confunde a los Gentiles: la agilidad con que los Sionistas pueden a menudo justificar, en ellos mismos, precisamente lo que ellos reprochan en otros. Un polemista entrenado en el pilpulism no tendría dificultad en mostrar la ley Judaica que ordena la esclavitud de los Gentiles comunes para ser virtuosos y la prohibición romana de la esclavitud de los Cristianos por amos judíos por ser "persecución"; la prohibición Judaica en el matrimonio mixto por ser "separación voluntaria" y cualquier anti-prohibición Gentil por ser "discriminación basada en el prejuicio" (los términos del Dr. Kastein); una matanza de Árabes por ser de justicia bajo La Ley y una matanza de judíos por ser injusta bajo cualquier ley.

Un ejemplo de pilpulism es proporcionada por la propia descripción del Dr. Kastein de pilpulism: "Una especie de gimnasia espiritual que frecuentemente son practicadas en dónde el intelecto de los hombres, **amenazados con la sofocación por la presión del mundo externo**, no encuentran ninguna salida para la expresión creativa en la vida real".

Las palabras puestas en itálicas son la interjección sugestiva del pilpulist; estos polemistas fueron callados desde dentro por la presión sus comunidades, no del "mundo externo" (el cual su Ley excluyó).

Estas pilpulistas "discusiones del Talmud" pueden haber dado a las comunidades cerradas un leve, e ilusorio, sentido de participación en el despotismo que los gobernaba (como el voto, que sólo puede ser emitido para un solo Partido en los estados dictatoriales de hoy). Su anhelo real, de escapar de su cautividad, encontró su flujo en las erupciones Mesiánicas; posiblemente aquí se permitía "discutir el Talmud" con la esperanza de verificar esto.

Una y otra vez nuevamente el lamento surgió de las comunidades firmemente mantenida dentro del cerco tribal, diciendo "¡Estamos haciendo todos los estatutos y juicios; dénos ahora lo prometido, el Fin milagroso!" Así apareció la serie de Mesías, que cada cierto tiempo fustigaba las comunidades en un frenesí de anticipación. Ellos siempre fueron denunciados como los "falsos Mesías" (tenían que ser denunciados, ya que la secta gobernante no podía efectuar la entronización triunfante en Jerusalén que La Ley prometió), y las personas en los ghettos se retiraban en una esperanza diferida.

Los primeros Mesías anteriores eran Abu Isa de Ispahan en el séptimo, Zonarias de Siria en el octavo, y Saadya ben Joseph en el décimo siglo. El más famoso de todos fue Sabbatai Zevi de Smyrna que en 1648 proclamó que el Milenio estaba a la mano, pronunciando el temido nombre de Dios en la Sinagoga, por lo cual la Prohibición fue puesta en él y para "escapar de sus efectos" huyó, y se apartó durante muchos años. Sin embargo, su efecto en las comunidades judías, afligiéndose por el prometido Fin, fue inmenso. Ellos estaban de acuerdo que él *era* el Mesías; por lo cual volvió a Smyrna en 1665 desafiando a los Talmudistas, que en él percibían la más gran amenaza a su autoridad por muchos siglos.

Sabbatai Zevi **declaró el mismo** ser el Mesías. El deseo de intercambiar las cadenas del Talmud por la culminación triunfante en Jerusalén era tan grande, que la congregación en Smyrna, seguida por las masas judías por el mundo, dejó de lado el castigo de la prohibición de los Talmudistas y lo aclamó. Él proclamó entonces que 1666 sería el año Mesiánico, distribuyendo las coronas del mundo entre sus amigos, y partió hacia Constantinopla para destronar al Sultán de Turquía (entonces gobernante de Palestina). Los judíos empezaron a vender sus negocios, casas y bienes muebles en la preparación del "retorno" y del día del dominio mundial por todas partes. En Londres (como Samuel Pepys lo registró en febrero de 1666) se hicieron apuestas entre los judíos en las perspectivas de su aclamado "Rey del Mundo y verdadero Mesías."

Como sería esperado, fue arrestado cuando llegó a Constantinopla y puesto en la cárcel. Esto solo aumentó su renombre y los seguidores; la prisión fue sitiada por multitudes clamorosas, por ello fue trasladado a una fortaleza en Gallipoli que a su vez se transformó en una residencia real por los regalos de los judíos. Se despertaron los movimientos masivos; en la imaginación de una nación dispersa, largamente aislada de la humanidad, él era el Rey del Mundo, los venía a liberar poniéndolos encima de toda la humanidad.

Hasta ese momento, Sabbatai Zevi, había hecho exactamente aquello que los superiores de la secta misma habían hecho: había prometido lo que él no podía cumplir (ésta es la falla básica en el credo, el cual deberá destruirlo en un futuro). A diferencia de los cautos superiores, él se había puesto un límite de tiempo: ¡El último día del año 1666! Cuando el año se acercaba su fin (y el gobierno Talmúdico en Polonia, ahora seguro del resultado, a través de un emisario lo denunció al Sultán como "un falso Mesías"), él decidió, en su prisión-palacio, salvarse. Con gran ceremonia, se convirtió al Islam y acabó sus días en la corte del Sultán, como un sionista cualquiera actualmente en Nueva York. Durante algún tiempo había agitado al gobierno Talmúdico que entonces le puso "la gran Prohibición" incluso a sus seguidores. Un remanente diminuto de ellos sobrevive hasta el momento; ellos creen que Sabbatai volverá y que su ejemplo debe copiarse, incluso la conversión al Islam.

El Sionismo en nuestro tiempo es reconocidamente una nueva forma de Mesianismo, llevando a la misma inevitable desilusión. Después de la muerte de Sabbatai Zeví, y de la esperanza que ellos habían puesto en él, las masas judías cayeron nuevamente en la cautividad del ghettos. Privados de la esperanza de liberación, volvieron, bajo la dura mirada de sus amos, al estudio de La Ley y su mensaje destructivo. Estaban preparándose para una tarea.

Capítulo 17

La misión destructiva

El estudio de centenares de volúmenes, durante muchos años, gradualmente llevó a darse cuenta que la verdad esencial de la historia de Sión está resumida en las veintiuna palabras del Sr. Maurice Samuel: "Nosotros los judíos, los destructores, seguiremos siendo los destructores para siempre... nada que hagan los Gentiles satisfacerán nuestras necesidades y demandas."

A primera vista ellas parecen vanagloriosas o neuróticas, pero el conocimiento creciente sobre la materia muestra que tienen un significado honesto y cuidadosamente escogido. Ellas quieren decir que un hombre que nace y continúa siendo un judío, adquiere una misión destructiva que él no puede eludir. Si él se desvía de esta "Ley", no es un buen judío, ante los ojos de los superiores; si él desea o es compelido para ser un buen judío, debe aceptar esto.

Ésta es la razón por qué el rol jugado por aquellos que dirigieron a "los judíos" en la historia fue ligada a un rol destructivo; y en nuestra generación del Vigésimo Siglo, la misión destructiva ha logrado su mayor fuerza, con resultados que incluso no pueden preverse todavía en su totalidad.

Ésta no es una opinión del presente escritor. Los escribas Sionistas, los rabinos apóstatas e historiadores Gentiles están **de acuerdo** sobre el propósito destructivo; no materia de disputa entre los estudiosos serios y probablemente es el único punto en que el acuerdo es unánime.

Toda la historia es presentada a los judíos en estos términos: esa destrucción es la condición del cumplimiento de la Ley Judaica y del triunfo final judío.

"Toda la historia" significa cosas diferentes para el judío y el Gentil. Para el Gentil significa, aproximadamente, los anales de la era cristiana y cualquiera que se extienda más atrás, comienza a marchitarse en las leyendas y mitos.

Para el judío significa el registro de eventos entregados en la Torah-Talmud y los sermones rabínicos, y esto llega atrás al 3760 BC, la fecha exacta de la Creación. La Ley y la "historia" son lo mismo, y hay sólo historia judía; esta narrativa se despliega exclusivamente ante sus ojos, como un cuento de logros destructivos y de venganza judía, en el tiempo presente como hace tres mil o más años.

Por este método de retratar el cuadro completo del colapso de las vidas de otras naciones en casi nada, como el armazón de bambú-y-papel de una linterna china.

Es saludable para el Gentil contemplar su mundo, pasado y presente, a través de estos ojos y para encontrar que lo que él siempre pensó era significativo, digno de orgullo, o de vergüenza, ni siquiera existe, registrado como un fondo borroso en la historia de Sión. Es como mirarse a sí mismo a través del lado incorrecto de un telescopio con un ojo y a Judah a través de una lupa con el otro.

Para el judío literal el mundo es todavía plano y Judah, su herencia, es el centro del universo. La secta gobernante ha sido capaz, en gran medida, de imponer esta teoría de vida en las grandes naciones de Occidente, tal como originalmente infligió La Ley en los Judahítas mismos.

La orden, "destruya", forma la base misma de la Ley que los Levitas hicieron. Si se anula, lo que resta no es "la Ley Mosaica", o la religión misma, sino algo diferente; el imperativo, "destruya", es la marca de identidad. Debe haber sido deliberadamente escogida. Podrían haberse usado muchas otras palabras; por ejemplo, conquiste, derrote, venza, domine; pero *'destruya'* fue escogida, se puso en la boca de Dios, pero obviamente era la opción de los escribas.

Este fue el tipo de perversión que Jesús atacó: "Enseñando por doctrina *los mandamientos de hombres*".

Viene primero en el comienzo mismo de la historia, atribuyéndose directamente a Dios en la promesa original de la tierra prometida: "Yo quiero... *destruir* a todas las personas a quienes ustedes vengan". Incluso antes de que el primer acto de destrucción se haya imputado a Dios, en la forma de la primera "venganza" sobre el pagano: "Yo estiraré mi mano y golpearé con violencia a Egipto... Yo golpearé con violencia todos los primogénitos nacidos en la tierra de Egipto... Y los sirvientes del Faraón dijeron hacia él... ¿No sabe usted todavía que Egipto está *destruido*?" (*Éxodo*)

Desde ese principio la enseñanza, "*destruir*", atraviesa toda La Ley en primer lugar, y toda la descripción de los eventos históricos posteriormente. El acto de destrucción a veces es un asunto de negociación entre Dios y el pueblo escogido, sobre la base "*Si tal cosa*" y "*entonces tal cosa*"; o Dios ofrece destruir, o el pueblo escogido le pide que destruya. En cada caso el acto de destrucción se describe como algo tan meritorio que exige un alto servicio equivalente. Así: "*Si* usted realmente... hace todos lo que yo hablo, *entonces* yo seré un enemigo hacia los enemigos de usted... y destruiré a todas las personas a quien usted venga" (***Éxodo***). (En este caso Dios es citado como prometiendo destrucción a cambio de la "observancia"; el jefe entre los "estatutos y juicios" que deben ser observados es, "***Destruirás absolutamente*** todos los lugares, en donde las naciones que tu poseerás sirvan a otros Dioses"; ***Deuteronomio***).

Recíprocamente: "E Israel juró un voto hacia el Señor, y dijo, ***Si*** usted de hecho me entrega estas personas en mi mano, ***entonces*** yo destruiré sus ciudades absolutamente; Y el Señor escuchó la voz de Israel, y entregó a los Cananitas; y ellos los ***destruyeron*** y sus ciudades ***absolutamente***" (***Números***).

Como se verá, la negociación sobre la "destrucción" es condicional, en ambos casos, en la ejecución de un contra-servicio por el pueblo escogido o por Dios.

La orden, "destruir absolutamente", mantenida en alto entre los principios de la inflexible Ley, cualquier ejercicio de clemencia, u otra limitación en la destrucción absoluta, es una grave ofensa ***legal***, no meramente un error de juicio.

Para este crimen mismo (bajo esta Ley ***es*** un crimen, no una falta menor) Saúl, el primero y el único verdadero rey del reino unido de Israel y Judah, fue destronado por los sacerdotes y David, el hombre de Judah, fue puesto en su lugar.

Esta razón para la elevación de David es significativa, como el "rey del mundo", todavía para venir, debe ser de la casa de David. La misma lección es repetidamente llevada a casa en los libros de La Ley, particularmente por la matanza alegórica de los Medianitas con la cual concluye la narrativa de Moisés (***Números***).

Ésta fue la base en que toda La Ley, y toda la historia de ese tiempo y de los tiempos posteriores se construyó. Desde el momento cuando Israel los rechazó y ellos se quedaron solos con los Levitas, los Judahítas fueron gobernados por un sacerdocio que confesó que esa destrucción era la orden del jefe de Comando Jehová y que ellos fueron escogidos divinamente para destruir. Así ellos se transformaron en el único pueblo en la historia, específicamente dedicados a la destrucción ***como tal***.

La destrucción como un ***resultado acompañante*** de la guerra, es un rasgo familiar de toda la historia humana. La destrucción como un propósito confesado no fue conocida nunca antes y la única fuente que se ha descubierto de esta idea única es la Torah-Talmud. La intención era claramente organizar una fuerza destructiva; allí yace la gran verdad de las palabras del Sr. Samuel en nuestro tiempo.

Tan pronto como cualquier cuerpo grande de personas, distribuido entre las naciones, somete a tal Ley sus energías, dondequiera que ellos estén, fueron ligados para ser dirigidos a un fin destructivo. Aparte de la experiencia del 458 - 444 A.C., cuando los Levitas con la ayuda de los

Persas fijaron su ley en un pueblo que lloró, nació allí la nación, que desde entonces, ha realizado su función catalizadora de cambiar las sociedades circundantes, mientras se mantiene ella misma inalterada.

Los judíos se transformaron en el catalizador universal, y los cambios que ellos produjeron eran destructivos. Este proceso causó mucha tribulación a los Gentiles (qué ellos se inflingieron a sí mismo por su servilismo a la secta gobernante) y ninguna satisfacción verdadera para los judíos (quiénes heredaron una triste misión).

Los Gentiles han sobrevivido y sobrevivirán; a pesar de los Daniel y Mordecai y sus sucesores de hoy en día, al "fin total" de esas naciones "en donde yo te he llevado" está más alejado que nunca.

La Ley ordenó específicamente al pueblo escogido para arruinar a otros pueblos entre los cuales Jehová los "esparció" como castigo por sus propias "transgresiones."

Por ejemplo, el ***Éxodo*** no puede considerarse más que una leyenda que recibió una reedición sacerdotal en Jerusalén y Babilonia muchos siglos después de que algo que se pareciera a los eventos descritos en él pudo ocurrir. Por consiguiente los escribas no tenían ninguna necesidad de atribuir a los egipcios el temor del propósito destructivo alimentado por los residentes temporales en su medio. Si ellos hicieron esto, en el mismo primer capítulo de ***Éxodo***, ("Venga, permítanos tratar sabiamente con ellos; déjelos que se multipliquen, y llegará el momento, que, cuando llegue alguna guerra, **ellos también se unirán con nuestros enemigos y lucharán contra nosotros...** ") fue evidentemente para fijar la idea de esta misión destructiva en las mentes de las personas sobre quienes ellos gobernaban.

Aquí la idea que "el pueblo" se uniría con los enemigos de sus anfitriones para destruir a sus anfitriones, aparece por primera vez. Cuando la historia alcanza un evento más o menos comprobable (la caída de Babilonia) es descrita de tal manera para crear esta misma noción. Los Judahítas son descritos como uniéndose con los enemigos de Babilonia y en forma triunfante dando la bienvenida al invasor Persa. La destrucción de Babilonia es mostrada como un acto de venganza, descargado por Jehová, en nombre de los Judahítas, exclusivamente; esta venganza también es extendida a un rey y la forma de su muerte (ambos al parecer inventados, pero válidos como precedentes históricos).

¡La presentación de la historia en el Antiguo Testamento acaba con el próximo acto de venganza, sobre los liberadores Persas! Los líderes políticos occidentales de nuestro siglo que a menudo fueron adulados al ser comparados por los visitantes Sionistas con el buen Rey Cyrus, el libertador de los Judahítas, puede que no hayan leído con atención "La Ley" o no han notado lo que entonces le ocurrió al Persa. Lógicamente los Persas a su vez, tenían que sufrir por tener a los Judahítas entre ellos.

Con el propósito de esta anécdota alegórica, un simbólico "perseguidor" pagano fue creado, Haman, quién era consejero del rey Persa Ahasuerus: "Hay un cierto pueblo esparcido en el extranjero y dispersó entre los pueblos en todas las provincias de tu reino y sus leyes son diferentes de aquellas de cada pueblos; tampoco respetan las leyes del rey; por consiguiente no es beneficioso para el rey sufrirlos" (***Esther 3***). Así lejos, las palabras de Haman no son muy diferentes de la opinión de cualquier estadista, y muchos estadistas a través de los siglos hasta nuestros días lo hicieron, propuestas con respecto al "pueblo separado" y su especial Ley. Pero entonces, según ***Esther***, Haman agregó, "Si agrada al rey, permítase escribir que ellos pueden ser ***destruidos*** ", y el rey Ahasuerus da la orden. (Haman tiene que hablar así, y rey Ahasuerus tiene que actuar así, para que la resultante venganza pueda ocurrir.) Las cartas salen a todos los gobernadores provinciales que todos los judíos deberán ser asesinados en un día, "incluso en el día decimotercero del decimosegundo mes".

Los últimos escribas que compusieron el libro de Esther, al parecer deseaban variar el tema del poderoso Judahíta en la corte del rey extranjero, y concibieron el carácter de Esther, la Judía secreta, la concubina favorita del rey Persa que fue criada para ser su consorte. A la intercesión de Esther, el rey cancela la orden y tiene a Haman y a sus diez hijos colgados en la horca que Haman había construido para Mordecai el judío (primo y guardián de Esther). El rey también le da a Mordecai carta blanca, por lo cual Mordecai instruye a los gobernadores de "ciento veintisiete siete provincias" desde India hasta Etiopía para reunir a los judíos en cada ciudad "reunirlos y que se preparen por sus vidas para, ***destruir,*** matar y causar la muerte de todo el poder de las personas... ambos, niños y mujeres... "

Este decreto revocativo al ser publicado, "los judíos tenían gozo y alegría, una fiesta y un día bueno" y (un detalle de interés) "muchas de las personas de la tierra se volvieron judíos; porque el miedo a los judíos había caído sobre ellos."

"Entonces, en el día designado, los judíos golpearon con violencia a todos sus enemigos con golpes de la espada, y mataron, y ***destrucción***, e hizo lo que ellos pudieron sobre aquellos que los odiaron, matando a sus enemigos "setenta y cinco mil". Mordecai ordenó entonces que el decimocuarto y decimoquintos días del mes Adar, deberían en el futuro, guardarse como "días de festejos y alegría", y así ha sido, desde entonces.

Al parecer Haman, Mordecai y Esther fueron todos imaginarios. ¡Ningún "rey Ahasuerus" existe históricamente, aunque una enciclopedia (posiblemente por el deseo de alentar la vida en las venas de las parábolas) dice que Ahasuerus "ha sido identificado con Xerxes". En ese caso él sería el padre del rey Artaxerxes que envió a soldados con Nehemiah a Jerusalén para promulgar por la fuerza el "Nuevo Convenio" racial, y en ese evento, nuevamente, Artaxerxes actuó así después de ser testigo en su propio país de una matanza de 75,000 súbditos Persas por los judíos!

Ninguna base histórica para este relato puede descubrirse y tiene todas las marcas de propaganda chauvinista.

Persiste el hecho confuso que, si fue inventado, podría ser verdad en cada detalle hoy en día, cuando La Ley fundada en tales anécdotas se ha impuesto en Occidente. Hoy las personas no pueden volverse judías" (o muy raramente), pero un cuadro familiar de nuestro tiempo está en las palabras, "muchas de las personas de la tierra se volvieron judíos; porque el miedo a los judíos había caído sobre ellos"; en nuestra generación ellos se han transformado en "simpatizantes Sionistas" por el mismo motivo.

Un fiel retrato de políticos del Siglo XX en Washington o Londres se da en el pasaje, "y todos los gobernantes de las provincias, y los lugartenientes, y los diputados, y los funcionarios del rey, ayudaron a los judíos; porque el miedo a Mordecai cayó en ellos". Si ni el rey Ahasuerus ni "Mordecai que se sientan en la verja del rey" vivieron verdaderamente en el 550 BC, no obstante Mordecai en nuestro siglo, es real y poderoso y dos generaciones de hombres públicos han administrado sus oficinas, más con el miedo a él que cuidando los intereses de sus pueblos.

Es lo que sucede hoy lo que hace a este ayer remoto e inverosímil tan creíble. De cara a esto, Belshazzar y Daniel, Ahasuerus y Mordecai parecen ser figuras simbólicas, creadas con el propósito del programa político Levítico, no hombres que alguna vez vivieron. Pero... la matanza del Zar y su familia, en nuestro siglo, se llevó a cabo según el verso 30, capítulo 5 de ***Daniel***; el ahorcamiento de los líderes Nazis siguió el mandato extendido en los versos 6 y 10, del capítulo 7, y los versos 13 y 14, del capítulo 9, de ***Esther***.

Tanto si estas anécdotas fueron hecho reales o fábulas, ellas se han transformado en La Ley de nuestro siglo. Las fiestas más jubilosas del año judío conmemoran las antiguas leyendas de destrucción y venganza en que está basada La Ley: la matanza de "todos los primogénitos de Egipto", y la matanza de los Persas por Mordecai.

Quizás, entonces, es incluso verdad que dentro de los cincuenta años de su conquista por Babilonia, los judíos provocaron la destrucción de ese reino por Persia; y que dentro de cincuenta años de su liberación por el rey Persa, ellos se habían hecho dueños a su vez del reino Pérsico, en tal magnitud que los gobernadores del rey "desde India a Etiopía" por miedo a los judíos, llevaron a cabo un pogromo de 75,000 personas, y que la muerte "maldición de Dios" fue infligida en algunos de los "enemigos" seleccionados. En ese caso, el libertador Pérsico, viajó mucho peor en las manos de sus cautivos que el aprehensor babilónico, previamente.

Cuando este cuento avanza, con sus alusiones inevitables a "los judíos", es importante recordar que siempre ha habido dos mentes en el Judaísmo, y las citas de nuestro tiempo sirven ilustrar esto.

Un Rabino de Chicago, el Sr. Salomón B. Freehof, citado por el Sr. Bernard J. Brown, consideró que la historia de Haman, Mordecai y Esther son "la esencia de toda la historia del pueblo judío"; considerando que el Sr. Brown mismo (también de Chicago) dice que la celebración del Purim debe ser discontinuada y olvidada, y que es en el presente una "parodia" incluso de "las fiestas que son detestables" para los profetas Israelitas. (Purim no había sido inventado cuando Isaiah y Hosea hicieron sus protestas apasionadas contra las "estaciones designadas" y los "días de la fiesta").

El Sr. Brown lo escribió en 1933 y el evento de 1946, cuando los líderes Nazis fueron colgados en un día de la fiesta judía, mostró que su protesta era tan vana como las antiguas protestas citadas por él. En 1946, tal como veintisiete siglos antes, la visión expresada por el Rabino Freehof prevaleció. Los rasgos esenciales del evento conmemorados por el Purim son aquellos que invariablemente se repiten en fases más tempranas y más tarde de la historia de Sión: el uso de un gobernante Gentil para destruir Gentiles y dar efecto a la venganza Judaica.

Desde tiempo de Mordecai, cuando el Antiguo Testamento ya no proporciona ninguna historia más, el estudioso debe volverse a las autoridades Judaístas para saber si también se presentaron posteriores eventos a los judíos, en la misma luz; a saber, como una serie de experiencias duras para los judíos, sufrida en las manos de los "paganos", llevando finalmente a la ruina de la nación pagana involucrada y a una venganza Judaica.

Esta investigación lleva a la conclusión que toda la historia, hasta el tiempo presente, es vista así por los superiores de la secta y así es presentada a las masas judías. Del mismo modo que Egipto, Babilonia y Persia, en el Antiguo Testamento, sólo existe en la medida que ellos capturen, opriman o se comporten de alguna forma con los judíos, quienes posteriormente serán vengados por Jehová, así, en la presentación de los estudiosos del período todo lo demás es dejado de lado. Roma, Grecia y todos los imperios subsecuentes tienen vida y existen, en esta representación, sólo en la magnitud que el comportamiento de los judíos hacia ellos o sus comportamientos hacia los judíos les da existencia.

Después de Babilonia y Persia, la próxima nación en sentir el impacto de la fuerza catalizadora fue Egipto. La comunidad judía en Alejandría (qué incluso había sido grande antes de su reforzamiento por los fugitivos de la invasión babilónica) era en este período, el único cuerpo más grande de judíos en el mundo conocido; Egipto estaba, con respecto a eso, en la posición de Rusia antes de la guerra de 1914-1918 y de los

Estados Unidos hoy en día. La actitud de los judíos, o a todo evento de los superiores hacia los egipcios, era la misma que su actitud en tiempos pasados hacia los Persas y babilónicos.

El Dr. Kastein dice, primero, que Egipto era "el refugio histórico" para los judíos, lo cual pareciera ser un tributo de agradecimiento hasta que las palabras subsecuentes muestran que "un refugio" es un lugar para ser destruido. Describe el sentimiento de los judíos hacia los egipcios en palabras muy similares a aquellas que el *Éxodo* atribuye a los egipcios con respecto a la "cautividad" anterior. Él dice, los judíos en Egipto "constituyeron una comunidad cerrada... ellos llevaron una vida apartada y construyeron sus propios templos... los egipcios sintieron que la exclusividad religiosa de los judíos mostraban que despreciaban y rechazaban su propia forma de fe". Agrega que los judíos en forma "natural" levantaron la causa Persa porque Persia les había ayudado anteriormente a restaurar Judah.

Así, el hecho que Egipto había dado resguardo, y era "el refugio histórico" no tituló a Egipto por algo de gratitud o lealtad. La hostilidad a los anfitriones tomó la forma de apoyo al enemigo de los egipcios y por consiguiente despertó las sospechas de estos: "Otras causas de la hostilidad fue la determinación Mostrada por los judíos a no asimilarse con las personas alrededor de ellos o *identificarse ellos mismos con el país de su adopción*... La necesidad espiritual profunda de mantenerse en contacto con cada rama de la nación, el llamado a la lealtad hacia cada grupo de su propia gente, aun cuando fragmentario, *fue ligado a afectar la integridad de su ciudadanía de un estado particular*".

"Como en la Babilonia de antaño", concluye Dr. Kastein, los judíos en Egipto extendieron "los brazos abiertos" al conquistador Persa. Y Egipto les había mostrado sólo hospitalidad a los judíos.

Babilonia, Persia, Egipto... y luego vino Grecia. En el 332 A.C.. Grecia conquistó Persia y el dominio griego de Egipto comenzó; Alejandría se transformó en la capital griega. Muchos judíos alejandrinos gustosos habrían seguido el consejo de Jeremías de "buscar la paz de la ciudad". El poder de la secta y la enseñanza destructiva prevaleció.

El Dr. Kastein, el devoto de la secta, dice de Grecia y su civilización meramente que, "era intelectualmente inteligente... pero el *prototipo* de todo lo que era deshonesto, cruel, calumniador, astuto, indolente, vano, corruptible, avaro e injusto". Desecha el episodio de Grecia con la triunfante nota. "*Los judíos de Alexandría provocaron la desintegración de la civilización Helénica* ".

Babilonia, Persia, Egipto, Grecia... En la partida de la era cristiana, por consiguiente, la historia hacia atrás, a la creación fue presentada a los judíos, por sus escrituras y sus estudiosos, como un asunto exclusivamente judío, que sólo tomó nota de los "paganos" en la medida que ellos chocaron con la vida judía, y como registro de destrucción logrado contra estos paganos, en paz y en guerra.

¿Fue este retrato verdad, de eventos en la era pre-Cristiana, y continuaron siendo eventos verdaderos posteriormente hasta nuestros días?.

La inferencia de nuestra propia generación de si es ciertamente verdad, es que siempre ha sido verdad. En nuestros conflictos centenarios entre las naciones, en el modelo Babilónico-pérsico, aunque ellos parecían en un comienzo tener relación con problemas alejados de cualquier asunto judío, fueron convertidos en triunfos Judaicos y en venganzas Judaicas, de tal manera que la destrucción que los acompañó, se transformara en un acto de culminación bajo La Ley Judaica, tal como la matanza de los primogénitos egipcios, la destrucción de Babilonia, y el pogromo de Mordecai.

Roma siguió a Grecia, y cuando Roma subió a Cicerón evidentemente compartía la opinión, acerca del rol jugado por los judíos en la desintegración de la civilización griega la cual un Dr. Kastein expresaría veinte siglos más tarde, ya que en el juicio de Flaccus, Cicerón parecía temerosos de sus espaldas cuando hablaba de los judíos; él sabía (dijo) que ellos se mantenían todos unidos y que ellos sabían como arruinar a aquel que se les opusiera y él aconsejaba ser cautos al tratar con ellos.

Fuscus, Ovid y Persius profirieron advertencias similares, y, durante la vida de Jesús, Séneca dijo, "Los hábitos de esta nación criminal están ganando terreno tan rápidamente, que ya tienen adherentes en cada país, y *así la fuerza conquistada fuerza sus leyes sobre el conquistador*". En este período, también el geógrafo romano, Strabo comentó sobre la distribución y el número de judíos (qué en nuestro tiempo es patentemente mucho mayor que alguna estadística se permite expresar), diciendo que no había ningún lugar en la tierra dónde ellos no estaban.

Grecia y Roma, en la visión Gentil común, crearon valores perdurables sobre los cuales fue construida la civilización de Europa. De Grecia vino la belleza y las fundaciones griegas yacen bajo toda la poesía y el arte; de Roma vino la ley y los romanos yacen bajo la Carta Magna, el Habeas Corpus y el derecho de un hombre a un juicio público y justo, el cual fue el más grade de los logros de Occidente.

Para el estudioso Sionista, Grecia y Roma fueron simplemente manifestaciones paganas transitorias, igualmente repelentes.

El Dr. Kastein dice con desdén, que en Roma "desde el principio mismo, Judea vio con mucha justicia, meramente al representante de lo no intelectual y la estúpida fuerza bruta".

Durante trescientos años después de la vida de Jesús, Roma persiguió a los Cristianos. Después de la conversión del Emperador

Constantino a la Cristiandad, en el 320 DC, a los judíos se les prohibió circuncidar a sus esclavos, tener esclavos cristianos, o casarse entre sí; esta aplicación de la Ley Judaica en reversa es sostenida por el Dr. Kastein como persecución.

Después de la división del Imperio romano en el 395 DC, Palestina pasó a formar parte del Imperio bizantino. La prohibición de judíos en Jerusalén sólo había sido alzada después de que Roma se volvió predominantemente Cristiana, de tal manera que la ciudad todavía podría haber estado vacía de judíos, pero haber sido para la

Cristiandad. Sin embargo, cuando los Persas en el 614 DC llevaron su guerra contra Byzantium en Palestina, los judíos se "unieron al ejército Persa de todos los lados" y entonces participaron, "con la furia de hombres deseosos de vengarse por **trescientos años de opresión**", en "una matanza total de Cristianos", (de nuevo según el Dr. Kastein para quien, como anteriormente fue mostrado, la prohibición de esclavos de los cristianos es opresión de los judíos).

El entusiasmo de los Persas murió con la venganza sobre los Cristianos; catorce años después los judíos "estaban solo demasiado deseosos de negociar con el emperador bizantino Heraclitus", y para ayudarle a que él reconquistara Jerusalén. Entonces vino Mahoma y el Islam. Mahoma compartió la visión de Cicerón y otras autoridades de tiempos más tempranos; su Corán, además de la alusión previamente citada, dice, "Usted ciertamente encontrará al más violento de todos los hombres, en enemistad contra los verdaderos creyentes, en los judíos y los idólatras... "

No obstante, el Islam (como la Cristiandad) no mostró enemistad contra los judíos y el Dr. Kastein tiene una palabra relativamente buena para él: "el Islam le permitió libertad económica absoluta y la administración autónoma al infiel... el Islam ciertamente practicó la tolerancia hacia aquellos de otra fe... al Judaísmo nunca se le ofrecieron de la Cristiandad tales excelentes oportunidades, tales excelentes oportunidades de florecer".

Estas "oportunidades de florecer" fueron entregadas por el Islam a los judíos en las tierras de Europa, en España, como previamente se dijo; ¡ésta era la entrada en Occidente, fue hecho posible por el Islam a "el más violento de todos los hombres".Siguiendo al conquistador islámico, el gobierno Talmúdico (después que el Califa Omar había tomado Jerusalén en el 637 y había barrido a los occidentales con sus ejércitos) se movió a España!

Los reyes visigodos ya habían desarrollado sentimientos sobre los judíos en su medio, similares a aquellos expresados por Cicerón, Mahoma y otros. Uno de sus últimos, Euric en el Decimosegundo Concilio de Toledo, pidió a los obispos "que hicieran un último esfuerzo para arrancar esta peste judía desde las raíces" (aproximadamente el 680). Después de eso, la era de los visigodos acabó rápidamente.

El Dr. Kastein dice, "Los judíos proporcionaron piquetes y tropas de guarnición para Andalucía". El Profesor Graetz describe más detalladamente este primer encuentro entre los judíos y los pueblos con raíces del norte de *Europa*:

"Los judíos de África... y sus desafortunados co-religionarios de la Península ***hicieron causa común con los conquistadores mahometanos***, Tarik... Después de la batalla de Xeres, en julio de 711, y la muerte de Roderic, el último rey visigodo, los Árabes victoriosos avanzaron y ***fueron apoyados por todas partes por los judíos***. En cada ciudad que ellos conquistaban, los generales musulmanes podían dejar solamente una pequeña guarnición de sus propias tropas, cuando tenían necesidad de cada hombre para el sometimiento de su país; ***ellos confiaron por consiguiente la custodia a los judíos. De esta manera los judíos que últimamente habían sido los siervos, ahora fueron hechos los amos de los pueblos de Córdova, Granada, Málaga y muchos otros. Cuando Tarik apareció ante la capital, Toledo, encontró que estaba ocupada sólo por una guarnición pequeña... Mientras los Cristianos estaban en la iglesia, orando por la seguridad de su país y de su religión, los judíos abrieron las puertas a los Árabes victoriosos, recibiéndolos con aclamaciones y así se vengaron por las muchas miserias que le había ocurrido... La capital también fue confiada por Tarik a la custodia de los judíos...*** Finalmente cuando Musa Ibn Nossair, Gobernador de África, trajo un segundo ejército a España y conquistó otras ciudades, ***él también las entregó en custodia a los judíos...*** "

El cuadro es idéntico con aquellos de todos los eventos históricos o legendarios de tiempos anteriores, en que los judíos estaban involucrados: un conflicto entre dos pueblos "extrañas" fue transformado en un ***triunfo Judaico*** y una ***venganza Judaica***.

Los judíos (como en Babilonia y Egipto) se volvieron contra las personas entre quienes ellos vivieron y una vez más "abrieron las puertas" al invasor extranjero. El invasor extranjero, en su turno, "entregó" las ciudades tomadas por él a los judíos.

En la guerra, la ciudad capital y las otras grandes ciudades, el poder y control sobre ellas, son los frutos de la victoria; esos frutos fueron para los judíos, no a los vencedores. Los generales del Califa evidentemente prestaron muy poca atención a las advertencias del Corán, tal como los políticos Occidentales de hoy prestan a las enseñanzas del Nuevo Testamento. Con respecto a las "miserias" por las cuales los judíos tomaron así venganza, el Profesor Graetz específicamente declara que la más cruel de estas era el rechazo del derecho para mantener esclavos: "la

más opresiva de ellas era la restricción referente a la posesión de esclavos; ¡De aquí en adelante los judíos no podían comprar esclavos cristianos ni aceptarlos como regalos!"

Si los conquistadores árabes contaron con el agradecimiento de aquellos a quienes ellos habían "confiado la capital" y las grandes ciudades, ellos calcularon mal. Después de la conquista, Judah Halevi de Córdova cantó: ". . ¿Cómo culminar mi promesa sagrada, merecer mi consagración, Mientras Sión todavía sigue siendo esclavo de Roma, y yo un sirviente árabe?

Como basura es para mi todo el tesoro español, riquezas o bienes españoles, Cuando el polvo como el oro más puro yo valoro, dónde una vez nuestro templo estaba de pie!"

Este espíritu inquietó a los consejeros del Califa, tal como había inquietado a los reyes visigodos, a Mahoma y a los estadistas de Roma. Abu Ishak de Elvira habló al Califa en Córdova, en palabras que nuevamente recuerdan aquellas de Cicerón:

"Los judíos... se ha vuelto grandes señores, y su orgullo y arrogancia no conocen ningún límite... No tomes a tales hombres para tu Ministerio... ya que toda la tierra llora contra ellos; si continúan va temblar y todos debamos perecen... Yo vine a Granada y yo vi a los judíos reinando. Ellos habían parcelado las provincias y la capital entre ellos; por todas partes uno de estos malditos gobernaba. Ellos colectan impuestos, ellos se hicieron de buena alegría, ellos están suntuosamente vestidos, mientras tus ropas, O musulmanes, están viejas y estropeadas. Todos los secretos de estado son conocidos por ellos; a pesar de eso es una tontería poner la confianza en traidores! "

El Califa sin embargo, continuó seleccionando a sus ministros entre los candidatos del gobierno Talmúdico de Córdova. El período español muestra, quizás más claramente que cualquier otro, que el retrato judío de la historia puede estar más cercano a la verdad histórica que la narrativa según los Gentiles; ya que la conquista de España ciertamente demostró ser ***Judaica en lugar de Mora***. El dominio formal de los moros continuó durante 800 años y al final, siguiendo el precedente, los judíos ayudaron a los españoles a expulsar a los moros.

No obstante, el sentir general hacia ellos era profundamente desconfiado para ser suavizado. Esta sospecha popular se dirigió particularmente contra los **conversos o Marranos**. La autenticidad de su conversión no fue creída, y en esto los españoles tenían razón, ya que el Dr. Kastein dice que entre los judíos y Marranos "prevaleció una atmósfera secreta de conspiración"; evidentemente se estaba haciendo uso de la dispensación Talmúdica sobre la conversión fingida.

A pesar de este sentimiento público, los reyes españoles, durante la reconquista gradual, habitualmente hacían a los judíos o Marranos sus

Ministros de finanzas, y en el futuro un tal Isaac Arrabanel fue designado administrador de las finanzas estatales con las instrucciones para colectar los fondos para la reconquista de Granada. Los superiores, en este período, estaban respetuosamente aplicando el importante principio de La Ley sobre "prestar a todas las naciones y no pedir prestado de ninguna", ya que el Dr. Kastein afirma que ellos entregaron "ayuda financiera" al norte cristiano de España en su ataque final contra el sur mahometano.

Después de la reconquista el sentimiento guardado despertó en resentimiento contra los judíos, nacido de los 800 años de ocupación mora y del rol de los judíos en ella, estalló hasta que en 1492, los judíos fueron expulsados de España y en el 1496 de Portugal.

Los historiadores Sionistas de hoy muestran un odio notable a España por esta cuenta, y una firme creencia en una venganza de Jehová aun no completada. El derrocamiento de la monarquía española casi cinco siglos después, y la guerra civil de 1930, a veces es descrita como una cuota de pago de esta cuenta. Esta creencia se reflejó en las palabras imperiosas usadas por el Sr. Justice Brandeis de la Corte Suprema de Estados Unidos, un importante sionista, al Rabino Stephen Wise en 1933: "¡Dejemos que Alemania *comparta el destino de España*!" El tratamiento otorgado a España en las décadas subsecuentes de este siglo, en particular su larga exclusión de las Naciones Unidas, tiene que ser considerado en esta luz.

En ese momento quince siglos de la era cristiana habían pasado y los eventos habían conformado el modelo de la era pre-Cristiana, como fue grabado en las partes históricas del Antiguo Testamento, y a requerimiento de la Ley Judaica. Los judíos en su impacto en otros pueblos habían continuado, bajo la dirección Talmúdica, actuando como una fuerza destructiva...

"Cautivos" y "perseguidos" fueron ellos por todas partes (bajo su propia Ley, no a través de las faltas de los pueblos con quienes ellos estaban) su rol siempre fue aquel que La Ley ordenó que debía ser: "derrumbar y *destruir*". Ellos fueron usados de hecho por sus gobernantes para "incitar el desorden" entre otros, tal como el Corán dijo, y a través de los desórdenes así incitados, sus gobernantes lograron poder civil, descargaron las venganzas, apoyaron a los invasores y financiaron los contragolpes.

Durante todo este tiempo esto fue el mandato de sus maestros Talmúdicos, y constantemente los judíos se levantaron para protestar contra él; pero La Ley era demasiado fuerte para ellos. Había ninguna felicidad o culminación para los judíos en esta misión, pero ellos no podrían escapar de ella.

Al final de este primer encuentro con Occidente, después de ocho siglos, la tierra "les expulsó".

Éste fue el momento, tan decisivo para nuestra generación presente, al cual un capítulo anterior aludió. Pero para el secreto el cual se guardaba en las profundidades de Rusia, éste podría haber sido el fin de la fuerza catalizadora.

La experiencia de esta expulsión fue una muy dura para el cuerpo de los judíos que lo experimentaron, y ellos y sus descendientes dieron muchas señales que aceptaban la conclusión y encontrarían a su tiempo alguna forma de seguir siendo judíos y aun así involucrarse en la humanidad. Eso habría significado el fin de la idea destructiva y de la secta que la desarrolló.

En su lugar, la idea destructiva sobrevivió y se proyectó en los asuntos del mundo a través de un nuevo grupo de personas que no tenían la descendencia física de algún hebreo o "hijo de Israel", o de la tribu de Judah. Ellos usaron en nombre "judío" [Jew] meramente como una señal de obediencia a un programa político. El punto ahora alcanzado, siguiendo el curso de la idea destructiva a través de los siglos, requiere alguna descripción extensa de estas personas (mencionadas en el capítulo *El Gobierno Móvil*).

Incluso al comienzo de los 800 años en España (del 711 a 1492) los judíos allí (la única comunidad más grande de judíos) ya no eran Judahítas o Judeanos; incluso no podrían exigir ser de la línea pura de Judah, o del linaje Palestino. El Profesor Graetz dice de ellos, "El primer asentamiento de judíos en la hermosa Hesperia esta enterrada en la espesa oscuridad", y agrega que allí los judíos "deseaban poner la demanda de mayor antigüedad" para su linaje, por lo que simplemente afirmaron que "ellos habían sido transportado allá después de la destrucción del templo por Nebuchadnezzar."

A través de muchos siglos los procesos de la naturaleza y del hombre habían dado fuerza a una mezcla. La idea de un pueblo escogido para gobernar el mundo sobre los cuerpos caídos de los paganos atrajo a las tribus-pueblos primitivos en muchos lugares; el ya circuncidado árabe podría volverse judío y apenas podría notar algún cambio; Los Rabinos en los desiertos del norte de África y los pueblos eran remotos del "centro" y alegremente extendieron sus congregaciones. Cuando los emperadores romanos comenzaron a perseguir a las "religiones paganas", el Judaísmo nunca se clasificó bajo una prohibición general, por lo que muchos adoradores de Isis, Baal y Adonis, si ellos no se volvieron Cristianos, entraron en las sinagogas. La feroz ley feroz de segregación tribal no pudo en ese momento, dar la fuerza en los lugares lejos de Babilonia.

Así que los judíos que entraron en España con los moros fueron, racialmente, ya una multitud mezclada. Durante los 800 años *en* España, la enseñanza racial fue implementada en forma más estricta, el "gobierno" había sido transferido a España, y de esta manera los judíos "Sepharditas" tomaron la forma como un tipo nacional distinto. Entonces, a la expulsión de España, el gobierno, como ya se dijo, se trasplantó de pronto a Polonia. ¿Qué sucedió, en ese punto, de estos judíos Sephardítas, quienes pueden haber retenido sólo algún débil rastro de la descendencia original Judahita o Judeana?

La *Enciclopedia judía* es explícita: "Los Sephardítas son los descendientes de los judíos que fueron expelidos de España y Portugal y quienes se establecieron en el sur de Francia, Italia, norte de África, Asia Menor, Holanda, Inglaterra, Norte y Sur de América, Alemania, Dinamarca, Austria y Hungría". *Polonia no es mencionada*; el Gobierno Talmúdico fue allí, pero la masa de estos judíos Sephardítas se distribuyó en Europa Occidental; ellos se movieron hacia Occidente, no hacia el oriente. El "gobierno" fue repentinamente separado del pueblo y la masa comenzó a disolverse.

La *Enciclopedia judía* dice, de los Sephardítas que fueron dispersados así: "entre estos colonos, había muchos que eran los descendientes o cabezas de familias adineradas y quiénes, como Marranos, habían ocupado posiciones prominentes en los países de los cuales habían salido... Ellos se consideraban una clase superior, la nobleza de la Judería, y durante mucho tiempo sus co- religionarios, sobre quienes ellos miraban hacia abajo, los consideraban como tal...

Los Sephardítas nunca se ocuparon en las ocupaciones del comercio menor ni en la usura y ellos no se mezclaban con las clases bajas. Aunque los Sephardítas se mantuvieron en condiciones pacíficas con otros judíos, ellos raramente se casaban con ellos... **En los tiempos modernos, los Sephardítas han perdido la autoridad que durante varios siglos ellos ejercieron sobre otros judíos.**"

Los Sephardítas, cuando ellos dejaron la Península española entonces, ni fueron a Polonia ni se mezclaron con otros judíos y se extendieron sobre la Europa Occidental. Ellos permanecieron distantes y aparte, "mirado hacia abajo" sobre los otros que profesaban ser judíos, y perdieron su autoridad. (Los trabajos de referencia Judaístas también dan curiosas estimaciones del declive en su proporción de la Judería, de una gran minoría a una pequeña minoría; esto parece estar más allá de la explicación biológica *y probablemente no son fidedignos*).

Así, en este traslado del "centro", el cuerpo del pueblo, en cuyo nombra había afirmado la autoridad durante dos mil años, abruptamente cambió su naturaleza como por arte de magia.

Los judíos hasta aquí conocidos por el mundo, quienes recientemente habían surgido de su primer impacto entre su Ley y los pueblos *de Occidente* y estaban **en un estado reflexivo**, de pronto comenzaron a perder la casta en la Judería y a ¡disminuir en los números!

El Gobierno Talmúdico se preparó para llevar cabo su segundo encuentro con Occidente desde un nuevo cuartel central, plantado entre un pueblo asiático, los Khazars, convertidos al culto de Jehová muchos siglos antes. La secta gobernante desde este momento operaría a través de este cuerpo diferente de personas; eran un pueblo salvaje que no había conocido la experiencia preventiva en España.

En 1951 un editor en Nueva York que contemplaba lanzar uno de los libros del presente escritor, fue aconsejado perentoriamente no hacerlo, por la cabeza de una organización política judía, y se le dijo, "el Sr. Reed inventó a los Khazars."

Sin embargo, **las autoridades Judaístas están de acuerdo sobre su existencia y conversión,** y los atlas históricos muestran el desarrollo del reino de los Khazar que en su etapa mayor alcanzó desde el Mar Negro al Caspio (alrededor del 600 DC). Ellos son descritos como Tártaros o Turco-mongoles y la **Enciclopedia Judía** dice que su Chagan, o jefe máximo, "con sus nobles y un número grande de sus personas paganos, abrazaron el judaísmo, probablemente cerca del 679 DC."

El hecho está atestado de correspondencia entre Hasdai ibn Shapnet, Ministro del Exterior de Abdel Rahman, el Sultán de Córdova, y Rey Joseph de los Khazars, intercambiadas aproximadamente en el 960 DC. La **Enciclopedia Judía** dice que los estudiosos Judaístas no tenían **ninguna duda** acerca de la autenticidad de esta correspondencia en que la palabra **Ashkenazi** aparece por primera vez para denotar este grandemente perfilado, hasta aquí desconocido grupo de "judíos Orientales" e **indicando asociación eslava.**

Esta comunidad de Turco-mongol Ashkenazim, entonces, era diferente en todos los elementos, excepto en el credo, de los judíos previamente conocidos por el mundo Occidental, los Sephardítas.

El sostenimiento del gobierno Talmúdico, en los siglos que le siguieron, se puso más suelto sobre las comunidades esparcidas de Occidente; pero gobernó esta nueva comunidad compacta en el Oriente con una vara de hierro.

El judío de fisonomía Semítica se puso cada vez mas raro (hoy el semblante típico del judío tiene rasgos Mongoles, como es natural).

Ningún Gentil sabrá alguna vez por qué esta conversión en masa de numerosas personas "paganas" al Judaísmo Talmúdico fue permitida, hace trece siglos. ¿Fue una casualidad, o pudieron estos superiores prever cada posibilidad mortal? A todo evento, cuando los Sepharditas fueron esparcidos y la idea destructiva recibió, en

España, su retroceso más agudo, esta fuerza de reserva estaba lista a la mano y para el propósito de la misión destructiva, era el mejor material posible.

Largo tiempo antes de su conversión al Judaísmo, los Khazars fueron hostiles a los inmigrantes Russ del norte, que en el futuro los conquistaría, establecerían la monarquía rusa y aceptarían la Cristiandad. Cuando los Khazars se convirtieron el Talmud estaba completo, y después del derrumbe de su reino (en aproximadamente el año 1000 DC) ellos seguían siendo súbditos políticos del gobierno Talmúdico, todos en resistencia a Rusia, siendo gobernados por La Ley Talmúdica, anti-Cristiana. Después de esto ellos se movieron sobre Rusia, particularmente a Kieff (la "ciudad santa" tradicional de la Cristiandad rusa), en otras partes de Ucrania y a Polonia y Lituania.

Aunque ellos no tenían algo de sangre Judahíta, ellos se transformaron bajo esta dirección Talmúdica en la típica nación-dentro-de-una-nación en Rusia. Las áreas dónde ellos se congregaban, bajo la dirección Talmúdica, se transformaron en los centros de la revolución anti-rusa que llegaría a ser "la revolución mundial"; en estas partes, y a través de estas personas, nuevos instrumentos de destrucción fueron forjados, específicamente para la destrucción de la Cristiandad y de Occidente.

Estas personas salvajes de los huecos más interiores de Asia vivían dentro del Talmud tal como cualquier judío babilónico o Cordobés y por siglos "observaron la Ley" de tal manera que ellos pudieran retornar a una "tierra prometida" de la cual posiblemente sus antepasados jamás oyeron hablar, y desde allí gobernar el mundo. En el Vigésimo Siglo, cuando los políticos de Occidente estaban todos anhelantes con este proyecto del retorno, ninguno de ellos había oído hablar alguna vez de los Khazars. Sólo los Árabes, cuyas vidas y tierras estaban directamente en la estaca, los conocían, y vanamente intentaron informar en la Conferencia de Paz de 1919 y en las Naciones Unidas en 1947.

Después del 1500, por consiguiente, los judíos cayeron en dos grupos diferentes: las comunidades esparcidas de Occidente que eran Sephardítas en el origen y esta masa estrechamente acorralada de Talmúdicos, los "judíos" eslavos en Oriente. El tiempo tendría que mostrar si el Centro Talmúdico podría ser capaz de formar de los Ashkenazi una fuerza tan destructiva como potente en el futuro, como aquella de los primeros tiempos en el pasado, y si podrían mantener el control sobre las comunidades en Occidente, con su tradición diferente y su memoria de la expulsión ibérica.

Entonces, aproximadamente el año 1500, el gobierno Talmúdico se trasladó desde España a Polonia, estableciéndose aquí entre un cuerpo de "judíos" hasta aquí desconocido para Occidente y relajando su control sobre los judíos Sephardítas que empezaron a disminuir en números y a desintegrarse como fuerza cohesiva (en el juicio de los superiores Judaicos).

Sólo aproximadamente 450 años separan ese evento y ese punto en el tiempo de nuestros día presentes, cuando los efectos del traslado de los Talmudistas a Polonia se han mostrado pos si mismos, y han contestado las dos preguntas que se muestran en el último párrafo.

Estos 450 años vieron al ***visible "Centro" Talmúdico*** cesar su existencia (en las palabras del Dr. Kastein) y la idea destructiva entra en Europa simultáneamente en una nueva forma, la cual llevaba el nombre "revolución".

Los 450 años han visto tres de estas "revoluciones" (contando sólo las principales). Cada una era fue más destructiva que la última. Cada una era reconocible como heredera de la anterior por sus características principales, y éstas, nuevamente, eran las características principales de la Ley Judaica como fue extendida en la Torah-Talmud. El ataque principal en cada caso era dirigido contra el gobierno legítimo, la nación y la Cristiandad. Bajo la Ley Judaica, el único gobierno legítimo es aquel de Jehová y la única nación legítima es aquella del pueblo escogido de Jehová; bajo el suplemento Talmúdico de esa Ley, la Cristiandad es el jefe de esos "otros dioses", contra la cual los escogidos están obligados a "prostituirlos"; y "destrucción", como se ha mostrado, es un principio supremo de esa Ley.

Cuando estas revoluciones comenzaron, se suponía que ellas estaban dirigidas contra los "reyes y sacerdote", como figuras simbólicas de la opresión. Ahora que el poder de reyes y sacerdotes se ha ido, pero la revolución es establecida en forma permanente, puede verse que éstas eran palabras falsas, escogidas para engañar a "la multitud". El ataque estaba dirigido al ***estado-nación*** (el rey asesinado que es en cada uno de los casos el símbolo) y sobre ***la religión*** (la destrucción de iglesias que es el acto simbólico).

Éstas eran las marcas reconocibles de la paternidad literaria. La Torah-Talmud es la única fuente original de tales ideas que alguna investigación puede descubrir. "Él entregará a sus reyes en tu mano y tu ***destruirás*** su nombre en ellos... tu ***destruirás absolutamente*** todos los lugares en donde las naciones que tu poseerás, sirvieron a sus dioses". En el mismo momento en que el gobierno Talmúdico desapareció de vista, después de plantarse entre un pueblo de bárbaros asiáticos, este credo de destrucción entró en Europa Occidental y empezó su marcha de ruinas.

Estas tres revoluciones, entonces, tal como los eventos históricos de la era pre- Cristiana, descritos en el Antiguo Testamento, y desde la era cristiana hasta la expulsión de España, también se amoldaba con el complemento de la Ley Judaica. Todas ellas, las tres, llevan el sello común de un triunfo Judaico, como resultado.

¿Fueron ella originalmente instigadas, organizada y dirigidas por Talmudistas?

Con respecto a eso existe una gran diferencia entre las dos primeras y la última de ellas. La incitación y el control Talmúdico de las revoluciones inglesas y francesas no pueden descubrirse, de algún modo por la investigación del presente escritor. En cada caso *los resultados* mostraron las señales familiares del triunfo Judaico (el "retorno" de los judíos a Inglaterra; la emancipación de los judíos en Francia), aunque en el comienzo de ambas revoluciones, el asunto judío no había estado presente en la mente pública como un problema en la estacada. Hasta donde el estudioso puede determinar a esta distancia del tiempo, la proyección del "asunto judío" en estos problemas, y su elevación a un lugar principal entre ellos, fue algo logrado mientras avanzaban las revoluciones, y los superiores Judaicos que lograron esto, no provocaron realmente las revoluciones.

El tercer caso, el de la revolución rusa, es completamente diferente. Culminó en el más grande triunfo Judaico y de la venganza Judaica registrada, tanto en la historia del Antiguo Testamento o en la historia posterior, y fue organizado, dirigido y controlado por judíos que habían crecido en las áreas controladas por el Talmud. Éste es un hecho de nuestro día presente, demostrable e innegable, y es el hecho más significante en toda la historia de Sión, iluminando todo el pasado y dando la llave a todo el futuro.

Durante nuestro siglo que produjo ese evento, también ha visto que a la palabra "revolución" se le ha dado un nuevo significado, o con más precisión, se le ha dado su *verdadero significado*: la destrucción sin fin hasta que La Ley se cumpla. Cuando la palabra "revolución" se puso vigente por primera vez en Occidente, se sostuvo que significaba una cosa limitada: un violento levantamiento en un lugar definido, causado allí por condiciones específicas en un determinado momento. La opresión insufrible producía una reacción explosiva, más bien de la forma que una olla que expulsa su tapa al hervir: ésa era la concepción popular, instilada en "la multitud" por superiores que sabían muy bien.

La revolución rusa reveló que la revolución había sido organizada como una cosa *permanente*: una fuerza *permanentemente* destructiva, *permanentemente* organizada con un cuartel central y provisto de un personal *permanente*, y con objetivos mundiales.

Así, no tenía nada que ver con las *condiciones* aquí o allí, o ahora y entonces, o la opresión local. Representaba la destrucción como un objetivo en sí mismo, o como un medio de quitar todos los gobiernos legítimos del mundo y poner en su lugar algún otro gobierno, otros gobernadores. ¿Quién podrían ser estos sino los propios Talmudistas, dada la naturaleza Talmúdica de la revolución en Rusia y los obvios objetivos Talmúdicos de la "revolución mundial"?

A lo que se dirigía simplemente, era la última consumación de La Ley, en su forma literal,: "Tu reinarás encima de cada nación pero ellos no reinarán encima de ti ... el Señor tu Dios te pondrá muy alto sobre todas las naciones de la tierra."

Sin este motivo, las tres revoluciones no habrían tomado jamás el curso que ellas tomaron; el curso que ellas tomaron pre dibuja la forma del futuro. Ellas representan las fases en y pasos hacia, el cumplimiento de La Ley, y, una vez más, aquellos que en su día parecían ser grandes o poderosos hombres en su propio derecho, como el Rey Cyrus y el misterioso Rey Ahasuerus, ahora parecen meros títeres en el gran drama de la historia Judaica cuando se mueve hacia su milagroso fin en Jerusalén.

Cromwell fue otro como tal. Para el colegial medio inglés él vive sólo como el hombre que decapitó a un rey y volvió a los judíos a Inglaterra. ¿Agregue a esto su preciada matanza de sacerdotes en Drogheda (un evento que no tiene comparación en la historia británica) y lo que resta es una típica figura-títere de la historia Sionista, ¿Creado para ayudar a cumplir meramente La Ley?

Cromwell fue uno de los primeros de esos muchos, que desde su día le han llamado a si mismos Cristianos del Antiguo Testamento, cuyas figuras del discurso fingen el hecho de la anti-cristiandad, tal como a Dios y Mammon, como la mejor autoridad, no puede servirse a ambos. ¡Él prohibió la celebración de Día de Navidad, quemó las iglesias y asesinó a sacerdotes, y por un momento fue un candidato para ser el Mesías Judío!

Él estaba en el poder en el momento cuando Sabbatai Zevi estaba fustigando las masas judías en un frenesí de anticipación Sionista y estaba agitando al gobierno Talmúdico hasta sus fundaciones. De hecho, la alarma de los Talmudistas sobre Sabbatai Zevi puede haber incitado la idea que ellos podrían usar a Cromwell para destruirlo.

¡En cualquier caso los emisarios judíos de Ámsterdam fueron despachados urgentemente a Inglaterra para investigar si Cromwell podría ser un descendiente Judaico! Si su investigación hubiera rendido resultados positivos, Cromwell podría haber sido proclamado el Mesías, porque él tenía una calificación demasiado atrayente para la mayoría de los superiores: su entusiasmo por la "destrucción absoluta". (Si alguna vez se deberá proclamar un Mesías, la opción puede mostrar sorpresa; cuando estaba en Praga en 1939, un rabino allí, estaba predicando que Hitler era el Mesías judío, por lo que un conocido judío angustiado me preguntó yo pensaba de eso.)

La genealogía de Cromwell no descubrió descendencia de David, o probablemente él se habría alegrado de jugar el rol. Sus seguidores de espada-y-biblia afirmaban, por sus hechos sanguinarios, que estaba cumpliendo la profecía, y restaurando a los judíos en Inglaterra estaba dando los pasos prescritos de la preparación del Milenio. ¡Ellos incluso propusieron, en esa cuenta, que el Concejo de Estado de Cromwell, debería seguir el modelo del antiguo Sanedrín y se debería componer de setenta miembros! (El propio Cromwell sentía algo de desprecio por estos su "Milenarios", pero como "político práctico" parecido a los políticos de nuestro siglo, él se alegraba de declamar sobre la "libertad religiosa" y el cumplimiento de la profecía, mientras cazaba a muerte sacerdotes y clérigos).

Por su parte, el propósito real de Cromwell era preparar el apoyo financiero de los ricos judíos de Ámsterdam (toda la historia de Occidente parece haber sido hecha bajo ese principio de la Ley Judaica que ordena prestar hacia todas las naciones y no pedir prestado de ninguna). El Sr. John Buchan dice de los judíos de Ámsterdam que "ellos controlaban el comercio español, portugués y mucho del comercio de Levante (Mediterráneo)... ellos dirigían el flujo del oro; lo ayudarían en las difíciles finanzas de su gobierno". El Rabino Manasseh ben Israel de Ámsterdam (quién había hecho la predicción del advenimiento del Mesías y el retorno de los judíos a Palestina) vino a Londres y el asunto fue arreglado.

La petición de Manasseh ben Israel a Cromwell recuerda el tipo de argumento, formalmente respetuoso e implícitamente amenazador, el cual fue usado en este siglo por el Dr. Chaim Weizmann en sus relaciones con le Primer Ministro británico y los Presidentes norteamericanos; él pidió "la readmisión" de los judíos a Inglaterra y pronto, aludió oscuramente la retribución de Jehová que esperaba a aquellos que se resistieran ante tal demanda, y entonces describió los premios que seguirían a la complacencia. El cuadro es estrechamente comparable con aquel de Nueva York sionista que informa a un candidato presidencial norteamericano en nuestra generación, que puede esperar "el voto del estado de Nueva York" sólo si se compromete a apoyar al estado sionista con dinero y armas.

¡Lo que se exigió de Cromwell fue de hecho, un acto de sumisión pública a la Ley Judaica, no "la readmisión" de los judíos, porque ellos nunca habían dejado Inglaterra! Ellos habían sido expulsados en el papel, pero habían permanecido donde estaban, y una legalización formal de esa situación era requerida. Cromwell fue prevenido de hacer esto por la oposición pública (aunque según una autoridad Judaísta, el Sr. Margoliouth: ¡Se le ofrecieron 500,000 libras esterlinas si vendía a los judíos, el monumento más grande de los cristianos en Inglaterra, la Catedral de San Paul, con la Biblioteca Bodleian en ella!)

Entonces el breve período de Cromwell acabó (¡sin embargo, la mente popular insiste en recordarlo como el hombre que readmitió a los judíos!) y a esta primer oferta en Occidente la idea destructiva ganó poco terreno. Inglaterra pudo digerir su revolución como si nada hubiese pasado, para seguir su camino, si bien no se renovó, de todos modos el daño fue poco. El gobierno legítimo fue restaurado en seguida y la religión no fue más dañada en su totalidad por este intento extranjero que por la inercia nativa que empezó a debilitarla en ese momento.

No obstante, este nuevo fenómeno de la "revolución" había entrado en Europa, y 150 años después de la expulsión de España "el asunto judío" dominaba el evento.

Las secuelas de período de Cromwell merecen un breve comentario debido a la forma en que el rey restaurado fue usado para los propósitos de los judíos, como si nada hubiese pasado. A la muerte de Cromwell los judíos transfirieron su ayuda financiera a Charles II quién, poco después su restauración, hecho las enmendaduras necesarias, legalizando la posición de los judíos formalmente en Inglaterra. Esto no fue útil para su dinastía en lo más mínimo, ya que los judíos de Ámsterdam en seguida financiaron la expedición de William de Orange contra su hermano y sucesor, James II, quién fue destronado y huyó a Francia, el dinastía Stuart llegó así virtualmente a su fin. Así la respuesta a la pregunta "¿Quién ganó? ", entre Cromwell y los Stuart, parecen haber sido, los judíos.

Después de ciento cincuenta años la revolución golpeó nuevamente, este vez en Francia. Parecía una revolución separada, diferente en el tiempo, pero, ¿Fue realmente así? Llevaba los mismos rasgos distintivos como la revolución inglesa, de más temprano, (y la revolución rusa después): la Nación-estado y la religión fueron atacadas bajo el pretexto de refrenar la tiranía de "reyes y sacerdotes", y cuando eso fue llevado a cabo, un despotismo aún más duro fue diseñado allí.

Después de la partición de Polonia, el gobierno Talmúdico había en ese momento simplemente "dejado de existir", (en las palabras del Dr. Kastein), pero obviamente estaba operando en las sombras; su actividad no podría haber acabado tan abruptamente después de más de 2,500 años. Debido a este retiro a la oscuridad, el estudioso de hoy no puede remontarse a qué rol jugó, si es que lo hizo, incitando y organizando la revolución francesa, a través de sus seguidores en Francia.

Sin embargo, la revolución en la Rusia, 120 años después, dio pruebas del control Talmúdico-judío en una medida nunca antes sospechada, de tal manera que su influencia pudo haber sido mayor, en las fases preparatorias de la revolución en Francia, que la historia solamente ahora revela.

Lo que es cierto es que la revolución francesa, mientras estaba preparándose, se suponía que era para "los derechos de los hombres" (qué probablemente significaba para todos los hombres, por igual), pero cuando empezó "el asunto judío", como por magia, en seguida vino al frente. Uno de los primeros actos de la revolución (1791) fue la completa emancipación de los judíos (así como la ley contra el "anti-semitismo" fue uno de los primeros actos de la revolución en Rusia).

Por consiguiente la revolución francesa, en una mirada retrospectiva, asume la forma, común a su predecesora inglesa y a los tantos eventos violentos en la historia, de un triunfo judío en su resultado; si esto no fuera verdad, la "historia" lo ha hecho así. Probablemente las masas involucradas esperaban algo bastante diferente al resultado (y con respecto a esto se parecen a las masas que después estaban comprometidas en las dos Guerras Mundiales del Vigésimo Siglo.).

La emancipación de los judíos fue un resultado paciente de una revolución que logró poco de permanente y dejó a Francia en una condición de apatía espiritual de la cual nunca se ha podido librar. La historia de Francia desde la revolución es una historia de un período largo, en el curso del cual, ha experimentado con casi cada todas las formas de gobierno conocidas por el hombre, pero que no ha logrado hasta ahora encontrar la felicidad o estabilidad.

De la caída de Babilonia a la revolución en Francia, los judíos Talmúdicos gobernantes actuaron siempre como una fuerza destructiva entre los pueblos "donde yo te he llevado". Esto fue inevitable, dado el credo a cual adhirieron y el hecho que esta religión también era La Ley que gobierna cada acto de sus vidas diarias.

Bajo la Ley Judaica ellos no podrían actuar de forma diferente, y fueron en el hecho condenados para seguir siendo "los **destructores** para siempre": "Mira, te he puesto este día encima de las naciones y encima del reino, para arrancar de raíz, derrumbar y **destruir**." La historia de los judíos, bajo este mandamiento fue el mismo en Babilonia, Persia, Egipto, Grecia, Roma y España, y no podría ser nada más, dado la especial Ley Judaica.

No obstante, no todos "los judíos" escribieron esta historia, ni es la historia que de todos "los judíos"; omitir esta calificación serían como condenar "a los alemanes" por el Nacional Socialismo o a "los rusos" por un Comunismo esencialmente extranjero.

La resistencia a la Ley de destrucción ha sido incesante en la Judería, tal como este relato lo ha mostrado. En todo momento y lugares, los judíos han expresado una protesta mucho más amarga contra este destino de destrucción, forzado en ellos, que aquella que los Gentiles han hecho contra la amenaza de destrucción, apuntada a ellos mismos.

Las palabras, "los judíos", dondequiera que se usen en esta discusión, necesitan leerse siempre con esta calificación. Dentro de trescientos años desde la expulsión de España, entonces, "el asunto judío" ha estado dos veces en la vanguardia durante conflictos civiles violentos, que parecían cuando ellos empezaron, haber sido causado por el choque de intereses nativos: las revoluciones en Inglaterra y Francia (esta narrativa quiere posteriormente entrar en la materia de todo el significado de la revolución en Rusia, y el rol judío en él).

La consecuencia de la revolución en Francia produjo a un hombre que también intentó establecer la controversia de Sión. La historia registra intentos para resolver "el asunto judíos" por casi todos los método imaginables, desde la fuerza y la supresión al aplacamiento, compromiso y capitulación. Todos ellos fallaron, dejando este asunto como una espina aún en el lado de los Gentiles (y, por esa materia, en los judíos, los cuales eran algo así como en la condición de personas enviadas al mundo con un erizo bajo su piel).

El método que él escogió era el más simple concebible y posiblemente por esa razón es aun recordado con un poco de consternación por los devotos de Sión; ¡Este advenedizo fue casi demasiado diestro para ellos! Falló, al parecer porque este asunto no puede ser resuelto en absoluto por el hombre, sólo por Dios en su buen momento.

El hombre fue Napoleón, cuyo intento necesita ser considerado antes del estudio de la revolución, la cual lo derrocó sea reasumida.

Capítulo 18

El interrogatorio napoleónico

Cuando Napoleón alcanzó su vertiginosa cima de poder, se presumía que esperaba hacer grandes cosas por Francia y por los franceses, así como también para él mismo (y su familia).

Muy poco después él se transformó en el Emperador (o posiblemente incluso antes de aquello) encontró que uno de los problemas más difíciles que lo confrontaría, no era en absoluto un asunto francés, sino uno extranjero: "¡el asunto judío!", este había atormentado las vidas de las personas durante siglos; no más rápido fue persuadido el Papa y la corona imperial que la cabeza de Napoleón, que estalló detrás del trono de Napoleón, para atormentarlo.

De la forma napoleónica él tomó el problema por la garganta e intentó extraer una respuesta de estos para la eterna pregunta: ¿Deseaban de verdad los judíos volverse parte de la nación y vivir por su ley, o secretamente reconocían otra ley que les ordenaba destruir y dominar a las personas entre quien moraban?

Sin embargo, esta famosa interrogante era el *segundo* intento de Napoleón para resolver el enigma judío y el recuento del anterior que es poco conocido, debería contarse brevemente.

Napoleón fue uno de los primeros hombres en concebir la idea de conquistar Jerusalén para los judíos y así "dar cumplimiento a la profecía", en la frase actualmente de moda. Puso el ejemplo imitado en el presente siglo por todos esos líderes británicos y norteamericanos quienes probablemente sentirían aversión de ser comparados con él: los Sres. Balfour y Lloyd George, Woodrow Wilson, Franklin Roosevelt y Harry Truman, y Winston Churchill.

La ventura de Napoleón fue tan efímera que la historia no dice casi nada de él o de sus motivos. Como él no era todavía gobernante de Francia en ese momento, era solamente el comandante en jefe, puede que esperaba meramente ganar el apoyo militar de los judíos del Medio Oriente para su campaña allí. Si él ya se imaginaba como Primer Cónsul y Emperador, puede que él, (como Cromwell) haya buscado el apoyo monetario de los judíos de Europa en esa ambición mayor.

¡En cualquier caso, él fue el primer potentado europeo (como comandante militar supremo que era realmente) para cortejar los favores de los gobernantes judíos, prometiéndoles Jerusalén! Haciendo esto, abrazó la teoría de la nación-estado judía que más tarde incriminó.

La historia es auténtica pero breve. Descansa completamente en dos informes publicados en el 'París *Moniteur*' de Napoleón en 1799, cuando estaba a cargo de la expedición francesa enviada a combatir el poder inglés a través de Egipto.

El primero, datado desde Constantinopla el 17 de abril de 1799, y publicado el 22 de mayo de 1799, decía:

"Bonaparte ha publicado una proclama en la cual invita a todos los judíos de Asia y de África para venir y ponerse bajo su bandera **para restablecer la antigua Jerusalén**. Él ya ha armado un gran número y sus batallones están amenazando Aleppo".

Esto es explícito; Napoleón estaba trabajando para "cumplir la profecía" en materia del "retorno ".

El segundo informe apareció en *Moniteur* unas semanas después y decía, "No es solamente para entregarle Jerusalén a los judíos, que Bonaparte ha conquistado Siria; él tiene planes mucho más amplios... "

Posiblemente Napoleón había recibido noticias de los efectos que el primer informe había producido en Francia dónde esta alusión, que la guerra contra Inglaterra (como la revolución contra los "reyes y sacerdotes") podría transformarse principalmente en ventaja judía, no se recibió bien; alternativamente, puede haber transformado a los ingleses en mejores personas entre los pueblos árabes de lo que podría hacer Bonaparte alguna vez entre los judíos.

La burbuja se evaporó en ese punto, ya que Napoleón nunca alcanzó Jerusalén. Dos días antes que el primer informe se publicara por el distante *Moniteur,* él ya estaba en retirada hacia Egipto, frustrado por un obstinado inglés en Acre.

El estudioso de hoy se siente algo de resentimiento que la oferta de Napoleón a los sionistas fuese cortada tan pronto, porque si el hubiese podido presionar adelante con esto, una delegación de superiores sionistas podrían haber pronto examinado su linaje (como Cromwell, anteriormente) para buscar algún rastro de descendencia Davídica que lo calificaría para ser proclamado el Mesías.

Así todo lo que queda hoy de esta aventura de Napoleón, es un comentario significante hecho sobre él en nuestro tiempo por el Sr. Philip Guedalla (1925): "Un hombre enfurecido había errado, tal como pensó su destino. Pero una raza paciente todavía esperaba; y después de un siglo, cuando otros conquistadores habían andado con paso fuerte los mismos caminos polvorientos, se vio que nosotros no habíamos errado el nuestro."

La referencia es a las tropas británicas de 1917, quién en esta típica presentación Sionista de la historia, son meros instrumentos en el cumplimiento del destino judío, una rol en que Napoleón falló. El Sr. Guedalla profirió estas palabras en presencia del Sr. Lloyd George, Primer Ministro británico en 1917, quién había enviado a esos soldados a lo largo de esos mismos "caminos polvorientos". El Sr. Lloyd George pudo así ponerse ante la luz de la mirada aprobadora de un público que lo miraba como "un instrumento en las manos del Dios judío" (Dr. Kastein).

En 1804 Napoleón fue coronado Emperador; y por 1806 "el asunto judío" era tan grande entre sus cuidados que hizo su famoso segundo intento por resolverlo.

En medio de todas sus campañas, estaba concentrado en esto, tal como muchos potentados ante que él, y ahora probaba el método inverso para establecerlo: habiendo emprendido la tarea brevemente para restaurar la "Antigua Jerusalén" (y así la nación judía), exigió ahora que los judíos escogieran públicamente entre la nación-estado separada o la integración a la nación donde ellos moraban.

Para los franceses esto tenía mal olor en ese momento, debido a los favores que (ellos dijeron) él mostraba hacia los judíos. Las quejas y apelaciones solicitando protección contra ellos se dirigieron a él, para que él dijera al Concejo de Estado, "Estos judíos son langostas y orugas, ellos devoran mi Francia... Ellos *son una nación dentro de la nación.*"

Incluso el Judaísmo **Ortodoxo** en ese momento negó vigorosamente esta descripción.

El propio Concilio Estatal estaba dividido y en duda, por lo cual Napoleón convocó a 112 representantes importantes del Judaísmo, de Francia, Alemania e Italia, para venir a París y contestar una lista de preguntas.

El extraño mundo en el cual Napoleón fijó sus pies es poco entendido por los Gentiles. Es iluminado por las siguientes dos citas:

"Debido a la aceptación de la idea del Pueblo Escogido y de salvación, el mundo judío era Judeo céntrico, y los judíos podrían interpretar todo lo que sucedía sólo desde el punto de vista de *ellos mismos como centro*" (Dr. Kastein).

'El judío construyó una historia entera del mundo de la cual *él mismo* se hizo el centro; y de este momento, es decir, desde el momento que Jehová hace el convenio con Abraham, el destino de Israel forma la historia del mundo, de hecho, la historia de todo el cosmos, la única cosa que le causó problemas al Creador del mundo. Es como si los círculos siempre se volvieran más estrechos; finalmente solo *quedaría el punto central: el Ego*" (Sr. Houston Stewart Chamberlain).

Una de estas autoridades era un judío Sionista y la otra es, lo que el primero llamaría un anti-semita; el lector verá que ellos están en perfecto acuerdo sobre la esencia del credo Judaico.

De hecho, el estudioso de este asunto encuentra que realmente no existe ninguna discordancia sobre estas materias, entre los estudiosos Talmúdicos-judíos y aquellos objetores a quienes ellos acusan de prejuicios; de lo cual los extremistas judíos realmente se quejan, es que cualquier crítica debían hacerse desde posiciones "fuera de la ley"; esto es para ellos intolerable.

Las preguntas inventadas por Napoleón muestran que, a diferencia de los políticos británicos y norteamericanos de este siglo que han alentado el Sionismo, él entendió perfectamente la naturaleza del Judaísmo y el problema de las relaciones humanas que surgía de allí. Él supo que, según la Ley Judaica, el mundo se había creado, en una fecha precisamente determinada, solamente para los judíos y todo lo que pasara en él (incluyendo tal episodio como aquel de su propia fama y poder) era calculado simplemente para provocar el triunfo judío.

Napoleón en su día comprendió la teoría Judaica tal como la expone, en este siglo, el Dr. Kastein respecto al Rey Cyrus de Persia y su conquista de Babilonia en 538 A.C.:

"Si el rey más grande de la era llegó a ser **un instrumento en las manos del Dios judío**, significaba que este Dios era uno que no sólo determinaba la suerte de una persona *sino que determinaba la suerte de todos los pueblos; determinaba el destino de naciones, el destino de todo el mundo*".

Napoleón se había ofrecido para hacerse "un instrumento en las manos del Dios judío" con respecto a Jerusalén, pero había sido impedido por el defensor de Acre. Ahora era el Emperador y no estaba preparado para ser "un instrumento", ni habría aceptado la proposición en absoluto.

Estaba preparado para hacer que los judíos se pusieran de pie y declararan su obediencia, y astutamente inventó preguntas que eran igualmente imposible de responder sin repudiar la idea central, o de evadir sin incurrir en el reproche posterior de falsedad. El Dr. Kastein llama a las preguntas "infames", pero eso sólo está basado en el espíritu antes mencionado, que *cualquier* pregunta de un ser fuera de la Ley es infame.

También es verdad que; si pudiera un hombre mortal encontrar una respuesta al "asunto judío" Napoleón lo habría encontrado, ya que su interrogatorio fue al corazón mismo de la materia y dejó a los hombres honestos sólo con la opción entre una promesa de lealtad y la admisión de una abierta deslealtad confirmada.

Los delegados, elegidos por las comunidades judías, vinieron a París. Ellos estaban en un dilema. Por una parte, habían sido formados en la antigua fe, que deberían seguir siendo un pueblo "separado" para siempre, escogido por Dios para "derrumbar y destruir" a otras naciones y en un futuro para "volver" a una tierra prometida; por otro lado, ellos simplemente estaban entre los primeros de aquellos emancipados por la revolución, y el general más famoso de esa revolución que los interrogaba había, alguna vez, trabajado para "restablecer la antigua Jerusalén".

Ahora este hombre, Napoleón, les pedía que dijeran si eran parte de la nación que él gobernaba, o no.

Las preguntas de Napoleón fueron, como las flechas a un blanco, directas a los principios de la Torah-Talmud, en la cual la muralla entre los judíos y otros hombres había sido construida. Las principales eran, ¿Permitía la Ley judía mezcla en los matrimonios?; ¿Consideraban los judíos a los franceses como "extraños" (extranjeros) o como hermanos?; ¿Consideran a Francia como su país natal, las leyes que ellos fueron ligados para obedecer?; ¿Hacía la Ley alguna diferencia entre deudores judíos y cristianos?

Todas estas preguntas encendieron las leyes discriminatorias, raciales y religiosas que los Levitas (como capítulos anteriores lo mostraron) había apilado sobre los mandamientos morales, y de esta forma los habían cancelado.

Napoleón con suma publicidad y formalidad puso ante los representantes judíos, **las preguntas** que el mundo durante siglos había estado haciendo.

Con esta feroz paliza sobre ellos, los notables judíos tenían sólo dos alternativas: repudiar la Ley racial con toda sinceridad, o profesar el repudio mientras lo negaban en secreto (un artilugio permitido por el Talmud).

Cuando Dr. Kastein dice, "Los estudiosos judíos que fueron llamados para refutar los cargos, se encontraron en una posición sumamente difícil, ya que *para ellos todo en el Talmud era sagrado, incluso sus leyendas y anécdotas*". Ésta es la forma del Dr. Kastein para decir que ellos pudieron evadir las preguntas solamente por la falsedad, porque no fueron llamados a refutar las acusaciones"; les pidieron meramente que contestaran honestamente.

Los delegados judíos **afirmaron ardientemente** que no existía hace ya largo tiempo, algo así como una nación judía; que ellos no deseaban vivir en comunidades cerradas, autónomas; que ellos eran en todos los efectos franceses y nada más. Ellos sólo cercaron el punto de los matrimonios mixtos; éstos, dijeron, era permisible "bajo el derecho civil."

Incluso el Dr. Kastein se reprime para llamar al próximo movimiento de Napoleón "un golpe de genio". Estableció históricamente que si obligaba a contestar estas preguntas vitales públicamente (vitales para la gente con quienes ellos viven) los representantes del Judaísmo darían respuestas que o son falsas o ellos no podrían darle efecto.

Los eventos de las décadas que siguieron mostraron que la demanda para separar la nación-estado-dentro-de-naciones nunca se renunció por aquellos que de verdad manejaron el poder en la judería.

Así Napoleón, en el fracaso, logró una victoria histórica por la verdad que retiene su valor en nuestros días.

¡Buscaba dar la mayor forma obligatoria pública a las respuestas obtenidas por él, las cuales comprometerían a los judíos por todas partes y para todo el futuro con las tareas dadas por sus superiores, deseando que el Gran Sanedrín fuese emplazado!

De todas partes de **Europa**, los 71 miembros tradicionales del Sanedrín, 46 rabinos y 25 hombres comunes, se dirigieron a París y se reunieron entre escenas de gran magnificencia en febrero de 1807. Aunque el Sanedrín, como tal, no se había reunido durante siglos, el "centro" Talmúdico en Polonia había dejado de funcionar recientemente en forma pública, así que la idea de un cuerpo dirigente de la Judería era real y vivo.

El Sanedrín fue más allá que los notables judíos en la integridad y ardor de sus declaraciones; (a propósito, empezó dando las gracias a las iglesias cristianas por la protección disfrutada en el pasado, y este tributo merece la pena compararlo con la versión sionista de la historia en la era Cristiana, la cual sugiere que fue una larga prueba de "persecución judía" en manos de los Cristianos).

El Sanedrín reconoció que *la extinción de la nación judía era un hecho cumplido*. Esto resolvió el dilema central presentado por el hecho que la Ley, la cual antes siempre se había sostenido de ser exclusivamente obligatoria para los judíos, no permitía ninguna distinción entre el derecho civil y religioso. Ya que "la nación" había dejado de existir, *se proclamó que las leyes Talmúdicas de la vida diaria ya no eran efectivas*, pero la Torah, como la ley de fe, permanecía inmutable; así dijeron los del Sanedrín. Si cualquier encontrón o disputa fuera a ocurrir, las leyes religiosas serían sostenidas **subordinadas** a aquellas del estado en que los judíos individuales vivían. Israel desde allí en adelante existiría s*ólo como una religión*, y *ya no esperaba alguna rehabilitación nacional*.

Fue un triunfo único para Napoleón (¿Y quién sabe cuánto puede haber contribuido a su caída?). Los judíos se liberaron del Talmud; lograron un camino a su re-integración con sus compañeros-hombres, y estar involucrado en la humanidad, se volvió a abrir aquello que los Levitas habían cerrado hace más de dos mil años atrás; el espíritu de discriminación y odio fue renunciado y exorcizado.

Estas declaraciones formaron la base en que la demanda por las libertades civiles plenas fue hecha y se realizaron a lo largo de Occidente por los años que siguieron. Todas las secciones del Judaísmo, conocido a Occidente las apoyaron.

Desde allí el Judaísmo Ortodoxo, con la cara vuelta hacia Occidente, negó cualquier sugerencia que los judíos formaban una nación dentro de las naciones. El Judaísmo reformista en ese momento "eliminó cada oración que expresara aun cuando fuera la sospecha, de una esperanza o un deseo para cualquier forma de resurrección nacional judía" (Rabino Moisés P. Jacobson).

La base fue cortada desde abajo para aquellos oponentes a la emancipación judía en el Parlamento británico que mantenían que "los judíos esperan la venida de un gran entregador, su retorno a Palestina, la reconstrucción de su templo, el reavivamiento de su antiguo culto y por consiguiente, ellos siempre considerarán que Inglaterra no es su país, sino meramente como su lugar de destierro" (citado por el Sr. Bernard J. Brown).

Estas voces de advertencia expresaba la verdad. En menos de noventa años, las declaraciones del Sanedrín napoleónico habían sido en efecto canceladas, así fue como el Sr. Brown fue llevado a escribir:

"Ahora, aun cuando las igualdades civiles han sido establecidas firmemente por la ley en casi cada tierra, el nacionalismo judío *se ha vuelto la filosofía de Israel*. Los judíos no deben sorprenderse si las personas nos acusan que obtuvimos igualdad antes la ley bajo falsas pretensiones; *que nosotros todavía somos una nación dentro de las naciones y que los derechos que nos otorgaron deben revocarse.*"

Napoleón inconscientemente hizo un servicio a posteridad revelando el importante hecho que las respuestas obtenidas por él, no tenían valor. La única-y-sola Ley, de todo el pensamiento y la acción, estaba en lo que quedaba del siglo Decimonono, impuesta en los judíos por sus gobernantes Talmúdicos, y por los políticos Gentiles que les dieron la misma ayuda como Rey Artaxerxes se la dio a Nehemiah.

¿Fueron las respuestas sinceras o falsas cuándo fueron entregadas? La respuesta probablemente puede estar dividida, así como el propio Judaísmo siempre ha estado dividido.

No existe ninguna duda que los delegados tenían mucho en mente acelerando el efecto que sus respuestas, tal como ellas fueron ideadas, llevaría a la concesión de igualdad plena en otros países. Por otro lado, muchos de ellos deben haber esperado seriamente que los judíos, a largo y en último lugar, podrían entrar en la humanidad sin rechazos secretos, para la Judería este impulso para penetrar a través de la prohibición tribal ha existido siempre, aunque siempre han regresado derrotados por la secta gobernante.

La probabilidad existe que algunos de los delegados pensaron sinceramente lo que ellos dijeron, y que otros "secretamente mintieron" (la frase es del Dr. Kastein) con las lealtades que públicamente afirmaron. El Sanedrín de Napoleón tenía una falla básica. Representaba a los judíos de

Europa, y éstos (que eran principalmente Sepharditas) eran la autoridad perdedora en la Judería. El Centro Talmúdico y la gran masa de "judíos Orientales" (los eslavos Ashkenazis) estaban en Rusia o Ruso- Polonia, y Napoleón no pensó mucho en ese hecho, si es que le conocía. Estos Talmudistas no estaban representados en el Sanedrín y las respuestas dadas eran consideradas herejía por su Ley, porque ellos eran los guardianes de las tradiciones de los Fariseos y Levitas.

Las confesiones del Sanedrín llevaron a su fin al tercer período Talmúdico en la historia de Sión. Fue aquel que comenzó con la caída de Judea en el año 70 DC, cuando los Fariseos heredaron sus tradiciones a los Talmudistas, y al final de estos diecisiete siglos, la eterna pregunta parecía, por las respuestas del Sanedrín, haber sido resueltas.

Los judíos estaban listos para unirse con la humanidad y seguir el consejo de un judío francés, Isaac Berr, que ellos deberían librarse "de ese espíritu estrecho, de corporación y congregación, en todas las materias civiles y políticas no directamente conectadas con nuestra ley espiritual. En estas cosas nosotros debemos absolutamente aparecer simplemente como individuos, como franceses, guiados sólo por un verdadero patriotismo y por el bien general de las naciones". Eso significaba el fin del Talmud, "el cerco alrededor de la Ley".

Era una ilusión. En los ojos del estudioso Gentil de hoy, parece haber sido una gran oportunidad desperdiciada. En los ojos del judío literal era un peligro espantoso estrechamente evitado: el de envolvimiento común en la humanidad.

El cuarto período en esta narrativa comenzó entonces, el siglo de la "emancipación", el siglo 19.

Durante él, los Talmudista en Oriente se prepararon para cancelar lo que el Sanedrín había afirmado, y para usar todas las libertades ganadas a través de la emancipación, no para poner a los judíos y todos los otros hombres sobre una base común, sino para acorralar a los judíos nuevamente, reafirmar su "separación" de otros y su demanda de separar la nación que de hecho, debía ser la nación sobre todas las naciones y no una nación-dentro-de-naciones.

Los Talmudista tuvieron éxito, con los resultados que nosotros estamos siendo testigos en nuestra generación, que es el quinto período en la controversia de Sión. La historia de su éxito no puede separarse de aquella de la Revolución, a la cual retorna esta narrativa.

Capítulo 19

LA REVOLUCIÓN MUNDIAL

Para asegurar una sucesión ordenada, esta narrativa se ha llevado a cabo a través del Sanedrín de Napoleón; las respuestas dadas por ellos cerraron el tercer período, y abrieron el cuarto período en la historia de Sión, que empezó con la renuncia pública de la nación separada y acabó, noventa años después, con la re-afirmación pública de la nación separada en su forma más extremista.

Antes de que continúe en la cuarta fase, la narrativa debe ahora moverse atrás veinte años, al comienzo de la *revolución mundial*, y considerar qué parte, si es que existe alguna, fue jugada por "los judíos". El siglo 19, en Occidente, difería de los precedentes dieciocho siglos de la era cristiana en la emergencia de dos movimientos con un objetivo convergente que a finales del siglo, dominaba todos sus asuntos.

Uno de los movimientos, el Sionismo, apuntaba a volver a reunir una nación dispersa en un territorio prometido a ellos *por el dios judío*; el segundo movimiento, el Comunismo, apuntaba a la destrucción del separado nacionalismo como tal.

Así estos dos movimientos aparecían a primera vista, opuestos uno a otro con fuerza, ya que uno hacía del nacionalismo su religión, incluso su dios, y el otro declaraba guerra a muerte al nacionalismo. Este antagonismo sólo era aparente, y en la verdad, los dos movimientos corrían en huellas paralelas, no cabeza contra cabeza hacia una colisión sino en el mismo sentido. Para el dios que prometió la tierra a la nación que debía ser reunida allí, también le había prometido "ponerla sobre todos los pueblos que existan sobre la faz de la tierra" y destruir a todas las otras naciones "con una destrucción poderosa hasta que ellos sean destruidos". La revolución mundial que perseguía el segundo de estos objetivos, cumplía así la condición puesta para el primero de ellos; o por accidente o por planificación, también estaba haciendo la voluntad de Jehová.

Siendo esto así, la tarea del historiador es averiguar, si es que puede, qué relación existía entre los organizadores del Sionismo y aquellos organizadores de la revolución mundial. Si no había ninguno, y el paralelismo del propósito era coincidente, entonces la historia estaba haciendo evidentemente un poco de broma con Occidente. Si la relación puede mostrarse, el modelo de los últimos 170 años, prefigura la forma de los futuros eventos; en este caso la revolución mundial ha sido la criada de Sión.

Estos 170 años probablemente han sido los más licenciosos y menos loables en la historia de Occidente. Al comienzo del siglo 19 tenía detrás diecisiete siglos de logros cristianos; el mundo nunca había tenido antes un hombre que mejorara tanto a su propio estado y su conducta; incluso la guerra estaba siendo sujeta a un código civilizado, y el futuro parecía cierto para continuar este proceso ascendente. A mediados del siglo 20 muchos de estos logros se habían perdido; una área grande de Occidente se había rendido al barbarismo Asiático; la pregunta si el restante de Occidente y su fe podía incluso sobrevivir, claramente colgaba en la balanza y probablemente se contestaría durante las décadas del cierre del siglo.

El período que vio este deterioro fue el del levantamiento del poder Judaísta hasta un nivel de influencia en los asuntos de Occidente que difícilmente algún potentado o pontífice, doctrina o dogma europea habían logrado alguna vez. El cuadro de este poderío inflado, extendiendose sobre Europa como un nubarrón oriental, es dado por dos citas de principio y fin del Siglo 19. En 1791, el gran historiador alemán Johann Gottfried von Herder, mirando atrás a los últimos 100 años antes de él, escribió:

"Las naciones más rudas de Europa son **esclavos voluntarios** de la usura judía...

El pueblo judío es y permanece como un pueblo asiático en Europa, extranjero a nuestra parte del mundo, *atado a esa antigua ley que recibió en un clima distante*, y qué según su propia confesión no puede desprenderse... Está unido indisolublemente a *una ley extranjera, que es hostil a todos los pueblos extranjeros*".

El lector de periódicos de 1807, cuando leyó las confesiones ardientes del Sanedrín de la non-nación, habría desechado a von Herder como un "fanático" (o incluso un "antisemita"), pero los años y los eventos han mostrado que él, como muchos ante que él, fue sólo un estudioso que habló la verdad. Cien años después, en 1899, otro, el Sr. Houston Stewart Chamberlain, miró atrás a lo que von Herder había escrito y grabó lo siguiente, continuando la usurpación del poder:

"Un gran cambio ha tenido lugar: los judíos juegan en Europa, y dondequiera que la influencia europea se extienda, un rol diferente de aquel que ellos jugaron hace cien años; tal como Viktor Hohn lo expresa, nosotros vivimos hoy en una 'era judía'; podemos pensar lo que nos guste de la historia pasada de los judíos, su historia presente toma tanto lugar en nuestra propia historia que posiblemente no podemos negarnos a notarlo:

El elemento 'extranjero' enfatizado por von Herder se ha puesto más prominente... La influencia directa del Judaísmo en el Siglo 19 aparece por primera vez como una nueva influencia en la historia de la cultura; se vuelve así uno de los asuntos ardientes del día. Estas personas extranjeras se han vuelto precisamente en el curso del Siglo 19 desproporcionadamente importantes y *en muchas esferas actualmente un constituyente dominante de nuestra vida.......* von Herder dijo que 'las naciones más rudas de Europa eran esclavas voluntarias de la usura judía'. Hoy von Herder podría decir lo mismo *por gran parte de nuestro mundo civilizado... ... nuestros gobiernos, nuestras leyes, nuestra ciencia, nuestro comercio, nuestra literatura, nuestro arte, prácticamente todas ramas de nuestra vida, se han vuelto esclavos más que voluntarios de los judíos y arrastran los grilletes feudales, si todavía no en las dos, por lo menos en una pierna....... La influencia directa del Judaísmo en el siglo 19 se vuelve así en uno de los asuntos candentes del día.*

Tenemos que tratar aquí con un asunto que no sólo afecta al presente, sino también al futuro del mundo........ Si la influencia judía ganara la mano superior en Europa en la esfera intelectual y cultural, nosotros tendríamos un ejemplo más, del negativo poder destructivo".

Tal fue el desarrollo en cien años desde von Herder a Chamberlain. Las últimas tres frases es una inteligente prognosis, ya que Chamberlain no había visto las *pruebas*, las cuales ha traído nuestro siglo, de la verdad que él dijo, ; ¡particularmente, ese hecho fantástico de dirección internacional a gran escala en octubre de 1917 cuando el Comunismo (el destructor de naciones) y el Sionismo (el creador de la nación dominante) triunfaron al mismo momento!

En los sesenta años que han pasado desde que Chamberlain escribió, el proceso observado por él y por von Herder ha cobrado velocidad y poder. La pregunta no simplemente "afecta al futuro del mundo"; está con nosotros todos los días y no tenemos *presente* que no sea formado por ellos; ya han alterado la naturaleza del mundo y el destino del hombre en él. "Nuestros gobiernos", en el medio-siglo que ha pasado, se ha vuelto de tal manera "esclavos voluntarios" de la secta-de-amos Judaica que son de hecho, los alguaciles o agentes de un nueva, clase gobernante internacional y no los verdaderos gobernantes.

Occidente ha llegado a este dilema a través de la presión de dos muelas de molino, el Comunismo y el Sionismo, la revolución mundial que destruye naciones y la nueva, clase gobernante creadora de naciones. La primera ha incitado a la chusma; la segunda ha ganado el dominio sobre los gobernantes. ¿Son los organizadores de ambas los mismos? Este libro busca contestar la pregunta en sus capítulos restantes. Lo que está claro es que cada fase en la ruina de occidente, durante estos

170 años, se ha acompañado por fases sucesivas de "el retorno" a la tierra prometida. Ésa es una indicación demasiado fuerte de control común para ser puesta al lado, a menos que pueda ser refutada concluyentemente. Para las masas "irreligiosas" de la Cristiandad, el proceso que empezó con el surgimiento de la revolución mundial en 1789, ha sido meramente uno de ruidos y furia, no significando nada; pero el estudioso percibe que en el ritmo majestuoso, este cumple con La Ley y Los Profetas de Judah.

El Siglo 19 fue uno de conspiración, en el cual los sucesos que somos testigos en el siglo 20 son los resultados. La conspiración engendró el Comunismo y el Sionismo, y éstos tomaron el futuro de Occidente como con una pinza. ¿Cuáles fueron sus orígenes? ¿Por qué germinaron en la oscuridad hasta que emergieron conectados juntos en el Siglo 19? ¿Tenían ellos una **raíz común**? La forma de contestar estas preguntas es examinar las raíces de cada uno separadamente y averiguar si ellos están unidos; y el propósito de este capítulo y el próximo, es rastrear la idea-raíz de la revolución-mundial.

La revolución francesa era la revolución-***mundial*** en acción, no una revolución ***en*** Francia. Desde el momento del evento en Francia no queda ninguna duda sobre ese asunto. Antes las personas podían complacerse con nociones sobre los sufrientes campesinos, incentivados al súbito levantamiento por aristócratas arrogantes y similares, pero el estudio diligente del trasfondo de la revolución francesa dispersa tales ilusiones. Fue el resultado de un plan y el trabajo de una organización secreta revelado antes de que ocurriera; ***no fue*** meramente una explosión francesa provocada por causas francesas. El plan detrás de ella es el plan del Comunismo de hoy; y el Comunismo hoy que es la revolución-mundial permanente, ha heredado la organización que evolucionó del plan.

La revolución francesa de 1789 es una de las que entrega la clave del misterio. Es el eslabón entre la Revolución Inglesa de 1640 y la Rusa de 1917 y revela todo el proceso como uno planificado y continuado, que, habiendo pasado por las tres fases, claramente alcanzará su orgasmo final en algún momento distante, probablemente durante este siglo. Ese clímax, previsiblemente, tomará la forma de un intento por consumar y completar la revolución-mundial, preparando un gobierno-mundial bajo el control de la organización que ha guiado el proceso revolucionario desde sus inicios. Esto establecería la oscilación de una nueva clase- gobernante sobre las naciones hundidas. (Tal como el Dr. Kastein diría, "determinaría el destino del mundo entero").

Este cuadro, que sólo surgió lentamente como en los tres siglos pasados, es hoy claro en su perspectiva histórica, dónde cada una de las tres grandes revoluciones ve la luz a través de ella por la próxima:

(1) La revolución inglesa *pareció ser* en su momento un episodio inglés espontáneo, sólo dirigido contra las pretensiones, en ese momento, de una casa real particular, los Stuarts, y una forma particular de religión, el llamado "Papismo". Ningún contemporáneo soñó con considerarla como el inicio de un *movimiento mundial* contra *toda* religión y *todo* gobierno legítimo. (La secta gobernante de la Judería proporcionó al dictador revolucionario con los fondos y por medio de esto, los "cómplices" tradicionales, los líderes judíos, se transformaron en los principales beneficiarios de la revolución; si ellos tuvieron alguna participación en la instigación original de él, no puede demostrarse, tampoco sobrevive alguna evidencia de un plan maestro de largo plazo detrás de la revolución).

(2) La naturaleza y curso de la revolución francesa, sin embargo, pone a la Revolución inglesa en una luz diferente.

No fue, e incluso en su momento no parecía ser, un episodio francés nativo causado meramente por condiciones francesas. Al contrario, seguía un plan para la *revolución universal* revelada y hecha pública algunos años antes; y la organización secretas que entonces quedó expuesta, tenía miembros en muchos países y en todas las clases. Por consiguiente, su acto más característico (regicidio y sacrilegio), aunque repitieron aquellos de la revolución en Inglaterra, fue visto que no fue espontáneos hechos vengativos cometidos al calor del momento, sino acciones deliberadamente simbólicas de un *plan continuado* y de un propósito: la destrucción de *toda* religión y *todo* gobierno legítimo, por todas partes. Inevitablemente, esta revelación lleva a la conjetura que la revolución inglesa también puede haber sido preparada por esta organización secreta con el objetivo de destruir todo nacionalismo. (En la revolución francesa, como en la inglesa, la secta Judaísta surgió como la principal beneficiaria; la emancipación general de los judíos que surgió de ella, fue usada para encubrir su misterioso trabajo durante las décadas resultantes. La instigación Judaísta original no es mostrada ahora por alguna evidencia disponible.)

Así la revolución francesa, a diferencia de la inglesa, demostrablemente fue el producto de una conspiración mayor, con objetivos mundiales y profundas raíces. Desde este momento, la naturaleza del plan estaba clara, pero los conspiradores, dondequiera que ellos fueron desenmascarados, parecían ser una horda de individuos sin ligazones de unión entre ellos salvo aquel de la lujuria del incendiario por la destrucción. El propósito estaba más allá de toda duda, pero la identidad de los organizadores todavía era misteriosa. Esto escena semi clara fue descrita en las famosas palabras de una autoridad clásica en el asunto, Lord Acton:

"La cosa espantosa en la revolución no es el tumulto *sino el plan*. A través de todo el fuego y el humo percibimos la *evidencia de una organización interesada*. Los que *dirigen* permanecen estudiadamente ocultos y enmascarados, *pero no hay ninguna duda sobre su presencia desde el inicio.*"

La revolución francesa, entonces, reveló *un plan* detrás de la revolución, y era el plan de un propósito fijo en un *campo mundial.* Lo que había parecido no tener plan en el momento de la revolución inglesa, había llegado a ser el resultado de un plan y un modelo, y la conspiración era claramente de tal fuerza y edad, que su complicidad en la revolución anterior tuvo que ser aceptada. Sin embargo, esta segunda revolución dejaba aún a los "dirigentes" enmascarados, de tal manera que solamente la mitad del misterio había sido resuelto (Lord Acton murió en 1902 y así no vio la tercera revolución).

(3) La revolución en Rusia, nuevamente, abrió espacio para nuevas teorías sobre las revoluciones francesas e inglesas. Sus actos de regicidio y sacrilegio eran inequívocamente una tarjeta de identidad como el saludo musulmán es un símbolo de su fe; mediante él, ellos informan a todos quienes desean oír que todavía estaba en funcionamiento "el diseño" de la destrucción mundial revelado por la revolución francesa. Es más, el secreto, por más de cien años llamado "una mentira", ya no se negó mas; de 1917 la revolución mundial fue confesadamente *permanente*, confesadamente mundial en su propósito, y la antigua conspiración secreta se transformó en un partido político, operando en todos los países bajo las órdenes de una oficina principal central en Moscú.

Así la revolución rusa lanzó una luz más brillante sobre la francesa, clarificando sus contornos y orígenes. Sin embargo, en la materia de los "estudiosamente ocultos" y *dirigentes* "enmascarados", la revolución rusa lanzó una luz completamente diferente a las dos anteriores, o por lo menos abrió a conjeturas sobre sus posibles orígenes sobre las cuales nadie había previamente pensado en mucho tiempo. Los "dirigentes" de la revolución en Rusia eran casi todos judíos Orientales. En esta ocasión, los actos significativos, simbólicos de regicidio y sacrilegio fueron cometidos por judíos y una ley fue promulgada qué en efecto, prohibía absolutamente toda discusión sobre el rol jugado por los judíos, o por "el asunto judío" en estos eventos o en los asuntos públicos.

Así se contestaron preguntas vitales y lo que fue un gran misterio en 1789, quedó claro en 1917. El gran beneficio que el estudioso de hoy deriva de la revolución francesa es la prueba, proporcionada por ella, de la existencia de *un plan* para la revolución-mundial, y de una **organización** que perseguía esa ambición destructiva. Su existencia y actividad hicieron del siglo 19, el siglo de la gran conspiración. Un sentimiento de cosas malignas revolviéndose en oscuros lugares, tal como los sonidos que un prisionero espera por la noche en un calabozo, inquietando a hombres y naciones. Éste era el sentimiento impartido por la conspiración al turbulento aire alrededor. Desde el momento de la revolución francesa, los hombres intuitivamente supieron que vivían con la conspiración en su medio; en nuestro días, los cuales han sufrido sus efectos, podemos ver por lo menos con lo que nosotros tenemos que tratar, si buscamos y podemos decir que es el diablo que conocemos. .

Quizás el perjuicio más grande que hizo Napoleón, fue mediante sus campañas y relucientes hazañas, distraer el pensamiento de los hombres del peligro mucho mayor que los amenazaba: la revolución mundial y sus "dirigentes" secretos. Ya que los hombres podrían haber prestado más atención a la conspiración, porque tenían pruebas de su existencia.

Capítulo 20

El diseño

Esta prueba se obtuvo cuando los documentos de la sociedad secreta del "Illuminati" de Adán Weishaupt, fueron capturados por el Gobierno Bávaro en 1786 y publicados en 1787. Entonces salió a la luz el plan de la revolución-mundial, y la existencia de una poderosa organización con miembros en las más altas posiciones. Desde ese momento ya no quedaron dudas que en todos los países y clases de la sociedad contenían a hombres que estaban unidos para destruir todo gobierno legítimo y todas las religiones. La organización conspiracionista se metió bajo tierra nuevamente después de su exposición, pero sobrevivía y seguía con su plan, emergiendo a plena vista del público en 1917. Desde entonces, como Comunismo, ha perseguido abiertamente los objetivos descubiertos por el golpe del Gobierno Bávaro de 1786, por los mismos métodos que entonces también se revelaron.

La publicación de los documentos de Weishaupt ocurrió por una casualidad tan curiosa como aquella sobre la preservación de los documentos del Sr. Whittaker Chambers en 1948.[2] Estos documentos de

---

[2] El Sr. Whittaker Chambers, un impresionable joven norteamericano, más bien mórbido, fue "capturado" por los Comunistas en la Universidad de Columbia, Nueva York, en 1925 y se hizo agente y mensajero que, trabajando bajo un alias, entregó documentos oficiales robados a sus superiores comunistas. En 1938 él se cansó de su esclavitud y huyó del Partido. ¡En 1939, espantado por la alianza entre el Comunismo y el Hitlerismo, intentó informar al Presidente Roosevelt de la infestación de los departamentos gubernamentales por agentes comunistas, y del espionaje que estaba ocurriendo, pero fue duramente desairado, diciéndole a través de un emisario presidencial "que salte en un lago". Como precaución, él guardó en secreto sus pruebas (fotografías de centenares de documentos oficiales secretos) en un ascensor en desuso y en el curso de los años se olvidó de ellos, ¡ya que no escuchó nada más hasta 1948!
Entonces su nombre fue mencionado en el curso de una investigación que surgió de las revelaciones que hizo otro ex agente comunista, y él fue llamado a prestar declaración. Hizo esto y en seguida fue demandado por difamación, por un alto oficial gubernamental, el Sr. Alger Hiss a quien él incriminó de hurto de documentos muy secretos y que fueron entregados a través del Sr. Chambers a los Comunistas. Por su propia protección, buscó a su pariente entonces en Nueva York y le preguntó si el paquete guardado, secretamente en el ascensor de servicio en desuso diez años antes, todavía estaba allí. Estaba cubierto con el polvo y la enormidad de sus contenido, examinado nuevamente después de diez años, sobresaltó incluso al Sr. Chambers.

Weishaupt eran sólo un residuo, que quedaba después de haberse destruido un gran volumen, por algunas razones del quehacer y de los planes del Illuminati que se había conocido antes de 1786, en parte a través de las jactancias de sus propios miembros, en parte a través de descubrimientos de algunos que (tal como el Sr. Chambers 160 años después) se sublevaron, cuando comprendieron la verdadera naturaleza de la empresa en que se encontraban. Así la Viuda Duquesa María Anna de Baviera en 1783 recibió información de ex Illuminatis las cuales decían que la orden estaba enseñando que la religión debería ser considerada como una cosa sin sentido ('el opio de los pueblos' de Lenín) y el patriotismo como algo pueril, que el suicidio era justificable, que la vida debe gobernarse por la pasión en lugar de la razón, que uno podía envenenar a sus enemigos, y cosas así. Como resultado de esto y de otra información, el Duque de Baviera en 1785 emitió un decreto contra el Illuminati; la orden fue acusada como una rama de la Francmasonería, y a los oficiales gubernamentales, miembros de los servicios armados, profesores, maestros y estudiantes le fue prohibido unirse a ella. Una prohibición general se dictó sobre la formación de sociedades secretas (es decir, grupos que se ligaran sin registrarse, tal como la ley lo requería).

Esta prohibición (obviamente no podría hacerse efectiva; las organizaciones **secretas** no pueden ser suprimidas por decreto) puso a los conspiradores en guardia, de tal manera que (como los dos historiadores del Illuminati lo relatan, los Sres. C.F. Forestier y Leopold Engel) "una cantidad considerable de los más valiosos documentos de la orden fueron cuidadosamente ocultado o quemados" y "pocos documentos sobrevivieron ya que la mayoría de ellos fueron destruidos y las relaciones externas fueron cortadas para evitar sospechas"; en otros términos, la orden se sumergió profundamente.

Así, los documentos que se encontraron en 1786, representan sólo una mínima parte. M. Forestier dice que en 1784, (el último año en que se tendía más bien a jactarse de su poder que a ocultarlo) la orden se expandió desde su base Bávara "sobre toda Europa Central, desde el Rin al Vístula y desde los Alpes al Báltico; sus miembros incluían a personas jóvenes que llegaron más tarde a aplicar los principios instilados en ellos, funcionarios de todos los tipos que pusieron su influencia a su servicio, miembros del clero quienes se inspiraban a ser 'tolerantes' y príncipes cuya protección podía exigirse y a quienes esperaban controlar". El lector verá

Escondió el paquete en una calabaza en su granja hasta que finalmente llegó el día que debía hacer su defensa contra el cargo de difamación. Esto llevó a la condena de su acusador, el Sr. Hiss, y a la exposición parcial de una condición de infestación comunista en el Gobierno norteamericano tan profunda y extendida, que la política estatal norteamericana debió obviamente, durante todo el período de la Segunda Guerra Mundial, haber estado en gran parte bajo la influencia directa de los líderes de la Revolución Mundial en Moscú.

que éste es un cuadro del Comunismo de hoy en día, salvo por la alusión a los "príncipes"; el número de éstos casi ha disminuido a la nada desde 1784.

Sin embargo, los papeles que se encontraron y se publicaron, si bien ellos no mostraron el rango total del número de miembros del Illuminati y sus conexiones, sobre todo en Francia, Bretaña y Norteamérica, no obstante expusieron la naturaleza de la sociedad secreta y su ambición destructiva-total. Un emisario de los Illuministas fue alcanzado por un rayo en un viaje a Silesia en 1785. Los documentos encontrados en él, fueron la causa que se allanaran las casas de dos líderes Illuministas para ser investigadas.

La correspondencia entre "Spartacus" (Adán Weishaupt) y el "Areopagites" (sus socios más cercanos en la orden), y otros papeles encontrados, revelaron el plan total para la revolución-mundial con la cual hemos sido familiares en el siglo 20 a través de sus resultados y bajo el nombre de "Comunismo."

Nadie puede creer hoy que este grandioso plan de destrucción se originó en el cerebro de un profesor Bávaro, o puede resistirse a la conclusión que (tal como la Sra. Nesta Webster sugiere) Weishaupt y sus aliados *no crearon*, sino que solamente dieron a conocer al mundo, una fuerza viva y terrible que había estado inactiva durante muchos siglos.

Cuando él fundó su Illuminati, el 1 de mayo de 1776, Weishaupt era Decano de la facultad de leyes en la Universidad de Ingolstadt (en nuestros días los profesores universitarios que son a menudo Comunistas secretos serán encontrados en las facultades de leyes). Había sido formado por los Jesuitas a quienes él llegó a odiar, y tomó prestado de ellos, pervirtiendo el propósito en su opuesto, su secreto de organización: el método que (como dijo su asociado Mirabeau) "bajo una cabeza, **hace que hombres dispersos por el universo tiendan hacia la misma meta**". Esta idea, de hombres ligados juntos en una conspiración secreta y usándoles para lograr objetivos que ellos no comprenden, impregnan el cúmulo completo de cartas y otros documentos Illuministas capturados por el Gobierno Bávaro.

La idea se presenta con una ardiente afectuosidad y las diferentes formas de realizarla es de alta ingeniosidad. La experiencia acumulada de años, en la conspiración, debe haber servido de base y la Sra. Nesta Webster, en su búsqueda de la fuente de esta doctrina mórbida y perversa, fue llevada atrás, al comienzo de la era cristiana y más allá. Por ejemplo, M. Silvestre de Sacy dice que el método usado por los Ismailis (una secta subversiva dentro de Islam en el siglo 8) era reclutar "guerrilleros en todos los lugares y en todas las clases de la sociedad" en un intento por destruir la fe profesada y gobierno; el líder de Ismaili, Abdullah ibn Maymun, preparó "para unirse en la forma de una inorme sociedad secreta con muchos grados de iniciación de libre pensadores, quienes consideraban a la religión sólo como una restricción para las personas y para los fanáticos de todas las sectas". El logro de Abdulla ibn Maymun, según otra autoridad, M. Reinhart Dozy, fue que "por medios como estos, era provocado un resultado extraordinario, que una multitud de hombres de diferentes creencias trabajaran juntos para un objetivo que era conocido sólo por unos pocos de ellos". Estas citas describen exactamente los objetivos, métodos y logros de Adán Weishaupt y del Comunismo y ellos podrían multiplicarse por los extractos de la literatura de los Cabalistas, los Gnósticos y los Maniqueos.

Los documentos de Weishaupt son indiscutiblemente auténticos; el Gobierno Bávaro anticipó cualquier intento de gritos de "Falsificación" (de la forma que se ha hecho familiar en nuestro siglo) invitando a cualquiera que estuviese interesado a inspeccionar los documentos originales en los Archivos en Munich.

Ellos revelaron las tres cosas principales: primero, los objetivos de la sociedad; segundo, el método de organización; y tercero, el número de miembros, por lo menos en una área relativamente restringida (principalmente, en los estados del sur de Alemania). Estas tres materias se discutirán aquí separadamente.

La idea básica, dejada abundantemente clara en la correspondencia entre "Spartacus" y sus compañeros-conspiradores con pseudónimos, era destruir toda la autoridad establecida, el nacionalismo y la religión, para aclarar así la forma, para el surgimiento de una nueva clase gobernante del Illuminati. Los objetivos de la sociedad, tal como han sido resumidos por Henri Martin, eran "la abolición de la propiedad, de la autoridad social y del nacionalismo, y el retorno de la raza humana al estado feliz en que formaba sólo una gran familia sin las necesidades artificiales, sin las ciencias inútiles, cada padre siendo un sacerdote y un magistrado; sacerdotes de una religión que no conocemos, a pesar de sus invocaciones frecuentes al Dios de la Naturaleza, muchas indicaciones nos llevan concluir que Weishaupt no tenía ningún otro Dios que la Naturaleza misma."

Esto es confirmado por Weishaupt; "los Príncipes y las naciones desaparecerán... La razón será el único código del hombre". En todas sus escrituras él eliminó completamente cualquier idea del poder divino fuera del Hombre.

El ataque sobre "reyes y príncipes" fue meramente el "encubrimiento" para el verdadero ataque, sobre todo **nacionalismo** (tal como el tiempo lo ha demostrado; ahora que el suministro de reyes y príncipes ya casi no existe, ahora el

Comunismo destruye a proletarios, primeros ministros y políticos); y aquello sobre los "sacerdotes" fue un disfraz para el ataque real, sobre *toda* religión. El verdadero objetivo, en ambos casos, es revelado por el propio Weishaupt en su correspondencia con sus íntimos; el objetivo falso fue entregado a los agentes inferiores de la sociedad, o al público si alguna vez consiguiera alguna información del proceder de los Illuministas. La gran habilidad de Weishaupt en reclutar a personas importantes, los cuales se le unieron en la creencia que ellos estaban mostrándose así, como "progresistas" o "liberales", es demostrado por el número de príncipes y sacerdotes que fueron encontrados en sus secretas listas de miembros.

El mejor ejemplo de su éxito, y de su rápida adaptabilidad en el método, es dado por el caso de la religión. Su ataque a la religión era una cosa mucho más atrevida y sorprendente en su día que en el nuestro, cuando ya hemos vivido bastante tiempo con el Comunismo para familiarizarnos con una proposición que en los días de Weishaupt debe haber parecido escasamente creíble: ¡que el hombre, habiendo encontrado su camino a la idea de Dios, debería por su propia voluntad desandar sus pasos!

La idea original de Weishaupt era hacer el Culto al Fuego la religión del Illuminismo. Esto implicaba que era improbable atraer a reclutas del rango del clero, y él dio con una mejor idea que los trajo en grandes números.

Afirmó que Jesús había tenido "una doctrina secreta", nunca revelada abiertamente, la cual podía ser encontrada diligentemente entre las líneas de los Evangelios. Esta doctrina secreta aboliría la religión y establecería la razón en su lugar: "cuando por fin la Razón sea la religión de los hombres el problema estará resuelto". La idea de unirse a una sociedad secreta de la cual Jesús habría sido el verdadero fundador, y de seguir el ejemplo establecido por Jesús usando palabras para enmascarar el significado, demostró ser irresistible para muchos clérigos que entonces atravesaron la puerta que estaba abierta para ellos. Ellos eran personajes de un nuevo tipo en su día; en los nuestros, el clérigo comunista se ha puesto familiar.

Los líderes Illuministas privadamente se burlaban de ellos. El colaborador del jefe "Spartacus" que se hacía llamar "Philo" (Barón von Knigge de Hannover) escribió, "Nosotros decimos entonces, Jesús no deseaba introducir una nueva religión, sino sólo restaurar la religión natural y la razón a sus antiguos derechos... Hay muchos pasajes en la Biblia que pueden ser usados y pueden explicarse, y así todas las discusiones entre las sectas cesa si uno puede encontrar un significado razonable en la enseñanza de Jesús, *sea esta verdadera o no*... Ahora por lo tanto, en que las personas ven que *nosotros somos los únicos reales y verdaderos Cristianos*, podemos decir una palabra más contra los sacerdotes y príncipes, pero lo he manejado así, ya que después de pruebas anteriores ahora *puedo recibir a pontífices y reyes en este grado*. En los más altos Misterios debemos entonces (a) ***descubrir el fraude piadoso*** y (b) revelar de todas las escrituras el origen de ***todas*** las mentiras religiosas y sus conexiones..."

"Spartacus" comentó alegremente, "Usted no podría imaginar la sensación que está despertando el grado en nuestros sacerdotes. La cosa más maravillosa es que grandes teólogos protestantes y reformados que pertenecen al Illuminismo todavía creen que la enseñanza religiosa impartida en él, contiene el verdadero y genuino espíritu de la religión cristiana. ¡Oh, hombre, de qué usted no puede ser persuadido! Nunca pensé que podría llegar a ser el fundador de una nueva religión."

A través de este éxito persuadiendo a los clérigos que lo irreligioso era la verdadera fe y el anticristo la verdadera Cristiandad, Weishaupt dio grandes zancadas en Baviera. Él recuerda que todos los profesores que no eran Illuministas habían sido sacados de la Universidad de Ingolstadt, que la sociedad les había proporcionado a sus miembros clericales con "buenos beneficios, parroquias, puestos en la corte" que las escuelas estaban controladas por los Illuministas, y que el seminario para los sacerdotes jóvenes sería pronto capturado, desde lo cual, "podremos proporcionar a toda Bavaria con sacerdotes apropiados".

El ataque de Weishaupt a la religión era el rasgo más distintivo de su doctrina. Sus ideas sobre "el dios de la Razón" y "el dios de la Naturaleza" llevan su pensamiento muy cerca del pensamiento Judaico mismo en su relación con los Gentiles, y como el Illuminismo se transformó en Comunismo, y el Comunismo estaba bajo la dirección judía, esto podría ser significativo. La Ley Judaica también establece que los Gentiles (quienes como tales son excluidos del mundo por venir) sólo tienen derecho a la religión de la naturaleza y de la razón que Weishaupt enseñaba. Moisés Mendelssohn,[3] tal como es citado de sus Memorias, dice:

---

[3] Moisés Mendelssohn escribió esto hace casi doscientos años y define correctamente la actitud Judaísta hacia las "Castas Inferiores Sin La Ley" de Kipling. En nuestros días (1955) una propuesta está siendo difundida en la Judería, traer las castas inferiores nominalmente dentro del redil Judaísta mientras se perpetúa su inferioridad y exclusión. Como el lector de este libro recordará, en la era pre-Cristiana se buscaron prosélitos, pero desde el inicio del período cristiano, la hostilidad Judaísta a la conversión ha sido firme e incluso feroz (con una sola excepción, la conversión masiva de los mongoles Khazars, de los cuales es el origen de los Ashkenazis de hoy) y el Talmud dice que los "prosélitos están molestando a Israel como una costra."

En 1955 un joven rabino de la Reforma, nacido en Alemania pero que estaba viviendo en Norteamérica, sugirió que había llegado el momento para el Judaísmo, de emprender el trabajo misionero entre los Gentiles. La base que el estableció era idéntica con el dictum de Moisés Mendelssohn; este rabino, el Sr. Jakob Petuchowski, sólo tuvo éxito encontrando una solución que a Mendelssohn le había parecido una dificultad insoluble ("Conforme a los principios de mi religión, no buscaré convertir a cualquiera que no haya nacido según nuestras leyes;...la religión judía se opone diametralmente a esto" es decir, a la conversión).

"Nuestros rabinos enseñan unánimemente que las leyes escritas y orales que forman en conjunto nuestra religión revelada, es obligatoria **solamente para nuestra nación**. 'Moisés nos ordenó una ley, incluyendo la herencia de la congregación de Jacob'. Nosotros creemos que todas las otras naciones de la tierra han sido **dirigidas por Dios para adherir a las leyes de la naturaleza**...

Aquellos que regulan sus vidas según los preceptos de **esta religión de la naturaleza y de razón** son llamados hombres virtuosos de otras naciones..."

En esta visión autoritaria, entonces, Dios mismo excluyó a los Gentiles de su congregación y les ordenó que vivieran meramente según las leyes de la naturaleza y de la razón. Así Weishaupt estaba dirigiéndolos para hacer exactamente lo que el dios judío les ordenó a ellos hacer. Si los rabinos Talmúdicos no tuvieran ningún rol en el Illuminismo inspirador (y la investigación no puede descubrir alguna), la razón por qué tomaron después un rol dirigente en el Comunismo parece aquí ponerse claro.

Tanto para los **objetivos** del Illuminati. Ellos son los objetivos del Comunismo de hoy en día, inalterados. En cuanto al método, se hizo una lista de cada una de las bajezas de las cuales los seres humanos son capaces, para su explotación en la causa del reclutamiento. Entre los papeles se encontraron dos paquetes que particularmente horrorizaron a la opinión pública en el momento. Ellos contenían documentos que extienden el derecho de la orden para ejercer la ley de vida y muerte sobre sus miembros, una alabanza al ateísmo, la descripción de una máquina para la destrucción automática de papeles secretos, y prescripciones para procurar abortos, sellos para falsificar monedas, fórmulas de perfumes venenosos y de tinta invisible, y similares. Hoy, nuevamente, el contenido

---

El Sr. Petuchowski propuso, de hecho, que las conversiones hechas por su propuesta misión deberían estar sobre una base que le daría al convertido un estado, respecto a los judíos originales, comparable con los Negros norteamericanos durante la era de la esclavitud, con la gente blanca en la hacienda de la gran plantación. A los convertidos se les requeriría (en otros términos, permitiría) sólo obedecer las "Siete Leyes de Noé", (la alusión probablemente es al noveno capítulo del **Génesis**), y no las centenares de órdenes y vetos atribuidos a Dios por la "Ley Mosaica". De esta forma las "castas inferiores" recibirían, al parecer, de las manos del Judaísmo, la "religión de la naturaleza y de la razón" recomendada igualmente para ellos por Adán Weishaupt y Moisés Mendelssohn. Si ellos se llamaran a sí mismos "judíos", entonces, esto sería más bien como cuando el hombre negro de la plantación tomaba el nombre-de-familia de su dueño.

Esta ingeniosa propuesta puede haberse incitado por la reflexión que el poder judío en el mundo es ahora tan grande, que una solución al problema del status de las "castas inferiores" tendría que ser encontrada, si "La Ley" ha de ser observada literalmente. Las propias palabras del Sr. Petuchowski fueron: "Los Judíos Religiosos creen que los planes para el reino de Dios en la tierra han sido entregados bajo su cuidado... Aquellos Gentiles, que tienen esta salvación mucho más grande en su corazón, deben familiarizarse con lo que el Judaísmo tiene que ofrecer, y deberían ser invitado a compartir su destino con la familia de Israel."

Lo que aquí se ofreció de hecho era "la religión de la naturaleza y la razón."

de un laboratorio comunista es familiar a cualquiera que investiga tales materias, pero en 1787, el efecto de este descubrimiento, en la católica Baviera, fue como un vislumbre de la antecámara del Infierno.

Los papeles de Weishaupt incluían un diagrama que ilustra la manera en que él ejerció el control sobre su organización. Muestra lo que podría ser una sección de cadena-de-correos, o de panal de abejas, y es idéntico al famoso sistema de "célula" en que se construye el Comunismo de hoy. Es el producto de una inteligencia del nivel más alto (y, obviamente, con siglos de experiencia; no pueden inventarse métodos de esta clase sin un proceso largo de ensayo y error). El secreto es que el daño a tal estructura no puede ser más que local, el tejido principal siempre permanece intacto y es capaz de repararse. Si unos eslabones, o células, se destruyen, éstas pueden reponerse a su debido tiempo, y entretanto la organización continúa, substancialmente ilesa.

Al centro de este tejido estaba Weishaupt, y sostenía todos los hilos en sus manos. "Uno debe mostrar cuan fácil sería para un cerebro diestro, dirigir cientos y miles de hombres", escribió sobre el diagrama, y debajo de él agregó, "tengo dos inmediatamente debajo de mí en quienes respiro todo mi espíritu, y cada uno de estos tienen otros dos, y así sucesivamente, y nuevamente. De esta manera puedo poner a mil hombres en movimiento y en el fuego de la manera más simple, y en esta forma uno puede impartir órdenes y operar en política."

Cuando los papeles del Illuminati se publicaron, la mayoría de sus miembros supieron por primera vez que Weishaupt era su cabeza, porque sólo él era conocido para sus socios íntimos. La masa sólo supo que, en algún lugar sobre ellos, había un "amado líder" o un "gran hermano", un Ser todo-sabio, amable pero riguroso, quien a través de ellos reformaría el mundo. Weishaupt había de hecho logrado el "resultado extraordinario" atribuido a Abdulla ibn Maymun en el Islam: bajo él, "una multitud de hombres de diversas creencias estaban todos trabajando juntos por un objetivo sólo conocido por unos pocos de ellos".

El hecho que cada crédulo sólo conocía a otros dos prójimos crédulos no habría sido suficiente para provocar ese resultado. ¿Cómo eran mantenidos juntos los Illuminatis? La respuesta es que Weishaupt descubrió, o recibió de alguna inteligencia más alta, el secreto en que la fuerza cohesiva de la revolución mundial descansa hoy en día bajo el Comunismo: ¡el terror!

Todos los Illuminatis adoptan nombres "iluminados" que ellos usan en sus relaciones entre sí, y en toda la correspondencia. Esta práctica del uso de un seudónimo, o "nombre encubierto", ha sido continuada hasta el presente. Los miembros de los gobiernos comunistas que usurparon el poder en Rusia en 1917, fueron conocidos al mundo, por primera vez en la historia, por sus seudónimos (y se conocen así también para la posteridad).

La exposición de 1945-1955 en EEUU, Inglaterra, Canadá y Australia mostró que los hombres que trabajaron como agentes comunistas en los gobiernos de estos países usaron "nombres-chapas", de la forma comenzada por Weishaupt.

Weishaupt organizó su sociedad en grados o círculos, los anillos exteriores contenían los nuevos reclutas y los ingenuos inferiores. Se suponía que el avance a través de los grados implicaba iniciación en extensos capítulos del misterio central. Weishaupt prefería el reclutamiento de hombres jóvenes, en sus edades más impresionables, entre 15 y 30 años. (Esta práctica también fue continuada en nuestros días; los Sres. Alger Hiss, Harry Dexter White, Whittaker Chambers, Donald Maclean, Guy Burguess y otros fueron todos "atrapados en la red" en sus universidades norteamericanas o inglesas). Se agregaron otras calidades o grados mientras crecía el círculo de reclutamiento, o se descubrieron obstáculos especiales para ellos; el ejemplo de la religión ya ha sido entregado, y en este caso también como el Comunismo, haciendo uso de la sugerencia que Jesús fue el primer Comunista, ha seguido el precedente de Weishaupt, solamente cambiando "Iluminismo" por "Comunismo". En este acercamiento a probables miembros a manera de invitación, "¿Quiere usted entrar en mi locutorio?", fue variando para conformar los casos individuales.

Los hombres jóvenes que fueron reclutados para la conspiración eran juramentados en un ceremonial muy intimidatorio, incluso con una significativa parodia del sacramento cristiano. Les exigían que proporcionaran un expediente sobre sus padres, un listado de sus "pasiones dominantes", y de espiarse unos a otros. Ambas de estas ideas son básicas en el Comunismo y una posible fuente original de ellas es la "Ley Mosaica" dónde existe la obligación de denunciar a un familiar que incurre en sospecha de herejía, y la frase poner a "un guardia en mi guardia", está incluido en los "estatutos y juicios."

El joven Illuminati fue hecho sentir que nunca sabría cuantos ojos de sus desconocidos superiores podrían estar sobre él (sólo **conocía** a sus superiores inmediatos); fue enseñado a informar sobre aquellos que estaban alrededor y sabía que ellos informaban sobre él. Éste es el principio básico del terror, el cual nunca puede ser completamente establecido mediante la muerte, tortura o encarcelamiento; sólo el conocimiento que no puede confiar en ningún hombre, ni en su propio hijo o padre o amigo, reduce a la víctima humana a la sumisión absoluta. Desde los días de Weishaupt, este terror secreto ha sido residente en Occidente. Aquellos que no tienen alguna experiencia personal de él pueden ganar comprensión del poder que maneja en nuestros días, incluso a miles de kilómetros de su cuartel de comando central, leyendo la descripción del Sr. Whittaker Chambers de su huida a ocultarse después que él resolvió romper con sus amos comunistas.

Acerca del número de miembros del Illuminati, los papeles descubiertos mostraron que, después de diez años de existencia, tenía varios miles de miembros, muchos de ellos en posiciones civiles importantes dónde podrían ejercer influencia en los actos de gobernantes y en los gobiernos. Ellos incluyeron incluso a *gobernantes*:

¡el contemporáneo Marqués de Luchet relata que unos treinta príncipes reinantes y non-reinantes se habían informalmente unido a la orden, cuyos amos de esa misma orden habían jurado destruirlos! Incluía a los Duques de Brunswick, Gotha y Saxe- Weimar, los príncipes de Hesse y Saxe-Gotha, y el Elector de Mainz; Metternich, el educador Pestalozzi, embajadores, políticos y profesores.

Sobre todos ellos, se incluía al hombre que, veinte años más tarde, escribiría la obra maestra más famosa del mundo en el tema de la juventud que vendía su alma al diablo. La inferencia que *Fausto* era la verdadera historia de Goethe y el Illuminismo es difícil de resistir, su tema es esencialmente igual que *Testigo* y otros trabajos que, en nuestros días, han sido escritas por hombres que escaparon del Comunismo.

Estas listas no estaban obviamente completas, por la razón previamente dada, que ya se habían tomado precauciones antes de que las autoridades Bávaras hicieran una incursión en las moradas de los socios del jefe Weishaupt en 1786. Por la misma razón, los documentos descubiertos sólo muestran una parte del área sobre la cual el Illuminati se había extendido; El propio diagrama de Weishaupt mostraba que la orden secreta se construyó de tal manera que el descubrimiento nunca debería destapar o dañar más de un segmento. Es posible, nuevamente por la misma razón, que Weishaupt fue sólo un grupo o líder del área, y que el alto concejo de administración de lo que demostrablemente fue una organización revolucionaria mundial nunca fue desenmascarada.

Lo que es cierto es que, aunque los documentos del Illuminati no contenían nombres u otras indicaciones de su poder en Francia, la revolución francesa, cuando comenzó tres años más tarde, evolucionó a un ataque sobre toda la autoridad civil y toda la religión, exactamente del tipo planificado por Weishaupt y sus socios. Desde ese día para aquellos escritores al servicio de la revolución mundial (su nombre es la legión, en todos los países) nunca han dejado de negar toda conexión entre el Illuminismo y la Revolución francesa; defienden en forma natural que, ya que la sociedad secreta fue prohibida en 1786, no puede haber tenido algo que ver con un evento en 1789.

La verdad es que el Illuminismo, aunque prohibido, no fue más extirpado que lo que sería el Comunismo hoy por una prohibición legal, y que sus agentes le entregaron a la revolución francesa esa marca que la identifica como el trabajo de los revolucionarios *mundiales*, no de ciudadanos franceses descontentos. Los actos del Reino del Terror fueron de una naturaleza inimaginable antes de que ellos fueran cometidos, pero habían estado mucho tiempo en las cercanías, en la imaginación del Illuminati. ¿En qué otras mentes se podrían alojar la idea que los vasos de la cena sacramental debían ser llevados en procesión pública por un asno a través de las calles de París? Ellos se nutrieron en la antigua tradición de tal burla, y sus propios iniciados fueron admitidos en una ceremonia que se burlaba del sacramento. ¿En qué cerebro sino en el de Weishaupt pudo haber nacido la noción de entronizar a una actriz como la Diosa de la Razón en la Notre Dame?

"Con el propósito de la evocación infernal... es requisito... profanar las ceremonias de la religión a la cual uno pertenece y pisotear sus símbolos más santos"; ésta es la descripción del Sr. A.E. Waite, de la fórmula de la magia negra, y la magia negra y el satanismo eran dos de los ingredientes en el brebaje Illuminista.

Weishaupt y su íntimos, o quizás sus amos, se propusieron entrar en Francia a través de sus agentes, Illuminatis secretos en altos cargos. En este siglo hemos visto cuan grandes resultados pueden lograrse por este método, el abortado resultado de la Segunda Guerra Mundial, y la condición de tregua armada en que ha quedado el mundo, fue provocada por hombres tales como Hiss y White y los importantes hombres que los protegieron.

Weishaupt seleccionó la manera perfecta de ganar tal poder sobre los asuntos y eventos franceses: a través de otra sociedad secreta muy poderosa, a la cual el infiltró y capturó por los métodos establecidos en sus documentos. Ésta fue la Francmasonería del Gran Oriente.

El plan para adquirir el control de la Francmasonería a través de agentes Illuministas, y el éxito logrado, están claramente establecidos en los papeles de Weishaupt. Primero registra que, "he tenido éxito obteniendo un vislumbre profundo en los secretos de los Francmasones; conozco todos sus objetivos y lo impartiré todos en el momento justo en uno de los grados más altos". En una fase posterior dio una orden general para que sus "Areopagites" entraran en la Francmasonería:

"Entonces nosotros tendremos una Logia masónica propia... consideraremos esto como nuestro jardín guardería... ante cualquier oportunidad nos *cubriremos* con esto... "(es decir, con la Francmasonería).

Este dispositivo de avanzar "encubierto" (qué todavía es básico en Comunismo hoy) fue el principio guía: "Si se logra el objetivo, no importa bajo qué encubrimiento tiene lugar; y un encubrimiento siempre es necesario. Para en el ocultamiento yace una gran parte de nuestra fuerza. Por esta razón debemos cubrirnos siempre con el nombre de otra sociedad. Las Logias que están bajo la Francmasonería son entretanto, la cubierta más conveniente para nuestros altos propósitos... una sociedad oculta de esta forma no puede ser trabajada en contra... En caso de una prosecución o de traición, los superiores **no pueden ser descubiertos**... Nosotros **nos amortajaremos** en la oscuridad impenetrable de espías y emisarios de otras sociedades."

El método comunista de hoy, una vez más, puede reconocerse claramente en estas palabras; podrían aplicarse a la "captura" de partidos, asociaciones y sociedades de nuestros días sin cambiar ni una sílaba. La magnitud del éxito de Weishaupt es demostrado en la mejor forma por el lamento absoluto, cinco años después de la erupción de la Revolución Francesa, por el Duque de Brunswick, el Gran Maestro de la Francmasonería alemana que también había sido un Illuminati. En 1794 disolvió la orden con palabras de dolida sorpresa:

"... Vemos nuestro edificio" (es decir, la Francmasonería) "desmoronado y cubriendo la tierra con sus ruinas; vemos **destrucción** que nuestras manos ya no detienen... **Una gran secta surgió**, la cual tomando por lema lo bueno y la felicidad del hombre, trabajó en la oscuridad de la conspiración para hacer la felicidad de la humanidad un botín para él. Esta secta es conocida por todos; sus hermanos son conocidos no menos que sus nombres. Son ellos quiénes han minado las fundaciones de la Orden al punto del completo derrocamiento; por ellos toda la humanidad ha sido envenenada y se ha descarriado por varias generaciones.

Comenzaron lanzando el odio sobre la religión... el plan que ellos habían diseñado para romper todos los lazos sociales y **destruir todo el orden** se revelaba en todos sus discursos y actos... ellos reclutaron a aprendices de cada rango y en cada posición; **engañaron a los hombres más perspicaces alegando falsamente diferentes intenciones**... Sus maestros no tenían nada menos en su vista que los tronos de la tierra, y el gobierno de las naciones sería dirigido por sus clubes nocturnos. Esto es lo que se ha hecho y **todavía se sigue haciendo**. Pero nosotros notamos que los príncipes y las personas no se dan cuenta cómo y por cuales medios esto está siendo cumplido. Por eso nosotros les decimos a ellos con toda franqueza: el uso malicioso de nuestra Orden... ha producido todos los problemas políticos y morales con que el mundo está lleno hoy. Ustedes quién han sido iniciados, deben unirse con nosotros levantando sus voces, para enseñar a las personas y a los príncipes que **los sectarios, los apóstatas de nuestra Orden, han sido y serán exclusivamente los autores de las revoluciones presentes y futuras**... Así para cortar de raíz el abuso y los errores, debemos desde este momento disolver totalmente la Orden..."

En esta cita, la presente narrativa ha saltado cinco años delante de los eventos para mostrar que uno de los principales Francmasones de esa generación, él mismo un penitente, identificó al Illuminati como los autores de la revolución francesa y de las *futuras* revoluciones. El éxito de Weishaupt en su intención declarada de capturar la Francmasonería desde su interior, y luego el rol jugado por agentes Illuministas dentro de la Francmasonería dirigiendo la revolución, no podría ser testimoniado por una autoridad mejor que el mismo Gran Maestro de la Francmasonería alemana.

Bajo esta inyectada influencia Francmasónica la cual era muy fuerte en Francia, tomó un curso extremo y produjo los clubes Jacobinos; éstos, nuevamente bajo la influencia Illuminista, presidió sobre el Reino del Terror, cuando los enmascarados autores de la revolución revelaron su verdadera naturaleza por sus hechos. Tal como la revolución rusa 130 años después, aquella en Francia desplegó su odio más sobre los pobres y los indefensos que sobre los ricos, más sobre los campesinos del Vendee [zona del Loira] que sobre sus supuestos opresores, sobre toda la belleza como tal, sobre las iglesias y la religión, sobre todo lo que puede elevar el alma humana sobre el nivel de necesidades animales y deseos básicos.

El propio Adán Weishaupt se volvió un Francmasón en 1777, un año después que él fundó el Illuminati, siendo recibido en la Logia de Munich. El Conde Mirabeau, el fallecido líder revolucionario en Francia, participaba de la intención de Weishaupt y a las secretas razones para esto, ya que en sus *Memorias* incluyó un documento, datado en 1776, que planteaba un programa idéntico con el del Illuminati, y en su Historia de la Monarquía Prusiana, se refiere a Weishaupt y al Illuminati por su nombre y dice:

"La Logia Theodore de Bon Conseil en Munich, dónde había unos pocos hombres con cerebro y corazón, estaban cansados trabajar descuidadamente mediante promesas vanas y riñas de la Masonería. Las cabezas resolvieron **unir a su rama a otra asociación secreta a la cual ellos dieron el nombre de Orden del Illuminado. Ellos la modelaron en la forma de la Sociedad de Jesús, aunque proponiendo visiones diametralmente opuestas**".

Ésta es la exacta intención y el método descrito por Weishaupt en su propia correspondencia, y ésta es la prueba que Mirabeau, el fallecido líder revolucionario, supo de esto antes, esto es en 1776. Es más, sus palabras sugieren que la sociedad secreta del Illuminati fue fundada con la intención expresa de ganar control de la Francmasonería y de instigar y dirigir la revolución a través de esta. Que Mirabeau tomó parte en toda la tarea desde un comienzo es sugerido por el hecho que la memoria de 1776 (el año en que los Illuminati fueron fundados) se atribuye el Illuminista "nombre encubierto" de 'Arcesilas', por lo tanto debió ser un miembro fundador, con Adán Weishaupt, y por ello uno de los principales Iluminati. Mirabeau, como el eslabón entre Weishaupt y la Revolución francesa, no puede ser ignorado.

El editor de su libro **Memorias**, M. Barthou, comenta que el "plan de reforma" de 1776, encontrado entre los papeles de Mirabeau, "se parece mucho en ciertas partes con el trabajo logrado después por la Asamblea Constituyente" (el parlamento revolucionario de 1789). Ésa es otra manera de decir que el trabajo de la Asamblea Constituyente se parecía mucho al plan de Adán Weishaupt de 1776, cuando él y Mirabeau estaban fundando juntos el Illuminati y estaban planeando ganar el control de la Francmasonería.

Las otras fases de Weishaupt en la captura subterránea de la Francmasonería también están claras en los documentos. En el congreso general de 1782 (siete años antes de la revolución) en Wilhelmsbad, el Illuminati ganó tantos reclutas que la Orden de la Observancia Estricta, que era el cuerpo más poderoso en la Francmasonería, dejó de existir. El camino para completar la victoria en el mundo Masónico fue abierto cuando el Illuminati reclutó a los dos personajes más importantes de la Francmasonería alemana, el Duque Ferdinand de Brunswick (más tarde arrepentido) y el Príncipe Carl de Hesse.

En 1785, emisarios del Illuminati asistieron a otro congreso general, en París, y desde ese momento, la planificación detallada de la revolución parece haber sido la tarea de la Logia de Amis Reunis que era una "encubierta" del Illuminati. Las huellas a estas alturas se hacen vagas como resultado de la notoriedad que ganó la Orden en Baviera, su proscripción al año siguiente, 1786, y la destrucción de las evidencias.

No obstante, en 1787, los mismos emisarios visitaron París con la invitación del comité secreto de la Logia. Incluso antes de que la revolución se hubiera desarrollado realmente, el hecho que fue instigada y dirigida por el Illuminati fue conocido y publicado. La acusación y las advertencias proferidas por el Marqués de Luchet se destacan hoy como una predicción increíblemente exacta, no sólo del curso que la revolución tomaría en Francia, sino del curso continuo de la revolución-*mundial* hasta nuestros días. Ya que tan temprano como 1789 él escribió:

"Sepa que allí existe una conspiración en favor del despotismo contra libertad, de incapacidad contra el talento; del vicio contra la virtud, de la ignorancia contra el esclarecimiento... Esta sociedad apunta a gobernar *el mundo*... Su objetivo es el dominio universal... Ninguna calamidad de ese tipo ha afligido hasta ahora al mundo...

De Luchet precisamente describió el rol que el monarca sería obligado a jugar durante la fase Girondista ("véalo condenado a servir las pasiones de todos los que le rodeaban... elevar a degradados hombres al poder, a prostituir sus juicios al escoger aquellos que deshonraban su prudencia"), y la condición en que la revolución dejaría a Francia ("No queremos decir que el país dónde reinen los Illuminados dejará de existir, pero entrará en tal grado de humillación que ya no contará en política, que la población disminuirá... "). Si su advertencia fuera desatendida, clamaba Luchet, habrá "una serie de calamidades de las cuales su fin está perdido en la oscuridad del tiempo... ***un fuego subterráneo ardiendo eternamente y estallando periódicamente más adelante en violentas y devastadoras explosiones.***"

Los eventos de los últimos 165 años no han sido descritos en mejor forma que en estas palabras de Luchet, las cuales lo predijeron. Él también pudo ver de antemano el patrón "liberal y progresivo" de la revolución que ayudaría enormemente a provocar las "violentas y devastadoras explosiones" de estos 165 años: "hay demasiada pasión interesada apoyando el sistema del Illuminati, demasiados gobernantes engañados, imaginándose ellos mismos iluminados, listos para precipitar a sus pueblos en el abismo". Él previó la fuerza continua y el engranaje de la conspiración: "las cabezas de la Orden nunca abandonarán la autoridad que ellos han adquirido, ni los tesoros a su disposición". De Luchet llamó a la Francmasonería a limpiar su establo mientras había tiempo: "¿Sería posible dirigir a los Francmasones mismos contra los Illuminados mostrándoles que, aunque están trabajando para mantener la armonía en la sociedad, esos otros están sembrando semillas de discordia por todas partes y preparando la destrucción final de su orden?" 165 años después, en Bretaña y Norteamérica, los hombres estaban clamando a sus gobiernos justo con tales palabras, y así vanamente, a limpiar las oficinas públicas y los servicios de los Illuminados, en aquel tiempo llamados Comunistas.

La medida de la previsión de Luchet es dada por el hecho que escribió en 1789, cuando la revolución francesa difícilmente era una revolución; ¡Se sostuvo universalmente que era meramente una apacible, saludable reforma que le dejaría una sabia recompensa de poder al monarca, enmendando males obvios, y estableciendo justicia y libertad para todos en una Francia feliz y regenerada! Ésa todavía era la creencia general en 1790, cuando al otro lado del canal, otro hombre vio la verdadera naturaleza de la revolución y "predijo con misteriosa exactitud el curso de eventos", citando a su biógrafo después de más de un siglo, el Sr. John Morley.

Edmund Burke, un irlandés, fue uno de los grandes oradores que conoció la Casa de los Comunes británica. El tiempo es la prueba de la calidad de tal hombre, y cuando pasan los años las frases de su ataque al anillo de la revolución francesa es aun más noble; tal como en el caso de Luchet, lo notable es que fue publicado en 1790, cuando los nombres de Robespierre y Danton eran escasamente conocidos, antes de que la palabra "república" hubiera sido oída, cuando el rey esperaba largos años de reinado constitucional, cuando toda Francia estaba celebrando alegremente las mejores pacíficas que se habían efectuado. A través de este feliz escenario cayó repentinamente la sombra del brazo extendido de Burke, apuntando "como un inspirado profeta" el infierno por venir. Su biógrafo dice, "no asombra que cuando la nube estalló y la sentencia se cumplió, las personas se volvieran hacia Burke tal como se volvieron antiguamente hacia el viejo Ahitopheth, cuyos consejos eran como si los hombres inquirieran el oráculo de Dios."

Desgraciadamente ése no es el cuadro verdadero de lo que ocurrió cuando la advertencia de Burke fue cumplida. Muchos hombres se volvieron **contra** Burke, no hacia él, precisamente **porque** él había dicho la verdad; de hecho, el poder que la conspiración, incluso en ese momento, ejercía sobre la prensa y el debate público se muestra más claramente ya que convirtió la lisonja a él fue pronto transformadas en ataques y difamación después que publicó sus **Reflexiones** sobre la revolución. Los Illuminados, y los órganos "liberales y progresivos" y portavoces controlados por ellos, habían contado grandemente con Edmund Burke, porque él había levantado la causa de los colonos norteamericanos una década antes. ¿Cómo pudo él apoyar una revolución y atacar a otra?, preguntaron ellos enfadados, y Burke cayó bajo el tipo de ataque general que la prensa unida, en nuestra generación, mantiene en su escritorio contra cualquier hombre que públicamente exige investigación del Comunismo-en-el-gobierno.

Si Burke hubiera seguido la línea "progresiva", y pretendido que la revolución francesa ayudaría al "hombre común", las lisonjas habrían continuado, pero en ese caso nada de lo que dijo habría sido de valor permanente, o sería recordado hoy. Tal como fue, las palabras inspiradas de su ataque a la revolución tienen el destello imperecedero del oro: "Se ha ido, esa sensibilidad de principios, esa castidad del honor, la cual considera una mancha como una herida... La edad de la caballerosidad se ha ido. La de los sofistas, economistas y calculadores, ha tenido éxito; y la gloria de Europa se extingue para siempre."

Si estas palabras, también, fueron profecía inspirada, (y en 1955 ellas parecen más verdaderas que incluso lo fueron en 1790) la Cristiandad y Occidente encontraron por lo menos a un elocuente y noble doliente en Edmund Burke. Porque conocía tan claramente las diferencias entre las "revoluciones", vio la verdadera forma del evento en Francia. Él no sería engañado por el hecho que alguien la había llamado equivocadamente una guerra colonial de independencia, guiada por escuderos nacionales, una "revolución". Como amigo genuino de la libertad, había apoyado la oferta de los colonos para gobernarse y ser amos en su propia casa. No había ningún tipo de parecido entre sus motivos y aquellos de los hombres secretos que, tal como Burke lo vio, estaban detrás de la revolución en

Francia. Por consiguiente él estiró su brazo acusando y estaba distraído de los reproches de "liberales" y "progresistas" tal como había recibido sus lisonjas en ocasiones anteriores (ciertamente Edmund Burke supo que su alabanza no había sido incitada entonces por alguna simpatía con los mercaderes de la Nueva Inglaterra o los dueños de las plantaciones en el sur).

En Norteamérica, en ese momento, el sentimiento general sobre el evento en Francia fue uno de engaños, producido por la confusión de ideas que Burke rechazó. Había, de momento, una noción popular que otra "revolución" benigna había ocurrido, algo similar a la "revolución norteamericana". Hubo un transitorio "Frenesí francés", cuando los norteamericanos usando escarapelas y sombreros de la libertad, bailaron, festejaron y desfilaron bajo las banderas francesas y norteamericanas, y gritaron "Libertad, Igualdad, Fraternidad". Con el Reino del Terror, esta fase de ilusión fue seguida por una de revulsión y horror.

Los líderes Jacobinos dirigieron el Reino del Terror y, como buenos Illuminatis, usaron los clásicos seudónimos de la misma forma comenzada por el propio "Spartacus" Weishaupt: Chaumette era Anaxagoras, Clootz (descrito como un Barón Prusiano) era Anarcharsis, Danton era Horace, Lacroix era Publicola y Ronsin era Scaevola. Estos terroristas, cuando tuvieron éxito en la fase-Kerensky, llevaron a cabo fielmente el plan del Illuminati, y mediante el asesinato del Rey y la profanación de iglesias, dieron expresión a sus dos ideas principales: la destrucción de todo gobierno legítimo y de toda la religión. Aun así, ellos eran aparentemente sólo herramientas, ya que un contemporáneo, Lombard de Langres, escribió que "la Convención más secreta que dirigió todo después del 31 de mayo, un terrible y oculto poder del cual las otras convenciones se transformaron en esclavos y la cual estaba compuesta de *los principales iniciados del Illuminismo. Este poder estaba sobre Robespierre y de los comités del gobierno...* fue este poder oculto el que se apropió de los tesoros de la nación y los distribuyó entre los hermanos y amigos que habían ayudado en el gran trabajo."

Es este cuadro de hombres en altas posiciones que hacen la voluntad de algunos ocultos, pero claramente dirigiendo, una secta suprema que da a la revolución el aspecto de un show de títeres demoníacos, actuando contra rojas llamas fluctuantes en medio del olor al azufre. *La* revolución, no la revolución *francesa*; y cualquier sea la verdadera naturaleza de la inglesa, desde 1789 ha sido *sólo una*, una revolución continuada. No ha habido erupciones episódicas, desconectadas, en 1848 y 1905 y así sucesivamente, pero esas erupciones recurrentes de "un fuego subterráneo que arde en llamas eternamente" fueron las que Luchet y Burke *visualizaron* antes del evento. Lo que es históricamente de gran valor en los anales de la revolución francesa, sin embargo, **es la prueba que ellos pueden permitirse el lujo de usar a hombres para un propósito incomprendido por ellos.** Esto da a la revolución, entonces y ahora, su característica peculiar y satánica; esto es como Lombard de Langres escribió, "el código de infierno".

Cuando la revolución estaba menguando, tres hombres se levantaron, en Francia, Inglaterra y Norteamérica, los cuales simplemente vieron tres cosas: que su curso había seguido el mapa revelado por los documentos del Illuminati en 1787; que esta sociedad secreta había sido capaz, a través de la Francmasonería, de instigar y dirigirla; y que la liga secreta de conspiradores, con su plan continuo para la revolución *mundial*, había sobrevivido y había estado preparando las posteriores "violentas y devastadoras explosiones" de las cuales había hablado de Luchet . Estos tres hombres fueron el Abbé Baruel, un Jesuita y testigo ocular de la revolución; el Profesor John Robison, un científico escocés que durante más de veinte años fue secretario general de la Sociedad Real de Edimburgo; y el Reverendo Jedediah Morse, un clérigo de Nueva Inglaterra y geógrafo. Todos ellos eran hombres distinguidos. Los libros del Abbé Baruel y del Profesor Robison y los sermones publicados del Sr. Morse (todos en 1797-1798) entraron en muchas ediciones y aun son indispensables para los estudiosos de ese tiempo. Sus trabajos y palabras ganaron mucha atención pública y ellos fueron apoyados desde Filadelfia, en su *Porcupine's Gazette*, por William Cobbett quien parece haber sido empujado al exilio por el mismo poder oculto que se preparó para destruir a los Sres. Baruel, Robison y Morse.

El veredicto de Abbé Baruel sobre lo que había ocurrido era idéntico con aquel de la profecía más temprana de de Luchet y el análisis posterior de Lord Acton: ". . Nosotros demostraremos que, incluso los hechos más hórridos perpetrados durante la revolución francesa, todos ellos *fueron previstos y resueltos, combinados y premeditados*, que ellos fueron engendro de un profundo pensamiento de villanía, ya que ellos habían sido preparados y se produjeron por hombres quienes sólo tenían pistas de estos complots y conspiraciones acechando en reuniones secretas dónde ellas habían sido concebidas... Aunque los eventos de cada día pueden aparecer no haber sido combinados, allí no obstante existía un agente secreto y una causa secreta, dando lugar así a cada evento y transformando cada circunstancia en el largo esperado fin... La gran causa de la revolución, sus rasgos dirigentes, sus crímenes atroces, permanecerán como una cadena continua de *profunda y premeditada villanía*".

Los tres hombres llegaron a la misma conclusión: "Una conspiración anti-Cristiana... no sólo contra los reyes, sino contra cada gobierno, contra toda la sociedad civil, incluso contra toda propiedad cualquiera esta sea" (Abbé Baruel); "Una asociación se ha formado para el propósito expreso de sacar de raíz todo el establishment religioso, y derrocar a todos los gobiernos existentes de Europa" (Prof. Robison); "El objetivo expreso es 'sacar de raíz y abolir la Cristiandad y derrocar todos los gobiernos civiles. " (Sr. Morse). Ellos estaban de acuerdo que aquello que había pasado, no era meramente un episodio en Francia, nacido de circunstancias francesas, sino el trabajo de una organización, con un plan continuo en todos los países: un ***plan universal.*** Ellos estaban de acuerdo que esta organización era la sociedad secreta del Illuminati que había inspirado y había controlado la fase terrorista de la revolución, que había sobrevivido, y que había sido establecida y con mucha fuerza en Inglaterra y en los Estados Unidos. El Abbé Baruel entregó una advertencia en particular con respecto a lo último.

Las palabras y escritos de estos tres hombres fueron apoyadas por hombres públicos importantes en su tiempo, y se ha confirmado así totalmente por los eventos, particularmente en nuestro siglo, que históricamente sirven para mostrar que la revolución-mundial fue reconocida por algunos, y su curso futuro fue anticipado en el momento de su segunda aparición en Occidente. Los esfuerzos de estos tres hombres fueron en vano, tratando de evitar los estragos que la conspiración descargó posteriormente, y por esa razón el caso de los Sres. Barruel, Robison y Morse es de especial interés.

Lo que les ocurrió demuestra más concluyentemente que cualquiera de sus propias palabras, la cosa misma que ellos se esforzaron por establecer: la existencia continuada y la fuerza de una sociedad secreta trabajando en todos los países, para el propósito destructivo que ellos describieron. Los Sres. Barruel, Robison y Morse fueron ahogados con vituperios. En sus días, los periódicos estaban en su infancia, y normalmente eran poseídos por un solo hombre que también los editaba. Debe haber sido por consiguiente mucho más difícil que hoy lograr el control de una proporción grande de ellos.

El ataque concentrado que se llevó a cabo contra los tres hombres, desde el momento que ellos dijeron que el Illuminismo había provocado la revolución francesa y que todavía existían, muestra que incluso en 1797, el Illuminati tenía un control eficaz de la prensa en Norteamérica e Inglaterra.

Éste fue uno de los descubrimientos más sorprendentes entregado por la investigación que produjo este libro. En mis propios días me han obligado a que comprenda que este control existe, y que un escritor que escriba sobre la revolución mundial en la vena de Edmund Burke, encontrará que todas las avenidas de publicación se cierran en su contra. La Señora Nesta Webster relata la misma experiencia. Cuando ella comenzó por primera vez a escribir sobre la revolución, a principio de los años 1920, un conocido editor de Londres le dijo, "Recuerde que si usted toma una línea anti-revolucionaria tendrá el mundo literario entero contra usted". Ella dice que pensó que esto era extraordinario, pero entonces encontró a través de la experiencia que el editor tenía razón y ésa ha sido también mi observación. Sin embargo, pensé que era una condición que había aflorado durante los últimos treinta años hasta que estudié la historia de los Sres. Barruel, Robison y Morse; entonces vi que "todo el mundo literario" cayó como un solo hombre sobre ellos en 1798, cuando el Reino del Terror era reciente. Nada más mostró tan claramente para mí, que la línea del Illuminismo en 1789 al Comunismo de hoy en día es una *misma* línea de herencia; la *misma* organización sigue los *mismos* objetivos con los *mismos* métodos e incluso con las *mismas palabras*.

Ésa fue otra cosa curiosa sobre el ataque a esos tres escritores que tomaron "una línea antirrevolucionaria". Poco después que ellos ganaran los ojos del público comenzaron los ataques en los periódicos; casi siempre anónimos. Ellos hicieron uso de exactamente el mismo idioma (ambiguo de doble moral) como aquel que es empleado en ataques similares hoy. Los tres hombres fueron acusados de comenzar una "caza-de-brujas", de ser fanáticos y alarmistas, de perseguir la "libertad de opinión" y la "libertad de cátedra", de falsear el pensamiento "liberal" y "progresista", y cosas similares. Después de eso, el ataque continuó con calumnias e insinuaciones indirectas, y encontré a menudo frases que se repitieron en campañas emprendidas contra un miembro Ministerial norteamericano, el Sr. James Forrestal, en 1947-1949; se decía que sus vidas privadas eran inmorales y sus hábitos financieros sombríos; y por último, la sugerencia familiar que estaban "dementes". Esta sugerencia es a menudo usada hoy, en las fases de culminación de una campaña contra cualquier figura anti-revolucionaria; evidentemente se mantiene que es una medicina especialmente fuerte en la difamación. Esta particular forma de ataque podría tener su fuente original en el Talmud, que lo usa contra Jesús (la *Enciclopedia judía*, en su artículo sobre Jesús, refiere a sus lectores al trabajo de un escritor judío que "está de acuerdo que debe haber habido procesos mentales anormales involucrados en los pronunciamientos y comportamientos de Jesús").

Para abreviar, estos ataques sobre los Sres. Barruel, Robison y Morse hicieron uso de un vocabulario político limitado que hoy es claramente reconocible como aquel de la revolución y sus agentes, y está ahora tan trillado que debe impartirse a todos los iniciados de algún lugar central en la organización. La campaña contra ellos fue eficaz, de tal manera que sus advertencias, como aquellas de Burke, fueron olvidadas por las masas.

¡Sin embargo, la banda secreta (qué debe tener el mismo horror por la verdad como el diablo podría tenerle a la cruz) continuó temiéndoles, de tal manera que la difamación continuó mucho tiempo después que los tres estaban muertos! ¡Tan recientemente como en 1918, la Universidad de

Columbia de Nueva York, repartió fondos para una pieza costosa de investigación diseñada para mostrar que el Illuminati murió de verdad cuando ellos fueron proscritos en 1786 y por lo tanto no causaron o sobrevivieron la revolución francesa, y en esta publicación, todos los epítetos posibles fueron sacados y usados nuevamente como si los tres hombres muertos fueran "cazadores de brujas" vivos!

En 1918 la revolución rusa tenía un año y el momento estaba evidentemente inclinado para otro intento en mostrar que la revolución francesa había sido un asunto autónomo, no dejando alguna raíz que podría haber hecho erupción en Rusia en 1917. Los Sres. Barruel, Robison y Morse, si de algún modo ellos pudieran mirar estos procedimientos, sin ninguna duda observarían que en 1918 y en los siguientes años, el Comunismo encontró que la Universidad de Columbia de Nueva York sería una muy buena tierra para cazar. (Entre los jóvenes desafortunados que fueron atrapados allí para la causa estaba el Sr. Whittaker Chambers cuyo arrepentimiento y advertencia en 1939, si hubiese sido considerado por el Presidente Franklin Roosevelt, podría haber cambiado el curso entero de la Segunda Guerra Mundial y de este siglo para bien).

Los primeros dos presidentes de la República norteamericana, aunque ellos no actuaron eficazmente contra la sociedad secreta, estaban profundamente alarmados sobre esta y supieron muy bien que aquello que Barruel, Robison y Morse dijeron era verdad. Uno de los últimos actos de George Washington fue, en una carta al Sr. Morse, expresar la esperanza que su trabajo tendría "una circulación más general. . .contiene información importante, poco conocida, *fuera de un círculo pequeño*, y la diseminación de esta sería útil, si se difundiera a través de la comunidad". (Presumiblemente el General Washington no le habría dicho a Whittaker Chambers que "se lanzara al lago"). Washington un poco antes, le había informado a otro corresponsal que él estaba totalmente en conocimiento que "las doctrinas de los Illuminati y los principios del Jacobinismo" se habían "dispersado en los Estados Unidos."

De hecho, esto estaba más allá de la duda, ya que las sociedades secretas habían aparecido en los Estados Unidos en 1793, es decir, dentro de los diez años del nacimiento de la República, bajo la guisa de "Clubes Democráticos". Su verdadera naturaleza fue dejada en claro por la actitud del ministro francés, Genet, hacia ellos; él mostró la abierta simpatía que los Embajadores soviéticos, en nuestra generación, despliegan hacia las organizaciones comunistas, o quizás con más precisión, para aquellos que sirven como "encubrimiento" para el Comunismo (la relación entre las embajadas soviéticas y los Partidos Revolucionarios en el país acreditado, fue establecida con muchas pruebas documentales en las investigaciones canadienses y australianas de 1945-46 y 1954-55). George Washington, como presidente en 1794, acusó a estas "sociedades auto creadas" de instigar la erupción de la insurrección en Pennsylvania, conocida como la Rebelión del Whisky. La autoridad de Washington era demasiado grande para que el fuese atacado como una cazador-de-brujas y los clubes se sumergieron rápidamente, pero desde ese momento la presencia en tierra norteamericana de una organización para la revolución-mundial se hizo conocida a todos aquello a los que les interesaba saberlo y pudieron resistir el "lavado de cerebro" de la prensa.

La parte reconocidamente jugada por la Francmasonería del Gran Oriente, bajo la infiltración de Illuministas, en la Revolución francesa también causó que la Francmasonería norteamericana clasificara bajo sospechas, pero la discusión franca de este asunto fue impedida por el hecho que el gran Washington era la cabeza de la fraternidad Masónica. Los defensores de la francmasonería pusieron mucho énfasis en esto (evidentemente en el principio de "inocencia por asociación"), y en la ocasión del entierro de Washington en 1799 hicieron un gran desfile de compañerismo con el héroe muerto. Fuera de respeto por él, más bien por satisfacer la curiosidad, el debate público menguó entonces, pero por lo menos dos prominentes Masones, Amos Stoddard y el Reverendo Seth Payson, tal como el Duque de Brunswick en Europa, públicamente declararon que el Illuminati había penetrado la Francmasonería y había estado trabajando bajo su nombre. El sucesor de Washington, el Presidente John Adams, en 1798 dirigió una dura advertencia a la Francmasonería:

"... la sociedad de los Masones ha descubierto una ciencia de gobierno, o el arte de gobernar sociedades, peculiar a ellos mismos, y desconocido a todos los otros legisladores y filósofos del mundo; Quiero decir, no sólo la habilidad para conocerse unos a otros por marcas o señas que ninguna otra persona puede adivinar, sino también el poder maravilloso de habilitar y compeler a todos los hombres, y supongo a todas las mujeres, en todo momento, a guardar un secreto. Si este arte puede aplicarse, para poner las máximas normales de la sociedad a un lado, e introducir política y desobediencia al gobierno, y aun así guardar el secreto, debe ser obvio que tal ciencia y ***tales sociedades pueden ser pervertidas para todos los propósitos enfermos de los cuales han sido sospechosos***..."

Después de este reproche público sólo la muerte de Washington al año siguiente, pudo aplacar probablemente el deseo del público para una investigación completa; como sucede tan a menudo en estos asuntos, los que se oponían a una investigación profitaron de un evento irrelevante el cual distrajo o desarmo la atención pública. No obstante, la sospecha pública continuó a través de tres décadas y llevó a la formación de un Partido Anti-masónico en 1827, qué en su convención Estatal en Massachussets en 1829 declaraba que hay evidencias de una conexión íntima entre las órdenes más altas de la Francmasonería y el Illuminismo francés". Ése fue casi el último puntapié del Partido en la investigación, ya que la próxima convención Estatal, en Vermont en 1830, recordaba la secuela con que nuestro siglo ha sido hecho familiar: "... el espíritu de preguntar... fue pronto e inexplicablemente sofocado; la prensa estaba muda como la voz del centinela estrangulado y la masa de las personas fueron mantenidas en la ignorancia que una alarma sobre el asunto de la Masonería había sonado alguna vez".

En otros términos, el clamor por una investigación había sido ahogado, como en nuestra generación, por el contra-lamento de la "caza-de-brujas" y similares. De ese momento hasta hoy, el pueblo norteamericano no ha tenido jamás éxito en llevar a alguno de sus gobiernos a una investigación plena y la infestación secreta del gobierno y de los departamentos públicos ha continuado, con resultados sólo parcialmente revelados por las exposiciones de 1948 y posteriores. La situación en Inglaterra ha sido muy similar.

En los últimos párrafos esta narrativa ha saltado algunos años para seguir el curso de la inquietud pública norteamericana sobre la Francmasonería hasta su fin en 1830 (el Partido Anti-masónico realmente murió en 1840). Ahora retorna a la consecuencia inmediata de la revolución francesa, y su efecto en el mundo. El Presidente Adams, tal como su **Trabajos** lo muestra, estaban totalmente informados y persuadidos sobre la existencia de una conspiración universal y continuada contra todos los gobiernos legítimos y la religión. Él cometió el error, natural en su día, de pensar que el plan era uno **francés**, así como las personas hoy, sin excusas, hablan y piensan en el Comunismo **Ruso**, aunque la naturaleza internacional de la revolución ha sido por mucho tiempo, claramente un hecho, más allá de toda duda.

Mediante el Acta de Sedición de 1798, el Presidente Adams trató de salvaguardar el futuro de la República, pero el tiempo ha mostrado subsecuentemente que las leyes contra las sociedades secretas y conspiraciones (aunque ellas **deberían** promulgarse, para establecer la ilegalidad de la tarea) es ineficaz en verificarlas, sobre todo cuando la organización secreta tiene siglos de experiencia eludiendo tales leyes. La única medida eficaz contra la conspiración secreta es la investigación, la exposición pública y remediarla, y esto nunca se ha usado totalmente.

El hombre público norteamericano que percibió más simplemente toda la forma del futuro fue el confidente de Washington, Alejandro Hamilton. Él dejó entre sus papeles una memoria sin fecha (probablemente 1797-1800) qué decía:

"... la presente era está entre la más extraordinaria qué ha ocurrido en la historia de los asuntos humanos. Las opiniones, durante mucho tiempo, han estado ganando terreno gradualmente, las cuales amenazan las fundaciones de la religión, de la moral y de la sociedad. Un ataque fue hecho en primer lugar contra la revelación cristiana para la cual se ofreció la religión natural como suplente... La misma existencia de una Deidad se ha cuestionado y en algunos casos negado. El deber de piedad se ha ridiculizado, la naturaleza perecedera de hombre afirmada, y sus esperanzas se limitaron al corto palmo de su estado terrenal. La muerte se ha proclamado como un sueño eterno, el dogma de la inmortalidad del alma un timo, inventado para atormentar la vida para el beneficio del muerto... Una liga ha sido consolidada a lo largo entre los apóstoles y discípulos de la anti-religión y la anarquía. La religión y gobierno han sido "estigmatizados como abusos... El desarrollo práctico de este sistema pernicioso ha sido visto en Francia".

Ha servido como una máquina para subvertir todas sus antiguas instituciones, civil y religiosas, con todos las órdenes que sirvieron para mitigar el rigor de la autoridad; ha precipitadamente rápidamente a través de una serie de terribles revoluciones que han dejado la propiedad destrozada, ha hecho estragos en las artes, derrocado ciudades, las provincias desoladas, ha dejado las regiones sin gente, teñido de carmesí su tierra con sangre, y la ha ahogado en el crimen, en la pobreza, y en la miseria;...

Este sistema hórrido parecía por un momento amenazar *la subversión de la sociedad civilizada y la introducción de un desorden general entre la humanidad.* Y aunque los males espantosos que han sido sus primeros y únicos frutos, han dado una verificación de su progreso, será temido que *el veneno se ha extendido demasiado ampliamente y ha penetrado demasiado profundo para ser fácilmente erradicado.* Su actividad se ha suspendido, *pero los elementos permanecen, preparándose para nuevas erupciones cuando la ocasión lo permita.* Será en gran forma aprehendido que *la humanidad no está cercana al fin de los infortunios que se calculaba debía producir, y que todavía se pronostica un largo tren de convulsión, revolución, carnicerías, devastación y miseria. Los síntomas del predominio demasiado grande de este sistema en los Estados Unidos son alarmantemente visibles.* Fue por su influencia que se hicieron intentos de embarcar a este país en una causa común con Francia en el período temprano de la presente guerra; para inducir a nuestro gobierno a sancionar y promover sus odiosos principios y visiones con la sangre y el tesoro de nuestros ciudadanos.

Ha sido por su influencia que cada revolución subsiguiente ha sido aceptada o excusada; todo los horrores que se han cometido justificado o aminorados; que incluso la última usurpación, la cual contradice todos los principios ostensibles de la Revolución, han sido consideradas con complacencia, y la constitución despótica engendró por él, astutamente se mantuvo como un modelo no indigno de imitación. En el progreso de este sistema, la falta de piedad y la infidelidad han avanzado con pasos gigantescos. Crímenes prodigiosos hasta aquí desconocidos entre nosotros, ahora se ven..."

¡Nosotros los de los años 1950 estamos tan familiarizados con los resultados aquí previstos, que difícilmente podemos comprender qué habilidad fue necesaria, en los años 1790, tan claramente para preverlos! Desde de Luchet, antes del Reino del Terror ("una serie de calamidades en que el fin está perdido en la oscuridad de tiempo... un fuego subterráneo ardiendo eternamente y surgiendo adelante periódicamente en violentas y devastadoras explosiones") hasta Alejandro Hamilton después de lo cual ("los elementos permanecen, preparándose para nuevas erupciones cuando la ocasión lo permita... la humanidad no está cercana al fin de los infortunios que se ha calculado provocará... un largo tren de convulsión, revolución, carnicerías, devastación y miseria") la forma de nuestro siglo fue predicha más claramente y con precisión.

El resultado neto de todo este conocimiento previo, por lo que se refiere a la precaución, fue la nada. Inútilmente pero masivamente, todo ocurrió tal como estos hombres, los Burkes y Barruels, los Robisons y Morses previeron; como un sonámbulo, Occidente pisó por todo el camino trazado lleno de minas. Los profetas anti-revolucionarios fueron bajados a gritos; los oradores y escritores revolucionarios tomaron el debate y fueron aplaudidos.

Las guerras de Napoleón ayudaron a desviar la atención pública del complot y la organización que había sido descubierta. Diez años después de la revolución francesa, los documentos del Illuminati y de la revolución francesa estaban siendo olvidados; la masa pública empezó a creer que la sociedad secreta estaba de verdad muerta, o que nunca había jugado un rol en la revolución, o que no importaba. Veinte años después de la revolución francesa, el Illuminati estaba tan ocupado como siempre. Nada había cambiado, excepto que los seguidores de la secta en Inglaterra y Norteamérica habían tenido éxito, a través de su poder sobre la información publicada, engañando la mente pública y difamando a todos aquellos que entregaron advertencias.

Este último conocimiento sobre el Illuminati es reciente; La investigación de la Señora Nesta Webster lo descubrió. Viene de las cajas de la policía de Napoleón, las cuales ahora han vertido su contenido a los estudiantes e historiadores. Éstos muestran que, dos décadas después de la revolución y en víspera de la propia caída de Napoleón, el Illuminati estaba muy vivo, y sseguía su objetivo sin desviarse.

François Charles de Berckheim fue un comisionado especial de la policía en Mayence bajo el Imperio, y también era Francmasón. Informó en 1810 que el Illuminati tenía iniciados por toda Europa y estaba trabajando firme para introducir sus principios en las Logias de la Francmasonería: "El Illuminismo se está volviendo un enorme y formidable poder... los reyes y la gente tendrán mucho que sufrir por esto, a menos que la previsión y la prudencia quiebren su espantoso mecanismo". Un informe posterior, de 1814, confirma totalmente la disputa principal de los Sres. Barruel, Robison y Morse en 1797-1799 sobre la persistencia de la sociedad secreta:

"La asociación más vieja y más peligrosa que es generalmente conocida bajo la denominación del Illuminati y de la cual su fundación va atrás, hacia la mitad del último siglo... la doctrina del Illuminismo es subversiva de cada tipo de monarquía; libertad ilimitada, nivelación absoluta hacia abajo, tal es el dogma fundamental de la secta; para romper los lazos que ligan al soberano con los ciudadanos de un estado que es el objetivo de todos sus esfuerzos."

Veinte años después del acto de penitencia pública realizado por el Duque de Brunswick, Berckheim registró que "entre los jefes principales... se numeran hombres distinguidos por su fortuna, su nacimiento, y de dignidades con las cuales ellos fueron investidos". Él creyó que algunos de éstos eran "*no* las víctimas de estos sueños demagógicos" sino que "esperan encontrar en las emociones populares que ellos avivan, los medios para tomar las riendas del poder, o de todos modos, aumentar su riqueza y créditos; pero la muchedumbre de adeptos cree religiosamente en él..."

El cuadro entregado en estas palabras (que recuerdan las de Luchet, de veinticinco años antes) es, o debe ser, familiar hoy en día, porque nuestra generación ha mostrado nuevamente esa avaricia por el poder que lleva a las personas adineradas o muy conocidas, a asociarse con movimientos, aparentemente hostiles a su riqueza o renombre, en la creencia que a través de ellos, pueden volverse aun más ricos o más notables.

Berckheim entonces, da una descripción de la organización y los métodos del Illuminati los cuales reproducen el cuadro entregado por la correspondencia de Weishaupt de 1786, y podría ser igualmente una fotografía del Comunismo trabajando en nuestro siglo. El siguiente extracto muestra un grupo de 20 reconocibles caracteres del Siglo Veinte, a los cuales cualquier atento estudioso de nuestro tiempo podría encajar nombres, y este fue escrito en 1813:

"Como la fuerza principal del Illuminati yace en el poder de opiniones, ellos se han dispuesto desde el principio para hacer prosélitos entre los hombres que a través del ejercicio de su profesión ejerzan una influencia directa en las mentes, como literatos, sabios y sobre todos, profesores. El último en su cátedra, el anterior en sus escritos, propagan los principios de la secta enmascarando el veneno que ellos hacen circular bajo mil formas diferentes. Estos gérmenes, a menudo imperceptible a los ojos del vulgo, se desarrollados posteriormente por los adeptos de las Sociedades que ellos frecuentan, y la redacción más oscura es llevada así a la comprensión de los que menos disciernen. ***Es sobre todo en las universidades donde el Illuminismo siempre ha encontrado y siempre encontrará numerosos reclutas; Esos profesores que pertenecen a la Asociación comienzan primero a estudiar el carácter de sus alumnos.***

Si un estudiante da evidencias de una mente vigorosa, una imaginación ardiente, la secta de inmediato ponen sus ojos en él; hacen sonar en sus orejas las palabras Despotismo, Tiranía, Derechos de las Personas, etc, etc. Antes de que él pueda atar siquiera algún significado a estas palabras, mientras crece en años, leyendo trabajos escogidos para él, conversaciones hábilmente preparadas, desarrollan el germen depositado en su cerebro juvenil. Pronto, su imaginación fermenta... Por fin, cuando ha sido completamente cautivado, cuando varios años de pruebas garantizan a la sociedad el secreto inviolable y la devoción absoluta, se le da a conocer que millones de individuos distribuidos en todos los Estados de Europa comparten sus sentimientos y sus esperanzas, que un eslabón secreto liga firmemente a todos los miembros esparcidos de esta inmensa familia, y que las reformas que él desea tan ardientemente, más temprano o más tarde habrán de llegar. Esta propaganda se da más fácilmente por las asociaciones de estudiantes existentes que se reúnen para el estudio de literatura, para sentirse en grupos, por deportes o incluso para el libertinaje. Los Illuminados se insinúan en todos estos círculos y los convierten en terreno fértil para la propagación de sus principios. Tal es entonces el modo incesante de la Asociación para progresar desde sus orígenes hasta el presente momento; esto es en congregar desde la niñez el germen del veneno en las clases más altas de la sociedad, alimentando las mentes de estudiantes en ideas diametralmente opuestas a ese orden de cosas bajo las cuales ellos tienen que vivir, rompiendo los lazos que los ligan a los soberanos, que el Illuminismo ha reclutado un gran número de adeptos..."

Así el Illuminismo sobrevivió y floreció en la oscuridad después que sus "adeptos" en las oficinas editoriales, las cátedras universitarias y en púlpitos, habían derrotado el clamor público por su extirpación. Desde entonces, para unas cinco generaciones la cosa ha continuado: una proporción de hombres notables y una proporción de hombres jóvenes en las universidades han incitado a cada generación subsiguiente a ser seducidos en esta red. La única contra-medida que daría a los mayores una pausa y abrir los ojos de los jóvenes incautos serían la clara información pública sobre la revolución mundial y sus métodos, y eso se ha negado de generación en generación, de tal manera que la secta secreta ha mantenido su poder y apoyo. Puede haber sólo una explicación para esta negativa de los gobiernos, de generación en generación, a investigar y exponer: a saber, que en estos días tal como en aquellos de Weishaupt, la secta tiene sus "adeptos" en los gobiernos mismos; de lo cual nuestro siglo ha entregado suficiente evidencias.

¿Qué del propio Weishaupt, veinte años y más después de su exposición y la proscripción de su orden? En 1808 fue interrogado sobre un punto del ritual masónico y su interrogatorio logró el conocimiento de un miembro eminente del Gran Oriente, el Marqués de Chefdebien, quien entonces escribió en una carta a un amigo que el Illuminismo había proporcionado los hombres que "avivaron la revuelta, la devastación, y los asesinatos": Cuando Weishaupt murió, en 1830, su orden estaba probablemente más fuerte de lo que había sido alguna vez, pero estaba a punto de cambiar su nombre; la misma organización, con los mismos objetivos, emergería en 1840 como Comunismo. Esa extensa historia pertenece a los capítulos posteriores, y a estas alturas la presente narrativas toma licencia de Adam Weishaupt, el hombre cuyo nombre se identifica para siempre con la emergencia de la revolución-mundial como una idea permanente y ambición, propagada por una organización permanente de conspiradores secretos en todas los países, y no teniendo nada que hacer con remediar la opresión o la injusticia; estos males que deseaba agravar y perpetuar.

Quienquiera fuesen sus promotores, sin importar cual fuera la fuente original de su gran conocimiento de la debilidad humana, Weishaupt, tal como la Señora Nesta Webster dice, "recogió en sus manos los hilos de todas las conspiraciones, pudo tejerlas juntas en un gigantesco esquema para la destrucción de Francia y el mundo". En su ejército de hombres de todas las clases y de las visiones más diversas, fueron unidos juntos por ataduras de infamia que parecían tan fuertes como aquellas de la fe y el honor: El admirable sistema de "Weishaupt de compartimentar a prueba de fugas les mantuvo alejado del conocimiento de estas diferencias y todos ellos marcharon, inconscientemente o no, hacia la misma meta."

Si había corrientes diferentes de descontento antes, Weishaupt las fundió en una. Con él y el Illuminismo, "la vaga teoría subversiva se transformó en la revolución activa"; el staff general fue formado, las operaciones de batalla fueron desplegadas, el objetivo clarificado. Hoy, casi doscientos años después, la consecuencia de eso también está clara: la revolución-mundial de total-destrucción debe prevalecer sobre la Cristiandad y Occidente, reduciéndolos a ambos a ruinas, o ser ellos mismos aplastados y desmembrados. No existe ninguna tercera solución o curso en el medio o un fin diferente al conflicto que se reveló en 1786. Los principales hombres públicos y los devotos de la secta lo visualizaron desde la partida. En 1875 Monseñor Dillon concisamente declaró el hecho inalterable:

"Si Weishaupt no "hubiese vivido, la Masonería podría haber dejado de ser poder después de la reacción consecuente por la revolución francesa. Él le dio un forma y un carácter que le llevaron a sobrevivir a esa reacción, a *darle una energía hasta el presente día, y que lo llevará adelante hasta que su conflicto final con la Cristiandad deberá determinar si Cristo o Satanás reinarán en esta tierra finalmente.*"

Este libro es un estudio del "asunto judío" como la pregunta más importante en los asuntos internacionales en el presente; aun así el capítulo actual (el más largo hasta aquí) sobre la revolución-mundial no ha hecho ninguna mención del asunto judío o de los judíos. Hay una razón para esto. Cincuenta años *después* de la revolución francesa, la revolución-mundial estaba bajo la dirección Judaísta, pero la instigación original de los Judaístas de la revolución-mundial en su fase francesa, *no puede* ser demostrada. Por consiguiente, la posibilidad está abierta que la revolución-mundial no fue en sus inicios una empresa Judaísta, sino una en que la secta gobernante del Judaísmo se hizo accionista mayoritario posteriormente.

Nada definido puede establecerse de cualquier modo; el encubrimiento de las huellas, es el primer principio de las tácticas revolucionarias.

Aparentemente los judíos jugaron un rol muy pequeño o ningún rol en la Conspiración maestra (la de Weishaupt y su Illuminati) y simplemente una parte proporcional con todos los otros, en la revolución francesa. Acerca de lo primero, la autoridad principal en este asunto, la Señora Nesta Webster, dice "los judíos parecen haber sido admitidos sólo en raros casos en la Orden". Leopold Engel, un carácter misterioso que reorganizó la orden en 1880, va más allá, declarando que el reclutamiento de judíos fue *prohibido*. Por otro lado, Mirabeau, un importante Iluminati y revolucionario, se identificó a sí mismo con las demandas y pretensiones de los Judaístas, así que cualquiera restricción en la aparición real de judíos en la Orden puede haber sido un dispositivo de "encubrimiento", del tipo que Weishaupt sostuvo era de suma importancia.

Las mejores autoridades del momento estaban de acuerdo que el Illuminati eran los instigadores de la revolución y que ellos eran hombres de todos los países. El Chevalier de Malet dice, "Los autores de la revolución no son más franceses que los alemanes, italianos, ingleses, etc. Ellos forman una nación particular que nació y ha crecido en la oscuridad, en medio de todas las naciones civilizadas, con el objeto de sujetarlos a su dominio". Éste es el cuadro que el estudioso de hoy también puede obtener del estudio de la literatura de la revolución francesa; es completamente diferente del cuadro de la revolución rusa de 1917, a la cual las palabras no podrían aplicarse.

En la revolución francesa *misma* (como distintivo de la conspiración anterior) el rol jugado por los judíos está bastante claro, pero parece haber sido ese de "complicidad en el desorden" que les atribuye el Corán, en lugar del control o dirección. De hecho, es a menudo difícil distinguir a los judíos, como tal, en los archivos de ese tiempo, porque los escritores de aquellos días no los separaron así. Es más, la revolución en su fase francesa, *parecía estar* contra *toda* la religión y *todo* nacionalismo (en la fase rusa, nuevamente, ya no fue el caso). Así, la chusma que llevó cruces y cálices a la asamblea revolucionaria, mientras las iglesias de París estaban siendo entregadas a las "Fiestas de la Razón", también incluían a judíos que contribuyeron con ornamentos de la sinagoga para demostrar la profanación. Nuevamente, en "el Templo de Libertad", un ciudadano "planteó los prejuicios de la religión judía" emprendiendo para demostrar "que todos los formas de culto son imposturas igualmente degradadas para el hombre". Alexandre Lambert *hijo*, entonces dio voz a esta protesta contra la esclavitud del Talmud:

"La mala fe, ciudadanos, de la cual la nación judía es acusada, no viene de ellos mismos sino de sus sacerdotes. Su religión que sólo les permitiría prestar a aquellos de su nación con un 5 por ciento de interés, les dice que tomen todos lo que ellos puedan de los Católicos; incluso se santifica como una costumbre en nuestras oraciones de la mañana, solicitar la ayuda de Dios para entrampar a un Cristiano. Hay más, ciudadanos, y es el clímax de la abominación; si se comete cualquier error en el comercio entre judíos, piden que ellos hagan reparación: pero si en 100 louis un Cristiano pudo haber pagado 25 de más, uno no está obligado a devolvérselos. ¡Qué abominación! ¡Eso es un horror! *¿Y de dónde viene todo eso sino de los Rabinos?* ¿Quién ha excitado las proscripciones contra nosotros?

¡Nuestros sacerdotes! Ah, ciudadanos, más que de cualquier cosa en el mundo debemos abjurar de una religión que... sujetándonos a prácticas tediosas y serviles, hace imposible para nosotros ser buenos ciudadanos".[4]

---

[4] La línea puesta en itálica en esta cita da una oportunidad histórica de comentar que cuando Alexandre Lambert *hijo*, habló así, el período *rabínico* en la historia Judaísta había recién comenzado. Antes de 1772, cuando Polonia fue dividida, había existido siempre un gobierno o dirección visible, centralizada dirigiendo la autoridad para toda la Judería. En el comienzo fue el sacerdocio de los Levitas, en Jerusalén y Babilonia. Bajo Roma fue el partido político dominante, los Fariseos, que estaban en el efecto en el gobierno. Después de la caída de Jerusalén y la dispersión fue el "gobierno móvil Talmúdico" en Palestina, Babilonia, España y Polonia. Después de esto se perdió de vista, en 1772 el período "rabínico" comenzó, como la autoridad sobre la totalidad de la congregación de la Judería, hasta donde fue manejado, fue ejercido por todas partes por los Rabinos. Entre éstos, naturalmente, existían hombres de cada grado de creencia y temperamento, desde el más extremo al más templado; pero el presente

Si los Judíos se identifican en cualquier parte *como Judíos* (no simplemente como participantes) en los peores hechos de la revolución, esto está en la jactancia judía, no por la imputación Gentil. Por ejemplo, escritores como M. León Kahn va más lejos de su forma en asociar a los judíos, con nombres, con el ataque al rey y a la religión, y eso lo hace cien años después de los eventos. Éste es un ejemplo del esfuerzo trabajado, el cual puede encontrarse en mucha literatura Judaísta para mostrar que nada de este tipo **puede pasar** en el mundo sino es por la mano de Jehová, es decir, de los judíos. M. León Kahn aparentemente no podría imaginar la revolución francesa en alguna otra condición que aquella de Daniel y Belshazzar. Pero para la revolución rusa, M. León Kahn puede ser olvidado; una vez más, son nuestros días actuales quienes dan una mirada de verdad a los antiguos eventos.

En los eventos posteriores a la revolución francesa, los judíos, a través de sus líderes, pareciera que simplemente transformaron una situación en su favor, ya que estaban facultados para hacerlo. Sin embargo, a la luz de lo que lo siguió después es significativo que los judíos que ganaron eran los "judíos Orientales", y que estos non-semitas convertidos al Judaísmo en ese momento hicieron su primera brecha en los muros de Occidente.

La mayoría de los judíos en Francia eran Sepharditas, descendientes de esos judíos españoles y portugueses que tenían alguna tenue tradición, por lo menos, que los unía con Palestina. Cualquier inhabilidad aun sufrida por estos judíos asentados de largo tiempo fue finalizada por el decreto de 1790 que les daba todos los derechos de ciudadanos franceses. En Alsacia, una comunidad de Ashkenazis, judíos eslavos, había aparecido y estos visitantes de Rusia fueron muy detestados, por lo que la propuesta para entregarles la ciudadanía provocaría tormentosos debates en la Asamblea revolucionaria y una insurrección entre los campesinos alsacianos. En esta ocasión se oyeron nuevamente las advertencias con las cuales los siglos anteriores se habían hecho familiares. El Abbé Maury les dijo a los diputados ciudadanos, "Los judíos han atravesado diecisiete siglos sin mezclarse con otras naciones... Ellos no deben ser perseguidos, ellos deben protegerse como individuos y no como franceses, ya que ellos no pueden ser ciudadanos... Cualquier cosa que usted haga, siempre seguirán siendo extranjeros en nuestro medio". El Obispo de Nancy concurrió; "Se les debe otorgar protección, seguridad, libertad; pero...¿Debemos admitir en la familia una tribu que es extranjera a ella, que vuelve sus ojos incesantemente hacia un país común, que aspira a abandonar la tierra que lo hospeda? El interés de los judíos mismos hace necesaria esta protesta."

---

siglo ha mostrado que la mayoría de ellos, tal como en los períodos anteriores en la historia judía, siguió literalmente la "Ley" del Judaísmo que desde el punto de vista Gentil, por supuesto, es extremismo en su forma más extrema.

Los judíos Sepharditas también protestaron: "Nos atrevemos a creer que nuestra condición en Francia no estaría abierta hoy a la discusión si ciertas demandas de los judíos de Alsacia, Lorraine y los Tres Obispados no hubiesen causado una confusión de ideas las cuales pareciera que se reflejan en nosotros... A juzgar por los papeles públicos ellos parecen ser bastante extraordinarios, ya que estos judíos aspiran a vivir en Francia bajo un régimen especial, tener leyes particulares para ellos, y constituir una clase de ciudadanos separada de todos los otros."

Esta protesta *judía* (una recurrente a través de los tiempos hasta nuestros días, y siempre ignorada por los gobernantes Gentiles) era tan vana como esa de 30 años antes en París, donde los comerciantes protestaban contra la apertura de sus corporaciones a los judíos:

"El comerciante francés lleva su comercio solo; cada casa comercial esta de alguna forma aislada; mientras que los judíos *son partículas del metal mercurio que a la menor inclinación corren junto en un bloque*".

A pesar de toda la oposición, el decreto que emancipaba a los judíos de Alsacia fue aprobado en 1791. Cuando Napoleón tuvo éxito en alcanzar el poder, un problema judío de primer orden había sido creado para él y (después de su fracaso para resolverlo) para el mundo.

De este momento la secta gobernante de la Judería inclinaría todos sus esfuerzos en reducir la autoridad de los judíos Sepharditas originales y aumentaría aquella de sus compactos Ashkenazis en Oriente; desde este momento los Ashkenazis comenzaron a pasar a Europa (y después a Norteamérica), para asumir la dirección de la revolución-mundial y llevar a todas partes con ellos, el ataque a todo gobierno legítimo, religión y nacionalismo.

Ese desarrollo siguió a la revolución francesa, o primera fase de la revolución mundial la cual fue como abrir una puerta o la ruptura de un dique. Hasta ese momento, todo lo que podrían decirse con justicia respecto a los judíos en la revolución era que ellos habían estado envueltos en ella tal como otros hombres, y que se habían beneficiado de ella más que otros hombres. La continuación se transformó en una luz diferente para todo esto, y comenzó a mostrar la *dirección* Judaísta, ya no sólo en envolvimiento.

Para el medio-siglo que siguió la revelación del plan para la revolución-mundial y su erupción en Francia, los procesos históricos de la Judería y de la revolución-mundial ya no permanecerían separados o distintos; ellos convergieron. La continua conspiración y "los judíos" (en el sentido de la secta dominante) fue entonces idéntica y ya no podría ser considerada aparte. Desde la mitad del Siglo 19 la revolución-mundial está bajo la dirección judía; cualquiera hayan sido los hechos anteriores, pasaron entonces a estas manos.

El testigo con autoridad, cuyas palabras (como las anteriores de Luchet, Alexander Hamilton y Edmund Burke) fueron confirmadas totalmente por los eventos, fue Benjamín Disraeli, Primer Ministro de Inglaterra.

Capítulo 21

Las advertencias de Disraeli

Benjamín Disraeli, más tarde Lord Beaconsfield, advirtió repetidamente a la Cristiandad contra la revolución-mundial. Tal como de Luchet, Alexander Hamilton y Edmund Burke cincuenta años antes, vio "el plan" detrás de esta; a diferencia de Lord Acton, quien cincuenta años después sólo habló de anónimos "agentes", Disraeli identificó a estos organizadores *como judíos*. El siglo que ha pasado desde que profirió explícitamente estas advertencias lo ha justificado; cualquiera sea sus orígenes, la organizada revolución-mundial estaba bajo la dirección Judaísta a mediados del Siglo 19 y ha continuado bajo la dirección Judaísta por lo menos hasta 1920 (en la opinión del presente escritor la condición continuó después y prevalece hasta hoy).

Por qué la secta Talmúdica tomó la dirección de la organización revolucionaria establecida por Weishaupt, o si instigó la tarea revolucionaria original, son dos preguntas que no pueden contestarse hoy.

Si la ambición de la dominación mundial Judaica, instilada a través de los siglos por el Talmud y más aún por la Cabala,[5] ha de ser llevada a cabo alguna vez, la esclavitud de los "paganos" a la Nación Santa tendrá que ser logrado a través de alguna organización destructiva como aquella diseñada por Weishaupt; el hecho que Weishaupt fundó su Illuminati en el mismo momento cuando el "centro" judío en Polonia se sumergió y se perdió de vista, después de una vida continuada de más de dos mil años, podría estar más allá de una coincidencia. Por otro lado, es igualmente posible que la secta dominante con el propósito de la realización Talmúdica, tomó el control de una organización destructiva preparado por non- judíos para un fin diferente.

Las dos advertencias más significantes de Disraeli precedieron y continuaron las erupciones revolucionarias que ocurrieron en muchas

---

[5] La *Enciclopedia Judía* dice que la Cabala (el conocimiento tradicional oral, en contraposición a la ley escrita, o Torah) del Siglo13, se ramifica en una extensa literatura junto a y contra el Talmud, sólo confiándose a los pocos elegidos. La Señora Nesta Webster, sin embargo, cita otro pasaje de la *Enciclopedia Judía* diciendo que "la Cabala en la realidad no está contra el Talmud".

partes de Europa en 1848. Basado en la experiencia ganada en Francia medio-siglo antes, éstas representaron la segunda de las "erupciones, preparadas cuando la ocasión lo permita", y "las explosiones periódicas" (como de Luchet y Alejandro Hamilton había predicho) las cuales, la organización revolucionaria-mundial habría de provocar. Ellos fallaron por todas partes, posiblemente porque la memoria de la revolución francesa era bastante reciente para que los gobiernos y los pueblos la enfrentaran resueltamente. Su supresión no le dejó a Disraeli ninguna ilusión sobre el futuro. Él había descrito lo que pasaría antes de que ocurriera; después de esto, predijo la persistencia de la conspiración y la repetición de las erupciones violentas.

Disraeli escribió novelas (con mayor éxito que dos imitadores posteriores, el Coronel House de Texas y Sr. Winston Churchill cuando joven), y se describió en ellas como un apartado, urbano, omnisciente, y ligeramente burlón empresario de asuntos humanos. En **Coningsby,** es el carácter principal, Sidonia, un judío español-musulmán, maestro de las finanzas, el poder detrás de todos los poderes y un manipulador desapasionado de los asuntos, uno de los cuales es ayudado por esa libertad absoluta de prejuicios que es la posesión compensatoria de un hombre sin un país". Sidonia enfatizó en 1846 (el año en que **Coningsby** fue publicada): "Esa poderosa Revolución la cual está siendo preparada en este momento en Alemania y... de la cual se conoce hasta este momento tan poco en Inglaterra, **está siendo desarrollada totalmente bajo los auspicios de los Judíos**".

Entonces, después de las erupciones de 1848, Disraeli retornó al asunto, diciendo en la Cámara de los Comunes en 1852: "La influencia de los Judíos puede ser rastreada en la última erupción ***del principio destructivo*** en Europa. Una insurrección toma lugar contra la tradición y la aristocracia, contra la religión y la propiedad... La igualdad natural de los hombres y la abrogación de la propiedad es proclamada por ***sociedades secretas*** que forman gobiernos provisionales y ***hombres de raza judía se encuentran a la cabeza de cada uno de ellas***" (exactamente la misma cosa se repitió en Rusia, en 1917, esto es, setenta años después de las erupciones de 1848).

Disraeli agregó, "Los más hábiles manipuladores de la propiedad se alían ellos mismos con los Comunistas; el pueblo especial y escogido toca las manos de toda la escoria y castas bajas de Europa". Esto, dijo él, era porque deseaban destruir la Cristiandad.

La tarea de investigación, en un trabajo como este, es ardua y tiene pocas compensaciones, pero el conocimiento de Disraeli fue un solaz. El lector ya se ha encontrado con algunos verdaderos profetas entre los muchos falsos, durante esta jornada a través de los siglos, pero no se encontrará otro realmente como Benjamín Disraeli, cuya liberación de las ataduras Talmúdicas le dio esta "libertad absoluta de los prejuicios". Su nombre era significante, porque era de la casta de los profetas Israelitas que denunciaron a Judah. Estaba orgulloso de su descendencia y fue capaz por su separación, de sentir un amor por Inglaterra que aquellos de linaje nativo, a menudo no pueden emular. Sus comentarios irónicos en los asuntos públicos y en los eventos humanos son refrescantes al leerlos hoy, cuando los políticos huyen de la verdad como el diablo podría huir del agua bendita.

Francamente declaró que "**el mundo está siendo gobernado por personajes muy diferentes de los imaginados por aquellos que no están detrás de las cortinas**", y en estas palabras afirmó públicamente que el gobierno real está en la Mano Oculta. Todos los observadores informados saben que ésta es la verdad de los asuntos, pero cualquier presidente norteamericano o primer ministro británico de hoy, denunciaría la declaración como una "caza-de-brujas". "Pienso", dijo Sidonia "que no hay ningún error tan vulgar como creer que las revoluciones son ocasionadas por causas económicas". Así habló Disraeli; en nuestros días Lloyd Georges y Woodrow Wilsons, Roosevelts y Trumans han pretendido que las revoluciones en Francia y Rusia y en otras partes fuero erupciones-masivas espontáneas de los "pueblos" enfurecidos contra la "tiranía."

Disraeli practicaba las enseñanzas de la Cristiandad, él no era meramente "un judío bautizado". Él no se habría asociado, o en el nombre de su país, con la venganza del Antiguo Testamento en Nuremberg, ya que esto fue lo que dijo después del Motín en la India de 1857, cuando el espíritu de la venganza era feroz en esas tierras: "Yo declaro, sin la más ligera vacilación, mi humilde desaprobación de personas en altos cargos que anuncian que las normas más altas de Inglaterra de 'la venganza' y no de 'la justicia' debe inscribirse... Yo protesto contra enfrentar las atrocidades con atrocidades. He oído decir cosas y he visto cosas escritas últimamente qué casi me harían suponer que las opiniones religiosas de las personas de Inglaterra habrían sufrido algún súbito cambio, y que, en lugar de inclinarse ante el nombre de Jesús, **nosotros nos estábamos preparando para reavivar el culto a Moloch**. No puedo creer que es nuestro deber ser complacientes con tal espíritu."

Estas palabras contienen una alusión que llega a cada judío y Gentil. El judaísmo Talmúdico *es* "el culto a Moloch" y Disraeli supo esto cuando escogió las palabras. Toda la disputa entre el antiguo Israel y la tribu Judah de los Levitas estaba alrededor de esta falsa deidad y sus demandas, e Israel le dio la espalda a Judah en esta misma situación; ésta es la raíz de la controversia de Sión, hace tres mil años atrás y ahora.

Se refleja en los dos pasajes más significativos en el Antiguo Testamento: La acusación de Jeremías que Dios nunca les había ordenado a los hijos de Israel "que causaran a sus hijos e hijas a atravesar el fuego hacia Moloch... tampoco entró en mi mente, que ellos deberían hacer esta abominación, para causar Judah a pecar"; y la respuesta de Ezekiel que Dios *le había dado* a Israel estos "estatutos que no son buenos" y el sacrificio del primogénito. El dios de amor y la misericordia, el dios del odio, la venganza y el sacrificio humano: Ese fue desde un comienzo el problema, y lo es hoy, y si Disraeli hubiera vivido cien años más tarde, la Cristiandad podría, por este vástago de la judería, haberse ahorrado el estigma de la venganza Talmúdica en Nuremberg.

Similarmente, Disraeli no se imaginaba prestándose a sí mismo, su alto cargo y la fuerza de su país para apoyar y diseminar la revolución-mundial, tal como se prestaron los líderes de Bretaña y Norteamérica en la primera y segunda guerra mundial; su vida pública entera fue usada para prevenir a su país contra la conspiración destructiva que promovieron sus actos.

En 1955 un tal Lord Samuel (quién en el auge del Liberalismo se alzó desde un simple Herbert Samuel, a través de varias oficinas políticas, al ennoblecimiento) orgullosamente declaró que él fue el primer judío en tener alguna vez un rango ministerial en Inglaterra. Esto probablemente era una burla a la conversión de Disraeli; no obstante, el mundo en el Siglo XX podría haber sido mejor con más Disraelis. Las cosas más llamativas sobre Disraeli, estudiadas a la distancia de un siglo, fue su hábito de hablar la verdad absoluta, la exactitud de sus predicción, su inmenso conocimiento instintivo y adquirido, y su profundo aunque desapasionado amor por Inglaterra, y su caridad cristiana. En materia de hechos él tuvo siempre la razón; en aquellas de opinión, él estuvo siempre en el lado de los ángeles. Su desprecio por los "Liberales" fue grande, aunque fue expresado delicadamente (el "infanticidio es practicado extensivamente como legalmente en Inglaterra como los es en las orillas del Ganges, una circunstancia que al parecer todavía no ha comprometido la atención de la Sociedad para la Propagación del Evangelio"). El presente escritor piensa que él se equivocó en una materia, a saber, en su opinión que las doctrinas de Jesús eran la realización, no el repudio, del Judaísmo. Lo contrario me parece a mí es la verdad, a saber, que el Judaísmo era esa misma herejía ("el culto a Moloch") qué Disraeli rechazó con desprecio, y qué Jesús vino a cambiar.

Disraeli fue el producto de la Judería Sefardita y de Inglaterra en ese período; él no habría podido, sin *estas dos* influencias, haber logrado esa "libertad absoluta del prejuicio". Su padre, Isaac D'Israeli, escribió, "Una religión que no admite *tolerancia* no puede tolerarse con seguridad, si existe alguna posibilidad de que obtenga un ascendiente político", y la *Enciclopedia Británica* dice que la razón de Isaac para retirarse de la sinagoga fue que el Judaísmo Talmúdico con sus rígidas leyes "aísla a los judíos de la gran familia de la humanidad". El biógrafo de su hijo, el Sr. Hesketh Pearson, dice que los superiores multaron a Isaac D'Israeli con cuarenta libras cuando él rechazó la elección como Vigilante de la Congregación declarando que él nunca podría tomar parte en su culto público "porque, tal como ahora se dirige, perturba, en lugar de excitar emociones religiosas". Isaac no habría sido capaz de desafiar así a sus Superiores, si hubiese vivido en una comunidad Talmúdica en Rusia o Polonia; habría sido proscrito, o posiblemente asesinado.

Así el padre y el hijo (quién se transformó en miembro de la Iglesia de Inglaterra a la edad de doce años) fueron formados por el aire libre de Inglaterra en ese momento. Benjamín Disraeli, lograría el levantamiento de las últimas restricciones que se habían impuesto a los judíos en Inglaterra, y entonces proclamaría públicamente que (en la sucesión inmediata a esta emancipación) los judíos estaban tomando el control de la revolución-mundial por todas partes. Para un hombre de "libertad absoluta del prejuicio" la campaña contra las restricciones judías y la declaración franca de este resultado fueron tareas igualmente ineludibles, aunque el segundo desarrollo sacó afuera las advertencias de los enemigos de esa emancipación judía que Disraeli había luchado para completar.

Antes de concluir la historia de las propias advertencias de Disraeli, el curso de la revolución-mundial durante su tiempo necesita ser remontado, es decir, durante el siglo que en que la erupción en Francia tuvo éxito. Cuando Weishaupt murió en 1830, dejando atrás el plan y la organización revelada por primera vez por el descubrimiento de los documentos del Illuminati en 1786, Disraeli tenía 26 años. Los próximos cincuenta años estaban llenos con la disputa por la sucesión de Weishaupt; durante este período Disraeli profirió muchas advertencias. Cuando finalizó el control judío de la revolución-mundial no obstante había sido establecido firmemente y se le había dado el sello de los judíos Orientales, los mongoloides Khazars, bajo sus rabinos Talmúdicos.

El resultado podría haber sido diferente, ya que hombres de variados tipos luchaban para suceder a Weishaupt, y muchos de ellos eran Gentiles. Al comienzo no existía ninguna única, organización revolucionaria unida; había sociedades revolucionarias secretas, aun desunidas en varios países. El jefe de ellas, y uno en la línea más clara de descendencia del Illuminati de Weishaupt, era Alta Vendita en Italia, algunos de sus papeles que fueron capturados y publicados por el Gobierno Obispal, revelaban una identidad de objetivo y método con los documentos del Illuminati de medio-siglo atrás (tal como la Señora Nesta Webster lo ha establecido del trabajo de Cretineau Joly.)

En la Francmasonería de Francia continuaba sirviendo como la encubierta usada por la revolución, y en Alemania la "Liga de la Virtud" (Tugendbund) era dirigida por lugartenientes de Weishaupt. Varios hombres trabajaron para fundir en uno estos movimientos nacionales, aparentemente distintos y asumir la dirección, en la sucesión de Adam Weishaupt. Entre ellos estaba un francés, Louis Blanc (cuyo nombre al lector se le pide tener presente, por la razón que aparecerá después; en un momento él pareció jugar el rol de Lenín, incluso antes de que Lenín naciera), un ruso, Michel Bakunín, y un judío, nacido en Alemania, Karl Marx.

El forcejeo se luchó entre los últimos dos, ya que Louis Blanc pronto se desvaneció de la escena. Michel Bakunín y Karl Marx estaban separados como los polos. Bakunín, "el Padre de la Anarquía", era "un discípulo de Weishaupt", según el socialista revolucionario francés, Benoit Malon. Representaba esa primera casta de revolucionarios idealistas que pensaron que ellos habían encontrado en la revolución un instrumento para destruir la tiranía. Él vio el peligro que el Estado confiscatorio, construido sobre las ruinas de la propiedad privada, meramente reproduciría las propensiones tiránicas del capitalista privado en una forma gigantesca; por consiguiente él buscaba formas de reconciliar la propiedad común de la tierra y el capital con la disminución máxima posible de los poderes del Estado y finalmente incluso, con **la abolición completa del Estado**. Así era el más opuesto a Karl Marx cuya la propuesta similar, para la propiedad común de la tierra y el capital, apuntaba simplemente a preparar una super tiranía en lugar de pequeños tiranos.

La pasión gobernante (y el motivo original) de todo el trabajo de Bakunín era el horror al despotismo; Marx planeó destruir una clase gobernante para establecer un despotismo tal como el mundo nunca había conocido. Ésta era la profunda diferencia entre los dos hombres, la cual hizo surgir una pregunta que nunca ha sido contestada: ¿Cuál habría sido el efecto en el mundo si el Anarquismo de Bakunin, en lugar del Comunismo de Marx hubiese asumido la dirección de la revolución-mundial? Ya que el Anarquismo se opuso a todo tipo de gobierno compulsivo, y al Estado como encarnación de la fuerza empleada en el gobierno de la comunidad; Comunismo era la deificación de la fuerza manejada por el Estado.

Todo sobre Bakunin es genuino: su lucha, sus sufrimientos y su muerte. Todo sobre Marx es ficticio: sus treinta años de incitación desde la sala de lectura del Museo británico, su cómoda vida de la generosidad de Friedrich Engels, su matrimonio evidentemente calculado a una "***von***", su entierro gentil con oraciones al borde de su tumba; todas ella son típicas del pequeño burgués que tan ruidosamente declamó contra **la burguesía**. La cosa más ficticia de todas fue su Manifiesto Comunista que diagnosticaba una dolencia ("El proletario no tiene propiedad") y prescribía el suicidio como remedio ("La teoría de los Comunistas puede resumirse en la sola frase: La abolición de la propiedad privada").

Esto era un claro anuncio al proletariado que no tenía nada que ganar sino cadenas del Comunismo, y si las erupciones revolucionarias por Europa siguieron la publicación del Manifiesto en enero de 1848, las masas oprimidas no pueden haber despertado a ellos por su lógica. Dentro de unas semanas de la publicación, las revueltas ocurrieron por toda Alemania, en Austria, Hungría, Italia, Francia y Dinamarca. Ésta fue la prueba que las "sociedades secretas" individuales en los diferentes países estaban unidas, que algún medio había sido encontrado para coordinar y sincronizar sus erupciones, y así, por primera vez, demostrar la revolución-*mundial* en acción, a través de las erupciones *simultáneas* en numerosos países.

Probablemente sólo una organización, que ya existía en ese momento, tenía a su disposición la red internacional que podría hacer posible esta sincronización y coordinación, y ésa red era el rabinato Talmúdico en Europa Oriental. Teóricamente, la inmensa organización de la Iglesia católica podría usarse en el mismo propósito, pero la Iglesia vio a su enemigo más mortal en la revolución y *no* se usó así; en ese punto la historia está clara. Lo que Disraeli había sabido y había declarado dos años antes se volvió el hecho histórico: "esa poderosa revolución la cual en este momento se está preparando en Alemania... se está desarrollando *completamente bajo los auspicios de los judíos*". Karl Marx y su Manifiesto comunista eran las señales exteriores y visibles de un evento histórico significante: el Judaísmo Talmúdico había tomado la revolución-mundial.

De los tres hombres que en ese momento parecía luchar por el generalato de la revolución, Louis Blanc saltó fuera rápidamente del funcionamiento. Él era un miembro del gobierno provisional instalado en París después de la revuelta de 1848, y en la posición de Ministro parecía tener la oportunidad de poner sus teorías en práctica. Él sostuvo que el individualismo y la competencia era el cáncer en el cuerpo social y, como Marx, deseaba instalar un Estado totalmente-despótico (aunque del tipo de "bienestar" favorecido por los socialistas ingleses un siglo después).

Era el heraldo del "derecho a trabajar" qué, en la Rusia del siglo presente, ha demostrado ser el derecho del Estado para infligir el trabajo forzado. En su efímera posición emprendió para garantizar el sustento de los obreros mediante el "trabajo" y fue autorizado para llamar a una asamblea de delegados de obreros para preparar un plan para el "pleno empleo". Este cuerpo estaba en la formulación de una anticipación de los soviéticos, y representa la máxima exigencia de Louis Blanc para ser recordado. Después de la supresión de la revuelta huyó a Inglaterra y sólo volvió 23 años más tarde, privado de importancia.

Esto dejó a Marx y a Bakunín. Típicamente, Karl Marx, expulsado de Prusia y Francia después de 1848, se estableció cómodamente en

Londres hasta que él murió, treinta y cuatro años después. Sólo Bakunín corrió para dirigir las "barricadas". Bakunín fue por nacimiento un aristócrata ruso y había renunciado a su rango en un regimiento Zarista en 1832 después de la supresión de la insurrección polaca de 1830; el espectáculo de una Polonia aterrorizada inspiraron en el corazón de este joven oficial ruso el horror al despotismo que desde entonces dominó su vida. Él se encontró con Marx antes de 1848 y dejó una descripción de la diferencia entre ellos: "Marx me llamó un idealista sentimental, y él tenía razón; Yo lo llamé un hombre vano, pérfido y astuto, y yo también tenía razón.

Bakunín estaba en París para la lucha de 1848, y en mayo de 1849 era miembro del gobierno provisional que habían instalado los revolucionarios en Saxony, dirigiendo la defensa de Dresde hasta que las tropas Prusianas prevalecieron, y allí fue capturado intentando escapar (con Richard Wagner). Fue sentenciado a muerte, e indultado, posteriormente por los gobiernos Austriaco y Sajón. "Fue mantenido con grilletes y encadenado a una pared durante un año y luego fue entregado al gobierno ruso. Después de seis años de encarcelamiento le enviaron, sin dientes, con escorbuto y envejecido prematuramente, a "la libertad en Siberia comparativamente", de la cual, en 1861, después de doce años de cautiverio, escapó a Japón, Norteamérica y eventualmente a Inglaterra. Sin quiebres a pesar de sus experiencias, reasumió de inmediato, predicando el espíritu de la revuelta anarquista y en 1864, en Suiza, fundó su Internacional (la **Alianza Internacional Social Demócrata**).

Aproximadamente al mismo tiempo, Karl Marx fundó *su* Internacional (la Asociación Internacional de Hombres trabajadores) en Londres, y los próximos años fueron plenos con el firme forcejeo entre Bakunín y Marx por el alma de la revolución. Durante la larga ausencia de Bakunín en las cáceles sajonas, austriacas, rusa y en Siberia, Marx en Londres se había apoderado de la organización revolucionaria internacional (en varios países tenía a yernos como lugartenientes, en el modelo napoleónico), pero el renombre de Bakunín era grande y sólo fue privado de la dirección mediante una serie de trucos que Marx, a través de su control del Concilio General, pudo usar contra su rival. En 1872 el Concilio General llamó un congreso de la Internacional en La Haya, dónde Bakunín y sus amigos no podrían ir a causa de la hostilidad gubernamental. En este congreso se levantaron cargos contra Bakunín (recordativos de aquellos que sesenta años después serían levantados contra cualquier líder comunista de quien Stalin deseara librarse y él fue expulsado de la Internacional por el voto del Concilio, condensado por los hombres escogidos a dedo por Marx.

Con su salud quebrantada Bakunín murió unos años después, y aparentemente apresuró su fin negándose a ingerir alimentos. Con él murió algún tipo de esperanza (si tal esperanza alguna vez existió) que la organizada revolución- mundial podría usarse para derrocar la tiranía y liberar a los hombres; desde el momento que quedó "completamente bajo los auspicios de los judíos" (Disraeli) su propósito fue esclavizar a los hombres y establecer una tiranía indestructible. La idea de Bakunín era organizar la fuerza contra la opresión, y el peor opresor de todos, en sus ojos, era El Estado. Éstas son sus palabras: "El Estado no es la sociedad, es sólo un forma histórica de esta, tan brutal como es abstracta. Nació históricamente, en todos los países, del matrimonio de la violencia, la rapiña, el pillaje, en una palabra, de la guerra y conquista... Ha sido desde su origen, y todavía permanece en la actualidad, como la sanción divina de la fuerza brutal y de la triunfante desigualdad. El Estado es la autoridad; es la fuerza; es la ostentación y la inspiración de la fuerza... "

Precisamente un Estado tal como ese, diseñó Karl Marx para ser instalado a través de su movimiento revolucionario internacional, e iba a ser un **Estado mundial**. Bakunín en 1869, cuando su disputa con Karl Marx estaba alcanzando su clímax, tal como Disraeli en 1846 y 1852 identificó a la dirección de la revolución-mundial como judía y en esto él vio la causa de la perversión, tal como lo consideró, de la idea revolucionaria. Su **Polemique contre les Juifs**, escrito en 1869, fue principalmente dirigida contra los judíos de la Internacional, y de lo que hemos visto subsecuentemente de estos asuntos, podemos asumir que su expulsión por el Concilio General Marxista en 1872 llegó ciertamente en el momento de esa publicación en 1869.

Cuando Disraeli murió en 1881, había usado entre treinta y cuarenta años advirtiendo a sus compatriotas y al mundo contra "las sociedades secretas": "No fue ni el Parlamento, ni la población, ni el curso de la naturaleza, ni el curso de los eventos los que derrocaron el trono de Louis Philippe... El trono fue sorprendido por las **sociedades secretas**, incluso preparadas para asolar a Europa... Actuando al unísono con un gran movimiento popular ellos pueden destruir la sociedad... "(1852). Existe en Italia un poder que raramente mencionamos en esta Cámara... quiero decir, las **sociedades secretas**. Es inútil negarlo, porque es imposible de ocultar, que una gran parte de Europa está cubierta con **una red de estas sociedades secretas, así tal como la superficie de la tierra está cubriéndose ahora con el ferrocarril**... Ellos no desean un gobierno constitucional; ellos no quieren las instituciones mejoradas... ellos quieren cambiar la tenencia de tierra, lanzar afuera a los dueños actuales de la tierra, y poner fin al establishment eclesiástico... " (1856).

Disraeli simplemente vio, y quizás fue el primero en reconocer el nombre, la naturaleza fraudulenta del Liberalismo,: "son las maniobras de estos hombres que están golpeando a la propiedad y a Cristo, a quienes las personas buenas de este país que es tan acumulativo y tan religioso, reconocen y aplauden como el progreso de la causa Liberal".

Si estuviera en el poder del hombre, mediante informadas advertencias evitar eventos desastrosos, las advertencias repetidas de esta única autoridad habrían evitado la tribulación que la revolución llevó sobre millones de hombres en el próximo siglo. Pero, "por un instinto divino, las mentes de los hombres desconfían del peligro resultante"; la negación de las advertencias de Disraeli demuestran aquello que todos los siglos precedentes habían mostrado: que los seres humano no serán detenidos de una tarea peligrosa, o despertados de una inercia peligrosa, por algún consejo de palabras. Será exclusivamente la experiencia la que les puede mover a actuar a tiempo, y en eso, el Siglo 20 los ha hecho abundante.

En las décadas a mediados del último siglo, Disraeli habló en vano. Él ni siquiera podía ser difamado como un "cazador-de-brujas", y por consiguiente fue ridiculizado con el semblante de un afectuoso desdén: "Se pensaba generalmente" (dice el Sr. Hesketh Pearson) "que él tenía una abeja en su sombrero sobre el asunto de las sociedades secretas, *la existencia de las cuales fue negada*; pero podemos verlas ahora como las semillas de un movimiento que, habiendo encontrado una fórmula, *se fundió y se enconó en el Comunismo*". Ese veredicto de 1951 es evidentemente verdad y está de acuerdo con el veredicto contemporáneo de uno de los testigos revolucionarios, Benoit Malon: "El Comunismo fue heredado en la oscuridad a través de las sociedades secretas del Siglo19."

Así, cuando Disraeli murió, la cosa que él se había esforzado en evitar había ocurrido: las "sociedades secretas" se habían soldado en un movimiento revolucionario mundial bajo el control judío, y esto se estaba preparando para explotar las fundaciones del Siglo 20. Él había encontrado la descripción perfecta para esta organización: "una red" que cubrió Europa "así como la superficie de la tierra está siendo cubierta por el ferrocarril."

Los hombres informados empezaron cada vez más frecuentemente a usar esta expresión, "la red", y a hablar de "la mano oculta" que controlaba a los gobiernos. En los años previos de las revoluciones de 1848, el ex Rabino Drach, que tal como Disraeli previo lo que estaba viniendo, publicó su acusación al Talmud como la fuente de este proceso disociador; su persecución resultante fue descrita por una escritora judía llamada Morel, que entre otras cosas dijo, "cuales pueden ser las medidas más sabias que pueden tomar las autoridades de todos los países contra *la inmensa y permanente conspiración de un pueblo, el cual, como una red tan inmensa como es de fuerte, está estirada sobre todo el globo, dando la señal a su fuerza para dirigir un evento dondequiera que ocurra que interese al nombre de Israelita.*"

La sucesión de eventos es significante. En 1772 Polonia fue dividida y, después de más de 2,500 años, el "centro" del Gobierno judío "dejó de existir" (según el Dr. Kastein) o se transformó en un gobierno judío secreto (como lo creyeron las autoridades rusas). En 1776, Adán Weishaupt fundó su Illuminati. Por 1846, Disraeli estaba escribiendo que "la revolución se está desarrollando completamente bajo los auspicios de los judíos". En 1869, Michel Bakunín, discípulo de Weishaupt, atacó a los judíos en el movimiento revolucionario. En 1872 Bakunín fue expulsado y el unido movimiento comunista simplemente surgió, bajo Karl Marx (en 1917 produjo un gobierno de Bolcheviques casi exclusivamente judío).

Tal fue el resultado, predicho por Disraeli, del alzamiento de las restricciones judías y de unas décadas de emancipación judía. Bajar las barreras no había tenido el efecto de amalgamar a los judíos en el respeto de la gente; sus consecuencias habían sido dar a "la secta más formidable" (en las palabras de Bakunín) la libertad para trabajar en la ruina de aquellos pueblos mediante la revolución. Las respuestas dadas por el Sanedrín a las preguntas de Napoleón al inicio del siglo, en su mitad quedó demostrado que tenían nulidad de fuerza. A los judíos *no* se les permitiría desde allí involucrarse con otros hombres, ni en la nacionalidad y las leyes de las tierras dónde ellos moraban; al contrario, la identificación con la revolución-mundial les puso más aparte de otros que incluso habían estado antes en sus vidas. El siglo de emancipación se había convertido en un fraude incluso antes que acabara.

Durante el Siglo 19 (tal como el Dr. Kastein, nuevamente lo registra) nació el término "antisemitismo". Ya que no se podía decir que la "persecución" existía, alguna nueva palabra tuvo que ser encontrada, con la capacidad de intimidar a los Gentiles y aterrorizar a los judíos, el segundo propósito, siendo más importante que el primero, y así fue inventado el "antisemitismo". El "abracadabra" también podría haber servido, ya que el término "antisemitismo" es patentemente absurdo con respecto a personas que no son demostrablemente Semitas y cuya Ley ordena la extirpación de los Semitas (el pueblo árabe de Palestina; cualquier expresión de simpatía con los Árabes Semitas, expulsados de su tierra nativa por los intrusos Sionistas en 1948, en su hora pudo haber sido atacado como "antisemitismo").

Probablemente los autores de este término deseaban guardar tales palabras como Judío, judaico y anti-judío fuera de la controversia pública y contaban con intimidar la mente de las masas por la introducción de una palabra del oscurantismo. Lo que la secta dominante implicaba el "antisemitismo" era de hecho una combinación de lesa majestad (una ofensa contra la dignidad del poder soberano) y herejía (oposición a la doctrina religiosa superior); y a mediados del presente siglo la mente de las masas se habían sometido en gran parte a esta idea; esa numerosa casta que en tiempos previos se habría quitado el sombrero al acercarse el alguacil del escudero o se habría cruzado el mismo cuando el ojo sacerdotal volvía sus ojos, contuvo su lengua y miraba respetuosamente cuando algún asunto judío fue mencionado.

La palabra "antisemitismo" fue acuñada en el momento en que "hombres de raza judía", como Disraeli y Bakunín señalaron, tomaron el control de la Revolución- mundial, y el objetivo principal de su invención fue detener la discusión pública del notable desarrollo mediante la intimidación; los eventos del presente siglo han demostrado esta situación en forma abundante, tal como este libro lo demostrará. En recientes tiempos, una autoridad judía, el Sr. Bernard Lazare, ofreció una definición de "antisemitismo" en un libro que aburrió la palabra como su título. Esta definición no tenía nada que hacer con el profeta Shem y su tribu, con la sangre Semítica o el discurso o el linaje, o con algo Semítico en absoluto; el Sr. Lazare relacionó el "antisemitismo" completamente a una opinión adversa al rol judío en la revolución. Escribió:

"Esto es lo que debe separar al historiador imparcial del antisemitismo. El antisemita dice: 'El judío es el preparador, el maquinador, el ingeniero principal de revoluciones; el historiador imparcial se confina a estudiar el rol que el judío, considerando su espíritu su carácter, la naturaleza de su filosofía, y su religión, puede haber jugado en los procesos revolucionarios y movimientos."

Lo que el Sr. Lazare quiso decir claramente fue que nada más que "una parte" en los procesos revolucionario podrían ser atribuidos a los judíos, y que el hombre que dijese que El Judío es el preparador, el maquinador, el ingeniero principal de las revoluciones" cometía una ofensa de lesa majestad y herejía.

Sin embargo, es substancial lo que Disraeli dijo (quién incluso puede haber tenido una o dos gotas de sangre Semítica, y en eso difería de los judíos Orientales a quienes él aludió): "esa poderosa revolución... se está desarrollando **completamente bajo los auspicios de los judíos**", "**la influencia de los judíos** puede remontarse a la última erupción del principio destructivo", "los **hombres de raza judía se encuentran** a la cabeza de cada uno de ellas" (es decir, las sociedades secretas).

Como él era racialmente judío, Disraeli no sentía la necesidad probablemente de trabajar el hecho que tantos judíos estaban resueltamente opuestos como él a la "poderosa revolución" y al "principio destructivo". En su tiempo esto podría haber estado claro, y él no habría tenido que blindar sus palabras contra los propagandistas que, hoy, lo acusaría de incriminar a **todos** los judíos por sus alusiones a "los auspicios de **los judíos**" y "la influencia **de los judíos**" (¡qué por la definición del Sr. Lazare lo haría un "antisemita"!).

Desde el período revolucionario francés adelante (cuando los judíos que llevaban largo tiempo residiendo en Francia dieron la advertencia contra los recién llegados de oriente que estaba causando el problema en Alsacia) los judíos Sepharditas de Occidente se resistieron al maligno viento que estaba soplando fuertemente hacia ellos desde el Oriente. La emancipación había soltado sus amarras; ellos enfrentaban perder todo lo que habían ganado si "el principio" destructivo, "diseñado" por la secta Talmúdica y los Ashkenazis de Oriente, llegaran a prevalecer sobre Occidente.

Las advertencias de Disraeli fueron dirigidas a esto, luego a la sección dominante de la Judería tanto como a los Gentiles; quizás más. También puede decirse que los judíos Sepharditas han prestado más atención a ellos que las masas Gentiles alrededor de ellos. Su castigo sería la excomunión; por uno de las operaciones más notables que se haya realizado en la vida por estadística en un grupo de personas, los Sepharditas iban a ser en un lapso de cien años, pronunciados casi extintos (como las "diez tribus perdidas" largo tiempo antes).

Capítulo 22

LOS GESTORES

Cuando la dirección judía de la revolución-mundial llegó a ser discernible a mediados del último siglo, era dirigida por los judíos Ashkenazis (Orientales, o eslavos). Los judíos Sephardítas (Occidentales, o ibéricos) estaban masivamente opuestos a ella. Esta dirección estaba dirigida tanto contra ellos como contra la Cristiandad, ya que la emancipación en Europa había llevado a una medida sustancial de asimilación en su caso; ellos estaban liberándose del agarre de los superiores gobernantes del Judaísmo, quienes se enfrentaban a la pérdida de su poder sobre ellos a través de la integración judía en la humanidad. La segregación era vital para el Judaísmo Talmúdico y la integración era letal.

En ese punto ellos lanzaron a los "judíos Orientales" a la contienda, cuya emergencia como un cuerpo separado de judíos coincidió con el surgimiento de la revolución-mundial. Antes de entonces, Occidente solo conocía a los "judíos" y éstos eran los judíos Sefarditas. Aludiendo al período cuando Disraeli comenzó a hablar de la dirección judía de la revolución, el Dr. Kastein dice, "Desde este momento en adelante es posible hablar de judíos Occidentales y de judíos Orientales.

De hecho estas castas separadas habían existido durante aproximadamente mil años; lo que el Dr. Kastein quiere decir es que los judíos Orientales en ese momento, surgieron como un cuerpo distinto, movilizados por el gobierno rabínico para la acción contra los emancipados judíos Sefarditas de Occidente y contra el Occidente mismo.

Hasta ese momento los judíos Occidentales habían sido sólo levemente conscientes de estos judíos Orientales, y para el Occidente Cristiano ellos eran desconocidos. Su cohesión como masa, y la energía que se había almacenado en ellos por muchos siglos de absolutismo rabínico en los ghettos, hizo de ellos, cuando entraron en Occidente, la más poderosa de las fuerzas que conformaron los eventos del Siglo 20. Ellos eran el mejor material para los propósitos que les fueron designados. Racialmente de orígenes bárbaros asiáticos, durante siglos habían recibido un entrenamiento Talmúdico en una reglamentación tan estricta como aquella de cualquier despotismo Oriental de la antiguedad.

En la gran estrategia que se desplegó durante el Siglo 19 fueron empleados para un doble propósito, y con habilidad fueron usados para lograr esos fines, tan contradictorios, que su éxito simultáneo, visto por cualquier observador racional, debe haber parecido como imposible de alcanzar antes que de hecho ocurrieran.

¡En Rusia misma fueron usados, como una masa para arruinar la emancipación (ya que así no habría ninguna esperanza de reclamarle a los judíos emancipados de Europa Occidental si éstos hubiesen visto que también se emanciparon los judíos Orientales). Para el mundo exterior fueron descritos simultáneamente, incluso mientras bloqueaban el proceso de emancipación en Rusia, como siendo víctimas de una cruel persecución "antisemita" que perversamente les negaba la emancipación!

Dado el control de los modernos medios de comunicación de masa y de sugestión masiva es posible impresionar la mente de la multitud con falsas imágenes de lo que está pasando en otra parte, y bajo el hechizo de tales nociones falsas para incitarlos a la guerra misma. Durante el último siglo los políticos de Occidente comenzaron habitualmente a declamar contra la persecución de los judíos en Rusia, mientras esos judíos, bajo una dirección rigurosa, estaban siendo incitados a destruir la emancipación por todos los medios concebibles.

Para que el lector no dude, debo agregar que el cuadro entregado aquí es históricamente auténtico, y es confirmado por las autoridades Judaístas. Entre otros por el Dr. Kastein que dice, "La gran mayoría de judíos ofreció una **amarga resistencia pasiva** a todo 'intento de mejoras'". Sin embargo, esta resistencia no fue en absoluto "pasiva" sino que también tomó formas letales. El Dr. Chaim Weizmann probablemente es la mejor autoridad en este período, y su trabajo se citará extensivamente en lo que sigue. Los Ashkenazis en los ghettos (en sus organizaciones Comunistas y Sionistas) fueron inspirados para obstruir la emancipación con cada dispositivo posible (incluso con el asesinato en el último recurso) mientras la historia de su persecución fue martillada, como una advertencia intimidatoria, en la conciencia de los judíos Occidentales y, como una justa demanda por auxilios, en la conciencia de los Cristianos Occidentales.

Los políticos Gentiles de Occidente presentaron esta falsa imagen a sus pueblos como verdad, ya que habían encontrado que los judíos poderosos, en todos los países, estaban en capacidad de apoyar a los Partidos favorables por ellos con dinero, apoyo de la prensa y votos; el retorno que ellos requerían era el apoyo por la causa de los judíos "perseguidos" en Rusia y para el "retorno" a Palestina. En el efecto esto significaba que los políticos que buscaron estos favores tenían que subordinar el interés nacional a dos causas que eran finalmente destructivas de todas las nación-estados: la revolución y la ambición para adquirir territorio para la raza dominante. Éste fue el proceso por medio del cual, tal como Disraeli dijo en ***Lothair*** (1870) "la democracia ha degradado a estadistas en políticos". De esta manera también el estado mental de la masa comenzó a tomar forma, que no podría tolerar alguna impugnación, no importando que fuese totalmente probada, de la leyenda de una persecución judía permanente y de una enfermedad endémica en los Gentiles (una epidemia en ese momento en Rusia llamada "antisemitismo"). Cuando era peligroso creer que el mundo era redondo, la multitud oralmente estaba de acuerdo que era plana; esta condición fue reproducida, con respecto a la propaganda del Judaísmo Talmúdico, en el siglo 19, con los resultados que se han visto en este siglo 20.

Los judíos Occidentales eran mucho menos sensibles que los políticos Occidentales a estas dos corrientes de Oriente. Estos judíos originales, en quienes la tradición Sefardita y el linaje continuaba, estaban moviéndose hacia la integración, o por lo menos hacia un envolvimiento, disminuyendo las fricciones, con la humanidad. Ellos intuitivamente temieron la presión creciente desde Rusia y, recordando el infeliz final de los largos y prósperos siglos en España, estaban llenos de presentimientos al pensar en sus posibles consecuencias. Recuerdo, de mi propio tiempo en Europa, cómo los judíos Occidentales desconfiaban y temían a estos judíos Orientales, en quienes vieron la amenaza espectral de un retorno forzado a los ghettos y al absolutismo rabínico. El judío alemán estaba entonces habituado a referirse a "***diese Ostjuden***" (¡esos judíos Orientales!) con aversión; el judío Oriental por su parte, cuando después de la primera guerra mundial hizo su entrada desde Rusia y Polonia en Alemania, hablaban con desprecio de los judíos asentados allí como "***diese Berliner***" (¡esos Berlineses!).

El consejo de administración rabínico de la Judería, en su centro de seguridad Oriental, se preparó para usar a estos tártaros Judeizados de Rusia contra los judíos emancipados de Occidente y contra el propio Occidente. La vida secreta de la Judería ha hecho el recuento de las cabezas judías imposible en todos los períodos. Esta falta de alguna cifra fidedigna de la población judía le permitió hace un siglo a la secta gobernante comenzar, y en nuestros días casi completar, una asombrosa operación biológica: ¡ellos han transformado a casi todos judíos en Ashkenazis!.

A finales del Siglo 18 los judíos conocidos en Occidente eran los Sefarditas, quienes heredaron por lo menos una tenue tradición, un hilo frágil que les conducía atrás, a través de España hasta África, uniéndoles a una leyenda de orígenes Cananitas. ¡A mediados del presente siglo estos judíos fueron declarados por los superiores de la Judería como casi extintos! Un informe presentado en la Segunda Conferencia Mundial Sefardí que se realizó en Nueva York en 1954, declaraba que la población mundial judía era de 11.763.491; y que ***sólo*** 1.744.883 (o sea el 15 por ciento) de estos judíos eran Sefarditas; y que **meramente** 52.000 de estos Sefarditas vivían en Europa (qué previamente *sólo* había conocido judíos Sefarditas) y en todo el Hemisferio Occidental.

Los procesos normales de nacimiento y muerte no podrían haber llevado a cabo esta magia. Evidentemente los Sefarditas tal como las diez tribus de Israel hace casi tres mil años, habían sido declarados desaparecidos porque "dejaron de creer que ellos tenían un destino aparte de sus prójimos". Los Ashkenazis han sido otorgados con la herencia de Judah, "una orden de existencia fundamentalmente diferente de las personas alrededor... ningún proceso de asimilación con otros... ¡diferenciación absoluta". ¡Y así casi *todos* los judíos han sido declarados ahora Ashkenazis! De esta forma los superiores del Judaísmo han cancelado las masas dos veces, por golpes de una pluma. Los Sefarditas han sido excomulgados por la misma razón que los Israelitas, pero obviamente ellos se mantienen vivos en la verdad, algunos se integraron en la humanidad, algunos se segregaron en el Judaísmo original.

La identificación de los judíos Orientales con la revolución-mundial, hace un siglo atrás, no puede haber ocurrido por casualidad o por inclinaciones individuales, porque ellos eran gobernados despóticamente. El régimen de los rabinos en el Oriente era casi absoluto y las comunidades en los ghettos obedecían sus órdenes, como portadores de leyes Dios-promulgadas y magistrados, en cada acto de la vida diaria. Durante 1930, cuando observé una buena parte de tales comunidades judías Orientales, en Polonia y en Ruthenia, ellos aún vivían una vida de aislamiento, inimaginable para la mente Occidental hasta que fuera observado. Un movimiento masivo de estos judíos Orientales en el campo revolucionario (o en cualquier otro campo) no podría ocurrir sin la guía rabínica, ya que las penas por desobediencia en aquellos confines Talmúdicos, eran horribles (yo he citado la autoridad judía que testifica que los rabinos a veces animaron el linchamiento si las circunstancias locales les negaban la posibilidad de dictar abiertamente la pena de muerte prescrita por la Ley.)[6]

---

[6] Esta administración rabínica de la Ley Judaica dentro de las comunidades judías continúa hoy en Norteamérica, Inglaterra y en otros países Occidentales. En 1955 un comerciante judío de Leeds, Inglaterra, cayó bajo la sospecha judía de haber permitido que algunos de los 223 tanques británicos antiguos, llegaran a Egipto, un vecino del estado Sionista. No se levantó ninguna queja con respecto de su venta a otros países, y la transacción, o su destino, todo era legal bajo la ley británica. La supuesta venta a Egipto, por sí misma, fue llevada ante una corte judía, el presidente de la cual declaró ante la Prensa británica que si el hombre fuese encontrado limpio, los resultados de la corte se "aceptarán sin preguntas por la comunidad" judía, pero si él no lo fuera "nosotros tenemos nuestras formas como comunidad para tratar con un trasgresor."

En este caso la acción tomada cruza la política Estatal a sus niveles más altos, aquellos de política exterior y de la defensa nacional: ya que la política exterior y la defensa nacional no puede ser conducida en el interés nacional si secciones de la comunidad pueden anular la política gubernamental dictando la opción de países extranjeros a los cuales se les puedan vender armas, y castigando a los "transgresores". Este caso, sin embargo, sólo fue excepcional por la publicidad que recibió. Acerca de esto, hasta donde yo pude juzgarlo, no despertó gran interés público o sentimientos, o si lo hizo, no le fue permitido que encontrara expresión en los periódicos. Éste fue un ejemplo de la extensión hasta donde la discusión pública o la crítica de cualquier acción tomadas por los poderes gobernantes de la Judería habían sido silenciados en Occidente en 1955.

Por consiguiente el movimiento masivo dentro del campo revolucionario debe ser considerado como una de política de alto nivel, dirigido después de una plena consideración por ese gobierno judío que se transfirió a Polonia después de la expulsión de España y que desapareció de la vista de los hombres en la división de Polonia en 1772. Contemplado en esa perspectiva histórica, el propósito triple del gran plan quedó claro, y los eventos los han demostrado.

Primero, a través de la revolución el proceso de emancipación (y con ello el de asimilación judía en Occidente) fue invertido y la supremacía de la secta gobernante en la Judería se mantuvo. Segundo, a través de la revolución podría tomarse venganza de la Cristiandad por la expulsión de España, o quizás por la existencia de la Cristiandad misma (ya que esa es la afrenta y el Talmud es en efecto la respuesta). Tercero, la revolución promovería el cumplimiento de La Ley que ordenaba la ruina de los paganos y el triunfo del Pueblo Escogido o de todos formas, de la secta, que usaba ese término engañoso.

Una ambición que quizás no fue muy tonta entre las tribus del cercano Oriente y en el pequeño espacio del mundo conocido en el 500 A.C., así se transformó en el megalómano de nuestra era global que está dando testimonio de un intento por imponer una antigua ley tribal nacida en los pequeños feudos de pequeñas tierras antiguas en el mundo. Los Gentiles están inclinados a imaginar que La Ley que gobierna esta tarea es aquella que puede ser encontrada en la Torah, o en el Antiguo Testamento, que él comparte con el judío, pero esto no es verdad. El Antiguo Testamento contiene una elevada ley de rectitud y comportamiento de vecindad e inspiradas vislumbres de la "casa universal de oración de todos los pueblos". Esta Ley fue rechazada por Judah, y la Torah incluye las interpolaciones y cancelaciones que la anulan; pero de

---

La palabra "trasgresor" se relaciona con la ley rabínica Judaica, de tal manera que esta fue una alusión pública que un hombre que ha sido encontrado "trasgrediendo" esa ley, podría ser castigado, sin tener en cuenta su inocencia o culpa bajo la ley del país del cual era un ciudadano.

todos modos las contiene a **ambas**; son dos libros, y cualquier hombre puede escoger el que le parece ser la palabra de Dios. De hecho eso es lo que hizo la Cristiandad; tomó del Antiguo Testamento, y la aplicó para sí mismo, esas partes de la Torah que tiene una aplicación universal, e ignoró las inserciones Levíticas que anularon los mandamientos morales.

Pero la Ley Judaica bajo la cual el rabinato Oriental dirigió a los judíos Orientales en el campo revolucionario es aquella del Talmud, del cual "el judío moderno es el producto" (Sr. Rodkinson, previamente citado). El Talmud no contiene alguna elevada ley de rectitud aplicable a **todos** los hombres, sino que establece el credo a Moloch, esquilado de aplicaciones universales; es **un libro**, no dos. Es la respuesta inflexible a la Cristiandad: "los mandatos de justicia, de equidad, o caridad hacia el prójimo, no sólo no es aplicable con respecto a los Cristianos, sino que constituye un crimen en cualquiera que actúe diferente. El Talmud prohíbe expresamente salvar a un non-judío de la muerte... devolverle bienes perdidos, tener piedad con él" (ex Rabino Drach, anteriormente citado). Ésta era La Ley de los eslavos Ashkenazis en sus ghettos; los Ashkenazis bajo una dura dirección, se transformaron en los ingenieros de la revolución-mundial; y según las autoridades Judaicas, los Ashkenazis son ahora "los judíos", o el 85 por ciento de ellos.

Así una formidable secta secreta en partes de Rusia, poco conocida al mundo exterior, entrenó a una masa compacta de seres humanos para un asalto sobre las nación-estados de la Cristiandad y Occidente, y en el Siglo 19 comenzaron a liberar la fuerza que habían generado. Durante los próximos ciento cincuenta años (hasta el presente día) la fuerza revolucionaria trabajó en extender el efecto para romper

Occidente, siguiendo siempre el plan original mostrado en los documentos de Weishaupt, y "hombres de raza judía" fueron constantemente encontrados a la cabeza de esta. Los resultados han mostrado: Europa, alguna vez una masiva tierra de nación-estados prósperas y viriles, es ahora un lugar de gente descarriada que luchan para salir de la nueva Edad Oscura y volver a la luz nuevamente. Los efectos se han extendido mucho más allá de Europa; El "principio destructivo" que denunciaba Disraeli hoy golpea en las puertas de todo el mundo. Posiblemente deberán pasar otros cientos de años antes que la fuerza que se soltó libre se consuma a sí misma y los Ashkenazis (tal como los Sephardítas antes que ellos) encuentren que la succión de la humanidad es demasiado fuerte para ellos, de tal manera que el sueño Cabalista del dominio mundial se marchite.

Bajo La Ley esta destrucción no era un fin en sí mismo; era un medio **para** un fin extendido en La Ley. La extirpación de las nación-estados iba a ser el preludio esencial para el establecimiento de la nación-estado triunfante, la del pueblo escogido en su tierra prometida. Así, a mediados del último siglo, una segunda fuerza fue llevada para estar también en esas mismas áreas Orientales, gobernadas por los Talmúdicos dónde la revolución-mundial recibió su forma e ímpetu.

Éste fue el Sionismo, la fuerza que fue puesta en movimiento para lograr "el retorno" y establecer las fundaciones de la Nación-Estado suprema en Palestina. Esta, la fuerza de la dominación, en cada fase del proceso de los últimos cien años, marcó el paso con la fuerza de la revolución, y no podría lograrlo sin la otra fuerza. El logro está claro: el "retorno" *ha sido* cumplido y la nación-estado del Pueblo Escogido *ha sido* fundada; simultáneamente las nación-estados de otros pueblos, esas castas que se encuentran fuera de La Ley, han sido reducidos o extinguidos. La fuerza-dominante corrompió a los gobiernos de estos estados al nivel superior; la fuerza-revolucionaria corrompió sus fundaciones a nivel de sus bases.

El Dr. Kastein, habiendo afirmado que el gobierno judío (el "centro", con su historia ininterrumpida de más de dos mil años) "dejó de existir" después de la división de Polonia en 1772, afirma que cien años después, "un judío internacional" había surgido. Él quiso decir evidentemente que el gobierno judío *de los judíos* había dado forma a un Gobierno Judío *de los gobiernos*, y esto evidentemente es verdad en nuestro tiempo. Disraeli habló de "una red" de organizaciones revolucionarias que cubrían la tierra como un sistema del ferrocarril; es la descripción perfecta del mecanismo destructivo que se construyó. Para lograr el propósito mayor tenía que existir otra red en la cima, y aunque Disraeli no usó una palabra en este caso, la aludió cuando dijo, "El mundo está gobernado por personajes muy diferentes de lo que se imaginan aquellos que no están tras las cortinas". Este es probablemente "el judío internacional" del cual habla el Dr. Kastein, una liga de hombres poderosos y adinerados en la cima, bajo cuya autoridad y reyes y príncipes en primer lugar y Presidentes republicanos y políticos después, se encuentran por igual.

Estas dos máquinas trabajaron en sincronización, cada una promoviendo el objetivo de la otra. Los gobernantes Gentiles fueron forzados por la amenaza de la revolución desde abajo para entregar más de su autoridad, hasta que cayeran; en sus relaciones con países extranjeros, y en las guerras a las cuales estos les llevaron, ellos fueron forzados por el poder de la bolsa a apoyar el plan del simbólico "retorno" a Palestina. Los Gentiles a menudo se preguntan por qué los hombres de riqueza podrían apoyar la revolución. Disraeli puso la misma pregunta para darle una respuesta: ellos desean destruir la Cristiandad. Él supo exactamente lo que quiso decir; para el Gentil la respuesta puede hacerse más comprensible diciendo que ellos obedecen la Ley Talmúdica que requiere la destrucción de las nación- estados irreligiosos como preludio al "retorno" triunfante.

Así la historia de la emergencia del Sionismo desde los ghettos de Rusia y de la delicada interacción entre las dos fuerzas, la una enrollándose alrededor de los gobernantes de Occidente y la otra minando las estructuras de las nación-estados, forma el próximo capítulo de la controversia de Sión.

Capítulo 23

El "Profeta"

El Siglo 19 se movió inexorablemente hacia la repudiación de las confesiones del Sanedrín a Napoleón, hacia la re-segregación de los judíos, hacia el re- establecimiento de ese estado teocrático en medio de los estados, peligro del cual Tiberius había descrito antes de que comenzara la era cristiana. La lucha no estaba entre "los judíos" y "los Gentiles"; como en los antiguos días cuando los soldados del rey Pérsico permitieron a Ezra y a Nehemias que promulgaran con fuerza "la nueva Ley" en los Judahítas, fue más bien entre algunos judíos y algunos Gentiles y los otros judíos y los otros Gentiles. El misterio siempre estuvo en que en tales junturas, los gobernantes Gentiles se aliaron con la secta gobernante del Judaísmo contra las masas judías y de esta forma contra su propio pueblo, entre los cuales alimentaron una fuerza disociadora. Esta paradoja se repitió en el siglo 19 siglo y produjo el climaterio de nuestros días presentes, en que todas las naciones están muy envueltas.

Los judíos emancipados de Occidente fueron cancelados, en esta ocasión, con la masa de humanidad Gentil, por políticos Occidentales que se enlistaron como un Guardia suizo, al servicio del Sionismo. Por consiguiente esta narrativa debe hacer una pausa para mirar "a los Liberales" del Siglo 19 que casándose con el Sionismo le permitieron a este, irrumpir en los asuntos y desviar las políticas nacionales de los pueblos.

Ellos pueden ser mejor estudiados a través del fundador de su línea. "El Profeta" (él reclamó el título que Amos repudió airadamente) se trata de Henry Wentworth Monk, recordado por muy pocos hoy en día. Fue el prototipo de los presidentes norteamericanos y Primer Ministros Británicos del Siglo 20, el ejemplo total de un político Occidental moderno.

Para responder por este hombre, uno tendría que revivir todos los pensamientos y los impulsos del último siglo. Es lo suficientemente reciente para hacer un intento creíble. Uno de los efectos de la emancipación fue hacer que cada pensador rebelde se creyese un líder de causas. La diseminación de la palabra impresa les permitió a los demagogos que distribuyeran pensamientos mal considerados: La creciente velocidad y alcance del transporte los llevaron buscar causas lejanas a su conocimiento nativo. La irresponsabilidad podría proponer como caridad cristiana la denuncia de su prójimo por la indiferencia a la condición de los huérfanos etíopes, y ¿Quién podría verificar los hechos? Dickens describió este carácter en ***Stiggins***, con su sociedad para proporcionar pañuelos de bolsillo morales a los niños negros; Disraeli comentó que las vidas horrorosas de los mineros del carbón en el Norte de Inglaterra habían "escapado de la notificación de la Sociedad para la Abolición de Esclavitud negra".

La nueva forma de adquirir reputación pública era demasiado fácil para tales recriminadores como para detener a aquellos que fueron tentados por el engañoso término "liberal", y pronto la pasión por la reforma llenó el aire liberal, el cual no tendría algún vacío. Los "derechos del hombre" tenían que ser declarados; y los males supervivientes se descubrieron más fácilmente entre pueblos más lejanos (y, para el fervor, mientras más extensos mejor). Esto fue el auge del auto- virtuoso, de aquellos que sólo quisieron lo mejor de otros, y no se preocupaban de cuanto mal hacían bajo este estandarte. Los hacer-el-bien fundaron una generación, y también una industria (ya que esta vocación no estaba desprovista de premios materiales, así como de aplausos). En el nombre de la libertad, esta gente estaba en nuestro tiempo aplaudiendo y ayudaron a provocar, la re-esclavitud de media Europa.

En un momento así nació Henry Wentworth Monk (1827) en un asentamiento campesino, en el entonces remoto Río Ottawa en Canadá. A los siete años fue sacado bruscamente de su familia y transportado a la Escuela Bluecoat en Londres, en ese momento un riguroso lugar para niños solos. Los muchachos llevaban el traje de día de su fundador (Edward VI), chaqueta azul larga, corbata sacerdotal, medias amarillas y zapatos abrochados. Vivían como una secta aparte, comían una porción monacal y poca de ella, la vara no era ahorrada y ellos se dedicaron severamente a las Escrituras.

Así el joven Monk tenía muchas necesidades emocionales, llorando por ser aplacadas, y su mente de niño empezó a encontrar aplicaciones modernas del Antiguo Testamento a las cuales su mente infantil fue dirigida así diligentemente. Por "bestias veloces", dedujo, Isaías quiso decir las vías férreas, y por "mensajeros veloces", los buques a vapor. Posteriormente decidió, a esta temprana edad, que había encontrado las llaves de la "profecía" y podría interpretar la mente de Dios en los términos de sus propios días.

Ignoró las advertencias de los profetas Israelitas y del Nuevo Testamento contra esta tentación misma; lo que encontró fue meramente la enseñanza del sacerdocio de los Levitas, que algún día el pagano sería destruido y las personas escogidas reunificadas en su reino supremo en la tierra prometida.

Los hombres de rango e influencia también estaban jugando con esta idea, que el tiempo había llegado para establecer la mente de Dios. Cuando Monk tenía once años, un tal Lord Shaftesbury propuso que los grandes poderes debían comprar Palestina del Sultán de Turquía y deberían "restaurarlo a los judíos". Inglaterra tenía entonces un estadista, Lord Palmerston que no permitió que tales nociones perturbaran su deber, y nada fue hecho. Pero en el joven Monk se encendió una idea, y nació El Profeta; ¡su vida desde allí no tuvo otro interés hasta que acabara sesenta años después! A los catorce, obtuvo la licencia especial para asistir a un sermón predicado por "el primer Obispo inglés en Jerusalén" (cuyo nombre, consigna la historia, fue Salomón Alexander). El pequeño muchacho volvió a la escuela con los ojos brillantes, dedicado al trabajo de su vida, de procurar Palestina, sin tener en cuenta las personas que ya vivían allí, para un grupo de otras personas absolutamente desconocidas para él. La idea no le permitiría establecerse en la granja canadiense de su padre cuando se volviera allí; estaba entre él y el ministerio cristiano, cuando fue hecho candidato para esto. Estudió detenidamente el Antiguo Testamento y encontró que se trataba sólo de un código que se aclaró delante de sus ojos.

Así entró en la irreverencia, que el estudio de las escrituras Levíticas a veces provoca en hombres que se describen a sí mismos como Cristianos, pero ignoran el Nuevo Testamento. Una vez que ellos aceptan que el concepto profetizado debe ser cumplido **literalmente**, ellos se rinden, de hecho, a la Ley Judaica, a un contrato político que le lleva a cualquier cosa y no a Dios, salvo en un punto del **momento** de su realización. De allí prosiguen, en un salto, a la conclusión que ellos **saben** el momento. (qué Dios, probablemente, ha olvidado). En esa fase, tales hombres creen que ellos mismos son Dios. Éste es el fin al cual el proceso debe llevarlos: el rechazo de la Cristiandad, y de toda divinidad. Ésta es la profanidad a que todos los principales políticos de Occidente, en nuestro siglo, se prestaron; Monk fue el original de una multitud.

Incluso en su remoto hábitat canadiense encontró a otros profetas. Un judío norteamericano, Mayor Mordecai Noah, estaba intentando construir una "ciudad judía de refugio" en una isla en el Río Niágara, preparatoria al "retorno"; ¿Por qué necesitaban los judíos de América del Norte refugio, hasta que ellos "volvieran"? Sólo él lo sabía. También, un Sr. Warder Cresson, el primer Cónsul de Estados Unidos en Jerusalén, se transformó de tal manera ardiente por la "restauración" que abrazó el Judaísmo y publicó un libro, ***Jerusalén: El Centro Y la Alegría del Mundo Entero***. Retornado a Norteamérica, lanzó fuera de casa a su esposa Gentil, cambió su nombre a Michael Boas Israel, se fue a Palestina y allí ideó para casarse con una muchacha judía con quien sólo podría comunicarse por señas.

Todo esto disparó más el ardor de Monk. Decidió, en la tradición del Antiguo Testamento, no cortar más su cabello o adornar su cuerpo hasta que "Sión sea restaurada". Como su pelo creció abundantemente, se puso muy hirsuto; como vendió su pequeña propiedad y después de esto nunca más trabajó, para el resto de sus días fue dependiente de otros. A los veintiséis años partió a Jerusalén y llegó allí después de muchas penalidades. Teniendo nada más que un aspecto desgreñado y de pobreza para testificar la verdad de su mensaje, encontró a pocos oidores.

Monk podría haber desaparecido de los anales en ese punto, pero por un encuentro casual fue que se hizo públicamente conocido. En este siglo de guerras mundiales, proyectiles trans-continentales y trans-oceánicos, y explosivos de destrucción masiva, el Siglo 19 se cuenta como un estable período pacífico del tiempo, sin la sombra del miedo por el mañana. El estudioso, particularmente de esta controversia de Sión, se asombra al encontrar cuántos hombres educados viven al parecer con el miedo de la aniquilación y deciden que sólo pueden salvarse si un grupo de los habitantes del planeta se trasladara a Arabia. El camino del Profeta cruzó aquel de estos otros seres trémulos.

Un joven pintor inglés, Holman Hunt, apareció en Jerusalén. También estaba listo para "una causa", ya que estaba emprendiendo la característica contienda del artista joven contra los Académicos, y eso produce un inflamable estado de mente. Disfrutaba de mala salud y a menudo pensaba su fin cercano (vivió hasta los ochenta y tres).

Él había recién pintado *La Luz del Mundo*, que describía a Jesús, con un farol en la mano, a la puerta del pecador, y la aparición súbita del barbado Monk captó su imaginación. Tomó ávidamente la idea del El Profeta sobre la amenazada humanidad (incluyendo a los Académicos) con el exterminio si no hicieran lo que la Profecía ordenaba.

Así estos dos, el Profeta y pre-Raphaelite, concertaron un plan para hacer sobresaltar al indiferente mundo. Monk describió "el chivo expiatorio" a Holman Hunt como el símbolo de la persecución judía por la humanidad. Ellos estaban de acuerdo que Holman Hunt debía pintar un cuadro del "chivo expiatorio" y que Monk debía simultáneamente escribir un libro que explicara que el tiempo había llegado para que los perseguidos fuesen restaurados, en el cumplimiento de la profecía.

(De hecho el chivo expiatorio fue un ingenioso dispositivo de los Levitas, donde el sacerdote estaba autorizado para absolver a la congregación de sus pecados, tomando a dos crías de una cabra, matando a una como ofrenda por los pecados, y enviando la otra al desierto para expiar mediante su sufrimiento "todas sus transgresiones y todos sus pecados... poniéndolos en la cabeza de la cabra". El Profeta y Holman

Hunt transformaron el significado en su situación opuesta. El chivo expiatorio de los pecados de los judíos se transformaría en el símbolo de los judíos mismos; sus torturadores, ¡los sacerdotes Levitas, fueron por implicación cambiados en los opresores Gentiles!) Holman Hunt comenzó a trabajar; ésta era una forma deliciosa, poner en la balanza a la Academia Real ("pintura problema") y para identificarse con una causa. Su cuadro diría más que cualquier palabra hablada, y sería continuada por la palabra escrita de Monk. El Cuadro y El Libro, El Símbolo y La Interpretación, El Heraldo y El Profeta: una vez que el mundo vea "El Chivo Expiatorio", el trabajo de Monk sobre la revelación encontraría un público, despertado de sus transgresiones y ávido por hacer las reparaciones.

Hunt, usando túnicas árabes y portando caballete de pintor y un rifle, fue visto por los beduinos arreando una cabra blanca hacia el Mar Muerto. Pintó un cuadro excelente de una cabra (de hecho, de dos cabras, ya que la primera cabra, con el excesivo celo, murió, y una suplente tuvo que ser encontrada). Para un mayor efecto, el esqueleto de un camello se trajo de Sodoma y pidió prestado el cráneo de una cabra, y éstas se colocaron en el fondo. La pintura ciertamente reproduce la impresión que los Levitas deben haber sido crueles (la agonía del animal fue representada gráficamente) y malvados, para pretender que por su sufrimiento podrían limpiar todas las iniquidades de su gente: Holman Hunt lo llevó a Inglaterra, prometiéndose primero, con Monk, "a la restauración del Templo, la abolición de la guerra entre los hombres, y a la venida del Reino de Dios en la tierra"; probablemente ningún pintor ha tenido alguna vez tales enormes propósitos en mente cuando concibió un cuadro.

Monk produjo entonces su *Interpretación Simple de la Revelación* y el acuerdo conjunto estaba completo; el mundo sólo tenía que responder. En este primer libro, Monk todavía intenta casar la política de los Levitas con la doctrina cristiana. Históricamente él se quedó en tierra segura; señaló, correctamente, que "las diez tribus" no pudieron extinguirse, sino que se mantuvieron vivas en la masa de la humanidad: Esto lo llevó a su "interpretación" que era al efecto que "los verdaderos Israelitas", judíos y cristianos, deben emigrar a Palestina y establecer un estado ejemplar allí (en ese punto él estaba lejos del Sionismo literal, y corría el riesgo de ser considerado un "antisemita"). Su retrato de las consecuencias era llanamente demagógico; si esto fuera hecho, dijo, la guerra se acabaría. Pero entonces vino la idea suprema; (¿y quién sabe de dónde la consiguió Monk?): un Gobierno Internacional debe prepararse en Jerusalén.

Aquí Monk dio con la verdadera intención del Sionismo. Monk sólo fue permitido tener su trabajo publicado a través de un contacto de Holman Hunt: John Ruskin, el famoso crítico de arte, prevaleció en el editor Constable para imprimirlo. El Libro (como El Cuadro) falló en su efecto, pero Ruskin ayudó a El Profeta con dinero y de otras formas, y así lo salvó del olvido.

Ruskin, también, fue el producto de presiones tempranas y de las desilusiones internas. tal como Wilkie Collins (un excelente artesano que no podía sentirse satisfecho con escribir buenas novelas e intentar vanamente emular el regalo de Dickens para despertar la indignación moral), no estaba contento de quedarse en el campo dónde él era eminente sino que estaba preparado para abanderarse (y menos preparado para examinar) a algo que pareciera una causa moral. Tal como Monk, había sido entrenado en el Antiguo Testamento desde niño (aunque lo fue por una madre Puritana posesiva), y fue recurrentemente desafortunado al enamorarse, a veces humillantemente.

Estaba por consiguiente en todo momento en busca de una salida para sus impulsos emocionales no gastados. Le temía a la vida y al futuro, de tal manera que las advertencias incesantes de El Profeta sobre la ira por venir, lo enervaron y le hicieron poner su mano en su bolsillo. Tenía una gran audiencia y sucumbía a la misma impiedad como Monk y Holman; tal como su biógrafo dice (el Sr. Besketh Pearson), "sucumbió al engaño, común para todos los Mesías, que su palabra era la palabra de Dios, y al final su razón menguó, pero por entonces le había permitido al El Profeta predicar y seguir vagando adelante.

Después del fracaso del libro de Monk, Holman Hunt lo intentó nuevamente. Comenzó una pintura de Jesús, en la sinagoga, leyendo las profecías mesiánicas y anunciando su culminación en él mismo. Para hacer su significado claro, usó a Monk como modelo para la figura de Jesús, y la indignación de los superiores simbolizaría el rechazo del mundo de El Profeta. El estudio preliminar de Holman Hunt para este cuadro está en la Galería Nacional en Ottawa y muestra a Monk sosteniendo en una mano la Biblia (abierta en el Libro de la Revelación) y en la otra: una copia del **London Times**. (Yo estaba trabajando en un aislamiento monacal en Montreal, un poco arqueado por la naturaleza y el peso de la tarea, cuando descubrí el cuadro, y mis vecinos quedaron en aquel entonces sorprendidos por el gran ruido de alegría que estalló desde el cuarto normalmente silencioso dónde un ex corresponsal del **London Times** trabajaba agachado).

Después de esto la naturaleza humana tomó lentamente su camino. Holman Hunt vendió un cuadro del ***Hallazgo de Cristo en el Templo*** por 5,500 (libras esterlinas) y su resentimiento contra la vida (y contra los Académicos) maduró. Se sintió incapaz de pedirle al Profeta andrajoso que lo acompañara a las lujosas casas como aquellas de Val Prinsep y Tennyson.

Ruskin estaba ocupado con amores de estrellas enfermas, y también se estaba poniendo escéptico. No obstante, estos dos hombres sedentarios no podían olvidarse de las advertencias de El Profeta que realmente serían destruidos, a menos que ellos efectuaran la pronta restauración de los judíos en Palestina. Siempre estaba diciéndoles que "el día" estaba a la mano y apuntando a algún episodio bélico, en África o Asia Menor o los Balcanes o Europa, como el principio del predicho fin; las escaramuzas y las campañas menores nunca faltaron. Por fin Holman Hunt y Ruskin dieron con un plan que probablemente pareció aliviar sus miedos, aplacar sus conciencias y les libraba de El Profeta; ¡Le instaron que fuera a Jerusalén y (como Sabbatai Zevi) proclamara el acercamiento de El Milenio!

Estaba a punto de ir cuando estalló otra guerra, confundiéndolo completamente porque no estaba en alguno de los lugares dónde, interpretando la profecía, había predicho el principio del fin de los días. Estaba en la misma área que, según su interpretación publicada, vendría la salvación: Norteamérica. Después de una mirada a las autoridades, El Profeta anunció que había localizado el error en sus cálculos: la Guerra Civil era de hecho el gran evento premonitorio. ¡Ahora algo debe hacerse sobre Palestina sin retraso! John Ruskin comenzó a pensar. Si El Profeta fuera de verdad un profeta, dijo, dejemos que se vaya pronto a Norteamérica antes de que vaya a Jerusalén, y que clame alguna señal del cielo que pueda detener la Guerra Civil. Ruskin, financiaría el viaje. Y El Profeta fue, a detener la Guerra Civil.

La tradición prevalecía entonces en Norteamérica, que un presidente republicano debe estar accesible para todos, y Sr. Abraham Lincoln estaba tres días de la semana sitiado. Un día, cuando las puertas del Presidente estaban abiertas, El Profeta entró empujado con una muchedumbre de buscadores de patrocinio, peticionarios y turistas.

Su apariencia logró unas palabras de conversación con el Presidente. El atormentado ojo del Sr. Lincoln se detuvo ante la visión de algo que se asomaba a él a través de la maleza. Preguntó que quién era el visitante, así supo que era un canadiense que venía a acabar la guerra. Le preguntó por su propuesta, El Profeta instó que el Sur libere a sus esclavos a cambio de una compensación y que el Norte aceptara la secesión del Sur, una sugerencia que (Monk consignó) "pareció divertir al Presidente". El Sr. Lincoln preguntó, "No consideran ustedes los canadienses que mi Proclamación de Emancipación es un gran paso adelante en el progreso social y moral del mundo? " Monk dijo que esto no era suficiente: "¿Por qué no sigue a la emancipación del Negro un paso todavía más urgente: la emancipación del judío? " El Sr. Lincoln quedó confundido (los judíos siempre habían estado emancipados en Norteamérica) y preguntó asombrado, "Los judíos, ¿Por qué los judíos? ¿No son ellos libres? " Monk dijo, "Ciertamente, Sr. Presidente, el judío norteamericano es libre, y también lo es el judío británico, pero no el europeo. En Norteamérica vivimos tan lejos de eso que estamos ciegos a lo que sucede en Rusia y Prusia y Turquía. No podrá haber ninguna paz permanente en el mundo hasta que las naciones civilizadas, guiadas, espero, por Gran Bretaña y los Estados Unidos, repare lo que ellos han hecho a los judíos, durante sus dos mil años de persecución, restaurándolos a su hogar nacional en Palestina, y haciendo a Jerusalén la ciudad capital de una Cristiandad reunida".

Característicamente, Monk nunca había estado en "Rusia, Prusia o Turquía"; él era ese tipo de "Liberal". En Rusia el rabinato Talmúdico estaba oponiéndose a la emancipación con todos los medios disponibles, y dos años antes de que Monk viera al Sr. Lincoln, el Zar Alejandro II habían sido asesinado cuando anunció una constitución parlamentaria; en Prusia los judíos *estaban* emancipados y por esta misma razón fueron objetos de ataques por los judíos en Rusia; los judíos bajo el gobierno turco (qué oprimió a *todos* los súbditos de todas las nacionalidades imparcialmente) ya estaban *en* Palestina y por lo tanto no necesitaban ser restaurados allá.

En los días del Sr. Lincoln la noción que todas las guerras, dondequiera que se lucharan y por la razón que fueran, debían desviarse al objetivo de establecer un estado judío en Palestina era nuevo (hoy generalmente se acepta y se puso en práctica, tal como las dos guerras mundiales lo han mostrado), y el Presidente lo encontró nuevamente divertido.

Él tenía a la mano la guerra más cruel en la historia Occidental, hasta ese momento. Siendo un hombre de recursos, y versado en tratar con inoportunos, se libró de El Profeta con un buena broma. "Mi pedicuro es un judío", dijo, "y él tan a menudo me puesto en pie, que yo no tendría ninguna objeción de dejarles una pierna a sus compatriotas". Luego, recordando a Monk la guerra en marcha, le pidió a El Profeta que esperara su fin: "entonces nosotros podremos comenzar a ver visiones y soñar sueños de nuevo". (Otro tópico para una sociedad de debate: ¿Fue el uso de esta frase una casualidad o intencional? El Sr. Lincoln sabía ciertamente qué destino prescribe el Antiguo Testamento para los profetas "falsos y soñadores de sueños".)

Monk volvió a Londres y Ruskin pagó sus gastos a Palestina, desde donde, a la llegada, fue deportado como una molestia en 1864. Destituido, firmó a bordo como marinero de un barco en Boston que naufragó, nadó la última parte del Atlántico. Llegó a tierra sangrando y semi desnudo, pareciendo un oso, fue confundido por uno y fue disparado en la semi-oscuridad, por un granjero. Perdió su memoria y su mente, y en esta condición por fin llegó a casa. Se recuperó después de algunos años y en seguida volvió a su obsesión. El "día de problemas", tan largamente predicho, todavía no había llegado; el planeta estaba en su lugar acostumbrado. Repasó la profecía y decidió que él había errado recomendando la unión de judíos y Cristianos en el estado-mundial que debía ser establecido en Jerusalén. Ahora vio que la profecía requería que Dios pusiera primero a los judíos en la posesión de Palestina, y luego preparar **una organización mundial con el poder para forzar la sumisión de las naciones a su ley**.

Después de toda una vida Monk tropezó así en la totalidad del plan político de dominio mundial que está contenido en el Antiguo Testamento, y todavía pensaba que estaba interpretando la profecía divina. No existe evidencia que tuvo alguna vez contacto con los iniciados Illuminatis y el gran plan. El único dinero judío registrado que le fue ofrecido alguna vez fue un regalo caritativo de cinco libras "si usted está personalmente en la necesidad". Siempre se movió en la compañía y a costa de los confusos Gentiles "Liberales".

Fue olvidado en el Valle de Ottawa cuando, en 1870, su esperanza (uno debe usar la palabra) que "el día de los problemas" estaba finalmente a la mano fue reavivado por un enorme incendio forestal que él tomó como una señal del cielo que los tiempos habían llegado. De algún modo él llegó a Londres, (1872) hasta Hunt y Ruskin que lo pensaban muerto. Ruskin estaba cortejando a Rose La Touche, por lo que durante ese tiempo no respondía a las advertencias de sentencias y escribió a El Profeta, "reconozco la maravilla de mucho de lo que usted me dice, pero simplemente no creo que usted pueda entender tanto sobre Dios cuando entiende tan poco sobre el hombre... me parece que usted está demente, pero en cualquier caso, sé que yo mismo puedo estar demente" (éstas últimas palabras, desgraciadamente, eran proféticas).

Tales advertencias no eran nuevas para El Profeta. Sus parientes y amigos le habían implorado alguna vez, si se sintiera llamado a mejorar la humanidad, echar una mirada alrededor de su casa: una porción de los indios canadienses, o incluso de los canadienses mismos, podría mejorarse. Para un hombre que sostenía la clave de la revelación divina, consejos de este tipo eran un sacrílego, y Monk, por vía de varios folletos, llegó a hasta la idea de un "Fondo para la Restauración de Palestina". Para esto pidió prestada una noción de Ruskin, originalmente inventada para ayudar al propio país de Ruskin; a saber, que la gente adinerada debe dar un diezmo de sus ingresos con el propósito de salvar los baldíos ingleses. Monk decidió que el diezmo debe servir a un buen objetivo: "¡el retorno!"

Por este tiempo (1875) Ruskin estaba enervado una vez más, primero por la muerte de Rose La Touche y luego por la clara inminencia de una guerra más distante (esta vez una británica-rusa). Claramente El Profeta tenía razón después de todo; el "día de los problemas" **había** llegado. Ruskin firmó el manifiesto de Monk y dedicó un décimo de su ingreso al fondo de El Profeta para la compra de Palestina al Sultán, los yermos ingleses se quedaron sin reclamos. Cuando esto fuese logrado, un congreso de todas las naciones se establecería para preparar una federación mundial en Jerusalén.

El Profeta, nuevamente se paró en sus pies, fue apoyado también por Laurence Oliphant, un león de los salones Victorianos del dibujo, a quien había encontrado por casualidad cuando él hizo un viaje por Norteamérica, en la moda vagabundo. Oliphant era un hombre de un tipo diferente, un aventurero cínico mayor, o especulador. La idea de comprar Palestina lo atrajo, pero él no tenía las ilusiones sobre esto. Le escribió a Monk, "Cualquier cantidad de dinero puede levantarse sobre esto, debiéndose a la creencia que las personas tienen, que *estarían cumpliendo la profecía y llevando a cabo el fin del mundo. No sé por qué están tan ansiosos del último evento, pero hace que la especulación comercial sea fácil*". Oliphant, como se verá, no se preocupa de esconder su desdén por el mensaje de El Profeta.[7]

En 1880 Holman Hunt, nuevamente disfrutando de una deteriorada salud, estaba tan alarmado por los pequeños episodios bélicos en Egipto y África Sur que pensó que la extinción estaba a la mano y se unió con Monk emitiendo un manifiesto que anticipaba los esquemas del Gobierno Mundial Sionista de este siglo. Fue titulado "La abolición de la guerra nacional", llamaba a todos los hombres de buena voluntad a suscribir un décimo de su ingreso para la realización del "Reino de Dios" en la forma de un gobierno mundial que sería establecido en Palestina y sería llamado "*las Naciones Unidas*", y propuso que se le entregase el dinero al Sr. Monk con el propósito de adquirir Palestina.

Esto fue el final. Ruskin, acercándose a su fin, se negó rudamente a continuar tomando parte en la fantasía. Oliphant se retiró. El "Banco de Israel" no llegó a nada. Samuel Butler le mostró la puerta a El Profeta. Incluso Holman Hunt recurrió por fin a él para predicar "que hay un Dios en cielo que juzgará a cada hombre en la tierra" y desistir de pretender en el efecto que él, Monk era Dios. Los judíos dijeron algo parecido: uno le dijo, "La tierra de nuestros antepasados está muerta, y Palestina es su tumba... *intentar formar hoy una nación de personas políglotas del Judaísmo, sólo acabaría en el absoluto fracaso*".

Monk estaba más allá de la redención. En 1884, el muchacho de Bluecoat se volvió a Ottawa por última vez y pasó sus últimos años

---

[7] Oliphant mencionó un punto interesante. Una interpretación de las numerosas profecías es que el fin del mundo seguirá al "retorno" de los judíos a Palestina, así, la gente que promueve esta migración presume incluso determinar el momento cuando Jehová llevará el planeta a su fin. La mistificación expresada por Oliphant fue sentida por un perplejo político francés en la Conferencia de la Paz de 1919, quién le preguntó al Sr. Balfour por qué estaba tan ávido de provocar "el retorno" de los judíos a Palestina; si esto fuera de verdad el cumplimiento de la profecía, entonces la profecía también decretaba que el fin del mundo seguiría. El Sr. Balfour contestó lánguidamente. "Precisamente, eso es lo que hace todo esto muy interesante."

encuestando, lanzando panfletos, y arengando a los miembros de la Cámara de los Comunes canadienses cuando ellos se sentaban, entre las sesiones, en su jardín junto al Río Ottawa. Ellos le escucharon con divertida indulgencia; sesenta años más tarde, los ministros canadienses, en Ottawa y Nueva York, repetirían todas las cosas que Monk había dicho sobre los principios inexpugnables de la alta política, y ningún Miembro la objetaría.

La vida de Monk era infeliz y no fue redimida por alguna verdadera fe o genuina misión. Esta cuenta de él se entrega para mostrar cuan falso y tonto fue visto el gran proyecto, y cuan desencaminados eran los hombres que lo tomaron, contra el trasfondo del último siglo. La falacia de toda la noción del Sionismo que lleva a un gobierno-mundial despótico, se despliega al instante cuando es considerado en esa escena, con Monk y sus amigos declamando desde la fase. Toda la cosa se ve entonces como una comedia picaresca; una farsa, no sólo porque fue infructuosa, sino porque jamás fue seria. Lo que se recomendaba no podría tomarse en serio porque, obviamente sus consecuencias no habían sido consideradas y, si hubiesen sido calculadas, en seguida se habría previsto que eran desastrosas. Contra el trasfondo de un tiempo en que el debate era libre y la opinión, siendo informada, podría darse para afectar materias, estos hombres caminan alocadamente, dejando sólo el eco débil de ruidos rústicos en los corredores del tiempo.

No obstante, en el presente siglo, todo el esquema vanaglorioso, inalterado, fue importado en la vida de gentes como una tarea seria y urgente, transcendiendo las necesidades de naciones. De hecho, fue hecha sacrosanta, ya que una ley no escrita de herejía fue fijada alrededor de esta, qué en el efecto verificaba la fuerza antiséptica de la discusión pública, y dentro de esta palizada, los políticos Occidentales hicieron un juego moral de la charlatanería de El Profeta. John Ruskin y Holman Hunt, desde cualquier lugar donde los amigos Victorianos de los oprimidos pueden ahora habitar, podrían mirar hacia abajo y podrían ver las tumbas de muchos muerto, y las tumbas vivientes de casi un millón de fugitivos, como primeros resultados de su gran plan, ahora logrado.

Monk, si hubiese vivido en este siglo, habría estado calificado para un importante rango político, ya que el apoyo de esta causa ha llegado a ser la primera condición para la admisión a altos puestos temporales. Su vida fue usada siguiendo el señuelo de una vanidad excesiva y en el mismo año de su muerte, 1896, la fantasía que lo guiaba se volvió una realidad política y práctica, dominando nuestro tiempo. Mientras él hacía sus viajes vagabundos entre Ottawa, Washington, Londres y Jerusalén, hombres muy diferentes, en Rusia, construyeron la fuerza real del Sionismo. En 1896 fue lanzada en las vidas de los pueblos, y sus detonaciones explosivas han crecido más ruidosamente y más destructivas incluso hasta hoy, los escribas del periodismo lo aluden normalmente como el problema que puede encender la chispa para la tercera guerra mundial.

Capítulo 24

LA LLEGADA DEL ZIONISMO

En el segunda mitad del último siglo, cuando el Comunismo y el Sionismo comenzaron su ataque simultáneo en Occidente, Europa era un lugar de estados fuertes y seguros, capaces de resistir los efectos de problemas internos y las guerras extranjeras. Se habían superado las erupciones revolucionarias de 1848 sin gran esfuerzo.

Austria-Hungría y Francia no estaban muy debilitadas por sus derrotas Prusianas en 1866 y 1871; reasumieron sus existencias nacionales, como países derrotados durante siglos lo había hecho, lado a lado con el vencedor de ayer, y pronto estaban nuevamente tranquilos. Los pueblos de los Balcanes, surgiendo de cinco siglos de control turco se estaban moviendo hacia la prosperidad, en un amable aire de libertad nacional. En las fronteras orientales de Europa, Rusia, bajo la bandera de la Cristiandad, parecía estar uniéndose en este proceso de desarrollo nacional y de mejora individual.

La apariencia era engañosa, ya que los dos gusanos estaban en la manzana, y el escenario de hoy muestra su resultado. Los dieciocho siglos cristianos que, a pesar los altos y bajos mostró una suma total de mejora humana mayor que el de cualquier tiempo más temprano conocido por el hombre, estaba llegando a un fin o un interregnum; lo cual, todavía no lo sabemos, aunque los creyentes no tienen ninguna duda sobre la buena reasunción, que vendrá en algún momento. Sin embargo, un eminente hombre de ese período, del cual se podía haber esperado confianza en el futuro, previó lo que vendría en nuestro siglo y pensó que sería el *fin*, no una Edad Oscura transeúnte.

Este fue Henry Edward Manning, el clérigo inglés que se convirtió a Roma, llegó a ser Cardenal Arzobispo de Westminster, y, si hubiese aceptado la nominación de sus compañeros cardenales, podría haber sido nombrado Papa. Edmund Burke, John Adams y Alejandro Hamilton, todos ellos habían percibido los objetivos mundiales de la revolución y predijeron sus extendidas erupciones. Disraeli, Bakunin y otros, medio-siglo después, habían testificado esto, y advirtieron contra la usurpación judía de la dirección revolucionaria. Edward Manning se unió a estas advertencias pero también previó la llegada del Sionismo y el rol que el jugaría en el proceso dual. De la revolución dijo, "Las **sociedades secretas del mundo, de cuya existencia los hombres se ríen y niegan** en la plenitud de la confianza en sí mismos; las sociedades secretas están forzando su existencia y su realidad en la conciencia de aquellos que, hasta días antes, no creían que ellas existieron" (1861). Esperaba el éxito total del plan original de Weishaupt y pensaba que el tiempo en el cual el vivía, era "el preludio del período anti-cristiano del destronamiento final de la Cristiandad y de la restauración de una sociedad sin Dios en el mundo". Hoy la revolución anti-Cristiana tiene el poder temporal en la mitad de Europa, la cruz cristiana ha sido cancelada de las banderas de todas las grandes naciones europeas salvo la británica y de muchos de aquellas pequeñas naciones, y una "sociedad sin Dios" ha sido establecida como un potencial gobierno-mundial, de tal manera que estas palabras de hace noventa años, se ven como una impresionante previsión en parte cumplida.

Entonces (y en esto estaba más alto que otros videntes) él describió el rol que el Sionismo jugaría en este proceso: "Aquéllos que han perdido la fe en la Encarnación, tal como los humanistas, racionalistas y panteístas, pueden muy bien ser engañados por cualquier persona de gran poder político y éxito, *el cual debería restaurar a los judíos en su propia tierra*... y no existe nada en el aspecto político del mundo que entregue tal imposible combinación".

Finalmente, dijo que esperaba la venida *personal* del Anticristo en la forma de un judío. (En estas palabras él se movió de la base de cálculo político, dónde, tal como los eventos lo han mostrado, era especialista, en eso de interpretación de profecías; relacionó el mensaje de San Paul a los Thessalonians con los próximos tiempos, diciendo, "es una ley de la Santa Escritura que cuando se profetiza una persona, esta persona aparece".)

Así, mientras Europa parecía estarse moviéndose lentamente hacia un futuro mejor en el camino que durante dieciocho siglos le había servido bien, en las áreas Talmúdicas de Rusia, el Sionismo se unía al Comunismo como la segunda de las dos fuerzas que iban a interceptar este proceso. El Comunismo fue diseñado para subvertir las masas; era el "gran movimiento popular" previsto por Disraeli, por medio de cual, "las sociedades secretas" iban a trabajar al unísono por la ruptura de Europa. El Sionismo fue diseñado para subvertir a los gobernantes en la cima. Ninguna de las dos fuerzas podría avanzar sin la otra, ya que los gobernantes de autoridad intacta, habrían detenido la revolución, tal como fue detenida en 1848.

El Sionismo fue esencialmente la réplica del centro Talmúdico en Rusia a la emancipación de los judíos en Occidente. Era la alusión que no debían involucrarse en la humanidad sino que deberían permanecer apartes. Nunca desde Babilonia la secta gobernante se había aventurado a jugar esta carta. Nunca se podrá jugar nuevamente, si el presente intento termina finalmente en un fiasco. Por esa razón los Talmudistas se abstuvieron de usarla, y sólo lo hicieron cuando la emancipación los confrontó con una emergencia vital, la pérdida de su poder sobre la Judería. De hecho, ellos siempre habían denunciado como "falsos Mesías" a aquellos que clamaban que el día de la culminación había llegado. Si Sabbatai Zevi, o en esa materia, Cromwell o Napoleón, les hubiesen entregado Palestina, podrían haber proclamado a uno de éstos como el Mesías. En esta ocasión, se proclamaron *a sí mismos* de ser el Mesías, y esa tremenda empresa casi no puede repetirse. Históricamente por consiguiente, probablemente nos estamos moviendo hacia el fin del plan destructivo, porque obviamente no puede cumplirse, pero la actual generación y posiblemente algunas generaciones por venir, por todas las señales tienen aun que pagar un precio muy alto por haber animado el intento.

El libro único del Dr. Chaim Weizmann es la mejor fuente de información sobre las raíces gemelas del Comunismo y el Sionismo y su propósito convergente. Él estaba presente en el nacimiento del Sionismo, y se transformó en su embajador plenipotenciario, fue durante cuarenta años el querido de las cortes Occidentales, de las oficinas presidenciales y de las salas de los gabinetes ministeriales, [194] llegó a ser el primer presidente del estado Sionista, y él contó todo el cuento con un candor asombroso.

Él muestra cómo, hace casi cien años, en esas remotas comunidades Talmúdicas, tomó forma la estrategia que en sus consecuencias captaría, como en un remolino, a todos los pueblos de occidente. Norteamericanos y británicos, alemanes y franceses, italianos, polacos, escandinavos, bálticos, los pueblos de los Balcanes y todos los otros serían implicados. La sangre vital y los tesoros del Occidente serían gastados en la promoción de estos dos propósitos complementarios, como agua que corre permanentemente desde una fuente.

Millones, viviendo y muriendo, estaban involucrados durante las dos guerras en su avance. Hombres que están naciendo ahora heredan una porción de los últimos levantamientos a los cuales fueron inexorablemente llevados. Los judíos compartieron en toda esa tribulación, en su pequeña proporción a las masas afectadas. La cuenta del Dr. Weizmann le permite al estudioso de hoy ver el comienzo de todo esto; y ahora esta narrativa alcanza nuestro propio tiempo que recibe forma diariamente de lo que entonces ocurrió.

Él explica que los judíos en Rusia estaban divididos en tres grupos. El primer grupo era aquel de los judíos que, buscando "la paz de la ciudad", simplemente querían transformarse en pacíficos ciudadanos rusos, como los judíos de Occidente, en su mayoría en ese momento, eral leales alemanes, franceses o ciudadanos de otros países. La emancipación era para este grupo el objetivo final, y contenía principalmente a esos judíos que, por talento, diligencia y miedo a la regla Talmúdica, habían escapado del ghetto.

El Dr. Weizmann los desecha como pocos, no representativos y "renegados", y como fueron barridos, también deben desaparecer de esta narrativa que pertenece a los otros dos grupos. Por decreto de los Talmudistas han desaparecido de la faz de la tierra", o sea, fueron excomulgados.

La masa restante de judíos en Rusia, (es decir, aquellos que vivieron en el ghetto bajo el gobierno Talmúdico) estaba dividida en dos grupos por una línea vertical que cortaba hogares y familias, incluyendo al propio hogar del Dr. Weizmann y su familia. Ambos grupos eran revolucionarios; es decir, estaban de acuerdo en trabajar para la destrucción de Rusia. La disensión estaba solamente en el punto del Sionismo. El grupo "Comunista-revolucionario" sostenía que la "emancipación plena" se lograría cuando la revolución-mundial suplantara a las nación-estados por todas partes. El grupo "Sionista-revolucionario", estando de acuerdo que la revolución-mundial era indispensable para el proceso, sostenía que la "emancipación plena" sólo se lograría cuando se estableciera una nación judía en un estado judío.

De estos dos grupos, el Sionista era claramente superior en la ortodoxia Talmúdica, como la destrucción bajo la Ley es sólo un medio para un fin de dominación, y la nación dominante había sido ordenado que debía ser preparada en Jerusalén. En los hogares, la disputa era feroz. Los Comunistas aducían que el Sionismo debilitaría la revolución, la cual profesaba negar "raza y credo"; los Sionstas afirmaban que la revolución debía llevar a la restauración del Pueblo Escogido, de cuya raza *era* el credo. Los miembros individuales de estos hogares probablemente creyeron que el punto en disputa era válido, pero de hecho no lo era.

Ninguno de estos grupos podría haber tomado forma, en esas comunidades severamente gobernadas, contra la voluntad del rabinato. Si los rabinos hubieran repartido la palabra que el Comunismo era "trasgresión" y el Sionismos era la "observancia de los estatutos y juicios", no habría habido ningún Comunista en los ghettos, sólo Sionistas.

La secta gobernante, mirando al futuro sobre las cabezas de la masa regimentada, vio evidentemente que ambos grupos eran esenciales para el fin en vista; y Disraeli, en uno de los pasajes antes citado, nombró el motivo. Desde mediados del último siglo la historia de la revolución es aquella del Comunismo y del Sionismo, dirigidas desde una fuente y trabajando para un objetivo convergente.

El Dr. Weizmann da un vislumbre iluminador de esta disensión aparente entre los miembros de una conspiracionista pero dividida, casa judía dónde la forma final de la alta estrategia no fue vista y el asunto entre el "revolucionario-comunismo" y el "revolucionario-sionismo" fue discutido furiosamente. Él cita a su madre, la matriarca judía, diciendo contenta que si el hijo Comunista-revolucionario demostrara estar en lo correcto, ella estaría contenta en Rusia, y si el Sionista- revolucionario fuera quien estaba en lo correcto, entonces ella estaría contenta en Palestina. En el resultado, los dos demostraron por sus luces estar en lo correcto; después de haber vivido algunos años en el Moscú Bolchevizado, ella fue a terminar sus días en la Sionizada Palestina. Eso fue después de las dos conspiraciones, habiendo crecido lado a lado en el secreto, triunfaron en la misma semana en 1917.

El Comunismo ya era un organizado, aunque todavía secreto y conspiracionista partido en el ghetto, cuando el Sionismo tomó la forma organizada (aunque igualmente en secreto) en el movimiento **Chibath Sion** (el Amor de Sión). Este fue fundado en Pinsk dónde el Dr. Weizmann fue a la escuela, de tal manera que cuando muchacho su camino lo llevó al ala de los Sionistas-revolucionarios de la conspiración anti-rusa. En su niñez (1881) algo pasó qué amenazó destruir toda la leyenda de la "persecución judía en Rusia" en que estaba basada la propaganda Talmúdica en el mundo exterior.

En 1861 el Zar Alejandro II, el famoso Libertador, había liberado a 23.000.000 de siervos rusos. Desde este momento se abría la perspectiva de libertad y mejoras en el modelo Occidental abierto para los ciudadanos rusos de todas las nacionalidades (Rusia contenía aproximadamente 160 nacionalidades y los judíos conformaban aproximadamente el 4 por ciento de la población total). Entonces, durante los veinte años que siguieron a la liberación de los siervos, los judíos comenzaron, bajo la dirección Talmúdica, a ofrecer "una amarga resistencia pasiva a todo 'intento por mejoras'" (Dr. Kastein). En marzo de 1881, Alejandro II se movió para completar el trabajo de su vida proclamando una constitución parlamentaria. El comentario del Dr. Kastein habla por sí mismo: "No es una sorpresa encontrar a una judía tomando parte en la conspiración que llevó al asesinato de Alejandro II."

Este evento, el primero de una serie similar, fue el primer gran éxito de los revolucionarios previniendo la emancipación. Restauró la condición ideal descrita por Moses Hess (uno de los primeros propagandistas Sionistas) en el año que siguió a la liberación de los siervos: "Nosotros los judíos siempre *seguiremos* siendo extraños entre las naciones; éstas, es verdad, nos concederán derechos por sentimientos de humanidad y justicia, pero nunca nos respetarán mientras nosotros pongamos nuestros grandes recuerdos en un segundo plano y aceptemos como nuestro primer principio, 'Donde yo florezco, allí está mi país' ".

Durante este período, León Pinsker, otro heraldo del Sionismo, publicó su libro *Auto-emancipación*. El título era una amenaza (para los iniciados); significaba, "Nosotros no aceptaremos ningún tipo de emancipación dada en nosotros por otros; nos emanciparemos y daremos a 'la emancipación' nuestra propia interpretación". Él dijo, "Hay un conflicto inexorable e ineludible entre los humanos conocidos como judíos y los otros humanos", y describió el método maestro que había de ser usado para provocar esta "auto-emancipación" y "restaurar la nación judía": la lucha para lograr "estos fines", dijo él, "*debe ser llevada a cabo en tal espíritu como ejercer una presión irresistible en la política internacional del presente*".

Estas palabras de 1882 son algunas de las más significantes en toda esta historia. Ellas muestran un pre conocimiento del mayor orden, tal como el lector puede discernir si intenta imaginarse, digamos, a algún patriota-en-el-destierro polaco o ucraniano, entonces o ahora, de "ejerciendo una irresistible presión en la política internacional". El emisor político es un hombre triste de esperanza diferida, un asiduo de los Cafés de los exiliados que normalmente están agradecidos si el segundo secretario de un Vice Ministro de Relaciones Exteriores se digna a darle media hora. Pinsker era un oscuro emigrante judío en Berlín, poco conocido fuera de los círculos de los revolucionarios, cuando él escribió estas palabras, que parecieron ser de la pretensión más tonta si los eventos de los próximos setenta años no hubiesen demostrado que él sabía exactamente lo que quiso decir.

Él sabía *cómo* prevalecería el Sionismo. Claramente la conspiración, largo tiempo antes que incluso se sospechara de su naturaleza en el mundo exterior, tenía poderosos apoyos muy lejos fuera de Rusia y este desconocido Pinsker era consciente de los métodos por los cuales los asuntos del mundo serían reestructurados.

Tal fue el estado de la conspiración de dos cabezas en Rusia, cuando el Dr. Weizmann creció hasta ser adulto y comenzó a jugar su rol. La palabra "conspiración", frecuentemente usada aquí, no es el autor; el Dr. Weizmann cándidamente la emplea. Aborreciendo a Rusia, fue (sin estorbo) a Alemania. Al centro de los "emancipados"

Los judíos allí le rechazaron de tal manera que anheló los ghettos de Rusia y volvió a ellos durante sus vacaciones, reasumiendo su parte después, tal como dice, en "la conspiración". Entonces, en varias universidades en Occidente emancipado, continuó su "abierta lucha" para contrarrestar la emancipación de los judíos de Europa. Ellos reconocieron el peligro y le presentaron caras de miedo y enemistad a estos *Ostjuden* [Judíos orientales].

Así en Alemania Gabriel Rieser les dijo a los Sionistas-revolucionarios de Rusia que "Nosotros no inmigramos hasta aquí, nacimos aquí, y porque nosotros nacimos aquí, no tenemos ninguna demanda de un hogar en alguna parte; o somos alemanes o nos quedamos sin hogar". Similarmente, los rabinos del Judaísmo Reformado resolvieron que "la idea del Mesías merece cada consideración en nuestras oraciones, pero todas las demandas que podríamos ser guiados a la tierra de nuestros padres y que el Estado judío sea restaurado debe dejarse fuera de ellas."

Estos judíos se esforzaron en mantener la fe con las promesas del Sanedrín. Ellos habían hecho la paz con la humanidad, y parecía imposible que los Talmudistas pudieran llevarlos atrás, a una nueva cautividad de Nehemias. El Dr. Kastein graba con horror que hacia finales del Siglo 19, "un judío de cada cinco se casaba con un Gentil" y, con un horror mayor que en la guerra "en todos los frentes, un judío estaba opuesto a otro judío; ésta era una tragedia... qué se repetirá... por tanto tiempo como los judíos sean *obligados* a cumplir sus deberes como ciudadanos de las tierras de su adopción."

La sombra de una nueva cautividad Talmúdica estaba mucho más cercana a los judíos de Occidente que incluso ellos podrían sospechar. Los superiores en Rusia habían estado organizando durante todas estas décadas y mientras se acercaba el fin de siglo estaban listos para "ejercer una presión irresistible en la política internacional del presente". El especialista más exitoso en este ejercicio de presión; un Primer Ministro Sionista itinerante, fue el joven Chaim Weizmann, que durante los últimos años de la vida de Monk se movió en las ciudades y universidades europeas, desde Darmstadt a Berlín, y después de Berlín a Ginebra, plantando allí las bombas de tiempo para el futuro y preparando su tarea del Siglo 20.

Cuando el siglo se cerró, vino una aceleración súbita en este proceso, como si una máquina de largo tiempo en construcción, hubiese sido completada y comenzara a funcionar con todo su poder, y sus pulsaciones palpitantes se sintieron en seguida a lo largo de toda la judería, aunque las masas Gentiles, menos sensible a tales vibraciones, no se dieron cuenta totalmente. En la sucesión a Moses Hess, otro judío de Rusia, Asher Ginsburg (Ahad Ha'am) proclamó que los judíos no sólo formaban una nación, sino que debían tener un estado judío en Palestina. Sin embargo, esta era sólo una voz más de la remota Rusia, y la debilidad de los judíos en Occidente fue aquella que no comprendieron el poder y la fuerza de la compacta y organizada masa en el ghetto Oriental, o de todos modos, ellos no pudieron ver cómo podría hacerse sentir en Europa.

La advertencia para ellos llegó en 1896, el año de la muerte del Profeta Monk, cuando Theodor Herzl publicó *'El Estado judío'*. Con esto, el gato estaba en su palomera, y no mucho tiempo después, las palomas estaban en el gato. Sus rangos fueron divididos, ya que este

Theodor Herzl no era uno de los Judíos Orientales, no era un judío de Rusia. Él era uno de ellos, o para todos los eventos, lo sostuvieron como uno de ellos. Parecía ser el modelo ejemplar de un judío Occidental emancipado, aun así estaba al lado de los Sionistas. Un temblor premonitorio atravesó la Judería. La Cristiandad que tenía tanta causa para sentirse perturbada, permaneció dichosamente desprevenida durante otros sesenta años.

CAPÍTULO 25

LA ORGANIZACIÓN SIONISTA MUNDIAL

Si sólo la casualidad, una y otra vez, produce hombres como Karl Marx y el Dr. Theodor Herzl en momentos en que sus actos pueden llevar a consecuencias destructivas fuera de proporción con su propia importancia, entonces la casualidad en el pasado siglo ha sido enlistada en la conspiración contra Occidente. La explicación probable es que una orden más alta ya estaba al cargo de estos eventos y que escogió, o en todos los eventos, usó a Herzl para el rol que él jugó. La brevedad de su curso a través del firmamento (igual como una estrella fugaz), la forma desdeñosa en que cuando su tarea fue completa él fue lanzado a un lado, y su infeliz fin, todo ello habría de dar apoyo a la explicación.

Aquellos que han conocido Viena y su atmósfera en nuestro siglo entenderán a Herzl y su efecto.

Una declinante monarquía y una tambaleante nobleza: una clase de judíos que suben de repente y rápidamente a los puestos más altos; estas cosas causaron una gran impresión entre las masas judías. El Dr. Herzl, en lugar de **Neue Freie Presse**, le dice ahora como estaba el mundo e instruyó a los políticos en el qué hacer. El obsequioso **camarero** en los cafés de charlas se apuraba para servir a "Herr Doktor!" Era todo nuevo, excitante. La presunción llenaba a Herzl y a los Blowitz de ese tiempo y cuando el Dr. Herzl surgió como el autonombrado heraldo de Sión, los judíos Occidentales se sintieron intimidados e inciertos. ¡Si el Dr. Herzl podía hablar así con los Grandes Poderes, quizás él tenía razón y el Sanedrín napoleónico había estado equivocado!

¿Podría ser verdad que la política fue hecha en la oficina de Dr. Herzl, y no en el Ballhausplatz [Gabinete]? Si un judío de Rusia hubiese escrito **El Estado Judío**, o intentara preparar una Organización Sionista Mundial, los judíos Occidentales lo habrían ignorado, porque ellos temían a la conspiración del Oriente y por lo menos sospechaban de sus implicaciones. Pero si el Dr. Herzl, un judío Occidental, totalmente emancipado, pensaba que los judíos deben segregarse nuevamente, la materia se estaba poniendo seria.

Herzl afirmó que el caso Dreyfus lo había convencido de la realidad del "antisemitismo". El término era en aquel entonces de bastante reciente acuñación, aunque el Dr. Kastein busca demostrar que el estado de mente denotado por este, es inmemorial diciendo "ha existido desde el momento que el Judaísmo entró en contacto con otros pueblos en algo más que hostilidad vecinal". (Por esta definición la resistencia en la guerra es "antisemitismo", y los "vecinos" en la guerra tribal de los tiempos antiguos, a los cuales se refiere, eran ellos mismos Semitas. Sin embargo, las palabras "en contacto excediendo la hostilidad vecinal" ofrece un buen ejemplo del pilpulismo Sionista.)

Sin embargo, el Dr. Herzl declaró que "el proceso Dreyfus me hizo Sionista", y las palabras son tan vacías como fueron las palabras, más tarde, de Lord Lloyd George, "[el problema de la] Acetona me convirtió al Sionismo" (qué fue demostrablemente falso).

El caso Dreyfus le entregó a los judíos la prueba completa de la validez de la emancipación y de la imparcialidad de la justicia bajo ella. Nunca fue un hombre defendido tan públicamente, por tantos o de tal forma vindicado.

Hoy naciones enteras, el este de Berlín, no tienen derecho a algún proceso de la ley y occidente que firmó el hecho de su falta de ley, es indiferente a su condición; ellos pueden ser encarcelados o pueden ser asesinados sin cargo o juicio. Aun así en Occidente hoy en día, el caso Dreyfus, el ejemplo clásico de justicia, continúa siendo citado por los propagandistas como el ejemplo hórrido de la injusticia. Si el caso para o contra el Sionismo fue presentado o dejado de lado por el caso Dreyfus, la palabra debiera haber desaparecido de la historia en ese punto.

No obstante el Dr. Herzl exigió que *"se nos conceda la soberanía sobre una gran porción del globo, lo suficientemente grande para satisfacer los requisitos justos de una nación"* (él no especificó ningún territorio en particular y no se apoyó especialmente hacia Palestina). Por primera vez, la idea de resucitar un estado judío vino bajo la viva discusión entre los judíos del Oriente.[8]

El *London Jewish Chronicle* describió el libro como "una de las declaraciones más asombrosas que se han puesto alguna vez adelante". Herzl, animado así, fue a Londres, en aquel entonces el centro del poder, a sondear su idea. Después de reuniones exitosas en London East End,[9] decidió llamar a un Congreso de judíos en apoyo a esto.

---

[8] En ese tiempo difícilmente alcanzaba la mente de la multitud Gentil. En 1841 un Coronel Churchill, Cónsul inglés en Smyrna, en la conferencia de los Estados de Europa Central llamada para determinar el futuro de Siria, expuso una propuesta para establecer un estado judío en Palestina, pero al parecer fue desechada con poca o ninguna consideración.

[9] Cuartel Central de los Judíos en Londres.

Por consiguiente, en marzo de 1897, Judíos de "todo el mundo" fueron invitados a enviar delegados a un "congreso Sionista", un contra-Sanedrín, en agosto, en Munich. Los judíos Occidentales estaban fuertemente opuestos. Los rabinos de Alemania, y luego los judíos de Munich, protestaron, y el lugar de encuentro se cambió a Basilea, en Suiza. Los Judíos de la Reforma de Norteamérica dos años antes habían anunciado que ellos "ni esperaban un retorno a Palestina... tampoco la restauración de cualquiera de las leyes con respecto al Estado judío". (Más curioso para relacionarlo hoy, cuando el Rabino Stephen Wise *en 1899* sugirió un libro sobre el Sionismo a la Sociedad de Publicaciones Judías de Norteamérica, su secretario contestó, "La Sociedad no puede arriesgar un libro sobre el Sionismo").

Cuando el congreso de Herzl se encontró que la mayoría de los 197 delegados venía de Europa Oriental. Este grupo de hombres preparó una "Organización Sionista Mundial" que proclamó la nación independiente judía y "un hogar públicamente asegurado legalmente" lo que sería su objetivo desde entonces y Herzl declaró "El Estado judío existe". De hecho, unos judíos, afirmando hablar por *todos* los judíos pero vehementemente repudiados por muchos cuerpos representativos de la Judería Occidental, habían celebrado una reunión en Basilea, y eso era todo.

No obstante, la propuesta, para lo que era importante en esas circunstancias, estaba por fin en la mesa de los asuntos internacionales. El congreso era de hecho un Sanedrín convocado para cancelar las confesiones hechas por el Sanedrín napoleónico ochenta años antes. Ese Sanedrín repudió el nacionalismo separado y cualquier ambición para formar un estado judío; este otro proclamó el nacionalismo separado y la ambición de un estado.

Mirando atrás después de cincuenta años, el Rabino Elmer Berger observó, "Aquí estaba la cuña del nacionalismo judío, para ser puesta entre los judíos y otros seres humanos. Aquí estaba el molde permanente de los ghettos en el cual la vida judía en las naciones de los no emancipados, permanecía comprimida, de tal manera que los procesos auto-generados de emancipación e integración no pudieran entrar en juego."

El Sanedrín napoleónico tenía una falla básica, ahora revelada, de la cual Napoleón puede no haberse dado cuenta. ¡Representaba a los judíos *Occidentales*, y puede esperarse razonablemente que Napoleón no conoció la fuerza de la compacta masa de judíos gobernada por los Talmúdicos en Rusia, ya que el Dr. Herzl, que ciertamente debería haberla conocido, era ignorante de ella! Hizo el descubrimiento por primera vez en el Congreso Sionista Mundial, llamado por él en expectativa segura de apoyo masivo: "y entonces... allí surge ante nuestros ojos una judería rusa, *cuya fuerza ni siquiera habíamos sospechado*. Setenta de nuestros delegados vinieron de Rusia, y era patente para todos nosotros que ellos representaban la visión y los sentimientos de los cinco millones de judíos de ese país. *¡Qué humillación para nosotros, que habíamos tomado nuestra superioridad por garantizada!*"

El Dr. Herzl se encontró cara a cara con sus amos y con la conspiración, la cual a través de él estaba a punto de entrar en Occidente. Había declarado la guerra a la emancipación y, como muchos sucesores, estaba desprevenido de la naturaleza de la fuerza que él había soltado. Pronto fue dejado atrás, como un clarín cuya tarea ya había sido realizada, mientras los verdaderos "gestores" tomaban su lugar.

Él había forjado el instrumento que ellos habrían de usar en su asalto a Occidente. El Dr. Weizmann que se transformó en el verdadero líder, ve esto claramente: "Fue la contribución persistente al Sionismo del Dr. Herzl, haber creado una autoridad parlamentaria central para el Sionismo... Esta fue la primera vez en la historia exiliada de la Judería, que un gobierno grande había negociado oficialmente con representantes electos del pueblo judío. La identidad, la personalidad legal del pueblo judío, había sido restablecida."

El Dr. Weizmann probablemente sonrió para sí mismo cuando incluyó las palabras "parlamentario" y "electo". La frase en el medio contiene el gran hecho. Los judíos que se reunieron en Basilea, temidos por la mayoría de los judíos Occidentales, y sus declaraciones, podrían prestar autoridad sólo para un evento, el cual en ese momento parecía inimaginable; a saber, su reconocimiento por un Gran Poder. Este hecho inconcebible pasó unos años después cuando el Gobierno británico ofreció al Dr. Herzl, Uganda, y ése es el evento al cual el Dr. Weizmann se refiere. Desde ese momento, todos los Grandes Poderes de Occidente, en el efecto, aceptaron a los Talmudistas de Rusia como representantes de **todos los judíos**, y desde ese momento la revolución-Sionista entró también en Occidente.

Así acabado el siglo de la emancipación que comenzó con tal luminosa perspectiva de envolvimiento común y las premonitorias palabras del Sr. Houston Stewart Chamberlain (escritas justo antes del congreso del Dr. Herzl que se reunió en Basilea) inmediatamente se hicieron verdad y una realidad viviente. Mirando atrás, a las palabras de Gottfried von Herder, cien años antes, "Las naciones más rudas de Europa son esclavas deseosas de la usura judía", Chamberlain escribió que durante el Siglo 19, "un gran cambio ha tenido lugar... hoy Herder podría decir lo mismo por más allá de la mayor parte de nuestro mundo civilizado... La influencia directa del Judaísmo en Siglo 19 ha llegado a ser así, uno de los asuntos irritantes del día. Tenemos que tratar aquí con un asunto que no sólo afecta el presente, sino también el futuro del mundo."

Con la formación de la Organización Sionista Mundial con la cual los grandes gobiernos de Occidente tenían que tratar, en el efecto, como una autoridad superior a ellos, el irritante asunto comenzó a moldear la forma entera de los eventos. Que afectaría "el futuro del mundo" se puede ver fácilmente en 1956, cuando este libro está concluyéndose; desde el inicio de ese año los líderes políticos de los grandes poderes restantes del Occidente, Bretaña y EEUU, observaron en tonos de triste sorpresa que la próxima Guerra Mundial podría estallar en cualquier momento en el lugar dónde ellos habían establecido "el Estado judío", y se apresuraron a cruzar el océano en el intento para concertar alguna forma de prevenir esa consumación.

CAPÍTULO 26

LA HEREJÍA DEL DR. HERZL

Durante los seis años desde 1897 a 1903, el Dr. Theodor Herzl del *Neue Freie Presse* de Viena, fue una figura mundial de un tipo completamente nuevo. Había creado el Sionismo como una fuerza política organizada (y sería su propia muerte, tal como la de otros que le seguirían en ese camino). Lo había lanzado entre los asuntos de Occidente como una galleta china. Todavía él era una sombra insustancial, el producto de cafeterías, como el *Sacher Torte* y *Kaffee mit Schlagsahne*. Parecía ser un hombre usado por sus "conexiones" por un astuto promotor de compañías y que fue descartado cuando la flotación estaba conseguida. Nunca fue el verdadero líder y comenzó a comprender esto, con alarmante susto, en su primer congreso de 1897, cuando "surgió allí ante nuestros ojos una Judería rusa, con una fuerza que ni siquiera habíamos sospechado"; Ya por 1904 la comprensión total de su cautividad lo había matado.

Escribió eso alguna vez en Basilea en 1897, "fundé el estado judío... *Acosé al pueblo en el sentimiento estatal y los llevé a la emoción que eran la asamblea nacional*". Los próximos seis años mostraron, en los eventos reales, lo que León Pinsker había querido decir *en 1882* con "ejercer una presión irresistible en la política internacional del presente."

Herzl, el periodista de Viena nacido en Budapest, comenzó una gira triunfal a las grandes capitales; fue lanzado en un vuelo reluciente, como de trapecio a trapecio, a través del *alto mundo*. Los emperadores, potentados y estadistas lo recibieron como el portavoz de todos los judíos y el contraste entre lo que ellos pensaron y lo que debían haber sabido es impresionante, tal como su primer lugarteniente, Max Nordau, dijo después de su muerte: "Nuestro pueblo tenía un Herzl, pero Herzl nunca tuvo un pueblo"; el rabinato Talmúdico en Oriente, que desdeñaba a este falso Mesías, estaba entre él y cualquier masa partidaria.

El mundo en que él se movía parecía estar firme y bien fundado. La Viuda en Windsor y el viejo caballero en Schoenbrunn eran amados por sus pueblos; el Hombre Joven en Berlín estaba envejeciendo y madurando; el Zar todavía era el padre de su pueblo; el derecho de los hombres a un proceso legal estaba afirmándose por todas partes; la gradualmente industrial servidumbre estaba camino a mejores condiciones. Pero por todas partes los gobernantes y políticos supieron y temieron el peligro que este proceso, estimativamente bueno dado el tiempo, podría ser detenido y se destruiría por la revolución-mundial, ya que para este momento la sociedad secreta de Weishaupt había crecido, a través de la "red de sociedades secretas" que hablaba Disraeli, en un Partido Comunista organizado en todos los países.

El método de Herzl era aprovecharse de este miedo generalizado para su particular fin, el Estado Judío. Ofreció paz doméstica si fuera apoyado y la revolución si no lo fuera y él exigió hablar en nombre de todos los judíos. Está por supuesto implícito aquí que él sabía que la dirección revolucionaria era judía, y así confirma, varias décadas después, lo que Disraeli y Bakunin habían dicho. Su creencia en el método que usó, se expresa en su famosa frase, "Cuando nos hundimos nos transformamos en el proletariado revolucionario; cuando nosotros subimos allí sube el terrible poder de nuestra bolsa."

Así le dijo al Gran Duque de Baden, que él disminuiría la propaganda revolucionaria en Europa proporcional al apoyo que su ambición territorial recibiera de las altas autoridades. Entonces él fue recibido por el Kaiser con casco militar, montado en un corcel, a las puertas mismas de Jerusalén, y el emperador estuvo de acuerdo en presentar al Sultán la propuesta de Herzl para una compañía de fletes sionista en Palestina bajo protección alemana. Cuando nada salió de esto, Herzl amenazó al Kaiser, también, con la revolución: "Si nuestro trabajo aborta, *cientos de miles de nuestros partidarios, con un simple llamado, se unirán a los partidos revolucionarios*".

Luego en Rusia, fue recibido por el Zar mismo, a quien le habló en condiciones similares. Aproximadamente en este momento el tercer Congreso Sionista Mundial fue llevado a cabo, se tomó la decisión que cada judío que llegase a ser miembro, *reconocía la soberanía del todavía mítico Estado Judío*. El Rabino Elmer Berger dice desalentadamente que de allí, "la existencia judía corporativa del ghetto llegó a ser nuevamente una realidad y ahora existe en una realidad a mayor escala de lo que alguna vez había antes logrado."

Luego Herzl se reunió con otro potentado, el Sultán de Turquía. Nada tangible vino de todos estos viajes, pero el gran golpe estaba a la mano, ya que Herzl entonces, transfirió sus actividades a Inglaterra. Allí, también, evidentemente tuvo acceso a los puestos más altos, ya que una de las acciones decisivas de la historia mundial estaba preparada, el pueblo británico que estaba entonces en las cunas, y sus hijos y nietos serían alcanzados por las consecuencias de esas entrevistas no registradas.

¿Quién hizo posible que el Dr. Herzl de Viena fuese recibido por los más grandes en todos los países, y quién aseguró que ellos debían escuchar sus demandas que eran imperiosas, y también intimidatorias? Evidentemente los "Pórticos reales" (en su propia frase) no se habría abierto meramente para él porque había llamado a una reunión de 197 hombres en Basilea y estos habían aprobado una resolución. Otros, más poderosos que él, deben haber intercedido para poner a los porteros a un lado, porteros, lacayos, secretarias, camareros y todos esos cuya tarea es mantener alejado a los inoportunos de sus amos.

A estas alturas la presente narrativa entra en el campo más secreto y celosamente defendido de todos. Los orígenes de la revolución-mundial, sus objetivos y la asunción judía de su dirección puede demostrarse ahora por la masa de evidencia documental que ha aumentado; la existencia de la "red" de Disraeli, extendiéndose sobre la superficie de la tierra, es conocida por todos; la naturaleza del "proletariado revolucionario" está clara. Pero existe también esa segunda red, de hombres influyentes en el nivel más alto, dónde puede usarse "el poder de la bolsa" para ejercer una "presión irresistible en la política internacional del presente" a través de gobernantes y políticos. Esta red de hombres, trabajando en todos los países hacia un fin común, es el que debe haber permitido a Herzl que penetrara, con sus demandas, a los lugares más altos.

Todos los observadores experimentados, conocen la existencia de esta fuerza al nivel más alto de asuntos internacionales. Los propagandista Sionistas pretenden que la oposición judía al Sionismo sólo vino de los "notables judíos", "magnates judíos" y "judíos ricos" (estas frases se repiten continuamente, por ejemplo en el libro del Dr. Weizmann). En los hechos, la división en el Judaísmo era vertical, entre ricos y pobres por igual, y aunque la mayoría de los judíos Occidentales eran en ese momento, violentamente opuestos al Sionismo, la minoría contenía a los judíos ricos y notables. Sólo éstos pueden haber habilitado el espectro del Sionismo, en la persona del Dr. Herzl, para hacer su súbito salto del tipo de Nijinski [bailarín polaco] en las cortes y salas de ministros, dónde él empezó a entrar y salir como si hubiese nacido en el privilegio. Aquellos que lo ayudaron estaban, simplemente en alianza plena con el cuerpo compacto y organizado de los Sionistas: las comunidades Talmúdicas en Rusia.

El Dr. Kastein dice que el "ejecutivo" dispuesto por los 197 hombres en Basilea "fue la primera **encarnación de una verdadera Internacional Judía**". En otras palabras, algo que ya existía recibió una expresión visible. Una "Internacional Judía" ya estaba existiendo y esta era lo suficientemente poderosa para comandar audiencias reales, con príncipes o Ministros por todas partes para el Dr. Herzl.

De esta "red" Internacional de personas, de pensamientos semejantes al más alto nivel, en los tiempos del Dr. Herzl, el estudioso sólo puede hacerse un cuadro juntando cuidadosamente las vislumbres y fragmentos significantes. (su existencia y las acciones concertadas en nuestros tiempos son plenamente demostrables, tal como este libro en sus capítulos posteriores lo demostrará por la masa creciente de literatura). Por ejemplo, el Dr. Weizmann dice que le dijo al Dr. Herzl que el Señor Francis Montefiore (un judío importante en Inglaterra) era "un necio", sobre lo cual Herzl contestó, "Él abre los portales reales para mí". Nuevamente, el Barón de Hirsch, era el principal sostenedor financiero y partidario de Herzl. De este Barón de Hirsch, Carl Lonyay (citado de los documentos en los archivos secretos de la Corte Imperial en Viena) dice que el Príncipe de la Corona Rudolf de Austria, deseando hacer una provisión para el amigo de una mujer antes de su suicidio en Mayerling, obtuvo 100,000 gulden "del banquero, Barón Hirsch, a cambio de un acto amistoso que él había realizado en diciembre, cuando invitó al banquero a encontrarse con el Príncipe de Gales" (el futuro Rey Edward VII).

El Barón de Hirsch, en sucesión a esta introducción, llegó a ser un íntimo del Príncipe de Gales, y banquero privado y consejero financiero del futuro Rey de Inglaterra. Él también era cuñado del Sr. Bischoffsheim de la casa financiera judía Bischoffsheim y Goldschmidt en Londres, de la cual, un muy adinerado judío nacido en Alemania, el Señor Ernest Cassel, era miembro. El Señor Ernest, como el Sr. Brian Connell dice en un estudio biográfico, fue el feroz sucesor de la amistad del Barón de Hirsch con el futuro Rey: "donde Hirsch había llegado a ser íntimo, Cassel se transformaría en el amigo personal más íntimo de Edward VII". Fue de hecho el último de los íntimos del Rey en verle con vida, el rey, en el día de su muerte, insistió en mantener una cita con el Señor Edward y se levantó para vestirse el mismo para el propósito.

En la secuencia de esta cuenta el Sr. Connell dice: "La ***pequeña fraternidad internacional*** de la cual él" (el Señor Ernest Cassel) "se transformó quizás en el miembro principal, eran todos hombres con trasfondos similares al suyo, personas a las cuales él se acercaba en el curso de sus extensos viajes. Allí estaba Max Warburg, la cabeza de la gran casa de la banca privada en Hamburgo; Edouard Noetzlin, presidente honorario del Banque de París et des Pays Bas, en París; Franz Philippson en Bruselas; Wertheim y Gompertz en Amsterdam y, sobre todos, Jacob Schiff de la empresa Kuhn, Loeb and Company en Nueva York. *Los lazos de raza e interés ataron juntos a estos hombres. La red de sus comunicaciones temblaba al toque más ligero. Mantuvieron entre ellos una red increíblemente exacta de inteligencia económica, política y financiera al más alto nivel. Podían retirar el apoyo aquí, proporcionar los fondos adicionales allá, mover inmensas sumas de dinero con la rapidez del relámpago y en secreto, de una esquina a otra de sus imperios financieros, e influir en las decisiones políticas de un número de países.*"

Los "lazos de raza e interés...un tejido... la red... inteligencia al nivel más alto... movimiento las inmensas sumas de dinero... la influencia en las decisiones políticas...": no puede existir duda que esta era la "Internacional Judía" de la cual escribió el Dr Kastein y el mecanismo que operaba, a través de todas las fronteras de las naciones para apoyar al Dr. Herzl. Nada menos podría explicar la acción que tomó el Gobierno británico y si había alguna duda antes, sobre la acción concertada de esta fuerza, sobre las naciones y distinta de las naciones, los eventos de nuestro medio-siglo las han quitado..." Con tal poder detrás de él, el Dr. Herzl estaba absolutamente en posición de hacer demandas y amenazar. Los poderosos hombres que formaron este consejo de administración internacional (el término no es demasiado grande) en ese momento, puede que no creyeran en el Sionismo como individuos, pueden haberse opuesto a él en forma privada. En la creencia del presente escritor incluso, no eran lo suficientemente poderosos para oponerse, o negar apoyo a una política ordenada por los superiores de la Judería.

Mientras las consecuencias de las jornadas del Dr. Herzl estaban tomando forma en secreto, él continuó sus viajes. Asumió un inocente orgullo de su elevación súbita y gustó de la elegancia de la sociedad, los fracs y guantes blancos, los candelabros y las recepciones. Los superiores Talmúdicos en Rusia, quienes había crecido con las túnicas y los rizos delante de las orejas y se habían estado preparando para derrocarlo, lo desdeñaron, pero hicieron uso de esta típica figura de la "emancipación Occidental".

En 1903 él tenía experiencias asombrosas, pareciéndose a aquellas de Sabbatai Zevi en 1666. Fue a Rusia y en su progreso a través de las ciudades judías fue objeto de ovaciones Mesiánicas de las ignorantes masas. En esta ocasión buscaba persuadir a Rusia para presionar al Sultán, en materia de su propuesta para una compañía fletada en Palestina. Causó un poco de impresión en el Ministro del Interior ruso, von Plebe, a quien dijo que él hablaba por "todos los judíos de Rusia."

Si él hubiese sabido que sería pronto desengañado. ¡Él hizo algo que lo muestra o haber sido imprudentemente valiente o bastante inconciente de lo que de verdad le rodeaba (esto a veces pasa con tales hombres). Probablemente, para fortalecer su caso con von Plehve, con quien él debe de haber usado el argumento "Sionismo o revolución", insistió a los judíos en Rusia de **abstenerse de actividades revolucionarias** y discutir su "emancipación" con las autoridades rusas!

Así él escribió su propia sentencia de muerte política, y de hecho él murió pronto. Para los superiores Talmúdicos ésta era herejía; había entrado en el cuarto prohibido. Ellos habían estado trabajando para prevenir la emancipación judía en Rusia, porque vieron en esa emancipación la pérdida de su poder sobre la Judería. Si sus negociaciones con el Gobierno ruso tuvieran éxito, seguiría una pacificación en Rusia, y eso significaría el fin de la leyenda propagandista de la "persecución judía" en Rusia.

Cuando volvió para dirigir el Sexto Congreso de su Organización Sionista Mundial su destino llegaría a enfrentarlo en la forma de una masa compacta de judíos rusos no sólo "humillándole" sino también amenazándolo. En este momento de su fiasco, pensó que tenía el as de triunfo en su bolsillo y lo sacó. ¡Como resultado de esas entrevistas en Londres y de la " irresistible presión" que le apoyaba, el Gobierno británico le había ofrecido al Dr. Herzl del *Neue Freie Presse* de Viena, un territorio en África, en Uganda! Si la historia graba una cosa más extraña que esta, yo no lo he descubierto. Aun así la carta de triunfo demostró ser apenas un par.

Los 295 delegados votaron para aceptar la oferta, pero 175 la rechazaron; claramente el Dr. Herzl no hablaba por "todos los judíos". La gran mayoría de los 175 que votaron por el *No,* venían de judíos de Rusia. Las agrupadas multitudes judías habían vitoreado a Herzl allí como el Mesías; estos 175 emisarios del rabinato Oriental lo impreclararon, ya que Uganda significaba la ruina de su plan. Ellos se lanzaron al suelo en la actitud tradicional del lamento por los muertos o por la destrucción del templo. Uno de ellos, una mujer, llamó al famoso Dr. Herzl "un traidor" y cuando él se fue, destrozó el mapa de Uganda que estaba tras la tarima de los oradores.

Si lo que él dijo y escribió fuese totalmente franco, el Dr. Herzl nunca entendió por qué los emisarios judíos de Rusia se negaron a considerar cualquier otro lugar que no fuese Palestina, y si eso es así, era aun más iluso. Había construido todo su movimiento con la demanda que "un lugar de refugio" se necesitaba directamente para los "judíos perseguidos", y éstos eran los judíos de Rusia; Los judíos en otras partes estaban totalmente emancipados. Si la persecución en Rusia fuese verdad, entonces cualquier lugar sería bueno, y él ahora había procurado uno para ellos; Es más, ¡Si cualquiera de ellos prefiriera quedarse en Rusia, y sus negociaciones con el Gobierno ruso tenían éxito, podrían tener todo lo que ellos deseaban también en Rusia!

Desde el punto de vista del rabinato Talmúdico en Rusia la materia era completamente diferente. Ellos, también, habían contribuido a la leyenda de la "persecución en Rusia", mientras al mismo tiempo trabajaban allí contra la emancipación, pero esto era con el propósito de cumplir la antigua Ley que significaba la posesión de Palestina y todas las cosas que subsecuentemente la Ley ordenaba. La aceptación de Uganda habría significado el Día del Juicio Final para el Judaísmo Talmúdico.

El Dr. Weizmann describe la última humillación del Dr. Herzl. Después del voto, Herzl fue a visitar a los judíos de Rusia que le habían dado la espalda y se habían marchado de la sala del comité. "Entró en la sala, pareciendo macilento y exhausto. Fue recibido con un silencio de muerte. Nadie se levantó de su asiento para saludarle, nadie lo aplaudió cuando acabó... Era probablemente la primera vez que Herzl era recibido así en alguna reunión sionista: él, el ídolo de todos los Sionistas".

Fue también fue la última vez. Dentro del año el Dr. Herzl estaba muerto, a la edad de cuarenta y cuatro años. Ninguna conclusión puede ofrecerse sobre su muerte. Escritores Judaístas se refieren a él en términos crípticos. La **Enciclopedia Judía** dice que fue el resultado de lo que él soportó y otras autoridades hacen alusiones similarmente disimuladas, aunque significativas.

Aquellos que durante los siglos han sido a menudo el objeto de anatema o excomunión por la secta gobernante, se han muerto pronto y miserablemente. El estudioso llega a sentir que en esta materia, se acerca a las cosas misteriosas, cerrada para cualquier investigación normal.

La cosa curiosa es que un hombre íntimo de Herzl, su mano derecha y el principal orador vio la forma de las cosas, en el momento mismo y en lo que venía, con toda claridad. Desplegó un preconocimiento tan grande como aquel de León Pinsker cuando describió la serie de eventos que sucedería al aplicar la "presión irresistible en la política internacional". En el mismo congreso dónde Herzl sufrió su humillación, Max Nordau (un alias o seudónimo; su nombre real era Suedfeld) dio esta exacta prognosis:

"Permítame decirle las siguientes palabras como si yo estuviera mostrándole los peldaños de una escalera que lleva hacia arriba y hacia arriba: Herzl, el congreso Sionista, la proposición inglesa de Uganda, *la futura Guerra Mundial, la conferencia de paz dónde, con la ayuda de Inglaterra, una Palestina libre y judía será creada*" (1903). Aquí habló el iniciado, el iluminado, el hombre que conocía la fuerza y el propósito de la "Internacional". (Max Nordau ayudó al proceso, el curso que él predijo, escribiendo éxitos literarios en los años de 1890 tal como '*Degeneración*' en el cual dijo que Occidente estaba irredimiblemente corrupto). Incluso Max Nordau no definió su conclusión hasta su lógico fin. Otro delegado lo hizo, el Dr. Nahum Sokoloff quien dijo: *"Jerusalén será algún día la capital de la paz mundial"*. Que la ambición es hacerla la capital del mundo queda claro en 1956, cuando los gobiernos Occidentales viven el miedo diario de su anexión al estado Sionista; si la humanidad realmente encuentra el camino para hacerla la capital de la *paz* está por verse.

Después que el Dr. Herzl murió, el Dr. Chaim Weizmann, más tarde líder Sionista, guió el ataque sobre la oferta de Uganda y en el Séptimo Congreso, de 1905, la aceptación, a su instigación, fue revocada. Desde ese momento el Sionismo fue el instrumento del rabinato Talmúdico en el Este.

La historia de la oferta de Uganda y su rechazo despreciativo muestra la indiferencia de la secta gobernante por el bienestar y los deseos de las masas judías, por quienes ellos decían hablar; de hecho, cuando la materia es considerada cuidadosamente, "hostilidad" hace pensar que es una palabra más verdadera que "indiferencia". Esto se ve examinando, a su vez, el sentimiento expresado hacia la oferta por los tres principales grupos de judíos: aquellos de Occidente, aquellos de Rusia, y (una sección de la Judería nunca mencionada en todos estos fuertes intercambios) los judíos que ya estaban en Palestina.

Los judíos de Occidente en ese tiempo, se opusieron fuertemente al Sionismo como tal, tanto si llevaba a Uganda, Palestina o a cualquier otra parte; ellos sólo deseaban quedarse donde estaban. Los judíos de Rusia fueron descritos simplemente como necesitando "un lugar de refugio" de la "persecución", y si esto fuese verdad, Uganda los podría haber atraído; sin embargo, las frenéticas ovaciones con que ellos recibieron al Dr. Herzl sugieren que habrían seguido cualquier guía que él diera, si el rabinato lo hubiese permitido. Eso deja a los judíos que ya estaban en Palestina.

¡Esta comunidad de judíos originales estaba ardientemente en favor de trasladarse a Uganda, tal como lo descubre esta investigación, y por esta razón, ellos fueron denunciados como "traidores" por los convertidos Khazar de Rusia que se habían tomado el Sionismo!. Esto es lo que la Organización Sionista en Tel Aviv estaba diciendo sobre ellos todavía en *1945*:

"Fue degradante y una visión penosa ver a todas estas personas quienes... habían sido los primeros en construir la Palestina judía de esos días, negando y repudiando públicamente su propio pasado... **La pasión por Uganda llegó a ser asociada con un odio mortal por Palestina...** En los centros de la comunidad de las primeras colonias judías, los jóvenes educados en la Escuela Alianza Israelita, denunciaban a Palestina como 'una tierra de cadáveres y tumbas', una tierra de malaria y de enfermedades a los ojos, una tierra que destruye a sus habitantes. **Y esta no era la expresión de unos pocos individuos.**

De hecho, había sólo unos pocos individuos aquí y allí... quiénes permanecían fiel... Toda Palestina estaba en un estado de fermento... **Toda la oposición a Uganda vino de fuera de Palestina. En el propio Sión, todos estaban contra Sión.**"

Lo que las masas de personas quisieron, judíos o Gentiles, fue desde 1903 no tomado en cuenta. Aceptación o negativa daban lo mismo; la *oferta* había sido hecha, y por esto Occidente y su futuro fueron previsiblemente envueltos en una empresa desastrosa. Tal como el Dr. Weizmann dice, el gobierno británico **por este acto**, se comprometió a reconocer a los Talmudistas de Rusia como el gobierno de todos los judíos; con ello comprometió también a las generaciones futuras de su pueblo, y un compromiso similar del pueblo norteamericano le seguiría una década después, cuando el camino ya había sido preparado.

De ese acto de 1903 vino el comienzo de las tribulaciones de este siglo. La historia de Sión se transformó posteriormente en aquella de los políticos Occidentales que, bajo la "presión irresistible", cumplieron las órdenes de una secta poderosa. 1903 fue el año triunfante de la conspiración, y para Occidente demostró ser tan fatídico como 1914 y 1939, años en que tomaron su forma bajo su sombra.

Capítulo 27

Los "Protocolos"

Mientras el Sionismo tomó forma así en el ghetto Oriental durante el último siglo y al comienzo de este, surgió como una nueva fuerza en los asuntos internacionales (cuando el Gobierno británico le ofreció Uganda), la revolución-mundial, en esas mismas áreas Talmúdicas, preparaba su tercera "erupción". Las dos fuerzas avanzaban juntas en sincronización (ya que el Sionismo, como se ha mostrado, usó la amenaza del Comunismo en Europa para ganar las orejas de los gobernantes europeos para su demanda territorial fuera de Europa). Era como si turbinas gemelas comenzaran a girar, generando lo que fue en el efecto, *una* fuerza de la cual el nuevo siglo recibiría los sustos galvánicos.

Según Disraeli y Bakunín la revolución-mundial había quedado bajo la dirección judía en aproximadamente la mitad del siglo, y entonces sus objetivos cambiaron. Los seguidores de Bakunín que buscaron abolir el Estado como tal, porque previeron que el poderío Estatal revolucionario sería aún más despótico que cualquier despotismo anterior, fueron expulsados y olvidados. Desde allí la revolución-mundial tomó la forma del **Manifiesto Comunista** de Karl Marx que apuntaba a un super-estado fundado en el trabajo-esclavo y en "la confiscación de la libertad humana" (tal como Tocqueville escribió en 1848).

Este cambio en la dirección y en los objetivos determinó el curso del Siglo 20. Sin embargo, los **métodos** por los cuales el orden existente sería destruido *no* cambiaron; ellos continuaron siendo aquellos revelados por los documentos de Weishaupt, publicados en 1787. Muchas publicaciones del Siglo 19 mostraron que el plan original del Illuminati continuó a través de generaciones para llegar a ser el libro de texto de los revolucionarios de todos los campos, como **el método**.

Estos trabajos propagaron o expusieron el plan destructivo en varias formas, a veces alegóricas, pero siempre reconocibles si se les compara con el original, los documentos de Weishaupt. En 1859, Crétineau Joly arremetió contra la Dirección judía de "las sociedades secretas". Su libro reprodujo los documentos (comunicados a él por el

Papa Gregory XVI) de la sociedad secreta italiana, el 'Haute Vente Romaine'; su autenticidad está más allá de toda prueba.

El Haute Vente Romaine estaba dirigido por un príncipe italiano que había sido iniciado por uno de los más íntimos de Weishaupt (Knigge) y era una reencarnación del Illuminati. El círculo exterior de iniciados, los ilusos, fueron persuadidos que "el objetivo de la asociación es algo elevado y noble, que es la Orden de aquellos que desean una moralidad más pura y una piedad más fuerte, la independencia y la unidad de su país". Aquellos que se graduaban en los grados internos más altos, progresivamente aprendían los objetivos reales y juraban destruir a toda la religión y el gobierno legítimo; recibían entonces los secretos de asesinatos, venenos y perjurio, que habían sido revelados por los documentos de Weishaupt.

En 1862 Karl Marx (cuyo Manifiesto comunista es reconociblemente Illuminista) fundó su Primera Internacional, y Bakunín formó su Alianza Social Demócrata (programa del cual, como la Señora Nesta Webster ha mostrado citando pasajes correlativos, era Illuminismo puro). En el mismo año, Maurice Joly publicó un ataque a Napoleón III, a quienes atribuyó métodos idénticos de adulterar y estropear el sistema social (este libro fue escrito en forma alegórica). En 1868 el alemán Goedsche, reprodujo las mismas ideas en la forma de un ataque a la dirección judía de la revolución, y en 1869 el Católico francés y realista Gougenot Des Mousseaux tomó el mismo tema. En ese año Bakunín publicó también su ***Polémica Contra Los Judíos***.

En todo estos trabajos, en un forma u otra, aparece la continuidad de la idea básica revelada por primera vez por los documentos de Weishaupt: a saber, de destruir todo gobierno legítimo, religión y nacionalismo y preparar un despotismo universal para gobernar las masas esclavizadas por el terror y la violencia. Algunos de ellos atacaron a los judíos, la usurpación o a la sucesión en la dirección de la revolución.

Después de esto vino una pausa en la literatura publicada de la conspiración descubierta en 1787, hasta que en 1905, un Profesor, Sergyei Nilus, funcionario del Departamento de Religiones Extranjeras en Moscú, publicó un libro, del cual, el Museo británico en Londres tiene una copia con su fecha estampada, el 10 de agosto de 1906. Gran interés sería atado a algo que podría sacarse sobre Nilus y su libro, el cual nunca ha sido traducido; el misterio con que él y el libro ha sido rodeado impide la investigación. ***Un capítulo*** fue traducido al inglés en 1920. Esto requiere mención aquí, porque la publicación original ocurrió en 1905, aunque el violento alboroto sólo comenzó cuando apareció en inglés en 1920.

Este capítulo se publicó en Inglaterra y EEUU como "Los Protocolos de los Superiores Sabios de Sión"; no pude saber si éste era el encabezado original del capítulo o si se nombró así durante la traducción. No se entrega ninguna prueba que el documento es lo que pretende ser, una minuta de una reunión secreta de los "Superiores" Judíos. En ese aspecto, por consiguiente, no tiene valor."

En cada uno de los otros aspectos es de importancia inestimable, ya que él se muestra como la prueba conclusiva (de los eventos subsecuentes) de ser un documento auténtico de la conspiración-mundial revelada por los documentos de Weishaupt. Muchos otros documentos en la misma serie habían seguido a la primera revelación, tal como lo he mostrado, pero este transciende a todos ellos. Los otros eran fragmentarios y entregaban vislumbres; este entrega el cuadro completo de la conspiración, los motivos, métodos y objetivos. No agrega nada nuevo a lo que se había revelado en partes (salvo por la atribución no probada a los superiores *judíos mismos*), pero pone todas las partes en su lugar y expone el todo. Describe con precisión todo lo que ha de venir en los cincuenta años desde que fue publicado, y lo que claramente seguirá en los próximos cincuenta años, a menos que en ese tiempo, la fuerza que ha generado la conspiración produzca la contra-fuerza.

Está informado por una masa de conocimiento (particularmente de las debilidades humanas) qué sólo puede haber salido de la experiencia acumulada y del continuo estudio de siglos, o de eras. Está escrito en un tono de alta superioridad, como por seres situados en algún pináculo olímpico de sabiduría sardónica y antigua, y de desdén burlón por las masas retorciéndose muy abajo ("la chusma." ... "animales alcoholizados"... "el ganado... "las bestias sanguinarias") quién vanamente intenta eludir las "tenazas" que se están cerrando alrededor de ellos; estas tenazas son "el poder de oro" y la fuerza bruta de la chusma, incitadas para destruir a sus únicos protectores y por consiguiente a ellos mismos.

La idea destructiva se presenta en la forma de una teoría científica, casi de una ciencia exacta, defendido con gusto y elocuencia. Estudiando los Protocolos me recuerdan constantemente a algo que llamó mi atención en el dictum de Disraeli, que cité anteriormente. Disraeli que tuvo el cuidado en la elección de las palabras, habló del "***principio destructivo***" (no la idea, el esquema, la noción, el plan, el complot o similares), y los Protocolos elevan la teoría de la destrucción a este estado de "una verdad fundamental, una ley primaria o básica, una ley gobernante de conducta" (para citar varias definiciones del diccionario de la palabra "principio"). En muchos pasajes los Protocolos parecen, a primera vista, recomendar la destrucción como una cosa virtuosa en sí misma y justificar explícitamente por consiguiente, todos los métodos recomendados para promoverla (el soborno, el chantaje, la corrupción, la subversión, la sedición, la incitación de la chusma, el terror y la violencia), las cuales se tornan también virtuosas.

Pero un escrutinio cuidadoso muestra que éste no es el caso. De hecho el argumento presentado comienza al final, el poder mundial, y va hacia atrás a través de medios que simplemente se defienden como los mejores para este fin. El fin es aquel revelado por primera vez de los documentos de Weishaupt, y está claro que ambos saltan de una fuente mucho más temprana, aunque los Protocolos, en su tiempo, son con respecto a los papeles de Weishaupt como el biznieto al Bisabuelo. El objetivo final es la destrucción de toda religión y nacionalidad y el establecimiento de un super-estado, gobernando el mundo por el cruel terror.

Cuando los Protocolos aparecieron en inglés, el punto menor, quién había sido el autor de este particular documento, recibió una falsa semblanza de importancia mayor por el enfurecido ataque judío sobre el documento mismo. La aseveración de la dirección judía de la conspiración revolucionaria no era en absoluto nueva; el lector ha visto que Disraeli, Bakunín y muchos otros lo afirmaron antes. En este caso, la alegación sobre una reunión específica de líderes judíos de la conspiración no estaba probada y podría ignorarse (en 1913 una publicación algo similar acusó a los Jesuitas de instigar una conspiración-mundial que se parece a aquella descrita en los Protocolos y en los documentos de Weishaupt; los Jesuitas comentaron calladamente que esto era falso y el asunto se olvidó).

La respuesta oficial de la Judería en 1920 y después fue diferente. Se apuntó y con furia, a la toda *sustancia* de los Protocolos; no se detuvo en negar un complot judío, sino que negó que existiera *algún* complot, lo cual era demostrablemente falso. La existencia de la conspiración había sido reconocida y había sido confirmada por una larga cadena de altas autoridades, desde Edmund Burke, George Washington y Alejandro Hamilton a Disraeli, Bakunín y muchos otros que han sido mencionados en capítulos anteriores. Es más, cuando los Protocolos aparecieron en inglés, los eventos en Rusia habían dado una prueba conclusiva. Así, la naturaleza del ataque judío sólo podría fortalecer las dudas del público; protestaron demasiado.

Este ataque fue la repetición de aquellos que impusieron silencio a esos líderes anteriores que presentaron una demanda pública para investigación y remediar, a Robison, Barruel y Morse, pero en esta ocasión era un ataque judío. Esos tres hombres no hicieron ninguna imputación a la dirección judía, y ellos fueron difamados solamente porque atrajeron la atención pública a la *continua* naturaleza de la conspiración y al hecho que la revolución francesa fue clara y meramente su primera "erupción". El ataque a los Protocolos en los años de 1920 demuestra sobre cualquier cosa la verdad de su disputa; mostró que la organización erigida para suprimir la discusión pública sobre la conspiración se había perfeccionado en el intervalo de 120 años. Probablemente nunca antes en la historia se usó tanto dinero y energía en el esfuerzo para suprimir un simple documento.

Fue llevado a Inglaterra por uno de los dos principales corresponsales británicos en esos días en Moscú, Víctor Marsden, del **Morning Post** (la historia significante del otro corresponsal pertenece a un capítulo posterior). Marsden era una autoridad en Rusia y estuvo bajo los efectos permanentes del Terror. Él fue en efecto su víctima, porque murió pronto después de haber completando lo que él evidentemente sentía, era un deber, la traducción de los Protocolos en el Museo británico.

La publicación en inglés despertó el interés mundial. Ese período (1920 y adelante) marca el fin del tiempo en que el asunto judío podía ser discutido imparcialmente en público. El debate inicial era libre y vigoroso, pero en los años siguientes el ataque tuvo éxito en imponer la ley de lessa majestad en esta materia y hoy difícilmente algún hombre público o algún impreso puede aventurar la mención de los Protocolos, a menos que los declare "falsificados" o "infames" (un acto de sumisión también predicha en los Protocolos mismos).

La primera reacción fue la natural. Los Protocolos fueron recibidos como la evidencia formidable de una conspiración internacional contra la religión, nacionalidad, gobierno legítimo y la propiedad. Todos estaban de acuerdo que la atribución a la paternidad literaria judía no tenía fundamentos, pero que el asunto era tan grave y tan fuertemente apoyado por los eventos subsecuentes a la publicación original, que se necesitaba una investigación completa. Este remedio, "una investigación", fue la única defendida por muchos hombres importantes 120 años antes. En este caso el ataque fue en efecto nuevamente en contra de la demanda para una ***investigación,*** no simplemente contra la alegación de "los Superiores de Sión."

The Times (de Londres) el 8 de mayo de 1920 en un largo artículo dijo, "Una ***investigación*** imparcial de estos documentos y de su historia es muy deseable...

¿Vamos a desechar todo este asunto sin investigar y dejar que la influencia de tal libro como este trabajo sin chequearlo? " The **Morning Post** (entonces el más antiguo y sobrio de los periódicos británicos) publicó veintitrés artículos, también requiriendo una ***investigación***.

En **The Espectador**, el 27 de agosto de 1921, el Señor Sydenham, una famosa autoridad de aquellos días, también instó a una investigación: "El punto principal es, por supuesto, la fuente de la cual Nilus obtuvo los Protocolos. Los rusos que conocieron a Nilus y sus escritos no pueden haber sido todos ellos exterminados por los bolcheviques. Su libro... no ha sido traducido, a través de esto podría dar alguna idea del hombre... ¿Cuál es la característica más llamativa de los Protocolos? La respuesta es un conocimiento de un tipo raro, abarcando el campo más amplio. La solución de este 'misterio', si es que tiene solución, será encontrada donde este conocimiento misterioso, ***cuyas profecías ahora literalmente*** *cumplidas está basado*, puede mostrar donde reside". En América el Sr. Henry Ford, declarando que "los Protocolos han encajado en la situación mundial hasta este momento; ellos encajan ahora", llevó a que su *'Dearborn Independent'* publicara una serie de artículos de los cuales se vendieron un millón y un medio de reimpresiones.

Dentro de dos años el propietario de *The Times* fue certificado demente (por un doctor anónimo, en un país extranjero; un capítulo posterior describirá este episodio) y sacado por la fuerza del control de sus publicaciones, y *The Times* publicó un artículo que desecha los Protocolos como plagio del libro de Maurice Joly. El propietario del *Morning Post* fue objeto de un sostenido vituperio hasta que él vendió el periódico que luego cesó su publicación. En 1927, el Sr. Henry Ford publicó una disculpa dirigida a un judío muy conocido en EEUU; cuando yo estaba en los Estados Unidos, años más tarde, me dijeron, informantes creíbles, que fue persuadido para hacer esto, en un momento cuando un nuevo modelo de automóvil Ford iba a ser comercializado, mediante hostiles amenazas de distribuidores, de los cuales dependía la fortuna de su empresa.

La campaña contra los Protocolos nunca ha cesado desde entonces. En la comunizada Rusia todas las copias que pudieron descubrir fueron destruidas en la revolución y la posesión del libro se volvió un importante crimen bajo la ley contra el "anti-semitismo". En la sucesión directa a eso, aunque veinticinco años después, las autoridades norteamericanas y británicas en la Alemania ocupada después de la Segunda Guerra Mundial obligaron al gobierno alemán Occidental a promulgar leyes contra el "anti-semitismo" en el modelo bolchevique; y en 1955, una imprenta de Munich que reprodujo los Protocolos tenía su negocio confiscado. En Inglaterra, en el momento de la publicación, la venta del libro fue detenida temporalmente por la autoridad, bajo la presión descrita, y en el curso de los años el ataque sobre esto continuó tan violento, que los editores le temieron y sólo pequeñas empresas locales se aventuraron a imprimirlo. En Suiza, entre las guerras, un demanda fue presentada contra el libro como "literatura impropia"; el caso fue ganado, pero el veredicto fue desechado por una corte más alta.

El estado de asuntos provocado así después de 1920, y continuando hasta hoy, fue predicho por los Protocolos *en 1905*: "A través de la prensa nosotros hemos ganado el poder para influenciar mientras seguimos estando nosotros mismos en las sombras... El factor principal del éxito en lo político" (el campo) "es el secreto de su tarea; la palabra no debe estar de acuerdo con los actos del diplomático... Nosotros debemos obligar a los gobiernos... tomar acciones en la dirección que favorece nuestro plan extensamente-concebido, ya acercándose a la deseada consumación, mediante aquello que nosotros representaremos como la opinión pública, incitada secretamente por nosotros a través de los medios de ese llamado 'Gran Poder', la prensa, la cual, con algunas excepciones que pueden desecharse, ya está completamente en nuestras manos... Nosotros trataremos la prensa de la siguiente manera: ... nosotros la ensillaremos y la embridaremos con una firme restricción; también haremos lo mismo con todas las producciones impresas, porque ¿Dónde estaría el sentido de ser librados de los ataques de la prensa si seguimos siendo blancos de los folletos y libros? ... Nadie debe con impunidad poner un dedo en la aureola de nuestra infalibilidad gubernamental. *El pretexto para detener cualquier publicación será la supuesta súplica que está agitando la mente pública sin ocasión o justificación*... Nosotros tendremos un triunfo seguro sobre nuestros antagonistas ya que ellos no tendrán a su disposición órganos de prensa en que ellos puedan dar expresión plena y última a sus visiones debido a los métodos mencionados de tratar con la prensa..."

Tal es la historia de los Protocolos hasta aquí. Su atribución a los "Superiores" judíos no tiene sustento y debe rechazarse, sin el prejuicio a cualquier otra evidencia sobre la dirección judía de la revolución-mundial como tal. El ataque judío a ellos fue torcido, no en exculpar a la Judería, sino en detener la publicación en la súplica que estaba agitando la mente pública sin ocasión o justificación". Los argumentos entregados eran ficticios; que los Protocolos se parecían estrechamente a varias publicaciones más tempranas y así eran "plagios" o "falsificaciones", considerando que esto en la verdad mostraba la cosa obvia: que ellos eran parte de la literatura continuada de la conspiración. Ellos podrían ser igualmente bien el producto de non-judíos o de revolucionarios anti-judíos, y eso es de importancia secundaria. Lo que ellos prueban es que *la organización* por primera vez revelada mediante los documentos de Weishaupt estaba en existencia 120 años más tarde, y que todavía estaba usando los métodos y siguiendo el objetivo expuesto entonces; y cuando ellos fueron publicados en inglés, la revolución bolchevique había dado la prueba.

En mi opinión, los Protocolos entregan el manual esencial para los estudiosos del momento y el asunto. Si Lord Sydenham, en 1921, fue arrestado por "el conocimiento misterioso" que ellos desplegaron "en que las profecías ahora cumplidas literalmente está basado", cuánto más habría él de impresionarse hoy, en 1956, cuando mucho más de ellos ha sido literalmente cumplidos. A través de este libro cualquier hombre puede ver cómo fueron los levantamientos de los últimos 150 años, y cómo aquellos de los próximos cincuenta años serán provocados; sabrá de antemano cómo "los actos" de sus elegidos representantes diferirán de sus "palabras".

En un punto yo soy capaz por mi propia experiencia, de probar el dictum de Lord Sydenham sobre las profecías cumplidas. Los Protocolos, hablando del control de la información publicada, dice: "Ni siquiera un sólo anuncio llegará al público sin nuestro control. Aun ahora esto ya se está logrando por nosotros, ya que todos los artículos de noticias se reciben por unas pocas agencias, en cuyas oficinas ellos se enfocan en todas las partes del mundo. Estas agencias serán entonces completamente nuestras y sólo darán publicidad a lo que nosotros dictemos a ellos". Ésa no era la situación en 1905, o en los días de Lord Sydenham, o en 1926, cuando me hice periodista, pero estaban desarrollándose y hoy es la situación. La corriente de "noticias" que fluye a la mente pública a través de los periódicos vienen de unas pocas agencias, como de la mitad de una docena de fuentes. Cualquier mano que pueda controlar esas válvulas puede controlar "las noticias", y el lector puede observar la fórmula de filtrado en que las noticias lo localizan. Acerca de las *visiones editoriales*, basadas en este suministro de noticias, la transformación sobre lo que se ha traído puede comprenderse refiriéndose a los artículos imparcialmente críticos publicados hace unos veinticinco años en *The Times, Morning Post, The Espectator, Dearborn Independent* y miles de otros periódicos. Esto no podría pasar hoy. La subyugación de la prensa ha sido cumplida tal como los Protocolos lo dijeron, y por el accidente de mi generación y llamado yo le vi ocurrir.

El estudio comparativo de los Protocolos y de los papeles de Weishaupt lleva a una fuerte deducción que ambos derivan de una fuente común y mucho más antigua. Ellos no pueden haber sido el producto de cualquier hombre o grupo de hombres en el período en que ellos fueron publicados; el "conocimiento misterioso" desplegado en ellos obviamente yace en la experiencia cumulativa de eras. En particular, esto se aplica (en los papeles de Weishaupt y en los Protocolos por igual) al conocimiento de las debilidades humanas que son singularizadas con exactitud analítica, y el método de aprovecharse de cada una de ellas que es descrito con desdeñosa alegría.

El instrumento a ser usado para la destrucción de las nación-estado cristianos y su religión es "la chusma". La palabra se usa a lo largo del documento con ardiente desprecio para denostar a las masas, (quiénes en público son aduladas llamándose "las personas"). "Los hombres con malos instintos son más en número que los buenos, y por consiguiente los mejores resultados gobernándolos se logran por la violencia y el terror... El poderío de una chusma es ciego, insensato y una fuerza que no razona que siempre está a merced de una sugerencia de cualquier lado". De esto se desarrolla el argumento que "un despotismo absoluto" es necesario para gobernar "la chusma" que es "un salvaje" y que "nuestro Estado" empleará "el terror que tiende a producir una sumisión ciega". La "cumplimiento literal" de estos mandatos en la comunizada Rusia debiera ser obvio para todos hoy en día).

Este "despotismo absoluto" será garantizado en el super-estado internacional al final del camino. Mientras tanto los títeres-déspotas regionales son descritos como esenciales en el proceso de romper la estructura de los estados y las defensas de los pueblos: "Desde el primer dictador del presente día la gente sufre pacientemente y soportan tales abusos que por el menor de ellos habrían decapitado a veinte reyes.

¿Cuál es la explicación. . .? Esto se explica por el hecho que estos dictadores le susurran a la gente a través de sus agentes, que por medio de estos abusos están infligiendo heridas a los Estados con el más alto propósito - para afianzar el bienestar del pueblo, la hermandad internacional de todos ellos, su solidaridad e igualdad de derechos. Naturalmente ellos no le dicen a la gente que esta unificación debe lograrse sólo bajo nuestra regla soberana".

Este pasaje es de especial interés. El término "Premier-dictador" generalmente no se habría entendido en 1905, cuando los pueblos de Occidente creían que elegían representantes para expresar y depender *de su* aprobación. Sin embargo, llegó a ser aplicable durante la Primera y Segunda Guerra Mundial, cuando los presidentes norteamericanos y primer ministros británicos se hicieron ellos mismos, de hecho, los "Premier-dictadores" y usaron los poderes de emergencia en nombre de "el bienestar de la gente... la hermandad internacional... la igualdad de derechos". Es más, estos Premier-dictadores, en ambas guerras, *no* le dijeron a la gente que el fin último de todo esto sería la "unificación" bajo un gobierno mundial de algún tipo. La pregunta de quién controlaría a este gobierno mundial, fue una pregunta que nunca recibió una respuesta sincera; tanto de los Protocolos se ha cumplido que su afirmación que podría ser el instrumento de la conspiración para gobernar al mundo "mediante la violencia y el terror" merece mucho pensamiento.

La característica especial de la dos guerras del Siglo 20 es el desencantamiento que cada una de ellas llevó hasta los pueblos que *parecían* ser los victoriosos. El "conocimiento misterioso" por consiguiente, nuevamente pareciera haber inspirado la declaración, *hecha en 1905 o antes*, "Incluso desde ese tiempo" (de la Revolución francesa) "nosotros hemos estado *guiando a los pueblos de un desencanto a otro*", seguido después por esto,: "Por estos actos todos los Estados están en la tortura; ellos exhortan a la tranquilidad, están listos para sacrificar todo por la paz; *pero, no les daremos paz hasta que ellos abiertamente reconozcan nuestro super-gobierno internacional y con sumisión*". Las palabras, escritas antes de 1905, parecieran describir el curso del Siglo 20 con precisión.

Nuevamente, el documento dice que "es indispensable para nuestro propósito que las guerras, tanto como sea posible, *no debieran producir ganancias territoriales*". Esta misma frase, de 1905 o antes, fue hecha el principal eslogan, o aparentemente el principio moral, proclamado por los líderes políticos de EEUU y Bretaña en ambas guerras mundiales, y en este caso la diferencia entre "la palabra" y "los hechos" de "los diplomáticos" se ha mostrado mediante los resultados. El resultado principal de la Primera Guerra fue establecer el Sionismo- revolucionario y el Comunismo-revolucionario como las nuevas fuerzas en los asuntos internacionales, el primero con una prometida "patria" y el segundo con un Estado residente. El resultado principal de la Segunda Guerra que las "ganancias territoriales" incrementarán al, y *solamente* al, Sionismo y al Comunismo; El Sionismo recibió su Estado de residencia y el Comunismo recibió la mitad de Europa. La "mortal exactitud" (en las palabras de Lord Sydenham) de las previsiones de los Protocolos aparecen claramente en este caso dónde una frase capciosa usada en los Protocolos de 1905, se transformó en el lenguaje diario de los presidentes norteamericanos y primeros ministros británico en 1914-1918 y 1939- 1945.

La razón por la cual los autores de los Protocolos sostienen este eslogan para ser tan importante, en el engaño a los pueblos, también es explicada. Si las naciones envueltas en guerras son negadas de obtener "ganancias territoriales, los únicos vencedores serán entonces, "nuestros *agentur* internacionales... nuestro derecho internacional barrerán los derechos nacionales, en el sentido apropiado del derecho, y gobernarán a las naciones, precisamente como el derecho civil de los Estados regulan las relaciones de sus ciudadanos entre ellos mismos."

Para provocar este estado de asuntos se necesitan políticos dóciles, y de ellos los Protocolos dicen: "Los administradores, a quienes nosotros escogeremos entre el público, con estricta consideración a sus capacidades para una *obediencia servil*, no serán personas entrenadas en las artes de gobierno, y se transformarán por consiguiente, fácilmente en peones en nuestro juego, en las manos de hombres de conocimiento y genialidad que *serán sus consejeros, especialmente engendrados y criados desde la niñez temprana para gobernar los asuntos del todo el mundo*".

El lector puede juzgar por sí mismo si esta descripción encaja con algunos de "los administradores" en Occidente en las últimas cinco décadas; la prueba es su actitud hacia el Sionismo, la revolución-mundial y el gobierno mundial, y los capítulos subsecuentes ofrecerán información con respecto a estos tres asuntos. Pero "la mortal exactitud" parece residir aun más en la alusión a los "consejeros."

Aquí nuevamente el "conocimiento misterioso", es desplegado hace más de cincuenta años. En 1905 los non-elegidos pero poderosos "consejeros" eran públicamente desconocidos. En la verdad, unos pocos ilustrados, hombres como Disraeli, sabían que "el mundo es gobernado por personas muy diferentes de lo que se imaginan aquellos que no están detrás de las cortinas", pero para al público en general, este pasaje habría sido algo sin sentido.

En la Primera y Segunda Guerra Mundial, sin embargo, el non-elegido, extraoficial pero imperioso "consejero" se volvió una figura pública familiar. Emergió a la luz abiertamente (bajo los "poderes de emergencia") y llegaron a ser conocidos y aceptados pasivamente por las masas públicas; posiblemente el desprecio que los Protocolos despliegan por "la chusma" estaba justificado por esta sumisión al control tras bastidores, incluso cuando era abiertamente ejercido. En los Estados Unidos, por ejemplo, "consejeros en los asuntos judíos" llegaron a ser residentes en la Casa Blanca y en los principales cuarteles centrales del ejército norteamericano de ocupación. Un financiero (quién públicamente recomendaba drásticas medidas para "gobernar los asuntos mundiales") fue consejero de tantos presidentes que fue apodado "Elder Estadista" por la prensa, y el visitante Primer Ministro de Inglaterra también reparó en él como si tuviese un cargo supremo de autoridad.

Los Protocolos predijeron este régimen de los "consejeros" cuando ninguno entendía lo que significaba y pocos habrían acreditado que ellos aparecerían abiertamente en los más altos puestos. Los Protocolos repetidamente afirman que el primer objetivo es la destrucción de la clase gobernante existente ("la aristocracia", el término empleado, todavía era aplicable en 1905) y la toma de la propiedad a través de la incitación de la insensata y brutal "chusma". Una vez más, los eventos subsecuentes dan a la "previsión" su "mortal exactitud":

"En política uno debe saber como tomar la propiedad de otros sin vacilación si mediante esto nosotros afianzamos sumisión y soberanía... Las palabras, 'Libertad, Igualdad y Fraternidad', trajo a nuestras líneas, gracias a nuestros ciegos agentes, legiones enteras que tomaron nuestros estandartes con entusiasmo. Y todo el tiempo estas palabras eran gusanos de úlcera taladrando el bienestar de las personas, poniendo fin por todas partes a la paz, tranquilizando la solidaridad y destruyendo todas las fundaciones de los Estados... Esto nos ayudó a nuestro más grande triunfo; nos dio la posibilidad, entre otras cosas, de obtener en nuestras manos la tarjeta Maestra, la destrucción de los privilegios, o en otros términos, la existencia misma de la aristocracia... esa clase que era la única que la defensa de la gente y de los países tenía contra nosotros. En las ruinas de la aristocracia natural y genealógica... nosotros hemos preparado la aristocracia de nuestra educada clase encabezada por la aristocracia del dinero. Las calificaciones de esta aristocracia nosotros la hemos establecido en riqueza que es dependiente de nosotros y en el conocimiento... ***Es esta posibilidad de reemplazar a los*** *representantes de los pueblos que los han puesto a nuestra disposición, y, como fue, nos ha dado el poder de designar...* Nosotros aparecemos en la escena **como los supuestos salvadores de los trabajadores** de esta opresión cuando nosotros le proponemos que entre en las líneas de nuestras fuerzas de lucha; Socialistas, Anarquistas, Comunistas... Por la necesidad y la envidia y el odio que engendra, moveremos las chusmas y con sus manos barreremos fuera a todos aquellos que se interponen en nuestro camino...

Las personas, creyendo ciegamente las cosas impresas, las aman... un odio ciego hacia todas las condiciones que se consideran sobre ellos mismos, ya que no tiene ninguna comprensión del significado de clase y condición... Estas chusmas se apresurarán con deleite a verter la sangre de aquellos a quienes, en la simplicidad de su ignorancia, han envidiado desde sus cunas, y cuyas propiedades ellos podrán entonces saquear. 'Lo Nuestro' ellos no lo tocarán, porque el momento del ataque será conocido por nosotros y tomaremos las medidas para proteger nuestra propiedad... La palabra 'libertad' hace salir a las comunidades de hombres para luchar contra cualquier tipo de fuerza, contra cualquier tipo de autoridad, incluso contra Dios y las leyes de la naturaleza. Por esta razón nosotros, cuando entremos en nuestro reino, **tendremos que borrar esta palabra del léxico de vida,** ya que implica un principio de fuerza bruta que convierte a las chusmas en bestias sanguinarias... Pero incluso la libertad podría ser inofensiva y tener su lugar en la economía Estatal sin lesionar el bienestar de la gente si descansara sobre las fundaciones de la fe en Dios... Ésta es la razón por qué es indispensable para nosotros minar toda la fe, rasgar fuera de las mentes de las masas el principio mismo de Divinidad y el espíritu, y poner en su lugar los cálculos aritméticos y las necesidades materiales..."

"... Nosotros hemos puesto a uno contra otro los ajustes de cuentas, personales y nacionales de las personas, religiosos y odios de raza, los cuales hemos criado en un enorme crecimiento en el curso de los últimos veinte siglos. Ésta es la razón por qué no existe un Estado que recibiría apoyo de alguna parte si fuera a levantarse en armas, ya que cada uno de ellos debe tener presente que cualquier acuerdo contra nosotros sería improductivo en sí mismo. Nosotros somos demasiado fuertes, no hay ninguna forma de evadir nuestro poder. Las naciones no pueden incluso alcanzar un acuerdo privado insignificante sin que nosotros tengamos una mano secreta allí... Para poner a la opinión pública en nuestras manos, debemos llevarlo a un estado de desconcierto dándole expresión de todos los lados a las tantas opiniones contradictorias y por tan largo tiempo como sea suficiente para hacer que la gente pierdan sus cabezas en el laberinto y lleguen a ver que la mejor cosa es no tener ninguna opinión de cualquier tipo en materias políticas, las cuales no son dadas para que el público las entienda, porque ellas sólo son entendidas por aquellos que guían al público. Éste es el primer secreto. El segundo requisito secreto para el éxito de nuestro gobierno se comprende en lo siguiente: multiplicar a tal magnitud los fracasos nacionales, hábitos, pasiones, en las condiciones de vida civil, que será imposible para cualquiera saber dónde está en los caos resultantes, de tal manera que las personas en consecuencia, no se entenderán entre sí... Por todos estos medios nosotros desgastaremos a los pueblos de tal manera que ellos serán obligados a ofrecernos el poder internacional de una naturaleza que por su posesión nos habilitará sin algún tipo de violencia, gradualmente, a absorber todas las fuerzas Estatales del mundo y formar un Super- Gobierno. En lugar de los gobernantes de hoy, nosotros prepararemos un espectro que se llamará Administración del Super-Gobierno. Sus manos se extenderán en todas las direcciones como tenazas y su organización será de tales dimensiones colosales que no fallarán en poder dominar todas las naciones del mundo."

Que los Protocolos revelan la fuente común de inspiración del Sionismo y el Comunismo es mostrado por el significante paralelo que puede ser dibujado entre los dos métodos principales extendidos en ellos y por los métodos principales seguidos por el Dr. Herzl y Karl Marx: Los Protocolos pusieron énfasis repetidamente en la incitación de "la chusma" contra la clase gobernante como los medios más eficaces para destruir Estados y naciones y lograr el dominio mundial.

El Dr. Herzl, como se mostró en el capítulo precedente, usó este método precisamente para ganar la oreja de gobernantes europeos.

A continuación Karl Marx. Los Protocolos dicen, "La aristocracia de los pueblos, como fuerza política, está muerta... pero como **propietarios de las tierras** todavía pueden ser dañinos para nosotros por el hecho que son auto-suficientes en los recursos por los cuales ellos viven. Es por consiguiente esencial para nosotros, a cualquier costo, **privarlos de sus tierras**... Al mismo tiempo debemos intensivamente patrocinar el comercio y la industria... lo que nosotros queremos es que la industria debería escurrir del campo, ambos, trabajo y capital y por medio de la especulación transferir a nuestras manos todo el dinero del mundo... . "

Karl Marx en su **Manifiesto Comunista** siguió esta fórmula exactamente. En la verdad declaró que el poder del Comunismo puede ser resumido en una frase, la "abolición de la propiedad privada", pero posteriormente él revisó este dictum restringiendo la confiscación real **de la tierra** e implicando que otros tipos de propiedad privada iban a permanecer intactos. (En el evento Marxista posterior, por supuesto, toda la propiedad privada fue confiscada, pero yo hablo aquí del estricto paralelo entre la estrategia extendida **antes** del evento, tanto por los Protocolos y Marx por igual).

Un pasaje de interés particular en el presente, aunque fue escrito antes de 1905, dice, "Hoy día, si cualquier Estados levanta una protesta contra nosotros, esto es *solamente formal,* a nuestra discreción y bajo nuestra dirección, ya que su antisemitismo es indispensable para que podamos controlar a nuestros hermanos menores". Un rasgo distintivo de nuestra era es la forma de las acusaciones de "anti-semitismo" es transferida continuamente de un país a otro, el país acusado así, se transforma automáticamente en el enemigo de la próxima guerra.

Este pasaje podría causar al prudente, volver un ojo escéptico a los informes periódicos de hoy en día sobre súbitos cambios de dirección "antisemíticos" en la Rusia comunizada, o en otras partes. El parecido a los documentos de Weishaupt es muy fuerte en los pasajes que se relacionan con la infiltración de los departamentos públicos, profesiones y partidos políticos, por ejemplo: "Es de nosotros que procede el terror que todo lo envuelve. Nosotros tenemos en nuestro servicio personas de todas las opiniones, de todas las doctrinas, restauradores monárquicos, demagogos, socialistas, comunistas, y soñadores utópicos de todo tipo. Nosotros les hemos puesto el arnés para llevarles juntos a la tarea: cada uno de ellos por su propia cuenta está taladrando hasta los últimos remanentes de autoridad, se están esforzando para derrocar todas las formas establecidas del orden. Por estas acciones todos los Estados están en la tortura; ellos exhortan a la tranquilidad, están listos para sacrificar todo por la paz; pero nosotros no les daremos paz hasta que ellos reconozcan abiertamente nuestro Super-gobierno internacional *y con sumisión*".

Las alusiones a la infiltración de las universidades en particular, y de la educación en general, también surge directamente de Weishaupt, o de la fuente que más temprano él los recibió: ". . Nosotros castraremos las universidades... Sus funcionarios y profesores serán preparados para su negocio por detallados programas secretos de acción de los cuales ellos no podrán con inmunidad desviarse, ni siquiera por una letra. Serán designados con especial precaución y serán de tal forma situados para hacerlos totalmente dependiente del Gobierno."

Esta infiltración secreta de las universidades (qué tuvo el éxito en las universidades alemanas en los días de Weishaupt, tal como lo muestran sus documentos) fue muy efectiva en nuestra generación. Los dos funcionarios gubernamentales británicos que después de su vuelo a Moscú fueron presentados delante de la prensa internacional en 1956, declarando que ellos habían sido capturado por el Comunismo en sus universidades, fueron productos típicos de este método, descrito por los Protocolos más temprano en este siglo y por Weishaupt en 1787.

Los documentos de Weishaupt hablan de la Francmasonería como la mejor "cubierta" a ser usada por los agentes de la conspiración. Los Protocolos reparten la función de "cubierta" al "Liberalismo": "Cuando nosotros introdujimos en el organismo Estatal el veneno de Liberalismo, el complejo político en su totalidad sufrió un cambio. Los Estados han sido cogidos con una enfermedad mortal, que envenena la sangre. Todo lo que resta es esperar el fin de su mortal agonía".

El término los "soñadores utópicos", usados más de una vez, se aplica a los Liberales, y su fuente original probablemente reside en la alusión del Antiguo Testamento a los "soñadores de sueños" con "falsos profetas", que deben ser puestos a la muerte. Por consiguiente, el fin de Liberalismo estaría claro para el estudioso, aun cuando los Protocolos no lo especificaron: "Nosotros desarraigaremos fuera el liberalismo de los puestos estratégicos importantes de nuestro gobierno, sobre los cuales depende el entrenamiento de subordinados para nuestra estructura Estatal".

El "Gran Hermano" de los regimenes de nuestro siglo, se predice con precisión en el el pasaje, "Nuestro gobierno tendrá *la apariencia* de una protección paternal patriarcal por parte de nuestro gobernante."

El Republicanismo, también, será una "cubierta" para la conspiración. Los Protocolos son especialmente despectivos del republicanismo, en el cual (y en el liberalismo) ellos ven el arma de autodestrucción forjada desde "la chusma": "... entonces fue que la era de las repúblicas llegó a ser posible de realización; y entonces fue que nosotros reemplazamos al gobernante por una caricatura de gobierno, por un presidente, tomado de la chusma, del medio de nuestras criaturas títeres, de nuestros esclavos. Ésta fue la fundación de la mina que nosotros hemos puesto bajo los pueblos."

Entonces, los desconocidos escribas de algún tiempo antes de 1905, describen la posición a la cual los presidentes norteamericanos han sido reducidos en nuestro siglo. El pasaje comienza, "En el futuro cercano nosotros estableceremos *la responsabilidad de los presidentes*". Esto, como lo muestra la sucesión, significa responsabilidad *personal*, como distinto de la responsabilidad refrenada por los controles constitucionales; el presidente llegará a ser uno de los "Premier- dictador" antes previsto, cuya función es romper las defensas constitucionales de los estados y así preparar la "unificación bajo nuestro control soberano".

Durante la Primera y la Segunda Guerra Mundial, los presidentes norteamericanos se volvieron de hecho en los "Premier-dictador" en este sentido, exigiendo que "la emergencia" y la necesidad para la "victoria" dictaba esta toma del poder de responsabilidad *personal*; los poderes que se restaurarían a "las personas" cuando "la emergencia" hubiese pasado. Los lectores de suficientes años recordarán cuán inconcebible parecía esto antes que sucediera y cuán pasivamente fue aceptado en el evento. El pasaje entonces continúa:

"La cámara de diputados proporcionará la cubierta para esto, protegerá, elegirá a presidentes, pero nos tomaremos de él el derecho para proponer nuevas, o hacer los cambios en las leyes existentes, ya que este derecho será dado por nosotros al presidente responsable, un títere en nuestras manos... *Independientemente de esto investiremos al presidente con el derecho de declarar un estado de guerra. Nosotros justificaremos este último derecho sobre la base que el presidente como jefe de todo el ejército del país, debe tenerlo a su disposición en caso de necesidad... Es fácil entender que en estas condiciones la llave de la urna quedará en nuestras manos, y que nadie fuera de nosotros podrá dirigir la fuerza de la legislación... La voluntad del presidente... a nuestra discreción, interpretará el sentido de tal ley existente ya que admite varias interpretaciones; él las anulará posteriormente cuando nosotros le indiquemos la necesidad de hacerlo, además de esto, él tendrá el derecho para proponer leyes temporales, e incluso nuevas salidas en el funcionamiento constitucional gubernamental, el pretexto para ambas, por una y otra es que serán requisitos para el bienestar supremo del estado. Mediante estas cosas nosotros obtendremos el poder de destruir poco a poco, paso a paso, todos lo que este al principio, cuando nosotros entramos en nuestros derechos, estamos obligados en las constituciones de los estados para preparar la transición, a una abolición imperceptible de cada tipo de constitución, y entonces el tiempo habrá llegado para convertir a cada gobierno en nuestro despotismo"*.

Esta previsión de 1905 o anterior, mereció particularmente el tributo de Lord Sydenham acerca de "la mortal exactitud". Los presidentes norteamericanos en las dos guerras de este siglo han actuado como se ha mostrado aquí. Ellos se tomaron el derecho de declarar y hacer la guerra, y ha sido usado por lo menos una vez (en Corea) desde que la Segunda Guerra Mundial acabó; cualquier intento del Congreso o fuera de él para privarlos de este poder, o refrenarlos en el uso, se ha encontrado con un violento ataque hostil.

Así continúan los Protocolos. El pueblo en su progreso, "de un desencanto a otro", no se le permitirá "un espacio de respiro". Cualquier país "que se atreva a oponerse en contra nuestra" deberá enfrentarse con la guerra, y cualquier oposición colectiva con la "guerra universal". La gente no será permitida contender con la sedición" (aquí está la clave a los furiosos ataques de 1790, 1920 y hoy sobre toda las demandas para la "investigación", "caza de brujas", "McCarthyismo" y similares). En el Super-estado por venir la obligación recaerá en los miembros de una familia denunciar a los disidentes dentro del círculo familiar (la dispensación del Antiguo Testamento previamente mencionado).

La "destrucción completa de la religión cristiana" no será largo tiempo retardada. Las gentes se mantendrán distraídas por entretenimientos triviales ("palacios del pueblo") para que no se pongan molestos y hagan preguntas. La historia se volverá a escribir para engañarles (otro mandato que se cumplió en la Rusia comunizada), porque "nosotros borraremos de la memoria de los hombres todos los hechos de los siglos anteriores que nos son indeseables, y dejaremos sólo aquellos que describan todos los errores de los gobiernos nacionales". "Todas las ruedas de la maquinaria de los Estados se regirán por la fuerza del motor que está en nuestras manos y ese motor de la maquinaria de los Estados es el Oro."

Y el final de todo esto: "Lo que tenemos que obtener es eso que allí debería haber en todos los Estados del mundo, al lado de nosotros, sólo las masas del proletariado, unos pocos millonarios consagrados a nuestros intereses, policía y soldados... El reconocimiento de nuestro déspota... vendrá cuando las gentes, absolutamente cansadas por las irregularidades y la incompetencia... de sus gobernantes, clamarán: 'Sáquelos de aquí y que nos den un rey sobre toda la tierra que nos unirá y aniquilará las causas de la discordias, las fronteras, las nacionalidades, las religiones, las deudas Estatales, aquel que nos dará paz y sosiego, el cual no podemos encontrar bajo nuestros gobernantes y representantes."

En dos o tres de estos pasajes yo he sustituido la palabra Goyim" por "personas" o "masas", porque el uso de esa palabra se relaciona con la aserción no probada contenida en el título del libro, y yo no quiero confundir los asuntos; la evidencia sobre la identidad de los autores de la conspiración debe buscarse en otra parte que no sea una alegación sin apoyo. Los autores pueden haber sido judíos, non-judíos o anti-judíos. Eso es inmaterial. Cuando fue publicado este trabajo era el texto mecanografiado de un drama que no había sido llevado a cabo; hoy ha estado corriendo durante cincuenta años y su título es *El Vigésimo Siglo*. Los caracteres descritos en él se mueven en nuestra fase contemporánea, juegan sus roles y producen los eventos previstos.

Sólo resta el desenlace, fiasco o culminación. Es un plan grandioso, y en mi estimación no puede tener éxito. Pero ha existido durante por lo menos 180 años y probablemente por más tiempo, y los Protocolos proporcionaron una prueba más en una cadena de pruebas que se han grandiosamente alargado subsecuentemente. La conspiración para el dominio mundial a través de un estado mundial de esclavos existe y no puede en esta fase ser abruptamente verificada o destruida, la velocidad que ha adquirido debe llevar ahora a su culminación o a su fracaso. Cualquiera será destructiva durante un tiempo, y muy dura para aquellos que vivan el momento del desenlace.

Capítulo 28

LA ABERRACIÓN DEL SR. BALFOUR

Cuando la primera década del Siglo 20 avanzaba, las señales de la avizorada tormenta se multiplicaban. En 1903 el Gobierno británico había ofrecido Uganda al Sionismo y Max Nordau había predicho púbicamente "la futura guerra mundial", en cuya sucesión Inglaterra procuraría Palestina para el Sionismo. En 1905 los Protocolos revelaron proféticamente la orgía destructiva del Comunismo. Luego en 1906, el Sr. Arthur James Balfour, Primer Ministro de Inglaterra, se reunió con el Dr. Weizmann en una habitación de hotel y fue cautivado por la noción de presentar Palestina, que no era suya, para darla a "los judíos."

La forma que tomaría "la futura Guerra Mundial" fue entonces determinada. El Sr. Balfour bajó la guardia del nuevo siglo y cedió el paso. Un hombre diferente, en su lugar, lo podría haber salvado; u otro podría haber hecho lo mismo, ya por 1906 el mecanismo oculto para ejercer una "presión irresistible en los asuntos internacionales del presente" (León Pinsker, 1882) evidentemente había sido perfeccionado. El Rabino Elmer Berger dice de ese tiempo, "que grupos de judíos que se habían comprometidos con el Sionismo... entraron en un tipo de diplomacia ambulante el cual tomó muchas cancillerías y parlamentos, explorando las formas laberínticas y desviadas de la política internacional, en una parte del mundo dónde la intriga política y los tratos secretos eran un prototipo. Los judíos comenzaron a jugar el juego de 'la política práctica'. "

La era de los "administradores" maleables y de "Premier-dictadores" dóciles, todos haciendo avanzar más allá el gran plan, estaba comenzando. Por consiguiente cualquier otro político, puesto en el lugar de Sr. Balfour en ese momento, podría haber actuado en forma semejante. Sin embargo, su nombre está atado a la fechoría inicial.

Sus acciones son casi inexplicables en un hombre de tal nacimiento, entrenamiento y tipo. La investigación no puede descubrir evidencias de cualquier otro motivo que no sea una cautivación, de la clase "liberal", para una empresa que él ni siquiera examinó a la luz de su deber y sabiduría. Las "duras" consideraciones de "política práctica" (es decir, un cálculo frío que dinero o votos podría ser ganado apoyando al Sionismo) difícilmente podría sospecharse en él. Él y sus colegas pertenecieron a las familias más antiguas de Inglaterra, las cuales tenían una larga tradición de servicio público. La habilidad política estaba en su sangre; entendimiento de gobierno y conocimiento de asuntos extranjeros eran instintivos en ellos; ellos representaron la clase gobernante más exitosa en la historia escrita; y eran adinerados.

¿Por qué, entonces, el instinto, tradición y sabiduría los abandonaron de pronto en ese único asunto, en el momento en que su Partido Conservador, en su vieja forma, gobernaba Inglaterra por última vez, y sus familias todavía guiaban las fortunas nacionales desde grandes casas en Piccadilly y Mayfair y desde las abadías rurales?

¿Se sintieron ellos alarmados por las amenazas que "la chusma" sería incitada en su contra si no accedían? Ellos comprendieron que el nacimiento y los privilegios no continuarían calificando para la función exclusiva de gobernar. El mundo había cambiado mucho en el siglo anterior, y ellos supieron que el proceso seguiría. En la tradición británica ellos trabajaron para asegurar la continuidad, irrompible por violencia y facilitada por la conciliación. Eran demasiado sabios para resistirse al cambio; apuntaban a guiar el cambio. Quizás estaban demasiado ávidos en ese objetivo para estrechar sus manos con el Progreso, cuando golpeó, sin examinar las credenciales de los emisarios.

El Sr. Balfour, su líder, era un elevado, distante y erudito soltero, impasible y pesimista; él era de apariencia frío pero sus íntimos alegan que su corazón era cálido. Su aventura amorosa de mediana edad con el Sionismo podría ser un síntoma de celibato involuntario. En la juventud tardó en preguntarle a su amada hasta que ella se prometió a otro; antes de que ellos pudieran casarse su amado murió; y cuando el Sr. Balfour estaba a punto de remediar su tardanza anterior, *ella* también murió. Él resolvió entonces permanecer soltero.

Las mujeres no pueden ser buenas juezas de un soltero distinguido que lleva un corazón roto en su manga, pero muchos de los comentarios contemporáneos sobre él vienen de las mujeres, y yo cito las opiniones de dos de las mujeres más bellas de esos días. Consuelo Vanderbilt (una norte americana, después Duquesa de Marlborough) escribió, 'Las opiniones que él expresó y las doctrinas que él sostuvo parecían ser productos de **pura lógica**... estaba dotado con una anchura de comprensión que nunca he visto igualada"; y Lady Cynthia Asquith dijo, "En cuanto a su ser desprovisto de indignación moral, yo le vi a menudo blanco por el enojo; cualquier *injusticia personal* lo enfurecía."

Las palabras puestas en negrita no pudieron representar más mal al Sr. Balfour, si el resultado de sus acciones es alguna prueba. El único proceso de pensamiento que no lo puede haber guiado, empeñando su país al Sionismo, fue la **lógica**, ya que ninguna lógica correcta pudo ser usada en esto para cualquiera de las partes involucradas, su propio país, los habitantes nativos de Palestina, o (en mi opinión) las masas de judíos que no tenían alguna intención de ir allí. En cuanto a la *injusticia* (a menos que la Señora Cynthia pensara distinguir entre injusticia "personal" e injusticia de masas), los millones de seres inocentes que hoy han sido expulsados al desierto árabe (de la forma del "chivo expiatorio" de los Levitas) ofrece una respuesta obvia.

De cualquier forma, allí estaba él, Primer Ministro de Inglaterra, habiendo sucedido al "estimado Tío Robert" (Lord Salisbury, de la gran casa de Cecil) en 1902. Claramente él no puede en ese momento haber concebido, de ninguna parte, la noción de dar Uganda a los Sionistas, por lo que la "presión irresistible" debe haber estado trabajando antes de que él tomara la oficina. Lo que sucedió en ese período más temprano es todo un misterio o, en la verdad, conspiración (la "intriga laberíntica"). Cuando él se transformó en Primer Ministro la mina explosiva había sido puesta, y al final de sus días, el Sr. Balfour aparentemente nunca comprendió que *fue* la mina explosiva de la cual hoy todos están conscientes.

El Dr. Herzl, desesperanzado del Zar, del Kaiser y del Sultán (los tres potentados habían sido amables pero prudentes y non-comprometidos; ellos sabían, lo que Sr. Balfour nunca aprendió, que el Sionismo era dinamita[10] había declarado: "Inglaterra, gran Inglaterra, Inglaterra libre, la Inglaterra que comanda los mares entenderá nuestros objetivos" (el lector percibirá para qué propósito, en esta visión, Inglaterra había llegado a ser grande, libre, y comandante de los mares). Cuando la oferta de Uganda le demostró al consejo de administración Talmúdico en Rusia que el Dr. Herzl estaba equivocado pensando que Inglaterra entendería sus necesidades, el Dr. Weizmann fue enviado a Londres. Él se estaba preparando para derrocar al Dr. Herzl y ahora se transforma en nuestro testigo principal de los ocultos eventos de ese tiempo.

Un joven inglés, con algunas modestas peticiones, tendría grandes problemas, incluso hoy en día, en penetrar los porteros y la defensa secretarial de las salas privadas de los Ministros del Gabinete. El joven Dr. Weizmann de Rusia, que quería Palestina, fue rápidamente introducido en la sala de Lord Percy ("a cargo de los asuntos africanos").

Lord Percy era otro vástago de una gran familia gobernante con una antigua tradición de servicio público y de sabia administración. Según el Dr. Weizmann, él "expresaba un ilimitado asombro que los judíos

---

[10] Para ese asunto, los sucesores de los Zares eran justamente de la misma opinión. Lenín en 1903 escribió, "Esta idea Sionista es completamente falsa y reaccionaria en su esencia. La idea de una nación judía separada que es científica y absolutamente insostenible, es reaccionaria en sus implicaciones políticas... El asunto judío es: ¿asimilación o separación? Y la idea de un pueblo judío es evidentemente reaccionaria". Y en 1913 Stalin reafirmó este dictum. El destino de los judíos, dijo él, fue la asimilación (en un mundo comunista, claro, en esta opinión).

hubiesen considerado la propuesta de Uganda que él consideraba impráctica por una mano, y, por la otra, un rechazo de la religión judía. Siendo él **profundamente religioso**, se sintió confundido por el pensamiento que los judíos pudieran aceptar la idea de cualquier otro país que no fuese Palestina como centro de su reavivamiento; y estaba encantado de aprender de mí, que había tantos judíos que se habían negado a esto enfáticamente. Agregó, 'Si yo fuera un judío, yo no daría un medio penique por la proposición'."

Probablemente el Dr. Weizmann no informó a Lord Percy del anhelo unánime de *los judíos en Palestina* de viajar a Uganda. Lo que él había oído, si su registro es correcto, era virtualmente una invitación para librarse del Dr. Herzl y una promesa de apoyar la demanda de Palestina. Él se marchó a preparar la derrota del Dr. Herzl. No se fue con las manos vacías.

Posiblemente, en los cincuenta años que han pasado, los ministros británicos han aprendido que el papel de carta oficial debería guardarse donde sólo aquellos autorizados pueden usarlo. Dejando la oficina de Lord Percy, el Dr. Weizmann tomó algunos papeles de cartas de la Oficina del Exterior y en ellos escribió un informe de la conversación, la cual envió a Rusia (donde, bajo los Romanoffs y los Zares comunistas por igual, la papelería gubernamental no es dejada en cualquier lugar). En la Rusia, este documento, escrito en el papel oficial de la Oficina del Exterior, debe haber despertado sentimientos similares a aquellos que un ícono santo causaría en un moujik. Claramente significaba que el Gobierno británico no tenía ningún uso extra para el Dr. Herzl y procuraría Palestina para los Sionistas en Rusia. Lord Percy, en el modismo de hoy, había comenzado algo.

Todo lo demás continuó como si hubiese sido dispuesto por los dioses griegos: el triunfo de los Sionistas de Rusia sobre el Dr. Herzl, su derrumbe y muerte, el rechazo de la oferta de Uganda. Entonces el Dr. Weizmann se movió a Inglaterra, "el único país que parecía mostrar una genuina simpatía por un movimiento como el nuestro", y donde él podría "vivir y trabajar sin obstáculos o estorbos, *por lo menos teóricamente*" (cualquier recopilación de subestimaciones clásicas podría incluir este pasaje en primer lugar).

El Dr. Weizmann escogió Manchester para su residencia. Él dice "por casualidad", pero la credibilidad es difícil. Manchester sostenía el electorado del Sr. Balfour; en Manchester estaba el principal comando central Sionista en Inglaterra; el presidente del Partido del Sr. Balfour en Manchester era un sionista (hoy Partido Conservador británico todavía está enredado en estos trabajos).

El drama griego continuó. El puesto de Primer Ministro del Sr. Balfour acabó en un fiasco ya que su Partido en la elección de 1906, perdió ocho de los nueve asientos de Manchester. Él se desvaneció entonces temporalmente de la oficina. En ese momento otro personaje entró en la presente narrativa. Entre los candidatos Liberales triunfantes, un creciente hombre joven con una hábil nariz para los vientos políticos, el Sr. Winston Churchill. Él también buscaba la elección en Manchester y se encomendó el mismo allí, a la oficina principal Sionista, primero atacando la ley de extranjería del gobierno de Balfour (qué actuó como un freno en la inmigración a gran escala de lugares como Rusia) y luego apoyando al Sionismo. Por consiguiente "los judíos de Manchester entraron rápidamente en la línea detrás de él como si él fuera un tipo de Moisés de los últimos días; uno de sus líderes se levantó en una reunión de todos los judíos y anunció que 'cualquier judío que votara contra Churchill es un traidor a la causa común' " (Sr. R.C. Taylor). El Sr. Churchill, electo, se transformó en Vice Ministro para las Colonias. Su casamiento público con el Sionismo fue simplemente un episodio significante en ese momento; tres décadas después, cuando Sr. Balfour estaba muerto, habría de tener consecuencias tan fatales como la propia aberración del Sr. Balfour.

Para volver al Sr. Balfour: sus pensamientos privados eran muchos con el Sionismo. En ningún momento, hasta donde los anales revelan, pensó en los nativos habitantes de Palestina cuya expulsión al desierto él iba a causar. Por coincidencia, la elección estaba luchándose fundamentalmente alrededor del asunto del supuesto tratamiento cruel de algunos lejanos seres humildes (éste es un caso del método de avivar las pasiones de "la chusma", recomendada por el Dr. Herzl y los Protocolos). Los electores no sabían nada sobre el Sionismo y cuando ellos se enteraron después acerca de él, no sintieron preocupación por los amenazados Árabes, porque ese lado del asunto no fue presentado entonces ante ellos por una prensa "sumisa". Sin embargo, en 1906, sus sentimientos estaban siendo inflamados sobre la "esclavitud china" y (Manchester siendo Manchester) ellos estaban muy indignados sobre ella. En ese momento estaban siendo ligados por contrato los Coolíes chinos, para trabajar por tres años en las minas de oro en Sudáfrica. Esos escogidos se contaban a sí mismos como afortunados, pero para los propósitos electorales y "conmovedores de canallas" en Manchester esto era "esclavitud" y la batalla se luchó y ganó sobre esa cuenta. El Liberal victorioso se olvidó de la "esclavitud china" inmediatamente después del conteo de los votos, (y cuando llegó su turno en la oficina, excedió a los Conservadores en su entusiasmo por el Sionismo).

Así, mientras los gritos de "esclavitud china" resonaban fuera de sus ventanas, el Sr. Balfour, se encerraba con el emisario Sionista de Rusia, preparando algo mucho peor que la esclavitud para los árabes de Palestina. Su encantamiento era total antes que comenzara la entrevista, tal como lo muestra su sobrina y confidente de toda la vida (la Señora Dugdale): "Su interés en el asunto fue **agudo**... por la negativa de los judíos Sionistas para aceptar la oferta de Uganda... La oposición despertó en él **una curiosidad** que no encontró ningún medio para satisfacer. .. Él le había preguntado a su presidente en Manchester para sondear las razones de la actitud Sionista... El interés de Balfour en los judíos y su historia... originado en *el entrenamiento en el Antiguo Testamento* por su madre y en su educación escocesa. Cuando creció, su admiración intelectual y simpatía por ciertos aspectos de los judíos en el mundo moderno le parecieron de inmensa importancia. Recuerdo en la niñez, bebiendo de él la idea que la religión cristiana y la civilización debían al Judaísmo **una deuda inmensurable, mal reembolsada.**"

Tal fue el marco de la mente del Sr. Balfour cuando recibió al Dr. Weizmann en una habitación del viejo Hotel de la Reina en el Manchester húmedo y brumoso de 1906. La proposición ante él, si era aceptada, implicaba la adición de Turquía, en 1906, a los enemigos de Inglaterra en cualquier "Guerra Mundial futura" y, si Turquía fuese derrotada en esta, comprometiéndose después de esto a una guerra perpetua con el mundo árabe.

Pero cálculos de interés nacional, principios morales y de habilidad política, si las citas anteriores son la prueba, habían abandonado la mente de Sr. Balfour.

Estaba agarrado por un interés "agudo" y una "curiosidad" insatisfecha; suena como el sentimiento romántico de una muchacha joven acerca del amor. Él no había sido elegido para decidir cual era la deuda que la Cristiandad debía al Judaísmo, o si él decidiera que alguien estaba debiendo, efectuar su reembolso, de los fondos de una tercera parte, a algún agente que profesa tener el título para colectar. Si **existiera** alguna deuda identificable y cualquier causa racional para unir su país con ella, y pudiera convencer a su país de esta, él podría haber tenido un caso. En cambio, él decidió privadamente que había una deuda, y que él estaba titulado para escoger entre los demandantes en favor de un visitante de Rusia, cuando la masa de judíos en Inglaterra repudiaba cualquier noción de tal deuda. La historia no cuenta una cosa más extraña que esta.

El Dr. Weizmann, cuarenta años después, recordó que el Sr. Balfour con quien él se reunió "tenía sólo la noción más ingenua y rudimentaria del movimiento"; él ni siquiera conocía el nombre del Dr. Herzl, lo más cercano él podía conseguir recordar era "Dr. Herz". El Sr. Balfour fue llevado lejos por su entusiasmo por causa desconocida. Propuso objeciones formales, pero aparentemente sólo por el placer de oírlas en su arrogancia, como podría una joven objetar la fuga que ella en secreto desea. Él estaba muy impresionado (tal como el Dr. Weizmann dice) cuándo su visitante dijo, "Sr. Balfour, suponga que le estuviese ofreciendo París en lugar de Londres, ¿Lo tomaría usted?" " "Pero, Dr. Weizmann, nosotros tenemos Londres", contestó él. El Dr. Weizmann replicó, "Pero nosotros teníamos Jerusalén cuando Londres era un pantano."

Sr. Balfour aparentemente sintió que esto era una razón conclusiva por la que los judíos Ashkenazis de Rusia debían ser movidos a Palestina. Sin embargo, el único cuerpo de judíos cuyos intereses él tenía algún derecho para considerar, los judíos de Inglaterra, había estado trabajando firme para disuadirlo de ser enredado en el Sionismo, y él hizo una última débil objeción: "Es curioso, Dr. Weizmann, los judíos que yo me encuentro son bastante diferentes". El Dr. Weizmann contestó, "Sr. Balfour, usted se ha encontrado con el tipo equivocado de judíos". El Sr. Balfour nunca más cuestionó la demanda de los Sionistas de Rusia que eran el tipo correcto de judíos.

"Fue desde esa charla con Weizmann que yo vi que la forma judía de patriotismo era única. Fue la negativa absoluta de Weizmann de incluso observarla" (la proposición de Uganda) "lo cual me impresionó"; a estas palabras, la Señora Dugdale agrega el comentario, "Mientras más pensó Balfour acerca del Sionismo, fue más su respeto por él y su creencia en su importancia creció. Sus convicciones tomaron forma antes de la derrota de Turquía en la Gran Guerra, *transformando la totalidad del futuro para los Sionistas*". También transformó la totalidad del futuro para todo Occidente y para dos generaciones de sus hijos. En esta reunión en una habitación de hotel en 1906, se dio cumplimiento a la profecía de Max Nordau de 1903, sobre la forma de "la guerra mundial futura".

Cuando esa guerra se acercaba, el número de hombres públicos importantes que privadamente se desposaron con el Sionismo, creció rápidamente. Ellos se hicieron de hecho co-conspiradores, porque no informaron a las masas públicas de alguna intención sobre Palestina. Nadie fuera del círculo interno de la "intriga laberíntica" supo que una intriga estaba en sus mentes y se llevaría a cabo en la confusión de una gran guerra, cuando el escrutinio parlamentario y popular de los actos de política Estatal estaba en suspenso. El secreto observado estampa el proceso como uno conspiracional, originando en Rusia, y que dio sus frutos en 1917.

La próxima reunión entre Dr. Weizmann y Sr. Balfour fue el 14 de diciembre de 1914.[11] Entonces la Primera Guerra Mundial había recién empezado. El ejército británico había sido casi barrido en Francia, y la

---

[11] Una instancia de las dificultades para sacar los hechos en esta materia: la Señora Dugdale citó al Dr. Weizmann diciendo, "no le vio de nuevo *hasta 1916*", pero contradice esta declaración con otra de ella misma, "el 14 de diciembre de 1914, el Dr. Weizmann tenía una cita para ver a Balfour". Esta mención *implícita* de una segunda reunión en esa fecha aparece confirmada por la propia declaración del Dr. Weizmann que después de ver a Sr. Lloyd George, el 3 de *diciembre* de 1914, él "*siguió en seguida* la sugerencia de Lloyd George acerca de ver al Sr. Balfour".

propia Francia enfrentaba la catástrofe, sólo la Armada británica estaba de pie entre Inglaterra y los más graves peligros. Una guerra, que le costó a Bretaña y Francia unos tres millones de vidas, seguía adelante, y la juventud de Bretaña se estaba apresurando para unirse a la batalla. Se suponía que la gran causa era derrocar el "militarismo Prusiano", liberar "pequeñas naciones" y restaurar "la libertad y la democracia."

El Sr. Balfour sería pronto restaurado en la oficina. Sus pensamientos, cuando él se reunió con el Dr. Weizmann nuevamente, estaban al parecer lejos de la gran batalla en Francia. Su mente no estaba con su país o su pueblo. Estaba con el Sionismo y Palestina. Comenzó su charla con el Dr. Weizmann diciendo, "yo estuve pensando sobre esa conversación nuestra" (en 1906) "y creo que cuando las armas detengan sus disparos *usted puede obtener su Jerusalén*."

Las personas que vivieron en ese momento pueden revocar el momento y ver cuán lejos de algo que ellos supusieron estaba en la estaca, estaban estos pensamientos del Sr. Balfour. En la persona del Sr. Balfour, reapareció el Profeta Monk, pero esta vez armado con el poder para diseñar el destino de naciones. La "presión irresistible" evidentemente había ganado el gran poder entre bastidores y ya fue muy eficaz en 1914.

Por ese tiempo las personas norteamericanas estaban igualmente entrampadas en este tejido de "intrigas laberínticas", oculto de la vista general, aunque ellos no lo sospecharon. Ellos temieron los "enredos extranjeros"; desearon ser dejados fuera de la guerra y tenían un presidente que prometió que él los dejaría fuera de ella. De hecho, ellos estaban virtualmente en ella, ya que la "presión irresistible", en ese tiempo, estaba trabajando eficazmente tanto en Washington como en Londres.

CAPÍTULO 29

LA AMBICIÓN DEL SR. HOUSE

Mientras el Sr. Balfour y sus socios en esta empresa secreta se movían hacia el poder en Inglaterra durante la Primera Guerra Mundial, un grupo similar de hombres tomaba secretamente forma en la República norteamericana. La maquinaria política que ellos construyeron produjo su resultado pleno después de casi cincuenta años, cuando el Presidente Truman en el efecto, preparó el estado Sionista en Palestina.

En 1900 los norteamericanos todavía estaban aferrados a su "sueño americano", y la esencia de él, era evitar los "enredos extranjeros". De hecho el ataque a España en Cuba en 1898, ya los había separado de este seguro anclaje, y los orígenes misteriosos de esa pequeña guerra son por consiguiente de continuo interés. El público norteamericano fue llevado a estallar en el frenesí bélico, de una forma familiar, cuando les fue dicho que el *Maine,* fue hecho estallar en el puerto de La Habana por una mina española. Cuando fue recobrado, muchos años después, se descubrió que sus placas habían sido *hecho estallar por una explosión interna* (pero por entonces "la chusma" había perdido hace tiempo, todo el interés en la materia).

El efecto de la guerra Hispano-norteamericana (continuando los "enredos" norteamericanos en los asuntos de otros) presta la mayor importancia a la pregunta: Quién iba a ejercer el poder gobernante en América, ya que la naturaleza de cualquier "enredo" claramente dependía de eso. La respuesta a esta pregunta, nuevamente, fue controlada por el efecto de una guerra anterior, la Guerra Civil norteamericana de 1861-1865. Las principales consecuencias de ella (poco comprendidas por los contendientes Norteños y Sureños) fueron que cambiarían sensiblemente la naturaleza, primero de la población, y luego del gobierno de la República.

Antes de la Guerra Civil la población norteamericana era predominantemente irlandesa, escocés-irlandesa, escocesa, británica, alemana y escandinava, y de esta amalgama, evolucionó un individuo distintamente "norteamericano". En sucesión directa a esa guerra, la era de inmigración sin restricción comenzó, qué en unas pocas décadas, llevó a

EEUU a muchos millones de nuevos ciudadanos de Europa Oriental y del sur de Europa.

Éstos incluyeron una gran masa de judíos de las áreas Talmúdicas de Rusia y de la Polonia rusa. En Rusia el Rabinato había estado entre ellos y la "asimilación" y esto continuó cuando ellos alcanzaron norteamérica. Así el Siglo 20, desde su partida, lanzó la pregunta, qué parte sus líderes adquirirían el control de la República y de sus tareas exteriores. Los eventos más tarde mostraron que la conspiración de

Oriente, en ambas de sus formas, entraron en EEUU a través de esta inmigración masiva. El proceso de adquirir una medida cada vez mayor de poder político comenzó entre bastidores, aproximadamente en 1900 y se transformaría en el mayor problema de la vida nacional norteamericana en los siguientes 50 años.

El hombre que primero involucró a norteamérica en este proceso fue el Sr. Edward Mandell House, (popularmente conocido como el Coronel House, pero él no había prestado servicios militares), era un caballero del sur, de descendencia principalmente holandesa e inglesa que creció en Texas durante el amargo período de la Reconstrucción que siguió la Guerra Civil.

Es un carácter notable en este recuento. Donde otros expertos podrían regocijarse en el sabor de un raro coñac, él amaba el ejercicio secreto del poder a través de otros, y cándidamente confió esto a su diario. Huía de la publicidad (dice su editor, el Sr. Charles Seymour) "de un sentido sardónico de humor que le hacía reír por el pensamiento que él, inadvertido y a menudo insospechado, sin gran riqueza u oficinas, meramente a través del poder de la personalidad y el buen sentido, estaba en realidad *desviando las corrientes de la historia*". Pocos hombres han manejado tanto poder en la irresponsabilidad completa: "es bastante fácil para uno *sin responsabilidad*, sentarse con un puro y un vaso de vino y decidir que es lo mejor que se debe hacer", escribió el Sr. House.

La opción de palabras de su editor es exacta; el Sr. House *no guió* la política Estatal norteamericana, pero *la desvió hacia el Sionismo*, al apoyo de la revolución-mundial, y a la promoción de la ambición del gobierno-mundial. El *hecho* de su ejercicio de poder secreto está probado. *Sus motivos* para el ejercicio en esas direcciones es difícil de descubrir, ya que sus pensamientos (tal como es revelado por su diario y su novela) parecieran haber sido tan desconcertantes y contradictorios que ningún cuadro claro emerge de ellos.

Su inmenso diario registro de su reino secreto (*Papeles Privados*) exponen totalmente *como* trabajaba. Dejan sin contestar la pregunta de lo *que* quería finalmente, o si incluso sabía lo que quería; acerca de eso, sus novelas muestras sólo una mente llena de nociones demagógicas a medio cocinar, nunca sacan claramente el pensamiento afuera. El presumido apóstrofo en la primera hoja es típico: "Este libro es dedicado al infeliz, muchos de los cuales han vivido y han muerto carentes de oportunidades, porque, en el comienzo, la estructura social mundial comenzó mal"; aparentemente esto significa que el Sr. House, quien sostuvo ser un hombre religioso, pensó pobremente del trabajo de una autoridad anterior, descrita en las palabras,"al principio Dios creó el cielo y la tierra."

En la búsqueda de los orígenes de las ideas políticas del Sr. House (que al principio eran semejantes al Comunismo; en la vida posterior, cuando el daño había sido hecho, él se puso más moderado) el estudioso se lanza a las pistas significantes. Su editor encuentra en sus primeros pensamientos una nota "recordativa de **Louis Blanc y los revolucionarios de 1848**". Con esto en perspectiva, anteriormente dirigí la atención de los lectores a Louis Blanc, el revolucionario francés que por un momento, en 1848, pareció que jugaría el rol de Lenín y convocaría la asamblea de delegados de trabajadores que era una anticipación de los soviet de 1917.

Tales nociones, en un tejano de finales del 19 Siglo, son tan inesperadas como el Budismo en un esquimal. No obstante, el Sr. House en la juventud adquirió estas ideas; alguien las había implantado en él. Su segundo nombre, Mandell, era de "un comerciante judío en Houston, uno de los amigos más íntimos de su padre, el hecho que el viejo House le confiriera un nombre judío a su hijo **indica la actitud de la familia hacia la raza**" (Sr. Arthur D. Howden, su biógrafo). En la novela del Sr. House, el héroe se niega a todas las promociones para ir y vivir en un humilde cuarto en el lado Oriental junto a un judío polaco, llega a norteamérica después de los disturbios anti-judíos en Varsovia causadas por el asesinato allí, por "un judío joven, cebado más allá de la paciencia", del hijo de un alto oficial gubernamental. Posteriormente en su vida, el cuñado del Sr. House y su consejero era un judío, el Dr. Sidney Mezes, que fue uno de los iniciadores del plan del gobierno-mundial de este siglo en su forma más temprana (La Liga para Promulgar la Paz).

Eso es todo lo que se puede obtener sobre la atmósfera intelectual del período formativo de la mente del Sr. House. En uno de sus más reveladores pasajes el Sr. House mismo, comenta sobre la sugerencia de ideas a otros y muestra, aparentemente sin comprenderlo, cuan impotente era él finalmente, quién se pensaba todopoderoso:

"Con el Presidente, como con todos los otros hombres, busqué influenciar, invariablemente era mi intención hacerle pensar que ideas que él derivaba de mí eran las suyas propias... Normalmente, para decir la verdad, la idea no eran originales mías... **La cosa más difícil en el mundo es rastrear cualquier idea hasta su fuente**... Nosotros pensamos a menudo que una idea es original en nosotros cuando, en la verdad llana, **fue absorbida subconscientemente de alguien más.**"

Comenzó a aprender sobre política en Texas, cuando él tenía sólo dieciocho años, discerniendo entonces durante una elección presidencial (1876) que "dos o tres hombres en el Senado y dos o tres en la Casa Blanca y el Presidente mismo ejecutaban el gobierno. Los otros eran meramente los testaferros... Por consiguiente yo no tenía ninguna ambición para llegar a la oficina, ni tenía alguna ambición para hablar". (Él pone la misma idea en la boca de un político en su novela de 1912; "En Washington... encontré que el gobierno era controlados por unos pocos hombres; fuera de este pequeño círculo nadie era de mucha importancia. Era mi ambición irrumpir en él si era posible y mi ambición brincó tan alto como lo deseara, no sólo ser de él, sino posteriormente, para ser ÉL... El Presidente me pidió que trabajara en la dirección de su campaña... Él fue votado abrumadoramente y fue reelecto... y yo estaba ahora bien dentro del círculo encantado y dentro del fácil alcance de mi largo deseo de no tener ningún rival... ***Apreté un resorte casi invisible alrededor de las personas que los sostuvieron firme...***")

En ese espíritu el Sr. House entró en la política tejana: "Comencé en la cima en lugar del fondo... ha sido mi hábito **poner a alguien más, nominalmente a la cabeza**, para que yo pudiera hacer el trabajo real tranquilo por las demandas que son hechas al presidente... Cada presidente de campañas que yo dirigí, recibió la publicidad y el aplauso de ambos, de la prensa y de las personas durante la campaña... ellos desaparecieron de la vista pública dentro de unos meses... y cuando venga la próxima campaña, el público y la prensa ávidamente aceptarán a otro testaferro."

El Sr. House usaba a Texas un poco como un actor en ascenso puede usar las provincias. Tuvo tanto éxito allí como organizador de Partido, que al final del siglo, era el gobernante real del estado y se sentaba diariamente en la oficina de su gobernador (designado por el Sr. House y largo tiempo olvidado) en el Capitolio Estatal, dónde él escogió a los senadores y diputados Estatales y se ocupaba de las solicitudes de los muchos funcionarios que habitualmente sitian a un gobernador Estatal. La gira provinciana está cumplida, él se preparaba para conquistar la capital. Por 1900 estaba "cansado de la posición que ocupé en Texas" y estaba "listo para tomar parte en los asuntos nacionales". Después de una extensa preparación, comenzó, en 1910, cuando la Primera Guerra Mundial se aproximaba, "***a buscar un candidato apropiado para la nominación Demócrata para Presidente.***"

Así el Sr. House, de cincuenta años, fue un fabricante de presidentes. Hasta que leí sus **Papeles Privados**, quedé muy impresionado por el "conocimiento misterioso" desplegado por uno de los principales sionistas norteamericanos, el Rabino Stephen Wise, que en 1910, le dijo a un público de New Jersey: "¡El martes, el Sr. Woodrow Wilson será elegido gobernador de su Estado; él no completará su término en la oficina como gobernador; en noviembre de 1912 será elegido Presidente de los Estados Unidos; él será introducido oficialmente durante el segundo período como presidente!". Ésta era la calidad del conocimiento previo mostrado por los Protocolos, por León Pinsker y Max Nordau, pero una investigación posterior mostró que el Rabino Wise lo obtuvo del Coronel House!

¡Evidentemente el Sr. Wilson había sido estudiado cuidadosamente por el grupo de hombres secretos que entonces estaban mancomunados, ¡ya que no fue el Sr. House ni el Rabino Wise quienes en ese momento lo habían encontrado! Pero el Sr. House estaba "convencido que él había encontrado a su hombre, aun cuando nunca se había reunido con él... 'Yo me fijé en Woodrow Wilson... como que era el único hombre... quién en todos los sentidos era apto para la oficina' " (Sr. Howden). La medida estándar usada es indicada por un pasaje posterior: "El problema para conseguir un candidato para presidente, es que el hombre que es el más adecuado para el puesto no puede nominarse y, si es nominado, no podría ser elegido. Las Personas raramente toman el hombre más adecuado para el trabajo; por consiguiente es necesario trabajar por el mejor hombre que pueda ser nominado y pueda ser elegido, y ahora justamente Wilson parece ser ese hombre". (Esta descripción, nuevamente, está calificada mediante una alusión en la novela del Sr. House. Con respecto a los métodos usados por un poderoso grupo para elegir a "*su criatura*" a la presidencia).

La idea Sionista se acopló a sí misma a la idea revolucionaria, entre el grupo de hombres que estaban seleccionando secretamente al Sr. Woodrow Wilson para la presidencia, en la persona de este Rabino Stephen Wise (nacido en Budapest, tal como Herzl y Nordau). Él era el principal organizador Sionista en Norteamérica y como tal, todavía contaba con algo de curiosidad entre los judíos de norteamérica, que en ese momento repudiaban el Sionismo y desconfiaban de los "judíos Orientales". Hasta los 1900, tal como dice el Rabino Wise, el Sionismo en norteamérica estaba confinado a los judíos inmigrantes de Rusia que lo trajeron con ellos del ghetto Talmúdico; la masa de judíos norteamericanos eran de orígenes alemanes y no tenían nada en esto. Entre 1900 y 1910, un millón de nuevos inmigrantes judíos llegaron de Rusia y bajo la organización Sionista comenzaron a formar un cuerpo importante de votantes; aquí estaba el eslabón entre el Sr. House (cuya estrategia de elecciones se describirá) y el Rabino Wise. El Rabino Wise que fuera fundamentalmente conocido como un orador militante, si no un agitador, en asuntos laborales, no era entonces una figura judía representativa, y no obstante (tal como el Dr. Weizmann en Inglaterra) era el hombre a quien los potentados políticos dieron **secretamente** acceso y oreja.

La fuerza de este grupo secreto es mostrada por el hecho que en 1910, cuando el Sr. House había decidido privadamente que el Sr. Wilson debía ser el próximo presidente, el Rabino Wise declaró públicamente que Wilson **debería** serlo, y por dos términos. Esto requirió una reestructuración de la política del rabino, ya que él siempre había apoyado al Partido Republicano; después de la selección secreta del Sr. Wilson por parte del Sr. House, él se cambió al Demócrata. Así las confusas ideas "revolucionarias" del Sr. House y las ideas absolutamente claras del Sionismo llegaron juntas a los escalones de la Casa Blanca. El acuerdo entre ambos grupos era cordial: el Sr. Wise declaró que (después de la elección) "recibimos una calurosa y alentadora ayuda del Coronel House, amigo íntimo del presidente... *House no sólo hizo el objeto de su preocupación muy especial nuestra causa, sino que también sirvió como funcionario del enlace entre la administración de Wilson y el movimiento Sionista*". El cercano paralelo entre el curso de estos procesos ocultos en EEUU y en Inglaterra se muestra aquí.

El secreto del sostenimiento del Sr. House sobre el Partido Democrático yacía en la estrategia que él había inventado para ganar las elecciones. El Partido Demócrata había estado fuera de la oficina durante casi cincuenta años ininterrumpidos y él había inventado un método en que la victoria tenía casi una certeza matemática. El partido Demócrata iba de hecho a deber sus victorias en 1912 y 1916, así como las victorias del Presidente Roosevelt y el Presidente Truman en 1932, 1936, 1940, 1944 y 1948 a la aplicación del plan del Sr. House. En este plan electoral, el cual en su campo merece quizás el apelativo de genial, yace el efecto permanente del Sr. House en la vida de Norteamérica; sus *ideas* políticas nunca fueron formadas claramente y frecuentemente se cambiaban, para que él forjara un instrumento en donde las ideas *de otros* fueron puestas en el efecto; el propio *instrumento* fue diseñado brillantemente.

En esencia, era un plan para ganar sólidamente el voto de los "nacidos en el extranjero", los nuevos inmigrantes, para el partido Demócrata, haciendo un atractivo llamado a sus sentimientos raciales y a los reflejos emocionales especiales. Fue trabajado hasta en los detalles y era el producto de una mano maestra en esta rama particular de las ciencias políticas. La única cosa fantástica sobre este plan es que el Sr. House lo publicó, anónimamente, en el mismo año, 1912, cuando el Sr. Wilson, secretamente "escogido", fue nominado públicamente y fue electo. En ese ocupado año, el Sr. House encontró el tiempo para escribir, en treinta días, una novela llamada **Philip Dru: Administrador** (la extraña palabra hace recordar la alusión en los Protocolos a "Los Administradores, quienes nosotros escogeremos... "). El capítulo titulado "La Fabricación de un Presidente", que obviamente no es ninguna ficción, hace a esta novela casi ilegible, un documento histórico de primera importancia.

En este capítulo de su novela (qué el Sr. House fue incitado a publicar por su asiduo mentor, el Dr. Sidney Mezes) un Senador norteamericano llamado Selwyn, es descrito como puesto a "gobernar la Nación con mano absoluta, y aún no reconocido como el poder dirigente". Selwyn es el Sr. House. Al parecer él no pudo resistirse a la tentación de dar una pista de su identidad, y él hizo que "Selwyn" invitara al hombre que él seleccionó como su presidente-títere ("Selwyn busca a un Candidato") para "cenar conmigo, en mis salas en la "*Casa de Mandell*".

Antes de eso, Selwyn había inventado "un torcido plan", concertado con un tal John Thor, "el alto sacerdote de las finanzas", con lo cual "una completa y compacta organización", usando "*la clase más infame de engaños con respecto a sus opiniones e intenciones reales*", podría elegir su criatura a la Presidencia". El financiamiento de esta liga secreta era "simple". La influencia de "Thor a lo largo de las finanzas de Norteamérica era absoluta.... . Thor y Selwyn seleccionaron los mil (millonarios) "que darían cada uno diez mil dólares... Thor les diría a cada uno de ellos que allí había un asunto que pertenecía al bienestar general de la fraternidad comercial, la cual necesitaba veinte mil dólares y que él, Thor, pondría diez y quería que él pusiera otro tanto... Hubo muy pocos hombres de negocios... quiénes no se consideraron afortunados de ser llamados por Thor a Nueva York y que se les pidiera unirse en un fondo común ciego buscaba salvaguardar la riqueza."

El dinero de este "gran fondo de corrupción" fue puesto por Thor en diferentes bancos, pagados a la demanda de Selwyn a otros bancos, y de allí transferidos al banco privado del yerno de Selwyn; "el resultado fue que el público no tenía ninguna posibilidad de obtener algún conocimiento del fondo o cómo estaba siendo gastado."

Con esta base de finanzas, Selwyn selecciona a su "criatura", un tal Rockland, (el Sr. Wilson), a quién cenando con Selwyn en la "Casa de Mandell" se le dice, que su responsabilidad como presidente será "difusa": "mientras un presidente tiene un derecho constitucional para actuar por sí mismo, él no tiene ningún derecho moral para actuar contrariamente a los principios y tradiciones de su Partido, *o a los consejos de los líderes del Partido*, ya que el país acepta al candidato, el Partido y los consejeros del Partido en conjunto y no separadamente" (el parecido entre este pasaje y las alusiones en los Protocolos a "la responsabilidad de los presidentes" y a la autoridad final de sus "consejeros" es fuerte).

Rockland acepta esto humildemente. (Después de la elección, "ebrio con el poder y la adulación de los serviles, una o dos veces, Rockland insistió en él mismo, y actuó sobre importantes materias sin haberlas tratado primero con Selwyn. Pero, después de que había sido amargamente agredido por los papeles de Selwyn... *él no hizo ningún intento más de independencia*. Sentía que estaba absolutamente desvalido en las manos de ese hombre fuerte, y así, de hecho, lo estaba". Este pasaje en la novela del Sr. House de *1912*, escrito antes de la investidura del Sr. Wilson, puede compararse con uno de los pasajes en los ***Papeles Privados del Sr. House de 1926***, donde registra su real relación con el candidato durante la campaña de elección. Declara que el Sr. House revisaba los discursos del candidato presidencial y que le dijo que no considerara algún otro consejo, sobre lo cual el Sr. Wilson admitió indiscreciones y prometió *"no actuar independientemente en el futuro"*. En la novela Selwyn es mostrado diciéndole a Thor del intento de Rockland para escapar de la esclavitud: "Cuando él contó cómo Rockland había hecho un intento para liberarse, y cómo él lo trajo de vuelta, retorciéndose bajo su derrota, ellos rieron alegremente"; este capítulo se llama "Los Triunfantes Conspiradores").

Otro capítulo muestra ***cómo*** fue lograda la elección de la "criatura". El plan descrito hace los actos eleccionarios casi una ciencia exacta y todavía los gobiernos en Norteamérica hacen uso de él. Está basado en el cálculo fundamental del Sr. House que aproximadamente el 80 por ciento de los electores podrían en cualquier circunstancia, votar por uno de los dos partidos opuestos en proporciones aproximadamente iguales, y que el gasto de dinero y esfuerzo debe por consiguiente, ser concentrado en el "fluctuante 20 por ciento". Entonces analiza este 20 por ciento en detalle hasta que se aísla el pequeño residuo, sobre el cual se dirigirán los máximos esfuerzos redoblados. Cada onza o centavo de gasto inútil se eliminan y una masa de energía es soltada para ser dirigida contra el pequeño cuerpo de votantes que pueden hacer oscilar el resultado. Este plan ha hecho tanto para "desviar" el curso de los eventos en norteamérica y el mundo, que necesita ser resumido aquí en alguna magnitud.

Selwyn comienza la campaña de la nominación eliminando todos los estados dónde su partido o el otro estaban seguros de ganar. De esta forma, es libre para entregar todo su pensamiento a los doce Estados dudosos, sobre cuyos votos la elección se definiría. Dividió estos en unidades de cinco mil votantes, designando para cada unidad un hombre en el lugar y uno en la oficina principal nacional. Calculó que de los cinco mil, cuatro mil, en partes iguales, probablemente no podrían ser desviados hacia su propio o al otro partido, y esto llevó su análisis a **unos mil votantes** dudosos, en cada unidad de cinco mil, en doce Estados, en los cuales había que concentrarse.

El hombre local fue asignado para obtener toda información posible sobre "raza, religión, ocupación y anteriores ataduras a partidos", y remitir esta información al hombre nacional a cargo de la unidad particular, quien era entonces el responsable de llegar a ***cada individuo*** por medio de "literatura, persuasión o quizás por algún argumento más sutil". El deber de los dos agentes para cada unidad, uno en el campo y uno en la oficina principal, fue que ellos "trajeran una mayoría de los mil votos dentro de su tarea."

Entretanto los gerentes del otro partido estaban mandando "toneladas de material impreso a su oficina principal Estatal, la cual a su vez, lo distribuyó a las organizaciones rurales dónde se descargaban en una esquina y se le entregaban a los visitantes cuando lo solicitaban. El comité de Selwyn usó un cuarto de todo ese material impreso, se enviaba en un sobre sellado, junto con una carta cordial, dirigida a un votante que no había aun decidido cómo votar. La oposición estaba enviando a portavoces con grandes costos desde un lado del país al otro... Selwyn envió a los hombres a sus unidades a persuadir personalmente cada uno de los mil votantes dudosos para que apoyaran el voto de Rockland".

Por medio de este hábil método de análisis, eliminación y concentración, Rockland, en la novela, (y Sr. Wilson, de hecho) fue elegido en 1912. El llamado concentrado a los "mil votantes" dudosos en cada unidad, se dirigió sobre todo a las emociones de "raza, credo y color", y los objetos de atención se singularizaron, evidentemente con esas emociones en mente. "Así Selwyn ganó y Rockland se volvió la piedra clave del arco que él había diseñado para construir."

El resto de la novela es insignificante pero contiene algunas cosas significantes. Su subtítulo es "Una Historia del Mañana, 1920-1935". El héroe, Philip Dru, es un joven West Pointer bajo la influencia de Karl Marx, que es elegido líder de un movimiento de masa por aclamación, ante la indignación que se provoca después que la conspiración de Selwyn y Thor ha sido conocida. La forma de esta exposición también es interesante; Thor tiene un micrófono oculto en su cuarto (algo poco conocido en 1912, pero hoy casi tan familiar en política como el Anuario del Estadista) y, olvidándose de desconectarlo, su charla "triunfante" con Selwyn después de la elección de Rockland, es conocida por su secretaria que lo entrega a la prensa; ¡el episodio más inverosímil es que la prensa lo publicó! Entonces Dru congrega un ejército (armado, al parecer por magia, con rifles y artillería), derrota a las fuerzas gubernamentales en una sola batalla, marcha a Washington, y se proclama "Administrador de la República". Su primera acción mayor (y también la del Presidente Wilson) es introducir "un impuesto graduado a los ingresos que no exime absolutamente ningún ingreso" (el Manifiesto Comunista de Karl Marx exigió "un "impuesto a los ingresos fuertemente progresivo o graduado; los Protocolos, "un impuesto progresivo a la propiedad").

Dru posteriormente ataca a México y a las Repúblicas centroamericanas, también derrotándolas en una batalla y uniéndolas después de esto, bajo la bandera norteamericana que en el próximo capítulo también se vuelve "el emblema indiscutible de autoridad" sobre Canadá y las Posesiones británicas, francesas y otras en las Indias Orientales. Selwyn y Philip Dru son obviamente ambos el Sr. House. Selwyn es el extraordinariamente eficiente organizador de Partido y secreto sostenedor del Poder; Dru es el confuso "soñador utópico" (de los Protocolos) quién no sabe qué hacer con el Poder cuando lo consigue. Inevitablemente, al final, el Sr. House no supo qué hacer con dos caracteres que estaban en la realidad en un sólo hombre, y se sintió obligado a fusionarlos, como lo hizo, haciendo a Selwyn, el malvado original de la pieza, el confidente y compañero de pecho de Dru. Después de eso, igualmente claro, no supo qué hacer con Dru, poco después de ser apartado por el sufrimiento. Por consiguiente, lo puso en un navío hacia un destino desconocido con Gloria (una muchacha hambrienta de amor que por cincuenta capítulos ha tenido que escuchar los planes incoherentes de Dru para remodelar el mundo), y concluye: "¡Gloria feliz! ¡Philip feliz! ... ¿Dónde estaban destinados?

¿Volverían? Éstas eran las preguntas hechas por todos, pero a la cual nadie podía dar respuesta."

De hecho difícilmente alguien puede haber persistido hasta el final de esta novela, y nadie se habría preocupado dónde fueron Philip y Gloria, con una excepción. Existía un ser solitario en el mundo para quien la historia debe de haber tenido un significado tan terrible como verdad, tal como el Retrato de Dorian Gray para Dorian: El Sr. Woodrow Wilson. En ese respecto, **Philip Drew: Administrador** es un trabajo único. Dos preguntas intrigan al estudioso. ¿Leyó el Sr. Wilson este libro? ¿Qué incitó al Sr. House (*o a su motivador*) para publicar este cuadro exacto de lo que estaba pasando, en el mismo momento cuando "la criatura" estaba nominándose y estaba eligiéndose? Considerado en esa luz, el libro se transforma en un trabajo de sádica burla, y el lector se da cuenta que el grupo de hombres alrededor del Sr. House debe haber sido tan malévolo como ellos describen serlo en el capítulo, "Los Triunfantes Conspiradores".

¿Es concebible que el Sr. Wilson *no lo leyera*? Entre sus enemigos y sus amigos, durante una campaña de elecciones, alguien lo debe de haber puesto en sus manos.

El estudiante de historia se liga a preguntarse si la lectura de él, entonces o después, puede haber causado el estado mental y físico en que él pronto cayó. Pueden darse descripciones contemporáneas de él como ilustración (aunque ellos se anticipan un poco a la cronología de la narrativa). El Sr. House después escribió del hombre que él había "escogido" y había elegido ("el único que en todos los sentidos estaba apto para la oficina"), "pensé *en ese momento*" (1914) "y en varias ocasiones después, que el Presidente quería morir; ciertamente su actitud y su estado mental indicaba que él no encontraba *entusiasmo en la vida*". Cuando el Sr. Wilson largo tiempo ya no era presidente, Sir Horace Plunkett, el Embajador británico, escribió al Sr. House, "Rendí mis respetos al Presidente, y quedé *impactado* al verle tan desgastado; el cambio desde que el último enero es muy marcado". Seis años después Sir William Wiseman, un emisario gubernamental británico, le dijo al Sr. House, "quedé *impactado* por su apariencia... Su cara estaba desgastada y de un color gris, y crispándose frecuentemente en un esfuerzo lastimoso para controlar sus nervios que habían colapsado" (1919).[12]

Entre la "opción" secreta del Sr. Wilson por el Sr. House en 1910 y su pública nominación para presidente en 1912, él fue incitado para hacer homenaje público al Sionismo; en ese punto el pueblo norteamericano fue involucrado, tal como el pueblo británico se había comprometido de hecho por la oferta de Uganda de 1903. El Sr. Wilson, bajo la dirección de la campaña, hizo un discurso sobre "Los derechos de los judíos" en el cual dijo, "yo no estoy aquí para expresar nuestra simpatía con nuestros conciudadanos judíos, sino *para hacer evidente nuestro sentido de identidad con ellos. Ésta no es su causa; es la causa de EEUU*.

Al parecer una forma segura a la infelicidad es recibir la alta oficina como instrumento de otros que permanecen inadvertidos. El Sr. Wilson inevitablemente luce como un fantasma cuando es contemplado contra este registro, ahora desplegado. El Sr. House, el Rabino Wise y otros alrededor de él parecen haberle observado fijamente tal como los coleccionistas observan un espécimen traspasado por un alfiler. En las circunstancias, él debe haberse guiado por la conjetura, en lugar de la revelación, cuando a la edad de veinte años él decidió que habría un día de ser presidente. Esto era conocido y el Rabino Wise le preguntó una vez, "¿Cuándo pensó o soñó usted por primera vez con la presidencia?" Como el Rabino sabía tanto más que el Presidente sobre la forma que el sueño había sido realizado, él puede haber hablado en tono de burla, y se sobresaltó evidentemente fuera de su deferencia de costumbre cuando el Sr. Wilson contestó, "Nunca hubo un momento después de mi graduación de la Universidad de Davidson en Carolina del Sur, que esperara hacerme presidente", de tal manera que el Rabino preguntó burlón, "¿Incluso cuando usted era un maestro en un College de muchachas?!" El Sr. Wilson, aparentemente todavía abstraído, repitió, 'Nunca hubo un momento que no esperara y me preparara para llegar a ser Presidente"

---

[12] Fuertes parecidos ocurren en las descripciones contemporáneas del Sr. Roosevelt a quien el Sr. House también creyó que él escogió como "testaferro". El Sr. Robert E. Sherwood dice con énfasis que el Sr. Roosevelt era frecuentado "por el fantasma de Wilson", Cuando el Sr. Roosevelt había sido presidente dos años, el dirigente de su Partido, el Sr. James Farley escribió, "El Presidente parecía enfermo... su cara tensa y sus reacciones retardadas" (1935), y dos años después él estaba "*impactado* de la apariencia del Presidente" (1937). En 1943 Señora Chiang Kai-shek "fue *impactada* por la apariencia del Presidente"; en 1944, dice el Sr. Merriman Smith, "él parecía mucho más viejo de lo que alguna vez le he visto e hizo un discurso no pertinente", y el Sr. John T. Flynn dice que las fotos del Presidente "*impactaron* la nación". En 1945, Miss Frances Perkins, miembro de su gabinete, salió de su oficina diciendo, "no puedo resistirlo, el Presidente luce horrible."

Esto podría tener sólo un significado; era una declaración de política exterior, si el Sr. Wilson fuera elegido. Ninguna necesidad existía para "hacer evidente el sentido de identidad" entre los norteamericanos y norteamericanos judíos, y los judíos en EEUU eran para todos los asuntos libres e iguales; sólo una negativa para identificarse *ellos mismos* con Norteamérica podría alterar eso y Sr. Wilson en el efecto, proclamó esta negativa. Él estaba declarando específicamente que la "identidad" judía era diferente y separada y que EEUU, bajo él, apoyaría esta auto- segregación como una causa.

Para los iniciados fue una promesa al Sionismo. También fue una alusión oblicua y una amenaza a Rusia, ya que la implicación de las palabras del Sr. Wilson era que él reconocía a los judíos en Rusia (quienes eran entonces los únicos Sionistas organizados) como representantes *de todos* los judíos. Así él tomó la parte Balfoureana en la producción norteamericana de este drama.

En ese momento toda la propaganda Sionista era dirigida contra Rusia. Unos treinta años habían pasado desde el asesinato del Zar Alexander II, quién había incurrido en la enemistad de los revolucionarios por su esfuerzo por introducir una constitución parlamentaria (el Dr. Kastein comentó que esa participación judía en el asesinato era "natural"). Su sucesor, Alexander III, fue obligado a consagrarse a combatir la revolución. En los tiempos del Sr. Wilson, el Zar Nicolás II estaban reasumiendo el intento de Alexander el Libertador, para pacificar y unificar su país concediendo derechos políticos a las personas, y una vez más, estaba siendo furiosamente opuesto por los Sionistas Talmúdicos.

Entonces, en el mismo momento cuando Sr. Wilson hizo su ataque implícito a la "intolerancia" rusa, el asesinato fue usado nuevamente en Rusia para destruir el trabajo de Nicolás II. Durante la revolución de 1906, había emitido un decreto Imperial haciendo de Rusia una monarquía constitucional, y en 1907 introdujo el *sufragio universal*. Los revolucionarios temieron esta medida liberadora más de lo que ellos temieron a algún cosaco y usaron la Asamblea del Pueblo, cuando se reunió por primera vez, para agitar los alborotos, por lo que tuvo que ser disuelta. El Zar escogió entonces como su Primer Ministro a un estadista ilustrado, el Conde Stolypin que por decreto promulgó *una reforma agraria seguida por nuevas elecciones*. El resultado de eso fue que en el segundo parlamento recibió una gran ovación y los revolucionarios fueron derrotados (unos 3,000,000 campesinos sin tierras se volvieron dueños de su tierra).

El futuro de Rusia en ese momento parecía más luminoso que en cualquier momentos antes. Stolypin era un héroe nacional y escribió, "Nuestro objetivo principal es fortalecer la población agrícola. La totalidad de la fuerza del país yace en ellos... *Denle a este país diez años de tranquilidad interna* y usted no reconocerá a Rusia."

Esos diez años de tranquilidad habrían cambiado el curso de la historia para mejor; en cambio, la conspiración intervino y produjo los diez días que agitaron el mundo. En 1911, el Conde Stolypin fue a Kiev, dónde el Zar iba a quitar el velo a un monumento al Libertador asesinado, Alexander II, y recibió un disparo durante una gala en el teatro por un revolucionario judío, Bagroff (en 1917, un comisario judío, al descubrir que una muchacha entre algunos fugitivos era la hija del Conde Stolypin, rápidamente le disparó).

Eso pasó en *septiembre* de 1911; en *diciembre* de 1911, el Sr. Wilson, el candidato, hizo su discurso que expresa "un sentido de identidad" con la "causa judía". En *noviembre* de 1911, el Sr. Wilson se reunió por primera vez con el hombre, el Sr. House que lo había escogido en 1910, (y quién ya había alineado entonces a todos mis amigos políticos y seguidores" en representación del Sr. Wilson). El Sr. House informó a su cuñado, *"Nunca antes había encontrado el hombre y la oportunidad."*

Antes de la elección el Sr. House preparó una lista de Ministros para el Gabinete (vea *Philip Dru*) en consultación con el Sr. Bernard Baruch, que entra ahora en esta cuenta. Él podría ser el más importante de todas las figuras que aparecerán en ella durante los próximos cincuenta años, ya que llegaría a ser conocido como "el consejero" de varios Presidentes y en los años de 1950, todavía estaba aconsejando al Presidente Eisenhower y a Sr. Winston Churchill: En 1912 era sólo públicamente conocido como un financiero muy exitoso. Sus biógrafos afirman que él contribuyó con 50,000 dólares a la campaña del Sr. Wilson.

Entonces, durante la campaña de la elección, el Sr. Wilson fue hecho sentir el pinchazo. Después de indiscreciones iniciales, él le prometió al Sr. House (como fue citado anteriormente, y comparado con *Philip Dru*) "no actuar independientemente en el futuro". Inmediatamente después de la elección, recibió al Rabino Stephen Wise "en una larga sesión", *en la cual ellos discutieron* "los asuntos rusos con la referencia especial al tratamiento de los judíos" (según el Sr. Wise). En el mismo momento, el Sr. House almorzaba con el Sr. Louis D. Brandeis, un jurista eminente y un judío, y recordó que *"su mente y la mía están de acuerdo con respecto a la mayoría de los asuntos que están ahora enfrente".*

Así tres de los cuatro hombres alrededor del Sr. Wilson eran judíos y todos ellos, los tres, en una fase u otra, jugaron roles importantes promoviendo la re- segregación de los judíos a través del Sionismo y su ambición en Palestina. En ese momento, el Sr. Brandeis y el Rabino Wise eran los líderes Sionistas en Norteamérica, y el Sr. Brandeis, a su entrada en la historia, merece un párrafo.

Era distinguido en apariencia y en intelecto, pero ni él ni algún otro abogado podrían definir lo que constituía, en él, "un judío". No practicaba la religión Judaísta, ni en su versión Ortodoxa ni en la Reformada, y una vez escribió, "Durante la mayor parte de mi vida, mi contacto con los judíos y el Judaísmo fue ligero y entregué pocos pensamientos a sus problemas". Su conversión era del tipo irracional, romántica (recordando al Sr. Balfour): un día en 1897, leyó al desayuno, un informe del discurso del Dr. Herzl al Primer Congreso Sionista y le dijo a su esposa, "Hay una causa a la cual yo podría dar mi vida."

Así un judío-norteamericano totalmente asimilado se transformó rápidamente. Desplegó el ardor del convertido en sus ataques subsecuentes a la "asimilación": "La asimilación no puede *evitarse* a menos que se reestablezca *allí en la Patria*, un centro del cual el espíritu judío pueda irradiar". Los Sionistas de Rusia nunca confiaron en este producto de asimilación que ahora quiso des-asimilarse. Ellos detestaron su frecuente charla sobre el "Americanismo". Él decía, "Mi acercamiento al Sionismo fue a través del Americanismo", y para los Talmudistas esto era semejante a decir que pudiera aproximarse al Sionismo a través del "Rusianismo" el cual ellos estaban decididos en destruir. De hecho era ilógico defender la forma más feroz de segregación racial mientras se profesaba admirar la asimilación norteamericana, y Sr. Brandeis, con toda su habilidad como abogado, nunca pareció de verdad haber entendido la naturaleza del Sionismo. Él se transformó en el Herzl de los Sionistas norteamericanos (el Rabino Stephen Wise fue su Weizmann) y fue dejado caer rudamente cuando había servido su propósito. Sin embargo, en el momento decisivo, en 1917, jugó un rol decisivo.

Tal fue la agrupación alrededor de un presidente cautivo cuando República norteamericana se movía hacia el envolvimiento en la Primera Guerra Mundial, y tal era la causa que sería seguida a través de él y a través del envolvimiento de su país. Después de su elección, el Sr. House tomó a cargo su correspondencia, determinaba a quien él debía ver o no debía recibir, les decía a los funcionarios Ministeriales lo que ellos podían o no decir, y así sucesivamente. Por aquel entonces, había también encontrado el tiempo para escribir y publicar esa novela asombrosa. Él deseaba el *poder*, y lo logró, pero qué otra cosa quería, en la secuencia, nunca lo decidió. Así su ambición era sin objetivos y en una mirada retrospectiva, él se parece Savrola, el héroe de otra novela política, cuyo autor, el Sr. Winston Churchill, dijo "La ambición fue la fuerza motriz, y Savrola era impotente para resistirla". Al final de su días, el Sr. House, solo y olvidado, odiaba enormemente a Philip Dru.

Pero entre 1911 y 1919, la vida era deleitable para el Sr. House. Él amaba el sentimiento de poder para su propia causa, y además era demasiado considerado para querer herir a Rockland en la Casa Blanca:

"Invariablemente fue mi intención, con el Presidente como con todos los otros hombres que yo busqué influenciar, para hacerle pensar que ideas que él derivaba de mí eran las suyas propias. En la naturaleza de cosas, he pensado más en muchas cosas que aquellas que tenía el Presidente, y yo había tenido oportunidades de discutirlas más ampliamente que él. Pero a ningún hombre honestamente le gusta tener otro hombre dirigiendo sus conclusiones. Somos todos un poco vanos en ese asunto. La mayoría de los seres humanos son guiados en demasía por la vanidad personal en lo que ellos hacen. Sucede que yo no soy así. No me importa quién consigue el crédito de una idea que yo he impartido. La cosa principal es conseguir la idea a trabajar. Normalmente, para decir la verdad, *la idea no era originalmente mía*...... " (y como es citado previamente del Sr. Howden).

Entonces, alguien "dirigió" al Sr. House, quien dirigió al Sr. Wilson a la conclusión que un cuerpo de hombres en las áreas Talmúdicas de Rusia debían ponerse en posesión de Palestina, con la consecuencia obvia que una fuente permanente de guerra mundial se establecería allí, y que los judíos del mundo debían ser nuevamente segregados de la humanidad. En este plan, la destrucción de Rusia y la extensión de la revolución-mundial estaba también previsiblemente envuelta.

En ese período (1913), un evento ocurrió qué parecía entonces ser de poca importancia pero que necesita registrarse aquí, debido a sus grandes consecuencias posteriores. En EEUU había una organización llamada **B'nai B'rith** (en hebreo los "Hijos del Convenio"). Fundada en 1843 como una Logia fraternal exclusivamente para los judíos, fue llamada "puramente una institución norteamericana", pero creó ramas en muchos países y hoy exige "representar a todos los judíos a lo largo del mundo", de tal manera que parece ser parte del arreglo descrito por el Dr. Kastein como "la Internacional judía". En 1913 **B'nai B'rith** creó un diminuto vástago, la "***Liga Anti-difamación***". Que crecería hasta un gran tamaño y poder; en ella el estado-dentro-de-los-estados adquirieron un carácter de policía secreta y reaparecerá en esta historia.

Con el asentimiento del Sr. Wilson y el grupo detrás su sillón presidencial, la fase estaba a punto de ser fijada para la guerra por comenzar. La función de Norteamérica, promoviendo el gran "diseño" super nacional a través de esa guerra, sería auxiliar. En esta primera fase, Inglaterra designada por ser la parte más importante y el mayor objetivo, el control del gobierno británico, si es que no se había logrado totalmente cuando la guerra comenzó.

Así la historia ahora cruza nuevamente el Atlántico a Inglaterra, dónde Sr. Balfour estaba moviéndose nuevamente hacia la oficina. Los hombres principales allí todavía estaban resistentes al propósito y plan oculto, y estaban decididos en luchar la guerra, y ganarla tan rápidamente como fuese posible, en el lugar dónde comenzó, Europa. Ellos tuvieron que ser traídos a la línea si el proceso previsto por Max Nordau en 1903 quería ser logrado. Por consiguiente, los hombres que resistían tenían que ser disciplinados o quitados.

De 1914 a 1916, entonces, la historia se vuelve aquella de una lucha para desplazar a estos hombres en Inglaterra, y para suplantarlos por otros que, como el Sr. Wilson, entrarían en la línea.

Capítulo 30

La batalla decisiva

La guerra de 1914-1918 fue la primera guerra de naciones, como distinta de los ejércitos; las manos que lo dirigieron alcanzaron los hogares de la mayoría de los europeos, y muchos países non-europeos, Ésta fue algo nuevo en el mundo, pero fue predicha por los conspiradores del Comunismo y el Sionismo. Los Protocolos de 1905 dijeron que la resistencia al plan allí desplegado, sería enfrentada por "la guerra universal"; Max Nordau en 1903, dijo que la ambición Sionista de Palestina, se lograría a través de "la próxima guerra mundial".

Si tales palabras fueran a ser cumplidas, y así adquirir el estado de "conocimiento misterioso" revelado antes del evento, la conspiración tenía que ganar el control de los gobiernos involucrados para que sus actos de política Estatal, y en consecuencia sus operaciones militares, pudieran desviarse para servir los fines de la conspiración, no los intereses nacionales. El presidente norteamericano ya era (es decir, desde 1912) el cautivo de "consejeros" secretos, tal como se ha mostrado; y si la descripción que hace el Sr. House de él (igual que en la novela anónima y en los reconocidos ***Papeles Privados***) es correcta, él encaja en el cuadro entregado por los Protocolos más temprano, "...nosotros reemplazamos al gobernante por una caricatura de presidente, tomado de la chusma, del medio de nuestras criaturas títeres, nuestros esclavos."

Sin embargo, al Sr. Wilson no se le exigió tomar una parte muy activa en llevar más allá el gran "plan" en las fases tempranas de la Primera Guerra Mundial; él cumplió su función después. En el comienzo, el objetivo principal estaba en ganar el control del Gobierno británico. El forcejeo para hacer esto duró dos años y acabó en la victoria para los intrigantes cuyas actividades eran desconocidas para las masas públicas. Esta batalla, luchada en el "laberinto" de la "política internacional", fue la batalla decisiva de la Primera Guerra Mundial. Es decir (como ninguna decisión es en la vida definitiva, y siempre puede modificarse por una decisión posterior), produjo el más grande y el más perdurable efecto en el curso posterior del Siglo 20; estos efectos continuaron dominando los eventos entre las guerras y durante la Segunda Guerra Mundial, y en 1956 puede verse que forma la causa más probable de alguna Tercera "Guerra Universal". Ningún choque de armas durante la guerra 1914-1918 produjo un efecto en el futuro comparable con aquel provocado por la captura del Gobierno británico en 1916. Este proceso estaba oculto de las masas involucradas. De comienzo a fin los Bretones creían que ellos sólo tenían que tratar con un Señor de la Guerra Teutónico impetuoso, y norteamericanos, que los incorregibles buscadores de problemas de la gente europea era la causa de la raíz del levantamiento.

En Inglaterra en 1914 la situación provocada en Norteamérica por la cautividad secreta del Presidente Wilson no prevaleció. Los puestos políticos y militares líderes estaban en manos de hombres que pusieron cada propuesta para la conducta política y militar de la guerra a prueba: podría esto ayuda a ganar la guerra y era esta en interés de su país. En estas respuestas el Sionismo fallaba. La historia de los primeros dos años de la guerra de cuatro-años, es aquella de la lucha detrás de los escenarios para desalojar a esos hombres obstructivos y para suplantarlos por otros, hombres sumisos.

Antes de 1914, la conspiración sólo había penetrado hasta las antecámaras (aparte del fatal paso del Gobierno de Balfour en 1903). Después de las 1914, un círculo que se ampliaba de hombres importantes se asociaron ellos mismo con la empresa diversionista, el Sionismo. Hoy las "consideraciones prácticas" (de popularidad pública u hostilidad, votos, apoyo financiero y oficinas) las cuales influencian a los políticos en estas materias son bien conocidas, porque ellas han sido mostradas por muchas publicaciones auténticas. En ese momento, un político en Inglaterra debía ser excepcionalmente astuto o perspicaz para ver en los Sionistas, los poseedores de las llaves en el avance político.

Por consiguiente, el motivo Balfoureano de capricho romántico los *puede* haber impelido; los anales son inciertos en ese período y no explican lo inexplicable. Es más, el ciudadano inglés siempre ha tendido a darle a sus acciones una guisa de propósito de alta moral, y para persuadirse ellos mismos en creerlo; esto llevó a Macaulay para observar que "no conocemos un espectáculo tan ridículo como el público británico en uno de sus ataques periódicos de moralidad". Posiblemente, entonces, *algunos* de los hombres que se unieron en esta intriga, (la cual lo era indudablemente) *pensaban* que estaban haciendo lo correcto. Este proceso de auto-engaño es mostrado por una declaración, descubierta por mí, qué claramente identifica un grupo de pro-Sionistas en altas posiciones inglesas en ese momento, y ofrece un motivo del tipo satirizado por el Sr. Macaulay.

Esto viene del Sr. Oliver Locker-Lampson, a principios de este siglo, miembro conservador del parlamento. Él no jugó ningún rol importante y fue notorio, si en lo absoluto, sólo por su apoyo posterior, fanático del Sionismo dentro y fuera del parlamento, pero era un amigo personal de los principales hombres que engendraron el Sionismo en el pueblo británico. En 1952, en un periódico semanal de Londres, escribió:

"Winston, Lloyd George, Balfour y yo, crecimos como Vigorosos Protestantes que creen en la venida de un nuevo Salvador cuando Palestina retorne a los judíos". Ésta es la idea Mesiánica del Milenio de Cromwell, encajada en el Siglo 20. Sólo los hombres nombrados podrían decir si la declaración es verdad, pero uno de ellos sobrevive. Si ésta es la verdadera base del Protestantismo, vigoroso o de otra forma, los lectores pueden juzgar por sí mismos. Nadie podrá discutir que es una base legítima para la conducta de política Estatal o de operaciones militares en la guerra. También, por supuesto, expresa la misma idea impía que movió al Profeta Monk y todos los hombres similares: que Dios ha olvidado su deber y, habiéndolo predefinido, debería haber sido hecho por él. Sin embargo, un grupo se había formado y nosotros también podemos usar para este grupo el nombre que este hombre le dio: Vigorosos Protestantes.

La Primera Guerra Mundial comenzó, con Protestantes Vigorosos estos ambiciosos de lograr el poder que les permitiera desviar las operaciones militares en Europa a la causa de procurar Palestina para los Sionistas. El Dr. Weizmann que no había estado ocioso desde que nosotros lo vimos por última vez encerrado en una habitación de un hotel con el Sr. Balfour en Manchester en 1906, en seguida entró en la acción: "ahora es el momento... las consideraciones políticas serán favorables", escribió en octubre de 1914. Buscó al Sr. C.P. Scott, editor del **Manchester Guardián**, que era muy adicto (entonces como ahora) a cualquier causa non-nativa . El Sr. Scott estaba encantado de saber que su visitante era "un judío que odiaba a Rusia" (Rusia, la aliada de Inglaterra, en ese momento estaba salvando a los ejércitos británicos y franceses de Occidente, atacando desde Oriente) y en seguida lo llevó a desayunar con Sr. Lloyd George, entonces Canciller del Fisco. El Sr. Lloyd George (a quien el Dr. Weizmann encontró "extremadamente impertinente" acerca de la guerra en Europa) era "cálido y animoso" sobre el Sionismo y sugirió otra reunión con Sr. Balfour. Esto sucedió el 14 de diciembre de 1914. El Sr. Balfour, recordando la conversación de 1906, preguntó "bastante indiferente", si podría ayudar al Dr. Weizmann de alguna forma práctica, recibiendo la respuesta, "No mientras las armas estén rugiendo; cuando la situación militar se ponga más clara vendré nuevamente" (la Señora Dugdale con cuyo relato el Dr. Weizmann está de acuerdo: "Yo no continué en esta apertura, el tiempo y lugar no eran propicios". Ésta fue la reunión en que el Sr. Balfour gratuitamente dijo que "cuando las armas se detengan de disparar, usted podrá conseguir su Jerusalén").

El Dr. Weizmann no se asió ávidamente a la oferta "bastante indiferente" del Sr. Balfour por una buena razón. La oficina principal

Sionista en ese momento estaba allí, *en Berlín* y los colegas del Dr. Weizmann estaban convencidos que Alemania ganaría la guerra. Antes de que ellos pusieran cualquier carta sobre la mesa, deseaban estar seguros sobre esto. Cuando, después, ellos resolvieron apostar a la carta Aliada, "las armas" todavía estaban "rugiendo". El Dr. Weizmann no se detuvo por el pensamiento de la carnicería que estaba ocurriendo en Europa "a consecuencia de la apertura". Tal como le dijo de verdad al Sr. Balfour (y Sr. Balfour ciertamente, no entendió lo que estaba en la mente de su visitante), "el tiempo... no era propicio", y el Dr. Weizmann quiso esperar "hasta que la situación militar se ponga más clara."

Significativamente, algunos de los hombres involucrados en estas entrevistas públicamente-desconocidas parecen haber buscado cubrir a sus datos; se suponía que el destino de Inglaterra era su única preocupación en el momento. Ya he dado una instancia clara de esto: la confusión sobre la fecha de la segunda reunión de Sr. Balfour con Dr. Weizmann, una ya descrita. El Sr. Lloyd George, en forma semejante, escribió que *su primera* reunión con el Dr. Weizmann ocurrió *en 1917*, cuando era Primer Ministro, y lo llamó una "casualidad". El Dr. Weizmann corrigió esto desdeñosamente: "en realidad la abogacía del Sr. Lloyd George de la patria judía **predataba largamente su ascensión como Primer Ministro y nosotros tuvimos varias reuniones en los años intermedios**".

Una tercera reunión con el Sr. Balfour siguió, "una tremenda charla que duró varias horas" y terminó "extremadamente bien". El Dr. Weizmann, una vez más, expresó su "odio por Rusia", el estresado aliado de Inglaterra. El Sr. Balfour se preguntó ligeramente "cómo un amigo de Inglaterra podría ser tan anti-ruso cuando Rusia estaba haciendo tanto para ayudar a Inglaterra a ganar la guerra". Como en la ocasión anterior, cuando aludió a la convicción anti-Sionista de los judíos británicos, él parece no haber tenido ninguna intención real de reprochar, y concluyó, "es una gran causa por la que usted está trabajando; usted tiene que venir *de nuevo y de nuevo*".

El Sr. Lloyd George también advirtió al Dr. Weizmann que "habría indudablemente una fuerte oposición de ciertos sectores judíos" y el Dr. Weizmann dio su respuesta, que de hecho "los judíos ricos y poderosos estaban en su mayor parte contra nosotros". Extrañamente, esta insinuación parece haber impresionado a los Protestantes Vigorosos, que eran fundamentalmente hombres ricos y poderosos y ellos pronto se volvieron hostiles a sus compañeros, los judíos de Inglaterra, tal como su inoportuno, el Dr. Weizmann de Rusia.

La oposición al Sionismo se desarrolló desde otra fuente. En lugares **más altos**, aun se encontraban hombres que sólo pensaban en su deber nacional y en ganar la guerra. Ellos no perdonarían el "odio" a un aliado militar o desposarse con una "exhibición" desgastante en Palestina. Estos hombres eran el Sr. Herbert Asquito, (Primer Ministro), el Señor Kitchener, (Ministro para la Guerra), el Señor Douglas Haig (quién se hizo Comandante en jefe en Francia), y el Señor William Robertson (Jefe-de-Staff en Francia, más tarde Jefe del Staff General Imperial).

El Sr. Asquith fue el último líder Liberal en Inglaterra que buscó darle al "Liberalismo" un significado armónico con el interés nacional y las creencias religiosas, como opuesto al significado que se le ha dado al término en las últimas cuatro décadas (aquel atribuido a él por los Protocolos: "Cuando nosotros introdujimos en el organismo Estatal el veneno del Liberalismo, la totalidad de su complexión política sufrió un cambio; Los Estados han sido cogidos con una enfermedad mortal, una que envenena la sangre... "). Con su Liberalismo más tarde derrocado, en el primer sentido, murió Inglaterra; y de hecho el Partido mismo entró en el declive y se derrumbó, dejando sólo un nombre usado principalmente como "cubierta" por el Comunismo y su legión de "soñadores utópicos".

El Sr. Asquith supo por primera vez de la intriga que estaba preparándose cuando recibió una propuesta para un Estado judío en Palestina de un Ministro judío, el Sr. Herbert Samuel, que había estado presente en el desayuno Weizmann-Lloyd George en diciembre de 1914; estos dos habían sido de antemano informados de ello. El Sr. Asquith escribió, "... La propuesta de Samuel en favor de la anexión británica de Palestina, un país del tamaño de Gales, mucho de él montaña yermas y parte de él sin agua. Él piensa que podríamos plantar en este no muy prometedor territorio, **tres o cuatro millones de judíos**... No me siento atraído a esta propuesta sumada a nuestras responsabilidades... El único guerrillero de esta propuesta es Lloyd George, y no necesito decir que a él le interesa una maldición los judíos o su rol en el futuro... " El Sr. Asquith (quién correctamente sumó al Sr. Lloyd George) permaneció en la misma opinión hasta el final.

Diez años después, cuando largo tiempo había pasado fuera de la oficina, visitó Palestina, y escribió, "Esta charla de hacer de Palestina un Hogar Nacional para los Judíos, me parece tan fantástica como siempre lo ha sido". En 1915, por su respuesta adversa, fue hecho objeto él mismo y su salida de la oficina, de la intriga. Tan largo como pudo, dejó fuera a su país de la aventura Palestina; aceptó la opinión de los líderes militares que la guerra sólo podría ganarse (si en lo absoluto) en el campo de batalla principal, en Europa.

El Señor Kitchener que sostenía esta visión, tenía una inmensa autoridad y popularidad pública. El objetivo militar superior en esa fase, sostuvo, era mantener a Rusia en la guerra (los Sionistas querían la destrucción de Rusia y así los informaron a los Vigorosos Protestantes). El Señor Kitchener fue enviado a Rusia por el Sr. Asquith en junio de 1916. El crucero **Hampshire**, y el Señor Kitchener en él, desaparecieron. Las buenas autoridades concurren que él era el hombre que podría haber apoyado a Rusia. Un obstáculo formidable, para ambos, para la revolución mundial y para la empresa Sionista, había desaparecido. Probablemente el Sionismo no habría podido encajarse en Occidente, si él hubiese vivido. Recuerdo que los soldados en el Frente Occidental, cuando escucharon la noticia, sentían que habían perdido una batalla mayor. Su intuición era más verdadera de lo que realmente sabían.

Después de eso, sólo Asquith, Robertson, Haig y los judíos de Inglaterra estaban entre el Sionismo y su meta. El círculo de la intriga se ensanchó. **The Times** y el **Sunday Times** se unieron al **Manchester Guardián** en su entusiasmo por el Sionismo, y alrededor de los nuevos hombres en el Gabinete Ministerial, agregaron a Balfour y a Lloyd George. El Señor Milner (casi uniéndose a ellos) anunció que "si los Árabes piensan que Palestina se transformará en un país árabe, ellos están muy equivocados"; en ese momento el Coronel Lawrence estaba agitando a los Árabes para sublevarse contra un enemigo de los Aliados, los Turcos. El Sr. Philip Kerr (Más tarde Lord Lothian, en ese momento el amanuense de Sr. Lloyd George) decidió que "una Palestina judía" debía salir del castigo al "perro rabioso en Berlín" (tal como el Kaiser fue descrito para la "chusma"). Sir Mark Sykes, Ministro Jefe del Gabinete para la Guerra, era "uno de nuestros más grandes hallazgos" (Dr. Weizmann), y amplió la idea en "la liberación de los judíos, de los Árabes y los Armenios".

Por medio de tales falsas sugerencias "la multitud" es una y otra vez "persuadida". Los Árabes y los Armenios estaban donde siempre habían estado y no aspiraban a ser llevados a algún otro lugar. Los judíos en Europa eran tan libres o cautivos como otros hombres; los judíos **de Palestina** habían demostrado su deseo por irse a Uganda, los judíos de Europa y América quisieron quedarse donde ellos estaban, y sólo los khazar convertidos al Judaísmo de Rusia, bajo sus directores Talmúdicos, deseaban poseer Palestina. La invención de Sir Mark de esta fórmula fue uno de los grandes infortunios para la posteridad, ya que implicó que la aventura Palestina fue la primera de varias, todas semejantes. Al contrario de los otros Vigorosos Protestantes, él era un experto en los asuntos del Medio Oriente y debe de haberlo sabido bien.

Otro reclutado, el Señor Robert Cecil, también usó esta fórmula engañosa, "Arabia para los Árabes, Judea para los judíos, Armenia para los Armenios" (la liberación de Armenia estaba perdida de vista en los eventos posteriores), y su caso también es curioso, ya que la habilidad política es innata en los Cecils. El Sionismo tenía el extraño poder de provocar aberraciones en hombres sabios. El Sr. Balfour (mitad Cecil) tenía la sabiduría de los Cecilian en otras materias; escribió un documento sobre la reorganización **de Europa** después de la guerra, que hasta hoy está vigente como modelo de habilidad política prudente, considerando que en el asunto del Sionismo actuaba como un hombre narcotizado.

El caso de Sr. Cecil es similarmente inexplicable. Recuerdo una conferencia dada en Berlín (en los años de 1930) sobre la Liga de Naciones. Alto, inclinado, una mirada de halcón, hereditariamente dotado, profirió advertencias sobre el futuro como si fuese alguna revelación desde la cima de la montaña, y sepulcralmente invocó a "los profetas hebreos". Como joven periodista quedé muy impresionado sin comprender lo que él quiso decir. Hoy, cuando he aprendido un poco, aun es misterioso para mí; si Jeremías, por ejemplo, fue algo, él era un anti-sionista.

Todavía el Dr. Weizmann dice específicamente de Lord Robert, "Para él, el re- establecimiento de una Patria judía en Palestina *y la organización del mundo en una gran federación eran rasgos complementarios del próximo paso en la dirección de los asuntos humanos... Uno de los fundadores de la Liga de la Naciones, él consideraba que la Patria judía era de igual importancia que la propia Liga.*"

Aquí se muestra el gran secreto; Pero, ¿Lo percibió Lord Robert? La conquista de Palestina para los Sionistas de Rusia era "el próximo paso" en "*la dirección* de los asuntos" humanos (el dictum de Lord Acton sobre "el plan" y "los gerentes" vuelven a la mente). La "federación mundial" se describe como una parte coexistente del *mismo* plan. La teoría básica de esa liga, en sus diferentes formas, ha demostrado ser que, las **naciones** deben rendir su *soberanía*, para que los nacionalismos separados desaparecieran (éste, por supuesto, también es el principio básico de los Protocolos). Pero si las naciones va a desaparecer, por qué el proceso de su eliminación debe comenzar con la creación de una **nueva nación**, a menos que esta va a ser la autoridad suprema en "la dirección de los asuntos humanos" (esta concepción de una **nación suprema** atraviesa el Antiguo Testamento, el Talmud, los Protocolos y el Sionismo literal por igual).

Así la adopción de Lord Robert del Sionismo llega a ser incomprensible, ya que su heredada sabiduría lo hizo totalmente consciente de los peligros del despotismo- mundial y en ese mismo período le escribió al Sr. House en norteamérica: "nosotros debemos hacer algún esfuerzo real para establecer una maquinaria de paz cuando esta guerra haya terminado, no tengo ninguna duda... Un peligro me parece ser ese que apunta demasiado a... . . Nada dañó más a la causa de la paz que el quiebre de los esfuerzos después de Waterloo en esta dirección. Ahora es normalmente olvidado que la Alianza Sagrada comenzó originalmente como una **Liga para Promulgar la Paz.** Desgraciadamente, se permitió desviar sus energías de tal manera que realmente se transformó en una **liga para levantar la tiranía**, con la consecuencia que generalmente fue desacreditada, además *haciendo un daño infinito de otras formas*... El ejemplo muestra cuan fácilmente los esquemas mejor intencionados pueden llegar al pesar."

Las citas muestran que el Señor Cecil debe de haber sido consciente del peligro de "desviar las energías"; también muestra que él entendió mal la naturaleza del Sionismo, si la opinión atribuida a él por el Dr. Weizmann es correcta. Cuando él escribió estas palabras, una nueva "Liga para Promulgar la Paz" estaba siendo organizada en EEUU por el propio cuñado del Sr. House, el Dr. Mezes; era el precursor de varias ideas que han salido a flote de gobierno-mundial, en las cuales la intención de grupos poderosos para preparar "una liga para levantar la tiranía" en el mundo ha sido claramente revelada.

Así, cuando había pasado un mes y medio del fin de la Primera Guerra Mundial, los Vigorosos Protestantes, quienes miraban hacia Palestina, no hacia Europa, era una numerosa banda de hermanos, descascarando el centro ruso-Sionista. Leopold Amery, Ormsby-Gore y Ronald Graham se unieron a los "amigos" nombrados mas arriba. El Sionismo había metido el pie en cada departamento del gobierno, excepto en la Oficina de Guerra. Cualquiera fuese la naturaleza original de su entusiasmo por el Sionismo, los premios materiales en esta fase indisputablemente clamaban; la intriga era dirigida a desalojar a los hombres de la oficina y tomar sus lugares.

El obstructivo Primer Ministro, el Sr. Asquith, fue alejado al final de 1916. Las páginas del ayer revelan ahora la forma como esto fue hecho, y el paso del tiempo permite juzgar los resultados. El motivo ofrecido a las masas públicas fue que el Sr. Asquith era ineficiente prosiguiendo la guerra. La sinceridad de la disputa puede ser probada por lo que siguió; el primer acto de sus sucesores fue desviar las fuerzas a Palestina y a consecuencia de eso, Sr. Lloyd George casi perdió la guerra completamente.

El 25 de noviembre de 1916, el Sr. Lloyd George recomendó que su jefe se retire de la presidencia del Concilio de Guerra en favor del Sr. Lloyd George. Normalmente tal demanda habría sido suicida, pero éste era un gobierno de coalición y el Liberal Sr. Lloyd George fue apoyado en su demanda por los líderes Conservadores, el Sr. Bonar Law y Sir Edward Carson, de tal manera que fue un ultimátum. (¡Estos dos probablemente tenían honestamente fe en las habilidades superiores del Sr. Lloyd George; no puede ser sospechosos de duplicidad Conservadora, lo suficientemente profunda para prever que él finalmente destruiría el Partido Liberal!)

El Sr. Lloyd George también requirió que el incompetente (y Conservador) Sr. Balfour fuese sacado de Primer Lord del Almirantazgo. El Primer Ministro Liberal rehusó indignadamente rendirse el Concilio de Guerra o despedir al Sr. Balfour (*el 4 de diciembre*). Él recibió entonces *la renuncia del Sr. Balfour*, en donde el le envía una copia de su propia carta en que se niega a despedir al Sr. Balfour. Luego de lo cual el Sr. Balfour, aunque se mantenía dentro de su hogar por un mal resfrío, encontró la fuerza para enviar otra carta en la cual *insistía* en renunciar, como el Sr. Lloyd George había exigido, y Sr. Lloyd George también renunció:

El Sr. Asquith fue dejado solo. El **6 de diciembre**, el Sr. Balfour (renunciado al dictado del Sr. Lloyd George) se sintió lo suficientemente bien para recibir al Sr. Lloyd George. Esa tarde los líderes del Partido se reunieron y anunciaron que ellos servirían gustosamente **bajo el Sr. Balfour**. El Sr. Balfour rechazó la idea pero ofreció servir gustosamente **bajo el Sr. Lloyd George**. El Sr. Lloyd George se transformó entonces en Primer Ministro y designó al incompetente Sr. Balfour como Ministro del Exterior.

Así los dos hombres se comprometieron privadamente para apoyar al Sionismo que fue llevado así a las oficinas políticas más altas y desde ese momento, las energías del gobierno británico se dirigieron a procurar Palestina para los Sionistas sobre todos los otros propósitos de ese momento. (En 1952 leí una carta en el Jewish Journal **Commentary,** de Nueva York, donde deja ver que los judíos de

North Wales habían, por medio de sus votos, jugado un rol decisivo en la elección del Sr. Lloyd George. Estoy creíblemente informado, también, que en su práctica como abogado, recibió muchos negocios Sionistas, pero no puedo atestiguar de eso. En su caso, la explicación de motivos venales no puede descontarse, a mi juicio; la inexactitud de sus declaraciones sobre sus relaciones con el Sionismo que el Dr. Weizmann corrige dos veces, es sugestivo).

Así las figuras centrales en la fase se reagruparon a sí mismos. El Sr. Lloyd George, un pequeño e inteligente abogado, en un traje formal con cola entre sus colegas más altos, muchos de ellos aún con sus trajes antiguos, parecía un gorrión entre los cuervos. Al su lado estaba el Sr. Balfour, alto, laxo, siempre listo con una fatigada respuesta cínica a una pregunta honesta, dado al tenis verbal algo suave; Puedo verlo ahora, paseándose soñadoramente por el Parque de Saint James hacia la Cámara. Alrededor de estos dos, el coro griego de los Ministros del Gabinete, secretarios de Ministros y altos oficiales que habían descubierto su Vigoroso Protestantismo. Algunos de estos compañeros de viaje de Sión, pueden haber sido honestamente engañados, y no haber comprendido en qué carro se montaban. El Sr. Lloyd George fue la primera figura mayor en una larga línea de otros, que sabían lo que era una vagón de cola cuando vieron uno; a través de ellos las inocentes palabras, "políticos del vigésimo Siglo", ganaba un significado siniestro y el siglo le debe mucha de sus pruebas a ellos.

Tal como la diversión de la fuerza militar británica para un propósito extranjero, uno robusto resistente que solo permaneció después de la muerte de Señor Kitchener y el desalojo del Sr. Asquith. La figura fornida del Señor William Robertson enfrentaba al grupo alrededor del Sr. Lloyd George. Si él se hubiese unido a él, podría tener los títulos, recepciones, libertades, órdenes, cajas de oro, y cintas hasta la cintura; él podría tener las fortunas por "los derechos" de cualquier cosa que escribiera (o cualquier fantasma para él); podría tener bulevares nombrados en su nombre y habría desfilado a través de alegres ciudades en Europa y Norteamérica; podría tener el Congreso y la Cámara de los Comunes de pie ante él y habría entrado en Jerusalén en un caballo blanco. Él no recibió una dignidad ni siquiera de sus pares, y es raro entre los mariscales del campo británicos en esto.

Él fue el único hombre alguna vez, en llegar a ese alto rango desde lo privado. En Inglaterra con un ejército profesional pequeño, éste era un gran logro. Él era un hombre simple, honesto, de peso, robusto en el rasgo; era del pueblo y se parecía a un sargento-mayor de buena estampa. Su único apoyo, en su lucha, estaba en el comandante en Francia, el Señor Douglas Haig, que era de la casta de los oficiales de caballería, con buena facha y militar, el ideal de un soldado de lo que un oficial debería ser. Robertson, el viejo soldado rudo, tenía (renuentemente) que asistir a algunas de las festividades para colectar dinero en las cuales las damas de la sociedad, en tiempos de guerra, se mantienen ocupadas, y en una de estas cosas así, vio a la Señora Constance Stewart Richardson, quien se sintió movida a realizar bailes con las lencerías y formas de Isadora Duncan. Un general, notando la impaciencia de Robertson, dijo, "Usted debe admitir ella tiene unas piernas muy finas". "Umph, sólo igual que cualquier otra maldita pierna", gruñó Robertson. En este último hombre yacía la tarea de frustrar la diversión del ejército británico a Palestina, si él pudiera hacerlo.

Consideraba todas las propuestas exclusivamente en relación con la guerra y victoria; si ayudara a la victoria de la guerra, el motivo era para él indiferente; si no lo hacía, se oponía sin considerar cualquier otro elemento. En esa base él decidió que la propuesta Sionista era una peligrosa "exhibición" que sólo podría retardar y podría poner en peligro la victoria. Nunca discutió y no puede no haber sospechado siquiera alguna implicación política; éstas eran irrelevantes para él.

Le había dicho al Sr. Asquith en 1915, "Obviamente el método más efectivo" (de derrotar los Poderes Centrales) "es **derrotar decisivamente al principal ejército alemán, el cual aún está en el Frente Occidental**". Por consiguiente él aconsejó urgentemente contra, "**campañas auxiliares en teatros menores y el vaciamiento de las fuerzas en Francia... La piedra angular por la cual todos los planes y** *propuestas deben probarse con respecto a los objetivos de la guerra.*"

Las personas involucradas en la guerra, eran afortunadas si sus líderes razonaran así, y desafortunadas si ellos se desvían de este razonamiento. Por esa lógica conclusiva, la empresa Palestina (una empresa ***política***) quedaba fuera. Cuando el Sr. Lloyd George se transformó en Primer Ministro, duplicó todos sus esfuerzos ***inmediatamente*** para desviar la fuerza a una campaña mayor en Palestina: "Cuando formé mi gobierno, ***inmediatamente*** levanté el asunto en la Oficina de Guerra *sobre una campaña extensa en Palestina*. Sir William Robertson que estaba muy ansioso de evitar el peligro de que parte de la tropa fuese enviada de Francia a Palestina... *vigorosamente se opuso a esto y de momento ganó su punto.*"

Sir William Robertson corrobora: "***Hasta diciembre de 1916***" (cuando el Sr. Lloyd George llegó a ser Primer Ministro) "las operaciones más allá del Canal de Suez habían sido esencialmente defensivas en principio, *el personal gubernamental y del Staff de Generales igualmente... reconociendo la importancia superior de la lucha en Europa y la necesidad de dar el apoyo total allí a los ejércitos. Esta unanimidad entre Ministros y soldados no se obtuvo después que el Primer Ministro cambió de manos...La diferencia fundamental de opinión era particularmente molesta en el caso de Palestina... El nuevo Gabinete de Guerra había estado en existencia sólo unos días cuando ordenó al Staff de Generales examinar la posibilidad de extender las operaciones en Palestina... El Staff de Generales puso el requisito de tres divisiones adicionales y éstas sólo podrían obtenerse de los ejércitos en el Frente Occidental... El Staff de Generales dijo que el proyecto demostraría ser una gran fuente de turbación y dañaría nuestras perspectivas de éxito en Francia...*"

Estas conclusiones defraudaron al Ministro...***quién deseaba ver Palestina ocupada en seguida, pero ellos no podían negarse***... En febrero el Gabinete de Guerra se acercó ***nuevamente*** al jefe del Staff de Generales, preguntando qué progreso se había hecho en la preparación de una campaña en el otoño en Palestina."

Estos pasajes muestran cómo el curso de la política Estatal y de las operaciones militares en la guerra puede ser "desviadas" entre bastidores por la presión política. En este caso, el problema de la batalla entre los políticos y los soldados afecta las vidas de las naciones en el presente, en los años de 1950.

El Sr. Lloyd George entonces, se reforzó el mismo mediante un movimiento que una vez más, muestra el largo pensamiento que debe haber entrado en la preparación de esta empresa, y la selección cuidadosa de los "administradores", para apoyarla, eso debe haber sucedido. Propuso que el Gabinete de Guerra "tome en cuenta el asesoramiento de los Dominios [colonias], en una medida mucho mayor que hasta aquí en la prosecución de la guerra". Póngalo de esta manera, la idea atrajo enormemente a las masas públicas en Inglaterra. Los combatientes de Canadá, Australia, Nueva Zelanda y África Sur estaban haciendo campaña hombro a hombro con sus propios hijos. La respuesta inmediata de los países al otro lado del mar, al peligro del "viejo país" había tocado el corazón Británico de los nativos, y estaba muy contento que sus líderes debían unirse más estrechamente con los suyos en la "prosecución de la guerra."

Sin embargo, "la palabra del diplomático" (y su intención) diferia grandemente de su acción; ¡La propuesta del Sr. Lloyd George era meramente una "encubierta para traer a Londres al General Smuts desde África Sur, el cual era considerado por los Sionistas como su "amigo" más valioso fuera de Europa y Norteamérica y el General Smuts fue llevado para proponer la conquista de Palestina!

La población votante en África del Sur está dividida igualmente entre Afrikaners y sudafricanos angloparlantes, de tal manera que "el fluctuante 20 por ciento" era, si algo, mucho más firme allí que en EEUU. Los Sionistas se sentían capaces, y posiblemente el General Smuts creía que ellos eran capaces, de "entregar" un voto ganador de elecciones.

Uno de sus colegas, un tal Sr. B.K. Long (un Miembro del Parlamento de Smuts y antes del **London Times**) escribió que "el sustancial voto judío, el cual era firmemente fiel a Smuts y su Partido" lo ayudó enormemente a tales victorias electorales. Su biografía menciona un gran legado de "un judío rico y poderoso" (un ejemplo de la falsedad de los cargos del Dr. Weizmann contra los judíos ricos y poderosos; a propósito, el mismo Sir Henry Strakosch, dejó un regalo similar al Sr. Winston Churchill) y regalos de algún adepto anónimo de una casa y un automóvil. Así las consideraciones político-partidarias que pesaron en él, eran similares a aquellas del Sr. Lloyd George, del Sr. House y más tarde de otros, y los factores materiales están razonablemente claros en su caso.

Sin embargo, el motivo religioso (o pseudo-religioso) frecuentemente es invocado en sus biografías (tal como fue a veces fue afirmado por el Sr. Lloyd George). Ellos declaran que **preferían** el Antiguo Testamento al Nuevo, y lo cita diciendo, "Mientras más viejo me pongo, más me vuelvo un Hebreísta". Yo lo encontré muchos años después, cuando supe cuan importante fue el rol jugado por él en esta historia. Él estaba entonces (1948) muy preocupado sobre la situación decadente en el mundo, y la parte explosiva de Palestina en él. Era de apariencia fina, de buena presencia y andar recto cuando ya tenía casi 80 años, de mirada perspicaz, y llevaba un poco de barba. Él era cruel y en ocasiones pudo haber sido descrito ligeramente cruel (si hubiese tenido los masa-periódicos en su contra en lugar de detrás de él) y su astucia política igualaba al Sr. Lloyd George. La propaganda lo retrató como el gran arquitecto de la conciliación Anglo-Boer; cuando murió solo en su granja de Transvaal, las dos razas estaban más en la variación que en toda la vida, por lo que la verdadera conciliación permanecería para que se efectuara en las futuras generaciones. En África del Sur era una fuerza que dividía y todos supieron que el poder real detrás de su Partido era el grupo minero del oro y los diamantes, no el de Inglaterra; Johannesburgo era la base de su fuerza política. En 1948, cuando vino la prueba, él fue el primero en apoyar al Sionismo contra un Gobierno británico duramente presionado.

El 17 de marzo, 1917, el General Smuts llegó a Londres, en medio de inauditas ovaciones, y el derrocamiento del Sr. William Robertson estaba cercano. La recepción triunfante del General Smots era uno de los primeros ejemplos del ahora familiar "acrecentar" figuras públicas seleccionadas por una prensa que funciona con un botón. El método, en otra forma, es conocido entre los pueblos primitivos de su África nativa dónde "M'Bongo", el hechicero, camina delante del jefe, proclamándole "Gran Elefante, Temblador de Tierra, guerrero de los cielos" y cosas así.

El General Smuts fue presentado al Gabinete de Guerra Imperial como "uno de los generales más brillantes de la guerra" (Sr. Lloyd George). El General Smuts había de hecho dirigido una pequeña campaña colonial en África Oriental Sur, y cuando él fue convocado a Londres, estaba emprendiendo una incompleta en África Oriental contra "un pequeño ejército, pero eficientemente entrenado en selva de 2.000 soldados alemanes y 20.000 nativos Askaris" (su hijo, el Sr. J.C. Smuts). El tributo fue así generoso (la opinión del Sr. Lloyd George de los soldados profesionales era baja: "No existe alguna profesión dónde la experiencia y el entrenamiento cuenta menos comparado con el juicio y olfato").

Por ese tiempo, el bueno para apartarse de "los generales", (de otros que no fuesen el General Smuts) el Sr. Lloyd George y su pequeño comité emprendedor de guerras habían ocupado una casa privada, "dónde ellos se sientan dos veces por día y ocupan todo su tiempo en la política militar, lo cual es mi trabajo; un pequeño grupo de políticos, bastante ignorante de la guerra y todas sus necesidades, están intentando ejecutar la guerra ellos mismos" (Sir William Robertson). A este cuerpo enclaustrado, en **abril de 1917**, el General Smuts mediante una invitación, presentó sus recomendaciones para ganar la guerra. Fue acomodado en esta forma: "***La campaña en Palestina presenta posibilidades militares en incluso políticas muy interesantes...*** Allí ***restan*** para la consideración, los asuntos más importantes y complicados del Frente Occidental. ***Siempre me ha parecido como un infortunio.... que las fuerzas británicas se han visto totalmente absorbidas por este frente***". (Cuando este consejo fue sugerido Rusia estaba en el colapso, el traslado de los ejércitos alemanes al Frente Occidental era un evento obvio e inminente, y la amenaza a ese frente había aumentado de pronto al tamaño de un peligro mortal).

Esta recomendación le dio al Sr. Lloyd George el más alto apoyo militar (de África Oriental) qué él necesitaba, y él inmediatamente tenía al Gabinete de Guerra ordenando al Comandante militar en Egipto atacar hacia Jerusalén. El General Murray objetó que sus fuerzas eran insuficientes *y fue sacado*. De allí la Comandancia le fue ofrecida al General Smuts a quien el Sr. Lloyd George consideró que "probablemente proseguiría una campaña *en esa área* con gran determinación".

Sir William Robertson ganó entonces su más grande victoria en la guerra. Él tuvo una charla con el General Smuts. Las cualidades como general nunca podrán ser estimadas porque nunca tuvo una oportunidad de probarlas en las pequeñas campañas en que él sirvió. Sus calidades como político, sin embargo, están más allá de toda duda; era el más cauto de los hombres, y fuertemente contrario a intercambiar los triunfos de Londres por el riesgo de un fiasco en el campo que podría destruir su futuro *político* en Africa del Sur. Por consiguiente, después de su charla con Sir William Robertson, rechazó la oferta del Sr. Lloyd George. (Si los eventos se volcaran él podría ahorrarse el fiasco, pero eso era imprevisible, y así, un conquistador más, perdió la oportunidad de entrar en Jerusalén en un corcel. Como los políticos habitualmente aman tales momentos, a pesar del aspecto cómico que el tiempo les da a menudo, más tarde se arrepintió de esto: ¡Haber entrado en Jerusalén! Eso sería memoria! "). En el momento le dijo al Sr. Lloyd George, "Mi profunda convicción está en que *nuestra situación militar actual realmente no justifica una campaña ofensiva por la captura de Jerusalén y la ocupación de Palestina.*"

El Sr. Lloyd George no sería detenido ni tan siquiera por esta vuelta-de-cara, o por el derrumbe de Rusia y el nuevo peligro en Occidente. En *septiembre de 1917*, decidió que "las tropas requeridas para una gran campaña en Palestina, *podrían obtenerse del Frente Occidental durante el invierno de 1917-1918 y podrían completar la tarea a tiempo en Palestina, para regresar a Francia en la apertura del trabajo activo en la primavera.*"

Sólo Dios puede haber preservado a los amigos compatriotas del Sr. Lloyd George de las grandes penalidades de esta decisión. La guerra no podría ganarse en Palestina; aun más, podría perderse en Francia, y el peligro era grave. Pero el Sr. Lloyd George, incluso abandonado por el General Smuts, había encontrado finalmente el apoyo militar, ya que en este momento, otra figura, gritando "meses- de-barro", avanza por las alas de la fase central.

Éste fue uno llamado Sir Henry Wilson, quien se retrata a sí mismo durante una misión en tiempos de guerra a Rusia en enero de 1917: Cena de Gala en el Ministerio del Exterior... Llevaba la insignia de Gran Oficial de la Legión de Honor y la Estrella y Collar de Bath, también bandoleras rusas y la gorra gris de astracán, y en total, yo era un fino cuadro de un hombre. Causé una gran sensación después en la cena del Ministerio del Exterior y en la recepción posterior. Era mucho más alto que el Gran Duque Serge, finalmente un 'notable', tal como se me dijo.

¡Extraordinario! "

A este hombre, posando contra el trasfondo trágico ruso, el Sr. Lloyd George y el Sionismo le deben su oportunidad dorada, que llegó finalmente, e Inglaterra casi al borde de la catástrofe. Sir Henry Wilson era muy alto, delgado, suave y sonriente; uno de esos vivarachos, cuero pulido al límite, tabulado en rojo, decorado con pulidas medallas de latón del Staff que disuadían a los embarrados soldados de trinchera en Francia. Él hablaba francés nativo (por haber tenido la oportunidad de una institutriz francesa) y en esta cuenta "Henri" era amado por los generales franceses, que lo pensaban refrescantemente libre de la tiesura inglesa (de hecho, era un irlandés y en asuntos irlandeses discrepaba con otros irlandeses, por dos de ellos fue disparado en el portal de su casa de Londres en 1922, ellos fueron colgados).

Sir Henry antes, había estado de acuerdo con todos los otros líderes militares sobre la importancia del frente principal y la locura de "exhibiciones" desgastadoras y había aventajado a otros en el vigor con que él declaró este principio: "La forma de acabar esta guerra es matar alemanes, *no Turcos*... El lugar dónde nosotros podemos matar más alemanes *está aquí*" (en Francia) "*y por consiguiente cada libra de munición que nosotros tenemos en el mundo debe venir hasta aquí. Toda la historia muestra que las operaciones en un teatro secundario e ineficaz no tienen ningún afecto en las operaciones mayores, excepto para debilitar las fuerzas comprometidas allí*" (1915).

Ningún graduado del Staff, o combatiente privado, disputaría eso. Sir Henry no puede en 1917 haber descubierto alguna razón *militar* para abandonar este principio básico de guerra y abrazar una opuesta. La explicación de *su* vuelta-de- cara puede ser sólo la obvia. Había observado el surgimiento de Sión y la naturaleza de la disputa del Sr. Lloyd George con su propio jefe, Sir Wlliam Robertson. Sir Henry vio la forma de ocupar los zapatos de Sir William Robertson. De la cuenta del Dr. Weizmann de sus "descubrimientos de amigos" en ese período, incluyen una alusión a la "simpatía" del General Wilson, "un gran amigo de Lloyd George". El *23 de agosto de 1917*, Sir Henry informó al Sr. Lloyd George "la fuerte creencia que si un esquema muy bueno funcionara perfectamente bien, podríamos sacar a los Turcos de Palestina y muy probablemente podríamos golpearlos completamente fuera *durante los meses-del-barro sin interferir de forma alguna con las operaciones de Haig en la próxima primavera e invierno*" (en Francia).

En este informe, el Sr. Lloyd George en el último minuto encontró el apoyo que él necesitaba para su orden de **septiembre de 1917**, citado seis párrafos más atrás.

¡Él se agarró de la seductora frase "meses-de-barro"; ¡le dio un **argumento militar!** El General Wilson le explicó que estos "meses-de-barro" en Francia, el cual hundía los ejércitos, evitarían una ofensiva alemana mayor mientras ellos continuaban, comprendía "cinco meses de barro y nieve desde mitad de noviembre a *la mitad de abril*" (1918). En este consejo el Sr. Lloyd George fundó su decisión de tomar desde Francia "las tropas requeridas para una gran campaña en Palestina" y tenerlas de vuelta a tiempo en Francia para cualquier emergencia. Acerca de eso, el General Wilson, sólo entre los líderes militares, aconsejó al Sr. Lloyd George que el gran ataque alemán probablemente nunca sucedería (vino *a mitad de marzo*).

Sir William Robertson vanamente indicó que el calendario era ilusorio; ¡el movimiento de ejércitos traía consigo problemas mayores de transporte y embarques, y cuando las últimas divisiones alcanzaran Palestina, los primeros que llegaran deberían estar siendo reembarcados! En *octubre* advirtió de nuevo que aquellas tropas tomadas de Francia *no* podrían regresar allí a tiempo para los combates de verano: "el curso militar correcto para seguir es actuar a la **defensiva en Palestina**... y continuar buscando una decisión en Occidente... **todas las reservas deben enviarse al Frente Occidental**". En esa instantánea fatal la casualidad, siembre la archi-conspiradora en esta historia, golpeó en favor de los Sionistas.

Los Ministros del Gabinete en Londres (quiénes al parecer se había olvidado casi totalmente del Frente Occidental) estaba molestando a Sir William Robertson para "darnos Jerusalén como un regalo de Navidad" (la frase pareciera revelar nuevamente el "extraordinario desparpajo" sobre la guerra que el Dr. Weizmann antes atribuyó al Sr. Lloyd George).

En Palestina el General Allenby, bajo presión similar, hizo una avance de prueba, encontrando para su sorpresa, que los Turcos ofrecían poca resistencia y sin mucha dificultad marchó hacia Jerusalén.

El premio no era de valor militar, en la suma total de la guerra, pero el Sr. Lloyd George de allí en adelante no sería refrenado. Se desviaron las tropas de Francia sin tener en cuenta lo que amenazaba allí. El **6 de enero de 1918**, Sir Douglas Haig se quejaban del debilitamiento de sus ejércitos en Francia, en la víspera de batalla más grande; él tenía "114,000 soldados infantería menos. El **10 de enero de 1918**, el Ministerio de Guerra fue obligado a emitir las órdenes para reducir todas las divisiones de 12 a 9 batallones de infantería.

Una prensa libre podría en ese período haberle dado a Sir William Robertson el apoyo que él necesitaba en la opinión pública, para evitar todo esto. El fue también desmentido, que en esa fase, el estado de los asuntos, predicho por los Protocolos de 1905 estaban llevándose a cabo: "Nosotros debemos obligar a los gobiernos... para tomar las acciones en favor de la dirección de nuestro plan extensamente- concebido... mediante lo que representaremos como la opinión pública, en secreto incitada por nosotros a través de los medios de ese llamado 'Gran Poder', la Prensa que, con unas pocas excepciones que pueden desecharse, ya están completamente en nuestras manos". Escritores de gran reputación estaban listos para informar al público del inminente peligro; no les permitieron hablar.

El Coronel Repington, del *The Times*, era el más famoso de los escritores militares de esos días; su reputación en este campo era la más alta en el mundo. Él anotó en su diario, "Esto es terrible y significará la reducción de nuestra infantería en Francia en 25 por ciento y la confusión en todos nuestra infantería *en el momento de la crisis venidera*. Nunca me he sentido tan miserable desde que comenzó la guerra... Puedo decir muy poco porque el editor de *The Times manipula a menudo mis críticas o no las publica*... Si *The Times* no vuelve a su línea independiente y actúa como el perro guardián del público, yo lavaré mis manos en esto."

Cuando el cumplimiento de sus advertencias estaba a la mano, Sir William Robertson fue alejado. El Sr. Lloyd George, resuelto a obtener la autoridad para su aventura en Palestina, puso su plan en el Concilio de Guerra Supremo de los Aliados en Versalles, cuyos consejeros técnicos, en enero de 1918, lo aprobaron *"sujeto al aseguramiento del Frente Occidental"*. Sir William Robertson, a la demanda de M. Clemenceau, reiteró su advertencia que pondría mortalmente *en peligro* el Frente Occidental. Cuando la reunión terminó, el Sr. Lloyd George lo reprendió enojadamente y fue suplantado en seguida por el Sir Henry Wilson.

Antes de que dejara su puesto, usó sus últimos momentos en él para hacer un último intento y evitar el próximo desastre. Fue a París, (también en enero) para solicitar la ayuda del General Pershing, el comandante norteamericano, en llenar el vaciado frente (sólo cuatro divisiones y media norteamericanas habían llegado a Francia entonces). El General Pershing, un verdadero soldado del deber, llevó a cabo la respuesta que el Sir William esperaba y que habría hecho en el lugar del General Pershing: "Él astutamente observó que era difícil de reconciliar mi demanda por ayuda en la defensa del Frente Occidental *con el deseo del Sr. George de actuar ofensivamente en Palestina*. Desafortunadamente, no existía ninguna respuesta a ese argumento, sólo que, hasta donde estaba personalmente interesado, ningún hombre o arma podría ser enviada a Palestina desde cualquier lugar".

Después que Sir William Robertson ya no estaba largo tiempo "envuelto". Su cuenta difiere de las memorias del Sr. Lloyd George y de otros políticos en que no muestra ningún rencor; su único tema es el **deber.** De su tratamiento dice meramente, "frecuentemente había sido mi deber desagradable durante 1917, objetar las empresas militares que el Primer Ministro deseaba que el ejército llevara a cabo y esta oposición sin dudas determinó que intentara otro Jefe del Staff Imperial de Generales... En el punto de reemplazo, por consiguiente, *no había nada que decir y yo no dije nada*". Así un hombre admirable transita por esta historia de muchos hombres menores, pero su trabajo perduró, porque, al momento de su despido, él puede haber salvado los suficientes hombres y armas para que la desmenuzada línea se mantuviera hasta el último extremo, en marzo, como una soga rasgándose puede sostenerse por un solo hilo.

Cuando él se fue, dos hombres desde fuera del gobierno y el ejército continuaron la lucha, y sus esfuerzos merecen el registro porque los suyos estaban entre los últimos intentos de preservar el principio de libre información, independiente y vigilante. El Coronel Repington era un ex oficial de la caballería, un admirador de mujeres hermosas, un amante de la buena charla, *un enamorado de su sable*. Sus diarios muestran un cuadro duradero de la vida espumosa de los estrados mientras los ejércitos luchaban en Francia y los intrigantes de Londres conspiraban en las antecámaras políticas. Él lo disfrutaba y aunque sentía su incongruencia comprendió que la tristeza no era ningún remedio. Era tan honrado y patriótico como Robertson, e incorruptible; las pródigas ofertas (qué lo podría haber atraído al silencio, y posiblemente se pensaba así) no tenían efecto en él.

Él escribió, "Nosotros estamos alimentando más de un millón de hombres en los teatros de 'exhibición' de guerra y estamos debilitando nuestras fuerzas en Francia *en un momento cuando todas las fuerzas de los Boches desde Rusia pueden venir contra nosotros... Soy incapaz de recibir el apoyo del editor de The Times a mi tarea que debo despertar al país y pienso que no podré seguir con él por más tiempo.* (yo descubrí los diarios del Coronel Repington a través de mi trabajo en este libro y entonces comprendí que su experiencia era idéntica con la mía, sólo veinte años después, con el mismo editor). Un mes después él escribió, "En una entrevista tormentosa, le dije al Sr. Geoffrey Dawson que su subordinación al Gabinete de Guerra durante este año *fue la causa fundamental de la peligrosa posición de nuestro ejército...* Yo no tendría nada más que hacer con *The Times.*"

Esto dejó a un hombre en Inglaterra que podía y deseaba publicar la verdad. El Sr. H.A. Gwynne, del *Morning Post*, publicó los artículos del

Coronel Repington, sin someterlos a censura, los cuales exponían el debilitamiento del Frente francés en la víspera de su ataque. Él y el Coronel Repington fueron sometidos a proceso, juzgados y multados (la opinión pública estaba aparentemente demasiado a su lado para una retribución más dura). Sir William Robertson escribió al Coronel Repington, "Como usted, hice lo que era mejor para los intereses generales del país y el resultado ha sido exactamente lo que yo esperé... *Pero la gran cosa es mantenerse en un curso correcto y entonces uno puede estar seguro que el bien vendrá en el futuro de lo que puede parecer ser malvado ahora*".[13]

Así los dos años de tiempos de guerra de la dirección del Sr. Lloyd George en Inglaterra fueron importantes en sus efectos para el presente, y creo que he mostrado cómo logró él oficina y qué propósito superior siguió a través de ella. Después de dieciocho meses él había superado toda oposición, había desviado una masa de hombres de Francia a Palestina, y estaba por fin listo para la gran ventura. El *7 de marzo de 1918* él dio las órdenes para *"una campaña decisiva"* para conquistar toda la Palestina, y envió allí al General Smuts para instruir al General Allenby de acuerdo con esto.

El *21 de marzo de 1918* el esperado ataque alemán en Francia comenzó, incluyendo a todos los hombres, armas y aviones liberados del Frente Ruso. La "campaña decisiva" en Palestina fue suspendida inmediatamente y cada hombre que podría ser sacado de de Palestina fue llevado rápidamente a Francia. El número total de hombres empleados en Palestina fue de *1.192.511* hasta octubre de 1918 (General Robertson).

El *27 de marzo de 1918*, el Coronel Repington escribió, "Ésta es la peor derrota en la historia del ejército". El 6 de junio los alemanes afirmaron tener 175,000 prisioneros y más de 2,000 armas pesadas. En ese punto se mostró la verdad de la última frase de la carta citada más arriba de Sir William Robertson al Coronel Repington, y ellos son de un continuo augurio esperanzador a los hombres de buena voluntad de hoy. Manteniendo el curso correcto él *había* salvado lo suficiente para sostener la línea, en el punto de rompimiento, hasta que los norteamericanos comenzaron a llegar con fuerzas. Desde allí la guerra estaba virtualmente en un fin. Claramente, si Rusia hubiese sido apoyada, la excursión Palestina

---

[13] En la continuación de todo esto, Sir Edward Carson, que había ayudado al Sr. Lloyd George inconscientemente a ser Primer Ministro, renunció al gobierno y le dijo al editor de *The Times* que era la boquilla del Sr. Lloyd George, y que el *Morning Post* era un periódico verdaderamente independiente. El Sr. Gwynne le dijo Coronel Repington que el gobierno deseaba destruir al *Morning Post* "ya que es uno de los pocos periódicos independientes que quedan". Antes de que viniera la Segunda Guerra "*fue destruido*", como fue relatado. Después de eso, sólo una publicación semanal sobrevivía en Inglaterra que, en mi opinión, por muchos años buscó levantar el principio de informar imparcial e independiente, pero en 1953 *Truth* [Verdad] también fue mediante un cambio de propiedad, puesto en la línea.

evitada, y la fuerza se hubiese concentrado en Francia, podría haber concluido antes, y probablemente sin el "enredo" de EEUU. Sin embargo, eso no habría llevado más allá el gran plan para "el gobierno de los asuntos humanos".

A estas alturas en el relato, escribo con los sentimientos de un participante, y ellos probablemente influyen en lo que yo he escrito de la larga historia más temprana, porque los efectos, tal como los he visto en mi generación, parecen para mi ser malos. Recuerdo el gran ataque alemán del 21 de marzo de 1918; Lo vi desde el aire y en tierra y estaba en el combate durante el primer mes, hasta que fui alejado en una camilla. Recuerdo las órdenes de Sir Douglas Haig, que cada hombre debía luchar y morir donde estaba; se anunció en las paredes del comedor de mi escuadrón. No tengo ninguna queja sobre la experiencia, y no la anularía de mi vida si pudiera. Ahora que yo he **llegado a ver** por qué medios y motivos ulteriores, que eran todos provocados, pienso que las próximas generaciones podrían ser un poco mejor en ser capaces de mantener el "curso correcto" de Sir William Robertson, y para asegurar que el bien vendrá en el futuro de lo que les pareció a ellos era malvado, si ellos saben un poco más de lo que sucedió en aquel entonces y ha continuado subsecuentemente. Ésta es mi razón por escribir el presente libro.

Como resultado de la victoria en Europa el territorio codiciado en Palestina estaba en toda su longitud adquirido. Pero una cosa es adquirir la tierra y otra construir algo en ella. En esta tierra, una "patria" Sionista sería erigida, luego un "estado" (y por último ¿una "comunidad de naciones"?). Ninguno de estas cosas podría hacerse exclusivamente por Inglaterra. No existía un precedente para la donación de territorio árabe, por un conquistador europeo, a un beneficiario Asiático. Para tal transacción, otras naciones tuvieron que ser co-optadas, muchas naciones, y una compañía promovida, para que pudiera darse una semejanza con un negocio honesto. De hecho, se requería una "liga de naciones", y Norteamérica, sobre todos, tuvo que ser involucrada. Esta otra parte del plan también estaba en preparación; mientras los ejércitos británicos tomaban la región de tierra deseada, los hábiles abogados habían estado buscando formas de arreglar los títulos de derecho para hacerlo, creando una compañía y en general habían promovido la tarea.

Sr. Lloyd George había servido su turno y su día estaba casi listo. El lector puede volver sus ojos ahora al otro lado del Atlántico y ver que habían hecho el Sr. House, el Sr. Brandeis y el Rabino Stephen Wise. Un Sr. Woodrow Wilson juega una parte oscura en estos procedimientos.

CAPÍTULO 31

LA RED DE LA INTRIGA

Palabras tales como "conspiración" e "intriga", a menudo usados en esta narrativa, no son originales mías; ellas vienen de fuentes autorizadas. El Sr. Arthur D. Howden, quien escribió su biografía en consultación con el hombre descrito, suministró el título de este capítulo; allí describe el proceso por el cual el Sr. House fue (en EEUU) el centro durante la guerra 1914-1918 con las palabras, *"una red tejida de intriga fue hilada por el Atlántico."*

En Inglaterra el gobierno de Lloyd George y en Norteamérica el presidente fueron al principio entrampados separadamente. Entre 1914 y 1917 estas "redes tejidas" en Londres y Washington fueron unidas por los hilos transoceánicos que el Sr. Howden describe de la red. Después de esto, los dos gobiernos fueron capturados en el mismo tejido y desde entonces nunca se pudieron liberar.

En la Norteamérica del Presidente Wilson, el verdadero presidente era el Sr. House ("funcionario del enlace entre la administración de Wilson y el movimiento Sionista", Rabino Wise). El Sr. Justice Brandeis que había decidido "dar su vida" al Sionismo, era el "consejero del presidente en asuntos judíos" (Dr. Weizmann); ésta es la primera aparición en la casa Presidencial de una autoridad anteriormente desconocida en ella y ahora aparentemente permanente. El organizador Sionista principal era el Rabino Wise, constantemente en contacto con los otros dos hombres.

El Sr. House (y Sr. Bernard Baruch), escogieron a los funcionarios del Gabinete del presidente, de tal manera que cada uno de ellos tuviera que presentarse así al Sr. Wilson: "Mi nombre es Lane, Sr. Presidente, creo que yo soy el Ministro del Interior". El presidente vivía en la Casa Blanca en Washington pero frecuentemente fue visto visitar un pequeño apartamento en la Calle Este 35, en Nueva York, dónde vivía el Sr. House. En su momento esto llevó a filosas preguntas y a un hombre-de- Partido se le dijo, "El Sr. House es mi segunda personalidad; él es mi ego independiente. Sus pensamientos y los míos son uno". El Sr. House estaba a menudo en Washington, dónde él dirigía las entrevistas del presidente y la correspondencia, y, deteniendo a los funcionarios ministeriales fuera de la sala ministerial, les decía qué decir dentro de ella. Incluso desde Nueva

York él dirigía a EEUU por medio de líneas telefónicas privadas que lo unían con Washington: "sólo es necesario alzar el auricular y yo alcanzo el escritorio del Ministro de Relaciones Exteriores inmediatamente."

El asentimiento del presidente a las acciones de política Estatal no fue requerido. El Sr. House "no esperaba una alabanza afirmativa... si el Presidente no lo objetara, yo sabía que estaba seguro de proseguir. Así el Sr. Wilson tenía que expresar el *disentimiento*, tardar o enmendar cualquiera acción (e inmediatamente después de la elección él había sido hecho prometer no actuar independientemente en el futuro")".

En 1914, el Sr. House, quien en 1900 se había resuelto para extender su poder desde Texas a la política *nacional*, se preparaba para entrar en los asuntos *internacionales*: "él quiso ejercer su energía en un campo más amplio... Desde principios de 1914, se entregó cada vez más a pensar en lo que consideraba la forma más alta de la política y para la cual estaba peculiarmente preparado: los asuntos internacionales". De hecho, la educación tejana no calificaba al Sr. House. En Texas las palabras "asuntos internacionales" tenía, en la mente pública, un sonido semejante a "mofeta", y allí, más que en cualquier parte de Norteamérica, "las tradiciones del Siglo 19 todavía se mantenían en la mente pública; tradiciones que yacían profundo, como el principio básico de la política norteamericana, *una abstención completa de los asuntos políticos de Europa*" (Sr. Seymour). El Sr. House que en alguna parte de Texas había absorbido "las ideas de los revolucionarios de 1848" iba a destruir esa tradición, pero esto no lo hacía "peculiarmente apto" para intervenir en los "asuntos internacionales".

El Sr. House era de un tipo diferente del lánguido Sr. Balfour, con su trasfondo de colinas escocesas y lloviznas, y del Sr. Lloyd George, el Artero Trampista del Sionismo de Gales, pero él actuaba como si él y ellos se hubieran graduado juntos de alguna academia Ocultista de maquinación política. En 1914 comenzó a designar a los embajadores norteamericanos (tal como lo dice) e hizo su primer llamado a los gobiernos europeos como "un amigo personal del Presidente."

El Sr. Seymour, su editor, dice: "Sería difícil en toda la historia encontrar otro caso de diplomacia tan no-convencional y tan efectiva. El Coronel House, un ciudadano privado, extiende todas las cartas sobre la mesa y *concierta con el Embajador de un poder extranjero los despachos que tienen que ser enviados al Embajador norteamericano y al Ministro del Exterior de ese poder*". El Sr. Howden, su confidente, se espacia: "el Sr. House tomaba la iniciativa en lo que se hizo... El Departamento de Estado *fue relegado al estatus de un intermediario de sus ideas, un depositario de los archivos públicos*. Mucha de la correspondencia diplomática más secreta pasaba directamente a través del pequeño apartamento en la calle East 35.

Los Embajadores de los beligerante le llamaban a él cuando *querían influir en la Administración o buscaban ayuda en la red tejida de intriga que estaba siendo hilada cruzando el Atlántico.*"

El Sr. House: "La vida que estoy llevando transciende en interés y excitación a cualquier romance... La información de cada región del globo entra a raudales en este pequeño y discreto estudio". El Sr. Seymour nuevamente dice: "Los miembros ministeriales en la búsqueda de candidatos, candidatos en busca de posiciones, hicieron de su estudio una cámara de compensación. Editores y periodistas buscaban su opinión y despachos a la prensa extranjera a su dictado. Oficiales del Tesoro de Estados Unidos, diplomáticos británicos... y los *financistas metropolitanos* llegaban a su estudio para discutir sus planes."

Un ascendente hombre al otro lado del Atlántico también estaba interesado en los "financieros". La Señora Beatrice Webb dice que el Sr. Winston Churchill, en una cena le confidenció a ella que "él buscaba *las altas finanzas* para mantener la paz y por esa razón *objeta un Imperio autónomo* ya que piensa que destruiría este capitalismo cosmopolita, los *financieros cosmopolitas* eran los pacificadores profesionales del mundo moderno y en su mente, el apogeo de la civilización". Los eventos posteriores no apoyaron esta noción que los financieros más importantes("metropolitanos" o "cosmopolitas") era "pacificadores profesionales".

Tal era el cuadro norteamericano entre bastidores en 1915 y 1916. El propósito del grupo gobernante cuya red tejida comenzó ahora a *extenderse sobre* el Atlántico se muestra por los eventos que le siguieron. El Sr. Asquith fue derrocado con el pretexto que su incompetencia ponía en peligro la victoria; El Sr. Lloyd George arriesgó una derrota total desviando los ejércitos a Palestina. El Sr. Wilson fue reelecto con el pretexto que él, en la antigua tradición, dejaría a EEUU fuera de la guerra"; Una vez electo, en seguida EEUU estaba envuelto en la guerra. "Las palabras y los hechos de los Diplomáticos fueron diferentes".

El Sr. House privadamente "concluyo que la guerra con Alemania es inevitable" el *30 de mayo de 1915*, y en *junio de 1916* inventó el eslogan ganador de la reelección para la segunda campaña del Sr. Wilson: "Él nos mantiene fuera de la guerra". El Rabino Stephen Wise, *antes* de la elección, apoyó los esfuerzos del Sr. House: en las cartas al Presidente, el rabino "lamenta su defensa de un programa de estar preparados" y desde las plataformas públicas predicaba contra la guerra. Todo salió como fue planeado: "la estrategia de House funcionó perfectamente" (Sr. Howden), y Sr. Wilson fue re-elegido triunfalmente.

El Sr. Wilson parece en ese momento haber creído las palabras puestas en su boca. Inmediatamente después de la elección se preparó como pacificador y bosquejó una nota a los beligerante en que él usó la frase, *"las causas y objetivos de la guerra son oscuras"*. Éste era un acto culpable de "independencia" de parte del presidente, y el Sr. House estaba furioso. El atormentado presidente enmendó la frase a "los objetivos que los estadistas y los beligerante *en ambos lados* tienen en mente en esta guerra *son virtualmente los mismos*". Esto dejó al Sr. House aun más enfadado, y los esfuerzos del Sr. Wilson por exponer la naturaleza del "tejido de red" en el que él fue cogido desde este mismo momento expiraron. Él permaneció en la ignorancia de lo que habría de ser su próxima acción, informando al Sr. House el *4 de enero de 1917, "No habrá ninguna guerra. Este país no piensa involucrarse en la guerra... Sería un crimen contra la civilización por parte nuestra entrar allí"*.

El grupo-poder se movió para dispersar estas ilusiones en cuanto la segunda elección del Sr. Wilson fuera un pasado asegurado (*el 20 de enero de 1917*). El Rabino Stephen Wise informó al presidente de un cambio de mente; le convencieron ahora que *había llegado el momento para que el pueblo norteamericano comprendiera que podría ser nuestro destino tener parte en la lucha*". El Sr. House (quién durante la elección del "no a la guerra" había hecho notar, "Nosotros estamos al borde de la guerra") confió a su diario el *12 de febrero de 1917*, "Nosotros estamos siendo 'llevados' a la guerra tan rápidamente como yo esperé" (lo cual dio un nuevo significado a la palabra "tendencia").

Entonces el *27 de marzo, 1917*, el Presidente Wilson le preguntó al Sr. House "si debía *pedir al Congreso declarar la guerra* o si él debía *decir que existe un estado de guerra*", y el Sr. House "aconsejó lo último", así el pueblo norteamericano fue informado, el 2 de abril de 1917, que un estado de guerra *existe*.[14] Entre noviembre de 1916 y abril de

---

[14] Lord Sydenham, cuando escribió sobre la "mortal exactitud" de la pre-visión en los "Protocolos" de aproximadamente 1900, podría haber tenido particularmente en la mente el pasaje, ". . Nosotros investiremos al presidente con el derecho de declarar un estado de guerra. Nosotros justificaremos este último derecho sobre la base que el presidente como jefe del ejército de la totalidad del país, debe tenerlo a su disposición en caso de necesidad". La situación aquí descrita se ha transformado en una práctica establecida durante el presente siglo. En 1950, el Presidente Truman envió las tropas norteamericanas en Corea, "Para verificar la agresión comunista", sin consulta al Congreso. Después esto fue declarado ser una guerra de las "Naciones Unidas" y a ellos se unieron las tropas de otros diecisiete países bajo un comandante norteamericano, el General MacArthur. Éste fue el primer experimento en una guerra del tipo "gobierno-mundial" y su curso provocó la pregunta del Senador Taft de 1952. "¿Queremos decir realmente nuestra política anti-comunista?" El General MacArthur fue despedido después de protestar una orden que le prohibía seguir a los aviones comunistas en su santuario chino y en 1953, bajo el Presidente Eisenhower, la guerra fue cancelada, dejando la mitad de Corea en las manos del "agresor". El General MacArthur y otros comandantes norteamericanos acusaron después que la orden de prohibir la persecución fue dada a conocer al enemigo por "un anillo de espías responsable del hurto de mis informes secretos a Washington" (*Life*, 7 de feb de 1956), y el Comandante comunista chino confirmó esto (*Nueva York Daily News*, 13 de feb de 1956). En junio de 1951, dos oficiales de la Oficina

1917, por consiguiente, "la red tejida de la intriga", tendida a través del océano, logró estos objetivos decisivos: el derrocamiento del Sr. Asquith en favor del Sr. Lloyd George, el compromiso de los ejércitos británicos a la diversión en Palestina, la re-elección de un presidente que sería reprimido para apoyar esa empresa, y Norteamérica envuelta.

La declaración de **guerra existente** hizo que el Congreso dijera que el **propósito** de la guerra (qué el Sr. Wilson, unas semanas antes, había declarado en su proyecto que era "oscura") era preparar un "**nuevo orden internacional**". Así, un **nuevo propósito** fue mostrado abiertamente, aunque fue revelado en forma críptica. Para las masas públicas las palabras significaron algo o nada. Para los iniciados ellas portaban un compromiso para apoyar el plan, del cual ambos, el Comunismo y el Sionismo eran instrumentos, para establecer una "federación mundial" fundada en la fuerza y en la eliminación de la nacionalidad, con la excepción de "una nación" que debía ser creada.

Desde este momento los grupos-de-poder en Norteamérica e Inglaterra trabajaron en sincronización perfecta, de tal manera que las dos historias se transforman en una historia, o un "tejido de red". Los hombres aparentemente poderosos en Washington y Londres coordinaron sus acciones al incitamiento de los intercomunicados Sionistas a ambos lados del océano. El conocimiento previo de lo que pasaría, había sido desplegado antes por el Dr. Weizmann en Londres, que en **marzo de 1915,** escribió a su aliado, el Sr. Scott del **Manchester Guardián**, que él "entendía" al Gobierno británico en estar deseoso de apoyar las aspiraciones Sionistas de la conferencia de la paz venidera (el evento también predicho por Max Nordau en 1903). Esto era exactamente lo que el Sr. Asquith no consideraría, de tal manera que el Dr. Weizmann, en marzo de 1915, ya estaba describiendo al suplantador del Sr. Asquith en diciembre de 1916, como "el Gobierno británico".

Este "Gobierno británico", dijo el Dr. Weizmann, dejaría "la organización de la **comunidad de la nación judía** "completamente en

---

de Extranjeros británica, Burguess y Maclean, desaparecieron y en septiembre de 1955, el Gobierno británico, después de negar la información durante cuatro años, confirmó la creencia general que ellos estaban en Moscú y habían "espiado para la Unión Soviética durante un largo período". El General MacArthur acusó entonces que estos dos hombres habían revelado la orden del non-persecución al "agresor" comunista (**Life**, arriba citado).
El 4 de abril, 1956, el Presidente Eisenhower fue consultado por un periodista en su conferencia de prensa regular, si ordenaría o no un batallón de marines de Estados Unidos, en ese momento recién enviado al mediterráneo, a la guerra "sin consultar primero al Congreso" (en ese momento una guerra en el Medio Oriente era una posibilidad obvia). Contestó airadamente. "Yo he dicho una y otra vez, nunca seré culpable de algún tipo de acción que pueda ser interpretado como guerra hasta que el Congreso (decida), el cual tiene la autoridad constitucional". El 3 de enero de 1957, como primer acto mayor de su segundo mandato, envió a un borrador de ley al Congreso, diseñada para investirlo con la autoridad ilimitada, en pie para actuar militarmente en el Medio Oriente para **detener** la agresión Comunista armada".

Palestina, al cuidado de los judíos". Sin embargo, los Sionistas posiblemente no podrían, incluso en una Palestina conquistada para ellos, preparar "una comunidad de naciones" contra los habitantes nativos. Ellos podrían hacer eso sólo detrás de la protección de un gran poder y sus ejércitos. Por consiguiente, el Dr. Weizmann (prediciendo exactamente en 1915 lo que iba a pasar en 1919 y en las siguientes dos décadas) consideró que un "protectorado británico" debería ser dispuesto en Palestina (para proteger a los intrusos Sionistas). Esto significaría, dijo, que "los judíos toman el país; *toda la carga* de la organización yace en ellos, pero durante los próximos diez o quince años, ellos trabajarán bajo un protectorado británico *temporal*".

El Dr. Weizmann agrega que ésta era "una anticipación del sistema de mandato", para que el estudioso de hoy también aprenda de dónde nació la noción de "mandato". La idea de gobernar los territorios conquistados bajo un "mandato", dado por una autodenominada "liga de naciones" se inventó solamente con un ojo puesto en Palestina. (Los eventos han demostrado esto. Todos los otros "mandatos" distribuidos después de la guerra de 1914-1918, para dar la apariencia de un procedimiento generalmente aplicable, han sido dejados de lado, o por la renuncia del territorio a sus habitantes o por su conversión de hecho, en una posesión del conquistador. El concepto de "mandato" se mantuvo tanto tiempo como fue necesario para que los Sionistas pudieran juntar las armas suficientes para tomar posesión de Palestina para ellos).

Así, después de la investidura del Sr. Lloyd George y la segunda elección del Sr. Wilson, la forma del futuro, mucho más allá del fin de la guerra, era totalmente conocida por el Dr. Weizmann en el centro de la red tejida que entró en la acción.

En un memorándum al Gobierno británico exigió que: "*La población judía de Palestina...* se reconocerá oficialmente por el gobierno señorial como la *Nación Judía*. La "primera conferencia oficial que llevaba a la "Declaración Balfour" fue sostenida entonces. Este comité, se reunió para bosquejar un documento gubernamental británico, reunido en una casa judía privada, consistía en nueve líderes Sionistas y un representante del gobierno involucrado, el Señor Mark Sykes (quién asistió "en su capacidad privada"). Como resultado, Sr. Balfour acordó ir a EEUU en seguida para discutir la materia.

El Dr. Weizmann y sus socios tenían que dirigir un curso muy estrecho entre dos dificultades en ese momento, y podrían haber fallado, si no hubiesen tenido "la red tejida" que les permitía dictar qué le dirían al Sr. Balfour los hombres con los cuales se reuniría al otro lado del océano. El Gobierno británico, por todo su celo, se alarma ante la perspectiva de actuar como único protector de los Sionistas y quería que EEUU compartiera la ocupación armada de Palestina.

Los Sionistas sabían que esto perturbaría la opinión norteamericana violentamente, (los cual deterioraría la acción en Norteamérica, por la amarga experiencia compartida, habría sido muy más difícil ganar para los hechos de 1948) y no querían que se levantara el asunto de co-ocupación norteamericana. Los presentimientos del Dr. Weizmann fueron aumentados cuando, en "una larga charla" encontró al Sr. Balfour, antes de su salida, ansioso por "un protectorado *anglo-norteamericano*".

El Dr. Weizmann escribió en seguida al Sr. Justice Brandeis advirtiéndole oponerse a tal plan, pero asegurar al Sr. Balfour del apoyo norteamericano para la propuesta de un protectorado únicamente británico, (el 8 de abril de 1917), y esta carta al Sr. Brandeis "le debe haber llegado aproximadamente al momento de la llegada de Balfour". El Sr. Brandeis, izado a la Corte Suprema de los Estados Unidos, se había retirado de la dirección *pública* del Sionismo en EEUU. En la tradición de su oficina, él debería haber permanecido apartado de todos los asuntos políticos, pero de hecho, como "consejero del Sr. Wilson en el asunto judío", informó al presidente que él estaba *"en favor de un protectorado británico y absolutamente opuesto a un condominio"* (es decir, una junta de control Anglo-norteamericana).

Cuando el Sr. Balfour llegó a EEUU (entonces en un estado de "guerra existente" por exactamente 18 días) aparentemente nunca discutió el asunto Palestina con el Presidente norteamericano. El rol del Sr. Wilson en esta fase "se limitó a una humilde tarea" dice el Rabino Wise, "Cuando llegue el momento *y usted y Justice Brandeis sientan que el tiempo está maduro para que yo hable y actúe, yo estaré listo*". Por ese tiempo el rabino había informado al Sr. House: "Él esta alistado en nuestra causa. No hay ningún cuestionamiento a alguna cosa. El asunto pasará por Washington, pienso, sin retrasos" (el 8 de *abril de 1917*, seis días después de la proclamación de la "guerra existente").

El Sr. Balfour vio al Sr. Brandeis. Claramente él también podría haberse quedado en casa con el Dr. Weizmann, ya que el Sr. Brandeis meramente repitió el contenido de las cartas del Dr. Weizmann; El Sr. Balfour simplemente se movió de un extremo de "la red tejida de la intriga" al otro. El Sr. Brandeis (tal como la Señora Dugdale lo archiva) se "volvió" *aumentadamente empático* sobre el deseo de los Sionistas de ver *una administración británica en Palestina*". El Sr. Balfour, agrega su su biógrafo, "empeñó su propio apoyo personal al Sionismo; él lo había hecho antes al Dr. Weizmann, *pero ahora él era el Ministro del Exterior británico.*

Un comentario norteamericano posterior sobre el rol jugado por el Sr. Brandeis en este asunto es aquí pertinente. El Profesor John O. Beaty, de la Universidad Metodista del Sur de los Estados Unidos, dice que el día cuando la designación del Sr. Brandeis a la Corte Suprema fue confirmada, fue "uno de los días más significantes en la historia norteamericana, porque *nosotros teníamos por primera vez*, desde la primera década del Siglo 19, *un funcionario estatal del más alto nivel, cuyo el interés de corazón estaba en algo fuera de los Estados Unidos.*"

El Sr. Brandeis "hizo más que imprimir la idea de una Palestina judía bajo un protectorado británico" (Dr. Weizmann). Él y el Sr. House emitieron (sobre la firma del presidente) la famosa declaración repudiando los tratados secretos). Esta declaración era popular con las masas, que oyeron en él la voz del Brave New World que reprende al antiguo malo. Las palabras evocaron cuadros de diplomáticos encubiertos subiendo las oscuras escaleras de servicio hasta secretas cancillerías; ahora que EEUU estaba en la guerra, estas maquinaciones feudales se detendrían y todo sería hecho sobre la mesa.

Lástima por la agradable ilusión; el noble reproche era otra sumisión al Sionismo. Turquía tenía aun que ser derrotada para que los gobiernos franceses y británicos (cuyos soldados estaban involucrados) desearan ganar definitivamente sobre los Árabes y con ellos hacer "el acuerdo Sykes-Picot" que visualizó una confederación independiente de Estados árabes y, entre ellos, una *administración internacional* para Palestina. El Dr. Weizmann supo de este acuerdo y había visto que no podría haber algún *estado* Sionista si Palestina estaba bajo el control *internacional*; la "protección" británica exclusiva era esencial. La presión fue aplicada y las denuncias del Presidente Wilson sobre los "tratados secretos" fueron de hecho apuntadas solamente a los Árabes de Palestina y sus esperanzas para el futuro. EEUU *insistió* que Inglaterra debía mantener al bebe.

De este logro secreto el biógrafo del Sr. Balfour alegremente archiva que mostró que "*ahora se estaba en presencia de una diplomacia nacional judía*"; las palabras pueden usarse como título alternativo a este capítulo, si alguien así lo desea.

"La Oficina Extranjera británica "reconoció por fin, con algún ligero horror, que el Gobierno británico fue virtualmente *comprometido*". EEUU, aunque en la guerra, no estaba en guerra con Turquía, y aun así se había comprometido en secreto (por el Sr. Brandeis) para apoyar la transferencia de territorio turco a una parte externa. Por consiguiente la participación norteamericana en la intriga tenía que permanecer públicamente desconocida por el momento, aunque el Sr. Balfour había estado informado sobre esto en tonos imperativos.

El verano de 1917 pasó, mientras se preparaba la Declaración de Balfour, con EEUU estando secretamente involucrado así en la aventura Sionista. La única oposición restante, aparte de aquellos generales y de unos pocos oficiales de la Oficina de Exterior o del Departamento de Estado, venía de los judíos de Inglaterra y Norteamérica. No tuvo efectos, porque los políticos principales, en ambos países, eran aun más hostiles con sus conciudadanos judíos que los Sionistas mismos. (El rol jugado en todos esto por los non-judíos fue tan grande, aun cuando era el rol de títeres, que uno es constantemente recordado de la necesidad de sospechar la atribución de los Protocolos a una paternidad literaria exclusivamente judía).

En Inglaterra en 1915, la Asociación anglo-judía, a través de su Comité Conjunto, declaró que "los Sionistas no consideran la emancipación civil y política como un factor suficientemente importante para la victoria sobre la persecución y opresión de judíos y piensan que tal victoria sólo puede lograrse estableciendo un hogar legalmente asegurado para el pueblo judío. El Comité Conjunto considera peligroso y provocador de anti-semitismo los postulados de los Sionistas, así como los privilegios especiales para los judíos en Palestina. El Comité no podría discutir el asunto de Protectorado británico con *una organización internacional que incluye diferentes elementos, incluso enemigos*".

En cualquier tiempo racional, los gobiernos británicos y norteamericanos habrían hablado así, y ellos habrían sido apoyados por los ciudadanos judíos. En 1914, sin embargo, el Dr. Weizmann había escrito que tales judíos "tienen que ser hechos comprender que nosotros y no ellos, *somos los amos de la situación*". El Comité Conjunto representaba a los judíos largamente establecidos en Inglaterra, pero el Gobierno británico *aceptó* la demanda de los revolucionarios de Rusia de ser "los amos" de la Judería.

En 1917, cuando el momento irrevocable se acercaba, el Comité Conjunto declaró nuevamente que los judíos eran una comunidad religiosa y nada más, que ellos no podrían exigir "un hogar" nacional, y que los judíos en Palestina no necesitaban nada más que "la seguridad de libertad civil y religiosa, medios razonables para la inmigración y similares."

Tales declaraciones enfurecieron, en ese momento, a los alistados *Goyim* alrededor del ruso Dr. Weizmann. El Sr. Wickham Steed del *The Times* expresó la "clara molestia" después de discutir "durante una buena hora" (con el Dr. Weizmann) "el tipo de líder que podría hacer la mejor apelación al público británico", produjo "una magnífica presentación del caso Sionista".

En EEUU el Sr. Brandeis y el Rabino Stephen Wise, estaban allí igualmente vigilantes contra los judíos. El rabino (de Hungría) le preguntó al Presidente Wilson, "¿Qué hará usted cuándo sus protestas lleguen hasta usted? " Sólo por un momento él se quedó en silencio. Entonces apuntó a un gran cesto de papeles basura junto a su escritorio. "¿No tiene ese cesto la capacidad suficiente para todas sus protestas?"

En Inglaterra el Dr. Weizmann estaba enfurecido por "la interferencia *externa, enteramente de los judíos*". A estas alturas, sentía ser un miembro del Gobierno, o quizás *el* miembro del Gobierno, y en el poder que él manejaba, aparentemente era eso. Él no se detuvo sólo en desechar las objeciones de los judíos británicos como "interferencia externa"; ¡dictaba lo que el Gabinete debía discutir y exigió sentarse en las reuniones Ministeriales para que él pudiera atacar al Ministro judío! Él requirió que el Sr. Lloyd George pusiera el asunto "en la agenda del Gabinete de Guerra del *4 de octubre de 1917*" y el *3 de octubre* escribió a la Oficina del Exterior británica protestando contra objeciones que él esperaba serían presentadas en esa reunión "por un prominente inglés de la fe judía".

El Sr. Edwin Montagu era un miembro del Gabinete de Ministros y un judío. ¡El Dr. Weizmann instó implícitamente que él no fuese escuchado por sus colegas, o que si él *fuese* escuchado, el Dr. Weizmann debía ser llamado para contestar! En el día de la reunión, el Dr. Weizmann apareció en la oficina del secretario del Primer Ministro, el Sr. Philip Kerr (otro "amigo") y propuso que él permaneciera allí en caso de que el Gabinete "decidiera hacerme algunas preguntas antes de que ellos decidan la materia". El Sr. Kerr dijo, "Desde que el Gobierno británico ha sido gobierno, ninguna persona privada ha sido admitida en alguna de sus sesiones", y el Dr. Weizmann se marchó entonces.

Pero para eso el Sr. Lloyd George habría puesto el precedente, porque cuando el Dr. Weizmann recién se había marchado, el Sr. Lloyd George y Sr. Balfour, después de oír al Sr. Montagu, mandó que entrara el Dr. Weizmann. El Sr. Montagu tuvo éxito entonces, con los dientes de los Gentiles formados contra él, en obtener modificaciones menores en el proyecto, y el Dr. Weizmann reprendió al Sr. Kerr después por este pequeño compromiso: "El Gabinete e incluso usted mismo, concede una importancia indebida a la opinión sostenida por la llamada *'Judería británica'*". Dos días más tarde (el *9 de octubre*) el Dr. Weizmann cablegrafió triunfalmente al Sr. Justice Brandeis que el Gobierno británico había emprendido para establecer "un hogar nacional para la raza judía" en Palestina.

El proyecto experimentó reveladoras aventuras entre el 9 de octubre y el 2 de noviembre, cuando fue publicado. Fue enviado a EEUU, dónde fue revisado por Sr. Brandeis, el Sr. Jacob de Haas y el Rabino Wise antes de ser mostrado al Presidente Wilson para su "última aprobación". Él lo envió simplemente al Sr. Brandeis (quién ya lo había recibido del Dr. Weizmann), quién lo pasó al Rabino Stephen Wise, "para ser entregado al Coronel House para su transmisión al Gabinete británico".

De esta forma se preparó una de las acciones más fatales tomadas por el gobierno británico en su vida. El proyecto, incorporado en una carta dirigida por el Sr. Balfour al Lord Rothschild, se transformó en "la Declaración Balfour". La familia Rothschild, tal como muchas familias judías importantes, estaba agudamente dividida acerca del Sionismo. El nombre de un Rothschild que era simpatizante, como destinatario de la carta, fue usado evidentemente para impresionar a la judería Occidental, y para desviar la atención del origen judío-Oriental del Sionismo. El verdadero destinatario era el Dr. Weizmann. Él parece haberse vuelto un asiduo de la antecámara del Gabinete de Guerra y el documento fue entregado a él, el Señor Mark Sykes lo informó, "¡el Dr. Weizmann, es un muchacho! (hoy la forma del hombre puede verse).

Ninguna explicación racional para la acción de guiar a los políticos Occidentales a apoyar esta empresa foránea extranjera se ha entregado alguna vez, y como la tarea era hasta ese punto secreta y conspiracional ninguna explicación genuina *puede* darse; si no se requería hacerlo, y el secreto en sí mismo indica motivos que no pueden divulgarse. Si cualquiera de estos hombres alguna vez diera alguna razón pública, normalmente tomaba la forma de alguna invocación vaga del Antiguo Testamento. Esto le da un cierto anillo beato, y puede sostenerse probablemente para acobardar a los objetores. El Sr. Lloyd George le gustaba decirle a los visitantes Sionistas: (como el Rabino Wise irónicamente lo archiva), "Usted tendrá Palestina desde el Dan a Beersheba", y así para presentarse como el instrumento de una voluntad divina. Él le pidió una vez a Sir Charles y a Lady Henry convocar a los ansiosos Miembros judíos del Parlamento, "para que yo pueda convencerlos de la justicia de mi posición Sionista". Un *Minyan* (el quórum religioso judío de diez) se acordó reunirse en la sala del desayuno del Primero Ministro británico, dónde el Sr. Lloyd George leyó a una serie de pasajes, que, en su opinión, prescribía el traslado de los judíos a Palestina en 1917: Entonces él dijo, "Ahora, señores, usted saben lo que vuestra Biblia dice; ése es el fin del asunto."

En otras ocasiones él dio diferentes, y mutuamente destructivas, explicaciones. Él le dijo a la Comisión Real Palestina de 1937 que él actuó para ganar "el apoyo de la Judería norteamericana" y que él tenía "una promesa definida" de los líderes Sionistas "que si los aliados se comprometieran a dar los medios para el establecimiento de un Hogar nacional para los judíos en Palestina, ellos harían lo mejor para reunir el sentimiento judío a lo largo del mundo para apoyar la causa Aliada".

Ésta era la falsedad de latón en la barra misma de la historia. EEUU ya estaba *en la guerra* cuando el Sr. Balfour fue allí para acordar la Declaración Balfour, y el biógrafo del Sr. Balfour explora la noción de cualquier ganga así. El Rabino Elmer Berger, un comentarista judío, dice que la supuesta promesa dada por los líderes Sionistas inspira en él, "... una indignación irreprimible, para mí, mi familia, mis amigos judíos, todos los cuales son justamente judíos normales... constituye uno de los libelos más obscenos en toda la historia. Sólo la dureza y el cinismo podrían implicar que los judíos en las naciones Aliadas ya no estaban dando lo sumo a la prosecución de la guerra."

La *tercera* explicación del Sr. Lloyd George (la "Acetona me convirtió al Sionismo") es lo más conocido. ¡Según esta versión, el Sr. Lloyd George le preguntó al Dr. Weizmann cómo podría él ser compensado por un útil descubrimiento químico hecho durante la guerra (cuando Dr. Weizmann trabajó para el gobierno, en algún tiempo sobrante de su trabajo para el Sionismo). El Dr. Weizmann es citado contestando, "no quiero nada para mí, pero todo para mi pueblo", ¡fue allí donde el Sr. Lloyd George decidió darle Palestina! El propio Dr. Weizmann se burla esta historia ("la Historia no se reparte en lámparas de Aladino. *La abogacía del Sr. Lloyd George de la patria judía, predató largamente a su llegada a Primer Ministro*"). Por ese asunto, es la práctica británica entregar los premios en dinero en efectivo para cosas así y el Dr. Weizmann, lejos de no querer nada para sí mismo, recibió diez mil libras. (Si la investigación química se premiara habitualmente en tierras, él podría haber exigido un ducado menor *de Alemania* con respecto a una patente que previamente fue vendida a German Dye Trust, y probablemente encontrada útil en la guerra como en la paz; él estaba naturalmente satisfecho con el ingreso que él recibió de esta patente durante varios años).

La conclusión no puede escapar: si alguna explicación honesta de sus acciones en esta materia pudiera encontrarse, el Sr. Lloyd George la habría entregado. De este período en 1916-1917, puede remontarse el decaimiento del gobierno parlamentario y representativo, en Inglaterra y EEUU. Si los hombres secretos pudieron dictar los mayores actos de política estatal norteamericana y las mayores operaciones militares del ejército británico, entonces claramente "las elecciones" y "la oficina responsable" eran términos desprovistos de significado. Las distinciones de los Partidos empezaron a marchitarse en ambos países, una vez que esta oculta autoridad suprema fue aceptada por los líderes políticos Occidentales, y los electores norteamericanos y británicos comenzaron a ser privados de toda opción verdadera. Hoy esta condición es general, y ahora es pública. Los líderes de *todos* los Partidos, antes de las elecciones, hacen un homenaje al Sionismo, y la selección de los votantes a Presidente, Primer Ministro o Partido da lo mismo.

En noviembre de 1917, la República norteamericana entonces, junto con Gran Bretaña llegó a ser igualmente involucrada con el Sionismo que ha demostrado ser una fuerza destructiva. Sin embargo, era sólo una agencia del "Principio Destructivo". El lector recordará que en la juventud en Rusia del Dr. Weizmann, la masa de judíos, bajo sus directores Talmúdicos, estaban unidas en su objetivo revolucionario, y sólo divididos entre el Sionismo-revolucionario y el comunismo- revolucionario.

En la misma semana de la Declaración Balfour, el otro grupo de judíos en Rusia lograba su objetivo, la destrucción de la nación-estado rusa. Los políticos Occidentales entonces, engendraron a un monstruo bicéfalo, una cabeza es el poder del Sionismo en las capitales Occidentales, y la otra, el poder del Comunismo avanzando desde la cautiva Rusia. La sumisión al Sionismo debilitó el poder de Occidente para preservarse contra la revolución-mundial, ya que el Sionismo trabajaba para mantener a los gobiernos Occidentales en sumisión y desviar sus políticas de los intereses nacionales; de hecho, en ese momento, se levantó por primera vez el lamento que la oposición a la revolución-mundial, también, era "anti-semitismo". Los Gobiernos estorbados por capitulaciones secretas en cualquier dirección no pueden actuar firmemente en alguna otra, y la timidez de Londres y Washington en sus relaciones con la revolución-mundial, durante las cuatro décadas a seguir, evidentemente derivaron de su sumisión inicial al "la red tejida de intriga" hilada a través del Atlántico entre 1914 y 1917.

Después de 1917, por consiguiente, la pregunta que el resto del Siglo 20 tendría que contestar es si Occidente podría encontrar todavía en sí mismo la fuerza para romper y liberarse, o apreciar a sus líderes políticos libres de esta doble esclavitud. En consideración con lo que resta de este relato, el lector debe tener presente qué acciones los políticos británicos y norteamericanos fueron inducidos para llevar a cabo durante la Primera Guerra Mundial.

Capítulo 32

LA REVOLUCIÓN MUNDIAL NUEVAMENTE

Los triunfos simultáneos del Bolchevismo en Moscú y del Sionismo en Londres, en la misma semana de 1917, sólo en apariencia eran eventos distintos, La identidad de su fuente original ha sido mostrada en un capítulo anterior, y los hombres ocultos que promovieron el Sionismo a través de los gobiernos Occidentales también apoyaban la revolución-mundial. Las dos fuerzas cumplieron principios correlativos de la Antigua Ley : "Derrumbe y destruya... gobierne sobre todas las naciones"; la una destruía en Oriente y la otra gobernaba secretamente en Occidente.

El año 1917, dio las pruebas del dictum de Disraeli sobre la revolución en su fase 1848, cuando dijo que los judíos encabezaban "cada una" de las sociedades secretas y apuntaban a destruir la Cristiandad. El grupo controlador que surgió en 1917 era tan preponderantemente judío que puede llamarse judío. La naturaleza de la fuerza instigadora se volvió materia de hecho histórico, no de extenso debate polémico. Fue identificado más allá por sus hechos: el carácter de sus primeras promulgaciones, una burla simbólica de la Cristiandad, y una marca especial de paternidad deliberadamente entregada en el asesinato del monarca. Todos éstos poseían los rasgos de una venganza Talmúdica.

En los cuarenta años que han pasado, se han hecho grandes esfuerzos para suprimir el conocimiento público de este *hecho*, el cual ha sido concluyentemente establecido por reproches non-secuenciales de cualquiera que dice discutir historia.

Por ejemplo, en los años de 1950, un capacitado (y merecidamente respetado) escritor judío en América, el Sr. George Sokolsky, criticando un libro citado previamente escribió, "es imposible de leerlo sin sacar la conclusión que el Profesor Beaty busca demostrar que el Comunismo es un movimiento judío". Con respecto a la dirección ***fue*** así, por un período largo antes de 1917 (como después y en la situación presente, los capítulos posteriores analizarán las evidencias). ***No*** fue una conspiración de ***todos*** los judíos, pero la revolución francesa, el Fascismo y las conspiraciones del Nacional Socialismo no fueron de todos los franceses, italianos o alemanes. La fuerza de la organización y la dirección fueron ejercidas desde las áreas judías, controladas por los Talmúdicos en Rusia, y en ese sentido, el Comunismo era probadamente judío Oriental.

Acerca de los propósitos revelados cuando la revolución golpeó en 1917, éstos demostraron que no era episódicos o espontáneos sino la tercera "erupción" de la organización revelada por primera vez a través de los documentos de Weishaupt. Los dos rasgos principales reaparecieron: el ataque sobre todo gobierno legítimo de cualquier tipo y a la religión. Desde 1917 la revolución-mundial ha tenido que lanzar a un lado la pretensión anterior que sólo se dirigía contra "reyes" o el poder político de sacerdotes.

Una autoridad de ese período supo y declaró esto. En la tradición de Edmund Burke y John Robison, George Washington y Alexander Hamilton y Disraeli, El Sr. Winston Churchill escribió: *"Casi parecería como si el evangelio de Cristo y* **el evangelio de anti-Cristo** *fue diseñado para que originara entre las mismas personas; y que esta mística y misteriosa raza había sido escogida para la manifestación suprema, ambas de lo divino* **y lo diabólico**... *Desde los días de 'Spartacus' Weishaupt a aquellos de Karl Marx, y hacia abajo a Trotsky (Rusia), Bela Kun (Hungría), Rosa Luxembourg (Alemania) y Emma Goldman (Estados Unidos),* **esta conspiración mundial para el derrocamiento de la civilización y para la reconstitución de una sociedad en base al desarrollo detenido, de maligna envidia y de igualdad imposible, ha estado creciendo constantemente.** *Jugó, como una escritora moderna, la Señora Nesta Webster, lo ha mostrado tan hábilmente, una parte definitivamente reconocible en la tragedia de la Revolución francesa.* **Ha sido la causa principal de cada movimiento subversivo durante el decimonono siglo; y ahora por fin esta banda de personalidades extraordinarias del los bajos fondos de las grandes ciudades de Europa y EEUU han agarrado al pueblo ruso por los pelos de sus cabezas y se han hecho prácticamente los amos indiscutibles de ese enorme imperio. No existe ninguna necesidad de exagerar el rol jugado en la creación del Bolchevismo y en el llevar a cabo la Revolución rusa por estos internacionales y en su mayor parte judíos ateos. Es ciertamente un rol muy grande; pesa más que todos los otros probablemente."*

Ésta es la última declaración franca (descubierta por mí) de un hombre público importante sobre este asunto. Después de esto, la prohibición de la discusión pública llegó y el gran silencio tomó lugar, el cual continúa hasta este momento. En 1953, el Sr. Churchill se negó a permitir (requisito bajo la ley inglesa) hacer una fotocopia de este artículo (**Illustrated Sunday Herald**, 8 de febrero de 1920), sin decir el por qué.

El hecho de la dirección judía era una pieza sumamente importante del conocimiento y la supresión más tarde de esto, dónde el debate público habría sido sanador, provocó inmensos efectos debilitando Occidente. La formulación de cualquier política Estatal racional se hace imposible cuando se excluyen tales elementos mayores del conocimiento de la discusión pública; es como jugar billar con tacos torcidos y las bolas del billar elípticas. La fuerza de la conspiración es mostrada por su éxito en esta materia (como en el período más temprano, de los señores Robison, Barruel y Morse) más que por cualquier otra cosa.

En ese momento, los hechos estaban disponibles. El Libro Blanco del Gobierno británico de 1919 (Rusia, No. 1, Una Colección de Informes sobre el Bolchevismo) citaba el informe enviado al Sr. Balfour en Londres en 1918, por el Ministro de Holanda en San Petersburg, el Sr. M. Oudendyke: "El Bolchevismo es organizado y trabajado por judíos que no tienen nacionalidad y cuyo objetivo *es destruir* para sus propios fines, el orden existente de las cosas". El Embajador de Estados Unidos, el Sr. David R. Francis, informó en forma semejante: "Los líderes bolcheviques aquí, la mayoría de los cuales son judíos y un 90 por ciento de los cuales retornan del extranjero, poco le interesa Rusia o cualquier otro país ya que son internacionales y ellos están intentando iniciar una *revolución social mundial*". El informe del Sr. M. Oudendyke fue suprimido posteriormente de la publicación oficial británica y todo aquellos documentos auténticos de ese período son ahora difícil de obtener. Afortunadamente para el estudioso, un testigo conservó el registro *oficial*.

Éste era el Sr. Robert Wilton, corresponsal del *The Times* que experimentó la revolución bolchevique. La edición *francesa* de su libro incluyó las *listas oficiales bolcheviques* del número de miembros de los cuerpos revolucionarios gobernantes (esas listas fueron *omitidas* en la edición inglesa).

Estos archivos muestran que el Comité Central del partido bolchevique, el cual manejaba el poder supremo, contenía 3 rusos (incluyendo a Lenin) y 9 judíos. El próximo cuerpo en importancia, el Comité Central de la Comisión Ejecutiva (o Policía Secreta) comprendía 42 judíos y 19 rusos, Letones, georgianos y otros. El Concejo de los Comisarios del Pueblo consistió en 17 judíos y cinco otros. La Cheka de Moscú (la Policía Secreta) estaba formada por 23 judíos y 13 de otros. Entre los nombres de 556 altos oficiales del estado bolchevique oficialmente publicados en 1918-1919, 458 eran judíos y 108 de otros. Entre los Comités Centrales de pequeños Partidos no-comunistas, supuestamente "Socialistas" y otros (durante ese período temprano la ilusión de "oposición" fue permitida, para engañar a las masas, acostumbradas bajo el Zar a los Partidos de oposición) eran 55 judíos y 6 otros. Todos los nombres se entregan en los documentos originales reproducidos por el Sr. Wilton. (Entre paréntesis, la composición de los dos efímeros gobiernos bolcheviques *fuera* de Rusia en 1918-1919, a saber aquellos de Hungría y Baviera, eran similares).

El Sr. Wilton hizo un gran e ingrato esfuerzo para decirles a los lectores del periódico lo que sucedía en Rusia (quebrado, sobreviviría sólo unos años y murió a los 50 años). El tomó la difícil tarea de informar el evento más importante que entraba en la vida de cualquier periodista con un camino de deber; él lo delegó en el mismo. Educado en Rusia, conocía el país y su idioma perfectamente, y era mantenido en alta estima por los rusos y la Embajada británica por igual. Él observó los alborotos desde la ventana de la oficina del *The Times*, junto a la Prefectura dónde los Ministros del régimen que se derrumbaba tomaron refugio. Entre el advenimiento del gobierno de Kerensky en la primavera de 1917 y la toma del poder por los bolcheviques en noviembre de 1917, su deber era informar un fenómeno completamente nuevo en los asuntos internacionales: el levantamiento de un régimen judío a la supremacía despótica en Rusia y el control abierto de la revolución-mundial. En ese momento él fue hecho comprender que no le permitirían informar fielmente los hechos.

La historia secreta es contada, con una sorprendente sinceridad, en la **Historia Oficial** de su periódico, *The Times*, publicado en 1952. Muestra el mecanismo oculto que operaba, ya en 1917, para prevenir la verdad sobre la revolución que alcanza a los pueblos de Oriente.

Este volumen rinde tributo a la calidad de los reportajes del Sr. Wilton, y su posición en Rusia, **antes de 1917**. Luego el tono de las referencias de él, cambian abruptamente. Las advertencias tempranas del Sr. Wilton de lo que iba a suceder en 1917, dice el libro, "***no afectó de inmediato la política del periódico, en parte porque su escritor no gozaba de confianza plena***".

¿Por qué, si su trabajo previo y su reputación eran tan buenas? La razón escurre. La narrativa continúa diciendo que el Sr. Wilton comenzó a quejarse de "sofocación" o supresión de sus mensajes. Entonces *The Times* comenzaron a publicar artículos sobre Rusia de hombres que tenían pocos conocimientos de ese país. Como resultado los artículos editoriales sobre Rusia asumieron un tono, que exasperaron al Sr. Wilton, con los cuales los lectores de periódicos se tornan familiares en las décadas siguientes: "aquellos que creen en el futuro de Rusia ***como una democracia libre y eficiente, mirarán la vindicación del nuevo régimen con paciente confianza y ferviente simpatía***". (Cada incidente de la experiencia del Sr. Wilton en Moscú, las cuales el Coronel Repington estaba compartiendo en Londres, se repitió en mi propia experiencia, y en la de otros corresponsales, en Berlín en 1933-1938).

"El interregno de cinco meses comenzó, durante el cual un régimen judío iba a tomar el poder de Kerensky. En ese mismo momento su periódico perdió "la confianza" en el Sr. Wilton. ¿Por qué? La explicación surge. **La Historia Oficial de The Times** dice, "**No fue feliz para**

Wilton que uno de sus mensajes... se extendiera en *los círculos Sionistas*, e incluso en la Oficina del Exterior, *la idea que él era un anti-semita*. "Los círculos Sionistas", el lector observará; ni siquiera "círculos Comunistas"; aquí la sociedad activa se muestra clara. ¿Por qué deberían los "Sionistas" (quiénes querían que el gobierno británico les procurara "una patria" en Palestina) sentir una afrenta porque el corresponsal británico en Moscú informó que un régimen judío estaba preparándose para tomar Rusia? El Sr. Wilton estaba informando la naturaleza del próximo régimen; ese era su trabajo.

En la opinión de los "Sionistas", esto era "anti-semitismo", y la mera presentación fue suficiente para destruir la "confianza" en él de su oficina central. Cómo, entonces, podría él estar "feliz" y retenido la "confianza". Obviamente, sólo por informar mal los eventos en Rusia. En efecto, ¡Se esperaba que él no mencionara el determinado hecho en las noticias del día!

Cuando yo leí esta aclaradora cuenta me pregunté por qué ruta los "círculos Sionistas" se habían extendido a "la Oficina del Exterior", y de la Oficina del Exterior a la Editora la "idea" que el Sr. Wilton era "un antisemita". El investigador, como un buscador solitario, aprende a esperar poco por mucho trabajo, pero en este caso, me sobresalté por el gran trozo de verdad que encontré en *The Times Official History*, treinta y cinco años después del evento.

Dijo que *"el jefe máximo de propaganda* en la Oficina del Exterior envió al Editor una nota llevada por alguien de su personal" repitiendo la "alegación". (que al parecer fue impresa primero en alguna hoja Sionista). La *Historia Oficial* reveló incluso la identidad de "este alguien".

Era el joven Reginald Leeper, que tres décadas después (como Sir Reginald) se hizo Embajador británico en Argentina. Busqué entonces en *'Quién es Quién'* por información sobre la carrera del Sr. Leeper y encontré que su *primer* empleo conocido comenzó (cuando él tenía veintinueve años) en *1917*: "entrando en la Oficina Internacional, en el Departamento de Información en 1917". El memorándum del Sr. Leeper sobre el Sr. Wilton fue enviado al *The Times*, *en mayo de 1917*. Por consiguiente, si él entró en la Oficina del Exterior en el día de Nuevo Año de 1917, había estado en él sólo cuatro meses cuando él llevó al *The Times* su "alegación" sobre el calificado excepcionalmente Sr. Wilton, con diecisiete años de servicio en el periódico, y el efecto fue inmediato; la *Historia Oficial* dice que los despachos del Sr. Wilton, durante el período decisivo, fueron abortados o *"ignorados"*. (El editor era el mismo de quien el Coronel Repington se quejó en 1917-1918 y a quien el escritor presente envió su renuncia en 1938 sobre el mismo principio básico de un periodismo honesto.)

El Sr. Wilton luchó contra esto por un tiempo, protestando continuamente contra la "sofocación" y supresión de sus despachos, y entonces como su último servicio al verdadero periodismo, puso todo lo que él sabía en su libro. Reconoció y grabó los actos que identificaban la naturaleza especial del régimen: la ley contra el "antisemitismo", las medidas anti-Cristianas, la canonización de Judas Iscariote, y las huellas Talmúdicas burlonamente dejadas en la cámara de muerte de los Romanoffs.

La ley contra el "anti-semitismo" (qué no puede definirse) era en sí misma una huella dactilar. Un gobierno ilegal, predominantemente judío, con esta medida, advertía a las masas rusas, bajo pena de muerte, para que no se interesaran en los orígenes de la revolución. Significaba en el efecto que el Talmud se transformaba en la ley de Rusia, y en las cuatro décadas siguientes, esta ley ha sido en efecto y en un grado creciente hecha parte de la estructura de Occidente.

Los efímeros hechos anti-cristianos de la fase francesa de la revolución reaparecieron en forma más abierta. Dinamitando iglesias y la instalación de un museo anti-Dios en la Catedral de San Basil fueron las indicaciones más ostentosas de la naturaleza del régimen, las cuales el Sr. Wilton indicó: "Tomados según los números de la población, los judíos representaban **uno de cada diez**; entre los comisarios que gobiernan la Rusia de los Bolsheviques, ellos son **nueve de cada diez**; si en algo la proporción de judíos no es todavía mayor". Esto era una clara información, y si el informe hubiera relacionado a "Ukrainianos", por ejemplo, en lugar de los "judíos", nadie habría objetado; el mero acto de informar un hecho se transformó en base para la denuncia secreta, porque el hecho relacionaba a los judíos.

El monumento conmemorativo a Judas Iscariote, grabado por el Sr. Wilton, era otro anuncio deliberado a la Cristiandad. Si los gobernantes judíos sólo quisieron provocar una sociedad igualitaria en 1917, no tenía ninguna relevancia dar un halo de heroísmo en un hecho del año 29 DC; la revolución en Rusia no puede entenderse totalmente a menos que el simbolismo de este acto se comprenda.

El aspecto de una venganza Talmúdica sobre "el pagano" se dio inequívocamente a las matanzas de ese período. En agosto de 1918, un judío, Kanegisser, le disparó a un judío, Uritsky; de allí otro judío, Peters, a la cabeza de la Cheka de Petrogrado ordenó el "terror masivo" sobre los rusos y otro judío, Zinovieff, exigió que diez millones de rusos fuesen "aniquilados"; el Libro Blanco sobre el Bolchevismo del Gobierno británico (1919) graba las masacres de los campesinos rusos que siguieron.

Por lejos el acto más significante fue la forma dada al asesinato de la familia de los Romanoff. Si no fuera por el Sr. Wilton, esta historia nunca habría alcanzado el conocimiento del mundo, el cual hasta el día de hoy podría creer que la esposa del Zar y sus seis hijos acabaron sus vidas naturalmente en una "protegida" custodia.

El Zar actuó **constitucionalmente** hasta el final, abdicando al consejo de su Ministro (el 5 de marzo de 1917). Después de esto (durante el período de Kerensky y su primera consecuencia) él fue tratado relativamente bien durante un año como prisionero en Tobolsk a cargo de un comandante *ruso* y de guardias *rusos*. En abril de 1918, cuando el régimen judío había ganado el control, fue transferido, por orden de Moscú, a Ekaterinburgo. Los guardias rusos fueron retirados entonces y su lugar dentro de la prisión fue tomada por hombres cuya identidad nunca se ha establecido: Los rusos de la localidad los recuerdan después como "Letones" (los únicos soldados Rojos de habla extranjera conocidos por ellos), pero parecen haber sido traídos de Hungría.

El lugar del comandante ruso fue tomado por un judío, Yankel Yurovsky (el 7 de julio). Eso completó una cadena de captores judíos desde la cima, Moscú, a través del regional soviético de los Urales, hasta su prisión en Ekaterinburgo (qué está en los Urales). El gobernante real de Rusia era entonces el terrorista Yankel Sverdloff, presidente de la Cheka de Moscú, que era también un judío. La Cheka de Ekaterinburgo era dirigida por siete judíos, uno de ellos era Yankel Yurovsky. El 20 de julio, el soviet de los Urales anunció que había fusilado al Zar y había enviado a su esposa e hijos a "un lugar de seguridad". La Cheka de Moscú emitió un anuncio similar, firmado por Sverdloff, "aprobando la acción del Soviet Regional de los Urales". En ese momento la familia entera estaba muerta.

La verdad sólo se conoció a través de la oportunidad que, Ekaterimburgo, una vez que cayó en manos de los ejércitos Blancos, el 25 de julio, el Sr. Wilton los acompañó, y que el comandante, el General Diterichs, M. Sokoloff un famoso criminólogo ruso y Sr. Wilton destaparon la evidencia enterrada. Cuando las tropas Blancas se retiraron, el Sr. Wilton llevó consigo las pruebas; ellas aparecen en su libro e incluyen muchas fotografías.

Los asesinatos se habían llevado a cabo por la orden de y en consultación constante con Sverdloff en Moscú; se encontraron los archivos de conversaciones telefónicas entre él y los Chekistas en Ekaterinburgo. Entre éstos había un informe dirigido a él desde Ekaterinburgo que dice "Ayer un mensajero salió con los documentos que le interesan". Este mensajero era el principal asesino, Yurovsky, y los investigadores creen que los "documentos" eran las cabezas de los Romanoff, ya que ningún cráneo o hueso de cráneo fue encontrado.

El hecho fue descrito por testigos quienes no fueron capaces de escapar, y por lo menos uno de ellos fue un participante. A medianoche del 16 de julio, Yurovsky despertó al Zar y su familia, los llevó a un cuarto del sótano y allí les disparó. Los asesinos reales fueron Yurovsky, sus siete cómplices extranjeros no identificados, un tal Nikulin de la Cheka local, y dos rusos, aparentemente pistoleros profesionales empleados por la Cheka.

Las víctimas fueron el Zar, su esposa, el hijo enfermo (quién era sostenido en los brazos de su padre ya que él no podía caminar), cuatro hijas, el Doctor ruso, un criado, el cocinero y una sirvienta. El cuarto todavía estaba en desorden, desde el tiroteo y las heridas de bayonetas cuando el criminólogo M. Sokoloff y el Sr. Wilton lo vieron, y su libro incluye fotos de él.

Habiendo sido determinadas las circunstancias, los investigadores casi desesperaron al hallazgo de los cuerpos, o sus restos; ellos supieron que Yurovsky, antes de escapar del pueblo, había alardeado que "el mundo nunca sabrá lo que nosotros hicimos con los cuerpos". Sin embargo, la tierra a la larga entregó su secreto. Los cuerpos habían sido llevados en cinco camiones a una mina de hierro abandonada en los bosques, los cuerpos habían sido cortados y se habían quemado, 150 galones de gasolina fueron usados; un tal Voikoff del la Cheka de los Urales (compañero-pasajero de Lenin en el tren de Alemania) como Comisario de Suministros, había proporcionado 400 libras de ácido sulfúrico para disolver los huesos. Se habían lanzado las cenizas y fragmentos por el pozo, el hielo en el fondo se había partido primero, para que la masa se hundiera; entonces se había rellenado y se había arreglado sobre el lugar. Cuando esto fue despejado la búsqueda llegó a su fin. En la cima estaba el cadáver del perro spaniel que pertenecía a una de las princesas; debajo estaban los fragmentos de huesos y piel, un dedo, y muchas cosas personales identificables que habían escapado la destrucción. Un hallazgo enigmático fue una pequeña colección de clavos, monedas, pedazos de aluminio y cosas similares. Esto parecía el contenido de los bolsillos de un niño colegial, y lo era; el tutor inglés del joven príncipe, el Sr. Sidney Gibbes, lo identificó. Las precauciones tomadas para disponer de los cuerpos y de otras evidencias eran del tipo que sólo criminales de larga experiencia en sus crímenes podrían inventar; ellas se parecen a los métodos usados en las guerras de bandas rivales, durante el período de la Prohibición, en los Estados Unidos.

Estos descubrimientos, llegaron a ser conocidos en el mundo exterior, exponiendo la falsedad del anuncio de Sverdloff que sólo el Zar había sido ejecutado y su familia enviada a "un lugar seguro". Los asesinos organizaron un juicio simulado de "28 personas con la imputación de haber asesinado al Zar y su familia".

Se publicaron sólo ocho nombres, todos ellos desconocido en relación con el crimen, y se dijo que cinco personas habían sido fusiladas, los cuales, si existieron, no pueden haber tenido algún rol en él. El archi-asesino, Sverdloff, fue pronto después asesinado en alguna disputa del Partido y miles de personas inocentes murieron en las matanzas indiscriminadas que siguieron. Ekaterinburgo fue renombrada Sverdlovsk para entregar fama permanente a su rol en el simbólico hecho.

La razón principal por contar los detalles del pogromo de los Romanoff es apuntar a la "huella digital", la cual fue dejada en el cuarto dónde fue hecho. Uno de los asesinos, probablemente su líder, disfrutando en regocijo, puso una significativa firma en la pared que fue cubierta con inscripciones obscenas o burlonas en hebreo, Magyar y alemán. Entre ellos una copla que deliberadamente relacionó el hecho a la Ley de la Torah-Talmud y lo ofreció así para la posteridad como un ejemplo del cumplimiento de esa ley, y de la venganza judía como era entendida por los Levitas. Fue escrita en alemán por alguien que parodió al poeta judío, Heinrich Heine, en sus escritos sobre la muerte de Belshazzar, el imaginado potentado, cuyo asesinato es retratado en **Daniel** como el castigo de Dios a una afrenta ofrecida a Judah :

Belsazar ward aber in selbiger Nacht Von selbigen Knechten umgebracht.

Aquel que hizo la parodia, observando cínicamente la matanza, adaptó estas líneas a lo que él recién había hecho:

Belsa*tsar* ward in selbiger Nacht Von *seinen* Knechten umgebracht.

Ningún indicio claro del motivo y la identidad fue mostrada alguna vez.

La revolución no fue rusa; la erupción se provocó en Rusia, pero la revolución tenía sus amigos en los lugares altos por todas partes. En este período (1917-1918) el estudioso por primera vez puede establecer que hombres importantes comenzaron a dar apoyo secreto al Comunismo, el cual ellos ya estaban dando a su hermano de sangre, el Sionismo. Esto pasó a **ambos** lados de la línea de fuego; una vez que el secreto, sino el propósito atropellador en la guerra comenzó a jugar, la distinción entre "amigo" y "enemigo" desapareció. Los Sionistas, aunque ellos concentraron la "presión irresistible" en los políticos de Londres y Washington, mantuvieron por largo tiempo sus cuarteles centrales **en Berlín**; los Comunistas obtuvieron el apoyo decisivo de Alemania en un momento y de los enemigos de Alemania en el próximo.

Por ejemplo, Alemania cuando comenzó la guerra de 1914-1918, comenzó "enviando a Rusia a los rusos de tendencias revolucionarias que eran tomados prisioneros aquí, con dinero y pasaportes, para que ellos puedan avivar el problema en casa" (Embajador Gerard en Berlín al Sr. House). El Sr. Robert Wilton dice que la decisión para **fomentar la revolución** en Rusia se tomó formalmente en una reunión del Staff de generales de Alemania y Austria en Viena en 1915. El Jefe-del- Staff alemán, el General Ludendorff, se arrepintió después de esto: "Enviando a Lenin a Rusia nuestro gobierno asumió... una gran responsabilidad. Desde un punto de vista **militar** su jornada estaba justificada, ya que Rusia tenía que ser doblegada; pero nuestro gobierno debió haber visto que nosotros no estuviéramos envueltos en su caída."

Eso, tomado como un caso aislado, podría ser un simple error humano: lo que parecía ser un movimiento **militar** legítimo produjo consecuencias **políticas** catastróficas no previstas cuando fue hecho. ¿Pero qué explicación puede encontrarse para los políticos norteamericanos y británicos cuyos principios supremos, **políticos y militares** deberían haber sido apoyar a Rusia y aun así, apoyaron a los revolucionarios extranjeros que "doblegaron a Rusia"?

Yo ya he citado el editorial sobre la revolución ("... una democracia libre y eficiente... la vindicación del nuevo régimen...") qué apareció en **The Times** de Londres mientras los despachos de su experimentado corresponsal eran ignorados y la "confianza" retirada de él, porque el periódico había recibido "un reclamo" que él era "un anti-semita". Al otro lado del Atlántico, el verdadero gobernante de la República, el Sr. House, estaba confiando a su diario sentimientos similares. Para él, los revolucionarios extranjeros infiltrados en Rusia durante el tiempo de guerra **desde Occidente** ("esta banda de personalidades extraordinarias del hampa de las grandes ciudades de Europa y Norteamérica", Sr. Churchill) era reformistas agrarios honestos: "los Bolcheviques parecieron a los rusos hambrientos de paz y tierras como los primeros líderes que hicieron un sincero esfuerzo para satisfacer sus necesidades."

Hoy todos saben lo que pasó al "hambre-de-tierras" de los rusos bajo Bolchevismo. En 1917, los Zares y su Ministros durante cincuenta años se había estado esforzándose para satisfacer esta "Hambre-de-tierra" y por asesinatos se había frustrado. Al parecer el Sr. House era ignorante de eso. Cuando la revolución fue cumplida, él instruyó al presidente-sombra: "que literalmente nada se debe hacer más allá que ofrecer una expresión de simpatía por los esfuerzos de Rusia para afianzarse en **una democracia viril y a ofrecer nuestro apoyo financiero, industrial y moral de cualquier manera posible**".[15]

---

[15] Podría ser significante de las influencias que continuaron prevaleciendo en el medio ambiente de los presidentes norteamericanos durante las próximas dos generaciones que el Presidente Eisenhower en 1955, desde su cuarto en el hospital en Denver, envió a un mensaje personal de felicitaciones al Primer Ministro soviético, Bulganin, en el aniversario de la revolución **bolchevique**, el 7 de noviembre. La revolución democrática y parlamentaria, legitimada por la abdicación de los Zares, ocurrió en marzo de 1917; El 7 de noviembre fue el día en que los bolcheviques derrocaron el régimen legítimo. Por 1955, los presidentes norteamericanos **estaban** advirtiendo habitualmente a su pueblo contra la amenaza "soviética" o "Comunista" (es decir, una agresión bolchevique presente en Rusia).

"...y **él reunió los principales espíritus de una secta formidable, la secta más formidable en el mundo**... Con este espíritu alrededor de él, se dispuso a trabajar con demoníaca habilidad para destruir cada institución de la cual el estado ruso y la nación dependían. Rusia fue doblegada. Rusia tuvo que ser derribada... Sus sufrimientos son más terribles que aquellos que

El parecido entre la primera frase de esta oración y el editorial de *The Times* en Londres puede notarse; grupos poderosos detrás-de-bastidores en ambas capitales evidentemente estaban de acuerdo en presentar a las masas públicas este falso cuadro de una **democracia** "viril" y "eficiente" en fabricación. La segunda frase cancelaba la política recomendada inicialmente de "literalmente no hacer nada" más allá de proferir palabras de simpatías, dando la orden literal para hacer **cualquier cosa**; ¿Qué se podría hacer más que dar apoyo "financiero, industrial y moral en todos los sentidos posibles"? Esta fue la política estatal norteamericana desde el momento que el Sr. House instruyó al presidente, y describe exactamente la política seguida por el Presidente Roosevelt durante la **Segunda** Guerra Mundial, tal como se mostrará.

Así Occidente, o poderosos hombres en Occidente, empezaron a presentarse con la revolución-mundial contra los rusos, lo cual significaba, contra todos los hombres que aborrecían la revolución. No todos los hombres poderosos, u hombres que después se tornarían poderosos, se prestaron para esta tarea oculta. En ese momento, el Sr. Winston Churchill declaró la naturaleza de la revolución nuevamente: "Ciertamente yo disputo el título de los Bolcheviques para representar a Rusia... Ellos desprecian tal lugar común como nacionalidad. Su ideal es una revolución proletaria mundial. Los bolcheviques le robaron a Rusia de un golpe de las dos cosas más preciosas: la paz y la victoria, la victoria que estaba al alcance de la mano y la paz que era su deseo más estimado. Los alemanes enviaron a Lenin a Rusia con la intención deliberada de trabajar para la caída de Rusia... Pronto después de la llegada de Lenin allí, *él comenzó a llamar con un dedo aquí y un dedo allí a disimuladas personas en refugios protegidos en Nueva York, en Glasgow, en Berna y en otros países*" (el lector percibirá de donde eran los revolucionarios "rusos")

La descripción del Sr. Churchill permanece válida, particularmente la frase, "la secta más formidable en el mundo" que se parece a a frase usada antes por Bakunín en su ataque contra la usurpación judía de la revolución, cincuenta años antes. El pasaje citado del artículo del Sr. Churchill, anteriormente en este capítulo, muestra que él era igualmente consciente de la identidad de esta secta.

Así los compañero-conspiradores juveniles del Dr. Chaim Weizmann del área Talmúdica de Rusia triunfaron en Rusia en el mismo momento cuando él triunfaba en Londres y Washington. La única diferencia entre él y ellos, desde la partida, fue esa entre el "Sionismo-revolucionario" y el "Comunismo-revolucionario" tal como él lo muestra. En sus días de estudiante en Berlín, Friburgo y Ginebra, él había

---

sostienen los archivos modernos y ella había sido robada de su lugar entre las grandes naciones del mundo". (Cámara de los Comunes, 5 de noviembre de 1919).

emprendido muchos fogosos debates acerca de este punto de diferencia que, para aquellos que rechazaban la revolución como tal es una distinción sin significancia. El amanuense del Sr. Balfour, la Señora Dugdale, retrata a los hermanos-de-sangre de la revolución en el argumento durante los años cuando su triunfo simultáneo estaba en su preparación:

"Lenín y Trotsky tomaron el poder en la misma semana de noviembre de 1917 en que el nacionalismo judío ganaba su reconocimiento. Años antes, en Ginebra, Trotsky y Weizmann habían, noche tras noche, expuesto en cafés rivales en el barrio universitario, sus creencias políticas opuestas. Ambos nacidos en Rusia... . ellos habían hecho oscilar a los *grupos de estudiantes judíos* de un lado al otro de la calle; León Trotsky, el apóstol de la Revolución Roja; Chaim Weizmann, apóstol de una tradición irrompible durante dos mil años. Ahora por una coincidencia de los más extraña, en la misma semana, cada uno de ellos logró el cumplimiento de su sueño."

En la verdad, las tenazas en las que Occidente sería agarrado habían sido forjadas antes, y cada asa era sostenida por uno de los dos grupos revolucionarios "nacidos- en-Rusia" (pero que no eran rusos).

Para el Dr. Weizmann y sus socios en Londres y Washington, el evento en Moscú era una turbación al paso, en un aspecto. Ellos habían basado su demanda para Palestina en la leyenda "un lugar de refugio" debe ser encontrado para los judíos "perseguidos en Rusia" (un obvio *no lógico* pero lo suficientemente bueno para "la chusma"), y ahora *no había* ninguna "persecución en Rusia". Al contrario, en Moscú un régimen judío gobernaba y el "antisemitismo" era una ofensa capital.

¿Dónde, entonces, estaban los judíos que necesitaban "un lugar de refugio"? (Ésta es evidentemente la razón por qué el Sr. Robert Wilton tuvo que ser prevenido de informar la naturaleza del nuevo régimen en Moscú).

El Rabino Elmer Berger dice, "El gobierno soviético incluso privilegiaba a los *Judíos por ser Judíos*... de un solo golpe, la revolución emancipó a esos mismos judíos para quienes, previamente, ninguna solución que no fuese el Sionismo sería eficaz, según los potavoces Sionistas. *Los judíos soviéticos ya no tenían necesidad de Palestina, o de cualquier otro refugio*. La *palanca* del sufrimiento de la Judería rusa que Herzl había usado a menudo en los esfuerzos por forzar una carta constitucional para Palestina de algún poder, se había *ido*."

Eso no detuvo al Dr. Weizmann. En seguida informó a los judíos que ellos no debían esperar alguna tregua: "Algunos de nuestros amigos... son muy rápidos en trazar conclusiones acerca de lo que pasará al movimiento Sionista después de la revolución rusa. Ahora, ellos dicen, el estímulo más grande para el movimiento Sionista ha sido quitado. La Judería rusa es libre... Nada puede ser más superficial y equivocado que eso. ***Nosotros nunca hemos construido nuestro movimiento Sionista en los sufrimientos de nuestras personas en Rusia o en otra parte. Estos sufrimientos nunca fueron la causa del Sionismo***. La causa fundamental del Sionismo fue, y es, el inquebrantable esfuerzo de la Judería para tener un hogar propio."

El Dr. Weizmann habló la verdad en la falsedad. Era verdad que los organizadores del Sionismo, en la privacidad de sus corazones, nunca habían en la realidad construido su movimiento en "los sufrimientos de nuestras personas en Rusia o en otra parte"; ellos eran indiferentes a cualquier sufrimiento, judío u otro, causado por el Sionismo. Pero ellos ***habían***, más allá de toda disputa, ***usado*** "los sufrimientos de nuestras personas en Rusia" como su argumento para acosar a los políticos Occidentales, quienes desde el Sr. Wilson en 1912 en adelante, repetidamente aludió a esto.

En esta semana crucial, la falsedad de toda la disputa, aunque revelada, no causó ninguna diferencia para el Gobierno británico, tal como la Señora Dugdale grabó, estaba a lo largo ***comprometida***. Ni siquiera una pretensión podría mantenerse que algún judío necesitaba "un lugar de refugio" pero el Sr. Lloyd George había emprendido para conquistar Palestina para "los judíos."

La falacia básica de la empresa estaba expuesta en el mismo momento cuando se sujetó tal como una rueda de molino en el cuello de Occidente. Aunque esta falla irreparable en su fundación deberá causar su último derrumbe, tal como el mesianismo de Sabbatai Zevi en 1666, la tragi-comedia desde entonces tuvo que ser actuada hasta su ruinoso fin.

Pero para un evento posterior, la tarea habría fallecido de muerte natural dentro de unos años y sobreviviría hoy meramente en los anales, como la Tontería de Balfour. Este evento fue la llegada de Hitler que durante algún tiempo llenó el espacio dejado por el derrumbe de la leyenda de la "persecución en Rusia" y produjo en algunos judíos un deseo de incluso ir a Palestina. Para los Sionistas si Hitler no hubiese surgido, habría necesitado ser creado; un esquema de colapso fue hecho parecer casi real durante algún tiempo. El episodio Hitlerista pertenece a un capítulo más tarde en esta narrativa.

CAPÍTULO 33

LA LIGA PARA PROMULGAR LA PAZ

En el mismo momento en 1917, cuando las dos fuerzas afines venidas de Rusia, el Comunismo-revolucionario y el Sionismo-revolucionario, emergieron totalmente abiertos a la luz, el tercer propósito secreto de la guerra, aquel del cual ellos eran los instrumentos, también se reveló. Éste era el proyecto para que una "federación mundial" tomara "la dirección de los asuntos humanos" y gobernara *por la fuerza.*

Las masas entonces (como en la Segunda Guerra, veinticinco años después) estaban siendo incitadas a destruir a un "loco en Berlín" sobre esta misma base que buscaba gobernar el mundo por la fuerza. En Inglaterra el Sr. Edén Philpotts (uno de muchos de tales oráculos entonces y en la próxima guerra) tronó:

"Usted pensaba *asir el mundo*, pero usted sólo guardará sus maldiciones, coronadas en su frente... " y ése era el grito universal. Aun así el plan secreto promovido en Occidente era igualmente uno de "asir el mundo por la fuerza" y poner un nuevo "señor-de-la-guerra" sobre él.

Fue meramente investido en otros términos. Lo que era el militarismo Prusiano reaccionario en Alemania era una de las "ideas avanzadas" del Sr. House en Washington; lo que era ambición megalómana en el Kaiser, era un concepto ilustrado de "un nuevo orden mundial" en Londres. Los políticos Occidentales se volvieron simuladores profesionales. Ni siquiera Disraeli podría haber previsto en 1832 ("La práctica de la política en Oriente puede definirse por una palabra: simulación") que ésta se volvería la definición de la práctica política en *Occidente* en el Siglo 20; pero esto pasó cuando los líderes políticos Occidentales, apoyando al Sionismo y a la revolución-mundial, se rindieron a la incitación de los asiáticos; sus actos asumieron una duplicidad Asiática en lugar de la sinceridad nativa.

Extrañamente, El Sr. Woodrow Wilson, el más dócil de todos ellos, en la partida fue el que más se rebeló de mala gana contra los constreñimientos secretos. Intentó, como se ha mostrado, declarar que "las causas y objetivos de la guerra son oscuros", y cuando esto fue prohibido por el Sr. House, confesó luego que los beligerante en ambos lados seguían "los mismos objetivos". Él fue más allá en el comienzo mismo de su presidencia, cuando escribió, "es algo intolerable que *el gobierno de la República podría estar tan alejado de las manos de las personas; pudiendo ser capturado por intereses que son especiales y no generales*. Nosotros sabemos que *algo interviene* entre las personas de los Estados Unidos *y el control de sus propios asuntos* en Washington". Probablemente él conoció la naturaleza de estos "intereses" y este "control", y el conocimiento irritante puede haber causado su derrumbe (y aquella del Sr. Roosevelt en la generación posterior).

No obstante, él fue usado para lanzar el plan para preparar "una federación del mundo", basada en la fuerza. La idea fue "infiltrada en su cerebro" por otros; la frase es usada por el biógrafo del Sr. House para describir el método por el cual el Sr. House incitaba las acciones de otros hombres (y por las cuales sus propias fueron incitadas). En **noviembre** de 1915, cuando las personas norteamericanas todavía estaban contentos con el presidente, quién estaba dejándolos fuera de la guerra, el Sr. House lo instruyó:

"Nosotros debemos lanzar la influencia de esta nación en beneficio de un plan mediante el cual las obligaciones internacionales deben ser aceptadas y mantenidas y en el interés de algún plan mediante el cual *la paz del mundo* pueda ser mantenida". Ésta siempre fue la charla para vender: que "el plan" podría "mantener la paz mundial". El Sr. House había estado discutiendo el plan mucho tiempo con Sir Edward Grey (Ministro del Exterior del Sr. Asquith; quien quedó ciego en 1914, pero en un momento de clarividencia espiritual usó las palabras que han llegado a ser más verdaderas desde entonces, "Las luces se están apagando por toda Europa"). Sir Edward Grey fue cautivado por "el plan", y escribió al Sr. House, "la ley Internacional no ha tenido *ninguna sanción* hasta aquí; la lección de esta guerra es que los Poderes deben ligarse para darle *una sanción*". "Sanción" fue el eufemismo usado por los simuladores para evitar alarmar a las masas por el sonido de "guerra" o "fuerza". La definición del diccionario, en tal contexto, es "una medida coercitiva", y los únicos medios de coerción entre las naciones son, finalmente, las guerras: ninguna "***sanción***" puede ser eficaz a menos que sea apoyada por esa amenaza. Por consiguiente, Sir Edward Grey pensaba que la guerra podría acabarse haciendo la guerra. Era un incorruptible pero al parecer un hombre engañado; los creadores de la gran "idea" supieron lo que ellos quisieron decir (y en nuestros días esto también se ha revelado).

Por 1916, el Sr. House había instruido al Sr. Wilson acerca de su deber y en mayo el presidente públicamente anunció cándidamente, el apoyo por "el plan" en una reunión de un nuevo cuerpo llamado "La Liga para **Promulgar** la Paz". El Sr. Wilson no sabía nada de su naturaleza: "***no*** *parece que **Woodrow Wilson** estudió seriamente el programa de la **Liga para Promulgar la Paz***" (Papeles Privados del Sr. House).

Ésta era una reencarnación de la "Liga para Promulgar la Paz" anterior, la cual, (como Lord Robert Cecil le había recordado al Sr. House) "realmente se transformó en una *liga para levantar la tiranía*". En 1916 el nombre entregó el juego; La opinión norteamericana no estaba entonces lista caminar en una trampa tan obvia. El Senador George Wharton Pepper recuerda: "***Una organización con un fuerte financiamiento*** titulada oportunamente 'La Liga para Promulgar la Paz' estaba haciendo nuestra tarea más fácil dando énfasis, tal como su título indicaba, que el Convenio" (de la Liga de Naciones) "se pensaba que sería hecho efectivo mediante *la fuerza*... Nuestra disputa constante, en oposición a la de ellos, era que el *llamado a la fuerza* era a lo mejor futil y a lo peor peligroso... Yo contrasté la cierta futileza de *un llamado a la fuerza internacional* con la posible esperanza de confianza en la conferencia internacional, y me declaré favorable a cualquier asociación del último tipo e inalterablemente me opuse a una liga la cual estaba basada en la anterior."

Los simuladores pronto dejaron caer el nombre, "La Liga para Promulgar la Paz", pero el "plan" que produjo "La Liga de Naciones" permanecía transparentemente igual: era uno para transferir el control de los ejércitos nacionales a algún comité supra-nacional que podría usarlos para "la dirección de los asuntos humanos" de forma que sirvieran a sus propios fines especiales, y eso ha continuado siendo el motivo hasta el día presente. Como en el caso más temprano del Sionismo, el Presidente Wilson fue comprometido mucho tiempo antes del momento crucial (por su declaración pública de mayo de 1916) y en cuanto América estuvo en la guerra (en abril de 1917) anunció que estaba envuelto en una tarea de preparar "*un nuevo orden internacional*"; esta declaración fue hecha en el momento de la primera revolución en Rusia y de la preparación de la Declaración de Balfour.

Así los tres grandes "planes" pasaron juntos a Occidente, y éste era el proyecto que iba a coronar el trabajo de los otros dos. Su principio básico era la destrucción de las nación-estados y de la nacionalidad, para que diera expresión, en la forma moderna, al antiguo conflicto entre el Antiguo Testamento y el Nuevo, entre la Ley de los Levitas y el mensaje cristiano. La Torah-Talmud es la única fuente original que se puede descubrir de *esta idea* de "destruir las naciones"; El Sr. House pensaba que era casi imposible rastrear alguna "idea" hasta su fuente, pero en este caso, la huella *puede* seguirse atrás a través de los siglos al 500 AC, y no se borra en ninguna parte durante esos veinticinco siglos. Si antes de ese tiempo, alguien en el mundo conocido hubiera transformado este "principio destructivo" en un código y en credo, ellos y este código y credo se habrían marchitado en el olvido. ***La idea*** contenida en la Torah-

Talmud ha pasado irrompible por todas las generaciones. El Nuevo Testamento la rechaza y habla del *"engaño* de las naciones", no de su destrucción. *Revelaciones* predice un día cuando este proceso de engaño de las naciones acabará. Aquellos que buscan interpretar profecías pueden ver muy bien en La Liga para Promulgar la Paz, bajo sus sucesivos seudónimos, el instrumento de este "engaño", condenado finalmente a fracasar.

Habiendo decidido el Sr. House, y el Sr. Wilson ha declarado, que "un nuevo orden internacional" debe establecerse, el Sr. House (según Sr. Howden) preparó un cuerpo conocido como "La Pregunta" para bosquejar un plan. Su cabeza fue su cuñado, el Dr. Sidney Mezes (entonces presidente de la Universidad de la Ciudad de Nueva York), y su secretario el Sr. Walter Lippmann (escribiendo entonces para *The New Republic*). El Dr. Isaiah Bowman (entonces director de la Sociedad Geográfica norteamericana) dio "consejo personal y asistencia".

El grupo de hombres puestos a cargo de "The Inquiry", la Pregunta, por consiguiente, era predominantemente judío (aunque en este caso no era ruso- judío: esto podría indicar la verdadera naturaleza de la autoridad superior indicada por la alusión del Dr. Kastein a "un judío internacional") y puede verse así razonablemente la inspiración judía en el plan que produjo. Esto (dice el Sr. Howden) era un proyecto de una "Convención para una Liga de Naciones" a la cual el *Sr. House* le puso su firma en julio de 1918: "El Presidente Wilson *no fue*, y nunca pretendió serlo, *el autor del Convenio"*. Aquí, están entonces, los orígenes de la Liga de Naciones.

La Conferencia de la Paz surgió cuando el Sr. House se preparó para lanzar este "nuevo orden mundial", y sus primeros actos apuntaron a la identidad del grupo- controlador detrás de los gobiernos Occidentales. El Sionismo y Palestina (asuntos desconocidos a las masas cuando comenzó la guerra 1914-1918) se encontró que eran los temas prioritarios, si no lo supremo entre las materias para ser discutidas en la conferencia, lo cual la finalizó.

El Presidente Wilson, por esta razón, parece haber conocido momentos de exaltación entre largos períodos de desaliento. El Rabino Stephen Wise, a su lado, describió la tarea Palestina en tales condiciones que el presidente, extasiado, se hablaba a sí mismo". Pensar que yo, un hijo de la casa parroquial, podría ser capaz de ayudar a restaurar la Tierra Santa a su pueblo". Mientras él se contemplaba así en el espejo de la posteridad, el rabino junto a él, lo comparaba con el Rey Cyrus de Persia que había permitido que los judíos desterrados de su tierra, volvieran a Jerusalén". El Rey Cyrus había permitido que los nativos Judahítas, si ellos lo deseaban, volver a Judah después de unos cincuenta años; el Presidente Wilson le fue exigido trasplantar a los Judaizados Khazar de Rusia a una tierra abandonada por los judíos originales, unos dieciocho siglos antes.

Al otro lado del Atlántico, el Dr. Weizmann se preparó para la Conferencia de la Paz. Era entonces, evidentemente, uno de los hombres más poderosos en el mundo, un potentado (o el emisario de potentados) a quien los "premier- dictadores" del Occidente hicieron un humilde homenaje. En un momento en 1918, cuando el destino de Inglaterra estaba en la balanza en el herido Frente Occidental, una audiencia pública del Rey de Inglaterra fue pospuesta. El Dr. Weizmann se quejó tan imperiosamente que el Sr. Balfour restauró la cita en seguida; salvo por el lugar del encuentro que era el Palacio de Buckingham, de hecho pareció que el Sr. Weizmann le daba una audiencia pública al monarca. Durante la Segunda Guerra Mundial, el dictador soviético Stalin, siendo instado por los líderes Occidentales a tomar en cuenta de la influencia del Papa, preguntó bruscamente, "¿Cuántas divisiones tienen el Papa? ". Tal fue por lo menos la anécdota, muy contada en los clubes y tabernas, y a la gente simple le parecía expresar una verdad esencial en pocas palabras. El caso del Dr. Weizmann muestra cuan esencialmente falso era. Él no tenía ni un solo soldado, pero él y la Internacional que representaba, lograron obtener capitulaciones nunca antes ganadas, salvo por ejércitos conquistadores.

Despreciaba a los que capitulaban y las escenas de sus triunfos por igual. Le escribió a Lady Crewe, "Nosotros odiamos a los anti-semitas y a los *philo- semitas* por igual". El Sr. Balfour, el Sr. Lloyd George y los otros "amigos" eran philo-semitas de primer grado, en el significado mismo de las palabras del Dr. Weizmann, y se distinguieron ellos mismos en ser serviles al hombre que los despreciaba. Con respecto a la propia Inglaterra, el Dr. Weizmann, dos décadas después, mientras contemplaba las bestias salvajes en el Parque Nacional Kruger, hablando consigo mismo dijo "Debe ser una cosa maravillosa ser *un animal* en la reserva de África del Sur; mucho mejor que ser un judío en Varsovia *o incluso en Londres*."

En 1918, el Dr. Weizmann decidió inspeccionar su reino-elegido. Cuando llegó a Palestina, el ataque alemán en Francia había comenzado, los debilitados ejércitos británicos estaban tambaleando, y la "mayoría de las tropas europeas en Palestina fueron retiradas para reforzar a los ejércitos en Francia". En tal momento, exigió que la primera piedra de la fundación de una Universidad hebrea fuese puesta con todo el ceremonial público. Lord Allenby protestó que "¡los alemanes casi estaban a las puertas de París! " El Dr. Weizmann contestó que eso era "sólo un episodio". Lord Allenby contestó duramente; el Dr. Weizmann persistió; Lord Allenby *bajo coacción fue referido al Sr. Balfour y se le ordenó por cable, obedecer.* Con gran alarde del staff de los oficiales y tropas, presentaron armas (sólo perturbado por los sonidos del combate británico-turco a la distancia) El Dr. Weizmann sostuvo su ceremonia entonces en el Monte Scopus. . (Yo recuerdo esos días en Francia. Incluso medio millón de soldados británicos más, habrían transformado la batalla allí; miles de vidas se habrían salvado, y la guerra probablemente habría acabado más pronto. La dura experiencia francesa y británica en Francia hicieron un día de fiesta Sionista en Palestina).

Cuando la guerra acabó por fin, el 11 de noviembre de 1918, ningún otro que el Dr. Weizmann estaba al almuerzo como *único invitado* del Sr. Lloyd George, a quien encontró "leyendo los Salmos y cerca de las lágrimas". Después, el jefe Sionista miró desde la histórica Ten Downing Street 10, como el Primer Ministro desapareció, llevado en los hombros por una chusma emocionada hacia un servicio de Acción de Gracias en la Abadía de Westminster. Las masas y los "Gerentes";

¿Notaría alguien entre la muchedumbre la alta y abovedada cabeza, con la barbada cara y con sus ojos de párpados caídos observando desde la ventana de Ten Downing Street? Entonces el Dr. Weizmann llevó una comisión Sionista a la Conferencia de la Paz de 1919, donde sería preparado "el Nuevo Orden Mundial". Él informó al augusto Concilio de Diez que *"los judíos habían sido los más duramente golpeados por la guerra que cualquier otro grupo"*; los políticos de 1919 no hicieron ninguna objeción a este insulto a sus millones de muertos. Sin embargo, un judío objetor, el Sr. Sylvain Levi de Francia, a último momento trató de instilar prudencia en ellos. Él les dijo:

Primero, que Palestina era una pequeña y pobre tierra con una población existente de 600,000 Árabes, y que los judíos, teniendo un estándar de vida más alto que los Árabes, *tenderían a desposeerlos*; segundo, que los judíos que irían a Palestina serían *mayoritariamente judíos rusos que eran de tendencias explosivas*; tercero, que la creación de un hogar nacional judío en Palestina introduciría *el peligroso principio de lealtades duales judías*.

Estas tres advertencias se han cumplido a la letra, y fueron escuchadas con hostilidad por los políticos Gentiles congregados en la Conferencia de la Paz de 1919. El Sr. Lansing, Ministro de Relaciones Exteriores norteamericano, le dio su finiquito en seguida al Sr. M. Lévi. Le preguntó al Dr. Weizmann, "¿Qué quiere usted decir por un hogar nacional judío? " El Dr. Weizmann dijo que él quiso decir eso, *siempre salvaguardando los intereses de los non-judíos*, Palestina se volvería finalmente *tan judía como Inglaterra es inglesa*". El Sr. Lansing dijo que esta respuesta totalmente oscura era "completamente clara", el Concilio de Diez estuvo de acuerdo, y M. Levi, como todo objetor judío durante veinticinco siglos, quedó desconcertado. (Fue solamente escuchado para mantener un pretensión de consideración imparcial en lo absoluto; el Rabino Wise, inquieto por "las dificultades que tuvimos que enfrentar en París", ya se había asegurado de la docilidad del Presidente Wilson.

Acercándose privadamente al presidente, él dijo, "Sr. Presidente, *la Judería Mundial* cuenta con usted en su hora de necesidad y esperanza", excomulgando a M. Levi y a los judíos que pensaban como él, así, el Sr. Wilson, poniendo su mano en el hombro del rabino, "suave y firmemente dijo, 'No tenga temor, Palestina será suya'.")

Otro hombre intentó evitar el hecho que estos hombres, con frivolidad, estaban preparando. El Coronel Lawrence amaba a los Semitas, porque él había vivido con los Árabes y los había despertado en el desierto contra sus gobernantes turcos. Era igualmente un amigo de los judíos (el Dr. Weizmann dice que "él ha sido **equivocadamente** representado como anti-sionista") y creyó que "una patria judía" (en el sentido que primero se le da al término, de un centro cultural) podría incorporarse bien en el Estado árabe unido, por el cual el había trabajado.

Lawrence vio en París que lo que se pensaba era plantar el nacionalismo Sionista como una bomba-de-tiempo entre un desorden de estados árabes débiles, y el darse cuenta lo quebró. El Sr. David Garnett que revisó sus *Cartas* dice, "Lawrence ganó sus victorias sin poner en peligro más de un puñado de ingleses y ellas fueron ganadas, no para agregar provincias sujetas a nuestro imperio, sino que los Árabes, entre quienes había vivido y amaba debían ser personas libres, y esa civilización árabe debía renacer."

Ésa era la fe de Lawrence durante su "Revuelta en el Desierto", y lo que los hombres que lo enviaron a Arabia le dijeron. Cuando la Conferencia de París comenzó, él estaba "totalmente en el control de sus nervios y realmente tan normal como la mayoría de nosotros" (el Sr. J.M. Keynes). Él llegó creyendo en la promesa del Presidente Wilson (discurso de los Catorce Puntos, el 8 de enero de 1918), "Las nacionalidades bajo el gobierno turco debían ser asegurados de una cierta **seguridad indudable de vida y una oportunidad completamente independiente de desarrollo autónomo**". Él no pudo saber que estas palabras eran falsas, porque el Sr. Wilson estaba en secreto comprometido al Sionismo, a través de los hombres alrededor de él.

Después de la respuesta del Dr. Weizmann al Sr. Lansing, y su aprobación en el Concilio de Diez, la traición quedó clara para Lawrence y él mostró "la desilusión y la amargura y la derrota que fue el resultado de la Conferencia de Paz; él tenía una fe completa que el Presidente Wilson afianzaría la libre determinación para los pueblos árabes cuando fue a la Conferencia de Paz; estaba completamente desilusionado cuando él retornó" (Mr. Garnett). El propio Lawrence escribió después, "Nosotros vivimos muchas vidas en esas arremolinadas campañas" (en el desierto) "nunca salvándonos nosotros mismos de cualquier bien o mal; justo cuando lo logramos y el nuevo mundo amaneció, *los hombres viejos salieron nuevamente y tomaron de nosotros nuestra victoria y la rehicieron a semejanza del mundo anterior que ellos conocían...* Quise hacer una nueva nación, restaurar al mundo una influencia perdida, para dar las fundaciones a veinte millones de Semitas sobre los cuales construir un inspirado palacio de sueños de sus pensamientos" nacionales.

Lawrence que estaba quebrado por esta experiencia, estaba entonces entre los hombres más famosos en el mundo. Si él se hubiese unido a los simuladores difícilmente algún rango u honor le hubiese sido negado. Él tiró su rango, lejos sus condecoraciones, y preso de la vergüenza, incluso para perder su identidad; se alistó bajo un nombre supuesto en la línea más baja de la Fuerza Aérea Real dónde fue descubierto después por un hombre asiduo a los periódicos. Esta última fase de su vida, y el accidente de la motocicleta que acabó con ella, tiene características suicidas (pareciéndo similar a la fase y fin del Sr. James Forrestal después de la Segunda Guerra) y él debe ser considerado entre los mártires de esta historia.

Los principales hombres públicos estaban de acuerdo en promover la aventura Sionista a través del "orden mundial internacional" que ellos estaban a punto de fundar, a cualquier costo en el honor y sufrimiento humano. En casi todos los *otros* asuntos ellos difirieron, por lo cual, cuando la guerra recién había acabado, en París las reputaciones comenzaron a estallar como burbujas y las amistades se rompieron como el yeso. Alguna brecha ocurrió entre el Presidente Wilson y su "segunda personalidad, su ego independiente" (un alejamiento similar, misterioso iba a desunir al Presidente Roosevelt y su *otro* ego, el Sr. Harry Hopkins, al final de otra guerra).

El Sr. House estaba en su cenit. Primer Ministros, Ministros, embajadores y delegados lo sitiaban en el Hotel Crillón; en un sólo día dio cuarenta y nueve audiencias públicas a tan altos notables. Una vez el Primer Ministro francés, M. Clemenceau, llamó cuando el Sr. Wilson estaba con el Sr. House; el presidente fue exigido de retirarse mientras los dos grandes hombres conversaban privadamente. Quizás la humillación finalmente rompió al Sr. Woodrow Wilson; ¡fue atacado por una enfermedad mortal en París (como el Sr. Franklin Roosevelt en Yalta, aunque el Sr. Wilson sobreviviría mucho más tiempo). Al parecer los dos nunca se vieron o comunicaron entre sí nuevamente! El Sr. House grabó simplemente, "Mi separación de Woodrow Wilson fue y es para mí un misterio trágico, un misterio que ahora nunca podrá dispersarse ya que su explicación yace enterrada con él."

Las ilusiones de poder se estaban disolviendo. Estos hombres nunca fueron verdaderamente poderosos, porque ellos actuaron como los instrumentos de otros. Ellos ya parecen fantasmas en los anales, y si plazas y bulevares nombrados con sus nombres y aun los llevan, pocos recuerda quienes eran ellos. El Sr. Wilson volvió a EEUU y pronto murió. El Sr.

House no mucho tiempo después estaba solo y olvidado en el apartamento de la Calle Este 35. El Sr. Lloyd George se encontró en el desierto político y sólo pudo completar la ruina del alguna vez gran Partido Liberal; dentro de una década se encontró así mismo a la cabeza de cuatro seguidores. El Sr. Balfour, por unos pocos años, frecuentaba el Parque de San James con su mente ausente.

Ellos no pudieron lograr todo lo que sus mentores desearon. Agitados por la violencia de objeciones norteamericanas, el Sr. Wilson "rechazó absolutamente aceptar la demanda francesa para la creación de una fuerza internacional que debía operar *bajo el control ejecutivo de la Liga*". La Constitución norteamericana (el presidente de repente la volvió a coger) no permite algún tipo de rendición de la soberanía.

Así lo peor fue evitado, en esa generación. Los hombres secretos que **continuaron** siendo poderosos cuando estos "Premier-dictadores" y los flexibles "administradores" fueron despojados de esta **apariencia** de poder, tuvieron que esperar por la Segunda Guerra Mundial para conseguir meter sus manos en los ejércitos de las nación-estados. Entonces casi lograron su "Liga para Promulgar la Paz" (pero todavía no realmente) en la concreción del poder despótico codiciado por ellos. En 1919, tuvieron que contentarse con un modesto primer experimento: La Liga De Naciones.

Los Estados Unidos ni siquiera se unirían; las masas de Norteamérica, inquietas por los resultados de la guerra y luchando instintivamente por recobrar el asilo seguro de "ningún enredo extranjero", no obtendrían nada de esto. Bretaña se unió, pero bajo otro Primer Ministro que el Sr. Lloyd George, no entregaría el control de sus ejércitos. El camino al tipo de "Nuevo Orden Mundial" visto por el Sr. House y sus motivadores fue bloqueado de momento. No obstante un camino fue encontrado, a través de la Liga de Naciones, para efectuar una desafortunada y posiblemente fatal brecha en la soberanía británica.

La autoridad de esta "Liga de Naciones", cualquier cosa que sumaba, fue usada para cubrir el uso de tropas británicas como guardia personal para los Sionistas que pensaban tomarse Palestina. El dispositivo empleado para dar este aire de falsa legalidad al hecho se llamó "el mandato", y yo he mostrado antes donde nació. Por medio de él, la Liga de Naciones pudo instalar a los Sionistas de Rusia en Arabia, dónde ellos revelaron las "tendencias explosivas" predichas por M. Sylvain Levi en 1919 y claramente hasta el día de hoy, 1956. Este fue el único logro perdurable del "nuevo orden mundial" preparado en 1919 y por la antigua prueba, *¿Cui bono?,* la autoría de esta "idea" puede juzgarse. La historia de "El mandato" (y de un hombre que intentó evitarlo) forma por consiguiente el próximo capítulo en esta narrativa.

Capítulo 34

EL FINAL DE LORD NORTHCLIFFE

Durante los tres años que siguieron la Conferencia de la Paz de 1919, una forma tenía que ser encontrada para mantener los ejércitos británicos en Palestina, haciéndoles parecer como si ellos realizaran un honorable deber allí, y de hecho usarlos como una capa para cubrir el hecho que tenía el carácter de un asesinato. Este problema, de una complejidad infinita, fue resuelto eficientemente. Un cuadro impresionante de la manipulación secreta de grandes gobiernos para un propósito corrupto, surge de los archivos; el método de ejercer una "irresistible presión en la política" internacional" mejoró constantemente con la práctica.

Después que la Conferencia de la Paz había aprobado la demanda Sionista de Palestina (y por ello repudiado a la masa de judíos Occidentales emancipados, personificados por M. Sylvain Levi) el próximo paso fue dado en la Conferencia de San Remo de 1920, dónde los poderes vencedores se reunieron para desmembrar el Imperio turco conquistado. Esta conferencia adoptó la ingeniosa decepción inventada por el Dr. Weizmann en 1915 y acordó que Bretaña debía administrar Palestina bajo "un Mandato."

Las protestas contra la tarea estaban creciendo con fuerzas entonces, porque su verdadera naturaleza estaba comenzando a ser comprendida, pero el Sr. Balfour le aseguró al Dr. Weizmann que "estas eran consideradas sin importancia y *ciertamente no afectarían la política que había sido definitivamente fijada*".

Aquí esta la declaración críptica, para repetirse después a menudo, esa política en este asunto único no debe, no puede y nunca se alterará, para el cual el interés nacional, el honor y todas las otras consideraciones son irrelevantes. Yo no conozco ningún otro caso dónde un principio inalterable de la alta política Estatal ha sido fijada sin tener en cuenta el interés del Estado o una consulta de opinión pública en cualquier fase. En San Remo, el Sr. Lloyd George estaba angustiado contra la posibilidad que "el congelamiento" de la paz se alcanzara antes que el propósito secreto fuese cumplido, y le dijo al Dr. Weizmann, "Usted no tiene tiempo que perder. Hoy el mundo es como el báltico antes de *un congelamiento*. Por el momento está todavía en movimiento. Pero si se congela, usted tendrá que batir su cabeza contra los bloques de hielo y esperar por un segundo deshielo". Si el Sr. Lloyd George hubiese dicho "segunda guerra" él habría estado en lo correcto y posiblemente eso era aquello que él quiso decir con "deshielo". En estas circunstancias, la Conferencia de San Remo "confirmó la Declaración de Balfour *y la decisión para dar el Mandato a Gran Bretaña*". Después de eso sólo quedaba un paso entre los Sionistas y su meta; la Liga de Naciones tenía que inventar los "Mandatos", yacía en sí misma el derecho de dar los Mandatos, y entonces "ratificaba" *este* Mandato.

Eso pasó en 1922, como se verá, pero durante el intervalo, las protestas contra el hecho vinieron *de cada autoridad responsable o comunidad directamente involucrada*. Las fuerzas comprometidas en promover el hecho eran tres: los Sionistas que dirigían, que venían de Rusia, los "philo-semitas" en altos lugares, a quienes el Dr. Weizmann "odiaba" mientras los usaba, y, entre las masas, ese cuerpo de liberales sentimentales descritos mordazmente en los Protocolos. Contra esto estaban autoridades de alto rango y de opinión experimentada en tal aplastante medida que, si el asunto hubiese sido cualquier otro que este, al cual los "administradores" fueron comprometidos en secreto, se habría derrumbado. La masa de protesta fue tan grande que es entregada aquí enumerada en sus partes para una comparación con el resumen que sigue. Vino de:

(1) los Árabes Palestinos; (2) los judíos de Palestina; (3) el principal líder **Sionista** en EEUU, así como de los judíos anti-sionistas de EEUU e Inglaterra; (4) los oficiales y soldados británicos en Palestina; (5) los investigadores oficiales británicos y norteamericanos; (6) un cuerpo grande de la prensa, en aquel entonces aun libre del control secreto en esta materia.

(1) Los Árabes vieron desde el comienzo lo que se reservaba para ellos, porque ellos conocían la Torah. El Dr. Weizmann había dicho en la Conferencia de la Paz "La Biblia es nuestro mandato", y ellos conocían acerca de "el Dios de los judíos" y sus promesas de pogromo y premios: *"Cuando el Señor tu Dios te lleve hasta la tierra que tu poseerás, y expulsará al hombre y las naciones ante ti... siete naciones grandes y más poderosas que ustedes; y cuando el Señor tu Dios los entregara ante ti, y tu los golpearás con violencia;* **entonces tu les destruirás absolutamente; tu no harás ningún convenio con ellos, ni mostrarás misericordia hacia ellos"** *(Deuteronomio 7, 1-3).*

Así el Sionismo, y el apoyo Occidental a él, significaba el exterminio para ellos bajo una Ley de 2,500 años antes (y los eventos de 1948 han demostrado esto). En 1945, el Rey Ibn Saud le dijo al Presidente

Roosevelt, "Usted ha luchado dos guerras mundiales para descubrir lo que nosotros hemos conocido por más de dos mil años" y en 1948 la intención *literal* para dar cumplimiento al "estatuto y mandamiento" citado más arriba, fue demostrado por los hechos. Significativamente, incluso los judíos anti-Sionistas no podrían creer, antes que sucediera, que este "cumplimiento" literal ya estaba pensado. En 1933, el Sr. Bernard J. Brown, citó correctamente el pasaje antedicho como la razón para el miedo de los árabes y dijo, "Por supuesto, los Árabes incultos no entienden que *el judío moderno no toma su Biblia literalmente y que no sería tan cruel con sus compañero-hombres,* pero él sospecha que si los judíos basan su demanda de Palestina en la fuerza de sus derechos históricos a esa tierra, *ellos sólo pueden hacerlo en base a la autoridad de la Biblia, y los árabes se niegan a rechazar cualquier parte de ella.*" (El Sr. Brown de Chicago no conocía a los Khazar).

Los Árabes en 1920 no fueron engañados por la promesa *pública* del Sr. Balfour (en la Declaración) que sus "derechos civiles y religiosos" serían protegidos o por la promesa *pública* del Sr. Wilson (los Catorce Puntos) que ellos tendrían "indudablemente seguridad de vida" y la "totalmente independiente oportunidad de desarrollo autónomo". Si ellos no lo supieron, ellos supusieron que el Sr. Balfour, el Sr. Lloyd George y el Sr. Wilson habían prometido *secretamente Palestina* a los Sionistas. Conociendo la Torah, ellos no creyeron la declaración pública del Sr. Winston Churchill en 1922 (cuando él era el Ministro de Colonias), "Se han hecho declaraciones no autorizadas en el efecto que el propósito en vista es la creación de una Palestina totalmente judía. Se han usado frases como 'Palestina se volverá tan judía como Inglaterra es inglesa' " (un reproche directo al Dr. Weizmann) "el gobierno de Su Majestad considera que cualquier sugerencia como esa es impracticable y que no tiene tal objetivo en vista . Ni han contemplado ellos, en ningún momento, la desaparición o subordinación de la población árabe, su idioma o su cultura en Palestina" (en la Segunda Guerra Mundial, como Primer Ministro, y después como líder total, el Sr. Churchill dio a su apoyo al proceso aquí negado).

(2) La comunidad judía original de Palestina (nunca tenida en cuenta en cualquier fase de todos estos procedimientos) era violentamente anti-sionista. El Dr. Weizmann, casi solo entre su compañero-Zionistas y los políticos Occidentales asociados con ellos, tenía un conocimiento muy ligero de estos judíos originales, después de haber hecho una o dos breves visitas a Palestina; él dice que la mayoría de su compañeros-Sionistas de Rusia eran *"completamente ignorantes"* de ellos. En este período en 1919-1922, los líderes Sionistas aprendieron primero que los judíos de Palestina los sindicaban como "irreligiosos, impíos, sin corazón,

ignorantes y malévolos". El Dr. Weizmann (de cuya actitud conocida es que él sólo estaba actuando por su bien; "nosotros sólo estábamos ansiosos para hacer las condiciones un poco modernas y cómodas para ellos") estaba "mas bien horrorizado al descubrir *cuan remotos estábamos de ellos*". Él los desecha como viejos vejestorios que, molestamente, bombardean las organizaciones judías en Norteamérica con quejas sobre los Sionistas, "realmente el noventa por ciento de sus cartas son violentamente hostiles". (Típicamente, el Dr. Weizmann supo del contenido de estas cartas por un censor británico, negligente en su deber que las mostró a él). Estas protestas de los Árabes nativos y de los judíos nativos de Palestina fueron ignoradas por las políticas de París y San Remo.

(3) El Sr. Louis Brandeis en 1919 visitó el país que entonces, durante veinte años, había formado el objetivo de su reavivado interés en el Judaísmo. Se desilusionó en seguida por el conocimiento real con la desconocida tierra y decidió que "sería un *error* animar la inmigración". Exigió que la Organización Sionista Mundial debía reducirse grandemente, si no abolida, y esa actividad en el futuro debía restringirse a la modesta tarea de construir a una "Patria Judía" a través de las asociaciones Sionistas separadas en varios países. En el efecto éste habría sido simplemente un "centro cultural" en Palestina, consistiendo quizás en una Universidad y academias, y algo más numerosas granjas de asentamientos, con los medios razonables de inmigración para un número pequeño de judíos que, de su propia voluntad, podría desear ir a Palestina.

Esto significaba abandonar el concepto de una nacionalidad judía separada simbolizado por un *Estado* judío, y era traición. Era (como el Dr. Weizmann dice) un reavivamiento de la antigua hendidura entre el "Occidente" y "Oriente"; entre "*Judíos orientales*" y judíos Occidentales emancipados; entre "Washington" y "Pinsk" (el nombre del autor de la frase sobre la "presión internacional" era significante, no coincidente).

Los Sionistas de Rusia derrocaron al Sr. Brandeis tan fácilmente como al Dr. Herzl en 1903-1904. El Sr. Brandeis hizo la propuesta resumida arriba en el Congreso Sionista norteamericano en Cleveland, en 1921. El Dr. Weizmann, oponiéndose, insistió en "un *fondo nacional*" (es decir, rédito que iba a ser levantado por el gobierno auto elegido de una *nación* judía, de los obligatorios pagos de diezmo por los miembros de la organización Sionista) y "un presupuesto *nacional*". La debilidad del Sr. Brandeis fue precisamente la del Dr. Herzl en 1903; los grandes gobiernos Occidentales estaban *comprometidos* con los Sionistas de Rusia. El congreso, el cual si fue elegido de alguna forma, fue electo por la décima parte de los judíos en EEUU, levantó al Dr. Weizmann y el Dr. Brandeis cayó de su alta posición.

(4) En Palestina los soldados y los oficiales británicos vieron que una tarea imposible sería infligida en ellos. Ellos eran del tipo que había ganado más experiencia en la administración de territorios extranjeros que cualquier otro en la historia, y la experiencia y el instinto por igual les advirtió. Ellos sabían como administrar un país, justamente en el beneficio de toda su gente nativa y a menudo habían hecho esto. Ellos supieron que ningún país puede sólo administrarse, o incluso mantenerle tranquilo, si inmigrantes extranjeros fueran forzados a entrar allí y las gentes nativas obligadas a permitir esto. Sus protestas, también, empezaron a fluir hacia Londres y hasta el final, treinta años después, fueron ignoradas. Los Árabes desde el comienzo aceptaron la amarga verdad y comenzaron a (en 1920) resistirse con manifestaciones, levantamientos y cada uno de los medios a mano; ellos nunca han cesado desde entonces y obviamente no lo harán hasta que su agravio se remiende o sean ellos todos, puestos en la cautividad armada permanente.

(5) Como los "políticos del frente-de-línea" (la frase del Dr. Weizmann) en Londres y Washington estaban resueltos, a cualquier costo, implantar a los Sionistas en Palestina, sin tener en cuenta alguna protesta, opinión o consejo, el estudioso de hoy podría preguntarse por qué el Presidente Wilson y el Sr. Lloyd George enviaron comisiones de investigación a la tierra traficada por ellos mismos. Si esperaban recibir informes alentadores (de la forma de los "meses-de-barro" de Sir Henry Wilson) ellos estaban engañados, ya que estos investigadores sólo confirmarían lo que Árabes, judíos y británicos en Palestina habían dicho. La Comisión King-Crane del Presidente Wilson (1919) informó que "*Los Sionistas buscan adelante a una desposesión prácticamente completa de los habitantes non-judíos presentes en Palestina*". Esta comisión agregó, "por las diferentes formas de compra"; los oficiales británicos con más experiencia han sido escuchados y correctamente han informado que "el programa Sionista no puede llevarse a cabo, excepto por *la fuerza de las armas*". La Comisión Haycraft del Sr. Lloyd George (1921) informó que la raíz real del problema que comienza entonces en Palestina, yace **en la justificada** creencia árabe, que los Sionistas **piensan dominar en Palestina**.

(6) Por lejos el obstáculo más grande para la ambición Sionista vino de las noticias verdaderas en la prensa, de lo que estaba sucediendo en Palestina y desde comentarios editoriales adversos al Sionismo. En cualquier momento hasta la guerra de 1914-1918, los gobiernos norteamericanos y británicos, antes de que ellos fueran demasiado

lejos, deberían haber contado con la opinión pública, informada exactamente por los periódicos. La corrupción de la prensa (prevista por los Protocolos) comenzó con la censura introducida durante la Primera Guerra Mundial; el surgimiento del poder dirigente entre bastidores se había mostrado por los casos del Coronel Repington, del Sr. H.A. Gwynne y del Sr. Robert Wilton en 1917-1918; corresponsales experimentados fueron obligados a renunciar o a escribir en libros porque sus despachos fueron ignorados, sofocados o suprimidos; un editor que publicó un informe veraz sin sumisión a la censura fue acusado legalmente

En 1919-1922 la censura estaba acabando y los periódicos revirtieron naturalmente, en lo principal, a la práctica anterior de informar verazmente y al comentario imparcial en los hechos informados. Esto restableció el chequeo anterior en las políticas gubernamentales, y si hubiese continuado habría frustrado el proyecto Sionista que indudablemente no podría mantenerse si estaba abierto al escrutinio público. Por consiguiente todo el futuro para los Sionistas, en este momento crucial, cuando "el Mandato" todavía no estaba ratificado, dio luz verde a la supresión de la información y comentarios de los periódicos adversos. En esta misma juntura ocurrió un evento que produjo ese resultado. Por causa de este tuvo gran efecto en el futuro, y por su propia naturaleza singular, el evento (denotado en el título al presente capítulo) merece un relato detallado aquí.

En esa fase en el asunto, Inglaterra tenía una importancia suprema para los conspiradores (yo he mostrado que ambos, el Dr. Weizmann y el Sr. House usaron esta palabra) y en Inglaterra el enérgico Lord Northcliffe era un hombre poderoso. Anteriormente llamado Alfred Harmsworth, voluminoso y llevando un mechón napoleónico, poseía dos periódicos diarios ampliamente leídos, varios otros periódicos y revistas, y además era co-propietario mayoritario del periódico más influyente en el mundo en ese momento, **The Times** de Londres. Así, él tenía un acceso directo a millones de personas cada día y, a pesar de su perspicacia comercial, él era por naturaleza un gran *editor* de periódicos, valeroso, combativo y patriótico. Él a veces tenía razón y a veces se equivocaba en las causas que lanzó o abrazó, pero era *independiente* y no se vendía. El se parecía un poco al Sr. Randolph Hearst y al Coronel Robert McCormick en Norteamérica, lo cual quería decir que podría hacer muchas cosas o aumentar la circulación de sus periódicos, pero sólo dentro de los límites del interés nacional; él no habría confundido blasfemias, obscenidad, libelo *o sedición*. El no podía ser intimidado y era una fuerza en el país.

Lord Northcliffe se hizo a sí mismo adversario de la conspiración de Rusia de dos maneras. En mayo 1920 hizo imprimir en el **The Times** el artículo, previamente mencionado, sobre los Protocolos. Fue titulado,

"El Peligro Judío, Un Panfleto Inquietante, Llamado a una Investigación". Concluía, "Una *investigación* imparcial de estos supuestos documentos y de su historia es muy deseable...

¿Vamos a desechar todo este asunto *sin una investigación* y permitir la influencia de tal libro como este trabajo desenfrenado?

Entonces en 1922, Lord Northcliffe visitó Palestina, acompañado por un periodista, el Sr. J.M.N. Jeffries (de quien el libro subsecuente, *Palestina: La Realidad*, yace como el clásico trabajo de referencia para ese período). Ésta era una combinación de una clase diferente de aquella formada por los editores del *The Times* y el *Manchester Guardian*, quienes escribieron los principales artículos sobre Palestina en Inglaterra en consultación con el jefe Sionista, el Dr. Weizmann. Lord Northcliffe, sobre la marcha, sacó la misma conclusión como todos los otros investigadores imparciales, y escribió, "En mi opinión nosotros, sin pensar lo suficiente, garantizamos Palestina como un hogar para los judíos a pesar del hecho que 700,000 árabes Musulmanes viven allí y lo poseen... Los judíos parecen estar bajo la impresión que toda Inglaterra se consagró a la causa única del Sionismo, entusiastas por él de hecho; y les dije que esto no era así y que debían tener cuidado que ellos no cansaran a nuestro pueblo *por la importación secreta de armas para combatir a 700,000 Árabes*... Habrá problema en Palestina... las personas no se atreven a decirle la verdad a los judíos aquí. Ellos han recibido algunas de mi parte."

Declarando *esta* verdad, Lord Northcliffe ofendió *dos veces*; él ya había entrado en el cuarto prohibido exigiendo la "investigación" en los orígenes de los Protocolos. Es más, él fue capaz de publicar esta verdad en los periódicos de circulación masiva poseídos por él, de tal manera que él llegó a ser para los conspiradores, un hombre peligroso. Encontró un obstáculo en la forma del Sr. Wickham Steed que era el editor de The Times y cuyo Campeonato por el Sionismo, registra el Dr. Weizmann.

En esta lucha, Lord Northcliffe tenía un talón de Aquiles. Él deseaba particularmente obtener la verdad sobre Palestina en el *The Times*, pero él no era el *único* propietario de ese periódico, sólo el propietario principal. Así sus propios periódicos publicaron su serie de artículos sobre Palestina pero *The Times*, de hecho, se negó a hacerlo. El Sr. Wickham Steed pensaba que él había hecho grandes propuestas sobre el futuro de Palestina, rechazando ir allí, y había negado la publicidad al caso anti-sionista.

Estos hechos, y todos los que ahora siguen, están relacionado (nuevamente, con un candor sorprendente) en la *Historia Oficial del The Times* (1952). Este escrito graba allí que el Sr. Wickham Steed "evadió" visitar Palestina cuando Lord Northcliffe le pidió que fuera allí; también consigna la "inacción" del Sr. Wickham Steed ante el deseo telegrafiado del Lord Northcliffe de un "importante artículo atacando la actitud de Balfour hacia el Sionismo". En lo que sigue a la atención del lector es particularmente dirigida a *las fechas*.

En mayo de 1920, el Señor Northcliffe había provocado la publicación del artículo sobre los Protocolos en *The Times*. A principios de 1922 visitó Palestina y produjo la serie de artículos antes citados. El 26 de febrero de 1922 dejó Palestina, después de su demanda que fue ignorada por el editor de *The Times*. Estaba irritado contra el incumplimiento del editor y tenía un mensaje, fuertemente crítico de su política editorial, leída en una conferencia editorial que se reunió el 2 de marzo de 1922. Lord Northcliffe deseaba que el Sr. Wickham Steed debía renunciar y estaba sorprendido que permaneciera después de este abierto reproche. ¡El editor, en lugar de renunciar, decidió consultar la opinión de un abogado en el grado de provocación necesario para constituir un despido ilegal". Por este propósito consultó *al propio consejero legal especial de Lord Northcliffe* (el 7 de marzo de 1922), quién informó al Sr. Wickham Steed que Lord Northcliffe era "anormal", "incapaz de llevar negocios" y, a juzgar por su apariencia, "improbable de vivir mucho tiempo" y aconsejó al editor para que ¡*continuara en su puesto*! El editor fue entonces a Pau, en Francia, para ver a Lord Northcliffe, y a su vuelta decidió que Lord Northcliffe era "anormal" (el 31 de marzo de 1922), e informó al director del *The Times* que Lord Northcliffe "se estaba volviendo loco".

La sugerencia de locura entonces, fue publicitada así por un editor a quien Lord Northcliffe deseó despedir y las impresiones de otros son por consiguiente evidentemente pertinentes. El 3 de mayo de 1922, Lord Northcliffe asistió a un almuerzo de despedida en Londres para un editor que se retiraba de uno de sus periódicos y *"estaba en excelente estado"*. El 11 de mayo de 1922 hizo *"un discurso excelente y efectivo* en la Unión de Prensa del Imperio y *"la mayoría de las personas que lo habían creído 'anormal', creyeron que se habían equivocado"*. Lord Northcliffe más tarde, telegrafió las instrucciones al Director Gerente de *The Times* para disponer la orden para la renuncia del editor. Este Director Gerente no vio nada "anormal" en tal instrucción y no estaba *"en lo más mínimo ansioso sobre la salud de Northcliffe"*. Otro director que entonces lo vio "consideró *que realmente tenían tanto riesgo de vida como la suya propia"*; él *"no notó nada raro en las maneras o apariencias de Northcliffe"* (el 24 de mayo de 1922).

El 8 de *junio* de 1922, Lord Northcliffe, desde Bolonia, le pidió al Sr. Wickham Steed que se encontraran en París; ellos se encontraron allí el 11 de *junio* de 1922, y Lord Northcliffe le dijo a su visitante que él, Lord Northcliffe, asumiría la dirección de *The Times*. El 12 de *junio* de 1922, todo el grupo viajó a Evian-les- Bains, un médico fue subido en secreto al tren, en la frontera suiza, por el Sr. Wickham Steed. Llegando a Suiza "un brillante especialista neurólogo francés (de nombre desconocido) fue solicitado y por la tarde certificó que Lord Northcliffe estaba demente. Con la fuerza de esto, el Sr. Wickham Steed cablegrafió las instrucciones a *The Times* de no prestar atención y no publicar nada que se recibiera de Lord Northcliffe, y 13 de *junio* de 1922 él salió, nunca vería a Lord Northcliffe de nuevo. El 18 de *junio* de 1922, Lord Northcliffe volvió a Londres y estaba de hecho alejado de todo el control e incluso la comunicación con sus tareas (sobre todo con el *The Times*; su teléfono estaba cortado). El gerente tenía policía apostada en la puerta para prevenir que entrara en la oficina de The Times si llegaba a aparecer. Todo esto, según la *Historia Oficial*, estaba en la fuerza de una certificación en un país extranjero (Suiza) por un anónimo médico (francés). El 14 de agosto, 1922 Lord Northcliffe murió; la causa de muerte declarada fue endocarditis ulcerativa, y su edad era de cincuenta y siete años. Fue enterrado, después de un servicio en la Abadía de Westminster, en medio de un gran número de editores que lo lamentaban.

Tal es la historia como la he tomado de la publicación oficial. Nada de esto era conocido fuera de un pequeño círculo en ese momento; sólo emergió en la *Historia Oficial* después de tres décadas, y si hubiese sido publicada en 1922, habría llamado probablemente a muchas preguntas. Yo dudo si puede aducirse algún desplazamiento comparable de un hombre poderoso y adinerado, de cualquier forma, en tales misteriosas circunstancias.

Por primera vez, aparezco ahora en esta narrativa como un testigo personal de eventos. En la guerra de 1914-1918, yo era un participante entre millones que no comprendían, y sólo comencé a ver mucho tiempo después su verdadera forma.

En 1922 yo estuve por un momento dentro, aunque no en el círculo interno; mirando atrás, me veo reunido con Lord Northcliffe (cerca de su muerte) y bastante ignorante del Sionismo, Palestina, Protocolos o cualquier otra materia en la que él había levantado su voz. Mi testimonio puede ser de algún interés; No puedo juzgar yo mismo su valor.

Yo era en l922 un hombre joven viniendo de la guerra, que se esforzaba en encontrar un lugar en el mundo y me había hecho empleado en la oficina del *The Times*. Fui llamado entonces para servir, en esa primera semana de junio cuando Lord Northcliffe estaba preparándose para despedir al Sr. Wickham Steed y asumir la dirección del *The Times*, como secretario de Lord Northcliffe que estaba en Bolonia. Fui advertido de antemano que él era alguien inusual, para el cual cada orden debía cumplirse rápidamente. Posiblemente por esa razón, todo lo que él hizo me pareció simplemente era la expresión de su naturaleza inusual. Ninguna sospecha de algo más, vino a mí alguna vez, todo esto una semana antes de que él fuera "certificado" y, en el efecto, puesto en cautividad.

Yo era completamente ignorante de las condiciones "anormales", por lo que un especialista podría desechar mi testimonio. Sin embargo, el comportamiento que yo observé era lo que me habían dicho que esperara por aquellos que habían trabajado con él durante muchos años. Había una excepción a esto. Lord Northcliffe estaba convencido que su vida estaba en el peligro y varias veces dijo esto; específicamente, dijo que él había sido envenenado. Si esto es en sí mismo locura, entonces él estaba demente, pero en ese caso muchas víctimas de envenenamiento han muerto de locura, no de lo que se les dio a ellos.

Si por cualquier situación fuese verdad, él *no* estaba demente. Recuerdo haber pensado que era factible que tal hombre debiera tener enemigos peligrosos, aunque en ese momento yo no tenía ningún indicio en absoluto de cualquier hostilidad particular que él podría haber incurrido. Su creencia ciertamente lo cargaba con las sospechas de aquellos alrededor de él, pero si por alguna posibilidad él tuviese razón para ello, entonces nuevamente no era *locura*; si todos esto hubiera salido a la luz, tales cosas podrían haberse analizado.

No puedo juzgar, sólo puedo registrar lo que vi y pensé en el momento, como un joven que no tenía ninguna idea más de lo que sucedía alrededor de él que un bebé conoce la forma del mundo. Cuando volví a Londres fui interrogado por el hermano de Lord Northcliffe, Lord Rothermere, y por uno de sus socios principales, Sir George Sutton. El pensamiento de locura debe en ese tiempo haber estado en sus mentes (la "certificación" ya había sucedido) y por consiguiente estaba bajo sus preguntas, pero ni siquiera en ese momento alguna sospecha ocurrió en mí, aunque yo había sido una de las últimas personas en verle antes de que él fuese certificado y alejado del control de sus periódicos. Yo no supe de eso cuando les vi y hasta largo tiempo después. Todo esto fue hecho en tal secreto que aunque yo continué al servicio de *The Times* durante dieciséis años, sólo supe *después de treinta años* de la "locura" y la "certificación" por la *Historia Oficial*. Por ese tiempo pude ver cuan grandes consecuencias habían fluido de un asunto en que yo estaba como espectador no iniciado a la edad de veintisiete años.

Lord Northcliffe estaba por consiguiente, fuera de circulación, y del control de sus periódicos, durante el período decisivo que precedió la ratificación de "el Mandato" por la Liga de Naciones que remacharon la transacción Palestina y dejó los efectos de ésta a nuestra presente generación: La oposición de una cadena extensamente-leída de periódicos en ese período, podrían haber cambiado el curso total de los eventos. Después que Lord Northcliffe murió, la posibilidad de editoriales en *The Times* "atacando la actitud de Balfour hacia el Sionismo" desapareció. Desde ese tiempo la sumisión de la prensa, de la forma descrita por los Protocolos, creció mucho más claramente y en poco tiempo alcanzó la condición que prevalece hasta hoy, cuando reportajes fieles y comentarios imparciales sobre este asunto ha quedado largo tiempo, en suspenso.

Lord Northcliffe fue alejado del control de sus periódicos y puesto bajo restricción el 18 de junio de 1922; el 24 de julio de 1922, el Concilio de la Liga de Naciones se reunió en Londres, con la seguridad ante cualquier posibilidad de protesta pública fuerte de Lord Northcliffe, para dar a Bretaña un "Mandato" para permanecer en Palestina y mediante las armas instalar a los Sionistas allí (yo describo los eventos que han mostrado ser los hechos; el asunto no fue descrito así por supuesto).

Este acto de "ratificar" el "Mandato" fue en tales circunstancias una formalidad. El verdadero trabajo de diseñar los documentos y de asegurar que recibieran la aprobación, se había hecho de antemano, en las primeras tareas por los reclutadores inspirados por el Dr. Weizmann y luego por el propio Dr. Weizmann en las antesalas de muchas capitales. Los miembros de "Inquiry" del Sr. House habían bosquejado el Convenio de la Liga de Naciones; El Dr. Weizmann, Sr. Brandeis, Rabino Stephen Wise y sus socios habían bosquejado la Declaración Balfour; tal como tuvo que ser bosquejado el tercer documento esencial, uno que la historia nunca conoció antes. El Dr. Weizmann pagó al Lord Curzon (entonces Ministro del Exterior británico) el cumplimiento formal de decir que él estaba al cargo del bosquejo real del Mandato" pero agrega, "en nuestro lado nosotros teníamos la valiosa ayuda del Sr. Ben V. Cohen... uno de los planificadores más capaces *en EEUU*". Así, un sionista en Norteamérica (el Sr. Cohen jugaría un rol muy importante en una fase bastante posterior de este proceso) de hecho, diseñó un documento bajo el cual "el Nuevo Orden Mundial" iba a dictar la política británica, el uso de las tropas británicas y el futuro de Palestina.

El rol de Lord Curzon fue solamente moderar las condiciones del "Mandato" si es que él podía hacerlo, y logró modificaciones menores, aunque éstas tendrían pequeños efectos en los eventos a la larga. Un capacitado Estadista (*no* político) quién se parecía a un emperador romano, era "completamente fiel a la política adoptada y deseaba cumplir con la "Declaración Balfour (Dr. Weizmann), pero personalmente era conocido que desaprobaba el proyecto que el deber le requería llevar a delante (ésta podría ser la razón por qué nunca llegó a ser Primer Ministro, para cuya oficina él estaba altamente calificado). Ideó anular una palabra del proyecto. El Dr. Weizmann y el Sr. Cohen deseaban que el documento comenzara, "Reconociendo *los derechos históricos* de los judíos en Palestina... " Lord Curzon dijo, "Si usted lo formula así, puedo ver a Weizmann viniendo a mí todos los días y diciendo que él tiene el *derecho* para hacer esto, o esto otro en Palestina! Yo no lo tendré". Así los "derechos históricos" se volvieron "conexión histórica", una falsa aserción menor; Lord Curzon, un estudioso, ciertamente no creía que los Khazar de Rusia tenían alguna conexión histórica con la Península Árabe.

El Dr. Weizmann, mientras el proyecto estaba siendo preparado, salió a otra gira internacional, para asegurar que todos los miembros del Concilio de la Liga de Naciones inaugurarían "el Nuevo Orden Mundial" votando por "el Mandato". Llamó primero al Ministro del Exterior italiano, Signor Schanzer, quien le dijo que el Vaticano estaba angustiado sobre el futuro, bajo el Sionismo, de la Sala de la Última Cena en Jerusalén. El Dr. Weizmann, en el tono habitual entre sus asociados cuando ellos hablaban de cosas sagradas a otros, dijo, "Mi educación en historia de las Iglesias habiendo sido deficiente, nunca supe por qué los italiano pusieron tal tensión en el Cuarto de la Última Cena".[16]

El Dr. Weizmann pudo tranquilizar al Signor Schanzer y dejó Roma seguro del apoyo italiano. Después de eso el asunto se puso cuesta abajo desde ese momento los "votos" de la Liga de Naciones (y de las "Naciones Unidas" más tarde) en asuntos vitales, siempre fueron arreglados de antemano por este método de sondeo-secreto, del lobby y la "presión irresistible" en general. El Dr. Weizmann siguió a Berlín y encontró allí a un famoso Ministro judío, el Dr. Walter Rathenau, que era violentamente opuesto al Sionismo. "Él deploraba cualquier intento de transformar a los judíos de Alemania 'en un cuerpo extranjero en las arenas del Mark de Brandeburg': eso era todo lo que él podía ver en el Sionismo". El Dr. Rathenau fue asesinado poco después de esto, de tal manera que la causa de los judíos emancipados de Occidente fue privada de otro de sus notables campeones.

Mediante sus viajes y visitas el Dr. Weizmann finalmente se aseguró el mismo, antes de la reunión, de todos los votos en la mesa del Concilio, excepto de dos, aquellos de España y Brasil. Él clamó entonces en Londres, en el dignatario español que estaba representando a España y dijo: "Aquí está la oportunidad de España para pagar **en parte**, esa larga deuda que tiene con los judíos. El mal que sus antepasados fueron culpables en contra nuestra usted puede limpiarla **en parte**".

El Dr. Weizmann era cauto, usando dos veces la palabra "en parte". Su anfitrión cuyo deber era con la España contemporánea, estaba siendo

---

[16] En 1950 los Sionistas habían abierto un "Sótano de la Catástrofe" en un piso inferior del mismo edificio, como lugar de peregrinación para los judíos. Una leyenda a la entrada dice: "Entrada prohibida para aquellos que no tienen fuertes valores", El jefe Rabino de África del Sur después de inspeccionar este lugar, escribió. "Todo está haciéndose para desarrollar y hacer crecer este nuevo culto del Monte Sión; para suplir un sustituto del Muro de los lamentos y una salida emocional para los sentimientos religiosos del pueblo. Aquí me parece a mí, hay algo no-judío en él, algo que pertenece más bien a la superstición que a la fe de una verdadera religión... Tiemblo al pensar en el efecto de éstas historias completamente apócrifas" (de las curas milagrosas) "en los simples, devotos y supersticiosos judíos de Yemen, ¿Se está desarrollando un Lourdes judío? Espero que no, pero las señales son amenazantes."

tentado con la sugerencia que había fascinado antes al Sr. Balfour; que España debía alguna "deuda" indeterminada a "los judíos", por todos aquellos quien su visitante exigía hablar, y que barriendo las esperanzas árabes en Palestina él podría limpiar (en parte) esta deuda, en la que España, según dijo, había incurrido. Considerado por las normas de la razón, estas conversaciones se leen como algo de la Fiesta del Té de Mad Hatter *[de Alicia en el País de las Maravillas]*. En cualquier caso, el representante español prometió el voto de España y, para colmar la medida, **también el voto de Brasil,** de tal manera que la cadena de 'Sí' estuviera completa. Ni siquiera el Dr. Weizmann podría decir si este final feliz de sus visitas fue el resultado de su propia elocuencia o de la "presión irresistible" aplicada a un nivel más alto (el de los jefes de los delegados españoles en Madrid).

En Inglaterra, cuando se acercaba el momento, una última oferta fue hecha para evitar el embrollo británico en esta empresa. Lord Sydenham, Lord Islington y Lord Raglan llevaron a cabo un ataque a "el Mandato" en la Casa de los Lores y **por una gran mayoría su moción llevó a la revocación de la Declaración de Balfour**. Sin embargo, la casa superior, sus poderes más tempranos abolidos, en ese tiempo sólo podrían protestar, y el Sr. Balfour (pronto a transformarse en Lord) en seguida tranquilizó al Dr. Weizmann: "¿Qué importa si unos Lores tontos pasan tal moción?"

Después de toda esta preparación secreta, la fase fue fijada para la reunión del Concilio de la Liga en Londres el 24 de julio de 1922 y "todo sucedió fácilmente cuando el Sr. Balfour introdujo el asunto de la ratificación del Mandato de Palestina". Sin alguna objeción Bretaña fue otorgada con "el Mandato" de permanecer en Palestina y mantener un cordón armado cuando los Sionistas llegaran allí.[17]

Así en 1922, el futuro británico quedaba cargado con una tarea que nunca había recibido el escrutinio público y durante las próximas tres décadas, las creciente facturas empezaron a surgir allí. A comienzos del proceso, EEUU también estaba nuevamente envuelto, aunque el público en general no se dio cuenta de esto, durante otros treinta años. El

---

[17] *Los "Mandatos" también se dieron en Bretaña con respecto a Irak y Transjordania, y a Francia con respecto a Siria, estos fueron luego abandonados, estos territorios se transformaron en estados independientes. Otros países recibieron "Mandatos" con respecto a varios territorios coloniales y oceánicos, los cuales con el tiempo y de hecho se volvieron sus posesiones. Estos otros "Mandatos" fueron desde el comienzo ficticios y sirvieron en la oficina de chaperones para embaldosar a algunos dudosos que necesitaban una compañía respetable. De todo el arreglo ficticio, sólo el "Mandato" de Palestina continuó hasta que los Sionistas siendo los suficiente numerosos y habiendo sido suficientemente provistos de armas, fue abandonado y el país se dejó entonces a los invasores capaces de tomarlo y sostenerlo por la fuerza: Las "Naciones Unidas" más tarde, por razones obvias, no resucitaron la palabra "Mandato". Encontraron otra palabra, el "Fideicomiso", para la misma idea que es transparentemente esa de transferir territorios de una propiedad a otra, a través de un proceso de "ley internacional" y legalidad farsante.*

Presidente Wilson estaba muerto y su partido Demócrata estaba fuera de la oficina. El Presidente Harding estaba en la Casa Blanca y el partido Republicano regresaba al poder. Había sido barrido de vuelta por la ola del sentimiento popular contra el resultado defraudador de la guerra y del deseo instintivo de ser libre de los "enredos" de ultramar. El país se sentía bien fuera de la Liga de Naciones y de sus misteriosas actividades por el mundo.

Entonces el partido Republicano llevó la República atrás, a los embrollos en que el partido Democrático lo había involucrado primero. Probablemente los dirigente- partidarios, esos arquitectos del infortunio público, pensaban competir con el otro Partido por los favores de esos grupos poderosos, y el "voto fluctuante" controlado por ellos, descritos en el diario y la novela del Sr. House.

En junio de 1922, justo antes del Concilio de la Liga en Londres, le otorgara el "Mandato" Palestino a Bretaña, el Congreso de Estados Unidos aprobó una resolución de ambas cámaras, la redacción de la cual **era casi idéntica con aquella de la Declaración Balfour de 1917.** Después de esto, el caldazo Sionista estaba firmemente fijado alrededor del cuello de la política de Estado norteamericana, y aun cuando el votante norteamericano sólo se dio cuenta de esto, llegó a ser inmaterial para él qué Partido prevalecía en las elecciones.

Capítulo 35

El Hogar Nacional

Durante diez años, después de forzar "el Mandato" en el pueblo británico, continuó la pretensión que el "Hogar Nacional Judío" en Palestina, bajo su protección, sería simplemente "un centro cultural del Judaísmo", inofensivo para los Árabes; una Meca-Judaísta con Universidad, biblioteca y granjas asentamientos. Los Árabes nunca fueron engañados; ellos vieron que eran los objetivos de un esfuerzo por reforzar, en el Siglo 20 DC, la Ley de desposeer violentamente, preparada por los Levitas en el Siglo 5 AC. Ellos respondieron con protestas y el levantamiento bélico que nunca ha cesado desde allí, así en "la guerra para acabar la guerra" comenzó una guerra sin fin.

Inmediatamente quedó claro que el Sionismo había sido insertado como una carga explosiva de destrucción en la vida de un pueblo y que en "un país pequeño del tamaño de Gales o Vermont" (recién "liberado" de los Turcos) se habían plantado el fusible de tiempo para un futuro conflicto mundial. No obstante, un nuevo Ministro Colonial británico, el Sr. Leopold Amery, fue a Palestina en 1925 y (él dice) "francamente le dijo a los Árabes que no había **ninguna posibilidad de cambio** en la política británica" (*Jewish Telegraph Agency*).

Estas palabras (tal como la temprana declaración del Sr. Balfour, que la política británica en este asunto estaba "***fijada definitivamente***") contiene el misterio y desafío central. ¿En qué otro asunto en la historia, una inversión de la política había sido declarada como ser ***imposible?*** Esta política se había demostrado imposible de ***cumplir***, y era desastrosa. ¿Qué poder dictaba que debía seguirse en aquellas o en cualquier circunstancia? Ningún líder político británico o norteamericano ha podido explicar alguna vez esta capitulación secreta al electorado, al Parlamento o al Congreso (en las declaraciones de los años 1950, similares a aquellas del Sr. Balfour y del Sr. Amery, fueron a menudo hechas en Norteamérica, tal como se verá).

Durante esta década, cuando el proyecto del "Hogar Nacional" demostró ser un fiasco, los políticos Occidentales continuaron felicitándose ellos mismos por lo que habían hecho. El Sr. Lloyd George le dijo a un público Sionista que aplaudía en Londres: "Crecí en una escuela dónde se me enseñó más sobre la historia de los judíos que sobre la historia de mi propio país". Sus días estaban acabando, pero los candidatos para estar sus zapatos se apresuraron en declarar su obediencia. El que sería el próximo Primer Ministro, el Sr. Ramose Macdonald, aunque estaba incapacitado para asistir a esta reunión, envió un mensaje en que declaraba su apoyo al Sionismo; otro, el Sr. Stanley Baldwin, se unió al círculo de "amigos" (Dr. Weizmann); En África del Sur el General Smuts vio en su "trabajo para los judíos la justificación de su vida."

El Señor Balfour consideró su Declaración como el gran logro de su vida y en 1925 fue por primera vez, a ver el país por el que había estado privadamente traficando por veinte años. Él era (característicamente) un mal marinero y surgió pálido de su cabina en Alejandría. En Tel Aviv dijo (con intención de adular) que los muchachos de la Escuela secundaria Herzliah, podrían "haber venido de Harrow" y el alcalde podría "fácilmente ser el alcalde de Liverpool o de Manchester", y él "inauguró" la aun no construida Universidad Hebrea . Recorrió Palestina bajo una fuerte guardia y dijo que su cordial recepción le recordaba una elección general "con todos en el mismo lado". Entonces (contra el perentorio consejo del Dr. Weizmann) continuó a Siria, dónde fue sitiado por una chusma árabe, clamando por sus vidas, en el Hotel Victoria en Damasco, apresurándose a la costa en medio de una fuerte escolta de la caballería francesa y restaurado (aun mareado) en el navío a Inglaterra.

El Sr. J.M.N. Jeffries graba lo que sucedió en Palestina durante esta década. Los Sionistas comenzaron a comprar tierras árabes (qué bajo la Ley Talmúdica jamás podría ser re-vendida, bajo ninguna condición a los Árabes). Los Árabes les vendieron gustosos **algo de tierra** pero demasiado bien conocían la Torah para dejar suficiente para Palestina que no sería tomada de ellos por la simple compra (como también claramente la Comisión King-Crane lo había previsto). Es más, ellos engendraban rápidamente y pronto demostraron que esa inmigración sionista, en cualquier circunstancia normal, nunca podría producir una población casi igual a ellos. Desde un comienzo estaba claro, tal como todos los observadores experimentados lo habían declarado, que ellos sólo podrían ser desposeídos por una nueva guerra mundial.

La intención para desposeerlos no fue admitida en ese momento. ¡El Papel Blanco del Sr. Churchill, de 1922, de hecho, propuso que debía permitírseles sostener elecciones en su propio país! El Dr. Weizmann prohibió esto y así se puso "en la curiosa posición **de parecer** oponerse los derechos democráticos de los Arabes"; luego el se quejó que los Arabes, que dedujeron una conclusión obvia de su rechazo a las elecciones, eran víctimas de "una falsedad deliberada de los objetivos Sionistas".

El alboroto en Palestina causó que el gobierno británico enviara a más "investigadores" (y nuevamente, uno se pregunta por qué, si no había "ninguna posibilidad de cambio" en la política británica). Las Comisiones Shaw y Simpson vinieron después de la King-Crane y la Comisión Haycraft y, una vez ellos vieron los hechos, substancialmente produjeron los mismos informes. En esta cuenta el Dr. Weizmann pregunta melancólicamente por qué "tan a menudo como una comisión salió a Palestina para investigar" fue "una regla casi universal que tales administradores que salieron inclinados favorablemente se vuelven en contra nuestra en unos pocos meses".

El fiasco del "Hogar Nacional" estaba tan claro que incluso los políticos comenzaron a evadirse. El Sr. Lloyd George en 1925 le dijo públicamente a los Sionistas "cualquier política de expropiación o algo que lo sugiera, causará sólo dificultades en el camino del Sionismo". El Dr. Weizmann contestó en seguida: "Sr. Lloyd George me creerá cuando le digo que los judíos son el último pueblo en el mundo **que construirían su hogar en la espalda de alguien**. Los judíos han sufrido tanto por la injusticia que **ellos han aprendido su lección** y yo puedo asegurarle que **los Árabes no sufrirán en nuestras manos**". Nuevamente "la palabra" invita a hacer la comparación con "el hecho" que sucedió después.

Sin embargo, lo que pasó en Palestina durante esta década era todo incidente al propósito mayor de retener el control encima de los políticos de Londres y Washington, para que la "política" deba continuar siendo allí "imposible de cambiar". Eso y no el éxito o fracaso del "Hogar Nacional" en Palestina era decisivo, y el Dr. Weizmann triunfó al final nuevamente.

En este período él tenía que tratar con una dificultad aun mayor que cualquiera ofrecida por los políticos Occidentales: la alarma, y la hostilidad, a ese "Mundo Judío" que él y sus socios de Rusia exigieron representar. Los judíos emancipados podrían haber ofrecido una oposición eficaz a los Sionistas si ellos hubiesen formado una organización anti-sionista. Ellos temieron hacerlo, y ésta fue su destrucción. Ellos no querían un nacionalismo Sionista y un estado judío, pero ellos **quisieron** la Meca Judaísta, el centro cultural y religioso, y temieron que el término anti-sionista" implicara el antagonismo a eso. A través de esta grieta en su armadura, el Dr. Weizmann alcanzó infaliblemente su objetivo.

Su tarea completa en Palestina estaba entonces cercana al colapso. El "Mandato" proveía que el gobierno británico reconocería su Organización Sionista como "una apropiada agencia judía con el propósito de aconsejar y cooperar con la administración de Palestina" en materias que afectan "el establecimiento del Hogar Nacional Judío". Sin embargo, había una calificación: esta agencia "daría los pasos en consulta con el gobierno de Su Majestad Británica **para asegurar la cooperación de**

todos los judíos que están dispuestos a ayudar en el establecimiento del "Hogar Nacional Judío".

Como las masas de judíos se opusieron abiertamente al Sionismo del Dr. Weizmann, ni siquiera él podría pretender hablar por ellos. Así, él transfirió su prospección desde las antecámaras de los Gentiles a los judíos y ***por ocho años*** recorrió apresuradamente el mundo en busca de una solución a este problema, La gran masa de judíos emancipados de Occidente se oponían resueltamente a cualquier proyecto que pudiese resultar ser uno para la re-creación de "una nación judía".

Entonces el Dr. Weizmann encontró la respuesta al enigma. Él acuñó el término "non-sionista". Los judíos en Bretaña permanecieron apartados pero aquellos en EEUU cayeron en la trampa. "Non-sionista" parecía ofrecer lo mejor de ambos mundos; les permitiría que se opusieran al nacionalismo Sionista mientras apoyaban la idea de La Meca-Judaísta. En 1928 un grupo de judíos anunció que ellos representaban a los "non-Sionistas" y trabajarían con el Dr. Weizmann para "la construcción de Palestina". Sobre esta base, el Dr. Weizmann en 1929, estableció su "Agencia Judía ***Ampliada***" exigiendo después de esto que, incluyendo a los "non-Sionistas", cumplía todas las provisiones de "el Mandato" y que él, una vez más, representaba a "todos los judíos". El dilema del cual el Dr. Weizmann fue rescatado, es mostrado por sus palabras: él dice que consideró la situación Sionista "***desesperada y desvalida*** a menos que los non-Sionistas vinieran al rescate",

Los Árabes en seguida vieron que esta Agencia Judía "ampliada" sería el verdadero gobierno de Palestina e intensificaron su resistencia. El resultado fue que por fin un gobierno británico se vio obligado a admitir el fiasco y en 1930, el Papel Blanco Passfield se propuso ***suspender la inmigración Sionista y abreviar la autoridad de la Agencia judía.*** ¡La política "fija" *fue* cambiada! El Dr. Weizmann, con su autoridad reforzada por la contratación de los "non-Sionistas", golpeó en seguida. Le dio audiencia al Primer Ministro británico, entonces el Sr. Ramsay Macdonald, quién se comportó como un hombre amenazado con un arma; él no sólo revocó el Papel Blanco sino que humildemente le preguntó al Dr. Weizmann a quien debía designar como el próximo Alto Comisionado en Palestina.

Así los años que los Sionistas han comido continuaron. ¿Qué temían estos políticos?, nadie puede decirlo confiadamente; sus memorias están uniformemente silentes en este misterio central y sus capitulaciones son únicas en la historia. La rendición del Sr. Macdonald restableció el principio que la "política" en esta materia estaba "fija" e inmutable, y durante los próximos veinte años, llegó a ser el principio supremo de toda la política estatal británica y norteamericana. Los políticos de ambos países evidentemente sostenían que el Dr. Weizmann era el emisario de un poder que ellos no se atrevían a desobedecer; sus conductas se parecían al miedo que hacía rotar los ojos de los nativos africanos ante el hechicero.

La sumisión del Sr. Macdonald restauró la situación en Londres a su forma anterior, pero en Palestina el "Hogar Nacional", un crecimiento artificial implantado por la fuerza en una tierra hostil, continuaba marchitándose. En diez años la población judía aumentó en menos de cien mil inmigrantes. En 1927 partían tres mil emigrantes más que aquellos inmigrantes que vinieron. Un pequeño reavivamiento siguió en 1928, pero el promedio anual de éxodo de Palestina, en 1932, fue casi una tercera parte de la inmigración.

La aventura Sionista estaba en el colapso, tal como todas las partes calificadas lo habrían vaticinado. Dejados solos, los judíos del mundo claramente nunca, en algún número sustancial, irían a Palestina; si los eventos tomaran su curso natural evidentemente la población árabe aumentaría su preponderancia.

Nada tomaría su curso natural. En ese mismo momento, el misterioso Hitler surgía en Alemania (y en el mismo momento el Sr. Roosevelt en EEUU) y la Segunda Guerra Mundial se acercaba adelante.

Capítulo 36

EL EXTRAÑO ROL DE LA PRENSA

Los años que siguieron, 1933-1939, fueron aquellos de la preparación de la Segunda Guerra Mundial. El "militarismo Prusiano", supuestamente doblegado en 1918, surgió más formidable que nunca y el espectáculo absorbió de tal manera las mentes de los hombres que perdieron el interés en el asunto en Palestina, el cual parecía no estar relacionado con los grandes eventos en Europa. De hecho parecía ser algo imponente entre esas "causas y objetivos" de la segunda guerra, los cuales el Presidente Wilson había llamado "oscuros" al principio. El espacio dejado por el derrumbe, en 1917, de la leyenda de la "persecución judía en Rusia" fue llenado por "la persecución judía en Alemania" y, sólo cuando el Sionismo estaba "desvalido y desesperado", eran capaces los Sionistas, con un nuevo lamento, asustar a los judíos y acosar a los políticos Occidentales. Las consecuencias fueron mostradas en el resultado de la consiguiente guerra, cuando el Sionismo-revolucionario y el Comunismo-revolucionario resultaron ser los únicos beneficiarios.

Mi propia experiencia durante esos años produjo finalmente este libro. Cuando ellos comenzaron, en 1933, yo había ascendido desde mi escritorio para llegar a ser corresponsal del *The Times* en Berlín y estaba contento con esa designación. Cuando ellos acabaron, en 1939, estaba totalmente desencantado con mi trabajo y me había sentido obligado a renunciar a mi sustento. El relato de esos años mostrará la razón.

Desde 1927 informé sobre el levantamiento de Hitler, y por casualidad estaba pasando por el Reichstag cuando estalló en llamas en 1933. Este evento (usado para preparar el sistema de la policía-secreta y los campos-de-concentración en Alemania, en el modelo de los Bolcheviques) consolidó a Hitler en el poder, pero algún presentimiento, esa misma noche, me dijo que significaba mucho más que eso. De hecho, la horrorosa experiencia inacabada del presente en Occidente data de esa noche, no de la guerra posterior. Su verdadero significado fue que el área de ocupación de la revolución-mundial se extendió al centro de Europa, y el traslado real a la propiedad Comunista en 1945, meramente confirmó un hecho cumplido (desde allí se enmascararon de las masas por el ficticio antagonismo entre Nacional Socialismo y Comunismo) el cual la guerra, en sus inicios, se suponía que deshacía. La única genuina pregunta que el futuro tiene que contestar todavía es si la revolución-mundial será manejada o se extenderá más hacia Occidente desde la posición que, en el efecto, ocupaba en la noche del 27 de febrero de 1933.

Desde el inicio del régimen de Hitler (en esa noche) todos los observadores profesionales en Berlín, diplomáticos y periodistas, supieron que esto significaba una nueva guerra, *a menos que esta fuera prevenido*. La prevención en ese momento era relativamente simple; el Sr. Winston Churchill en sus memorias llamó debidamente a la Segunda Guerra como "la guerra innecesaria". Podría haberse previsto por la firme oposición Occidental a las correrías bélicas preliminares de Hitler (en el Rhineland, Austria y Checoslovaquia) en cualquier momento hasta 1938, cuando (como el Sr. Churchill también lo confirma) los generales alemanes, a punto de derrocar a Hitler, fueron deshechos por la capitulación Occidental a él en Munich.

Los observadores especializados en Berlín estaban convencidos que él haría la guerra si se le permitía, y así aconsejaron a sus gobiernos o editoriales superiores en Londres. El Corresponsal jefe del ***The Times*** en Berlín, el Sr. Norman Ebbutt (yo era el segundo corresponsal) informó a principios de 1933 que la guerra debía esperarse en **aproximadamente cinco años**, a menos que fuese prevenida, y este informe particular fue impreso. Nos alarmamos, él, yo y muchos otros reporteros durante los años siguientes y quedamos perplejos por la supresión, "silenciamiento" y como fueron ignorados los despachos, y por la descripción de Hitler, en el Parlamento y en los periódicos, como un inherentemente buen hombre que permanecería pacífico si únicamente sus motivos de quejas fueran solucionadas (a expensas de otros).

Este período ha llegados a ser conocido como ese de "la política de aplacamiento" pero de *estímulo* es la palabra más verdadera, y la política cambió la probabilidad de guerra en certeza. La tensión llevó al Sr. Ebbutt al colapso físico. De 1935 adelante, fui el corresponsal jefe en Viena, lo cual era entonces otro punto de ventaja para inspeccionar la escena alemana. Desde allí, a finales de 1937, informé a ***The Times*** que Hitler y Goering habían dicho que la guerra comenzaría "por el otoño de 1939"; yo tuve esta información del Canciller austriaco.

Estaba en Viena durante la invasión de Hitler y entonces, después de un corto arresto por las Tropas de asalto en mi salida, fui transferido a Budapest, dónde estaba cuando vino la capitulación importantísima de Munich en septiembre de 1938. Comprendiendo entonces que un fiel reportero no podía hacer nada contra "la política de aplacamiento", y que su tarea no tenía sentido, renuncié mediante una carta de protesta, y todavía tengo el reconocimiento discursivo del editor.

Catorce años después, ***The Times*** reconoce públicamente el error, con respecto a su "política de aplacamiento", en esa curiosa franca ***Historia Oficial*** de 1952. Esta contiene una referencia poco generosa para mí: "Hubo renuncias de miembros menores del personal" (yo tenía cuarenta y tres años en 1938, era el Corresponsal Jefe para Europa Central y los Balcanes, había trabajado para ***The Times*** durante diecisiete años, y creo que fui el único corresponsal que renunció). En este volumen ***The Times*** afirmó que nunca más erraría nuevamente así: "no es precipitado decir que la agresión nunca se reunirá nuevamente en Printing House Square en términos de meramente 'Munich'". Los artículos editoriales e informes del ***The Times*** sobre tales eventos más tarde, como la bisección de Europa en 1945, la Comunización de China, los Sionización de Palestina y la guerra Koreana, me muestran que al parecer sus políticas no cambiaron en absoluto.

Así mi renuncia en 1938 fue inspirada por un motivo similar a aquel del Coronel Repington, (de quien yo no había oído entonces) en 1918. Había un peligro militar mayor para Inglaterra y a los reporteros calificados no les fue permitido hacerlos públicos: el resultado, en mi opinión, fue la Segunda Guerra Mundial. El periodista no debe considerarse a sí mismo demasiado en serio, pero si sus informes se desatienden en las materias más importantes del día, él siente que su profesión es un fraude y entonces tiene que dejarla, a cualquier costo. Esto es lo que hice, y fui confortado, muchos años después, cuando leí las palabras de Sir William Robertson al Coronel Repington: "La gran cosa es mantener un curso recto y entonces uno puede estar seguro que el bien vendrá en el futuro de lo que puede parecer ser malo ahora".

Cuando renuncié en 1938, tenía una segunda razón, que no estaba presente en 1933, la perplejidad sobre cómo la prensa es dirigida. En esa materia, también, sólo podría asumir que algún encaprichamiento había trabajado para torcer el verdadero cuadro de los eventos. El resultado de la guerra, sin embargo, mostró que un motivo poderoso había estado detrás de esta particular falsedad.

En el caso de "la persecución judía en Alemania" encontré que la presentación imparcial de los hechos gradualmente dio paso a una forma tan parcializada de descripción, que la verdad se perdió. Esta transformación se efectuó en tres fases sutiles. Primero se informó sobre "la persecución de antagonistas políticos y judíos"; luego esto fue enmendado imperceptiblemente a "judíos y antagonistas políticos"; y al final la prensa hablaba en general sólo de "la persecución de los judíos". Mediante esto, una imagen falsa fue proyectada a la mente pública y la condición difícil de la aplastante mayoría de las víctimas, por este arreglo de dirigir la luz a un grupo, fue dejado de ver. El resultado mostrado en 1945, cuando, por una parte, la persecución de los judíos fue hecho el objeto de una acusación formal en Nuremberg, y por otro lado, la mitad de Europa y todas las personas en ella, fueron abandonados a la misma persecución, en la cual los judíos habían compartido por todas partes, en una pequeña proporción con respecto a las poblaciones.

En ese período yo, típico inglés de mi generación, nunca había pensado en los judíos como diferentes de mí mismo, tampoco podía decir qué hace a alguien judío, en su opinión, diferente de mí. Si más tarde me di cuenta de alguna diferencia, o del deseo de un poderoso grupo de afirmar alguna diferencia, ésta no fue el resultado de las acciones de Hitler, sino del nuevo impedimento para informar imparcialmente qué yo empecé a observar entonces. Cuando comenzó la persecución general yo la informé como la vi. Si supe de algún campo de concentración que contenía a mil cautivos, informé esto; si supe que los mil cautivos incluían a treinta o cincuenta judíos, informé eso. Vi los primeros actos de terror, hablé con muchas de las víctimas, examiné sus lesiones, y se advirtió que incurrí en la hostilidad de la Gestapo por eso. Las víctimas eran en su gran mayoría, ciertamente mucho más del noventa por ciento, alemanes, y unos pocos eran judíos. Esto reflejaba la proporción en la población total, en Alemania y después en los países invadidos por Hitler.

Pero la forma de informar en la prensa mundial en ese tiempo, bloqueó la gran masa sufriente, dejando sólo el caso de los judíos.

Ilustro esto por los episodios y pasajes de mi propia experiencia e información. El Rabino Stephen Wise, escribiendo **en 1949**, dio la siguiente versión de los eventos, informados personalmente por mí **en 1933**, e indudablemente entregó la misma versión en el círculo presidencial del cual él era cercano durante esos años: "Las medidas contra los judíos continuaron **superándose en sistemática crueldad y destrucción planeada, al terror contra otros grupos**. El 29 de enero de1933, Hitler fue convocado para ser canciller... **en seguida** comenzó el reino del terror **con las palizas y encarcelamiento de judíos**... Nosotros planificamos una marcha de protesta en Nueva York el 10 de mayo, el día **que se ordenó la quema de libros judíos** en Alemania... el **peso más brutal** del ataque fue sostenido **por los judíos**... se establecieron los campos de concentración y **se llenaron con los judíos**."

Todas estas declaraciones son falsas. Las medidas contra los judíos **no** dejaron atrás el terror contra otros grupos; los judíos estaban envueltos en un número mucho más grande de otras víctimas. El reino del terror **no** comenzó el 29 de enero de 1933, sino en la noche del incendio del Reichstag, el 27 de febrero. Ninguna "quema de libros judíos" fue ordenada; Yo presencie e informé de hogueras y he buscado mi informe publicado en **The Times**, para verificar mi recolección. Una masa de libros "Marxistas" fue quemada, incluyendo los trabajos de muchos alemanes, ingleses y de otros escritores non-judíos (mis libros, si hubiesen sido publicados entonces, habrían estado indudablemente entre ellos); la hoguera incluía **algunos** libros judíos. "el peso más brutal del terror **no** fue sostenido por los judíos, ni fueron los campos de concentración llenados por judíos". El número de víctimas judías fue en proporción con el porcentaje de la población. No obstante este falso cuadro, por repetición, vino a dominar la mente pública durante la Segunda Guerra.

En el momento de mi renuncia, que fue provocada solamente por la "política de aplacamiento" y el inminente advenimiento de "la guerra innecesaria" este otro estorbo al informe fiel estaba, pero era una molestia secundaria menor. Después discerní que el motivo detrás de él era de importancia mayor en el diseño del curso y resultado de la Segunda Guerra". Cuando me puse a estudiar la historia del Sr. Robert Wilton, percibí que había también un fuerte parecido entre mi experiencia y la suya. Él buscaba explicar la naturaleza de un evento en Rusia y así fue llevado inevitablemente "al asunto judío". Veinte años después, observé que era de hecho imposible atraer la atención pública de los erróneos informes de la naturaleza de la persecución de Alemania y explicar que los judíos formaron sólo un fragmento pequeño de las víctimas.

Esa materia no tenía nada que ver con mi renuncia, pero yo estaba dándome cuenta de ella alrededor de ese tiempo, y esta percepción que se ampliaba se refleja en los dos libros que yo publiqué después de renunciar al periodismo. El primero, ***Insanity Fair*** ("Festival de Locura"), este fue completamente consagrado a la amenaza de la guerra. Pensé, algo vanagloriosamente, que una voz todavía podría apartarla, y el lector de hoy todavía puede verificar ese motivo. Responder por este exceso de celo en mí, el lector indulgente, si es lo suficientemente viejo, podría revocar el sentimiento de horror que el pensamiento de otra guerra mundial causaba en aquellos que habían conocida la primera. Este sentimiento nunca puede comprenderse totalmente por aquellos de generaciones posteriores que se han acostumbrado al pensamiento de una serie de guerras, pero era predominante en ese momento.

El segundo libro, Abundando la Desgracia (***Disgrace Abounding***), en la víspera de la guerra, continuó con el tema de la advertencia, pero en él, por primera vez, presté un poco de atención al "asunto judío". Mi experiencia estaba ampliándose y yo había empezado a discernir la parte mayor del rol que jugaría en el diseño de la forma y el asunto de la Segunda Guerra que entonces estaba claramente a mano. Mi pensamiento desde aquel momento fue dedicado fundamentalmente a esto; de esta manera yo entré a escribir el presente libro y en esa luz, los capítulos restantes sobre la preparación, el curso y las consecuencias de la Segunda Guerra, fueron escritos.

Capítulo 37

Los administradores, el Mesías y las masas

En medio de las escenas jubilosas en Washington y Berlín, en dos días sucesivos (el 4 y 5 de marzo de 1933) comenzaron los dos reinados de doce-años, los cuales, ambos, acabarían casi en el mismo instante en 1945. Hoy, un historiador imparcial difícilmente podría computar cual de ambos reinos produjo una suma mayor de sufrimiento humano. En sus comienzos, los dos hombres que aparecían en la escena central, fueron ovacionados ambos como los Mesías. En Norteamérica el Rabino Rosenblum describió al Presidente Roosevelt como "un mensajero Divino, el amado del destino, el Mesías de la Norteamérica del mañana"; allí habló un lisonjero político en palabras pensadas para "persuadir a la multitud". En 1937, en la Praga amenazada por Hitler, un conocido judío me dijo que su rabino estaba predicando en la sinagoga que Hitler era "el Mesías judío" (un superior piadoso que buscaba interpretar los eventos en lo que se refiere a la profecía Levítica).

Todos a través de estos años, las masas en ambos países (y con respecto a esto, también en Rusia) tenían su "Premier-dictador" particular descrito a ellos en tales términos, o en aquellos de "Gran Hermano", "Papá", "Tío", "Querido Líder", o el hogareño tierno "Amigo". Los aparentes antagonistas, el Sr. Roosevelt y Herr Hitler, ambos de maneras diferentes promovían "el principio destructivo" en sus tres formas reconocibles: el Comunismo-revolucionario, Sionismo-revolucionario y el resultante "Gobierno Mundial para Promulgar la Paz".

El reino del Sr. Roosevelt comenzó con una falacia significante. Usaba una silla de ruedas pero las masas públicas nunca fueron permitidas de verlo, en cuerpo o en fotos, hasta que le hubieran ayudado a tener una posición derecha. Su enfermedad era conocida; no obstante, algunos que dirigen la inteligencia decretaron que el falso cuadro de un hombre robusto debe ser presentado a la multitud hasta su último día (e incluso después, ya que el escultor que posteriormente hizo su monumento en Londres, debió hacerlo en su pose fornida).

El Sr. Roosevelt creó el precedente, teniendo a su Gabinete jurando en manos de un distinguido judío, el Sr. Justice Cardozo que era un comprometido sionista, después de haber cedido en 1918 al Sr. Brandeis y al Rabino Stephen Wise, con las desalentadoras palabras, "Haz lo que desees con mi nombre"; el Sr. Justice recibió entonces el puesto en la Corte Suprema de Justicia, el Rabino Wise lo pidió para él, primero del Gobernador Al Smith del Estado de Nueva York y luego del Presidente Herbert Hoover. Así la sombra de "la obediencia dual" cayó sobre la administración del Sr. Roosevelt desde su partida (tal como sobre el Sr. Wilson, desde la figura del Sr. Brandeis).

El Sr. Roosevelt, después del interregno Republicano de 1921-1933, reasumió las políticas de Wilson y en ese espíritu se acercó en ese momento, el mayor problema del futuro de Norteamérica: a saber, si las fuerzas representadas por la gran inmigración judía de Europa Oriental, que había ocurrido en las seis décadas que siguen a la Guerra Civil, debían o no *gobernar* Norteamérica. Todas las autoridades competentes habían observado, normalmente con presentimiento, el rápido surgimiento de este nuevo problema en la vida norteamericana, y habían descrito los efectos del trasplante a tierra norteamericana de una gran población que, bajo sus dirigentes religiosos, rechazaban el concepto de "olla de fusión" y de "asimilación". El Sr. James Truslow Adams se refirió a esto en su *Épica de América*, y Rudyard Kipling que vivió en Nueva Inglaterra en los 1890 escribió:

"La tierra estaba desnudándose de sus habitantes acostumbrados y sus lugares no habían sido tomados todavía por las ruinas de Europa Oriental... Los inmigrantes estaban entrando en los Estados por sobre un millón de cabezas por año... En alguna parte en el fondo, aunque él no lo sabía, fue el 'representativo' norteamericano, que remontaba su sangre a través de tres o cuatro generaciones y quién, no controlando nada y afectando menos, protestó que... todos los elementos extranjeros podían y debían ser asimilados pronto en buenos 'norteamericanos'. Y ninguna alma se preocupó de lo que él dijo... Lo que me golpeó. . .fue la clara pérdida e ineficacia, ante la embestida extranjera, de todo el esfuerzo indígena de la generación pasada. Fue entonces que me comencé a preguntar si acaso Abraham Lincoln no habría matado demasiados autóctonos 'norteamericanos' en la Guerra Civil, para beneficio de sus partidarios continentales apresuradamente importados. Ésta es una herejía negra, pero me he encontrado desde entonces con hombres y mujeres que subsecuentemente lo han dicho suavemente. Los más débiles de los inmigrantes del tipo antiguo, habían sido cernidos y preparados por el largo viaje de navegación de esos días. Pero los barcos a vapor comenzaron a finales de los años sesenta y principios de los setenta, cuando pudieron entregar las cargas humanas con todas sus imperfecciones en una quincena de días o algo así. Y un millón de algo más o menos norteamericanos aclimatados habían sido asesinados."

Este problema no sólo era nuevo *en Norteamérica*; era el problema más antiguo en la historia registrada y, como esta narrativa lo ha mostrado, se había repetido en país tras país, a través del tiempo, siempre que la inmigración judía ha alcanzado niveles de una crecida. El Dr. Weizmann es un testigo de ello, porque él lo discute en relación con su acoso a los funcionarios británicos, con Sir William Evans Gordon, quien luchó con esto en Inglaterra veinte años antes de encendiera la alarma del Congreso de los Estados Unidos. En 1906, Sir William buscó resolverlo a través de una ley de extranjería. (como las 67 y 68 del Congreso de los Estados Unidos por las leyes de cuotas). El Dr. Weizmann dice que realizando su trabajo Sir William (tal como el Senador Pat McCarran y el Representante Francis E. Walter en EEUU en los años 1950) llegó a ser "generalmente ser considerado responsable para todas las dificultades puestas en el camino los inmigrantes judíos a Inglaterra". El Dr. Weizmann entonces continúa:

"Siempre que la cantidad de judíos en cualquier país alcanza *el punto de saturación*, ese país *reacciona contra ellos*... Inglaterra había alcanzado el punto dónde ella podía o absorbería a tantos judíos y ninguno más... La reacción contra esto *no puede mirarse como anti-semitismo* en el sentido normal o común de esa palabra; es universal social y económicamente concomitante de inmigración judía y nosotros no podemos evitarlo. Sir William no tenía ningún prejuicio anti-judío en particular. Él actuó... del la forma más amable, *en los intereses de su país... En su opinión era físicamente imposible para Inglaterra remediar los males que Rusia había infligido en su población judía...* . Yo estoy bastante seguro que él se habría opuesto a la entrada en masa de cualquier otro elemento extranjero por igual; pero, tal como pasó, ningún otro elemento extranjero presionaba por la admisión en tales números". (Cuarenta años después, el Dr. Weizmann habló semejantemente a los judíos en Norteamérica: Ciertos países pueden digerir un cierto número de judíos; una vez que ese número se ha sobrepasado, *algo drástico debe pasar; los judíos deben irse*").

El Dr. Weizmann presentó así sobriamente el argumento válido contra la inmigración judía sin restricción, sólo porque él le estaba hablando principalmente a judíos y estaba haciendo sonar el tambor en ellos del argumento Talmúdico, que los judíos *no pueden asimilarse*; este argumento es esencial para el Sionismo, pero no es inherentemente verdad. Los pasajes citados muestran que en 1906, un hombre en el puesto de autoridad todavía podía declarar que su país no podía remediar los supuestos "males" infligidos en los judíos en otro país, y para dejar que "los intereses de su país" gobernaran su deber. En las décadas resultantes todos los Premier-dictadores de Occidente hicieron una política de Estado remediar los supuestos males, hechos por una tercera parte, al costo de una cuarta parte inocente. La absurdidad es mostrada por la última cita remarcada del Dr. Weizmann, que cuando el número de judíos digeribles se excede en cualquier país "algo drástico debe pasar; los judíos deben irse". Él y sus socios por medio siglo había estado usando todo su poder en Norteamérica para lograr el acceso sin restricción para los judíos, de tal manera, según sus propias palabras, ellos estaban guiando deliberadamente allí a los judíos al desastre; el tiempo debe venir, si lo que él dijo fue verdad, cuando los gobiernos, en cualquier lugar del mundo, estén bajo la presión de admitir grandes números de judíos de Norteamérica debido a "los males" que les han hecho allí.

Tal era el trasfondo del asunto dominante en la vida norteamericana cuando el Sr. Roosevelt llegó a ser Presidente. Entre 1881 y 1920, más de tres millones de inmigrantes legalmente-registrados entraron en los Estados Unidos desde Rusia, la mayoría de ellos judíos. Según la Oficina de Censos de Estados Unidos el país contenía a 230.000 judíos en 1877 y aproximadamente 4.500.000 en 1926. Sólo "estimaciones" son asequibles en algún momento en materias de población judía, ya que los "superiores" se oponen a la cuenta por cabezas por otros, y estas cifras que generalmente se tienen, han sido fundamentalmente sub-estimadas. En la década resultante, las cifras eluden toda verificación, debiéndose principalmente a los cambios en la clasificación de los inmigrante ordenada por el Presidente Roosevelt, y ni siquiera las autoridades competentes intentarán estimar la magnitud de la inmigración no registrada e ilegal (los observadores competentes juzgan que el número total de judíos en los Estados Unidos puede estar ahora alrededor de diez millones). En cualquier caso, la comunidad más grande de judíos en el mundo, está hoy en la República norteamericana, habiendo sido trasplantada allí durante las últimas dos generaciones.

En proporción con la población total de EEUU, incluso la estimación más alta podría alcanzar al un décimo. En sí mismo éste es un grupo relativamente pequeño; políticamente organizado para inclinar el equilibrio de poder es de decisiva importancia. Este problema fue reconocido y el Comité del Congreso sobre la Inmigración en 1921 declaró:

"Los procesos de asimilación y fusión son lentos y difíciles. Con la población de las partes rotas de Europa dirigidas hacia aquí en números cada vez más crecientes. ¿Por qué no terminantemente chequear el flujo con esta medida temporal, y en el entretanto tratar el único y nuevo experimento de promulgar todas las leyes de inmigración en nuestros estatutos?"

Una ley de cuota fue entonces aprobada, limitando el número de cualquier nacionalidad que entra en los Estados Unidos al tres por ciento de los nacidos en el extranjero, de esa nacionalidad residentes en los

Estados Unidos en 1910. El próximo Congreso fue mucho más allá que la declaración general citada arriba; era específica sobre el peligro, el mismo Comité informó:

"Si el principio de libertad individual, mantenido por un gobierno constitucional, creado en este continente hace ya casi un siglo y medio *es para perdurar*, el linaje básico de nuestra población debe mantenerse y nuestro estándar económico conservarse... El pueblo norteamericano no conceden el derecho *a ningún grupo extranjero... para dictar el carácter de nuestra legislación*."

Los años que entonces siguieron mostraron que el efecto de la presidencia del Sr. Roosevelt sería en el tiempo estropear el principio declarado, para alterar "el linaje básico", y para permitir a "un grupo extranjero" dictar la política Estatal.

El Sr. Roosevelt (tal como el Sr. Wilson, Sr. Lloyd George y el General Smuts) evidentemente fue seleccionado antes de que él fuera elegido. El Sr. Howden dice que el Sr. House "escogió a Roosevelt como el candidato natural para la presidencia antes que cualquier otro político responsable", lo escogió como Secretario Asistente de la Armada en 1913, y entonces a través de los años lo cuidó para la presidencia, esperando gobernar a través de él, como a través del Presidente Wilson. Entonces algo salió mal. El Sr. House estaba seguro que el Presidente Roosevelt le solicitaría consejos a él pero entonces comprendió que "ciertas personas no quieren que el presidente me escuche". Estas personas eran evidentemente demasiado poderosas, por lo que el Sr. House fue dejado caer sin alguna cortesía y a estas alturas (1933) desaparece de la historia.

Uno puede ofrecer sólo una conjetura razonable sobre las razones. El Sr. House, a la edad de setenta y cinco años, se lamentaba del joven *Philip Dru* de 1912, que había pensado la Constitución norteamericana "pasado de moda y grotesca", había tomado el poder por la fuerza y luego había gobernado por decretos de emergencia. Él tenía un nuevo juego de ideas más sobrias y responsables preparadas para el Sr. Roosevelt y, desde el exilio, entonces "miró con prescripción" la concentración de poder irresponsable en las manos del Sr. Roosevelt. El Sr. House había causado en el Presidente Wilson, como su primera acción mayo, a escribir en la Constitución norteamericana (como la Decimosexta Enmendadura) la principal medida destructiva propuesta en el Manifiesto comunista de Karl Marx de 1848, el "impuesto progresivo a los ingresos", pero en la 1930, el Sr. House estaba alarmado por el control totalmente ilimitado del dinero público que su segundo "Rockland" obtuvo.

Probablemente, entonces, el Sr. House fue descartado porque él se había retirado de sus ideas anteriores, ya que esas ideas originales gobernaron a política del Sr. Roosevelt a lo largo de sus doce años. Él apoyaba la revolución mundial; su primera acción más importante de política Estatal fue reconocer al Gobierno Comunista y en la guerra resultante él reasumió la política de House-Wilson de "todo el apoyo". Apoyaba al Sionismo-revolucionario. Finalmente, tomó nuevamente la antigua "Liga para Promulgar la Paz" y la re-encajó en Occidente bajo un nuevo nombre, el de "Naciones Unidas".

Así, el Sr. Roosevelt puso las ideas de "Philip Dru" en extensa práctica. Del Sr. Wilson en la generación anterior, su Ministro del Interior, el Sr. Franklin K. Lane, había dicho, "Todo lo que Philip Dru había dicho debía ocurrir; el Presidente viene a Philip Dru al final". Acerca del Sr. Roosevelt, veinte años después, el biógrafo del Sr. House (Sr. Howden) dice, "Es imposible comparar la legislación sugerida de Dru con el Sr. Roosevelt y no se impresione por su similitud."

Éste es un ejemplo ilustrativo de la transmisión de ideas de generación en generación, entre un grupo gobernante. Las ideas del Sr. House fueron aquellas de "los revolucionarios de 1848", qué a su vez derivaban de Weishaupt y los revolucionarios de 1789, quiénes lo obtuvieron de alguna fuente más temprana. Cuando el Sr. House las abandonó, ellas fueron transmitidos sin obstáculos al grupo gobernante alrededor de otro presidente, y él un hombre que había modificado estas ideas fue dejado atrás.

El Sr. House fue el único accidente en el círculo interno. El Sr. Bernard Baruch era consejero del Sr. Roosevelt incluso antes que él llegara a ser Presidente. La Sra. Eleanor Roosevelt registra que "El Sr. Baruch era un consejero confiable para mi marido tanto **en Albany** como en Washington", eso es, durante el término de cuatro-años del Sr. Roosevelt como Gobernador del Estado de Nueva York, antes de su nominación presidencial. Durante este período pre-presidencial, el Sr. Roosevelt (según uno de los biógrafos del Sr. Baruch, el Sr. Morris V. Rosenbloom), aunque Norteamérica había repudiado la Liga de las Naciones, bosquejó el plan para un nuevo cuerpo que sería llamado Naciones Unidas. El Rabino Stephen Wise y el Sr. Brandeis, del grupo antiguo alrededor del Presidente Wilson, se reagruparon alrededor del Presidente Roosevelt (las medidas anti-judías de Hitler en Alemania en este momento reavivaron el deseo del Sr. Brandeis de sacar a los Árabes fuera de Palestina).

Inmediatamente en el comienzo de los doce años del Sr. Roosevelt, alguna duda puede haber surgido sobre su docilidad, y se han encontrado los medios para asegurarlo (el lector recordará el esfuerzo de "Rockland" por afirmar la independencia en 1912 y los "conspiradores triunfantes" celebrando alegremente sobre su capitulación). Eso explicaría el curioso hecho que el Rabino Stephen Wise, que había hecho campaña para el Sr. Roosevelt como senador en 1914 y como gobernador del Estado de Nueva York en 1928, *no* lo apoyara para la presidencia en 1932. Entonces algo sucedió para tranquilizar al rabino, ya que inmediatamente después de la elección del Sr. Roosevelt proclamó que el nuevo presidente había "recobrado mi admiración sin límites", y por 1935 fue nuevamente un íntimo de la Casa Blanca.

A la luz de la experiencia más temprana, la identidad de los hombres que rodeaban al Presidente Roosevelt claramente indicaban las políticas él seguiría. Él hizo esto claro ampliando el círculo de sus consejeros judíos. En 1933, esto tenía una nueva importancia. En 1913 los consejeros judíos del Presidente Wilson, fueron aceptados públicamente como norteamericanos igual que otros norteamericanos, y simplemente de fe judía. En 1933 el asunto de su obediencia se había planteado por la aventura Sionista en Palestina. Además, los problemas de la revolución-mundial y del gobierno-mundial se habían levantado desde 1913, y los dos también alzaron el asunto del interés **nacional** norteamericano, de tal manera que los sentimientos que se tenía sobre ello en el círculo inmediato al presidente, se transformaron en materia de primera importancia.

Todo esto dio una importancia específica a la declaración más temprana del Congreso (1924), negando el derecho de "cualquier grupo extranjero" para "dictar el carácter de nuestra legislación". Entre los "consejeros" del presidente muchos eran de nacimiento en el extranjero o en el efecto eran "extranjeros" por su devoción al Sionismo o su actitud hacia la revolución-mundial y al gobierno- mundial. En este sentido un "grupo extranjero", incluyendo el inmigración masiva de los cientos años precedentes, se formó a sí mismo alrededor del presidente norteamericano y "dirigió" el curso de los eventos. Los doce años que siguieron mostraron que cualquier "consejo" sobre el cual decidía el Presidente debía ser en beneficio del principio destructivo en sus tres formas interrelacionadas: Comunismo, Sionismo, Gobierno Mundial.

Prominente entre sus consejeros (además de los tres hombres poderosos arriba nombrados) estaba el Profesor Felix Frankfurter nacido en Viena. El biógrafo del Sr. House, el Sr. Howden, que expresa la opinión del Sr. House, piensa que él fue el más poderoso de todos: "El Profesor Frankfurter se duplicó con el Sr. Roosevelt, más que nadie... el rol jugado por el Sr. House con el Presidente Wilson". La parte jugada por los consejeros extraoficiales siempre es difícil determinar y esta opinión puede poner al Profesor Frankfurter demasiado alto en la jerarquía.

Sin embargo, él era indudablemente importante (él, también entró primero en el círculo asesor bajo el Sr. Wilson). Tal como el Sr. Brandeis y el Sr. Cardozo, él llegó a la Corte Suprema de Justicia y nunca apareció **abiertamente** en la política norteamericana; aun así los efectos de su influencia son más simples de seguir que aquellos de otros hombres que tienen que ser investigados profundamente para encontrarlos. Él fue Decano de la Escuela de Derecho de Harvard durante los años de1930 y en esa posición entrenó a una generación entera de hombres jóvenes que irían a dar una forma definida a los eventos de los 1940 y 1950. Ellos recibieron más tarde una marcada preferencia para altos empleos en sus carreras.

Ellos incluyen en particular al Sr. Alger Hiss, que por el juicio y condena, fue revelado como agente comunista, aunque era un alto "consejero" del Presidente Roosevelt, (Sr. Justice Frankfurter voluntariamente apareció en el juicio para testificar del carácter del Sr. Hiss), y el Sr. Dean Acheson, quien como Ministro de Relaciones Exteriores norteamericano en ese momento, declaró que él "no le volvería la espalda" El Sr. Hiss, jugó un importante rol en la Conferencia de Yalta, dónde el abandono de la mitad de Europa a la revolución fue convenido; El período en la oficina del Sr. Acheson coincidió con el abandono de China a la revolución.

Aparte de este grupo distinto de hombres jóvenes, aparentemente entrenado durante los primeros años del Presidente Roosevelt para tomar el Departamento Estatal, el presidente se acompañaba por un grupo de consejeros judíos al más alto nivel. El Sr. Henry Morgenthau Junior (un importante Sionista cuyo "Plan Morgenthau" de 1944, fue la base original para la bisección de Europa en 1945) fue su Ministro de Hacienda por once de los doce años. Otros socios íntimos eran el Senador Herbert Lehman (otro importante Sionista que tomó gran parte promoviendo el "segundo éxodo" de Europa en 1945-1946, lo cual llevó a la guerra en Palestina), El Juez Samuel Rosenmann (un inquilino residente de la Casa Blanca que ayudó a escribir los discursos del Sr. Roosevelt), el Sr. David Niles (de linaje nacido en Rusia, y durante muchos años "Consejero en los Asuntos Judíos para el Sr. Roosevelt y su sucesor), el Sr. Benjamín Cohen (un diseñador de la Declaración de Balfour en 1917 e importante Sionista), y tres judíos de Rusia, los Sres. Sidney Hillman, Isador Lubin y Leo Pasvolsky.

Estos importantes nombres, del medio ambiente personal del presidente, representan sólo la cúspide de un edificio que fue fijado alrededor de toda la vida política norteamericana. Este súbito crecimiento de la influencia judía, tras los bastidores del poder, no era obviamente un fenómeno natural espontáneo. La selección fue discriminatoria; los judíos anti-sionistas, anti-revolucionario y anti- Gobierno-Mundial fueron excluidos de él. La formación de esta "guardia de palacio" era impopular, pero los consejeros extraoficiales son difíciles de atacar sobre bases específicas y el Sr. Roosevelt ignoró todas las protestas, y así escoltado comenzó su presidencia tres veces-renovada. Simultáneamente Hitler aparecía como el símbolo, en ese momento, de la matemáticamente-recurrente persecución judía, y en los cálculos de los consejeros del Presidente Roosevelt, tomó el lugar ocupado por "el Zar" veinte años antes, en la manga del Sr. Wilson.

La larga persistencia del Sr. Roosevelt en la oficina, fue principalmente debida al plan maestro del Sr. House para ganar las elecciones. Bajo esta estrategia del intensivo llamado a ganar los votos "fluctuantes", la "discriminación" se transformó en el principal eslogan. Se levantó en nombre de los Negros, que fueron usados como un pretexto;[18] y de hecho fueron usados para aplastar la objeción a la influencia excesiva del "grupo de extranjeros" representados por "la guardia de palacio". Acoplado con esto, estaba el llamado a los pobres en la forma de promesas de empapar a los ricos. Esta estrategia demostró ser tan eficaz que los Republicanos hicieron una retirada y comenzaron a competir con los Demócratas por el favor del "grupo extranjero" que fue designado para ser los árbitros de elecciones. De esta manera el agarre secreto del poder fue asegurado, y el elector norteamericano fue privado de hecho, de la verdadera opción entre los Partidos. El Sr. Roosevelt se fortificó por su política de "déficit-gasto", cuya teoría básica era que la cantidad de deuda pública no era importante, mientras el Estado sólo se debiera a sí mismo.

En ese punto las personas norteamericanas perdieron y desde allí nunca lograron recobrar el control de la Hacienda pública, y el ocupante

---

[18] La agitación sobre la suerte de los Negros norteamericanos, de lo cual tanto se oye en el mundo exterior, es mantenida en movimiento desde Nueva York, casi completamente por dos importantes y judías organizaciones de publicidad (el Comité Judío Norteamericano y la Liga Anti-difamación Judía, ambas de las cuales disponen de grandes fondos) y la Asociación Nacional para el Desarrollo de las Personas de Color que desde su origen ha sido principalmente dirigida por judíos. Los negros mismos juegan un rol pasivo en él. Su deseo es por mejores oportunidades de desarrollo ***junto*** a la población blanca; ellos ***no*** deseaban entre-cruzarse. La energía de las organizaciones judías que afirman interceder en su causa está completamente dirigida hacia un **entre-mezclamiento**, lo cual ni una ni la otra raza desea. Así la influencia de estos grupos de non-negros eran el grupo principal detrás de la litigación que llevó a la decisión de la Corte Suprema de 1955, que sostuvo que el sistema de separación-escolar existente era ilegal y ordenó su abolición y la enseñanza-mixta compulsiva (este juicio difícilmente pudo promulgarse en el Sur sin la guerra civil y fue seguido por varios episodios violentos, incluyendo el uso de la Guardia Nacional y de tanques para **dar fuerza** a la enseñanza mixta).
Yo pude ver el presupuesto del Comité Judío Norteamericano para 1953, las estimaciones para el cual eran 1.753.000 dólares. Este establecía, con respecto a los Negros, "El status de los judíos está más seguro en la mayoría de las áreas de los derechos civiles y políticos que el de algunos otros grupos, sobre todo de los Negros. Pero mientras exista una amenaza exitosa al goce de los derechos de los Negros, los derechos de los judíos son puestos en un riesgoso equilibrio. De acuerdo con esto, una proporción grande de nuestro trabajo se ha dirigido a afianzar una mayor igualdad de oportunidades para diferentes grupos, en lugar de sólo para nosotros... Un ejemplo de esto es nuestra relación con el N.A.A.C.P. los cuales vienen a nosotros por ayuda en ciertas materias dónde nosotros tenemos una competencia especial. .. Un arma fructífera es la acción judicial... Nosotros participamos directamente en la litigación... Nosotros hemos presentado informes atacando la segregación... y hemos preparado informes desafiando la discriminación contra los Negros". La Corte Suprema está compuesta de personas políticas designadas, no de juristas profesionales; éste es un factor importante en lo que podría desarrollarse como una situación grave.

de la Casa Blanca llegó a ser capaz por el golpe de una pluma [lápiz] ordenar los gastos que en tiempos previos habrían cubierto el presupuesto anual de media docena Estados ahorrativos. El Sr. Roosevelt ganó estos poderes invocando la necesidad de atacar "La Crisis", y promulgó La Emergencia Permanente, en la cual el país aún vive. Su presidencia siguió obviamente un diseño predeterminado y el curso de los eventos en el mundo podría haber sido completamente diferente si hubiese sido más corto. Sin embargo, el mecanismo oculto era tan eficiente, y el agarre de sus mentores sobre él era tan seguro, que se mantuvo en la oficina a través de tres re-elecciones. Sólo una vez su tenencia fue amenazada con una interrupción inesperada, peligrosa para estos planes.

En un Estado del sur, Louisiana, surgió un político del tipo del Sr. Roosevelt. El Sr. Huey Long, un demagogo joven, con una cara carnosa y el pelo rizado de un hogar de la pobre zona montañosa, su popularidad creció (igual que la del Sr. Wilson y el Sr. Roosevelt) atacando "los intereses" (en el lugar donde vivía, los intereses del petróleo en general y a la Standar Oil en particular). El ídolo de los blancos pobres, fue elegido gobernador en 1928 y en seguida intentó recolectar dinero para construir escuelas, poniendo un impuesto al petróleo, por lo cual al inicio de la Legislatura de Louisiana el Rabino Walter Peiser se negó a dar una bendición, llamándolo "un gobernador indigno".

El Sr. Long creció en popularidad y fue elegido al Senado de los Estados Unidos, dónde (en marzo de 1935) consagró "una gran parte" de un discurso a "un ataque al Sr. Bernard Baruch" en quien él vio al representante supremo de los "intereses". (Acerca de la única acusación que nunca fue hecha contra el Sr. Long, quién tenía muchos socios judíos, era que él era "anti-semita"). El Sr. Long se estaba transformando en una fuerza en el campo y escribió un libro llamado: **Mi Primera Semana en la Casa Blanca**, conteniendo ilustraciones que mostraban al Sr. Roosevelt, pareciéndose mucho al Roosevelt de Yalta, escuchando humildemente a la sabiduría de un sano y bullente Huey Long.

Se preparó para destrozar al Sr. Roosevelt, venciéndolo en la habilidad especial del Sr. Roosevelt: el gasto pródigo y las promesas pródigas. Él hizo esto de una manera ingeniosa (él era posiblemente más tramposo que incluso el Sr. Roosevelt). El Sr. Long, con su Programa "Distribución de la Riqueza" y "Cada Hombre un Rey", controló la maquinaria política en Louisiana. Cuando el dinero de Roosevelt empezó a fluir en los Estados (para el gasto en toda tipo de "proyectos" de crisis, e incidentalmente para los votos) el Sr. Long calmadamente lo desviaba a sus propios fines similares. Impulsó a través de la Legislatura de Louisiana una ley que prohíbe a las autoridades locales recibir cualquier dinero de Washington sin el consentimiento de una Mesa Estatal de Louisiana. Ya que él controlaba esta Mesa, interceptó el flujo de suministros y el dinero fue gastado para mejorar su fuerza votante y no la del Sr. Roosevelt. Él hizo con el dinero público lo que el Sr. Roosevelt estaba haciendo, pero para su propia cuenta política.

En 1935, la segunda campaña de la elección del Sr. Roosevelt corría delante. De repente sus consejeros se dieron cuenta que Sr. Long era popular más allá de su nativa Louisiana; era una figura nacional. El Comité Nacional Democrático "estaba sorprendido cuando una votación secreta reveló que Long en una votación como tercer candidato podría registrar entre tres y cuatro millones de votos y que su Plan de Distribución de la Riqueza había disminuido profundamente la fuerza Democrática en los Estados industriales y de granjas" (Sr. John T. Flynn).

Por consiguiente, el Sr. Long, aunque él no llegara a ser presidente en ese momento, ciertamente **podría** haber prevenido la re-elección del Sr. Roosevelt, y los pocos gobernados de repente vieron a un creador de disturbios en su régimen. Sin embargo, tal como el Sr. Flynn dice, "el Destino se había vuelto Democrático y permaneció así"; el 8 de septiembre de 1935, el Sr. Long fue herido de muerte en el Capitolio del Estado de Louisiana por un judío joven, el Dr. Carl Austin Weiss. El motivo nunca se conocerá porque el Dr. Weiss que lo podría haber explicado, fue disparado por el guardaespaldas del Sr. Long que no llegó a tiempo.[19]

El efecto político estaba claro; La re-elección del Sr. Roosevelt fue asegurada. La sugerencia usual de "un loco" fue llevada a la mente pública y los otros motivos, que no traían consigo la locura, también fueron sugeridos. Ninguna investigación pública fue realizada, como en los casos de otros asesinatos políticos de los últimos cien años, que con respecto a los cuales la investigación fue denegada o se abrevió. Tales investigaciones como han sido hechas (por ejemplo, en los casos del Presidente Lincoln, el Archiduque Franz Ferdinand y de Rey Alexander de Yugoslavia) nunca han apoyado la teoría (siempre puesta adelante) de un "loco" solitario, sino que han revelado toda una organización completa con apoyo poderoso. El surgimiento del Sr. Long determinó el modelo de los eventos durante una década, de tal manera que fue tan importante en los efectos como el asesinato de hombres de los más altos niveles.

Sr. Roosevelt fue re-electo en 1936. Su tarea designada fue evidentemente volver a involucrar a su país en los "enredos extranjeros" del Sr. House y de Sr. Wilson, y, como el Sr. Wilson, él prometió de

---

[19] El Sr. Long habían predicho su asesinato en julio, diciendo en el Senado que malvados enemigos planificaron su muerte con "un hombre, un arma, y una bala" como el medio. Dijo que un dictógrafo, oculto en un cuarto de hotel en Nueva Orleans, dónde sus "enemigos" se habían reunido, grabó esta conversación. Un escritor contemporáneo que afirma haber estado presente en la reunión, el Sr. Hodding Carter, dice, "El 'complot' se limitó a comentarios esperanzadamente expresados tales como, 'me gustaría que alguien matara al...'"

elección a elección, dejarlo fuera de éstos enredos. Entretanto, el escándalo sobre Hitler creció y, tal como yo lo he mostrado, su persecución de hombres fue transformada sutilmente en una "persecución de judíos". El Sr. Roosevelt, sólo dos años antes de la Segunda Guerra, hizo **público**, a través de una declaración críptica que para los iniciados era una tarea para involucrar a su país en la guerra y emprenderla principalmente por la causa representada por su guardia de palacio. El Sr. Wilson hizo su declaración pública, con su amenaza a Rusia, en diciembre de 1911, aproximadamente tres años antes de la Primera Guerra Mundial; El Sr. Roosevelt hizo la suya, con su amenaza a Alemania, en octubre de 1937, aproximadamente dos años antes de la Segunda Guerra Mundial. Las dos declaraciones son implícitamente idénticas, identificando la causa norteamericana con la causa judía como era falsamente representada por los Sionistas.

Sr. Roosevelt dijo (el 5 de octubre de 1937), "Que nadie imagine que EEUU escapará... que este hemisferio Occidental no será **atacado... Cuando una epidemia de enfermedad física** comienza a extenderse, la comunidad aprueba y *se une en una cuarentena de pacientes* para proteger la salud de la comunidad contra el diseminador del desastre."

Los escritores del discurso del presidente en esta ocasión no fueron lo suficientemente crípticos. La alusión a "unirse en una cuarentena" fue entendida al instante también por las masas públicas como una amenaza de guerra. Esto causó tal consternación que el Sr. Roosevelt se obligó prometer en el mismo momento, hasta cuatro años después, cuando EEUU ya estaba realmente envuelta en la guerra, "de nuevo y de nuevo y de nuevo" que "sus hijos no se enviarán a alguna guerra extranjera". (En octubre de 1937, él ciertamente sabía que la guerra estaría llegando por el otoño de 1939; en ese mismo momento, yo había informado al *The Times* desde Viena, que Hitler y Goering habían dicho eso, y el presidente norteamericano no habría estado menos informado con precisión).

En 1937, la falsificación de los cuadros-noticias desde Alemania, que fue descrita en el último capítulo, ya había estado en marcha por cuatro años. Entregué varios casos, y aquí cito como evidencia otro. El Rabino Stephen Wise relata que el Congreso Judío norteamericano inmediatamente después del advenimiento de Hitler al poder, comenzó el boicot - a los movimientos de Alemania, en base a los "informes del cable" de Alemania que "*un pogrom a lo ancho de la nación*" contra los judíos estaba siendo "planificado".[20] Él menciona entonces, por accidente, que el pogrom "informado no ocurrió", pero el boicot si ocurrió.[21]

---

[20] Los Nazis siempre afirmaron que su boicot de un-día, del 1º de abril de 1933, era en respuesta a esta provocación desde Nueva York, y el libro de Rabino Wise de 1949, demuestra que su declaración era verdad.
[21] La palabra "pogrom" (una palabra rusa que significa "masacre") juega un rol especial en esta propaganda. Se aplica a cualquier tipo de perturbación en que los judíos están envueltos y se le

Empezando con este pogrom imaginario en Berlín, la campaña propagandista en Norteamérica formó la base en la cual el Sr. Roosevelt hizo descansar su discurso sobre la "cuarentena". Los Sionistas alrededor del presidente no estaba preocupados de verdad sobre el sufrimiento de los judíos; al contrario, era necesario para su política en EEUU y para toda su tarea, y ellos temían que mejorara su situación en Alemania. En esto, ellos continuaban la política de los revolucionarios Talmúdicos en la Rusia Zarista, que llegaron tan lejos como el asesinato para prevenir la emancipación de los judíos, tal como ya se ha mostrado.

Así el Rabino Wise, registra que él y sus compañeros Sionistas no fueron detenidos por las urgentes protestas y llamados de los judíos en Alemania para detener el boicot. La perspectiva de un arreglo entre Hitler y los judíos de Alemania, de hecho, los espantaba y el Rabino Wise informaba a sus socios de sus "dos miedos" con respecto a esto:

"... Que nuestros hermanos judíos en Alemania pudieran sentirse movidos u obligados para aceptar un acuerdo de una paz o pacto *que podrían significar alguna mejora o mitigación de sus males*... que el régimen Nazi pudiera decidir prevenir algunas de las malvadas consecuencias de su régimen *por un tratamiento de tal manera paliativo para los judíos que pudiese desarmar la protesta judía mundial*". (Él describe la segunda posibilidad como el peligro más "grave").

Así ellos *temieron* que "la persecución" se derrumbara; las palabras son específicas. El Rabino Wise, en Nueva York, prefería que los judíos en Alemania sufrieran en lugar que esto pasara: "Morir en las manos del Nazismo es cruel; *sobrevivir gracias a él era diez mil veces peor.* Nosotros sobreviviremos al Nazismo a menos que nosotros cometamos el pecado inexpiable de cambiar o traficar con él *para salvar a algunas víctimas judías*" (1934, en la Conferencia Judía Mundial). "*Nosotros* rechazamos de antemano con desdén y desprecio cualquiera y cada una de las propuestas *que signifiquen la seguridad de algunos judíos* a través

---

ha dado por sugestión esta específica, aunque falsa importancia, para que el lector casual pueda sospechar que se trata de un error si leyera "un pogrom ruso" (o de Árabes). El Dr. Weizmann dice "nunca hubo algún pogrom" en su campo ruso nativo, pero usaba continuamente la palabra, explicando que "'no es necesario vivir entre los pogrom para saber que el mundo Gentil está envenenado". En la incitando al gobernador militar británico de Palestina para tomar medidas duras contra los Árabes, el Dr. Weizmann dijo que él "había tenido algo de experiencia con la atmósfera que precede el pogrom", aunque por su propia declaración anterior él no tenía ninguna. Él describe como un desorden como pogrom en que cinco o seis judíos fueron heridos, y como "terrorismo árabe" los eventos de 1938 en el cual 69 británicos, 92 judíos y 1500 árabes fueron asesinados. Un distinguido oficial británico, el Señor Adrián Carton de Wiart V.C., quién vivió en Polonia entre las dos guerras, dice 'El asunto judío parecía irrebatible... *Se rumoreaba* que los pogrom estaban teniendo lugar, pero yo consideré los rumores que estaba siendo groseramente exagerados ya que allí no había ninguna prueba ocular de la masacre de miles de judíos".

de la vergüenza de todos los judíos" (1936). El Sr. Brandeis, en Washington, estaba igualmente resuelto por el martirio en Alemania: "Cualquier arreglo que provoque la operación de un mercado en el extranjero para los bienes alemanes fortalece a Hitler... ... de este modo aliviar la angustia económica de Hitler *para salvar así, por la emigración a algunos de los judíos de Alemania* sería... una deplorable habilidad política".²²

Para los Sionistas en Norteamérica el peligro espectral de una reconciliación entre Hitler y los judíos se puso más agudo en 1938. El General Smuts envió entonces a su Ministro de Defensa, el Sr. Oswald Pirow, a Alemania, para aliviar la tensión en el asunto judío, si él pudiera. El Primer Ministro británico, el Sr. Neville Chamberlain, dio la bienvenida al intento; él le dijo al Sr. Pirow que la presión de la Judería internacional era uno de los obstáculos principales para una comprensión anglo-alemana y dijo que sería ayudado a resistirse a esta presión (la "presión irresistible" de León Pinsker) si Hitler pudiera inducirse a moderar su mal humor. El Sr. Pirow fue entonces a Alemania. Él dice que hizo una propuesta específica, que Hitler respondió favorablemente, y ese acuerdo estaba en la vista.

En ese mismo instante el destino nuevamente intervino, como en el caso del Sr. Huey Long, del Conde Stolypin, del Zar Alejandro II y de otros; siempre que una oportunidad de pacificación aparecía, el destino intervenía. Un joven judío disparó contra un diplomático alemán, Herr von Rath, en París. Manifestaciones siguieron el evento en Alemania, sinagogas fueron quemadas y la misión del Sr. Pirow acabó abruptamente. No hubo ninguna investigación en el asesinato, ni se encontró alguna organización que podría haber estado detrás de él, y si alguna fue comenzada no produjo ningún resultado informativo; el Rabino Wise presenta el cuadro familiar (también encontrado en la novela del Sr.

---

²² De hecho, estos Sionistas estaban bastante dispuestos a "traficar con los Nazis" y hacer tratos financieros con ellos cuando servía a sus propósitos. Siete años después, cuando la Segunda Guerra estaba en su clímax, el Rabino Stephen Wise recibió una oferta de "'un grupo de funcionarios Nazis" para permitirle a los judíos ir de Polonia a Hungría, contra un pago monetario. Ambos países estaban ocupados por Alemania, de tal manera que la ventaja de los judíos involucrados no está clara, y el Sr. Wise debe de haber tenido alguna razón ulterior (posiblemente conectada con el "Éxodo a Palestina" de más tarde) para desear transferir a los judíos de la Polonia ocupada a la Hungría ocupada, *en tiempos de guerra*, cuando él se había opuesto tan furiosamente a su *'liberación de Alemania en tiempos de paz'*. Él le pidió al Presidente Roosevelt que entregara los dólares para el soborno, que debían ser depositados en la cuenta de estos Nazis en Suiza, a lo cual el presidente "'inmediatamente" contestó, "'Por qué no prosigue usted esto y lo hace, Stephen!" Se entregaron instrucciones entonces a otro sionista prominente, el Sr. Henry Morgenthau de la oficina del Tesoro, y a pesar que el Departamento de Estado y la Oficina Extranjera británica protestaron, el dinero fue transferido a la oficina de Ginebra del Congreso judío Mundial para cancelarle a los líderes Nazis!

House) de la "adolescencia algo loca", que enloqueció más allá de la paciencia.

El Sr. Roosevelt respondió inmediatamente: "Las noticias de los últimos días de Alemania, han asustado a la opinión pública profundamente en los Estados Unidos.

Escasamente pude creer que las tales cosas pudieran ocurrir en una civilización del Siglo vigésimo... Le ordené a nuestro Embajador en Berlín, volver en seguida para informes y consultación."

Las palabras se refirieron a la quema de la sinagoga. (el Sr. Roosevelt no hizo ningún comentario sobre el asesinato) y la frase central es demostrablemente falsa, porque el Sr. Roosevelt, y todos sus contemporáneos, había visto la destrucción lasciva de edificios religiosos antes. En la verdad, no habían sido sinagogas, pero el Sr. Roosevelt había "visto" dinamitar las iglesias cristianas y catedrales en la Rusia Comunizada y cuando llegó a la presidencia se había apresurado para reconocer al gobierno que lo hizo. Es más, cuando él hizo esta declaración, había enviado justo en ese momento un telegrama que aprueba cordialmente la promulgación de la capitulación de Checoslovaquia a Hitler y en ese hecho, no había encontrado nada incongruente con la civilización del Siglo XX. Éste fue el momento cuando yo tiré mi puesto, sintiéndome incapaz de continuar en el periodismo, en un momento cuando la falsedad era el amo de "las noticias."

Los Estados Unidos en el efecto se involucraron en la Segunda Guerra cuando el Presidente Roosevelt hizo estas declaraciones en 1937 y 1938, no en el día de Pearl Harbour, y una línea recta les llevó desde ellas a su declaración posterior del 17 de julio de 1942, cuando prometió implícitamente la venganza sobre Alemania a causa de su tratamiento de los judíos; los hombres que lo incitaron a esa amenaza en público, se habían vehementemente desde un principio opuesto a cualquier mitigación de sufrimiento judío en Alemania.

El asesinato de von Rath en París era el disparo de Sarajevo que en el efecto abrió la segunda guerra, como el fluido en desarrollo, el tiempo, ahora revela. A diferencia del Sr. Wilson, el Sr. Roosevelt nunca creyó en lo privado que él mantendría a su país neutral ; en 1938, su mentor, el Sr. Bernard Baruch, declaró que "Nosotros vamos a lamer a ese compañero Hitler; él no va a escaparse con esto" (General George C. Marshall). A menos que algún cambio ocurra, y ninguno es todavía previsible, el presidente norteamericano en alguna Tercera Guerra, podría encontrarse asido en los mismos rollos como sus predecesores de 1914-1918 y 1939-1945.

Durante estos seis años cuando "la guerra innecesaria" fue preparada, observé las turbulentas y oscuras escenas desde Berlín y Viena y en todas las grandes ciudades en que la larga noche pronto caería: Praga y

Budapest, Belgrado y Bucarest, Sofía y Varsovia. Vi tanto como cualquier hombre, supongo, desde el atizar del horno, del cual el molde, la guerra, se produjo; y más que la mayoría, porque yo no estaba confinado a algún país o facción, pero veía la carrera de todos ellos. Conocí el ruido de los bravos en los **bares** de las Storm Troopers, la charla furtiva, amarga de sus adversarios en sus moradas privadas, y el murmullo nervioso de hombres a la carrera, que observaban cada cierto rato sobre sus hombros. Vi la cara de la chusma, ese dinosaurio sin cavidad cerebral, en ambos de sus estados de ánimo: la inflamada ilusión de esperanza (en Berlín) y las mejillas vacías, los ojos hundidos, de una desilusión desesperada (en Moscú). Me encontré con el miedo en cada nivel, desde el limpiador de calles a la cabeza del Estado o del Gobierno; Vi el terror en ambas de sus ciudades cuarteles centrales.

Supe o me encontré con muchos de los hombres que ***parecían*** ser poderosos y levantar causas contrarias, y aun así, por sus actos, todos ellos llevaron a "la guerra innecesaria" más y más cerca. Hablé con Hitler, Goering y Goebbels; Almorcé silenciosamente orillas del Lago en Ginebra con el regordete Maxim Litvinoff, una figura típica del Café des Exiles, y me pregunté cuánto conocía a Rusia quien sabía tan poco de Rusia, aun cuando él era el Ministro del Exterior de esa tierra comunizada. Vi a Mussolini, y a Ramsay Macdonald, uno de los Primeros Ministros que pasó como una sombra por la persiana durante estos años. Hablé durante largas horas con Edouard Benesh en el viejo castillo en Praga, con los cancilleres austriacos y primeros ministros húngaros, con reyes y políticos balcánicos. Fui a observar a la Liga de Naciones, con altas expectativas entonces (porque yo todavía era un inexperto) y sentí rechazo por la forma de sus procedimientos, los cuales no tenían dignidad, por el lobby y el sondeo tras bastidores, y por la multitud de serviles e intrigantes, los cuales trasgredían; Pienso que muy poco entusiasmo por las "Naciones Unidas" se encontraría entre aquellos que conocieron la Liga de Naciones. Fui a Moscú, como el guardia personal periodístico de un surgente joven Ministro llamado Anthony Eden, y allí vi un régimen que era la copia del Nacional Socialismo en Alemania, en cada aspecto mayor, excepto en el estado de los judíos, que me parecieron ser predominantes en las importantes posiciones del estado soviético.

Era todo una confusión girando, al centro de la cual estaba un hecho claro: que Hitler haría la guerra a menos que él fuese impedido y que esta guerra estaba viniendo, porque él no sería impedido. Había otro Primer Ministro británico, el Sr. Stanley Baldwin (una fuente de amargura para los corresponsales del periódico en Alemania) quién ocultó la verdad de las intenciones bélicas de Hitler de sus compatriotas porque, tal como mas tarde dijo, habría "perdido la elección" si él lo hubiese dicho. Si su sucesor, el Sr. Neville Chamberlain, pensó que continuando la política de estímulo a Hitler él podía "guiar" a Hitler para que dirigiera su guerra contra los soviéticos (no tengo ninguna prueba de esto, pero puede haber sido el cálculo del Sr. Chamberlain) ésa era por lo menos **una política**, donde antes no había ninguna política en absoluto. Pero era una política equivocada, ya que todos los observadores calificados en Alemania previeron que cuando él golpeara a Hitler podría unir sus manos con Stalin emprendiendo la guerra, no comenzar la guerra contra él (yo escribí esto en mi libro de la pre-guerra).

Cuando experimenté las dos primeras invasiones de Hitler, de Austria y Checoslovaquia, fue que comprendí que la última esperanza de evitar la "guerra innecesaria" se había marchado. Sentí que vivía en un mundo demente y esto explica el título, ***Festival de Locura***, que dí al libro que escribí en ese momento. Podía ver sólo una demente falta de política entonces. Dieciocho años después, a la luz de todo lo que ha ocurrido y ha sido hecho conocido, la posibilidad que "la guerra innecesaria" no fuese sostenida por todas las partes como obviamente innecesaria, no puede descartarse.

Capítulo 38

El pequeño país lejano

En la Palestina olvidada durante la década 1930-1940, mientras "El Jefe" y "*Der Fuehrer*" reinaban en Washington y Berlín, los asuntos iban de mal en peor y al final un gobierno británico estaba a punto de abandonar la tarea sin esperanzas encajada en él por el Sr. Balfour (quién murió en 1930 después de una despedida en el lecho de muerte con el Dr. Weizmann) cuando, en la víspera de otra guerra, un Sr. Winston Churchill entregaba a su país a ella. Así, el pueblo británico creyendo que su negocio estaba solamente en tratar con Hitler, una vez más entró en la guerra bajo órdenes selladas, entre las cuales estaba el propósito, el cual no sospechaban, que les había llevado al borde de la derrota en 1918.

Los sucesivos gobiernos británicos, en este asunto, se encontraron así mismos en la condición del payaso del circo que no puede librarse del rol de volar; cada vez que ellos pensaron que lo habían agitado fuera, el Dr. Weizmann lo fijaba en un nuevo lugar. En Palestina los administradores y soldados británicos en quienes "el Mandato" había sido puesto, no podrían cumplir su deber. Los Árabes se rebelaron permanentemente; los Sionistas en Londres importunaron al gobierno para usar la fuerza contra los Árabes; si los hombres en el lugar intentaban actuar imparcialmente entre las partes, las órdenes desde casa los refrenaban.

La historia británica en ultramar es probablemente vindicada por los resultados en cada caso excepto en este. Produjo naciones extranjeras libres en tierras vacías, y en las conquistadas pobladas por otros, la a menudo proclamada (y siempre ridiculizada) intención de levantamiento de los conquistados, entonces la partida se ha llevado a cabo; India es sólo una prueba de eso. En el caso de Palestina, todas las reglas previamente seguidas en ultramar por Bretaña fueron rotas y toda la experiencia se llevó a nada, bajo la "presión" ejercida en Londres, o de otras capitales si Londres alguna vez se negaba.

Así los oficiales y soldados británicos enviados a Palestina fueron los más infelices en la historia británica (característicamente, el único hombre entre ellos que recibió públicamente honores después de su partida fue un traidor).

Ellos sabían como administrar un verdadero "protectorado"; la palabra tiene un honesto significado así como uno falso, burlonamente dado a él por Hitler en Checoslovaquia. La ocupación con el consentimiento, o con la invitación de los habitantes nativos puede ser una cosa admirable. He viajado en uno de tales "protectorado" genuino, Basutoland.

Los británico fueron allí ante la solicitud de Basuto y la consecuencia fue que Basuto sobrevivió como una nación libre, de otra forma ellos habrían sido esclavizados por sus poderosos vecinos. Su situación y perspectiva hoy son mejores de lo que ellas podría haber sido en cualquier otra forma y ellos comprenden esto, por lo que una docena de administradores blancos gobiernan a 660,000 Basutos en la estima mutua.

A los británicos en Palestina, por primera vez en la historia de su nación, les fue exigido reprimir a las personas ellos habían venido "proteger" y proteger a otros que eran de hecho, invasores de Rusia. La corrupción del "poder civil" en Inglaterra, desde el tiempo del Sr. Balfour, logró este resultado. La máxima suprema del constitucionalismo Occidental es que "el poder civil" siempre debe ser superior al militar, de tal manera que no surjan regimenes militaristas. Pero si el poder civil se rinde a los dictados de una secreta tercera parte con objetivos militares, se pone en los hechos, en una posición *inferior* al poder militar, aunque no a sus generales nativos. De esta manera la máxima suprema estaba de cabeza, porque las fuerzas armadas de una nación pueden ponerse entonces al servicio de intereses extranjeros, y destructivos de sí mismo. Esto pasó en Palestina.

La represión de los Árabes nativo "rebeldes" no ayudó al **Sionismo** en Palestina. Al comienzo de la década 1930 - 1940 el levantamiento de Hitler fortaleció su posición en las antecámaras de Londres y Washington, pero esta mejora fue contrapesada por la extensa deterioración que ocurrió en la propia Palestina mientras avanzaba la década. Durante este período posterior, el Dr. Weizmann, que de 1904 a 1919 había concentrado sus esfuerzos en el gobierno británico, extendió sus actividades a dos nuevos lugares; su órbita cubría "Jerusalén, Londres y Nueva York" y él trataba con el Primer Ministro británico como un hombre que talla las ramitas.

Su próxima víctima fue, una vez más, el Sr. Ramsay Macdonald, quien después de la deserción de sus colegas Socialistas, se transformó en Primer Ministro de un gobierno de coalición de todos los otros Partidos. El joven Jimmy Macdonald de Lossiemouth, el muchacho pobre de Escocia que hizo bien, fue por este tiempo el Sr. Ramsay Macdonald del canoso pelo restante. Hizo a hijo, el Sr. Malcolm Macdonald, Sub-Secretario para las Colonias, y con ello ambos Macdonald dejaron el feliz país de sueños de la plataforma oratoria Socialista para el frío y duro mundo de la "presión irresistible". El Sr. Macdonald se preparó para detener la lucha interminable y los escándalos en Palestina, que por este tiempo ya habían exigido muchas vidas británicas, y pronto anunció que su gobierno suspendería la inmigración Sionista, regularía las compras Sionistas de tierras y castigaría las incitaciones al desorden *"en cualquiera de las partes que ellas se originaran"*.

El Sr. Macdonald se volvió objeto de ataques violentos en seguida y comenzó a mostrar un semblante tosco por el cual se volvió famoso (y qué yo observé cuando me reuní con él en 1935). Él recibió la visita del Dr. Weizmann y tres socios Sionistas y fue acusado de "tratar bastante frívolamente" con *"las implicaciones morales de las promesas dadas* a los judíos" (Dr. Weizmann). Los principales políticos en su propio país, en Norteamérica y África del Sur comenzaron una furiosa campaña en su contra. Intimidado por segunda vez, fijó un Comité Ministerial especial para reconsiderar la a menudo tratada "política de Palestina". Un Ministro Socialista, el Sr. Arthur Henderson, era el presidente y el Sr. Malcolm Macdonald era Secretario; El Dr. Weizmann y seis Sionistas importantes formaban "el comité"; los Árabes, como de costumbre, no estaban representados.

El Dr. Weizmann atacó violentamente la tarea de castigar las incitaciones al desorden *desde cualquier parte*; el desorden, la violencia y las matanzas, dijo él, *sólo* se originaban en los árabes nativos. El Sr. Macdonald nuevamente se rindió en una carta al Dr. Weizmann, bajo cuyas condiciones la inmigración Sionista a Palestina en 1934 y 1935 excedió todas las cifras anteriores. Habiendo tratado con el Sr. Macdonald, el Dr. Weizmann emprendieron la gran gira. Mientras la Segunda Guerra se acercaba él estuvo por todas partes, en África del Sur, Turquía, Francia, Italia, Bélgica y otras tierras. En Francia se reunió con "cada uno de los Primer Ministros entre las dos guerras" y de éstos, encontró que M. León Blum, un co-religionario, para ser especialmente simpático. M. Aristide Briand, el Ministro del Exterior, también estaba bien dispuesto "aunque un poco vago acerca de o que está pasando" (el Dr. Weizmann se refiere a menudo en tales términos de los políticos Occidentales que cumplían sus órdenes). Él vio a Mussolini tres veces. Habló a públicos distinguidos sobre las iniquidades de Hitler y les dijo que era "la responsabilidad del mundo civilizado" en esta cuenta, expulsar a los Palestinean Arabes (él no lo puso así tan sin adornos).

No obstante, por finales de los años de 1930, el Sionismo en Palestina estaba desintegrándose nuevamente. Ya que para la Segunda Guerra se habría marchitado en el olvido, un árabe Jameson Raid emprendido en la irresponsabilidad e ignominiosamente acabado.

En 1936 las manifestaciones árabes comenzaron a ser cada vez más violentas aun. Por entonces los sucesivos gobiernos británicos durante catorce años, al mandato de los Sionistas, se habían negado a permitir que los Arabes tuvieran elecciones. Con el tiempo, el argumento del Dr. Weizmann que esta negativa era la esencia de la "democracia" perdió su fuerza y el gobierno británico se encontró en un creciente y difícil dilema. El Sr. Stanley Baldwin (después de suceder al Sr. Macdonald) acudió al antiguo procedimiento del "canasto-pendiente"; envió una comisión más de investigación (¿la quinta?) a Palestina, y a estas alturas la cosa se volvió completamente una farsa.

El Sr. Macdonald había sido intimidado por el Dr. Weizmann y su guardia personal en cancelar una "política de Palestina" anunciada después de una consulta total con sus consejeros responsables. ¡Ahora, después que el Sr. Baldwin envió una comisión a Palestina para descubrir una política alternativa fue recibido por el Dr. Weizmann! Con agilidad él brincó de Londres a Jerusalén y volvió, diciéndole al gobierno británico en Londres qué hacer, que debían sus Comisionados en Palestina informar, y al gobierno británico en Londres, nuevamente, lo que debía hacer con el informe cuando este llegara. (Mientras tanto visitó Nueva York para arreglar por más "presión" desde ese lugar).

Esta Comisión Peel recibió de alguna de las partes una propuesta que el dilema eterno podría resolverse dividiendo Palestina, y rápidamente consultó al Dr. Weizmann. Hasta ese momento las pretenciones se habían mantenido, todas a través de los años, que los Sionistas no exigían un estado judío, sólo un "Hogar Nacional". El Dr. Weizmann supo que si un gobierno británico pudiera llevarse alguna vez a apoyar la "partición" se comprometería por fin a un *estado judío* separado.

Su maestría Asiática del arte de la negociación obliga a la admiración. Invocando el Antiguo Testamento, clavó firmemente *la idea* de la partición sin comprometerse a algún límite. Él dijo que sería capaz de hacer algunas concesiones sobre el área real que sería tomada por sus Sionistas, aun cuando Jehová no había indicado fronteras precisas en sus revelaciones a los Levitas. Esto aceptaba la oferta de territorio, dejando todo el asunto de los límites abiertos para incluso la "partición", obviamente, esto no iba a ser ninguna solución. Las palabras con que el Dr. Weizmann apoyó la partición son de interés a la luz de los eventos posteriores: "Los Árabes tienen miedo que nosotros absorbamos toda Palestina. Digamos lo que digamos sobre *la preservación de sus derechos*, ellos están dominados por el miedo y no escucharán razones. Un estado judío con límites definidos, internacionalmente garantizados sería algo último; la transgresión de estos límites serían *un acto de guerra que los judíos no cometerían, no sólo por sus implicaciones morales, sino porque despertaría al mundo entero contra ellos*."

La Comisión Peel recomendó la partición y declaró que "el Mandato" era imposible de trabajar. Si el Gobierno británico hubiera actuado sobre ese informe y rápidamente se hubiera retirado de Palestina, mucho se podría haber ahorrado la humanidad, pero dentro de dos años la Segunda Guerra Mundial envolvió esto nuevamente en el problema insoluble.

Mientras se acercaba, el Dr. Weizmann continuó sitiando a los políticos Occidentales con el argumento que "el Hogar Nacional Judíos jugaría un rol muy considerable en esa parte del mundo como un aliado fiable de las democracias". Con esto él quería decir que la demanda Sionista de armas para la toma violenta de Palestina, lo cual iba a ser un hecho, se presentaría de esa manera, a través de los políticos y la prensa, a las masas públicas de Occidente. En 1938, propuso entonces al Sr. Ormsby-Gore, Ministro británico para las Colonias que los Sionistas deben ser permitidos de formar una fuerza de algo así como 40,000 hombres. Esto pre- supuso que la guerra innecesaria ocurriría (una anticipación en que los hombres dirigentes que estaban tras bastidores, al parecer ya habían convenido), y el Dr. Weizmann hizo todos él pudo para asegurar esto, usando el caso de los judíos como su único argumento. Después del asesinato de von Rath y las manifestaciones anti- judías en Alemania él le dijo al Sr. Anthony Eden:

"Si un gobierno es permitido de destruir una comunidad entera que no ha cometido ningún crimen... significa el principio de anarquía y la destrucción de la base de la civilización. Los poderes que están mirando lo que sucede sin tomar alguna medida para prevenir el crimen, serán algún día visitados por un severo castigo".

La persecución de Hitler de **hombres** fue ignorada en estas privadas y fatales, entrevistas en las antecámaras políticas; la condición de una *única* "comunidad" estaba en avanzada como el argumento para la guerra. Los Sionistas, tal como los eventos lo han mostrado, estaban intentando destruir "una comunidad entera que no había cometido ningún crimen" (los Árabes de Palestina que no sabían nada de Hitler) y las armas que ellos exigieron fueron usadas para ese propósito.

Significativamente, el Dr. Weizmann puso su argumento en términos del credo **cristiano**; bajo esa enseñanza la destrucción de una comunidad inocente de crimen **es** en sí misma un crimen, que traerá un "castigo severo". Bajo la Ley Levítica, sin embargo, qué el Dr. Weizmann invocaba como la base de su demanda por Palestina, es "estatuto principal y mandamiento", que será premiado por el poder y riquezas, no por castigos. En los últimos doce meses antes de la Segunda Guerra, los árbitros secretos del poder ejercieron su máximo esfuerzo para ganar control sobre hombres y eventos. El Sr. Roosevelt fue comprometido, pero él sólo sería usado en una fase posterior. En Inglaterra, el Sr.

Baldwin, los hacendados y manufactureros de Worcestershire, dieron paso al hombre de negocios de Birmingham, el Sr. Chamberlain de Neville, en quien surgió un obstáculo serio al ejercicio de la "presión irresistible" tras bastidores.

El nombre del Sr. Chamberlain está conectado con el final, el acto fatal de estímulo a Hitler: el abandono y la promulgación de la rendición de Checoslovaquia en Munich. Durante unas semanas las masas públicas pensaron que él había salvado la paz por este hecho y en ese momento yo, en Budapest y en Praga, entendí por primera vez lo que Thomas Jefferson quiso decir cuando expresó, "yo realmente miro con lástima a la gran masa de mis conciudadanos que, leyendo los periódicos, viven y mueren en la creencia que ellos han conocido algo de lo que ha estado pasando en el mundo de sus tiempos."

Muy poco después que él escribió esto, la fortuna política del Sr. Churchill tomó un súbito giro para el bien y (como en el caso del Sr. Lloyd George en 1916) su actitud hacia el Sionismo parece haber tenido mucho que ver con esto, a juzgar de lo que se ha publicado. Su registro en esta materia sugiere que el Sr. Churchill, el producto de Blenheim y Brooklyn, es algo como "un enigma dentro de un misterio envuelto en un enigma", usando las palabras empleadas por él sobre el estado comunista en 1939. En 1906, como se ha mostrado, estaba entre los primeros políticos que apoyaron el Sionismo en las tribunas, de tal manera que un vocero de los Sionistas dijo que cualquier judío que votara contra él, era un traidor. ¡Sin embargo, en el puesto durante la Primera Guerra, tomó una pequeña parte en ese asunto y el Dr. Weizmann sólo lo menciona una vez en ese período, y entonces no como un "amigo". Luego, como Ministro de las Colonias en 1922, ofreció una ofensa a Sión por su Papel Blanco, que el Dr. Weizmann llama "una seria deformación de la Declaración de Balfour". Propuso para Palestina, "un Concilio Legislativo **con una mayoría de miembros elegidos**", y esto habría significado, no sólo sostener esas elecciones que el Dr. Weizmann había prohibido hasta el fin, sino ¡permitir al Árabes nativos de Palestina gobernar su propio país!

Así los diez años del Sr. Churchill en el desierto político, 1929-1939, fueron también unos años durante los cuales eno contaba con el favor de los Sionistas y la narrativa del Dr. Weizmann nunca lo menciona hasta la víspera de la Segunda Guerra, cuando él de pronto se "descubrió" (como los dramaturgos acostumbran a decir) en esto, como un campeón de los más ardiente del Sionismo. Esto es lo más curioso porque, tan tarde como el 20 de octubre de 1938, el Sr. Churchill aun estaba hablando como el autor del Papel Blanco de 1922: "Nosotros debemos... darle a los Árabes una solemne convicción... que la cuota anual de inmigración judía no debe exceder una cierta cifra, por lo menos para un período de diez años". . Muy poco después de eso, él resurge en la cuenta del Dr. Weizmann como un hombre implícita y ***privadamente***, de acuerdo con apoyar una inmigración Sionista de millones.

Muy de repente, el Dr. Weizmann dice que en 1939, él "se encontró con el Sr. Winston Churchill" (ignorado en su historia durante diecisiete años) "y él me dijo que podría tomar parte en el debate, ***hablando por supuesto, contra el Papel Blanco propuesto***". El lector es dejado libre para suponer por qué el Sr. Churchill podría haber asumido "por supuesto" hablar contra un documento que, en su énfasis de la necesidad de hacer justicia a los Árabes, estaba en acuerdo con su propio Papel Blanco de 1922 y con sus discursos durante diecisiete años después de él.

Entonces, en el día de este debate, el Dr. Weizmann fue invitado a almorzar con el Sr. Churchill, "en ella cual nos leyó su discurso" y preguntó si el Dr. Weizmann tenía algún cambio para sugerir. El lector recordará que los editores del ***The Times*** y del ***Manchester Guardián***, escribieron los artículos editoriales sobre el Sionismo después de una consulta con el jefe de una de las partes interesadas; ahora, el Sr. Churchill se acercaba a un debate en un problema mayor de la política estatal de la misma forma. Él era reconocido por la calidad de sus discursos, y llegó a ser así en Norteamérica a causa del extraño hecho (como fue considerado allí) que él mismo se lo escribió. Sin embargo, en las circunstancias descritas arriba por el Dr. Weizmann, el punto de la real caligrafía parece de importancia menor.

En ese momento el "campeonato" del Sr. Churchill (Dr. Weizmann) fue vano; el gran debate acabó en la victoria para el Sr. Chamberlain y su Papel Blanco por una mayoría de 268 a 179. Era sustancial, pero muchos políticos ya olían los vientos y su instinto de vela-de-adorno se refleja en el extraordinariamente grande número de abstenciones: 110. Esto dio la primera advertencia al Sr. Chamberlain del método, del abandono dentro de su propio Partido, por el cual él sería derrocado.

¡El debate mostró otra cosa interesante, a saber, que el partido de Oposición por este tiempo, sostenía que el Sionismo era el principio supremo de su política, y, de hecho, la última prueba por la cual un hombre podría demostrar si era un "Socialista" o no! El creciente Partido Socialista se había olvidado de los males del hombre trabajador hace mucho tiempo, la condición de los oprimidos y la porción triste de "el desvalido"; había sido alcanzado en la intriga internacional y quiso estar en el lado del perro fuerte. Así el Sr. Herbert Morrison, un líder Socialista, apuntó acusadoramente al Sr. Malcolm Macdonald (cuyo departamento era identificado estrechamente con el Papel Blanco) y lamentó la herejía de un hombre que "alguna vez fue un socialista". El Socialismo, también, por este tiempo, significaba sacar a los Árabes de Palestina, y los notables de los sindicatos, con los relojes de oro de presentación, no les importaban cuan pobres u oprimidos estaban estas distantes personas.

La Segunda Guerra estallaría muy poco después de la emisión del Papel Blanco y del debate. En seguida, todo el pensamiento de "establecer una Palestina independiente" y "terminar el Mandato" fue suspendido, por la duración de la guerra (y a su fin, un cuadro muy diferente sería desvelado). En su comienzo el Sr. Roosevelt en Norteamérica estaba "públicamente y privadamente comprometido" para apoyar el Sionismo (Sr. Harry Hopkins). En Inglaterra, el Sr. Chamberlain era un impedimento, pero estaba en camino a salir. El Sr. Churchill estaba en camino a entrar. El pueblo lo quería, porque era "el hombre que había tenido razón" sobre Hitler y la guerra; ellos no conocieron nada de sus charlas con el Dr. Weizmann y los efectos que éstas podrían producir.

CAPÍTULO 39

LA ENTREGA DE ARMAS A SIÓN

Durante seis años las masas combatientes surgieron hacia y desde tres continentes, y al final, aquellos que se pensaron vencedores estaban más lejos del Santo Grial que en el comienzo; en los parlamentos de los políticos vencedores el gallo cantó por segunda vez. Tres décadas antes el Presidente Wilson se había esforzado en clamar que "las causas y objetivos son oscuros... los objetivos de los estadistas en ambos lados, son virtualmente los mismos", y el resultado lo demostraba. Los líderes alemanes habían decidido entonces "fomentar" y el Sr. House hablaba de "apoyar" la revolución-mundial; los Sionistas mantenían su oficina principal en Berlín, mientras pensaban que una Alemania victoriosa podría preparar la "patria judía" en Palestina, y sólo la transfirieron cuando la victoria fue vista que quedaba en Occidente.

La Segunda Guerra hizo nuevamente surgir la verdad en el lamento ahogado del Sr. Wilson. La guerra no podría haber comenzado, en absoluto, sin la complicidad de la revolución mundial en el asalto del nuevo "loco en Berlín", y los pueblos entonces, en el desbordamiento, no podían discernir ninguna diferencia entre la opresión Comunista y la opresión Nazi. Entonces, cuando los dos se volvieron uno contra otro, el Sr. Hopkins (en el lugar del Sr. House) comenzó a "apoyar" la revolución-mundial de nuevo, de tal manera que la victoria no trajese ninguna "liberación". Hitler deseaba segregar nuevamente a los judíos; el Sr. Brandeis en Norteamérica semejantemente, e imperiosamente decretó que "Ningún judío debe vivir en Alemania". El Sr. Churchill deseaba que "tres o cuatro millones de judíos" debieran trasplantarse a Palestina; el estado comunista, por profesión anti-sionista, proporcionó el primer contingente de éstos.

Cuando los humos de batalla se aclararon, sólo tres propósitos se habían logrado, ninguno de ellos descubiertos en su inicio: la revolución-mundial, con los armas y apoyo Occidental había avanzado hasta la mitad de Europa; El Sionismo había sido armado para establecerse en Palestina por la fuerza; el "gobierno-mundial", el resultado que fue pensado, estas dos fuerzas convergentes obviamente producirían, había sido nuevamente fijado en un estado de embrión, esta vez en Nueva York. La guerra después de la guerra fue la verdadera; luchada para desviar armas, mano de obra y los tesoros de Occidente a estos propósitos. A través de la disuelta niebla de la guerra, la forma del gran "plan" revelado por primera vez por los papeles de Weishaupt, y expuestos en los Protocolos, se mostró claramente.

Cuando la guerra comenzó la intención de abandonar el irrealizable "Mandato" y retirarse de Palestina, después de asegurar una representación justa de todas las partes allí, era la política oficial británica, aprobada por el Parlamento. Los Sionistas vieron que ningún gobierno británico, en cualquier futuro previsible, podría ser llevado a realizar el hecho real de los asesinatos: es decir, expulsar a los Árabes de su propia Palestina mediante las armas. Ellos se propusieron obtener las armas bajo la cubierta de la guerra.

La guerra apenas había comenzado cuando el Dr. Weizmann apareció en la oficina del Sr. Churchill. Desconocido para el público general, este notable hombre durante treinta y tres años (desde el día de su entrevista con el Sr. Balfour) había ejercido dominio sobre los políticos de Inglaterra y Norteamérica. Su persona no puede haber inspirado tal temor, por lo cual ellos deben haber visto en él, el representante de una fuerza que los aterraba; una fuerza que el Dr. Kastein llamó "el judío internacional" y el Sr. Neville Chamberlain llamó la "Judería Internacional".

El Sr. Churchill, retornó a la oficina después de diez años como Primer Lord del Almirantazgo, probablemente debía haber estado absorto por la guerra en el mar, pero el Dr. Weizmann estaba preocupado de otras cosas. Él dijo, "después de la guerra nosotros querríamos **construir a un estado de tres o cuatro millones de judíos** en Palestina" y el Sr. Churchill contestó, "*Sí, de hecho, estoy totalmente de acuerdo con eso*". El Sr. Churchill, doce meses antes, había llamado a una dar "solemne seguridad" a los Árabes que la inmigración Sionista sería regulada y restringida. Incluso hoy, en 1956, Palestina tiene sólo 1.600.000 judíos y un estado de guerra permanente existe en Arabia a consecuencia de su introducción; si su número es doblado o se triplicará, la forma del futuro está clara y el Sr. Churchill, en 1939, probablemente lo vio.

El Sr. Churchill entonces no tenía la responsabilidad por Palestina. El Dr. Weizmann evidentemente esperaba que pronto el Sr. Churchill fuera nombrado Primer Ministro. Él fue entonces a EEUU y expuso su plan al Presidente Roosevelt, encontrándolo "interesado" pero cauto (su tercera campaña de elección amenazada), y retornó a Inglaterra donde el Sr. Churchill había tomado el lugar del Sr. Chamberlain en la oficina más alta.

Así la situación de 1916 fue recreada, con una pequeña diferencia. El Sr. Lloyd George fue exigido para desviar los **ejércitos** británicos a

Palestina, para la conquista inicial de la codiciada tierra, y lo hizo. Al Sr. Churchill se le pidió desviar **armas** a los Sionistas para que ellos pudieran establecerse, y buscó cumplirlo. De hecho, él había estado dando las órdenes en ese sentido durante cinco meses cuando vio en una próxima vez al Dr. Weizmann, y lo registra en el apéndice de sus memorias de guerra.

Él se transformó en Primer Ministro el 10 de mayo de 1940, cuando Francia colapsó y la isla británica estaba sola, defendida solamente por el remanente de sus fuerzas aéreas y su armada; el ejército había sido destruido en Francia. El 23 de mayo, instruyó a su Ministro de las Colonias, Lord Lloyd, que las tropas británicas en Palestina debían retirarse y "***armar a los judíos** para su propia defensa y organizarlos apropiadamente tan rápidamente como fuese posible*". Repitió la orden el 29 de mayo (mientras la evacuación de Dunkerque estaba en marcha) y también el 2 de junio. El 6 de junio se quejó de la oposición militar a él, y a finales de junio de "dificultades" con dos Ministros responsables, particularmente del Lord Lloyd ("quién era un convencido anti-sionista y pro-árabe; "Yo deseaba ***armar a los colonos judíos***".

Por lo tanto el asunto ya estaba discutiéndose en términos, no de interés nacional, sino de "pro" esto y "anti" eso otro, el idioma de la caja de jabón. El Sr. Churchill continuó en esta senda, diciéndole a Lord Lloyd que el gran número de tropas en Palestina eran "el precio que nosotros tenemos que pagar por ***la política anti- judía*** que ha persistido allí durante algunos años" (la política de su propio Papel Blanco de 1922). Si los judíos fueran armados apropiadamente, dijo, se liberarían tropas británicas para el servicio en otros lugares "*y allí no había ningún peligro de que los judíos atacaran a los Árabes*". Él se negó a dar a conocer al Parlamento la visión del Ministro ***responsable***: "Ciertamente no podría asociarme con tal respuesta como aquella que usted me ha entregado."

En ese momento las armas eran más preciadas que los diamantes en Inglaterra. Los ejércitos rescatados de Francia estaban sin armas y desorganizados; El Sr. Churchill registra que toda la isla tenía apenas 500 cañones y 200 tanques de diferentes edades y tipos; meses después aun estaba llamando urgentemente al Presidente Roosevelt por 250,000 fusiles para "hombres entrenados y uniformados" que no tenían armas. Por esos días yo recorrí el campo para obtener, por fin, una pistola vieja de 40 años que dispararía sólo un tiro. Las animadas palabras del Sr. Churchill sobre luchar hasta siempre en las playas y en las calles y jamás rendirse no me estremecieron, porque supe que, si una invasión ganara una posición establecida, ellas estarían vacías; los hombres no pueden luchar contra los tanques con las manos desnudas. El estado de desarme del campo era horrible. Yo me habría sentido estupefacto si hubiese sabido que el Sr.

Churchill, en ese momento, tenía tan persistentemente su mente puesta en la entrega de armas a los Sionistas en Palestina.

El peligro de invasión estaba retrocediendo cuando el Dr. Weizmann vio la próxima vez al Sr. Churchill, en agosto de 1940. Él propuso entonces que los Sionistas deberían formar un ejército de 50,000 hombres, y en septiembre se presentó al Sr. Churchill con "un programa de cinco-puntos", donde el punto principal era "el reclutamiento del mayor número posible de judíos en Palestina para los servicios de combate". Él dice que el Sr. Churchill "consintió a este programa."

Lord Lloyd (tal como Sir William Robertson, el Sr. Edwin Montagu y muchos otros en la Primera Guerra) luchaba firmemente para evitar todo esto. Estaba impulsado por el destino intempestivo que obstinaba a muchos de los hombres que intentaban hacer su deber en esta materia: murió en 1941, a la edad de sólo 62 años. Sin embargo, los oficiales y soldados responsables nunca dejaron de intentar y refrenar a los "políticos de la línea top" de esta nueva diversión. El Dr. Weizmann se queja que, a pesar del apoyo del Sr. Churchill, "habrían de pasar cuatro años antes, que en septiembre de 1944, se formara oficialmente la Brigada Judía", y atribuía este retraso a la resistencia obstinada de "*expertos*" (en sus palabras). El Sr. Churchill se quejó semejantemente: "Yo deseaba *armar a los judíos* de Tel Aviv ... Aquí encontré cada tipo de resistencia" (julio de 1940, justo antes que comenzara el ataque aéreo a Bretaña).

El Dr. Weizmann evidentemente pensó que el tiempo había llegado para dominar a esta resistencia por la "presión" de otro sector, ya que en la primavera de 1941, fue nuevamente a EEUU. En este momento (tal como en la Primera Guerra) él le estaba dando nominalmente al "esfuerzo de guerra" británico el beneficio de su conocimiento científico, en esta ocasión en el campo del isopreno. Él dice que estaba "absorto en el trabajo", pero se las ingenió para librarse de él y, como él era el Dr. Weizmann, no tuvo ninguna dificultad para cruzar el Atlántico en tiempos de guerra.

La tierra había sido preparada para él en EEUU, en dónde el Rabino Stephen Wise estaba instruyendo al Presidente Roosevelt (tal como había instruido al largo tiempo fallecido Presidente Wilson) sobre su deber hacia el Sionismo: "El 13 de mayo de 1941 encontré necesario enviarle los informes de primera mano sobre Palestina al presidente" (los informes de primera mano del rabino sobre un pogrom "informado" en 1933 había provocado el boicot en Nueva York) "y escribirle acerca del estado en peligro de los judíos desarmados... El Gobierno británico **debía ser hecho entender cuan enorme sería el espanto y cuan perjudicial su efecto en la causa democrática**, si allí hubiese una matanza generalizada debido al fracaso de **armar a los judíos** adecuadamente, así como para fortalecer las defensas de Palestina **con armas, tanques y aviones.**"

El presidente contestó, "yo sólo puedo llamar a la atención de los británicos a nuestro profundo interés en la defensa de Palestina y nuestra preocupación por *la defensa de la población judía allí*, y, como lo mejor que puedo, proporcionar a las fuerzas británicas con los medios materiales mediante los cuales la protección máxima a Palestina será permitida". Provisto con esta carta (como el Dr. Weizmann una vez, con un informe de una entrevista escrita en el papel oficial de la Oficina del Exterior británica) el Rabino Stephen Wise "al día siguiente viajó a Washington, y después de las conferencias con altos funcionarios gubernamentales se sintió más seguro que los británicos **serían hechos entender** que debía haber **equipamiento adecuado (armas, tanques y aviones) para nuestro pueblo en Palestina**... Y probablemente gracias a la intervención del Sr. Roosevelt, el asunto de la **paridad** se había dejado caer en gran magnitud" (la última alusión es a la insistencia de los administradores británicos responsables que, si los armas fuesen a entregarse, debía armarse a Arabes y Sionistas **en igual número** en Palestina; incluso el Sr. Churchill había encontrado dificultad resistiéndose a esta propuesta).

Estos potentados Sionistas, en varios países, aplicaron la "presión irresistible en la política internacional" en perfecta sincronización. Si Londres se retrasara en la complacencia, "fue hecho entender" por Washington; si las posiciones hubiesen sido invertidas el procedimiento habría sido el contrario. Así el mecanismo había sido bien engrasado cuando el Dr. Weizmann llegó y pronto se sintió satisfecho que "los líderes políticos top" mostraban "una real simpatía por nuestras aspiraciones Sionistas".

En Washington, como en Londres, encontró que los funcionarios oficiales responsables eran una molestia: "El problema siempre comenzó cuando llegaban *los expertos* en el Departamento de Estado. Debajo de los "político de la cima" en Washington, Ministros y altos oficiales, y en Palestina los profesores norteamericanos, misioneros y hombres de negocios, todos ellos intentaron mantener la política estatal de EEUU libre de este espíritu malvado. El funcionario Jefe responsable en Washington es descrito por el Dr. Weizmann en términos idénticos como los usados por el Sr. Churchill a Lord Lloyd: "La cabeza de la División Oriental del Departamento de Estado era un **anti-sionista** confeso y **pro-árabe**"; esto indica la fuente original del vocabulario político a nivel de la cima.

El Dr. Weizmann comprendió que desde este período, Washington era el mejor lugar de donde la presión podría mantenerse en mejor forma sobre Londres, y a principios de 1942 se trasladó allá. Su liberación del trabajo científico que lo "absorbió" en Inglaterra fue arreglado fácilmente, El Presidente Roosevelt descubrió que el Dr. Weizmann se necesitaba urgentemente en EEUU para trabajar en el problema del caucho sintético. El Embajador norteamericano en Londres, el Sr. John G. Winant, olió problemas y "aconsejó seriamente" al Dr. Weizmann, cuando llegó a EEUU, que se dedicara tanto como fuese posible a la química". El Sr. Winant estaba alarmado sobre las consecuencias de todas estas maquinaciones, y presintiendo un futuro lo rompió; su muerte, pronto después, fue de naturaleza trágica. En cuanto a su consejo, el Dr. Weizmann comenta que "en realidad, dividí mi tiempo casi igualmente entre la ciencia y el Sionismo", y si eso fue "química" finalizó mejor que cualquiera que conoció al Dr. Weizmann, habría esperado.

Antes de que él partiera "visitó informalmente" Ten Dowing Street, donde en 1942 había visitado oficialmente por casi treinta años, para decir adiós al secretario del Sr. Churchill, tal como él dice. No sorprendentemente, él vio al Sr. Churchill que dijo: (según Dr. Weizmann):

"Cuando la guerra haya terminado, me gustaría ver a Ibn Saud como Lord del Medio Oriente, como el jefe de jefes, con **tal de que él llegue a un acuerdo con usted**... por supuesto nosotros le ayudaremos. Guarde este secreto, pero usted podría hablarlo con Roosevelt cuando llegue a EEUU. No hay nada que él y yo no podamos hacer si ponemos nuestras mentes en ello". (el Dr. Weizmann, después de la entrevista, hizo una nota de este secreto y se lo entregó al Secretario político Sionista con instrucciones de darlo a conocer al ejecutivo Sionista si algo le ocurriera al Dr. Weizmann; también, lo publicó en su libro posteriormente).

El Sr. Churchill se equivocaba si él esperaba que el Dr. Weizmann le ayudara a preparar a un árabe como "Lord del Medio Oriente", ya que tal lugar de poder estaba reservado obviamente para el Sionismo. Por ello el Dr. Weizmann no llevó el mensaje del Sr. Churchill, incluso cuando él vio al Presidente Roosevelt y sólo habló sobre su trabajo científico. Desde otros lugares él presionaba para que "EEUU enviara **el máximo número de aviones y tanques** a ese teatro" (a África dónde serían muy accesibles para los Sionistas en Palestina). En esta fase él comenzó la cooperación íntima con el Sr. Henry Morgenthau Junior, del círculo interno del presidente, que probaría ser de "peculiar asistencia" en el momento posterior, el decisivo.

El Dr. Weizmann nuevamente encontró estorbos irritantes: "Nuestras dificultades **no se conectaban con los estadistas del primer orden**. Éstos habían, en gran parte, siempre entendido nuestras aspiraciones, y sus declaraciones en favor del **Hogar Nacional Judío** realmente constituyen una literatura. Siempre estaba **detrás del escenario**, y en los niveles más bajos, en los cuales nosotros encontramos una **oposición obstinada, desviada y silenciosa... Toda la información proporcionada del Medio Oriente a las autoridades en Washington trabajaban en contra nuestra."**

Por casi 40 años, en ese tiempo, el Dr. Weizmann había trabajado "tras bastidores", sinuosamente y en secreto; la historia no muestra ningún caso comparable. En la siguiente reunión tras bastidores, con el Presidente Roosevelt, entregó entonces el mensaje del Sr. Churchill, o más bien (según su propio relato) uno diferente: le dijo que el Sr. Churchill le había asegurado que "al fin de la guerra vería un cambio en el estado del Hogar Nacional Judío, y que el Papel Blanco de 1939 iría". Él describe esto como el "plan" del Sr. Churchill, pero no es el mensaje previamente citado, aunque podría describir la mente del Sr. Churchill. Lo que es significante es que el Dr. Weizmann omitió la propuesta principal del Sr. Churchill, para hacer al Rey Ibn Saoud "Lord del Medio Oriente... con tal de que él llegue a un arreglo con usted."

El Dr. Weizmann dice que la respuesta del Presidente Roosevelt al plan del Sr. Churchill (tal como fue falsamente planteado a él) era "completamente afirmativa" lo que en Sionismo significa "Sí" a un **estado judío** ("un cambio en el estado del Hogar Nacional Judío"). El presidente, según el Dr. Weizmann, introdujo entonces él mismo, el nombre de Ibn Saoud, y se mostró "consciente del problema árabe". El Dr. Weizmann, si su relato es correcto, *no* dijo entonces que el Sr. Churchill recomendaba "un arreglo" con Ibn Saoud. Por el contrario, el Dr. Weizmann "mantuvo la tesis que **nosotros no podemos hacer descansar nuestra causa en el consentimiento de los Árabes**".

Esto era lo contrario acerca del visualizado "arreglo" del Sr. Churchill y era específico: significaba la guerra contra los Árabes y el apoyo de EEUU para tal guerra. De allí, el Sr. Roosevelt simplemente "me aseguró nuevamente sus simpatías y de su deseo de resolver el problema."

Existe algo de misterio en esta reserva del Presidente Roosevelt en la materia del "problema árabe" que podría haber tenido importantes consecuencias si no se hubiese muerto, dos años después, casi inmediatamente después de *reunirse* con Ibn Saoud.

Sin embargo, lo que él dijo cautamente y privadamente pensó ya no era más de vital importancia en 1943, porque la decisión real ya había sido tomada. Tras bastidores, bajo la cubierta de una guerra en Europa, las armas iban a ser llevadas a los Sionistas, y este proceso secreto iba a determinar la forma del futuro. Desde este momento ni los políticos de más alto nivel, si ellos se rebelaran, ni los oficiales responsables fuertemente presionados tenían el poder para impedir que el Sionismo plantara en Palestina una bomba-de-tiempo que puede explotar todavía en la segunda mitad del Siglo XX.

De momento, el Dr. Weizmann, en julio de 1943, retornó a Londres, seguro que la "presión" de Washington se mantendría.

Capítulo 40

La invasión de Estados Unidos

Mientras las invasiones militares y contra-invasiones se multiplicaban durante los seis años de la Segunda Guerra, absorbiendo todo el pensamiento y la energía de las masas encerradas en el combate, una invasión silenciosa se llevaba a cabo produciendo efectos más importantes que las invasiones armadas. Esta fue la invasión política de la República norteamericana y su éxito fue mostrado por el diseño de la política del estado norteamericano al final de la guerra, la cual fue tan dirigida para asegurar que las únicas invasiones militares que rindieran permanentemente "ganancias territoriales" eran aquellas de la revolución en Europa y de los Sionistas en Arabia.

Inspeccionando históricamente, el logro del Sr. Roosevelt puede verse ahora que fue triple y en cada aspecto peligroso para el futuro de su país: ayudó a armar al Sionismo, armó a la revolución en su ciudadela de Moscú, y abrió las puertas de su ciudadela norteamericana a sus agentes.

Comenzó el proceso en el comienzo de su presidencia por su reconocimiento del Soviet, cuando el embajador de la revolución, Máxim Litvinoff, se comprometió que el estado revolucionario dejaría su nariz fuera de los asuntos domésticos norteamericanos; Los mentores del Sr. Roosevelt no eran los hombres para recordarle que una vez que el zorro mete su nariz, pronto encontrará la forma de hacer que su cuerpo le siga. La historia de su apoyo al estado revolucionario con el dinero y las armas, pertenecen a un capítulo posterior; este apunta a relatar el cuento de su penetración en la República norteamericana en su propia tierra durante su larga presidencia.

El Sr. Roosevelt empezó rompiendo las barreras contra la inmigración desenfrenada, lo cual los congresistas se esforzaron por reparar inmediatamente, porque vieron en eso, el peligro de la captura de la administración norteamericana por "un grupo extranjero". Bajo varios de sus decretos se debilitó enormemente la vigilancia de la inmigración. Se prohibió que los oficiales de inmigración hicieran preguntas sobre las asociaciones comunistas, y la clasificación separada de los inmigrantes judíos fue discontinuada. Esto fue apoyado por una campaña de prensa continuada contra todas las demandas para investigar en la lealtad o en el registro político como "discriminación contra los nacidos en el extranjero."

Nadie puede decir cuántas personas entraron en los Estados Unidos durante ese período. Por 1952, el Senador Pat McCarran, presidente del Comité Judicial del Senado de Estados Unidos, estimó que, aparte de la inmigración legal, cinco millones de forasteros habían entrado en el país *ilegalmente*, incluyendo un números grande de "militantes Comunistas, bandidos Sicilianos y otros delincuentes". El funcionario jefe de investigación del Servicio de Inmigración se negó incluso a estimar el número de entrantes ilegales, pero dijo que en ese momento (cuando alguna medida de control había sido restablecida) "más de medio millón por año" estaban siendo interceptados y enviados de vuelta, *exclusivamente* en la frontera mexicana. Las autoridades del Seguro Social, quienes entregan las tarjetas necesarias para obtener empleo, fueron prohibidas de proporcionar cualquier información sobre los solicitantes a Inmigración o a las autoridades de la policía.

Esta masa de inmigrantes iría a inflar el tamaño del "voto fluctuante" en el cual el Partido del Sr. Roosevelt (todavía siguiendo la estrategia del Sr. House) concentraba su esfuerzo electoral y su lamento de "no a la discriminación". Bajo las restricciones del presidente a los interrogatorios sobre las lealtades, abrieron el camino a los comunistas extranjeros, nacidos en EEUU o con domicilio legal, en el servicio civil y en las fuerzas armadas. Los resultados a que esto llevó, fueron mostrados en parte por las muchas exposiciones del período de pos-guerra, literatura de la cual llenaría una enciclopedia de muchos volúmenes. Todo Occidente también estaba envuelto (como las exposiciones canadiense, británicas y australianas lo mostraron en su momento) y la cosa significante es que, con la excepción canadiense, ninguna investigación gubernamental llevó alguna vez a estas revelaciones parciales, las cuales fueron siempre el trabajo de persistentes privados que protestaban; tampoco se tomó alguna vez una genuina acción terapéutica, de tal manera que el estado de los asuntos provocados durante los años 1930 y 1940 hasta hoy, continúan sin muchos cambios, una fuente de grave debilidad para Occidente ante una nueva guerra.

La renovación de la inmigración a gran escala formó la base a la invasión política de la República. Este era un movimiento a tres bandas que apuntaba a la captura de los tres puntos vitales de las defensas de un estado: la política estatal al nivel de la cima, los servicios civiles a nivel medio y la "opinión pública" o la mente de las masas, a nivel de base. La forma en que el control sobre los actos de la política estatal fue logrado (a través de los "consejeros" que se transformaron en parte de la vida política norteamericana después de 1913) ya se ha demostrado esta parte del proceso que ha precedido las otras. Los métodos usados para intentar la captura de los servicios gubernamentales se discutirá después en este capítulo. En lo que sigue inmediatamente a la captura de la mente de las masas en Norteamérica, a través del control de la información publicada, se describirá; era indispensable a las otras dos estocadas.

Esta forma de invasión política es llamada por el Dr. Weizmann, quien la estudió exhaustivamente en su juventud, cuando se estaba preparando en Rusia, para el trabajo de su vida en Occidente, "la técnica de propaganda y el acercamiento a las masas". La operación así descrita puede estudiarse ahora en el operación actual:

Atrás en este libro, el lector fue invitado a notar que "B'nai B'rith" creó un retoño. B'nai B'rith, hasta entonces, podría compararse con grupos religiosos de otra afiliación como la Asociación Cristiana de Jóvenes o los Caballeros de Colón; sus objetivos declarados eran la ayuda a los pobres, a los enfermos y huérfanos y labores bondadosas en general. El pequeño vástago de 1913, la "Liga de Anti- difamación", había llegado a ser en 1947 una policía secreta con un formidable poder en EEUU.[23]

En el doble sentido "anti-difamación" significa "difamación" y este cuerpo vive a través de las calumnias, usando términos tales como anti-semita, fascista, agitador, opresor de Judíos, opresor de rojos, paranoico, lunático, demente, reaccionario, intransigente, fanático y más de similares . El vocabulario está fijado y puede remontarse atrás, a los ataques que recibieron Barruel, Robison y Morse después de la revolución francesa; la verdadera naturaleza de la obediencia de cualquier escritor o periódico puede ser descubierta tomando en cuenta el número de veces que estas palabras de marca-registrada se usan.

El logro de esta organización (normalmente conocida como A.D.L.) ha sido por repetición, un fetiche de ellos, de tal manera que los políticos de Partido se apresuran a negar que ellos son cualquiera de estas cosas. Bajo este régimen, el debate razonable ha sido prohibido; hay algo de magia negra en esta subyugación de dos generaciones de hombres Occidentales a este sin sentido de los conspiradores Asiáticos.

Cuando nació la A.D.L. **en 1913**, tenía meramente una sala en la oficina de su padre, la B'nai B'rith y un presupuesto diminuto. En 1933, el Sr. Bernard J. Brown escribió, "A través de la intervención de la A.D.L., nosotros hemos tenido éxito **amordazando la prensa non-judía** en una magnitud que los periódicos en EEUU se abstienen de señalar que

---

[23] De hecho aunque no en la forma. La policía secreta en países dónde la institución es nativa (la Gestapo de Hitler fue copiada del modelo Asiático que tenía una tradición de siglos en Rusia y en Turquía) tienen todo el poder y los recursos del estado detrás de ellos; de hecho, ellos **son** el estado. En Norteamérica el Sionismo construyó el núcleo de una policía secreta casi tan efectiva, de muchas formas, como esos prototipos. Sólo podría llegar a ser **igualmente** efectiva si lograse el control pleno de los recursos del estado, incluyendo el poder de arresto y encarcelamiento, y a mi juicio esa era la **última** meta.

cualquier persona que presente algo desfavorable, es un judío". ***En 1948**,* el ***Jewish Menorah Journal*** de Nueva York escribió, "Aun cuando fuese una frase en un ***clásico de la literatura*** reimpreso que refleje injustamente a los judíos, la A.D.L. con prontitud criticará al inocente editor hasta que él censure el pasaje ofensivo. Que un inocente productor de films incorpore un prototipo judío, aun cuando sea inofensivo, en su carácter y color, el lamento levantado por la A.D.L. le hará desear que él nunca más escuche hablar de los judíos. Pero cuando los judíos reciben sutilmente la propaganda para aceptar la doctrina comunista... ***el A.D.L. permanece callado. Ninguna palabra, ninguna advertencia, ninguna indirecta de cautela, mucho menos exposición y condenación: aunque hay hombres en los niveles altos de los concilios de la organización que deben conocer por su propia experiencia cómo los Comunistas 'infiltran'.***" (El ***Menorah Journal*** habla por los muchos judíos que estaban alarmados porque la A.D.L. estaba atacando el ***anti-comunismo como anti-semitismo***)

Estas citas muestran el crecimiento del poder de la A.D.L. en treinta y cinco años. Ha impuesto la ley de la herejía en el debate público en Norteamérica. Ninguna crítica al Sionismo o al plan del gobierno-mundial se permite pasar sin un ataque virulento; la crítica al Comunismo sólo se tolera en el entendimiento tácito que cualquier guerra con el Comunismo, llevaría a un estado-mundial comunizado; y acerca de eso, "Jerusalén es la capital del mundo no menos que la capital de Israel" (dice el alcalde Sionista de Jerusalén, 1952).

Norteamérica tiene hoy unos pocos escritores supervivientes que luchan por un debate y comentarios independientes. Ellos discutirán cualquier materia pública, en la luz de la política en intereses norteamericanos tradicionales, excepto sobre Sionismo, que difícilmente alguno de ellos tocará. Yo he discutido esto con cuatro de los principales escritores, los cuales, todos ellos, dieron la misma respuesta: no podría hacerse. Los empleado perderían sus puestos, si ellos hicieran el intento. Los independientes no encontrarían a algún editor para sus libros porque ningún crítico los mencionaría, salvo con los epítetos enumerados anteriormente.

La A.D.L., con un comienzo tan pequeño en 1913, en 1948 tenía un presupuesto de tres millones de dólares (es sólo una de varias organizaciones judías que persiguen objetivos Sionistas en EEUU en una proporción similar de gastos). El ***Menorah Journal***, discutiendo la "Histeria de Anti-difamación", dijo, "combatir el anti-semitismo ha llegado a ser un gran negocio, con presupuestos anuales que se cuentan en varios millones de dólares". Se dijo que el objetivo era "continuar golpeando los tambores del antisemitismo y "para asustar los bolsillos de los probables contribuyentes" para levantar fondos. Mencionó algunos de los métodos usados ("chantaje comercial directo; si usted no puede permitirse el lujo de dar 10.000 dólares para esta causa, usted puede llevar su negocio a otra parte"), y dijo que los judíos norteamericanos estaban "huyendo en tropel en un estado de histeria masiva por sus auto-llamados defensores".[24]

El *Menorah Journal* también atrajo la atención a la falsificación de noticias por agencias de noticias judías, subvencionadas por las grandes organizaciones. Mostró que algunas reyertas menores entre adolescentes en Manhattan, habían sido descritas "en titulares de primera página que asustaban y que habrían llevado a un extraño a creer que un pogromo Zarista estaba ocurriendo (por estos mismos medios "los pogromos Zaristas" de los tiempos previos y el "informado pogromo en Berlín" del Rabino Stephen Wise en 1933 que alcanzó el mundo). De este "titular terrorífico" creció una concentración masiva en Madison Garden, dónde otro político que aspiraba a la oficina presidencial (un tal Sr. Wendell Willkie en ese momento) declaró, "La creciente ola de anti-semitismo en casa me asusta... etc., etc."

La "histeria-masiva" no sólo se producía entre los judíos y los políticos del vagón de cola por este método; producía otro tipo de histeria-masiva entre personas serias pero ignorantes del tipo "Liberal": la histeria-masiva de los que se dicen justos, lo cual es una forma tentadora de auto-indulgencia. El fallecido Sr. George Orwell era de aquellos que ayudaron a extender la "histeria-masiva" de esta forma. Era un hombre bueno, porque él no sólo incitó a otros a socorrer al débil y vengar la injusticia, sino que fue el mismo a luchar cuando la Guerra Civil estalló en España, y entonces descubrió que el Comunismo, cuando lo vio, era mucho peor que la cosa, (cuando él la compró) para lo cual se preparaba para destruir. Murió antes de que él pudiera ir a Palestina y experimentar algún esclarecimiento similar, de tal manera que lo que él escribió sobre "anti-semitismo" fue solamente el eco de la "histeria de la anti-difamación". Es tan bueno como ejemplo de esto que yo lo cito; aquí un hombre de buena voluntad ofrece, como propia sabiduría, frases que otros hicieron entrar a raudales en su oreja.

Exploró el "anti-semitismo en Bretaña" (1945) y encontró "una perceptible tensión anti-semítica en Chaucer". El Sr. Hilaire Belloc y el Sr. G.K.Chesterton eran "literatos hostigadores de Judíos". Encontró pasajes en Shakespeare, Smollett, Thackeray, Shaw, T.S. Eliot, Aldous Huxley y otros "que *si se escribieran ahora* podrían ser *estigmatizados* como

---

[24] El lector no necesita encontrar alguna contradicción entre esta cita y mi declaración en el párrafo precedente. El debate y los comentarios son bastante libres en la *prensa judía* la cual es pensada principalmente para la lectura "entre nosotros" y el lector de periódicos, en cualquier parte en el mundo, que se toma el trabajo regularmente para obtener periódicos judíos de todas las opiniones, se encontrará mucho mejor informado sobre lo que sucede en el mundo. El apagón está en la prensa non-judía.

anti-semitismo" (él tenía razón sin saberlo; si se escribieran *ahora* ellos serían *estigmatizados*). Entonces sufrió lo qué los norteamericanos llaman una caída de espaldas. Dijo que "de improviso, los únicos escritores ingleses que puedo pensar, que antes de los días de Hitler, hicieron un esfuerzo definido para defender a los judíos fueron Dickens y Charles Reade." Así él exaltó a uno de los "hostigadores de Judíos" del A.D.L. como un campeón de los judíos; ¡En EEUU la película de ***Oliver Twist*** de Dickens se prohibió debido al personaje Fagin! Éste fue el trabajo de la A.D.L.; su representante, el Sr. Arnold Forster, anunció:

"Los distribuidores de películas norteamericanos se negaron a involucrarse en la distribución y exhibición de la película después que la A.D.L. y otros, expresaron el temor que la película fuese dañina; la Organización de Clasificación *retiró* la película en los Estados Unidos". Posteriormente el film fue mostrado, después de la censura hecha por la A.D.L.; "setenta dos eliminaciones" fueron hechas ante su orden y un prólogo fue agregado, asegurando a los espectadores que ellos podrían aceptarlo como "una filmación de Dickens sin "intenciones anti-semitas". (En Berlín ocupado, la prohibición de la A.D.L. fue total; las autoridades *británicas* ordenaron que el film de ***Dickens*** fuese retirado de los ojos de los *alemanes*).

Yo estaba en América en este momento y así vi el cumplimiento de una predicción hecha en un libro de 1943, cuando escribí que, mientras la censura secreta avanzaba, Chaucer, Shakespeare y Dickens habrían de ser un día difamados como "anti-semitas". Pensé tensar la probabilidad, hacer un punto, pero sucedió en los tres casos: un actor-productor Shakespeareano que visitaba Nueva York fue solicitado no presentar ***El Mercader de Venecia***, Dickens fue prohibido, y los difamadores pusieron a Chaucer en su lista negra.

Una organización privada que puede producir tales resultados es evidentemente poderosa; no hay nada comparable en el mundo. El Sr. Vincent Sheehan escribió en 1949, "Existe escasamente una voz en los Estados Unidos que se atrevan a levantarse por los derechos, cualquier derecho, de los Árabes; cualquier crítica leve al alto comando Sionista es inmediatamente caratulada como anti-semita". La Srta. Dorothy Thompson cuyas fotos y artículos eran publicados cada día en centenares de periódicos en ese momento, protestó en forma semejante. La popularidad del Sr. Sheehan con los críticos de libros cayó de inmediato; La fotografías de la Srta. Thompson y sus escritos se ven raramente en la prensa norteamericana de hoy.

¿Cómo se trabajó el oráculo? ¿Por qué medios ha sido llevado EEUU (y todo occidente) al estado que ningún hombre público que aspire a la oficina, o editor que se sienta seguro en su escritorio, hasta que él haya sacado su esterilla para las oraciones y se ha postrado a Sión? ¿Cómo han sido llevados los Presidentes y Primeros Ministros a competir por la aprobación de esta facción como las damas de honor compiten por el ramillete de la novia? ¿Por qué los hombres importantes sufren tener que desfilar en los banquetes de cien-dólar-un-plato para Sión, o ser arriados en rebaños a los escenarios Sionistas para recibir las "placas" por los servicios dados?

El poder del dinero y la perspectiva de votos ha sido demostrablemente los potentes señuelos, pero a mi juicio, por lejos, el arma más fuerte es este poder para controlar la información publicada; para enfatizar lo que esta facción quiera y para excluir de él a todos que la facción detesta, y por ello tener la capacidad de entregarle a cualquier persona seleccionada una "buena" o "mala" prensa." Éste es de hecho el control de "la chusma". En el lenguaje de hoy es "la técnica de propaganda y el acercamiento a las masas", tal como dijo el Dr. Weizmann, pero este es un antiguo arte Asiático y se describió, en una ocasión famosa, por San Mateo y San Marcos: "Los principales sacerdotes y superiores **persuadieron a la multitud**. . Los sacerdotes principales *movieron al* pueblo."

En cuarenta años la A.D.L. perfeccionó una máquina para persuadir a la multitud. Es un método de control mental del cual la masa-objetivo es inconsciente y su habilidad de destruir a cualquiera que escape es grande. Uno de los primeros en ser destruido políticamente fue la cabeza del Comité del congreso encargado de investigar la sedición (el Comité de Actividades anti norteamericanas). Los Protocolos de 1905 predijeron que las naciones-estados no serían permitidas de "luchar contra la sedición" tratándolo como un crimen y esta "previsión" se cumplió.

El Sr. Martin Dies relata que él fue requerido por la inquisición secreta para restringir la definición de "subversión" al "fascismo", y para igualar el "fascismo" con el "anti-semitismo". "Subversión", si estos importunadores hubiesen salido con la suya, habría sido cualquier tipo de resistencia al "**Principio Destructivo**", no la subversión de la nación-estado. Él no se rendiría, pero fue sacado de la vida política mediante la difamación.

La A.D.L. (y el Comité Judío Norteamericano) "planificaron hacer al pueblo norteamericano *consciente* del anti semitismo." Informó que "25 de cada 100 norteamericanos estaban *infectados* por el anti-semitismo", y que otros 50 podrían desarrollar la enfermedad. Por 1945 estaba llevando a cabo "un programa educativo de alta potencia, engranado para llegar a cada hombre, mujer y niño" en EEUU, a través de la prensa, radio, publicidad, revistas de historietas para niños, libros escolares, conferencias, películas, "iglesias" y sindicatos. Este programa incluyó "219 transmisiones al día", avisos de una página en 397 periódicos, carteles en 130 ciudades, y la "persuasión" incorporada sutilmente en el material impreso en papel secantes, cubre fósforos, y sobres.

Toda la prensa nacional ("1900 periódicos con una circulación de 43,000,000 ") y la provincial, en otros idiomas, de los negros, periódicos de los trabajadores fueron proporcionados con, "y lo usaron", su material en el forma de "noticias, material del fondo, dibujo animados y tiras cómicas". En adición, el A.D.L. en 1945 distribuyó "más de 330,000 copias de libros importantes *llevando nuestro mensaje* a las bibliotecas y otras instituciones", a los autores le proporcionaron el "material y las ideas completas", y circularon nueve millones de folletos "todos preparados para encajar al público hacia don ellos se dirigen".

Descubrieron que las "revistas de historietas" eran un forma particularmente eficaz para llegar a las mentes de personas jóvenes, a los soldados, marineros y aviadores, e hicieron circular "millones de copias" de propaganda en esta forma. Su organización consistía de la oficina Principal Nacional, comités de relaciones públicas en 150 ciudades, once oficinas regionales, y "2,000 hombres importantes en 1,000 ciudades."

El nombre del cuerpo que proporcionó esta masa de material sugestivo nunca llegó al público. Durante los años de 1940, el sistema de los "escritores sindicados" en Nueva York o Washington envolvió a toda la prensa norteamericana. Una columna de tales escritores puede aparecer en mil periódicos cada día; a los editores les gusta este sistema que les ahorra el costo de emplear a sus propios escritores, para su baratura. A través de unos docena de tales escritores, todo el flujo de información puede ser teñido desde su fuente (el método ya antes dicho en los Protocolos). Por todos estos medios, una generación ha sido criada en Norteamérica (y esto se aplica igualmente a Inglaterra) que ha sido privada de información auténtica, y de comentarios independientes acerca de la naturaleza del Sionismo, de su conexión original con el Comunismo, la infección de las administraciones y la captura de los "administradores", y la relación de todo esto con el finalmente proyecto de Gobierno Mundial.

La oposición a este lento control fue al principio fuerte y se aplastó gradualmente durante dos décadas, (yo he dado ejemplos de ello en Inglaterra) por varios métodos, incluso por la compra de periódicos, pero principalmente por la presión incesante y organizada, persuasiva o amenazadora. En Norteamérica un periódico que imprime informes o comentarios inaceptables para la A.D.L., puede esperar recibir una visita de sus representantes. Las amenazas para retirar la publicidad son frecuentemente hechas. El cuerpo de escritores "sindicados" se une en el ataque en cualquier escritor individual o presentador que se torne molesto; muchos comentaristas norteamericanos han sido sacados de las listas de los publicistas o sacados "fuera del aire" de esta forma. Un ejemplo ilustrativo:

El ***The Chicago Tribune*** en 1950, informó en la visión de ***un oficial de alto grado del Departamento de Estado*** que los Estados Unidos eran gobernados por "un gobierno secreto" que consiste en tres miembros del círculo del fallecido Sr. Roosevelt: el Sr. Henry Morgenthau Junior, Justice Félix Frankfurter y el Senador Herbert Lehman. La palabra "judío" no fue usada; el artículo expresaba la opinión de un sirviente público de alto nivel en una materia que él pensaba era de gran importancia nacional. Este artículo levantó mucha conmoción en la prensa Sionista y judía a lo largo del mundo (pocos periódicos non-judíos prestaron atención a él, por razones obvias). Yo estaba en Sudáfrica pero supuse lo que vendría y cuando fui la próxima vez a Norteamérica supe que tenía razón; El ***Tribune*** Tower en Chicago estaba sitiada por el A.D.L. con demandas perentorias para una disculpa. En esta ocasión particular ninguna fue hecha; el periódico era en ese momento, un sobreviviente aislado de los días de informar y comentar en forma independiente. (Un detalle picante; el escritor de este artículo "anti-semita" se había interesado, no largo tiempo antes, en intentar obtener la libertad bajo palabra de un judío que pugnaba prisión de por vida por asesinato, sobre la base que la expiación podría sostenerse, que había sido cumplida razonablemente).

Incluso las cifras para los gastos, personal y actividades, entregadas arriba, no llevan a una idea real del poder y la omnipresencia del A.D.L., que yo no habría creído, hasta que lo vi, que un cuerpo de tal poderío pudiera operar casi invisiblemente en un estado nominalmente gobernado por un Presidente y un Congreso. Sus numerosas oficinas y sub-oficinas son claramente sólo los centros de una gran red de agentes y sub-agentes, ya que su ojo es como "el que todo lo ve" del N.V.D. en la cautiva Rusia o de la Gestapo alguna vez en Alemania, tal como lo conocí a través de mi experiencia personal.

Soy una persona bastante oscura y cuando fui a Norteamérica en 1949, era casi desconocido allí para el público, la publicación de la mayoría de mis libros habían sido prevenidos por los métodos arriba descritos. Encontré que la A.D.L. me vigilaba como un halcón desde mi llegada y de esto por primera vez comprendí su inmensa cobertura y vigilancia; Yo no había sospechado que escrutaba cada tejado por cada gorrión. Un conocido norteamericano que había leído algunos de mis libros me presentó a un colega que expresó el placer de encontrarse con un autor. Este hombre me pidió que cenara con él y un amigo, a quien presentó como "mi primo". El primo era un compañero entretenido; Supe un año después, que él era el jefe de la oficina del A.D.L. de Nueva York y había sido él el verdadero organizador de la pequeña cena de encuentro.[25] Esto pasó unos pocos días después que yo aterricé y después de esto, la A.D.L. supo cada uno de mis movimientos. Ellos sabían del libro que estaba escribiendo y cuando estuvo listo para la publicación, el "primo" se acercó al editor norteamericano de un libro anterior mío, con una filosa pregunta para saber si él *contemplaba* editar este nuevo libro; un hombre de discreción, él contestó No.

Tres años después, en 1952, cuando este libro había aparecido en Inglaterra, la revista de la Legión Americana en Hollywood publicó unas quinientas palabras de él. La A.D.L. en seguida exigió una retractación del comandante de la Legión en Hollywood, la cual fue referida al editor de la revista. No se acusó de una falta de exactitud; la delegación sólo llamó "anti-semita" al libro. El editor se negó a retractarse a menos que se probara alguna declaración falsa u otra razón válida y renunció cuando el comandante, ignorándolo, publicó la "disculpa" familiar ante la amenaza de que "todos los judíos" boicotearían el Estadio Hollywoodense que era dirigido por la Legión.

El editor, al dejar su trabajo, dijo que esto demostraba la verdad de lo que se declaraba en el libro. La disculpa no fue útil para el comandante ya que Radiodifusión Americana (American Broadcasting), que había estado televisando los eventos de la Legión en el estadio anunció que terminaría su contrato con la Legión y televisaría los eventos del rival; el comandante tristemente dijo que esto "llega como un shock total para mí."

Cuando visité Norteamérica la próxima vez, en 1951, otro conocido, que pensaba que mis libros eran informativos y deseaba que yo escribiera para los periódicos norteamericanos, se negó a acreditar lo que yo le dije. Él dijo que estaba seguro que cierta publicación daría bienvenida

---

[25] Por este medio se obtiene a menudo el material para los dossier y para los ataques "de difamación". En 1956, la A.D.L. publicó un volumen tal de "difamación" llamado **Corrientes Cruzadas**, descrito como "el libro que dice cómo el anti-semitismo se usa hoy como arma política". Estaba lleno con los ataques a los "anti-semitas" y contenía numerosos extractos de las cartas y conversaciones supuestamente de las personas nombradas. El crítico del libro en el **New York Times**, aunque simpatizaba (escribiendo para ese periódico él no sería un antagonista) dijo "los autores no permiten al lector que llegue al secreto de cómo llegaron ellos a tomar posesión de estos intrigantes papeles... *esta reticencia sobre las fuentes es una debilidad mayor y es particularmente seria donde se citan declaraciones de una entrevista oral*. ¿Quiénes eran estos entrevistadores?, preguntó él, y ¿Cómo se hicieron de su asignación? Yo podría haber dicho, y el lector de este libro tiene la respuesta. Si mi "entrevista oral" con el "primo" que pretendió ser un fuerte "anti-semita" no entregara el material para este volumen, la razón es de interés. Después en una velada social, me preguntó de pronto que tan fuerte pensaba yo era el "anti-semitismo" en los Estados Unidos. Creyendo que era lo que él profesaba ser, contesté justo como habría contestado, si hubiese conocido su identidad. Le dije que yo había viajado en más de treinta de los cuarenta y ocho Estados y nunca había oído una sola vez la palabra "judío" mencionada por cualquiera de las miles de personas con las cuales de hecho, yo me había encontrado.

a un artículo mío sobre un asunto entonces tópico (no acerca del Sionismo) y le escribió a su editor. Le dijeron, ante su asombro, que la publicación de algo mío, era "***verboten***" ['*prohibido*' *en alemán, Nota del Trad.*], y cuando sugirió que se publicara sin mi nombre, se le informó que esto no sería útil: hay representante de la A.D.L probablemente en nuestra nómina" (tengo la carta).

Otro conocido, a la cabeza de un gran consorcio de la venta de libros, ordenó en su oficina que se solicitara un libro de mío desde Canadá y se le dijo que el comerciante al por mayor de Toronto informó no era posible para él proporcionar los libros. Investigué y supe que no había llegado ninguna orden a Toronto. Mi conocido investigó entonces y no pudo encontrar quien, ***en su propia oficina***, había interceptado la orden, diciéndome que ahora comprendía que mis libros estaban "en el índice"

El lector sólo necesita multiplicar estos pocos ejemplos de la experiencia personal de un hombre para ver los efectos en la suma total de información proporcionada a las masas públicas. Las personas en los estados-naciones de occidente son deprivadas de información en materias que más afectan su presente y futuro, por una prensa que (constantemente se les dice) es "la más libre en el mundo."

Otro método usado por la A.D.L. para mantener a los judíos en la "histeria de masas" y a los non-judíos en un estado de engaño es aquella ***del agente provocador***, el "anti-semita" ficticio (el "primo" mencionado más arriba es un ejemplo).

Parte de este método es la distribución de "documentos" que exponen "el complot mundial entero" y normalmente atribuido a alguna recolección inaveriguable de rabinos. El estudiante serio de la real empresa Talmúdica, que puede documentarse de las fuentes Talmúdicas auténticas, reconoce estas fabricaciones en seguida. Un "admirador" me envió una vez un "documento" de ese tipo, que encontró (dijo él) en un cajón secreto de un antiguo escritorio familiar, que no había sido abierto durante cien años. Yo examiné el documento y entonces le pedí a mi corresponsal que me dijera cómo su abuelo que había muerto hace tanto tiempo, había ideado para obtener un documento en papel fabricado en los años de 1940. La correspondencia se cerró.

Un ejemplo del empleo del "anti-semita" ficticio por el A.D.L. está en el registro, autentificado por la propia organización. Un prolífico escritor de libros atacando el "anti-semitismo" en Norteamérica, es un hombre de orígenes armenios, un tal Avedis Boghos Derounian cuyo mejor seudónimo conocido es John Roy Carlson. Varias acciones de difamación fueron llevadas cabo contra uno de sus libros publicado durante la Segunda Guerra, en que él atacaba a más de setecientas personas, y un juez, adjudicando daños y perjuicios, dijo "pienso que este libro fue escrito por una persona totalmente irresponsable que estaba deseoso de decir cualquier cosa por dinero; Yo no le creería ni bajo juramento, ni en ningún momento de ahora en adelante; Pienso que el libro fue publicado por un Editor que estaba deseoso publicar cualquier cosa por dinero". En noviembre de 1952, un radio-entrevistador confrontó a este hombre con un corresponsal extranjero norteamericano muy conocido, el Sr. Ray Brock, que acusó a Carlson de haber publicado anteriormente *"una hoja viciosamente anti-semita* llamada *"La Defensora Cristiana"*. Esto no podía ser negado, ya que los hechos habían sido dados a conocer, por lo que Carlson dijo que lo había hecho *"con la aprobación de la "Liga de Anti Difamación"*. El entrevistador interrumpió para decir entonces que la A.D,L., ante su consulta, confirmó esto (la confirmación era inevitable, el A.D.L. había admitido al *Chicago Tribune* en 1947, que había empleado al hombre entre 1939 y 1941 y había "encontrado sus servicios satisfactorios").

El hecho que este hombre fue entonces capaz (en 1951) de publicar otro libro *atacando* el "anti-semitismo" y tenerlo ruidosamente alabado en los principales periódicos de Nueva York,(en la cara del comentario judicial anteriormente citado) es una señal del gran cambio que esta organización ha provocado en la vida norteamericana en los últimos veinte años.

El tejido red de la cual la A.D.L. formaba el centro, alcanzaba a otros países angloparlantes, de tal manera que ningún escritor independiente en alguna parte, pudiera escapar de él. Yo entrego casos de mis propias experiencias en ese escenario más grande: En marzo de 1952, *Truth* [Verdad] (que entonces no había sido subyugado), informó que el Congreso judío canadiense le había pedido a un librero canadiense que quitara de sus estantes un libro mío. Cuando visité Canadá ese año hice la pregunta y encontré que esta presión era general sobre los vendedores de libros canadienses, muchos de los cuales se habían rendido a esto. También en ese momento un periódico Sionista en Sudáfrica declaró, "Hasta aquellos tiempos en que los grupos raciales recibían protección en la ley, *ninguna librería estaba titulada para decir que venderá los libros... como algunos de los libros de Reed*"; Más tarde pasé un tiempo en África del Sur y encontré que la posición allí era idéntica con la de Canadá.

La "protección racial" predicha en la cita anterior es la "Convención del Genocidio" bosquejada por los Sionistas de las Naciones Unidas, que contienen una provisión que prescribe penas legales por cualquier cosa que sea dicha por alguna facción para causar "daño mental"; esta provisión, si se le da fuerza en otra guerra, haría la censura de la A.D.L. permanente y mundial. Nunca fui a Australia, pero pienso que habría encontrado allí, la interferencia secreta que prevalece en las librerías de Canadá y África del Sur. Sin embargo, aproximadamente al mismo tiempo, un senador australiano, desconocido para mí, incluso por su nombre, atacando a una organización "anti-semita" igualmente nunca escuchada por mí, dijo que estaba "era muy cercana" conmigo; Los periódicos australianos publicaron este mensaje difamatorio, pero se negaron a imprimir la corrección verdadera. Durante estos años, recibí muchas quejas de lectores de que el bibliotecario principal de una gran biblioteca de Toronto, había pegado en las hojas interiores de la tapa de mis libros una "advertencia" a los lectores acerca de ellos; las protestas no tuvieron efectos.

De todas estas formas una cortina fue bajada entre las masas públicas y la verdadera información sobre sus asuntos. La captura de la mente de las masas fue tan completa como aquellas de "los políticos del más alto nivel". Esto dejó una posición sin conquistar en las capas medias entre los cautivos políticos y la multitud-persuadida. Era la clase de la cual el Dr. Weizmann se quejaba repetidamente: los funcionarios permanentes, los profesionales y los expertos. Desde el comienzo, la oposición más fuerte a la invasión del Sionismo, vino de este grupo (y de la "interferencia externa, conformada completamente por judíos" de la cual el Dr. Weizmann también se quejaba). El funcionario non-elegido, el funcionario de carrera, el soldado profesional, el experto en el exterior, son casi imposibles de sobornar. Los funcionarios permanentes no dependen de la elección y se perciben a sí mismos, como una parte íntegra de la nación. El soldado profesional siente instintivamente que la nación y su deber son uno, y le repugna el pensamiento que estén pervirtiéndose las operaciones militares por algún motivo ulterior, político. El experto no puede sofocar su conocimiento ante las órdenes de los hombres de los partidos más que un artesano especialista en relojes podría ser tentado para hacer un reloj que gire hacia atrás.

De hecho, sólo la captura *completa* de un estado, incluso el poder de despedir, la inhabilitación del empleo y el arresto pueden superar alguna vez, totalmente la resistencia de los servidores públicos, de los profesionales y de expertos a algo que claramente entra en conflictos con su deber. La A.D.L., a mi juicio, mostró que esperaba el día, cuando superaría este obstáculo, mediante un intento que fue hecho en 1943.

La alta dirección de Inteligencia de este cuerpo sabía evidentemente, que el mejor momento para lograr sus objetivos está en las últimas etapas y posterior de una gran guerra. En el comienzo las masas embrolladas están todavía intentando en los objetivos profesados y después del período de confusión que sigue a la guerra, ellos recobran un poco de claridad de visión y empiezan a preguntar las materias que se han llevado a cabo bajo la cubierta de la guerra; si el propósito secreto no se ha logrado entonces la oportunidad se ha perdido. Estos propósitos secretos estaban avanzados entre 1916 y 1922 (no entre 1914 y 1918) en la Primera Guerra, y entre 1942 y 1948 (no 1939-1945) en la Segunda Guerra. Si una tercera guerra comenzara, digamos, en 1965 y continuara hasta 1970, ostensiblemente con el propósito de "destruir al Comunismo", el esfuerzo secreto para llevar a cabo la ambición plena del Sionismo y del mundo-estado comunizado, vendría durante el período de la más gran confusión, digamos, de 1968 a 1974.

El intento para capturar el servicio civil en Norteamérica fue hecho en 1943, el cuarto año de la Segunda Guerra, y fue parcialmente expuesto (por casualidad) en 1947, cuando la niebla se estaba aclarando. El objetivo era interponer entre las personas norteamericanas y sus servicios públicos una lista negra secreta, de difamadores, que impediría a los hombres con deber patriótico entrar en ellos, y les abría una ancha puerta a los agentes aceptado de la conspiración. Las listas entonces compiladas, en determinado momento, se extendieron de tal manera que ellas muy pronto habrían incluido a todas las personas en Estados Unidos, cuyo empleo en oficinas públicas no era deseada por los árbitros secretos. Los expedientes difamatorios de la A.D.L. fueron incorporados en los archivos oficiales del Servicio Civil norteamericano. Esto podría comprender la base para la acción de la policía secreta en una fase posterior (los "antagonistas políticos" fueron cazados con la fuerza de tales listas por la nueva policía secreta de Goering, en la noche del incendio del Reichstag). Todo ello desconocido para el pueblo norteamericano, entonces y ahora, un golpe de primer orden estaba muy avanzado en preparación.

El Sr. Martin Dies describió una vez al A.D.L, la cual proporcionó estas listas, como "una organización terrorista, que usa sus recursos, no para defender el buen nombre de los judíos, sino para forzar y obligar a la complacencia con los objetivos de su organización, por métodos terroristas; "es una liga de difamación".[26] La descripción fue confirmada por los descubrimientos del Subcomité para Investigar a la Comisión del Servicio Civil, propuesta por el Comité de los Gastos de la Cámara de Representantes norteamericana, que se reunió el 3, 6 y 7 de octubre de 1947 bajo la presidencia de Clare E. Hoffman, Representante de Michigan.

Esta investigación también fue provocada solamente por los esfuerzos de individuos; todo el esfuerzo de gobierno estaba dirigido torcidamente en evitarla. Algún funcionario público fiel vio lo que estaba haciéndose en secreto e informó a ciertos Diputados que las listas negras estaban siendo insertadas en los archivos de los Servicio Civiles. ¡Ni siquiera eso pudo llevar a tomar alguna acción, si no hubiesen sabido estos Diputados que ellos también estaban entre aquellos en la lista negra! Bajo los refrenamientos dejados por la larga investigación de la Administración Roosevelt, incluso entonces, podría ser sólo puesta en movimiento sobre

---

[26] In 1956, el Presidente Eisenhower envió a la Convención Anual del ADL. Un mensaje elogioso alabándola por "recordar a la nación que los ideales de la religión deben ser aplicados en todas las áreas de la vida."

la base que "los fondos votados por el Congreso estaba empleándose mal" (de la intervención del Comité en los Gastos).

Aproximadamente cien Senadores y Diputados norteamericanos supieron entonces que ellos (y algunas de sus esposas) fueron mostrados como "Nazis" en las tarjetas de los archivos de Servicios Civiles. Ellos tuvieron éxito en conseguir copias de estas tarjetas, que contenían una nota diciendo que la información difamatoria sobre ellos fue "copiada de los archivos de subversivos" de una empresa privada de abogados Sionistas. Estos archivos, continuaba la nota, *"fueron hechos en cooperación con el Comité judío norteamericano y la Liga de Antidifamación Judía; la fuente de esta información no deben darse a conocer bajo ninguna circunstancia*; sin embargo, *mayor información* sobre lo anterior puede obtenerse..." (de los abogados Sionistas).

El funcionario mayor de ese departamento de la Comisión de Servicio Civil de EEUU que fue acusado con investigar a los solicitantes para empleos compareció ante el sub-comité en la citación. Como funcionario oficial directamente responsable, dijo que los archivos eran secretos, la existencia de los cuales tenía solamente ahora conocimiento (probablemente, cuando él recibió la citación). Los únicos archivos hasta entonces conocidos para él, normalmente eran aquellos guardados por su departamento; ellos guardaban registros de personas investigadas, quienes por diferentes razones serían rechazados si buscaran empleo allí. Él había averiguado que los archivos secretos contenían "750,000 tarjetas" y se habían preparado en la oficina de la Comisión en **Nueva York** (su propia oficina central estaba en Washington), y que las copias de las tarjetas se habían enviado e incorporado en los archivos *de cada oficina de la rama de la Comisión de Servicio Civil a lo largo de los Estados Unidos*. Él dijo que él no tenía el poder para producir los archivos secretos; el poder para hacer esto sólo yacía en los tres Comisionados de Servicios Civiles (la cabeza misma, bajo el presidente, de los Servicios Civiles).

Estos Comisionados (el Sr. Mitchell, Sr. Flemming y Srta. Perkins), entonces citados, se negaron a mostrar los archivos, declarando que el presidente había prohibido esto (los archivos secretos se habían introducido bajo Presidente Roosevelt; esta orden, de no divulgar, venía del Presidente Truman). Por ello el Sr. Hoffmann dijo, *"Esta es la primera vez que escucho aquí el reconocimiento que nosotros tenemos en este país una Gestapo."*

Los Comisionados no hicieron ninguna protesta. El Sr. Hoffmann preguntó entonces si habían en las listas personas *que no tenían ninguna intención incluso de solicitar un puesto de Servicio público*. El Comisionado Mayor, el Sr. Mitchell, confirmó que éste era el caso, admitiendo explícitamente así, que la lista negra era de *rango ilimitado*. El Sr. Hoffmann dijo, "Entonces esto no tiene nada que ver con el caso inmediato de una persona que solicita un trabajo? ", y Sr. Mitchell estuvo de acuerdo. El Sr. Hoffmann continuó, "¿Usted exige el derecho para poner en las listas de sus archivo los nombres *de cualquiera y cada una de las personas* en este país? ¿No es eso correcto?" Y los tres Comisionados asintieron silenciosamente.

Los investigadores descubrieron eso *sólo* en junio y julio de 1943. (es decir, en el período-confusión de una gran guerra) Se habían agregado 487,033 tarjetas a los archivos secretos, este trabajo que había ocupado a muchos de empleados. Un Diputado recordó a los Comisionados que en el mismo año, (1943), cuando estas tarjetas secretas estaban incorporadas, la Comisión de Servicio Civil había prohibido específicamente a sus investigadores incluso preguntar sobre las asociaciones **Comunistas** de cualquier solicitante (la política generalmente introducida por el Presidente Roosevelt). Los Comisionados mostraron gran ansiedad por evitar discutir la parte jugada por la Liga de Anti-difamación judía en este asunto y repetidamente evadieron las preguntas sobre ese punto.

El informe oficial, tan asombroso por las normas anteriores, muestras que la A.D.L. estaba secretamente en una posición de introducir en archivos oficiales sus dossier difamatorios, rápidamente extensible a los archivos secretos de la policía, cubriendo todo el país. Éste era reconociblemente un esfuerzo para ganar el control del Servicio Civil norteamericano y para hacer de la lealtad, por las normas anteriores, una inhabilitación. Como no se obtuvo ninguna convicción de acción terapéutica, el resultado de esta investigación pública puede compararse con un examen quirúrgico por doctores que, habiendo abierto al paciente y encontrado un crecimiento maligno cerca de un órgano vital, declaran que ellos tienen orden de no quitarlo y coser nuevamente la incisión. Así la condición enferma permanecía.

Los usos que podrían plausiblemente hacerse de tales listas negras secretas, a lo largo de toda la nación, fueron ilustrados por algunos episodios extraños de 1951 y 1952, cuando cuerpos de tropas atacaron de pronto en los pequeños pueblos en California, en el Estado de Nueva York y en Texas y los "ocuparon" en el nombre de "las Naciones Unidas" o del "Gobierno Militar". Los ayuntamientos, los cuarteles centrales de la policía y las oficinas de Teléfonos fueron tomadas; se arrestaron alcaldes, funcionarios e individuos particulares; las bandas del "enemigo" (vestidos por algún sastre de teatro en uniformes "fascistas") fueron presentados en desfile; los juicios fueron sostenidos por Cortes Militares y los Campos de Concentración fueron fijados; se hicieron proclamaciones amenazando a los "resistentes" y "conspiradores" con penas horribles, y así sucesivamente.

Estos procedimientos parecen un ensayo muy parecido de una cosa que el mundo muy bien podría ver, en el período-confusión de cualquier tercera guerra, si "la Liga para promulgar la Paz" estaba haciendo su tercera oferta para la autoridad- mundial. En esta ocasión, también, los indignados investigadores privados fueron totalmente incapaces de descubrir qué autoridad había ordenado estos asuntos. El oficial portavoz militar, un Coronel del Pentágono, cuando fue interrogado duramente por un investigador, sólo le fue permitido decir que el asunto era "*¡De una importancia política y local, sobre lo cual, los militares no tenían ningún control!*" Esto apuntó al presidente, al gobierno y al Departamento de Estado, pero todas estas autoridades permanecieron tan silenciosas como los Comisionados de los Servicio Civiles, que no habían sido informados.

A finales de la Segunda Guerra esta invasión secreta, en todos sus formas, había dañado la estructura interna de la República norteamericana a tal una magnitud que algún cambio en su forma exterior, como ha sido conocido al mundo durante 150 años, sucederá probablemente durante el período-confusión de cualquier tercera guerra. La lucha instintiva de la población original para mantenerse ellos mismos y sus tradiciones contra una usurpación, naturaleza de la cual no era permitido comprender, estaba fallando. Esta resistencia ganaría fuerza, y remendaría algunas brechas, cuando la Segunda Guerra retrocedía, pero las graves debilidades permanecían las cuales fueron ligadas para mostrarse ellas mismas bajo la tensión de la nueva guerra, con cuyo pensamiento, la mente masiva norteamericana estaba siendo diariamente familiarizado por los políticos y la prensa controlada.

Desde 1943 en adelante, la debilidad de la República norteamericana yacía más en sus propias fundaciones dañadas que en cualquier fuerza aérea o flota extranjera.

CAPÍTULO 41

LA REVOLUCIÓN "SE EXTIENDE"

La Segunda Guerra Mundial, mucho más claramente que la Primera, siguió el curso trazado por los Protocolos de 1905. Las masas embrolladas descargaron destrucción y venganza unos a otros, no por su propia salvación, sino por el avance de un plan de esclavitud general, bajo un "gobierno mundial" despótico. Los objetivos proclamaron inicialmente ("liberación", "libertad" y la destrucción del "militarismo", "Nazismo", del "Fascismo", la "dictadura totalitaria" y similares) no se logró; al contrario, el área dónde estas condiciones prevalecieron fue agrandada enormemente.

Lenín, en sus **Collected Works**, escribió: "La Guerra Mundial" (1914-1918) "verá el establecimiento del Comunismo en Rusia; **una Segunda Guerra Mundial extenderá su control sobre Europa**; y una Tercera Guerra Mundial será necesaria para hacerlo Mundial", La frase central de esta previsión casi se cumplió literalmente por el resultado de la Segunda Guerra. La revolución extendió sus fronteras a la mitad de Europa y así se puso en posición de extender su control *militar* sobre toda Europa, por lo menos al estallido de alguna tercera guerra. En 1956 el General norteamericano Gruenther, que entonces dio nacimiento al rango, aparentemente hecho permanente por algún acto imposible de pesquisar, de los "Premier-dictadores" en tiempo de guerra; de "Comandante Aliado Supremo", dijo a un periódico alemán Oriental, "Si se llegase a una batalla total en tierra, entonces, claramente, no estamos lo suficientemente fuertes para sostener el presente frente en Europa".

Las personas Occidentales por 1956, durante diez años, habían sido acostumbrados, por las sugestiones casi diarias de sus líderes, al pensamiento que la guerra con "Rusia" era inevitable. Ésta era la consecuencia del resultado de la Segunda Guerra; este resultado, nuevamente, fue el resultado de la diversión de actos de política estatal y de operaciones militares con el propósito de destruir las nación-estados y de esclavitud general; y esta diversión, a su vez, era la consecuencia del proceso descrito en el capítulo anterior como "la invasión de Norteamérica", La fuerza y riqueza de Norteamérica fue decisiva en la

Segunda Guerra y ellas fueron usadas para provocar un desenlace que hizo un peligro permanente una tercera guerra.

Así la historia del embrollo de Nortemérica en la Segunda Guerra demostró el poder del "grupo extranjero" que había venido a dictar en Washington, y dar realidad viviente al discurso de despedida del propio George Washington: "Contra las supercherías insidiosas de influencia extranjera, yo les conjuro a creerme, conciudadanos, el celo de un pueblo libre debe estar constantemente despierto, ya que la historia y la experiencia demuestran que la influencia extranjera es uno de los enemigos más letales del gobierno republicano". G. Washington habló así en 1796, cuando el Reino del Terror había mostrado su verdadera naturaleza en la revolución en Francia y cuando la presencia de los agentes de la conspiración en Norteamérica fue conocida por primera vez.

Los archivos publicados de la Segunda Guerra muestran que la conspiración había obtenido el poder para dictar los mayores actos de la política del estado norteamericana, el curso de las operaciones militares y el movimiento de armas, municiones, suministros y financiamiento. Sus conscientes agentes eran numerosos y estaban en altos puestos. Entre los hombres principales que apoyaron o se sometieron a ellos, muchos puede haber sido inconcientes de las consecuencias que llevarían sus acciones.

Este capítulo en la historia de la república ocupó tres años y medio, desde Pearl Harbour hasta Yalta. Un parecido significante ocurre entre la forma de la entrada de EEUU en la guerra en 1898 y 1941. En ambos casos, la provocación necesaria para inflamar a las masas fue proporcionada, y se eludieron así los difíciles problemas, de convencer al Congreso o a la "opinión pública". En 1898, el **Maine** "se hundió por una bomba española" en el puerto de La Habana, y la guerra le siguió al momento; muchos años después, cuando el **Maine** fue izado, fue encontrado que sus placas fueron *voladas* por una explosión *interna*. En 1941 el ataque japonés en Pearl Harbour "en un día que vivirá en la infamia" le permitió al Presidente Roosevelt que dijera a su país, que a través de un ataque completamente inesperado se estaba "en guerra". Los descubrimientos más tarde, mostraron que el gobierno en Washington estaba advertido mucho tiempo antes del ataque inminente y no había alertado a los defensores de Pearl Habour. En ambos casos, las masas públicas permanecieron apáticas cuando estas revelaciones se dieron a conocer. (Ellas son de relevancia continua en 1956, cuando otro presidente norteamericano ha jurado públicamente que él "nunca será culpable" de enviar a su país a la guerra "sin la autorización" del congreso, pero ha agregado que las tropas norteamericanas podrían tener que emprender *"actos bélicos locales* en la autodefensa" sin tal aprobación parlamentaria).

En la Primera Guerra, el Presidente Wilson, re-elegido en la promesa de dejar fuera a su país de la guerra, inmediatamente después de re- asumir declaró que "un estado de guerra *existe*".

En la Segunda Guerra, el Presidente Roosevelt fue re-electo en 1940 en la repetida promesa que "sus muchachos no van a ser enviados a alguna guerra en el exterior". Su programa electoral, sin embargo, incluía una condición de cinco-palabra: "Nosotros no enviaremos a nuestros ejércitos, armada o fuerzas aéreas a luchar en tierras extranjeras fuera de EEUU, *excepto en caso de ataque*". Estas cinco palabras fueron agregadas (dice uno de los biógrafos aprobados del Sr. Bernard Baruch, el Sr. Rosenbloom) "por el Senador James F. Byrnes, que era tan cercano de Baruch que a veces era imposible decir en cual de ellos se originó la visión que ambos expresaban".

La importancia de esta provisión fue mostrada el 7 de *diciembre de 1941*, cuando los japoneses atacaron Pearl Harbour. Doce días antes, el Sr. Henry L. Stimson, Ministro para la Guerra, después de una reunión ministerial el 25 de *noviembre* de 1941, había anotado en su diario: "La pregunta era cómo debemos *maniobrarlos*" (a los japoneses) "*en la posición de disparar el primer tiro*, sin permitir demasiado peligro para nosotros; era una proposición difícil".

La historia previa de esta anotación, nuevamente, es aquella del *27 de enero de 1941*, el Embajador de Estados Unidos en Tokio, había aconsejado a su gobierno que "en caso de problemas que irrumpieran entre los Estados Unidos y Japón, los japoneses pensaban hacer un ataque sorpresa contra "Pearl Harbour"; que el espía soviético en Tokio, el Dr. Richard Sorge, había informado al Gobierno Soviético en *octubre de 1941* que "los Japs pensaban atacar Pearl Harbour dentro de sesenta días" y se avisaba por el Gobierno soviético que su información se había transmitido al Presidente Roosevelt (según la confesión de Sorge, *New York Daily News*, 17 de mayo de 1951); que el gobierno de Roosevelt entregó un ultimátum virtual a Japón el *26 de noviembre de 1941*; que los mensajes secretos japoneses, desde *septiembre de 1941* hasta el momento mismo del ataque, fueron interceptados y descifrados por las unidades de inteligencias de Estados Unidos, dio evidencias inequívocas de un próximo ataque en el Puerto de Pearl Harbour, pero no se transmitió allí a los comandantes norteamericanos; que el *1 de diciembre*, el Jefe de la Inteligencia Naval, de la Sección Lejano Oriente, envió un despacho al Comandante en jefe de la Flota del Pacífico diciendo "la guerra entre Japón y los Estados Unidos es inminente" lo cual fue cancelado por la autoridad superior; que el *5 de diciembre*, el Coronel Sadtler, de los Cuerpos de Señales norteamericanos, en información recibida, envió un despacho a los comandantes, "la Guerra con Japón es inminente; elimine toda posibilidad de otro Port Arthur" (una alusión al "ataque sorpresa" similar que comenzó la guerra Ruso- japonesa) el cual fue suprimido en forma semejante; que una respuesta japonesa, evidentemente equivalente a una declaración de guerra, al ultimátum de Roosevelt, fue recibida en Washington el **6 de diciembre de 1941**, pero ninguna palabra fue enviada a los defensores del Puerto de Pearl Harbour. Un mensaje que declaraba que "los japoneses se están presentando a las 1.00 PM, tiempo oriental de hoy, lo que equivale a un ultimátum... estén en alerta" fue por fin despachado sobre el mediodía, el 7 de diciembre de 1941, y localizó a los comandantes en el Puerto de Pearl Harbour entre seis y ocho horas **después** del ataque japonés.

El registro ahora disponible sugiere que los norteamericanos en Hawai fueron dejados **solos**, sin el conocimiento del inminente asalto que costó dos acorazados y dos destructores (aparte de muchos navíos puestos fuera de acción), 177 aviones y 4575 muertos, heridos o desaparecidos. Una consecuencia directa e inmediata también fue el desastre sufrido por la armada británica fuera de Malaya, cuando el barco de guerra **Prince of Wales** y **Renown** fueron hundidos con gran pérdida de vidas.

Los líderes políticos que están listos para llevar a su país a entrar en la guerra facilitando un ataque enemigo en él, no pueden confiarse que lo emprendan en el interés nacional. El pueblo norteamericano en conjunto todavía está sin saber la verdad del ataque al Puerto de Pearl Harbour, un principio funesto que llevó en línea irrompible al fin ominoso.

Se sostuvieron ocho investigaciones, siete navales o militares durante el tiempo de guerra y una del Congreso al finalizar la guerra. Así el secreto de tiempos de guerra los cubrió totalmente y ninguno de ellos fue realmente público o exhaustivo; es más, todos fueron dirigidos bajo el amparo del partido político cuyo hombre estaba de Presidente en el momento del ataque a Pearl Harbour. Los hechos vitales (que el presidente supo ocho semanas, por lo menos, antes, por un despacho japonés interceptado que "un ataque sorpresa estaba siendo planificado y que estos mensajes interceptados fueron negados a los Comandantes de Pearl Harbour durante un largo período de tiempo) fueron silenciados completamente en las investigaciones. El Ministro de la Guerra (con la significante cita de más arriba) no fue admitido en la evidencia y el propio Sr. Stimson no fue llamado, estando enfermo. El control de la prensa habilitó los largos procedimientos (seis meses) para ser presentado al público en forma desconcertante y confusa.

Sin embargo, los tres comandantes navales principalmente involucrados han publicado sus relatos. El Almirante Kimmel, Comandante en Jefe de la Flota del Pacífico en el momento, habla de la creencia de otro Almirante que "los planes del Presidente Roosevelt **requirieron** que ninguna palabra se enviara para alertar la flota en Hawai" que "los individuos en la altas posiciones en Washington que *voluntariamente* se abstuvieron de alertar a nuestras fuerzas en el Puerto de Pearl Harbour nunca serían excusados. Los Comandantes en el Puerto de Pearl Harbour nunca fueron informados de... la nota norteamericana entregada a los Embajadores japoneses el 26 de noviembre de 1941, qué eficazmente acabó con la posibilidad de negociaciones extensas y así hizo la guerra del Pacífico inevitable... Ningún indicio de las vitales intercepciones recibidas, descifradas y entregadas a los oficiales responsables en Washington el 6 y 7 de diciembre de 1941, fue enviada a la Armada y a los Comandantes del Ejército en el área de Hawai".

El Almirante de flota Halsey, que en ese momento era uno de los tres mayores Comandantes del Almirante Kimmel, dice, "Toda nuestra inteligencia apuntaba a un ataque de Japón contra las Filipinas o las áreas del sur en Malasia o en las Indias Orientales holandesas. Mientras que Pearl Harbour fue considerado y no descartado, la masa de evidencia *hecha disponible para nosotros* apuntaba en otra dirección. *Si hubiésemos sabido* de la minuta de Japón y el interés constante sobre la situación exacta y el movimiento de nuestras naves en Pearl Harbour" (indicado por el mensaje retenido) "es lógico que nosotros sólo habríamos concentrado nuestro pensamiento en recabar la certeza práctica de un ataque en Pearl Harbour".

El Contralmirante Theobald, comandando los destructores de la Fuerza de Batalla en el Puerto de Pearl Harbour, escribiendo en 1954 dice, "Dictados de patriotismo que requieren el secreto con respecto a una línea de conducta nacional *para conservarla ante la posible repetición futura* no se aplica en este caso porque, en esta era atómica, *facilitar el ataque sorpresa de un enemigo, como método para comenzar una guerra*, es inconcebible". (El almirante probablemente espera que una repetición es "inconcebible"). Agrega, "El hecho recurrente de la verdadera historia del Puerto de Pearl Harbour ha sido la repetida negación de información del Almirante Kimmel y del General Short (los comandantes navales y militares en Pearl Harbour que fueron los chivos expiatorios) "...nunca antes en la historia registrada, a un comandante de campo, se le ha negado la información que su país estaría en guerra en materia de horas, y que todo apuntaba a un ataque sorpresa sobre sus fuerzas poco después la salida del sol". El Almirante Theobald cita la declaración posterior del Almirante Stark (quién en diciembre de 1941 era Jefe de Operaciones Navales en Washington y quién se negó a informar al Almirante Kimmel el mensaje de la declaración de guerra de Japón) que todo lo que él hizo fue hecho por órdenes de la autoridad superior, "lo cual puede significar sólo el Presidente Roosevelt. La cosa más notable que él hizo, durante ese tiempo, fue detener la información del Almirante Kimmel."

El Almirante de Flota Halsey, escribiendo en 1953, describe al Almirante Kimmel y al General Short como "nuestros sobresalientes mártires militares". Ellos fueron llamados a retiro para ocultarlos del público, en medio de la confusión y del secreto de guerra, la verdadera fuente de la responsabilidad por el desastre en Pearl Harbour, pero ellos fueron más bien "los primeros" de los "sobresalientes" mártires militares, en el sentido usado por el Almirante Halsey. Ellos originaron una línea, ahora larga, de comandantes navales y militares norteamericano que experimentaron algo nuevo en la historia de su profesión y país. Encontraron que enfrentaban el despido o el exilio si se esforzaban por una victoria militar por los mejores medios militares u objetaban alguna estrategia dictada desde arriba que era evidentemente perjudicial para la victoria militar. Sus operaciones tenían que ceñirse a algún plan más alto, la naturaleza del cual ellos no podrían percibir, pero que patentemente no era esa de una victoria militar en el interés nacional, enseñada a ellos desde sus primeros días como la única y última razón para ser un soldado.

¿Qué era entonces, este plan superior, a que todo el esfuerzo militar norteamericano desde Pearl Harbour a Yalta y posteriormente debía ceñirse? Era de hecho, la "extensión" de la revolución de Lenin. La historia de los tres-años-y- medio sólo son explicables en esa luz.

En la Primera Guerra Mundial, la entrada norteamericana coincidió con la revolución en Rusia, y el Sr. House inmediatamente, instruyó al Presidente para "ofrecer nuestro apoyo financiero, industrial y moral en cada forma posible" a la "nueva democracia". En la Segunda Guerra, el ataque de Hitler sobre su cómplice Moscovita fue seguido pronto después del inicio del segundo período del Sr. Roosevelt y antes de Pearl Harbour, EEUU estaba en la guerra hasta donde era posible dando apoyo a la "nueva democracia", mediante "apoyo financiero, industrial y moral", por medio de "Préstamos-arriendo", que estaban preparándose para el estado Revolucionario en una medida nunca antes imaginada como posible.[27]

---

[27] Las tres formas de tal apoyo enumeradas por el Sr. House, incluyen el apoyo "financiero." La pregunta más difícil para contestar es, cuanto **apoyo financiero** fue dado entonces. Innumerables libros aluden al gran apoyo financiero de "las Casas Bancarias de Wall Street" y similares, pero yo no he citado a ninguna de éstas aquí porque no puedo verificarlo, y por consiguiente no los cito; tales transacciones, en cualquier caso, son casi imposibles de destapar, ya que se conducen con gran secreto. Sin embargo, una alusión significante aparece en una carta del propio Lenin a Angélica Balabanoff (su representante en Estocolmo en el período cuando el Comunismo estaba estableciéndose en Moscú): "Gaste millones, decenas de millones, si es necesario. Hay dinero suficiente a nuestra disposición". Ninguna duda queda sobre el apoyo financiero **alemán** dado a los conspiradores bolcheviques. Los documentos de la Oficina del Exterior alemana capturados por los Aliados en 1945, incluyen un telegrama enviado por el Ministro del Exterior alemán, Richard von Kuehlmann al Kaiser, el 3 de diciembre de 1916 qué dice, "no fue hasta que los bolcheviques hubieran recibido de nosotros un flujo grande de fondos a través de varios cauces y bajo diferentes etiquetas que ellos estavieron en una posición de poder construir su órgano principal, el **Pravda**, para dirigir la enérgica propaganda y para extender apreciablemente la base originalmente pequeña de su Partido". El Ministro del Exterior, anticipándose a las ilusiones de los políticos Occidentales en

En junio de 1942, un íntimo del Presidente Roosevelt, el Sr. Harry Hopkins, públicamente dijo al estado comunista (en una manifestación masiva en el Madison Square Garden), "***Nosotros estamos determinados a que nada nos detendrá de compartir con ustedes todos lo que nosotros tenemos y somos***". Estas palabras reflejaron una orden presidencial emitida antes (el 7 de marzo de 1942) a las agencias de guerra norteamericanas (y fueron hechas públicas mucho más tarde) Que las preferencias en el suministro de municiones debía darse a la Unión Soviética ***sobre todos los otros Aliados y sobre las fuerzas armadas de los Estados Unidos***. El Jefe de la Misión Militar norteamericana en Moscú, el Comandante General John R. Deane, en un libro de 1947, describe sus vanos esfuerzos para controlar esta marea y dijo que la orden del Presidente Roosevelt, era "el principio de una política de aplacamiento de Rusia de la cual nunca nos hemos recobrado y por la cual todavía estamos sufriendo."

El palabra "aplacamiento" se usó incorrectamente por el General Deane, ya que la política fue más allá del simple "aplacamiento", y apuntaba obviamente a ***aumentar*** la fuerza militar e industrial del estado revolucionario ***después*** de la guerra. Está explícito en los pasajes anteriores que el Sr. Roosevelt pensaba dar mayor apoyo al estado revolucionario que a cualquier otro aliado, libre o cautivo, e implícito que él estaba resuelto a apoyar al agresor de Polonia y era indiferente sobre la "liberación" de otros países desbordados. Las causas mayores, ofrecidas a las masas Occidentales, hasta que ellos estuvieron totalmente envueltos en la guerra, habían sido de hecho abandonadas, y el proyecto supra-nacional de extender la revolución, destruyendo así las nación-estados y avanzando la ambición del Gobierno-Mundial había sido puesta en su lugar. (Empecé a escribir entonces en este sentido en 1942 y mi eliminación del

---

la próxima generación, agregó "es completamente en nuestro interés que nosotros debemos aprovecharnos del período mientras ellos están en el poder, el cual podría ser uno corto... "(alguien agregó una nota en el margen, "No exi ste ningún cuestionamiento en apoyar a los bolcheviques en el futuro", un dictum que no contó con Hitler). Los papeles alemanes incluyen un informe hecho en agosto de 1915 por el Embajador alemán en Copenhague, el Conde Brockdorff-Rantzau, sobre las actividades de "un experto en Rusia", el Dr. Helphand, que estaba ayudando a organizar la conspiración bolchevique. Este informe dice, "El Dr. Parvus" (el seudónimo de Helphand) "ha proporcionado a la organización con una suma para cubrir los gastos corrientes... ni siquiera los señores que trabajan en la organización se dan cuenta que nuestro Gobierno está detrás de él". Helphand estimó entonces el costo de organizar la revolución "completamente" en una suma "aproximada de veinte millones de rublos". Brockdorff-Rantzau recibió la autoridad de Berlín para hacer un pago anticipado y el recibo de Helphand está en los documentos: "Recibido de la Embajada alemana en Copenhague el 29 de diciembre de 1915 la suma de un millón de rublos en billetes del banco ruso para la promoción del movimiento revolucionario en Rusia; firmado, Dr. A. Helphand" (Royal Institute of International Affairs journal, London, April 1956/ Instituto Real de Asuntos Internacionales de Prensa, Londres, abril de 1956).

periodismo diario comenzó; en ese momento era uno de los "nombres" muy-bien-pagados en los periódicos).

En 1941, esta política de apoyar al estado revolucionario, fue claramente ligada para producir efectos mucho mayores que en 1917. En 1917 el apoyo norteamericano sólo podría afectar "*el establecimiento*" del Comunismo en Rusia. En 1941 la situación era completamente diferente. El Comunismo se había *establecido* ya hace mucho tiempo. El apoyo, si se entregaba en la medida ilimitada prometida por el Sr. Hopkins, fue ligado a permitirle "*extenderse*", de acuerdo con el dictum de Lenin. El apoyo dado era tan prodigioso que habilitó al Comunismo a "extenderse" sobre una inmensa área y también prepararse para otra guerra; la perspectiva de esta tercera guerra, estallando inmediatamente después que la segunda había terminado, fue descrita a las masas Occidentales como las consecuencias de la perfidia soviética.

Los valores transferidos al estado revolucionario desde Norteamérica casi están más allá de la comprensión humana. Elegido en 1932 para abolir los "déficit", el Presidente Roosevelt, en doce años, gastó más que todos los presidentes norteamericanos anteriores juntos, y en una soberana irresponsabilidad. El gasto público en EEUU hoy, once años después de su muerte, todavía está más allá de la comprensión de una academia de contadores; es un mundo de ceros con unos números esparcidos entre ellos. En este firmamento claveteado de ceros, la cantidad "Préstamos-arriendos" al estado revolucionario por el Presidente Roosevelt podría parecer insignificante: 9.500.000.000 de dólares. De hecho se enviaron armas y *bienes* de ese valor, en teoría sobre una base de venta-o-retorno; era un inmenso traslado de riquezas, y unas décadas antes, habría permitido a varios nuevos estados preparar el gobierno de sus casas sin miedo al futuro.

Este flujo de riquezas fue dirigida por un hombre, descrito por su biógrafo oficial (el Sr. Robert E. Sherwood) como "el segundo hombre más importante en los Estados Unidos". El Sr. Harry Hopkins entonces, jugó el rol del potentado, en la distribución de materiales de guerra, primero cumplida por el Sr. Bernard Baruch en 1917. La idea original fue del Sr. Baruch, que en 1916, exigió persistentemente que "un hombre" fuese designado como "administrador" de toda la poderosa Junta de Dirección de las Industrias de Guerra que, cuando Norteamérica entró en esa guerra, creció desde una "Comisión Asesora" ligada al Gabinete del Presidente al "Consejo de Defensa"

Esta pre-historia de la designación del Sr. Hopkins es significante, porque muestra el poder continuado y el método del grupo alrededor de los presidentes norteamericanos en ambas guerras mundiales. Un Comité de Investigación del Congreso de 1919, dirigido por el Sr. William J. Graham, dijo de la "Comisión Asesora" que produjo el comité ejecutivo de las Industrias de Guerra en 1916 que "sirvió como un ***gobierno secreto de los Estados Unidos***... Una comisión de siete hombres escogidos por el presidente parecieran haber inventado todo el sistema de comprar materiales de guerra, planificaron una censura de la prensa, diseñaron un sistema de control de los alimentos... y en una palabra, prácticamente cada medida de guerra que el Congreso posteriormente promulgó, ***e hizo todo esto tras puertas cerradas***, semanas e incluso meses antes que el Congreso de los Estados Unidos declare la guerra contra Alemania... No hubo después ningún acto de la llamada 'legislación de guerra' que fue después promulgada, que no hubiese sido, antes de la declaración real de guerra, discutido y establecido por esta Comisión Asesora".

El propio Sr. Baruch, testificando ante un Comité Selecto del Congreso sobre las actividades de tiempos de guerra de la autoridad "un-hombre" donde era el responsable de haberse llevado a cabo, dijo, "La última determinación descansaba en mí... si el Ejército o Armada lo tenían... la administración del ferrocarril... o los Aliados, o si el General Allenby tendría las locomotoras, o si ellas debían usarse en Rusia o en Francia... Probablemente tenía más poder que quizás cualquier otro hombre... " (Éste fue el trasfondo de la Primera Guerra en las palabras del Sr. Churchill al Sr. Baruch en 1939, "La Guerra está viniendo... usted estará dirigiendo el show allí". La magnitud del poder del Sr. Baruch en la Primera Guerra se ilustra mejor por un incidente en 1919, cuando el Presidente Wilson fue devuelto a Norteamérica como un hombre completamente incapacitado, el Sr. Baruch entonces "se transformó en uno del grupo que tomó las decisiones durante la enfermedad del Presidente" (Sr. Rosenbloom). Este grupo llegó a ser conocido como "el Concilio de Regencia", y cuando el funcionario mayor del Gabinete del Presidente enfermo, el Sr. Robert Lansing, Ministro de Relaciones Exteriores, llamó a una reunión de Gabinete por su propia autoridad, el Presidente, desde su lecho de enfermo, lo despidió; aunque él también rompió con otros socios, incluyendo al Sr. House, "Wilson aferró su confianza en Baruch").

En la Segunda Guerra, el Presidente Roosevelt revivió el poder del Presidente Wilson para establecer un "Concejo de la Defensa" con una "Comisión Asesora (1940), y en 1942 esto se amplió a un "Comité Ejecutivo de Producción de Guerra", la contraparte del "Comité Ejecutivo de Industrias de Guerra" de 1918. El Sr. Baruch aconsejó de nuevo que "un hombre" sea puesto en el cargo de este cuerpo todo poderoso, pero en el evento, él no fue el hombre designado. Su biógrafo dice que él estaba defraudado, pero el lector tiene que mantener la mente abierta sobre eso.

Las raras referencias al Sr. Baruch en esta narrativa no describen la magnitud de su influencia. Los mejore observadores conocidos por mí, todos ellos creen que él era el más poderoso de los hombres alrededor de los presidentes norteamericanos por un período de más de cuarenta años, hasta ahora. Su biógrafo establece que él continuó actuando como consejero de cada Presidente norteamericano (incluso los tres Republicanos de 1920, 1924 y 1928) desde el Presidente Wilson en adelante, y, escribiendo en 1952, predijo que él también aconsejaría al Presidente Eisenhower e incluso dio un contorno de lo que serían sus consejos. El verdadero lugar del Sr. Baruch en esta historia, o lo que el presente escritor estima de él, se mostrará en una fase posterior, cuando hizo su aparición **abierta** más significativa.

Aunque el Sr. Baruch, con evidente exactitud, se describió a sí mismo como el hombre más poderoso en el mundo en 1917-1918, su poder de hecho, para dar forma a los eventos y delinear el mundo fue mucho menor de aquel de cualquier hombre que ocupó el mismo lugar en la Segunda Guerra, por la razón obvia que "la determinación de lo que cualquiera podría tener" ahora extendida al estado revolucionario **establecido como un gran poder militar con los objetivos territoriales obvios e inmensos**. Incluso el Comité Ejecutivo de Producción de Guerra se volvió de importancia secundaria cuando la "Administración Préstamos- Arriendo" fue establecida, y el Sr. Harry Hopkins fue el "Administrador" designado y también Presidente del "Comité del Protocolo Soviético" del Presidente Roosevelt, que tenía el poder *"***para determinar las cuotas de suministro que serían despachadas a Rusia***"*. Desde ese momento, el destino y el futuro de Occidente estaban en las manos de un hombre conocido a un amplio círculo como "Harry the Hop" (el bisexual)."

El Sr. Hopkins sólo podría haber ocupado tan elevado lugar en el Siglo Vigésimo; la opinión pública, si hubiese sido informada por una prensa libre e imparcial, apenas lo habría aceptado, porque él no tenía ninguna calificación para ocuparse de los grandes asuntos, menos de todos los extranjeros. Incluso su biógrafo, aunque bien- dispuesto a un compañero cercano en la Casa Blanca (en cuyos respetables recintos, el Sr. Hopkins, según su propio diario, actuó alguna vez como el alcahuete de un notable visitante comunista, el Sr. Molotov), se maravilla cómo este hombre, "tan disimulado en su origen y tan inexperto para la gran responsabilidad", pudo llegar a ser el "Consejero Especial del Presidente".

Acerca de eso, los estudiosos de hoy, no puede descubrir quién "escogió" al Sr. Hopkins para su rol. Sin embargo, encuentran que en su juventud, el Sr. Hopkins había absorbido el mismo tipo de ideas (aquellos de "Louis Blanc y los revolucionarios de 1848") qué el Sr. House adquirió en **su niñez** tejana. El Sr. Hopkins había estudiado a los pies de un socialista Fabiano de Londres (quién sostenía que las naciones-estados debían desaparecer en un "Estados Unidos del Mundo") y de un maestro judío de Bohemia y de origen ruso, el cual había sido un alumno de Tolstoi, el héroe de los Bolcheviques. Nuevamente encontramos la transmisión de "ideas". Presumiblemente éstas fueron las calificaciones que causaron que el Sr. Sherwood le llamara "el *inevitable* favorito de Roosevelt". Anteriormente el había sido conocido como un "arreglador", recolector-de-fondos y el hermano "pequeño del rico". La Universidad de Oxford le confirió a él, uno de los doctorados más indignos en su historia y las empalagosas referencias del Sr. Churchill a él, en sus memorias de guerra, son extrañas de leer.

Cuando Sr. Hopkins asumió su lugar como Presidente del Comité de Protocolos Soviéticos del Presidente Roosevelt, encontró entre sus miembros a algunos que desconfiaban mucho de la política de suministro incondicional al estado revolucionario. Él emitió a ellos el siguiente mandato imperial:

"Los Estados Unidos están haciendo cosas *que no haría para otras Naciones Unidas* sin plena información de ellos. Esta decisión para actuar sin plena información fue hecha . . después de la debida deliberación... No había *ninguna reserva* acerca de las políticas en la actualidad, pero la política estaba planteándose constantemente por varias personas para una re-discusión. Él propuso *que no se de ninguna consideración extensa a estas demandas para la re-discusión"* (1942).

Así el estado revolucionario, a través del Sr. Hopkins, fue mostrado para ser "el inevitable favorito de Roosevelt ". En este pasaje, el misterio se repite al cual llamé atención en el caso de Ministro británico y el Sionismo: la "política" ha sido "fijada" y *no puede* alterarse. Por quienes esta política había sido reflexionada, y quiénes había decretado que no debe re examinarse en ninguna circunstancia cualquiera esta fuere, eran los secretos del Sr. Hopkins, y todos esto fue nuevamente "detrás de las puertas cerradas" hasta donde las masas embrolladas estaban interesadas. En vano el líder Republicano, el Senador Robert E. Taft, protestó cuando vio lo qué está pasando: "Cómo puede alguien tragarse la idea que Rusia está luchando por principios democráticos... Para extender las cuatro libertades a lo largo del mundo, enviaremos aeroplanos y tanques a Rusia comunista. Pero ningún país fue más responsable por la presente guerra y la agresión de Alemania". Una violenta campaña fue comenzada inmediatamente en la prensa que continuó hasta la muerte del Senador Taft. El mapa de hoy y el estado de los asuntos vindican su advertencia, y aquellos que hoy leyeron el mandato del Sr. Hopkins, citado anteriormente, puede ver que el resultado de la guerra fue determinado por estas acciones secretas de 1942 y antes.

De los "aeroplanos y tanques", *se donaron* 15,000 y 7,000, respectivamente. Una armada de 581 navíos también fue entregada (durante muchos años, 127 de éstos se devolvieron y en 1956 los soviéticos ofrecieron pagar por 31 navíos; las naves restantes, más de 300, fueron declaradas perdidas, hundidas o declaradas innavegables). Una flota mercantil también fue entregada. Ésta fue sólo una pequeña parte de la transferencia total de riqueza en muchas formas. El Gobierno norteamericano nunca ha publicado los detalles de sus entregas. El hecho que éstos son conocidos, y que la parte mayor de ellos consistió obviamente en suministros diseñados para fortalecer la capacidad de fabricación industrial y de guerra del estado revolucionario **después del final de la guerra**, es debido a uno de esos accidentes que ayudan al historiador, aunque, en la condición de la prensa de hoy, ellos nunca llegarán a la mente pública general y por consiguiente no producen ningún resultado terapéutico.

En mayo de 1942, el Capitán George Racey Jordan se reportó por una orden de designación en el gran Aeropuerto de Newark, en New Jersey. Él fue un soldado en la Primera Guerra re-enlistado y nunca había olvidado el consejo de un sargento dado a él en Texas en 1917: "Mantenga sus ojos y orejas abiertas, mantenga su enorme boca cerrada, y **guarden una copia de todo**". A las últimas cinco palabras la posteridad le debe el libro más asombroso (en mi opinión) de la Segunda Guerra Mundial. El Capitán Jordan recibió órdenes de reportarse a las "Naciones Unidas Depósito No. 8", cuando él se encontrara en Aeropuerto de Newark para recibir sus órdenes. El cuerpo conocido como "Naciones Unidas" fue fijado tres años después, y ésta era una anticipación, revelando las intenciones de los hombres alrededor del presidente. El Capitán Jordan, cuando se reportó para servir como Oficial de Enlace, no tenía ninguna sospecha del poder soviético en EEUU y fue pronto ilustrado de tres maneras. En mayo de 1942, después que un avión de pasajeros de American Airlines golpeo la cubierta de un motor de un bombardero medio del tipo Arriendo-Venta que esperaba volar hacia el Gobierno soviético. Un oficial soviético exigió enojado que se expulsara a la Aerolínea de este gran aeropuerto norteamericano. Cuando esto fue negado, el oficial soviético dijo que él podría llamar al Sr. Hopkins", y en pocos días por una orden del Comité Ejecutivo de la Aeronáutica Civil de EEUU sacó a **todas** las aerolíneas civiles norteamericanas del campo.

El Capitán Jordan comenzó a guardar un diario completo entonces, y por medio de él pudo después demostrar (cuando él y el resto del mundo supieron sobre las "bombas atómicas") que durante 1942, aproximadamente quince millones de dólares de valor en grafito, tubos de aluminio, metal de cadmio y thorium (todos los materiales necesario para la fabricación de una pila atómica) fueron enviados al Gobierno soviético desde Newark. En este momento el "Proyecto Manhattan" (la producción de la primera bomba de átomos) se suponía que era de tal intensidad secreta que su jefe, el Comandante General Leslie R. Groves, después testificó que su oficina se habría negado, sin su aprobación personal, a proporcionar cualquier documento incluso al Presidente Roosevelt. En 1942, cuando él hizo estos registros en su diario, el Capitán Jordan no tenía alguna idea del uso que a estos materiales podrían darse, porque él nunca había oído hablar del "Proyecto Manhattan" o de "la bomba de átomos."

Su próxima experiencia de la autoridad manejada por los oficiales soviéticos vino cuando uno de ellos consideró una afrenta ver una estrella roja en un aeroplano que pertenecía a la Compañía petrolera Texaco y amenazó con "telefonear a Washington" para que la sacaran. El Capitán Jordan tuvo dificultades explicando que la Compañía petrolera de Texas había estado usando ¡el emblema de su estado de residencia (el "Estado de la Estrella solitaria") durante muchos años antes de la revolución de 1917!

En este momento el Capitán Jordan empezó a comprender que la masa de material que iba al estado comunista era hasta lo más mínimo cubierta por las condiciones del acuerdo maestro de Préstamo-arriendo ("El Gobierno de los Estados Unidos continuará proporcionando a la U.S.S.R. con tales artículos de la *defensa*, servicios de reparación para *defensa* e información de la *defensa* mientras el Presidente... autorizará para ser transferido o proporcionado") pero incluía muchas cosas que nada tenían ver con la "defensa" y todo para fortalecer a los soviéticos de post guerra. Notó, por ejemplo, el suministro de "tractores y maquinaria agrícola, una planta industrial de aluminio, carros almacenes de ferrocarril, equipos de fundición de acero" y similares. Estos embarques (que, un intérprete entusiasmado le dijo, "ayudará a Ford-izar nuestro país") son indicados en los totales redondos que son la única información sobre el asunto, proporcionados por el Gobierno norteamericano. En el informe del Presidente Truman "Informe Veinte uno al Congreso sobre las "Operaciones del Préstamo- arriendo" muestras que bajo el encabezamiento de "Non-municiones" las enormes cifras de 1.674.586.000 dólares los *productos agrícolas* y 3.040.423.000 para *materiales industriales y productos.*

En 1943, cuando las fuertes pérdidas en los envíos por el océano causaron que una proporción muy grande de los materiales del Préstamo-arriendo fuera enviado por aire, un terminal aéreo norteamericano para el movimiento de estos suministros fue preparado en Great Fall, Montana, y el Capitán Jordan fue transferido allí como el "Despachador del Préstamo-arriendo". Una vez más sus órdenes de la Fuerza Aérea de EEUU lo designaron "Representante de las Naciones Unidas", aunque no existía tal cuerpo, y encontró esperándolo una *directiva Presidencial,* que arriba decía: "Movimiento de Aviones rusos" decía: "... . *la modificación, equipamiento y movimiento de aviones rusos se les ha dado primera prioridad, incluso sobre los aviones para las "Fuerzas Aéreas del*

Ejército de los EEUU". También tuvo su tercera experiencia del poder soviético: el oficial soviético con quien trataba sostuvo que su rango de capitán era demasiado bajo y pidió su promoción a Mayor; cuando llegaron las preseas apropiadas ellas fueron puestas en los hombros del Mayor Jordan por el Coronel Kotikov, un evento probablemente inaudito en la historia del ejército norteamericano.

El Mayor Jordan notó entonces que un número extravagante de maletas negras, amarradas y selladas, estaba pasando a través de su "tubería a Moscú". Sus presentimientos eran fuertes por este tiempo y usó una oportunidad favorable (y todo el poder que descansaba en él, de negar o autorizar un despacho de aduanas para el avión pilotado por norteamericanos del tipo Préstamo-arriendo en el último trecho de Fairbanks en Alaska) para dar paso a los policías secretos armados soviéticos en un aeroplano y abrir aproximadamente dieciocho maletas de cincuenta. Él hizo una nota simple de los contenidos de las maletas abiertas.

Entre la masa de papeles, planos, correspondencia y copias de documentos hubo dos descubrimientos, que años más tarde, demostraron encajar pulcramente en un cuadro de espionaje y conspiración que fue revelado por varias exposiciones entre 1948-1956. Uno era un bulto de carpetas del Departamento de Estado, cada una con una etiqueta. Una de éstas decía, "De Hiss", y otra, "De Sayre". El Mayor Jordan nunca había oído de estos nombres, pero ellos fueron después, los nombres del funcionario Jefe del Departamento de Estado posteriormente declarado culpable (Alger Hiss) y de otro funcionario del Departamento de Estado involucrado en el mismo asunto. Estas carpetas contenidas copias de los despachos secretos de los norteamericanos adjuntos en Moscú, remitido por bolsa diplomática a Washington, y volviendo ahora en duplicado a aquellos de quienes serían mantenidos como secretos.

El descubrimiento más importante era uno que afectaba a todos los hombres que viven en Occidente, hasta hoy en día, si fuese descubierto ahora. Era una carta dirigida al Comisario soviético de Comercio Exterior, Mikoyan. El Mayor Jordan anotó una cita de él: "... . tenía un momento de infierno para sacarlos de Groves" (el jefe del proyecto de la bomba-atómica). La carta estaba firmada "H. H." Unida a esta había un mapa de la planta atómica Oak Ridge en Tennessee y una copia a carbón de un informe, con un timbre "Harry Hopkins", conteniendo varias palabras tan desconocidas para el Mayor Jordan que también hizo una nota de ellos, pensando en buscar su significado. Entre ellos estaba "ciclotrón", "protón" y "deuteron", y frases como "energía producida por fisión" y "paredes de 1,5 metros de plomo y agua, para controlar los neutrones volantes". El Sr. Hopkins, como ya se ha mostrado, era "el inevitable favorito de Roosevelt ", "el Consejero Especial del Presidente", "el segundo hombre más importante en los Estados Unidos." (Durante algunos años después de la Segunda Guerra, se les dijo por sus líderes a las masas públicas en Norteamérica e Inglaterra que su mejor protección contra una nueva guerra, y el disuasivo más eficaz a la "agresión soviética", era la posesión Occidental de la bomba de átomos.

El 23 de septiembre de 1949, la Unión Soviética hizo estallar una bomba de átomos, para la sorpresa de ninguno que cuidadosamente siguió los asuntos. El Comandante Jordan no podría contenerse más entonces, y se acercó a un Senador, que se sintió de tal manera perturbado como para inducir un importante programador, al Sr. Fulton Lewis, para hacer la historia conocida. En esa forma, y en su libro posterior, llegó a ser público, y fue objeto de dos investigaciones del Congreso, en diciembre de 1949 y en marzo de 1950. La prensa unitariamente falseó las acusaciones del asunto y, como en todos estos casos, ningún verdadero remedio produjo; nada efectivo se ha hecho para prevenir la repetición de un estado similar de asuntos en otra guerra).

En 1944, el Mayor Jordan, más preocupado que nunca, intentó hablar con el Oficial de enlace del Proyecto Préstamo-Arriendo del Departamento de Estado pero fue interceptado por un oficial menor que le dijo "los oficiales que hablan demasiado pueden encontrarse ellos mismos en alguna parte en una isla en los Mares del Sur". No mucho tiempo después fue alejado de White Falls. Su libro contiene la lista completa de embarques del Préstamo-Arriendo que, como oficial del enlace, pudo ver y copiar. Esto muestra todos los químicos, metales y minerales convenientes para su uso en una pila atómica que se transfirió, y algunos de ellos también pueden ser convenientes para el uso en la bomba de hidrógeno; ellos incluyen beryllium, cadmio, mineral de cobalto y concentrado (33.600 lbs), del metal de cobalto y partes de cobalto-productivo (806.941 lbs), metal de uranio (2.2 lbs), tubos de aluminio (12.766.472 lbs), grafito (7.384.482 lbs), thorium, nitrato de uranio, óxido de urano-uranic, aluminio y aleaciones (366.738.204 lbs), barras de aluminio (13.744.709 lbs), placas de aluminio (124.052.618 lbs), bronce, lingotes y varas de bronce y barras (76.545.000 lbs), bronce o alambre de bronce (16.139.702 lbs), bronce y platos de bronce (536.632.390 lbs), alambre de cobre aislado (399.556.720 lbs), y así sucesivamente.

Estas listas también incluyen los únicamente "suministros" rusos de postguerras (General Groves), tal como una planta de refinería de aceite, maquinaria de forja y taladros de precisión y partes (US$ 53.856.071), tornos, maquinaria de precisión, taladros, maquinaria, equipos de navegación, maquinaria de lechería, aserraderos, maquinaria textil, fuentes de poder (US$ 60.313.833), equipo de fundición, equipo de estaciones eléctricas, instrumentos de teléfono y equipos (US$ 32,000,000), generadores eléctricos(US$ 222.020.760), equipo de films, aparatos de radio y equipos (US$ 52.072.805), 9,594 carros de carga de ferrocarril, 1.168 locomotoras a vapor (US$ 101.075.116), Navíos mercantes (US$ 123.803.879), motores de camiones (US$ 508.367.622), y así en lista sin fin.

Entre las donaciones mayores evidentemente fueron pensadas en fortalecer la Unión Soviética industrialmente *después* de la guerra, los archivos del Mayor Jordan incluyen una planta de reparación para instrumentos de precisión (US$ 550.000), dos fábricas de alimentos (US$ 6.924.000), tres unidades generadoras a gas (US$ 21.390.000), una refinería de petróleo con su maquinaria y equipo (US$ 29.050.000), 17 estaciones eléctricas a vapor y tres plantas hidro-eléctricas (US$ 273.289.000). Las listas de suministros a los soviéticos reproducidas por el Mayor Jordan sugieren que un espíritu aproximándose a la histeria movió al Sr. Hopkins y sus socios, porque ellos incluyen artículos para los cuales no puede encontrarse ninguna explicación racional, por ejemplo: ¡lentes (US$ 169.806), dientes (US$ 956), 9.126 relojes con rubíes (US$ 143.922), 6.222 lbs de jabón de retrete, US$ 400 en lápices labial, 373 galones de licor, US$57.444 en aparejos de pesca, US$161.046 en linternas mágicas, US$ 4.352 en artículos de diversión, 13.256 lbs de papel de carbono, dos "pianos nuevos", US$ 60.000 en instrumentos musicales y (un artículo que conjura las visiones del "Querido Líder" del Sr. Roosevelt y el Tío Joe del Sr. Churchill"), "una pipa de tabaco", estimada en diez dólares!

¡El pasado del Sr. Hopkins como un profesional en la recolección de fondos y asistente social parece mostrarse en la donación de US$ 88.701.103, en cuatro años, para "ayuda o caridad"; ¡Aquellos que han visitado la Rusia soviética pueden intentar imaginar este dinero distribuyéndose por los Comisarios a los pobres! Éste no era el fin del dinero en efectivo dado bajo el Programa "Préstamo-arriendo". En 1944, el Sr. Henry Morgenthau Junior, Ministro de Hacienda del Sr. Roosevelt, y su Asistente Secretario, el Sr. Harry Dexter White (después se demostró que había sido un agente soviético) ordenó enviar por barco al Gobierno soviético duplicados de placas de la Tesorería de los Estados Unidos para ser usados en la impresión del dinero que usarían las fuerzas que ocuparían Alemania *después* de la guerra. Esto significó que el dinero impreso por el Gobierno soviético para el uso de sus tropas fue amortizado por el Gobierno norteamericano ya que no había distinción entre el papel usado para imprimir.

A finales de 1946, cuando las protestas públicas causaron que el Gobierno norteamericano dejara de pagar a sus propias tropas con estos billetes, para que el Gobierno soviético no pudiera hacer ningún uso extenso de ellos, el gobierno militar de Estados Unidos en Alemania encontró que había reembolsado aproximadamente 250 millones de dólares más *del total de billetes emitidos por su propia Oficina de Finanzas*. (El Gobierno soviético ignoró una demanda para pagar la modesta suma de unos 18.000 dólares por las placas y materiales entregados a ellos, lo cual les había permitido obtener 250 millones de dólares de la Tesorería de los Estados Unidos).

Así, durante cuatro o cinco años hubo un traslado ilimitado de medios de guerra, de suministros de uso industrial para la post-guerra, y de riqueza en diferentes formas hacia el estado revolucionario, y la "re-discusión" de esta política estaba bajo prohibición al nivel más alto. Es más, la "preferencia" y "prioridad" para esta política, respecto a necesidades norteamericanas o aquellos de otros aliados, se ordenó explícitamente a ese nivel.

Había otras dos formas en las cuales el estado revolucionario podría ser apoyado y podría ser ayudado a "extenderse": (1) la conducta de operaciones militares; (2) la dirección de la política de Estado en conferencias de alto nivel que son emitidas de estas operaciones militares. Como la política de entregar armas y riqueza era tan decisiva, incluso fanáticamente persistente en favor del estado revolucionario, era lógico esperar que *la misma* política sería seguida a través de las operaciones militares y las conferencias que son el resultado de ellas. De hecho, esto pasó, tal como los buenos observadores lo previeron en el momento y tal como el cuadro retrocedido de la guerra simplemente lo muestra ahora. También fue el inevitable resultado de la captura de una gran medida de poder, en la República norteamericana, por medio de la invasión descrita en el último capítulo.

El esfuerzo para transformar todas las operaciones militares en ventaja del estado revolucionario, el cual en la complicidad con Hitler, habían comenzado la guerra por el ataque conjunto a Polonia, comenzó pronto después del ataque a Pearl Harbour. Falló entonces pero tuvo un éxito completo en las últimas fases de la guerra, tal como lo mostró su resultado. La parte principal en este proceso fue jugada por la figura más enigmática de la Segunda Guerra, el General George C. Marshall, Jefe de Personal del Ejército de Estados Unidos. A él, el Senador Joseph McCarthy, en su discurso ante el Senado el 14 de junio de 1951 (una acusación cuidadosamente-documentada la cual es la mayor fuente de referencia en esta materia) le atribuyó "la decisiva retirada *planificada* de la victoria que comenzó mucho tiempo antes de que finalizara la Segunda Guerra Mundial" y el hecho es que EEUU, teniendo el poder para inclinar la balanza, operó entre las políticas "defendidas por el Sr. Churchill y el dictador soviético Stalin, casi invariablemente en el apoyo de la línea rusa".

En vista de las inmensas consecuencias que las intervenciones del General Marshall provocaron, las circunstancias de su original ascenso son de interés. El Presidente Roosevelt lo designó Jefe de Personal en 1939, sobre las cabezas de veinte Mayor Generales y de catorce Brigadieres (seis años antes de su nominación a General, habiendo sido calificado adversamente por el Inspector General, había sido excluido por el entonces Jefe de Personal, General Douglas MacArthur).

Uno de los primeros actos del General Marshall fue, en 1940, preguntarle al Senador James F. Byrnes (un íntimo de Sr. Bernard Baruch) que propusiera una reforma a un decreto del ejército autorizando que el Jefe de Personal sobrepasara las reglas de antigüedad en favor de funcionarios más jóvenes que se pensara tenían "extraordinarias habilidades". La reforma del Senador Byrnes, entonces adoptada, permitía que "en tiempos de guerra o de emergencia nacional... cualquier oficial del Ejército Regular podía ser designado en un grado temporal más alto... ", y bajo este poder, el General Marshall durante 1940, realizó de hecho 4.088 promociones, entre ellas la del Coronel de cincuenta años, Dwight Eisenhower, que entonces no tenía ninguna experiencia de batalla o de comandancia, pero dentro de tres años se transformaría en el Comandante Supremo Aliado. La combinación del General Marshall y del General Eisenhower fue decisiva en dar forma al resultado de la guerra en 1945.

Inmediatamente después de Pearl Harbour y la entrada norteamericana en la guerra en diciembre de 1941, los propagandistas soviéticos en Moscú y en Occidente comenzaron un fuerte clamor para que los aliados Occidentales invadieran Europa inmediatamente. El Sr. Churchill, cuando se encontró con el Presidente Roosevelt poco después de Pearl Harbour, había obtenido el acuerdo general que una invasión antes de 1943, lo más temprano, era una imposibilidad militar.

En abril de 1942, el General Eisenhower, a la instrucción del General Marshall, había preparado un plan para una invasión en *1942*, y el Sr. Roosevelt había sido persuadido para cablegrafiar al Sr. Churchill en este sentido (***The Hinge of Fate***). El General Marshall, con el Sr. Hopkins, fueron entonces a Londres y recibió del Sr. Churchill la advertencia que el desastre en la costa francesa debido a una invasión apresurada y temeraria probablemente "sería la única manera en que posiblemente nosotros podríamos perder la guerra" (Sr. Sherwood).

El General Marshall, en vista de su designación, era presumiblemente considerado como el mejor cerebro militar en los Estados Unidos. Lo que él propuso era de hecho que el único gran aliado de lucha, en ese momento, debía cometer suicidio y que la guerra debía perderse, para todos los eventos para Inglaterra. El Sr. Churchill dijo que si tal intento fuese hecho, el Canal se convertiría en "un río de sangre Aliada", pero en la realidad habría sido de tres-cuartas partes de sangre británicas; el Comandante norteamericano en las Islas británicas, preguntado después con qué fuerzas él podía contribuir, "tomando en cuenta que todo lo que podríamos contar en el uso serían entonces la 34va División en Irlanda". El General Clark agregó que incluso esta única división le faltaba el apoyo antiaéreo, tanques y entrenamiento (las primeras tropas norteamericanas para involucrarse en el combate, en el norte de Africa en 1942, demostraron no estar realmente preparadas para la batalla). El crítico principal del ejército norteamericano, el Sr. Hanson W. Baldwin, escribió después, "En una mirada retrospectiva, es ahora obvio que nuestro concepto de invadir Europa Occidental en 1942 era una fantasía."

A pesar de todo este General Marshall, en su retorno a Washington, propuso al Presidente Roosevelt que los Estados Unidos *se retiraran de la guerra en Europa a menos que los británicos accedieran a su plan*, (Ministro Stimson). El General Marshall fue enviado de nuevo a Inglaterra para encontrarse con el Sr. Churchill (él se negó bruscamente a quedarse en Chequers [casa de residencia campestre del Primer Ministro británico. Nota del Trad.] Su plan se derrumbó entonces bajo el peso del informe del General Mark Clark de Irlanda, que él solo podía aportar con una división no entrenada y mal equipada en la aventura. Pero la propuesta, y la amenaza, habían sido hechas, y todo lo que continuó posteriormente en la Guerra debe ser considerado a la luz de esta acción del oficial militar más alto en los Estados Unidos.

En la primavera de 1942, los alemanes aun tenían 1.300.000 soldados en Francia y en los Países Bajos, y los aliados Occidentales no tenían una fuerza comparable para lanzarles en su contra, aun cuando hubiesen tenido superioridad aérea, naves para aterrizar, vehículos anfibios, y soldados entrenados en invasión. El Sr. Roosevelt tuvo que retroceder del plan de amenazas del General Marshall, e Inglaterra, por tercera vez en esta guerra, sobrevivía a un peligro mortal. La guerra continuó a través de 1942 y 1943, mientras los ejércitos norteamericanos, y más tarde los ejércitos británicos aplastaron a los alemanes en el norte de África, y entonces vino el vuelco decisivo en la guerra. Los Aliados Occidentales estaban listos para atacar; ¿Cómo y dónde atacaría ellos? En esa Junta, la segunda intervención del General Marshall determinó el resultado de la guerra.

El propio relato del Sr. Churchill, y las narrativas de todas las otras autoridades, están de acuerdo que él fue de principio a fin consistente, en todos los eventos en este asunto mayor. Él era el único hombre entre los líderes Occidentales con una gran experiencia política y militar, y él vio claramente que la guerra no traería una verdadera victoria ni paz si el estado revolucionario, el agresor al inicio de la guerra, fuese permitido de extenderse profundamente en Europa. Deseaba que las operaciones militares fueran conducidas de tal forma que no se extendieran más allá, o mucho más allá de sus fronteras naturales.

En esta controversia su gran antagonista demostró ser el General Marshall más que el Presidente Roosevelt, cuyo estado de salud en el último año de la guerra, pudo haberlo incapacitado del pensamiento claro, a menos que él simplemente fuese un cautivo desvalido de las presiones alrededor de él. El Sr. Churchill deseaba atacar desde el sur así como desde el norte para llevar a los países balcánicos y los del centro de Europa bajo la ocupación Aliada, antes de que ellos pudieran pasar de la esclavitud Hitleriana a una de los ejércitos Rojos; esta política habría llevado a una verdadera victoria, habría dado una perspectiva de paz al mundo para el resto del Siglo 20 y habría cumplido los "objetivos" originales de la guerra, entre los cuales la "liberación" era el más importante. El General Marshall estaba resuelto a concentrarse en la invasión de Francia y dejar todo el resto de Europa Oriental, Central y balcánica a los ejércitos del estado revolucionario, y el Sr. Roosevelt, tanto si estaba claro o confuso en su mente, siguió esta política hasta el amargo fin que el mundo vio en Yalta dónde "la derrota fue arrebatada de las mandíbulas de la victoria."

La lucha continuó durante dieciocho meses, pero los dados estaban lanzados, tal como los eventos lo demostraron, en la primera Conferencia de Quebec en agosto de 1943, cuando los ejércitos angloamericanos, habiendo completado la conquista del norte de Africa, habían vuelto a Europa y estaban controlando a los ejércitos alemanes para sacarlos de Italia. En Quebec, bajo la insistencia del General Marshall, la decisión fue tomada para retirar las tropas de Italia y llevarlas a una invasión secundaria de Francia, auxiliar a la invasión principal de Normandía. Esto significó la ruptura de la fuerzas aliadas del Mariscal de Campo Alexander en Italia (qué después de la captura de Roma había llegado a ser "una tremenda máquina de guerra... con horizontes ilimitados"; General Clark), deteniendo el avance allí, y, sobre todo, abandonando toda la idea de un empujón desde Italia por el Adriático, que habría llevado a los ejércitos Aliados a Viena, Budapest y Praga. Esto habría alterado totalmente el cuadro de pos-guerra en la ventaja de Occidente y de la paz; una mirada al mapa hará la materia clara a cualquier lector. En ese momento la verdadera "victoria" estaba dentro del alcance, y se desechó en el favor de la invasión del sur de Francia, una dispersión de fuerza militar aun más grave en sus consecuencias, que aquella de los ejércitos británicos dirigidos a Palestina en la Primera Guerra.

La invasión secundaria del sur no ofrecía la ventaja militar para justificar esta decisión que era evidentemente política; el documento en que el General Marshall basó sus argumentos en su favor en la Conferencia de Quebec revela esto. Se llamó "la Posición de Rusia" y se atribuyó a "la estimación de un militar de EEUU de muy alto nivel" (Sr. Sherwood) que indicaba al mismo General Marshall. Decía el documento, la posición de pos-guerra de Rusia en Europa será una dominante... Ya que Rusia es el factor decisivo en la guerra, ella debe obtener toda la ayuda y debe hacerse todo el esfuerzo para obtener su amistad. Igualmente, ya que sin dudas dominará Europa después de la derrota del Eje, es más esencial aun desarrollar y mantener las relaciones más amistosas posibles con Rusia."

Aquí la "política" dominante extendida con respecto a las entregas de Préstamos- arriendos reaparece con respecto a las **operaciones militares**; en aquella de la rendición incondicional a la superioridad de los objetivos e intereses soviéticos. Stalin había opuesto la verdad a través de los Balcanes y afirmaba que "la única forma directa de golpear el corazón de Alemania fue a través del corazón de Francia"; la "estimación militar de alto nivel" produjo de hecho en Quebec el plan propuesto por Stalin.

El documento, tal como podrá ver el lector, establece dos veces **una asunción** como un hecho, a saber, que después de la guerra "la posición de Rusia en Europa será dominante... sin cuestionamiento ella dominará Europa". Ése precisamente era la pregunta que, en 1943, tuvo que ser decidida todavía por casi dos más años de operaciones militares, y la política del Sr. Churchill fue diseñada para prevenir la misma cosa que se declaraba como un hecho cumplido. Él deseaba ver a los soviéticos victoriosos, pero **no** "dominando" Europa. Él fue sobrepasado, y en ese momento, en la Segunda Guerra Mundial en 1943, por medio de decisiones políticas tomadas en secreto, se perdió políticamente a Oriente.

Ésta fue la intervención más importante del General Marshall. El Sr. Churchill, aunque nunca criticó al General Marshall, se refiere misteriosamente a él en sus memorias de guerra, y en **'Triunfo y Tragedia'** lamentó la oportunidad perdida. El General Mark Clark, en 1943 Comandante norteamericano en Italia, escribió en 1950, "Si nosotros cambiáramos nuestra fuerza de Italia a Francia, era obvio para Stalin... que nosotros que nos iríamos de Europa Central. Anvil" (la invasión de Francia Del sur) "llevó a un callejón sin salida. Era fácil ver por qué el Stalin favorecía Anvil... Después de la caída de Roma, el ejército de Kesselring podría haber sido destruido si nosotros hubiésemos podido hacer el trabajo en una ofensiva final. Al otro lado del Adriático estaba Yugoslavia... y más allá de Yugoslavia estaba Viena, Budapest y Praga... Después de la caída de Roma 'corrimos hacia el objetivo equivocado', ambos, desde el punto de vista político y estratégico... Excepto por una equivocación de alto nivel que nos sacó de los Estados balcánicos y les permitió caer bajo el control del Ejército Rojo, la campaña mediterránea podría haber sido la más importante en la historia de pos-guerra... Una campaña que podría haber cambiado toda la historia de las relaciones entre el Mundo Occidental y la Rusia soviética fue dejada caer... El debilitamiento de la campaña en Italia... fue uno de los grandes errores políticos de la guerra."

El General Mark Clark (un soldado norteamericano brillante que fue relegado como consecuencia, a tareas de mando secundarias y despedido del Ejército) dice "equivocación" y "error", pero el documento arriba citado y muchas otras fuentes ahora disponible muestran que la decisión no fue ni errónea ni equivocada en el sentido normal de esas palabras: es decir, un error hecho en el cálculo erróneo de las consecuencias. Las consecuencias fueron previstas y se pensaron así; eso está ahora más allá de toda duda. La decisión era política, no militar, y fue hecha por los hombres que formaban el grupo alrededor del presidente. Fue, en el campo de las operaciones militares, el paralelo exacto de la decisión tomada con respecto a las operaciones de Préstamo-Arriendo: para subordinar todo las otras consideraciones al interés del estado revolucionario.

Así, la guerra que podría haber acabado (probablemente en 1944) por la liberación Aliada de los países invadidos por Hitler, dejando al estado soviético dentro de los límites naturales rusos o un poco más, y a Europa en equilibrio, se prolongó a través de 1944 en 1945; mientras se les daba tregua a los ejércitos alemanes en Italia y la invasión mal gastada del sur de Francia no prestaba ningún apoyo importante a la invasión principal de Normandía.

La forma que la guerra tomó entonces, en sus últimos diez meses, fue aquella dictada por el Gobierno soviético y sobrepuesta en la estrategia militar Occidental a través de sus agentes en el Gobierno norteamericano, el hombre conocido como Harry Dexter White. Estando muerto, no puede testificar, pero él normalmente es sostenido por las mejores autoridades que conozco, haber sido el autor del plan, para la destrucción de Alemania y el abandono de Europa a la "dominación" soviética lo cual se conoce para la posteridad como el "Plan Morgenthau".

Bajo la sombra de este plan (tal como se verá) los ejércitos Occidentales gradualmente rompieron su camino al borde de Alemania. Hasta el último momento el Sr. Churchill que había sido derrotado por el General Marshall en su súplica hecha anteriormente para tener el brazo derecho del ataque de los ejércitos Aliados a través de los Balcanes en el "suave bajo vientre" del enemigo) esforzándose para hacer algo bien de algo que había estado perdido, por un masivo empuje de último-minuto del brazo izquierdo a Berlín y más allá. La historia es contada por ambos, en las memorias de Churchill y del General Eisenhower.

El General Eisenhower describe su negativa a la propuesta del Mariscal de Campo Montgomery, a finales de 1944, para golpear decisivamente con todas las fuerzas disponibles por Berlín. Él considera que la idea era demasiado arriesgada, o temeraria; antes en su libro, suavemente critica a Montgomery por ser demasiado cauto. Él continuó a través de los meses siguientes con un avance general lento que dio tiempo a los Ejércitos Rojos para apretar en Europa, y en marzo de 1945 (cuando la Conferencia de Yalta había terminado y la intención soviética de anexar, en lugar de liberar, ya se habían mostrado en Rumania y Polonia, y el

Presidente Roosevelt estaba cablegrafiando las protestas formales a Stalin) el General Eisenhower informó al dictador soviético **por cable directo** de su plan, marcándolo "Personal al Mariscal Stalin". Su comunicación con Stalin antes de que incluso se hubiera endosado por los Jefes del Staff de Aliados trajo la protesta enfadada del Sr. Churchill, quien hasta lo último se esforzó por salvar lo que podría salvarse todavía del fiasco que estaba preparándose instando a que por lo menos se tome Viena, Praga y Berlín."

Todo esto fue en vano. El General Marshall, en Washington, notificó a Londres que él aprobaba totalmente el "concepto estratégico" y su "procedimiento en comunicarse con los rusos."

Después de esto, el avance Aliado en el Oeste, de hecho, fue acordado que debía recibir la aprobación soviética, y el consejo británico fue desatendido. El General Eisenhower había informado a Stalin **directamente** el 28 de marzo que él se detendría **a poca distancia de Viena**. El 14 de abril informó a los Jefes de Staff que él se detendría cien kilómetros **antes de Berlín**, en la línea del Elba, agregando "Si usted está de acuerdo, yo propongo informar al Mariscal Stalin"; como las objeciones británicas ya se habían atropellado, las primeras tres palabras eran sólo materia de forma. Allí todavía seguía estando Praga, la capital de la cautiva Checoslovaquia. El General Eisenhower aconsejó a Stalin que podría avanzar a Praga "si la situación lo requiriera"; él tenía un fuerza sustancial ociosa en la frontera Checa. Stalin contestó (el 9 de mayo de 1945) pidiéndole al general Eisenhower que se abstuviera de avanzar más allá las fuerzas aliadas en Checoslovaquia de... Karlsbad, Pilsen y Budweis". El General Eisenhower inmediatamente le pidió al General Patton que se detuviera en esa línea.

Así "la horrorosa bisección" de Europa fue provocada; a la descripción de ella, el Sr. Churchill agregó el comentario superficial "no puede durar". El General Eisenhower afirmó 5 años más tarde que **sólo él** era responsable de estas tres decisiones fatales: "Yo quiero dejar algo en claro. Su pregunta parece implicar que la decisión de no marchar al interior de Berlín fue **una decisión política**. Al contrario, sólo hay una persona, en el mundo responsable de esa decisión. Ese fui yo. No hubo nadie que interfiriera en esto, ni de la manera más ligera".

Esta declaración fue hecha en respuesta a una pregunta en una cena de la Asociación de Abogados de la Ciudad de Nueva York, el 3 de marzo de 1949; Aquel que hizo la pregunta dijo que "el sentimiento general es que si nuestro Ejército hubiese marchado al interior de Berlín y... Praga, el cuadro en el período de pos- guerra podría haber sido diferente... Si nuestros líderes políticos... se hubiesen abstenido de interferir con usted en el llevar a cabo su procedimiento militar regular de tomar tanto como nuestros ejércitos podrían tomar... ¿No piensa usted que el cuadro de pos-guerra podría haber sido diferente?"

La declaración del General Eisenhower *no puede* haber sido la verdad, aun cuando él pensara que así era. La orden para detener el avance Aliado hasta que los ejércitos Rojos hubieran tomado posesión de Alemania y Europa Central, con sus tres capitales principales, seguía obviamente "la política" que, demostrablemente, gobernaba el Préstamo-arriendo: el de dar preferencia a las demandas del estado soviético sobre todos los otros aliados, e incluso sobre las necesidades de la propia Norteamérica. En esta materia, el propio ayudante naval y biógrafo del General Eisenhower, el Capitán Harry C. Butcher, específicamente declara que, cuando el General Eisenhower (contra la protesta del Sr. Churchill) abrió comunicación directa con Moscú sobre la línea de detención para el avance Aliado, el asunto sobre "límites y áreas para ser ocupadas *había ido más allá de la esfera de los cuarteles militares*".

Las acciones del General Eisenhower siguieron claramente un plan político predeterminado que estaba acordado al nivel más alto; por el tiempo en que él llegó a ser Presidente sus consecuencias eran claras de ver y él se podría haber sentido "atormentado" por el ejemplo del Presidente Roosevelt (tal como el Sr. Roosevelt siempre se sintió atormentado por aquel del Presidente Wilson).

El Sr. Churchill proporcionó (el 11 de mayo de 1953) el comentario conclusivo en este resultado militar de la Segunda Guerra, que fue el segundo gran "desencanto" para tropas que se pensaban victoriosas:

"Si nuestro consejo hubiese sido tomado por los Estados Unidos después del armisticio en Alemania, los Aliados Occidentales no se habrían retirado de la primera línea que sus ejércitos habían alcanzado hasta las líneas de ocupación convenidas, *a menos que y hasta que un acuerdo se hubiera alcanzado con la Rusia soviética* sobre los muchos puntos de diferencia sobre la ocupación de territorios enemigos, del cual la zona alemana sólo es, por supuesto, una parte. Nuestra visión no fue aceptada y una amplia área de Alemania se entregó a la ocupación soviética *sin algún acuerdo general entre los tres poderes victoriosos*".

Así la política seguida en la transferencia de armas, apoyo económico y de bienes y en la conducta de las operaciones militares durante la Segunda Guerra sirvieron para "extender" la revolución. Otra forma persiste en que este proceso de extensión podría avanzar a través de la guerra: por la capitulación de la política estatal Occidental, al nivel político más alto, en las negociaciones y conferencias de los líderes que se sostuvieron tal como el cuadro militar lo despliega.

Los sentimientos del lector podrían apenarlo innecesariamente si la historia de todos esos encuentros (Atlántico, El Cairo, Casablanca, Teherán, Yalta) se relataran. El contraste, entre la declaración inicial de propósitos altruistas y la rendición final a todas las abominaciones inicialmente denunciadas, se muestra bastante claramente si el primero (la reunión Atlántica) y la última (la Conferencia de Yalta) se describen brevemente.

La "Carta Atlántica" fue precedida por el tercer discurso de pos-elección del Presidente Roosevelt, el 6 de enero de 1941, cuando él le dijo a una Norteamérica que aun no se encontraba en guerra que él "tenía la esperanza en un mundo fundado en cuatro libertades esenciales… la libertad de discurso, la libertad de culto, ser libre de las necesidades, ser libre del miedo."

Entonces la Carta constitucional Atlántica del 14 de agosto de 1941, el producto de la junta del Sr. Roosevelt y el Sr. Churchill, reprodujeron la fraseología con que los estudiosos de los Protocolos de 1905 habían estado mucho tiempo familiarizados (uno se pregunta si los "Primer Ministro-dictadores" alguna vez los leyeron). Establecía "ciertos principios básicos", dichos para gobernar las "respectivas políticas" de Norteamérica y Bretaña en que los dos signatarios "basan sus esperanzas por un buen futuro para el mundo"; el primero de éstos no era "ningún agrandamiento, territorial o de otra forma", y el siguiente, "ningún cambio territorial que no estuviera de acuerdo con los deseos libremente expresados de los pueblos involucrados". El tercer principio era "el derecho de todos los pueblos para escoger la forma de gobierno bajo el cual ellos vivirán; y el deseo de ver todos los derechos soberanos y de autonomía restaurados en todos aquellos países que han sido privados por la fuerza de ellos."

La retirada de estos altos propósitos se hizo en las siguientes Conferencias de Casablanca y de Teherán de 1943 (en Teherán Stalin estaba presente, y fue incluido en la "Declaración" como estando "dedicado… a la eliminación de la tiranía, de la esclavitud, opresión e intolerancia"), y culminó en Yalta en febrero de 1945, justo tres y medio años después de la "Carta Atlántica".

En el momento de esta conferencia, los ejércitos anglo-americanos estaban siendo retenidos en Europa para que los ejércitos Rojos pudieran empotrarse profundamente en el corazón de Europa. La enorme caída de la diplomacia Occidental (si la palabra no es demasiado cortés) de su alto nivel anterior fue mostrada claramente en la reunión de Yalta, y la lectura de los archivos podría hacer anhelar a los occidentales de hoy, los antiguos días, cuando los plenipotenciarios y embajadores, en vestimenta formal y consciente de sus responsabilidades, se reunían dignamente para arreglar los asuntos de las naciones después de una guerra: en comparación con el Congreso de Viena y de Berlín, la conferencia de Yalta se parece a un concierto de fumadores en una taberna de mala clase.

Los líderes Occidentales, ante la negativa del dictador soviético para abandonar sus dominios, se reunió con él en Crimea; en las relaciones con asiáticos, esto es desde la partida una rendición. El presidente norteamericano y su íntimo, el Sr. Hopkins, eran hombres moribundos, y en el caso del Sr. Roosevelt, esto quedó claro de los cuadros filmados en las noticias que las masas vieron; Yo recuerdo la exclamación de espanto que salió de un público entre los cuales estaba. Algunos de los principales dignatarios se hicieron acompañar por parientes, por lo que el asunto asumió una visión de una excursión familiar, más bien como un escape bastante agradable de los pesados impedimentos de la guerra. Pero mucho peor fue el hecho que todos los visitantes fueron sujetos a (y muchos cayeron como víctimas de ello) uno de los trucos más viejos en negociación que se conocen en la astuta humanidad Asiática: el uso del licor. Un alto Delegado, el Comandante General Laurence S. Kuter que representaba a la Fuerza Aérea de los Estados Unidos dice:

"El primer curso **al desayuno** fue un vaso de mesa mediano conteniendo ... Coñac de Crimea. Siguiendo el brindis de honor y el coñac fueron repetidos sirviendo caviar y vodka allí... Luego se sirvieron cortes fríos ordenados... y con ellos, un vino blanco... Finalmente, pequeñas manzanas duras de Crimea y con ellas dadivosos vasos de una champaña de Crimea bastante dulce... La última parte de este desayuno consistió en delgados y altos vasos de mesa de té hervido, los cuales se acompañaban de copitas de coñac". ¡Ése era sólo el desayuno! Cómo podría algún hombre con su estómago lleno de las substancias descritas anteriormente tomar una decisión racional o lógica en relación al bienestar de los Estados Unidos de América... Elliott Roosevelt, que fue con su padre a la conferencia, dijo que prácticamente todos estábamos bebidos". En la cena por la tarde, el Sr. Charles E. Bohlen que estaba presente como Asistente del Ministro de Relaciones Exteriores e intérprete para el Presidente Roosevelt, dijo de tales comidas que "el Mariscal Stalin actuó como anfitrión. La atmósfera de la cena **fue muy cordial**, y en cuarenta y cinco brindis todos estaban bebidos."

En la cima de todo esto, el agonizante Presidente Roosevelt llegó a Yalta como el signatario del "Plan de Morgenthau", diseñado por un agente soviético en su propio Departamento del Tesoro (el Sr. Harry Dexter White); y fue acompañado por otro agente soviético, más tarde expuesto y declarado convicto, el Sr. Alger Hiss de su Departamento de Estado que en este momento vital, era el consejero especial del presidente sobre los "asuntos políticos". En el hecho, por consiguiente, el gobierno soviético estaba representado en dos lados de la mesa tripartita, y el resultado de la conferencia fue el resultado lógico.

Casi en la víspera de la reunión, el Sr. Churchill continuaba en su intento para salvar algo de Europa Central y los Balcanes del destino a que ellos estaban abandonados en Yalta. Cuando él se encontró con el Presidente Roosevelt en Malta, en camino a Yalta, una vez más propuso alguna operación desde el mediterráneo; El General Marshall, en el tono de su amenaza de 1942, entonces "anunció que si el plan británico fuera aceptado... él recomendaría a Eisenhower que no tendría ninguna otra opción que ser relevado de su Mando" (Sr. Sherwood).

Un mes antes de la reunión en Yalta, el Sr. Churchill cablegrafió al Presidente Roosevelt, "En la actualidad, pienso que el fin de esta guerra puede demostrar ser más defraudadora que la última". Él había recorrido un enorme camino desde las "mejores horas" de 1940, durante cuyo año, al acceder como Primer Ministro, escribió, "Poder en una crisis nacional, cuando un hombre cree que sabe qué órdenes deben darse, es una bendición". Ahora sabía cuan pequeño es el verdadero poder de los "Primer ministro-dictadores" y sólo podría esperar, a lo sumo, salvar un poco de las ruinas de la victoria que en ese momento estaba desechándose justo antes que fuera ganada.

Lo que él supo, y le dijo al Presidente Roosevelt, era totalmente desconocido para las masas embrolladas. Ese control total de la prensa de la cual los Protocolos arrogantemente se jactaban, impedía que la verdad llegara hasta ellos, y ellos estaban siendo barridos a lo largo de día tras día en una ola de entusiasmo inflamado por la gran "victoria" que ellos estaban a punto de obtener. El "poder" del Sr. Churchill era bastante impotente para alterar eso. Unos meses antes (el 23 de agosto de 1944) había preguntado su Ministro de Información, "¿Hay **algún alto en la publicidad al hecho acerca de la agonía de Varsovia**, lo cual parece por los documentos, haber sido **prácticamente suprimida?" (Triunfo y Tragedia)**.

La pregunta parece genuina, y en ese caso, el Sr. Churchill era ignorante de lo que cualquier periodista independiente pudo haberle dicho, que tales hechos **fueron** "prácticamente suprimidos". No registra qué respuesta recibió, si es que recibió alguna.

La "agonía" a la cual el Sr. Churchill se refiere es el heroico alzamiento del ejército clandestino de polacos del General Bors contra los alemanes cuando los ejércitos Rojos se acercaban a Varsovia. El avance soviético se detuvo inmediatamente por la orden de Moscú, y Stalin se negó a permitir que los aviones británicos y norteamericanos usaran los campos de aviación soviéticos con el propósito del asistir a los polacos. El Sr. Churchill dice que "yo apenas pude creer en mis ojos cuando leí su respuesta cruel" y registra que él instó al Presidente Roosevelt que ordenara a los aviones norteamericanos usar los campos aéreos, ya que "Stalin nunca se habría atrevido a abrir fuego contra ellos". El Sr. Roosevelt se negó a hacerlo y los polacos fueron abandonados a las SS de Hitler. Las tropas que arrasaron Varsovia mataron a 200,000 de sus habitantes, y deportaron a los 350.000 sobrevivientes. El 1° de octubre, después de resistir durante ocho semanas, Radio Varsovia hizo esta última transmisión, "Ésta es la verdad amarga; nosotros hemos sido mucho peor tratados que los satélites de Hitler; mucho peor que Italia, mucho peor que

Rumania, mucho peor que Finlandia... Dios es justo y en su omnipotencia él castigará a todos esos responsables de esta terrible herida a la nación polaca" (palabras que recuerdan la transmisión Checa que "deja nuestros dolores a Occidente" después del abandono de Checoslovaquia a Hitler en 1939).

El poder que la revolución había ganado en el infestado Oriente era bastante para prevenir la publicación de hechos como éstos durante la Segunda Guerra, y la pregunta del Sr. Churchill a su Ministro de Información desapareció en el aire. La "agonía de Varsovia" vino justo tres años después que el Sr. Roosevelt firmó la "declaración de principios" que declaran que él deseaba ver los derechos soberanos y la autonomía restauradas a aquellos que han sido privados por la fuerza de ellos."

Tal fue el trasfondo en la Conferencia de Yalta dónde, en su primera reunión con Stalin, el Presidente Roosevelt, un hombre al borde de la tumba, le dijo al dictador soviético que él "era más sanguinario con respecto a los alemanes de lo que él había sido hace un año, y él esperaba que el Mariscal Stalin *podría nuevamente* proponer un brindis por la ejecución de 50,000 oficiales del Ejército alemán". La palabra "nuevamente" alude a la Conferencia de Teherán de diciembre de 1943, dónde Stalin había propuesto tal brindis y el Sr. Churchill había protestado enfadado y había abandonado la habitación. Sobre esto, el Presidente Roosevelt había sugerido que sólo se le dispare a 49,500, y su hijo, Elliott, en el humor social, había expresado la esperanza que "cientos de miles" fuesen abatidos en la batalla; "Tío Joe", resplandeciente de placer, se había levantado entonces de su asiento para abrazar al Sr. Elliott Roosevelt.

El Sr. Roosevelt deseaba con esta incitación a Stalin incomodar al Sr. Churchill (a quien por 1945 él consideraba al parecer un adversario); él le había dicho a su hijo Elliott en Teherán, "el problema es, el PM (Primer Ministro) *está pensando demasiado en la pos-guerra*, y donde estará Inglaterra; tiene miedo *de permitir que los rusos se hagan demasiado fuertes*", y de hecho lo dejó claro a Stalin diciendo que él podría "decirle ahora algo indiscreto, ya que no deseaba decirlo delante del Primer Ministro Churchill". Entre las cosas que no se dijeron delante del Sr. Churchill estaba esto:

"El Presidente dijo que él sentía que los ejércitos estaban lo suficientemente cerca para un contacto entre sí, *y él esperaba que el General Eisenhower se pudiera comunicar directamente con el Staff soviético en lugar de a través de los Jefes de Staff en Londres y en Washington como en el pasado*" (4 de febrero de 1945).

Aquí está la explicación por el destino de Viena, Berlín y Praga; en *marzo, abril y mayo* el General Eisenhower, en los mensajes enviados según el acuerdo, *directo* a Moscú, de los cuales se quejó el Sr. Churchill, envió su plan de avance y acordó en detener los ejércitos Aliado al oeste de estas capitales.

Stalin no propuso nuevamente el fusilamiento de 50,000 alemanes. ¡Los archivos de Yalta sugieren que él mostró cierta reserva hacia las propuestas privadas que le hizo el Sr. Roosevelt (que incluía una que los británicos debían dejar Hong kong), y el cuadro de él qué surge de estos papeles es, ese de un líder más dignificado, y en las palabras dichas, por lo menos de un hombre más escrupuloso, que el presidente! Las razones pueden ser, por un lado, que la charla del Sr. Roosevelt era tan insensible y cínica que produce un sentimiento de repugnancia en el lector; por el otro, que incluso Stalin podría haber dudado en creer que el presidente norteamericano iría hasta donde decía en apoyar al engrandecimiento soviético y había sospechado alguna trampa, de tal manera que el mostró más de su reserva usual. En cualquier caso, el asesino de millones aparece, en estas páginas particulares, más bien, menos repelente que su visitante.

La prueba suprema del honor Occidental en Yalta yacía en el tratamiento de Polonia. La invasión de Polonia por los estados soviético y Nazi en sociedad, había comenzado la Segunda Guerra; fue claramente el país principalmente cubierto por la declaración del Sr. Roosevelt y del Sr. Churchill de 1941 (la Carta Atlántica) que "los derechos soberanos y autonomía" debían "restaurarse a aquellos que han sido privados por la fuerza de ellos". En el momento de la Conferencia de Yalta, cuando la guerra europea tenía sólo diez semanas para correr, Polonia había sido abandonada de hecho a la revolución; eso estaba implícito en el abandono de los polacos de Varsovia y tan explícito como pudiera estar en la orden del Sr. Roosevelt al General Eisenhower de subordinar su plan de avance a los deseos soviéticos. Esto significó que Polonia, y con esto todos los países europeos al sur y al oriente de Berlín, se anexarían de hecho al soviético, o serían incorporados en el área de la revolución.

Aunque el Sr. Churchill no había perdido la última esperanza de evitarlo, la inminencia de esta anexión quedó clara en Yalta, y la última degradación de Occidente yacía en la aceptación de esto, al final incluso por el Sr. Churchill. Por **aceptación** fue: la pretensión que solamente la mitad del territorio de Polonia sería abandonada a los soviéticos, que Polonia sería "compensada" por amputaciones de Alemania, y que "elecciones libres" se llevarían a cabo en el estado así producido, fue detestable cuando todos supimos que **toda** Polonia, y la mitad de Alemania con la cual Polonia sería "compensada", iba a pasar igualmente de la esclavitud Nazi a la esclavitud comunista, y que los ejércitos Aliados serían retenidos para asegurar esto.

Así cuando el Sr. Roosevelt pidió licencia para "mencionar a Polonia" él había abandonado los altos "principios" de la Carta Atlántica. Comenzó diciendo "hay seis o siete millones de polacos en los Estados

Unidos", intimando así que para él el único problema era aquel de los votos en las elecciones norteamericanas, no Polonia, y entonces él propuso la amputación de Polonia a lo largo de la línea de Curzon, agregando el extraño comentario que la "Mayoría de los polacos, como los chinos, quiere salvar la cara" (muchos observadores de este período notaron que él a veces era incoherente, y no explicó cómo la pérdida del territorio polaco salvaría la cara polaca). El Sr. Roosevelt se había informado bien para esta propuesta. El Sr. Edward Stettinius, quien era nominalmente su Ministro de Relaciones Exteriores en ese momento pero parece no haber jugado ningún rol en el diseño de las política, registró que "el Presidente me pidió que consiguiera un abogado para consultar con él sobre la redacción de la declaración del límite polaco; Yo llamé a *Alger Hiss*".

El Sr. Churchill fue dejado solo para hacer la última protesta en nombre de los "principios" y objetivos originales de la Segunda Guerra Mundial: "Esto es por lo que nosotros fuimos a la guerra contra Alemania: que Polonia debe ser libre y soberana. Todos aquí sabemos el resultado para nosotros, desprevenidos como estábamos, y que casi nos costó nuestra vida como nación. Gran Bretaña no tenía interés material en Polonia. Su interés es únicamente de honor porque tomamos la espada por Polonia contra el ataque brutal de Hitler. Nunca podría sentirme satisfecho con alguna solución que no dejaría a Polonia como un estado libre e independiente"... (más tarde, cuando la presión del Sr. Roosevelt y de Stalin estaba demostrando ser demasiado fuerte para él) "se podría decir que el Gobierno británico había entregado completamente las fronteras, había aceptado la visión soviética y la había abanderado... Gran Bretaña podría ser acusada con desamparar la causa de Polonia..."

Pero finalmente él firmó (y más tarde las tropas polacas, las primeras en combatir contra Hitler, seguían lamentándose en sus cuarteles mientras el gran "Desfile de la Victoria" se llevaba a cabo en Londres). Así el hecho fue consumado, y en lugar de la libertad de discurso y de culto, libres de necesidades y temores, los países de Europa Oriental fueron abandonados a la policía secreta y al régimen de concentración que Hitler había introducido allí primero, en la noche del incendio del Reichstag. Parecería que nada peor que esto podría hacerse, y algo aun mucho peor *fue hecho*. Bajo el "Protocolo en las Indemnizaciones alemanas" el dispositivo básico del terrorismo soviético, el *trabajo esclavo*, fue aceptado y extendido a los pueblos conquistados, ya que este documento autorizaba a "los tres gobiernos" para obtener la reparación de Alemania en la forma de "el uso de trabajo alemán".

Bajo algunos acuerdos subsidiarios, los Aliados Occidentales acordaron considerar a *todos* los prisioneros rusos como "desertores", para ser devueltos al estado soviético. Todas estas materias se leen sobrias en el papel; el cuadro de sus *resultados* para los seres humanos aparece en tales palabras como aquellas del Reverendo James B. Chuter, capellán castrense británico y uno de los 4,000 prisioneros de un desintegrado campo de prisioneros-de-guerra alemán que logró abrirse paso hacia las líneas Aliadas en 1945: "A lo largo de la orilla oriental del río Mulde acampaba una gran multitud...

Éste fue el fin de la jornada para decenas de miles de refugiados que nos habían sobrepasado. El Mulde era la línea convenida en que los norteamericanos se detuvieron y hasta la cual los rusos avanzarían. Los norteamericanos no permitirían cruzar el río a ninguno, excepto al personal del ejército alemán y a los prisioneros de guerra Aliados. De vez en cuando algunas almas desesperadas se echarían a la corriente en un vano esfuerzo para escapar de la furia desconocida de la llegada rusa. *Para evitar tales incidentes y para descorazonarlos el balbuceo ocasional de ametralladoras norteamericanas en la orilla Occidental era escuchado... sonar, de esa manera más aterradora, se hacía una advertencia clara a todos los que pensaran en cruzar la línea del río*".

Tales fueron los resultados de la Segunda Guerra del Mundo, y el acuerdo que lo santificó todo, (en que la firma de Stalin se agregó a aquellas de los dos signatarios de la Carta Atlántica de 1941) dijo, "Por esta declaración **nosotros reafirmamos nuestra fe en los principios de la Carta Atlántica**".

Éste fue el fin de la Conferencia de Yalta, pero para una significante nota de pie de página. En la última reunión "hombre a hombre" entre el Presidente Roosevelt y Stalin, en la víspera de la partida del presidente para visitar al Rey Ibn Saoud, Stalin dijo: "el problema judío era uno muy difícil, que ellos habían intentado establecer una hogar nacional para los judíos en Birobidzhan, pero que ellos se habían quedado allí sólo dos o tres años y luego se habían esparcido a las ciudades". Entonces el Presidente Roosevelt, de la forma de un hombre que es un miembro de un club exclusivo y está seguro que su anfitrión también debe pertenecer, "dijo que él era un sionista y preguntó si el Mariscal Stalin era uno también".

Este intercambio provoca en el lector el efecto de dos hombres que comienzan por fin el negocio real. Stalin contestó que "él era uno en principio **pero que él reconocía la dificultad**". En este pasaje, nuevamente, el ladrón de bancos de Georgia parece más un estadista y habla más prudentemente que cualquier líder Occidental de los últimos cuarenta años, ninguno de quienes han admitido alguna "dificultad" (el Sr. Churchill estaba habituado a denunciar cualquier conversación de "dificultad" como anti-judía y anti-semita). Ésta no fue la totalidad de la conversación sobre el asunto, aunque es todo lo que el registro oficial revela. En el mismo último día de la conferencia plena, Stalin le preguntó al Sr. Roosevelt si él quería hacerle alguna concesión al Rey Ibn Saoud, y el

Presidente contestó "que allí había sólo una concesión que él pensaba podría ofrecer "y ésa era darle" (a Ibn Saoud) *"los seis millones de judíos en los Estados Unidos"*. (Esta última cita es auténtica pero fue **borrada** del registro oficial).

Todas las declaraciones citadas arriba, con la excepción de una, son tomadas de la publicación oficial, "Las Conferencias de Malta y Yalta, 1945", emitidos por el Departamento Estatal norteamericano el 16 de marzo de 1955. Los periódicos en la mañana siguiente salieron con los titulares, de los cuales el *Montreal Star* es típico: "Las Capitales mundiales Desanimadas, Impactadas por las revelaciones de los Secretos de Yalta". Esto era algo sin sentido; por los años 1955, las masas estaban apáticas sobre tales cosas, habiendo sido guiadas por el control de la prensa a la condición de 'impotente confusión' predicha en los Protocolos de 1905.

Históricamente consideradas, las revelaciones de estos documentos de Yalta incriminan lo suficiente, **pero ellos no están completos**. Mucho fue borrado (yo he dado un ejemplo) y probablemente fue el peor. En mayo de 1953, bajo la presión del Senado de los Estados Unidos, el Departamento Estatal norteamericano se dispuso a publicar la forma completa y no censurada en junio de 1956, de los documentos **de todas, las doce**, conferencias de tiempos de guerra. Sólo los documentos de Yalta han sido publicados en mayo de 1956, y éstos en la forma no censurada. Dos funcionarios del Departamento de Estado fueron encargados de preparar los documentos para la publicación, el Dr. Donald M. Dozer y el Sr. Bryton Barron, presionaron por una pronta y total publicación, fueron despedido y llamado a retiro, respectivamente, antes en 1956, justo antes de la declaración del Presidente Eisenhower en abril de 1955, "Pienso que mantener secretos cualquier documento de la guerra, incluyendo mis propios errores... es tonto. Todo debe ser entregado al público de los Estados Unidos para que puedan hacer uso de los errores del pasado y tomar las decisiones del momento."

El Sr. Barron, antes de su jubilación, fue "sujeto de penosas sesiones de lavado-de- cerebro para asegurar su consentimiento a borrar importantes documentos" e informó a sus superiores que la recopilación que ellos estaban preparando para emitir sería "una versión distorsionada, incompleta, una mal expurgada que tiende a escudar a la Administración anterior y que engañará al pueblo norteamericano".

Esta historia de los documentos de Yalta muestra que, diez años después de la Segunda Guerra Mundial, el poder todavía estaba esencialmente en las manos del "grupo extranjero" que durante la guerra había podido desviar suministros, operaciones militares y políticas del Estado al propósito de "extender" la revolución. Es más, ellos pudieron sobrepasar las tareas públicas de presidentes y frustrar la voluntad del Congreso; ellos aun sostenían las riendas. Esto significaba que la infestación del gobierno norteamericano y sus departamentos por agentes de la revolución que comenzó con la primera presidencia del Sr. Roosevelt en 1933, no había sido remediada en 1955, a pesar de las muchas exposiciones; y que, como este fue el caso, la energía norteamericana en cualquier tercera guerra, podía ser de igual forma desviada para promover el plan arrollador para una sociedad-mundial comunizada (la tercera fase en el proceso de Lenin). Una vez más las masas embrolladas lucharían para provocar los resultados, directamente opuestos a las causas que se les ofrecía en cualquier nuevo "Pearl Harbour".

Este socavamiento de Occidente no fue confinado a los Estados Unidos; fue general a lo largo del mundo Occidental y este capítulo sólo yace en el caso norteamericano porque, en las condiciones de hoy, la fuerza y riqueza de EEUU es tan grande que su uso o probablemente mal empleo decidirá el asunto. Una condición similar se demostró que existía en el país, Bretaña, desde la cual las grandes naciones extranjeras surgieron originalmente, y en las dos más grandes de éstas, Canadá y Australia.

La primera exposición vino en Canadá, inmediatamente después del fin de la guerra, y este es el único de los cuatro casos en que le siguió una investigación gubernamental plena y la entrega pública total de los resultados; también, encendió el fusible que en su momento llevó a todas las otras exposiciones, en EEUU, Australia y Bretaña. *Un ruso*, con riesgo de su vida, descubrió al Gobierno canadiense la red de infestación gubernamental y espionaje en que la Embajada soviética en Ottawa era el centro (a pesar del rol principal tomado *por los rusos* en este proceso de advertir, los políticos Occidentales y la prensa continuaron incitando a sus pueblos contra los "rusos", no contra la conspiración revolucionaria de la cual Rusia era la cautiva). La investigación pública plena, que sería de otra forma sorprendente, pareciera ser considerada por el hecho que el primer ministro canadiense de ese día, el Sr. Mackenzie King, aunque un político astuto, era en todo lo demás un hombre simple, más interesado comulgando con el mundo del espíritu que otra cosa. Cuando estuvo convencido por los documentos de la verdad de las declaraciones de Igor Gouzenko, él vio que ellos revelaban "*una situación seria como nunca había existido en Canadá en algún momento*" y voló en seguida a informarle al presidente norteamericano (el sucesor del Sr. Roosevelt) y al Primer Ministro británico (entonces el Sr. Clement Attlee) que esta situación mostrada por ellos era "*incluso más seria*" en los Estados Unidos e Inglaterra."

En ese momento la prueba documental del Sr. Whittaker Chambers que el Sr. Alger Hiss era el centro de una red soviética en el Departamento Estatal norteamericano estaba disponible, pero fue ignorado por dos presidentes norteamericanos durante seis años, y tres años después el Sr. Truman habría públicamente de burlarse de todas esas historias como "una pista falsa". La exposición del Sr. Hiss y sus socios continuó en un juicio que fue completamente el resultado de los esfuerzos de patriotas individuales (incluyendo al Sr. Richard Nixon, más tarde Vicepresidente) para extraer la verdad de un gobierno renuente y obligar a la exposición. En la secuencia del caso Hiss le siguió una masa de descubrimientos que demostraban que departamentos gubernamentales norteamericanos estaban plagados con agentes soviéticos en todos los niveles. La literatura de este período y de este asunto es ahora incluso demasiado grande para resumirla aquí, pero es conclusiva, y mucho de esto es oficial, aunque renuente.

En Inglaterra, durante seis años después de la advertencia del primer ministro canadiense, nada fue hecho para remediar una condición revelada por la más alta autoridad. Entonces, en 1951, dos oficiales de la Oficina de Extranjeros, uno de ellos un de alto nivel y con perspectivas de seguir subiendo, un hombre joven y ambos caracteres conocidos que habían sido evidentemente protegidos y ayudados en sus carreras oficiales por alguna mano poderosa, de pronto desaparecieron. Se supo que ellos habían huido a Moscú, temiendo la exposición en el modelo de Hiss. Por cuatro años más los gobiernos británicos (Socialista y Conservador) se negaron a toda investigación pública o a cualquier información más allá de la declaración blanda que "todas las posibles investigaciones habían sido hechas".

Entonces en 1955, la Oficina de Extranjería británica anunció de pronto que los dos hombres habían estado bajo sospecha de entregar información secreta al Gobierno soviético **desde 1949** (ellos desaparecieron en 1951). Este anuncio tardío no fue espontáneo; fue arrancado del gobierno británico sólo por el hecho que **otro ruso**, Vladimir Petrov de la Embajada soviética en Canberra, había huido de su cautividad y había revelado que estos dos hombres habían sido reclutados, Burguess y Maclean, como espías para los soviéticos durante sus días de estudiante en la University de Cambridge, veinte años antes (1930-1935; éste es el método, de capturar hombres en su juventud incauta, en que los documentos de Weishaupt y los Protocolos ponen el énfasis; la carrera de Alger Hiss se permite el lujo de un paralelo exacto en Norteamérica). Inmediatamente después de esta tardía admisión de la Oficina de Extranjería, Burguess y Maclean fueron mostrados orgullosamente ante los periodistas internacionales en Moscú como oficiales del Ministerio del Exterior soviético (e inmediatamente después de que los líderes soviéticos del momento, Kruschev y Bulganin, fueron invitados para hacer una visita ceremonial a Londres).

Las revelaciones de Petrov provocaron una investigación en Australia, el cuarto gran país infestado, por una Comisión Real de tres jueces. De toda la serie, sólo esta investigación puede compararse con la canadiense de nueve años antes. *Fue* bastante completa y "el informe público" (el 14 de septiembre de 1955) declaró que la Embajada soviética en Canberra desde 1943 en adelante "controló y operó una organización de espionaje en Australia" y entregó la advertencia que los agentes de inteligencias soviéticas todavía estaban operando en Australia a través de agentes secretos que entran en el país como inmigrantes. El Ministro de Exterior australiano, el Sr. R. Casey, en ese momento declaró que había "un nido de traidores" entre los funcionarios civiles australianos. Sus palabras confirmaron lo que el Sr. Mackenzie King había dicho diez años antes, y por esa década nada verdaderamente efectivo se había hecho en cualquiera de los cuatro grandes países afectados, o infectados, para remediar la condición mortalmente peligrosa expuesta.

Una razón principal para esto fue que todas las investigaciones gubernamentales, parlamentarias y judiciales de la década (con una excepción) desinformaron a la opinión pública en lugar de informarla, concentrándose en el problema del "espionaje" que de hecho es *uno menor*. El hecho que los grandes países intentan obtener el conocimiento, a través de espías y agentes, de materias militares y de otras que otros grandes países intentan guardar en forma secreta es algo generalmente conocido, de tal manera que las masas probablemente no fueron impactadas demasiado incluso por la magnitud del espionaje que se revelaba; esto, se dijeron unos a otros, era algo que la contrainteligencia debía manejar.

Así las investigaciones desviaron la atención pública de la verdaderamente grave condición que fue expuesta. Éste no era el simple robo de documentos, *sino el control de la política estatal al nivel más alto* que fue ganado por la infestación de los países Occidentales. Fue esto los que habilitó las armas, suministros, riquezas, operaciones militares y la conducta de políticos Occidentales en las conferencias de alto nivel, todas ellas guiadas en un cauce dónde producirían máximas ganancias, en territorios y en fuerza militar, para el estado revolucionario.

La exposición de esta condición sólo apareció en el juicio de Hiss y en sus numerosas investigaciones y descubrimientos acompañantes. Éstos mostraban que la revolución tenía sus agentes en los más altos niveles del *poder político*, desde dónde ellos podrían dirigir la política Estatal y toda la energía de naciones; los dos hombres entregaron documentos secretos, pero ésta era una función auxiliar pequeña a su logro mayor, que era producir el mapa y la situación en Europa con que el mundo se confronta hoy.

Los nombres del Sr. Alger Hiss y del Sr. Harry Dexter White son inseparables de ese desenlace. El Sr. Hiss, de sus días de universitario en los años de 1930, subió rápidamente en el servicio público, bajo alguna protección, como el Sr. Donald Maclean en el británico. Fue denunciado como agente soviético en 1939 por un compañero-comunista que despertó a su deber cuando el estado comunista se unió con Hitler en el ataque a Polonia, y las pruebas a disposición entonces fueron desatendidas durante muchos años mientras dos presidentes norteamericanos continuaron apoyándolo. Estuvo permanentemente al lado del Sr. Roosevelt (a veces en reuniones separadas con Stalin) en Yalta y el abandono de Europa Oriental a la revolución no puede disociarse de su nombre; las revelaciones sobre su actividad presentadas en su juicio hace tal conclusión ineludible. Después de Yalta, y evidentemente como una señal de la confianza especial puesta en él por el grupo internacional que estaba en el control de los eventos durante ese período- confusión, él fue hecho Primer Secretario General de las Naciones Unidas, que llegó a ser en San Francisco en abril de 1945 bajo la dirección de un agente de la revolución.

La parte decisiva jugada por Hiss en Yalta es indicada por unas pocas citas significativas. El Ministro de Relaciones Exteriores nominal, el Sr. Edward Stettinius, en la víspera de Yalta, instruyó a su personal del Departamento Estatal que "todos los memorandum para el Presidente sobre los temas a ser discutidos en la reunión de los Tres Grandes ***deben estar en las manos del Sr. Hiss***, a más tardar el lunes 15 de enero". De esta forma Hiss fue puesto a cargo de los documentos del Departamento Estatal para el Presidente en todos los asuntos que se presentarían en Yalta. El Sr. James F. Byrnes, un ex Ministro de Relaciones Exteriores que estaba presente en Yalta por una designación posterior, (director de la Oficina de Movilización de Guerra y Reconversión) dice, "Tan lejos como pude ver, el Presidente había hecho muy poca preparación para la Conferencia de Yalta...

No hasta el día antes de que nosotros aterrizáramos en Malta, supe que teníamos a bordo un archivo muy completo de estudios y recomendaciones preparado por el Departamento Estatal... Después, cuando yo vi algunos de estos espléndidos estudios, sentí enormemente que ellos no fueron considerados a bordo de la nave. Estoy seguro que el fracaso para estudiarlos mientras estábamos en ruta fue ***debido a la enfermedad del Presidente***".

Estos documentos preparados por los expertos y profesionales del Departamento Estatal expresaban las visiones sobre las futuras relaciones con los soviéticos que las intervenciones del Sr. Roosevelt en Yalta no reflejaron, y como él no la había leído esto era natural. El Sr. Hiss de hecho, fue quien llevó a cabo la política norteamericana en Yalta. El Sr. Stettinius registra la presencia de Hiss "detrás del Presidente" en las conferencias formales, y dice que él siempre "dialogó" con Hiss antes y después de estas reuniones. El informe oficial norteamericano, pero expurgado, de la Conferencia de Yalta al parecer fue editado para ocultar el rol de Hiss; contiene sólo notas y apuntes hechos por él que no significan nada cuando se separan de su fondo esencial: su participación como miembro de la conspiración. El Sr. Bryton Barron (uno de los dos historiadores de Departamento de Estado cuya negativa para "distorsionar la historia" y "suprimir datos oficiales" llevó a su despido, como fue mencionado antes) en Chicago en febrero de 1956, públicamente declaró que, si le permitieran, él podría "relatar los incidentes para demostrar el poder ejercido por Alger Hiss... y cómo operaba en los altos niveles, agregando que la publicación oficial no listaba muchas de sus actividades más importantes en esa fatal conferencia".

El nombre de Alger Hiss es el más conocido en este contexto, debido a su juicio público y condena. La primera autoridad en este asunto, el Sr. Whittaker Chambers, piensa que el hombre conocido como "Harry Dexter White" a quien él llama "uno de los hombres más influyentes en la tierra", puede haber jugado un rol aun mayor en el diseño de la política Estatal norteamericana en el interés soviético.

¡Según los periódicos norteamericanos, no existe ningún certificado de nacimiento de algún hombre llamado "Harry Dexter White" y nadie sabe quien era él! El Sr. Henry Morgenthau Junior (el único funcionario Ministerial que continuaría en la oficina a través de casi los doce años completos de la presidencia del Sr. Roosevelt), muy poco después de su designación presentó a "Harry Dexter White" (1934) en la Tesorería de Estados Unidos. Su surgimiento allí (tal como el Sr. Hiss en el Departamento Estatal) fue del tipo rápido, que indicaba un apoyo influyente. Inmediatamente después de Pearl Harbour fue investido con "la responsabilidad plena en todas las materias con que el Departamento del Tesoro tiene que tratar *teniendo una presión en las relaciones exteriores*", y después fue designado Asistente del Ministro mismo.

Durante todos estos años, el hombre cuya verdadera identidad aparentemente jamás se conocerá, era un agente soviético, y la prueba fue entregada pero negada por el Presidente Roosevelt. El Sr. Whittaker Chambers declara que al principio él recibió documentos secretos de la Tesorería del Sr. White (para trasmitirlas al Gobierno soviético) *en 1935*, y *en 1939* (después de la alianza Hitler-Stalin) estaba listo para entregar los documentos que demostraban las actividades del Sr. White (y del Sr. Hiss); estos papeles tuvieron que ser ocultados en forma segura por él, durante *otros nueve años* entonces, cuando él los sacó para demoler la acción de la difamación del Sr. Hiss contra él. Desde el primero al último, ningún cuerpo gubernamental los miraría. En 1941 el F.B.I. entrevistó al Sr. Chambers y recibieron de él, el nombre del Sr. White, pero ninguna acción se llevó a cabo; el F.B.I. fue igualmente incapaz de mover a alguna autoridad gubernamental a la acción en esta materia, y la eventual exposición, a través de una *agencia privada*, sólo llegó *en 1948*.

La primera intervención decisiva del Sr. White en la política estatal norteamericana comenzó en 1941. Según dos autoridades intachables (los Profesores de Harvard William Langer y S. Everett Gleason en ***The Undeclared War*** [La Guerra no Declarada]) él diseñó el ultimátum norteamericano del 26 de noviembre por medio del cual Japón fue maniobrado en disparar el primer tiro" en Pearl Harbour (frase del Ministro Stimson). Así su mano puede rastrearse claramente en el acto inicial del envolvimiento de EEUU en la Segunda Guerra, como puede que los soviéticos lo incitaron.

Habiendo diseñado el principio, también diseñó el fin de la Segunda Guerra, en el interés del mismo Partido, sus amos. Es generalmente acreditado con el bosquejo del "Plan Morgenthau". En ambos casos, por consiguiente, la política Estatal norteamericana fue formada por la Tesorería de los Estados Unidos, no por el Departamento Estatal o el Departamento de Guerra que, bajo el Presidente, son los departamentos que constitucionalmente responsables de la conducta de la política exterior en tiempos de guerra; y en la Tesorería, tal como se ha demostrado, el Sr. White era "totalmente responsable" para todas las materias que afectara las relaciones exteriores.

La tendencia general en Norteamérica desde la Segunda Guerra ha sido apuntar al Sr. White como el autor original de estas fatales acciones. Ésta puede señalar resistencia a apuntar con el dedo al funcionario del gabinete responsable, el Sr. Henry Morgenthau Junior. El Sr. Morgenthau designó originalmente al Sr. White, firmó ambos ultimátum, el de Japón en noviembre de 1941 y el proyecto del plan para desmembrar a Alemania en septiembre de 1944, y en ambos casos el Presidente Roosevelt actuó en el plan sometido. Es por consiguiente difícil ver cómo la responsabilidad del Sr. Morgenthau y del Sr. White puede separarse, y lo más que se podría asumir es que el cerebro que dirigía era el pseudónimo Sr. Harry Dexter White.

La génesis del "Plan Morgenthau" para la desmembración de Alemania en pequeñas provincias, la destrucción de su industria e inundación de sus minas y su reducción al estado de "un campo de pastoreo de cabras" fue descrito por otro Secretario Asistente en la Tesorería, el Sr. Fred Smith, en 1947. Dijo que se discutió primero en una reunión (en la que él estaba presente) entre el general Eisenhower, el Sr. Morgenthau y el Sr. White en el comedor General en el sur de Inglaterra el 7 de agosto de 1944. El Sr. White (dice el Sr. Smith) presentó el asunto de Alemania; el General Eisenhower dijo que le gustaría "ver las cosas bien hechas y difíciles para ellos durante algún tiempo... la población alemana entera es una paranoica sintética"; y el Sr. White comentó, "Nosotros desearíamos citarlo en el problema de ocuparse del pueblo alemán", en donde el General Eisenhower dijo que él podía hacerlo. El Sr.

Morgenthau, sobre esta base, inventó el "plan" y fue a Londres para sondearlo con el Sr. Churchill y el Sr. Eden, retornando entonces por aire a Norteamérica para presentarlo ante el Presidente Roosevelt.

Hasta ese momento, dice el Sr. Smith, el Departamento Estatal no había estado informado de las actividades del Sr. Morgenthau en esas materias. El Sr. Roosevelt aparentemente tuvo desconfianza y formó un comité para desarrollar el plan, en cuyo comité el Ministro de Estado y de Guerra por lo menos se unieron al Sr. Morgenthau de la Tesorería. La presentación del Plan Morgenthau ante este comité "resultó en una violenta explosión como nunca había ocurrido en los salones de la Casa Blanca"; El Sr. Hull y el Sr. Stimson, ambos, lo atacaron violentamente.

No obstante, cuando el Presidente Roosevelt fue entonces a Quebec para encontrarse con el Sr. Churchill, fue que el Sr. Morgenthau "justo sucedió" que estaba con él y el Sr. Hull y el Sr. Stimson fueron dejados de lado. El Sr. Churchill registra su sorpresa en esto, pero él y el Sr. Roosevelt firmaron "el Plan Morgenthau" que posiblemente podría llamarse con más precisión el Plan White- Morgenthau.

Así el Presidente Roosevelt (contra la fuerte protesta de sus funcionarios Ministeriales responsables, El Ministro de Estado y de Guerra) y el Sr. Churchill (contradiciendo muchas declaraciones) aprobaron una paz de venganza. Ambos hombres declararon más tarde como si ellos no hubiesen entendido lo que hicieron. El Sr. Churchill dijo que el se "arrepentía" de su firma, pero nunca explicó cómo llegó a darla (el Sr. James F. Byrnes comenta ligeramente que esto es "difícil entender"). El Sr. Roosevelt habló como si él hubiese inadvertidamente firmado un memorándum interno sin mirarlo. Dijo que él había cedido a las importunidades de "un viejo y estimado amigo" (el Sr. Sherwood), y esto indica al Sr. Morgenthau; él también dijo que había "francamente titubiado" y "que no tenía ninguna idea cómo él pudo haber firmado esto; él lo había hecho evidentemente sin pensar mucho" (Sr. Stimson).

Las masas públicas fueron dejadas que comprendieran que se había cometido un error en ese momento y que "el Plan Morgenthau" fue abandonado; que las fábricas **no se hicieron** estallar y que las minas **no fueron** inundadas. Ésto fue un jarabe dulce, no la verdad. El *espíritu* de una 'paz de venganza', propuesto en el Plan White-Morgenthau, **prevaleció**.

El Sr. Morgenthau no tuvo éxito con su propuesta (las palabras jocosamente dichas por el Sr. Roosevelt a Stalin en Yalta) ese "archi criminal" debía ser condenado a muerte por los militares sin la provisión para algún juicio, pero los juicios que se sostuvieron siguen siendo una mancha en la justicia Occidental. La bisección de Alemania (qué de hecho era la bisección *de Europa*, amigo o enemigo) fue más peligrosa para el futuro que cualquier desmembración de Alemania en provincias.

Sobre todo, Occidente, aprobando el trabajo esclavo, puso el proceso de civilización de diecinueve siglos en marcha atrás. Significativamente, once años después del fin de la guerra, el Gobierno de Estados Unidos negó su adhesión a una convención internacional, propuesta por la Organización del Trabajo Internacional, *proscribiendo el trabajo forzado*; obviamente estaba impedido de adherir por su firma en los acuerdos de Yalta).

Así el fantasma de "Harry Dexter White" todavía frecuenta la escena, por la forma que este agente soviético y sus socios le dieron a la política del gobierno norteamericano dejó el futuro de Occidente más aproblemado de lo que había estado alguna vez. Cuando la guerra acabó él todavía estaba subiendo en la estima de los presidentes norteamericanos, ya que fue designado para presidir durante la segunda de las dos grandes conferencias de planificación internacional a la cual el futuro de las nación-estados debería someterse en un consejo de administración internacional. La primera fue la conferencia de la organización de las Naciones Unidas dónde el Sr. Alger Hiss ocupó la silla del directorio. La segunda fue la Conferencia Monetaria en Bretton Wood que establecieron el Banco Mundial y el Fondo Monetario Internacional.

El Sr. White fue el organizador de esa conferencia piloto y luego fue designado director ejecutivo norteamericano del Fondo Monetario Internacional. Así de esta forma, los principales representantes del Gobierno de Estados Unidos, es cada una de estas reuniones preparatorias del nuevo Consejo de Administración Internacional, era un agente soviético.

Antes de que el Sr. White recibiera esta última designación (anunciada públicamente por el sucesor del Sr. Roosevelt, el Sr. Harry Truman, el 23 de enero de 1946), el F.B.I. había entregado varias veces la advertencia a la Casa Blanca sobre las actividades secretas del Sr. White, la última vez en un mensaje especial, el 8 de noviembre de 1945, al ayudante militar personal del Presidente, en el cual el Sr. White es nombrado específicamente como espía y agente soviético. Después del anuncio público del Presidente de la nueva designación del Sr. White, la cabeza del F.B.I, el Sr. J. Edgar Hoover, envió nuevamente un mensaje (el 1 de febrero de 1946), diciendo que White, si su designación fuese confirmada, "tendría el poder para influenciar en grandes deliberaciones en todos los arreglos financieros internacionales". A pesar de esto, el Sr. White fue confirmado el 1° de mayo de 1946, (esta historia fue hecha pública por el Abogado General de los Estados Unidos, el Sr. Herbert Brownell Junior, el 17 de noviembre de 1953); la respuesta del Sr. Truman no hizo ninguna referencia a la advertencia de noviembre de 1945 y declaraba que él permitió la designación de White *después* de considerar la advertencia de febrero de 1946).

En abril de 1947 (en el momento que la exposición del Sr. Hiss se estaba casi presentando) el Sr. White renunció "por razones de salud". En agosto de 1948, cuando la prueba de su culpabilidad era conclusiva e iba a ser hecha pública, él fue citado ante el Comité de Actividades anti-americanas del Congreso y negó haber sido alguna vez un miembro de la conspiración. Él fue confrontado privadamente entonces con parte de la evidencia más condenatoria (ahora toda registrada) y tres días más tarde fue encontrado muerto, recibiendo un entierro judío. No existe ningún informe de la autopsia en los registros y las circunstancias de su muerte permanecen tan misteriosas como su identidad. Casi siete años después (el 3 de enero de 1955) el Comité de Seguridad Interna del Congreso de Estados Unidos informó:

"1. Alger Hiss, Harry Dexter White, y sus confederados en el subterráneo comunista en el Gobierno, tenía el poder para ejercer *una profunda influencia en las políticas norteamericanas y en las políticas de las organizaciones internacionales durante la Segunda Guerra Mundial y los años inmediatamente después*; (este es el vital, y sumamente peligroso "período-confusión" que yo anteriormente he aludido; los últimos años de la guerra y los años inmediatamente después);

"2. Tenían el poder para ejercer una profunda influencia en *la creación y funcionamiento de las Naciones Unidas y sus agencias especializadas*;

"3. Este poder no se limitó a su autoridad oficialmente designada. Era inherente en su *acceso e influencia sobre los más altos funcionarios, y las oportunidades que ellos tenían para presentar o negar información en que podrían basarse las políticas de sus superiores*;

"4. Hiss, White y un número considerable de sus colegas que ayudaron a hacer la política exterior norteamericana y las políticas de las organizaciones internacionales durante los años cruciales, han sido expuestos como agentes comunistas secretos".

Esto podría parecer registrar un buen final para una mala historia, ya que en tiempos anteriores el descubrimiento y la publicación de tal estado de asuntos por una autoridad parlamentaria habría significado, primero, procedimientos de acusación y similares, y segundo, una acción que remedie. De hecho, tal como lo puedo testificar (porque yo estaba en EEUU durante muchos de estos años) el efecto de remediar fue muy pequeño, si es que hubo alguno. La razón principal para esto fue, que todo el proceso de investigación y descubrimiento fue acompañado por la más violenta campaña de prensa contra los investigadores y los informantes, no contra los culpables o contra la conspiración.

Aquí la historia del período después de la revolución francesa... y la prueba-por- untar sufrida por los Sres. Morse, Barruel y Robinson, se repitieron. Si cualquier historiador en el futuro examinara las páginas amarillas de los periódicos de estos años encontrará decenas de miles de palabras abusivas dirigidas contra aquellos que solicitaron la investigación y la absolución para cada uno de aquellos miembros expuestos o declarados culpables de la conspiración; encontrará columnas de alabanzas para el Sr. Hiss, por ejemplo, junto a las columnas de vituperio dirigidas contra el penitente agente, el Sr. Whittaker Chambers, cuya autodefensa provocó la convicción del Sr. Hiss. En su momento esta tormenta se centró alrededor de la cabeza del Senador Joseph McCarthy (como en la década anterior arreciaba sobre aquella del Sr. Martin Dies, hasta que él fue alejado de la vida política), y un nuevo epíteto fue acuñado para el engaño de las masas: "el McCarthismo" (la demanda por investigación y solución) fue por repetición interminable hecho parecer a ellos más repugnante que "sedición."

Debido a esto, el momento más significante en la historia americana después de la Segunda Guerra fue uno en 1954, cuando el Senado censuró al Senador McCarthy. En 1952, por primera vez en veinte años, el candidato nombrado por el partido Republicano, fue elegido, el General Eisenhower. El retorno a la oficina, después de dos décadas, puso eufóricos a los Republicanos y la victoria del General Eisenhower fue principalmente debida a su tarea de eliminar la infiltración comunista en el gobierno que había sido revelado ocurrió durante la larga administración de Roosevelt y había sido heredada por su sucesor. En 1954, el nuevo Presidente permitió que se conociera que él no estaba de acuerdo con los "métodos" del Senador McCarthy y así implícitamente se inclinó por la moción de censura (el Comité judío-norteamericano exigió también imperiosamente que el Senado lo aprobara), El Senador McCarthy, como muchos antes que él, comenzó a marchitarse en la escena política y entonces, el principio que la "investigación" era perniciosa fue reestablecido.

Así el votante norteamericano encontró que la aparente opción entre los candidatos a una elección presidencial, no les entregaba realmente una opción en la materia de un combate a la sedición. Con este movimiento de censura, aprobado por el Presidente en el momento, todas las investigaciones y exposiciones se transformaron en arena. Desde ese momento, los agentes de la conspiración quedaban implícitamente libres para reasumir el proceso de excavar que produjo el estado de asuntos representado durante la Segunda Guerra, principalmente por los Sres. Alger Hiss y Harry Dexter White. Es esto lo que hace de la política norteamericana una fuerza explosiva incalculable y peligrosa en cualquier guerra futura.

En la materia de sedición los "premier-dictadores" de nuestros tiempos realizan una función designada para ellos por los Protocolos de

1905, ese importante documento de una conspiración de la cual, hombres tales como Harry Dexter White eran demostrablemente parte. El Protocolo No. 19 dice que cuando el super- gobierno sea establecido la sedición se pondrá en la categoría como "robar, asesinar y en cada tipo de crimen abominable y sucio" y agrega que "nosotros hemos hecho lo mejor de nosotros para obtener que *las nación-estados no puedan mediante estos medios contender la sedición.* Fue por esta razón que a través de la Prensa y en los discursos e indirectamente... *nosotros hemos propagado el martirio que se defiende como aceptado por promotores de la sedición en la idea del bien común.*"

El Sr. Hiss fue presentado como un mártir, por un largo período, en la prensa del mundo, sin importar su Partido; El Senador McCarthy que "llegó a estos medios para combatir la sedición", fue presentado como un bruto. Este control de la prensa, establecido en las últimas dos décadas, permite a la conspiración seguir entre las nación-estados y su deseo de desarraigar la sedición. Los Protocolos de 1905 predijeron: "Nosotros tendremos un triunfo seguro sobre nuestros antagonistas ya que ellos no tendrán a sus disposición los órganos de prensa en los que ellos puedan dar una plena y total expresión a sus visiones."

En Norteamérica que hoy es la clave para el futuro de Occidente, la materia es complicada más allá por la existencia de un cuerpo que puede hacer drásticas intervenciones en este campo. La Corte Suprema de los Estados Unidos, situándose para juzgar sobre los problemas constitucionales entre el Gobierno Federal y los cuarenta y ocho Gobiernos Estatales separados, frecuentemente decide materias que en otros países parlamentarios serían materia para la legislatura, no de la magistratura. Es más, los miembros de esta corte son personas designadas políticamente (lo cual es decir por Partidos), no necesariamente juristas profesionales u hombres de algún entrenamiento judicial. El peligro de control político de tal cuerpo es obvio, y fue dejado claro por un juicio de mayoría aprobado el 2 de abril de 1956, cuando la Corte Suprema dispuso que se anulara la convicción de un Comunista bajo la ley del Estado de Pennsylvania contra la sedición. En este juicio, la Corte Suprema declaró que "el campo de la sedición" era aquel del Congreso solamente y que "ningún espacio se ha dejado" para legislación Estatal o acción contra la sedición. Cuarenta y dos de los cuarenta y ocho Estados, en ese momento, tenían leyes de contra la sedición y este juicio, si no es sobrepasado por una ley especial del Congreso, reducirá de un soplo los obstáculos a la sedición en Norteamérica por los poderes separados de esos cuarenta y dos Estados, dejando, como única defensa, la administración nacional, la cual como ha sido demostrado repetidamente por los eventos de los 10 años precedentes, haber sido infestados con sedicionistas. Este juicio, también, puede compararse previamente con el pasaje previamente citado de los Protocolos.

Finalmente, la Segunda Guerra llevó al reavivamiento de la Liga de Naciones que había surgido de la "Liga para promulgar la Paz". Este cuerpo evidentemente nunca fue una alianza de naciones, sino un instrumento para el control de las naciones, para ser manejados por quienquiera que ganara el control de él. Las conclusiones del Comité del Senado citadas más arriba testifican a la parte que los Sres. Alger Hiss, Harry Dexter White y sus socios jugaron organizando y formándolo. Claramente, en sus mentes se pensaba "extender la revolución" universalmente, siguiendo el dictum de Lenin, y para transformarse en el "Super-gobierno" previsto por los Protocolos. La sombra del régimen del Campo de concentración universal ya se teje en su "Convención del Genocidio" dónde el causar "daño mental" se define como un crimen contra "grupos" no especificados.

En que se transformará depende del futuro éxito o fracaso de las nación-estados "contendiendo con la sedición". En la Segunda Guerra, como en la primera, todos los "líderes de alto nivel" y "Premier-dictadores" parecieran desde un comienzo haber sido clandestinamente convenidos en la resolución de preparar una "Organización-Mundial" y subordinar sus nación-estados a él. Éste era su propio proyecto, no el de sus pueblos que nunca fueron consultados. Ninguna nación ha demostrado alguna vez el deseo de hundir su identidad en algún Estado-mundial, gobernado por quién sabe quien. Al contrario, el amor continuando de nación, a pesar de todas las duras pruebas y derrotas, es el sentimiento humano más claramente demostrado en el siglo 20, y esto aumentará claramente hasta "la decepción de las naciones" finalice y la idea de borrar las naciones colapse.

No obstante, los líderes de tiempo de guerra, libre de toda la vigilancia pública en sus reuniones, en sus intercambios cablegráficos y su conversaciones telefónicas, todos ellos presionados por la guerra con el proyecto para un nuevo orden mundial que al final de la guerra sería encontrado en las manos de los secretarios los Sres. Hiss y White. Los archivos del biógrafo del Sr. Baruch registran que el Sr. Roosevelt estaba ocupado con la idea largo tiempo antes de que él llegara a ser presidente, y seleccionó el nombre, "Naciones Unidas". El Sr. Baruch mismo, el consejero permanente de los presidentes, era de ambición cósmica; el mismo biógrafo lo cita diciendo en muchas ocasiones, "por supuesto, nosotros podemos arreglar el mundo."

La ausencia de humildad es la cosa más llamativa sobre todos estos mortales. El Sr. Churchill defrauda al estudiante, en esta materia, ya que el se reconforta en el penoso fin de la guerra en Europa, la cual él, intentó indiscutiblemente evitar. En la materia de remodelar el mundo, fue tan incorregible como todos los otros, y las frases valientes que a veces usó ("Yo no he llegado a ser el Primer Ministro de Su Majestad para presidir sobre la liquidación del Imperio británico") no son fáciles de reconciliarse con su entusiasmo por un concepto basado en la eventual "liquidación" de todas las naciones-estados.

Así, en un momento cuando un fin desastroso para la guerra, entonces en progreso, estaba siendo preparado, éstos los líderes de tiempos de guerra estaban ocupados con las nociones del gobierno-mundial. ¡Ellos no podrían o no querían dirigir la guerra para una verdadera victoria, ¡Ellos estaban listos para reorganizar el mundo! "Los asuntos de la Organización Mundial" (dice el Sr. Churchill en octubre de 1944) "estaban ahora atropellándose en todas nuestras mentes". Desde la lejana Sudáfrica, una vez más, el General Smuts alzó su voz, diciendo que la Rusia soviética debe ser incluida, y desde Washington el Presidente Roosevelt estaba de acuerdo que el estado revolucionario que había ayudado a Hitler a comenzar la guerra debía ser "uno totalmente aceptado y miembro por igual de cualquier asociación de los Grandes Poderes formado con el propósito *de prevenir la guerra internacional*". El Sr. Roosevelt previó un período de "diferencias" y "compromisos" durante el cual "el bebé" aprendería a gatear. El Sr. Churchill comentó que el bebé era "el Instrumento Mundial" y desde entonces este término parece haber sido el favorito entre los líderes de tiempos de guerra.

De esta forma, a través de una guerra mundial más, la "liga para promulgar la paz" nuevamente entró en existencia, y los agentes de la conspiración fueron numerosamente insertados en los puestos dirigentes del cuerpo central y de sus agencias auxiliares, como sería lo esperado por las circunstancias conocidas ahora; Los Sres. Hiss y White era los jefes de un gran clan. El primer acto mayor del nuevo "Instrumento Mundial" estaba en el efecto para sancionar la anexión a la revolución de la mitad de Europa eligiendo a los gobiernos marionetas en los cautivos países comunizados para darles membresía.

Así en todos los campos el dictum de Lenin sobre la "extensión" de la revolución a través de una segunda guerra mundial fue cumplido. Éste no fue el resultado de la persuasión de los pueblos (en los dos casos hasta ahora, aquellos de Hungría en 1919 y de España, en dónde se han permitido a las nación-estados a luchar contra el Comunismo fueron dejados de lado). Fue el resultado de la infestación de Occidente por los miembros de la conspiración, de la suspensión virtual de leyes de sedición que ellos pudieron efectuar, y del control de las políticas, suministros y operaciones militares las cuales ellos ganaron.

Capítulo 42

La venganza talmúdica

A pesar de las protestas de los funcionarios responsables del gabinete norteamericano, los Sres. Hull y Stimson, y los profesionales en la Oficina Extranjera británica, la Segunda Guerra acabó en "una paz de venganza"; o más bien, (como la venganza es la negación de la paz, y nunca puede engendrarla) en una venganza que plantó las semillas de una nueva guerra.

Los dos "Premier-dictadores" de Occidente, los Sres. Roosevelt y Churchill, tomaron la responsabilidad por la venganza, a pesar de que posteriormente la repudiaron, ellos dos firmaron el documento que era su carta: el protocolo de la Conferencia de Yalta. Mediante esto, el cristiano Occidente se unió con el bárbaro Oriente para descargar una venganza barbárica sobre Europa. El objetivo de este capítulo es descubrir donde yace la responsabilidad original (ya que la confesión de que actuaron incitados o bajo la presión de otros oscuros, o en ignorancia de lo que firmaron, ocurren en las declaraciones de ambos hombres; aquí la debilidad última de estos hombres, que se mostraban aparentemente como potentados todo poderosos de tiempos de guerra, es mostrado).

En enero 1943, el Sr. Roosevelt, en Casablanca, golpeó por primera vez con la nota de "venganza ciega", cuando de pronto declaró el principio de "rendición incondicional" (Sr. Hull). Las palabras, con su viejo anillo testamentario, significaba sin embargo, que al enemigo no se le concedería paz a ningún precio, y esto era la inversión plena y absoluta de todos los "principios" previamente proclamados por los líderes Occidentales.

El miembro responsable del Gabinete norteamericano, el Sr. Hull, declara que él y su departamento no habían sido informados de este salto mortal en la política, y que "el Sr. Churchill fue enmudecido"; así mismo que la Oficina Extranjera británica apeló para que el término fuese evitado. El Sr. Churchill (tal como declaró después de la guerra ante la Cámara de los Comunes) apoyó no obstante el uso del término "pero sólo después que fue usado por el Presidente, sin consultación conmigo". El Sr. Churchill agregó que "si el Gabinete británico había considerado estas palabras, ellos deberían haber aconsejado contra ellas" (pero por varios años continuó insistiendo en la conveniencia de conferencias de la "cúspide" entre el dictador Moscovita los dos líderes Occidentales, a pesar de esta experiencia).

Así en Casablanca en 1943 la decisión para descargar *la venganza* fue tomada por primera vez. Éste era el trasfondo del "Plan Morgenthau" de septiembre de 1944 (evidentemente primero inventado en Moscú, luego bosquejado por el Sr. Harry Dexter White para su superior, luego enviado por el Sr. Morgenthau al Sr. Roosevelt que lo firmó junto con el Sr. Churchill), el espíritu que saturó la Conferencia de Yalta y su Protocolo. La expresión posterior de asombro del Sr. Roosevelt ("él no tenía ninguna idea cómo pudo haber firmado esto") y las palabras de arrepentimiento del Sr. Churchill ("yo no tuve tiempo para examinar el Plan Morgenthau en detalles... Me arrepiento de haber puesto mi firma en él") son ambas anuladas por el hecho que ambos firmaron entonces los documentos de Yalta, su criatura y la carta constitucional de venganza.

Dando sus nombres a esto, los dos líderes Occidentales hicieron un enorme daño a Occidente, mayor que cualquiera que podría sufrir por la guerra; lo que se destruye por explosivos puede reconstruirse, pero los valores espirituales logrados por los esfuerzos de naciones durante diecinueve siglos, una vez estropeados, son más difíciles de restaurar. Oriente nada perdió, porque la venganza era su tradición bárbara, en parte desechada durante el último siglo del régimen de los Zares, pero restablecido en 1917. En Occidente, en el área de la Cristiandad, el caso era diferente.

Durante los siglos, Occidente había mejorado gradualmente la conducta de guerra desde el salvajismo de los tiempos primitivos al código civilizado que se alcanzó a finales del reino de Louis XIV. Las naciones comenzaron cada vez más a aceptar este código avasallador que declaraba ilegal la matanza sin sentido o el maltrato de los no-combatientes y el pillaje de su propiedad que proveían de una inmunidad de una bandera de misericordia y entendía que enemigos muertos, heridos y prisioneros deben cuidarse como a los propios combatientes.

Fuera de todo esto, a su tiempo, vino una organización internacional, bajo la señal de la cruz, que tomó el pensamiento y cuidaba por cada soldado por igual, sin importar su nacionalidad o rango. Probablemente este código de civilizar la guerra formó el primer paso, el mejor de lo posible, hacia la abolición de la guerra, en lo cual los hombres finalmente tienen la esperanza. Los archivos de guerra emprendidos bajo este código son rescatados para estudiarles; aquellas guerras que los negaron provocan rechazo.

La guerras que se llevaron a cabo en Europa en el Siglo 19, en medida creciente, se lucharon bajo este código, de tal manera que sus historias muestran el esfuerzo de los hombre para dignificarse incluso en la guerra. Esto se mantiene bien en la guerra de Crimea, y de las tres guerras

Prusianas, contra Dinamarca, Austria y Prusia. Ellas fueron emprendidas y se concluyeron honorablemente. (La única gran guerra Occidental de ese siglo en la cual el cuadro se oscurece fue la guerra civil en EEUU, dónde la venganza *fue* descargada, después de la victoria, en la parte derrotada. Esto no habría pasado si no es por el asesinato del Presidente Lincoln, el pacificador y unificador, a pocos días de la victoria; en las sombras de ese crimen los mismos conspiradores revolucionarios pueden acechar, quienes demostrablemente han dado forma a los eventos de nuestro país).

Con esa excepción, la guerra continuó siendo emprendida bajo este civilizado código a lo largo de Occidente y donde Occiodente asentó su pie. A comienzos de este siglo vino la guerra anglo-Boer en Africa Sur. Unos pocos extractos del diario del Coronel bóer Deneys Reitz, escrito inmediatamente después de la lucha, muestra cómo los hombres se comportaron unos a otros durante la guerra bajo este código, hace sólo cincuenta años:

En un campamento de prisioneros-de-guerra británico: "Un prisionero pidió una entrevista con mi padre. Su nombre era Winston Churchill... él dijo que él no era un combatiente sino un corresponsal de guerra y pidió ser liberado en esa razón. Mi padre contestó que portaba una pistola Mauser cuando fue capturado y por ello debía permanecer donde se encontraba. Winston Churchill dijo que todos los corresponsales de guerra **en Sudán** portaban armas para auto protección, y la comparación molestó a mi padre quien le dijo que los Boers no tenían el hábito de matar a los non-combatientes..."

Después de la victoria de los Boers en Spion Kop: "Nos pasamos la próxima hora o dos ayudando a los doctores ingleses de la Cruz Roja y de portadores para enterrar a sus muertos y llevarse a sus heridos ..."

Después de la captura de los Boer de Dundee: "Vi al General Penn Symons, Comandante de las tropas inglesas. Estaba mortalmente herido y las enfermeras me dijeron que él no podría durar la noche. En la mañana siguiente... Me encontré con un grupo de portadores que llevaba su cuerpo, envuelto en una manta, y los acompañé hasta donde ellos lo enterraron, detrás de la pequeña capilla inglesa...".

En el sitio Boer de Ladysmith: "uno de nuestros hombres recibió un disparo a través de ambas piernas y otro lo llevaba animosamente en sus espaldas hacia el arroyo, los ingleses le disparaban a su alrededor, hasta que ellos comprendieron que estaba ayudando a un camarada herido, después de lo cual le permitieron continuar en paz y fueron incluso tan caballeros como para permitirle volver a nosotros sin disparar un tiro"; "...Un soldado grande apareció en la oscuridad... arremetió contra mí con su bayoneta, pero su falta de apoyo desvió el ataque y le trajo tropezando contra mí. El hombre estaba ahora en mi misericordia, porque yo tenía mi carabina contra su costado, pero allí se apoderó de mí un rechazo a matarle de un disparo como a un perro, por lo que le pedí que levantara en cambio a sus manos..."

"Encontré al soldado a quien yo había matado y quedé horrorizado al ver que mi bala había volado la mitad de su cabeza lejos, la explicación fue que durante una de nuestras patrullas, yo había encontrado unos cartuchos de Mauser explosivos en una estación comercial abandonada y los había tomado para disparar por deporte. Los guardé en un bolsillo separado de mi bandolera pero en mi excitación había puesto uno de ellos en el cargador de mi fusil sin notarlo. Sentí pena de mi error... Yo no habría usado este tipo de munición a sabiendas. Boté el resto en el arroyo..."

Después de una batalla: "Los heridos serios se dejaron para que las ambulancias británicas los recogieran... los soldados ingleses, oficiales y soldados, eran indefectiblemente humanos. Esto era tan bien conocido que nunca hubo alguna vacilación en abandonar a un hombre herido a la misericordia de las tropas, con la seguridad que él sería sacado y cuidadosamente atendido.

"Vimos las luces de un tren, pero el General Smuts no nos permitiría amontonar rocas en los rieles ni disparar cuando la máquina tronaba, por el miedo a matar civiles, de modo que nosotros estábamos a un lado, mirando por un momento a los oficiales y a los otros sentados en el coche-comedor... todos desprevenidos de los hombres que los miraban desde la oscuridad."

En camino a la rendición de los Boers: "A bordo del acorazado británico **Monarch** nos pasamos una semana confortable, ya que los oficiales y los soldados rivalizaban entre sí en sus esfuerzos para darnos la bienvenida. Los británicos, con todas sus faltas, es una nación generosa... durante el tiempo que estuvimos entre ellos no se dijo ninguna palabra que pudiera herir nuestros sentimientos u ofender nuestro orgullo, aunque ellos sabían que nosotros estábamos en un mandado de derrota."

Éste es un cuadro de hombres civilizados en guerra. Hoy en día la frase repetida como loros sobre "la próxima guerra destruyendo la civilización" es vacía, porque la civilización es un estado de mente y espíritu y no puede destruirse por explosivos, aunque *sí puede* destruirse por hechos tales como la venganza de 1945. La guerra descrita por el Coronel Reitz fue luchada cuando yo era un muchacho y el código observado por tales hombres como él, en todos los lados y en guerra o paz, fue el que se enseñó a los ingleses de mi generación como honor.

Se mantuvo el honor en la Primera Guerra Mundial. Recuerdo el tratamiento británico de los prisioneros-de-guerra y recuerdo la liberación de prisioneros británicos en manos de los alemanes en el último avance; el tratamiento era similar en ambos. Un hombre herido no tenía nacionalidad; recibía un buen cuidado, tanto si él estaba cautivo, como si él fuese herido dentro de su propias líneas. Se respetaba a los non-combatientes y a las poblaciones civiles; se prohibía el pillaje y la violación.

¿Qué, causó entonces, el súbito abandono de este código civilizado de guerra de Occidente después de la Segunda Guerra Mundial?

Los pueblos no habían cambiado en los veintisiete años que había pasado, desde el Armisticio de 1918. Ellos no eran más crueles o menos amables que antes. Ellos fueron deslumbrados por una propaganda que escondió de ellos la naturaleza real de las acciones de sus líderes; y estos líderes, en sus propias palabras, fueron incitados por otros o no supieron lo que ellos firmaron. De esa forma la venganza de 1945 fue descargada y se dejó que hombres civilizados dijeran, con Edmund Burke, "Se ha ido, esa sensibilidad de principios, esa castidad del honor, que hace sentir una mancha como una herida."

El significativo preludio vino incluso antes de que la lucha cesara, con el bombardeo indiscriminado de poblaciones civiles en un país ya derrotado, pero al cual se le negaba el refugio de la rendición. La matanza de non-combatientes fue el reproche más ruidosamente levantado contra Alemania, en ambas guerras, por políticos británicos y norteamericanos. El 10 de febrero de 1944, la Conferencia de Yalta acabada, el Sr. Roosevelt, parlamentó en privado con Stalin, dijo que él se estaba sintiendo "más sanguinario" que antes sobre los alemanes. El 13 y el 14 de febrero, los bombarderos británicos y norteamericanos durante horas sin fin, hicieron llover explosivos incendiarios sobre Dresde, una ciudad repleta de fugitivos, principalmente mujeres y niños, que huían del avance de los ejércitos Rojos. El número de personas asesinadas, quemadas y enterradas ese día y la noche nunca se conocerá; las estimaciones varían entre 50,000 y 250,000.[28] Los documentos de guerra emitidos hasta ahora no descubren quién pidió este acto, y se tomaron medidas estrictas al parecer, para prevenir que el asunto se llevase alguna vez a la discusión pública.

Detrás de eso vino la orden del General Eisenhower para detener el avance angloamericano en la línea del Elba, y con ello abandonar Berlín, Viena y Praga, y toda la Europa Oriental a los ejércitos soviéticos. Ésta fue una venganza contra amigos y enemigos por igual, ya que significaba el abandono de la mitad de un continente a la esclavitud Asiática. Fue hecho más bárbaro aún por la orden (cuyo efecto se mostró antes, en las palabras de un testigo ocular) a los ejércitos Aliados de prevenir *por la fuerza*, que los fugitivos del área abandonada, escaparan a Occidente; en ese punto las bocas de las armas de británicos y norteamericanos se volvieron contra

---

[28] El número puede haber sido por consiguiente mayor que en Hiroshima o Nagasaki dónde las nuevas bombas de átomos fueron usadas, por primera vez, sobre una población civil absolutamente indefensa; y esto contra las protestas de las comandancias norteamericanas y británicas, el general MacArthur y Lord Louis Mountbatten, que aconsejaron que la derrota efectiva de Japón ya era inminente.

muchas de las víctimas de Hitler, así como contra niños y mujeres alemanas. El hecho culminante vino después, cuando desde los campamentos, dónde cientos de miles de estos refugiados fueron recogidos, después de haber alcanzado previamente Occidente o a pesar del cordón, muchos fueron escogidos para ser **enviados de vuelta** a sus perseguidores.

Inglaterra había abolido la esclavitud, en sus colonias extranjeras, más de un siglo antes de esto; en EEUU, el Presidente Lincoln la había abolido durante la Guerra Civil de 1861-1865. ¡Por estos actos, los líderes de tiempos de guerra de Inglaterra y Norteamérica re-introdujeron la esclavitud **en Europa en 1945**!

Los juicios de los "criminales de guerra" formaron las crestas de la venganza y el Everest de todos ellos, fue alcanzado en el Juicio de los principales líderes Nazis en Nuremberg.

El "hombre malo", contra quien las masas durante seis años habían sido incitadas a destruir, no se nombró en absoluto en la acusación, ni siquiera **en ausencia**, aunque su lugarteniente Martin Bormann (cuya muerte no fue más o menos probada que la de Hitler) **estaba** incluido. Esta significativa laguna al final de la carrera de Hitler puede ser como las tantas lagunas significativas anteriores en lo que es generalmente conocido sobre él. Por estos días, cuando la infiltración de todas los Partidos, clases y gobiernos por los agentes de la revolución es cosa conocida y probada, es de interés que la masa de literatura sobre él ignore sus tempranas asociaciones y la fuerte evidencia de su fondo comunista. El expediente policial de Viena de sus días tempranos al parecer ha desaparecido. Su comandante en el Ejército Pardo posteriormente, el Capitán Roehm, le dijo a un líder de las Storm Troop [Tropas Tormenta de asalto] (quien me dijo) que cuando las tropas Bávaras expulsaron al Gobierno Bolchevique de Munich en 1919, el desconocido Adolfo Hitler fue tomado prisionero con el guardia personal del emisario de Moscú, Levine, y salvó su pellejo transformándose en informante (esto podría explicar por qué Roehm, poseedor de conocimiento incriminatorio, fue asesinado por Hitler después de que llegó al poder). La propia propuesta original de Hitler para el nombre del partido Nacional Socialista fue "Partido Social Revolucionario"; él se describía a sí mismo como "el ejecutor del Marxismo" (no su verdugo); y él le dijo a Hermann Rauschning que él había construido su organización en el modelo del Comunismo. Me reuní con Hitler una vez o dos veces y lo estudié detenidamente por varios años, antes y después de asumir el poder; Yo creo que ningún trabajo genuinamente informado sobre él y el rol que él jugó ha aparecido todavía.

Este período fue marcado por una serie de actos, que evidentemente fueron deliberadamente inventados, para darle una naturaleza de burla especialmente humillante al Occidente cristiano; fue como si a los cautivos se les hiciera realizar trucos rústicos para la entretención de sus aprehensores. Esto se mostró en Nuremberg, cuando *el juez soviético fue seleccionado para leer la parte del juicio, que condenaba a los alemanes por sacar a hombres y mujeres fuera de sus casas y enviarlos a campamentos distantes, dónde ellos trabajaron como esclavos*. Los miembros británicos, norteamericanos y franceses de la corte escucharon mientras la justicia Occidental, su herencia y confianza era burlada. En ese momento, bajo el acuerdo de Yalta, alemanes, polacos y muchos otros, eran sacados de sus casas y enviados a campamentos de esclavos; detrás del juez soviético se tejió la sombra de los sótanos de Moscú, dónde los hombres fueron fusilados sin procesos y de los inmensos campos de prisioneros Siberianos dónde, por treinta años entonces, millones de seres humanos sin acusaciones y sin procesos se consumían en la esclavitud.

Demasiado para la cresta de la venganza. En las colinas innumerables, hechos más pequeños se cometieron que constituyen las páginas más oscuras en la reciente historia de Occidente. Era un retroceso al barbarismo; ¿Dónde estaba la inspiración de esto? ¿Qué mano incitaba a los líderes de Occidente a apoyar la revolución de Oriente en una venganza parecida a aquella practicada por tribus primitivas y salvajes? Esta venganza no fue de "el Señor" en la interpretación cristiana. ¿De quien fue la venganza?

Ciertos hechos simbólicos fueron evidentemente llevados a cabo para establecer su autoría, o la naturaleza de la venganza. Estos actos coronados de simbolismos fueron las reproducciones, después de casi treinta años, de actos similares cometidos durante la revolución en Rusia: la jactancia de los Talmúdicos fue dejada en la pared de la habitación de muerte de los Romanoffs y la canonización de Judas Iscariote. Después de la Segunda Guerra Mundial los líderes Nazis fueron colgados en el Día del Juicio de los judíos 1946, de tal manera que su ejecución fuese presentada a la Judería en la forma de la venganza de Mordecai sobre Haman y sus hijos. Luego, en el pueblo Bávaro de Oberammergau, dónde la mundialmente conocida Obra de la Pasión se había realizado durante tres siglos, los actores de las partes principales fueron llevados a juicio por "actividades nazis" ante una corte comunista. Aquellos que hicieron los roles de Jesús y de los apóstoles fueron todos declarados culpables; el actor que fue sobreseído fue aquel que actuaba el rol de Judas.

Estas cosas no pasan por accidente, y la venganza en Alemania, tal como aquella antes en Rusia, estaba de esta forma dando la impresión de una venganza Talmúdica (es decir, una venganza sobre la Cristiandad, el Talmud es específicamente la continuación anti-cristiana de la pre-cristiana Torah). El escrito vengativo corría en ambos lados de la línea que en ese tiempo se suponía era una "Cortina de Hierro" que dividía "el mundo libre" del mundo asiático esclavizado; en esta materia de venganza no había ninguna cortina de hierro. Nuremberg estaba en la zona Occidental; Oberammergau en la soviética.

Mediante la elección del Día del Juicio judío para colgar a los líderes nazis y a los comandantes alemanes, los líderes Occidentales le dieron a la conclusión de la Segunda Guerra este aspecto de venganza demandado específicamente "en el nombre de los judíos". La forma que tomó el juicio mostró el propósito de la inmensa propaganda de falsificación llevada a cabo durante la guerra que yo he descrito antes. Los "crímenes contra los judíos" fueron singularizados como una cuenta separada, como si los judíos fueran diferentes de los otros seres humanos (y cuando el juicio se celebró, cien millones de seres humanos en Europa Oriental había sido entregados a la persecución general de todos los hombres, que los judíos en su proporción sufrieron en Alemania). Esta acusación particular fue hecha "la cosa difícil del caso" contra los demandados, (en las palabras del Capitán Liddell Hart) y fue basada en la aserción que "seis millones de judíos" habían sido asesinados (a medida que pasaba el tiempo la palabra "perecieron" se sustituyó por "asesinados"). Una corte imparcial habría desde la partida desechado este proceso, basado en esta aserción completamente imposible de verificar: Los abogados en Nuremberg, que en un caso privado habrían exigido que se desechara, basado en la fuerza de una declaración sin pruebas con respecto a un punto decimal o cifra, usaron esta cifra fantástica como base de su demanda para la condena.

Antes he descrito, con ilustraciones de fuentes judías, el proceso por medio del cual, durante años, los judíos fueron singularizados de la masa de víctimas de Hitler y su número inflado a voluntad día a día (la quema de libros de Hitler se transformó en "la quema de libros *judíos*"; sus campos de concentración, dónde el noventa por ciento de los presos eran alemanes, se transformaron en campos de concentración *para los judíos*; un informe de tiempo de guerra sobre la matanza de "150.000 rusos Blancos, Ukrainianos y judíos en Kiev" se cambió a "150.000 *judíos*"; y así sucesiva e interminablemente).

La declaración acerca de los "seis millones de judíos", se permitió pasar sin cuestionamiento de los hombres en el estrado, era el producto-final de este proceso. En seis años de guerra, los alemanes, japoneses e italianos, usando todos los medios letales, mataron a 824.928 soldados británicos, de la comunidad británica y de EEUU, además de marinos mercantes y civiles. Asumiendo que los alemanes mataron, digamos, a la mitad de éstos en Europa, ellos mataron (según esta aserción) *quince veces esa cifra de judíos*. Para hacer aquello, habrían necesitado tales cantidades de hombres, armas, transportes, guardias y materiales como los necesarios que les habría hecho capaces de ganar la guerra varias veces. La figura no merecería ni siquiera ser discutida, si no hubiese sido usada para darle a la Segunda Guerra Mundial la marca de "una guerra judía" y si eso, nuevamente, no diseñaba la forma de cualquier tercera guerra. Debido a eso, debe examinarse aquí.

En ningún momento en la historia, desde la antigüedad hasta nuestros días, se puede determinar el número de Judahítas, Judeanos o judíos, viviendo en algún momento dado; por esa razón, el número afligido en cualquier calamidad tampoco puede determinarse, y hay muchas más razones por las que el número de víctimas judías en la Segunda Guerra Mundial no puede saberse. El proceso de mistificación comienza en **Génesis** y continúa a través de la Torah (las setenta personas llevadas por Jacob a Egipto, por ejemplo, aumentaron al parecer a dos o tres millones dentro de 150 años). En todos los períodos, grandes y a veces enormes variaciones ocurren en las "estimaciones", y sólo estimaciones son posibles, tal como el presente término, "judío", es legalmente indefinible y estadísticamente huidizo.

Una eminente autoridad judía, el Dr. Hans Kohn, en su artículo sobre "la distribución de los judíos" en el *libro del año de la Enciclopedia Británica* para 1942, escribe:

"En vista del hecho que en algunos de los países dónde el número más grande de judíos estaba viviendo en 1941, *el censo no contenía alguna pregunta con respecto a la religión*... el número exacto de judíos en el mundo en 1941 *no podría determinarse*. La definición de las personas que caen bajo la clasificación de 'raza judía' *no está de ninguna forma determinado*... En países dónde el censo *incluyó* preguntas sobre los orígenes religiosos, *incluso este criterio religioso de la fe judía es difícil definir exactamente*. Así la *asunción* que generalmente varía alrededor de la figura de 16 millones" (para el mundo entero) "*no puede afirmar ninguna base de cifras exactas*". A esta incertidumbre sobre el número de judíos en el mundo, se agregó en los recientes años, *una incertidumbre creciente sobre su distribución numérica en los diferentes países y continentes*. Probablemente más de 6.000.000 de judíos vivían en Polonia y en la U.S.S.R."

¡Una base más débil que esa, incluso para las "estimaciones" (para no hablar de "estadísticas") apenas puede imaginarse, todavía más en el período resultante, cuando todas las confusiones adicionales de la guerra y la ocupación fueron apiladas en esta débil fundación, números precisos de muertes de judíos fueron producidas día a día, hechos circular por los miles de asiduos propagandistas, y al final declararon una cantidad que sumaba seis millones! El Dr. Kohn dice que "probablemente" más de 6.000.000 de judíos vivían en Polonia y la U.S.S.R. *en 1941*. Con respecto a la U.S.S.R. esto podría corroborar a otra autoridad judía (el Prof. H.M.T. Loewe), quién dijo *en la Enciclopedia Británica de 1937*, que 2.700.000 judíos vivían entonces allí. En forma similar, cuatro años antes (1933), el periódico judío ***Opinion*** había declarado que la población judía de la U.S.S.R. estaba bajo los 3.000.000; y la ***Enciclopedia*** oficial soviética en 1953 declaraba que "la población judía de la Unión Soviética ***en 1939*** era 3.020.000."

Este acuerdo cercano entre cuatro autoridades con respecto al período 1933-1941 podrían llevar al lector a pensar que el número de ***Judíos*** en un país por lo menos, (la U.S.S.R.) fue establecido con una exactitud razonable en un momento dado. Por el contrario, ésta es una selva estadística dónde ***nada*** se estableció alguna vez. En 1943, el Comisario judío Mikhoels, dijo en Londres (según el ***Johannesburg Jewish Times*** de 1952), "Hoy nosotros tenemos en la Unión Soviética 5.000.000 de judíos". Esos son dos millones más que dos años antes, y si probablemente fuese verdad, significaba que la mayoría de los ***Judíos*** en Polonia, después de que Hitler y Stalin cayeron allí, pasaron al territorio soviético. Sin embargo, en el mismo asunto del ***Jewish Times,*** un importante escritor judío, el Sr. Joseph Leftwich, declaró que la población judía de la U.S.S.R. en 1952, era de 2.500.000, "una pérdida ***desde*** 1943 de 2,500,000". Él preguntó, "¿Dónde y cómo desaparecieron ellos? "; la respuesta, a mi juicio, es que la mayoría de ellos desapareció en las estadísticas.

Eso no es el fin de la confusión en esta sección del asunto. La ***Enciclopedia Británica*** de 1937 (dando la cifra arriba citada de 2.700.000 judíos en Rusia, basada en la autoridad judía) dijo que ellos conformaban el seis por ciento de la población total aproximadamente. ¡La población total se entregaba en otra parte de la misma enciclopedia como 145.000.000 y el seis por ciento de eso sería 8.700.000!

Las enciclopedias, los anuarios estadísticos y los almanaques están entre sí en este asunto totalmente desiguales y poco fiables. Yo podría multiplicar los ejemplos (por ejemplo, el Congreso Mundial judío en 1953, anunció que la población judía de la U.S.S.R era de 1.500.000) pero vagando en un laberinto sin salida es infructuoso. Todas las cifras publicadas son "estimaciones" hechas al placer del estimador, y no tienen valor. Un contador profesional podría escribir un libro sobre los esfuerzos de los enciclopedistas para determinar las cifras de postguerra de la población judía en el mundo conforme con las "estimaciones" de pre-guerra, menos los seis millones.

Las cifras son cosas engañosas: algunos ejemplos:

El principal anuario de referencia norteamericano, el ***Almanaque Mundial***, en 1947 dio la población mundial judía de 1939 como 15.688.259. En las ediciones posteriores hasta 1952 aumentó esta estimación de pre guerra (sin explicación) en un millón, a 16.643.120. Dio como cifra de la población ***de 1950*** como 11.940.000, qué, si se sustrae de la primera cifra dada para 1939, da una reducción de casi cuatro millones (aunque no de seis). Sin embargo, basó esta "estimación" incluso en otra estimación, a saber, que en 1950 la población judía de la U.S.S.R. era de 2.000.000.

Esto aun dejó la pregunta del Sr. Leftwich sin contestar con respecto a la declaración del Comisario Mikhoels, que en 1943 la población judía de la U.S.S.R. era de 5.000.000.

En el **Almanaque Whitaker** de Inglaterra, de similar eminencia, esforzándose con el mismo problema. En sus ediciones de 1949 y 1950 dio la estimación de 1939 de la población mundial judía "estimada" como 16.838.000 y la de 1949 como 11.385.200, una reducción de casi 5.500.000. Sin embargo, las cifras dadas para la población judía en países separados sumaban 13.120.000 (no 11.385.200). A propósito, **Whitaker** en 1950 daba la población judía de la U.S.S.R como 5.300.000, contra la cifra del **Almanaque Mundial** durante el mismo año, de 2.000.000.

Ambas publicaciones son de una alta reputación por la esmerada exactitud y la falta no es de ellos; en esta única materia *sólo* "estimaciones" judías están disponibles, y por razones obvias, no puede dependerse de ellas. Señalé las diferencias en un libro de 1951 y observé que **Whitaker** en 1952 ya no contenía estas "estimaciones de las poblaciones judías"; al parecer había abandonado la demanda estadística como irremediable, y estaban en lo correcto para hacer eso. Otra enciclopedia en su edición de 1950 también dejó caer el asunto.

Finalmente, el **New York Times**, que puede describirse como el principal periódico judío del mundo (es poseído por judíos y Nueva York es principalmente hoy una ciudad judía) en 1948 publicó lo que afirmó ser un artículo estadístico con autoridad, computando la población judía del mundo (tres años después del fin de la guerra) entre 15.700.000 y 18.600.000. Si cualquier cifra estuviera cerca de la verdad esto significaría que la población mundial judía había permanecido estacionaria o había aumentado durante los años de guerra.

Los artículos de los periódicos pronto se olvidan (a menos que algún estudioso diligente los conserve) pero las grandes fabricaciones propagandistas pasan. Así los historiadores, esos hombres de precisión en otros asuntos, pasaron la leyenda del "exterminio-masivo" a la posteridad. Al final de la guerra, el Profesor Arnold J. Toynbee estaba escribiendo su monumental **'Estudio de la Historia'** y en su octavo volumen (1954) dijo que "los Nazis... redujeron la población judía de Europa Continental, al oeste de la Unión Soviética, de aproximadamente 6,5 millones a sobre 1,5 millones por un proceso de exterminio-masivo". Llamó a esto, "una fría declaración estadística" y luego agregó una nota a pie de página mostrando que no era una declaración estadística: "***No es posible dar las cifras exactas basadas en estadísticas exactas*** y pareciera improbable en 1952 que la información necesaria ***se obtendrá alguna vez***". El Profesor

Toynbee explica que su cifra estaba basada en "cálculos judíos" en los cuales habían posiblemente varias fuentes de error". Concluye que "podría estimarse" que cinco millones de judíos Continentales habían sido llevados a la muerte por los Nazis.

La estimación históricamente es sin valor. El punto-de-partida para la consideración de este asunto es el hecho que seis millones de judíos, o algo que se aproxime a ese número, posiblemente no pueden haber sido "llevados a la muerte" o ser hechos "perecer", por las razones dadas al inicio de esta discusión; la misma aserción, hecha ante la corte de Nuremberg, era una afrenta a sus 825.000 hombres-combatientes, marineros y civiles, muertos en **todos** los teatros de guerra, de los cuales sólo los políticos Occidentales de este siglo habrían sido capaces.

El número de judíos que fueron asesinados o perecieron nunca se conocerá, por las razones ya declaradas y parcialmente descubiertas por el Profesor Toynbee en su nota a pie de página de la historia. El término mismo "judío" es indefinible; No se aísla a menudo a los judíos en las estadísticas; y en ningún momento se puede determinar el número de judíos **vivos** en el mundo con alguna proximidad a la exactitud. De hecho, cualquier esfuerzo por alcanzar una claridad estadística a través del censo o datos de inmigración es atacada como "discriminación" y "anti-semitismo". Por ejemplo: "No se preguntará a los inmigrantes que buscan establecerse en Australia de hoy en adelante en los formularios de la aplicación si ellos son judíos, fue dado a conocer en Sydney por el comité ejecutivo de la Judería australiana, los cuales **protestaron contra esta práctica** a las autoridades de inmigración" (**The Jewish Times**, Johannesburgo). En Inglaterra, "es imposible, **en ausencia de estadísticas oficiales**, hacer algo más que una inteligente suposición... el número exacto de judíos en Bretaña **permanece un misterio**" (**The Zionist Record**, Johannesburgo). En Norteamérica, el Presidente Roosevelt ha sido llevado, bajo la presión incesante, a abolir el requisito de declarar "judío" en los formularios de inmigración, y en 1952, una gran campaña fue emprendida por la Liga de Anti-difamación y el Comité judío norteamericano contra el Acta de McCarran-Walter porque buscaba restaurar este requisito. Esta acta en su momento fue aprobada sobre el veto del Presidente Truman, pero ni siquiera una aplicación rigurosa de este requisito reintegrado, llevaría a la clarificación, ya que los solicitantes, si ellos lo desearan, pueden insertar "británico" o cualquier descripción similar, en lugar de "judío."

Este estado de los asuntos estadísticos es ahora casi universal, de tal manera que todo el asunto es un misterio y ha sido deliberadamente hecho así. Nadie puede ni siquiera adivinar el número de judíos cuyas muertes, durante la guerra, no fueron naturales incluso o el resultado de bombardeos y similares, pero sí quienes fueron muertos por los Nazis. Mi opinión es que, cualquiera fuese el número de judíos en los países invadidos por Hitler, el número de sus víctimas estaba aproximadamente en la misma proporción de la población total golpeada, polaca, Checa u otra. Yo he encontrado que esta es la opinión de todas las personas conocidas por mí, quienes sobrevivieron los campos de concentración y las ocupaciones. Habiendo sufrido ellos mismos, su sentimiento hacia las víctimas judías eran tan iguales como para todas las otras, pero ellos no podían entender por qué el caso de los judíos se singularizó de tal manera y el número de víctimas judías fue exagerado monstruosamente.

La razón, oculta de ellos, quedó clara con los colgamientos en el Día Del Juicio judío, ya que este acto simbólico pondría el modelo para la totalidad de la conducta de la ocupación, en ambos lados de la línea, en los primeros años, e incluso para la conducta futura de la política extranjera Occidental lejos de los límites de Europa. La venganza Talmúdica fue el inicio de una nueva era en la historia de Occidente, durante la cual todas las consideraciones nacionales serían subordinadas a la causa del nacionalismo judío, representado por los Talmudistas de Rusia.

Yo tengo una descripción, de una persona que estaba presente, de la forma en que los Juicios de Nuremberg fueron deliberados el 30 de septiembre y el 1 de octubre de 1946 (entre el Año Nuevo Judío, septiembre 26, y el Día de Expiación de los judíos, el 5 de octubre), y fue *ejecutada* inmediatamente después de medianoche en la madrugada del 16 de octubre, Hoshana Rabba, el día que el dios de los judíos, después de un intervalo durante el cual considera su veredicto sobre cada ser humano, y todavía puede perdonar a los pecadores, ***entrega su último juicio***. Esta descripción dice, "… todos pensaron que el juicio se entregaría más pronto de lo que fue, y **un número de circunstancias fútiles lo retardaron, hasta la fecha que fue fijada alrededor del 15 de septiembre**… Entonces X, uno de los jueces miembros, objetó la forma literaria de parte del juicio… fue aproximadamente calculado cuánto tiempo tomaría para reformarla y copiar nuevamente lo reformado; y la fecha fue fijada según esto".

He borrado el nombre del juez miembro. Como resultado de este retraso para la mejora literaria, el juicio cayó en medio de los diez días más santos del Año judío y fue ejecutado en el día de la venganza de Yahvé. Yo había predicho algo de tal desenlace, en un libro publicado durante la guerra, después que el Sr. Anthony Eden, el 17 de diciembre de 1942, en la Cámara de los Comunes, había hecho una "Declaración" sobre los judíos en la cual implícitamente limitaba a los judíos la amenaza que "Esos responsables para estos crímenes no escaparán de una retribución". El Sr. Roosevelt, en Norteamérica, había hecho una declaración de implicación similar.

El ensayo de Nuremberg formó al modelo para muchos juicios de "crímenes de guerra" menores; éstos se han discutido, desde el punto de vista legal y moral, en los libros de los Srs. Montgomery Belgion, F.J.P. Veale y del fallecido Capitán Russell Grenfell. Un poco de la verdad sobre ellos se filtró fuera en el curso de años. En 1949, el Consejo de Revisión en la Administración de la Justicia Norteamericana, designado después de las numerosas protestas, informó sobre algunos de los juicios de las Cortes Militares norteamericanas en Dachau, dónde 297 penas de muerte habían sido aprobadas. El informe habló de "Juicios simulados" en los cuales los demandados habían sido traídos encapuchados, con sogas alrededor sus cuellos, y "juzgados" delante de "falsos altares" con crucifijos y velas; ellos habían sido sujetos de un tratamiento brutal en el esfuerzo para arrancar confesiones que luego podían presentarse en el juicio real (los prisioneros fueron llevados a creer que el falso-juicio era el genuino).

El más grande de estos juicios fue el "juicio de Malmedy" de 1945-1946, en el cual se sentenciaron a cuarenta y tres prisioneros a la muerte. Este juicio se relacionó con la matanza de prisioneros norteamericanos por tropas de las SS. cerca de Malmedy en 1944, y un sentimiento amargo contra cualquiera que fuese demostrado culpable sería esperado de los fiscales norteamericanos. Sin embargo, los atormentadores de estos prisioneros no eran norteamericanos, como podrían esperar aquellos que recuerdan la admirable compostura de las tropas norteamericanas en Alemania después de la Primera Guerra Mundial.

Ellos eran judíos de Austria, que había entrado en los Estados Unidos sólo antes de la Segunda Guerra y, bajo el régimen del Sr. Roosevelt, habían sido incorporados rápidamente en el ejército norteamericano y en el uniforme de los norteamericanos. Un norteamericano genuino que estaba presente en estos juicios- farsa (un viejo reportero judicial) declaró que él dejó el servicio de la Rama de Crímenes de Guerra ante la aversión que le produjo ser testigo del "sadismo brutal" practicado por uno de los inquisidores. Luego el principal fiscal norteamericano en este ensayo, un coronel, admitió a un subcomité del Senado, que él había sabido sobre los "juicios-farsa"; él pensaba que eran apropiados si la propia Corte misma estaba informada del método usado para obtener las confesiones de los demandados, y dijo que los prisioneros deben de haber sabido que el masivo juicio- farsa era uno falso porque no se les había asignado ningún consejero de defensa.

Una Comisión Judicial fue enviada investigar e informó en 1949 que las confesiones se habían obtenido "reconocidamente" por "el uso de juicios simulados en cuál una o más personas **ataviadas** como oficiales norteamericanos, pretendieron presidir como jueces y otros **ataviados** en uniformes norteamericanos pretendieron ser el fiscal y defensor del acusado". En consecuencia, algunas de las penas de muerte se conmutaron. El presidente de esta comisión, Justice Gordon Simpson de Texas, dijo al Subcomité del Senado que los procedimientos de los Juicios seguidos "no eran norteamericanos" (y ciertamente ellos no eran británicos) y había sido convenido "en La conferencia en Londres de los Cuatro Poderes, la fijación de las condiciones para los juicios por crímenes de guerra", de tal manera que la responsabilidad, una vez más, regresa a los políticos de Londres y Washington y los grupos que ejercieron la presión sobre ellos. Justice Gordon Simpson también testificó que el Ejército norteamericano "no podía encontrar suficientes norteamericanos calificados" para éstos juicios de crímenes de guerra, en los cuales el buen nombre de Occidente estaba envuelto, "y por consiguiente había tenido que utilizar a algunos de los refugiados alemanes".

Este aspecto de los juicios fue aclarado más allá por un evento de enero de 1953, cuando dos hombres fueron arrestados por las autoridades militares norteamericanas en la ocupada Viena, bajo los cargos de conspirar con un secretario de la Embajada soviética en Washington para transmitir documentos secretos del ejército norteamericano al estado soviético. Ambos eran judíos nacidos en Viena que habían llegado a EEUU en 1938 y 1940, a las edades de 16 y 26. En cualquier guerra anterior ellos habrían sido encerrados bajo la observación de "extranjeros enemigos"; bajo el Sr. Roosevelt ellos habían recibido comisiones del ejército norteamericano como "extranjeros aliados". En 1945 ellos fueron designados como "miembros del equipo norteamericano de prosecución en los Juicios por Crímenes de Guerra". Cuando ellos fueron arrestados como agentes comunistas y espías, un alto oficial del Gobierno Militar norteamericano en Viena dijo, "Esto se liga con la información que muestra que *demasiados* de los empleados norteamericanos en Nuremberg o eran Comunistas o estaban siendo usados por los Comunistas". Agregó que "el personal de la prosecución norteamericana en Nuremberg se marchó en centenares de direcciones cuando los juicios habían terminado, muchos al Departamento Estatal norteamericano o a las Naciones Unidas".

En este momento, un descubrimiento más extenso fue hecho, que en 1949, el Sr. John J. McCloy (el Alto Comisionado norteamericano particularmente temido por los alemanes durante el período de juicios por crímenes de guerra) se le había entregado informes legales que "muestran que serios errores en la traducción desde el alemán y otros idiomas al inglés fueron introducidos *en la evidencia*; estos errores, en algunos casos, fueron hechos por personas cuyos lazos comunistas han sido demostrados subsecuentemente por los "chequeos de lealtad. Este material nunca ha sido presentado al público, pero si pudiese usarse alguna vez en una investigación imparcial de los juicios causaría una grave turbación en los líderes Occidentales. ¡Al final de la guerra los Comunistas estaban por todas partes en el mando de los campos de concentración Nazis (como se demostrará después en este capítulo); ¡En la forma antes descrita, ellos se transformaron en fiscales y jueces de los mismos crímenes que ellos habían cometido!

En ambos lados de la línea, la venganza Talmúdica se descargó en el mismo espíritu. Los soldados Mongoles del Oriente, cuando entraron en Alemania, fueron incitados por la voz grabada de Ilya Ehrenburg, desde Moscú, para caer particularmente sobre las **mujeres embarazadas**; qué otra cosa podía significar la rabiosa orden, que no se salven "ni siquiera los fascistas *que aun no han nacido*".

Una mujer norteamericana que vive en Berlín, la Señora Frances Faviell, describió su horror cuando leyó el diario guardado por su ama de casa, Lotte, y su descripción de "la violación de Lotte y miles de mujeres, incluso de ancianas de 65 años, por las sucias tropas mongoles, no una vez, sino una y otra vez, las mujeres con sus niños aferrados a sus faldas... ". El diario grabó "cada fecha y detalle, escrito a la luz de la antorcha de Lotte, los asesinatos de aquellos que habían intentado proteger a las ancianas, las disculpa del *oficial ruso* que había encontrado los cuerpos... su explicación a Lotte que las tropas habían recibido cuarenta y ocho horas **Plunderfreiheit**... Fue uno de los documentos más horribles que yo alguna vez había leído, y sentí un frío hielo cuando lo terminé de leerlo. **Plunderfreiheit; *¡libertad para el pillaje!*** Éste fue el resultado humano del arreglo político, bebiendo cuarenta y cinco brindis, en Yalta.

En el lado Occidental de la línea, la misma venganza continuaba. En agosto de 1947, un miembro del Parlamento británico, el Sr. Nigel Birch, encontró casi cuatro mil alemanes en un campo de concentración, mantenidos indefinidamente sin cargos o juicios. Informó que la primera pregunta que se les hacía, si es que llegaban finalmente a un juicio, siempre era la misma: "Sabía usted que *los judíos* eran perseguidos?" La historia continuó en esa vena: ninguna otra persecución les importaba (y en ese momento legiones de seres humanos habían sido devueltos al terror soviético del cual ellos intentaron escapar).

Los Gobiernos británicos y norteamericanos no dejaron ninguna duda en los alemanes acerca de la naturaleza de la venganza que ellos estaban exigiendo. Una de las primeras actas de los Altos Comisionados Aliados fue promulgar una ley "contra el anti-semitismo". Así ellos extendieron en Occidente la ley que identificó la naturaleza de la primera administración Bolchevique en Rusia, la "ley contra el anti-semitismo" introducido el 27 de julio de 1918. Bajo este decreto británico-norteamericano, diez años más tarde, en 1955, los alemanes estaban siendo encarcelados y su propiedad confiscada; y en 1956, un judío de Austria, por ese tiempo domiciliado en Inglaterra y naturalizado como ciudadano británico, interpuso una demanda contra un alemán, bajo una ley alemana

Occidental (heredada de los Altos Comisionados Aliados) lo cual consideró una ofensa proferir comentarios anti-semitas o estar prejuiciado indebidamente contra los judíos."

Estas leyes previenen la discusión pública, pero no pueden suprimir el pensamiento. Su objetivo, claramente, era suprimir todo cuestionamiento público sobre la naturaleza del régimen, tanto al lado occidental como al oriental de la "cortina de hierro". El efecto fue dar **carta blanca** al ***Plunderfreiheit*** también en la zona angloamericana. Por ejemplo, la ley angloamericana contra el anti- semitismo hizo una ofensa criminal la discusión de los siguientes asuntos, los cuales cito en las palabras del ***Jewish Herald*** de Johannesburgo explícitamente:

"Philip Auerbach era un hombre de carácter extremadamente fuerte, valeroso al extremo, ardiendo del orgullo judío y encendido con un sentido de ***odio hacia*** el Nazismo alemán... Era ***cruel e implacable en los días cuando las fuerzas norteamericanas todavía eran enemigos de Alemania y todavía estaban prestos para acceder a su solicitud, ayudarle a él para aliviar a los alemanes de su suerte, dándole una virtual carta-blanca firmando los documentos, para investigar, arrestar y aterrorizar... Por aquellos días cuando Philip Auerbach aparecía a la cabeza de inmensas demostraciones judías en Alemania después de la guerra, los oficiales norteamericanos de alta-clasificación jerárquica normalmente le acompañaban, indicando así la autoridad que poseía, con la bandera judía a la cabeza de estas demostraciones***, Auerbach tomaría el saludo, la banda que tocaría Hatikvah y los decenas de miles de PD (Personas Desplazadas) uniéndose en lo que fue una constante ofensiva política para abrir las puertas de Palestina a la restauración del estado... ***Nadie alguna vez podrá estimar el valor en dinero de los recursos de todos los tipos, equipos, prendas de vestir, mobiliario, automóviles y cada variedad de artículos que Auerbach ayudó a salir de Alemania... Él logró un poder en Alemania sólo en segundo lugar de aquel de las autoridades militares***".

El hombre descrito era una persona civil, y pudo usar las fuerzas armadas de Norteamérica para su saqueo. Sus crímenes eran tan flagrantes que en un momento dado, las organizaciones judías se disociaron de él (robó a Judíos y Gentiles imparcialmente), aunque en base a la conveniencia más que las morales. Siete años después (en 1952), cuando el apoyo político a la Alemania Occidental para integrarse al "mundo libre" estaba comenzando a ser importante nuevamente, fue arrestado sobre los cargos "que incluyen listas interminables de bienes que habían sido sacadas de Alemania ***mediante documentos falsificados, también involucrando posiblemente a oficiales judíos en el Ejército norteamericano y a las organizaciones de bienestar judías***".

En 1952 el gobierno alemán Occidental fue obligando a pagar "indemnizaciones" al nuevo estado Sionista y un total descubrimiento público de las actividades del saqueo de Auerbach, dirigidas con el apoyo del Ejército norteamericano, habrían sido vergonzosas. Por consiguiente los cargos arriba citados fueron retirados, "sin dudas, debido a las repercusiones de carácter político", como lo comentó el *Jewish Herald*. Si se hubiese mantenido, incluso un caso ficticio para el pago de tributo alemán a los Sionistas de Rusia en Palestina, habría sido difícil de hacer posible. Por consiguiente, Auerbach fue juzgado (por un Rabino) meramente por cargos menores, de desfalcar unos 700.000 dólares de los fondos, por chantaje, aceptar sobornos y falsificar ingresos. Recibió treinta meses de encarcelamiento y posteriormente cometió suicidio.

La prensa norteamericana y británica publicó informes breves, más bien confusos sobre este asunto, con la insinuación que denotaba el reavivamiento del "anti-semitismo" en Alemania. Este era el eco del tono alojado en la prensa judía, los cuales después del suicidio de Auerbach preguntaron "¿En la cabeza de quién yace esta sangre?", y cosas similares; la sugerencia que cualquiera declaración de culpabilidad, de cualquier judío demandado sobre cualquiera acusación, tanto si es culpable o inocente, era una señal de "anti-semitismo" esto entonces general. El *Jewish Herald*, por ejemplo, consideró los cargos moralmente inicuos, porque ellos se relacionaban a un período cuando "las regulaciones normales fueron desatendidas por todos, **sobre todo por los judíos** que justificadamente **ignoraban** consideraciones **alemanas** de lo correcto o errado". Los principios ignorados no eran alemanes sino universales en las comunidades cristianas, o lo habían sido anteriormente. La única protesta contra estas falsificaciones, que yo vi, vinieron de un corresponsal judío del *New York Daily News*, que por casualidad había padecido por los crímenes de Auerbach; si hubiese venido de una víctima alemana, o de un norteamericano o un testigo ocular británico, yo creo que ningún periódico Occidental lo habría impreso.

Las masas Occidentales no supieron nada de estos acontecimientos en la Alemania ocupada por Británicos-norteamericanos en ese momento, y puede que no hubiesen objetado violentamente si lo hubiesen sabido, ya que en ese período, ellos estaban todavía bajo la influencia de la propaganda de tiempos de guerra, particularmente en materia de los campos de concentración Nazis. Me pareció a mí, que habían olvidado completamente que los Campos de Concentración era originalmente una idea comunista, copiada por Hitler, y que mientras más se permitiera a los ejércitos Rojos en Europa, más certera sería su perpetuación. Sus sentimientos fueron inflamados por las horrorosas noticias filmadas, que le mostraban un millón de veces cuando los ejércitos Aliados entraron en

Alemania, montones de cadáveres enflaquecidos apilados como la leña en estos campamentos.

Yo era un miembro de esa audiencia y escuché los comentarios alrededor de mí con el presentimiento. **La propaganda de tiempos de guerra es el veneno más insidioso conocido por el hombre**, y yo creo que estos espectadores de 1945, privados de la información verídica durante años, habían perdido toda la habilidad, quizás todo el deseo de juzgar lo que ellos veían. Pienso que la mayoría de ellos pensaba que todos los restos humanos que veían eran aquellos de los judíos, para esto fue martillada la sugerencia día tras día en sus mentes por la prensa. Constantemente leyeron "Cámaras de Gas nazis *para los judíos*... Crematorios Nazis *para los judíos*", y pocos de ellos se preocuparon de leer posteriormente las historias de presos y llegar a saber quienes eran de verdad estas víctimas. Un caso: una mujer alemana que se pasó cinco años en el Campo de Ravensbruck (Frau Margaret Bubers Newmann) dice que las primeras víctimas fueron *los enfermos o deprimidos*, o aquellos *incapaces de trabajar*, y los siguientes fueron "*los de raza inferior*" entre quienes *los polacos* fueron puestos primero, y los Checos, los Balticos, Húngaros y otros.

¡Así, los montones de muertos recibieron poco de la verdadera compasión, tal como los que sobrevivieron que fueron forzados por los aliados occidentales a volver al área de los Campos de Concentración, y hoy pueden ser sólo una cuestión de interés histórico, perteneciendo a un libro como este, para mostrar que los Campos de concentración "Nazi", en el momento cuando los ejércitos anglo-americanos entraron en Alemania, estaban predominantemente bajo el *control Comunista*,

¡Que los judíos estaban entre los atormentadores, y que el anti-comunismo era una calificación más segura para la muerte que el anti-Hitlerismo! Hace diez años esta declaración (qué yo demuestro más abajo) se habría hundido simplemente por el peso de la burla, si es que se hubiese podido publicar. Hoy, bastante se ha revelado sobre el método comunista del Illuminismo, de infiltrar cada clase, Partido, iglesia, organización e institución, ya que por lo menos algunas personas esperan la prueba con la mente abierta; o algo así supongo.

El dictum de Lenin fue que todas las guerras debían en su curso convertirse en guerras revolucionarias, es decir que los miembros de la conspiración debían luchar para el éxito de la revolución, no para la victoria de su país. La captura de los campos de concentración fue más útil a esta estrategia que cualquiera otra cosa, porque los campos estaban llenos de personas que, si ellos sobrevivían, habrían luchado contra el Comunismo, ya que lucharon contra el Hitlerismo hasta la muerte. El mundo nunca ha entendido este aspecto de la resistencia a Hitler, porque nunca entendió al propio Hitler.

Aquellos que han persistido en la lectura de este libro pueden ver la importancia profunda de las palabras de Hitler a Hermann Rauschning: "***Recibí iluminación e ideas de los Francmasones*** que nunca habría obtenido de otras fuentes" (casi exactamente las palabras de Adam Weishaupt) ". . He aprendido una buena parte del Marxismo... La totalidad del Nacional Socialismo está basado en él."

Los Comunistas, en su captura de los Campos de Concentración, fueron ayudados por la política de apoyo incondicional a la revolución que los líderes Occidentales siguieron; les dio poder y prestigio entre los cautivos que ellos usaron para sus propios fines. Me quedé pasmado cuando un joven funcionario británico, lanzado en paracaídas en Yugoslavia, me describió como se dejaron caer recipientes llenos de Soberanos de oro (qué un súbdito británico no puede poseer legalmente) a Tito.[29] La misma cosa pasó en Grecia. El Comandante W. Stanley Moss, dejado caer en la Macedonia griega como Comando-líder británico y Oficial de Enlace, encontró a los Comunistas que usurpaban el control de los guerrilleros por medio de la lluvia de oro dejado caer sobre ellos y dijo, "Cuando el Gran Día vino" (la victoria en Europa) "el mundo estaba asombrado por la cantidad de oro que los Comunistas encontraron a su disposición. Nada del dinero vino de Rusia; *fue regalado a los Comunistas por los Aliados*. Por años el dinero había entrado a raudales en el país para el mantenimiento de la fuerzas guerrilleras y la prosecución general de la guerra, *pero los Comunistas habían usado sólo una proporción pequeña de él en la lucha contra los alemanes*. Nosotros supimos mucho tiempo antes del evento sobre el giro que tomaría el futuro ... *aun así fuimos incapaces de hacer algo para prevenirlo*". (el Comandante Moss comete un error en su declaración; "el mundo" nunca estuvo "asombrado por la riqueza en oro" que los Aliados habían dejado caer sobre los Comunistas, porque el mundo nunca estuvo informado de ello).

---

[29] Los esfuerzos del Sr. Winston Churchill por reducir el área de incursión soviética en Europa, después de la lucha, mediante una invasión desde el Sur, lo cual podría haber dado a los Aliados Occidentales por lo menos el control de Austria y Checoslovaquia y muy probablemente de Hungría y de la totalidad de Alemania, se debilitó por su insistencia en preparar el Comunismo en Yugoslavia. Esa acción por la cual sus memorias no dan ninguna explicación suficiente, también debilitan su argumento de pos-guerra, en que recordaba sus vanos esfuerzos por ganar el apoyo norteamericano para un avance desde el Sur y manteniendo que el resultado de la guerra habría sido diferente y mejor si se le hubiese escuchado. Su emisario al líder comunista, Tito, ha registrado su propio presentimiento en esta materia y las instrucciones del Sr. Churchill a él: "Mientras menos usted y yo, nos preocupemos de la forma de gobierno que ellos preparen, tanto mejor". El efecto de las acciones del Sr. Churchill fue "preparar" la forma comunista de gobierno y abandonar al líder anti-comunista y aliado británico, el General Mihailovitch, quien fue más tarde ejecutado por Tito.

El cuadro fue el mismo en cada país ocupado. El Comandante de Aviación, Yeo- Thomas, enviado en secreto a Francia para estudiar los métodos y organización del movimiento de resistencia francés, vanamente advirtió a Londres: "El objetivo confesado del Partido Comunista es *el levantamiento masivo de los franceses en el día-D... para dominar a todos los otros después de la liberación*. Entretanto los programadores de la B.B.C. *abuchearon* a los franceses que temían al 'fantasma comunista'."

Las consecuencias de esto fueron descritas por Sr. Sisley Huddleston en 1952; durante la "liberación" de Francia los Comunistas mataron a sangre fría más de cien mil anti-comunistas. En estas circunstancias era inevitable que los Comunistas debían tomar el poder también en los Campos de Concentración, así que las masas Occidentales, cuando ellos vieron los cuadros de estos campos siendo "liberados", de hecho vieron algo que sus ejércitos iba a hacer permanente en Europa, al este de la línea del Elba. La verdad vino en 1948, pero si uno en un millón de las personas que vieron esos cuadros lo sabe, me sorprendería.

Por ese año el jefe revolucionario en Yugoslavia, con el pseudónimo "Mariscal Tito", estaba en controversia con los gobernantes en el Kremlin. Esto era peligroso para un Comunista y él puede haber pensado protegerse, más que por guardias personales armados, haciendo público algo de lo que él sabía, calculando que Moscú podría entonces dejarlo tranquilo en lugar de provocar mayores revelaciones. El juicio que él organizó se informó en Yugoslavia y se ignoró en Occidente. Él había fusilado a trece de sus cercanos Comunistas (funcionarios de gobierno y oficiales del Partido) *por tomar parte en el asesinato masivo de prisioneros en el Campo más infame de todos, en Dachau*. [Leer 'La mentira de Ulises' de Paul Rassinier- Nota del Trad.] La verdad sale de las formas más extrañas, aunque en nuestros tiempos de prensa-controlada no sale muy lejos. En este caso el instrumento que soltó algo fue un viejo general austriaco, Wilhelm Spielfried, que salió vivo de Dachau. Él quiso que el mundo supiera lo que había transpirado allí, y en la confusión que asiste a la disolución del campo (a la llegada de tropas Occidentales) extrajo de la oficina del comandante un cardex de la Gestapo que registraba a las personas que se les había dado muerte, la forma y firmada por el agente de la Gestapo responsable en cada caso. Entre estos agentes habían algunos importantes colaboradores del "Mariscal Tito" . En su momento el General Spielfried logró la publicación para esta pequeña sección de su material; el resto todavía espera un editor lo suficientemente temerario para imprimirlo.

"Tito" (alias de Joseph Brosz), había sido el mismo un agente del Kremlin desde 1934 en adelante. Poniendo a sus colaboradores más cercanos ante un juicio público (en Ljubljana el 20 de abril de 1948) agitó la espada de dar a conocer otros hechos sobre los domos de Kremlin. Los hombres acusados incluían a Oskar Juranitsch (Ministro General en el Ministerio del Exterior de Tito); Branko Dil (Inspector General de la Economía de Yugoslavia); Stane Oswald (Un oficial mayor, con rango ministerial, en el Ministerio de la Industria); Janko Pufler (Cabeza del Trust Estatal Químico de Tito); Milán Stepischnik (cabeza del Instituto Metalúrgico Estatal de Tito); Karl Barle (oficial con rango ministerial); los Profesores Boris Kreintz y Miró Koschir de la Universidad de Ljubljana; y otros notables comunistas. Todos eran miembros de la ex Brigada Internacional en España, y agentes del MVD (la Policía Secreta soviética).

Todos hicieron las confesiones de costumbre; la defensa que ellos plantearon es de interés prioritario. Ellos se justificaron simplemente afirmando que **nunca habían matado o habían dañado** a un Comunista: "Yo nunca puse en peligro *a uno de los nuestro.* Yo nunca hice algo a un camarada de Partido". Ellos dijeron que invariablemente escogieron para la muerte a cualquiera que podría ser clasificado como un Conservador, Liberal, católico, protestante, Ortodoxo, judío o Gitano, **con tal de que** la víctima no fuera un Comunista.

Esta colaboración en los Campos de Concentración entre la Gestapo de Hitler y su prototipo, la MVD de Stalin,[30] ocurrió de la siguiente manera. Se formaron los "Comités Anti-fascistas" en los campos. Si Hitler y su Gestapo hubieran sido genuinos en lo que profesaban, estos comités obviamente, habrían sido las primeras víctimas de las cámaras de gas. En cambio, ellos fueron aceptados como representantes de los presos en los Campos y se les dio un estatus privilegiado, estando de acuerdo entonces en tomar parte en las matanzas. Ésta fue la forma perfecta de asegurarse que los anti - Comunistas serían pocos en la Alemania de posguerra.

---

[30] En esta materia, también, las masas Occidentales fueron desviadas desesperadamente por los años de propaganda, presentando a "los Nazis" y a "nuestros aliados soviéticos" como opuestos, considerando que una afinidad íntima siempre existió. El Sr. Karl Stern, un judío de Alemania que emigró a Norteamérica y llegó a ser un converso al Catolicismo romano, registra su propio error de esto, durante los días alemanes, cuando él estaba en el personal de un instituto psiquiátrico: "Un par de doctores Nazis disertaron sobre la llamada 'Teoría de la Revolución Permanente' de Trotzky. Esta teoría era nueva a mí... pero que fuese propuesta por estas personas fue algo completamente nuevo y realmente asombroso... Yo dije, 'Señores, yo entiendo que usted deduce un buen trato de su teoría en la estrategia política de Trotzky. No lo toma como algo extraordinario que ustedes, Nazis, citen a Trotzky, un Bolchevique y judío, como si él fuese vuestro evangelista?' Ellos se rieron y me miraban como uno miraría a un ignorante en política, lo cual yo era... Ellos pertenecían entonces, a un ala bastante poderosa en el partido Nazi, que estaba en favor de una alianza de la Rusia comunista y la Alemania Nazi contra lo que ellos llamaban el Capitalismo Occidental... Cuando uno no estaba escuchando muy cuidadosamente, uno nunca estaba bastante seguro si ellos estaban hablando del Nazismo o del Bolchevismo, y al final no les importaba mucho."

De esta manera los montones de cadáveres crecieron, que el mundo exterior miró después en las pantallas en las salas a oscuras. Este periodismo en fotos cumplió a la carta el dictum del Sr. G.K. Chesterton de muchos años antes: "El periodismo es un cuadro falso del mundo, lanzado en una pantalla encendida en una sala oscura, para que el mundo real no se vea."

El comunista Juranitsch, el principal acusado, dijo, "Sí, yo maté a centenares y miles de personas, y tomé parte en 'experimentos científicos; ésa era mi tarea en Dachau". Explicó que su trabajo había sido experimentar con "preparaciones de sangre para calmar dolores"; él había disparado directamente en el pecho de los sujetos para el propósito. Pufler describió la inyección de presos seleccionados con el bacilo de la malaria para los propósitos de observación, declarando que "ellos murieron como moscas, y nosotros informamos al doctor o al oficial de las SS de los resultados". Estas confesiones **no eran** falsas. Ellas fueron corroboradas y no podían ser negadas, ya que los informes fueron aquellos sustraídos por el General Spielfried de la oficina del Comandante. Pufler explicó cómo estos comunistas leales de la Gestapo escondieron su colaboración de los otros presos; cuando ellos mismos reaparecían de los laboratorios y del crematorio dijeron que algunos inventaban historias de un truco o milagros para explicar su escape; ya que ninguna de las víctimas regresó alguna vez, ellos no podían ser cuestionados.

Estos hombres acabaron contra una pared, pero no por sus crímenes. Ellos habían sido desechados como peones por su amo en su juego contra el Kremlin. Ellos habían obedecido estrictamente el principio maestro de la revolución ("todas las guerras son guerras revolucionarias") usando la oportunidad dada a ellos para destruir a los antagonistas políticos, y no "al enemigo". Hicieron, en otra forma, lo que los gobernantes en Moscú hicieron cuando llevaron a cabo una matanza de 15.000 oficiales polacos en el Bosque de Katyn; atacaron a las naciones-estados y pusieron las fundaciones para la revolución de destrucción total.

Las revelaciones del juicio de Ljubljana han recibido corroboración, en varios puntos, de muchos libros de sobrevivientes de los campos de concentración. El Sr. Odo Nansen, hijo del famoso explorador noruego, escribió de su experiencia en el campo de Sachsenhausen, dieciocho meses antes de la guerra fue cerrado: "Es extraordinario cómo los Comunistas han manejado las cosas aquí; ellos tienen todo el poder en el campo al lado de las SS., y atraen a todos los otros Comunistas, de otros países, y los ponen en las posiciones claves... Muchos de los prisioneros noruegos aquí se han vuelto comunistas. Además de todas las **ventajas** inmediatas que ofrece, lo más probable que ellos esperan, es que Rusia sea el ruido grande después de la guerra, y entonces supongo, ellos piensan que puede ser inteligente tener el color correcto. Anoche yo estaba hablando con nuestro

Blockaeltester [Jefe de Block], un Comunista. Cuando él y sus compañeros llegaron al poder, no habrá sólo venganza sino incluso aun más brutalidad y una crueldad mayor que la SS. usó contra nosotros. Yo no pude hacer ningún avance con mi humanismo contra ese bloque de hielo de odio y venganza que se endurecía, enfocándose con una mirada estrecha en una nueva dictadura".

El Comandante de Aviación, Yeo-Thomas, que fue lanzado en paracaídas en Francia para ayudar a la resistencia francesa, fue capturado y llevado a Buchenwald. Le dijeron allí, a su llegada, por un oficial británico: "No reveles que eres un oficial, y si cualquiera de ustedes mantiene una posición ejecutiva en tiempos de paz, guarden eso para ustedes mismos; La administración interior del campamento está **en las manos de los Comunistas**... Buchenwald es el peor campamento en Alemania; sus oportunidades de sobrevivencia son prácticamente nulas". El Comandante, Yeo - Thomas dice, "Los tres jefes administrativos del Campo interno, llamados ***Lageraeltester***, [sub - Jefes]), eran Comunistas". Bajo la vigilancia de estos hombres, "se inocularon prisioneros con tifus y otros gérmenes y sus reacciones, casi siempre acabando en la muerte, fueron estudiadas bajo diferentes vacunas". Sólo tres del grupo de este oficial de treinta y siete cautivos sobrevivieron, los otros fueron colgados en ganchos en la pared del crematorio y fueron estrangulados lentamente hasta la muerte. Los tres sobrevivientes "tuvieron que ***temer*** a sus compañeros-prisioneros casi tanto como ellos habían ***temido*** antes a los alemanes; ya que los ***Comunistas***, si llegaban a saber que los oficiales habían logrado evitar el patíbulo, ciertamente los denunciarían".

Los comunistas controlaban estos campamentos, torturaron y asesinaron a las víctimas. Si hubo alguna diferencia entre ellos y los carceleros de la Gestapo, fue que ellos eran más villanos, porque ellos denunciaron y mataron a hombres que se suponía que eran sus camaradas en la batalla contra un enemigo común.

Ya que los judíos Orientales, en particular, juegan un rol tan importante en el Comunismo, los judíos lógicamente aparecen entre las personas implicadas en estos hechos. Eso en sí mismo no es sorprendente en absoluto, ya que los judíos, tal como todos los otros hombres, son buenos y malos, crueles o humanos; pero se mantuvo oculto, alejado de las masas públicas, que recibieron un cuadro de Campos de torturas habitadas casi completamente por judíos, atormentados por depravados aprehensores "Nazis". De hecho, los judíos formaron una pequeña proporción de la población total de los Campos; los atormentadores en los últimos tres años de la guerra fueron principalmente Comunistas, cuyos motivos han sido mostrados; y entre estos atormentadores habían judíos.

Mis archivos incluyen varios informes de periódicos ***judíos*** de "juicios" en contra de judíos, denunciados por ex presos judíos de

Auschwitz, Vlanow, Muhldorf y otros campos. Yo he dado los palabra "juicios" en comillas en este caso, por una buena razón. Estos "juicios", con una excepción, se llevaron a cabo ante **Cortes rabínicas**, en los países Occidentales y ante las Cortes de magistrados en Tel Aviv. Ellos fueron tratados como asuntos Judíos, que no concierne a otra humanidad, y si alguna sentencia fue dictada, no fueron registradas en algún periódico visto por mí, aunque los hechos acusados se parecían a aquellos del Juicio de Ljubljana. La implicación simplemente fue que, si alguno de tales hechos fue cometido, ellos tenían que ser juzgados bajo la ley judía, en absoluto, y que la ley Gentil no tenía ningún mandato. (Esto parece de hecho ser hoy día la asunción gobernante ya que el Sionismo recreó "la nación judía" y se refleja en un informe publicado en el **Registro Sionista** durante 1950, el cual declara que la función de la "Oficina principal de Relaciones Pública del Concejo Ejecutivo de la Judería Australiana" era de "proteger de la vista pública los malos comportamientos de judíos individuales que cometan alguna indiscreción menor *o mayor*". El cuadro mencionado aquí, ha corrido en todos los tiempos y todos los países de Occidente).

En Tel Aviv, un doctor judío y dos mujeres judías fueron acusados por un testigo judío de administrar inyecciones letales a prisioneros en Auschwitz, mutilando órganos sexuales, llevando a cabo "experimentos científicos", enviando a las víctimas a las cámaras de muerte. En otro caso en Tel Aviv, en 1951, un doctor judío (entonces empleado en el Hospital Municipal de Tel Aviv) fue acusado por varios testigos judíos de actos brutales cometidos en el Campo Vlanow dónde él había actuado como "ayudante del Comandante alemán del Campo" Una mujer judía que fue testigo dijo que él la había golpeado hasta dejarla inconsciente y cuando ella se recuperó, encontró que sus tres hijos, de 12, 15 y 18 años, muertos con disparos; dos semanas antes, dijo ella, había visto al acusado ordenar a la policía ucraniana del Campo llevarse a treinta prisioneros, incluyendo a su marido que fue entonces disparado. Se informaron los elementos desnudos de estos dos casos pero, tal como dije, si algún resultado fue publicado, esto escapó a mi investigación.

En Nueva York, una Comisión judía de tres miembros (la composición está determinada por la Ley Levítica) escuchó las acusaciones de un judío contra un oficial de la sinagoga, a quien acusó de matar a un preso en Muhldorf, dónde era vigilante de bloque. El informe declaró que la comisión enviaría sus resultados "a la comunidad judía" en el pueblo del acusado "sin recomendaciones o sanciones" lo cual significa que, si él era un "criminal de guerra", se dejaría a su congregación que tratara el caso. En todos estos casos estaba implícito que sólo las acusaciones de maltratar *a otros judíos* se tomaban en consideración, y que si las personas acusadas hubieran cometidos actos similares contra cautivos non-judíos, estos no habrían formado parte del caso.

De un tipo diferente pero de la misma naturaleza básica fue un caso presentado ante una Corte de distrito israelita en 1954-1955. Un judío de Hungría distribuyó un folleto afirmando que el Dr. Israel Kastner, un alto funcionarios del Gobierno israelita y candidato principal (a la elección de 1955) del partido mayoritario gubernamental, en Hungría durante la guerra había colaborado con los Nazis, preparando la base para el asesinato de judíos, que salvó del castigo a un criminal de guerra nazi y así sucesivamente. El Dr. Kastner presentó una demanda por difamación contra su acusador y el juez israelita, después de pasar nueve meses en juicio, declararon que los cargos habían sido probados. Esta sentencia decía que el Dr. Kastner fue un colaborador "en el sentido más pleno de la palabra" y "había vendido su alma al diablo", y el Primer Ministro israelita en ese momento, el Sr. Moshe Sharett, comentó, "Un hombre está justificado si toma alguna acción, incluso vendiendo su alma al diablo para salvar a judíos" (la imputación fue que él *traicionó* a los judíos a los Nazis). El **Gobierno** anunció entonces que apelaría al juicio, a través de su Abogado General, y yo nunca pude saber lo que sucedió, si es que algo sucedió.

Así, mientras se escuchó hablar mucho de "criminales de guerra" y sus Juicios, estos "criminales de guerra" judíos, sólo aparecían ante los tribunales judíos y si ellos fueron castigados, el mundo no se enteró. Conozco sólo un caso (otros pueden haber escapado de mi conocimiento) donde tales judíos fueron incluido en un "Juicio de Criminales de Guerra". El ***Jewish Telegraph Agency*** (el 8 de mayo de 1946) informó, "El veredicto en el Juicio de los 23 guardias en el Campo de Concentración Breendouck en Amberes, uno de los infiernos Nazis menos- conocidos, fue anunciado ayer aquí. Entre los guardias hay 3 judíos, Walter Obler, Leo Schmandt y Sally Lewin. Obler y Lewin han sido sentenciados a la muerte y Schmandt a 15 años de encarcelamiento".

El Sr. Joseph Leftwich, en su discusión de "antisemitismo" con el Sr. A.K. Chesterton, cuando se le preguntó por este juicio dijo, "¿Qué demuestra? Que la bestia humana se encuentra por todas partes, y que los judíos no son más inmunes que cualquier otro grupo humano". Eso es correcto, pero al lado del punto de este argumento está que a la mente-masiva, durante la Segunda Guerra, se le entregó un cuadro falso de una persecución solamente a los judíos, dirigido por no- judíos y que los eventos en el mundo en este siglo han sido falseados de forma consistente, para el infortunio general.

El capítulo de los judíos que ayudaron a Hitler no fue uno pequeño. Lord Templewood, Embajador británico en España durante la guerra, dice, "Durante meses y meses el General Franco" (él mismo de origen judío) "permitió que la prensa española actuara como el vocero más ruidoso posible de la propaganda alemana. A ninguno de los periódicos bien establecidos les fue permitida alguna libertad de acción. Cada uno por igual tenía que re-hacer el eco de la voz de su amo. En este caso el amo era un judío Oriental muy siniestro, Lazare era su nombre... En Viena él sirvió a Hitler fielmente como un fanático propagandista en apoyo del Anschluss [Anexión de Austria]. Desde entonces él se había transformado en una figura importante en el mundo Nazi. ... Desde la Embajada alemana dónde él tenía más autoridad que el Embajador mismo, no sólo dirigía diariamente el curso general de la prensa española, sino incluso, las palabras mismas de las noticias y artículos. Sus subordinados tenían sus escritorios en las oficinas españolas y ni siquiera una palabra llegaba al público español que no hubiese estado sujeta a su siniestra aprobación. Por una mezcla hábil de un brutal dictado y corrupción imperturbable, tuvo éxito haciendo a los periódicos españoles aun más venenosos que los periódicos que se publicaban en Alemania."

Conocí a este Lazare en 1937, un conspirador del tipo suave, sonriente y cortés, y a través de él me di cuenta por primera vez del elemento judío entre los más altos iniciados de Hitler. Cuando me reuní con Lazare, en 1937, era "Secretario de Prensa" de la Legación austriaca en la capital rumana, Bucharest. Austria, en aquel entonces mi oficina central, estaba viviendo en el miedo diario a la invasión Nazi que entró en 1938, y sus representantes oficiales en el extranjero, que se presumían por todos, ser leales austriacos y robustos anti-Nazis; en el caso de los Judíos esto parecía estar doblemente seguro. Me sorprendí primero por el hecho que la pequeña y empobrecida Austria pudiera permitirse el lujo de una "Secretaría de Prensa" en una capital balcánica y luego junto al estilo pródigo de vida y función de Lazare. Asumí que, como muchos hombres en esta franja de la vida diplomática ("secretariado de prensa" en los Balcanes era algo dudoso) él estaba haciendo "algo por el lado", lo cual en Bucharest no era raro.

Y así era; aunque no a través de los negocios en pieles o alfombras que yo vagamente sospechaba. Su opulencia, tal como los eventos pronto lo mostraron, venía de una fuente política, los Nazis. Cuando Hitler marchó en Austria, se convocaron a los periodistas del mundo a una conferencia de prensa en el histórico Ballhausplatz para escuchar la versión Nazi de este evento. La puerta se abrió para dar paso al vocero del nuevo régimen, el "Jefe de Prensa" de Hitler en la cautiva Austria, el apologista (o propagandista) para la anexión. Era Herr Lazare, "el austríaco" (él nació como ciudadano turco). Él me vio en seguida y una sonrisa rápida se encendió de su cara de hierro para la culpa ; ondeando su mano alegremente hacia mí, dijo "Hola, Sr. Reed, que bueno encontrarlo de nuevo". Luego explicó los benévolos motivos del Fuehrer para la invasión, y sus efectos benéficos para Alemania, Austria y la humanidad", El lector puede ver que "el mundo real" es muy diferente de "el cuadro falso" que las masas reciben, sobre todo en tiempos de guerra, cuando hombres tales como este, controlan el flujo de información hacia la mente-masa.

Contra este trasfondo, la venganza rabiaba y alcanzó su clímax Talmúdico en dos movimientos simbólicos de personas, uno hacia el Oriente y el otro hacia Occidente. Desde el "mundo libre" los fugitivos escapados fueron devueltos por los ejércitos aliados a la esclavitud comunista; del área comunista (donde un hombre ni siquiera puede salir de su pueblo sin un permiso policial) una gran masa de judíos Orientales surgió libremente y se introdujo, bajo el paraguas Aliado, a través de Europa hacia Palestina. Este proceso bi - direccional dio su sello final de identidad a la venganza y puede estudiarse en las siguientes citas:

El *Saturday Evening Post* del sábado 1 de abril de 1953, dijo, "Con este acuerdo vergonzoso" (Yalta) "como su autoridad los agentes del MVD soviético anduvieron después de la guerra, a través de los campamentos de personas desplazadas y pusieron el dedo en miles que habían logrado escapar de la tiranía soviética. Estas miserables víctimas fueron arriadas a los vagones para el ganado y llevados de vuelta a la muerte, tortura o al asesinato lento en las minas y bosques Siberianos. Muchos se mataron ellos mismos en el camino. También bajo un acuerdo en Yalta, a los soviéticos les fue permitido usar a los prisioneros alemanes en el trabajo forzado a 'cuenta de las indemnizaciones'. Para tales inhumanidades no hay ninguna excusa."

La Srta. Kathryn Hulme, una Californiana, era sub - directora (1945-1951) de un campamento de refugiados en Wildflecken, Baviera, administrado por la organización conocida como UNRRA (Administración de ayuda y Alivio de las Naciones Unidas). Ella escribe en su libro, "Londa" (una colega) "había sido asignada durante un tiempo a un campamento en el sur, cuando sus refugiados rusos, principalmente prisioneros de guerra, habían sido enviados de vuelta a Rusia bajo las condiciones del Acuerdo de Yalta. Ella nos contó cómo los prisioneros de guerra rusos se habían cortado sus muñecas, y aunque habían sido desnudados se colgaban ellos mismos. Aun cuando todos los objetos destructivos fueron apartados de ellos, aun así encontraron las formas para cometer suicidio.

Ella nunca podría entender cómo Stalin había vendido su idea a Roosevelt y a Churchill que no había ningún prisionero ruso de guerra tomado por los alemanes, sólo desertores". Ahora el lado opuesto del cuadro: el tratamiento dado a *un* grupo de personas "determinados apartes" de toda la masa de las víctimas de Hitler y los cautivos de Stalin. La Srta. Hulme dice, ". . y entonces vinieron los judíos. Nosotros nunca habíamos tenido un campamento judío en nuestra área norteña... Los judíos en números eran **menos de la quinta parte** en nuestra Zona del total de personas desplazadas, pero ellos eran una minoría articulada de tal manera *que si usted sólo leyera los periódicos para saber sobre los asuntos de la Ocupación, usted tendría la impresión que ellos eran todo el problema de las personas desplazadas...* Tenía que tratarlos con guantes de niños, se dijo, sobre todo al transferirlos de un campamento a otro, y con ayuda del cielo el obrero de IRO que dejó una vuelta de alambre de púas visible en cualquier campamento a que ellos serían transferidos. Ellos eran clasificados como 'perseguidos', *los únicos desplazados excepto los casos médicos, que consiguieron una ración de comida especial debido a un estado de imposibilitados de trabajo...* Había una pequeña comunidad alemana abajo en la carretera, que dividía en dos mitades el campamento. Los delegados judíos... dijeron que esto era el rasgo más peligroso de todos; el IRO tuvo que aceptar *en armar a su policía judía* para proteger a sus personas de estos alemanes que viven en su medio... Que casi todos los alemanes en ese pueblo estaban dispuestos a emplear a los judíos dentro de una quincena después de su llegada, nunca entró en mi cabeza cuando calmadamente prometí suplicar por una autorización para armar una policía de desplazados... La policía de Desplazados Judía vestía túnicas verdes de lana, con la Estrella de David en sus gorras... Nada había sido dejado a la suerte o a la improvisación del último-minuto... Su oficina de bienestar estaba colmada de carteles marciales *mostrando muchachas judías jóvenes en trincheras lanzando granadas a los Árabes.*

La Policía de Desplazados Judía practicaba puntería como francotiradores con las carabinas que nosotros les habíamos entregado para 'la defensa' contra los alemanes que fueron empleados ahora lucrativamente en los trabajos manuales pesados en el campamento. Los talleres judíos giraban en la producción veloz de abrigos de lana fina y de zapatos de cuero fuerte para el áspero terreno. Nosotros sólo podríamos suponer que esto también era todo para Israel y, a través de algunos cauces misteriosos, se entregó finalmente allí; nunca vimos que alguno de nuestros desplazados judíos vistiera esas útiles prendas... Sobre toda la agitación y el frenesí ondeaba una bandera que nunca habíamos visto, rayas azules pálidas en un fondo blanco con la Estrella de David."

La Srta. Hulme describe el campamento judío: "Nosotros presumimos del gran campamento que estábamos preparando para ellos como agentes orgullosos de la acomodación, que era sin duda el más elegante de los Campamentos de Desplazados de toda la Baviera... Los rabinos agitaron sus cabezas; no parecía ser lo bastante bueno". Ella explicó que el Acta de Personas Desplazadas de los norteamericanos, aprobada posteriormente, estaba lleno de trampas que privaban a los desplazados normales; "sólo los judíos, que podían reclamar y podían demostrar la persecución en cualquier país de Europa Oriental en que ellos habían puesto el pie, podían salir de esa trampa". Ella registra que las organizaciones apoyadas por los norteamericanos oficialmente o apoyadas en forma semi- gubernamental proporcionaron la maquinaria y talleres, los materiales, y los "refuerzos especiales de comida " que sólo se entregaron a los judíos.

Los medios por lo cual se estableció esta clase privilegiada en los campamentos de miseria fueron descritos por el Teniente Coronel Judah Nadich, en el *Jewish Times* de Sudáfrica (el 4 de febrero de 1949). El Rabino Nadich era "el consejero judío del General Eisenhower con las fuerzas norteamericanas en Europa, y trabajó estrechamente con él en materias que se relacionan con las Personas Desplazadas (PD) y otros problemas judíos". Él dice, "Para el crédito de Eisenhower debe decirse que cuando se llamó su atención a las condiciones espantosas en los campamentos de los PD" (en 1945) "él se movió rápido para mejorar las condiciones. Se emitieron importantes directivas, aumentando la ración de comida *para los perseguidos, a diferencia de los otros PD*; campos especiales fueron preparados para los judíos; A los PD judíos que estaban viviendo afuera de los campamentos *se les dio un trato preferente*; un consejero en los asuntos judíos fue designado y se les garantizó una cooperación total ante la Junta del Comité de Distribución y después ante la Agencia judía. Pocas si es que hubo alguna de estas condiciones se concedieron por Montgomery en la zona británica, y un flujo constante de PD judíos ha fluido a la zona norteamericana. Eisenhower hizo visitas frecuentes a los campamentos con el propósito de inspeccionar y sus visitas personales alzaron la moral de los PD judíos *y sirvieron para recordar a los oficiales en los niveles más bajos de la actitud de su Comandante en jefe. Oficiales fueron censurados ante una falta, incluyendo a uno de los generales de la más alta jerarquía*.

La "actitud" del General Eisenhower, [el 'terrible Judío sueco' como se le llamaba]según este relato con autoridad, fue que los judíos serían tratados como una clase privilegiada. Si él aceptó el consejo de su consejero judío esto era natural, ya que el Rabino Nadich, como se verá, clamó que los pocos judíos entre los cientos de PD, eran los únicos "perseguidos" y en esto eran "diferentes de otros PD. La declaración revela la función de aquella figura de nuestros tiempos establecida hoy, el consejero judío.

Así por el año 1945, sólo "la persecución de judíos" quedaba de la "persecución general de Hitler de los antagonistas políticos empezada en 1933". La propaganda los había eliminado a todos, menos a esta pequeña parte; las últimas citas muestran la Srta. Hulme, desde su campamento de DP escribió que "si usted sólo leyera los periódicos... . tendría la impresión que los judíos eran la totalidad del problema de los PD". Mientras la gran masa de víctimas, fue olvidada o fue enviada de vuelta a la persecución de la cual algunos habían escapado, este un grupo, bajo la protección y escolta de Occidente, fue vestido, suministrado, provisto, armado y dirigido hacia su invasión de un pequeño país en Arabia.

El Oriente asiático pertrechó a estos invasores; el occidente cristiano los transportó. En esta tarea, no hubo ninguna diferencia en lo absoluto entre "el mundo libre" y el esclavizado mundo detrás de "la Cortina de Hierro"; muy por el contrario, hubo una identidad en el propósito y sincronización en su ejecución. Una inteligencia dirigente estaba obviamente trabajando, a la cual no le importaban las naciones estados y las fronteras, ni los amigos de tiempos de guerra o los enemigos de tiempos de guerra, o alguno de los "principios" tan a menudo proclamados por los Premier-dictadores. Occidente compartió la venganza con el Oriente, pero *el modelo* fue fijado por Oriente, y era el mismo modelo que había mostrado en Rusia en 1917, en los Protocolos de 1905 y en las revoluciones de 1848. Por consiguiente los autores de la venganza de 1945 deben buscarse en el área revolucionaria, y por esta razón la naturaleza de la revolución en 1945, puede ser examinada para descubrir si ella y sus líderes habían cambiado desde 1917 (cuando era noventa por ciento judía) y en 1848 (cuando Disraeli dijo que era dirigida por los judíos).

La Investigación de los eventos de las tres décadas, 1917 -1945 lleva a la conclusión que por 1945, la revolución había sido durante cien años una revolución Judío- controlada, ya que ese es espacio de tiempo que ha pasado desde que Disraeli identificó por primera vez la naturaleza de la dirección. Yo uso las palabras "Revolución Judío-controlada" para indicar a un movimiento bajo la dirección del Rabinato Talmúdico en Oriente, *no* un movimiento generalmente apoyado por los judíos; tal como repetidamente lo he mostrado, la oposición más firme vino de aquellos judíos Occidentales que estaban lejos del alcance del Directorado Talmúdico. La distinción que el estudioso cuidadoso debe hacer entre el "Nacional Socialismo" y los "alemanes", entre "Comunismo" y los "rusos."

En el sentido de esa definición, la revolución, a mi juicio, ha continuado siendo judía, a través de los treinta años que siguieron desde 1917. La naturaleza judía de los primeros gobiernos Bolcheviques y de sus actos se mostró antes. Las mismas características aparecieron en los dos gobiernos vástagos efímeros que los Bolcheviques prepararon en 1919, en Baviera y Hungría. En ambos casos, los terroristas fueron, principalmente, importados a estos países con el pretexto de devolver a los "prisioneros de guerra", y habían sido entrenados como agitadores comunistas en Rusia. En Alemania el movimiento comunista fue encabezada entonces por la "Liga Spartacus" ("Spartacus" era el nombre en clave de Adán Weishaupt), cuyos líderes casi todos eran judíos: Rosa Luxembourg, Leo Jogiches (de Polonia), Paul Lévi, Eugene Levine (de Rusia), y Karl Liebknecht. Así el

Gobierno Bolchevique de Baviera (que contaba con Adolfo Hitler entre sus soldados) lógicamente demostró que estaba encabezado por los judíos: Kurt Eisner, Ernst Toller y Eugene Levine.

En Hungría los principales líderes terroristas eran todos judíos entrenados en Rusia: Matyas Rakosi, Bela Kun, Erno Geroe y Tibor Szamuely. Los ostentosos actos anti-cristianos de este régimen, nuevamente mostraron el propósito que estaba detrás. De este gobierno, el historiador Comunista Internacional, Herr F. Borkenau, dice, "La mayoría de los líderes Bolcheviques, Socialistas de Izquierda y un porcentaje considerable de su personal ejecutivo han sido Judíos. .. el anti- semitismo fue por consiguiente, la forma natural de reacción contra el Bolchevismo". En este pasaje típico, el lector puede ver que esa "reacción contra Bolchevismo" es clasificada como "anti-semitismo"; claramente el epíteto sólo podría evitarse, *no* "reaccionando contra Bolchevismo."

Los siguientes diez años fueron unos de inactividad y los asuntos pueden probarse luego en España, dónde la revolución hizo su oferta en 1931. Fue dirigida por emisarios de Moscú, muchos de ellos judíos, y esto respondió por la desilusión de muchos ardientes republicanos, españoles y extranjeros; por ejemplo, muchos del clero y de la laicidad del Catolicismo votaron por la república, encontrando entonces que el impulso de reforma, una vez más, se pervirtió en un ataque a la *fe* cristiana como tal. Se destruyeron iglesias, monasterios y cualquier edificio que llevara la Cruz, sacerdotes y monjas fueron asesinados; la marca específica de identificación aparecía nuevamente, vista en los actos similares en Baviera, Hungría, Rusia, Francia e Inglaterra.

La paternidad del ataque a la cristiandad en España, fue formalmente proclamada por el órgano oficial del Komintern: "*las llamas que ascienden de las iglesias y monasterios ardientes de España*, han mostrado el *verdadero carácter* de la revolución española; la genealogía se remontó a través de una generación más. La propiedad eclesiástica fue confiscada, pero las masas españolas no fueron enriquecidas por ello; las reservas de oro del Banco de España, (aproximadamente 700 millones de dólares) se transfirieron a Moscú por el último Primer Ministro Republicano, Juán Negrin (tal como es relatado por el General Walter Krivitsky). La revulsión de aquellos españoles que habían esperado instalar una república constitucional, y se encontraron a sí mismos bajo una tiranía anti - cristiana extranjera, fue inflamada por el asesinato del líder monárquico, Calvo Sotelo, en 1936, y en la secuencia España "arrojó fuera" a la revolución (como cada país lo ha hecho donde el Ejército Rojo, con sus "comisarios políticos", no pudo entrar para establecerlo).

Los principales judíos sionistas y anti-sionistas en Norteamérica por igual, implícita o explícitamente, atribuyeron paternidad judía a la revolución en España. El Sr. Justice Brandeis, en el momento cuando estaban haciéndose los esfuerzos para alcanzar un acomodamiento con Hitler en el asunto de los judíos, se opuso con firmeza a ellos e imperiosamente le dijo al Rabino Stephen Wise: "Deje que Alemania *comparta el destino de España*". El Sr. Bernard J. Brown escribió, "los judíos fueron tan responsables por el establecimiento de una república en España *y el derrocamiento de la autoridad de la iglesia* en ese país como en cualquier otro país dónde la libertad reine".

Durante estas dos décadas (es decir, el período entre la Primera y Segunda Guerra) las cabezas judías se volvieron cada menos entre la fila que colgaban de la pared del Kremlin en las grandes ocasiones (cuando, y solamente, las masas rusas encarceladas veían a sus gobernantes; incluso la tumultuosa alegría venía de discos a través de los altavoces). Los judíos también aparecían, en el estrado de los acusados de los grandes juicios, o desaparecieron de la escena política sin explicación. Ninguna disminución sustancial en el control judío o en la dirección de la revolución parece haber ocurrido durante ese período, a juzgar por las siguientes figuras:

En 1920, las declaraciones oficiales bolcheviques mostraron que de los 545 miembros de los principales cuerpos gobernantes, incluían a 447 judíos. En 1933, el periódico judío norteamericano, *Opinion*, declaró que los judíos ocuparon casi todos los puestos diplomáticos importantes y que en la Rusia Blanca, el 61 por ciento de todos los oficiales eran judíos; también declaró que el porcentaje judío de la población (entonces dada como 158.400.000) estaba "en menos del 2 por ciento". Si esto fuese verdad, significaba que Rusia en ese momento, contenía menos de 3.000.000 de judíos. En 1933, el *Jewish Chronicle* declaraba que un tercio de los judíos de Rusia se habían hecho funcionarios. Si éste fuera el caso, ellos formaban simplemente la nueva clase gobernante.

En ese momento no se había modificado la naturaleza de *la enseñanza* en absoluto. El Comisario para la Instrucción Pública, Lunatscharsky, era *uno de los pocos rusos* en el alto puesto, pero hablaba como un Talmudista: "*Nosotros odiamos la Cristiandad y a los Cristianos*; incluso los mejores de ellos deben ser considerados como nuestros peores vecinos. Ellos *predican el amor al prójimo y la misericordia que son contrarios a nuestros principios. Abajo con el amor al prójimo; lo que nosotros queremos es el odio. Debemos aprender como odiar y será sólo entonces que nosotros conquistaremos el mundo*". Esto es sólo un espécimen de toda una literatura de ese período, y la única fuente original para tales ideas, conocido por mí, es el Talmud, que es en sí mismo, la continuación de una antigua, idea salvaje pre- cristiana, y contiene tales mandatos como *"Ustedes son seres humanos, pero las naciones de la tierra no son seres humanos sino bestias".* Probablemente Lunatscharsky calificó en ese puesto por tales oraciones, para su opción como Embajador en España durante el esfuerzo revolucionario.

En 1935 fui a Moscú por el **London Times**, acompañando al Sr. Anthony Eden. Fue el primer Ministro británico en visitar la capital revolucionaria. El *Times* se habían negado a enviar a un corresponsal previamente, de tal menara que fui su primer representante en aparecer allí después del Sr. Robert Wilton, cuya historia conté anteriormente. El vacío de quince-años había sido llenado por un corresponsal residiendo en Riga, Letonia, el Sr. R.O.G. Urch, quien fue objeto de una constante difamación detrás del escenario. Supe de esto pero no teniendo experiencia en estos asuntos, no entendí su importancia entonces.

En seguida fui golpeado por algo que nunca me había encontrado en algún otro país. Mi primer reporte dijo que el Sr. Eden viajó desde la Estación a través de calles alineadas con "una muchedumbre monótona y silenciosa" y un censor judío me exigió que borrara estas palabras. Al principio pensé que esto era meramente fatuo (pregunté si deseaba que dijera que la multitud estaba compuesta de odiados **burgueses**) pero en los días siguientes vi más y en mi libro de 1938 escribí:

"El departamento de censura, y eso significa que toda la maquinaria para controlar el juego y amordazar a la prensa extranjera, estaba completamente provisto de personal por los judíos, y ésta era una cosa que me confundió más que nada en Moscú. Allí parecía no haber ni un solo oficial non-judío en todo el equipo... Me dijeron que la proporción de judíos en el gobierno era pequeña, pero en este departamento que yo conseguí conocer muy de cerca, ellos parecían tener un monopolio, y me pregunté, ¿*Dónde estaban los rusos*? La respuesta parecía ser que ellos estaban en las monótonas y silenciosas muchedumbres que yo había visto, pero de las cuales no debe saberse".

Aprendí pronto de manos con más experiencia que "la proporción de judíos en el gobierno" no era en el efecto pequeña, pero que retenían una gran medida del control, si ellos no estaban predominantemente al mando. Fui incapaz de reunirme con algún ruso en Moscú, éste era el otro lado de la misma única experiencia. Nunca había antes observado una casta gobernante segregada tan absolutamente de la masa-esclavos. En el momento de esta visita a Moscú, yo no tenía ninguna causa para buscar un predominio de judíos; la cosa se forzó a sí misma para que me diera cuenta. Solamente comencé a pensar sobre "la cuestión" judía en 1935. La impresión que yo he registrado más arriba, fue la primera de un observador entrenado que nunca antes había visitado Moscú o Rusia. Encuentro que fue confirmada por un hombre igualmente experimentado, que vivió allí durante doce años, de 1922 a 1934. El libro de Sr. William Henry Chamberlain permanece hoy como una autoridad sobre ese período.

Él escribió, "Un considerable número de judíos ha hecho carrera en la burocracia soviética. De un docena de oficiales quizás, a quienes conocí en el Departamento de Prensa o en el Comisariato para los Asuntos Extranjeros recuerdo solamente uno que no era judío. De hecho, el predominio de judíos en esta Comisariato en el momento de mi estancia en Rusia fue casi absurdo; los rusos estaban principalmente representado por el canoso portero y mujeres viejas desaliñadas que llevaban el té a diferentes partes. Uno también encontraba a muchos judíos en el Gay-Pay-Oo", (la Policía Secreta) "en la Internacional Comunista y en los departamentos conectados con el comercio y las finanzas."

El Sr. Chamberlain saca una conclusión diferente de la mía sobre la causa original de este efecto. Él dice, "Después que yo dejé Rusia, a veces he recibido cartas que inquieren acerca de 'lo que los judíos estaban haciendo bajo el régimen soviético", implicando que los judíos estaban actuando como un **cuerpo sólido y compacto**, y que la Revolución entera era una conspiración judía. No existe la garantía histórica más ligera para tal asunción... Ninguna teoría que los judíos como un bloque racial, trabajaron para el triunfo del Bolchevismo resistirá el análisis histórico serio".

Dos cosas son confusas en este dictum: la fuerza dirigente de la Judería y la totalidad del cuerpo del pueblo llamado "Judíos". Ni los alemanes ni los rusos, como "un bloque racial", trabajaron para "el triunfo" del Nacional Socialismo o el Comunismo respectivamente, pero cada uno de ellos lo obtuvieron. Las masas y muchedumbres nunca conscientemente "trabajan para" el triunfo de algo; ellos son empujados por lo que un grupo muy-organizado obtiene el poder sobre ellos. El "cuerpo compacto y sólido" de los obreros nunca "trabajan para" una huelga general, sino que la huelgas generales son proclamadas en su nombre. Este libro ha mostrado a lo largo, que la oposición más firme al Sionismo, por ejemplo, vino de los judíos, pero hoy día "el bloque racial" ha tenido impuesto al sionismo sobre él como una camisa de fuerza. En mi opinión, la fuerza dirigente de la revolución desde 1848 hacia adelante demostrablemente fue del Rabinato Talmúdico en Oriente, y **en ese** sentido, "la revolución" fue "una conspiración judía".

En Moscú, en 1935, entré a conocer a algunos de los oligarcas judíos. Uno fue el corpulento Maxim Litvinoff, la más típica figura del Romanisches Café o del Café Royal, que llegó a ser un grande de la revolución. Otro era Oumansky, un meloso, sonriente y mortal joven que vino (pienso) de Rumania, pero el no podría ser más anti-ruso si hubiese nacido en África. Yo me sentía como si viajara a través de Rusia (como Lenin hacia ella) en un tren sellado.

En 1937 el estado de los asuntos, creo, no había cambiado mucho. El Sr. A. Stolypine (cuyo padre, el último de los perseverantes libertadores, había sido asesinado en 1911) escribió que la substitución de los rusos o de otros por los judíos "en los gradas más altas de la escala oficial soviética" era patentemente un movimiento táctico y que los judíos "todavía tienen en sus manos las principales **palancas de control; el día que les obliguen a entregarlos, el edificio Marxista se derrumbará como un castillo de naipes**". Él enumeró las altas oficinas ocupadas por judíos y en particular señaló que las posiciones claves de control real, **a través del terror**, todas ellas permanecían en manos judías. Éstas eran los Campos de Concentración y los Campos de trabajo esclavo (controlado por un triunvirato judío; ellos contuvieron quizás siete millones de rusos); las prisiones (todos los prisioneros soviéticos eran gobernados por un comisario judío); toda la publicación de noticias y la maquinaria de su distribución, incluso la censura; y el Sistema esencialmente Talmúdico de los "Comisarios políticos" a través de los cuales, las fuerzas armadas fueron mantenidas bajo la disciplina terrorista.

En 1938, un tal Sr. Butenko, que tenía un puesto de bajo rango en el Servicio de la Diplomacia soviética, huyó a Italia en lugar de obedecer una orden de llamada desde Bucharest a Moscú. Declaró en el **Giornale d'Italia** que la nueva clase gobernante en su país, era casi exclusivamente judía. Particularmente en Ucrania, la administración entera y toda la industria estaban en tales manos, y ésta era una política deliberadamente seguida por Moscú.

Así la identidad de los gerentes de la revolución no cambió substancialmente entre 1917 y 1939; ellos se retiraron de la mayoría de los lugares de vista pública, pero retuvieron las verdaderas "palancas de control". Luego bajó la niebla de la guerra y el siguiente punto en el tiempo, en el cual la materia puede probarse, es el período de cierre y posterior a la Segunda Guerra, 1945 y los años siguientes.

Antes de que la Segunda Guerra incluso comenzara, los "objetivos de guerra" de la revolución fueron declarados públicamente por Stalin en el Tercer Congreso del Komintern en Moscú en mayo de 1938: "*El reavivamiento de la acción revolucionaria* en cualquier escala lo suficientemente decisiva no será posible a menos que nosotros tengamos éxito utilizando las discordancias existentes entre los países capitalistas, **para precipitarlos el uno contra el otro en el conflicto armado...** Todas las guerras de verdad generalizadas deberían terminar automáticamente en una revolución. El trabajo esencial de nuestros camaradas de Partido en los países extranjeros, consiste entonces, **en facilitar la provocación de tal conflicto.**"

El lector observará que ésta es la única declaración de los "objetivos de guerra" que fueron seguidos sin desviarse a través del resultante conflicto, exitosamente "provocado" por el pacto Hitler-Stalin. Los líderes Occidentales, predeterminados en sus "objetivos de guerra" declarados más tempranos y abandonando la mitad de Europa a la revolución, aseguraron el logro de los "objetivos de guerra" declarados más arriba sobre esa área.

¿Qué "dirigentes" entonces impuso la revolución en los países europeos Orientales para dejarlos cautivos de ella en 1945? Aquí una vez más se ofrece la oportunidad para probar la identidad de la fuerza dirigente detrás de la revolución. La opción fue libre; la revolución no tenía **necesidad** de imponer gobiernos Judíos en la docena de países abandonados a ella, a menos que ésta era su política deliberada.

En la comunizada **Polonia**, el Embajador de Estados Unidos, el Sr. Arthur Bliss Lane, vio y registró el predominio de los judíos, muchos de ellos extranjeros, en los puestos claves del terrorismo. El Mayor Tufton Beamish, Miembro del Parlamento británico, escribió, "Muchos de los Comunistas más poderosos en Europa Oriental son Judíos... He quedado sorprendido y choqueado al descubrir la gran proporción de Judíos que se encuentran en las líneas de las fuerzas de la Policía Secreta".

A la comunizada **Hungría,** el terrorista de 1919, Matyas Rakosi (nacido Roth, en Yugoslavia) volvió como Primer Ministro en 1945, y en esta ocasión, el Ejército Rojo tuvo que cuidarlo para mantenerlo en la oficina. **Ocho años después** (1953), United Press, informó que "90 por ciento de los más altos oficiales del régimen comunista húngaro son judíos, incluyendo al Premier Matyas Rakosi"; El **London Times** en ese año dijo que el gabinete del Sr. Rakosi era "predominantemente judío"; El **Time Magazine** de Nueva York habló del "un gobierno con un fuerte porcentaje judío (90 por ciento en los altos puestos) del Primer Ministro comunista Matyas Rakosi, quien también es judío".

En Hungría, como en los otros países comunizados, el ataque específico sobre la Cristiandad comenzó de inmediato con el encarcelamiento de los altos eclesiásticos. El caso que llamó más la atención en el mundo exterior fue aquel del Cardenal húngaro Mindszenty, encarcelado bajo los cargos de traición. La fuente de este hecho fue indicada por una declaración dirigida a los judíos del mundo en 1949, por "el Concilio Central de los Judíos en Hungría, la Organización Sionista Húngara y la Sección húngara del Congreso Mundial Judío que dijo, "es con gran alivio que los judíos húngaros recibieron las noticias del arresto del Cardenal Mindszenty. Con esta acción el Gobierno húngaro ha enviado la cabeza de una pandilla de los pogromos... a su bien merecido lugar".

De la comunizada **Checoslovaquia**, el **London New Stateman** (una autoridad confiable en cosas así) escribió *siete años después del fin de la guerra*, "En Checoslovaquia, como en otras partes en Europa Central y Sur-oriental, los intelectuales del Partido y los **hombres claves en la Policía Secreta** son principalmente judíos en su origen".

De **Rumania**, el ***New York Herald Tribune*** informó en 1953, ocho años después del fin de la guerra, "Rumania, junto con Hungría, tiene probablemente el número más grande de Judíos en la administración."

En Rumania, el terror arreciaba bajo Ana Pauker, una Judía cuyo padre, un Rabino, y su hermano estaban en Israel. Éste es un caso interesante de la disensión en una familia judía descrita por el Dr. Weizmann en su relato de su niñez en Rusia, dónde los hogares judíos estaban divididos entre el "Comunismo revolucionario" y el "Sionismo revolucionario", y solamente en ese asunto.

La Señora Pauker usó su oficina para permitirle a su padre que dejara Rumania para irse a Israel, aunque (tal como dijo su hermano) "es la política del Partido mantener a los judíos en Rumania."

La rol jugado por las mujeres, y evidentemente dado con la intención considerada a las mujeres en la revolución, desde los días de las 'bellas damas' que tejían alrededor de la guillotina, es de interés particular al estudioso que se cuida de investigar las comparaciones entre los métodos de la revolución y las costumbres de las tribus africanas salvajes.

En la comunizada ***Alemania Oriental***, el reino del terror fue presidido por una Frau Hilde Benjamín, que primero fue hecha Vicepresidente de la Corte Suprema y luego Ministra de Justicia. La "Roja Hilde" es frecuentemente descrita como una judía en la prensa y su régimen atroz está más allá de toda disputa, incluso el ***London Times*** que ha ido tan lejos como llamarle "la temible Frau Benjamín". En dos años, cerca de 200.000 alemanes orientales fueron declarados culpables bajo su dirección por "crímenes políticos" y ella presidió algunos de los "Juicios públicos" en el modelo soviético, de personas acusadas de tales crímenes como pertenecer a la secta de los Testigos de Jehová.

La Comunizada Alemania Oriental contuvo a 17.313.700 de personas, según el censo de 1946, y entre éstos sólo había entre 2.000 y 4.000 judíos, si las "estimaciones" judías son correctas. De esta diminuta minoría, el ***Zionist Record*** de Johannesburgo en 1950, informó que "la vida en la Zona Oriental ha traído cambios para mejor. No pocos de ellos ocupan hoy altas posiciones en el Gobierno y en la Administración, posiciones que ningún judío había tenido alguna vez en Alemania y qué, a pesar de toda la charla de democracia, ellos no pueden obtener ni siquiera hoy en la Alemania Occidental.

Varios judíos sostienen puestos importantes en los Ministerios de Información, Industria y Justicia. El Juez Supremo en el sector Oriental de Berlín es un judío, y así también son varios jueces mayores en las provincias fuera de Berlín. En la prensa, también, así como en el teatro, a un número considerable de judíos se les ha dado posiciones de responsabilidad".

Incluso cuatro mil judíos no podrían ocupar probablemente todos esos altos lugares y el mismo periódico en otro asunto dice, "Cuando las autoridades rusas de la ocupación fueron establecidas, poco después del fin de la guerra, había muchos judíos que ocupaban posiciones *claves* y altos puestos en la administración soviética. Ellos incluían a judíos *que habían vivido en Rusia*... y quienes entraron a Alemania y Austria en las líneas del Ejército Rojo, y judíos de áreas anexadas por Rusia en los últimos diez años, los estados bálticos Letonia y Lituania."

Esto lleva a la historia casi a nuestros días presentes y lo que resta se discutirán en un capítulo concluyendo. Cuando la revolución se extendió afuera, en el área abandonada a ellos por Occidente en 1945, la historia de 1917-1918 en Rusia fue repetida. Una venganza Talmúdica fue descargada y los gobiernos judíos fueron establecidos con un propósito obvio por todas partes. No hubo ningún gran cambio en ese estado de los asuntos, real o aparente, por otros ocho años. Lo que hicieron reafirmó una vez más, la naturaleza de la revolución y de su fuerza dirigente y el propósito Talmúdico.

Capítulo 43

EL ESTADO SIONISTA

La revolución, habiéndose extendido en la mitad de Europa, apoyada claramente para esto por los Aliados Occidentales, hizo otra cosa más: en la forma de un ataque de serpiente, sacó afuera su lengua que alcanzó a las orillas del sur de Europa, por el mediterráneo, en la diminuta tierra llamada Palestina. El dinero, equipo, la escolta y el convoy fueron proporcionados por Occidente, pero la revolución proporcionó los dos constituyentes indispensables del Estado Sionista: *las personas* para invadirla y *las armas* que hicieron su conquista certera.

Occidente se confabuló, pero el estado Sionista en el último análisis, fue la creación de la revolución, que de esta forma cumplió la doctrina Levítica del "retorno". Estas incursiones en Europa y en Arabia fueron las únicas "ganancias territoriales" cosechadas en la Segunda Guerra, en las fases tempranas en las cuales, los "Premier-dictadores" Occidentales por segunda vez habían públicamente renunciado a todo pensamiento de ganancia territorial. El resultado de estos dos desarrollos fue dejar, en la dividida Europa y en la dividida Palestina, dos punto de detonación permanente de una nueva guerra, la cual en cualquier momento podría estallar, causada por cualquiera que pudiese pensar en llevar más allá sus ambiciones por una tercera guerra.

El lector revocará que en los años que preceden la Segunda Guerra, el Sionismo estaba colapsando en Palestina; y que el Parlamento británico en 1939, Habiendo sido forzado por veinte años de experiencia a comprender que el "Hogar Nacional Judío" era imposible de realizar, había decidido abandonar el inservible "Mandato" y retirarse después de asegurar la representación parlamentaria de *todas* las partes en esa tierra, árabe, judíos y otros. El lector pudo ver los cambios que vinieron entonces cuando el Sr. Churchill llegó a ser Primer Ministro en 1940 y privadamente informó al Dr. Weizmann (según el relato del Dr. Weizmann que no ha sido desmentido) que él "estaba bastante de acuerdo" con la ambición Sionista, "después de la guerra... construir un estado de tres o cuatro millones de judíos en Palestina."

El Sr. Churchill siempre expresó gran respeto por el gobierno parlamentario, pero en este caso, como un potentado de tiempos de guerra, atropelló una política aprobada, después de un amplio debate por la Cámara de los Comunes, privada y arbitrariamente. Después de eso, el lector siguió al Dr. Weizmann en sus viajes a Norteamérica y vio cómo los esfuerzos del Sr. Churchill por armar a los judíos" (a lo cual él se había opuesto mediante los administradores responsables en el lugar) recibió el apoyo de allí bajo la "presión" del Dr. Weizmann y sus asociados.

Ese fue el punto en el cual el lector vio al estado Sionista en gestación por última vez. A lo largo de 1944, tal como el Sr. Churchill lo registra en sus memorias de guerra, él continuó presionando por la ambición Sionista. "Es bien conocido que estoy determinado a no romper los compromisos del Gobierno británico a los Sionistas expresadas en la Declaración de Balfour, como fueron modificadas por mi declaración posterior en la Oficina Colonial en 1921. ***Ningún cambio puede hacerse en política*** sin la discusión plena en el Gabinete" (29 de junio de 1944). La política ***había sido cambiada*** después de la discusión plena del Gabinete y el Parlamento, en 1939. Aquí el Sr. Churchill simplemente ignoró esa decisión mayor en la política y la revirtió a la anterior, haciendose eco de las extrañas palabras de otro Ministro de Colonia (el Sr. Leopold Amery, antes citado) que esta política ***no podía cambiarse***.

Nuevamente, "No hay ninguna duda que esto," (el tratamiento de los judíos en Hungría) "es probablemente el crimen más grande y el crimen más horrible que alguna vez se ha cometido en toda la historia del mundo... todos los involucrados en ***este crimen*** que puedan caer en nuestras manos, incluso las personas que sólo obedecieron las órdenes para llevar a cabo la carnicería, ***deberían ser condenados a muerte*** después de que su asociación con los asesinatos se haya demostrado... Deben hacerse declaraciones en público, de tal manera que cualquiera conectado con esto deberá ser cazado y le condenaremos a muerte" (11 de julio de 1944). Aquí el Sr. Churchill, tal como el Presidente Roosevelt y el Sr. Eden, implícitamente conectan la ejecución de cautivos ***solamente*** por sus crímenes contra los judíos, relegando así a todas las otras víctimas al olvido, en el cual, de hecho, ellos cayeron. Incidentalmente, el lector vio en el último capítulo que los judíos estaban entre los atormentadores, así como entre las víctimas.

Para continuar luego: "Yo estoy ansioso en responder ***rápidamente*** a la demanda del Dr. Weizmann para la formación de una fuerza de combate judía enfatizada en su carta del 4 de julio" (el 12 de julio de 1944). "me gusta la idea de los judíos que intentan llegar a los asesinos de sus compañero-compatriotas en Europa Central y pienso que esto daría mucha satisfacción en los Estados Unidos. Creo que es el deseo de los judíos combatir ellos mismos a los alemanes por todas partes. Es con los alemanes que ellos tienen su riña" (el 26 de julio de 1944). Si el Sr. Churchill, tal como es declarado por el Dr. Weizmann, había aceptado la construcción "de un estado de tres o cuatro millones de judíos en Palestina", él debe haber sabido que los Sionistas tenían una riña mucho más grande con la población de Arabia, y que cualquier "fuerza de combate judía" era más probable que cayera sobre esta inocente tercera parte que sobre los alemanes.

La última alusión grabada del Sr. Churchill (como Primer Ministro de tiempos de guerra) vino después de que acabó la lucha en Europa: "Todo el asunto de Palestina *debe establecerse en la mesa de la paz*... No creo que debamos tomar la responsabilidad sobre nosotros de manejar este lugar muy difícil mientras los norteamericanos se sientan atrás y critican. ¿Se ha dirigido alguna vez a la idea que debemos pedirles que ellos lo tomen? ... No soy consciente de la más ligera ventaja que incremente alguna vez a Gran Bretaña de esta dolorosa e ingrata tarea. Alguien más debe tener su turno ahora" (el 6 de julio de 1945).

Este pasaje (considerado junto con el comentario jocoso del Presidente Roosevelt a Stalin, que la única concesión él podría ofrecerle al Rey Ibn Saoud sería "entregarle los seis millones de judíos de los Estados Unidos") revela los pensamientos privados de estos Premier-dictadores que tan dócilmente obedecieron la orden de Sión. El Sr. Churchill deseaba poder delegar el insoluble problema a los norteamericanos; El Sr. Roosevelt alegremente lo habría cambiado a algún otro. En esta materia los grandes hombres, tal como un imprudente comentario en cada caso lo muestra, se comportan como los comediantes que no pueden de ninguna forma desprenderse del pegajoso rol. El Sr. Churchill, en este memorándum de oficina,, no era consciente "de la ventaja más ligera que incremente alguna vez a Gran Bretaña de esta tarea dolorosa e ingrata". Pero en público, cuando Sión estaba escuchando, él continuaba (y al momento de escribir este libro aun continúa) aplaudiendo la aventura Sionista de una manera tan ilimitada que despertó la curiosidad incluso de críticos *judíos* (tal como se verá).

En el momento cuando el Sr. Churchill dictó este último memorándum, sus palabras sobre "establecer el asunto de Palestina en la mesa de la paz" eran tan irrelevantes que él podría haber tenido un intento jocoso usándolas. El problema estaba cerrado, ya que los Sionistas tenían las armas, los hombres que usarían estas armas serían pasados de contrabando a través de Europa, desde el área revolucionaria por Occidente (tal como fue mostrado en el último capítulo), y los dos partidos políticos mayores en Inglaterra y Norteamérica estaban listos para aplaudir cualquier acto de agresión, invasión o persecución de los trans - migrantes cometidos con las armas que ellos habían obtenido.

Esto era particularmente evidente en el caso del partido Socialista en Inglaterra, que en ese momento, todavía era el país principalmente involucrado en el destino de Palestina. El Partido Laborista (como se llamaba a sí mismo) en Inglaterra se presentó como el campeón de los pobres, de los indefensos y oprimidos; había nacido y había sido engendrado en la promesa de las pensiones de vejez, ayuda en el desempleo, medicina gratuita y el cuidado y alivio de los desposeídos, los pobres o humillados en general. Cuando la guerra se dirigía a su fin, este Partido finalmente vio ante sí la perspectiva de oficina con una mayoría sustancial. Tal como el Partido Conservador (y ambos Partidos en Norteamérica) calculó que al parecer esa victoria, incluso en esta fase, no era bastante cierta y que podría asegurarse aplacando a Sión. Así puso a la cabeza de su política exterior el objetivo de sacar desde un pequeño país algunas personas que eran los más pobres, más desvalidos y más largamente oprimidos que incluso el obrero británico en los peores días de la Revolución Industrial. En 1944 su líder, el Sr. Clement Attlee, proclamó la nueva, coronando el principio del Socialismo británico:

"Dejemos que los Árabes sean animados a irse" (de Palestina) "mientras los judíos se instalan. Que se les compense generosamente por su tierra, y su asentamiento se organice cuidadosamente y generosamente financiado en otra parte" (doce años después, casi un millón de estas personas, animados a irse por las bombas, todavía languidecen en los países árabes vecinos de Palestina; y el Partido Socialista británico, en cada nuevo giro de los eventos, fue más demandante que nunca por su extenso castigo).

Los Socialistas británicos, cuando hicieron esta declaración, sabían que los Sionistas, bajo la cubierta de la guerra contra Alemania, habían juntado las armas para la conquista de Palestina por la fuerza. El General Wavell, comandante en el Medio Oriente, había mucho tiempo antes informado al Sr. Churchill que "dejados a ellos mismos, los judíos golpearían a los Árabes" que no tenían ninguna fuente de suministro de armas). La visión del General Wavell sobre el esquema Sionista era la de cualquier administrador responsable *en el sitio mismo*, y por esa razón él era detestado por el Dr. Weizmann. El lector ya ha visto, que tan atrás como en la Primera Guerra, el disgusto del Dr. Weizmann era peligroso incluso para los altos personajes y puede haber jugado un rol en el traslado del General Wavell del Comando de Medio Oriente a la India. *La Historia británica oficial de la Guerra en el Medio Oriente* describe al General Wavell como "uno de los grandes comandantes en la historia militar" y dice que el cansancio, causado por sus gran responsabilidad, fue agravado por el sentimiento que él no disfrutaba de la plena confianza del Sr. Churchill que bombardeó a su Comandante en el Medio Oriente con "irritantes" e "innecesarios" telegramas sobre "materias de detalles."

Por su exilio, el General Wavell puede haber sido otra víctima del Sionismo, y la proeza militar británica ha sufrido de acuerdo con esto en la guerra; esto no puede establecerse pero es una razonable conjetura. En 1944 el asesinato nuevamente aparece en la historia. Lord Moyne, como Ministro Colonial, era entonces el Ministro responsable para Palestina, el puesto que previamente había sido sostenido por Lord Lloyd (quién había sido duramente reprendido por el Sr. Churchill por la tardanza "en armar a los judíos" y había muerto en 1941). Lord Moyne era el amigo de todos los hombres, y simpatizaba con el Judaísmo, pero compartía la visión de todos sus predecesores responsables, que la empresa

Sionista en Palestina acabaría desastrosamente. Por esa razón, y teniendo la simpatía por el sufrimiento de la humanidad en general, estaba inclinado a reavivar la idea de proveer tierras en Uganda para cualquier judío que de verdad necesitara encontrar un nuevo hogar en alguna parte.

Esta noción humana le acarreó el odio mortal de los Sionistas quienes no aceptarían alguna diversión de pensamiento del blanco de su ambición, Palestina. En 1943, Lord Moyne modificó su visión, de acuerdo con el Sr. Churchill, quien sugirió que el Dr. Weizmann debería ir a El Cairo, debía reunirse con Lord Moyne allí y darse cuenta de las mejoras.

Antes de que cualquier reunión pudiera llevarse a cabo, Lord Moyne fue asesinado en El Cairo (en noviembre de 1944) por dos Sionistas de Palestina, otro pacifista más que es sacado del camino esparcido con los huesos de pacificadores anteriores. Este evento por un momento perturbó el flujo de memorandum del Sr. Churchill a sus colegas sobre "armar a los judíos", y los hombres responsables en Palestina recomendaron una vez más urgentemente, que la inmigración Sionista se suspenda. La respuesta del Sr. Churchill (el 17 de noviembre de 1944) fue que esto "simplemente jugaría en las manos de los extremistas", por lo que los extremistas fueron dejados libres de obstáculos en sus futuros planes y su tribu siguió aumentando.

Cuando la Segunda Guerra se acercaba a su fin en Europa, las esperanzas del Sr. Churchill de alguna espectacular transacción que integraría felizmente a los Khazar en Arabia se marchitaron. Si su sugerencia (que Ibn Saoud se haga "Lord del Medio Oriente, con tal de que él se ponga de acuerdo con usted", (es decir con el Dr. Weizmann) fue comunicado por el Dr. Weizmann al Presidente Roosevelt, un episodio de 1944 puede haber sido el resultado de él. Un norteamericano, el Coronel Hoskins, (el representante personal del "Presidente Roosevelt en el Medio Oriente" Dr. Weizmann) visitó entonces al líder árabe. El Coronel Hoskins, como todos los hombres calificados, no tenía fe en el plan para preparar un estado Sionista pero estaba en favor de ayudar a que los judíos fueran a Palestina (si alguien lo deseaba) **de acuerdo con los Árabes**. Se encontró que el Rey Ibn Saoud sostenía haber sido insultado groseramente por el Dr. Weizmann de quien él habló "con el mayor enfado y de la manera más despectiva, afirmando que yo" (dice el Dr. Weizmann), había "intentado sobornarlo con veinte millones de libras para vender Palestina a los judíos"; y él rechazó indignado cualquier sugerencia de un trato en tales condiciones. Desde allí toda perspectiva de algún "pago" desapareció y el Coronel Hoskins también pasó de la historia, otro buen hombre derrotado en su esfuerzo por resolver el problema insoluble propuesto por el Sr. Balfour.

Así, cuando la guerra entró en sus últimos meses, sólo dos alternativas permanecían. El Gobierno británico, abandonando la decisión de 1939, podría luchar adelante, intentando sostener la balanza imparcial entre los habitantes nativos y sus sitiadores de Rusia; o podría desechar "el Mandato" y podría retirarse, después de lo cual los Sionistas expelerían a los habitantes nativos con las armas obtenidas de los teatros europeos y africanos de la guerra.

Este segundo gran momento en el drama Palestino se estaba acercando. El Sr. Roosevelt había sido dicho por el Dr. Weizmann que los Sionistas "podrían no hacer descansar el caso en el consentimiento de los Árabes" pero había permanecido evasivo.

El Sr. Churchill, según el Dr. Weizmann, *se había* comprometido, en privado, y en 1944 el Dr. Weizmann estaba cada vez más impaciente para tener del Sr. Churchill un compromiso *público* en la forma de una Declaración de Balfour enmendada (en lugar de la frase sin sentido, "un Hogar Nacional") que otorgara *el territorio* a Zion (en 1949 él estaba todavía muy enfadado que el Sr. Churchill, con el "pretexto" que la guerra debía primero terminarse, se abstuvo de hacer esta capitulación pública final).

Tal como Macbeth, los "políticos de la cima" del Dr. Weizmann retrocedieron y se encogieron cuando el momento para el hecho se acercaba. Ni el Sr. Churchill, ni el Sr. Roosevelt ordenarían abiertamente a sus soldados que lo hicieran y los Sionistas furiosamente gritaban "¡Débiles de propósito! " Entonces el Sr. Roosevelt fue a Yalta, llevando el rostro de una condenada desesperación que las tomas de las noticias filmadas registraron, dispuesto para la bisección de Europa, y al final le informó escuetamente al Sr. Churchill (quién se asombró y "perturbó enormemente" por las noticias, según el Sr. Hopkins) que iba a reunirse con el Rey Ibn Saoud a bordo del crucero norteamericano *Quincy.*

Lo que siguió ha quedado profundamente en el misterio. Ni el Sr. Roosevelt, ni el Sr. Churchill tenían algún derecho para dar la tierra árabe a los lobbystas que los presionaban en Washington y Londres; no obstante, lo que se exigía de ellos era, en apariencia, tan pequeño comparado con lo que se había justamente recién hecho en Yalta, que la sumisión del Sr. Roosevelt y el mismo duro ultimátum al Rey Ibn Saoud, no habría sorprendido a nadie. En cambio, él salió de pronto del rol que había jugado por muchos años y habló como un estadista; después de eso murió.

Dejó Yalta el 11 de febrero de 1945, y pernoctó el 12,13 y 14 de febrero a bordo del **Quincy**, recibiendo al Rey Ibn Saoud durante este tiempo. Le pidió al rey que "admitiera a un poco más judíos en Palestina" y recibió la rotunda respuesta, "No". Ibn Saoud dijo que había un ejército de judíos en Palestina, todos armados hasta los dientes y... ellos no parecían estar luchando contra los alemanes sino que estaban apuntando a los Árabes". El 28 de febrero el Sr. Roosevelt se volvió a Washington. El 28 de marzo Ibn Saoud reiteró por carta su advertencia verbal (desde ya confirmada por los eventos) de las consecuencias que seguirían del apoyo norteamericano a los Sionistas. El 5 de **abril**, el Presidente Roosevelt contestó reafirmando su propia promesa dada a Ibn Saoud verbalmente que:

"***Yo no tomaría ninguna acción***, en mi capacidad como Jefe de la Rama Ejecutiva de este Gobierno ***que pudiera demostrarse hostil al pueblo árabe***". El **12 de abril** murió.

Esta promesa nunca sería conocida sino es por la acción de un estadista norteamericano, el Ministro de Relaciones Exteriores, James G. Byrnes, que lo publicó seis meses después (el 18 de octubre de 1945) en un vano esfuerzo por detener al sucesor del Sr. Roosevelt, el Presidente Truman, de tomar la misma "acción hostil a los Árabes" que el Presidente Roosevelt juró no cometería jamás.

La promesa del Sr. Roosevelt, fue virtualmente una en el lecho de muerte, y otra de las grandes preguntas sin contestar de la historia es, ¿Quiso decir lo que dijo? Si por alguna razón ***lo hizo***, entonces una vez más, la muerte intervino como el aliado del Sionismo.

Su cercano, el Sr. Harry Hopkins (quién estaba presente en la reunión y bosquejó un memorándum sobre ella) sonrió con desprecio a la sugerencia que podría haber sido entendida sinceramente, diciendo que el Presidente Roosevelt estaba "***totalmente comprometido, pública y privadamente y por convicción*** con los Sionistas (este registro del memorándum como la declaración del Sr. Roosevelt que, él había aprendido más de Ibn Saoud sobre Palestina en cinco minutos, de lo que había aprendido previamente en su vida; fuera de esto, nuevamente, creció la famosa anécdota que Ibn Saoud había dicho, "**Nosotros hemos sabido por dos mil años lo que usted ha luchado dos guerras mundiales para aprender**"). Sin embargo, el Sr. Hopkins posiblemente puede no ser un testigo fidedigno en esta ocasión, ya que inmediatamente después de la reunión él, la sombra del presidente, ¡Misteriosamente rompió con el Sr. Roosevelt a quien nunca más vio nuevamente con vida! El Sr. Hopkins se encerró después en su cabina y tres días más tarde, en Argelia, bajó del barco, "enviando unas palabras" a través de un intermediario que él retornaría a Norteamérica por otra ruta. La brecha fue tan súbita como aquella entre el Sr. Wilson y el Sr. House.

Lo que está claro. es que las últimas semanas y días de la vida del Sr. Roosevelt fueron sombreadas por la controversia de Sión, no por los asuntos norteamericanos o Europeos. Si él hubiese vivido, y su promesa a Ibn Saoud se hubiese conocido, el Sionismo, que tan poderosamente ayudó a hacerlo y mantenerlo como presidente durante doce años, se habría vuelto su enemigo más amargo. Él murió. (La promesa era **categórica**; continuaba, "ninguna decisión se tomará con respecto a la situación básica en Palestina *sin la plena consulta con Árabes y judíos*"; ésta era una repudiación directa al Dr. Weizmann que le había dicho "podríamos no hacer descansar el caso en el consentimiento árabe).

Así, cubierto en un misterio de último-momento, el Sr. Roosevelt también pasó de la historia. Un vislumbre de la separación de la multitud que estaba alrededor de él durante su reino de doce-años es entregado por el corresponsal en la Casa Blanca, el Sr. Merriman Smith; esta descripción de la ceremonia muestra que la estela de Yalta acompañó al Presidente incluso hasta su tumba: "la mayoría de las personas en el tren eran miembros del Staff de Roosevelt. Antes de que el tren estuviera fuera de la vista del depósito de Hyde Park, comenzaron lo que resultó ser una ceremonia pos-funeral. El licor fluyó en cada compartimiento y estrado. Las sombras se arrastraban sobre el tren y desde el exterior parecía un tren cualquiera llevando dolientes a sus hogares. Pero tras esas cortinas, el personal de Roosevelt tenía lo que ellos pensaban eran buenos tiempos. Su Jefe lo habría aprobado... Vi a un de los más altos Nuevos Distribuidores lanzando una bandeja de vasos vacíos en un retrete y gritar con una simulada valentía, 'Bajen la escotilla, no lo necesitaremos más.'"

"Porteros y mayordomos del club bulleron por los corredores de arriba abajo con borboteantes y chapoteantes bandejas. Si usted no hubiese conocido a las personas en la sala, habría pensado que ellos estaban en camino a casa después de un partido de fútbol. Algunas de las personas estaban usando el whisky como antídoto para preocuparse de sus trabajos... Pude oir un coro alcohólico de Auld Lang Syne..."

Tales eran los adornos de la política, durante esos últimos días cuando "los muchachos" se esforzaban hacia otra "victoria", cuando los ejércitos comunistas tomaban la mitad de Europa, y los Sionistas de Rusia fueron llevados en convoy por occidente hacia la invasión de Palestina.

En este asunto de Palestina, el Sr. Roosevelt fue liberado de su dilema por la muerte. El Sr. Churchill fue dejado para enfrentar el suyo. Había cortejado el favor Sionista de los días de la elección en 1906. Había sido miembro del Gobierno británico en 1917, del cual otro miembro (el Sr. Leopold Amery, citado en un documento Sionista en 1952) dijo, "Pensamos cuando emitimos la Declaración de Balfour que *si los judíos pudieran llegar a ser una mayoría* en Palestina, ellos podrían formar *un estado judío... No divisamos una Palestina dividida* que existe sólo al Occidente del Jordan."

El Sr. Churchill nunca declaró públicamente alguna de tales intenciones (de hecho, las negó), pero si fue su visión, esto significaría que incluso la preparación del Estado Sionista después de la Segunda Guerra Mundial por ningún medio deja clara la intención de aquellos que hicieron la Declaración de Balfour, y que más conquistas de tierras árabes todavía tenían que obtenerse mediante la guerra.

La palabra gobernante en el pasaje citado es "si"; "si los judíos pudieran llegar a ser una mayoría... " Por 1945 tres décadas de revuelta árabe habían mostrado que los Sionistas nunca *llegarían a ser* una mayoría" a menos que los Árabes fueran sacados de su tierra nativa por medio de las armas. El asunto que permanecía era,

¿Quién los echaría afuera? El Sr. Roosevelt le había jurado al Dr. Weizmann, incluso casi a punto de llorar "Permaneceré aquí en mi garantía", le gustaba afirmar que el Sr. Churchill estaba tan comprometido hasta donde Dr. Weizmann quisiera que estuviera.

Ni siquiera el Sr. Churchill podría llevar a cabo este hecho. Él, también, se liberó entonces de su dilema; no por la muerte, pero si por la derrota electoral. Sus memorias expresan el orgullo herido en este desaire; "Todos nuestros enemigos habiéndose rendido incondicionalmente o estando a punto de hacerlo, fui inmediatamente despedido por el electorado británico de conducir más allá sus asuntos".

No fue tan simple como eso. El historiador futuro tiene que trabajar tal materia, pero el participante viviente conoce bien, y yo estaba en Inglaterra y vi la elección cuando el Sr. Churchill fue "despedido". En la verdad, difícilmente se podría esperar que el electorado británico hubiese visto en el resultado de la guerra (de la cual el Sr. Churchill es el crítico más ácido) la causa para un voto de acción de gracias al Sr. Churchill, pero había otras razones para su derrota, no era solamente la desilusión.

Como en las elecciones norteamericanas, así en esta británicas de 1945, el poder de "entregar el voto" fue mostrado." El Sr. Churchill había entrado "armando a los judíos" y comprometiéndose privadamente al Sionismo, pero no lo bastante profundo para el Dr. Weizmann. En Inglaterra en la mitad del siglo, el control de la prensa estaba casi completo, en este asunto, la propaganda Sionista en la elección fue volcada sólidamente contra el Sr. Churchill y fue emprendida a favor de los Socialistas, los cuales habían entregado la requerida promesa de apoyar las "acciones hostiles" contra los Árabes ("Los Árabes deben ser animados a irse mientras los judíos se instalan..."). El bloque de los Miembros judíos del Parlamento giró como un cuerpo al partido Socialista (y eran los más fuerte en el ala izquierda del Parlamento, dónde los Comunistas acechaban). Con un alto júbilo los Sionistas vieron la derrota de su "campeón" de 1906,1917 y 1939. El Dr. Weizmann dijo que la victoria Socialista (y la "derrota" del Sr. Churchill) "encantaba a todos los elementos liberales". Esta fue la recompensa para el Sr. Churchill por los cuarenta años de apoyo al Sionismo; él no había ordenado a las tropas británicas para limpiar Palestina de Árabes y, durante algún tiempo, fue un enemigo.

Así el Sr. Churchill finalmente fue indultado de la tarea de decidir qué hacer sobre Palestina y no se debe haber sentido muy afligido, tal como él se describe a sí mismo, cuando fue despedido pronto después de la "victoria". Los Socialistas británicos, por lo menos provistos con una gran mayoría en el parlamento entonces, encontraron en seguida que se esperaba que ellos tomaran fuertes medidas para "animar a los Árabes a salir". Cuando ellos también se encogieron por los actos de los asesinos, los lamentos de "traición" cayeron sobre sus orejas como granizos. La narrativa del Dr. Weizmann crece frenética con indignación a estas alturas; el gobierno Socialista, dice, "dentro de tres meses de tomar la oficina repudiaron *la promesa* tan a menudo y claramente, incluso vehementemente repetida al pueblo judío".

Durante cuarenta años Lord Curzon parece haber sido el único político importante, apresado en este asunto, en comprender que incluso la palabra más casual de simpatía, proferida al Dr. Weizmann, se sostendría después como "una promesa", entregada solemnemente e infamemente si se rompiera.

Entre los Socialistas victoriosos, un digno hombre de Partido, el Sr. Hall, heredó la Oficina Colonial de Lord Lloyd, Lord Moyne y otros muertos o difamados, y apenas estaba en ella llegó una delegación del Congreso Sionista Mundial: "Yo debo decir que la actitud adoptada por los miembros de la delegación *era diferente de algo que yo hubiese experimentado alguna vez*. No era una demanda para la consideración del Gobierno de Su Majestad de las decisiones de la Conferencia Sionista, *sino una demanda que el Gobierno de Su Majestad debía hacer lo que la Organización Sionista deseaba que ellos hicieran.*"

Diez años después un ex-presidente norteamericano, el Sr. Truman, recuerda visitas similares durante su presidencia en iguales términos de inocente sorpresa; en 1945, la cosa había estado sucediendo desde 1906, sin perturbar los letargos políticos del Sr. Hall. Poco después de esto, él fue sacado de su Oficina Colonial, su competencia por la dignidad fue de pronto comprendida.

El gobierno Socialista de 1945 que en los asuntos domésticos debe de haber sido casi el peor que pudiera recibir un país cansado de la guerra, con la necesidad de revigorizar, en los asuntos extranjeros de su país le hizo un servicio. Salvó del deshonor, lo que podría salvarse. Bajo la presión de las cuatro esquinas del mundo, se negó a jugar el rol de asesinos en Palestina; si no protegió a los Árabes, y por ese tiempo probablemente no podría protegerlos, por lo menos no los destruyó para el capataz Sionista.

Este logro fue sólo el trabajo del Sr. Ernest Bevin, en mi estimación, el hombre más grande producido en la vida política británica durante este siglo. Según el informe, el Rey George VI, el más discreto de los monarcas, insistió al Primero Ministro Socialista entrante, el Sr. Attlee, nombrar Ministro del Exterior a su mejor y más fuerte hombre, porque el estado del mundo exigía esto claramente. El Sr. Attlee revisó una lista ya bosquejada, desechando el nombre de algún digno "liberal" que podría haber involucrado a su país en el próximo pogromo de Árabes, e insertando el nombre del Sr. Bevin.

En 1945, Palestina era claramente un asunto demasiado grande para ser manejados por los Ministros Coloniales, fue y permanecerá mucho tiempo, la preocupación mayor de los Primer Ministros y del Ministros del Exterior, Presidentes y Ministros de Estado en Inglaterra y EEUU, porque es la fuente más inflamable de nuevas guerras. En 1945, en cuanto la "victoria" fue ganada, se vio que dominaba y pervertía la política de todas las naciónes-estados. Sin temor, Ernest Bevin, el muchacho de una granja de Somerset y el ídolo de los trabajadores portuarios, subió a la bomba y buscó quitarle el fusible de encendido. Si él hubiera recibido el apoyo de un hombre importante en cualquier otro país Occidental, él podría haber salvado el día. Todos ellos cayeron sobre él como lobos; hubo algo de reunión-de-campamento y de histeria reavivada en el abandono de su rendición al Sionismo.

Él era un hombre robusto, con la carne y el aire de la zona oriental del país en sus huesos y músculos y su intrépida tradición en su sangre, pero incluso él estaba físicamente quebrado dentro de unos años por la furia de la incesante difamación. Él no fue doblegado espiritualmente. Comprendió que tenía que tratar con una empresa esencialmente misteriosa, una conspiración de la cual la revolución y el Sionismo eran partes ligadas, y él podría ser el único entre los políticos de este siglo en usar la palabra ("conspiración") qué tiene un significado que calza plenamente a este caso. Le dijo bruscamente al Dr. Weizmann que él no sería coercionado o halagado a tomar alguna acción contraria a las tareas de Bretaña. El Dr. Weizmann no había experimentado nunca tal instrucción, a ese nivel tan alto, desde 1904, y su indignación surgiendo al exterior a través de las organizaciones Sionistas del mundo, produjo el sostenido abuso contra el Sr. Bevin que le siguió.

El Sr. Churchill, si hubiese permanecido siendo Primer Ministro, habría usado, al parecer, las armas **británicas** para promulgar la partición de Palestina. Esa parece ser la inferencia ineludible de su memorándum al

Comité de los Jefes de Staff (el 25 de enero de1944) en el cual dijo "los judíos, dejados a sí mismo, golpearán a los Árabes; no puede haber gran peligro por consiguiente, *en nuestra unión de manos con los judíos y de promulgar el tipo de propuestas sobre partición que se han establecido.* "El lector puede ver como las grandes circunstancias alteran los casos. La bisección *de Europa* fue para el Sr. Churchill "una partición horrorosa que no puede durar". La partición *en Palestina* era digna ser promulgada "uniendo las manos con los judíos."

El Sr. Bevin no tendría ninguna asociación con tales esquemas. Bajo su guía, el gobierno Socialista anunció que "no aceptaría la visión que *los judíos deben sacarse de Europa o que no debía permitírseles vivir de nuevo en éstos*" (Europeos) "*países sin discriminación*, contribuyendo su habilidad y talento hacia reconstruir la prosperidad de Europa".

Las palabras muestran que este hombre entendió la naturaleza de chauvinismo Sionista, el problema que proponía y la única solución. Ellos describen lo que inevitablemente sucederá algún día, pero ese día se ha atrasado algún tiempo, después de otra era ruinosa en Palestina, que involucrará probablemente al mundo. Él fue el primer político británico en comprender totalmente la materia, o el primero en actuar con el valor de su conocimiento.

El gobierno Socialista de 1945 fue manejado, por la oficina responsable, para hacer todo lo que los gobiernos responsables antes de este habían sido igualmente obligados a hacer: para mandar nuevamente otra comisión de investigación (la cual no podría sino repetir los informes de todas las comisiones previas) y en el entretanto regular la inmigración Sionista y salvaguardar el interés de los Árabes nativos, de acuerdo con las promesas originales de la Declaración de Balfour.

El Dr. Weizmann consideró esto "un retroceso al antiguo, *astuto* doble énfasis *en la obligación hacia los Árabes de Palestina*" y el poder Sionista comenzó a trabajar para destruir al Sr. Bevin en cuya cabeza por los próximos dos años, se volcaría una campaña mundial. Este ataque era concéntrico, sincronizado y de tremenda fuerza. Primero, el partido Conservador fue enviado a la acción. Los Socialistas los habían derrotado por las capitulaciones al Sionismo, lo cual les trajo el apoyo de la prensa controlada. Los Conservadores, estando fuera de la oficina, jugaron esta carta de triunfo contra los Socialistas, y a su vez hicieron sus capitulaciones a Sión. Esto quedó claro en seguida: El Partido proclamó que *combatiría la política doméstica y apoyaría la política extranjera* de los Socialistas, pero desde el momento de la declaración Socialista sobre Palestina hizo una excepción a la segunda regla; comenzó un ataque sostenido en la política del gobierno Socialista *sobre Palestina*, lo cual quería decir contra el Sr. Bevin.

En ese momento, el Sr. Churchill, seguro en la oposición, se rebajó a sí mismo acusando al Sr. Bevin de "sentimientos anti-judíos", un disparo tomado del cajón de la Liga de Anti-difamación Judía (que agregó un nuevo epíteto, "Bevinismo", a su catálogo de palabras para ensuciar). Ninguna de tal degradación de un adversario político vino alguna vez del Sr. Bevin, un excelente colega del Sr. Churchill durante los largos años de guerra.

Así el Sr. Bevin, en el puesto de mayor peligro, recibió el apoyo pleno del Partido de oposición en todas las materias de política exterior salvo en una, Palestina. Él podría haber salvado el día todavía pero por la intervención del nuevo presidente norteamericano, el Sr. Harry S. Truman, con cuya designación automática (a la muerte del titular) desde la Vicepresidencia, la historia del Siglo 20 reasumió el aspecto de una tragedia griega (o de una comedia de errores). El Sr. Truman involucró a su país hasta el cuello en el embrollo Palestino, en el momento mismo cuando en Inglaterra, finalmente había surgido un hombre, quién era lo suficientemente capaz para liquidar la desastrosa ventura.

A menos que un hombre tuviese ese genio que no necesita ninguna base en el conocimiento adquirido, un pequeño pueblo en el Medio Oriente y en la ciudad de Kansas, son lugares pobres para aprender sobre los asuntos internacionales. El Sr. Truman, cuando la presidencia fue puesta en él, tenía dos inhabilitaciones mayores para la oficina. Una era la nativa lejanía de la política mundial, y la otra también era un conocimiento demasiado dosificado de política de distrito de la cual había visto mucho. En la Ciudad de Kansas, había visto trabajar la máquina; sabía de los patrocinios, de los jefes de distrito y de las urnas llenadas.

Había recibido la impresión que la política eran negocios, y esencialmente simples en las reglas básicas que no permitían ningún espacio para ideas extrañas.

Un hombre de porte mediano, robusto, de sonrisa amplia que firmaría la orden para un acto de destrucción inaudito en la historia de Occidente, caminó enérgicamente a la fase de los grandes eventos. Decidió en Potsdam que "Tío Joe" era "un buen tipo" y allí completó las reestructuraciones territoriales del Sr. Roosevelt en Europa y Asia. Dispuso la entrega de la bomba atómica sobre las indefensas Hiroshima y Nagasaki. Ninguna serie comparable de actos cayó alguna vez en el destino de un pequeño comerciante que alguna vez cayó en la quiebra y que fue precipitado en la oficina de un "Premier-dictador". Luego volvió su mirada en los asuntos domésticos y a las próximas elecciones del Congreso y las presidenciales. En éstos, él supo (y dijo), el voto controlado por los Sionistas era decisivo.

Mientras el Sr. Bevin se esforzaba por deshacer el enredo, el Sr. Truman deshizo los esfuerzos del Sr. Bevin. Exigió que cien mil judíos fuesen admitidos inmediatamente en Palestina, y dispuso para que la primera comisión *partidaria* de investigación fuese a Palestina. Esta era la única forma por la cual podría esperarse que una comisión alguna vez, entregara un informe favorable al esquema Sionista. Dos de sus cuatro miembros norteamericanos eran Sionistas confesos; otro, el *único* miembro británico era propagandista Sionista y un enemigo izquierdista del Sr. Bevin. Esta Comisión" "anglo-americana fue a Palestina dónde el Dr. Weizmann (quizás la décima vez en unos treinta años) era el personaje principal a ser escuchado. Esta Comisión recomendó (aunque "cautamente") la admisión de cien mil *"personas desplazadas"* (el término presumiblemente fue usado para desencaminar a las masas públicas y fue en el momento de alguna importancia; ninguna persona desplazada de verdad quería ir a Palestina).

Así entonces, la grasa de la próxima guerra fue puesta en el fuego, y un presidente norteamericano públicamente apoyó las "acciones hostiles" contra los Árabes, ya que para esto era. El próximo Congreso Sionista (en Ginebra en 1946) alegremente registró esta nueva "promesa" (la "sugerencia" del Sr. Truman y las "cautas recomendaciones" de la comisión partidaria). Éste fue un Congreso Sionista característico, estando principalmente compuesto de judíos de Palestina (quienes ya habían emigrado allí) y de Norteamérica (quienes no tenían ninguna intención de ir allí); el rebaño reunido, que sería transportado allá, no estaba representado. La descripción del Dr. Weizmann, de las decisiones tomada es de gran importancia.

Él dice que el congreso "tenía un carácter especial" y mostró "una tendencia a confiar en los métodos... referidos por diferentes nombres: '*resistencia*', '*defensa*', '*activismo*'. "A pesar de esas "sombras de pensamientos" (dice él) "un rasgo era común para todos ellos: la convicción de la necesidad de *luchar contra la autoridad británica en Palestina, o en cualquier otra parte*, por esa materia."

Los comentarios defendidos por el Dr. Weizmann deben ser considerados en el contexto de todo su libro y de toda la historia del Sionismo. Lo que él quiere decir es que el Congreso Mundial Sionista en Ginebra en 1946, decidió reasumir el método del terror y el asesinato que había demostrado ser eficaz en Rusia en la fase germinativa de la conspiración bi-céfala. El congreso supo que esto sería el método "referido por diferentes nombres" durante sus discusiones, para ellos *ya se había* reasumido en el asesinato de Lord Moyne y en muchas hazañas terroristas en Palestina. El impulso incitador para la decisión del Congreso (qué de hecho lo fue) vino de la recomendación del presidente norteamericano, que cien mil personas debían inyectarse por la fuerza en Palestina. Los Sionistas tomaron eso como otra "promesa", comprometiendo a Norteamérica a la aprobación de algo que ellos podrían hacer, y ellos tenían razón.

El Dr. Weizmann supo exactamente lo que estaba en la estaca y en su vejez se encogió de la perspectiva que volvió a abrirse ante él: la vuelta al culto de Moloch, el dios de la sangre. Había visto tanta sangre vertida en el nombre del Comunismo- revolucionario y del Sionismo-revolucionario, las dos causas que habían dominado su hogar paternal y en el pueblo del asentamiento [Pale]. En su juventud se había regocijado en los alborotos y revoluciones y había encontrado que los asesinatos eran una parte natural del proceso; en su madurez se había regocijado de la ruina de Rusia a pesar de las décadas de derramamiento de sangre que le sucedieron. Durante cincuenta y cinco años había clamado por el estrago y había desatado perros de guerra. Casi desconocido para las masas embrolladas en dos guerras, había llegado a ser uno de los hombres más poderosos en el mundo. Comenzando en 1906, cuando engatusó primero al Sr. Balfour, había subido gradualmente hasta que su palabra en el lobby era ley, cuando podía ordenar audiencias de monarcas y obediencia de Presidentes y Primer Ministros. Ahora, cuando la empresa por la cual había por tan largo tiempo formado planes estaba en el borde de la consumación, se sobresaltó de la ensangrentada perspectiva que se abrió inmensamente ante él; sangre, y más sangre, y al final... ¿Qué? Dr. Weizmann recordó a Sabbatai Zevi.

Estaba en contra de "ser servil a las fuerzas desmoralizadoras en el movimiento", la frase secreta que él usa para cubrir a aquellos referidos por el Sr. Churchill como "los extremistas", y por los administradores en el lugar como "los terroristas". Esto significaba que él había cambiado a medida que su fin se acercaba, ya que sin el terrorismo el Sionismo nunca se habría establecido en absoluto, y si en 1946, su estado Sionista *fuese* logrado, esto sólo podría hacerse con la violencia.

Así al final, el Dr. Weizmann había comprendido la futileza de su medio-siglo de "presión tras bastidores" y sin ninguna duda vio el fiasco inevitable que yacía adelante, después de que el estado Sionista hubo nacido en el terror. Psicológicamente, éste era un momento de mayor interés en la historia. Quizás los hombres se hacen sabios en su vejez; ellos se cansan de las palabras y los hechos violentos que parecían resolver todos los problemas en su juventud conspiracionista, y esta revulsión puede haber dado alcance a Chaim Weizmann. Si lo hizo, era demasiado tarde para alterar algo. La máquina que él había construido tenía que continuar, por su propia velocidad adquirida, a su propia destrucción y la destrucción de cualquiera en su camino. El futuro restante del Sionismo estaba en las manos de "las fuerzas desmoralizadoras en el movimiento", y él las había puesto allí.

Le negaron un voto de confianza y no se re-eligió Presidente de la Organización Sionista Mundial. Cuarenta años después de Herzl, fue lanzado al lado tal como él había lanzado a un lado a Herzl, y por la misma razón esencial. Él y su Khazars de Rusia habían derrocado a Herzl porque Herzl quiso aceptar Uganda, lo cual significaba la renuncia de Palestina. Fue derrocado porque temió re-embarcar en la política del terror y los asesinatos, y que también significaban la renuncia de Palestina.

La nota de desesperación se sintió aun más temprano, en su alusión al asesinato de Lord Moyne: "La judería de Palestina quiere... cortar, de raíz y las ramas, *este mal* de su medio... este fenómeno absolutamente no-judío". Estas palabras se dirigían a las orejas Occidentales y eran superficiales; el asesinato político *no era* "un fenómeno" absolutamente no-judío en las áreas Talmúdicas de Rusia, dónde Dr. Weizmann pasó su juventud revolucionaria y conspiracionista, él lo sabía muy bien, y una serie de hechos similares manchaba el pasado. De hecho, cuando él hablaba a un público *Sionista* admitía cándidamente que ese asesinato político *no era* un "fenómeno absolutamente no-judío" sino por el contrario: "Que es el terror en Palestina sino *el antiguo mal* en una nueva y horrible vestimenta."

Este "antiguo mal", emergiendo de su botella Talmúdica para confrontar al Dr. Weizmann en Ginebra en 1946, al parecer da cuenta por la nota de premonición que atraviesa las últimas páginas de su libro de 1949 (cuando el estado Sionista había sido establecido por el terror). El asesinato de Lord Moyne, él entonces presintiéndolo dijo, "Ilumina el abismo al cual lleva el terrorismo". Así en sus últimos días, el Dr. Weizmann vio hacia dónde le había llevado su infatigable viaje:

¡a un abismo! Vivió para verle, recibió un primer lote de casi un millón de víctimas.

Desde el momento de su deposición, el control efectivo pasó a las manos de "los terroristas", como él les llamaba, y su lamento tardío de "¡Atrás! "cae en el vacío aire. Los "activistas" (como ellos prefieren llamarse) fueron dejados con el poder para encender un tercer conflicto mundial cuando ellos quisieran. El Dr. Weizmann sobreviviría para jugar una parte determinante en la próxima fase de la ventura, pero nunca más nuevamente tendría el verdadero poder en el Sionismo.

Desde 1946 los terroristas tomaron el control. Ellos se pusieron a trabajar para sacar primero a los británicos de Palestina, y sabían que no podían fallar en el estado de los asuntos que se habían provocado durante la Segunda Guerra. Si los británicos se defendían ellos mismos o a los semitas Árabes, el lamento de "anti- semitismo" subiría hasta que los políticos en Washington se volvieran hacia los británicos; entonces, cuando los británicos abandonen, los terroristas sacarían a los Árabes.

El terror había estado sucediendo durante muchos años, siendo el asesinato de Lord Moyne sólo un incidente en ellos; de hecho, uno de los atormentados Ministros Coloniales, el Sr. Oliver Stanley, en 1944, dijo a la Cámara de los Comunes que había sensiblemente impedido "el esfuerzo de guerra británico", o en otros términos, prolongado la guerra (él es un testigo fidedigno, porque fue homenajeado por los Sionistas en su muerte como "un amigo" decisivo). En 1946 y 1947, después del Congreso de Ginebra, se intensificó, cientos de soldados británicos emboscados, recibiendo disparos mientras dormían, explosiones y similares. Al terror se le dio deliberadamente la apariencia visible del "antiguo mal" cuando dos sargentos británicos fueron puestos lentamente a la muerte en un huerto y fueron dejados colgados. La opción de esta forma Levítica de carnicería ("colgando de un árbol", la muerte "Maldito de Dios") significaba que estas cosas se hicieron bajo la Ley Judaica.

El gobierno británico, se acobardó por la furia de la prensa norteamericana y británica, bajo un control común, temió en proteger a sus oficiales y soldados, y un soldado británico escribió al **The Times**: "¿Qué uso tiene el ejército para la simpatía del gobierno? No ejerce venganza por aquellos que son asesinados, ni previene alguna matanza posterior. ¿Es que ya no somos una nación con el valor suficiente para dar fuerza a la ley y orden dónde es nuestra responsabilidad para hacerlo?"

Este era el caso. Los grandes gobiernos Occidentales habían caído, bajo la "presión irresistible", en una cautividad acobardada, y Bretaña y Norteamérica habían cesado, en cualquier caso en el tiempo, de ser naciones soberanas. Con el tiempo, el gobierno británico, en la desesperación, refirió el problema de Palestina a la nueva organización en Nueva York llamada "Las Naciones Unidas" (qué tenía tan poco derecho para disponer de Palestina como la Liga de Naciones previamente).

Delegados de Haití, Liberia, Honduras y otras partes del "mundo libre" atestaron Lake Success, un estanque abandonado, suburbano fuera de Nueva York. Había un siseo en el mundo en este momento y del padre ONU, cuerpos llamados como COBSRA, UNRRA, UNESCO se desenrollaron. En este día en particular, algo llamado UNSCOP (Comité Especial para Palestina de la Naciones Unidas) entregó a la ONU su informe recomendando "la partición de Palestina."

El Dr. Weizmann (aunque depuesto por la Organización Sionista por sus advertencias contra el terrorismo) fue una vez más la autoridad principal oída por UNSCOP en Jerusalén, y luego rápidamente volvió a Nueva York dónde, en octubre y noviembre de 1947, dominó la escena oculta como supremo en el Lobby. La "presión irresistible" operó con fuerza implacable.

Los delegados a quienes las masas públicas vieron en las pantallas de los cines eran títeres; la gran obra se llevaba a cabo detrás de las cortinas y en "el mundo real" de Chesterton, de lo cual la multitud no vio nada, dos grandes operaciones estaban en marcha, mediante las cuales el destino de Palestina fue determinado, lejos de los vestíbulos de debate de las Naciones Unidas. Primero, cientos de miles de judíos de Rusia y Europa Oriental estaban pasando de contrabando por Europa Occidental para invadir Palestina. Segundo, la cercanía de una elección presidencial norteamericana estaba siendo usada por los Sionistas como un medio para poner a los Partidos rivales en lucha para ofrecer apoyo a los Sionistas, y así para asegurar que el voto norteamericano, decisivo en las Naciones Unidas fuese a favor de la invasión.

En cada caso, y como en las tres décadas precedentes, surgieron hombres que se esforzaron por desenredar a sus países de sus consecuencias. El convoy secreto de los judíos Orientales por Europa Occidental fue revelado por un general británico, el Señor Frederick Morgan (a cuyo trabajo en la planificación de la invasión de Normandía, el libro del General Eisenhower rinde tributo).

Cuando la lucha acabó, el General Morgan fue prestado por la Oficina de Guerra británica a "UNRRA", el cuerpo que desciende de las Naciones Unidas, que se suponía, para "ayudar y rehabilitar" a las víctimas de la guerra. El General Morgan fue puesto en el cargo más desafortunado de éstos (de "Personas Desplazadas") y encontró que "UNRRA" que costaba al contribuyente norteamericano y británico mucho dinero, estaba usándose como paraguas para cubrir el movimiento masivo de Judíos del área oriental a Palestina. Estas personas *no eran* "Personas Desplazadas". Sus países nativos habían sido liberados por los Ejércitos Rojos y ellos podían vivir en ellos, su bienestar estaba asegurado por la ley especial contra el "anti-semitismo" la cual, todos estos países comunizados recibieron de su Lord Comunista. Ellos no habían sido "expulsados de Alemania" dónde nunca habían vivido. De hecho, éstos eran, una vez más, los Judíos del Este (***Ostjuden***), los Khazars, siendo guiados por sus amos Talmúdicos a una nueva tierra para un propósito conspiracionista.

De esta manera una nueva guerra estaba cocinándose sobre las brasas de la que estaba muriendo y el General Morgan (en enero y agosto de 1946) públicamente declaró que "una organización secreta existe para llevar un movimiento de masa de judíos de Europa, un segundo Éxodo". El Senador Herbert Lehman, un prominente Sionista que era Director General de UNRRA, dijo esta advertencia era "anti- semita" y exigió la renuncia del General Morgan. Cedió cuando el General Morgan negó un intento "anti-semita", pero cuando el general repitió su advertencia ocho meses más tarde, fue ***sumariamente despedido*** por el nuevo Director General, un simpatizante Sionista y ex Alcalde de Nueva York, el Sr. Fiorello La Guardia, conocido para los neoyorquinos como La Pequeña Flor. El Sr. La Guardia designó entonces al Sr. Myer Cohen el lugar del

General Morgan. El gobierno británico se apresuró a castigar al General Morgan, llamando a retiro al famoso planificador de la invasión, declarando (falsamente) que esto se hacía ante su propia solicitud.

Dos cuerpos independientes de alto nivel confirmaron la información del General Morgan ; en la condición sirviente de la prensa sus revelaciones recibieron la mínima publicidad. Un Comité Selecto en Estimaciones de la Cámara de los Comunes informó (en noviembre de 1946) que "un número muy grande de Judíos, *casi sumando a un segundo Éxodo, ha estado emigrando de Europa Oriental* a las zonas norteamericanas de Alemania y Austria con la intención, en la mayoría de casos, de llegar finalmente a Palestina. Está claro que *es un movimiento muy organizado, con amplios fondos y gran influencia detrás de él*, pero el Subcomité fue incapaz de obtener alguna evidencia real de los instigadores". Un Comité investigación de Guerra enviado a Europa por el Senado de Estados Unidos dijo que "una potente migración de judíos *de Europa Oriental* en la zona norteamericana de Alemania es parte de *un plan cuidadosamente organizado y financiado por grupos especiales en los Estados Unidos.*"

El cuadro, una vez más, es de una conspiración apoyada por los gobiernos Occidentales, en este caso el norteamericano en particular. La "organización" en EEUU dispuso generosamente de fondos públicos norteamericanos y británicos, y efectuó el traslado-masivo de población bajo la cubierta de ayuda de guerra. Sus líderes pudieron sumariamente despedir a altos oficiales, pagados públicamente, que expusieron lo que estaba sucediendo, y el gobierno británico apoyó esta acción. Aunque por ese tiempo (1946-1947) se suponía que la perfidia del estado revolucionario había sido realizada por políticos Occidentales (de tal manera que "la Guerra Fría" se emprendió con él), los tres gobiernos de Washington, Londres y Moscú actuaron en acuerdo perfecto en esta única materia. El "éxodo" vino de Rusia y de la parte de Europa abandonada por Occidente a la revolución. Ningún hombre podía dejar el estado soviético sin permiso, en su mayoría raramente concedido, pero en este único caso, la Cortina de Hierro se abrió para soltar una masa de personas, lo suficientemente grande para asegurar una guerra inmediata y la inquietud permanente en el Cercano Oriente.

Así tan fácilmente, treinta años antes, las fronteras y puertos de Alemania (un enemigo), Inglaterra (un aliado) y América (un neutral) se habían abierto para permitir a los revolucionarios ir a Rusia. En ambas ocasiones, a este nivel supremo de la política, una política supra-nacional, no había aliado, enemigo o neutral; todos los gobiernos llevaron a cabo la orden del poder supremo.

Uno de los Ministros Coloniales británicos previamente involucrado en el Sionismo y en la Declaración de Balfour de 1917, el Sr. Leopold

Amery, había dicho: "Pensamos cuando nosotros emitimos la Declaración de Balfour que *si los judíos pudieran volverse una mayoría en Palestina, ellos formarían un estado judío*". En 1946-1948, finalmente, este pensamiento estaba llevándose a cabo, de la única manera posible: por el trasplante masivo de judíos Orientales a Palestina. Sólo una cosa todavía era necesaria: obtener de "las Naciones Unidas" algún acto de legalización simulada para la invasión que estaba ocurriendo.

Para asegurar esto, la capitulación del Presidente norteamericano era necesaria; y la forma de provocar eso era amenazar a sus consejeros de Partido con la pérdida de la próxima elección presidencial que estaba a un año de suceder.

Una tercera guerra estaba en verdad empollándose, en la delgada niebla de la segunda guerra, por este movimiento clandestino de población, y en Norteamérica (después del despido del General Morgan en Europa) los dos hombres cuyas oficinas les hicieron directamente responsable intentaron pellizcar el peligro en el brote. Uno era el General Marshall cuyas intervenciones en el asunto de invadir Europa y después en la de China, mostró por sus consecuencias haber sido muy de mal agüero. En el asunto de Palestina él mostró prudencia. En 1947, era Ministro de Relaciones Exteriores y así era el responsable principal, debajo el presidente, para la política extranjera. Él se esforzó por evitar el envolvimiento de su país en el fiasco Palestino y, como en todos de tales casos, su exilio llegó pronto.

El otro hombre fue el Sr. James Forrestal, Ministro para la Defensa. Era un banquero exitoso, llevado al gobierno en el tiempo de guerra por su habilidad ejecutiva; era adinerado y sólo el impulso para servir su país lo puede haber movido a tomar la oficina. Previó las consecuencias desastrosas del envolvimiento y murió creyendo que había fallado absolutamente en su esfuerzo por evitarlo. De todos los hombres involucrados durante dos generaciones, solamente él dejó un diario que expone totalmente los métodos por los que Sión controla y manipula a gobernadores y gobiernos.

El Sr. Truman fue más allá que el Presidente Roosevelt en 'tomar la política extranjera y la seguridad nacional fuera de la provincia del Ministro responsable, y actuando contrariamente a su consejo bajo la presión aplicada a través de los consejeros electorales. La historia fue mostrada completa por el ***Diario*** del Sr. Forrestal, las propias memorias de Sr. Truman, y el libro del Dr. Weizmann.

El forcejeo entre bastidores por el control sobre el Presidente norteamericano, y desde allí sobre la propia República, duró desde el otoño de 1947 a la primavera de 1948, es decir, desde el debate en las Naciones Unidas sobre la partición de Palestina a la proclamación del estado Sionista después de su toma por la fuerza.

Las fechas son importantes. En noviembre de 1947 los Sionistas quisieron el voto de la "partición" y en mayo de 1948 ellos quisieron el reconocimiento de su invasión. La elección presidencial sería en noviembre de 1948, y el preliminar esencial de ésta, la disputa por la nominación, en *junio y julio* de 1948. El encargado del Partido le dijo al Sr. Truman que la re-elección estaba en el regalo Sionista; el candidato de oposición recibió un consejo similar de sus encargados partidarios. Así "la campaña de la elección tomó la naturaleza de una subasta, cada candidato estando constantemente bajo la presión de sus organizadores para sobrepasar al otro en 'apoyar la invasión de Palestina. En estas circunstancias, el candidato exitoso podría sentir que la elección sólo era un premio por el "apoyo a la partición" en noviembre de 1947 y "garantizando el reconocimiento" en mayo de 1948; nada podría ilustrar más claramente el inmenso cambio que la inmigración masiva de judíos Orientales, en el período posterior a la Guerra Civil, había provocado en los asuntos de la República norteamericana. El Sr. Forrestal dejó un relato completo de los principales movimientos en este fatal concurso oculto.

La bomba-de-tiempo plantada por el Sr. Balfour treinta años antes alcanzó su momento-de-explosión cuando el gobierno británico en 1947, anunció que se retiraría de Palestina si otros poderes hacían allí imposible la administración imparcial; ésta fue la respuesta a la propuesta del Presidente Truman que "100.000 personas desplazadas fueran permitidas entrar en Palestina inmediatamente . El consejero responsable del Sr. Truman que en seguida le informó al gobierno norteamericano de las consecuencias que fluirían de un retiro británico.

El General Marshall le dijo al Gabinete norteamericano que tal retiro británico "sería seguido por una lucha sangrienta entre Árabes y Judíos" (8 de agosto de 1947), y su Sub Secretario de Relaciones Exteriores, el Sr. Robert Lovett, apuntó el peligro a "solidificar el sentimiento entre todos los árabes y pueblos musulmanes contra los Estados Unidos (el 15 de agosto de 1947).

Esta advertencia fue de inmediato respondida por la voz de los políticos del Partido. En un almuerzo Ministerial, el Sr. Robert Hannegan (Administrador General, pero previamente presidente del Partido del Presidente, el Partido Demócrata) instó al Presidente que "hiciera una declaración sobre la política en Palestina" demandando "la admisión de *150.000 Sionistas*". Así el consejo del hombre del Partido fue que el Presidente Truman debería responder a la advertencia británica **aumentando** su oferta por el apoyo electoral Sionista, de 100.000 a 150.000 personas. El Sr. Hannegan dijo que esta nueva demanda "***tendría una enorme influencia y un gran efecto en el alza de la recolección de fondos para el Comité Nacional Demócrata***" y, como prueba de lo que él prometía, agregó que la demanda anterior (relacionada con los

100.000 inmigrantes) había producido como resultado que se obtuvieron *"sumas muy grandes de los contribuyentes judíos y ellos serían influenciados tanto en dar o abstenerse por lo que el Presidente hiciera en Palestina."*

Así el asunto desde la partida fue presentado al Presidente en términos llanos de interés nacional por un lado y de contribuciones partidarias por otro, Partido-votos y Partido-éxito en el otro. Fue discutido a lo largo de los meses que siguieron y finalmente fue determinado sobre esa base, sin alguna glosa.

La alarma del Sr. Forrestal se puso aguda. Sostuvo que si la política estatal y la seguridad nacional (su ámbito) debía ser subordinado a la compra de votos, el país pasaría a estar bajo el control Sionista y antes (en 1946) le había preguntado al Presidente si Palestina no podría sacarse de la política". El Sr. Truman en ese momento había "estado de acuerdo acerca del principio" pero había mostrado el sentimiento "que no mucho saldrá de tal esfuerzo, que el maniobrar político es inevitable, *siendo la política y nuestro gobierno lo que ellos son."*

En septiembre de 1947, el Sr. Forrestal estimulado por sus presentimientos, trabajó incansablemente para tener a Palestina "fuera de la política". Su idea era que ambos Partidos contendiendo deberían contener una mayoría de personas que podrían ser llevadas a un acuerdo, en el interés nacional superior, que los problemas extranjeros puedan ser puestos sobre la disputa, para que Palestina no pueda ser usada para pregonar ventas en tiempos de elecciones. Encontró sólo desdén por esta idea entre los hombres de la"política práctica".

Profundamente perturbado por los comentarios citados más arriba del Sr. Hannegan del 4 de septiembre, el Sr. Forrestal en un almuerzo de Gabinete Ministerial, el 29 de septiembre de 1947, abiertamente le preguntó al Presidente Truman "si no sería posible alzar el asunto Judío-Palestina fuera de la política". El Sr. Truman dijo que "merecía la pena intentarlo, aunque él era evidentemente escéptico". En el siguiente almuerzo de Gabinete Ministerial (el 6 de octubre) el Jefe de Partido reprendió al funcionario Ministerial responsable:

"Sr. Hannegan planteó el asunto de Palestina. Dijo que muchas personas habían **contribuido** para eso. La campaña Demócrata *estaba presionando fuerte para asegurar de la administración el apoyo definitivo para la posición judía en Palestina."*

El Sr. Forrestal previó la capitulación del Sr. Truman y su alarma aumentó. Vio al Manager del Partido Demócrata, el Sr. J. Howard McGrath (6 de noviembre de 1947) y nuevamente no pudo hacer ningún avance. El Sr. McGrath dijo, "Había dos o tres estados importantes *que no podrían ganarse sin el apoyo de personas que estaban profundamente interesadas en el asunto de Palestina".* El Sr.

Forrestal no dejó la impresión con su respuesta, "Yo dije que prefería perder esos estados en una elección nacional que correr el riesgo, el cual sentía, podrían interferir en nuestro manejo del asunto de Palestina".

En el próximo día recibió el apoyo nuevamente del General Marshall que dijo al Gabinete que el Medio Oriente era "otra caja de yesca", y Sr. Forrestal entonces "repitió mi sugerencia... que un esfuerzo serio debía hacerse para alzar el asunto de Palestina *fuera de la política partidaria norteamericana... La política doméstica cesa en el Océano Atlántico y ningún otro asunto estaba cargado con más peligro para nuestra seguridad que este particularmente* (el 7 de noviembre de 1947).

El voto de la "partición" estaba por este tiempo cerca y el Sr. Forrestal hizo otro llamado al Sr. McGrath, el Manager del Partido Demócrata, mostrándole un informe secreto sobre Palestina proporcionado por la agencia de la inteligencia gubernamental. El Sr. McGrath lo dejó a un lado, diciendo las fuentes judías eran responsables de una parte sustancial de las contribuciones al Comité Nacional Demócrata y muchas de estas contribuciones eran hechas *"con una idea distinta por parte de los donadores,* que ellos tendrán una oportunidad para expresar sus visiones y serán considerados en serio en cosas tales como el presente asunto de Palestina. Había un sentimiento entre los judíos que los Estados Unidos no estaban haciendo lo que debían para *solicitar los votos* en la Asamblea General de las Naciones Unidas en favor de la partición de Palestina, y más allá de esto, los judíos *esperaban* que los Estados Unidos hicieran lo sumo para llevar a cabo la decisión de la partición si se vota por las Naciones Unidas *a través de 'la fuerza' si fuese necesario*".

Esta cita revela el proceso de levantar progresivamente la oferta para los fondos y el voto Sionista que estaba tras bastidores. En el comienzo sólo el apoyo de Estados Unidos para la propuesta de la partición se había esperado. Dentro de unas semanas esta "expectativa" había subido ante la demanda que los Estados Unidos "solicitaría" los votos de otros países en apoyo de la partición y *se usarían tropas norteamericanas para dar fuerza a la partición*, y el manager del Partido estaba realmente acostumbrado a tales nociones (si las tropas norteamericanas en los años 1950 o 1960 se encuentran ellos mismos en el Cercano Oriente, cualquiera de ellos que ha leído los *Diarios* del Sr. Forrestal sabría cómo ellos llegaron a estar allí). El Sr. Forrestal debe haber actuado con un sentido de deber, no de esperanza, cuando él le imploró al Sr. McGrath que "pensara mucho acerca de esta materia porque involucraba no solamente a los Árabes del Medio Oriente, sino también podría involucrar al mundo musulmán entero con sus cuatrocientos millones de personas: Egipto, el Norte de África, India y Afganistán."

Mientras el Sr. Forrestal luchó esta batalla perdida detrás de las cortinas de la Casa Blanca y de la oficina principal del Partido, el Dr. Weizmann, en Washington, Nueva York y Lake Success estaba organizando infatigablemente "el voto" en la partición. Estaba teniendo sus dificultades, pero fue rescatado de ellas en este momento culminante cuando encontró "un bienvenido y llamativo cambio" entre algunos de esos "judíos adinerados" que anteriormente se habían opuesto al Sionismo. En esta fase tardía en su narrativa él menciona primero al Sr. Bernard Baruch, diciendo que el Sr. Baruch había sido **anteriormente** "un judío oposicionista", uno de los "judíos ricos y poderosos que estaban contra la idea del Hogar Nacional judío, pero que no sabían mucho sobre el asunto".

Uno sólo puede especular sobre la composición exacta y naturaleza del "judío Internacional" qué el Dr. Kastein describió como haber entrado en existencia alrededor del inicio de este siglo. Es permisible, a la luz de todo lo que ha pasado en estos cincuenta años, verlo como un permanente, alto directorado, extendido sobre todos los límites de las naciones-estado, un número de miembros que probablemente sólo cambia cuando deja un espacio por la muerte. Si ésa es su naturaleza, una inferencia razonable más allá, sería que el Dr. Weizmann era un muy alto funcionario, quizás el funcionario más alto, subordinado a esto, pero que indudablemente había un cuerpo superior a él. En ese caso, juzgaría que sus cuatro miembros más importantes, en los Estados Unidos en ese período, habrían sido el Sr. Bernard Baruch, primero, y el Senador Herbert Lehman, el Sr. Henry Morgenthau Junior y Justice Félix Frankfurter, los próximos. Si hubo alguna duda, habría ligado previamente al Sr. Baruch que nunca se había asociado públicamente con causas "izquierdistas" o con el Sionismo. Su gran camarada, el Sr. Winston Churchill, citó la "visión negativa" del Sr. Baruch sobre el Sionismo al Dr. Weizmann, quien en consecuencia (tal como lo dice) "tuvo gran cuidado para no mencionar el problema judío" cuando más temprano se encontró con el Sr. Baruch en Norteamérica.

"No obstante, en este decisivo momento, el Sr. Baruch de pronto "cambió un gran trato" (Dr. Weizmann) y **su** apoyo, agregado a la "presión" Sionista que se estaba ejerciendo en la política norteamericana, fue determinante. El Dr. Weizmann, cuando se daba prisa en el lobby en Lake Success, supo que la Delegación norteamericana se **oponía a** la partición de Palestina. Por consiguiente alistó el apoyo "particularmente útil" del Sr. Baruch (hasta entonces, durante cuarenta años o más, considerado un antagonista del Sionismo, ¡incluso con íntimos como el Sr. Winston Churchill!), y también del hijo del Sr. Henry Morgenthau (cuyo nombre lo liga al plan de "ciega venganza" adoptado por el Sr. Roosevelt y el Sr. Churchill en Ottawa en 1944).

El Sr. Baruch presumiblemente no sostuvo el temor al Dr. Weizmann que parece haber asido a los políticos Occidentales ante la proximidad del líder Sionista. Por consiguiente su apoyo súbito al Sionismo debe denotar o una conversión abrupta o la revelación de un sentimiento anterior oculto; en cualquier caso, su intervención fue decisiva como se verá.

El Dr. Weizmann estaba bien apoyado por los otros judíos poderosos en el Partido Demócrata. El Senador Lehman era de la cabeza de UNRRA cuando fue usado para pasar de contrabando a los judíos Orientales por Europa a Palestina, y había exigido la renuncia del General Morgan por llamar la atención públicamente a este movimiento masivo de personas; su parte en el drama ya estaba clara. El Sr. Justice Frakfurter estaba igualmente ocupada; El Sr. Forrestal le fue dicho por el Sr. Loy Henderson (en el cargo de los Asuntos en el Medio Oriente del Deprtamento de Estado) que "una enorme presión se había puesto sobre él así como en el Sr. Lovett para conseguir la **solicitud** norteamericana activa de los votos en las Naciones Unidas para la partición de Palestina; él dijo a Felix Frankfurter y Justice Murphy que ambos habían enviado mensajes *a los delegados de las Filipinas* insistiendo enérgicamente por su voto" (éste es el mismo Sr. Frankfurter que llamó al Sr. House en la Conferencia de la Paz de 1919 en París "para hablar acerca de los judíos en Palestina"; él también fue el consagrado instructor del Sr. Alger Hiss en la Escuela de derecho de Harvard).

Teniendo tal apoyo, el Dr. Weizmann era un general que acosaba secundado por ejércitos superiores cuando él llamó al Comandante de la ciudadela, el Presidente Truman, el 19 de noviembre de 1947, **para exigir que** los Estados Unidos apoyaran la partición de Palestina, y además, que el distrito de Negev (a la que el Dr. Weizmann ataba una "gran importancia") sea incluido en el territorio Sionista.

La disciplina de Sr. Truman fue ejemplar: "*él me prometió que se comunicaría en seguida con la comisión norteamericana*" (Dr. Weizmann). Fuera en Lake Success, el delegado norteamericano principal, el Sr. Herschel Johnson, cuando estaba a punto de informar al representante Sionista de la decisión norteamericana para votar contra la inclusión del Negev, fue llamado al teléfono y recibió, a través del Presidente Truman, las órdenes del Dr. Weizmann. Con ello el hecho fue conformado y el 29 de noviembre de 1947, la Asamblea General de las Naciones Unidas **recomendó** (la propaganda Sionista siempre dice "decidió") que "Estados independiente árabe y judío, *y el régimen internacional específico para la Ciudad de Jerusalén*" debía venir en existencia detrás del término del "Mandato" británico en agosto 1º de 1948.

El voto fue de 31 contra 13 con 10 abstenciones. La firma en que fue procurado el voto norteamericano ya se ha mostrado. Acerca de algunos de los otros votos, el Vice Ministro Robert Lovett dijo en el próximo almuerzo Ministerial (diciembre 1°, 1947) que "él nunca en su vida había estado sujeto a tanta presión como lo había estado en los últimos tres días". La Firestone Tire y Rubber Company que tenían una concesión en Liberia informaron (él dijo) que se le había pedido por teléfono para instruir a su representante en Liberia **presionar al Gobierno Liberiano de votar en el favor de la partición** ". (del relato del Sr. Loy Henderson de la "gran presión" usada para conseguir la "solicitación" americana de los votos de países pequeños ya se ha citado). Así fue que el "voto" de "las Naciones Unidas" produjeron el problema más explosivo de los asuntos internacionales de este siglo.

En el almuerzo Ministerial inmediatamente después de este "voto", el Sr. Forrestal volvió al ataque: "Yo comenté que muchas personas pensantes de la fe judía tenían profundos presentimientos sobre la sabiduría de *las presiones* Sionistas por un estado judío en Palestina... La decisión estaba cargada con *un gran peligro para la seguridad futura de este país*". Él discutió entonces el asunto (el 3 de diciembre de 1947) con el Sr. James F. Byrnes que había dejado de ser Ministro de Relaciones Exteriores antes, durante el año (su exilio era previsible; fue él quién descubrió la promesa del Presidente Roosevelt al Rey Ibn Saoud).

El Sr. Byrnes dijo que las acciones del Presidente Truman habían puesto al Gobierno británico "en una posición mucho más difícil" y agregó que el Sr. David K. Niles y el Juez Samuel Rosenman "eran principalmente responsables" de ello. Ambos hombres se habían llevado a la Casa Blanca a través de la "Guardia del Palacio" con la cual el Sr. Roosevelt se rodeaba; El Sr. Niles (de descendencia judía- rusa) era el "consejero en los asuntos judíos" y el Juez Rosenman había ayudado a escribir los discursos presidenciales. Estos hombres (dijo el Sr. Byrnes) le dijeron al Sr. Truman "que Dewey estaba a punto de salir con una declaración favoreciendo la posición Sionista en Palestina, y había insistido que a menos que el Presidente se anticipara a este momento, *el Estado de Nueva York se perdería a los Demócratas*."

Aquí el Sr. Byrnes dio otro vislumbre de la subasta tras bastidores. Los dos candidatos para la oficina más alta en los Estados Unidos (el Sr. Thomas Dewey era el posible candidato nominado del otro Partido, el Republicano) en estos retratos se parecen a los niños, incitados uno contra el otro por la oferta de una bolsa de dulces que se hace balancear en el aire. El Sr. Truman, cumpliendo la orden Sionista en el asunto de la partición, no había por ningún medio asegurado a los Demócratas del premio, ya que la elección estaba aun a un año distante y durante ese tiempo, los Sionistas demandarían cada vez más, y el partido Republicano ofrecería más y más por el premio que se hacía balancear en el aire.

El Sr. Forrestal, en la desesperación, intentó ahora convencer al Republicano Sr. Dewey: "Le dije que el asunto de Palestina era una cuestión de preocupación más profunda en mí, *por lo que se refiere a la seguridad de la nación*, y le pregunté, una vez más, si los Partidos no podrían ponerse de acuerdo en sacar este asunto de la campaña electoral". La respuesta del Gobernador (del Estado de Nueva York) Dewey fue casi igual que el Presidente Truman: "era una cuestión difícil para conseguir resultados debido a la actitud inmoderada de las personas judías que habían tomado Palestina como el símbolo emocional, *ya que el partido Demócrata no estaría deseoso de abandonar las ventajas del voto judío*". Desde allí el Sr. Dewey continuó intentando y excediendo a los políticos Demócratas en su oferta por "el voto judío" (y para su propia sorpresa no obstante, perdió la elección).

El Sr. Forrestal luego, intentó fortalecer la mano del Departamento Estatal, en su resistencia al Presidente, por un memorándum (el 21 de enero de 1948) en que él analizó los peligros para la seguridad nacional norteamericana que fluye de este enredo: "Es dudoso si existe algún segmento de nuestras relaciones exteriores de mayor importancia *o de peligro mayor... para la seguridad de los Estados Unidos* que nuestras relaciones en el Medio Oriente". Advirtió contra el hacer "una lesión permanente a nuestras relaciones con el mundo musulmán" y "un paso en falso a la guerra". Dijo que había encontrado "un poco de estímulo" entre Republicanos individuales para su propuesta de sacar el asunto "fuera de la política partidaria", pero entre los Demócratas había encontrado un sentimiento *"que una parte sustancial de los fondos Demócratas viene de fuentes Sionistas inclinadas para pedir una carga a cambio, en esta parte de nuestra política nacional"*.

Las últimas nueve palabras son explícitas y son literalmente correctas. Los Sionistas exigieron la sumisión de la política del estado norteamericano y ofrecieron a cambio, la tenencia por cuatro años de la presidencia al postor más alto. Si ellos estaban en verdad en la capacidad de entregar lo que ellos ofrecieron nunca se ha probado; los manager de los Partidos los tomaron en su palabra y los candidatos *de ambos* Partidos se pusieron la harpillera de la sumisión antes de que ellos fueran nominados, sabiendo (o creyendo) que ellos ni siquiera lograrían la nominación a menos que ellos la llevaran puesta.

El Sr. Forrestal insistió al Ministro de Relaciones Exteriores (el General Marshall) que protestara ante el Presidente, señalando que un cuerpo grande de judíos "sostenían que el presente entusiasmo de los Sionistas puede tener las consecuencias más peligrosas, *no meramente en sus efectos divisorios en la vida norteamericana, sino también a la larga en la posición de los judíos a lo largo del mundo."*

El Vice Ministro Lovett, leyendo el memorándum del Sr. Forrestal, produjo uno ya preparado por el Personal de Planificación del Departamento Estatal. Este informó al Presidente que el plan de la partición "no funcionaría" (exactamente como los gobiernos británicos habían sido advertidos por sus administradores coloniales que "el Mandato" no funcionaría"); que los Estados Unidos *no* estaban comprometidos para apoyarlo si no pudiera efectuarse sin la fuerza; que estaba contra el interés norteamericano de proporcionar armas a los Sionistas negándoselas a los Árabes; que los Estados Unidos no debería asumir sobre sí mismo promulgar la "recomendación" de partición *y debería intentar asegurar el retiro de la propuesta de partición.*

El Sr. Lovett agregó, "el uso de las Naciones Unidas por otros como una plataforma de propaganda está complicando nuestra conducta de relaciones extranjeras" y dijo que el Departamento Estatal "fue seriamente avergonzado y estorbado por las actividades de Niles en la Casa Blanca, en ir directamente al Presidente en materias que involucran Palestina". Ese mismo día, el Vice Ministro se quejó, él había sido una vez más sometido bajo la "presión"; El Sr. Niles había telefoneado desde la Casa Blanca "expresando la esperanza que el embargo en la venta de armas a los Sionistas sería alzado."

A ese punto, el Sr. Forrestal se volvió evidentemente una molestia aguda para los poderes detrás de la Casa Blanca y su eliminación fue decidida. Primero recibió una visita del Sr. Franklin D. Roosevelt Junior. Cuyo padre había hecho una promesa en su lecho de muerte para no tomar una acción "hostil contra los Árabes", el hijo (un político de Nueva York, con esperanzas presidenciales) era un guerrillero extremista Sionista. El Sr. Forrestal dijo significativamente, "yo pensé en los métodos que se habían usado por personas fuera de la rama Ejecutiva del gobierno *para ejercer coerción y coacción en otras naciones en la Asamblea General bordeaban estrechamente en el escándalo*". Él registra (como con sorpresa) que su visitante "no hizo ninguna amenaza" en respuesta a esto, y él explicó su propuesta entonces para "alzar el asunto fuera de la política" mediante un acuerdo entre ambos Partidos.

El Sr. Roosevelt, el hijo de su padre, contestó que "esto era *imposible,* que la nación estaba *demasiado comprometida*, y que además, el Partido Demócrata se ligaría para perder y los Republicanos para ganar por tal acuerdo". El Sr. Forrestal contestó que "el fracaso por estar de acuerdo con los Sionistas podría hacer perder los estados de Nueva York, Pennsylvania y California" (los "estados giratorios" antes mencionados por el gerente del Partido McGrath) "yo pensaba que ya era tiempo que alguien prestara algo de consideración si no podríamos perder los Estados Unidos."

Ningún comentario del Sr. Roosevelt Junior quedó registrado, pero él era un presagio malévolo para el Sr. Forrestal porque en este mismo día (el 3 de febrero de 1948) vino la intervención del Sr. Bernard Baruch. El Sr. Baruch, previamente un antagonista del Sionismo, era ahora tan celoso en la causa que él aconsejó al Sr. Forrestal que *"no fuera activo en esta materia*... Yo ya fui identificado, hasta cierto grado, *que no fue en mi propio interés*, con la oposición a la política de las Naciones Unidas en Palestina."

¡Siniestras palabras para el Sr. Forrestal! Los anales aquí, registran por primera vez una intervención específica del Sr. Baruch en los altos asuntos, y su naturaleza. Su consejo fue que el Sr. Forrestal, un funcionario Ministerial, considerara **su propio** interés, el cual estaba en peligro; hasta ese momento, el Sr. Forrestal, como un responsable funcionario Ministerial había considerado sólo el interés de su país. El Sr. Forrestal no dice si él vio en este consejo algo que amenazara; su alusión al Sr. Roosevelt en el mismo día muestran que el pensamiento de "amenazas" estaba en su mente.

Él dio entonces paso al temor que finalmente deprimía a casi todos hombres que se esforzaron contra la esclavitud a Sión. Cuatro días después (el 7 de febrero de 1948) preparó un último documento sobre el asunto el cual nunca sometió al Presidente, pero que contiene algo de importancia histórica. Dijo que el 6 de febrero "Eisenhower me dijo que esa eficiente participación de Estados Unidos en una fuerza policial en Palestina involucraría aproximadamente una división con unidades apropiadas de apoyo". En ese momento, por consiguiente, el General Eisenhower (entonces Jefe de Staff) estaba bosquejando los planes para el compromiso potencial de tropas norteamericanas en Palestina. El Sr. Forrestal guardó este último memorándum. El 12 y 18 de febrero hizo dos apelaciones finales al General Marshall para que discutiera con el Presidente y los manager del Partido y en ese punto sus esfuerzos cesaron.

Su desistir no le fue útil para nada ya que dentro de doce meses él fue perseguido hasta la muerte. Su fin necesita ser descrito aquí, antes que se registre la toma armada de Palestina; es el caso clásico de persecución por difamación, llevando a la muerte. .

Yo fui primero a EEUU antes en 1949 y quedé perplejo por el veneno de los ataques, en la prensa y por radio, sobre un Sr. James Forrestal, Ministro de la Defensa. No sabía nada de él excepto su nombre, y la parte jugada por él en este asunto (como anteriormente lo registré) era entonces completamente desconocida para el público. No obstante ellos leyeron u oyeron diariamente que él estaba demente, un cobarde que había dejado a su esposa ser atacada por un ladrón, un malversador de impuestos, y todas las formas de otras cosas. Por casualidad me encontré a un amigo suyo, quién me dijo que él había sido tan reducido por esta persecución que aquellos cercanos a él estaban gravemente alarmados. ¡Después unas semanas él se lanzó de una ventana en altura, dejando en su cuarto algunos versos copiados de la tragedia griega que acaba con el refrán "Penurias, Penurias! será el lamento..."

Las leyes de difamación son liberales y difieren de estado en estado, y la litigación es larga. Ni siquiera una acción exitosa puede traer la reparación. Difícilmente existe un límite en la práctica de lo que puede decirse sobre un hombre singularizado para la difamación; las calumnias están impresas en el idioma que incita las pasiones de la chusma y cuando la transmisión se profiere en acentos rabiosos, que recordaron en mí las voces de hechicero africano primitivo en los momentos de catalepsia. Entre los efectos del Sr. Forrestal se encontró un álbum de recortes lleno de estos ataques, y hacia su fin ya no podía escuchar la radio. La negación de las calumnias se vació en su cabeza y al final dos emisoras se unieron para la muerte. Uno de ellos anunció (el 9 de enero de 1949) que el Presidente Truman "aceptaría la renuncia de Forrestal dentro de una semana" (y siguió esto con alguna calumnia sobre acciones en el German Dye Trust).

El 11 de enero la segunda emisora le dijo a millones que el Presidente Truman habría por ese momento aceptado la renuncia del Sr. Forrestal, como si no hubiese la primera emisora anticipado el evento (la historia del robo de joyas se agregó a esto). Unas semanas antes el Presidente Truman había dicho a la Prensa que él le había pedido al Sr. Forrestal que *no* renunciara; el 1º de marzo, envió por el Sr. Forrestal y exigió su renuncia inmediata, sin explicación, para que se llevara a cabo desde el 1º de mayo. El Sr. Forrestal cometió suicidio el 21 de mayo. En la ceremonia fúnebre, el Sr. Truman lo describió como "¡una víctima de la guerra!" (En paréntesis, en ese momento, otro hombre estaba siendo perseguido a muerte, de la cual escapó posteriormente en el mismo año, sólo por el fracaso de su tentativa de suicidio. Su persecución vino de la misma fuente de difamación, aunque su ofensa estaba en el otro campo, en el Comunismo. El Sr. Whittaker Chambers pecó por sus esfuerzos para exponer la infiltración comunista del Gobierno norteamericano. Yo estaba en Norteamérica en el momento de su dura experiencia que se describe en su libro; este contiene el llamativo ejemplo al cual previamente he aludido, la práctica Talmúdica de "maldecir por una mirada fija enfadada" (***Enciclopedia Judía***). Los Talmudistas Literales probablemente verían en la tentativa de suicidio del Sr. Chambers, y en la mala salud que como consecuencia lo afligió, una señal de la eficacia literal de "la Ley" en este respeto).

Después de la retirada del Sr. Forrestal al silencio, ante la advertencia del Sr. Baruch, los hombres responsables en el Departamento Estatal continuaron su forcejeo, encabezados por el General Marshall. (Todos esto mientras, en Inglaterra, el Sr. Bevin continuaba en solitario su lucha contra la oposición Conservadora y contra la masa de su propio Partido por igual). En un momento dado, por primera vez desde 1917, los funcionarios Ministeriales responsables y los oficiales en ambos países parecía haber ganado el día.

Esto sucedía en marzo de 1948. La violencia en Palestina había aumentado de tal forma después de la "recomendación" de las Naciones Unidas para la división del país que el Concejo de Seguridad se alarmó y se batió en retirada. Incluso el Presidente Truman fue agitado y su representante en el Concejo de Seguridad anunció **la inversión de la política norteamericana**, proponiendo (el 19 de marzo de 1948) que la propuesta de la partición *se suspenda*, que se llame a una tregua, y que el fin del "Mandato" sea continuado en un "Fideicomiso" (esto fue en el efecto, la propuesta del memorándum del Departamento Estatal de enero).

En el último momento la idea del "estado judío" parecía así estar colapsando. El retorno de pos-guerra a la razón estaba comenzando (ese proceso que el Sr. Lloyd George, treinta años había como advertencia llamado "deshielo") y si el golpe fallaba ahora, sólo una tercera guerra mundial podría proporcionar otra oportunidad. El "Fideicomiso" sería el "Mandato" en una nueva forma, pero con Estados Unidos como el país principalmente involucrado, y en otros diez o veinte años América, previsiblemente, encontraría el "Fideicomiso" como "impracticable", bajo la presión sionista, tal como los británicos habían encontrado el "Mandato."

Era entonces o nunca, y los sionistas atacaron en seguida. Ellos presentaron a las "Naciones Unidas" el hecho cumplido, dividiendo Palestina ellos mismos. Las acciones terroristas por medio de lo que esto fue llevado a cabo era el resultado de la política adoptada en Congreso Sionista Mundial de 1946, dónde "las fuerzas desmoralizantes en el movimiento" (en las palabras del Dr. Weizmann) habían recomendado métodos de "Resistencia. . defensa... activismo", y Dr. Weizmann quien supo lo que esto significaba, había sido depuesto por objetarlas.

El Dr. Weizmann había llamado entonces "al terror en Palestina" el "antiguo mal en una nueva y horrible vestimenta". El 9 de abril de 1948 mostró lo que él quiso decir, y en particular por qué lo llamó *el antiguo mal*. En esos días, los "activistas", el grupo del terror-y-asesinatos del Sionismo, "destruyeron absolutamente" un pueblo árabe en el exacto y literal cumplimiento de "la Ley" expresada en el **Deuteronomio** (qué, el lector recordará, es la ley Judaica básica pero era en sí misma una enmendadura de la Ley Mosaica original de los Israelitas).

Éste fue el día más significante en toda la historia del Sionismo. Para los Árabes (quienes conocían la Torah y "habían conocido por dos mil años por lo que usted ha luchado dos guerras mundiales para conocer") significaba que la Ley salvaje de Judah, inventada por los Levitas entre 700 y 400 años antes de Cristo, sería resucitada y se impondría por completo sobre ellos con toda su fuerza y su violencia, con el apoyo por igual del Occidente cristiano y de la comunizada Rusia. La matanza simbólica, ellos sabían, fue pensada para mostrar lo que sucedería con todos aquellos que se quedaran. Por ello casi la totalidad de la población árabe de Palestina huyó hacia los países árabes vecinos.

La matanza de Deir Yasin fue apenas informada en Occidente, por ejemplo la revista **Time** de Nueva York dijo:

"Terroristas judíos de la Banda Stern y de Irgun Zvai Leumi atacaron el pueblo de Deir Yasin y mataron a todos los que estaban a su vista. Los cadáveres de 250 Árabes, principalmente mujeres y niños pequeños, fueron más tarde encontrados en los pozos donde habían sido lanzados."

En la Conferencia de la Paz de Versalles en 1919, el Dr. Weizmann había declarado, "La Biblia es nuestro mandato", y las palabras sonaron bien a las orejas Occidentales. Este evento mostró lo que ellos quisieron decir, y las mismas palabras se repitieron por los líderes Sionistas en Palestina treinta años después que Dr. Weizmann las usó. La matanza a Deir Yasin fue un acto de "observancia" de los "antiguos estatutos y mandamientos", incluso el pasaje pertinente en el **Deuteronomio**, "Cuando el Señor tu Dios te traiga a la tierra que tu poseerás, y expulsará... siete naciones mayores y más poderosas que tú... entonces tu *los destruirás absolutamente*; tu no harás ningún convenio con ellos, *ni mostrarás la misericordia hacia ellos*", y el pasaje relacionado, "*no dejarás nada que respire con vida*, sino *que los destruirás absolutamente*". Hay *siete* estados árabes hoy, y cada uno de ellos tiene su porción de los fugitivos de 1948, quiénes durante ocho años hasta ahora, han sido un recordatorio viviente para ellos del destino futuro común con que el Sionismo los amenaza bajo la antigua Ley.

La condonación pasiva de este hecho por la Judería como un todo mostró más claro que cualquier cosa que el cambio que el Sionismo había forjado en la mente judía en unos pocos años. Escribiendo en 1933 (sólo quince años antes de Deir Yasin), el Sr. Bernard J. Brown citó el pasaje anterior del **Deuteronomio** como la razón del temor de los árabes, y agregó, "Por supuesto, los Árabes incultos no entienden que el judío moderno no toma su Biblia literalmente, y que es un tipo bueno y persona caritativa y no sería así de cruel con sus compañeros hombres, pero él sospecha que si los judíos basan su demanda de Palestina en la fuerza de los derechos históricos a esa tierra, ellos *sólo lo pueden hacer en la* *autoridad de la Biblia, y los árabes se niegan a rechazar cualquier parte de ella"*. Los Árabes tenían razón y el Sr. Brown estaba equivocado; este judío iluminado Occidental no podía concebir, en 1933, que el Sionismo significaba un retorno pleno a la superstición de la antigüedad en su forma más bárbara.

Probablemente Deir Yasin quedó como un incidente aislado porque su significado fue tan claro que los Árabes abandonaron el país. El Sr. Arthur Koestler está definido sobre esta causa-y-efecto. Él estaba en Palestina y dice que la población civil árabe, después de Deir Yasin, en seguida huyeron de Haifa, Tiberia, Jaffa y todas las otras ciudades y luego de todo el país, "el 14 de mayo todos se habían ido, excepto por unos miles". Todas las autoridades imparciales están de acuerdo sobre la intención y el efecto de Deir Yasin, y desde el 9 de abril de 1948, ninguna duda quedaba acerca de la fuerza gobernante de la antigua Ley Judaica en todos los futuros actos y ambiciones de Sión. Deir Yasin explica el miedo de los estados árabes supervivientes hoy, como explica totalmente el vuelo de los Palestinos Árabes.

Deir Yasin, para un momento, resolvió el problema de los Sionistas. La partición de Palestina había sido lograda, por la fuerza. Al mismo tiempo el evento reveló (a los Árabes, si no entonces a Occidente) la naturaleza del "abismo a los que lleva el terrorismo" del Dr. Weizmann. Desde el 9 de abril de 1948 el propio Occidente estuvo al borde de este abismo, excavado por los actos de dos generaciones de sus políticos.

Así la situación cambió completamente entre el 19 de marzo de 1948, cuando el Gobierno norteamericano decidió que la partición era "impracticable" y dio marcha atrás a su política, y el 9 de abril de 1948, cuando el terrorismo efectuó la partición. El Dr. Weizmann todavía debe haber sido frecuentado por sus miedos, pero ahora que el territorio para el estado judío había sido aclarado, él no habría o no podría retirarse del "abismo". El objetivo era ahora lograr una segunda marcha atrás en la política norteamericana, ganar una expresión de aprobación para lo que se había hecho mediante el terrorismo, y con este fin, una vez más, el Dr. Weizmann redobló todos sus esfuerzos. Para la primera inversión de la política norteamericana él se había convocado urgentemente desde Londres a Lake Success mediante cartas, cables y llamadas telefónicas, y el día antes, fue anunciado que el estaba nuevamente íntimo con el Presidente Truman. Cuando los días pasaron, y las noticias de Deir Yasin fluctuaron brevemente sobre las cintas, trabajó incansablemente en su tarea suprema: ganar el "reconocimiento" para el Estado judío preparado mediante los terroristas en Deir Yasin.

La energía del Dr. Weizmann era extraordinaria. Él dirigió el sitio de un hombre de las "Naciones Unidas" (claro, era recibido en todas partes como el representante de un nuevo tipo de poder-mundial). Él estaba por ejemplo "en contacto estrecho" con los delegados de Uruguay y Guatemala, a quienes él llama "los siempre galantes defensores del Sionismo", y con el Secretario General de las Naciones Unidas, en ese momento un tal Sr. Trygve Lie de Noruega. A mediados de abril, con las noticias de Deir Yasin que suben hasta sus mismos orificios nasales, la Asamblea General de las Naciones Unidas se reunió. El voto norteamericano era claramente decisivo, y Dr. Weizmann comentó que él "empezaba a estar preocupado con la idea del reconocimiento norteamericano del estado judío". En otros términos, la política estatal norteamericana, formada en el proceso constitucional de consultas entre el Ejecutivo Principal y sus funcionarios Ministeriales responsables, sería nuevamente invertida ante la demanda de Chaim Weizmann.

Las fechas son de nuevo significantes. El **13 de mayo**, 1948, el Dr. Weizmann vio al Presidente Truman; las primarias para las nominaciones presidenciales estaban entonces inmediatamente delante y la elección presidencial unos meses más allá de esto, de tal manera que este momento era el ideal para aplicar "la presión irresistible". El Dr. Weizmann informó al Presidente Truman que el mandato británico acabaría el 15 de mayo y un gobierno provisional tomaría entonces "el estado judío". Él instó que los Estados Unidos reconocieran esto "rápidamente" y que el Presidente actuara con una celosa prontitud.

El **14 de mayo**, (tiempo en Palestina) los Sionistas en Tel Aviv proclamaron su nuevo Estado. Unos minutos más tarde, "noticias extraoficiales" alcanzaron Lake Success que el Presidente Truman lo había reconocido. Los delegados norteamericanos (quienes no habían sido informados) "estaban incrédulos", pero después de "mucha confusión" ellos hicieron el contacto con la Casa Blanca y recibieron de ella las instrucciones del Dr. Weizmann, transmitidas a través del Presidente. El Dr. Weizmann acto siguiente estableció relaciones con Washington como Presidente del nuevo estado y el Presidente Truman recibió a su invitado, anunciando después de esto, que el momento del reconocimiento fue "el más orgulloso de mi vida".

Ocho años más tarde, el Presidente Truman en sus memorias, describe las circunstancias en que su "momento más orgulloso" ocurrió, y su relato puede citarse apropiadamente aquí. Describiendo el período de seis meses (desde el "voto-partición" en noviembre de 1947 al "reconocimiento" en abril de 1948), él dice: "El Dr. Chaim Weizmann... me llamó el 19 de noviembre y unos días después recibí una carta de él". El Sr. Truman entonces cita esta carta, datada el 27 de **noviembre**; en ella el Dr. Weizmann se refiere a "rumores" que "nuestras personas han ejercido una presión indebida y excesiva sobre ciertas" (de los Naciones Unidas) "delegaciones" y, hablando para sí mismo dice "no hay ninguna sustancia en esta acusación". El Sr. Truman comenta, "Los hechos fueron que no hubo allí solo movimientos de presión alrededor de los Naciones Unidas, *diferente de cualquier cosa que se haya visto antes allí, sino que la Casa Blanca, también, fue objeto de una constante andanada. No creo haber tenido alguna vez tanta presión y propaganda dirigida hacia la Casa Blanca como tuve en este caso. La persistencia de unos pocos de los líderes Sionistas extremos - actuando por motivos políticos y comprometiendo amenazas políticas - me perturbó y me incomodó. Algunos incluso estaban sugiriendo que nosotros presionemos a naciones soberanas para lograr votos favorables en la Asamblea General*".

Las "amenazas políticas" mencionadas aquí, evidentemente se relacionaban con la próxima campaña de re-elección del Presidente Truman; ésta es la única interpretación razonable de las palabras. El Sr. Truman (según el Dr. Weizmann) prometió, en la entrevista del 19 de noviembre, comunicarse en seguida con la "delegación norteamericana" y el voto de Estados Unidos fue entonces dado, el *29 de noviembre*, para la "recomendación" que Palestina se divida.

Así el enojo de Presidente Truman (tal como es registrado en su narrativa de 1956) ante los métodos usados de ninguna forma retardan su capitulación a ellos en 1947 (si esto no fuera hecho claro, el lector de sus *Memorias* podría ganar una impresión diferente).

El Sr. Truman (en 1956) registró el resultado de la "solución" (la recomendación de la partición) apoyada por él en noviembre de 1947: "todos los días ahora trae informes de *nueva violencia* en Tierra Santa". Él también encontró que su capitulación de noviembre y la negación del Dr. Weizmann de la "presión indebida" no tuvo efecto en absoluto en los meses que siguieron: "*La presión judía en la Casa Blanca no disminuyó en los días que siguieron al voto de la partición en los Naciones Unidas. Individuos y grupos me preguntaron, normalmente de forma bastante pendenciera y emocional, detener a los Árabes, para que los británicos dejaran de apoyar a los Árabes, preparar a los soldados norteamericanos, para hacer esto, eso u lo otro*" (el cuadro de Disraeli de "el mundo siendo gobernado por personas muy diferentes de lo que se imaginan aquellos que no están tras las cortinas).

El Presidente buscó el refugio en la retirada: "Cuando la presión *aumentó*, encontré necesario dar instrucciones que no quise que se me acercara más algunos de los portavoces de la causa Sionista extrema. *Fui de tal manera perturbado que aplacé un encuentro con el Dr. Weizmann*, quien había vuelto a EEUU y había pedido una entrevista conmigo". El Sr. Truman, en 1956, evidentemente todavía sostenía que posponer una entrevista con el Dr. Weizmann era una medida tan drástica de merecer el registro permanente. Él fue visitado entonces (el 13 de marzo de 1948) por un viejo socio de negocios judío "que estaba profundamente motivado por los sufrimientos de personas judías en el extranjero" (esto fue por lo menos un mes antes de la matanza en Deir Yasin) y quién le imploró que recibiera al Dr. Weizmann, lo cual el Presidente Truman hizo en seguida (el 18 de marzo).

Esto fue el día antes del retiro del apoyo norteamericano a la recomendación de la partición (el 19 de marzo). El Sr. Truman dice que cuando el Dr. Weizmann lo dejó (el 18 de marzo) "sentí que él había alcanzado una comprensión plena de mi política y que yo sabía que era lo que él quería". El Sr. Truman pasa entonces durante las semanas sangrientas que siguieron sin una palabra (él no menciona Deir Yasin), salvo una declaración incidental que "los especialistas en el Cercano Oriente del Departamento Estatal, casi sin excepción, son hostiles a la idea de un estado judío...Siento decir que había algunos entre ellos quienes también eran inclinados a ser anti - semitas". Él reasume su narrativa después dos meses (el 14 de mayo, después de Deir Yasin y el derramamiento de sangre que le acompaña) diciendo entonces, "la Partición no estaba teniendo lugar *exactamente* en la forma pacífica que yo había esperado, pero el hecho era, que los judíos estaban controlando el área en que sus personas vivieron... Ahora que los judíos estaban listos para proclamar el Estado de Israel, fue que yo decidí moverme en seguida y dar el reconocimiento norteamericano a la nueva nación.

Aproximadamente treinta minutos después, *exactamente once minutos después* de que Israel se había proclamado un estado, Charlie Ross, mi secretaria de prensa, dio el anuncio a la prensa del reconocimiento *de facto* por los Estados Unidos del gobierno provisional de Israel. Me dijeron que a algunos de los hombres de carrera del Departamento Estatal este anuncio vino como una sorpresa."

El Sr. Truman no hace recuerdo en sus **Memorias** de su declaración de 1948, que éste fue "el momento más orgullosos de mi vida", o explica por qué sentía que esto fue así; después de muchos meses de tal "presión" y de "amenazas políticas" en la sitiada Casa Blanca que en un momento él fue llevado a negarse, aunque sólo durante un corto tiempo, ¡incluso al Dr. Weizmann!

Para los propósitos de esta narrativa él ahora virtualmente pasa de la historia, habiendo servido su turno. Él fue elegido presidente seis meses después de su momento de más orgullo y hasta la fecha de este libro, parece estar en buena salud para vivir otros veinte años, un hombre vivaracho, cordial sobre el cual las consecuencias de los actos con que es identificado su nombre, al parecer tenían un efecto tan pequeño como la furia del ciclón que en el océano ejerce sobre el corcho que se balancea. (En 1956, se unió a la compañía de aquellos que han sido premiados con un grado honorario por la antigua Universidad de Oxford, una catedrática allí, levanta una solitaria y desatendida voz contra su dádiva al Ejecutivo Principal cuyo nombre es mejor conocido por su asociación con la orden de lanzar la bomba atómica sobre Nagasaki e Hiroshima).

Después del reconocimiento orgulloso del Presidente Truman de lo que se había hecho en Palestina entre noviembre de 1947 y mayo de 1948, el debate en las "Naciones Unidas" perdió importancia y el Dr. Weizmann, (quién en su carta al Presidente Truman del 27 de noviembre de 1947, calurosamente negó el uso de "presión indebida") se preparaba para trabajar en reunir otros reconocimientos, para que el problema deba estar más allá de la duda. Supo que el Sr. Bevin, en Londres, estaba "trayendo presión para afectar los Dominios británicos... para detener el reconocimiento", y él mostró en seguida quién era el mayor experto aplicando la "presión."

Históricamente considerado, éste era un momento de primera importancia, porque mostraba por primera vez que el Sionismo, el cual había dividido tan profundamente a la Judería, había dividido las naciones del Imperio británico, o la Comunidad de naciones; aquello que ninguna amenaza bélica o peligro había logrado alguna vez, "la presión irresistible en la política internacional" lo había logrado fácilmente. De repente Sión se mostraba como un ser supremo en las capitales tan lejos de los escenarios centrales como Ottawa, Canberra, Cape Town y Wellington. .

Esto dio prueba de un trabajo en equipo y una sincronización extraordinaria; maravillas de organización secreta se deben haber realizado, en unas pocas décadas, para asegurar la obediencia, en el momento decisivo, de los "políticos en las posiciones top" en Canadá, Australia, África Sur y Nueva Zelandia. Estos países eran remotos de Palestina; ellos no tenían el interés en implantar el fusible de una nueva guerra mundial en el Medio Oriente; sus poblaciones judías eran diminutas. Aun así la sumisión fue instantánea. Esto era el poder mundial operando.

La gran significancia de los que se filtró puede ser necesaria explicarse a los lectores no-británicos. Las ataduras entre la isla británica y las naciones extranjeras emanaron de allí, aunque ellas eran intangibles y no descansaban en ninguna compulsión, habían ante la emergencia, mostrado repetidamente su fuerza, misteriosa para los foráneos. Una anécdota puede ilustrar:

El Brigadier de Nueva Zelandia George Clifton, relata que cuándo él fue capturado en el Desierto Occidental en 1941, el fue llevado ante el Mariscal de Campo Rommel que le preguntó "¿Por qué están luchando ustedes de Nueva Zelandia? ¡Ésta es una guerra europea, no suya! ¿Está usted aquí por deporte?" El Brigadier Clifton quedó perplejo tratando de explicar algo que para él era tan natural como la vida:

"Comprendiendo que él lo decía bastante en serio y realmente quería decir eso, y no habiendo intentado previamente nunca poner en palabras el hecho evidente, para nosotros, que si Bretaña estaba en lucha entonces nosotros también luchábamos, yo mantuve unida mi mano con los dedos y dije, 'Nosotros estamos juntos. Si usted ataca a Inglaterra, usted ataca a Nueva Zelandia y a Australia y a Canadá también. La Comunidad de naciones británica lucha juntos'."

Eso era verdad, con respecto a *las personas*, pero ya no era verdad con respecto a los "políticos de los niveles top". A través de ellos, la conspiración de Rusia había encontrado una grieta en la armadura. La "presión" en Wellington (y en las otras capitales) era tan poderosa y eficaz como lo era alrededor de la Casa Blanca. En este caso particular (Nueva Zelandia) una figura típica de ese tiempo y del grupo de vasallos era un Sr. Peter Fraser, Primer Ministro de Nueva Zelandia.

Nadie podría tener menos causas para odiar, o incluso para saber algo de los Árabes, pero él era su enemigo implacable, porque se había vuelto de algún modo, otro cautivo del Sionismo. ¡Este muchacho escocés pobre que fue al otro lado del mundo y encontró fama y fortuna allí, al parecer cogió la infección durante sus años juveniles impresionables en Londres (cuando estaba extendiéndose allí entre los políticos jóvenes ambiciosos) y lo llevó con él al nuevo país, para que después de décadas aplicara todas su energía y el poder de su oficina a la destrucción del pueblo indefenso en Palestina! Cuando él murió en 1950 un periódico Sionista escribió de él:

"Era un sionista convencido... Estaba ocupado dirigiendo la comisión de las Naciones Unidas de su país en la Asamblea de París, pero prestó mucho tiempo y atención al problema de Palestina... *estar sentado día tras día en el Comité Político cuando Palestina se discutía. Nunca abandonó la sala por un momento*; ningún detalle escapó su atención... *Él era el único Premier en el comité y lo abandonó sólo cuando Palestina fue repartida... Una y otra vez Peter Fraser se encontró votando contra el Reino Unido, pero no se preocupaba... Él siguió siendo un amigo hasta su último día.*"

Un hombre con esta ambición extranjera en su corazón, ciertamente pensaba bastante diferente del Brigadier Clifton y los de su tipo, y si él hubiese sabido como pensaba su Primer Ministro, el Brigadier Clifton podrían haber estado mucho más confundido para saber cómo responder al Mariscal Rommel. Estando tan preocupado con el Sionismo, no podría esperarse que el Sr. Fraser fuese sincero en el interés de su país y Nueva Zelandia entró en la Segunda Guerra sin estar preparada, de tal manera que cuando se encontró con los sobrevivientes de Nueva Zelandia de Grecia y Creta en Puerto Said en 1941, ellos estaban "macilentos, sin afeitar, sucios de la batalla, muchos de ellos heridos, sintiéndose mal física y mentalmente, todos preocupados por la pérdida de tantos buenos 'Cobbers'; El Sr. Fraser fue responsable, en parte, de esto" (Brigadier

Clifton). Con este hombre como Primer Ministro, el rápido reconocimiento de Nueva Zelandia de lo que se había hecho en Palestina estaba seguro, muy poco de esto conocieron los neocelandeses.

En Sudáfrica, el Dr. Weizmann, en sus movimientos para incomodar al Sr. Bevin, se volvió en seguida al General Smuts, a quien el lector conoció hace un tiempo. Por casualidad yo estaba en África del Sur en ese momento. Un emisario Sionista muy conocido vino rápidamente desde Nueva York por aire y cuando leí de su llegada pude prever lo que seguiría. (Este hombre apareció ante un público Sionista y les dijo que "los judíos no necesitan sentirse limitados por alguna frontera que las Naciones Unidas pudieran poner; la única protesta contra esto, vista por mí, vino de un objetor judío que dijo tales palabras presagiado mal para la paz futura).

El General Smuts recibió a este visitante aerotransportado y entonces anunció el "reconocimiento" en seguida, siendo sólo vencido en prontitud por el Presidente Truman y el dictador soviético Stalin, (quienes en este asunto estaban absolutamente convenidos): Esto fue, yo creo, el último acto político del General Smuts, porque él fue derrotado en una elección dos días después. Su hijo le advirtió fuertemente contra el reconocimiento, sosteniendo que le haría perder votos. El General Smuts tiró el consejo a un lado (correctamente, desde el punto de vista electoral, ya que sus antagonistas sin ninguna duda, estaban listos para apostar al voto Sionista y Sudáfrica no tenía ningún votante árabe).

El renombre del General Smuts a lo largo de la Comunidad de Naciones británicas (era impopular con la mayoría de su compañeros Boers) descansaba completamente en la creencia popular que era el arquitecto de "la conciliación anglo-Bóer" y un campeón del concepto de la gran-familia. En este asunto abandonó el gobierno que presionaba fuerte en Londres con la obediencia incondicional de una disciplina largamente-instilada.

Logré una antigua ambición de reunirme con él en ese momento. Sus días estaban acabando y él también desaparece ahora de este cuento, pero antes de que muriera, tal como el Dr. Weizmann, había visto "el abismo" que él había ayudado a excavar: en el problema de Palestina" (él le dijo a su hijo después, en el mismo año, 1948) *"hay una tragedia en nuestro hall de entrada...* No es de extrañar que Bretaña esté sintiéndose enferma y cansada de todo esto. El fracaso en Palestina no sólo será un fracaso británico. Otras naciones también han tomado una mano, incluso Norteamérica, y ellos también han fallado. Palestina... es uno de los grandes problemas del mundo y puede tener un gran efecto en el futuro del mundo... Nosotros hemos pensado dejar que los Árabes y judíos luchen entre sí, *pero no podemos hacer eso. El Poder está en movimiento, y Palestina queda en el camino."*

Así que él habló privadamente, pero no públicamente. Al parecer los políticos, como el payaso en la ópera, sienten que ellos deben llevar siempre puesta la máscara ante el público: Tal como el Sr. Truman, él hizo lo que el Dr. Weizmann le ordenó, sin retraso e incluso en 1949, para el beneficio de un público Sionista, estaba "contento de haber sido asociado con por lo menos *¡una cosa en mi vida que ha sido exitosa!*".

La retirada de Londres se transformó en derrota. El Dr. Weizmann registra que el representante de Nueva Zelandia, el Señor Carl Berendsen, entonces "ganó el apoyo de Australia", y pronto "los políticos top" en Canadá le siguieron. Cuando los Dominios británicos siguieron al Sr. Truman y al Generalísimo Stalin, los estados más pequeños se conglomeraron para dar el "reconocimiento"; ellos no podrían negarse a pisar donde estos grandes se habían apresurado a entrar, y así "el estado judío" tomó forma "de facto", siendo de facto la matanza de Deir Yasin.

Aunque él llegó a ser su presidente, este es en la realidad, el punto en que el Dr. Chaim Weizmann pasa de la narrativa, después de cincuenta años de una actividad, esencialmente conspiracionista en que él amasó la capitulación de todos los líderes políticos de Occidente y dejó la "tragedia", como un expósito, en hall de entrada común. Yo no sabría dónde buscar una vida más fascinante y otro escritor puede ser capaz de describirlo en tonos más heroicos. A mí parece que le fue dado un propósito destructivo y el Dr. Weizmann cuyos años estaban casi a concluir cuando alcanzó su triunfo, encontró el triunfo amargo, quizás como una taza letal.

Así yo juzgo, en todos los eventos, por su libro, cuya última parte es de interés absorbente. Se publicó en 1949, así pudo haber llevado su relato ahora al punto alcanzado por este, por lo menos. Él no hizo. Lo cerró en 1947. Ahora, ¿Por qué hizo eso?

Yo pienso que la respuesta es obvia. En 1946, había advertido a la Organización Sionista Mundial contra el "terror" y había descrito "el abismo" al cual "el antiguo mal" debía llevar, y había sido depuesto en la consecuencia. Entonces él había sido hecho Presidente del nuevo estado construido en el "terror". Pienso que él deseaba dejar su advertencia a la Judería en el registro y no podría llevarse él mimo a discutir los hechos de terror y asesinatos en que el nuevo estado nació, por lo cual pretendió haber acabado el manuscrito **antes** de que ellos ocurrieran.

Puso la fecha de término como el 30 de noviembre de 1947, el día después de su triunfo en Lake Success (cuando el Presidente Truman, ante su incitación, telefoneó a la delegación norteamericana para votar por la partición). Evidentemente él deseaba que el libro acabara en esa nota. La inversión de la política norteamericana, y los hechos contra los cuales él había proferido la advertencia, pronto le siguieron, y como el libro no habría de aparecer hasta 1949, él tenía el tiempo suficiente para expresar su opinión sobre ellos. Todo lo que él hizo fue agregar un epílogo en el cual no mencionó ni siquiera el hecho determinante de Deir Yasin, la despectiva respuesta a sus advertencias. Es más, se salió nuevamente de su camino para decir que este epílogo estaba acabado en **agosto** de 1948; esto lo salvó de la necesidad de hacer cualquier referencia al siguiente hecho determinante del terrorismo, el asesinato del Conde Bernadotte que ocurrió en **septiembre** de 1948. Obviamente el Dr. Weizmann se acobardó. Él se había identificado a sí mismo con la matanza y el asesinato aceptando y reteniendo la presidencia del nuevo estado.

Por esa razón sus advertencias más tempranas son de la mayor importancia; él **pudo** haberlas sacado antes de la publicación. Por ejemplo, él acusó a "los terroristas" (en cuyas manos él entregó el futuro de Palestina, y de mucho más que Palestina) con intentar "**forzar la mano de Dios**". Esto, obviamente era la herejía del Sionismo, y de todos aquellos que le apoyaron, tanto judíos como Gentiles, desde el mismo comienzo, y del Dr. Weizmann más que de la mayoría de otros. Él agregó, "**los grupos terroristas en Palestina representaron un grave peligro al futuro entero del estado judío; realmente su comportamiento ha estado cercano a la anarquía**". Esto **era** anarquía, no vecino a la anarquía, y el esfuerzo de vida del Dr. Weizmann era anárquico. Incluso en este argumento él no se movió por un impacto moral; su queja no estaba contra la naturaleza destructiva de la anarquía misma, sino meramente porque era inoportuna, "porque los judíos tienen rehenes por todo el mundo."

En el mismo día después de su triunfo en Lake Success, el retornó a su nuevo tema: No debe haber una ley para el judío y otra para los Árabes... Los Árabes tienen que recibir el sentimiento que la decisión de las Naciones Unidas es final, y que los judíos no entrarán ilegalmente en algún otro territorio fuera de los límites asignados para ellos. Allí donde exista tal miedo en los corazones de muchos Árabes, y este miedo debe eliminarse en todos los sentidos... Ellos deben ver desde el inicio que sus hermanos dentro del estado judío son tratados exactamente como los ciudadanos judíos... Nosotros no debemos doblar la rodilla ante los dioses extraños. Los Profetas siempre han castigado al pueblo judío con suma severidad por esta tendencia, y siempre que retrocede al paganismo, aun cuando se revierta, fue castigado por el estricto dios de Israel... Yo estoy seguro que el mundo juzgará al estado judío por lo que hará con los Árabes."

¡Tu lo has dicho! Aquí el Dr. Weizmann se puso las túnicas de un profeta Israelita, o quizás la corona de Canuto que ofrece la retirada de la marea. Cuando estas palabras fueron publicadas los Árabes ya habían sido expulsados de sus tierras nativas, los judíos **habían** "traspasado" en el territorio fuera de los límites más temprano "recomendados", los Árabes no estaban siendo tratados "exactamente como los ciudadanos judíos" sino que eran fugitivos sin casa ni hogar y destituidos.

¡El Dr. Weizmann pretendió no saber todo aquello! Ignoró todo lo que había pasado y decía que no debía pasar. Como un ejemplo de publicada hipocresía, esto apenas puede aventajarse incluso en la política. La explicación probable es que él todavía no podía atreverse a denunciar lo que se había hecho pero, como su muerte se acercaba, sentía que él debía señalar sus consecuencias; esas consecuencias a las que el trabajo de su vida desde la salida fue ligado para llevar, si tuviera éxito. Al final gritó "¡Atrás! ", y todo en vano.

Un hombre más grande que él clamó ante el horror y unió las consecuencias a los **hechos**, los cuales no tenía miedo de nombrar. El Dr. Judah Magnes estaba en la línea directa de los israelitas de antaño que protestaban. Nacido en EEUU y como el Dr. Weizmann, había dado su vida al Sionismo, pero en un espíritu diferente. Él era un sionista **religioso**, no uno político, y no presumió de "forzar la mano de Dios". Desde el inicio él había trabajado para el establecimiento de un estado binacional árabe-judío y había atacado la chauvinismo Sionista desde su primera aparición. Llegó a ser "Cancillerde la Universidad hebrea en Jerusalén en 1925" (habiendo objetado fuertemente a la ceremonia pomposa de la primera piedra de fundación del Dr. Weizmann en 1918), fue su presidente desde 1935, y en 1948 estaba en Jerusalén. Estaba espantado por la emergencia del "antiguo mal en una nueva y horrible vestimenta" y dejó un lamento de despedida que condena a los Sionistas y a los políticos Occidentales por igual:

"Los refugiados nunca deben ser usados como un triunfo en las manos de políticos. Es deplorable, increíble incluso, después de todo por lo que han pasado los judíos en Europa, que un problema árabe de personas desplazadas deba crearse en Tierra Santa".

Murió inmediatamente después de decir esto y yo no he podido descubrir las circunstancias de su muerte; las referencias a él en la literatura judía son a menudo crípticas y se parecen a aquellas acerca del quiebre y la muerte súbita del Dr. Herzl. Por ejemplo, una de tales alusiones (en el prólogo al libro del Rabino Elmer Berger de 1951) dice que él "murió por un corazón roto".

El Dr. Magnes, otro pacificador judío se unió al grupo de hombres responsables que durante cincuenta años habían buscado vanamente mantener a Occidente (y a los judíos) fuera de las garras de una conspiración Talmúdica de Rusia. Él fundó y dejó una organización, la Asociación Ihud, que habla con su voz e incluso desde Jerusalén. Su órgano allí, NER, en diciembre de 1955 dijo "Finalmente nosotros tendremos que salir abiertamente con la verdad: Nosotros no tenemos ningún derecho, de ningún tipo, en principios, de prevenir el retorno de los refugiados árabes a su tierra... ¿Para qué deberá luchar Ihud? Para transformar el perenne barril de dinamita (lo cual es el Estado de Israel, según el Ministro Pinhas Lavon) en un lugar de habitación pacífica. ¿Y qué armas usará Ihud? Las armas de la verdad... Nosotros no teníamos ningún derecho para ocupar una casa árabe sin pagar primero su precio; y lo mismo es verdad para los campos y bosquecillos, las tiendas y fábricas. Nosotros no hemos tenido ningún derecho, de ningún tipo, para colonizar y materializar el Sionismo con el gasto en otros. Esto es robo; este es el bandidaje... Estamos una vez más entre las naciones muy ricas, pero no estamos avergonzados de robar la propiedad del campesino árabe".

Ésta es aun una pequeña voz en la Judería en el momento presente (a propósito, el Dr. Alberto Einstein habló con la misma voz: "Mi conocimiento de la naturaleza esencial del Judaísmo se resiste la idea de un estado judío con fronteras, un ejército y una medida de poder temporal, no importa cuan modesta; Tengo temor del daño interno que el Judaísmo sostendrá", (1950), pero es el único que da esperanza de última salvación a la Judería del Sionismo de los Khazars. Hoy la probabilidad, si no la certeza, es que esta salvación sólo puede venir detrás del último padecimiento, en el cual la lasciva aventura en Palestina, deberá involucrar a las multitudes de Occidente, los judíos entre ellos.

Un punto resta para ser establecido sobre la creación, *"de facto"*, del estado Sionista; a saber, que era el hijo de la revolución. La revolución les permitió a los judíos que se volvieran "una mayoría en Palestina", tal como los autores británicos de la Declaración de Balfour de 1917 habían deseado, y esta transformación en Palestina no podría efectuarse de ninguna otra forma, ya que ningún cuerpo grande de judíos, en cualquier otra parte en el mundo, podría reunirse para ir allí. El movimiento de masas sólo era posible en el caso de estos judíos Orientales, que durante siglos habían vivido en la estricta reglamentación Talmúdica, y la forma de su transporte a Palestina se ha demostrado. En 1951, las estadísticas Gubernamentales israelitas mostraban que la "mayoría" que se había logrado (aproximadamente 1.400.000 judíos), 1.061.000 eran nacidos en el exterior y 577.000 de éstos, venían de los países comunizados detrás de la Cortina de Hierro dónde no se permitía a los no-judíos, ni siquiera moverse de un pueblo a otro sin permiso policial o de otro tipo. (La mayoría de los que restaban, 484.000 era nord- africanos o judíos asiáticos que llegaron después del establecimiento del estado y no tomaron ninguna parte en su adquisición violenta).

Por consiguiente, los invasores eran judíos Orientales de la raza tártaro-mongol, pero la fuerza de los números solamente no habría asegurado su éxito. Ellos necesitaban las armas para eso. Durante la guerra el General Wavell había informado al Sr. Churchill que los judíos, si se les permitía, podrían "golpear a los Árabes", y él evidentemente basaba este juicio en las armas que, como él sabía, los Sionistas había juntado entonces. Hasta ese momento, éstas podrían ser sólo armas británicas o norteamericanas, obtenidas clandestinamente de los depósitos de los ejércitos Aliados que operan en el Norte de África y el Medio Oriente (un proceso en complicidad por lo menos, si no oficialmente aceptado, por los líderes políticos en Londres y Washington, como se ha demostrado). El General Wavell, a pesar que demostró que su opinión era correcta, puede en su momento haber sobrestimado la fuerza Sionista o infravalorado la resistencia árabe, ya que los Sionistas, después del evento, no lo atribuyeron a las armas Aliadas obtenidas por ellos. Al contrario, ellos creyeron que debían su victoria en los seis meses de lucha (entre el voto de la "partición" y Deir Yasin) a las armas recibidas de la revolución.

La Cortina de Hierro que se había abierto para permitir salir a los invasores de Palestina se abrió nuevamente para permitir que las armas le llegaran en cantidades decisivas.

Ésta fue la primera gran consecuencia de la orden del General Eisenhower, emitida bajo la dirección del Presidente Roosevelt, de detener los ejércitos aliados en el lado occidental de la línea Berlín-Viena y permitir que Checoslovaquia cayera en manos de los soviéticos; las armas vinieron desde ese país cautivo, desde el gran arsenal de Skoda, como resultado de su orden, había pasado meramente de las manos nazis a las manos de los Comunistas. Unas pocas semanas después del reconocimiento del Presidente Truman del estado Sionista, el **Herald Tribune de Nueva York** publicó este informe desde Israel:

"El prestigio ruso ha crecido enormemente entre todas las facciones políticas... A través de su consistente adhesión de la causa de Israel en las Naciones Unidas, la Unión Soviética ha establecido un depósito de buena voluntad con elementos de izquierda, moderados y derechistas. Quizás de mayor importancia para una nueva nación que lucha por su existencia, ha sido el hecho generalmente menos conocido: que Rusia proporcionó ayuda práctica cuando la ayuda práctica fue necesaria... Rusia abrió sus depósitos militares a Israel. De la nación satélite soviética, Checoslovaquia, los judíos hicieron alguna de sus compras más importantes y posiblemente más masivas en volumen. Ciertos embarques de armas Checas que llegaron a Israel durante los momentos críticos de la guerra jugaron un rol vital... Cuando las tropas judías marcharon en formación por la calle Alleby en Tel Aviv, la semana pasada, los nuevos fusiles checoslovacos aparecieron en los hombros de los "soldados de la infantería" (5 de agosto de 1948).

En ese momento los Sionistas y la prensa controlada por los Sionistas a lo largo de Occidente comenzaron explícitamente a identificar "antisemitismo", con "anti- comunismo" (la atribución del origen judío y dirección del Comunismo había sido desde hace tiempo denunciado como la marca del "antisemita"). El ***Jewish Sentinel*** de Chicago, por ejemplo, en junio de 1946 ya había declarado, "Nosotros reconocemos el anti-Sovietismo por lo que realmente es... ¿Escuchó hablar alguna vez en cualquier parte de cualquier antisemita en el mundo que no fuese anti-soviético? ... Nosotros reconocemos a nuestros enemigos. Déjenos también reconocer a nuestros amigos, el pueblo soviético". En las escuelas del propio nuevo estado la bandera de la revolución flameaba y su himno se cantaba el 1º de mayo, un ostentoso reconocimiento de afinidad si no de paternidad. En enero de 1950, el corresponsal en Tel Aviv del **London Times** informó que Checoslovaquia todavía era la fuente de suministro de las armas para el estado sionista.

Tanto para el nacimiento de "Israel" y los dolores causados a otros. Ninguna descendencia de ilegitimidad política fue introducida alguna vez en el mundo por tantos patrocinadores; los "reconocimientos" se vertieron y los pacificadores estaban por todas partes desconcertados. El Sr. Bevin continuó en la oficina durante unos años y luego renunció, cercano a su muerte; El General Marshall y el Sr. Forrestal fueron dejados caer a la primera oportunidad, obviamente para el desaliento de otros que podrían tomar su deber responsable en serio.

Dentro de unas semanas, el nuevo estado dio otro paso hacia "el abismo" del "antiguo mal". Las "Naciones Unidas", habiendo aceptado la bisección de hecho Europa y recomendando la bisección de Palestina, mostró una tardía preocupación por la "paz" y apeló al Conde Folke Bernadotte de Suecia para ir a Palestina y mediar entre las partes. El Conde Bernadotte se había entregado siempre a la mitigación del sufrimiento humano, particularmente a la ayuda y rescate de víctimas judías durante la Segunda Guerra. Él trabajaba en la señal de la Cruz (la roja) y fue asesinado en el mismo lugar dónde la Cruz se transformó en un símbolo de fe y esperanza por primera vez. Ningún hecho puede ser más atroz que el asesinato de un aceptado pacificador y mediador por una de las partes en lucha, y dentro de los cuatro meses de su creación, el estado Sionista agregó este segundo acto simbólico a su calendario.

El Conde Bernadotte (tal como el Sr. Forrestal) mantuvo un diario, publicado después de su muerte. Este registra que, después de aceptar la misión de paz, él pasó por Londres y fue visitado por el Dr. Nahum Goldman, entonces vice presidente de la Agencia judía y el representante del estado Sionista que le dijo: "el estado de Israel *estaba ahora en posición tomar la responsabilidad plena y completa por los actos cometidos por la Banda Stern y los miembros de Irgun.*"

Éstos eran los grupos de asesinos cuyas acciones en Deir Yasin efectuaron la limpieza del territorio para los Sionistas y fue "reconocido" implícitamente por Occidente. Ellos eran los "activistas" contra quienes el Dr. Weizmann había proferido la advertencia en el Congreso Sionista de 1946. Deir Yasin había mostrado que ellos tenían el poder, por calculados actos de terrorismo, para cambiar el curso entero de los asuntos internacionales, independiente de cualquier dicho de los líderes Sionistas, de los políticos en Occidente o de las "Naciones Unidas."

Ellos tienen este poder en 1956, y continuarán teniéndolo. Ellos pueden en cualquier momento que lo deseen precipitar al mundo en una nueva guerra, porque se han ubicado en el lugar más inflamable del mundo, debidamente descrito como "el barril de dinamita" por el Ministro de Relaciones Exteriores norteamericano, un Ministro del exterior británico y el Primer Ministro Sionista.

Al tiempo cuando el Dr. Nahum Goldman hizo la declaración arriba citada al Conde Bernadotte se había mantenido la pretensión que ellos estaban más allá del control de los líderes Sionistas "responsables" que deploraban sus actos. La convicción del Dr. Goldman presumiblemente intentaba convencer al Conde Bernadotte que su trabajo de mediación no sería destruido perversamente por algún acto como ese de Deir Yasin. Los terroristas entonces asesinaron al Conde Bernadotte mismo, y en la secuela (como se mostrará) el gobierno israelita tomó la responsabilidad por ellos y sus hechos.

El Conde Bernadotte, después de oír estas palabras tranquilizadoras, partió a pacificar. En Egipto él vio al Primero Ministro, Nokrashi Pasha quien dijo que el "reconocía" la magnitud del poder económico judío, *ya que controlaba el sistema económico de muchos países, incluyendo el de Estados Unidos, Inglaterra, Francia, el propio Egipto y quizás Suecia*" (el Conde Bernadotte no objetó a la última declaración). Nokrashi Pasha dijo que los Árabes *no esperaban escapar de esa dominación*. Sin embargo, que los judíos lograran la dominación *económica* de toda Palestina era una cosa, que los Árabes no aceptarían, y podrían resistir, si el intento fuese *por la fuerza y el terrorismo*, y con la ayuda del Sionismo internacional, de preparar un estado Sionista basado en la coerción. Después de que este Rey Farouk le dijo al Conde Bernadotte que si la guerra continuara (no ha acabado todavía) se desarrollaría en una tercera guerra mundial; El Conde Bernadotte estaba de acuerdo y dijo él había por esa razón aceptado la tarea de Mediador.

Él también mencionó que en la guerra había tenido "el privilegio de rescatar a aproximadamente 20,000 personas, muchos de ellos judíos; Yo mismo he estado a cargo de este trabajo". Él pensó esto evidentemente lo calificaría para el respeto sionista, y estaba equivocado. Dentro de unos días él había persuadido a los Árabes (el 9 de junio de 1948) para aceptar un cese de hostilidades incondicionalmente, pero entonces leyó un fanático ataque Sionista contra él por "haber forzado la tregua en los judíos". "Comencé a comprender en que posición expuesta me encontraba... la amigabilidad hacia mí se volvería indiscutiblemente en sospecha y animosidad si, en mis actividades posteriores como mediador, *fallase en estudiar primero el interés de la parte judía*, y en su lugar buscase encontrar una solución justa e imparcial del problema."

Irgun (por el cual el gobierno Sionista a través del Dr. Goldman en Londres había afirmado la "responsabilidad plena y completa") entonces rompió la tregua (el 18 al 30 de junio de 1948) haciendo aterrizar hombres y armas. El Conde Bernadotte y sus observadores "fueron incapaces de juzgar el número de hombres de Irgun que llegaban o la cantidad de material de guerra descargado" porque el gobierno Sionista se negó a permitirles acercarse al lugar. En la primera semana de julio "la prensa judía hizo un violento ataque en mi contra". El método de la difamación (usado contra el Sr. Forrestal) fue ahora empleado y los esfuerzos del Conde Bernadotte por rescatar a las víctimas judías durante la guerra se volvieron en su contra; fue hecha la insinuación que sus negociaciones con el jefe de la Gestapo Nazi, Heinrich Himmler, hacia el fin de la guerra sobre la liberación de judíos, había sido de carácter dudosa. "Eran aspersiones injustas lanzadas en mi contra", (la indirecta era que el Conde Bernadotte era "un Nazi") "Siendo mi trabajo el medio que permitió salvar las vidas de aproximadamente 10.000 judíos."

Eso significó tan poco para los Sionistas como los esfuerzos de Alexander II y del Conde Stolypin por "mejorar la suerte de los judíos" cuarenta años antes; La mortal ofensa del Conde Bernadotte fue su imparcialidad. Entre el 19 de julio y el 12 de agosto él tuvo que decirle al Dr. Joseph, gobernador militar Sionista de Jerusalén, que según los informes de sus observadores "los judíos eran la parte más agresiva en Jerusalén". El 16 de septiembre, en el camino del pacificador histórico "a Jerusalén" (el título de su libro) el Conde Bernadotte en el efecto escribió su propia sentencia de muerte; envió ese día su "Informe de Progresos" como el Mediador desde Rhodes a las Naciones Unidas, y dentro de veinticuatro horas él fue asesinado .

La razón estaba en sus propuestas. Él aceptaba el establecimiento "de facto" del estado Sionista pero, construyendo sobre esa base, buscado reconciliar y pacificar mediante as propuestas imparciales, simplemente como cada parte permitiera el hecho cumplido. Su preocupación principal era para la población árabe civil, expulsada por el pogromo en Deir Yasin de sus pueblos nativos y que se encontraban agrupados más allá de las fronteras. Nada como esto se había hecho alguna vez bajo el ala de Occidente, y el Conde Bernadotte estaba fresco de los esfuerzos por rescatar a los judíos de Hitler. Así él propuso: **(1)** que los límites del estado Sionista deberían ser aquellos vislumbrados en la "recomendación" de las Naciones Unidas el 29 de noviembre de 1947, el Negev debía seguir siendo territorio árabe y las Naciones Unidas debía asegurar que estos límites fueran respetados y se mantuvieran"; **(2)** que (como también "recomendado") Jerusalén se internacionalice bajo el mando de las

Naciones Unidas; **(3)** que las Naciones Unidas debía "***afirmar y dar efecto a***" el derecho de los fugitivos árabes para volver a sus hogares.

Habiendo despachados estas propuestas el 16 de septiembre de 1948, el Conde Bernadotte, y antes de que ellas pudieran llegar a Nueva York, voló a Jerusalén (el 17 de septiembre). Él y su equipo, desarmados e indefensos, viajaba hacia la Casa de Gobierno, cuando su automóvil fue detenido por un jeep Sionista atravesado en el camino. Sus movimientos claramente eran conocidos por los contendientes del Conde Bernadotte; tres hombres saltaron del jeep, corrieron hacia su automóvil, y con armas sten [una sub ametralladora inglesa], le asesinaron junto a su Observador Jefe en Jerusalén, el Coronel francés Serot.

Los sobrevivientes, en un apéndice a su diario, describen la matanza en detalles. Sus relatos muestran su eficiente preparación y ejecución y claramente apuntaban a la identidad del organizador principal. Los reales asesinos escaparon sin problemas, dos en el jeep y uno a través del terreno. Ninguno fue arrestado o acusado (el informe, probablemente creíble, dice que un aeroplano que esperaba sacó a los asesinos hacia la comunizada Checoslovaquia). La investigación israelita subsiguiente declaró que:

"El asesinato como realmente se llevó a cabo y todas las preparaciones que se hicieron allí se basan en los siguientes puntos: (a) una clara decisión para asesinar al Conde Bernadotte y la elaboración de un plan detallado para llevarlo a cabo; (b) una compleja red de espías capaces de seguir los movimientos del Conde durante el tiempo de su estancia en Jerusalén para habilitar a los responsable de la operación para determinar el lugar y el momento; (c) hombres experimentados en este tipo de actividades o quienes habían recibido un buen entrenamiento de largo tiempo para él; (d) armas apropiadas y métodos de comunicación, así como refugio seguro después del asesinato; (e) un comandante muy experimentado y responsable para la real consumación".

Por tales hombres el nuevo estado se había declarado "totalmente responsable". Tres días después, una agencia informativa francesa recibió una carta que expresaba el pesar que el Coronel Serot, había sido asesinado por error al confundirle con el Jefe-de-personal del Mediador, el General sueco Lundstrom, quien es un "antisemita" (el General Lundstrom estaba en otro asiento del automóvil). Esta carta fue firmada "Hazit Moledeth"; el informe policial israelita declaró que éste era el nombre de un grupo terrorista secreto dentro de la Stern Gang.

El General Lundstrom anunció (el 18 de septiembre) que "Estos asesinatos deliberados de dos altos oficiales internacionales constituyen un rompimiento de la tregua de suma gravedad y una página negra en la historia de Palestina ***por la cual las Naciones Unidas exigirán una plena responsabilidad***".

Ninguna de tal demanda sería esperada de las Naciones Unidas que (como este relato lo ha mostrado) sólo responde a la presión más fuerte ejercida entre bastidores. No tiene (o entonces tenía; nadie puede decir qué transformación milagrosa el futuro podría traer) ninguna moralidad en sí misma; era un oráculo, trabajado por un mecanismo oculto, y no se preocupaba sobre el asesinato de su Mediador en algo más que los gobiernos de Washington y Londres se habían preocupado de la persecución del Sr. Forrestal y del asesinato del Lord Moyne. Ignoraron las propuestas del Mediador; los Sionistas entonces tomaron y conservaron todo el territorio que ellos desearon (***incluyendo*** el Negev), se negaron a permitir a los Árabes volver, y proclamaron que ellos no permitirían a Jerusalén ser internacionalizada (ellos son implacables en estos puntos hoy, ocho años después).

Los periódicos mundiales sacaron editoriales que ellos parecían tener como modelos para tales ocasiones ("Se ha hecho un daño incalculable a la causa Sionista... ") y entonces reasumían sus denuncias diarias de cualquiera que suplicara por el caso árabe como "anti-semitas". El ***Times de Londres*** incluso culpó al Conde Bernadotte de su propio asesinato; dijo que la propuesta para internacionalizar Jerusalén "indudablemente incitó a ciertos judíos a asesinar al Conde Bernadotte", y el entendido común de la palabra "***incitar***" imputa un ***reproche***.

En Israel, cuatro meses después, dos líderes del Stern Gang llamados Yellin y Shmuelevitz fueron sentenciados a ocho y cinco años de encarcelamiento en esta conexión por una corte especial, el presidente de la cual, leyendo la sentencia, dijo que no había "ninguna prueba que la orden para matar al Conde Bernadotte hubiese sido dada por la dirección."

Los dos hombres (según la Agencia Telegráfica judía) "escasamente prestaron atención a los procedimientos en vista del hecho que se esperaba que el Concejo Estatal aprobara una amnistía general", y dentro de unas horas de su sentencia ellos fueron liberados, siendo entonces escoltados triunfalmente a una recepción popular. El "Comandante-en-Jefe" de Irgun, un tal Sr. Menachem Begin, algunos años después, hizo "una gira triunfal" por ciudades Occidentales, siendo recibido en Montreal, por ejemplo, por una guardia de honor de la policía de Montreal encabezada por Rabinos que portaban Pergaminos de la Ley" (el ***Jewish Herald*** de Sudáfrica). Hablando en Tel Aviv durante una campaña de la elección en 1950, el Sr. Begin reclama el crédito para la fundación del estado Sionista, a través del hecho en Deir Yasin. Él dijo que Irgun había "ocupado Jaffa" que el Partido en el gobierno había "estado listo para entregarla a los Árabes", y agregó:

"La otra parte de la contribución del Irgun era Deir Yasin que hizo que los Árabes dejaran el país y hacer espacio para los recién llegados. Sin

Deir Yasin y la derrota árabe subsiguiente, el presente gobierno no podría haber absorbido la décima parte de los inmigrantes."

A lo largo de los años resultantes, hasta hoy, el Sr. Begin ha continuado haciendo amenazas sanguinarias contra los vecinos estados árabes[31] para quienes la presencia de los Árabes Palestinos dentro de sus fronteras eran un constante recuerdo de Deir Yasin y del horrible significado de sus amenazas. Durante cinco años se mantuvo al público la pretensión que "los terroristas" habían actuado sin autorización en Deir Yasin y entonces, en abril de 1953, cuatro hombres de Irgun heridos en Deir Yasin exigieron compensación. El gobierno israelita, a través de su Ministerio de Seguridad, negó la demanda sobre la base que el ataque fue "sin autorización", por lo cual el comandante de Irgun produjo una carta oficial del Cuartel Central del ejército Sionista en Jerusalén que autoriza la acción. Por ese tiempo, el signatario era Ministro israelita en Brasil.

En la ciudad, donde las "Naciones Unidas" tenían su oficina principal, una poderosa razón se ofreció por la qué ninguna "responsabilidad" podría reclamarse por el asesinato del Conde Bernadotte. Cuando sucedió, la elección presidencial norteamericana era cercana a ocurrir. La campaña estaba en pleno fragor y **ambos** candidatos (el Sr. Truman y Sr. Thomas Dewey) sostenían el voto Sionista como indispensable para el éxito. Ellos estaban rivalizando por él y Palestina estaba demasiado lejos de Nueva York. El Sr. Truman era el aspirante mejor-calificado, porque había reconocido al nuevo estado y había proclamado el acto "de más orgullo" de su vida. En otra ocasión, dijo que era guiado por "el propósito **humanitario** más alto". Unas pocas semanas después del asesinato en el camino a Jerusalén, él se eligió presidente; al final del año él les dio un marcador de libros a los empleados de la Casa Blanca con las palabras, "yo querría tener más paz que ser Presidente."

En 1948, la estrategia electoral de 1910 del Coronel House, se había transformado en un instrumento de alta-precisión controlado por el Sionismo internacional; el interruptor general que está en el Estado de Nueva York. La máquina y la compañía-flotante agregaron un nuevo verbo al idioma inglés: "to rig", significando arreglar o manipular. Los expertos pueden "manipular o arreglar" las máquinas. Un ejemplo es la

---

[31] Begin llama a la guerra: Jerusalén. Ataque a los Árabes, rompa un lado débil después de otro, aplaste un frente después de otro, hasta que la victoria esté segura... esta era la esencia del discurso que el Sr. Menahem Begin, líder del Partido Herut hizo la semana pasada en Jerusalén. Estaba hablando desde el balcón de un hotel sobre la plaza Zion llena de unos cuantos miles de personas. 'Nuestras pérdidas en tal acción no serán despreciables pero de todos modos ellas serán mucho menos que cuando enfrentemos los ejércitos árabes combinados en el campo', dijo, '… hoy las Fuerzas de la Defensa son más fuertes que todos los ejércitos árabes juntos… Moisés necesitó diez soplos para sacar a los Israelitas de Egipto; con un soplo nosotros podemos sacar a los egipcios fuera de Israel', dijo, mientras se refería a la "Franja de Gaza. (**Zionist Record** de Johannesburgo, 20 de agosto de 1954).

máquina traga monedas en Norteamérica. John Doe inserta su moneda en la vaga creencia que la máquina opera por las leyes de probabilidades y que si él tiene la oportunidad de obtener esta probabilidad la máquina verterá todo su contenido a raudales en sus manos; de hecho la máquina es ajustada expertamente para que una proporción precisamente calculada de sus ingresos (probablemente entre el ochenta y noventa por ciento) vaya al sindicato del juego por dinero y el resto va en pequeñas cantidades a las manos de John Doe.

El "arreglo" del sistema electoral norteamericano es el factor determinante en los eventos del Siglo 20. Un mecanismo originalmente diseñado para habilitar a John Doe a expresar su opinión sobre las políticas y los Partidos, ha sido ajustado hasta tal punto de finura, casi evitando el error, que él será dejado sin voz en sus asuntos nacionales; no importa qué tipo de moneda inserte en la hendidura, el sindicato gubernamental gana siempre.

El propio sistema electoral puede desde un principio haber sido diseñado para hacer fácil la tarea de "un grupo extranjero" dedicado a dictar el curso de la política de estado norteamericana. Una elección *siempre* amenaza: a un Congresista cada segundo, a un presidencial cada cuatro años. Tan pronto como un Congresista o Presidente es elegido los "grupos-de-presión" comienzan a trabajar en los aspirantes para la próxima elección; los managers de Partidos empiezan a preocuparse por la próxima primaria de designación; y los que quieren ser Senadores, Diputados y Presidentes empiezan a sentir, y responder a "la presión". No hay ningún momento-de-respiro en que la prudencia pudiese prevalecer y el dominio completo romperse (en 1953, como se verá, incluso la lucha por la Alcaldía de la Ciudad de Nueva York produjo una abrupta e importante inversión mayor de la política de estado norteamericana, siendo el asunto "el apoyo a Israel". La intensificación de la "presión" en estos momentos recurrentes, y las consiguientes advertencias de los Gerentes de los Partidos a los titulares en el Congreso o en la Casa Blanca, provocaron estos saltos mortales hacia atrás, los cuales perturbaron el edificio entero de la política laboriosamente erigida por responsables Ministros y permanentemente competentes funcionarios).

En estas circunstancias el nuevo "estado" instalado en Palestina en 1948 nunca fue, y nunca podrá ser, un "estado" en cualquier significado de la palabra anteriormente usada en la historia registrada. Era el fortín de una organización mundial con acceso especial a cada gobierno, parlamento y oficina del exterior en el mundo Occidental (y más especialmente sobre todo gobierno, parlamento y oficina del exterior de los Estados Unidos, que en los 1950 eran el país más poderoso en el mundo), y su función principal era ejercer el control sobre la República norteamericana, no el lograr "un hogar" para los judíos del mundo. La perspectiva abierta por este estado de los asuntos era aquella de un creciente envolvimiento norteamericano en una situación explosiva en el Levante, artificialmente creada y preñada con el peligro de una guerra mundial.

Cuando el año 1948 acababa, treinta y un años después del primer triunfo de la conspiración dual (la Declaración de Balfour y la revolución bolchevique) el estado Sionista había sido establecido. El Sr. Truman, el pacificador en el "reconocimiento", había sido aconsejado por sus funcionarios responsables que la partición forzosamente efectuada en Deir Yasin llevaría a una tercera guerra mundial; los políticos Occidentales principales habían recibido el mismo consejo de sus consejeros responsables. Ninguno de los "políticos de más alto nivel" involucrados puede haber tenido dudas sobre la forma que su apoyo al Sionismo daría al futuro, y sus pronunciamientos públicos sobre él no pueden haber expresado su conocimiento privado o sus creencias.

Los políticos norteamericanos de los años 1940 y 1950, como el Sr. Leopold Amery y Sr. Winston Churchill durante las décadas más tempranas, estaban evidentemente cautivos de la creencia que, por alguna razón nunca descubierta, la "política" en esta materia podría nunca podría cambiar. La cautividad de los gobiernos de Londres y Washington, y la identidad de los captores, incluso hoy en día, (1956) no es comprendida por las masas norteamericanas y británicas (aunque ahora el peligro claro de una nueva guerra mundial comenzando y extendiéndose al exterior desde la Sionizada Palestina está por primera vez inquietándoles). En el resto del mundo ya ha sido entendido hace mucho tiempo. Tanto tiempo como en los años 1920 por ejemplo, el Maharajah de Cachemira le preguntó a Sir Arthur Lothian (tal como relata el diplomático británico), "¿Por qué el gobierno británico estaba estableciendo un 'Yehudi ka Raj' (Control de los judíos) en India?. Yo objeté esta descripción, pero él insistió que era verdad, diciendo que el Virrey, el Señor Reading, era un judío, el Ministro de Relaciones Exteriores, el Sr. Edwin Montague, era un judío, el Alto Comisionado, el Señor William Meyer, era un judío, y que más evidencia yo quería Así un Maharajah indio remoto, hace treinta años, vio la verdadera forma de los eventos que estaban viniendo claramente en el mundo Occidental.

Yo cité antes la declaración del Primer Ministro egipcio al Conde Bernadotte, que "el poder económico judío controlaba el sistema económico de... los Estados Unidos, Inglaterra, Francia, el propio Egipto... " En los siete años que han pasado los líderes de todos los estados árabes abierta y repetidamente han acusado que el gobierno norteamericano se ha vuelto meramente en el instrumento de las ambiciones Sionistas y han apuntado a su propia experiencia como la prueba.

Lejos, al otro lado del mundo, el efecto de la máquina electoral "arreglada" en Nueva York se sentía en su otra manifestación: el apoyo a la revolución. Chiang Kai-shek, el líder chino, fue manejado por cambios similares en la política de estado norteamericana desde el continente chino (donde el Comunismo, con el apoyo norteamericano fue establecido) a la isla Formosa dónde de momento, recibió alguna medida de apoyo norteamericano nuevamente. Un conocido emisor norteamericano, el Sr. Tex McCrary, lo visitó allí e informó a los millones que estaban escuchando en el Estado de Nueva York: "Yo me retorcí en la turbación cuando me dijeron, 'Nunca hemos aprendido a confiar en Norteamérica por más de dieciocho meses cada vez, *entre las elecciones*."

Este control de la política de estado norteamericana, a través del control de la máquina electoral, llevó en 1952 a un acto culminante de venganza Talmúdica, descargado esta vez sobre la mitad de Alemania que había quedado "libre" por la bisección. ¡Esta mitad de Alemania fue obligada a pagar tributo al estado Sionista, fue preparado tres años después de la derrota de Alemania en la Segunda Guerra!

Después de la Primera Guerra los poderes vencedores Occidentales intentaron exigir tributo (las "indemnizaciones") pero fallaron; lo que se recibió estaba meramente en el libro-entrada, ya que fue cancelado por los préstamos británicos y norteamericanos. Después de la Segunda Guerra la revolución exigió tributo de la cautiva Alemania del Este simplemente ayudándose. Los poderes vencedores Occidentales no hicieron ninguna demanda por "indemnizaciones" en su *propia* cuenta, pero lo arrancaron para Sión.

Cuando los años pasaron, la alarma de hombres responsables en el Medio Oriente nuevamente se hicieron sentir en el Departamento Estatal. Constantemente se recordaba por sus consejeros en el lugar que los siete Estados árabes nunca habían aceptado el hecho de 1948, que ellos todavía sostenían estar en un estado de guerra con el estado intruso, y sostenían que los Estados Unidos estaban pagando por las armas que eran usadas en contra de ellos.

Así la idea nació, varios años después del fin de la guerra, de hacer que la mitad "libre" de Alemania pagara "indemnizaciones" a un estado que ni siquiera había existido durante la Segunda Guerra; el sostén continuo del nuevo estado sería así asegurado y la verdadera fuente de su apoyo disimulada. La idea fue largamente rumoreada detrás de los escenarios (como el juicio de Nuremberg) luego se le dio de pronto una realización simbólica en la víspera de los días más Santos de los judíos en 1952 (o, como la revista *Time* de Nueva York lo pone, "En la última semana del año judío 5711"). Formó el tema dominante de las celebraciones Judaicas resultantes, un periódico judío remarcaba que era "El regalo de Año Nuevo más maravilloso para la Judería que nosotros podríamos pensar".

El Canciller de la ocupada Alemania Occidental, el Dr. Adenauer ("cera pálida") informó al Bundestag en Bonn de "la obligación de hacer las reparaciones morales y materiales". Su Ministro de Justicia, el Dr. Dehler, habló en forma diferente a un público en Coburg: "El acuerdo con Israel se concluyó *ante el deseo de los norteamericanos, porque los Estados Unidos, en vista del sentimiento en los países árabes, no pueden continuar apoyando al estado de Israel como hasta aquí de la misma forma*".

La elección presidencial norteamericana de 1952 estaba entonces inmediatamente a mano. El gobierno alemán Occidental fue obligado a pagar, por un período de doce a catorce años, 822 millones de dólares a Israel, principalmente en bienes. El cuadro que es el resultado de esta transacción algo increíble recuerda el resumen de los pasajes de la Cábala de Stehelin, que describe la consumación Mesiánica: **"Pero permítanos ver un poco después de qué manera los judíos van a vivir en su antiguo país bajo la Administración del Mesías. En primer lugar, las naciones extrañas, las cuales sufrirán para vivir, les construirán las casas y ciudades, hasta la tierra y las plantas, las viñas; y todos esto, sin buscar algún premio por su trabajo"**. Este cuadro no es tan diferente de aquel ofrecido por los contribuyentes británicos, norteamericanos y alemanes bajo diferentes fórmulas de constreñimiento (oculto en los primeros dos casos, abierto en el tercer caso) a los que ellos han sido sujetos en materia de tributo para el Sionismo.

Las masas Occidentales no estaban informadas sobre la forma que este pago de tributo fue arrancado; se presentó a ellos como un acto independiente del gobierno alemán Occidental, incitado por un sentimiento de alta moral. Los lectores judíos, por otro lado, también estaban informados como el público del Dr. Dehler en Coburg.

Para citar dos ejemplos: "la Agencia Telegráfica judía reveló que el Gobierno de Estados Unidos ha jugado un rol muy importante presionando a Alemania Occidental para hacer ofertas de pago de indemnizaciones decentes para los judíos; el gobierno británico también ha hecho su parte, aunque en una magnitud más pequeña"; y el ***Zionist Herald*** de Johannesburgo dijo, "El acuerdo con Alemania no podría ser posible sin el apoyo activo y muy eficiente del gobierno de Estados Unidos en Washington y de la Oficina del Alto Comisionado de los Estados Unidos en Alemania". La prensa árabe entera informó en forma semejante, y un periodista norteamericano que buscaba llegar a los campamentos de refugiado árabes fue desairado con las palabras, "¿Qué sentido tiene hablar con usted? Nosotros los Árabes sabemos muy bien que en Norteamérica ningún periódico se atreve a decir la verdad completa sobre el asunto de Palestina".

En Inglaterra la versión oficial fue dada en el parlamento por Lord Reading, sub secretario del exterior e hijo del Virrey mencionado antes por la pregunta del Maharajah de Kashmir a Sir Arthur Lothian treinta años antes. La declaración de Señor Reading fue incitada por el usual expediente de un "asunto", en esta ocasión de un par Socialista, el Sr. Henderson, que comenzó diciendo que "más de seis millones de judíos fueron llevados a la muerte". La respuesta de Lord Reading es de interés permanente; él dijo que los pagos alemanes de Alemania Occidental al nuevo estado serían: "en la naturaleza *de cierta medida de reparación moral*, más que en el valor material, y que ellos estarían "basados en el costo calculado de asentar en Israel *a los judíos expulsados de Europa por los Nazis.*"

Esta declaración reafirma el principio implícitamente que el *único* crimen Nazi moralmente reparable era el tratamiento de los judíos; nadie alguna vez sugirió que la Alemania Occidental debía pagar los costos de reasentar a los polacos, Checos y a todas las otras víctimas. Este interés particular yace en la alusión a la "*reparación de valor moral*"; cuando el hecho que casi un millón de Árabes fuesen "expulsados" de Palestina por los Sionistas y su demanda de volver a sus hogares había sido repetidamente, incluso con desdén rechazado.

Probablemente el pasaje más característico en esta típica declaración es que se refiere a "reasentar a los judíos expulsados de Europa por los Nazis". Israel es el único lugar en el mundo dónde el número de la población judía pueden saberse con exactitud. Según las estadísticas del gobierno israelita, eran aproximadamente 1.400.000 en 1953, y entre éstos, sólo 63.000 judíos eran (*menos del cinco por ciento*) *de Alemania y Austria*. Estos 63,000 eran *los únicos* habitantes de Israel que por cualquier estiramiento de la imaginación podría haberse dicho que habían sido expulsados de Europa y reasentados en Israel. La gran masa vino de Polonia, Rumania, Hungría y Bulgaria, poco tiempo *después* del fin de la guerra (y ciertamente no fueron "expulsados" ya que eran protegidos en esos países por leyes especiales y preferencia en el empleo estatal) o del Norte de África.

No existía ninguna base moral para la extorsión de tributo de los alemanes Occidentales para el estado Sionista, y si alguna hubiese existido alguna vez, con respecto a los 63.000, habría sido largamente cancelado por la "expulsión" por parte de los Sionistas de casi un millón de Árabes. El asunto es único en la historia Occidental y demuestra sólo la magnitud de la sumisión del gobierno norteamericano y británico al Sionismo.

Alemania oriental fue obligada a asumir una parte grande del costo de los armamentos y del desarrollo del nuevo estado; con ello la probabilidad de otra gran guerra fue llevada más cerca y la situación para los Árabes fue hecha mucho peor. El Estado sionista fue totalmente sostenido y las consecuencias comenzaron a fluir en seguida. El ejercicio de la "presión" sobre el gobierno alemán Occidental en esta materia, fue casi el último acto mayor de política del estado norteamericano bajo el Presidente Truman cuyo término estaba a punto de expirar.[32]

---

[32] Como una nota al asunto de Alemania Occidental, los Poderes Occidentales en Viena, (en esta ocasión actuando en acuerdo perfecto con el estado soviético) ante la misma solicitud humillaron a la pequeña Austria (la primera víctima de Hitler) vetando una ley de amnistía y restitución que podrían tener como beneficiados a algunos no-judíos. El gobierno austriaco (en ese momento se suponía que era nuevamente "soberano") protestó por escrito al Alto Comisionado norteamericano, acusándolo específicamente de someterse a las órdenes de "emigrantes de Austria" que estaban en su equipo como "consejeros judíos". Ningún relato inteligible de este episodio alcanzó a los lectores de los periódicos británicos o norteamericanos.

Capítulo 44

EL INSTRUMENTO MUNDIAL

La Segunda Guerra produjo un tercer resultado, adicional al avance de la revolución en Europa y el establecimiento por la fuerza del estado Sionista: a saber, el segundo esfuerzo por preparar la estructura de un "Gobierno Mundial", en el altar en que las naciones *occidentales* serán sacrificadas. Ésta es la última consumación a la cual los procesos paralelos del Comunismo y el Sionismo evidentemente están designados a llevar; la idea surgió primero en los papeles de Weishaupt, comenzó a tomar una forma vigorosa en el Siglo 19, y fue expuesta en todos sus detalles en los Protocolos de 1905. En la Primera Guerra era la idea- maestra de todas las ideas que el Sr. House y sus socios "rezumaron en la mente" del Presidente Wilson, y buscaron hacer que el presidente pensara eran "suyas propias". Y luego tomó forma, primero como "La Liga para Promulgar la Paz" y al fin de la guerra como "La Liga de Naciones."

Así le fue dada primero una realización parcial, como todas las ideas auxiliares para ello, durante el período de confusión de una gran guerra, eso es, el período final de la lucha y el período siguiente, inmediatamente después del término. Nunca se sometió antes de esa guerra a los pueblos que estaban embrollados, tampoco había una razonable explicación de su naturaleza y propósito para entregarlas a ellos; durante la "emergencia" los "Premier-Dictadores" tomaron su asentimiento por concedido; la única expresión de opinión popular dada alguna vez fue la negativa inmediata del Congreso de Estados Unidos, cuando la niebla de la Primera Guerra aclaró, para tener algo que hacer en esto.

Los veinte años entre las dos guerras mostraron que "la Liga de Naciones" era incapaz de promulgar o conservar la paz y que las naciones no habrían de propio rendir su soberanía a ella. No obstante, cuando la Segunda Guerra se acercaba, los hombres que iban a dirigirla nuevamente estaban ocupados con esta idea de preparar lo que ellos llamaron "una autoridad mundial" de algún tipo y la única cosa común en todos su pensamiento sobre esta, era que las "naciones" debían rendir su "soberanía". El Sr. Roosevelt (según el biógrafo del Sr. Baruch, el Sr. Morris V. Rosenbloom) tan atrás como en 1923, después de su parálisis, consagró su tiempo en su lecho de enfermo a bosquejar "un plan para conservar la paz" que, como presidente, revisó en la Casa Blanca, entonces le dio el título a su diseño como, "Las Naciones Unidas".

Similarmente en Inglaterra, el campeón del nacionalismo, el británico, Sr. Winston Churchill, en 1936, llegó a ser presidente de la sección británica de una asociación internacional llamada "La Nueva Sociedad de la Comunidad de Naciones" que propugnaba "una fuerza policial mundial para mantener la paz" (la conjunción de las palabras "fuerza" y "paz" se presenta en todos estos programas y declaraciones), y públicamente declaró (el 26 de noviembre de 1936) que difería de las "otras sociedades para la paz" en el hecho que, "abogaba por el uso de la *fuerza* contra un agresor en apoyo de la *ley*". El Sr. Churchill no dijo de que ley se trataba, o de la ley de quien, pero él *ofreció* la "fuerza" como el camino a la "paz."

Así era lógico que en la reunión del Presidente Roosevelt y el Sr. Churchill en agosto de 1941,, cuando la estéril "Carta Atlántica" fue producida, el Sr. Churchill (como lo registra) debía decirle al presidente que la "opinión en Inglaterra estaría en desacuerdo ante la ausencia de cualquier intención para establecer una organización internacional para mantener la paz después de la guerra". Yo estaba en Inglaterra en ese momento y, para uno, era defraudante la inclusión de la referencia que el Sr. Churchill deseaba; en cuanto a la "opinión en Inglaterra" en general no existía, ya que no se había ofrecido ninguna base informativa para alguna opinión a las personas. El Sr. Churchill estaba siguiendo la idea en su propia autoría, tal como lo hacía el Sr. Roosevelt: "Roosevelt habló y actuó con completa libertad y autoridad en cada esfera... Yo representaba a Gran Bretaña con casi igual latitud. Así se pudo obtener un grado muy alto de concierto, y la economía de tiempo *y la reducción en el número de personas informadas,* ambas cosas eran inestimables" (el Sr. Churchill, describiendo cómo "el negocio principal entre nuestros dos países fue dirigido virtualmente por los intercambios" personales entre él y el Sr. Roosevelt en una "perfecta comprensión").

Por consiguiente, en las fases concluyentes de la guerra y sin alguna referencia a las multitudes que batallaban, "el asunto de la Organización Mundial" (Sr. Churchill) dominó el debate privado entre estos dos, el General Muts en África Sur, y los Primer Ministros de los otros países británicos al otro lado del océano. En ese tiempo (1944), el Sr. Churchill estaba usando el término "el Instrumento Mundial" y (como en el caso anterior de su alusión a la "ley") la pregunta obvia surgió: ¿El instrumento *de quién?*. "La prevención de agresiones futuras" era el idioma accionario en todos estos intercambios. La dificultad de determinar *quién* es el agresor se ha mostrado en los casos del Puerto de La Habana en 1898 y Pearl Harbour en 1941, y para esa materia, el co-agresor al inicio de la

Segunda Guerra, el estado soviético, que sería la parte más pródigamente premiada al término, de tal forma que toda esta charla sobre detener la "agresión" no puede haberse pensado en serio. Claramente la idea era preparar "un instrumento mundial" para el uso de quienquiera que pudiese lograr el control de él. ¿*Contra* quién se usaría? La respuesta es dada por todos los propagandistas de esta idea; la única cosa que todos ellos atacan es "la soberanía de las naciones". Luego, sería usada para borrar el nacionalismo separado (de hecho, sólo en Occidente). ¿*Por quiénes* se usaría? Los resultados de las dos grandes guerras de este siglo proporcionan la respuesta a esa pregunta.

Contra ese trasfondo, la "Organización de las Naciones Unidas" fue establecida en 1945. Dentro de dos años (es decir, mientras el período-confusión de la Segunda Guerra todavía continuaba), la verdadera naturaleza del "gobierno-mundial" y del "instrumento mundial" fue por un momento revelado. Por primera vez a los pueblos se mostró lo que les esperaba si esta idea fuera llevada a cabo alguna vez en forma total. Ellos no entendieron lo que se mostraba entonces y se olvidaron de ello en seguida, pero el descubrimiento está registrado y es ahora de valor permanente para el estudioso y por largo tiempo mientras esta idea de "autoridad" supra- nacional, tan claramente predichas en los Protocolos de 1905, continúe siendo promovida tras bastidores por hombres poderosos de la política internacional . A estas alturas en la narrativa la figura del Sr. Bernard Baruch surge por primera vez desde las sombras de las asesorías a la luz plena, de tal manera que se pueden hacer inferencias razonables sobre su largo rol en los eventos de nuestro siglo.

Tal como se ha mostrado, él hizo una intervención decisiva en favor del estado Sionista en 1947, "cambiando un gran trato" de su hostilidad previa al Sionismo (Dr. Weizmann) y aconsejando a un funcionario Ministerial responsable, el Sr. James Forrestal, a *detener su* oposición. Ése es el primer punto en que la influencia del Sr. Baruch en la política estatal puede remontarse claramente, y es un punto significante, desmotivando a aquellos que esperan el "envolvimiento judío en la Humanidad", hasta ese momento el parecía ser (y probablemente deseaba parecer) un norteamericano totalmente integrado, un parangón de la emancipación judía, alto, guapo, venerado y muy exitoso en sus asuntos.

Si el "cambio" del Sr. Baruch fuera tan súbito como la narrativa del Dr. Weizmann sugiere, otro incidente de ese período le hace también parecer haber sido un radical, incluso violento. Uno de los sionistas más extremadamente chauvinista en Norteamérica era entonces el Sr. Ben Hecht, que alguna vez publicó el siguiente dictum: "Una de las cosas más excelentes que alguna vez ha sido hecho por *la chusma* fue la crucifixión de Cristo. Intelectualmente fue un gesto espléndido. Pero confíe en *la chusma* para chapucear. Si yo hubiese estado a cargo de ejecutar a Cristo, lo habría manejado en forma diferente. Vea usted, lo que yo habría hecho es que lo habría embarcado a Roma y alimentado a los leones con él. Ellos nunca podrían haber hecho un salvador de un picadillo."

Durante el período de violencia en Palestina que culminó en el pogromo de Árabes en Deir Yasin, este Sr. Hecht, insertó un anuncio a toda página en muchos de los periódicos principales a lo largo de Norteamérica. Fue dirigido "A los Terroristas de Palestina" e incluía este mensaje: "Los judíos de Norteamérica están con ustedes. Ustedes son sus campeones... cada vez que ustedes vuelan un arsenal británico, o destrozan un tren británico, o roban un banco británico, o van con sus armas y bombas contra los traidores británicos e invasores de su patria, los judíos de Norteamérica sienten un poco de fiesta en sus corazones."

Fue el autor de este anuncio (según su autobiografía) a quien el Sr. Baruch decidió visitar e informar de su afinidad y apoyo: "Un día la puerta de mi cuarto se abrió y un hombre alto de pelo cano entró. Era Bernard Baruch, mi primera visita social judía. Se sentó, me observó por un momento y entonces habló. 'Yo estoy a su lado', dijo Baruch, 'la única forma en que los judíos alguna vez consigan algo es luchando por ello. Me gustaría que usted pensara en mí como uno de sus combatientes judíos en el pasto alto con una arma larga. Yo siempre he hecho así mejor mi trabajo, fuera de la vista'."

Este pasaje revelador (agregado a la intervención del Sr. Baruch en el asunto Forrestal) entrega la visión al estudioso sobre la personalidad del Sr. Bernard Baruch. Si *éste* fuera el sentido en que él había hecho mejor su trabajo ("como un combatiente judío en el pasto alto con una arma larga... fuera de la vista") durante sus treinta y cinco años como "consejero de seis Presidentes", el diseño de la política norteamericana y de los eventos mundiales durante el Siglo 20 se explica. El lector tiene el derecho de tomar las palabras citadas en su pleno valor y considerar la influencia del Sr. Baruch sobre los norteamericanos y los asuntos internacionales a la luz que surgieron. Ellos son igualmente relevantes en **una gran** intervención **pública** del Sr. Baruch en los asuntos internacionales que ocurrió casi en el mismo tiempo. Esto fue el "Plan Baruch" para una autoridad mundial despótica apoyada por una fuerza aniquiladora, y las palabras citadas arriba justifican el enorme presentimiento acerca de los propósitos para los cuales tal "Instrumento Mundial" se usaría. El "Plan de Baruch" es de tal importancia en esta narrativa que una mirada a todo el trasfondo del Sr. Baruch y su vida es apropiada.

Siempre se asumía generalmente que era del tipo judío aristocrático, es decir, descendiente de Sephardítas, por medio de la experiencia en España y Portugal, a una posibilidad remota de origen Palestino. De hecho, tal como él mismo lo declara (el 7 de febrero de 1947) su padre era "un judío polaco que vino hasta este país hace 100 años". Eso ubica al Sr.

Baruch entre los Ashkenazis eslavos, "judíos orientales" no-semitas que ahora, (según los estadísticos judíos) comprenden casi la totalidad de la Judería.

Nació en 1870 en Camden, Carolina del Sur. Su familia *pareciera* haberse identificado con los golpes o penurias del nuevo país, ya que su padre sirvió como cirujano Confederado y el propio Sr. Baruch nació durante los malos días de la "Reconstrucción"; cuando pequeño vio a los negros, inflamados por la oratoria de los aventureros y el licor de los bribones, surge a través de las calles soñolientas de este pueblo de plantaciones, y sus hermanos mayores están con las escopetas de caza en el porche superior; su padre usaba la capucha y túnica del Ku Klux Klan. Así en la niñez él vio la revolución destructiva trabajando (ya que tomó su carga durante las fases finales y las consecuencia de la Guerra Civil y la "Reconstrucción" era reconociblemente su trabajo) y después vio los valores permanentes de una sociedad libre. Sin embargo, su familia no era de verdad parte del Sur y pronto la atracción de Nueva York lo puso allá. Antes de que él tuviera treinta años allí, Bernard Baruch era un hombre rico y creciente, y antes de que él tuviera cuarenta años ya era un poder, aunque uno inadvertido, detrás de la política. Él es probablemente el original del amo-financiero, "Thor", en la novela del Sr. House. Contra mucha oposición el Sr. House lo incluyó en el grupo alrededor del Sr. Wilson.

Su biografía estaba llena entonces de grandes golpes financieros, "ventas cortas", "sacando provecho de la caída económica", "manipulando la baja de los precios", y similares. El oro, caucho, cobre, azufre, todo se convertía en dólares a su toque. En 1917, durante una investigación en movimientos del mercado accionario incitados en 1916 por la diseminación de "informes de Paz", informó al Comité de Reglas del Congreso que él había ganado medio millón de dólares en un día haciendo venta corta". Declaró que su apoyo al Presidente Wilson (a cuyas campañas electorales hizo pródigas contribuciones) fue incitado principalmente por el ataque del Profesor Wilson a las "fraternidades" exclusivas en la Universidad de Princeton (qué en 1956 se distinguió permitiéndole al Sr. Alger Hiss dirigirse ante uno de sus clubes estudiantiles). La implicación aquí es que es de aquellos que detestan toda "discriminación de raza, clase o credo"; sin embargo pocos hombres pueden haber sufrido menos discriminación que el Sr. Baruch".

Su primera aparición en Wall Street fue muy detestada allí por los grandes hombres sobre la base que él era "un jugador" (un reproche aparentemente hecho principalmente por el Sr. J. Pierpont Morgan). Él sobrevivió todo el criticismo y se describió como "un especulador". Durante la Primera Guerra Mundial el Presidente Wilson designó al Sr. Baruch a la cabeza del ejecutivo de las Industrias de Guerra (el Sr. Baruch había insistido repetidamente al Presidente Wilson que la cabeza de este cuerpo dictatorial debía ser "un hombre") y él se describió a sí mismo como haber sido ese hombre, en ese puesto, el hombre más poderoso en el mundo. Cuando el Presidente Wilson volvió, completamente incapacitado, de la Conferencia de la Paz de Versalles, el Sr. Baruch se "transformó en uno del grupo que tomaba la decisiones durante la enfermedad del Presidente... llamado 'el Concejo de Regencia' ", y el Presidente Wilson siguió trabajando desde su lecho de enfermo el tiempo suficiente para despedir a su Ministro de Relaciones Exteriores, el Sr. Robert Lansing, que había estado llamando a reuniones del Gabinete en oposición a este "Concejo de Regencia".

Los biógrafos del Sr. Baruch establecen que él continuó siendo "consejero" para los tres Presidentes Republicanos desde 1920, y la Señora Eleanor Roosevelt testifica el hecho que él fue el consejero del Presidente Roosevelt *antes y durante* los doce- años de régimen Demócrata que le siguieron. En marzo de 1939, el Sr. Winston Churchill se sintió capaz de informar al Sr. Baruch (entonces en residencia en su Baronía en Carolina del Sur) que "la Guerra está viniendo muy pronto... Usted estará ejecutando el show allí."

Por ese tiempo el Sr. Baruch había estado aconsejando al Presidentes durante casi treinta años y a pesar de que el estudioso celoso no pueda descubrir o establecer definitivamente cuales fueron los motivos del Sr. Baruch, cual era la naturaleza de los "consejos" que daba, o cuales fueron los efectos de sus consejos en la política norteamericana y en los eventos del mundo. Esto es natural, porque él siempre había trabajado "en el pasto largo... fuera de la vista". Él nunca fue un funcionario electo o un funcionario de estado responsable de tal manera que su trabajo estaba más allá de una auditoría. Él fue el primero de los "consejeros", el nuevo tipo de potentado previsor, a comienzos de siglo, sólo en los demasiado abusados "Protocolos" de 1905.

Sólo deducciones e inferencias fueron posibles en su caso; fragmentos por aquí y por allá han podido juntarse para hacer las partes de un cuadro. Primero, sus recomendaciones públicas registradas fueron siempre para medidas de "control". En la Primera y en la Segunda Guerra por igual, esta fue su panacea: "control", "disciplina" y similares. Siempre sumó la demanda por poder sobre las personas, y para la centralización de la autoridad en las manos de un hombre, y la demanda se siguió presentando bastante tiempo después de la Segunda Guerra, una vez más en la súplica que prevendría una tercera: "*antes de que las balas hayan empezado a volar...* el país debe aceptar *disciplina* tal como racionamiento y control de precios" (28 de mayo de 1952, ante un Comité del Senado).

Cada vez que esta recomendación era hecha, se presentaba como un medio para derrotar a un dictador ("el Kaiser", "Hitler". "Stalin"). El mundo disciplinado y controlado que el Sr. Baruch visualizaba fue descrito por él en un testimonio ante un Comité Del congreso en 1935: "si la guerra 1914-1918 hubiera seguido otro año, nuestra población entera habría surgido en uniformes baratos pero servibles... los tipos de zapatos serían reducidos a dos o tres". Esta declaración provocó fuertes protestas en el momento; los norteamericanos, habiendo ayudado a derrotar a los alemanes "regimentados", no gustaban pensar que ellos habrían presentado un espectáculo de estricta reglamentación pardusca, si la guerra hubiese durado "otro año". Con el tiempo el Sr. Baruch negó que él había pensado "regimentar" la nación", pero su biógrafo registra que él "reavivó su propuesta por ropa uniforme similar en la Segunda Guerra Mundial". Al contemplar el cuadro así conjurado, el estudioso no puede sacar de su mente el cuadro similar, de una monotonía, masa esclavizada, habitando las ex naciones-estados que se dan en los Protocolos.

Otros fragmentos mostraron que el pensamiento del Sr. Baruch culminó en un cuadro de un **mundo** controlado y disciplinado. Los **mantos de grandeza**, la megalomanía con la cual los Wilsons y Lloyd Georges, los Roosevelts y Winston Churchills reprocharon al Kaiser y a Hitler, estaban en él. Su biógrafo cita: "Por supuesto nosotros podemos arreglar el mundo, Baruch ha dicho en muchas ocasiones". Y entonces, durante la Segunda Guerra, "Baruch ha estado de acuerdo con el Presidente Roosevelt y otros líderes que una organización mundial debe establecerse *en la plenitud de la unidad aliada en la guerra*."

Las palabras puestas en bastardilla son importantes: ellas se relacionan con el período-confusión de una gran guerra, cuando los "consejeros" someten sus planes, los "Premier-dictadores" los firman (y después no puede entender cómo ellos pudieron hacer eso), y los grandes golpes se logran.

Éstos son todos los fragmentos, significantes pero parciales. Inmediatamente después de la Segunda Guerra, el Sr. Baruch hizo a su primera gran aparición pública en los asuntos internacionales como el autor de un plan para la dictadura- mundial, y dictadura (en mi opinión) por el terror. Por primera vez su mente y trabajo yacía abierto al auditorio, y es en conexión con este plan que (de nuevo en mi opinión) sus palabras al Sr. Ben Hecht son de tal importancia.

Según su biógrafo, el Sr. Baruch tenía 74 años "cuando comenzó a prepararse para la tarea que él consideraba las más vitales de su vida... diseñar un plan funcional para el control internacional de la energía atómica y, como representantes de Estados Unidos en la Comisión de Energía Atómica de las Naciones Unidas, para promover la adopción de ese plan por la Comisión". Eso habría sido en 1944, un año antes que la primera bomba de átomos fuera dejada caer y que las Naciones Unidas hubiese sido establecida."

Si esto es correcto, el Sr. Baruch supo lo que iba a pasar de antemano en el mundo, aproximadamente dos años antes de los eventos; "la asignación" para la cual él se estaba preparando en 1944, se propuso primero por el Ministro de Relaciones Exteriores Byrnes (después de una discusión con el Sr. Baruch) al Presidente Truman en **marzo de 1946** (siete meses después de la primera bomba atómica). El Presidente Truman concertó la cita debidamente, desde allí el Sr. Baruch apareció finalmente públicamente en un puesto oficial. Se puso a trabajar en el "Plan Baruch."

La ley que gobierna la membresía de EEUU a las Naciones Unidas requiere a todos los representantes norteamericanos en él, seguir la política determinada por el Presidente y transmitida a través del Ministro de Relaciones Exteriores. Según su biógrafo, el Sr. Baruch indagó cual iba a ser "la política", posiblemente como materia de forma, porque le dijeron a él que la bosquejara. Por consiguiente el "Plan de Baruch" era literalmente el plan del Sr. Baruch, si este relato es correcto (se publicó con su aprobación). Se inventó en un banco en el Parque Central en consulta con un tal Ferdinand Eberstadt, ayudante del Sr. Baruch en 1919 en Versalles y "un discípulo" activo del Sr. Baruch en la Segunda Guerra. Esto podría describirse como el método del Siglo 20 para formular la política estatal, y al parecer el Sr. Baruch debe a esto su título popular, "el estadista del banco en el parque".

El Sr. Baruch presentó entonces su Plan a la Comisión de Energía Atómica de las Naciones Unidas en su sesión de apertura, el 14 de junio de 1946. Habló con la voz de los Levitas de Yahvé que ofrece "bendiciones o maldiciones", aludió a la bomba de átomos como "el arma" absoluta" (dentro de unos años, un explosivo aun más pulverizador estaba en la producción competitiva), y usó el argumento familiar de los falsos profetas, a saber, que si su consejo se seguía la "paz" sucedería y si fuese ignorado, todo sería destruido. La propuesta que él hizo me parece que alcanzaba a una dictadura universal apoyada por un reino de terror a escala mundial: el lector puede juzgar por sí mismo.

"Nosotros debemos elegir entre **la paz mundial** o **la destrucción del mundo**... Debemos proporcionar el mecanismo para asegurar que la energía atómica se use para propósitos pacíficos y evitar su uso en la guerra. A ese fin, nosotros debemos propugnar **de inmediato, velozmente, y castigo seguro** a aquellos que violan los acuerdos que sean alcanzados por las naciones. El **castigo es esencial** si la paz deba ser más que un interludio febril entre las guerras. Y, también, las Naciones Unidas pueden prescribir **responsabilidad individual y castigos en los principios aplicados en Nuremberg** por la Unión de Repúblicas Socialistas soviéticas, el Reino Unido, Francia y los Estados Unidos - **una** *fórmula cierta para beneficiar el futuro del mundo*. En esta crisis, nosotros representamos *no sólo a nuestros gobiernos*, sino, de una manera más amplia, *representamos a los pueblos del mundo*... Las gentes de estas democracias reunidas aquí, no tienen miedo de *un internacionalismo que protege*; ellos no están dispuestos a ser engañados por la *charla sobre la soberanía estrecha* que es la frase de hoy para el aislamiento de ayer".

Así Sr. Baruch aparecía, no como el representante de los Estados Unidos, sino como el portavoz de "los pueblos del mundo", y en ese puesto recomendó un Tribunal de Nuremberg permanente como cierto para beneficiar al mundo (probablemente por juicios llevados a cabo el Día de Expiación).

En la base así extendida, propuso "control de manejo o propiedad" de todas las actividades de energía atómica potencialmente peligrosas para la seguridad mundial y poder para controlar, inspeccionar y autorizar todas las otras actividades atómicas. Acerca de las "violaciones de esta orden", propuso que las "multas como inmediatas y ciertas en su ejecución como sea posible debe fijarse para (1) posesión ilegal o uso de una bomba atómica o material atómico o por interferencia voluntariosa con las actividades de la Autoridad". Reiteró su propuesta entonces para "castigo": "... la materia del castigo yace en el corazón mismo de nuestro sistema de seguridad presente... La Carta constitucional sólo permite el castigo por la concurrencia de cada uno de los cinco grandes poderes... No debe haber *ningún veto* para proteger aquellos que violan sus acuerdos solemnes... La bomba no espera el retraso. Tardar puede significar morir. El tiempo entre la violación y la acción preventiva o castigo sería todo demasiado corto para una discusión extensa acerca del curso a ser seguido... La solución requerirá el claro sacrificio del orgullo y en la posición, pero es mejor que duela como precio para la paz que la muerte como el precio de guerra."

El lector verá que el Sr. Baruch aseveró que el mundo sólo podría escapar de la "destrucción" mediante "evitar el uso de la energía atómica en la guerra" y propuso que "una Autoridad" con un *monopolio* de energía atómica se establezca, *el cual debería ser liberado de todo el chequeo en el uso punitivo de la energía atómica contra cualquier parte juzgada por él para estar mereciendo castigo*.

Ésta es la propuesta, de la cual dije,e que el mundo por primera vez recibió un vislumbre del significado de un "gobierno mundial". El biógrafo del Sr. Baruch dice que el Presidente Truman "endosó el plan" y luego registra los esfuerzos del Sr. Baruch para "reunir" los votos para este plan en la Comisión. Después de seis meses (el 5 de diciembre de 1946) estaba impaciente y pidió a la Comisión recordar "que la tardanza puede significar la muerte". El período-confusión estaba acabándose y ni siquiera una Comisión de las Naciones Unidas podría llegar a tragarse este plan. El

31 de diciembre, 1946, el Sr. Baruch renunció y el plan se archivó por referencia en la Comisión de Desarme de las Naciones Unidas.

En enero de 1947, el Sr. Baruch anunció que él estaba "retirándose de la ***vida pública***" (en que él se mostró claramente en esta única ocasión), "los espectadores Interesados no se alarmaron demasiado" (su biógrafo agrega); "las apuestas eran que Baruch regresaría a la Casa Blanca y a Capitol Hill antes que el mes hubiera terminado, y así era él". Después en 1947, intervino "decididamente" (aunque no públicamente) con el Sr. Forrestal y tuvo su reunión significativa con Sr. Ben Hecht. Seis años después su biógrafo (quién era evidentemente consciente que el Sr. Eisenhower sería elegido entonces) resumió las recomendaciones que el nuevo Presidente recibiría del "consejero" permanente. Estos se relacionaban completamente con la movilización preparatoria para la guerra, los "controles", "la estrategia global" y similares.

Por ese tiempo, el Sr. Baruch había especificado qué nueva "agresión" particular se enfrentaría con estas propuestas que fueron diseñadas para ello, después de haber dicho a un Comité del Senado en 1952, que para anticipar "la agresión soviética" al Presidente se le debería dar "todo el poder que él necesitaba para llevar a cabo un programa de armamento y de movilización, incluyendo control de precios y control de prioridades". Éste era el programa, bajo la dirección de "un-hombre", instado por él durante dos guerras mundiales. Sin embargo, su visión privada sobre el agresor nombrado, al parecer no era de la alarma y repugnancia descrita al Comité del Senado, ya que en 1956, él le dijo a un entrevistador, "Hace unos años atrás yo me encontré con Vyshinsky en una fiesta y le dije, 'Usted es un necio y yo soy un necio: Usted tiene la bomba y nosotros tenemos la bomba... Controlemos la cosa mientras podamos porque mientras nosotros estamos hablando, todas las naciones conseguirán pronto o más tarde la bomba" (***Daily Telegraph***, 9 de enero de 1956). Ni los soviéticos consideraban al Sr. Baruch con hostilidad; en 1948 (tal como él lo confirmó en 1951) fue invitado a Moscú a conferenciar con los dictadores y realmente dejó Norteamérica para ese viaje; sólo "una enfermedad súbita en París" (explicó él) fue la causa de romper la visita.

El descubrimiento en 1946 de su plan "para arreglar el mundo" dio un vislumbre de lo que podría esperarse y que se intentará en las fases posteriores y como consecuencia de cualquiera tercera guerra; el "plan global" fue revelado totalmente. En 1947, el Sr. Baruch declaró que su padre "vino a este país hace cien años". El caso ofrece el ejemplo más significativo del efecto en Norteamérica, y a través de Norteamérica en los asuntos internacionales, de la "nueva inmigración" del Siglo 19. Después de exactamente cien años, el hijo había ya durante casi cuarenta años, sido uno de los hombres más poderosos en el mundo, aunque trabajó "en el pasto largo... fuera de la vista", y continuaría este trabajo por lo menos por otros diez años.

Capítulo 45

EL ALMA JUDÍA

Los primeros cincuenta años del "Siglo Judío" han tenido su efecto natural en el alma Judía, la cual nuevamente está en una violenta inquietud. Ellos han hecho chauvinistas a una masa de judíos que, hace ciento cincuenta años, parecían comprometidos a envolverse en la humanidad. Ellos están una vez más en la cautividad (las "cautividades" recurrentes de los judíos siempre fueron cautividad en manos de los superiores y su credo de exclusión, no por patrones extranjeros). En la cautividad Sionista, y bajo la presión de los superiores, ellos han sido convertidos en la fuerza más explosiva en la historia registrada. La historia de este siglo, de sus guerras y revoluciones y el desenlace todavía por venir, es aquella del chauvinismo Talmúdico, la cual tiene sus raíces en el ***Deuteronomio***.

La palabra misma, chauvinismo, significa una emoción extravagante; Nicolás Chauvin era el soldado napoleónico cuyo ampuloso y desenfrenado fervor por su Emperador llevó al patriotismo al descrédito, incluso en un período de ardor patriótico. No obstante, la palabra es inadecuada para describir el efecto del Sionismo Talmúdico en el alma judía; no existe ninguna otra palabra, que no sea "Talmudismo", para este único e ilimitado frenesí.

En 1933, el Sr. Bernard J. Brown escribió, "Ser conscientemente judío es el tipo más bajo de chauvinismo, ya que es el único Chauvinismo que está basado en falsas premisas". Las premisas son aquellas del Talmud-Torah; a saber, que Dios prometió una cierta supremacía tribal sobre todas las otras tribus esclavizadas en este mundo, y una herencia exclusiva del próximo mundo a cambio de la observancia estricta de una ley basada en el sacrificio de sangre y en la destrucción o esclavitud de las castas menores sin esta Ley. Tanto si es chauvinismo Talmúdico o chauvinismo sionista (yo creo que cualquier término es más correcto que chauvinismo judío del Sr. Brown) de si es o no es "el tipo" más bajo de chauvinismo, estos cincuenta años han mostrado que es aun del tipo más violento conocido hasta ahora por el hombre.

Su efecto en el alma Judía está reflejado en el cambio de tono de la literatura Judía en nuestro tiempo. Antes de aducir ejemplos de esto, una ilustración de su efecto entre una generación y la siguiente puede darse citando brevemente el caso de dos Judíos, padre e hijo. El Sr. Henry Morgenthau padre, fue un Judío notable en Norteamérica que llegó a ser embajador. Era el producto de la emancipación Judía durante el último siglo; él era aquello que los judíos de hoy podrían haber sido, sino fuese por el chauvinismo Talmúdico.

Él dijo: "El Sionismo es la falacia más estupenda en la historia judía. Yo afirmo que es erróneo en principio y estéril en sus ideas espirituales. El Sionismo es una traición, una propuesta **europea Oriental**, engendrada en ese país por los judíos norteamericanos... los cuales, si ellos fueran a tener éxito, costaría a los judíos de Norteamérica la mayor parte de los que ellos han ganado de libertad, igualdad y fraternidad, yo me niego a permitir ser llamado un sionista. Yo soy un norteamericano".

En la próxima generación, el nombre del hijo, el Sr. Henry Morgenthau Junior, llegó a ser asociado inseparablemente con la fundación del estado Sionista (la "estupenda falacia" de su padre) y con la venganza Talmúdica en Europa. En la consecuencia, el hijo podría probar ser uno de los hombres más responsables de provocar las consecuencias que el padre temió.

El Dr. Weizmann registra el gran rol jugado por el Sr. Morgenthau Junior en el drama tras bastidores en Nueva York, el cual culminó en el establecimiento violento del estado Sionista y el "reconocimiento" de un presidente norteamericano del hecho. En Europa engendró (a través del "Plan de Morgenthau") la bisección del continente y el avance de la revolución en su seno. Algunos pasajes en ese plan (firmado por los Sres. Roosevelt y Churchill (que luego ambos lo repudiaron cuando el daño estaba hecho) es de especial importancia, a saber, aquellos que proponen que "todas las plantas industriales y su equipamiento *no destruidas* por la acción militar (en Alemania) serán... *completamente destruidas... y las minas inundadas*". La fuente original de esta idea de "destrucción absoluta" puede ser al parecer, sólo el Talmud-Torah, dónde es parte de la "Ley de Dios". El propio estado Sionista, tal como lo he mostrado, fue fundado en el hecho de la "destrucción absoluta", y así de "observancia" literal de esta Ley, en Deir Yasin.

Pero para el chauvinismo Sionista y los políticos Occidentales que le sirvieron en la oficina de "administradores", el hijo podría haber sido otro hombre tal como el padre, y esta ilustración particular, es válida para una gran masa de judíos y para el cambio que se han producido en el alma judía: Cuando los judíos con un gran nombre se prestan para tales tareas, y demuestran ser capaces de ordenar el apoyo de Presidentes norteamericanos y Primer Ministros británicos, las masas judías fueron ligadas para seguirlos. Esta tendencia general se refleja en la creciente literatura del chauvinismo Talmúdico.

Hasta la mitad del último siglo la literatura "Judía" era pequeña y era principalmente producida para y leída por las comunidades cerradas. En las librerías generales, los escritores judíos tenían un lugar aproximadamente proporcional a sus números en la población, lo cual era algo natural y en sus trabajos no era la regla escribir como "judíos" o explayarse exclusivamente en el tema judío. Ellos se dirigieron al público general y evitaron el llamado chauvinista a los judíos, así como también a cualquier tema que los no-judíos podrían considerar blasfemia, sedición, obscenidad o calumnias.

La transformación que ha ocurrido en los últimos cincuenta años refleja igualmente la propagación del chauvinismo Talmúdico y la impuesta subordinación de las masas no-judías a él. Hoy los libros de judíos y no-judíos sobre las cosas judías, si ellos fueran contados, podrían encontrarse formar el único cuerpo más grande de la literatura Occidental, fuera de la ficción, y el cambio en el tono y la norma es muy grande. Como ha ocurrido gradualmente, y el comentario crítico hoy en día está en la práctica casi prohibido como "antisemitismo", el cambio no se ha notado conscientemente por la masa de las personas. Su magnitud puede medirse por esta comparación; una buena parte de lo que se contiene en la literatura chauvinista Talmúdica hoy (unos ejemplos siguen) no se habrían publicado en absoluto hace cincuenta años, como ofensivas a las normas entonces generalmente aceptadas. El miedo de anatema crítico y público habría impedido a los editores emitir muchos de estos trabajos, o a todo evento, incluir en ellos los pasajes más flagrantes.

El punto de comienzo de este proceso que podría llamarse una de degeneración en la Judería, hizo posible la aparición en 1895 de la **Degeneración** de Max Nordau, que tocó la nota predominante para el coro por venir. Este libro era en el efecto una epístola a los Gentiles, informándoles que ellos eran degenerados, y esto disfrutó una gran boga con los "Liberales" de *fin de siglo*, como la masa acumulativa de literatura afín ha disfrutado desde entonces entre su tipo. La degeneración judía no era parte de su tema, y el autor podría haber visto la degeneración judía sólo en oposición al Sionismo, porque él era el lugarteniente de Herzl, y el hombre que en el Congreso Sionista después de la muerte de Herzl, predijo la primera Guerra Mundial y el rol jugado en él por Inglaterra en el establecimiento de la "patria" Sionista. La **Degeneración** fue significativa tanto en el tiempo como en el tema; apareció en el mismo año que *'El Estado Judío'* de Herzl y éste también fue el año de la primera erupción revolucionaria en Rusia. La revolución y el Sionismo son ambos esenciales en el concepto **Deuteronómico Talmúdico** y ambos movimientos, en mi estimación, fueron desarrollados bajo la dirección Talmúdica.

Después de la **Degeneración** le siguió la marea plena y el chaparrón de literatura Talmúdica-chauvinista. Un ejemplo de nuestro tiempo, es un libro publicado en Nueva York en el año 1941, cuando Hitler y Stalin riñeron y Norteamérica entró en la Segunda Guerra.

'Alemania debe Perecer', por un Sr. Theodore N. Kaufmann, en ese libro propuso el exterminio del pueblo alemán en el sentido literal de la Ley del Talmud- Torah. El Sr. Kaufmann propuso que la "extinción de los alemanes" se logre esterilizando a todos los alemanes en edad de procreación (los varones bajo 60, y la hembras bajo 45) dentro de un período de tres años después del fin de la guerra, Alemania debía ser entonces sellada durante el proceso y su territorio debía ser compartido entre otros pueblos, así para que pueda desaparecer del mapa junto con sus personas. El Sr. Kaufmann calculó que, con la detención de los nacimientos a través de la esterilización, las tasas de muertes normales extinguirían la raza alemana dentro de cincuenta o sesenta años.

Estoy seguro que el aborrecimiento público habría detenido a cualquier editor de emitir este trabajo durante la Primera Guerra, y posiblemente en cualquier momento anterior desde que fue inventada la imprenta. En 1941 aparecía con la alabanza de dos periódicos norteamericanos importantes (los dos poseídos por judíos o controlados por judíos). El **New York Times** describió la propuesta como "un plan para *la paz* permanente entre las naciones *civilizadas*"; el **Washington Post** lo llamó "una teoría provocativa, presentada en forma interesante."

Esta propuesta fue más literalmente Talmúdica que cualquier cosa que yo pudiera encontrar, pero el espíritu que lo incitaba, respiraba en muchos otros libros. El odio demostrado no se limitaba a los alemanes, se extendió a los Árabes y por un período a los británicos; tal como anteriormente se había dirigido contra los españoles, los rusos, los polacos y otros. No era una cosa personal; siendo el producto-final de la enseñanza Talmúdica, se aplica imparcialmente sobre todas las cosas no Judaistas, tomando primero un enemigo simbólico y luego otro de un mundo dónde, bajo la Ley Levítica, todos eran enemigos.

El crecimiento y la expresión abierta de este sentimiento violento, ya no contenidas por los límites de la necesidad previa de tomar cuenta las normas generalmente- aceptadas en Occidente, explican los presentimientos expresados por el Sr. Brown en 1933, por el Rabino Elmer Berger en los años de 1940, y por el Sr. Alfred Lilienthal en la presente década. Su reflexión sobre la palabra Judía publicada, justificó su ansiedad. En un libro tras otro, los escritores judíos con escritos introspectivos examinaron "el alma judía" y al final propusieron expresiones de desprecio u odio para algún cuerpo u otro de no-judíos, arrellanados con términos chauvinistas.

El Sr. Arthur Koestler, describiendo su escrutinio del Judaísmo, escribió, "Lo más desconcertante de todo fue el descubrimiento que la saga de 'la Raza Escogida' parecía ser tomada casi literalmente por los judíos tradicionalistas. Ellos protestaban contra la discriminación racial, y afirmaba en el mismo aliento su superioridad racial basada en el convenio de Jacob con Dios". El efecto de este "desconcertante descubrimiento" en esta alma judía particular fue que "mientras más averiguaba acerca del Judaísmo, más apenado me sentía, y *el más fervoroso sionista*."

La causa presumible (la "razón" no puede usarse para describir tan ilógica reacción) de este extraño efecto en el Sr. Koestler esta indicada por sus doscientas páginas de quejas sobre judíos que son perseguidos y expulsados de Europa. Evitó esta queja de justicia por su asunción que los Árabes, que no podían ser culpados, debían sufrir, describiendo a una familia árabe (perseguida y expulsada de Palestina por los Sionistas) en estas palabras: "La anciana caminará delante guiando al asno por la rienda y el anciano irá montado en él... *sumido en una solemne meditación sobre la oportunidad perdida de violar a su nieto más joven*". En esta descripción, los actos de persecución y expulsión se hacen parecer respetable, a menos que los Judíos sean las víctimas, por la atribución de un pensamiento indigno a la víctima.

El cambio en el tono y las normas de la literatura judía en nuestro tiempo es mostrado nuevamente por los escritos del Sr. Ben Hecht, algunos de los cuales fueron citados antes, incluyendo su queja que si Jesús sólo hubiese sido hecho picadillo, en lugar de ser dignificado por la crucifixión, la Cristiandad nunca habría tomado forma. Dudo si los periódicos o editores de cualquier período anterior habrían dado paso a palabras que patentemente tenían sólo el propósito de ofender a otros.

El Sr. Hecht escribió alguna vez, "Viví cuarenta años en mi país" (EEUU) "sin encontrar anti-semitismo o involucrarme aun cuando fuese remotamente con su existencia". Por consiguiente, el Sr. Hecht lógicamente no pensaba vivir en ninguna otra parte. No obstante, cuando el estado Sionista estaba siendo establecido, escribió que cada vez que un soldado británico era asesinado en Palestina "los Judíos de Norteamérica tenían un poco de fiesta en sus corazones".

Profundamente, si no una visión iluminadora en el desarrollo del alma judía durante este siglo, es entregada por los libros del Sr. Meyer Levine; éstos también contienen cosas las cuales en mi estimación, no habrían encontrado imprenta en tiempos anteriores. El Sr. Levine en su libro *'En Búsqueda'* muestra lo que el Sr. Sylvain Lévi quiso decir cuando, en la Conferencia de la Paz de 1919, dio la advertencia contra las "tendencias explosivas" de los judíos Orientales.

El Sr. Levine, nacido en Norteamérica de padres inmigrantes de Europa Oriental, creció en el odio a los rusos y polacos. Parece haber encontrado poco para agradarlo en "el nuevo país" dónde él nació y cuando creció a la masculinidad joven comenzó a ocuparse en la agitación entre los obreros de Chicago.

Él cuenta de la mitad de una vida de tortuosos esfuerzos para escapar del Judaísmo y luego sumergirse en el Judaísmo alternadamente. Si algunos judíos se creen invariablemente distinto de toda la otra humanidad, el Sr. Levine entrega dos vislumbres que hacen al lector sentir que esta creencia es el producto de una tensa, casi mística perversidad. Él dice que él se encontraba constantemente preguntándose "¿Qué soy? " y "¿Qué estoy haciendo aquí? ", y afirma que "los Judíos por todas partes están haciéndose las mismas preguntas". Como consecuencia, él relató algunos de los descubrimientos a los que este auto- escrutinio le llevó.

Describiendo el asesinato Leopold-Loeb en Chicago (cuando dos judíos jóvenes, de padres adinerados, mataron y mutilaron a un muchacho pequeño, también judío, por motivos de extrema morbosidad) él dice, "yo creo que bajo el real horror que el caso inspiró, el horror de comprender que los seres humanos llevan en ellos motivos asesinos más allá de los motivos simples de la lujuria y la codicia, y el odio, bajo todo esto hay un sentimiento suprimido de orgullo en la brillantez de estos muchachos, una simpatía para ellos siendo esclavos de sus curiosidades intelectuales; un orgullo que este nuevo crimen de un nivel particular, incluso este, debería ser alcanzado por los judíos. En una desconcertante e intimidante forma, y en la moda momentánea de la 'lujuria por experimentar', sentí que los entendía, que yo, particularmente, siendo un joven intelectual judío, tenía un parentesco con ellos."

En otra ocasión él describe su rol (él lo llama, eso de "una ayuda" voluntaria, pero el término "agitador" podría ser bastante aplicable) en la huelga de los trabajadores del acero de Chicago en 1937, cuando los huelguistas y la policía entraron en conflicto y se dispararon balas, con varias personas asesinadas. El Sr. Levine, como "un voluntario ayudista", había caído justo en "la marcha" de los huelguistas y "corrió con los otros" cuando comenzó el tiroteo. Él no era un trabajador o huelguista. Como consecuencia, él y otros, aparentemente también ayudistas voluntarios, organizaron una reunión masiva.

En esto mostró diapositivas hechas de las fotos de periódicos de las cuales había quitado las descripciones. Acompañó estos cuadros con un relato propio, en palabras escogidas para dar una interpretación inflamatoria a los cuadros, diferentes del de los subtítulos originales. Él dice:

"Era tan extraño el rugido que se levantó que me pareció como si la inmensa sala de conferencias fuera un caldero de rabia, volcándose sobre mí... Sentía que nunca podría controlar la muchedumbre, que ellos estallarían a través de las puertas, correrían y quemarían el ayuntamiento - el impacto de los cuadros causaba tanto enfurecimiento... En ese instante experimenté el sentido pleno del peligro del poder, porque sentía que unas pocas palabras habrían liberado la violencia más allá de lo que habíamos visto en el Memorial Day... Si yo a veces me había sentido **excluido** como un extraño, artista y judío, supe que *la acción universal existe*... Sentí que quizás una de las razones para el reformismo social de los judíos, es la necesidad de fundirse en estos movimientos que engolfan su propio problema."

Una vez más, las palabras recuerdan el lamento del Sr. Maurice Samuel o la amenaza, (cual fuese lo que pensó) de 1924, **"Nosotros los judíos, los destructores, seguiremos siendo los destructores para siempre"**. Sólo en la incitación de otros, el Sr. Levine pareciera decir, podría él, el "extraño", sentirse a sí mismo "incluido", o "su problema" engolfado. La incitación de la irrazonable, la estúpida "chusma" es el tema que atraviesa los "Protocolos" de 1905. En el pasaje citado, el Sr. Levine parecía implicar que él podría sentir el envolvimiento en la humanidad en general, solamente al incitar una chusma así.

Sus viajes posteriores fueron hechos en el mismo espíritu. En su juventud el Sionismo era casi desconocido y en 1925, cuando él tenía veinte años, todavía era "un asunto que había penetrado escasamente en los judíos nacido en Norteamérica...

Era algo que ocupaba a los barbudos ***del antiguo país*** y si un judío norteamericano fue arrastrado a una reunión Sionista, encontró que los portavoces hablaban **con acento ruso**, o que simplemente cambiaron al Yídish. Mi propia familia de hecho, no tenía interés en el movimiento."

Como en el caso de los Morgenthau, padre e hijo, una generación vio el cambio. Los padres del Sr. Levine, emigrantes de un país de supuesta "persecución", estaban satisfechos haber encontrado otro país dónde ellos prosperaron. El hijo no estaba satisfecho. Pronto él estaba en Palestina, y desarrolló sentimientos vengativos hacia los Árabes de quien él nunca había oído hablar en su juventud. Él cuenta, como una buena broma, de un incidente en un asentamiento Sionista, cuando un árabe, viniendo a través del campo, humildemente pidió un sorbo de agua. El Sr. Levine y sus amigos indicaron un barril del cual el árabe bebió agradecido mientras ellos se rieron; era el agua para los caballos.

Diez años después de eso, estaba en Alemania y jugó allí su rol en la venganza Talmúdica. Él era un corresponsal de un periódico norteamericano y describe cómo él y otro corresponsal judío viajaron por Alemania como ***"conquistadores"***, armados (ilícitamente), en un jeep, saqueando y destruyendo cuando les agradaba. Él dice entonces que la sumisión pasiva de las mujeres alemanas a los "conquistadores" frustraba el deseo furioso de violarlas y "a veces ***el odio*** en un hombre crece tan alto que él sentía la necesidad absoluta de la violencia". En este tenor, su compañero y él juraron que "la única cosa que había que hacer era destruirlos, despedazarlos", y ellos discutieron "las condiciones ideales para tal escena de violencia; allí tendría que haber un trecho lleno de árboles, poco tráfico, y una muchacha sola caminando o en una bicicleta". El par hizo "una salida tentativa" en búsqueda de estas "condiciones ideales" y finalmente encontraron una muchacha sola y "las condiciones todas reunidas". (Él dice que la aterrada muchacha salvó su vida por lo menos y se preguntan si la razón, en cada uno de ellos, fue que la presencia del otro lo avergonzó).

El Sr. Levine comenzó su libro de 1950, "Éste es un libro acerca de ser un Judío". Esto y mucho igual que esto, cuenta por la ansiedad expresada por los Judíos protestantes sobre el desarrollo de los últimos cincuenta años, porque ellos testifican la degeneración del alma judía bajo la presión del chauvinismo Talmúdico. La única cosa demostrada por el libro está en que a su fin, el Sr. Levine supo tan poco como al comienzo acerca de su pregunta, qué significaba "ser un judío" (probablemente él no desearía tomar los pasajes citados más arriba para proporcionar la respuesta).

Cientos de otros en este mismo tema huidizo e improductivo han aparecido; así podría una anguila eléctrica devorar su propia cola en busca de la fuente de su sensación peculiar, y no llegar a ninguna conclusión iluminadora.

Un libro de un judío sobre ser un ser humano entre otros seres humanos era en la mitad del siglo una rareza. La acumulativa literatura de incitación y odio, de la cual unos pocos ejemplos se han dado, y la virtual supresión de objeción a esto como "anti-semitismo", entregan su carácter distintivo al Siglo 20; es la era del chauvinismo Talmúdico y el Imperialismo Talmúdico. Nuestra situación presente fue predicha hace casi cien años por un alemán, Wilhelm Marr.

Marr fue un revolucionario y conspirador que ayudó a las "sociedades secretas" Judío-dirigidas (Disraeli) a preparar las erupciones abortivas de 1848. Sus escritoss de ese período son reconociblemente Talmúdicos (él no era un judío); ellos son violentamente anti-Cristianos, ateos y anarquistas. Después, como Bakunin (Marr era un hombre similar) él se dio cuenta de la verdadera naturaleza de la jerarquía revolucionaria, y en 1879 él escribió:

"El advenimiento del imperialismo judío, me convence totalmente, es sólo una cuestión de tiempo... El imperio del mundo pertenece a los judíos... ¡Las penas a los conquistados! ... Estoy bastante seguro que antes de que cuatro generaciones hayan pasado, no habrá ni una sola función en el Estado, la más alta incluida, que no esté en las manos de los judíos... En el momento presente, sólo entre los estados europeos, Rusia todavía lucha contra el reconocimiento oficial de los extranjeros invasores. Rusia es el último baluarte y contra ella los judíos han construido su trinchera final. Para juzgar por el curso de los eventos, la capitulación de Rusia es sólo una cuestión de tiempo... En ese inmenso imperio... el Judaísmo encontrará el punto de apoyo de Archimedes que le permitirá que arranque a toda Europa Occidental fuera de sus bisagras de una vez por todas. El espíritu de intriga judío, provocará una revolución en Rusia como el mundo nunca ha visto todavía... La situación presente del Judaísmo en Rusia es tal, que todavía tiene que temer la expulsión. Pero cuando haya puesto a Rusia postrada ya no tendrá ningún ataque por temer. Cuando los judíos tengan el control del estado ruso... ellos se dedicarán a la destrucción de la organización social de Europa Occidental. Esta última hora de Europa llegará a los más en cien o ciento cincuenta años."

El estado presente de Europa, como ha sido dejado por la Segunda Guerra, muestra que esta previsión ha sido largamente cumplida. De hecho, sólo el pleno desenlace resta, para su conclusión total. Acerca de eso, Marr puede haber visto demasiado oscuro. La historia del mundo no conoce ninguna decisión irrevocable, victorias decisivas, conquistas permanentes o armas absolutas. La última palabra, hasta ahora, siempre ha demostrado estar con el dictum del Nuevo Testamento: "El fin no es aun".

Sin embargo, la última fase en la previsión de Marr, el tercer acto en el drama del Siglo 20, está evidentemente a mano, cualquier sea su resultado y cualquiera sea su consecuencia posterior, y en la preparación de esto, el alma judía ha sido una vez más cautiva del chauvinismo Talmúdico. El Sr. George Sokolsky, el notable escritor judío de Nueva York, observó en enero de 1956 que, "Hubo una oposición considerable (al Sionismo) dentro de la Judería, pero durante los años la oposición se apagó y donde todavía existe es tan impopular que es generalmente a escondidas; en Estados Unidos la oposición a Israel entre los judíos es despreciable." Las pocas voces de advertencia que todavía está levantándose, como los Jeremías de antaño, son casi todas de aquellos judíos.

La razón no es que los escritores no-judíos sean menos informados, más cortos de vista o menos valientes; ha sido por mucho tiempo la regla no escrita que los objetores judíos pueden dentro de los límites escucharse, siempre que sean de los "nuestros", pero esa objeción de los no-judíos no debe tolerarse.[33] En la condición de la prensa Occidental de hoy, en el tercer cuarto del Siglo 20, esta regla es impuesta casi sin excepción.

---

[33] Un buen ejemplo: durante 1956, un año de elección presidencial, la crítica al Sionismo o a "Israel" era una cosa casi inconcebible en los Estados Unidos, sobre todo en los meses posteriores, cuando la votación real se acercaba. Los ataques israelitas a sus vecinos árabes, invariablemente se informaron en los principales periódicos como "represalia" o "venganza". El Presidente, sus miembros del Gabinete y los funcionarios del Departamento de Estado permanecían callados mientras un ataque tras otro se sucedían, cada uno de ellos produciendo un acto de destrucción implacable en el modelo de Deir Yasin en 1948. De hecho, los principales candidatos de los Partidos opositores, como en 1952 y 1948, rivalizaron entre sí en la exigencia de armas para Israel y compitiendo por esto, significa competir por el voto

En esta cuenta las pocas advertencias aquí citadas son de judíos. El Sr. Frank Chodorov le dijo al Gobierno norteamericano (*Eventos Humanos*, 10 de marzo de 1956) que en el Medio Oriente "en la realidad no se está tratando con el gobierno de Israel sino con los judíos norteamericanos... Es una certeza que tantos buenos norteamericanos, leales norteamericanos de la fe judía darían la bienvenida una confrontación, no sólo para registrar su lealtad a este país y contra el Sionismo mundial, sino también para liberarse del asimiento que los Sionistas tienen en ellos."

En forma semejante, el Sr. Alfred Lilienthal (*Eventos Humanos*, 10 de septiembre de 1955) hizo eco de la súplica desesperada del fallecido Sr. James Forrestal ocho años antes; cuando la sombra de la elección presidencial de 1956 cayó sobre Norteamérica él, también, rogó a los dos grandes partidos políticos, cuando ellos se unieron en el conflicto, para "sacar el problema árabe-israelí de política doméstica". Ambas advertencias judías aparecieron en una hoja informativa de Washington de reputada pero pequeña circulación; los periódicos de circulación masiva se cerraron para ellos.

Otros protestantes judíos del último tiempo, levantaron el antiguo lamento de una próxima "catástrofe". En 1933, el Sr. Bernard J. Brown había visto la venida del desastre: "Nunca en la historia de la raza humana ha existido un grupo de personas que se han entrampado a sí mismos en tantos errores y persisten en negarse a ver la verdad, como nuestro pueblo lo ha hecho durante los últimos trescientos años" (el período que vio el surgimiento de los "Judíos Orientales" Talmúdicos y la guerra victoriosa de los Talmudistas contra la asimilación judía).

Quince años después de esa advertencia, los protestantes judíos estaban pronunciando la palabra que sólo implicaba: "catástrofe". El Rabino Elmer Berger escribió en 1951, "A menos que los norteamericanos

---

controlado por los Sionistas que se suponía era decisivo. Al mismo tiempo (11 de septiembre de 1956) más de dos mil judíos Ortodoxos se encontraron en la Plaza de la Unión, Nueva York, para protestar contra "la persecución de religión en el estado de Israel". El nombre del Primer Ministro de Israel, Ben-Gurion, fue abucheado y varios rabinos hicieron violentos ataques contra él y su gobierno. Estos de ninguna forma se relacionaban con el caso de los Árabes que no fue mencionado; el ataque era solamente en base a la ortodoxia religiosa, el gobierno de Ben-Gurion siendo atacado por su descuido del ritual ortodoxo en Sabbat y otras cuestiones. No obstante, el ataque fue público, considerando que la crítica en cualquier base sobre cualquier cosa desde los no-judíos era de hecho casi prohibido en este momento. En el mismo período (1 de septiembre de 1956) las recurrentes manifestaciones judías en el propio Israel culminaron en una erupción que se suprimió por la policía, una persona fue asesinada. El hombre muerto pertenecía a un grupo a que se negaba a reconocer al gobierno de Israel, sosteniendo que el "re-establecimiento de un estado judío debía esperar el testamento divino" (a propósito, ésta es uno de las tesis principales del presente libro de un escritor no-judío). La víctima, a causa de su creencia, fue descrita por los periódicos de Nueva York como "un extremista religioso".

de fe judía y la gran mayoría de los norteamericanos de otras fe que han sido engañados a apoyar el Sionismo retornen a los principios fundamentales de la vida norteamericana y del Judaísmo, nosotros nos dirigimos *hacia algo como una catástrofe*."

El prólogo al libro del Rabino Berger fue escrito por una autoridad no-judía, el Dr. Paul Hutchinson, editor de *El Siglo Cristiano*. Él fue más explícito: "Esta demanda del derecho de los judíos norteamericanos para negarse a la fusión está construyendo hacia una crisis que puede tener consecuencias lamentables. Ya está poniéndose claro que cada vez Israel entra en un apuro (y muchas de sus políticas, sobre todo con respecto a la economía e inmigración, casi parecen diseñadas para provocar apuros) se esperará que los judíos norteamericanos ejerzan una fuerte presión sobre el gobierno de los Estados Unidos para entrar allí y solucionar los problemas. Los líderes Sionistas no han dudado en llevar esta clase de cosa al extremo del chantaje político (esto fue escrito mucho años antes que el expresidente Truman en sus memorias confirmara el hecho). "Esto puede continuar por un pequeño tiempo debido a nuestro sistema electoral peculiar... pero Nueva York no es Estados Unidos, y si esta clase de fuerza armada de intervención en nombre de un estado extranjero se mantiene, hay que *tener cuidado de una explosión*."

Estas advertencias, sin embargo claras a los judíos, podría provocar en las mentes no-judías la falsa impresión que "los judíos" se dirigen hacia "una catástrofe" de su propia fabricación; que en ese evento el chauvinismo Talmúdico volverá sobre sus propias cabezas; y, *eventualmente*, que ellos entonces tendrán que agradecérselo a si mismo. El presumido y el rencoroso, especialmente podría entrar en este engaño.

El engaño podría ser. Ese fenómeno recurrente de la historia-como-es-escrita, "la catástrofe judía", invariablemente es la pequeña porción judía en una catástrofe general, siendo la proporción, digamos, alrededor del uno por ciento de la penuria total. La monstruosa prevaricación de la Segunda Guerra sobre los "seis millones de judíos que perecieron" no cambia esa verdad perdurable. La catástrofe que se ha amenazado en estos cincuenta años será una general, y la porción judía de ella será fraccionaria. Será *descrita* como "una catástrofe judía" tal como la Segunda Guerra fue descrita, pero ése es el cuadro falso mostrado en la pantalla encendida a "la chusma" en su cuarto oscuro. Los judíos a menudo, y bastante auténticamente, no puede mirar a la cara una calamidad que involucre a judíos, y sin importar a cuántos más no-judíos, sino como algo de "una catástrofe judía". Ésta es una actitud mental que se deriva de las enseñanzas originales del Talmud-

Torah, en donde sólo el pueblo escogido tiene una verdadera existencia y los otros son sombras o ganado. El libro de Sr. Karl Popa, *Pilar de Fuego*, proporciona una ilustración.

El Sr. Stern (un judío que creció en Alemania entre las guerras, fue a Canadá y allí se convirtió a la fe católica) dice que estaba en el Movimiento de la juventud judía en Alemania en los 1920 "un ánimo general que parecía apuntar a eventos que después pasarían. Latente en la situación era el desánimo, las preguntas y dudas apuntando hacia la **gran catástrofe judía** - o más bien la gran catástrofe europea con la cual el destino de los judíos se entretejieron en una manera tan misteriosa."

En este pasaje la verdad aparece en un pensamiento posterior obvio y correctivo que podría no ser expresado por el flujo de escritores judíos. El Sr. Stern es un caso excepcional, y cuando él escribió las palabras "la gran catástrofe judía" vio su falsedad y la calificó; no obstante incluso, dejó la declaración original allí. La influencia de su herencia y educación eran aun bastante fuertes en él, un católico en Norteamérica, para formar su primer pensamiento en esas condiciones: la experiencia de horror de 350.000.000 almas en Europa, la cual ha dejado casi la mitad de ellos esclavizados, fue "la gran catástrofe judía".

En un caso diferente, el Sr. Stern sería el primero en objetar tal presentación. De hecho, él relata que se ofendió leyendo en un papel católico la declaración que tantos miembros de la tripulación de un submarino británico hundido eran "católicos". Él fue afrentado porque un grupo de víctimas fue singularizado de esta forma; "Yo no entiendo por qué alguien se preocuparía de tales estadísticas". Y aun así: "la gran catástrofe **judía**... "

La "catástrofe", involucrando todo, la cual ha sido preparada en estos cincuenta años, no serán distintivamente judía en el predominio del sufrimiento judío, sino en su dominación, una vez más, por "la cuestión judía", mediante el esfuerzo para subordinar toda la energía generada a los objetivos que representen ser judíos, y en el uso de las masas judías para ayudar a detonarlo. La masa judía, o chusma, es en un aspecto diferente de cualquier otra chusma, o masa: es más propensa a rendirse a la incitación chauvinista, y más frenética en esta entrega. La **Enciclopedia Judía**, en una sección pequeña consagrada al asunto de la histeria entre los judíos, afirma que su tendencia hacia ella es más alta que el promedio. Como un hombre común, yo me arriesgaría a la suposición que éste es el resultado de los siglos de encierro regimentado en los ghettos y de absolutismo Talmúdico en ellos (ya que hoy nosotros tenemos que tratar casi exclusivamente con "Judíos Orientales" que tan sólo ayer vivían en tales confines).

Yo he dado algunos ejemplos esta ola creciente de histeria chauvinista en la literatura accesible al lector en general. Esto muestra los resultados, pero no la raíz de su causa. Para localizar esa raíz el lector necesita hacer algo más difícil; a saber, seguir atentamente la prensa Yídish y Hebrea, en el original o en su traducción. Entonces él recibirá el cuadro de un flagelo casi demoníaco del alma judía, por lo que él nunca podrá descansar y él podría concluir que en ninguna parte fuera de la Judería existe algo tan anti-judío para ser encontrado como en algunas de estos pronunciamientos, las cuales muestran el dominio científico de los métodos de implantar y hacer crecer el miedo.

Antes de estudiar los ejemplos que siguen, el lector podría considerar que la gran masa de "Judíos Orientales explosivos" está ahora en Norteamérica. Este hecho, más preñado de posibles consecuencias que cualquier otro de nuestros días, parece haber entrado escasamente en la conciencia del mundo Occidental, o incluso en la de Norteamérica. Los extractos que ahora siguen muestran lo que se dice en Hebreo y Yídish (es decir, fuera del rango auditivo de los no-judíos) entre las masas judías, y el efecto que produjo en ellos dentro del corto espacio de cinco años. El Sr. Willian Zukerman, uno de los escritores judíos más notables de Norteamérica y de nuestro tiempo, publicó en mayo de 1950 un artículo llamado "El Tirón de pelos del Pueblo Judío", (***South African Jewish Times***, del 19 de mayo de 1950; Imagino que también apareció en las publicaciones judías de muchos países). Él comenzó diciendo, "Un gran debate se está llevando a cabo en el mundo Sionista. Aun cuando todavía no ha alcanzado a los no-judíos, o incluso a la prensa judía-inglesa; pero está haciendo furor en los periódicos hebreos en Israel y en la prensa Yídish en Norteamérica y en Europa… revela, como nadie más lo ha hecho en los recientes años, un punto crucial en el pensamiento y las emociones judías en el período que siguió la emergencia de Israel". El debate, explicó él, era sobre "el asunto de ***Chalutziot***, la emigración organizada y preparada de judíos del mundo a Israel - ***pero particularmente de los Estados Unidos.***"

En ese momento (1950) el Sr. Zukerman escribió sólo con una voz baja de presentimiento. Citó al Sr. Sholem Niger, "el Maestro de los críticos literarios y ensayistas Yídish", atacando, no a "la campaña para la emigración de judíos norteamericanos a Israel", sino a "*la forma* en que está presentándose a los judíos norteamericanos… " Esto, dijo el Sr. Niger, era completamente negativo, siendo anti-cualquier cosa en lugar de ser pro-de-Israel: "los nacionalistas dirigen una campaña de negación, difamación y destrucción de todo lo judío fuera de Israel. ***La vida judía en los Estados Unidos y en cualquier parte en el mundo es descrita como desdeñable y odiosa… Todo judío fuera de Israel se declara que es esclavizado, poco digno, suprimido y no honorable. Ningún judío con algo de respeto por sí mismo puede vivir como un judío pleno en los Estados Unidos o en cualquier otra parte, excepto en Israel, esa es la mayor disputa de los nacionalistas en este debat*e."

Otra técnica favorita para vender ***Chalutziot*** a los judíos norteamericanos (continuó el artículo) "es minar la moral y la fe judía, y la esperanza en su hogar norteamericano; para *mantener constantemente a los judíos en el borde con el miedo del anti-semitismo*: para no permitir que ellos se olviden de los horrores de Hitler y sembrar *dudas, miedo y desesperación acerca del futuro de los judíos en Norteamérica*. Cada manifestación de anti- semitismo es tomada y exagerada para crear una impresión que *los judíos norteamericanos, tal como los alemanes bajo Hitler, se encuentran al borde de una catástrofe*, y que más pronto o después ellos, también, tendrán que correr por seguridad."

El Sr. Niger citó como ejemplo el artículo de "un sionista israelita importante, Jonah Kossoi, en el literario de alto nivel Hebrew Journal, *Isroel*' de Jerusalén: "En nosotros, Sionistas, yace ahora *la antigua responsabilidad de tirar constantemente el pelo de las personas judías; para no permitirles descansar; mantenerlos para siempre en el borde de un precipicio y hacerlos consciente de los peligros que los enfrentan*. No debemos esperar hasta después de 'la catástrofe', porque si lo hacemos, ¿De dónde tomaremos los cientos de miles de judíos necesarios para construir nuestro Estado?

... No en el futuro, sino ahora mismo es el tiempo para que los judíos se salven a sí mismos..."

El lector verá: la "catástrofe" es una necesidad política, o una inevitabilidad; y de estos extractos él puede comenzar a entender por qué la *Enciclopedia Judía* registra una tendencia hacia la histeria entre los judíos. El Sr. Zukerman dijo que esta forma "extrema de propaganda del *Chalutziot* es ahora la más prevaleciente en Israel". Citó una forma "más moderada de la teoría" expuesta por el Sr. L. Jefroikin, editor del Sionista *Kiyum* en París. El Sr. Jefroikin, dijo al Sr. Zukerman, "que mientras él subscribe a la verdad de cada palabra de la teoría nacionalista, que ningún judío puede vivir una vida plena y digna en cualquier otra parte sino en Israel, y mientras él también dice que 'los judíos norteamericanos viven en el paraíso de los necios', no obstante admite que en el presente estado de mente, los judíos norteamericanos nunca estarán de acuerdo que U. S.A. sea puesto en la misma categoría como Alemania y *Polonia* y que ellos no consentirían considerar su hogar como un lugar de tránsito para Israel. El concluye, por consiguiente, que los judíos norteamericanos deben ser *propagandizados* para transformarles sólo en 'los Amantes de Israel', no israelitas reales en cuerpo y alma."

El efecto de esta "propaganda" llevada a cabo por los emisarios Sionistas de Israel en los Estados Unidos, puede estudiarse posteriormente en algunos comentarios impresos dieciocho meses después (diciembre de 1951) en el *Intermountain Jewish News* de Denver, Colorado. Su editor, el Sr. Robert Gamzey, era crítico de la acción de la Agencia judía y del Congreso Sionista Mundial por asignar 2.800.000 dólares para promover ***Chalutziot*** en los Estados Unidos. Dijo que el sabía "por su experiencia personal en Israel de la extendida actitud errónea allí, que Norteamérica no tiene ningún futuro para los judíos y que el antisemitismo condena a la Judería norteamericana al destino de los judíos alemanes". Agregó, "es por consiguiente inconcebible que se envíen emisarios de Israel aquí para animar a la juventud norteamericana para establecerse en Israel que no fuese conducida de cualquier otra forma que no sea ***burlarse y desaprobar el futuro del Judaísmo norteamericano***".

Estos presentimientos de 1950 y 1951 fueron justificados en los próximos cinco años, cuando "la campaña" y "los emisarios" de Israel tuvieron éxito inyectando "la teoría nacionalista", como se expuso anteriormente, en las mentes de las masas judías en Norteamérica. Así en 1955, el Sr. William Zukerman, que en 1950 había sido débilmente alarmado, ahora lo fue en grande. Escribió (***Jewish Newsletter***, noviembre de 1955, reimpreso en ***Time Magazine*** de Nueva York, el 28 de noviembre):

"No puede haber la más ligera duda que un estado de mente ***que se parece mucho a aquel de Israel, ahora prevalece entre los judíos norteamericanos***. Existe una fanática certeza en el extranjero, que hay sólo una verdad y que Israel es el único custodio de ella. No se hace ninguna distinción entre los judíos del mundo e Israel, y ni siquiera incluso entre el gobierno israelita e Israel. Los estadistas israelitas y sus políticas son asumidos de ser inviolables y estar sobre la crítica. Hay una intolerancia aterradora de opiniones que difieren de aquellos de la mayoría, una despreocupación completa de la razón, y una rendición a ***las emociones de una manada huyendo en tropel***."

"Hay sólo una diferencia importante entre el israelita y los judíos norteamericanos. En Israel, el arranque de emocionalismo, hasta donde uno puede juzgar desde afuera, tiene una base en la realidad. Brota de las fuentes ocultas de un pueblo desilusionado que le fue prometido la seguridad y la paz y se encuentra en una trampa de guerra. ***El modo de histeria del judío-norteamericano está completamente sin raíces en la realidad de la vida judía- norteamericana. Es completamente artificial, fabricada por los líderes Sionistas, y encajada en un pueblo que no tiene ninguna causa para la histeria, por un ejército de propagandistas pagados, como un medio de hacer avanzar una política de presión confesada y de estimular la captura de fondos. Nunca antes una campaña de propaganda en nombre de un gobierno extranjero ha sido planeada y llevada a cabo más descarada y cínicamente, a la luz del día y en la fanfarria de la publicidad, que la presente ola de histeria que esta siendo trabajada ahora entre los judíos norteamericanos***"

Estas dos citas, separadas por cinco años, nuevamente retratan la degeneración del alma judía bajo el tutelaje del Sionismo Talmúdico. Ellas también traen este cuento de las tres guerras a la víspera de la tercera, si "víspera" es la palabra apta. De hecho la tercera guerra comenzó cuando la lucha en la Segunda Guerra acababa y ha estado en progreso sin pausas desde entonces, en alguna parte u otra en el mundo. Necesita sólo un soplo de cualquier rugido para encenderlo en otra guerra general.

El proceso pudo ser, y posiblemente todavía podría ser detenido por dos estadistas responsables, uno a cada lado del Atlántico, hablando al unísono, ya que esto es en esencia, la fanfarronada más grande en la historia. Hoy tal salvación mortal parece demasiada esperanzada y el escritor probablemente no exagera opinando que sólo Dios, que ha hecho cosas mucho más grandes, podría evitar la tercera guerra general. A menos que eso pase, las décadas concluyendo este siglo verán el fiasco o el triunfo transitorio del chauvinismo Talmúdico. De cualquier modo, en el fracaso o éxito, la "catástrofe" que le acompaña será aquella para las masaS no-judías y el sufrimiento judío serían un fragmento diminuto de esta.

Después, como el mundo obviamente no aceptará el Talmud, los judíos tendrían que aceptar por fin el mundo como es.

Capítulo 46

El clímax

Este libro, escrito primero entre 1949 y 1952, fue revisado entre los años 1953-1956, y su capítulo concluyente fue escrito en octubre y noviembre de 1956. Este era un momento oportuno para resumir el impacto del Sionismo Talmúdico en los asuntos humanos, justamente cincuenta años, o la mitad del "Siglo Judío", habían pasado entonces, desde el día que emergió a la superficie política por primera vez, después de estar sumergido durante unos 1800 años.[34] (La oferta de la Uganda británica, en 1903, fue la primera revelación pública que los políticos Occidentales estaban negociando privadamente con "el poder judío" como *una entidad*. La recepción del Sr. Balfour en la habitación de un hotel del Dr. Weizmann en 1906, después del rechazo Sionista de Uganda, puede verse ahora como el segundo paso, y el primer paso en el camino fatal del envolvimiento *pleno* en el Sionismo Palestino.)

En 1956, también, la revolución (la cual sostengo haber sido demostrablemente Talmúdica en nuestro tiempo) también tenía cincuenta años aproximadamente (de las erupciones revolucionarias que siguieron a la derrota de Rusia por parte de Japón en 1905) como un factor permanente en nuestras vidas diarias (sus raíces, claramente, van atrás a través de 1848, a la revolución en Francia y a los documentos de Weishaupt, y a la revolución en Inglaterra y Cromwell). Finalmente, 1956 fue el año de una elección presidencial más en Norteamérica, y esto, más abiertamente que cualquiera anterior, se sostuvo bajo la paralizante presión *del* Sionismo.

Por consiguiente si yo hubiese podido planificarlo así, cuando empecé el libro en 1949 (no estaba en alguna posición para hacer tal itinerario) no podría haber escogido un mejor momento que el otoño de

---

[34] Aproximadamente en 1952, un pez celentéreo (coelenterate), un tipo que hasta entonces se creyó haber estado extinto por millones de años, fue traído a la superficie del Océano Indico (dañando seriamente la cadena de la teoría Darwiniana por su aparición, tal como lo hizo el descubrimiento, un poco después, que el cráneo de Piltdown era una falsificación). La emergencia del Sionismo Levítico, cuando rompió la superficie política del Siglo 20, fue una sorpresa algo similar desde lo profundo.

1956 para revisar el proceso descrito, sus consecuencias hasta esta fecha, y el claro desenlace que está ahora a mano: el clímax a lo cual estaba todo unido para llevar.

Durante la escritura del libro, he tenido pocas expectativas, por las razones que he dado, que se publicaría cuando estuviese listo; en esta fase del "Siglo Judío" pareciera improbable. Si no aparece ahora, yo creo que todavía será válido en cinco, diez o más años, y espero que sea publicado un día u otro porque anticipo el derrumbe, más pronto o después, de la ley virtual de herejía que ha prevenido la discusión abierta de "la cuestión Judía" durante las últimas tres décadas. Algún día el asunto se debatirá libremente de nuevo y algo de lo que este libro registra será entonces pertinente.

Cualquiera sea la continuación en ese respecto, acabé el libro en octubre y noviembre de 1956 y cuando doy una mirada alrededor, veo que todo está resultando así como fue previsto de la sucesión de eventos relatados en él. El año ha estado lleno de rumores de guerra, más ruidosa y más insistente que cualquiera desde el fin de la Segunda Guerra en 1945, y ellos vienen de los dos lugares donde fueron fijados para venir, dado los arreglos hechos en 1945 por los "políticos de la línea top" del Occidente . Ellas vienen de Palestina dónde los Sionistas de Rusia fueron instalados por Occidente, y de Europa Oriental dónde la revolución Talmúdica fue instalada por Oriente. Estos dos movimientos (recuerdo nuevamente) son aquellos que el Dr. Weizmann mostró tomando forma, dentro de los **mismos** hogares judíos de Rusia a finales del Siglo 19: el Comunismo-revolucionario y el Sionismo-revolucionario.

En dos momentos durante los recientes años los ruidos-de-guerra hechos por los políticos de Occidente fueron más ruidosos que cualquier otro. En cada ocasión la causa inmediata de la erupción, pronto se perdió de vista en los gritos sobre el caso **particular** de "los judíos", de tal manera que, incluso antes de que la guerra general comenzara (en ambos casos retrocedió) fue presentado a las masas públicas como la guerra que, si llegase a ocurrir, se lucharía principalmente para, en el nombre de o en la defensa de "los judíos" (o de "Israel").

Anteriormente opiné que cualquiera tercera guerra general sería de esa naturaleza, porque los eventos de 1917-1945 llevaron inevitablemente a esa conclusión que se ha fortalecido grandemente por los eventos de 1953 y 1956. Las guerras que en 1953 y 1956 parecían amenazar, habrían sido evidentemente emprendidas por Occidente en esa comprensión, esta vez mucho más explícitamente confesado de antemano que en las dos ocasiones anteriores. En cualquier momento que este libro pueda aparecer, el "público" de memoria corta, si no está afligido nuevamente por una guerra general, puede haberse olvidado de las crisis-guerras, o casi-crisis-guerra, de 1953 y 1956, por lo cual yo las puse brevemente en el registro.

En 1953, algunos judíos aparecían entre los prisioneros en uno de los innumerables falsos-juicios anunciados (este nunca se llevó a cabo) en Moscú. Esto causó un violento alboroto entre los políticos Occidentales que de nuevo y como una voz, clamaban que "los judíos" estaban siendo "exterminados" y "sindicados" para la "persecución". El grito había alcanzado el diapasón de la amenaza bélica cuando Stalin murió, el juicio fue abruptamente cancelado y el clamor cesó. En mi mente el episodio indicaba simplemente que si la guerra "contra el Comunismo" ocurría (qué los políticos y periódicos Occidentales por estos años hablaron como de una probabilidad aceptada) se lucharía, y esta vez, incluso confesadamente, por "los judíos". La multitud general de la humanidad esclavizada sería dejada sin auxilio, como en 1945.

En julio de 1956 se profirieron nuevamente amenazas de guerra, cuando Egipto nacionalizó el Canal de Suez. Durante los primeros días de esta crisis-de-guerra el Primer Ministro británico justificó las amenazas al pueblo británico, por el argumento que la acción de Egipto ponía en peligro "la ruta comercial vital de Bretaña". Muy pronto cambió el argumento (probablemente pensando que era más efectivo) que "el *siguiente acto* de Egipto, si se le permite tener éxito, **será atacar a Israel**". El estado Sionista comenzó a figurar entonces en las noticias como la peor víctima del control egipcio del Canal de Suez. Por lo tanto, la guerra en el Medio Oriente, si viniera, va a ser una guerra "para los judíos".

En tercer lugar, 1956 vio que se llevaba a cabo una elección presidencial, por séptima vez bajo la directa presión de los Sionistas y por tercera vez bajo la *abierta* presión Sionista en Nueva York. La campaña de la elección se transformó en un concurso público por "el voto" judío, con los Partidos políticos rivales pujando más allá que el otro en la promesa de armas, dinero y garantías al estado Sionista.

Ambos Partidos, en el borde de la guerra en esa parte del mundo, se empeñaron públicamente en el apoyo a "Israel" en cualquier circunstancia.

Estos resultados del proceso que yo he descrito desde sus inicios eran los esperados. La conclusión que se puede dibujar para el futuro parece ineludible: los millones de Occidente, a través de sus políticos y su propia indiferencia, están encadenados a un barril-de-pólvora con un fusible acortado y encendido. Occidente se acerca al clímax de su relación con Sion, que comenzó públicamente hace cincuenta años, y el clímax es precisamente lo que fue previsto cuando ese servilismo comenzó.

En nuestro siglo cada una de las dos grandes guerras fue seguida por numerosos libros de revelación, en que se escrutaron los orígenes de la guerra y se encontró que eran diferentes de aquellos que a la masa, o la chusma, se le había dicho, y la responsabilidad estaba localizada en otra parte. Estos libros han encontrado la aceptación general entre aquellos que los leyeron, ya que un ánimo de preguntas siempre le sigue a la credulidad de tiempo de guerra. Sin embargo, ellos no producen un efecto duradero y puede esperarse que la masa general demuestre no menos sensibilidad a la incitación de la alta presión en el inicio de otra guerra, ya que la resistencia-de-la-masa a la propaganda-para-la-masa es despreciable, y el poder de propaganda es embriagador así como tóxico.

Si la información pública plena sobre las causas de guerras avalarían contra este instinto continuado del humano ("Mediante un instinto divino, las mentes de los hombres desconfían del peligro resultante)" si se entregara *antes* de la erupción de la guerra, no puedo conjeturar. Creo que esto nunca ha sido probado. Una ambición modesta de este libro es establecer que los orígenes, la naturaleza y la responsabilidad para una guerra, *puede* mostrarse antes de que empiece, no solamente cuando ha comenzado su curso. Creo que el cuerpo del libro ha demostrado esto y que sus argumentos ya han sido confirmados por los eventos.

También creo que los eventos particulares de los años 1953-1956 en Occidente fortalecen enormemente su argumento y la conclusión dibujada, y por esa razón consagro el resto de su capítulo concluyente a un Curriculum Vitae de los eventos pertinentes de esos años; (1) en el área esclavizada por la revolución; (2) en y alrededor del estado Sionista; y (3) en "el mundo libre" del Occidente, respectivamente. Ellos me parecen, agregar así, la última palabra al cuento dicho: El clímax, cercano o a la mano.

Interpolación del autor: La parte precedente de este capítulo concluyente, en las palabras, "Clímax, cercano o a la mano", fue escrito el viernes, 26 de octubre de 1956. Luego me marché entonces durante el fin de semana, pensando reasumir y completar el capítulo el día martes, 30 de octubre de 1956; ya estaba en el proyecto borrador. Cuando yo lo reasumí, en ese día, Israel había invadido Egipto, el lunes 29 de octubre de 1956. Por consiguiente el resto del capítulo está escrito a la luz de los eventos que le siguieron; éstos duraron más tiempo del que yo esperé

1. LA REVOLUCIÓN

En el área de la revolución, inflamado por la esclavitud de la mitad de Europa, la muerte de Stalin en 1953 fue seguida por una serie de levantamientos populares en 1953 y 1956.

Ambos eventos regocijaron al vigilante mundo, porque esos levantamientos reavivaron las esperanzas casi olvidadas que un día la destructiva revolución se destruiría a sí misma y que los hombres y naciones serían nuevamente libres. Este claro significado fue entonces desconcertante por la intrusión forzada en cada uno de "la cuestión Judía".

En "el Siglo Judío" las masas públicas fueron impedidas de recibir o considerar las noticias de cualquier gran evento, salvo en términos de cuál sería su efecto "para los judíos."

La muerte de Stalin (el 6 de marzo de 1953) sobresaltó al mundo, porque la vida de este hombre, que probablemente causó la muerte y esclavitud de más seres humanos que cualquier otro en la historia, parecía interminable, como el desenrollar de la serpiente.[35] Las circunstancias de su muerte siguen estando inciertas, pero el itinerario de los eventos que se refieren a ella, pueden ser significantes.

El *15 de enero de 1953*, los periódicos de Moscú anunciaron que nueve hombres serían procesados bajo los cargos de conspirar para asesinar a siete notables comunistas de alto nivel. Seis o los siete de estos nueve hombres eran judíos (las cuentas discrepan). Los otros dos o tres, nunca podrían haber salido a la luz para que todo el mundo escuchara hablar de ellos, por el alboroto que inmediatamente se levantó en Occidente el asunto fue llamado como el de "los doctores judíos.[36]

---

[35] Su lugar de dirigente fue tomado brevemente por un Grigori Malenkov, quien lo cedió al alto oficial Nikita Kruschev (el líder del Partido) y a Nikolai Bulganin (Primer Ministro). El mundo no podría decir hasta qué punto heredaron el poder personal de Stalin o si eran dominados por otros. Un sobreviviente de todos los cambios y purgas, el Sr. Lazar Kaganovich, un judío, seguía siendo el Primer Vice Premier hasta el final y en el aniversario bolchevique en noviembre de 1955, fue escogido para decirle al mundo que, "las Ideas Revolucionarias no conocen fronteras".

Cuando los altos funcionarios visitaron India en ese mes, el **New York Times**, preguntó quién gobernaba la Unión Soviética en su ausencia, contestaron "Lazar M. Kaganovich, el viejo líder Comunista". El Sr. Kaganovich estaba entre los más antiguos e íntimos de Stalin, pero ni este ni cualquier otro hecho pertinente detuvieron a la prensa Occidental de atacar a Stalin, en sus últimos meses, como el nuevo, anti-semita "Hitler".

[36] Este grito en Occidente había comenzado diez semanas antes, en la víspera de la elección Presidencial en Norteamérica, en la fuerza de un juicio en Praga, cuando de once a catorce demandados fueron colgados, después de las usuales "confesiones", bajo los cargos de conspiración **Sionista**. Tres de las víctimas no eran judíos, pero ellos tampoco podrían haber

En *febrero*, mientras el clamor en Occidente continuaba, los diplomáticos que vieron a Stalin comentaron sobre su saludable mirada y su buen espíritu. El 6 de marzo Stalin murió. Un mes después, los "doctores judíos" fueron liberados. Seis meses más tarde, el jefe terrorista de Stalin, Lavrenti Beria, recibió un disparo por haberlos arrestado y los cargos fueron denunciados como falsos. Sobre la muerte de Stalin, el notable corresponsal norteamericano en Moscú, el Sr. Harrison Salisbury, escribió que después de él, Rusia era gobernada por un grupo o junta "más peligrosa que Stalin", que consistía de los Srs. Malenkov, Molotov, Bulganin y Kaganovich. Para adquirir el poder, dijo él, la junta podría haber asesinado a Stalin, todas las cosas apuntaban a eso; "si Stalin había muerto justamente por la rotura de una arteria en su cerebro el 2 de marzo, **debe ser registrado como una de las ocurrencias más** fortuitas en la historia."

Para Occidente estas circunstancias y posibilidades acompañantes acerca del fin de Stalin no tenían interés. El período entero de unos nueve meses, entre el juicio de Praga (y la elección presidencial) y la liquidación de Beria estuvo llena en Occidente con el alboroto sobre el "anti-semitismo en Rusia."

Mientras el clamor continuó (cesó después de que "los doctores judíos" fueron liberados y vindicados) se dijeron cosas que parecían significar simplemente que cualquier guerra Occidental contra la unión comunista sería emprendida, como aquella contra Alemania, solamente en nombre de "los judíos", o de aquellos que exigían representar a los judíos. En 1953 la Rusia Sovietizada se sostuvo como el nuevo monstruo del anti-semitismo, tal como Alemania fue sostenida en 1939 y la Rusia Zarista en 1914. Este asunto totalmente oscuro, a juzgar por el alboroto propagandista de ese período, habrían nuevamente confundido la batalla y engañaría a las naciones.

El cronometraje de esta campaña es significativa y ya no puede explicarse por la teoría de las coincidencias. Para dar el efecto máximo a la "máquina-de-presión" en Norteamérica, la "cuestión judía" tiene que ponerse aguda allí, en el período de cualquier elección presidencial. Hoy en día siempre se pone aguda en ese preciso período en una de sus dos formas: "anti-semitismo" en alguna parte (esto pasó en 1912, 1932, 1936, 1940 y 1952) o un peligro para "Israel" (esto pasó en 1948 y 1956). La predicción que, una de las dos formas, dominará la elección Presidencial de 1960, puede hacerse sin mucho riesgo.

---

salido a la luz o haber sido colgados si no fuera por todas las noticias que ellos recibieron en la prensa del Occidente.

Nada cambió en la situación de los judíos en Rusia en ese momento.[37] Algunos judíos habían estado incluidos entre los demandados en un juicio público en Praga y en un juicio anunciado, pero nunca sostenido, en Moscú. Los treinta y cinco años comunistas habían visto innumerables juicios; el mundo se había puesto indiferente a través de la familiaridad con ellos. Ya que el estado terrorista estaba basado en el encarcelamiento sin juicio **alguno**, los juicios públicos fueron sostenidos obviamente sólo para producir un poco de efecto, o en las masas Sovietizadas o en el mundo exterior. Ni siquiera el cargo de "conspiración Sionista" era nuevo; había sido hecho en algunos juicios en los años de 1920, y el Comunismo desde su inicio (como Lenín y Stalin lo testificaron) *formalmente* proscribieron el Sionismo, tal como le proporcionaron a los Sionistas de Rusia las armas para establecer "Israel" en 1948.

Si Stalin fue más allá de lo que se le permitía en atacar el "Sionismo" en esta ocasión, su muerte le siguió rápidamente. Hasta el final obviamente él no era **anti- judío**. El Sr. Kaganovich permanecía como su mano derecha. Unos días antes de que él muriera, Stalin ordenó uno de los entierros más pomposos visto en el Moscú soviético en la historia, que dado a Lev Mechlis, uno de los más temidos y odiados Comisarios judíos de los treinta y cinco años. El ataúd de Mechlis fue transportado por todos los grandes que sobrevivían de la revolución bolchevique, quienes también compartían la guardia en su descanso, de tal manera que esto fuera una advertencia a las masas rusas cautivas, si algo aun fuese necesario, que "la ley contra el anti-semitismo" todavía estaba por completo vigente. Inmediatamente después del entierro de Mechlis (el 27 de enero de 1953), el "Premio de la Paz Stalin" fue entregado con gran ostentación pública al apóstol de la venganza Talmúdica, el Sr. Ilya Ehrenburg, cuyas transmisiones a los Ejércitos Rojos cuando avanzaban en Europa los incitaba a no salvar "ni siquiera a los fascistas *que aún no nacían*". Unos días antes que él muriera, Stalin incitó a *'Estrella Roja'* que declarara que la lucha contra el Sionismo no "tenía nada que hacer con el anti-semitismo; El Sionismo es el enemigo de los trabajadores del mundo, y de los judíos no menos que de los Gentiles."

La condición de los judíos, en su minoría fraccionaria en Rusia, no había cambiado, ni para mejor ni para peor. Ellos todavía tenían "un grado más alto de igualdad en la Unión Soviética que en cualquier otra parte del mundo" (para citar la respuesta burlesca dada, en este período, por un testigo judío a un Diputado Republicano, el Sr. Kit Clardy, ante un Comité del Congreso, cuando el Sr. Clardy le había preguntado: ¿No se encoge de

---

[37] De los cuales, según "estimaciones" judías, habían cerca de dos millones, o cerca del 1 por ciento de la población Soviética, (establecido por el Manual Estadístico de la Economía Soviética del Gobierno en junio de 1956, siendo 200.000.000).

horror de lo que la Rusia soviética está haciendo a los judíos?"). Ellos seguían siendo una clase privilegiada.

El alboroto en Occidente era por consiguiente artificial y no tenía ninguna base verdadera, aun así, alcanzó un tono justo algo más bajo que la actual amenaza bélica y podría haber subido hasta ese tono si Stalin no hubiese muerto y "los doctores judíos" no hubiesen sido liberados (nunca pude descubrir si los no-judíos también fueron liberados). Podría haber sólo una razón para esto: que el **Sionismo** había sido atacado, y por la oposición de 1952-1953 al Sionismo, fue juzgado por los políticos frontales de Occidente de ser "Hitlerismo" y provocación de guerra. El episodio mostró que esta propaganda de incitación puede liberarse al toque de un botón y puede "dirigirse" en cualquier dirección según la necesidad cambiante (no excluyendo a Norteamérica, a la larga). Cuando esta propaganda ha sido llevada al blanco por el calor, es usada para extorsionar los "compromisos" que se invocan posteriormente.

El período de seis meses, entre la nominación-y-elección, elección-e-inauguración es aquella en la cual los presidentes norteamericanos caen ahora bajo esta presión. El Presidente Eisenhower en 1952-1953 estaba bajo la misma presión que el Presidente Woodrow Wilson en 1912-1913, el Sr. Roosevelt en 1938-1939, y el Presidente Truman en 1947-1948. Todo el período de su campaña para recolectar votos, nominación, elección e inauguración fue dominado por "la Cuestión Judía" en sus dos formas, el "anti-semitismo" aquí, allí o en cualquier parte, y la aventura en Palestina. Inmediatamente después de la nominación, le dijo al Sr. Maxwell Abbell, Presidente de la Unión de Sinagogas de Norteamérica, "El pueblo judío no podría tener un mejor amigo que yo... Crecí creyendo que los judíos eran el pueblo escogido y que ellos nos entregaron los más altos principios éticos y morales de nuestra civilización" (todos los periódicos judíos, septiembre de 1952).[38]

Éste era el compromiso básico, conocido en nuestro siglo y siempre significando mucho más que aquellos que los entregan comprenden. Inmediatamente después vino el juicio de Praga y el Presidente Eisenhower, recién elegido, fue presionado evidentemente para algo más específico.

En un mensaje a un Comité Laborista judío en Manhattan (el 21 de diciembre de 1952) dijo que el Juicio de Praga "fue diseñado para desatar una rabiosa campaña de anti-semitismo a lo largo de la Europa soviética y las naciones satélites de la Europa Oriental. **Tengo el honor de tomar posición con la Judería norteamericana**... para mostrar a todo el mundo

---

[38] El Sr. Eisenhower "agregó que su madre le había criado a él y a su hermano, en las enseñanzas del Antiguo Testamento". Esta alusión algo críptica es a la secta cristiana de los Testigos de Jehová en que Sr. Eisenhower y sus hermanos fueron formados en su casa paterna.

la indignación que toda Norteamérica siente ante los ultrajes perpetrados por los soviéticos contra los sagrados principios de nuestra civilización."

Los "ultrajes" en ese momento consistían en el colgamiento de once hombres, tres de ellos Gentiles, entre los millones llevados a la muerte en los treinta y cinco años bolcheviques; su destino no estaba incluido en estos "ultrajes". El nuevo Presidente no podría saber qué tipo de "campaña" había sido diseñada que fuese causada por el juicio", mientras los otros innumerables juicios no habían recibido ninguna denuncia presidencial. Las palabras implícitamente cubrieron de alquitrán también, a los cautivos del Comunismo, con el cepillo del "anti-semitismo", porque ellas eran designadas "naciones satélites" y el significado primario de "satélite" es sirviente atado a un príncipe u otra persona poderosa; una persona obsequiosa o un seguidor" (Diccionario de Webster).

Como comandante cuya orden militar, emitida de acuerdo con el dictador soviético, había asegurado su cautividad, las palabras que escogió el Presidente Eisenhower fueron extrañas. Reflejaban la actitud de aquellos que eran capaces de ejercer "presión" sobre todos los presidentes y gobiernos norteamericanos. Para ellos la esclavitud de millones no significaba nada; de hecho, su poder fue usado para perpetuarlo.

Este estado de los asuntos fue reflejado nuevamente, en los dos primeros actos del nuevo Presidente. Buscando la elección, él había hecho un llamado a la aversión norteamericana de los hechos de 1945, mediante la promesa de repudiar los acuerdos de Yalta (la carta política de su propia orden militar, deteniendo el avance aliado al oeste de Berlín y por lo tanto abandonando a Europa Oriental al Comunismo) en estas explícitas palabras : "El Gobierno de los Estados Unidos, bajo la dirección Republicana, *repudiará todos los compromisos contenidos en las reuniones secretas como aquellas de Yalta que ayudan la esclavitud comunista*". Elegido, el nuevo presidente envió al Congreso (el 20 de febrero de 1953) una resolución que meramente propone que el Congreso se una a él "rechazando cualquier interpretación o aplicación... de acuerdos secretos que se han pervertido para provocar la subyugación de personas libres". Por ese tiempo él se había referido públicamente a los pueblos esclavizados como "satélites". Ya que la resolución ni "repudiaba" ni se refería a "Yalta", fue defraudante para el Partido guiado por el Presidente Eisenhower y al final, se dejó de lado en su totalidad.

En su lugar, el nuevo Presidente transmitió al Congreso una resolución que condena "la cruel e inhumana campaña contra *los judíos*" en el área soviética. Así "los esclavizados" fueron anulados totalmente y "los judíos" fueron puestos en su lugar, una enmendadura típica de nuestro tiempo. El estresado Departamento Estatal tuvo éxito en enmendar esta resolución incluyendo "otras minorías". La presente "estimación" judía es que existen hoy en día aproximadamente 2.500.000

judíos detrás de Cortina de Hierro, en dónde los cautivos no-judíos suman entre 300 y 350 millones; estas masas que incluyeron naciones enteras como los polacos, húngaro, búlgaros y ucranianos para no decir nada de los más pequeños o incluso de los rusos mismos, fueron amontonados juntos, en dos palabras, "otras minorías."

El Senado adoptó *esta* resolución (el 27 de feb. de 1953) por aprobación unánime, pero esto se juzgó no ser lo suficiente para la apropiada disciplina, de tal manera que cada Senador norteamericano (como los Miembros de la Cámara de los Comunes británica, a la orden del Sr. Edén, durante la guerra) se ponían de pie para ser contados. Unos pocos que estaban ausentes se apresuraron en afirmar por escrito para tener sus nombres agregados al llamado.

Si los pueblos detrás de la "Cortina de Hierro" hubiesen entendido la historia de las dos resoluciones, o se les hubiese permitido saber de ellas, no habrían esperado (tal como *mantenían* la esperanza) de algún apoyo en sus levantamientos nacionales contra el terror en 1956.

El Presidente habiendo hablado y actuado así, aumentó el alboroto. Uno de los líderes sionistas más poderoso de ese período (en la línea de Justice Brandeis y el Rabino Stephen Wise) era el Rabino Hillel Silver, que durante la elección había defendido al Sr. Eisenhower contra el expresidente Truman de la acusación de "anti-semitismo" (invariablemente usada ahora en las elecciones presidenciales), y después fue invitado por el nuevo presidente a pronunciar la "oración de gracias y guía" en su inauguración. Así, el Rabino Silver, puede verse como un hombre que habla con autoridad cuando anunció que **si Rusia fuera destruida**, sería en nombre de los judíos: él "advirtió a Rusia que **sería destruida si hacía un pacto espiritual con el Hitlerismo**". Este método de darle la etiqueta de "Hitler" a cualquier individuo amenazado con la "destrucción" fue más tarde generalmente adoptado (el Presidente Nasser de Egipto es un caso en este punto).

La amenaza siempre era implícitamente la misma: "Persiga a los hombres si usted quiere, pero usted será destruido si se opone a los judíos". El Sr. Thomas E. Dewey (dos veces aspirante presidencial y arquitecto de la nominación del Sr. Eisenhower en 1952) excedió al Rabino Silver en la misma reunión (el 15 de enero de 1953): "Ahora todos están comenzando a verlo" (el "anti-semitismo" en Rusia) "como el más reciente y más terrible programa de genocidio que se ha lanzado... El Sionismo, como tal, se ha vuelto ahora un crimen y meramente nacer judío es ahora causa para ser colgado. Stalin ha tragado la última gota del veneno de Hitler, volviéndose el más nuevo y más vituperioso perseguidor de la Judería... Parece que Stalin está deseoso de admitir al mundo entero que le gustaría lograr por Hitler lo que Hitler no pudo hacer en la vida."

La extravagancia de esta campaña asombra al observador experimentado, en mirada retrospectiva, incluso. Por ejemplo, el **Montreal Gazette** que por casualidad leí en el verano de 1953, editorialmente declaró que están asesinándose "miles de judíos en "Alemania Oriental"; el **Zionist Record** de Johannesburgo, tres años antes (el 7 de julio de 1950) había declarado que la población judía total en Alemania Oriental era 4.200 almas, la mayoría de quienes disfrutaban las preferencias en los empleos del gobierno.

Los "compromisos" del nuevo presidente se pusieron más firmes que nunca, a todo evento en las mentes de aquellos a quienes ellos fueron dirigidos. En marzo de 1953, justo antes o después de la muerte de Stalin, envió una carta al Comité laborista citado más arriba prometiendo (palabra usada por el **New York Times**; no tengo el texto completo de su mensaje) que Norteamérica podría ser "el *vigilante para siempre* contra cualquier resurgimiento de anti-semitismo". Cuando el destinatario comité sostuvo su congreso en una ciudad en el Atlántico, los "doctores judíos" habían sido liberados y el alboroto entero estaba decayendo, de tal manera que no existía la premura para hacer la carta pública y la devolvieron al remitente. El presidente fue insistente en la publicación y la envió de vuelta "con una nota muy dura que condena el anti-semitismo soviético amargamente".

En este mundo de ficciones propagandistas, las masas occidentales fueron llevadas por sus gobernadores de desilusión en desilusión. ¿Quién sabe adonde habrían sido llevados en esta ocasión, si Stalin no se hubiese muerto, los "doctores judíos" no hubiesen sido liberados, si el dedo no hubiese sido alejado del botón de la incitación-de-las-masas?

Stalin murió y la máquina-para-hacer gritos (en ambos lados del Atlántico) murió con él. ¿Qué hubiese pasado si el hubiera vivido y los "doctores judíos" hubiesen sido condenados en el juicio? Cuando él murió, la propaganda ya había alcanzado el nivel de víspera-de-guerra; el "nuevo Hitler" había comenzado "el más nuevo y más terrible programa de genocidio lanzado"; "miles de judíos" estaban siendo asesinados en un lugar donde sólo vivían centenares: pronto estos miles se habrían vuelto millones, uno... dos... seis millones. El holocausto completo de los 35 años de Lenín y Stalin, con sus miríada de víctimas y tumbas desconocidas, se habría transformado, por la brujería de esta propaganda, en una persecución" anti-judía más; de hecho, esto se hizo dejando en el estante la promesa del "repudio del Presidente Eisenhower de Yalta y de la esclavitud del Comunismo" y por la substitución de él, por una resolución que singularizó en la "condena" del "cruel e inhumano tratamiento de los judíos" (quiénes continuaron detrás de la Cortina de Hierro, manejando el terror sobre aquellos esclavizados por el Comunismo). En esa causa solamente tenía que venir la guerra, otra generación de la juventud Occidental habría ido a la guerra, pensando que su misión era "destruir el Comunismo."

Stalin murió. Occidente se ahorró la guerra en ese momento y continuaron adelante a tropezones, detrás de sus líderes Sionizados, hacia el próximo engaño que fue de un tipo diferente. Durante los diez años que habían pasado desde el fin de la Segunda Guerra, sus líderes los había acostumbrado al pensamiento que un día ellos tendrían que aplastar el Comunismo y así enmendar el hecho de 1945. La sinceridad de los líderes Occidentales en esta materia sería probada nuevamente en los años 1953 y 1956.

En aquellos años, los pueblos esclavizados comenzarían a destruir **ellos mismos** el Comunismo y a golpear, por esa liberación que el presidente norteamericano, el arquitecto militar de su esclavitud, les prometió, pero les aconsejó no efectuarla militarmente.[39] La muerte de Stalin parecía tener el efecto de un derretimiento en el rígido miedo que apresaba a estos pueblos y puso este proceso de auto- liberación en movimiento. El escritor de este libro estaba confundido, en este caso, en sus expectativas. Creí, de la observación y experiencia, que cualquier levantamiento nacional era imposible contra los tanques y las armas automáticas, y contra los métodos del día a día del terror (arresto, encarcelamiento, deportación o muerte sin cargos o juicios) que parecían haber sido perfeccionados durante tres siglos (es decir, a través de las revoluciones en Inglaterra, Francia y Rusia) a un punto dónde, pensé, sólo un apoyo externo podría hacer algún levantamiento posible. Me había olvidado de los infinitos recursos del espíritu humano.

La primera de estas revueltas ocurrió en el Sovietizado Berlín Oriental el 17 de junio de 1953, cuando hombres y jóvenes desarmados atacaron los tanques soviéticos con neumáticos y piedras.[40] Este ejemplo produjo un resultado inaudito en lo más profundo de la propia Unión Soviética: un levantamiento en el Campo de esclavos Vorkuta, en el

---

[39] "Mientras proclamaba nuevamente la política de liberación, el Sr. Dulles, el Ministro del Exterior, negaba alguna responsabilidad de EEUU por el desafortunado levantamiento en Hungría. Dijo que a comienzos de 1952, él y el Presidente habían declarado consistentemente que la liberación debía ser lograda por medios pacíficos y evolutivos". Declaración en Augusta, Georgia, 2 de diciembre de 1956.

[40] Esto fue aplastado y una cruel venganza fue tomada por "la temida Frau Hilde Benjamín" (The Times, 17 de julio de 1953) quién fue promovida como Ministra de Justicia para el propósito y llegó a ser notablemente conocida por sus penas de muerte (una de ellas contra un muchacho adolescente que distribuía hojas impresas anti-comunistas) y por su persecución especial de la secta Testigos de Jehová, en la cual el Presidente Eisenhower fue criado. En el pensamiento popular y en las descripciones del **New York Times** ella fue descrita como "una Judía", hasta donde mi investigación pudo descubrir, aunque se casó con un judío, ella no era judía de nacimiento.

Círculo polar ártico, dónde los prisioneros capturaron a los guardias terroristas del campo y los mantuvieron durante una semana hasta que las tropas de la policía secreta de Moscú llegó y los venció con el fuego de ametralladoras.

Estos dos levantamientos ocurrieron mientras el clamor en Occidente sobre el "anti-semitismo detrás de la "Cortina de Hierro" todavía era fuerte. Ningún grito similar se levantó en nombre de la legión de seres humanos, cien veces más numerosos, cuya condición fue una vez revelada. Ninguna amenaza de guerra o "destrucción" fue proferida contra la Unión Soviética en su cuenta. Al contrario, los políticos y la prensa de Occidente les instaron a que permanecieran callados y simplemente esperaran su "liberación" que, por algún medio incalculable, un día vendría a ellos desde Norteamérica, que los había abandonado en 1945.

No obstante, el anhelo angustiado para la liberación continuaba trabajando en las almas de las gentes y en la secuencia a Berlín Oriental y el levantamiento de Vorkuta, vinieron los surgimientos en Polonia y Hungría en octubre de 1956, después que empecé este capítulo de conclusión. El primero fue un levantamiento nacional espontáneo. El segundo, encendido por el primero, se transformó en algo que la historia escasamente puede igualar: una ***guerra*** nacional de un todo, el pueblo cautivo contra el ultra poderoso aprehensor. Creo que el paso del tiempo mostrará este evento como haber marcado el renacimiento de "Occidente" y el reavivamiento de Europa, o el fin de Europa como había sido conocida por la humanidad por los últimos mil años y desde allí el fin de algo que las palabras "el Occidente", han representado.

Cualquiera sea el futuro, una cosa se logró por los levantamientos de octubre, y mucho más sobre todo, por el levantamiento de los húngaros. Nunca más podrá la revolución pretender tener, ni siquiera la aceptación pasiva de sus cautivos. Éstos mostraron que, bajo el comunismo de Karl Marx, ellos no tenían nada que perder sino sus cadenas y enfrentarían la muerte en lugar de soportarlas.

Las causas para que ambas naciones se levantaran eran las mismas y lo dejaron muy claro. Ellos querían, en cada caso, la liberación de la nación a través del retiro del Ejército Rojo; la liberación de los individuos del terror a través de la abolición de la policía secreta y el castigo de los principales terroristas; la restauración de su fe a través de la liberación de sus líderes de iglesia (que en ambos casos estaban encarcelados); la caída de su sistema político de esclavitud uni-partidista a través del retorno de Partidos contendientes y elecciones.

Así el problema en la estaca era completamente claro: a través de una pequeña nación en sus fronteras orientales "Occidente" se alzaba contra el despotismo Asiático; aquí era Dios contra el ateísmo, la libertad contra la esclavitud, la dignidad humana contra la degradación humana. El problema en el momento cambió, y la última decisión cambiará, en la medida del apoyo que estas naciones en la frontera de occidente encontraran en el resto del Occidente que profesaba parentesco y compañerismo con ellos, pero en la hora de la necesidad los había abandonado antes.

En esa región, la visión del problema en la estaca fue disimulada por la intrusión del oculto asunto-problema de nuestro siglo: "la Cuestión Judía". El cuento de los eventos de octubre en Polonia y Hungría es tan claro, en sí mismo, como un cristal, pero no se permitió que las masas de Norteamérica e Inglaterra le viesen así, ya que en este asunto, se les ha negado consistentemente la información desde el derrocamiento bolchevique del régimen legítimo en Rusia en 1917.

Tres meses antes de los levantamientos polacos y húngaros, un artículo del Sr. C.L. Sulzberger publicado en el **New York Times** reavivó el lamento del "Anti- semitismo detrás de la Cortina de Hierro" que había sido levantada en 1953. Como un caso de este "anti-semitismo" el artículo citó el despido de Jakub Berman, "un detestado teórico del Partido y un judío" que fue el principal jefe moscovita de los terroristas en Polonia.

En este artículo acechaba el secreto que las masas Occidentales nunca han sido permitidas de darse cuenta; El Sr. Robert Wilton que "perdió la confianza" del **The Times** por haber intentado impartirlo a los lectores de ese periódico en 1917-1918, fue el primero de una larga lista de corresponsales que intentarían, y fallarían, durante los próximos treinta y nueve años. Las masas en Rusia, y después en los otros países que fueron abandonados al Comunismo, no podrían alzarse contra el terror sin ser acusadas de "anti-semitismo", porque el terror siempre *fue Judío* y fue un **terror Talmúdico**, así identificable por sus actos, y no un terror ruso, comunista o soviético.

En esta única cosa, el poder gobernante en Moscú, cualquiera fue o sea verdaderamente, nunca partió del modelo original, y ése es el hecho básico por el cual toda investigación en los eventos de nuestro siglo debe comenzar. La teoría de las probabilidades podría aplicarse plausiblemente al 90 por ciento de los gobiernos judíos que aparecieron en Rusia, Hungría y Baviera en 1917-1919; (Incluso en ese momento, como lo he mostrado antes, un escritor judío describió el aborrecimiento nacional del gobierno bolchevique judío en Hungría como "anti- semitismo", un epíteto del cual sólo podría escaparse por la sumisión a él). Pero cuando el Gobierno de Moscú instaló gobiernos judíos en los países abandonados al comunismo en 1945, ninguna duda quedaba que ésta era una política fijada y calculada, con un determinado propósito.

Repito aquí la información, de fuentes que no pueden cuestionarse, sobre la composición de estos gobiernos en el momento mismo en 1952-1953, cuando Stalin estaba siendo llamado "el nuevo Hitler" y "Rusia" estaba siendo amenazada con la "destrucción" desde Nueva York y Washington si permitía "cualquier resurgimiento de antisemitismo": "En Checoslovaquia, como en otras partes en Europa Central y Sur-oriental, ambos, los intelectuales del Partido y *los hombres claves en la Policía Secreta* eran principalmente Judíos en el origen; por consiguiente, el hombre en la calle se ha inclinado igualar los cuadros del Partido con los judíos y culpar a los 'Comunistas judíos' de todos sus problemas" (*New Stateman*, 1952); ". . El gobierno mayoritariamente judío (90 por ciento en los puestos claves) del Gobierno de Hungría comunista bajo el Primer Ministro comunista Matyas Rakosi, que es un judío" (*Time,* Nueva York, 1953). "Rumania, junto con Hungría, tiene probablemente el mayor número de judíos en la administración" (*New York Herald-Tribune*, 1953). Todos éstos, y muchos informes similares en mis archivos, vienen de artículos reprobando el "anti-semitismo" en "los países satélites", y en este mismo período, cuando estos países fueron conocidos por ser gobernados por Judíos, el Presidente Eisenhower hizo su declaración sobre "una ola de rabioso anti-semitismo en... los países satélites de Europa Oriental".

Qué podían significar estas amenazas desde Washington para los pueblos cautivos, otra cosa que no fuera una advertencia para no murmurar contra los que tienen en sus manos el látigo; y al mismo tiempo se les prometía la "liberación", y "La Voz de América" y "Radio Europa Libre" los atormentaba día y noche con descripciones de su propia condición.

Éste era el trasfondo confuso en los levantamientos nacionales polacos y húngaros de octubre de 1956, cuya primera señal, nuevamente, fue dada por los alborotos en Poznan, Polonia, en junio de 1956. Inmediatamente después que apareció el artículo del Sr. Sulzberger sobre el "Anti-semitismo detrás de la Cortina de Hierro", quejándose que el Sr. Jakub Berman había sido despedido y que el Mariscal Rokossovsky, Comandante del ejército polaco, había despedido varios centenares de oficiales judíos".

En agosto, uno de los dos Vice Premier, el Sr. Zenon Nowak (el otro era un judío, el Sr. Hilary Mine) dijo que la campaña para la "democratización" o "liberalización" la cual estaba siendo conducida en la prensa polaca, estaba siendo distorsionada por la introducción de la especial prominencia dada al caso de "los judíos". Dijo que la nación creía que había "un número desproporcionado de judíos en los puestos claves del Partido y del gobierno" y como evidencia leyó una lista de su representación en varios ministerios. El Profesor Kotabinski, respondiendo y atacando al Sr. Nowak, dijo que los judíos se "habían vuelto casi una mayoría en las posiciones claves, y la preferencia de repartir los puestos de trabajo entre su propio pueblo no se ha evitado" (***New York Times***, 11 de Octubre de 1956).

Por ese tiempo, Polonia había estado durante once años bajo el control ***soviético*** y el terror ***Judío***. Poco había cambiado del cuadro entregado por el Embajador norteamericano, el Sr. Arthur Bliss Lane, de los años 1945-1947,: "Muchos arrestos por la Policía de Seguridad fueron presenciados por miembros de la Embajada norteamericana... . espantosos métodos, como arrestos en medio de la noche, y la persona arrestada generalmente no le era permitido comunicarse con el mundo exterior, quizás durante meses, quizás durante todo el tiempo... Incluso nuestras fuentes judías admiten... la gran impopularidad de los judíos en posiciones importantes del gobierno. Estos hombres incluían a Minc, Berman, Olczewski, Radkiewic y Spychalski... había un sentimiento amargo dentro de la milicia contra los judíos, porque la Policía de Seguridad, controlada por Radkiewicz, dominaba la milicia y el ejército... Además, ambas, la Policía de Seguridad y la Policía de Seguridad Interior tenían entre sus miembros a muchos judíos de origen ruso".

Sólo después de once años comenzó este control judío del terror a debilitarse. En mayo de 1956, el Sr. Jakub Berman ("que se pensaba era el hombre Nº 1 de Moscú en el Partido polaco", ***New York Times***, 21 Oct.1956) renunció como Vice Premier y a principios de octubre de 1956, el Sr. Hilary Minc ("que se pensaba era el hombre No. 2 de Moscú) también renunció. (el Sr. Nowak, uno de los nuevos Vice Premier, desde el principio fue atacado como "anti-semita").

Éste era el significante trasfondo del levantamiento nacional del 20 de octubre en Polonia, en su primera experiencia de control comunista, como Rusia, Hungría y Baviera en 1917-1919, había encontrado que el terror, en el cual descansaba ese control, era ***Judío*** y estaban siendo atacado como "anti-semitismo" en Norteamérica e Inglaterra porque intentaban derrocar el terror. Como todos los otros países, estaban atrapados en el dilema de "la Cuestión Judía". La situación real de tales judíos, aun cuando no estuviesen en altas posiciones en Polonia, parece haber sido mejor que el de otras secciones de la población, a juzgar por varios informes de este período hechos por rabinos y periodistas de Norteamérica que visitaban Polonia. A propósito, el número total de judíos en Polonia en ese momento era, en "estimaciones" judías publicadas, de "treinta mil" (***New York Times***, 13 de julio de 1956) a aproximadamente cincuenta mil" (***New York Times***, 31 de agosto de 1956), la población total de Polonia que se da, en los trabajos de referencia actuales, es de aproximadamente 25.000.000. Su proporción, por consiguiente, es un fragmento pequeño del uno por ciento, y nunca antes en este siglo una minoría de esta menudencia, en cualquier parte, a exigido llegar a ser "casi una mayoría en las "posiciones claves" y en mostrar "preferencia por sus propias personas en la repartición de los puestos de trabajo."

El caso de Hungría fue más significante, ya que este país después de 1945, soportó su **segunda experiencia** de control comunista. No solamente descubrió que el terror nuevamente sería Judío, sino que sería manejado por los **mismos hombres**. Esta re- instalación deliberada de judíos terroristas, detestados por una nación por sus hechos de veintiséis años atrás (los detalles se dan después en este capítulo) es todavía la evidencia más fuerte que prueba la existencia en Moscú, de un poder, controlando la revolución, que deliberadamente daba la firma **Talmúdica** a sus salvajismos, un poder no soviético, comunista o ruso.

Contra este trasfondo, que no fue comprendido en "el mundo libre" las fuerzas de regeneración nacional trabajaron para derrocar gradualmente el terror. En abril de 1956, el Sr. Vladislav Gomulka (encarcelado desde 1951 a 1956 bajo el régimen Berman-Minc como un "desviacionista") fue liberado y se transformó en el símbolo de la esperanza nacional en este momento, aunque él era un Comunista, era en primer lugar un polaco. Él fue restituido en el Comité Central del Partido comunista polaco el 19 de octubre de 1956 y el 20 de octubre, hizo algo que podría haber cambiado la forma entera de nuestro siglo, si no hubiese sido por la sombra que pronto cayó sobre los eventos resultantes (esta vez desde el otro centro de "la cuestión judía", Palestina). Presentó a la nación polaca una virtual declaración de independencia, atacó "el fracaso de los últimos doce años", prometió elecciones y declaró que "el pueblo Polaco se defenderá a sí mismo con todos los medios para que no podamos ser empujados fuera del camino de la democratización."

Hizo esto en la cara de una visita en vuelo de los jefes Moscovitas mismos. El Sr. Kruschev era acompañado por sus generales y amenazó con el uso del Ejército Rojo. Parecía haber sido absolutamente desconcertado por el intrépido frente que era ofrecido por el Sr. Gomulka y, en particular por el Sr. Edward Ochab (también un "antisemita" en el artículo del Sr. Sulzberger) quién dijo, según los informes, "Si usted no detiene sus tropas inmediatamente, nosotros saldremos de aquí y romperemos todo contacto". El ejército polaco estaba evidentemente listo para defender la causa nacional y Sr. Kruschev capituló. El Mariscal Rokossovsky desapareció con rumbo a Moscú[41] y, como símbolo del

---

[41] Una buena instancia de la confusión introducida en este evento por "la cuestión judía". Rokossovsky, nacido en Polonia y mariscal soviético, detuvo el avance de las tropas en las afueras de Varsovia en 1944, para darle tiempo y libertad a las tropas de las SS y de la Gestapo para masacrar al ejército de resistencia polaco. Era así el hombre más odiado en Polonia. Al mismo tiempo, él fue sostenido por ser "anti-semita" por los periódicos de Nueva York. ¿Qué corriente de sentimientos contaban más pesadamente contra él? Uno no puede en esta fase determinarlo.

renacimiento de la nación, el Cardenal Wyszynski (privado de su oficina bajo el régimen Berman-Minc en 1953) fue liberado.

El júbilo se extendió sobre Polonia. La revolución había sufrido su primera gran derrota; la fe había sido restaurada (éste era el significado de la liberación del Cardenal); la nación, abandonada por el mundo exterior, había dado un gran primer el paso hacia su auto-liberación.

En seguida la quema de pastizales se extendió a Hungría. El gran evento en Polonia fue olvidado en la excitación causada por uno mayor. Todos los procesos de la naturaleza humana, tiempo y providencia, parecían estar convergiendo finalmente a un buen fin.

En Hungría, el 22 de octubre de 1956, dos días después de la declaración polaca de independencia, el pueblo salió a las calles para exigir que el Sr. Imre Nagy retorne a ser Primer Ministro y las tropas de la ocupación soviéticas se retiren. Ninguno de ellos comprendió en ese momento que estaban empezando un levantamiento nacional que habría de convertirse en una guerra nacional de liberación.

La chispa vino de Polonia y el trasfondo era el mismo, con la diferencia que Hungría estaba sufriendo su **segunda** prueba en las manos de los comisarios judíos. El objeto principal de su miedo y aborrecimiento en ese momento era Erno Geroe, cabeza del Partido comunista húngaro y el **tercero** de los terroristas judíos de 1919 enviados a Hungría por Moscú para manejar el terror allí. Así en este evento, no sólo estalló la amargura acumulada de los años 1945-1956, sino también los recuerdos del terror en 1918-1919.

El Sr. Imre Nagy, tal como el Sr. Gomulka en Polonia, se transformó en el símbolo de las esperanzas de la nación en ese momento, porque era un "Comunista nacionalista." Es decir, era un Magyar (de las antiguas tribus), tal como Gomulka era un polaco, y no un forastero. Su parte en el proceso histórico, si le hubiesen permitido llevarlo a cabo, probablemente habría sido dar los primeros pasos hacia la restauración de la soberanía nacional húngara y la libertad individual, después de lo cual habría dado paso a un sucesor elegido. Su popularidad simbólica en el momento del levantamiento nacional fue principalmente debida al hecho que él había sido sacado de su lugar como Primer Ministro en 1953, y expulsado del Partido comunista en 1955, por el odiado Matyas Rakosi y Erno Geroe.

En Hungría, como en Polonia, la nación quería cosas distintas, todas ella dejadas en claro por las palabras y los hechos de los días resultantes: la restauración de la fe nacional (simbolizada por la liberación del Cardenal, encarcelado por los terroristas judíos), la liberación de la nación (a través del retiro de las tropas soviéticas), la abolición de la policía secreta terrorista y el castigo de los jefes terroristas. La demanda inicial para estas cosas, sin embargo, se expresó por demostración pacífica, no por alborotos o levantamientos.[42]

Se pusieron ruidosos después de un discurso violentamente abusivo de Geroe, el líder del Partido que retuvo ese puesto cuando el Comité Central del Partido instaló a Sr. Nagy como Premier. Geroe ordenó entonces a las tropas soviéticas entrar en Budapest y restaurar el orden. Estando los demostrantes reunidos en la plaza del Parlamento, para exigir la renuncia de Geroe, los tanques soviéticos y la policía terrorista de Geroe abrieron fuego, dejando las calles cubiertas con hombres y mujeres muertos o agonizantes (24 de Oct. 1956). Esto fue la partida de un verdadero levantamiento; la nación se alzó unitariamente contra las tropas soviéticas y la odiada policía terrorista y dentro de unos días, la revolución comunista sufrió una derrota que hizo ver la derrota de Polonia como un mero reproche.

El Cardenal fue liberado, el Sr. Nagy se estableció como Premier, el odiado Geroe desapareció (a la Riviera de Crimea, en la compañía de Rakosi, dice un informe), la policía terrorista fue capturada y sus cuarteles destruidos. Las estatuas de Stalin fueron abatidas y destrozadas; las tropas húngaras ayudaron por todas partes en el levantamiento o permanecieron pasivas; las tropas soviéticas (que en ese momento eran principalmente **rusas**) a menudo mostró simpatía con los húngaros y muchos de sus tanques fueron destruidos. Éste fue el momento más esperanzador en la historia de Europa desde 1917, pero el Sionismo estaba en movimiento para rescatar la revolución de su derrota y en unos días, incluso horas, todos lo que se había ganado sería deshecho.

El trasfondo debería brevemente esbozarse aquí, antes que la segunda fase de la guerra del pueblo húngaro sea descrita, porque el caso

---

[42] El relato más auténtico del evento original fue entregado, por razones propias, por el dictador comunista de Yugoslavia, Tito, en una transmisión nacional el 15 de noviembre de 1956. Dijo, entre muchas cosas, "Cuando estuvimos en Moscú, declaramos que el régimen de Rakosi y el propio Rakosi no tenía las calificaciones necesarias para dirigir el estado húngaro o llevarlo a una unidad interna... Desgraciadamente, los camaradas soviéticos no nos creyeron... Cuando los Comunistas húngaros mismos exigieron que Rakosi debía irse, los líderes soviéticos comprendieron que era imposible de continuar de esta manera y convinieron en que él debe ser alejado. Pero ellos cometieron un error al no permitir también la remoción de Geroe y otros seguidores de Rakosi... Ellos aceptaban el alejamiento de Rakosi a condición de que Geroe permaneciera obligatoriamente... Geroe siguió la misma política y era tan culpable como Rakosi... Llamó a esos centenares de miles que protestaban, que eran los que protestaban entonces, una chusma" (un participante declaró que las palabras de Geroe eran de sucios bandoleros fascistas y otras palabras demasiado sucias para repetir") "... Esto fue suficiente para encender el barril de pólvora y llevarlo a estallar... Geroe llamó al ejército. Fue un error fatal llamar al Ejército soviético en un momento en que las protestas aún se estaban llevando a cabo... Esto encolerizó a estas personas aún más y sucedió una revuelta espontánea... Nagy llamó al pueblo a las armas contra el Ejército soviético y recurrió a los países Occidentales para que intervinieran..."

de Hungría, probablemente es el más significante de todos. Por alguna razón el poder Moscovita estaba más determinado en este caso que en cualquier otro, a identificar a los Judíos con el terror, de tal manera que la experiencia húngara, más que cualquiera, apunta a la continuación **Judía**, o Talmúdica, en el control de la revolución misma en su asiento de poder en Moscú.

El régimen en Hungría de 1919, el cual los Magyars mismos derrotaron, después de un corto pero despiadado terror, era Judío. La presencia de uno o dos no-judíos en el régimen no descalificaba esto, su naturaleza esencial. Fue el terror de cuatro líderes judíos principales, apoyado por una masa de judíos subordinados, a saber Bela Kun, Matyas Rakosi, Tibor Szamuely y Erno Geroe, ninguno de los cuales podría llamarse húngaro y todos de quienes fueron especializados para su tarea en Moscú.

Después de la Segunda Guerra se permitieron elecciones libres, por alguna razón de conveniencia política, en Hungría (Nov. 1945). Éstos produjeron el resultado natural: una gran mayoría para el Partido de los Pequeño Propietarios; los Comunistas, a pesar de la presencia del Ejército Rojo, hicieron una pobre exhibición. Entonces Matyas Rakosi fue enviado de nuevo a Hungría (Szamuely había cometido suicidio en 1919; Bela Kun desapareció en alguna purga soviética anónima de los años 1930, pero en febrero de 1956 su memoria fue pomposamente rehabilitada en el Vigésimo Congreso soviético en Moscú, y esto puede verse ahora como una intimidación para los húngaro de lo que ellos tenían que esperar en octubre de 1956).

Con la ayuda de la policía terrorista y el Ejército Rojo, Rakosi empezó a destruir a los otros Partidos y a los oponentes, cinco de los cuales (incluyendo al renombrado Sr. Laszlo Rajk) él y Geroe habían colgado en 1949 después de las familiares "confesiones" de conspiración con "los poderes imperialistas" (una alegación que dejó a los poderes imperialistas tan tranquilos como ellos estaban enfurecidos por la alegación de "**conspiración Sionista**" en 1952). Por 1948, Hungría, bajo Rakosi, fue completamente Sovietizada y aterrorizada. El principal terrorista de este tiempo, bajo el propio Rakosi, era Erno Geroe, también enviado a Hungría desde Moscú después de veinte años; él organizó el juicio y pidió el encarcelamiento del líder religioso de Hungría, el Cardenal Mindszenty[43] (quién antes de desaparecer en su encarcelamiento instruyó a

---

[43] El trato invariable y deliberadamente anti-cristiano aparecía nuevamente en el tratamiento dado al Cardenal Mindszenty, los detalles de lo cual fueron publicados por él mismo después de su liberación. En el resumen, dijo que fue torturado por sus aprehensores durante veintinueve días y noches entre su arresto y juicio, siendo desnudado, golpeado durante días con una manguera de caucho, mantenido en una celda fría y húmeda para irritar sus débiles pulmones, obligado a mirar actuaciones obscenas e interrogado sin que le permitan dormir a lo

la nación para no creer ninguna confesión imputada a él por sus carceleros). Después de que Hungría yació durante varios años bajo el terror de dos de los hombres que la habían crucificado en 1919, y el gobierno en su totalidad se transformara en un "90 por ciento Judío en los puestos de más alto nivel". Para los húngaros el terror era entonces, también Judío y Talmúdico, no Comunista, soviético o ruso, y deliberadamente se le dio esa naturaleza; el intento del retorno de Rakosi y Geroe después de la Segunda Guerra es inequívoco, y sus actos eran igualmente inequívocos.

En julio de 1953, Rakosi renunció como Premier y ***The Times*** anunció que el "Sr. Geroe es el único judío que queda en el gabinete, que bajo el Sr. Rakosi era predominantemente judío". Como Rakosi permaneció como líder del Partido y Geroe permanecía como Vice Premier, nada cambió mucho, y en julio de 1956, cuando Rakosi también renunció a la dirección del Partido, fue sucedido por Geroe, con las consecuencias que se vieron en octubre.

Incluso Geroe parecía haber tenido su peor momento en ese tiempo, ya que después de la victoria del pueblo húngaro, las tropas del Ejército Rojo se retiraron (el 28 de octubre) y dos días después (el 30 de octubre) el gobierno soviético trasmitió al mundo una declaración que admite las "violaciones y errores que infringieron los principios de igualdad en las relaciones entre los estados Socialistas", ofreciendo discutir "medidas. . para remover cualquier posibilidad de violar el principio de soberanía nacional, y emprender para "examinar el asunto de las tropas soviéticas estacionadas en el territorio de Hungría, Rumania y Polonia."

¿Era una artimaña, sólo pensada para calmar a la gente mientras el asesino tomaba un respiro, o era una verdadera retirada y daba fuerza a la admisión de errores, abriendo una gran visión de conciliación y esperanza para la gente? *Si* Israel no hubiera atacado Egipto... *si* Bretaña y Francia no se hubieran unido en ese ataque... si estas cosas no hubieran pasado, el mundo sabría ahora la respuesta a esa pregunta. Ahora nunca se sabrá, ya que el ataque Sionista a Egipto, y la participación británica y francesa en él, liberaron a la revolución de su dilema; como si por arte de magia, los ojos vigilantes del mundo se volvieran de Hungría al Medio Oriente y Hungría fue olvidada. Vanamente el Sr. Nagy hizo el llamado al mundo el mismo día siguiente, diciendo que 200.000 hombres con cinco mil tanques estaban pasando a Hungría.

Budapest fue pulverizada. El 7 de noviembre, la voz de la última radio húngara libre se silenció del aire (Radio Rakoczy en Dunapentele), tal

---

largo del período (la entrevista fue publicada en muchos periódicos y revistas, en diciembre de 1956).

como las voces de los polacos se había silenciado en 1944 y de los checos en 1939, legando sus penurias a "Occidente" ."

"Ésta es nuestra última transmisión. Estamos siendo inundados con tanques y aviones soviéticos". Estas palabras, grabó el corresponsal del *New York Times* en Viena, "fueron seguidas por un fuerte sonido chocante. Luego hubo solo silencio" entonces.

El Sr. Nagy tomó refugio en la Legación Yugoslava, y al dejarla bajo el salvoconducto soviético fue deportado a algún lugar, nadie sabe dónde. El Cardenal tomó el refugio en la Embajada norteamericana. Al final de noviembre, el delegado cubano a los Naciones Unidas, una autoridad bien-informada, declaró que 65.000 personas habían sido asesinadas en Hungría. Más de 100.000 por ese tiempo, habían huido por la frontera hacia Austria, un pequeño país que levantó la harapienta norma de "Occidente" alojando a todos los que vinieron, sin preguntar. Unos mil de éstos llegaron a Norteamérica dónde fueron recibidos por el Ministro del Ejército norteamericano, el Sr. Wilbur M. Brucker que pidió "que aplaudieran la bandera norteamericana" y luego "aplaudir al Presidente Eisenhower."

Éstos eran de verdad los diez días que estremecieron el mundo, y lo estremecerían más aún si la historia verdadera es relatada. Ellos mostraron que los valores que una vez fueron simbolizados por las dos palabras, "El Occidente", fueron ahora encarnadas en los pueblos cautivos de Europa Oriental, no en Norteamérica o Inglaterra o Francia.

Esos países habían vuelto sus espaldas a la escena en Hungría. Ellos estaban en el intento de los eventos en el Medio Oriente. "La Cuestión Judía" en el Medio Oriente intervino para cubrir el alba de esperanza nuevamente en Europa. Una vez más el comunismo- revolucionario y el sionismo-revolucionario trabajaron como en perfecta sincronización, como en octubre de 1917; los actos de cada uno directamente beneficiaban al otro. Las Naciones Unidas no pudieron encontrar tiempo para discutir el llamado húngaro por ayuda antes de que el nuevo terror aplastara a los que clamaban y restaurara a los agentes aprobados por la revolución en los lugares de los delegados.

En la propia Hungría, el lugar del desaparecido Geroe fue tomado por otro comisario de 1919, el Sr. Ference Munnich, que había tomado un rol prominente entonces en el régimen de Bela Kun, también había retornado a Hungría después de la Segunda Guerra con el Ejército Rojo. De 1946 a 1949, cuando Rakosi estaba llevando a cabo el segundo terror, el Sr. Munnich era jefe de la Policía en Budapest. Ahora él llegaba a ser el "Vice Premier, Ministro de la Defensa Nacional y de la Seguridad Pública" en el gobierno de un tal Janos Kadar, preparado por Moscú. El Sr. Kadar también tenía un registro de alguna independencia, y por consiguiente no era probable que se le permitiera manejar algo de poder. El Sr. Munnich, (dijo el *New York Times*) era "la carta de Moscú en el agujero, controlando al Sr. Kadar."

De esta forma la noche cayó nuevamente sobre Hungría y tendría que encontrar algo de consuelo en las palabras del Presidente, que su corazón estaba allí. La bomba de tiempo en el Medio Oriente, originalmente plantada allí en la misma semana del triunfo de la revolución bolchevique en Moscú, estalló en el momento del fiasco y la derrota de la revolución.

Esta diversión cambió la situación luminosa durante muchos años en la más oscura. La Unión Soviética fue dejada tranquila en su trabajo de realizar una matanza en Hungría, mientras los grandes poderes del Occidente comenzaron a disputar entre ellos sobre Israel, Egipto y el Canal de Suez; todo el mundo se volvió a mirarlos, y el estado soviético, con la sangre de una nación europea en sus manos, pudo unirse en el anatema general de Bretaña y Francia cuando estos se unieron en el ataque israelita.

La creación del estado Sionista demostró ser aun más de mal agüero que la otra creación de los Judíos Talmúdicos en Rusia, la revolución comunista. La segunda parte de este registro de los años del clímax por consiguiente, tienen que ver con los eventos en el estado Sionista en los ocho años, desde su creación por el terror en 1948 y su ataque a Egipto en octubre de 1956.

2. EL ESTADO SIONISTA

Por esos años, el pequeño estado mal llamado "Israel" demostró ser algo único en la historia. Fue gobernado, tal como fue inventado, establecido y densamente poblado, por judío no-semitas de Rusia, de la casta de los Khazars. Fundado en una tradición tribal de la antigüedad con las cuales esta gente no podría tener ningún lazo concebible de sangre, desarrolló un chauvinismo salvaje basado en la aplicación literal de la Ley de los Levitas en el antiguo Judah. Diminuto, no tenía ninguna verdadera vida propia y desde su partida sólo vivía por la riqueza y las armas que sus poderosos partidarios en los grandes países Occidentales podría arrancar de éstos. Durante estos años excedió las acciones de los más belicosos señores-de-la-guerra de la historia, tanto en sus palabras bélicas como en sus hechos. Gobernado por los hombres del mismo rebaño como aquellos que dirigieron el terror en Polonia y Hungría, diariamente amenazaron a los 7 pueblos semitas de la vecindad con la destrucción y la esclavitud prescrita para ellos en el *Deuteronomio* de los Levitas.

Hizo esto al aire libre en la creencia que su poder en las capitales Occidentales era suficiente para detener allí a los gobernantes, de osar contradecir su voluntad, y para ordenar su apoyo en cualquier circunstancia. Se comportó como si Norteamérica, en particular, fuese su colonia, y los hechos de ese país comprobaron positivamente esta idea.

Dentro de sus fronteras, sus leyes contra la conversión y el matrimonio mixto eran aquellas del muy citado Hitler; más allá de sus fronteras yacía una horda de Árabes despojados, expulsados al desierto por ellos, cuyos números crecieron por nacimientos a casi un millón, cuando 8 años habían pasado. Éstos, y sus involuntarios anfitriones, fueron por repetidas correrías y masacres hechos recordar que el destino de Deir Yasin colgaba todavía encima de ellos: **"destruir absolutamente, hombres, mujeres y niños. . no deje nada que respire con vida"**. Los países Occidentales, sus creadores, murmuraban reprobación mientras le enviaban el dinero y los medios de guerra que ellos afirmaban temer; así, como Frankenstein, ellos crearon la agencia destructiva que no podrían controlar.

Basado en fantasías, el pequeño estado no tenía existencia real, sólo el poder para extender intranquilidad a lo largo del mundo, que desde el momento de su creación no había tenido un verdadero momento de tregua para el miedo. Esto comenzó a dar cumplimiento a la antigua promesa : **"Este día deseo comenzar a poner el miedo a ti y el temor a ti de sobre todas las naciones que están bajo todo el cielo... las cuales estarán en la angustia debido a ti."**

Dejado a sus propios recursos, se habría derrumbado, como la "Patria judía" de los años de entre-guerras se habría derrumbado. El impulso para abandonarlo, una vez más, comenzó a dominar el impulso para entrar en él, y esto a pesar del poder del chauvinismo, que durante un tiempo superará casi cualquier otro impulso en aquellos que se rinden a él. Ya en 1951, las partidas superarán las llegadas salvo por el "sorprendente crujido" mencionado antes (*The New York Herald- Tribune,* abril de 1953) entonces se abrió "la Cortina de Hierro" (donde las fisuras no ocurren a menos que se determinen; el estado del revolucionario-Comunista, evidentemente tenía un propósito calculado al llenar el estado revolucionario- Sionista con sus habitantes en ese momento). No obstante, en 1952, 13.000 emigrantes salieron y sólo 24.470 entraron, y en 1953 (el último año para el cual tengo cifras) la emigración excedió la inmigración, según la Agencia judía. El Dr. Benjamín Avniel, hablando en Jerusalén, dijo en junio que en los primeros cinco meses 8.500 inmigrantes había llegado y 25.000 personas habían partido.

Éste era el desarrollo natural, si "Israel" fuera dejado solo, ya que no tenía nada que ofrecer excepto chauvinismo. El cuadro de la condiciones en el estado fueron entregadas por las autoridades judías. El Sr. Moshe

Smilanski (de sesenta años de experiencia en Palestina) escribió en el *Jewish Review* de febrero, 1952,: "Cuando el mandato británico se acabó, el país era rico. Almacenes de comida, privados y gubernamentales, estaban llenos y estaban llenos de stock de bienes. El país tenía treinta millones de libras en el Banco de Inglaterra, además de las seguridades británicas y norteamericanas a una gran cantidad. El dinero en circulación era aproximadamente treinta millones de libras que tenían el mismo valor que la esterlina... El gobierno del Mandato nos dejó un valioso legado, el puerto profundo en Haifa, dos estructuras en Jaffa y Tel Aviv, vías férreas, muchos caminos buenos y edificios de gobierno, un gran ejército provisto y campos de aviación civiles, buenos cuarteles militares y las refinerías de Haifa. Los Árabes que huyeron dejaron atrás aproximadamente cinco millones de dunams[44] de tierra cultivable, conteniendo huertos, plantaciones de naranjos, olivos, viñedos y árboles frutales, aproximadamente 75,000 casas para habitar en los pueblos, algunas de ellas muy elegantes, aproximadamente 75.000 tiendas y fábricas y bienes móviles, el mobiliario, las alfombras, la joyería, etc. Todo esto es riqueza, y si nosotros en Israel nos hundimos en la pobreza, culpamos a la excesiva centralización burocrática, a la restricción de la empresa privada y la promesa de un régimen Socialista en nuestros días."

En abril 1953, el Sr. Hurwitz del Partido Revisionista en Israel le relató a un público judío en Johannesburgo acerca de la "degeneración del estado Sionista". Dijo que no podía cerrar sus ojos ante la alarmante posición: "Económicamente el país está al borde de la quiebra. La inmigración ha disminuido y en los últimos meses más personas han dejado el país que aquellas que han entrado. Hay además, 50.000 desempleados y miles trabajando temporalmente".

Estas dos citas (yo tengo muchas de similar tenor) de residentes judíos, pueden compararse con el cuadro de vida en Israel que las masas Occidentales recibieron de sus políticos. El Sr. Clement Davies (el líder del Partido Liberal británico que tenía 40 asientos en la Cámara de los Comunes de 1906 y seis, bajo su dirección, en 1956) ante un público judío en Tel Aviv "congratuló el progreso que se había hecho en el estado judío, el cual le parecía un milagro de progreso a lo largo del camino para restaurar el país en una tierra en la cual fluye la leche y la miel" (impreso en el mismo periódico judío que publicó los comentarios del Sr. Hurwitz). En el mismo período, el joven Sr. Franklin D. Roosevelt, trabajando para una elección en Nueva York (donde "el voto" judío se sostiene que es decisivo) dijo, "Israel es un bolso de vida y esperanzas en el mar bullente de pueblos árabes. Este estado 'vende libertad' para el mundo libre más

---

[44] Un Dunams equivale a 1.000 mts².

exitosamente que toda la propaganda que podríamos mandar desde E.E.U.U.."

El Sr. Adlai Stevenson, haciendo campaña para la presidencia en 1952, le dijo al público Sionista que "Israel le ha dado la bienvenida en su medio con los brazos abiertos y un cálido corazón a todo su pueblo que buscan refugio de la tribulación...

Norteamérica haría bien en modelar sus propias políticas de inmigración según la generosidad de la nación de Israel y nosotros debemos trabajar para ese fin" (el único significado concebible para esto es que las personas norteamericanas debían ser expulsadas de los Estados Unidos y los indios norteamericanas restaurados en sus tierras). Otro aspirante presidencial, un Sr. Stuart Symington, dijo "Israel es un ejemplo de cómo la firmeza, el valor y la acción constructiva pueden ganarse para los ideales democráticos, en lugar de abandonar el campo al imperialismo soviético" (aproximadamente en ese tiempo los estudiantes en las escuelas estatales israelitas, debían por decreto gubernamental cantar la Bandera Roja en el Día de mayo, mientras los políticos de Washington y Londres vociferaban contra el "anti- semitismo detrás de la Cortina de Hierro").

Contra esta sostenida inversión de la verdad por los principales políticos de todos los Partidos en Norteamérica e Inglaterra, sólo las protestas judías, como en las décadas precedentes, se escucharon (por la razón que entregué previamente, los escritores no-judíos fueron eficazmente impedido de publicar algo). El Sr. William Zukerman escribió: "La teoría generalmente aceptada que la emergencia del estado de Israel serviría para unificar y cementar al pueblo judío ha resultado estar equivocada. Al contrario, el Congreso" (el Congreso Sionista en Jerusalén, 1951) "ha demostrado dramáticamente que la creación de un estado político judío después de dos mil años, ha introducido una nueva y potente distinción, que los judíos como grupo no habían conocido en siglos y es probable que Israel separe en lugar de unir los judíos en el futuro... . De alguna manera mística se supone que Israel tiene una jurisdicción única sobre los diez a doce millones de judíos que viven en cada país del mundo fuera de Israel... Debe continuar creciendo llevando a Israel a los judíos repartidos en el mundo, no importando cuan felices ellos vivan en sus actuales hogares... los Judíos que han vivido allí durante generaciones y siglos, deben según esta teoría ser 'redimidos' del 'exilio' y llevados a Israel a través de un proceso de inmigración masiva. . Los líderes israelitas de todos los Partidos, desde la extrema Derecha a la extrema Izquierda, incluyendo al Primer Ministro Ben-Gurion, han comenzado a exigir que los judíos norteamericanos, especialmente los sionistas, rediman sus promesas a la antigua patria, dejen su 'exilio' norteamericano, y se establezcan en Israel, o por lo menos envíen a sus hijos allí... El Congreso de Jerusalén marcó el fin de la gloria del Sionismo norteamericano oficialmente y la introducción de un período de intenso chauvinismo del Medio Oriente... formado después del modelo de Vladimir Jabotinsky, quien soñó con un gran estado judío a ambos lados del Jordán para alojar allí a todos los judíos y transformarse en el poder militar más grande en el Cercano Oriente".

El Sr. Lessing J. Rosenwald protestó en forma semejante: "Nosotros declaramos nuestra oposición inalterable a todos los programas diseñados para transformar a los judíos en un bloque nacionalista con intereses especiales en el estado extranjero de Israel. La política dispuesta por el Sr. Ben-Gurion para el Sionismo norteamericano, animan a los sionistas a intensificar sus esfuerzos para organizar a los judíos norteamericanos como un bloque-de-presión político separado en los Estados Unidos. Este programa está diseñado para transformar a los judíos norteamericanos en una dependencia espiritual y cultural de un estado extranjero...

Nosotros creemos que el nacionalismo 'judío' es una distorsión de nuestra fe, reduciéndola de sus proporciones universales a la dimensión de un culto nacionalista."

Estas protestas judías, como era natural, fueron incitadas por el miedo al efecto divisorio del Sionismo en los *judíos*. Eso era sólo un aspecto fraccionario de la materia: El peligro real del Sionismo yacía en su poder de dividir las naciones del mundo unas contra otras y llevarlas a la colisión, en cuya catástrofe las grandes masas de humanidad serían involucradas en una proporción de cien o mil a uno de los judíos.

Pero describir esta obvia posibilidad era una herejía en los años de 1950, y las protestas no-judías permanecían sin publicarse mientras que las protestas de los judíos eran ineficaces. En 1953, el **New York Jewish Journal**, en **Comentarios**, pudo anunciar que la previsible catástrofe había sido llevada un paso más cerca en los siguientes términos: La supervivencia de Israel y su fortaleciendo se han vuelto un elemento decisivo de la política exterior de los Estados Unidos y *ningún resultado electoral o cambio afectarán esto*."

Aquí, una vez más, está la críptica referencia a un poder superior a todos los presidentes, Primer Ministros y Partidos a los cuales dirigí la atención. Es esto lo que Sr. Leopold Amery, uno de los Ministros británicos responsables para Palestina en el período de entre-guerra, una vez dijo: *La política está fijada y no puede cambiar*. El secreto interno de todo el asunto está contenido en estas amenazantes declaraciones, en que la nota de autoridad y el conocimiento superior está claro.

Ellos son crípticos, pero específicos y categóricos, y expresan la *certeza* que Occidente no puede y no desea retirar su mano de la ambición Sionista en cualquier circunstancia. La *certeza* debe descansar en algo más firme que las amenazas, o incluso la habilidad, de hacer oscilar "el voto" judío y la prensa pública de esta forma u otra. El tono es el de aquellos capataces que saben que los esclavos de las galeras deben obedecer su orden porque ellos están encadenados y no pueden escapar. El *New York Times*, qué yo juzgo habla con autoridad por "el poder Judío" en el mundo, ha aludido a menudo a este compacto secreto, o capitulación, o cualquiera sea su naturaleza: por ejemplo, "En esencia, el apoyo político que el estado de Israel tiene en los Estados Unidos hace **imposible** que cualquier asentamiento antagónico a los intereses israelitas sea contemplado por una administración de Estados Unidos" (1956). Si esto alude meramente al control de la máquina-electoral, significa que el proceso de gobierno parlamentario a través de las "elecciones libres" ha sido completamente falsificado. En mi opinión, este es el caso en Occidente en este siglo.

Este estado de asuntos en Occidente le permitió al nuevo estado sobrevivir. Se mantuvo vivo por las infusiones del dinero de Norteamérica. **Comentary** (arriba citado) declaró que en junio 1953, el total de la ayuda Gubernamental de Estados Unidos a Israel sumó 293.000.000, con otros 200.000.000 de dólares en formas de créditos bancarios de exportación-importación. El representante del programa "ayuda técnica" del Presidente Truman en Jerusalén declaró (octubre, 1952) que Israel recibió la porción más grande de cualquier país del mundo, en proporción a su población, y más que todos los otros estados del Medio Oriente juntos. El **New York Herald-Tribune** (el 12 de marzo de 1953) dijo que la cantidad total de dinero de Estados Unidos, incluyendo regalos privados y préstamos, sumaban "más de 1.000.000.000 de dólares durante los primeros cinco años de la existencia de Israel" que, agregó, había sido así "asegurado". En la cima de todo esto está el tributo alemán, arrancado por el Gobierno norteamericano, de 520.000.000 de libras israelitas anualmente. No he podido encontrar las cifras oficiales para el total acumulado hasta 1956; el delegado sirio a las Naciones Unidas, después de los ataques Sionistas durante el año, dijo que "desde 1948 un flujo de 1.500.000.000 de dólares ha estado fluyendo de los Estados Unidos a Israel en forma de contribuciones, concesiones en ayuda, ataduras y préstamos" (incluso esta cifra excluía los pagos alemanes y otras formas de tributo Occidental).

Nada como esto se había visto antes en el mundo. Un estado financiado desde el extranjero puede permitirse el lujo (en el sentido monetario) de ser beligerante, y el comportamiento amenazador del nuevo estado sólo fue hecho posible insuflando cantidades grandes de dinero Occidental, principalmente norteamericano. Asegurado de este apoyo monetario, y de un apoyo político en Washington que **no podría ser cambiado**, el nuevo estado se preparó para su grandiosa ambición: restaurar en toda su fuerza, en el Siglo 20 de nuestra era, la "Nueva Ley" promulgada por los Levitas en el **Deuteronomio** en el 621 A.C. Todo lo que habría de venir iba a ser "la culminación" de ella; los mongoles Khazars iban a ver que Yahvé mantenía su acuerdo, tal como los levitas lo habían publicado. Y lo que sucedió era de hecho una instalación a cuenta de esta "culminación"; la visión de "los paganos" trayendo los tesoros de la tierra a Jerusalén comenzaba a volverse una realidad en la forma del dinero norteamericano, el tributo alemán y similares.

Con una bolsa así de llena, el pequeño estado comenzó a perseguir la fantasía de "culminación" total y literal, la cual en su final milagroso ve a todos los grandes de la tierra humillados,, a Sión como un todo poderoso y a todos los judíos "reunidos". Preparó la carta de esta "reunión": la "ley de nacionalidad" que hizo a todos los residentes judíos en el estado Sionista, israelitas y la "ley de retorno" que exigía a todos los judíos en cualquier parte en el mundo, que retornaran a Israel, en ambos casos tanto si ellos lo deseaban o no.[45]

Éstas eran las leyes que, como los fantasmas de los desaparecidos ghettos, alarmaron al Sr. Zukerman y al Sr. Rosenwald. Ellas expresaban la más grande ambición proclamada por algún estado alguna vez en la historia, y el Primer Ministro, el Sr. Ben-Gurion de Rusia, fue explícito sobre esto en muchas ocasiones, por ejemplo en su mensaje del 16 de junio de 1951 a los Sionistas de Norteamérica: "Una oportunidad rara ha sido dada a vuestra organización para pavimentar un camino para un movimiento Sionista unificado y unido que va a estar a la cabeza de la Judería norteamericana en la gran era abierta al pueblo Judío con el establecimiento del estado y **empezando la congregación de los exiliados**". El Rabino Hillel Silver, el más cercano asociado del Presidente Eisenhower, expresó una particular satisfacción que "el Sr. Ben-Gurion acepta ahora la visión que las tareas principales del movimiento Sionista, como hasta aquí, incluyen **el pleno y total programa del Sionismo**". En Nueva York en junio de 1952, el Sr. Ben-Gurion fue más explícito: "El estado judío no es la culminación del Sionismo. El Sionismo **abraza a todos los judíos por todas partes**". El segundo presidente de Israel, el Sr. Ben Zvi, en su discurso de inauguración en 1952 dijo "La congregación de los exiliados todavía sigue siendo nuestra tarea central y nosotros no nos retiraremos... Nuestra tarea histórica no se logrará sin la ayuda de **toda la nación** en Oriente y Occidente."

---

[45] La Ley del Retorno, 1953, dice entre otras cosas, "La congregación de los exiliados requiere constantes esfuerzos de la **nación judía en la dispersión** y el estado de Israel **espera la participación de todos los judíos**, tanto privadamente o en las organizaciones, en la construcción del estado y en ayudar a la inmigración masiva y ve la necesidad de todas las comunidades judías que se unan para este propósito". Un estado permanente de "anti-semitismo" en el mundo es obviamente el pre-requisito para la realización de esta ley, y como el único cuerpo más grande de judíos en el mundo está ahora en Norteamérica, una situación de "anti-semitismo" tendría evidentemente que ser declarada allí en alguna fase en el proceso.

El mundo habría levantado un pandemónium de protesta si un Kaiser o un Hitler hubiesen dicho tales cosas. La ambición expresada por tales palabras como "el pleno y total programa del Sionismo" es de hecho ilimitado, para él el programa político contenido, en la guisa de un pacto con Jehová, es, en la Torah; el dominio mundial sobre "el pagano", controlado por un Imperio que iría desde el Nilo al Éufrates. El apoyo de los gobiernos Occidentales hizo realidad lo que de otra forma podría haber sido la más absurda de las pretensiones en toda la historia.

Que los políticos Occidentales comprendieran este significado pleno de lo que ellos hicieron parecía imposible hasta 1953, cuando una declaración fue hecha que implicaba una comprensión plena. En mayo, 1953, el Sr. Winston Churchill, entonces Primer Ministro británico, estaba en disputa con el Primer Ministro egipcio sobre el Canal de Suez y lo amenazó, no con una retribución británica sino con la ***retribución judía***. Habló, en el Parlamento, sobre el ejército israelita como "el mejor en el Levante" y dijo que "nada de lo que nosotros hagamos en el suministro aéreo a esta parte del mundo, permitirá poner a Israel en una desventaja". Luego él agregó, en palabras estrechamente semejante a aquellas del Sr. Ben-Gurion y del Rabino Silver de Hillel, que él "esperaba la ***culminación de las aspiraciones Sionistas***".

Aquí, en un lado, está probablemente el compromiso más grande emprendido por una cabeza de gobierno en nombre de una nación que no sospechaba. El parlamento israelita grabó en seguida su satisfacción ante "la actitud amistosa de Sr. Churchill hacia el gobierno israelita y hacia el movimiento Sionista a lo largo de su existencia". Las masas públicas en Inglaterra leyeron las recargadas palabras sin comprenderlas, en lo absoluto. Ellas sobresaltaron a muchos judíos, entre ellos incluso al Sr. A. Abrahams que como un veterano Revisionista podría haber estado lógicamente contento (los Revisionistas siguen abiertamente la ambición del fallecido Sr. Jabotinsky por "un gran estado judío a ambos lados del Jordan para acoger a todos los judíos y transformarse en el poder militar más grande en el Cercano Oriente"; Sr. William Zukerman).

El Sr. Abrahams preguntó asombrado, con una nota al margen incluso de alarma, si las palabras del Sr. Churchill pudieran pensarse auténticamente, diciendo, "El Primer Ministro es un antiguo estudiante de la Biblia; él sabe muy bien que las aspiraciones Sionistas permanecerán incumplidas hasta que Israel se restaure totalmente dentro de los límites históricos, la tierra de las Diez Tribus".

Esta "aspiración", claro, no puede "cumplirse" sin una guerra universal, y eso es evidentemente por qué el Sr. Abrahams estaba sorprendido, y casi estupefacto. Las palabras del Sr. Churchill, si ellas fuesen consideradas y deliberadamente apoyadas, significaban el apoyo para la grandiosa ambición en todo su significado literal, y el precio final de eso sólo podría ser la extinción de "el Occidente" como ha sido siempre conocido.[46]

---

[46] Un evento de un mes antes, en abril de 1953, ya había mostrado que el Sr. Churchill estaba preparado para ir más allá, en sus tributos al Sionismo, que cualquiera habría pensado posible que lo juzgara por su registro público y por su leyenda. Por ese mes, él se asoció aparatosamente con la canonización Sionista de un funcionario inglés llamado Orde Wingate, y haciendo esto humilló al pueblo inglés en general y en particular a esos oficiales británicos, funcionarios y soldados que durante treinta años cumplieron con su deber fielmente en Palestina. Wingate, un funcionario de la inteligencia británica en Palestina durante los años de entre-guerra, se desvió de tal forma de la imparcialidad honorable, entre Árabes y judíos, que era el orgullo y deber de sus camaradas, para llegar a ser, no simplemente un enemigo de los Árabes sino un renegado a su país y a su profesión. Su perfidia se volvió conocimiento público por primera vez en esta ocasión, cuando el Sr. Ben-Gurion, dedicando el pueblo de niños en el Monte Carmel a la memoria de Wingate (él murió durante la Segunda Guerra) dijo "Estaba listo para luchar junto a los judíos contra su propio gobierno" y en el momento del Papel Blanco británico en 1939 "vino a mí con los planes para combatir la política británica".

Una propuesta de Wingate era hacer estallar un oleoducto británico. El Sr. Churchill en su mensaje leído en la ceremonia de dedicación, describió el pueblo nombrado en honor de Wingate como "un monumento a la amistad que siempre debe unir Gran Bretaña e Israel", y el Ministro británico fue exigido asistir en el mismo atuendo oficial de la aprobación del Gobierno Británico.

Así un Británico que recibía honores en el estado Sionista era un traidor a su deber y el Primer Ministro británico del momento se unía en los honores a él. La historia significativa de Wingates al servicio del ejército, es entregada en el libro del Dr. Chaim Weizmann. El Dr. Weizmann quien habla indulgentemente de los esfuerzos de Wingate para congraciarse con los colonos Sionistas intentando hablar hebreo dice que él era "un sionista fanático". De hecho, Wingate era un hombre muy similar al Profeta Monk en el siglo precedente, pero en las circunstancias de este, pudo hacer mucho más daño. Él copió a Monk intentando parecerse a un profeta Judahíta permitiendo su barba crecer, y significativamente encontró su verdadera profesión en la tierra de Judas. Él era un demente o desesperadamente inestable y fue calificado por el Ejército británico como "demasiado desequilibrado para comandar hombres en una capacidad responsable". Él se volvió entonces al Dr. Weizmann, quien le preguntó a un importante médico de Londres (Lord Horder, un ardiente simpatizante Sionista) para testificar ante el Consejo médico del Ejército, "acerca de la fiabilidad de Wingate y de su sentido de responsabilidad". Como resultado de este patrocinio, Wingate "recibió una designación como capitán en el servicio de la inteligencia en Palestina, con el resultado previsible anteriormente grabado.

Durante la Segunda Guerra este hombre, entre todos los hombres, fue singularizado para honores especiales por el Sr. Churchill, siendo llamado a Londres en el momento de la Conferencia de Quebec para recibir la promoción a Mayor General. El Dr. Weizmann dice que su "íntimo deseo" era dirigir un ejército británico en Berlín. El contexto del relato del Dr. Weizmann sugiere que esta habría sido encabezada por una brigada judía, dirigida por Wingate, de tal manera que al evento se le hubiera dado la naturaleza visible de un triunfo Talmúdico, desprovisto de la pretensión de una "victoria británica". "Los generales", concluye el Dr. Weizmann, evitaron esta humillación; "su negativa fue total y completa".

El episodio lanza nuevamente el apoyo a la naturaleza desigual y enigmática del Sr. Churchill que predicó honor, deber y lealtad más elocuentemente que cualquiera antes que él y bruscamente pidió a una nación en peligro dar su "sangre y sudor, trabajo y lágrimas" por esos principios eternos. Él había visto a uno de su propios Ministros asesinado y a los sargentos británicos colgados simbólicamente de "un árbol" y aun así entregó el patrocinio especial a este hombre, en vida, y lo singularizó con honores cuando estaba muerto. El Sr. Churchill, en un

El evento del 30 de octubre de 1956 (aunque fue ordenado por el heredero político del Sr. Winston) parece mostrar que las palabras del Sr. Churchill de mayo, 1953, con todos lo que ellas presagiaban para su país, *significaban* seriamente eso. Si Occidente, tal como estas palabras implicaban, era secretamente enriendada hasta el incalificable "cumplimientos de las aspiraciones Sionistas" que podrían significar solamente una guerra mayor que el Occidente había soportado hasta entonces, en que sus ejércitos jugarían un rol de peones en un juego ruinoso, con el propósito de dividir a las gentes cristianas, aplastando los musulmanes, preparando el imperio Sionista, y actuando después de esto como sus janissaries (soldada turca).

En este gran juego, los judíos por todas partes del mundo, en cualquier lado de la línea aparente de lucha, se esperaría que actuaran bajo la "ley del retorno" en el supremo interés de Sión. Lo que podría significar eso, puede verse de un artículo publicado en el *Jewish Herald* de Johannesburgo el 10 de Noviembre de 1950, sobre un episodio secreto de la Segunda Guerra. Declaró que cuando la producción de armas atómicas comenzó "una propuesta fue presentada al Dr. Weizmann para reunir algunos de los científicos judíos más nombrados para establecer un equipo que negociaría con los aliados en el interés de la Judería... Vi el proyecto como se perfiló originalmente y fue sometido al Dr. Weizmann por un científico que había logrado él mismo un cierto renombre en la esfera de invención militar".

La amenaza es clara, en tales palabras, ya que en el "cumplimiento de las aspiraciones Sionistas", por éste u otros medios, el Dr. Nahum Goldman, líder de la Organización Sionista Mundial, hizo una significativa declaración a un público judío en Johannesburgo en agosto, 1950. Describiendo una entrevista con el Sr. Ernest Bevin, entonces Ministro del Exterior británico, el Dr. Goldman dijo, "Este país diminuto (Israel) es un país muy único, está en una posición geográfica única. En los días cuándo intentaba conseguir el estado judío con el consentimiento del Gobierno británico, y en una de las charlas privadas que yo tuve con el Sr. Bevin, él dijo, ¿Sabe usted lo que me está pidiendo que yo haga? Usted está

---

período más temprano, abandonó una vez la tarea de escribir la vida de su gran antepasado debido a una carta que parecía demostrar que John Churchill, el Duque de Marlborough, traicionó un ataque inminente de la flota británica a su enemigo de ese día, los franceses.

"La traición de la expedición contra Brest", escribió entonces, "fue un obstáculo que yo no podría enfrentar"; y él se negó por la vergüenza a escribir la biografía, sólo reconsiderando cuando él se convenció que la carta era una falsificación. Aun incluso en ese libro, su concepción de lealtad no es clara de seguir, ya que en su prólogo él acepta como natural e incluso como correcto el primer acto de traición comprobada de Marlborough, cuando él se fue de Londres como comandante del Rey James para encontrarse con los invasores ejércitos alemanes y holandeses de William de Orange y se pasó al enemigo, para que la invasión de Inglaterra tuviera éxito sin que un inglés disparara un tiro.

pidiéndome que le entregue la llave de una de las áreas más vitales y estratégicas en el mundo.' Y yo le dije, 'No está escrito en el Nuevo o Antiguo Testamento que Gran Bretaña debe tener esta llave'. "

El Sr. Churchill, si sus palabras tuvieran totalmente ese sentido, al parecer estaba listo para entregar la llave, y después que el Sr. Bevin murió, todos los otros en Washington y Londres parecían estar igualmente preparados. Los efectos ya son claros de ver y prever, y estos efectos ya no pueden desecharse como coincidencias. Aquí simplemente se está moviendo un gran plan para su cumplimiento o fracaso, con las grandes naciones de Occidente actuando como su escolta armada y asegurándose ellos mismos la humillación si tienen éxito; ellos están como un hombre que toma un empleo bajo la condición que su sueldo disminuirá si la empresa prospera.

En todas sus fases de mal agüero esta aventura ha sido discutida entre los iniciados como un ***plan***. Previamente cité las palabras de Max Nordau en el sexto Congreso Sionista en 1903: "Permítame mostrarle los peldaños de una escalera que llevan hacia arriba y hacia arriba... la futura guerra mundial, la conferencia de la paz dónde, con la ayuda de Inglaterra, una Palestina libre y judía será erigida."

Veinticinco años después, un importante sionista en Inglaterra, Lord Melchett, habló en el mismo tono del conocimiento secreto a los Sionistas en Nueva York: "Si yo hubiese estado aquí en 1913 y les hubiese dicho 'Viene una conferencia para discutir la reconstrucción de un hogar en Palestina', ustedes me habrían mirado como a un soñador ocioso, aun cuando yo le hubiese dicho en 1913, que el archiduque austriaco sería asesinado y que de todos estos acontecimientos que le seguirían, vendría la oportunidad, la probabilidad, la ocasión para establecer un hogar nacional para los judíos en Palestina. ¿Se le ha ocurrido alguna vez a ustedes, cuán notable es esto que del revoltijo de la sangre mundial, se ha levantado allí esta oportunidad? ¿Cree Usted que hemos logrado volver a Israel nada más que por una chiripa? " (***Jewish Chronicle***, 9 de Nov.1928).

Hoy, la tercera guerra mundial, si viene, no será obviamente por "chiripa"; la sucesión de las causas que llevan a la consecuencia, y la identidad del poder controlando, ha sido hecho visible por el fluido desarrollado en el tiempo. Treinta y un años después de la declaración imperial de Lord Melchett, yo estaba por casualidad (febrero, 1956) en Carolina del Sur, y sólo por esa casualidad, y el periódico local, supe de un comentario en el tono similar, aparentemente inspirado de una fuente similar, la fuente era ***Olympian***, acerca de la ***Tercera*** guerra. El Sr. Randolph Churchill, hijo de Sir Winston, estaba en ese momento visitando al amigo de su familia, el Sr. Bernard Baruch, cuya residencia está en Barony of Litle Hobcaw en Carolina del Sur. Al salir de esta entrevista con esta autoridad, el Sr. Randolph Churchill declaró (**Associated Press**, 8 de febrero de 1956) que "la tensa situación en el Medio Oriente podría explotar en un conflicto armado en cualquier momento. Pero no creo que la civilización va a *tropezar* en una próxima guerra... La Guerra mundial III, si viene, será *fríamente calculada y se planeará* en lugar de ser accidental."

Contra el trasfondo del "cumplimiento" (el pago de tributo por las grandes naciones del mundo y la declaración que todos los judíos del mundo eran sus asuntos) el nuevo estado puso seriedad de su intención de restaurar las "fronteras históricas" en los hechos y en las palabras. Ningún "guerrerista" Occidental usó alguna vez tales palabras. El Sr. Ben - Gurion proclamó (*Jewish Herald-tribune* de Johannesburgo, 24 de Dic.1952) que Israel "no permitiría bajo ninguna condición el retorno de los emigrantes árabes" (los habitantes nativos). Ya que Jerusalén (dividido entre Sionistas y Jordanos estando pendiente la "internacionalización" bajo la administración de las Naciones Unidas), "para nosotros el futuro de esa ciudad es tan fijo como aquel de Londres, a pesar de sus ridículos límites; esto no puede ser un asunto para negociar". Los "desterrados" en el extranjero serían "congregados" en un rango de "cuatro millones de inmigrantes en los próximos diez años" (el Ministro del Exterior, el Sr. Moshe Sharett, junio de 1952) o "en los próximos diez a quince años" (en otra ocasión).

Se habían necesitado dos guerras mundiales para preparar la "patria" y el "estado", consecutivamente, y para hacer ingresar a unos 1.500.000 judíos en él. Estas insinuaciones significaban otra guerra mundial a más tardar dentro de quince años, a lo más, ya que por ningún otro medio se podrían extraer tantos judíos de los países dónde ellos estaban. Acerca del costo de su transporte, el Sr. Ben-Gurion dijo esto estaría entre 7.000 y 8.000 millones de dólares (en dinero de la actualidad, igual a la deuda nacional total de Italia, y aproximadamente cinco veces la deuda nacional británica en 1914) y él "confiaba en la Judería norteamericana para que proporcionara este dinero". Obviamente, incluso la Judería norteamericana no podría encontrar una suma así; esa suma sólo podría obtenerse de los contribuyentes de Occidente.

Todo lo que se dijo fue así, una clara amenaza de guerra a los vecinos Árabes, y tenían un significado especial cuando fue dicho (lo cual sucedía a menudo) por el Sr. Menachem Beigin, jefe de los "activistas", o asesinos, grupo que había llevado a cabo la matanza en Deir Yasin. Formalmente repudiado en ese momento, ellos habían recibido honores en el nuevo estado y habían formado un gran partido político, Herut, en su parlamento. Por consiguiente los Árabes supieron exactamente con lo que ellos fueron amenazados cuando les habló el Sr. Beigin.

Doy un caso típico. En mayo de 1953, él amenazó al Rey de Jordania de 18 años, en el momento de su coronación, con la muerte bajo la Ley del *Deuteronomio* (qué gobernó el hecho de Deir Yasin). Hablando a una masa reunida en la parte Sionista de Jerusalén, a tiro de una piedra desde la línea Jordana, el Sr. Beigin dijo, "A esta hora una coronación está teniendo lugar de un joven Árabe como Rey de Gilead, Bashan, Nablus, Jericó y Jerusalén. Éste es el momento apropiado para declarar en su y en las orejas de sus amos: 'Nosotros regresaremos, y la ciudad de David será libre'."

La alusión, difusa para los lectores Occidentales y explícita para cualquier árabe o judío, es un verso en el tercer capítulo de *Deuteronomio*: "El Rey de Bashan salió contra nuestra... Y el Señor dijo hacia mí, no le temas: porque yo lo entregaré, y todo su pueblo, y su tierra en tus manos... Así el Señor nuestro Dios también entregó en nuestras manos a Og, el Rey de Bashan, y todas sus personas y nosotros lo golpeamos con violencia, hasta que ninguno de ellos permaneció... Y nosotros los **destruimos absolutamente... destruyendo absolutamente a hombres, mujeres y niños**" Estas amenazas tenían un significado letal para las hordas de fugitivos árabes agrupados más allá de las fronteras.

Según el informe del Sr. Henry R. Labouisse, Director de la Agencia de la ONU Ayuda y Trabajo para Palestina, hecho en abril de 1956, había de éstos más de 900.000: 499.000 en Jordania, 88.000 en Siria, 103.000 en Líbano y 21.000 en Egipto (en el área de Gaza). Las amenazas del Sr. Beigin los mantuvieron en la perspectiva constante de una nueva huida, o intento de huida, a algo más profundo, más aun el desierto inhóspito. Entonces las palabras eran reales por los hechos; una larga serie de simbólicos ataques locales y masacres fueron perpetrados, para mostrarles que el destino de Deir Yasin realmente colgaba encima de ellos.

Éstos comenzaron el 14 de octubre de 1953, cuando una enorme fuerza cruzó de pronto la frontera del Jordan, asesinó a cada alma viviente encontrada en Qibya y destruyó ese pueblo, sesenta y seis víctimas, la mayoría de ellos mujeres y niños, fueron encontrados masacrados. Los 499.000 refugiados árabes en Jordania sacaron la conclusión natural. El Arzobispo de York dijo que el mundo civilizado estaba horrorizado, que "el voto judío en Nueva York tenía un efecto paralizante en los Naciones Unidas tratándose de Palestina", y que a menos que se tomaran acciones fuertes "el Medio Oriente será hecho estallar". El ejecutivo de los Diputados judíos británicos llamó a esta declaración "provocativa y unilateral"; el Alcalde de Nueva York (el Sr. Robert Wagner) dijo que esta lo "asustaba", y que "el buen Arzobispo es evidentemente poco familiar con el escenario norteamericano". Las Naciones Unidas censuraron levemente a Israel.

El 28 de febrero de 1955, una gran fuerza israelita entró en el área de Gaza ("otorgada" a los Árabes por las Naciones Unidas en 1949, y bajo la ocupación del ejército egipcio) donde los 215.000 refugiados árabes se quejaban "en la pobreza abyecta a lo largo de una franja estrecha de litoral yermo, dos-terceras partes de él eran dunas de arena" (Sir Thomas Rapp, *The Listener*, 6 de marzo de 1955). Fueron asesinados 39 egipcios y un número no especificado de los refugiados árabes que entonces en protesta desesperada contra su destino, quemaron cinco centros de ayuda de las Naciones Unidas, y allí con ello sus propias raciones exiguas. La Comisión Mixta del Armisticio condenó a Israel por la "agresión brutal" en "un ataque organizado y planificado de antemano".[47]

El caso fue entonces al propio Consejo de Seguridad de las Naciones Unidas, que por el voto unánime de once países censuró a Israel. El delegado de Estados Unidos dijo que éste fue el cuarto caso similar y "el más serio debido a su obvia premeditación"; el delegado francés dijo que la resolución debe servir como "una última advertencia" a Israel, (una advertencia que recibió una nota al pie de página después en la forma de una colusión francesa en el ataque israelita sobre Egipto veinte meses más tarde).

El 8 de junio de 1955 el U.N.M.A.C. censuró a Israel por otra "flagrante violación del armisticio" cuando las tropas israelitas cruzaron a Gaza y mataron a algunos egipcios. El único efecto claro de esta censura fue que los israelitas arrestaron rápidamente a seis observadores militares de las Naciones Unidas y a tres miembros del personal del Supervisor de Tregua de las Naciones Unidas (Mayor General E.L.M. Burns, de Canadá) antes de que ellos atacaran nuevamente en Gaza, matando a 35 egipcios (*Time*, septiembre de1955). En este mismo mes de septiembre de 1955, el Sr. Ben-Gurion dijo en una entrevista que él atacaría Egipto "dentro de un año" (el ataque llegó en octubre, 1956) si el bloqueo del puerto israelita Elath en el Golfo de Aqaba no fuera alzado.

El Consejo de Seguridad de las Naciones Unidas parecía nervioso acerca de "censurar" este nuevo ataque (la campaña de la elección presidencial norteamericana estaba comenzando) y meramente propuso que los israelitas y egipcios se retiraran 500 metros unos de otros, dejando

---

[47] Esta Comisión Mixta de Armisticio de las Naciones Unidas, que se denominará en adelante U.N.M.A.C. comprendía en cada caso un representante de Israel y del vecino estado árabe, y un representante de las Naciones Unidas cuya investigación y voto decidía así el origen del reproche. Los resultados invariablemente estaban contra Israel, hasta que, como en el caso de los administradores británicos entre 1917 y 1948, la "presión" comenzó a ser puesta en los gobiernos de los funcionarios involucrados para retirar a cualquiera que levantara imparcialmente el caso árabe. Por lo menos dos funcionarios norteamericanos fueron retirados ya que se encontraron contra Israel en tales incidentes. Todos estos funcionarios, de cualquier nacionalidad, trabajaron claramente con la memoria del destino del Conde Bernadotte, y de muchos otros, siempre en sus mentes. En regla general ellos, tal como los administradores británicos antes, probaron ser imposibles de intimidar o sobornar, y así el contraste llamativo entre la conducta de los hombres en el lugar y los gobiernos en las distantes capitales Occidentales fue continuado.

una zona desmilitarizada, una propuesta que los egipcios ya habían hecho vanamente. "Entonces el 23 de octubre de 1955, el General Burns "condenó a Israel" por un "ataque bien planificado" en Siria, donde se secuestraron a varios sirios y los observadores del General Burns fueron nuevamente impedidos por la detención, de observar lo que pasaba. El 27 de octubre de 1955, el Sr. Moshe Sharett, Ministro del Exterior, dijo en Ginebra, a los corresponsales de periódicos que Israel emprendería una "guerra preventiva" contra los Árabes si fuese necesario. El 28 de noviembre de 1955, la Organización Sionista de Norteamérica anunció en los principales periódicos (por anuncio pagado) que "Bretaña, también, se ha metido en el campo de los enemigos de Israel"; Sir Anthony Eden, que dentro del año se uniría al ataque israelita, en ese momento tenía algunas ideas sobre rectificaciones menores de la frontera.

El 11 de diciembre de 1955, los israelitas atacaron con fuerza a Siria y mataron a 56 personas. Esto produjo la más fuerte "censura" de las Naciones Unidas, la cual es de algún interés histórico, porque el año de la elección-presidencial se había abierto y la "censura" sobre cualquier cosa en absoluto pronto estaría pasado de moda. El delegado sirio señaló que las repetidas condenas "no han detenido a Israel de cometer ataques criminales como el que ahora estamos considerando". El Consejo de Seguridad (el 12 de enero de 1956) revocó cuatro resoluciones previas de censura y condenó el ataque como "una violación flagrante de... las condiciones del acuerdo del armisticio general entre Israel y Siria y de las obligaciones de Israel bajo la Carta" y emprendió "para considerar qué medidas posteriores" se deben tomar si Israel continuara comportándose así.

La respuesta a esto fueron las demandas imperiosas de los israelitas por más armas. El Sr. Ben-Gurion (en Tel Aviv, 18 de marzo de 1956) dijo que sólo la pronta entrega de armas podría prevenir "un ataque árabe" y agregó que "los agresores sería el dictador egipcio, Nasser" (siete meses antes, el Sr. Ben-Gurion había emprendido para atacar Egipto "dentro de un año") "junto con sus aliados, Siria y Arabia Saudita". el 5 de abril de 1956, cuando el Consejo de Seguridad de la ONU estaba a punto de enviar a su Secretario General, el Sr. Dag Hammarskjold, en "misión de paz" al Medio Oriente, la artillería israelita bombardeó el área de Gaza, matando a 42 e hiriendo a 103 civiles árabes, casi la mitad de ellos mujeres y niños.

El 19 de junio, el Sr. Ben-Gurion despidió al Sr. Sharett del Ministerio del Exterior en favor de la Sra. Golda Myerson (ahora Meier, y también de Rusia) y el ***New York Times*** informó significativamente que esto podría significar un cambio de "moderación" al "activismo" (el Sr. Sharett, tal como el Dr. Weizmann y el Dr. Herzl más temprano, habían incurrido en el reproche de moderación). El problema era lo que llevó a la derrota del Dr. Weizmann en el Congreso Sionista de 1946, cuando ganó el "activismo" y el Dr. Weizmann vio el resurgimiento del "antiguo mal", en una nueva e incluso más horrible vestimenta". El "activismo" siempre fue, desde los antiguos días en Rusia, un eufemismo para la violencia en la forma de terror y asesinatos. Desde el momento que esta palabra reapareció en las noticias, el estudioso del Sionismo supo qué esperar antes del fin del año.

El 24 de junio de 1956, los israelitas abrieron fuego en la frontera de Jordania y el U.N.M.A.C. censuró a Israel. De allí Israel presionó por la remoción del Miembro de la Comisión de la ONU cuyo voto había decidido el problema, y el General Burns cedió, suplantándolo (era el Oficial naval norteamericano, Comandante Terrill) por un oficial canadiense. Los observadores de ONU estaban siendo puestos en la misma posición que los administradores británicos en los años de entre-guerra; ellos no podrían contar con el apoyo de sus gobiernos. Ellos tenían un recordatorio constante antes sus ojos (el Pueblo Wingate en Israel) que los ascensos y las promociones, en Palestina, eran los premios para la traición, no para el deber. Dos años más tempranos, otro observador norteamericano, el Comandante E.H. Hutchison, había votado contra la censura de Jordania y había sido alejado cuando los israelitas entonces boicotearon la Comisión. Una vez que volvió a Norteamérica, escribió un libro sobre este período en el Medio Oriente que es de valor histórico permanente. Como todos los hombres de bien antes de él, informó que la única manera de arreglar el enredo era establecer el derecho de los Arabes expulsados para volver a sus hogares, admitir que la línea del armisticio de 1949, sólo era temporal (y no las "fronteras"), y para internacionalizar la ciudad de Jerusalén de tal manera que no pudiera transformarse el campo de batalla mundial.

El 24 de julio de 1956, dos militares observadores y un oficial jordano del M.A.C. fueron hechos estallar por minas en Mout Scopus, lo cual, explicaron los Sionistas sin emoción, era parte de un antiguo "campo minado israelita". Dos coroneles egipcios, que los sionistas dijeron pertenecían al servicio de la inteligencia egipcia, fueron asesinados por "cartas-bombas" entregadas a ellos a través del correo (este método se usó una década antes contra un funcionario británico en Inglaterra, el Capitán Roy Farran, que había servido en la inteligencia en Palestina e incurrió en la enemistad Sionista; su hermano cuya inicial también era R., abrió el paquete y murió). El 29 de julio de 1956, un observador de tregua de la ONU, un danés, fue asesinado por una mina o una bomba cerca de la franja de Gaza y otros dos fueron heridos por el fuego de fusiles. El "activismo" estaba pasando la factura por el método de los asesinatos, como en los tiempos de antaño.

El 28 de agosto de 1956, Israel fue nuevamente censurado por el M.A.C. por "una seria violación del armisticio ". La censura fue seguida por otro ataque israelita (el 12 de Septiembre) cuando una fuerte fuerza militar atacó en Jordania, asesinó a unos veinte jordanos e hizo estallar un puesto policial en Rahaw. El General Burns protestó que tales hechos "han sido repetidamente condenados repetidamente por el Consejo de Seguridad de las Naciones Unidas", Por lo que otra poderosa fuerza militar, en seguida (el 14 de Septiembre) atacó Jordania, asesinando entre veinte y treinta jordanos en Gharandai. La Oficina Extranjera británica (Bretaña tenía una alianza con Jordania) expresó su "fuerte desaprobación", De inmediato el Consejo de diputados judíos-británicos lo atacó por esta "declaración parcial". El 19 de septiembre, el M.A.C. nuevamente "condenó" a Israel por "actos hostiles y bélicos" (estos dos ataques fueron hechos al parecer con un significado simbólico, el momento escogido para ellos fue durante el período del Nuevo Año judío), y el 26 de septiembre, la Comisión "censuró" a Israel específicamente por los ataques del 12 de septiembre.

La respuesta inmediata a esta censura en particular, fue **un anuncio oficial** en Jerusalén **en el mismo día** (26 de Septiembre) en que el ataque más grande hasta ese momento había sido hecho por el ejército regular israelita, en la fuerza, sobre un puesto jordano en Husan, cuando unos 25 jordanos fueron asesinados, entre ellos un niño de doce años. El M.A.C. respondió (el 4 de Octubre) con su "censura" más severa, por "agresión planificada y sin provocación". La réplica fue otro ataque, más grande (el 10 de Octubre) con artillería, morteros, cañones lanzacohetes, torpedos Bangalore y granadas. Los observadores de las Naciones Unidas encontraron posteriormente los cuerpos de 48 Árabes, incluyendo una mujer y un niño. Un batallón acorazado y diez aeroplanos con motor de reacción parecen haber tomado parte en esta matanza que produjo una declaración británica que si Jordania, su aliado, fuera atacada, Bretaña cumpliría su tarea. El Gobierno israelita dijo que recibió esta advertencia "con alarma y asombro".[48]

---

[48] Desde la partida del año de elección-presidencial, todos los principales periódicos norteamericanos, y muchos británicos, informaron estos ataques israelitas como "represalias" o "venganzas", de tal manera que las víctimas fueron convertidas por la maquinaria-de-propaganda, en cada caso, en los agresores. El General Burns,, en su informe sobre el último ataque, dijo a las Naciones Unidas que Israel "paralizó la maquinaria de investigación boicoteando a la Comisión Mixta del Armisticio siempre que éstos votaron contra ellos, y agregó: "En la actualidad, la situación es que una de las partes en el acuerdo general del armisticio, hace sus propias investigaciones que no están sujetas a chequeo o confirmación por algún observador imparcial, publica los resultados de tales investigaciones, deduce sus propias conclusiones de ellas y emprende las acciones con sus fuerzas militares sobre esa base". La prensa británica y norteamericana, adoptando la palabra "represalia" israelita en sus informes, a lo largo de este período, le entregó a las masas públicas en los dos países un falso cuadro de lo que sucedía, lo cual era lo deseado por los Sionistas.

El ataque del 26 de septiembre fue el último de la serie que completó los años 1953- 1956; el siguiente iba a ser una *guerra* a escala total. Yo he resumido la lista de correrías y matanzas para darle al lector el verdadero cuadro del Medio Oriente en el otoño de 1956, cuando el Sr. Ben-Gurion declaró que Israel estaba "indefenso" y los políticos de Washington y Londres estaban compitiendo entre sí en las demandas para que Israel reciba las armas para defenderse de "la agresión árabe". Si el montón acumulado de resoluciones que estaba, en ese tiempo, a disposición en la mesa de las Naciones Unidas, "condenando" la "agresión sin provocación" de Israel, "las flagrantes violaciones" y similares, hubiesen significado algo por lo menos, este último ataque, abiertamente anunciado mientras ocurría y lanzado desdeñosamente en los dientes de la última "censura", debería haber producido alguna *acción* contra Israel por las Naciones Unidas, o la admisión implícita que Israel era su amo.

La materia nunca fue probada porque, antes que la apelación de Jordania[49] al Consejo de Seguridad de las Naciones Unidas hubiese sido considerada, vino el ataque sobre Egipto. Había sido anunciado, a cualquiera que prestara atención, en el mismo momento del ataque sobre Jordania, ya que el Sr. Menachem Beigin en Tel Aviv, "instó a un ataque inmediato de Israel sobre Egipto" (***Daily Telegraph***, 26 de Septiembre de 1956). El Sr. Beigin era la voz del "activismo" y desde el momento que dijo que todo aquel que había observado la situación en vías de desarrollo, sabían lo que vendría después: una invasión Sionista a escala total sobre Egipto.

La historia que he relatado muestra que, en el momento de la invasión israelita, ningún observador atento podría esperar que las Naciones Unidas hicieran mucho más que reprobar. Los Sionistas habían obviamente escogido un momento cuando, ellos calcularon, la inminencia del voto en la elección presidencial norteamericana paralizaría todos los medios de acción eficaz contra ellos. Yo creí estar preparado una vez más para la sumisión Occidental al Sionismo, en alguna forma u otra. Pero lo que nunca habría creído, hasta que sucedió, fue que mi propio país, Bretaña, se uniría en el ataque. Esto, el último y el más grande de la serie de errores en que la personas de Inglaterra fueron llevadas por sus gobernantes, en la secuencia desde el envolvimiento original en el Sionismo, en 1903, oscureció la perspectiva para Inglaterra y Occidente durante el resto de este siglo, justo cuando se estaba aclarando; fue como un súbito eclipse de sol, confundiendo todos los cálculos de los astrónomos.

---

[49] Incluso mi investigación ha fallado en descubrir, al momento de concluir este libro, lo que pasó con la apelación jordana. Se perdió de vista en los eventos que inmediatamente le siguieron, por todo lo que sé, las Naciones Unidas pueden haber condenado el ataque a Jordania mientras la invasión de Egipto estaba en marcha.

En este evento, la "presión irresistible" en la "política internacional" en las capitales del Occidente produjo un resultado, cuyas consecuencias plenas sólo serán calculables cuando muchos años hayan pasado. Por consiguiente la última sección de este capítulo y libro debe inspeccionar las operaciones de la "presión irresistible" detrás de la escena Occidental, esta vez en la fase de la aproximación de la fase crítica, los años 1952-1956. Al final de este fase comunismo-revolucionario y sionismo-revolucionario, las gemelas fuerzas destructivas soltadas de las áreas Talmúdicas de Rusia en el último siglo, eran in extremis. En el otoño de 1956, por las acciones de Occidente, las dos fueron indultadas de la destrucción.

3. Los años del Climax

Los años 1952-1956 llevaron a los pueblos de Occidente como nunca en la vida tan cerca del ajuste de cuentas, el cual sus líderes, a través de dos generaciones y dos guerras mundiales, habían dado a la revolución y al Sionismo. Ellos estaban siendo arrastrado hacia dos guerras que previsiblemente se unirían en una guerra que serviría a un propósito dominante. Por una parte, ellos fueron comprometidos por sus políticos y Partidos a la preservación del estado Sionista, la política declarada que era agrandar su población a "tres o cuatro millones de personas" en "diez a quince años"; eso significaba la guerra. Por otro lado, eran diariamente acostumbrados a la idea que era su destino y deber destruir el Comunismo que había inundado la mitad de Europa cuando Occidente abrió las compuertas de las acequias; eso significaba la guerra.

Estas dos guerras se volverían inevitablemente una guerra. El cálculo es simple. El *territorio* para la expansión del estado Sionista sólo podría tomarse de los vecinos pueblos árabes; las **personas** para la expansión del estado Sionista sólo podrían tomarse del área ocupada por la revolución, porque "tres o cuatro millones" de judíos no podrían encontrarse en cualquier parte, salvo en los Estados Unidos.[50]

Para este propósito el Occidente, en la fase que empezó en 1952, tendrá que ser persuadido que el "antisemitismo" es algo corriente en el área soviética, así como se persuadió en los cuatro años siguientes que los ataques Sionistas sobre los países árabes eran ataques árabes sobre Israel. El Sr. Ben-Gurion (8 de diciembre de 1951) oficialmente informó el Gobierno soviético que "el retorno de los judíos a su patria histórica es *la misión central* del estado de Israel... el Gobierno de Israel apela a la Unión Soviética para permitir a esos judíos en la Unión Soviética que

---

[50] La extracción de los judíos de los Estados Unidos, aunque esencial para la "congregación de los desterrados", obviamente pertenece a una fase más tardía del proceso y dependería del éxito de la próxima fase, la "congregación" de los judíos del área soviética y de los países árabes africanos. Después de eso, aunque extraña les parecerá la idea a los norteamericanos y Británicos de hoy, allí en Norteamérica tendría que haber una "persecución judía" y esto se produciría por el método de la propaganda usado en el pasado y aplicada imparcialmente a un país después de otro, incluyendo Rusia, Polonia, Alemania, Francia, España y Bretaña. El Dr. Nahum Goldman, líder de la Organización Sionista Mundial, en octubre de 1952 le dijo a una audiencia israelita que había un problema que el Sionismo debía resolver si deseaba tener éxito: "Cómo conseguir que los judíos de los países *dónde ellos no son perseguidos, que emigren a Israel*". Él dijo que este problema era "especialmente difícil en los Estados Unidos porque los Estados Unidos es el país de **menor** persecución judía o de cualquiera perspectiva de persecución judía que cualquier otro país" (***Zionist Record*** de Johannesburgo, 24 de Oct. de 1952). El lector notará que **no hay** ningún país sin "persecución judía"; hay sólo grados de "persecución judía" en los diferentes países.

deseen emigrar puedan hacerlo así". El ***New York Times*** dos años después, informando sobre la cadente inmigración a Israel, dijo que el objetivo del Sr. Ben-Gurion "parece muy remoto" y agregó que "el modelo presente de inmigración" sólo cambiaría radicalmente si allí hubiese "un arrebato de anti-semitismo" en alguna parte (en ese período, el 26 de junio de 1953, la denuncia de "anti-semitismo detrás de la Cortina de Hierro había comenzado). El ***New York Herald-Tribune*** en el mismo período (12 de abr. de 1953) dijo el "anti-semitismo" se habían puesto virulentos en la Unión Soviética y "el trabajo de rescate más crucial" que enfrenta Israel en su sexto año era ese de los "2.500.000 de judíos encerrados en Rusia y los países satélites".

Por consiguiente estaba claro, a la luz de las dos guerras mundiales y su resultado en cada caso, que en cualquier guerra emprendida por "el Occidente" contra el "Comunismo" se lucharía de hecho por el propósito primario de proporcionar al estado Sionista con nuevos habitantes de Rusia; que cualquier guerra en el Medio Oriente en que el Occidente se comprometiera, se emprendería para el propósito primario de agrandar el territorio del estado Sionista, acomodar esta población más grande, y que las dos guerras se unirían eficientemente en una, en el curso de lo cual, este propósito dominante permanecería oculto de las masas embrolladas hasta que fuese logrado, y confirmado por algún nuevo "instrumento mundial", al fin de la lucha.

Tal era la posición de "el Occidente, cincuenta años después de la primera seducción del Sr. Balfour y el Sr. Woodrow Wilson por el Sionismo. Tengo una razón para adjuntar las palabras, "El Occidente", en comillas, a saber, que ello ya no significa lo que El Occidente significó. Antes, el término significaba el área cristiana, de las fronteras orientales de Europa por el Atlántico al litoral occidental de Norteamérica e incluso los países angloparlantes periféricos en América del Norte, África y las Antípodas. Después de la Segunda Guerra, cuando la mitad de Europa fue abandonada a la revolución Talmúdica, las dos palabras recibieron una aplicación más limitada. En la mente popular "el Occidente" significaba Inglaterra y Norteamérica, alineado contra el nuevo barbarismo el cuál, algún día extirparía en Europa y le empujaría atrás en su patria asiática bárbara. Norteamérica e Inglaterra, por encima de todo, todavía representaban "el mundo libre" el cuál, algún día sería restaurado a lo largo de su área anterior y con ello, como en tiempos previos, las esperanzas de los hombres fuera de él que deseaban ser libres; así lo entendía la mente de las masas.

Militarmente, ésta era una asunción apropiada; la fuerza física de "el Occidente", apoyada por el anhelo de los pueblos cautivos, estaba más que igual en la tarea. En la realidad, los grandes países a los que la gente esclavizadas volvía sus ojos, eran ellos mismos cautivos del poder que había provocado esta esclavitud; y dos veces había mostrado que sus armas, si se usaran, no se emplearían para liberar y reajustar, sino para prolongar la dura experiencia del Siglo 20.

Qué valores morales y espirituales estaban contenidos antes en esas dos palabras, El Occidente, era más fuerte en los países abandonados al Comunismo, y que aquellos amenazados por el Sionismo, dónde el sufrimiento y el peligro estaba volviendo a encenderse en las almas de los hombres. En las alguna vez grandes citadelas del Occidente, Londres y Washington, ellos fueron reprimidos y hechos inactivos.

Por esta razón Norteamérica no estaba calificada para tomar de Inglaterra el liderazgo principal en el mundo en la segunda mitad del Siglo 20 y para realizar la tarea de liberación que las masas públicas fueron llevadas a esperar de él. Materialmente, la República, fundada casi doscientos años antes era prodigiosa. Las riquezas del mundo habían entrado a raudales en él durante las dos guerras mundiales; su población aumentó a doscientos millones rápidamente; su armada y su fuerza aérea eran las más grandes en el mundo y, tal como su ejército, fueron construidos en ese orden de compulsión que sus personas habían sostenido por largo tiempo, ser la maldición de Europa. En la industria y en la habilidad técnica era tan formidable hasta ser una pesadilla para sí misma. Su producción era tan inmensa que no podía absorberse y la memoria del pavor de la depresión de 1929, causó que sus líderes inventaran muchas formas de distribuir los bienes por el mundo en la forma de regalos y pagar al productor de ellos a través de los ingresos, de tal manera que, durante algún tiempo, los industriales y los trabajadores debían ser pagados por una producción que, en tiempos de paz, ningún mercado natural ofrecía. Sus bases militares, en el territorio de alguna vez, pueblos soberanos, fueron esparcidos por el globo, de tal manera que en cualquier instante podría golpear con una fuerza aplastante... ¿A quién y para qué?

Al "Comunismo", le dijeron a sus pueblos, y para la liberación de los esclavizados, el alivio del mundo en la esclavitud, la rectificación de los hechos de 1945. Si eso fuera verdad, el fin de la dura experiencia del siglo estaba por lo menos en perspectiva, en algún día, ya que los corazones de los hombres por todas partes estaba en *esa* causa. Pero cada acto mayor del gobierno en Washington en los años 1952-1956 desmentía esto que profesaba. Parecía más en la esclavitud del "poder Judío" que incluso los gobiernos británicos que le precedían en los últimos cincuenta años. Parecía ser incapaz de ocuparse de dirigir cualquier asunto de la política extranjera o doméstica de Norteamérica salvo en los términos que se refiere a su presión en el destino de "los Judíos", cuando el caso de los judíos se presentaba a él por los imperiosos Sionistas.

Ningún pequeño gobierno títere parecía mucho más vasallo en sus actos que este, el cual era sostenido por las masas generales, de ser el gobierno más poderoso en el mundo: el de los Estados Unidos bajo su Jefe ejecutivo, el Presidente Eisenhower, por los años 1953 a 1956.

Así como un canciller en un nacimiento real, la sombra de Sionismo cayó encima de la selección, nominación y elección del General Eisenhower. Su promoción meteórica durante la guerra 1939-1945, del rango de un coronel, sin experiencia en el combate, a aquel de Comandante Supremo de todos los ejércitos Aliados que invadían Europa, parece indicar que él estaba marcado para una rápida promoción largo tiempo antes, y la investigación apoya esa inferencia. En el 1920, el joven teniente Eisenhower, asistió en Washington a la Universidad Nacional de Guerra, dónde el Sr. Bernard Baruch (quién había jugado un importante rol en la selección, nominación y elección del Presidente Woodrow Wilson en 1911-1912) daba instrucción. El Sr. Baruch en ese temprano período decidió que el teniente Eisenhower era un alumno estrella, y cuando el General Eisenhower fue elegido Presidente después de treinta años, dijo a los veteranos de guerra norteamericanos, que él había tenido durante un cuarto-de-siglo "el privilegio de sentarse a los pies de Bernard y escuchar a sus palabras". Temprano en su presidencia, el Sr. Eisenhower intervino para resolver, en favor del Sr. Baruch, una pequeña disputa en la Universidad Nacional de Guerra, dónde algunos se oponían a la aceptación de un busto del Sr. Baruch, presentado por admiradores (el busto de ningún civil con vida se había desplegado allí alguna vez).

El apoyo del "consejero de seis Presidentes" puede obviamente haber ayudado a provocar el rápido surgimiento del Teniente Eisenhower a la comandancia del ejército más grande en la historia. En el registro público, está el apoyo que el Sr. Baruch dio al General Eisenhower (quién no tenía ninguna afiliación de Partido o historia) cuando en 1952, se ofreció a sí mismo, como el candidato del Partido **Republicano** para la presidencia."En ese tiempo, el Sr. Baruch había sido un sólido miembro del Partido Demócrata, no sólo un Demócrata regular, sino un *apasionado* supervisor del Partido y *casi con un fanático odio contra la etiqueta Republicana*" (dice su biografía aprobada). En 1952, el Sr. Baruch de pronto se transformó en un apasionado supervisor de la etiqueta Republicana, con tal de que el Sr. Eisenhower la llevara. Evidentemente, fuertes razones deben de haber causado este cambio súbito en la lealtad de una vida, y ellas son de valor para buscarlas.

En 1952, el Partido Republicano había estado fuera de la oficina durante veinte años. Sólo bajo la teoría del péndulo, por consiguiente, era tiempo del retorno y así echar fuera al Partido Demócrata del cual, el Sr. Baruch durante cincuenta años había sido "un supervisor apasionado". Aparte de la vuelta normal de la marea contra un Partido demasiado tiempo en la oficina, lo cual podía ser anticipada, el elector norteamericano en 1952, tenía razones especiales para votar contra los Demócratas; la más importante de éstas era la exposición de una infestación comunista del gobierno bajo los regímenes de Roosevelt y Truman y el deseo público de una drástica limpieza de los establos.

En estas circunstancias estaba bastante claro, en 1952, que el Partido Republicano y su candidato ganarían la elección y la presidencia. El candidato natural era el líder de Partido, el Senador Robert E. Taft, cuya vida había sido entregada a él. En ese mismo momento, y después de su propia vida de apoyo "apasionado" al Partido Demócrata (sus contribuciones de dinero en efectivo eran muy grandes, y el diario del Sr. Forrestal registra el rol jugado por tales contribuciones, en general, determinando el curso de las elecciones norteamericanas y de la política del estado) el Sr. Baruch, el "odioso fanático" de la etiqueta Republicana, produjo un candidato alternativo para la nominación Republicana. Es decir, el oficial por tanto tiempo admirado por él, de pronto apareció en el anillo, y la alabanza calurosa del Sr. Baruch hacia él, indicaba la fuente de su fuerte apoyo.

La perspectiva que entonces se abrió fue que si el Sr. Eisenhower, en lugar del Senador Taft, pudiera obtener la nominación del Partido, el Partido Republicano habría a través de él, sido comprometido a seguir la política Demócrata de "internacionalismo" comenzada por los Presidentes Woodrow Wilson, Roosevelt y Truman. Eso, a su vez, significaba que si el líder del Partido podía ser sacado a un lado, el elector norteamericano sería privado de cualquier opción genuina, ya que el único hombre que le ofrecía una política alternativa, diferente, era el Senador Taft.

Esto había sido hecho claro, para los iniciados, más de un año antes de la elección por el líder Republicano que seguía en la línea de importancia del Senador Taft, el Gobernador Thomas E. Dewey, del Estado de Nueva York. El Sr. Dewey (quién había asombrado al país y a sí mismo perdiendo la elección presidencial de 1948 ante el Sr. Truman, un ejemplo clásico del fracaso condenado de antemano del método "yo también") declaró, "yo soy un internacionalista. Por eso estoy con Eisenhower. Eisenhower es un Republicano en su corazón, pero más importante que eso, él es un internacionalista" (**Look**, 11 de septiembre de 1951). Entre los iniciados, "internacionalista" (tal como "activistas" en el Sionismo) es una palabra clave, significando muchas cosas que no se mencionan; así lejos en nuestro siglo ningún "internacionalista" confesado en un puesto importante se ha opuesto al avance del Comunismo, al avance del Sionismo, y al proyecto del Gobierno Mundial hacia el cual llevan estas dos fuerzas convergentes. El Senador Taft, por otro lado, fue atacado violentamente en este momento como un "aislacionista" (otra palabra clave; sólo significa que la persona atacada cree en la soberanía nacional e interés nacional, pero se hace parecer malvado en la oreja de las masas).

Así el Sr. Eisenhower se ofreció a sí mismo en la Convención del Partido Republicano en Chicago en 1952, contra el Senador Taft. Yo fui testigo ocular, a través de la televisión, y, aunque no era un principiante, fui sorprendido por la suavidad con qué la derrota del Senador Taft fue lograda. Este evento mostró, largo tiempo antes de la elección real, que el mecanismo-nominación había sido dominado de tal manera que ningún Partido podría incluso **nominar** a alguien sino un candidato aprobado por los poderosos seleccionadores detrás de la escena. El resultado de la elección presidencial misma es en estas circunstancias de relativamente poco valor en Norteamérica de hoy, tampoco puede el observador imaginar cómo la República podría escapar de este control oculto. **No** es posible para alguno de los Partidos nominar a sus líderes de Partido, o a cualquier otro hombre, a menos que él, haya sido aprobado de antemano como aceptable para "los internacionalistas".

La suplantación del veterano líder del Partido, en la víspera del retorno de su Partido a la oficina, se logró a través del control del bloque de votación en los "estados importantes". Los estados con alto número en la población, gobiernan el número de votos emitidos por las comisiones del estado, y por lo menos dos de estos estados preponderantes (Nueva York y California) son aquellos a los cuales la inmigración judía de los últimos setenta años se había dirigido evidentemente con este propósito.[51] En 1952, cuando yo observaba, la votación para los dos hombres estaba bastante igualada incluso cuando el Sr. Dewey sonriendo entregó el gran paquete-de-votos del Estado de Nueva York contra el líder de su Partido y para el Sr. Eisenhower. Otros "estados importantes" siguieron el modelo y él recibió la nominación que en las circunstancias de ese momento, también significaban la presidencia.

También significó, en el efecto, el fin de cualquier sistema genuino de dos-Partidos en América para el presente; el sistema de representantes elegidos, el cual es conocido como "democracia" se hunde al nivel del sistema uni-partidista de las no- democracias si los dos Partidos no ofrecen una verdadera opción en las políticas. La situación fue así descrita a los

---

[51] Esto es esencial en la diseñada estrategia electoral, aunque probablemente no originalmente inventada por el Coronel House. El problema de la llave inglesa-en-el-trabajo propuesto por esto es el asunto de muchas alusiones previamente citadas, es decir: ". . Nuestro fracaso en estar de acuerdo con los Sionistas podría hacer perder los estados de Nueva York, Pennsylvania y California; Pensé que ya era tiempo que alguien debía prestar cierta consideración si podríamos perder a los Estados Unidos" (Sr. James J. Forrestal); "Niles le había dicho al Presidente que Dewey estaba a punto de salir con una declaración a favor de la posición Sionista y a menos que el Presidente se anticipara, este Estado de Nueva York se perdería a los Demócratas" (Ministro de Relaciones Exteriores James J. Byrnes); "El Partido Demócrata no estaría dispuesto a abandonar las ventajas del Voto judío" (Gobernador Thomas E. Dewey).

lectores judíos por el ***Jerusalén Post*** en la víspera de la elección (5 de noviermbre de 1952) el cual los instruyó que no había mucho para escoger entre los dos". (el Sr. Eisenhower, Republicano; Sr. Stevenson, Demócrata) "desde el punto de vista del elector judío" y que los intereses judíos deben concentrarse en "el destino" de esos Diputados y Senadores que son "hostiles a la causa judía".

Inmediatamente después de la inauguración del nuevo Presidente (enero, 1953) el Primer Ministro británico, Sir Winston Churchill se apresuró en su viaje a Norteamérica para conferenciar con él, aunque no a Washington dónde residen los Presidentes; el Sr. Eisenhower sugirió que ellos se encontraran "en el lugar de Bernie", la mansión en la Quinta Avenida del Sr. Baruch (***Associated Press***, 7 de febrero de 1953). El Sr. Baruch en ese momento, había estado recomendando urgentemente la adopción de su "plan de bomba de átomos" como el único disuasivo eficaz a la "agresión soviética" (se citaron sus comentarios al Comité del Senado en un capítulo anterior). Al parecer, él no era tan sospechoso de ser hostil a los soviéticos como entonces parecía, ya que algunos años después reveló que la noción de una dictadura atómica norteamericana-soviética del mundo también lo había atraído: "Hace unos años yo me encontré con Vyshinsky en una fiesta y le dije... 'Usted tiene la bomba y nosotros tenemos la bomba... Controlemos la cosa mientras podamos porque mientras nosotros estamos hablando, todas las naciones obtendrán más pronto o después la bomba'" (***Daily Telegraph***, 9 de junio de 1956).

La elección del General Eisenhower como el candidato Republicano privó a Norteamérica de sus últimos medios de disociarse, a través del repudio electoral, de la política Wilson-Roosevelt-Truman de "internacionalismo". El Senador Taft era el único político importante que, en la mente pública, claramente representaba el romper con esa política, y evidentemente por esta razón, los poderes que han gobernado Norteamérica eficientemente en los últimos cuarenta años, concedieron la mayor importancia a prevenir su nominación. Algunos extractos de su libro de 1952 tienen valor histórico permanente, aun cuando sea como un cuadro de lo que podría haber sido si el votante Republicano hubiera sido permitido votar por el líder del Partido Republicano:

"El resultado de la política de la Administración (Roosevelt-Truman) ha sido construir la fuerza de la Rusia soviética para que sea, de hecho, una amenaza a la seguridad de los Estados Unidos... Rusia es una amenaza mucho más grande para la seguridad de los Estados Unidos que Hitler en Alemania lo fue alguna vez... No hay ningún cuestionamiento que nosotros tenemos la armada más grande en el mundo, y ciertamente, mientras los británicos son nuestros aliados, el control completo del mar a lo largo del mundo... Debemos estar dispuestos con nuestras propias fuerzas de mar y aire a asistir a cualquier nación isla que desee nuestra ayuda. Entre ellas están Japón, Formosa, las Filipinas, Indonesia, Australia y Nueva Zelanda; en el lado Atlántico, Gran Bretaña por supuesto... Creo que una alianza con Inglaterra y una defensa de las Islas británicas es más importante que una alianza con cualquier nación continental... Con los británico puede haber pequeñas dudas de nuestro control total de mar y aire a lo largo del mundo... Si nosotros *realmente queremos decir que nuestra política es anti- comunista*... debemos eliminar definitivamente del gobierno a todos aquellos que están directa o indirectamente conectados con la organización comunista... Fundamentalmente yo creo el último propósito de nuestra política extranjera debe ser proteger la libertad de las personas de Norteamérica... Siento que los últimos dos presidentes han puesto todos los tipos de políticas y consideraciones de la política delante de su interés en la libertad y la paz... me parece que el envío de tropas sin la autorización del Congreso a un país bajo el ataque, como se hizo en Corea, está claramente "prohibido" (por la Constitución norteamericana). . "El proyecto del Ejército europeo, sin embargo, va más allá... Involucra el envío de tropas a un ejército internacional similar al que se contempló bajo la Carta constitucional de las Naciones Unidas... Nunca estuve satisfecho con la Carta constitucional de los Naciones Unidas... no está basada en una ley subyacente y una administración de justicia bajo esa ley... No veo ninguna otra posibilidad que desarrollar nuestra propia política militar y nuestra propia política de alianzas, sin una sustancial consideración con el poder inexistente de las Naciones Unidas para prevenir la agresión... La otra forma de organización internacional que está instándose vigorosamente en las personas de los Estados Unidos, a saber, un estado mundial con una legislatura internacional para hacer leyes y un ejecutivo internacional para dirigir el ejército de la organización... me parece, por lo menos en este siglo, ser fantasioso, peligroso e impráctico. Tal estado, en mi opinión, caería a pedazos en diez años... Las dificultades de unir tal Torre de Babel bajo un gobierno directo serían insuperables... Pero sobre todo, cualquiera que sugiera tal plan está proponiendo un fin a esa libertad que ha producido en este país la más grande felicidad... que el mundo ha visto alguna vez. Sometería al pueblo norteamericano al gobierno de una mayoría que no entiende cuales son los principios norteamericanos, y tendría poca simpatía con ellos. Cualquier organización internacional que merece la pena el papel en el cual está escrita, debe estar basado en retener la soberanía de todos los estados. La Paz debe buscarse, no destruyendo y consolidando las naciones, sino desarrollando un gobierno de la ley en las relaciones entre las naciones..."

Este extracto, muestra que el Senador Taft vio a través del "engaño a las naciones"; también explican por qué su nombre era anatema a los poderes que controlan "el voto de los estados claves" y por qué no le permitieron ni siquiera presentarse para presidente.⁵² El período completo del sondeo, nominación, elección y presidencia del Sr. Eisenhower fue dominado por "la cuestión Judía"; él podría haber sido elegido presidente solamente de los Sionistas, tan constantemente eran sus palabras y hechos dirigidos hacia el avance de su ambición.

Inmediatamente después de la nominación le dijo al Sr. Maxwell Abbell, presidente de la Sinagoga Unida de Norteamérica, "El pueblo Judío no podría tener un amigo mejor que yo" y agregó que él y sus hermanos habían sido criados por su madre en "las enseñanzas del Antiguo Testamento" (la Señora Eisenhower era una adherente ferviente de la secta de los Testigos de Jehová), y "yo crecí creyendo que los *judíos* eran el pueblo escogido y que ellos nos dieron los altos principios éticos y morales de nuestra civilización" (muchos periódicos judíos, septiembre de 1952).

Esto fue seguido por profesiones ardientes de simpatía por "los judíos" y para "Israel" de ambos candidatos en ocasión del Nuevo Año judío (septiembre 1952); durante esta fiesta, también, la presión norteamericana en los alemanes "libres" en Alemania Occidental, tuvo éxito en arrancar su firma para el acuerdo de pagar "indemnizaciones" a Israel. En octubre vino el Juicio de Praga, por el cargo de "conspiración Sionista", y el Sr. Eisenhower empezó a hacer su amenazadora declaración sobre el "anti-semitismo en la Unión Soviética y los países satélites".

El cargo de "anti-semitismo" fue juzgado por ser un ganador-de-devotos en la propia elección y fue presentado por el presidente saliente, el Sr. Truman, contra el Sr. Eisenhower, quien le dijo a una audiencia que él quedó abrumado por la insinuación,: "Yo voy sólo a bloquearlo y se lo dejo a usted". El Rabino Hillel Silver de Cleveland (quién amenazó a la

---

⁵² Tanto si el Senador Taft, hubiese logrado hacerse elegir Presidente y hubiese sido capaz de llevar a cabo la clara política alternativa aquí perfilada, es ahora una pregunta que nunca podrá ser contestada. En el caso particular del Sionismo, que es una parte esencial de toda la proposición aquí denunciada por él, fue tan sumiso como todos los otros políticos importantes y probablemente no discernió la relación inseparable entre esto y la ambición del "Estado Mundial" que él temía. Un importante sionista de Filadelfia, un tal Sr. Jack Martin, le fue solicitado para trabajar como "secretario ejecutivo" del Senador Taft en 1945 y registra que su primera pregunta al Sr. Taft fue, "Senador, ¿Qué puedo decirle sobre las aspiraciones del Sionismo? " Taft es citado contestando, en la vena Balfoureana o Wilsoniana, ¿Qué debe ser explicado allí? Los Judíos están siendo perseguidos. Ellos necesitan una país, un gobierno propio. Nosotros tenemos que ayudarle a conseguir Palestina. Esto también contribuirá al propósito de la paz mundial. . " El contraste entre esto, la charla típica de un político protegido busca-voto, y la exposición ilustrada dada más arriba es obvia. El Sr. Martin que es descrito ahora en el artículo citado (*Jewish Sentinel*, 10 de junio de 1954) como el "alter ego" y "heredero del Senador Taft, después de la muerte de Taft fue invitado por el Presidente Eisenhower para llegar a ser su "ayudante, consejero y enlace con el Congreso". El comentario del Sr. Martin: "es Presidente Eisenhower está presto para escuchar libremente su opinión y es fácil de aconsejarlo".

Unión Soviética con la guerra sobre el asunto del "anti-semitismo") fue llamado a un cónclave con el Sr. Eisenhower y al salir de este, exoneró al aspirante de toda mancha de anti-semitismo (el Rabino Silver había ofrecido una oración en la Convención Republicana que nombró al Sr. Eisenhower; en la inauguración del nuevo Presidente, y a la demanda del Sr. Eisenhower, él ofreció la oración "por gracia y guía".) Entre los de la campaña rival, el Vicepresidente saliente, el Sr. Alben Barkley, aventajó a todos los otros. De una declaración típica del Sr. Barkley ("Puedo predecir un futuro glorioso para Israel como un modelo, en el cual la mayor parte del propio Medio Oriente podría modelarse") *Time Magazine* dijo: "La estrella del circuito de discursos es el Vicepresidente Alben Barkley, que durante años ha arrastrado 10.000 dólares por cada aparición. Barkley es la plataforma pagada favorita para incitar a la venta de bonos de Israel. Muchos Árabes piensan... que este hecho ha tenido una influencia en la política de Estados Unidos en el Medio Oriente; pero no muchos Árabes votan en las elecciones norteamericanas.

Unas pocas semanas después de la inauguración, el acuerdo del tributo alemán Occidental fue ratificado, un Ministro Alemán anunció entonces que el Gobierno de Bonn se había rendido a las presiones de Norteamérica, el cual no deseaba aparecer abiertamente como el financiero del estado Sionista. En el mismo mes (abril de 1953) los periódicos judíos, bajo el título "Israel Muestra su Poderío", informó que "Todo el Cuerpo Diplomático y el personal militar extranjero adjunto quienes miraban el desfile más grande del Ejército de Israel en Haifa, con la Armada que navegaba en la costa y unidades de la Fuerza aérea volando sobre sus cabezas, se impresionaron profundamente y el objetivo del desfile, demostrar que Israel estaba listo para enfrentar una decisión en el campo, se logró."

En estas circunstancias, con varias nuevas "promesas" y tareas dadas y anotadas para el futuro, con Stalin muerto, Israel "listo para una decisión en el campo" y la mitad "libre" de Alemania esforzándose para pagar el tributo, un nuevo término presidencial comenzaba en 1953. Un curioso incidente marcó el gran desfile del Día de la Inauguración en Washington. A la cola del desfile, un hombre a caballo vestido de vaquero, frenó su caballo cuando alcanzó la posición presidencial y preguntó si él podría probar su lazo. Obedientemente el Sr. Eisenhower se puso de pie y asintió con su cabeza; el lazo cayó alrededor de él y fue tensado; las tomas en movimiento mostraron a un hombre, con la cabeza rapada al final de una soga.

Muchos pensaron que el nuevo presidente había proferido solamente perogrulladas simples cuando dijo, "El estado de Israel es el ***fortín de la democracia en el Medio Oriente*** y ***cada norteamericano que aman la libertad debe unirse*** en un esfuerzo para hacer seguro para siempre el futuro de este, el más nuevo miembro de la familia de las naciones". De hecho, éste era un compromiso, o así fue sostenido por aquello a quienes iba dirigido, como las palabras similares del Sr. Roosevelt y el Sr. Woodrow Wilson.

Ocho años después de la muerte de Hitler, el nuevo estado, dónde las mismas leyes de Hitler se sostenían y donde las personas nativas habían sido expulsadas por matanzas y el terror, era el fortín" de la democracia" y todos los que "amaban la libertad" debían (imperativamente) unirse para preservarlo.

Si el nuevo presidente pensó que era libre para definir la política estatal, después de proferir tales palabras, fue reeducado dentro de los nueve meses desde su inauguración. En octubre de 1953, el compromiso fue recordado, e imperiosamente. Un intento por actuar independientemente, y en el interés nacional norteamericano, en un problema que afectaba al "más nuevo miembro de la familia de la naciones" fue aplastado, y el Presidente norteamericano tuvo que realizar la penitencia pública, en mucho de la misma forma que "Rockland" (Woodrow Wilson) fue puesto bajo control en la novela del Sr. House en 1912.

Esta humillación de la cabeza del país que la humanidad veía como el gobierno más poderoso en el mundo, es el incidente más significativo en la historia presente, que ha enumerado muchos episodios similares en naturaleza, pero menos abierto a la auditoría pública. La serie de ataques Sionistas contra sus estados-vecinos árabes (listados en la sección precedente) comenzó el 14 de octubre de 1953, cuando toda alma viviente en el pueblo árabe de Qibya, en Jordania, fue masacrado. Ésta fue una repetición de la matanza de Deir Yasin de 1948, con la diferencia que se hizo fuera de Palestina, y así deliberadamente, intimidó al cuerpo entero de pueblos árabes que todos ellos, sufrirían la "**destrucción absoluta**" en el tiempo, nuevamente con el consentimiento de "el Occidente."

Los hechos fueron informados a las Naciones Unidas por el General danés Vagn Bennike, jefe de la Organización de Observación de Tregua de las Naciones Unidas (quién recibió amenazas contra su vida) y su responsable inmediatamente después, el Comandante E.D. Hutchison de la Armada norteamericana que describió el ataque como "asesinatos a sangre fría" (y que fue más tarde removido). En la discusión subsecuente ante el Consejo de Seguridad de las Naciones Unidas, el delegado francés dijo "la matanza" había despertado "horror y reprobación" en Francia y había reprochado a Israel, el estado fundado en la demanda de "persecución", con "descargar la venganza sobre inocentes".

El delegado griego habló de "la horrible matanza" y los delegados británicos y norteamericanos se unieron al coro de "condenación" (9 de noviembre de 1953). En Inglaterra, el Arzobispo de York, denunció este acto "horrible de terrorismo" y un M.P Conservador, el Comandante H. Legge-Bourke, lo llamó "la atrocidad de culminación en una cadena larga de incursiones en territorio no-israelita, hecho como parte de un plan concertado de venganza."

Cuando estas expresiones de horror se profirieron, Israel había sido, en el efecto, premiado con un Bono norteamericano de 60.000.000 de dólares por el hecho y el Presidente norteamericano había sido sometido públicamente a la "presión" Sionista en Nueva York. Ésta es la cronología de los eventos:

Cuatro días después de la masacre (18 de octubre de 1953) el Gobierno norteamericano "decidió administrar un duro reproche a su protegido" (*The Times*, 19 de octubre). Anunció que "los impactantes informes que han alcanzado el Departamento de Estado de la pérdida de vidas y propiedad involucrados en este incidente nos convence que aquellos que son responsables **deben ser llevados a responder y se deben tomar medidas eficaces para prevenir tales incidentes** en el futuro" (estas palabras merecen la pena). *The Times* agregó que "detrás de esta declaración hay un resentimiento creciente en la forma arbitraria en que el Gobierno de Israel se inclina para tratar con los Estados Unidos - probablemente porque cree que siempre puede **contar con la presión política doméstica en este país**". Incluso fue informado (agregó *The Times*, como en suave murmullo) "que una concesión de varios millones de dólares al Gobierno de Israel puede ser suspendida hasta que se dé alguna garantía que no habrá más algún incidente fronterizo".

Dos días después (20 de octubre) el Departamento Estatal anunció que la concesión a Israel se detendría. Si el Presidente Eisenhower calculó que, con la elección un año atrás y los próximos tres años delante, su administración era libre para formular la política estatal norteamericana, estaba equivocado. La debilidad de Norteamérica, y la fuerza del método llave-maestra, es que una elección *siempre* amenaza, si no es una elección presidencial, entonces una del congreso, alcaldía, municipal u otra. En ese momento, tres candidatos (dos judíos y un no- judío) estaba contendiendo para la alcaldía de Nueva York, y la campaña estaba empezando para las elecciones del congreso de 1954, cuando los 435 miembros del Cámara de Representantes y un tercio de los Senadores buscarían la elección. Contra este trasfondo, el tornillo se aplicó a la Casa Blanca.

Los tres rivales en Nueva York comenzaron a pujar uno sobre otro por el "voto judío". quinientos Sionistas se reunieron en Nueva York (25 de octubre), anunciaron que se asustaron por la cancelación de la "ayuda a Israel", y exigieron que el Gobierno "revise y revierta su acción apresurada e injusta". El candidato Republicano llamó a Washington para una entrevista inmediata con el Ministro de Relaciones Exteriores; volviendo de esa cita aseguró a los electores ansiosos que "la totalidad de la ayuda económica norteamericana *será* entregada a Israel" (***New York Times***, 26 de octubre) y dijo que esto sumaría en total 63.000.000 de dólares (no obstante, él no fue elegido).

Entretanto los gerentes del Partido Republicano clamaban a la puerta del Presidente con las advertencias de lo que pasaría en la elección de 1954 si no se retractara. El 28 de octubre él capituló, una declaración oficial anunciaba que Israel recibiría la cantidad destinada previamente, y 26.000.000 de dólares de de esa cantidad en los primeros seis meses del año fiscal, (fuera de un total de aproximadamente 60.000.000 dólares).

El candidato Republicano para la alcaldía de Nueva York dio la bienvenida a esto como el "reconocimiento del hecho que Israel es un firme bastión de la seguridad del mundo libre en el Cercano Oriente", y un acto "de un estadista político mundial" típico del Presidente Eisenhower. El verdadero cuadro de lo que había producido el acto, fue entregado por el Sr. John O' Donnell en el ***New York Daily News***, 28 de octubre: "Los políticos profesionales se movieron hacia él con una venganza. A Ike no le gustó en absoluto... pero la presión era tan violenta, que para guardar la paz en la familia tenía que revertir. Y la marcha atrás, política y personalmente, era la casi más inteligente y la más veloz vista en esta capital política del mundo en un mes... Durante una semana la presión de los candidatos, buscando el gran voto judío en la Ciudad de Nueva York, ha sido terrorífico... La educación política del Presidente Eisenhower se ha movido con una velocidad vertiginosa en los últimos diez días". (No obstante, el Partido Republicano *perdió* el control del Congreso en la elección de 1954, siendo esto el resultado familiar e invariable de estas capitulaciones; y después de capitulaciones aún mayores, sufrió un retroceso aún mayor en 1956, cuando su candidato, nuevamente el Sr. Eisenhower, se re-eligió presidente).

Después de esto, el Gobierno norteamericano nunca más se aventuró a "reprender a su protegido" durante la larga serie de iguales "actos horribles" cometido por él, y en el aniversario de la creación de Israel, (el 7 de mayo de 1954) el Ejército israelita desplegó orgullosamente las armas recibidas de los Estados Unidos y Gran Bretaña; un masivo despliegue de tanques norteamericanos y británicos, aviones, bombarderos y cazas fueron entonces exhibidos. (Los Estados Unidos habían calificado a Israel "elegible para la ayuda militar" el 12 de agosto de 1952, y Gran Bretaña autorizó las exportaciones de armas a Israel por distribuidores privados el 17 de enero de 1952).

Dos años de relativa quietud le siguieron, pero era meramente el silencio de preparación; la próxima serie de eventos estaba obviamente organizándose durante para el próximo año de elección presidencial, 1956. En mayo de 1955 (el mes cuando Sir Anthony Eden sucedió a Sir Winston Churchill como Primer Ministro en Inglaterra), el Ministro de Relaciones

Exteriores norteamericano, el Sr. John Foster Dulles, tal como el Sr. Balfour treinta años antes, visitó por fin, el país que estaba arruinando la política extranjera norteamericana, como había hecho naufragar la de Inglaterra. Después de su experiencia con el "reproche", tan rápidamente tragado, debe haber comprendido que estaba tratando con la fuerza más poderosa en el mundo, suprema en su país, en el cual "Israel" era sólo el instrumento que dividía y gobernaba otros.

Tal como el Sr. Balfour, fue recibido con protestas árabes cuando salió de Palestina. En Israel fue visto por pocos israelitas, viajando rápido en un automóvil cerrado, entre cordones de policías, desde el aeropuerto a Tel Aviv. El operativo policial para su escolta y guardia se llamó "Operación Kitavo", **Kitavo** que en hebreo significa "De donde tu vienes". La alusión es a **Deuteronomio** 26: "Y será, cuando tu entres en la tierra que el Señor tu Dios te ha dado como herencia... y el Señor te ha justificado este día por ser sus personas especiales, tal como te lo ha prometido, y que ustedes deberán guardar todos sus mandamientos, y para hacerte más alto sobre todas las naciones que él ha hecho... que tu podrás ser el pueblo sagrado hacia el Señor tu Dios". Así un Ministro de Relaciones Exteriores norteamericano se vio en el Israel Sionista meramente como un carácter menor en el gran drama de "cumplir" la Ley Levítica.

El Sr. Dulles en su retorno dijo que había encontrado que los Árabes le temían al Sionismo más que al Comunismo, un descubrimiento de lo obvio: los Árabes habían leído la Torah y había visto su aplicación literal en ellos en Deir Yasin y Qibya. Él dijo en una transmisión de la televisión (según **Associated Press**, 1º de junio de 1953), " Estados Unidos está firmemente detrás de la declaración de 1950, hecha conjuntamente con Bretaña y Francia ; empeña a las tres naciones a la acción en el evento que las **presentes fronteras israelitas** sean violadas por cualquier acción militar" (la famosa "Declaración Tripartita"). No he podido descubrir si el Sr. Dulles dijo esto o fue citado incorrectamente (la Declaración era supuestamente imparcial y garantizaba "las fronteras en el Medio Oriente y la línea del armisticio, **no** "las fronteras israelitas" pero éste era el tipo de noticias que siempre llegaban a los Árabes y de hecho el lapsus verbal, o mal citado, estaba mucho más cerca de la verdad obvia de los asuntos.

Una vez más las generaciones estaban pasando, pero la alargada sombra del Sionismo caía cada vez más pesada en cada nueva de ellas. Los poderes de Sir Winston Churchill, finalmente fallaban, abandonó su puesto al hombre en quien, ya lo había entregado de la forma de un potentado que determina la sucesión: "Yo no doy ningún paso en la vida pública sin consultar al Sr. Eden; él continuará con la antorcha del Conservadurismo cuando otras y más viejas manos, las han dejado caer". Siendo ese el caso,

Sir Anthony presumiblemente heredó el incalificable apoyo de Sir Winston para "el cumplimiento de la aspiración del Sionismo" y podría bien haber deseado la antorcha en otras manos, ya que podría sólo arruinarla, no iluminar el "Conservadurismo" e Inglaterra. Desde el momento que alcanzó la oficina, para la cual se había preparado toda su vida, su administración fue acosada por "el problema del Medio Oriente", de tal manera que su fin político pareciera ser tan infeliz como aquel del Sr. Roosevelt y el Sr. Woodrow Wilson. Y el escriba podría agregar, aquel del Presidente Eisenhower.

En septiembre de 1955 enfermó, y aunque se recuperó, las fotos de él comenzaron a mostrar los rasgos que aparecían en aquellas de los Sres. Roosevelt y Woodrow Wilson hacia el fin de sus condiciones. La "presión" que éstos aparentemente hombres poderosos tenían que sostener en este, "el Siglo Judío", parece tener un algún efecto, el cual se muestra en una fisonomía agobiada. Ellos están rodeados por lisonjeros, pero si intentan seguir su conciencia y deber, son llevados implacablemente a rendir cuentas. Después de su primera experiencia, la expectativa general era que él no llevaría a cabo un segundo término.

Él no era Republicano y durante su primer término se sintió incómodo como un presidente "Republicano." De hecho, poco después su inauguración su "molestia con la poderosa ala derechista del Partido" (en otros términos, con los Republicanos tradicionales que habían querido al Senador Taft) "alcanzó tal extremo que durante un tiempo dio un prolongado tiempo a la idea de un nuevo partido político en Norteamérica, un Partido en la que personas de su misma filosofía, sin tener en cuenta sus afiliaciones anteriores, podrían reunirse... Comenzó preguntándoles a sus socios más íntimos si no habían pensado en comenzar un nuevo Partido. Tal como él lo concebía, tal Partido podría haber sido esencialmente *su* Partido. Podría haber representado esas doctrinas, internacionales y domésticas, qué *él creía* eran lo mejor para los Estados Unidos *y de hecho para el mundo*".[53] Sólo dejó esta idea cuando la muerte del Senador Taft, dejó al Partido Republicano sin un líder natural y cuando el Senado, al estímulo personal del Presidente, censuró al Senador

---

[53] Este significante descubrimiento viene de un libro, **Eisenhower, La Historia Interna**, publicada en 1956 por un corresponsal en la Casa Blanca, el Sr. Robert J. Donovan, evidentemente al deseo del Sr. Eisenhower, ya que está basado en los minutas de las reuniones Ministeriales y otros documentos que se relacionan con procedimientos muy secretos a un alto nivel. Nada parecido había sido publicado alguna vez en Norteamérica y el autor no explica las razones para tal innovación. Se registran cosas que los funcionarios del Gabinete del Presidente probablemente no habrían dicho, si hubiese sabido que serían publicados; por ejemplo, una sugerencia jocosa que el Senador Bricker y sus partidarios (quién estaba presionando por una enmienda Constitucional para limitar el poder del Presidente para hacer tratados, y así para sujetarlo al gran control del Congreso), estos deberían ser bombardeado con una bomba atómica.

Joseph McCarthy de Wiscon por el ardor de su ataque al Comunismo-en-el-gobierno. El enojo público despertó por la exposición de una infestación comunista de la administración bajo los Presidentes Roosevelt y Truman fue una de las causas principales para el cambio de votos al Partido Republicano (y su candidato, el Sr. Eisenhower) en 1952.

Así al final de 1955 un año de elección-presidencial amenazó nuevamente, circunstancias que el poder dominante en Norteamérica siempre había encontrado ideal: un presidente enfermo, partidos-políticos ávidos por "el voto Judío", una situación de guerra en el Medio Oriente y otra en Europa. En tal estado de los asuntos la "presión política doméstica" en la capital del país más adinerado y mejor armado del mundo podría producir casi cualquier resultado. Los gerentes del Partido Republicano, desesperado por retener a un Republicano nominal por lo menos en la Casa Blanca si ellos no pudieran ganar una mayoría en el Congreso, rodeaban a un hombre enfermo y le instaban a que participara.[54]

La campaña real empezó, como siempre, un año pleno antes de la propia elección. En septiembre de 1955, el Gobierno egipcio del Presidente Gamel Abdel Nasser acordó con la Unión Soviética la compra de algunas armas. La "Declaración Tripartita" de 1950 de Norteamérica, Bretaña y Francia declaraba que los estados árabes e Israel podían comprar armas de Occidente. El Presidente Nasser, en la justificación de su acto, declaró (16 de Noviembre de 1955) que él había sido incapaz de obtener "un simple pieza de armamento de los Estados Unidos tras tres años de intentar" y acusó al gobierno norteamericano de "un intento deliberado

---

[54] Los eventos domésticos más significantes del primer término del Presidente Eisenhower (en vista del hecho que su elección expresaba el deseo de los votantes norteamericanos, en 1952, (principalmente reajustar la demostrada infestación comunista en el gobierno y combatir la amenaza de la agresión comunista) era la censura del investigador más persistente, el Senador McCarthy, que recibió el estímulo personal del Presidente y su aprobación; y la decisión de la Corte Suprema de los Estados Unidos en 1955 que negó el derecho de los cuarenta y ocho Estados individuales para tomar medidas contra la sedición y reservaron esto al Gobierno Federal. Esta decisión, si se promulgaba en el efecto, reduciría enormemente el poder de la República para "luchar contra la sedición" (los "Protocolos"). El tercer evento mayor fue la decisión de la Corte Suprema contra la segregación de alumnos Blancos y Negros en las escuelas públicas, que en el efecto, estaban dirigidas contra el Sur y, si se presionaba, podría provocar resultados gravemente explosivos. Estos eventos atraen la atención a la posición peculiar que tiene en los Estados Unidos la Corte Suprema, en vista del hecho que las designaciones allí son políticas, no el premio a una vida de servicio en una magistratura independiente. En estas circunstancias la Corte Suprema, bajo el Presidente Eisenhower, mostró señales de transformarse en un cuerpo político supremo (el Supremo Politburó no podría ser una palabra demasiado inepta), con capacidad de estar sobre el Congreso. El Abogado General de los Estados Unidos en 1956, el Sr. Simón E. Sobeloff, declaró, "En nuestro sistema, la Corte Suprema no es meramente el juez de controversias, ya que en el proceso de juicios es de muchas formas como el *último formulador de la política nacional*" (citado en el ***New York Times***, 19 de julio de 1956).

por mantener a los Árabes perpetuamente a merced de Israel y sus amenazas."

Este compra egipcia de armas soviéticas produjo un alboroto inmediato en Washington y Londres, similar al que se levantó en 1952-1953 sobre "el juicio de los doctores Judíos". El Presidente Eisenhower recurrió a la Unión Soviética para detener los embarques de armas a Egipto (el grueso de éstos venían de la fábrica de armas Skoda en Checoslovaquia, que cayó en la posesión soviética a consecuencia del acuerdo de Yalta de 1945 y qué había proporcionado las armas que le permitieron a "Israel" preparar el hogar en 1947-1948 y "alabar a los soviéticos como los libertadores"). En Londres, en el mismo día (9 de noviembre de 1955), Sir Anthony Eden, acusó a la Unión Soviética de crear tensiones de guerra en el Medio Oriente; el Ministro del Exterior británico, el Sr. Harold Macmillan, se quejó de la introducción de un "nuevo y perturbador factor en esta delicada situación". Para los Árabes todas estas palabras de Occidente significaron lo que ellos siempre habían querido decir: que a Israel se las darían, y a los Árabes se le negarían las armas.

Después de esto, la campaña de propaganda se infló día a día, de la misma forma como en 1952-1953, dentro de unas semanas, la memoria de los tres años de ataques israelitas sobre los países árabes y las condenas de las Naciones Unidas de éstos ataques, se habían borrado de la mente pública. En su lugar, el lector general recibió la impresión diaria que Israel estaba desarmado, a través de la falta de Occidente, estaba siendo dejado a la misericordia de Egipto, armado hasta los dientes con las armas "Rojas." En esa fase temprana, la verdad de la materia se publicó una vez: la autoridad principal del ejército norteamericano, el Sr. Hanson W. Baldwin, hablando del suministro de armas norteamericano a Israel, dijo, "Nosotros estamos intentando mantener un difícil 'equilibrio' entre los israelitas y los Árabes. Esto no es ahora, ni lo será probablemente pronto, un verdadero equilibrio en el sentido que los dos lados posean igual fuerza militar. Hoy, Israel es claramente superior a Egipto, de hecho a la fuerza combinada de Egipto, Jordania, Arabia Saudita, Líbano, Siria e Irak" (**New York Times**, 11 de Noviembre de 1955).

Esta verdad no fue permitida de alcanzar las masas lectoras de periódicos en los once meses que siguieron, de todos los modos en mi observación.[55] Ellas fueron guardadas abstraídas por el clamor creciente sobre las "Armas Rojas para los Árabes" que puso la nota para ambas

---

[55] Sin embargo, **catorce** meses después (4 de enero de 1957), después del ataque a Egipto, el Sr. Hanson Baldwin, escribiendo desde el Medio Oriente, confirmó la persistencia de la "indefensión" del predominio del ejército de Israel: "Israel ha sido, desde 1949, la fuerza militar indígena más fuerte en el área. Ella es más fuerte hoy, comparada con los estados Árabes, que alguna vez lo fue."

campañas electorales (para el Congreso y para la Presidencia) que estaban entonces empezando.[56] Todos los aspirantes presidenciales en el lado Democrático (los Sres. Estes Kefauver, el Gobernador Harriman del Estado de Nueva York, Stuart Symington y Adlai Stevenson) hicieron declaraciones inflamatorias en este sentido.[57] En un momento dado, un comité Sionista norteamericano consideró una "marcha a Denver" pero se refrenó (el Presidente estaba allí en el hospital después de su infarto), y en cambio se acercó a todos los candidatos, de cualquier Partido, con la demanda que firmaran una "declaración política" contra la concesión de armas a cualquier estado árabe. Los 120 aspirantes del Congreso firmaron inmediatamente, y el número aumentó después a 102 Demócratas y 51 Republicanos (***New York Times***, 5 de abril de 1956). Este exceso en números de los signatarios Demócratas es la base para la declaración hecha al Congreso Sionista Mundial en Jerusalén, el 26 de abril, por el Sr. Yishak Gruenbaum, un importante político israelita y ex Ministro: "Israel no recibirá el apoyo de los Estados Unidos mientras la dirección Republicana esté en el mando."

Ésta fue una demanda pública, de Israel, que los judíos norteamericanos debían votar por los Demócratas, y la creencia de los gerentes de Partido norteamericanos en el poder de "el voto Judío" fue fortalecida allí, en esta ocasión, por el éxito Demócrata en la elección del Congreso, deseada por el Sr. Gruenbaum en Jerusalén.

Contra este trasfondo de "presión" en un Presidente enfermo a través de los gerentes del Partido y de una campaña más sobre "la persecución de los Judíos" (simbolizada, este vez, por Israel) comenzó el año de la elección presidencial. Desde el inicio, los experimentados observadores vieron que había sido escogido (tal como los años de las elecciones presidenciales precedentes) como un año de crisis organizada y creciente que podría hacer erupción en una guerra general. La base de todos los cálculos era la "presión política doméstica" que podría ser ejercida sobre el gobierno norteamericano y sus actos.

En el mundo real el año abrió, típicamente, con una "condena" más unánime (19 de enero de 1956) contra Israel por un ataque "deliberado" y "flagrante" (uno en Siria el 11 de diciembre de 1955). Esta fue la cuarta condena mayor en dos años y vino en un momento cuando la campaña de propaganda sobre "la indefensión" de Israel y la "agresión" árabe ya estaba en su apogeo en Occidente. En el mismo período un "estado de emergencia nacional" fue declarado en Israel.

---

[56] "El suministro de armas de la Checoslovaquia soviética hizo a los judíos en Israel y en otras partes, ver a los soviéticos como libertadores", ***Jewish Times*** Johannesburgo, 24 de diciembre de 1952.
[57] "El estado de Israel será defendido si es necesario, con una poderosa ayuda externa", Gobernador Harriman, ***New York Times***, 23 de marzo de 1955.

El ataque Sionista se volvió entonces hacia el centro de los oficiales en el Departamento de Estado quienes, (igual que aquellos en la Oficina Colonial británica y en la Oficina Extranjera en generaciones más tempranas) intentaron mantener fuera los peligrosos "compromisos" con Israel. En noviembre de 1955, la organización religiosa sionista más grande del mundo, la Organización de Mizrachi de Norteamérica, había declarado en la Ciudad de Atlanta que "una pandilla" de "elementos anti-Israel en el Departamento de Estado de los Estados Unidos" estaba "bloqueando la ayuda efectiva de EEUU a Israel" (esto, palabra por palabra, es la queja hecha por el Dr. Chaim Weizmann contra los oficiales responsables británicos por un período de tres décadas, 1914-1947).

En el año de la elección presidencial, 1956, el hombre que había tenido éxito en la sobre carga en Norteamérica, era el Sr. John Foster Dulles, Ministro de Relaciones Exteriores. Inmediatamente después de la "condena" del Consejo de Seguridad de las Naciones Unidas a Israel en enero, el Sr. Dulles anunció que él estaba intentando ganar el acuerdo de los líderes políticos Demócratas para dejar fuera el asunto israelita-árabe del debate en la "campaña de la elección Presidencial (24 de enero de 1956). El *New York Times* comentó, "es sabido que el Sr. Dulles se ha quejado que oficiales de la embajada israelita aquí, han buscado persuadir a candidatos al Congreso a tomar posiciones favorable a la causa israelita... El Ministerio está ávido que ningún Partido debe complicar las delicadas negociaciones para un asentamiento del Medio Oriente discutiendo la cuestión israelita para sacar ventajas personales o partidarias en la campaña de elección... Específicamente, él está aprehensivo para que no se diga algo en la campaña Presidencial que animaría a que los israelitas pensaran que los Estados Unidos pudieran condonar o podrían cooperar en una invasión israelita de territorio árabe".

Así el Sr. Dulles estaba quejándose de la "presión política" registrada por el Presidente Truman en sus memorias,[58] y estaba intentando en 1956, lo que el Sr. Forrestal en 1947 había intentado, al precio del despido, resquebrajamiento y suicidio. Él inmediatamente cayó bajo el ataque de la prensa (por igual en Norteamérica e Inglaterra) de la misma forma como el Sr. Ernest Bevin y el Sr. Forrestal en los años 1947-1948. Recibió una carta de reproche de "un grupo de miembros Republicanos del Congreso" a quienes apaciguadoramente respondió, (el 7

---

[58] En los años intermedios otro libro había aparecido. *Los Registros de la ONU,* del Sr. Chesly Manly, que dijo que cuatro funcionarios mayores del Servicio Exterior norteamericano, llamaron desde el Medio Oriente a Washington durante las elecciones del Congreso de 1946 para consultar sobre la cuestión de Palestina, habían presentado el caso árabe y habían recibido de Presidente Truman la respuesta, "Lo siento señores, tengo que contestar a cientos de miles que están ansioso por el éxito del Sionismo; No tengo centenares de miles de Árabes entre mis electores". La sumisión del Sr. Truman a la presión sionista, cuando estaba en la oficina, y su queja sobre esta presión, cuando estaba retirado, ambas están así en el registro.

de feb. de 1955) que "La política exterior de los Estados Unidos incluye la preservación del estado de Israel... Nosotros no excluimos la posibilidad de ventas de armas a Israel". Por este tiempo él había pecado más allá, para el *Jerusalen Post*, que en 1956 era una suerte de *Court Gazette* para las capitales Occidentales, anunció que él había cometido "un acto menor pero hostil... recibió durante 45 minutos una comisión del Consejo norteamericano para el Judaísmo".[59]

"El Concilio Sionista norteamericano "protestó" inmediatamente contra la propuesta del Sr. Dulles, que el asunto de Palestina "se deje fuera de debate durante la elección presidencial"; su presidente, el Rabino Irving Miller, llamó a esto "una visión equivocada que cualquier segmento particular de la política exterior debe retirarse de la arena de la *libre y sin trabas* discusión pública". Acerca de esta libertad de entrabar, las siguientes extrañas alusiones al estado de los asuntos parecían prevalecer, en ese momento, en la prensa norteamericana: "Las disputas de Israel con sus vecinos se han transferido a cada plataforma norteamericana, dónde meramente explicar por qué los Árabes hacen lo que hacen es transformarse en un candidato para la extinción profesional" (Srta. Dorothy Thompson); "Una política en pro-Egipto no traerá ningún voto para los Republicanos en New Jersey, Connecticut o Massachusetts y cuando uno habla con profesionales políticos, se escucha mucho sobre el asunto" (Sr. George Sokolsky); "Los cerebros políticos sostienen que para conseguir el voto judío en tales estados críticos, como Nueva York, Massachusetts, Illinois, New Jersey y Pennsylvania, los Estados Unidos deben bajar la línea contra los Árabes" (Sr. John O'Donnell).

El próximo desarrollo fue un anuncio en el *New York Times* (21 de feb. de 1956) diciendo que el Sr. Dulles tendrían que "enfrentar una investigación en la política exterior" llamada por el Comité de Relaciones Exteriores del Senado para "inquirir las contorsiones y vueltas de la política de armas de la Administración en el Medio Oriente". El Sr. Dulles apareció a su debido tiempo ante el Comité (el 24 de feb. de 1956) y esto llevó a un incidente significativo. De la forma normal las masas públicas, tanto en Norteamérica como en Inglaterra, son privadas de expresar

---

[59] Éste es un ejemplo, en la nueva generación, de la "interferencia externa, completamente de Judíos" de la cual el Dr. Weizmann se quejó amargamente más temprano. El Consejo temió y combatió el envolvimiento de Occidente en el chauvinismo Sionista. Estaba encabezado por el Sr. Lessing Rosenwald, anterior jefe de la gran casa mercantil en Sears, Roebuck, y el Rabino Elmer Berger. Reuniéndose en Chicago en este período, se resolvió que las memorias del Presidente Truman "confirman esa presión sionista" - etiquetadas como aquella de los judíos norteamericanos - era excesiva, más allá de todos los límites de conveniencia" y "ofrecieron un espectáculo de ciudadanos norteamericanos que trabajan por una causa de un nacionalismo extranjero", El lector, si se refiere a los capítulos anteriores, verá la situación qué se produjo precisamente en Inglaterra entre 1914-1917 se había reproducido en América en 1947-1948 y 1955-1956.

cualquier opinión adversa sobre la aventura en Palestina, tan costosa para ellos; los candidatos para la elección no pueden esperar la nominación partidaria a menos que ellos se subscriban a la visión Sionista, y la prensa no imprimirá en general, algo diferente. En esta ocasión, el funcionario Ministerial responsable tenía una audiencia comprendida de tantos norteamericanos como podía apiñarse en el espacio reservado para los espectadores y ellos le ovacionaron cuando entró, mientras hablaba y cuando se retiró.

La razón para estas ovaciones fue clara, y el incidente demostraba cómo reaccionarían en general, las masas de Occidente si sus líderes políticos alguna vez cándidamente le hicieran esta pregunta. El Sr. Dulles dijo entre otras cosas, "una de las más grandes dificultades que enfrentan los Estados Unidos en su rol de intentar mediación entre Árabes e israelitas, es la creencia del mundo árabe que la conducta de Washington será guiada por las ***presiones políticas domésticas***". Había peligro que los israelitas podrían precipitar lo que se llama una "guerra preventiva".

"Si eso ocurriera, los Estados Unidos "no serían involucrados en el lado de Israel" porque tenía compromisos con sus aliados de oponerse a cualquier nación que comenzara la "agresión" en el Medio Oriente. Él "sugirió varias veces que las presiones políticas domésticas estaban siendo aplicadas para intentar obligar a la
    Administración a tomar un indebido e imprudente curso en pro de Israel en el Medio Oriente."

Lo que se aplaudió entonces, está claro, y ésta fue la primera alusión oficial y pública, escuchada en una audiencia pública, al engranaje que mantiene a Occidente en la esclavitud. La demostración de la aprobación pública no disminuyó las "presiones" de las cuales se quejaba el Sr. Dulles. Unas semanas después (el 12 de abril de 1956) él fue ovacionado ante los líderes del Congreso informando sobre el Medio Oriente y les dijo "temo que el tiempo puede haber pasado para una solución pacífica". Él señaló que los dos "factores claves" en la política de Estados Unidos estaban allí "en conflicto", a saber, "Retención de los inmensos recursos de petróleo de la región para el uso militar y económico de Europa Occidental", (estos recursos están en la actualidad en los países árabes) y "preservación de Israel como nación". El líder Demócrata de la Cámara, el Sr. John McCormack, preguntó entonces perentoriamente, "¿Qué política es primera, salvar a Israel o mantener el petróleo? " Por su respuesta, "Nosotros estamos intentando hacer ambas", el Sr. Dulles mostró que la totalidad de Occidente estaba más que nunca, profundamente encarcelado en el insoluble dilema creado por el envolvimiento original de Bretaña en el Sionismo.

En el vano intento de "hacer ambas", el Sr. Dulles pronto hizo el asunto mucho peor. Al parecer él nunca había esperado que su propuesta original tuviera éxito; él "dio un bramido de risa sardónica" cuando se le preguntó, en una conferencia de prensa en ese momento, si él creía de verdad que podía conseguir sacar el problema árabe-israelita de la política electoral. Tal como le habló al Comité del Senado (¿Habrían aplaudido esos espectadores si lo hubiesen sabido?) el método había sido inventado con el cual Norteamérica podría anunciar oficialmente que *no* proporcionaría en absoluto "armas al Medio Oriente", y al mismo tiempo, **aseguraría** que *Israel* reciba tales armas, permitiéndole que lanzara la "guerra preventiva" que el Ministro de Relaciones Exteriores "temió". El dispositivo era similar a aquel usado en el caso de la "indemnizaciones" de Alemania Occidental, que se exigieron bajo la presión norteamericana y aseguraron el flujo de dinero o bienes a Israel sin que esto apareciera en algún presupuesto norteamericano.

Inmediatamente después del informe del Sr. Dulles al Comité del Senado, y al parecer en respuesta a esto, las tropas israelitas hicieron "un ataque preparado y planificado" contra los egipcios en el área de Gaza, matando a treinta y ocho personas (el 27 de feb. de 1956), y fue condenado por "agresión brutal" por el

U.N.M.A.C. Dentro de unas semanas los redactores empezaron a indicar el nuevo método de abastecimiento de armas a Israel: "Si los Estados Unidos vendieran armas a Israel, volvería a abrirse la tubería comunista de armas a los Estados árabes... al parecer se siente que lo mismo no sería verdad si Bretaña, Francia y Canadá accedieran a las demandas israelitas por las armas... Es asumido aquí, que si los Aliados venden armas a Israel, los Estados Unidos pueden mantener su propia posición de imparcialidad."

Esto era "hacer las dos" en la práctica. El Rabino Hillel Silver (líder Sionista que había proferido la oración por "gracia y guía" en la inauguración del Presidente) declaró entonces en Israel que "la Administración Eisenhower todavía no ha dicho la última palabra en las armas para Israel" (**New York Times**, 4 de abril de 1956). Ya en Washington, tuvo "una discusión muy franca y amistosa" con el Presidente. Luego fue revelado que los Estados Unidos estaban animando "discretamente a los gobiernos franceses y canadienses para que vendieran armas a Israel" (**New York Times**, abril de 1956). Próximamente, éstas demostraron en la verdad, ser armas proporcionadas por los norteamericanos, ya que el Gobierno francés oficialmente anunció (el 12 de mayo de 1956) que el Gobierno norteamericano había "aceptado un retraso en las entregas para permitirle a Francia hacer rápidamente una última entrega de doce aviones Mystere IV a Israel". Éstos que eran algunos de los aviones franceses usados posteriormente en el ataque contra Egipto, cinco meses después; el cual la propia Fuerza Aérea francesa tomaría parte, no era conocido en mayo.[60]

En la explicación: el Gobierno norteamericano estaba financiando la compra de armas para sus aliados en la Organización del Tratado Atlántico Norte en ese momento, cursando los pedidos con fabricantes extranjeros. Estas entregas financiadas por Norteamérica fueron desviadas a Israel ante el "estímulo" norteamericano. Así la OTAN, supuestamente desde su formación por ser una alianza del Occidente contra la "agresión soviética" y el "Comunismo", también se volteó al propósito del Sionismo. Firmada en 1949, el propósito original ostensible, era que los miembros (EEUU, Canadá, Inglaterra, Francia y otros diez países europeos, y Turquía) considerarían cualquier ataque sobre uno de ellos, como un ataque sobre todos y ayudarían al atacado.

Por consiguiente el Gobierno norteamericano, mientras atacaba a la Unión Soviética por abastecer de armas a Egipto y declarando que ellos mismos no promoverían "una carrera armamentista" en el Medio Oriente proporcionándolas a Israel, estaba de hecho, procurando armas para que Israel mantuviera su superioridad sobre los otros siete países árabes. Aquí el Sr. Dulles operó con un toque Maquiavélico, que tenía el efecto de echarle aceite al fuego. El acto de procurar armas ni siquiera se guardó en secreto; tal como las citas anteriores lo demuestran, se dio publicidad y se usó como una jactancia para obtener votos en esa campaña electoral, para la cual el Sr. Dulles había llamado a dejar el problema israelita-árabe aparte.

Un extraño efecto lateral en estas maquinaciones en el Occidente fue que las declaraciones hechas, en esta cuestión en particular, por los gobernantes absolutamente poco escrupulosos en Moscú, ganaron una mirada de respetabilidad honorable. Por ejemplo, el Gobierno soviético, cuando Occidente comenzó el alboroto acerca de las "armas para Egipto", envió una nota a los gobiernos norteamericano, británico, egipcio y checoslovaco declarando, "El Gobierno soviético sostiene que cada estado tiene el derecho legítimo de cuidar su defensa y comprar las armas para los requerimientos de su defensa de otros estados en las condiciones comerciales usuales, y que ningún estado extranjero tiene el derecho para intervenir."

---

[60] Seis meses después, en la víspera de la elección presidencial e inmediatamente antes del ataque israelita contra Egipto, el **New York Daily News** hizo un llamado a los "votantes judíos" mediante el recuento de los siguientes servicios Republicanos : "La Administración Eisenhower no ha visto una forma clara para suplir a Israel con material pesado de guerra, debido a varias situaciones internacionales sensibles. Sin embargo, la Administración, el pasado abril y mayo, ayudó a Israel a conseguir 24 aviones Mystere de Francia, y el último mes, Canadá anunció la venta de 24 aviones Sable a Israel. El Sr. Dulles fue declarado por los oficiales israelitas haber usado activamente la influencia Gubernamental de Estados Unidos promoviendo ambas ventas de los aviones franceses y canadienses".

Ésa fue una declaración irreprochable en la legalidad, e incluso en la posición moral, y fue hecha eco por Israel, mientras el alboroto Occidental fluía, el Ministro de relaciones Exteriores Israelita, entonces el Sr. Moshe Sharett, declaraba en Nueva York (10 de noviembre de 1955) "Si somos llevados a un rincón y nuestra existencia está en peligro, nosotros buscaremos y aceptaremos armas de cualquier fuente en el mundo" (en respuesta a una pregunta si los soviéticos le había *ofrecido* armas a Israel). Así la totalidad de la acusación gritada en Occidente era de hecho, que las armas soviéticas no debían ir a los *estados árabes*, y para esto ningún argumento moral o legal puede encontrarse.

Contra este trasfondo el "indefenso Israel" (el Sr. Ben-Gurion) el 16 de abril de 1956 tuvo su desfile de aniversario con un gran despliegue de tanques y aviones norteamericanos, ingleses y franceses (**New York Times**, 17 de abril); las armas soviéticas probablemente fueron ocultadas del desfile en esa ocasión, en armonía con la propaganda de ese momento en el Occidente. El 24 de abril, en Jerusalén, el Sr. Ben-Gurion una vez más, proclamaba el objetivo nacionalista y expansionista: "**La continua congregación de los exiliados es la meta suprema de Israel y una condición previa esencial para la realización de la misión mesiánica que nos ha hecho un pueblo eterno**".

El subterfugio por medio del cual, los Estados Unidos procuraron las armas para Israel mientras oficialmente negaban proporcionarlas ("Nadie particularmente da la bienvenida a nuestra decisión de no vender armas a Israel pero animar a que otros aliados lo hagan, y abandonar el equipo destinado para este propósito", **New York Times**, 19 de mayo de 1956) no trajo ninguna tregua al Presidente norteamericano. La *abierta sumisión* es el requisito invariable, y la ira Sionista empezó a volverse contra él. En la víspera de su segundo resquebrajamiento en su salud (al principio del verano él tendría que sufrir una operación por hepatitis) la burla empezó a ser lanzada contra él, que era sólo un "presidente a media jornada". Una dirigente sionista, la Sra. Agnes Meyer, la lanzó diciéndole a un público judío en Nueva York que mientras "el baluarte de la democracia" (Israel) estaba en peligro "el Presidente no estaba en su puesto en Washington; él está jugando golf en Augusta", e instándoles que se preguntasen "si esta nación puede permitirse el lujo de un presidente a media jornada". Su segunda enfermedad, que le siguió casi en seguida, detuvo este ataque particular durante un tiempo, pero el Presidente Eisenhower, tal como otros antes que él, no le fue permitido olvidarse que los enormes recursos del poderío de la propaganda Sionista, en cualquier momento se volverían en su contra si él se salía de la línea de sus predecesores.

Mientras él se esforzaba en estos trabajos, al otro lado del Atlántico, otro Primer Ministro parecía haber sido probablemente quebrado en la rueda Sionista. El Señor Anthony Eden, en cualquier otro siglo, se habría transformado en un estadista mayor; en este, el "compromiso" que él heredó fue desde la partida de su gobierno, una rueda de molino en su cuello. Ningún político en el mundo era igual a él, cuando tomó la oficina principal en 1955, en calificación y experiencia. Era de la generación de la Primera Guerra, de tal manera que la memoria de los Campos de Flandes formó el trasfondo de toda su vida adulta, que posteriormente fue completamente dedicada a la política. Venía de una antigua familia con una tradición de servicio heredada, y era dotado y atractivo. Subió a la línea ministerial a una edad temprana y con breves intervalos, sostuvo un puesto alto tras otro durante más de veinte años, durante los cuales llegó a conocer en Europa y en Norteamérica, a cada dictador y político parlamentario en forma personal. Ganó así adelante una experiencia única durante los años de prueba; sólo Sir Winston Churchill, en todo el mundo, tenía un rango comparable de llegada, negociación y en general de entrenamiento en lo que alguna vez se sostuvo era el arte de la habilidad política.

Era todavía joven, para la oficina principal, cuando el Sir Winston se rindió a la ley de la edad y pasó "la antorcha" al hombre que él había descrito como incluir "la esperanza de vida de la nación británica" (1938), el Sr. Eden (como fue en 1938) se ganó la esperanza de los hombres de su generación a través de su renuncia al Gobierno británico en protesta contra el aplacamiento de Hitler que (él juzgó correctamente) fue un camino seguro para la guerra. El evento de octubre de 1956, fue de hecho más duro para que sus contemporáneos pudieran soportar que su nombre se le diera a esto.

Conocí al Sr. Eden, como un corresponsal en el extranjero puede conocer a un político, en los años que llevó a la Segunda Guerra, y en la fuerza de nuestros sentimientos similares en ese momento, en esos tiempos de oscurecimiento, pude después escribirle en momentos cuando él parecía estar perdiendo la cercanía con las mentes de su generación; y recibir una agradable respuesta, reconociendo el conocimiento anterior y la lectura de mis libros. Le vi, emerger en 1935, con un semblante de problemas, de un primer encuentro con Hitler, que en tonos amenazadores le dijo que la fuerza aérea alemana (entonces extra-oficialmente inexistente) era mayor que la inglesa. Yo lo acompañé a Moscú y pude confirmar con él algo que yo había oído hablar de su primer encuentro con Stalin: que el bandolero Georgiano había apuntado al pequeño punto en el mapa del mundo que representaba a Inglaterra y dijo que cuan extraño era, que un país tan pequeño debía sostener la llave de la paz del mundo (una verdadera declaración en ese momento). Teniendo estos recuerdos personales, yo estaba probablemente más espantado que la mayoría de los hombres cuando supe del hecho al que fue llevado engañado en octubre, 1956.

De la partida en mayo de 1955 los observadores profesionales vieron que él estaba en la verdad, no tanto como Primer Ministro, sino como Ministro para la cuestión Judía, en su generación representada por el estado Sionista y sus ambiciones. Esto significó que todo su término en la oficina se clasificaría bajo esa sombra y que su destino político estaría determinado por sus acciones con respecto al Sionismo, no por su éxito o fracaso en materias de interés nativo. Eso se mostró en la víspera de su gobierno, cuando él era aun Ministro de Relaciones Exteriores durante unas semanas. El Gobierno británico había concluido un arreglo con Irán y Turquía para asegurar la defensa de los intereses británicos en el Medio Oriente, los recursos del petróleo, lo cual era vital para Inglaterra y los Dominios en las Antípodas. El debate en la Cámara de los Comunes ignoró este aspecto y rabiaba alrededor del efecto del acuerdo "sobre Israel", de tal manera que solamente dos miembros (entre 625) protestaron: "Este debate no es sobre Palestina y el Ministro del Exterior debe velar por los intereses del mundo y los intereses de Bretaña, aunque ello cause molestia y turbación a otros estados" (Sr. Thomas Reid); "A juzgar por casi todos los discursos de los honorables. Miembros de ambos lados de la Cámara, uno podría ser perdonado por imaginar que el debate estaba principalmente interesado en el efecto de un pacto sobre Israel, en lugar del mejoramiento de nuestro sistema defensivo mundial contra la amenaza del imperialismo ruso" (Sr. F. W. Bennett). A este, un miembro Socialista judío contestó, "¿Por qué no? " En efecto, en ese tiempo era casi imposible debatir cualquier problema mayor salvo por lo que se refiere a su efecto para Israel, y esto prefiguró el curso como Primer Ministro de Sir Anthony.

Durante los meses restantes de 1955, como Primer Ministro, continuó luchando con "el asunto del Medio Oriente", sugiriendo una vez que una fuerza internacional sea desplegada entre Israel y los estados árabes (los Estados Unidos lo objetaron) y en otra, que Israel podría aceptar rectificaciones menores de la frontera, después de haber asido en 1948 más territorio que aquel "otorgado" a él por las Naciones Unidas (esto le trajo enfadadas acusaciones sionistas en los periódicos de Nueva York diciendo que "Bretaña se ha unido ahora a las líneas de los enemigos de Israel"). Entonces el año de la elección-presidencial, comenzó la crisis de Sir Anthony. La máquina Sionista entró en su marcha de alta velocidad, haciendo jugar a Washington contra Londres y a Londres contra Washington, con una habilidad de cuarenta años de experiencia. En marzo, una cosa significante ocurrió; desconocido para el mundo, hizo que un temprano ataque contra Egipto pareciera una certeza a los diligentes observadores de los eventos.

En la víspera de la Pascua Judía, la misteriosa "Voz de América" transmitió una conmemoración, cargada de alusiones tópicas explosivas, sobre "el escape de los judíos de *la cautividad egipcia*". Considerado en su obvia relación con el bombardeo de propaganda sobre Egipto, la cual estaba entonces en marcha en Washington y Londres, esto claramente pronosticaba violentos eventos antes de la próxima Pascua Judía. Las personas norteamericanas no conocen nada en general de lo que "La Voz de América" dice, o a quien está dirigida. Ni siquiera mi investigación ha descubierto qué departamento oficial se supone que dirige esta "voz", la cual para las personas que están lejos lo toman como que expresa las intenciones del Gobierno norteamericano. Yo pude saber que sus fondos, presupuestos y otros, son inmensos y que es mayoritariamente provisto de personal judíos Oriental. Parecieran trabajar en la irresponsabilidad y el secreto.[61]

---

[61] Durante el levantamiento húngaro contra los soviéticos en octubre de 1956, varios corresponsales norteamericanos, volviendo de las masacres y los fugitivos húngaros atribuyeron una gran medida de responsabilidad por la tragedia a esta "Voz". Los norteamericanos habían encontrado a personas húngaras que estaban seguros de la intervención norteamericana; los húngaros se quejaron que, aunque la palabra "revuelta" no fue usada, la "Voz" en efecto, incitó e instigó la revuelta y ofreció la perspectiva de la ayuda norteamericana. Al mismo tiempo, el Presidente Eisenhower, les dijo a las personas norteamericanas, "Nunca hemos aconsejado a los pueblos cautivos para alzarse contra fuerzas armadas". Críticas similares fueron hechas contra "Radio Europa Libre", una organización norteamericana privada que operaba desde Alemania bajo la licencia Gubernamental de Alemania Oriental.

Uno de los primeros refugiados húngaros en llegar a Norteamérica se quejó que la Voz de América y Radio Europa Libre durante años "nos incitaron" a sublevarnos, pero cuando vino el levantamiento nacional, ninguna ayuda norteamericana fue dada (***New York Times***, 23 de noviembre de 1956).

El Gobierno alemán Occidental pidió una investigación sobre las trasmisiones de Radio Europa Libre durante el levantamiento húngaro (operaba desde Munich) después de que varias acusaciones aparecieran en la prensa alemana Occidental que había, en el efecto, jugado un rol provocativo; como por ejemplo, un escrito preparado el 5 de noviembre de 1956, mientras el levantamiento estaba en marcha, diciéndole al pueblo húngaro que "la ayuda militar Occidental no podría esperarse antes de las 2 a.m. de mañana", una obvia intimidación que vendría en algún momento (***New York Times***, 8 de diciembre de 1956) La implicación más grave de un propósito provocativo estaba contenida en declaraciones hechas por la Sra. Anna Kethly, cabeza del Partido Social Demócrata húngaro que escapó durante la breve liberación del país. Ella dijo que mientras estaba en la cárcel en 1952, Radio Europa Libre, en una transmisión a los países cautivos dijo "que yo estaba dirigiendo el movimiento de liberación clandestino desde la cárcel y citó los nombres de varios líderes del supuesto movimiento. Fui sacada de la cárcel dónde yo había estado en aislamiento completo desde 1950 y fui confrontada con centenares de ex militantes del partido Social Demócrata y de los sindicatos. Todos ellos fueron torturados por la policía política para confesar su participación en el inexistente complot anti-comunista. No había absolutamente ninguna verdad en el informe de Radio Europa Libre; Yo había vivido en aislamiento completo desde mi arresto y no me había reunido con nadie. Radio Europa Libre ha pecado gravemente haciendo creer al pueblo húngaro que la ayuda militar

Desde este momento la totalidad del peso de la propaganda Occidental fue volteada contra Egipto. Los eventos que siguieron podrían ser considerados a la luz de las notas escritas en un diario del Ministro de Guerra, Henry Stimson, en el período antes de Pearl Harbour, al efecto que el objetivo de la Administración del Presidente Roosevelt era maniobrar a Japón a "disparar el primer tiro". Los eventos subsecuentes tenían toda la apariencia de ser diseñados para maniobrar a Egipto a disparar el primer tiro. Egipto no hizo esto. Entonces el mundo encontró que el disparar el primer tiro ya no era más necesario como requisito para calificar a alguien de agresor; el país en cuestión, podría ser calificado de agresor mientras estaba siendo invadido, e incluso antes de eso; hasta ese punto habían sido desarrollados los recursos de la propaganda de masas en el Siglo 20. Todas las "condenas" de Israel en la cuenta de agresión no habían significado nada.

Este período-crisis comenzó el 7 de marzo de 1956 (justo antes de la emisión de la "Voz de América" sobre la cautividad en Egipto) cuando Sir Anthony Eden enfrentó nuevamente la Cámara de los Comunes sobre la eterna Cuestión. En ese tiempo, sus adversarios Socialistas (a pesar de las muchas "condenas" de Israel) estaban furiosos en su demanda por las armas para Israel y por "un nuevo tratado de garantías para Israel"; tal como los políticos de Nueva York, ellos vieron la esperanza de oficina en nuevas sumisiones a Sión. El Primer Ministro fue "objeto de una tormenta de vituperios y abusos más allá de cualquier cosa oída hablar en la Cámara de los Comunes desde los últimos días del Primer Ministro Neville Chamberlain (**New York Times**); "Era una escena que, durante un tiempo, pareció asustar incluso a aquellos que la habían causado; el Portavoz tenía que intervenir para suplicar que la Cámara debía dar al Primer Ministro una oportunidad de oírlo" (***Daily Telegraph***). Sir Anthony protestó vanamente que él había sido escuchado con cortesía "por más de treinta años" por la Cámara. En ese momento él podría haber esperado el apoyo norteamericano, ya que en el mismo día el Presidente Eisenhower dijo que era "inútil intentar mantener la paz en el Medio Oriente armando a Israel, con su 1.700.000 personas, contra 40.000.000 de

---

Occidental estaba viniendo, cuando ninguna de tal ayuda fue planeada" (***New York Times***, 30 de noviembre de 1956).

Así Norteamérica hablaba con dos voces, aquellas del Presidente que se dirige oficialmente al mundo, y de la "Voz" que habla en términos más peligrosos sobre la cabeza del pueblo norteamericano a los pueblos del mundo. En este período, el ***New York Times*** describe la **línea** oficial: "Altos oficiales han dejado claro privadamente, que la Administración quiere evitar ser identificada solamente con Israel y entregando así a los países árabes a la influencia de la Unión Soviética."

Los pueblos árabes, si ellos alguna vez escucharon hablar de estas intimaciones "privadas", no podría esperarse que las creyeran, en vista de lo que ellos escucharon hablar de "La Voz de América" acerca de la liberación de los judíos de "la cautividad egipcia".

Árabes" (la entrega norteamericana de armas para Israel estaba entonces en marcha).

En Inglaterra Sir Anthony encontró todas las manos contra él. El **Daily Telegraph** (ostensiblemente de su propio Partido) podía parecer en sus informes de noticias espantado por su tratamiento en la Cámara, pero editorialmente dijo que el caso sobre entregar armas a Israel era "incontrovertible", una palabra que siempre ahorra la necesidad de un argumento de apoyo. Sus antagonistas, los Socialistas, lanzados fuera de todo refrenamiento en su avidez de derrocarlo por la vía de Israel. El principal periódico izquierdista, **The New Statesman**, en dos emisiones sucesivas dijo que Inglaterra no tenía algún derecho o medios para emprender la guerra en cualquier circunstancia cualquiera esta sea y debería bajar todas las armas ("la defensa efectiva está ahora más allá de nuestros medios y el desarme es la única alternativa a la aniquilación", 10 de marzo) y que Inglaterra debía armar a Israel y empeñarse ella misma para ir a la guerra por Israel ("la guerra es menos probable si Israel es proporcionado con armas modernas y el Partido Laborista esta en lo correcto insistiendo que Israel debe tenerlas ahora... El problema no es tanto lo indeseable de garantizar una frontera que no se ha establecido todavía formalmente... sino el problema militar *de reunir y enviar la fuerza necesaria*... ¿Es suficiente la fuerza naval que está disponible en el mediterráneo Oriental? ¿Se siente seguro el Sr. Gaitskell" (el líder Socialista) " que el público británico lo apoyará yendo a la guerra, probablemente sin el endoso de las Naciones Unidas, en la defensa de Israel? " (17 de marzo).

Los efectos interminables del aparentemente pequeño compromiso original a Sión pueden estudiarse en tales citas. Sir Anthony Eden en esta ocasión, parecía estar intentando, al unísono con el Gobierno de Estados Unidos, prevenir una marea loca, pero dio una "advertencia a Egipto" la cual entonces no estaba justificada y era siniestra, tal como los eventos lo demostraron. En ese momento ambos Gobiernos, británicos y norteamericanos estaban (oficialmente) cortejando la amistad egipcia con la esperanza de ayudar a pacificar el Medio Oriente. A ese fin conjunto Inglaterra, "bajo la presión norteamericana" estaba preparándose para retirar sus tropas del Canal de Suez.[62]

Por qué el Señor Anthony Eden se rindió sin la seguridad a "la presión" para permitirse dejar eso que, inmediatamente después, fue proclamado como ser "la línea vital de la vida" de la Comunidad de

---

[62] El hecho que esta "presión fue utilizada es auténtico. Fue registrada por todas partes en términos de un éxito norteamericano por la prensa de EEUU, por ejemplo, "El Secretario de Estado Dulles estaba confiado que él podría ganar la amistad de los árabes, como cuando presionó a los británicos para abandonar Egipto, mientras mantenía aquello de los Israelitas, **New York Times**, 21 de octubre de 1956).

Naciones británica, es una de esas preguntas que los políticos nunca contestan. La "Presión" de Washington en materias relacionadas con el Medio Oriente siempre, en las últimas cuatro décadas, han sido presión Sionista finalmente; y aproximadamente este tiempo, un periodista egipcio, el Sr. Ibrahim Izzat, fue cordialmente recibido por el Primer Ministro, el Ministro del Exterior y el Ministro del Trabajo de Israel que le dijeron "que Israel y Egipto tenían el idéntico objetivo de oponerse a la influencia británica en el Medio Oriente" (***Ros el Youssef***, mayo, 1956; ***New York Times***, 20 de mayo de 1956).

El efecto de esta sumisión para presionar muy pronto se puso claro: iba a ser la guerra, involucrando a Inglaterra en una gran humillación y fiasco. Se suponía que el retiro británico era la mitad de un acuerdo anglo-norteamericano aún más grande para "ganar la amistad de los Árabes", y la mitad norteamericana aun tenía que llevarse a cabo. Esta era unirse con el Gobierno británico y el Banco Mundial en proveer de 900.000.000 dólares para la construcción de un dique en el Nilo en Aswan (la oferta se había hecho a Egipto en diciembre del 1955).

La cronología de los eventos se pone nuevamente importante. Las tropas británicas se retiraron del Canal de Suez en junio de 1956, como fue lo comprometido. El 6 de julio de 1956, el portavoz del Departamento Estatal dijo a la prensa que la oferta de la represa en Aswan "se detenía". Unos días después, el Embajador egipcio en Washington anunció que Egipto había decidido "definitivamente que deseaba la ayuda Occidental para la represa". El 19 de julio, el Embajador egipcio llamó al Sr. Dulles para aceptar la oferta. Le dijeron que el gobierno de Estados Unidos había cambiado de parecer. En Londres, el día antes, el portavoz de la Oficina Exterior había anunciado que la parte británica de la oferta se detenía". El 19 de julio, el portavoz informó *a la prensa* (no al Embajador egipcio) que la oferta británica, también, fue retirada. El portavoz rechazó dar las razones pero admitió que las "consultas continúan entre Whitehall y Washington."

Por consiguiente la "presión" para enfurecer a los egipcios mediante esta despectiva afrenta vino del mismo barrio que la "presión" para aplacarlos retirándose del Canal de Suez. El Gobierno británico fue dejado tranquilamente en el limbo, en una frase norteamericana; si la primera sumisión fue hecha en la confianza del anuncio del Presidente Eisenhower de febrero (que él quería prevenir el deterioro de las relaciones entre las naciones árabes y los Estados Unidos" y "restaurar la confianza y credibilidad de los Árabes en Norteamérica"), el cambio de cara en la oferta del represa en Aswan, debería de haber advertido, y habría salvado mucho entonces si hubiese resistido a "la presión" en el segundo caso.

No puedo recordar una provocación más calculada u ofensiva a un gobierno con el cual "el Occidente" estaba ostensiblemente buscando una amistad. Tal comportamiento de los gobiernos de Washington y de Londres sólo pueden ser imaginables desde que ellos se cayeron bajo la esclavitud del Sionismo. El retiro norteamericano de la oferta, y la forma del retiro (la imitación de Londres está más allá de un comentario) fue claramente el verdadero inicio de la crisis de guerra de 1956, pero la fuente original, la "presión", no era "norteamericana". "Algunos Diputados temieron la desaprobación Sionista", comentó discretamente el **New York Times** de la oferta retirada a Egipto; y éste era el año de elección.

Dentro de la semana, el Presidente Nasser de Egipto nacionalizó el Canal de Suez y en seguida el aire estaba lleno con frase-de-guerra, como en 1952-1953, durante el episodio de "los doctores judíos" en Rusia. Desde ese momento el Presidente Nasser recibió el trato del "hombre malo"; ésta es la señal segura de la inminencia de la guerra. He visto a muchos "hombres malos" construidos durante mi vida, y he observado que esta propaganda puede encenderse y apagarse como por un clic, e infundirse con el efecto tóxico en la mente pública:

Maldito jugo de hebenon en un frasco;
Y en mi oreja vertió el leproso destilado...

Mi niñez temprana fue nublada por El Malvado Mullah (un líder musulmán ahora olvidado universalmente) y de un viejo y respetable Boer llamado Paul Kruger. De todas las figuras en esta Cámara del Horror, construida alrededor de mí mientras avanzaba, veo ahora que casi todos ellos no eran ni peores ni mejores que aquellos que les llamaban malvados.

Incluso antes de que las frases-de-guerra llegaran a la etapa del "hombre malvado", y largo antes de la inaudita provocación del 19 de julio, (qué todavía no provocaba ningún acto bélico de Egipto), el Presidente Nasser había sido declarado el agresor en una guerra que estaba a punto de comenzar. En marzo, el Sr. Ben-Gurion declaró en Tel Aviv que sólo la entrega temprana de armas a Israel podría prevenir **un ataque** de los estados árabes dentro de los próximos meses" y agregó que el agresor " **podría ser** el dictador egipcio Nasser". En 13 de abril, Sir Winston Churchill emergió de su retiro de un año para decirle a un público de la Liga de Prímula que la "prudencia y el honor" exigían la ayuda británica a Israel *si era atacada por Egipto*. Sir Winston expresó una aprobación implícita, pero clara del ataque israelita contra Egipto, que los "activistas" en Israel estaban entonces demandando: "Si Israel es disuadido de usar la fuerza vital de su raza para **alejar** a los egipcios hasta que los egipcios hayan aprendido a usar las armas rusas con que ellos se han proporcionado y los egipcios entonces ataquen, no se tratará sólo de materia de prudencia sino de una medida de honor, para asegurar que ellos no sean los perdedores esperando". Esto fue seguido en mayo por un ataque israelita **sobre** las tropas egipcias en el área de Gaza en que aproximadamente 150 hombres, mujeres y niños fueron asesinados o heridos. No obstante, el grito sobre el "hombre malvado" y la "agresión egipcia" creció más ruidosamente que nunca en Occidente.

El estado de servidumbre en que Inglaterra había caído en este período se mostró por dos eventos simbólicos. En junio de 1956 la "Comunidad anglo-judía" sostuvo un banquete en el Ayuntamiento para conmemorar "el aniversario de los trescientos años del repoblamiento de los judíos en las Islas británicas"; El joven consorte de la Reina, el Duque de Edimburgo, fue exigido de aparecer con un kippah (gorro) judío. En septiembre la "Cromwell Association" sostuvo un servicio ante la estatua del regicida y carnicero de Drogheda para celebrar esta misma ficción (que él había "restaurado" a los judíos en Inglaterra trescientos años antes). En su discurso, el presidente de este cuerpo, el Sr. Isaac Foot, recomendó que el joven Príncipe Charles, cuando él alcanzara el trono, tome el nombre de "Oliver II", porque "Nosotros no queremos a Charles III".[63]

Después que el Presidente Nasser tomó el Canal de Suez, los gritos de guerra de occidente subieron hasta una nota más alta. La "nacionalización" en sí misma no era sorprendente ni asustaba lo suficiente, en 1956, para ser la causa. Norteamérica había aceptado la toma de yacimientos petrolífero a manos de extranjeros, México estaba de acuerdo (tal como el Presidente Nasser estaba de acuerdo) en pagar el precio actual de la propiedad; domésticamente, Norteamérica, a través de la Tennessee Valley Authority, ya estaba pisando este gastado camino al empobrecimiento; en Inglaterra, el Gobierno Socialista había nacionalizado las vías férreas y las minas de carbón. Una base legal o moral válida para una denuncia violenta no era fácil de encontrar, aunque las sombras de diferencia, reconocidamente existían entre el acto del Presidente Nasser y los muchos precedentes y su acción fue obviamente una de protesta contra la provocación, no de una política racional.

En cualquier caso, la única respuesta eficaz, si su acto fuera intolerable, era inmediatamente reocupar el Canal, y eso no fue hecho. En cambio, todos los oráculos, como si lo estuvieran leyendo de un guión largamente preparado, le empezaron a llamar "Hitler". El Premier Ben-Gurion comenzó con "dictador" que pronto se volvió el "dictador fascista" y el Primer Ministro francés (M. Guy Mollet en ese momento) cambió esto a "Hitler". Después de esto, la campaña siguió las líneas de aquella contra Stalin en 1952-1953. El dictador - Dictador Fascista - Hitler:

---

[63] La misma sombra fue con un intento deliberado lanzada a través de la coronación de la Reina Elizabeth en 1953. Como la parte de la fiesta, la reina coronada recientemente examinó en Spithead una gran asamblea de navíos de guerra de cada país que podría enviar una nave. Entre los muchos navíos, por las cuales pasó la nave de la Reina, había uno, cuya tripulación no ovacionó a la Reina (un error, afirmó más tarde la explicación). Esta nave soviética fue el **Sverdlov**, nombrado así por Yankel Sverdlov, el asesino de la familia Romanoff, en cuyo honor el pueblo dónde ellos fueron asesinados, Ekaterinburg, se renombró Sverdlovsk.

la inferencia era llana; el Presidente Nasser sería retratado y castigado si él fuera castigado, como un enemigo *de los judíos*.

Cuando el Señor Anthony Eden apareció nuevamente en la Cámara de los Comunes (el 9 de agosto de 1956) para agarrarse con ese monstruo de sus sueños, "la Cuestión del Medio Oriente", el líder Socialista, el Sr. Hugh Gaitskell, dijo, "todo es terriblemente familiar... Es exactamente igual que cuando nos encontramos con Mussolini e *Hitler* antes de la guerra". Otro portavoz Socialista, el Sr. Paget Q.C., (los eventos han alterado a K.C) le puso un cebo así: "Esta técnica de fin de semana es justamente lo que nosotros recibimos de *Hitler*. ¿Está Usted consciente de las consecuencias de no contestar la fuerza con la fuerza hasta que sea demasiado tarde? "

Los Socialistas estaban instigando deliberadamente a Sir Anthony a usar la fuerza (ellos le gritaron "Asesino" a él cuando la usó) por estas burlonas alusiones a su pasado político. Él era el hombre que renunció en 1938 en protesta contra el aplacamiento de Hitler, y su renuncia se vindicó inmediatamente por la invasión de Hitler a Austria. Ésa *era* la "fuerza", largamente prevista, y el Sr. Eden de 1938 tenía razón. En 1956 el caso era diferente, y ninguna comparación era posible. Egipto no era un gran poder militar sino uno muy débil. Egipto no había sido aplacado después del retiro británico, sino objeto de una provocación por la humillación pública. Egipto no era un agresor probado; había sido la víctima de ataques e Israel había declarado que haría la guerra contra Egipto.

Por consiguiente, la comparación con "Hitler" era absurda, a menos que se pensara solamente denotar que los Sionistas sostenían a Egipto como un enemigo. No obstante, Sir Anthony Eden se rindió a esta ficción (quizás la memoria de 1938 tenía un sostenimiento demasiado fuerte en él) porque él aludió al Presidente Nasser como "un saqueador fascista cuyo apetito crece alimentándose" que era simplemente el mismo idioma que él y el Sr. Churchill había usado debidamente sobre Hitler dieciocho años antes. Debo agregar que no encuentro estas palabras exactas en el texto de su discurso, pero esta es la forma en que ellos llegaban a "la chusma" a través del *New York Times* y eso es lo que cuenta, tal como los Premier deben saber. Por el resto, Sir Anthony basó su ataque al Presidente Nasser en el argumento que el Canal de Suez, "es vital para otros países en todas partes del mundo... una materia de vida o muerte para todos nosotros... el canal debe funcionar eficientemente y debe mantenerse abierto, como siempre ha estado en el pasado, como un libre y seguro canal internacional *para las naves de todas las naciones*..."

Pero el Presidente Nasser no había *cerrado* el canal, sólo lo nacionalizó. *Estaba* "abierto" a *las naves de todas las naciones*, con una excepción. En esas cinco palabras yacía el secreto. El *único* país que se le negó libre pasaje era *Israel* con el cual Egipto todavía estaba técnicamente en guerra; Egipto había estado deteniendo las naves con destino a Israel y examinándolas en la búsqueda de armas. Éste era el *único* caso de interferencia; por lo tanto, Sir Anthony representaba *sólo ese caso*; no alguno británico. Sin embargo, él concluyó: "Mis amigos, nosotros no pensamos en buscar una solución por la fuerza", En las semanas siguientes, mientras "una solución" se buscaba en varias conferencias en Londres y Washington, la prensa informó a las masas que "los egipcios" no serían capaces de manejar el canal, dónde el tráfico pronto se estropearía. De hecho, ellos demostraron que eran capaces de operarlo y el trafico de navíos continuó sin estorbos, con una excepción. Por la clara implicación, por consiguiente, el caso de Israel era el único sobre el cual el Gobierno de Sir Anthony podría hacer descansar su enfadada protesta en aumento . Esto quedó pronto claro. El 22 de agosto, 1956 la Sra. Rose Halprin, presidente de la Agencia judía para Palestina, declaró en el **New York Times** que "*el único caso legal* que los poderes Occidentales tienen contra Egipto, por lo que se refiere a la contravención de la Convención de 1888 es el rechazo de *Egipto a los barcos de Israel y las restricciones en naves en viaje hacia Israel*."

La declaración de la Sra. Halprin sobre la posición legal es correcta. Si toda la disputa descansara en un punto de *la ley*, entonces el único caso que podría invocarse era ese de Israel; y ese abriría todo el cuestionamiento de la *legalidad* de la creación del propio Israel y del estado indeterminado de la guerra entre Israel y Egipto.

Por consiguiente cualquier gobierno que se uniera al alboroto contra el Presidente Nasser, estaba actuando de hecho a favor de Israel y solamente de Israel, y estaba prejuzgando todos los asuntos *legales* en el favor de Israel.

Por octubre Sir Anthony Eden había ido más lejos presumiendo la agresión egipcia. No tengo el texto de este discurso pero la versión distribuida por **Associated Press**, y de allí reproducida en miles de periódicos alrededor del mundo, dice, "El Primer Ministro Eden predijo esta noche que el Presidente Nasser *podría* atacar a Israel en la próxima, *si* él escapaba con la toma del Canal de Suez. Sir Anthony indicó que Bretaña *iría al rescate de Israel con las armas si fuese necesario*" (Sept. 13, 1956).

Así el Primer Ministro británico se deslizaba en un camino resbaladizo. Dentro del espacio de seis semanas el tema de la "línea vital de vida" y "materia de vida o muerte" había sido subordinado y el mundo enfrentaba la amenaza de guerra basada en algo que el presidente egipcio *podría* hacer *si* algo más pasara. Desde este punto "la chusma" fue alimentada con noticias de un inminente ataque egipcio a Israel (el tema "interferencia con la navegación internacional" fue dejado caer, ya que no podía mantenerse) y en un momento esto asumió una nota tan definida que muchos lectores casuales, yo imagino, deben haber pensado que Egipto *ya había* atacado a Israel. Doy uno de muchos ejemplos (el *Weekly Review* de Londres, septiembre de 1956, unas semanas antes del ataque israelita contra Egipto): "Nosotros podemos *estar absolutamente seguros que los Árabes, animados por Rusia, atacarán Israel. Esto está ahora más allá de toda duda y debe formar la base de nuestros cálculos*"

Para escribir este libro yo he sido impelido principalmente por la esperanza de dar al lector de más tarde, en lo que yo espero será un tiempo más racional, alguna idea de la condición asombrosa de las impresiones públicas durante los años 1950. Será ciertamente incapaz de comprender las cosas que pasaron a menos que él esté consciente de este régimen de des-información sostenida y de las longitudes ilimitadas a las que fue llevado. La última declaración citada vino detrás de años de repetidos ataques israelitas sobre varios vecinos árabe y de repetidas condenas de las Naciones Unidas de estos actos.

De la manera que yo he resumido lo que pasaba se preparó, durante los primeros nueve meses del año de la elección-presidencial, para los eventos culminantes de octubre. Las armas continuaron pasando a Israel desde Occidente. Después del toma del Canal de Suez Sir Anthony Eden anunció que "todas los embarques de armas a Egipto han sido detenidos"; en el mismo mes (julio) se entregaron dos destructores británicos a Israel. A lo largo de la primavera y los meses de verano, Francia, bajo la "presión" norteamericana, entregó aviones cazas y otras armas a Israel. En septiembre Canadá, en la misma incitación, estuvo de acuerdo en enviar aviones cazas a Israel, el Gobierno de Ottawa anunció que había "consultado con los Estados Unidos antes de tomar la decisión" (*New York Times*, 22 de septiembre de 1956).

Todo este tiempo la campaña de la elección presidencial continuó. Los Demócratas, ávidos por recobrar la Casa Blanca, excedieron todas las actuaciones pasadas en sus ofertas por "el voto Judío" (el Alcalde de Nueva York exigió que Israel debía recibir las armas "como un regalo"); los titulares Republicanos fueron ligeramente más reservados. Sin embargo, cuando se llevaron a cabo las convenciones rivales de nominación (la Republicana en San Francisco, la Demócrata en Chicago, ambas en agosto) había poco para escoger entre las sumisiones que cada Partido hizo (por lo que el *Jerusalen Post* podría haber repetido, y quizás repitió su dictum de 1952, que para el votante judío había "poco para escoger" entre los dos aspirantes presidenciales).

El único pasaje de alguna significancia vital en los "programas de la política extranjera" adoptados por los dos Partidos se relacionaban, en cada caso, a Israel; las otras declaraciones de política extranjeras eran de perogrullo. Los compromisos a Israel eran en ambos casos específicos.

El programa del Partido Republicano en el cual el Presidente Eisenhower fue elegido candidato unánimemente, dijo: "Nosotros consideramos la preservación de Israel como un principio importante de la política extranjera norteamericana. Estamos determinados que la integridad de un estado judío independiente se mantendrá. Apoyaremos la independencia de Israel contra una agresión armada".

El programa del Partido Demócrata dijo: "El Partido Demócrata actuará para reajustar el peligroso desequilibrio de armas en el área creada por el embarque de armas comunistas a Egipto, vendiendo o proporcionando, armas defensivas a Israel, y tomará medidas de ese tipo, incluso garantías de seguridad, las que podrían requerirse para detener la agresión y la guerra en el área". (La frase, "el peligroso desequilibrio de armas", reflejó la ficción propagandista que Israel estaba "indefenso" y los países árabes eran fuertes; la verdad, un poco antes establecida por el Sr. Hanson Baldwin, era que Israel era más fuerte en armas que los siete países árabes juntos).

Estas dos declaraciones de la política mostraron el cuadro de un mundo en la esclavitud Sionista, y complementó las declaraciones que fueron entregadas entonces por el Gobierno británico. Ellas no tenían ninguna relación con algún interés nativo norteamericano pero reflejaban absolutamente el control Sionista de la maquina-electoral, o la creencia inquebrantable de los gerentes de los Partidos en ese control. (En esta ocasión los eventos parecen justificar esa creencia; el Partido Demócrata, el mayor oferente, capturó el Congreso, aunque el nominado "Republicano" fue reelecto Presidente).

El único otro evento de importancia en las dos convenciones, fue uno que puede parecer tener poco que ver con el tema de este libro, pero en la continuación posterior podría probar ser de importancia directa; la re-nominación del Sr. Richard Nixon, como el compañero de fórmula del Presidente Eisenhower (y en el efecto como Vicepresidente). El estado de salud del Sr. Eisenhower hizo la Vicepresidencia más importante que lo usual, y la posibilidad que el Sr. Nixon pudiera tener éxito a la Presidencia entre 1956 y 1960, fue considerado evidentemente como un peligro mayor por los poderes que gobiernan Norteamérica hoy, de tal manera que se hizo un esfuerzo supremo para prevenir su nominación. Eso no era notable, en este siglo; lo que fue notable es que el esfuerzo *falló*. En algún momento, obviamente surgen hombres quiénes romperán la esclavitud que se cierne sobre la vida política de británicos y norteamericanos, y este fracaso era un augurio de esa liberación venidera, por lo cual la persona del Sr. Richard Nixon gana una importancia simbólica en nuestros días, aunque él, si llegase a ser Presidente, podría encontrarse el mismo ser incapaz de romper las ataduras.

La razón para esta poderosa enemistad con el Sr. Nixon es que él no es un "internacionalista". Muy lejos de ello, él jugó un firme rol en el desenmascaramiento y convicción del Sr. Alger Hiss, el agente soviético en la administración del Sr. Roosevelt. Ésta es la verdadera razón por la cual ha tenido desde entonces, uniformemente una mala "prensa", no sólo en Norteamérica sino también en otras partes del mundo Occidental. Teniendo esa marca negra sobre él, se sostiene que es un hombre que, en la oficina principal, plausiblemente podría rebelarse contra los constreñimientos a que los Presidentes norteamericanos y Primer Ministros británicos, casi sin excepción, han sido sometidos en los últimos cincuenta años y en los cuales, el Vice - Presidente incurre automáticamente.[64]

De allí una campaña de gran fuerza e ingeniosidad fue comenzada para prevenir su nominación. Un miembro de la propia casa política del Presidente (y Partido nominal) fue dejado libre del deber durante algunas semanas para dirigir una ofensiva nacional "Paren a Nixon", con salas de comité, carteles y reuniones. Esto no tuvo efecto en el público en general, con quienes el Sr. Nixon parece ser popular. Entonces, para su derrota particular, se introdujeron nuevas tácticas en la convención del Partido rival, el Partido Demócrata. En lugar que el candidato elegido, (el Sr. Adlai Stevenson) escogiera a su propio "compañero de fórmula" vice-presidencial como en ocasiones anteriores, la selección de un "compañero de fórmula" se lanzó abierta a los votos y de varios competidores. El Senador Estes Kefauver (un sionista excepcionalmente rabioso) recibió la nominación como candidato vice-presidencial.

El objetivo de la maniobra era obligar a la convención del Partido Republicano a seguir este "procedimiento democrático" y también someter la opción del candidato vice-presidencial a los votos. Se hizo esto y el Sr. Nixon, como el Sr. Eisenhower, recibieron un voto unánime. Este evento, y su conducta durante las enfermedades del Presidente Eisenhower, hicieron que las perspectivas del Sr. Nixon en su propio derecho un día, mucho mejores de lo que ellas habían sido juzgadas alguna vez antes. Su historia hasta ahora le hace una figura esperanzadora (como Sr. Eden parecía serlo en 1938), y en la oficina principal él podría plausiblemente producir un efecto sanador en la política norteamericana y en las relaciones extranjeras.

Después de las nominaciones Norteamérica se sentaba atrás con alivio, ya que la re-elección del Sr. Eisenhower se sostenía como efectivamente segura y a él se le había dado un aumento conmovedor en la prensa como "el hombre que nos mantuvo fuera de guerra". La frase era

---

[64] El inevitable reproche que acompaña de "anti-semitismo, también fue lanzado en su contra durante la campaña electoral. Un Rabino que le conocía muy bien, salió adelante a defenderlo en contra de esto.

recordativa de frases similares usadas por el Sr. Woodrow Wilson en 1916 y Sr. Roosevelt en 1940, pero en 1956, una tregua de tres años era sostenido por ser un don y él recibió el crédito por este período de "paz", tal como fue.

Fui testigo de esta elección, como de una en 1952, y comprendí que de hecho la guerra, localizada o general, estaba muy cercana. Sentí eso como una tregua, por lo menos, se ganaría si el día de la elección (6 de Noviembre) pasaba sin la erupción en el Medio Oriente que durante meses obviamente habían estado preparando (una vez pasada la elección, el poder Sionista para ejercer la presión disminuye, por un rato). Me recuerdo diciéndole a un amigo norteamericano el 20 de octubre que si los próximos diecisiete días pudieran pasar sin la guerra, el mundo podría ahorrársela durante otro tres o cuatro años.[65]

El 29 de octubre, ocho días antes de la elección, vino la guerra, por la obvia predeterminación del momento, sostenida más conveniente para causar consternación en Washington y Londres. Desde ese momento, los eventos son barridos a lo largo en una marea de fuerzas elementales que se han liberado y sólo mucho más tarde la humanidad será capaz de ver lo que se destruyó y lo que sobrevivió. Para Bretaña y la familia de naciones al otro lado del mar nacidas de ella, esto era casi la ruina, el fin previsible del envolvimiento en el Sionismo.

El 29 de octubre de 1956, el Gobierno israelita anunció que había comenzado una invasión a escala total en Egipto y que sus tropas habían avanzado 120 kilómetros en la "Península del Sinai egipcio".[66]

---

[65] Yo tenía en mente lo que se conoce en los políticos norteamericanos como "la ley de Farley". Nombrada a sí por un excepcionalmente astuto gerente-de-partido, el Sr. James A. Farley, que fue sostenido por haber ideado el primer triunfo electoral del Sr. Roosevelt, la esencia de esta "ley" es que los votantes norteamericano han decidido a mitades de octubre por quien ellos votarán y sólo a la muerte de su candidato, una guerra o algún gran escándalo entre ese momento y el 6 de noviembre, podría cambiar sus mentes. La mañana después del ataque israelita en Egipto, el Sr. John O'Donnell escribió, "Los voceros en el molesto Departamento de Estado, Pentágono" (la Oficina de Guerra) "y las oficinas principales de ambos Partidos están de acuerdo que los israelitas lanzaron su ataque sobre Egipto porque estaban convencidos que los Estados Unidos no tomarían ninguna acción en una guerra israelita tan cerca de las elecciones Presidenciales... Las palabras pasaron las oficinas políticas principales que Sionistas norteamericanos habían informado a Tel Aviv, que Israel probablemente viajaría mejor bajo una administración Demócrata de Stevenson y Kefauver que bajo un régimen Republicano de Eisenhower y Nixon" (**New York Daily News**).

[66] En el mismo momento de la invasión de Egipto, otra matanza de Árabes se llevó a cabo **dentro** de Israel y en un punto alejado de la frontera egipcia, a saber, la frontera con Jordania, al otro lado de Israel. 48 Árabes, hombres, mujeres y niños, del pueblo de Kafr Kassem, fueron asesinados a sangre fría. Este nuevo Deir Yasin sólo podía ser tomado por el Árabes, dentro o fuera de Israel, como una advertencia simbólica, que el destino de "*destrucción absoluta. . .hombres, mujeres y niños... no salve nada que respire*" colgaba encima de **todos** ellos, ya que estas personas eran de una pequeña población árabe que se quedó en Israel después de Deir Yasin y de la creación del nuevo estado. El hecho fue admitido oficialmente, después de

Las noticias, viniendo detrás de la larga serie de ataques previos sobre los Árabes y su repetida "condena" por los Naciones Unidas, envió un golpe de repugnancia alrededor del mundo. En ese mismo momento, los húngaros estaban luchando y estaban ganando la guerra de su pueblo contra la revolución comunista. Las dos fuerzas destructivas liberadas desde Rusia en octubre de 1917, fueron ambas condenadas por actos igualmente brutales. Ellos estaban destruyéndose a sí mismos; no había ninguna necesidad de destruirlos. En este instante grandes fuerzas-encontra de reprobación universal, habían sido liberadas lo que podría haber sido demasiado fuerte para ellos. Ni siquiera la "presión Sionista" en Nueva York podría hacer este hecho aparecer como una "agresión egipcia" o inducir a las multitudes públicas para aceptarlo. Éste era un regalo del cielo, soltando a "El Occidenbte" de ambos de sus dilemas. Sólo necesitaba ponerse a un lado y, por una vez, permitir que "la opinión mundial" hiciera el trabajo; ya que en *esta* ocasión *había* opinión mundial, producida por hechos que no podrían esconderse, enmascararse o falsearse por "la prensa."

Dentro de veinticuatro horas, la dorada oportunidad se lanzó lejos. Los Gobiernos británico y francés anunciaron que ellos invadirían la zona del Canal de Suez "a menos que las tropas israelitas y egipcias llegaran a un acuerdo para detener la lucha y retirarse diez millas del canal dentro de doce horas". Como esto habría dejado a las tropas israelitas casi cien millas dentro del territorio egipcio, la demanda no fue hecha para que fuese aceptada por Egipto obviamente. De allí las fuerzas aéreas británicas y francesas empezaron un bombardeo intensivo de los campos de aviación

---

que se había vuelto extensamente conocido y había sido el asunto de una protesta árabe dirigida a las Naciones Unidas, (donde parecen haber sido ignoradas hasta la fecha de agregar esta nota al pie de página), por el Primer Ministro israelita, el Sr. Ben-Gurion, seis semanas después (el 12 de diciembre), diciendo al Parlamento israelita entonces, que los asesinos "enfrentarán un juicio", pero como los Árabes recordaban que los asesinos de Deir Yasin, después de "enfrentar un juicio" y ser declarados culpables, fueron liberados de inmediato y públicamente festejados, esto era de poca certeza para ellos. Hasta la fecha de esta nota (20 de diciembre) no he visto alguna alusión, entre las millones de palabras que han estado impresas, al destino de los 215,000 Árabes refugiados (Informe de las Naciones Unidas, abril de 1956) quienes estaban agrupados en la Franja de Gaza cuando los israelitas atacaron la Franja y a Egipto. El Gobierno israelita ha anunciado que no entregará este territorio: antes, había anunciado que bajo ninguna condición permitiría el retorno de los refugiados árabes a Israel. Por consiguiente, la porción de este cuarto millón de personas que en cualquier otro momento más temprano, habría recibido la compasión indignada del mundo, ha sido completamente ignorada. Probablemente hay una referencia a ellos en la única declaración que yo he visto sobre el asunto, la carta de once estados árabes a las Naciones Unidas de 14 de diciembre, declarando que "Cientos de hombres, mujeres y niños han sido asesinados cruelmente a sangre fría", pero allí parece haber sólo una pequeña perspectiva de investigación imparcial o corroboración, y la carta árabe, en sí misma dice, "La historia entera nunca se contará y la magnitud de la tragedia nunca se conocerá". Sin embargo, en el caso particular de Kafr Kassem, los hechos están en registros auténticos.

egipcios y otros blancos. Destruyendo el arma aérea de Egipto, daba una victoria in disputable al invasor.

El lector futuro difícilmente podrá imaginar los sentimientos de un inglés de mi tipo que escuchó las noticias en Norteamérica. Vergüenza es una palabra demasiado pequeña, pero como es la única palabra es yo uso para expresar algo así, me sentía más profundamente que eso incluso en el momento en Munich, cuando renuncié de **The Times** como única protesta (una tonta, estimo ahora) que yo podría hacer. Siempre recordaré la poca imparcialidad de los norteamericanos en este momento.

Incrédulo, asustado y desconcertado, nadie que encontré dio paso a la alegría de una derrota británica lo cual es instintivo, aunque irracional, en muchos norteamericanos. Algunos de ellos comprendieron que la política norteamericana, torciéndose y doblándose bajo "la presión", había causado principalmente este desenlace calamitoso y compartían mi sentido de vergüenza. Éstos eran los pocos que entendían que la vergüenza era aquella de todo "el Occidente", en su servilismo, no particularmente de Inglaterra o Norteamérica.

Sin embargo, el reproche, como diferente de la vergüenza, en ese momento era hacia Bretaña. Las consecuencias de este acto tienen tal alcance en el futuro que no pueden estimarse ahora, pero una cosa siempre estará clara: que la gloriosa oportunidad ofrecida por los eventos simultáneos en el Sinaí y en Hungría se desecharon, al parecer a través de una serie de cálculos erróneos inauditos, debo pensar, en la historia.

Deseo mostrar aquí que meramente como un juego político (ciertamente no puede ser considerado como un acto de habilidad política) esto era como el acto de un hombre que podría apostar toda su fortuna a un caballo que había sido retirado de la carrera. Por ningún cambio imaginable de los eventos podría haber beneficiado a Inglaterra o a Francia).

De las tres partes involucradas, Israel no tenía nada que perder y mucho para ganar: el instante de reprobación mundial se desvió de Israel cuando Inglaterra y Francia golpearon al coger la capa del agresor y ganar su guerra; Israel fue dejado profundo en el territorio egipcio, ovacionando su "conquista". Francia no tenía nada más para perder, desgraciadamente, que la dama en la canción de los soldados el cual "perdió su nombre nuevamente": Francia fue dejada por su revolución como la tierra del fiasco recurrente, incluso incapaz de surgir del desaliento espiritual dónde la puso. Durante 160 años probó cada forma de gobierno concebible por el hombre y no encontró el vigor y la nueva confianza en ninguno. Su Primer Ministro cambió tan a menudo que las masas públicas raramente supieron sus nombres; figuras oscuras, parecían indistinguibles incluso en la apariencia, y el político francés adquirió una tradición de venalidad; el cómico norteamericano decía que él fue a Londres para ver el cambio de

Guardia y a París para ver el cambio de Gabinete. Un país modelado incapaz, por una serie de gobiernos corruptos, de resistencia al invasor alemán de su propia tierra en 1940, y en 1956 invadió tierra egipcia al servicio de Israel. Pero éste era sólo un episodio en la triste historia de Francia desde 1789 y no podría afectar mucho su futuro.

Inglaterra no fue un caso diferente, un ejemplo, un gran nombre y una tradición de trato honorable no menos en tiempos duros que en los buenos. Inglaterra tenía una alma para perder, en tal compañía, y ningún mundo para ganar. Inglaterra había mostrado la sabiduría aplicando las lecciones de la historia. No había intentado petrificar un imperio y mantener fuera las mareas del cambio con las bayonetas. Había aceptado la inevitabilidad de cambio y con éxito había navegado esas mareas, transformando su Imperio de Colonias consecutivamente, primero en una Comunidad de Naciones independientes y Colonias al otro lado del Océano, y luego, como cada vez más y más colonias lograban su autonomía, en una gran familia de pueblos, mantenida unidas sin alguna compulsión, sólo por ataduras intangibles que, como la Coronación de la joven Reina Elizabeth mostrada en 1953, era, sino algo más fuerte de lo que fue antes, no más débil. Evitando cualquier organización rígida basada en la fuerza, y la puerta abierta a nuevas formas de relación entre estos pueblos asociados, hizo la familia de naciones salida de "Inglaterra" y "el Imperio británico" un experimento único en la historia humana, en 1956, y una de promesas ilimitadas si el mismo curso fuera continuado.[67] El excelente resultado de esta aparente **debilidad** de este proceso elástico era *la fuerza* que se producía bajo la tensión; se flexionaba, sin colapsar, a tensiones que habrían roto una organización rígida basada en reglas dogmáticas, y se puso tensa nuevamente cuando la tensión era pasado.

Así Inglaterra tenía todo el logro de la historia británica puesta en peligro o de perderla, en 1956 por cualquier acto en el cual, de hecho o incluso en apariencias, invirtiera la política, o los métodos que le había hecho ganar una reputación tan grande y había producido, en el balance,

---

[67] Este método es el contrario exacto de cómo se gobernaría el mundo bajo los esquemas del "gobierno-mundial" propuesto desde Nueva York por Sr. Bernard Baruch y su escuela de "internacionalistas". Su concepto puede llamarse de hecho "Super Colonialismo" y yace completamente en la organización rígida, en la fuerza y las penas. Hablando a la dedicación de un monumento conmemorativo al Presidente Woodrow Wilson en la Catedral de Washington en diciembre de 1956, el Sr. Baruch levantó nuevamente su demanda, en lo siguiente, sorprendentemente en términos contradictorios: "Después de que dos guerras mundiales... todavía buscamos lo que Wilson buscó. 'un reino de ley **basado en el consentimiento de los gobernados**... ese reino de ley sólo puede existir cuando existe *la fuerza* para mantenerlo... es por lo que debemos continuar insistiendo que cualquier acuerdo en el control de la energía atómica y el desarme se acompañe por provisiones blindadas para la inspección, control *y castigo de los transgresores*".

buenos resultados materiales. En esa luz tenía que ser considerada la acción del Gobierno británico del 30 de octubre de 1956.

¿Si el Canal de Suez era vital para esto, por qué se había retirado? ¿Si un Egipto amistoso era vital después del retiro, por qué la afrenta calculada en julio? ¿Si las naves británicas estaban usando el Canal libremente, por qué la pretensión que no estaba "abierto" y que se ponía en peligro "la libertad y la seguridad de los embarques internacionales? ¿Si cualquier interés **británico** vital estuviera en la estaca, por qué esperó hasta el ataque de **Israel** a Egipto y sólo **entonces** atacó a Egipto? La pregunta puede voltearse y puede escrutarse de todos los puntos de vista, y siempre surgirá la misma respuesta.

Esto no puede haberse hecho por la causa de Bretaña o Francia; el momento escogido es incriminante. No se habría hecho en absoluto, si Israel no hubiese existido; por lo tanto, la humillación que Inglaterra (y Francia, si el lector quiere) sufrió estaba en esa causa. El envolvimiento comenzado por el Sr. Balfour cincuenta años antes, produjo su lógica consecuencia, y por este acto su continuación fue asegurada cuando liberarse de él estaba por lo menos a mano. Si cualquier cálculo racional de interés nacional incitó esta irreflexiva correría de Jameson, ellos aparecerán un día en la memoria de los hombres involucrados; personalmente, dudo si esto podrá incluso alguna vez justificarse. En este momento, sólo puede examinarse a la luz del desarrollo de cuatro semanas que ya han visto el gran fiasco. La empresa fue evidentemente preparada en un largo tiempo entre dos de las partes por lo menos, Israel y Francia, las evidencias de eso pronto aparecieron.[68]

En Inglaterra el Gobierno (hasta el momento de concluir este libro) se ha negado a la demanda para investigar en la acusación de colusión, la

---

[68] Corresponsales del **The Times, Reuters** y otros periódicos y agencias informaron como consecuencia, que ellos habían visto aviones **franceses** y oficiales de la Fuerza aérea **francesa** en uniforme, en los campos israelitas durante la invasión, y en la "fiesta de la victoria" dada en Tel Aviv por la fuerza aérea israelita, cuando el comandante israelita, General Moshe Dayan, estaba presente. Estos informes estaban de acuerdo en un punto importante: que la Fuerza aérea francesa estaba presente para "cubrir" o proveer de "un paraguas aéreo" a Tel Aviv si era atacada por la aviación egipcia. **Reuters** informó que esos mismos oficiales franceses admitieron ataques a tanques egipcios durante la lucha en el Sinai. Por consiguiente, hasta donde los franceses estaban interesados, la pretensión de un ataque en el Canal de Suez para "separar" fue demostrada por ser falsa. Los oficiales y aviones franceses habían sido vistos **detrás** de las líneas israelitas en Israel y en el Sinai durante la lucha. El corresponsal del *Times* informó "una tarea por parte de Francia por haberla hecho mejor, si la guerra estallaba entre Israel y Egipto, *prevenir cualquier acción contra Israel según las condiciones de la declaración tripartita de 1950 y ver que Israel tenían las armas apropiadas con las cuales luchar*". La declaración de 1950 obligaba a Francia *imparcialmente* "oponerse al uso de la fuerza o a la amenaza de fuerza en esa área. Los tres gobiernos, *si ellos encontraran que cualquiera de estos estados se estaba preparando para violar las fronteras o la línea de armisticio, podría... inmediatamente tomar acciones. . para prevenir tales violaciones.*"

cual no puede establecerse en el caso británico (como diferente del francés). Allí aparece una posibilidad que la acción británica fue una súbita, asumida en el momento juzgado por ser favorable. En ese caso, fue un cálculo erróneo titánico, ya que cuando el "ultimátum" británico y francés fue lanzado, los Estados Unidos ya habían llamado una reunión de emergencia del Consejo de Seguridad de las Naciones Unidas y presentaron una resolución censurando el ataque israelita y exigiendo que los israelitas se retiraran del territorio egipcio (29 de octubre).

Así el único efecto del ataque británico y francés fue desviar la reprobación mundial de Israel a ellos y el 7 de noviembre (después de una segunda resolución a Israel a retirarse) una mayoría aplastante de la Asamblea General había transferido el peso de su censura debidamente a "Bretaña y Francia", Israel entonces aparece en el tercer lugar entre las partes a las cuales se les decía que debían retirarse.[69]

Por ese tiempo el fiasco militar estaba tan claro como el político; Las orejas inglesas habían tenido que escuchar durante casi cinco días a los informes de bombardeos británicos de egipcios, el Canal de Suez fue bloqueado por las naves hundidas, el Presidente Nasser era más popular en el mundo árabe de lo que había sido alguna vez, y el Gobierno británico estaba retirándose gradualmente del "ningún retiro" a través del "retiro condicional" al "retiro incondicional".

El Presidente Eisenhower y su administración, hizo la mayoría de estos eventos. Lo que estaba viniendo era evidentemente conocido en Washington, (como el ataque en el Pearl Harbour era previamente conocido). Se había dicho a los residentes norteamericanos que dejaran la zona de peligro algunos días antes del ataque, y en los dos días que lo preceden, el Presidente Eisenhower dos veces amonestó al Sr. Ben-Gurion, una vez en "urgentes" y luego en "graves" términos; la única respuesta que él recibió fue un mensaje de radio, entregado a él durante un viaje en aeroplano desde Florida a Virginia, diciéndole que el Sr. Ben-Gurion había lanzado el ataque.

---

[69] De ese momento, siguiendo el juego del ejemplo preparado por el Presidente norteamericano, el peso de la censura fue mediante fase cambiada de "Israel" a "Israel, Bretaña y Francia", luego a "Bretaña y Francia", y en la última fase a "Bretaña" (revocando así la transformación más temprana efectuada entonces en el caso de la persecución de personas por parte de Hitler que empezó como "la persecución de antagonistas políticos" se volvió a "la persecución de antagonistas políticos y judíos", luego a "judíos y antagonistas políticos" y, al final, "de judíos").

Un comentario público característico de este período fue hecho por la Señora Eleanor Roosevelt, que generalmente fue aceptada en Norteamérica como la voz de su marido el fallecido Presidente. Ella dijo en una conferencia de prensa, tres días antes de la elección presidencial (ella estaba haciendo campaña para el candidato Demócrata), "yo no considero que Israel sea un agresor; actuó en la auto defensa... Creo que Bretaña y Francia fueron técnicamente culpables de agresión", (**New York Times**, 4 de noviembre de 1956).

Sin embargo, el gobierno británico no informó **oficialmente** al Presidente (o incluso a los Gobiernos del Dominio) de su intención, y el Sr. Eisenhower pudo presentar una cara de paciente sufriente a su pueblo cuando apareció en la pantalla de la televisión con las palabras, "Nosotros creemos que esto" (el ataque) fue tomado equivocadamente porque no aceptamos el uso de la fuerza como un instrumento inteligente o apropiado para el arreglar las disputas internacionales". Ésta fue una declaración irreprochable, contra un trasfondo de culpabilidad (el suministro incitado por los norteamericanos de armas francesas, británicas y canadienses a Israel, todas a través del verano). Si el Gobierno británico contaba con la "presión sionista" en Washington, se engañó en ese momento. Siempre existe un margen de error en estas cosas y Sr. Eisenhower se aseguró la elección; en cualquier caso, la oportunidad de desviar su ira a Bretaña lo salvó de la necesidad de usar más de él en Israel (qué, por esa materia, tenía lo que quiso). Una palabra áspera a Inglaterra, es más, ha sido una cosa popular en Norteamérica desde la Fiesta del Té en Boston; ¿Es concebible que un gobierno británico no comprendiera eso?

La acción británica parece ser responsable sólo en el contexto de todo el engaño Sionista. Si la cosa fuera hecha totalmente, la única esperanza yacía en una veloz y masivamente eficiente operación, la cual podría haber ganado la posesión de un canal intacto y haber confrontado al mundo con algún logro. La tarea británica fue lenta desde el inicio y muy pronto mostró todas las señales de un segundo pensamiento. Después del fiasco, ***The Times*** (16 de noviembre) informó desde la base británica en Chipre, la decisión del "Gobierno británico para intervenir en Egipto fue tomada sin el consejo de casi todos sus mayores representantes diplomáticos en el área. Fue continuada contra las advertencias de la mayoría de ellos sobre sus efectos probables en el futuro de las relaciones británicas con las naciones árabes... Cuando los detalles sobre el ultimátum británico a El Cairo y la decisión de intervenir militarmente contra Egipto se supo por primera en las Embajadas y Legaciones británicas en los países árabes las reacciones en casi todos iban desde el franco escepticismo hasta hablar potencialmente de ser un desastre.

Muchos estaban incrédulos o espantados cuando la forma de esta directa acción pareció asociar la política británica con aquella de Israel y Francia" (este pasaje revocó vivamente en mí el sentimiento que encontré en las Embajadas "británicas y Legaciones" a lo largo de Europa en el momento de Munich).

Tanto para la decisión política; y luego, la ejecución militar de esta. ***The Times*** (17 de noviembre) informó que entre los comandantes militares en Chipre "había un sentimiento casi unánime que si había que hacerlo, debía hacerse rápidamente. El fracaso para permitirles completar el trabajo ha producido un sentimiento de frustración y confusión entre muchos oficiales mayores aquí, así como entre muchos de sus subordinados". El eminente escritor de temas militares norteamericano, el Sr. Hanson Baldwin, discutiendo más tarde "Una Invasión Confusa" la cual "probablemente se transformará en un caso de estudio famoso en el mundo de las universidades del personal de ejército del mundo", dijo que bajo la confusa dirección de Londres "los múltiples objetivos políticos, psicológicos y militares se volvieron indisolublemente confusos; el resultado no fue un propósito nítido, o por lo menos, ningún objetivo que la fuerza militar podría lograr, dadas las limitaciones impuestas en él".

Pronto quedó claro que algo estaba de hecho tardando y deteniendo a los gobiernos británicos y franceses para llevar a cabo la empresa. Para los franceses esto era de poca importancia, por las razones previamente dadas; para los británicos, reputación, honor, la esperanza de prosperidad, la cohesión de la gran familia británica estaban en la estaca . Ya, en la tensión de aquellos días, el Primero Ministro canadiense había dado advertencia que tales acciones podrían llevar a la disolución de la Comunidad de Naciones. En las Naciones Unidas, Bretaña estaba parada en la picota con Israel y Francia, una visión de hecho afligida. Contra una gran cantidad de votos adversos, sólo Australia y Nueva Zelanda permanecían a su lado, y posiblemente más por una fidelidad obstinada que por convicción.

¿Qué causó la arriesgada tarea, tan vanagloriosamente anunciada, para ser retardada hasta que burbujeara afuera? La "vigorosa y enfática protesta" del Presidente Eisenhower y la resolución de las Naciones Unidas probablemente causó la primera reconsideración en Londres. Entonces allí estaba la coincidencia agónica de los eventos.

En cuanto los británicos y franceses comenzaron a bombardear a los egipcios, los Moscovitas se volvieron a Hungría y comenzaron a hacer una matanza húngara. Entonces en las Naciones unidas, los voceros de Oriente y Occidente comenzaron a gritar "tu eres otro" unos a otros; mientras los aeroplanos británicos y franceses bombardearon Puerto Said, los delegados británicos y franceses acusaban a los soviéticos de salvajismo inhumano; mientras los tanques soviéticos asesinaban a los Magyars, los delegados soviéticos acusaban a los británicos y franceses de agresión pura. Estos intercambios comenzaron a mostrar algo de la falsedad profesional de los vendedores ambulantes en un bazar de Levantine.

El cuadro asumió entonces las formas de una pesadilla. Sir Anthony Eden, el joven ascendente que renunció en 1938, recibió la renuncia del Sr. Anthony Nutting, el joven ascendente de 1956, quién como Ministro de Estado para los Asuntos Extranjeros, "había aconsejado más fuertemente contra la intervención británica en Egipto", y de otros colegas. Para restaurar su posición, él tenía el recurso de Sir Winston Churchill, quien proclamó "Israel, bajo la más grave provocación, hizo erupción contra Egipto... No dudo que nosotros podamos llevar nuestro curso brevemente a una conclusión justa y victoriosa. Pensamos restaurar la paz y el orden en el Medio Oriente y estoy convencido que lograremos nuestro objetivo. La Paz mundial, el Medio Oriente y nuestro interés nacional ciertamente se beneficiarán a la larga de la acción resuelta del Gobierno".

Esta, posiblemente una de las últimas de declaraciones de Sir Winston, queda para una audición futura. La acción británica tiene fuertemente los rasgos Churchilianos, y su sucesor estaba tan estrechamente asociado con él que, a todo evento, es difícil que se haya llevado a cabo sin la aprobación de Sir Winston. En ese mismo momento, el veterano publicó el segundo volumen de su **Historia de los Peueblos angloparlantes**, y el **New York Times** dijo de él, "El autor está orgulloso del hecho que su pequeña isla, 'el pequeño reino en el mar del Norte', aunque poseyendo cuando este volumen comenzó, sólo tres millones de habitantes, podría haber civilizado a tres continentes y educado a la mitad del mundo". Sólo el tiempo puede mostrar si el ataque británico a Egipto fue en esa tradición civilizadora y educativa, o permanecerá en el descrédito de Inglaterra.

Entonces vinieron los estremecimientos más grandes como resultado de la acción del Gobierno británico. El Premier Soviético Bulganin, en las notas a Sir Anthony Eden y al Primer Ministro francés, claramente los amenazó con misiles y el ataque atómico si ellos no "detengan la agresión, detengan el derramamiento de sangre" (el derramamiento de sangre, en Budapest continuaba y el flujo de fugitivos húngaros por la frontera austriaca hospitalaria se inflaba hacia las cien mil almas; en Budapest, otro hombre de Bela Kun de 1919, el Sr. Ferenc Munnich, se transformó en el "hombre clave" de Moscú en la sucesión a Rakosi y Geroe, y comenzó el nuevo terror). Más que eso, el Sr. Bulganin en una carta al Presidente Eisenhower propuso un ataque conjunto soviético-norteamericano "dentro de las próximas horas" sobre Bretaña y Francia, una propuesta que la Casa Blanca en una declaración de prensa, estimó meramente "inconcebible."

¿Es algo "inconcebible" en nuestro tiempos? La alianza Hitler-Stalin de 1939 (un desarrollo obvio que el presente escritor y otros predijeron) se retrató a las masas como algo "inconcebible" hasta que fue una realidad y la Segunda Guerra había comenzado. El **New York Times** en este período citó a "un diplomático mayor de Estados Unidos, con una larga experiencia en el mundo árabe" como aprobando implícitamente la sugerencia: "Nuestro rechazo de la oferta rusa como 'inconcebible', sin ofrecer considerarla dentro del armazón de las Naciones Unidas, está interpretada aquí" (él estaba en Jordania) "como significando que a pesar de cualquier cosa que nosotros podemos decir, estaremos siempre al lado de Occidente e Israel cuando las cosas estén muy mal.

Sin duda la propuesta de un ataque atómico conjunto norteamericano-soviético a Inglaterra era inconcebible en ese momento, pero de hecho, los dos países estaban actuando juntos contra Inglaterra de maneras diferentes, se combinaron para producir una presión maciza de dos lados. Sir Anthony Eden se había embarcado en los rápidos torrenciales en una frágil canoa. Hay en Norteamérica una constante, un latente instinto matricida hacia Europa en general e Inglaterra en particular (no puede explicarse pero siempre debe tenerse en cuenta) el cual fácilmente puede activarse por la acusación de "colonialismo". El hecho que Norteamérica es el poder *colonial* más grande en el mundo (ya que no veo ninguna diferencia válida entre **ultramar** y la expansión *por tierra*)[70] no altera esto; es un impulso irracional que tiene siempre que ser tenido en cuenta, calculando los resultados de cualquiera acción contemplada que involucre la "opinión norteamericana".

Sin embargo, la "opinión" hoy es un producto manufacturado y puede producirse en cualquier forma deseada. Lo que era mucho más importante y no se debe haber pasado por alto, era que el Presidente Eisenhower, bastante evidentemente, fue seleccionado, nombrado y en el efecto elegido, por el grupo de "internacionalistas" que dominaban al Presidentes Wilson, Roosevelt y Truman, y esa política estatal norteamericana, bajo esta dirección, ha apoyado siempre la revolución y ha asumido una naturaleza anti-británica en los momentos de la cresta de la crisis. La última ambición "internacionalista" es el proyecto de un Gobierno Mundial, para ser logrado a través de las fuerzas convergentes, destructivas del comunismo- revolucionario y del sionismo-revolucionario, y es la esencia de esta ambición, que los dos grandes países angloparlantes a ambos lados del Atlántico, se mantengan divididos, ya que sólo a través de su división puede lograrse el Imperio. Esta ambición dominó la Segunda Guerra.

El Presidente Eisenhower surgió primero como la tercera figura en el grupo Roosevelt-Marshall-Eisenhower. La naturaleza anti-británica de las propuestas del General Marshall en los años de guerra han sido mostradas antes; él era, de hecho, el gran adversario del Sr. Churchill y el

---

[70] Los Estados Unidos, por supuesto, son el ocupante, por conquista o por compra, de las *colonias* británicas, holandesas, francesas y españolas, y de inmensos *territorios* mexicanos y rusos; Sólo la extirpación virtual, durante la vida de la República norteamericana, de los habitantes originales de esta gran área produce un cuadro presente que difiere de aquel de las colonias británicas, holandesas, francesas y españolas de hoy en día, con sus millones de "habitantes coloniales". Las posesiones norteamericanas de *ultramar*, por conquista o compra, son pocas. La Zona del Canal de Panamá el cual está bajo la soberanía permanente de Estados Unidos es un caso separado; si es que prueba algo, con respecto al Canal de Suez y Bretaña, que demuestra sólo las ventajas de un buen "título" y de adyacencia militar.

hombre responsable para el hecho que (como la historia británica oficial de la guerra grabada en 1956) a pesar del renombre mundial del Sr. Churchill y de su autoridad aparentemente formidable, él demostró, en los hechos, ser incapaz de formar una decisión estratégica mayor única durante esa guerra; por el resultado del cual la política del grupo Roosevelt-Marshall-Eisenhower debe juzgarse. En la última adulación, en Yalta, el deseo dominante del Sr. Roosevelt era proferir una lesión a Bretaña, tal como lo muestran los documentos de Yalta.[71]

El General Eisenhower, como Comandante en Europa, dio la orden militar resultando en el efecto, en la cesión de media Europa a la revolución. Contra este trasfondo, el apoyo del Presidente Eisenhower no podría contarse con él por el Gobierno británico; la prehistoria es demasiado pesada. Él era el ejecutor de la política Roosevelt-Marshall en la guerra, y siete años después de su fin, fue patentemente seleccionado por los poderosos apoyos, contra el Senador Taft, como un hombre que llevaría más allá la política "internacionalista". Lo que era inesperado, y no puede justificarse, es el nivel al cual alcanzó en la pública humillación de Bretaña en este momento, dando fuerza al retiro "incondicional" en las circunstancias más abyectas, virtualmente condenando al ostracismo al Embajador británico en Washington, y generalmente desplegando un rencor recordativo del Presidente Roosevelt en Yalta.

Este despliegue de repugnancia (el semblante de reproche fue visto por todo el país en la pantalla de la televisión) no tenía base moral. La "presión" sobre Bretaña para que se retire del Canal, y la "presión" resultante en Bretaña para unirse con Norteamérica en el insulto provocativo a Egipto que fue el verdadero comienzo de la crisis-de-guerra de 1956, se originó en la Casa Blanca.

Es más, esto fue hecho mientras seguía la matanza en Hungría y aparte de decir que su corazón estaba con las víctimas, el Presidente norteamericano y su administración permanecían pasivos en cara a este asunto mucho más grave. En esto, nuevamente, él fue consistente con sus actos anteriores: dejando caer la promesa de "repudiar Yalta", después de su elección en 1952, y la orden para detener los ejércitos Aliados al Este de Berlín en 1945. El efecto de todo esto era continuar ese "apoyo a la revolución" que era el principio dominante de la política de estado norteamericana durante dos guerras.

---

[71] "El Presidente dijo que le diría al Mariscal (Stalin) algo indiscreto, ya que él no deseaba decirlo delante del Primer Ministro Churchill... Los británicos eran personas peculiares y deseaba tener su pastel y también comerlo... Sugirió la 'internacionalización' de la colonia británica de Hong Kong y que Corea se ponga bajo un fideicomiso con los británicos excluidos. Stalin indicó que él pensaba que esto no era una idea buena y agregó que 'Churchill nos mataría'. Cuando vinieron las preguntas políticas pos-guerra, él tomó a menudo posiciones que eran anti-británicas", (**New York Times**, 17 de marzo de 1955).

Una gran lección se aprendió de los eventos de octubre y noviembre, 1956. Ellos mostraron que, si eran suficientemente estremecidos, algo como "opinión mundial" *puede* expresarse a sí misma a través de la sociedad de debates conocida como las Naciones Unidas en Nueva York. La demostración de repugnancia fue abrumadora en *ambos* casos, aquella del ataque a Egipto y de la matanza soviética en Hungría. Ellos mostraron, más allá, que como instrumento para dar *efecto* a cualquier censura moral de ese tipo, las Naciones Unidas eran absolutamente impotentes. En el caso más grave, el de Hungría, no podría hacer nada, porque los soviéticos estaban en posesión y los Estados Unidos eran pasivos. En el otro caso, el de Egipto, un resultado inmediato se produjo *sólo* porque ambos de estos países se unieron contra Bretaña; el uno con "medidas cortas de guerra" (la negativa de suministros de petróleo) y el otro con la amenaza directa de guerra.

De hecho, el retiro británico de Suez se efectuó por la colaboración norteamericano-soviética, y mientras "los internacionalistas" pueden controlar la selección y la maquina-electoral seguirán siendo un gran peligro para el mundo. Un pacto Eisenhower-Bulganin ya no es inherentemente "inconcebible", en las circunstancias de este siglo, de lo que fue el pacto Hitler-Stalin en 1939; a todo evento, la intención profesada (para aplastar el "Comunismo") es la misma en ambos casos.

Si el Gobierno británico puso su confianza en la "presión sionista" en Washington (y esto *había* efectuado el retiro británico de Palestina y el establecimiento de Israel en 1947-1948), éste era otro cálculo erróneo en ese momento en particular. Omitió en la cuenta el efecto del impacto del ataque israelita y el efecto de impacto mayor de los británicos y franceses, que hizo volver los ojos del mundo principalmente en Bretaña y fortaleció mucho más al Presidente Eisenhower en adoptar una actitud moral.

Así el Gobierno británico se encontró entre las amenazas de un ataque soviético, por un lado, y una hostilidad, aparentemente sorprendente, de la Casa Blanca, por el otro. La "línea vital de vida" fue bloqueada, y los suministros de petróleo de Bretaña se bloquearon con ella. Al parecer estaba confiado que el Gobierno norteamericano recapacitaría y luego comprendió que no podría esperar el petróleo norteamericano hasta que "se retirara"; en este momento todo el embate del asunto cayó sobre Bretaña. Los representantes británicos en Washington fueron recibidos fríamente y se encontraron que ninguna materia de importancia sería discutida con ellos; se les hizo entender que podrían llamar nuevamente si ellos lo deseaban, en su demanda por petróleo, cuando Bretaña "hubiese salido". El Presidente norteamericano por esos días fue mucho más allá en la humillación pública del Gobierno británico de lo que necesitaba ir, y la razón para esto debe buscarse en el sentimiento anti-británico que se mostró en los hechos y en las palabras registradas de su patrocinador, el Presidente Roosevelt. La historia completa de las maquinaciones gubernamentales norteamericanas en la materia, durante su presidencia, lo privaron de base para una postura de honesta indignación.

Desgraciadamente, las humillaciones británicas fueron ganadas. El ataque a Egipto fue desastroso en cada punto importante: en su apariencia clara de complicidad con Israel, en su entrega en el mismo momento de la derrota soviética en Hungría, y en su indecisión e ineficacia, una vez comenzada. Sir Anthony Eden, desgastado por la tensión y políticamente arruinado, se retiró a Jamaica para recuperarse. El "retiro incondicional" (de los británicos y franceses, no del agresor original, Israel) comenzó.

Una "fuerza internacional", apresuradamente congregada por las Naciones Unidas, apareció en el Canal de Suez y esperó, preguntándose que se suponía debían hacer. El renombre del presidente Nasser creció en el mundo árabe; el Canal permanecía bloqueado; Egipto declaró que no dejaría una pulgada de territorio egipcio; Israel comenzó a quejarse del "anti-semitismo" en Egipto. Tres semanas después del ataque el ebrio Kruschev, el líder comunista soviético, abucheó a los Embajadores británicos y franceses en una recepción de la Embajada polaca en Moscú,: "Usted dice que nosotros queremos la guerra, pero ustedes están ahora en una posición que yo llamaría idiota... Ustedes nos han dado una lección en Egipto". ¿Quién podría contradecirlo?

Una semana después el **New York Times** resumió el balance: "Bretaña y Francia han jugado y parecen haber perdido desastrosamente... Israel ha surgido hasta ahora de la crisis en una posición algo mejor (25 de noviembre).[72]

El mismo artículo informó los comentarios de un miembro del Parlamento israelita, el Sr. Michael Hazani de forma prominente: "El Sr. Hazani expuso su teoría que el fracaso de Bretaña y Francia para remachar sus objetivos en el Canal de Suez fue algo afortunado para Israel... Los israelitas se sienten menos aislados hoy que antes de su avance en el Sinai el 29 de octubre, el cual alienó a los amigos y levantó las protestas de los enemigos alrededor del mundo... Israelitas revelaron en su amistad recientemente desarrollada con Francia que proporcionaron las herramientas que permitieron a sus fuerzas fustigar a los egipcios... Hace unas semanas, los israelitas tenían miedo *cuando temieron que podrían haber llevado al mundo al borde de una guerra termonuclear.* El susto inicial ha pasado, las amenazas se consideran como tácticas en una guerra de nervios... Algunos miembros de Knesset dijeron que Israel también podría jugar ese juego... así ellos preguntan por qué Israel no debe

---

[72] Dos semana después que este capítulo fue finiquitado el mismo periódico desechó a Bretaña, de ahora en adelante como "un poder de segunda clase".

aprovecharse de su actual molestia para inducir a los grandes poderes para apretar Egipto y a los otros estados árabes para negociar la paz."

Estas frases pueden mostrar al lector cuan pequeña es la esperanza de tregua que el mundo tendrá hasta que la aventura Sionista sea liquidada. El fiasco es el destino inevitable de todos los que se asocian con él, porque su propio fin inevitable es el fiasco, pero el choque de cada desastre deberá y siempre caerá en estos socios, no en los autores originales de la malvada ambición. Hoy atraviesa por todas las relaciones racionales entre las naciones, haciendo oponerse a aquellos que no tienen ninguna razón para la discordia, engañando a algunos a tareas que no pueden llevarlo posiblemente a algo bueno, e incitando a otros a las amenazas de guerra mundial.

En el caso de Inglaterra, que por este acto fue nuevamente comprometido en el pantano del cual el Sr. Ernest Bevin lo había desembarazado en 1947-1948, las penas en esta ocasión fueron tan duras que, si el proceso entero de envolvimiento en el Sionismo se asemeja a los trece pasos al patíbulo, puede decirse que esto ha sido el decimosegundo paso; la única cosa mucho peor que podría ocurrirle a Inglaterra a través de él, sería la calamidad final. Ya, en esta ocasión, la advertencia sobre la desintegración de la Comunidad de Naciones fue escuchada desde los lugares más altos fuera de la propia isla británica, y en ninguna ocasión previa había sido ni siquiera un peligro remoto. Fue puesta en el andén, al lado de Israel (y Francia) ante el mundo y reprendida como un sinvergüenza. De pronto se encontró con amenazas alarmantes que se levantan de todos los lados. Ninguno de los objetivos anunciados fue logrado, sus fuerzas de combate no fueron permitidas completar ni siquiera una de sus repugnantes tareas, nada más que el descrédito permanecía. Al final cayó sobre el país una contribución más alta, deprivación y dureza, como el precio, y esto fue en la verdad un extenso tributo a Sión.

En todo esto, una cosa está clara: nada de esto podría pasar si no fuera por la situación establecida en 1948. Si la guerra general hubiera venido, habría sido comenzada por Israel; y si debe salir todavía de este asunto (y ésa es todavía una posibilidad abierta cuando acabo este libro) habría comenzado por Israel.

Hablando para mí, si yo pudiera persuadirme que el ataque británico a Egipto se incitó de verdad por la preocupación de algún interés británico, lo habría aceptado en la creencia que el Gobierno británico supo cosas, desconocidas para mí, qué de algún modo justificaban lo que parecía por toda la apariencia exterior, indefendible y condenado de antemano. Yo no puedo persuadirme de eso. Esto fue el último desliz en la tragedia de errores que comenzaron con el compromiso británico original al Sionismo en 1903; Los he trazado todos en este libro.

Pienso que esto esta claramente implícito en lo que se dijo de los círculos Gubernamentales en la Cámara de los Comunes al final del fiasco. Sir. Anthony Eden estando en Jamaica, la tarea de la apología cayó en sus colegas y uno de éstos, el Sr. Anthony Head, Ministro de la Defensa, hizo yacer las disculpas, no en algún interés británico, sino en la demanda de haber evitado a "un Israel herido, a un Tel Aviv bombardeado y un mundo árabe unido" (nuevamente no tengo el texto y cito del **New York Times**; sostengo que los políticos deben estar de pie ante lo que el mundo entiende que dijeron).

Ahora, el corolario del logro exigido es un mundo árabe desunido, un Puerto Said bombardeado y un Egipto lisiado (de estas tres cosas una se hizo, el bombardeo, y las otras no fueron logradas). ¿Qué interés británico se sirve desuniendo al mundo árabe e hiriendo a Egipto? ¿Qué inglés habría apoyado el acto si se hubiese puesto ante él en estos términos antes de que fuera hecho? ¿Cuándo fue el caso, para apoyar "el cumplimiento de la aspiraciones Sionistas", que fue puesto ante el elector británico en esas condiciones?

En algunas enfermedades la medicina moderna puede identificar la fuente original de la infección, la herida primaria. La fuente primaria de todos estos problemas, cuando ellos culminaron en los hechos del 29 y 30 de octubre de 1956, es demostrablemente el Sionismo; ellos no podrían pasar de esa forma sin él. En la sucesión lógica de cada uno de sus actos desde que tomó forma hace unos ochenta años como una fuerza política en los ghettos de Rusia, llevó al mundo al borde de una guerra universal, y en eso, no orilla ningún conocimiento que sus amigos de ayer podrían ser los enemigos del día siguiente. Aquí estaba "el engaño a las naciones" en su máxima expresión de hecho.

¿Puede el tiempo destilar algo bueno de todo esto? Claramente puede y desea; sólo para los contemporáneos es el tumulto innecesario en que nosotros vivimos enfurecidos. Las primeras señales del largamente-retardado giro para el bien empieza a mostrarse. Las naciones que yacen en las cadenas del Comunismo- revolucionario están empezando a tirarlas; los pueblos de Europa Oriental pueden salvarse todavía por el ejercicio de la fuerza y el resto del cautivo Occidente por su ejemplo. Yo creo que los judíos del mundo están comenzando a ver el error del Sionismo-revolucionario, el gemelo del otro movimiento destructivo, y cuando este siglo termine decidirá buscar el envolvimiento en la humanidad común finalmente.[73]

---

[73] Un desarrollo que podría hacerse previsto por un informe (si es que fuera exacto) publicado en el **New York Times**, el 30 de diciembre de 1956, que "menos de 900 de los 14,000 judíos que han huido de Hungría... han decidido reasentarse en Israel", la "inmensa mayoría" prefiere ir a Norteamérica o Canadá. Por otro lado, si ellos siguen el ejemplo de sus predecesores, ellos inflarán allí la masa de "explosivos" judíos Orientales cuyo trasplante, durante los últimos

Los eventos de octubre y noviembre de 1956 por sí mismos entregan el capítulo de conclusión apropiado para este libro.[74] Creo que ellos agregan la evidencia conclusiva a sus argumentos.

---

setenta años, ha producido la presente situación; la incitación de éstos contra Norteamérica fue demostrada por la cita de las autoridades judías en el capítulo precedente.

[74] Acerca del asunto de Suez, la nota a pie de página fue proporcionada por el Presidente Eisenhower, el 5 de enero de 1957, cuando él pidió al Congreso plena autoridad para usar las fuerzas armadas de los Estados Unidos contra la agresión armada "*abierta*" de cualquier nación *controlada* por el Comunismo Internacional en el Medio Oriente. Visionaba así hacer exactamente lo que él había censurado al Gobierno de Edén por hacerlo. Un ejemplo de agresión "abierta" probablemente es el hundimiento del *Maine* en el Puerto de La Habana; la explosión fue "ostensible" y fue *atribuida a* España. Antes y después del ataque a Egipto, la prensa internacional empezó a acusar a una nación árabe después de otra de estar "controlada" por el Comunismo internacional, y la demanda al Congreso del Presidente Eisenhower abre la perspectiva que la extirpación muy-anunciada del poderío del Comunismo demuestra ser, en el evento, un ataque a los Árabes, no al Comunismo. La descripción, "controlada por el Comunismo", es incapaz de definición o probación, y fácil de falsificar a través de la propaganda. Por ejemplo, el **New York Times** del 2 de diciembre de 1956, publica fotos de "tanques rusos capturados por los israelitas" durante el ataque a Egipto. Las objeciones de los lectores lo llevaron a admitir que los tanques eran de hecho norteamericanos. Si ellos fueron capturados de los restos de los egipcios queda abierto para ser cuestionado; cualquiera puede fotografiar un tanque y puede escribir un subtítulo. Israel fue originalmente establecido con armas soviéticas, pero no es esa cuenta que se dice estar "controlada por el Comunismo internacional".

Las noticias del acto del Presidente Eisenhower fueron seguidas por un levantamiento agudo en varias inversiones Israelitas en la Bolsa de Valores norteamericana y por sermones de alabanzas en varias sinagogas de Nueva York. Una razón posible para esto fue el hecho que el Presidente emprendió para actuar militarmente en el Medio Oriente sólo en respuesta a la solicitud "cualquier nación o grupo de naciones" atacada. Como Egipto fue ampliamente declarado ser "el agresor" en el ataque en sí mismo en octubre de 1956, esta condición nuevamente yace abierta a muchas interpretaciones, dependiendo de la necesidad. Si las palabras significaran realmente, ellas implican que las fuerzas norteamericanas se habrían usado, ante la demanda egipcia, para repeler el ataque israelita de octubre, 1956. Eso es difícil imaginar; para ponerlo suave, la intervención militar norteamericana en respuesta a una demanda de cualquier otro estado del Medio Oriente que no fuese Israel es difícil de imaginar; sin embargo, los tiempos cambian y todas las cosas son posibles.

EPÍLOGO

Si este libro tiene alguna mirada obscura, ese es el color nativo de la historia que relata, no la reflexión de mi propia mente. Lo he escrito con sentimientos, los sentimientos de un contemporáneo, participante, testigo presencial y de periodista frustrado en su profesión, la cual en mi creencia debe servir la verdad sin miedo o favoritismo, no a intereses especiales.

Yo he visto más de los eventos de nuestro siglo y de las secretas perversiones de los propósitos nacionales que la mayoría, y he descubierto a través de esta experiencia que no fue casualidad, sino un plan. Por consiguiente, he escrito una protesta, pero es una protesta contra la supresión de la verdad, no contra la vida.

Es la narrativa de la historia contemporánea en fabricación. Después de mi tiempo vendrán los historiadores quienes de los fragmentos desenterrados ensamblarán la historia en todos sus elementos. Tal como podría uno juzgar los impulsos de un hombre desde su esqueleto. Sin embargo, ellos pueden percibir cosas que ahora están escondidas para mí, y, sobre todo, encontrarán que todo era necesario para el estado de los asuntos en que ellos se encuentran (y que, en el caso de los historiadores, normalmente es uno cómodo). Entre las dos descripciones, en algún lugar, yace toda la verdad; mi parte de ella es la protesta viviente del participante viviente.

Sin ninguna duda todas estas cosas son esenciales para el último propósito, y no tengo ninguna duda acerca de la naturaleza de eso, pero eran innecesarias cuando sucedieron, y ese es el tema de mi protesta. El último buen fin podría alcanzarse más rápidamente sin ellos, creo; sin embargo, yo sé que todas estas cosas no son para que el hombre mortal las comprenda y puede imaginar que es la voluntad de Dios que estas pruebas recurrentes son necesarias para la auto-liberación final del alma humana. Bajo esa misma voluntad, el creyente debe protestar contra ellas cuando ocurren.

Sin embargo, dejo el análisis desapasionado al escriba futuro, cuya carne y latido del corazón no estará involucrado; para él el microscopio, para mí el espectáculo en vivo. **Yo estoy** involucrado. "En historia" (dijo Lord Macaulay) "sólo la interpretación según la necesidad doctrinal alguna vez parece sobrevivir, tal como los hechos inconvenientes y contradictorios son olvidados o ignorados." En esa cuenta, este escriba viviente puede ser perdonado. No he ignorado nada conocido por mí y he presentado lo que sé tan verazmente como soy capaz. He mostrado el cuadro de nuestro siglo como le aparece a un hombre involucrado, y como fue mantenido oculto de las masas públicas, que mientras avanzaban sólo recibieron "la interpretación" que según los políticos sostenían como una necesidad.

En nuestro tiempo, juzgo, una superstición bárbara nacida en la antigüedad y nutrida a través de los años por un sacerdocio semi secreto, ha vuelto para plagarnos en la forma de un movimiento político apoyado por una gran riqueza y poder en todas las grandes capitales del mundo. A través de los dos métodos usados, la revolución desde abajo y la corrupción de gobiernos desde arriba, ha llegado muy lejos hacia el éxito en una ambición fantástica de lograr el dominio mundial, usando estos dos instrumentos para incitar a una nación contra otra.

No puedo presumir para juzgar lo que es malvado; el pensamiento lo hace. Sólo sé lo que yo siento que es malvado; quizás estoy equivocado. Sin embargo, por mis propias sensaciones y normas he sentido, durante el trabajo de preparar este libro, que viví con el mal. Las fuerzas que han sido proyectadas en el Siglo 20, como desde alguna caverna de dinosaurios, son supersticiosas. He tenido un sentimiento constante de estar en contacto con las mentes de hombres como Ezekiel, quien en tiempos bárbaros tenía pensamientos bárbaros. He tenido un sentimiento distinto de re-encontrarme con tales mentes en nuestros tiempos, aunque en un lugar recientemente redimido del barbarismo, cuando leí un libro, **Un Modelo de Islas**, de Sir Arthur Grimble.

Este relata las experiencias del autor, a principios del Siglo 20, como administrador colonial británico en un grupo remoto de islas del Pacífico, las Islas Gilberts, dónde las personas vivían en un estado de superstición primitiva hasta 1892, cuando fue proclamado un Protectorado británico. Encuentro un parecido misterioso entre las maldiciones enumeradas en el **Deuteronomio** que forma La Ley del nacionalismo Sionista hoy y las palabras de una maldición a un horno de cocción, usado por estos isleños antes que llegaran los británicos. El hechicero, sentándose en cuclillas desnudo en la oscuridad, antes del alba, encima del hogar, donde hacía el fuego su enemigo y apuñalándolo con un palo, murmura: "Espíritu de la locura, espíritu del excremento, espíritu del comer vivo; ¡espíritu de la podredumbre! Yo apuñalo el fuego de su comida, el fuego de ese hombre de Naewa!. ¡Golpea al oeste de él, Tú!

¡Golpea al este de él, Tú! ¡Golpea cuando yo apuñalo, golpea hasta la muerte!

¡Estrangúlalo, enloquécelo, avergüénzalo con la podredumbre! Su hígado crece, crece, se da vuelta y que se rompa en pedazos. Sus intestinos crecen, crecen, que se rasguen separados y se pudran. Él es el negro demente, está muerto. Está acabado: él está muerto, muerto, muerto. Él se pudre."

La comparación entre esto y muchos pasajes en el **Deuteronomio y Ezekiel** es instructivo en este tiempo cuando el Talmud-Torah es invocado literalmente como La Ley que ordena tales hechos, como aquello, cometidos en Deir Yasin; la declaración de la **Enciclopedia judía**, que el Talmud enseña la creencia en la eficacia literal de maldecir, también es pertinente. Tales pasajes siempre me hacen recordar cuando políticos invocan "el Antiguo Testamento"; cada vez me pregunto si ellos lo han leído, y si comprenden la relación entre estas supersticiones de la antigüedad y los eventos actuales, provocados con su ayuda.

A mi juicio, tenemos que tratar con una fuerza, liberada en el mundo del Siglo 20, cuyos líderes piensan en términos de tales supersticiones; a qué otra cosa puede haberse referido el Dr. Chaim Weizmann en sus últimas y atormentadoras palabras"... **el resurgimiento del antiguo mal en una nueva y más horrible vestimenta.**"

Sólo este elemento de oscura superstición, en mi estimación, puede responder del miedo al cual las masas judías se doblegan, cuando se rinden al nacionalismo Sionista. Estaban casi liberados de él por el siglo de emancipación y en otros cincuenta años, se habrían involucrado en la humanidad, pero ahora han sido regresados al engranaje.

Nuevamente, me sentía como si estuviera leyendo una descripción de las masas en el ghetto en las áreas Talmúdicas cuando me encontré con esta descripción de los días del pre-protectorado en las Islas Gilbert: "Un hombre con sesenta generaciones de creencia en el terror vivo que susurra en su sangre... era carne fácil para la magia mortal... Generación tras generación de hechiceros que legaron el mal, y de personas que temieron su poder, habían hecho realidad sus vidas en estas islas. El horror apilado de sus convicciones había logrado, a través de los tiempos, un peso y una sombra propia, una 'inmanencia que se asentaba encima de todo. Eran pensamientos de hombres, más potente que los fantasmas que frecuentban la habitación de los hombres. Uno sentía que prácticamente cualquier cosa podía pasar en ese ambiente".

Las palabras me parecían aplicables a la condición de estas masas, con más de sesenta generaciones de tales creencias susurradas en ellos, quiénes hacia el fin del siglo pasado comenzaron a ser arrebatado de la luz del día hacia la oscuridad tribal. Nuevamente, la liberación perdida por tan poco me pareció que eran descritas en estas palabras de una anciana de las Islas Gilbert que recordaba los tiempos antiguos: "Escuche las voces de las personas en sus casas. Nosotros trabajamos en paz, hablamos en paz, ya que los días de angustia se han ido... Cuán hermosa es la vida en nuestros pueblos, ahora que no hay ninguna matanza y la guerra ya no existe más"; y estas palabras, nuevamente, con más fuerza recuerdan el lamento de

Jeremías por la felicidad anterior de Israel ("la bondad de juventud tuya, el amor de "tus desposados) en su reproche a la herejía del traicionero Judah".

El sentimiento que tuve, indagando la historia de esta antigua superstición y su re- emergencia como una fuerza política en nuestro siglo, fue aquella de un contacto con un ser viviente, una cosa malvada. La revolución destructiva, en mi visión es parte de esto y yo podría haber escrito exactamente lo que el diplomático norteamericano, el Sr. Frank Rounds, Junior, escribió en su diario en el Día de Navidad de 1951: "En Moscú, se siente que el mal existe como una cosa, como una presencia; ése es mi pensamiento en este Día de Navidad".

En este proceso del Siglo 20, siento como una presencia malvada que nos acompaña, a todos nosotros los que estamos ahora vivos, Judíos y Gentiles, está involucrado, y la mayoría de nosotros verá el desenlace. Acerca de eso, el Sr. Bernard J. Brown en 1933 con inquietud escribió, "Por supuesto, debemos ser temidos y **en el futuro odiados** si persistimos en absorber todo lo que Norteamérica nos ofrece y aun así negarnos a transformarnos en norteamericanos, justo como siempre rehusamos llegar a ser Rusos o Pales."

Esta declaración se aplica a todos los países del Occidente, no sólo a Norteamérica, pero el Sr. Brown estaba equivocado. Lo que él previó es una cosa que los Talmudistas no pueden lograr; el odio es su monopolio y credo, y ellos no pueden hacer que los Cristianos o Gentiles, odien a los Judíos. Las cosas odiosas hechas por el Occidente en este siglo, fueron hechas bajo la incitación Talmúdica; el odio y la venganza no son innatos en los occidentales, y su fe prohibe éstos. La enseñanza del odio, como parte de una religión, todavía viene sólo de los Torah-Tulmudistas literales en el área revolucionaria, en Palestina, y donde ellos se han anidado en las capitales Occidentales. Ningún occidental hablaría como un líder Sionista habló en una reunión judía en Johannesburgo en mayo, 1953: "En la bestia que es llamada Alemania no debe confiarse. Los alemanes nunca deberán perdonarse y los judíos nunca deberán tener algun contacto o relaciones con los alemanes."

El mundo no puede vivir así, y por esta razón, el plan insensato debe finalmente fallar. Ésta es la herejía que la enseñanza de Cristo sobre todas las cosas repudió; es aquella a la cual los líderes políticos del Occidente se han prestado ellos mismos desde que el Sr. Balfour, hace sólo cincuenta años, comenzó a subordinar la política nacional a él. Cuando el clímax que se aproxima sea superado, esta enseñanza hereje, inyectada en el Occidente desde el centro Talmúdico en Rusia, pasará.

Como escritor, creo que pasará muy pronto y con menos problema para todos los involucrados, mientras más sepan las masas generales sobre lo que ha sucedido en estos cincuenta años.

Ya que nada secreto no se hará manifiesto; ni algo oculto, que no será conocido y salga a la luz - Lucas 8: 17.

DOUGLAS REED

APÉNDICE

"Después de la vida de Jesús el Antiguo Testamento, con el Nuevo Testamento, fue traducido al latín por San Jerome, cuando los dos llegaron a ser considerados por la Iglesia como de autoridad divina por igual y como secciones de un Libro."
Una enciclopedia moderna.

La Torah

"Y el Señor habló hacia mí, diciendo... Este día quiero yo comenzar a poner el miedo de tí y el temor de tí sobre todas las naciones que están bajo todo el cielo, que escucharán noticias de tí y temblarán, y estarán en la angustia debido a tí... Y el Señor me ordenó en ese momento enseñarles a ustedes los estatutos y juicios, que vosotros podéis hacer en la tierra que vosotros iréis a poseer... Y porque él amó a tus padres, por ello él escogió su semilla después de ellos... para expulsar naciones delante de tí, más grandes y poderosas de lo que tú eres, llevarte allí, entregarte sus tierras como herencia... Y cuando el Señor tu Dios los entregue ante tí, los golpearás con violencia, y los destruirás absolutamente; no harás ningún convenio con ellos, ni mostrarás misericordia hacia ellos; ni harás ningún matrimonio con ellos... destruirás sus altares y romperás sus imágenes... Ya que tu eres un pueblo santo hacia el Señor tu Dios; el Señor tu Dios te ha escogido para ser pueblo peculiar hacia él, sobre todos los pueblos que están sobre la faz de la tierra... Y tú consumirás a todos los pueblos que el Señor tu Dios te entregará; tu ojo no tendrá piedad de ellos... Pero el Señor tu Dios te los entregará, y tú los destruirás con una destrucción poderosa hasta que ellos sean destruidos... Él te entregará a sus reyes en tu mano, y tu destruirás sus nombre bajo el cielo, allí no habrá ningún hombre que pueda pararse ante tí, hasta que tú los hayas destruido. .

. Cada lugar donde la planta de tu pie pise serán tuyos... incluso las costas de los mares más grandes serán tuyas... De las ciudades de estos pueblos, las cuales el Señor tu Dios te ha entregado como una herencia, tu no salvarás a nada vivo que respire... tu le prestarás a muchas naciones y tu no pedirás prestado... tu destruirás absolutamente todos los lugares en donde las naciones que tu poseerás sirven a sus dioses... "

Deuteronomy.

El Nuevo Testamento

"Bendecidos sean los pacificadores; porque ellos se llamarán los hijos de Dios... Yo no vengo a destruir" (la ley o los profetas) "sino a completar... Vosotros habéis oído que esto se ha dicho, Usted amarán a tu prójimo, y odiarás a tu enemigo. Pero yo te digo, Ama a tus enemigos... Él les enseñó como alguien teniendo autoridad, y no como los escribas... No pongan para ustedes mismos los tesoros en la tierra...
¿Qué ganaría un hombre si ganara el mundo entero, y pierde su propia alma? Amarás a tu Señor tu Dios... éste es el primero y el gran mandato; y el segundo es semejante, Amarás a tu prójimo como a tí mismo. En estos dos mandamientos yace toda la ley y los profetas... Uno es su Maestro, Cristo igual, y todos ustedes son hermanos... Dejen el amor fraternal continuar... porque el que se enaltece será humillado... Las penas hacia ustedes, escribas y Fariseos... vosotros sois los hijos de aquellos que mataron a los profetas... Este evangelio del reino se predicará en todo el mundo para testimonio hacia todas las naciones... Perdónalos, porque ellos no saben lo que hacen... Dios que hizo el mundo y todas las cosas aquí dentro... y ha hecho de una sangre todas las naciones de hombres... Sepan ustedes que a los Gentiles es enviada esta salvación de Dios, y ellos la oirán... ¿Qué entonces? ¿No es él también de los Gentiles? Sí, de los Gentiles también... para la promesa, que él debe ser del mundo, no fue a Abraham, y a su semilla, a través de la ley, sino a través de la rectitud de fe... Un Dios y Padre de todo los que está arriba, todos... dejen el amor fraternal continuar... Ya que muchas caminatas, de las cuales te he contado a menudo, y ahora te la cuento incluso llorando, que ellos son los enemigos de la cruz de Cristo; de quienes el fin es la destrucción..."

Los Evangelios, Hechos y Epístolas.

Ningún hombre es una isla entera en sí mismo; cada hombre es un pedazo de un continente, una parte del todo; si un terrón es lavado lejos por el mar, Europa es menor, tal como si fuese un cerro, así como si fuese la tierra de tu amigo o tuya propia; la muerte de cualquier hombre me disminuye, porque yo estoy envuelto en la humanidad; y por consiguiente nunca preguntes por quién doblan las campanas; ellas doblan por tí.

John Donne. 1624

BIBLIOGRAFÍA

ABRAHAMS, Israel. *Jewish Life in the Middle Ages.*
ADAMS, James Truslow. *The Epic of America* (1931).
ADAMS, President John. *Works, with a Life of the Author (1850-6)*
ANONYMOUS. (See Mr. E. M. House). *Philip Dru, Administrator* (1912)
ASQUITH, Lady Cynthia. *Remember and be Glad (1952).*
ASQUITH, Lord (Mr. H.H.) *Memoirs and Reflections (1928).*
BAKUNIN, Michel. *Polemique contre les Juifs.*
BALFOUR, Lord. Life of (see Dugdale).
BALZAN, Consuelo Vanderbilt. *The Glitter and the Gold* (1952).
BARON, Prof. Salo. *Social and Religious History of the Jews* (1937).
BARUCH, Bernard. (see Field).
BARRUEL, Augustin. *Memoirs of Jacobinism* (1797).
BEALE, F.J.P. *Advance to Barbarism* (Devin-Adair, New York, 1955)
BEAMISH, Tufton, M.P. *Must Night Fall* (1951).
BEATY, John. *The Iron Curtain over America* (1951).
BELGION, Montgomery.
BENTWICH, Norman. *The Jews* (1934), *Judea Lives Again* (1943).
BERGER, Rabbi Elmer. *The Jewish Dilemma (*1946); *A Partisan History of Judaism* (1951); *Who Knows Better Must Say So* (1956).
BERNADOTTE, Count Folke. *To Jerusalem* (1951).
BORD, Gustave. *Conspiration Revolutionnaire de 1789.*
BORKENAU, F. *The Communist International* (Faber and Faber, 1938).
BRANDEIS, Louis Dembitch. *Miscellaneous Papers (*1935); *The Guide to the Modern World* (1941).
BROWN, Bernard J. *From Pharaoh to Hitler* (1933).
BUCHAN, John. *Oliver Cromwell* (1934).
BURKE, Edmund. *Reflections on the Revolution.*
BUTCHER, Harry C. *My Three Years with Eisenhower,* (1946).
CARTER, Hodding. (Chapter on Huey Long in *The Aspirin Age,* 1949)
CHAMBERLAIN, H.S. *Foundations of the Nineteenth Century* (German edition, 1899).
CHAMBERLAIN, W.H. *Confessions of an Individualist.*
CHAMBERS, Whittaker. *Witness (1952)*

CHESTERTON, A.K. *The Tragedy of Anti-Semitism* (with Joseph Leftwich, 1948)
CHESTERTON, G.K. *G.K's Weekly*, (1932).
CHODOROV, Frank.
CHURCHILL, Winston. *The Gathering Storm; Their Finest Hour; The Grand Alliance; The Hinge of Fate; Closing the Ring; Triumph and Tragedy.*
CHURCHILL, Winston. Biographies of, see Cowles, and Taylor.
CHUTTER, Rev. James B. *Captivity Captive* (1954).
CLIFTON, Brigadier George. *The Happy Hunter* (1952).
CLOSTERMANN, Pierre, D.F.C. *Flames in the Sky* (1952).
CONFERENCES AT MALTA AND YALTA. U.S. State Department,(March, 1955).
CONNELL, Brian. *(Sir Edward Cassel, from Manifest Destiny, A Study of the Mounbatten Family, 1953).*
COWLES, Virginia. *Winston Churchill* (1952).
DAVIS, Forrest. *Huey Long* (1935).
DEWHURST, Brig. C.H., O.B.E. *Close Contact* (1954).
DISRAELI, Benjamin. *Coningsby(1844); Life of Lord George Bentinck* (1852).
DRACH, D.P. *De l'Harmonie entre l'Eglise et la Synagogue* (1844).
DUGDALE, Blanche E.C. *Life of A. J. Balfour* (1948)
EDERSHEIM, Alfred. *The Life and Times of Jesus the Messiah* (1883).
EISENHOWER, Dwight D. *Crusade in Europe* (1948).
EISENMENGER, Johann Andreas. *The Traditions of the Jews*, first published as *Judaism Unmasked* (1732).
FIELD, Carter. *Bernard Baruch, Park Bench Statesman* (1944).
FLYNN, John T. *The Roosevelt Myth* (1948).
FORRESTAL, James. *The Forrestal Diaries* (1951).
FREEHOF, Rabbi Solomon B. *Reform Jewish Practice* (1944).
FUNK, S. *Die Entstehung des Talmuds.*
GARNETT, David. *Letters of T.E. Lawrence* (1938).
GINSBERG, Ascher (Quoted, see Weizmann).
GOLDMAN, Rabbi Solomon. *God and Israel.*
GOLDSTEIN, Dr. John. *All the Doors were opened* (1955).
GOUZENKO, Igor. *The Fall of a Titan* (1954).
GRAETZ, Heinrich. *Volksthuemliche Geschichte der Juden* (1888).
GRENFELL, Russell. *Unconditional Hatred* (1955).
GRIMBLE, Sir Arthur. *A Pattern of Islands* (1952).
HAMILTON, Alexander. *Works* (1886-7).
HARRIS, Maurice H. *Modern Jewish History* (1909).
HECHT, Ben. *A Jew in Love.*
HERDER, Johann Gottfried von. *Untersuchungen des verg. Jahrhunderts.*

HERZL, Theodor. *The Jewish State.*
HESS, Moses. *Rom und Jerusalem, die letzte Nationalitaetsfrage* (1862).
HIRSCH, Emil. Professor of Rabbinical Literature, Chicago University (quoted by Mr. Bernard J.Brown, see Brown).
HOPKINS, Harry. (See Roosevelt).
HORSTMANN, Lali. *We Chose to Stay* (1954).
HOUSE, E.M. *Private Papers of Colonel House* (1926); also author of *Philip. Dru, Administrator* (see Anonymous; see also Howden).
HOWDEN, Arthur D. *Mr. House of Texas* (1940).
HUDDLESTON, Sisley.
HULL, Cordell. *Memoirs* (1948).
HULME, Kathryn. *The Wild Place* (1953).
HUTCHISON, Cdr. E.H. *Violent Truce* (1956).
JACOBSON, Rabbi Moses F. (Quoted by Bernard J. Brown; see Brown).
JEFFRIES, J.M.N. *The Palestine Deception (1933); Palestine, The Reality* (1939).
JEWISH ENCYCLOPAEDIA, 1905, 1909, 1912, 1916 (Funk and Wagnall, New York).
JORDAN, George Racey. *From Major Jordan's Diaries* (1952).
KASTEIN, Josef. *History and Destiny of the Jews* (1933).
KAUFMANN, Theodore N. *Germany Must Perish* (1941).
KERN, Erich. *Dance of Death* (1952).
KEYNES, J.M. *Essays in Biography* (1933).
KIPLING, Rudyard. *Something of Myself* (1937).
KOESTLER, Arthur. *Promise and Fulfilment, Palestine 1947-9* (1949).
KRAVCHENKO, Victor. *I Chose Freedom* (1946).
KRIVITSKY, General Walter. *In Stalin's Secret Service* (1939).
LAIBLE. *Jesus Christus im Talmud.*
LAMBERT, R.S. *For The Time is At Hand* (Life of Henry Wentworth Monk,1947).
LANDRIEUX, Mgr. *L'Histoire et les Histoires dans la Bible.*
LANGRES, Lombard de.
LANE, Arthur Bliss. *I Saw Poland Betrayed* (1948).
LAWRENCE, T.E. Letters of (see Garnett, 1938).
LAZARE, Bernard. *Antisemitism* (1903).
LEFTWICH, Joseph. *The Tragedy of Anti-semitism* (with A.K.Chesterton,1948). LEVIN, Meyer. *In Search* (1950).
LILIENTHAL, Alfred. *What Price Israel?* (1953).
LLOYD GEORGE, David. *War Memoirs* (1936).
LONG, B.K. *Autobiography.*
LONG, Huey. *My First Week in the White House.*

LONYAY, Count Carl. *Rudolf* (1950).
LOTHIAN, Sir Arthur. *Kingdoms of Yesterday*. (1951).
LUCHET. de. MACLEAN, Fitzroy. *Eastern Approaches* (1949).
MACPHAIL, Sir A . *Three Persons* (material on Sir Henry Wilson, 1926).
MALET, Chevalier de.
MALON, Benoit. *Espose des Ecles Socialistes* (1872).
MANLY, Chesly. *The U.N. Record* (1955*)*.
MANNING, Cardinal. (See Strachey)
MARGOLIOUTH, Moses. *History of the Jews of Great Britain* (1857).
MARR, Wilhelm *Der Sieg des Judenthums ueber das Germanenthum* (1879).
MARSHALL, Bruce *The White Rabbit* (material on Wing-cdr. Yeo-Thomas, 1952).
MASSING, Hede. *This Deception* (1951)
MEYER, Eduard. *Entstehung des Judenthums* (1896).
MOCATTA, David. *The Jews in Spain and Portugal.*
MONK, Henry Wentworth. *Simple Interpretation of the Revelation* (1857); Life of (see Lambert)
MONTEFIORE, C.G. *Religion of the Ancient Hebrews* (1892).
MORLEY, John. *Edmund Burke* (life of).
MORSE, Rev. Jedediah. *Sermons* (1795-9). *Proofs of the Early Existence: Progress and Deleterious Effects of French Intrigue and Influence in the United States* (1798).
MOSS, W.Stanley *A War of Shadows* (1952).
NETCHVOLODOFF, A. *L'empereur Nicolas II et les Juifs.*
NEWMANN, Margaret Bubers. *Which Was The Worst?* (1952).
NORDAU, Max. *Degeneration.*
NORTHCLIFFE, Lord. *My Journey Round the World* (1923), see also Official History of *The Times.*
ORWELL, George. *Such, Such Were The Joys* (1945).
PEARSON, Hesketh. *The Man Whistler* (1952); material on John Ruskin); *Disraeli.*
PEPPER, Senator George Wharton. *Philadelphia Lawyer* (1944).
PINSKER, Leon. *Auto-Emancipation* (1881).
RAUSCFINING, Hermann *The Revolution of Destruction* (1939).
REPINGTON, Col. C.à.C. *The First World War* (1921).
REPORTS: Of the Canadian Government Royal Commission appointed to investigate ... the communication by public officials and other persons in positions of trust of secret and confidential information to agents of a foreign power (The Gouzenko, or Canadian Spy Case: Canadian Government Stationery Office, June 27,1946). Of the Subcommittee of the United States House of

Representatives investigating the Civil Service Commission, 1947 (the Anti-Defamation League's "Black List" case; U.S. Government Printing Office, 1948).
Russia, No.1 (1919); a Collection of Reports on Bolshevism in Russia (British Government's Stationery Office, 1919).
On the Conferences of Malta and Yalta (U.S. State Department, March, 1955).
ROBERTSON, Sir William. *Soldiers and Statesmen, 1914-1916* (1926).
ROBISON, John, *Proofs of a Conspiracy against all the Religions and Governments of Europe* (1793).
RODKINSON, Michael Levi. *History of the Talmud* (1903).
ROOSEVELT, F.D.R. *Personal Letters* (edited by Samuel Rosenmann, 1947); *Roosevelt and Hopkins* (Robert A. Sherwood, 1948).
ROSENBLOOM, Morris, V. *Peace Through Strength; Bernard Baruch and a Blueprint for Security* (1953).
ROUNDS, Frank, Jr. *A Window on Red Square* (1953).
RUBENS, William. *Der alte und der neue Glaube im Judentum.*
SAMUEL, Maurice. *You Gentiles* (1924).
SAUNDERS, Hilary St. George. *The Red Beret* (1950).
SHEEAN, Vincent. *Personal History.*
SHERWOOD, Robert, A. *Roosevelt and Hopkins* (1948).
SMITH, Fred. Article on *Morgenthau Plan, Its History*, in *United Nations World*, March, 1947.
SMITH, Merriman. *Thank You, Mr. President* (1946).
SMITH, W. Robertson. *The Prophets of Israel and their Place in History* (1895).
SMUTS, Jan Christian. Life of (by his son, J. C. Smuts, 1952).
SPENGLER, Oswald. *Der Untergang des Abendlandes* (1918). STERN, Karl. *Pillar of Fire* (1951).
STIMSON, Henry L. *On Active Service in Peace and War* (1947).
STOLYPIN, A. *Contre-Révolution* (1937).
STOLYPINE, Alexandra. *L'Homme du Dernier Tsar* (1931).
STRACHEY, Lytton. *Eminent Victorians* (1918; material on Cardinal Manning).
STRACK, H.L. *Einleitung in den Talmud* (1908).
TAFT, Senator Robert. *A Foreign Policy for Americans* (1952).
TAYLOR, R.C. *Winston Churchill* (1952).
TIMES, *The Official History of, 1922-1948* (1952).
TOYNBEE, Arnold J. *The Modern West and the Jews* (vol. vii of *A Study of History*, 1954).
WAITE, A.E.
WASHINGTON, Pres. George. *Writings* (1837).

WEBSTER, Mrs. Nesta. *Secret Societies and Subversive Movements* (1923); *The French Revolution*, (1919).
WEISHAUPT, Adam. *Einige Originalschriften des Illuminaten Ordens* (published by the Bavarian Government, 1787).
WEIZMANN, Chaim. *Trial and Error* (1949).
WELLHAUSEN, J. *Israelitische und Juedische Geschichte* (1897); *Composition des Hexateuchs* (1901).
WILSON, Sir Henry. *Life and Diaries* (1927; see also Macphail).
WILTON, Robert. *Last Days of the Romanoffs* (1920).
WISE, Rabbi Stephen. *Challenging Years* (1949).
YEO-THOMAS, Wing-Cdr. (see Marshall)

Una lista de libros para ampliar la lectura

JOHN BAKER, *Race* (Oxford University Press).
P.T. BAUER, *Equality, the Third World and Economic Delusion* (Weidenfeld & Nicolson).
IVOR BENSON, *The Battle for South Africa* (Dolphin Press), *Truth Out of Africa* (Veritas), *The Zionist Factor* (Veritas).
CHRISTIAN BORG, *Who Are the Jews?* (Veritas).
KARL BORGIN & KATHLEEN CORBETT, *The Destruction of a Continent* (Harcourt Brace Jovanich).
ERIC BUTLER, *The Fabian Socialist Contribution to the Communist Advance* (Veritas).
GENERAL SIR WILLIAM BUTLER, *Sir William Butler: An Autobiography* (Constable).
ARTHUR BUTZ, *The Hoax of the Twentieth Century* (Historical Review Press).
C.G. CAMPBELL, *Race and Religion* (Christian Book Club of America).
A.K. CHESTERTON, *The New Unhappy Lords* (Candour).
RICHARD CLARK, *Technological Terrorism* (Devin-Adair).
CURTIS B. DALL, *FDR, My Exploited Father-in-Law* (Noontide Press).
LEON DE PONCINS, *Judaism and the Vatican* (Britons).
ISAAC DEUTSCHER, *The Non-Jewish Jew* (Oxford University Press).
R. GAYRE, *The Syro-Mesopotamian Ethnology as Revealed in Genesis X* (Armorial).
DAVID GILMOUR, *Dispossed: the Ordeal of the Palestinians 1917-1980* (Sidgwick & Jackson). BRIGADIERGENERAL
SIR JOHN GLUBB (Glubb Pasha), *Middle East Crisis* and *The Life and Times of Muhammad* (Hodder & Stoughton).
NAHUM GOLDMANN, *The Jewish Paradox* (Weidenfeld & NicoIson).
S. HADAWI, *Bitter Harvest* (Veritas).
DAVID IRVING, *Uprising: One Nation's Nightmare: Hungary 1956* (Hodder & Stoughton).
SIR ARTHUR KEITH, *A New Theory of Human Evolution* (Watts).
ARTHUR KOESTLER, *The Thirteenth Tribe* (Devin-Adair).
B.A. KOSMIN, *Majuta: a History of the Jewish Community in Zimbabwe* (Mambo Press).
ALFRED M. LILIENTHAL, *The Zionist Connection II* (Veritas).
MOSHE MENUHIN, *The Decadence of Judaism in Our Time* (Britons).

REVILO P. OLIVER, *Christianity and the Survival of the West* (Howard Allen).
GEORGE ORWELL, *Animal Farm* and *Nineteen Eighty-four* (Penguin).
THOMAS PAKENHAM, *The Boer War* (Weidenfeld & Nicolson and Jonathan Ball).
C. NORTHCOTE PARKINSON, *East and West* (Houghton Mifflin Company).
MAURICE PINAY, *The Plot Against the Church* (Christian Book Club of America).
CHAPMAN PINCHER, *Inside Story* (Sidgwick & Jackson).
JAMES POOL & SUZANNE POOL, *Who Financed Hitler* (Dial Press).
EZRA POUND, *Essays on Ignorance and the Decline of American Civilization* (Henry Regnery).
CARROLL QUIGLEY, *Tragedy and Hope* (Macmillan Company).
WILMOT ROBERTSON; *The Dispossessed Majority* (Howard Allen).
HOWARD MORLEY SACHAR, *The Course of Modern Jewish History* (Dell Publishing).
WALTER SANNING, *The Dissolution of Eastern European Jewry* (Institute for Historical Review).
GIDEON SHIMONI, *Jews and Zionism: the South African Experience 1910-1967* (Oxford University Press).
KONSTANTIN SIMIS, *USSR: the Land of Kleptocracy* (Simon & Schuster).
ALEXANDER SOLZHENITSYN, *The Gulag Archipelago II* (Collins Fontana).
ANTONY C. SUTTON, *Wall Street and the Bolshevik Revolution* (Veritas), *Wall Street and the Rise of Hitler* (Bloomfield Books) and *Wall Street and FDR* (Arlington House).
THOMAS SZASZ, *The Myth of Psychotherapy* (Doubleday). **GENERAL CARL VON HORN**, *Soldiering for Peace* (Cassell). **THOMAS WALSH**, *Philip II and Isabella the Crusader* (Sheed & Ward).
NATHANIEL WEYL, *Traitors' End* (Tafelberg).
FRANCIS PARKER YOCKEY, *Imperium* (Noontide).
J. K. ZAWODNY, *Death in the Forest* (Macmillan Company).

"Y conoceréis la verdad, y la verdad os hará libres." - Juan 8:2.

Douglas Reed

Otros libros publicado por Omnia Veritas